LU XUN

nexus 19

冯鉄编

鲁迅资料汇编

黄源题

Raoul David Findeisen

Lu Xun (1881–1936)
Texte, Chronik, Bilder, Dokumente

Stroemfeld/Nexus

Veröffentlicht mit Unterstützung des
Schweizerischen Nationalfonds zur
Förderung der wissenschaftlichen Forschung
und der
Erziehungsdirektion
des Kantons Basel-Landschaft

Die Deutsche Bibliothek — CIP-Kurztitelaufnahme
Ein Titeldatensatz für diese Publikation ist bei
Der Deutschen Bibliothek erhältlich
ISBN 3-86109-119-4

Druck: Klingenberg Buchkunst Leipzig
Titelkalligraphie: Huang Yuan, Hangzhou

Dem Andenken von Mau-sang Ng (1947–1994)

[Wu Maosheng 吳茂生]

Um dieses Buch fertigzustellen, habe ich in der zweiten Jahreshälfte 1989 erneut die Ausgabe »Sämtlicher Werke« von Lu Xun gelesen. Wenn ich Lu Xun lese, mache ich jedesmal neue Entdeckungen, die sich völlig von den früheren unterscheiden. Diesmal hatte ich noch stärker das Gefühl, die Bücher von Lu Xun seien genau für unsere Zeit geschrieben!

— Wu Jun

Wu Jun 吳俊 *Lu Xun gexing xinli yanjiu* 魯迅個性心理研究 [Lu Xun, eine individualpsychologische Studie], Shanghai: Huadong shifan daxue chubanshe 12.1992, S. 262

INHALT

VORBEMERKUNG

In diesem Buch geht es um Leben und Werk des chinesischen Schriftstellers Lu Xun (1881–1936), der als »Vater der modernen Literatur« in China gilt. Mittel der biographischen Darstellung sind einerseits eine Chronologie seines Lebens, andererseits Dokumente unterschiedlicher Art: Texte, die er selbst verfaßt hat, und zwar zu seinen Lebzeiten veröffentlichte, teils offene und damit ebenfalls zu seinen Lebzeiten publizierte, teils postum publizierte Briefe, und schließlich Ausschnitte aus seinen zwischen 1898 und 1936 regelmäßig geführten Tagebüchern; dann Texte, die er übersetzt hat, und Texte, die zu seiner Lektüre gehörten. An Texten, die nicht von ihm stammen, sind Zeugnisse von Zeitgenossen über seine Person und sein Werk aufgenommen, ebenso chinesische und nicht-chinesische Texte über ihn aus der Zeit nach seinem Tode. Weiter gehören dazu verschiedene Bilddokumente: Faksimilierungen der Handschrift von ihm selbst geschriebener Texte, von ihm gestalteter Buch- und Zeitschriftenumschläge sowie von Erstdrucken seiner Werke; photographische Porträts von ihm und von Personen aus seinem Umfeld, Illustrationen zu seinem Werk und Bilddokumente aus der Rezeptionsgeschichte. Diese heterogenen Dokumente sind jeweils mit einer Einleitung, Anmerkungen und weiterführenden Literaturhinweisen versehen. Sie sind nach einem der beiden folgenden Gesichtspunkte in die Chronik eingefügt: entweder nach dem Zeitpunkt ihrer Entstehung, der auch nach dem Tode von Lu Xun liegen kann, oder nach ihrem sachlichen und thematischen Zusammenhang mit dem Lebenslauf beziehungsweise einem Werk von Lu Xun.

Mehrere Überlegungen waren bei der Auswahl entscheidend: 1. Außerhalb Chinas ist Lu Xun einem interessierten Lesepublikum praktisch unbekannt, namentlich im deutschsprachigen Raum. Zugleich ist sein Werk seit neuestem in einer umfaßenden deutschsprachigen Ausgabe zugänglich.[1] Das ist bisher für keinen anderen chinesischen Autor der Fall und wird vermutlich auch in Zukunft so bleiben. Dort zugängliche Texte von Lu Xun wurden nicht in die vorliegende Auswahl aufgenommen, jedoch häufig in Form von Verweisen berücksichtigt (»das Buch zum Buch«). 2. In China selbst hat Lu Xun eine wechselhafte Rezeptionsgeschichte hinter sich, die lange vor seinem Tode mit teilweise erbittert geführten und keineswegs nur von literarischen Interessen geleiteten Diskussionen einsetzte, dann mit kraß mißbräuchlicher politischer Instrumentalisierung seiner Person weiterging und ihren Höhepunkt während der Kulturrevolution (1966–76) mit einem für die Literaturgeschichte

---

1 Lu Xun: *Werke*, 6 Bde., Hg. W. Kubin, Zürich: Unionsverlag 1994.

beispiellosen Personenkult erreichte, während Lu Xun auf dem politisch gegenerischen Taiwan nicht nur verfemter, sondern auch verbotener Autor war. Dieser Prozeß hat direkte Auswirkungen auf die außerchinesische Sinologie und ist als solcher zu dokumentieren. 3. Es gibt wohl weltweit keinen Autor, dessen Leben und Werk so minutiös bis in kleinste Details dokumentiert ist. Dennoch haben erstaunlich viele Tabus aufrecht erhalten werden können, teils mit einer tendenziösen Auswahl von massenhaft verfügbaren Textausgaben, teils mit limitiertem Zugang zu Ergebnissen literaturwissenschaftlicher Forschung. Diese Bereiche bilden einen Schwerpunkt der Auswahl.

Übergeordnete Leitvorstellung bei der Auswahl der Dokumente war die Rekonstruktion des Umfeldes, in dem Lu Xun gelebt und geschrieben hat und in dem er rezipiert worden ist, und zwar nicht zuletzt im Hinblick auf Gemeinsamkeiten mit gleichzeitigen literarischen Umfeldern in westlichen industrialisierten Ländern, zu denen Lu Xun teilweise in einem direkten persönlichen Kontakt stand.

Daraus lassen sich weitere Fragen ableiten: Wer war Lu Xun? Wie hat er geschrieben? Warum hat er was übersetzt? gelesen? Was hat er ausgelöst? Die Frage, was Lu Xun geschrieben hat, ist praktisch erschöpfend beantwortet, auch in ohne weiteres zugänglichen deutschsprachigen Quellen.

Eine solche Darstellung unterscheidet sich wesentlich von einer diskursiven Biographie, setze sie nun chronologische Akzente oder nicht, und wird allenfalls bei Ausstellungskatalogen zu Autoren oder in rudimentärer Form bei Bildbänden verwendet, wo die Texte jedoch nur noch als Verbindungsglieder fungieren oder den Irrtum nähren, das Werk sei im wesentlichen autobiographisch.[2] In doppelter Weise erhebt der vorliegende Band den Anspruch, über einen solchen Rahmen hinauszugehen: Einerseits sollen textliche und nicht-textliche Dokumente als komplementär zueinander vorgestellt und andererseits soll auch die Rezeptionsgeschichte dokumentiert werden.[3]

Betroffen sind methodisch insbesondere Fragen der Biographik, aber auch der Literaturvermittlung und Literaturdidaktik, die anschließend an den chronologisch-dokumentarischen Hauptteil unter dem Titel »Weltliteratur im Entstehensprozeß« diskutiert werden. Danach stelle ich die wichtigsten Stationen im Leben von Lu Xun vor, jeweils zusammen mit einigen Beson-

---

2 Beispiele dafür sind L. Greve u.a.: *Gottfried Benn: 1886-1956. Eine Ausstellung des Deutschen Literaturarchivs im Schiller-Nationalmuseum Marbach am Neckar*, Marbach: Deutsche Schillergesellschaft Marbach 1986, [2]1989; H. Lunzer u.a.: *Joseph Roth. Leben und Werk in Bildern*, Köln: Kiepenheuer & Witsch 1994; K. Corino: *Robert Musil. Leben und Werk in Bildern und Texten*, Reinbek: Rowohlt 1988, [2]1992.

3 Neuerdings werden solche Ansätze jenseits der Hagiographik auch in der Volksrepublik China aufgegriffen, so mit *Lu Xun wenxian tu zhuan* [Eine Biographie von Lu Xun in Dokumenten und Bildern], Zhengzhou: Daxiang chubanshe 1998.

derheiten des Orts und dem Schwerpunkt der Aktivitäten von Lu Xun, um schließlich anhand ausgewählter Bereiche einen Querschnitt durch die Tätigkeitsbereiche von Lu Xun zu geben. Zuletzt folgt eine Auflistung seiner Übersetzungen.

Unter vielen anderen haben folgende Personen und Institutionen durch Gespräche, Anregungen, Hinweise, Kritik, Widerspruch, Vermittlung und Beschaffung von Material, Gewährung von Übersetzungs- und anderen Rechten, Übersetzung aus anderen Sprachen als der chinesischen, Gastfreundschaft sowie moralische und materielle Unterstützung zur Entstehung des vorliegenden Buches beigetragen:

Mariko Adachi, Wolfgang Behr, Beijing tushuguan (»National Library of China«, Peking), Bibliothèque Municipale de Lyon — Fonds chinois, Bibliothèque Nationale (Paris), Jean François Billeter, Jean-Louis Boully, Anna Bujatti, Chen Hanyu, Chen Shuyu, Anna Doležalová †, Marion Eggert, Susanne Engler (Barcelona), Martin Flückiger, Thomas M. Fröhlich, Marián Gálik, Robert H. Gassmann, Wolfram Groddeck, Elsbeth Gutmann, Elena Hidvéghyová, Hong Kong University Press, Jeffrey C. Kinkley, Brigitte Koller Abdi, Jon Kowallis, Francis LaFleur, Leo Lee Ou-fan, Michelle Loi, Liu Xiaofeng, Liu Zhixue, Lu-Xun-Museum Peking, Lu-Xun-Gedenkstätte Shaoxing, Monika Motsch, Ng Mau-sang †, Öffentliche Bibliothek der Universität Basel, Janis Osolin, Augustin Palát, Manfred Papst, Vlasta Průšková †, Beate Rusch, Benjamin I. Schwartz †, Jana Šrajerová, Rolf Trauzettel, Irene Vonarb, Wang Furen, Wang Xu, Anne-Marie Werner, Wong Wang Chi, Wu Fuhui, Wu Shizi, Ye Tingfang, Yue Daiyun und Georg Zimmermann. Es ist mir eine Ehre, daß Huang Yuan, der hochbetagte literarische Weggefährte von Lu Xun und frühere Mitherausgeber der Zeitschrift *Yiwen* (»Übersetzungen«), den Titel dieses Bandes kalligraphiert hat. Besonderen Dank schulde ich Wolfgang Kubin, der mir, nach einem Abwasch in der Dämmerung eines Februarmorgens 1979, den damals frisch erschienenen Pilotband[4] zur später von ihm veranstalteten deutschsprachigen Ausgabe der Werke von Lu Xun überreicht und damit mein Interesse am Autor geweckt und seither immer wieder neu entfacht und gelenkt hat.

---

4 Lu Xun: *Die Methode wilde Tiere abzurichten. Erzählungen, Essays, Gedichte*, Auswahl, Übertragung, Einführung von Wolfgang Kubin, Berlin: Oberbaum 1979 (= Bücherei Oberbaum 1016).

TECHNISCHE ERLÄUTERUNGEN

Es folgt die Chronik in Stichworten zum Leben und Werk von Lu Xun, in welche die verschiedenen textlichen und nicht-textlichen Dokumente integriert sind. Die Chronik verzichtet bei den Daten nach dem Tode von Lu Xun am 19.10.1936 auf Angaben zur Editions- und zur politischen Geschichte. Grundsatz der Zuordnung eines Dokumentes zu einem bestimmten Datum ist in dieser hierarchischen Ordnung:

1. Datum der Entstehung des Dokuments,
2. Datum eines Ereignisses, auf das sich das Dokument bezieht,
3. thematische Beziehung des Dokuments auf ein Ereignis, das in der Chronik erwähnt wird.

Aus der Liste der Dokumente im Anhang (ab S. 721) läßt sich ermitteln, welchem Datum ein Dokument jeweils zugeordnet ist.

Es werden die folgenden Klassen von Dokumenten unterschieden:

A   Texte von Lu Xun, die grundsätzlich dem Datum ihrer Entstehung zugeordnet sind

B   Illustrationen (Photographien, Zeichnungen, Malerei, Kalligraphien, Faksimiles), die nur dann dem Datum ihrer Entstehung zugeordnet sind, wenn Lu Xun ihr Urheber ist oder sie ein Ereignis aus dem Leben von Lu Xun dokumentieren

C   Texte in chinesischer Sprache über Lu Xun bzw. zu Ereignissen aus seiner Biographie

L   Aufgrund des Katalogs seiner persönlichen Bibliothek oder von Notizen nachgewiesene Lektüre von Lu Xun

T   Von Lu Xun übersetzte Texte bzw. Übersetzungen, die Lu Xun redigiert hat

W   Texte in nicht-chinesischen Sprachen über Lu Xun bzw. zu Ereignissen aus seiner Biographie

Die Klasse eines Dokuments ist jeweils aus dem Buchstaben ersichtlich, der jeder Dokumentennummer vorangestellt ist.

Jedes Dokument ist wie folgt aufgebaut, wobei die Elemente mit dem betreffenden Buchstaben gekennzeichnet sind:

E   Einleitung — Text *kursiv*; selbständige Publikation recte

D   Dokument (Klasse A, B, C, L, T oder W) — Text recte; Lemmata,

	die auf die Sachanmerkungen (unten A) verweisen, *kursiv*; selbständige Publikation recte zwischen Gänsefüßchen (»...«), Hervorhebungen VERSAL
A	Anmerkungen — Lemmata *kursiv* und Erklärungen durch Absatzmarken (¶) voneinander abgetrennt; Auszeichnungen wie in D; Übersetzungen in eckigen Klammern ([...]). — Redundanz in den Anmerkungen ist beabsichtigt, weil jedes Dokument mit möglichst wenig Querverweisen lesbar sein soll.
Q	Quelle des Dokuments — selbständige Publikationen *kursiv*; Hierarchie der Anführung »...".....'..."...«; sonst wie in A
L	Literaturhinweise — Auszeichnungen wie in Q. — Die Literaturhinweise verfolgen mehrere Zwecke: 1. Quellenhinweise zu den Anmerkungen (A), 2. weiterführende Lektüre zum Dokument (D), 3. Hinweise auf den aktuellen Forschungsstand.

Alle Übersetzungen aus dem Chinesischen stammen von mir, Übersetzungen aus anderen Sprachen ebenfalls, sofern am Ende des Dokuments nicht anders angegeben.

Für das Chinesische wird das Umschriftsystem *Hanyu pinyin* verwendet (mit Ausnahme der Ortsnamen Peking und Hong Kong in Fließtexten, also »Lu Xun lebte in Peking.«, jedoch »*Lu Xun zai Beijing* [Lu Xun in Peking], Beijing: Zuojia chubanshe 1.1999« in den Literaturhinweisen). Außerdem werden in anderen Umschriften verbreitete Orts- und Personennamen zu Anfang jedes Textdokuments neu aufgeschlüsselt, sei es im Fließtext oder in Form einer Anmerkung, also »Lu Xun kam nach Guangzhou (»Kanton«). In Guangzhou hielt er Vorlesungen...« oder »Sun Yixian (»Sun Yat-sen«) starb. Nach dem Tode von Sun Yixian ...«

Für das Japanische wird das revidierte Umschriftsystem nach Hepburn verwendet, für das Russische das Transliterationssystem nach ISO-Norm.

In Fließtexten ist bei nicht-chinesischen Begriffen das jeweils in der Vorlage verwendete Umschriftsystem beibehalten.

Verwendete Abkürzungen

LX   Lu Xun
LXQJ   *Lu Xun quanji* 魯迅全集 [Sämtliche Werke von Lu
            Xun], 16 Bde., Beijing: Renmin wenxue chubanshe
            1981
LXW   Lu Xun: *Werke*, 6 Bde., Hg. Wolfgang Kubin, Zürich:
            Unionsverlag 1994

Quellen zur Chronik

Li Helin 李何林 u.a. (Hg.): *Lu Xun nianpu* 魯迅年譜 [Lu-Xun-Chronik], 4
Bde., Beijing: Renmin wenxue chubanshe 9.1981–9.1984, erw. Neuausg. 9.2000
¶ Cheng Ma 程麻 *Lu Xun liuxue Riben shi* 魯迅留學日本史 [Geschichte des
Studienaufenthaltes von Lu Xun in Japan], Xi'an: Shaanxi renmin chubanshe
7.1985 (= Lu Xun yanjiu congshu), S. 365–73 ¶ *LXQJ* Bd. 16, S. 3–42

Kalender

In der Chronik stehen die Zeitangaben in der ersten Spalte nach dem
gregorianischen Sonnenkalender, in der zweiten Spalte bis Ende der Qing-
Dynastie 1911 nach dem chinesischen Mondkalender mit Angabe der
Regierungsdevise, vom 1.1.1912 an mit Angabe des »Jahrs der Republik«.

1881	Guangxu 7
......	
1908	Guangxu 34
1909	Xuantong 1
......	
1911	Xuantong 3
1912	Minguo 1
......	
1936	Minguo 25

gregorianischer	Regierungsära und
Sonnenkalender	Jahr, Monat und
	Tag nach dem
	Mondkalender,
ab 1.1.1912	»Jahr der Republik«

Porträt von Lu Rui, der Mutter von Lu Xun (Photographie, um 1940)
Text S. 19

LU XUN (1881–1936): TEXTE, CHRONIK, BILDER, DOKUMENTE

1881 · 9 · 25	Guangxu 7 · 8 · 3	Lu Xun wird in der Präfektur Shaoxing/Provinz Zhejiang, Kreis Kuaiji, als erstes Kind von Lu Rui (1858–1943) und Zhou Fengyi (1861–96) im Haus der Familie Zhou an der Straße Dongchang fangkou geboren. Sein Rufname *(ming)* lautet Zhangshou, später Shuren; sein »Großjährigkeitsname« *(zi)* Yushan, später Yucai. Im Laufe seiner schriftstellerischen Laufbahn wird er weit über 100 verschiedene Pseudonyme verwenden.
1887	Guangxu 13	Genießt zu Hause Privatunterricht.
1892	Guangxu 18	Tritt in die Privatschule »Studio der drei Aromata« *(Sanwei shuwu)* ein. Sein Lehrer ist Shou Jingwu. Während dieser Zeit reist er häufig zu den Eltern seiner Mutter Lu Rui, wo er das bäuerliche Landleben kennenlernt. Seine Schulerfahrung schildert er in »Aus dem Garten der hundert Gräser in die Klause der drei Düfte« (in: »LXW« Bd. 3, S. 61–68).

Dokument B023

Porträt von Lu Rui, der Mutter von Lu Xun (Photographie, um 1940)
Abbildung S. 17

Q — Li Yunjing 李允經 *Lu Xun de hunyin yu jiating* 鲁迅的婚姻與家庭 [Ehe und Haushalt von Lu Xun], Beijing: Shiyue wenyi chubanshe 2.1990, Bildteil

1893 · 7 · 25	Guangxu 19 · 6 · 13	Jüngster Bruder Zhou Chunshou wird geboren.
1893 · Herbst		Familie verkauft Geschäft, um den Großvater väterlicherseits Zhou Fuqing aus der Haft freikaufen zu können; LX kommt bei verwandter Familie Qi unter.
1894 · Frühjahr	Guangxu 20 · 2 – 3	Kehrt nach Shaoxing zurück und seine Ausbildung im *Sanwei shuwu* fort.
1894 · Winter	Guangxu 20 · 11 – 12	Der Vater Zhou Fengyi wird schwer krank. LX erlebt, wie ein Teil des Familienbesitzes für die kostspielige medizinische Behandlung eingesetzt wird. Die

		Erfahrung ist literarisch verarbeitet in der »Vorrede«, Sammlung »Nahan« (1922, dt. in: *LXW* Bd. 1, S. 7–15).
1895	Guangxu 21	Während seiner Freizeit exzerpiert und sammelt er alte Bücher; liest inoffizielle historische Aufzeichnungen (*yeshi* »wilde Geschichte«, *zashuo* »vermischte Berichte«), so die Werke *Shu bi* [Grüne Jade aus Shu, d.h. aus der Provinz Sichuan; 4 Bde., 1685, von Peng Zunsi], *Jilei bian* [Geschmackloses Essen; inoffizielle historische Aufzeichnungen von Zhuang Chuo (4. Jh.)], *Ming jibai shi huibian* [Gesammelte historische Anekdoten aus der Ming-Dynastie].
1896 · 10 · 12	Guangxu 22 · 9 · 6	Der Vater stirbt im Alter von 37 Jahren. LX beginnt seine Tagebuchaufzeichnungen, die zunächst bis 1902 reichen, jedoch als verloren gelten müssen.
1898 · 2 · 18	Guangxu 24 · 1 · 28	Geht nach Hangzhou, um seinen Großvater im Gefängnis zu besuchen, und sucht bei dieser Gelegenheit die Buchhandlung des großen Zeitungsverlags *Shenbao* aus Shanghai auf, wo er Übersetzungen westlicher naturwissenschaftlicher Werke erwirbt.
1898 · 3 · 15	Guangxu 24 · 2 · 24	Dokument C047

Zhou Zuoren: Tagebücher

Die folgenden Texte stammen aus Tagebüchern von Zhou Zuoren (1885–1967), einem der beiden jüngeren Brüder von Lu Xun. Daß alle drei Brüder schon früh ambitioniert literarisch tätig waren, ermöglicht biographische Einblicke, die sich wechselseitig erhellen und sonst in der Literaturgeschichte selten möglich sind. Allerdings wird häufig psychologisch argumentiert, Zhou Zuoren habe später seinem älteren Bruder den größeren Ruhm nie gegönnt und sei von allem Anfang an voller Ressentiment gegen ihn gewesen. Dazu beigetragen hat, daß nach einem Streit mit seiner Schwägerin Habuto Nobuko (1885–1967) Lu Xun 1923 mit Ehefrau und Mutter aus dem gemeinsamen Haushalt der drei Brüder auszog. Politisch ebenso hat dazu beigetragen, daß Zhou Zuoren in der Marionettenregierung des japanisch besetzten Peking hohe Ämter annahm und später als Kollaborateur zum Tode verurteilt und dann begnadigt wurde. Dessen ungeachtet stellen die Tagebücher zusammen mit zahlreichen Memoirenbänden zu Lu Xun aufschlußreiche Zeugnisse dar. Lu Xun selbst hat dieses Genre bis zu seinem Lebensende auf ebenso konventionelle Art gepflegt. Zhou Zuoren war 13 Jahre alt, als er die folgenden Eintragungen niederschrieb, und lebte seit dem Tode des Vaters 1896 bei Verwandten in Hangzhou, auch um sich um den wegen einer Korruptionsaffäre inhaftierten Großvater zu kümmern. Sein Bruder Lu Xun zählte noch nicht einmal 17 Jahre. Die verbindenden Kommentare hat Zhou Zuoren fast 60 Jahre später geschrieben. — Die Tagebücher sind bisher nur in Auszügen veröffentlicht, die in der Regel Lu Xun betreffen. Erst jüngst erschien eine naturgemäß nur Spezialisten zugängliche Faksimile-Ausgabe.

Jahr Wuxu [1898], Teil 2

In den Tagebüchern werden ab- und eingehende Briefe verzeichnet, ohne daß über deren Inhalt weiteres gesagt würde. Um den Text kurz zu halten, werden hier nur die beiden folgenden Abschnitte wiedergegeben. Der erste davon stammt aus dem 2. Monat:

24. [15.3.] Klar. Die Briefe vom 23. erhalten, dazu je zwei Aufsätze und Gedichte. Der erste Aufsatz heißt »Yi ran hou qu« [Wer wagt, gewinnt], der zweite »Wu ru guaren zhi yongxin zhe« [Nicht mit der unlauteren Absicht schlechter Menschen handeln]. Das erste Gedicht trägt den Titel »Baihua shengri« [Der Tag, an dem hundert Blumen blühen], das zweite »Hongxing zhitou chunyi nao« [Frühlingsstimmung zwischen roten Pfirsichzweigen]. Herr *Shou Zhulin* hat sie korrigiert.

Daraus ist ersichtlich, daß Lu Xun im Jahre 1898 immer noch Unterricht im *»Studio der drei Aromata«* erhielt, doch war er bloß ein sogenannter »Fernschüler«, das heißt, er nahm nicht mehr unmittelbar am Unterricht teil, denn er hatte schon vor einigen Jahren das Studium der *»Elf Klassiker«* zuende gebracht und schrieb nun zuhause selber Gedichte und Aufsätze, die er dann dem genannten Herrn zur Kritik und Korrektur zuschickte. Der alte Herr Shou war bis zum Jahre Gengxu der Regierungsära Guangxu (1910) zwar bei bester Gesundheit, bezeichnete jedoch seinen literarischen Stil in höflicher Bescheidenheit als veraltet, so daß er seinen Sohn mit der Kritik und Korrektur beauftragt haben muß. Lu Xun sagt von jenem, er sei ihm wie ein älterer Bruder gewesen. Er ist jetzt über 80 Jahre alt und lebt in Peking. Der zweite Abschnitt stammt aus dem 3. Monat:

20. [10.4.] Klar. Nachmittags Post bekommen, dazu je zwei Aufsätze und Gedichte. Der erste Aufsatz heißt »Zuoyou jie yue xian« [Alle sagen, daß er ein guter Mensch ist], der zweite »Rengao zhi yi guo ce xi« [Wenn mir jemand sagt, wo ich fehle, freue ich mich]. Das erste Gedicht lautet »Tailiang shang jie lü« [Moosspuren steigen grün die Treppe empor], das zweite »Man di lihua zuo ye feng« [Birnenblüten liegen am Boden, letzte Nacht wehte der Wind].

Hier sei gesagt, daß es kaum mehr jemanden gibt, der sich vorstellen kann, was es bedeutete, solche Mustergedichte für den *Achtfüßigen Aufsatz* zu schreiben, doch damals waren sie für Schüler und Studenten das einzige Unterrichtsfach. Wer sie nicht beherrschte, hatte absolut keine Chance. In den vorliegenden alten Tagebüchern finden wir zur Genüge Titel von Gedichten und Aufsätzen, die Lu Xun damals schrieb — Material, das bisher schwer zugänglich war, aber sehr aufschlußreich ist.

Jahr Wuxu [1898], Teil 3
Kurz nachdem er Lu Xun die Gedichte und Aufsätze nach Hangzhou abgeschickt hatte, ist eine Aufzeichnung zu finden, die sich vom obigen Fragment wesentlich unterscheidet:
9. Tag des 3. Schaltmonats [29.4.]. Regen. Brief aus *Yue* vom vergangenen 7. Tag [27.4.] erhalten, in dem er [Lu Xun] die Absicht äußert, nach *Jinling* zu gehen. Bereits vereinbart, daß ich mit dem ersten älteren Bruder meines Vaters hingehe.
12. Tag [2.5.]. Leichter Regen, später wieder klar. Nachmittags mein *älterer Bruder* mit Onkel *Zhongxiang* gekommen, zusammen mit ihnen weggegangen.
13. Tag. Klar. Vormittags der ältere Bruder *Yuting* gekommen, um sich zu verabschieden.
Die täglichen Aufzeichnungen sind stark verkürzt und bedürfen einer kurzen Erläuterung. Der oben erwähnte Onkel war an eine Schule in Nanjing gegangen, weil damals *jemand aus der Familie* (der Cousin väterlicherseits, der mit *Jiefu* einen gemeinsamen Urgroßvater hat) in der Wasserbau-Akademie für die südliche Yangzi-Region Schulaufseher war. Deshalb suchte ihn [dieser Onkel] auf, legte die Aufnahmeprüfung ab und studierte dort bis zu seinem Abschluß im Jahre Jiazhen [1904]. Lu Xun spricht von der gleichen Schule. Zhongxiang ist der zweite Sohn aus jener Familie. Die erwähnte Vereinbarung geht vermutlich darauf zurück, daß Lu Xun sich mit Zhongxiang brieflich in Verbindung gesetzt hatte und die Angelegenheit mit Hilfe von Onkel *Sheng* erfolgreich geregelt worden war. So konnte Lu Xun nach Hangzhou schreiben, um seinen Großvater väterlicherseits förmlich um Erlaubnis zu bitten, denn ohne eine solche hätte er in Wahrheit nicht nach Nanjing gehen können. Einen Tag später wurde diese Erlaubnis bereits abgeschickt. Danach folgen einige Abschnitte, aus denen sich sein Aufenthaltsort erschließen läßt:
20. Tag. Klar. Nachmittags Brief von Yuting vom 15. Tag erhalten, in dem er schreibt, er sei in Shanghai angekommen.

1. Tag des 4. Monats [20.5.]. Klar. Brief von Yuting vom 17. Tag [7.5.]
erhalten, in dem er schreibt, er sei in Jinling angekommen.
Am 11. Tag [1.5.] reiste Lu Xun von Shaoxing ab und kam am 17. Tag in
Nanjing an. Daß der Brief fast einen halben Monat unterwegs war, hängt
damit zusammen, daß er über die [staatliche] Volkspostverwaltung verschickt
worden war und deshalb so lange brauchte.

A — *Shou Zhulin* (1873–1961) zweiter Sohn von Shou Jingwu (1849–1929), dem Lehrer von Lu Xun, 1914–28 als Sekretär in einem Pekinger Regierungsamt ¶ »*Studio der drei Aromata*« ist der Name der Privatschule, wo Lu Xun seit 1892 Unterricht erhielt ¶ »*Elf Klassiker*« Bezeichnung für eine seit der Zeitwende kanonisierte Auswahl von traditionellen Werken, die Kern des Prüfungsstoffs für eine Beamtenlaufbahn war; abgeleitet von den »Zehn Klassikern«, in denen »Lunyu« [Gespräche des Konfuzius] und »Xiaojing« [Buch von der Kindespietät] als Werk gezählt wurden ¶ *Achtfüßiger Aufsatz* (»baguwen«) ist eine argumentative Prosagattung aus acht Teilen mit rigorosen formalen und inhaltlichen Vorgaben, die seit dem 14. Jh. etabliert und als Aufgabe bei den Beamtenprüfungen vorgeschrieben war, von Lu Xun in der Gliederung von »Kein überstürztes "Fair play" — Ein Disput« (in: *LXW* Bd. 5, S. 357–69) ironisiert ¶ *Yue* ist der Name eines bis um 306 v.u.Z. in Südchina bestehenden Staates, der seine Hauptstadt auf dem Gebiet heutigen Shaoxing hatte, und wird deshalb als Kurzbezeichnung für den Ort gebraucht ¶ *Jinling* ist eine andere Bezeichnung für Nanjing (Provinz Jiangsu), die auf eine gleichnamige Gründung im Gebiet von Nanjing durch den Staat Chu im 4. Jh. v.u.Z. zurückgeht ¶ *älterer Bruder* gemeint ist Lu Xun ¶ *Zhongxiang* (um 1880–?) jüngerer Sohn von Zhou Jiaosheng (s.u.), ungefähr gleichaltrig mit Lu Xun ¶ *Yuting* Großjährigkeitsname (»zi«) von Lu Xun ¶ *jemand aus der Familie* gemeint ist Zhou Jiaosheng (auch Qingfan, 1845–1917), Großonkel von Lu Xun, der mit seiner Konkubine namens Zhang die beiden Söhne Zhongsheng (1882–1918) und Zhongxiang hatte ¶ *Jiefu* gemeint ist der Großvater Zhou Fuqing (1838–1904), der zeitweilig als Beamter an einer offiziellen Geschichte der Taiping-Revolte mitschrieb und die Jahre 1893–1901 wegen eines Bestechungsversuchs in der Provinzhauptstadt Hangzhou im Gefängnis war ¶ *Sheng* gemeint ist Zhou Zhongsheng (s.o.)

Q — Zhou Xiashou 周遐壽 [Zhou Zuoren 周作人] »Fulu yi. Jiu riji li de Lu Xun« 附錄一·舊日記裡的魯迅 [Anhang 1. Lu Xun in alten Tagebüchern], in: *Lu Xun xiaoshuo li de renwu* 魯迅小說裡的人物 Beijing: Renmin wenxue chubanshe 8.1957, [3]7.1981, S. 155–6

L — Chen Shuyu 陳漱渝 »Dong you Qiming, xi you Changgeng — Lu Xun yu Zhou Zuoren shihe qianhou« 東有啟明，西有長庚——魯迅與周作人失和前後 [Im Osten Qiming {d.i. Zhou Zuoren}, im Westen Changgeng {d.i. Lu Xun; in Japan verwendetes Pseudonym »der Ältere«} — Lu Xun und Zhou Zuoren um die Zeit ihrer Entzweiung], in: *Lu Xun yanjiu dongtai* 魯迅研究動態 5/1985 ¶ Zhu Xiaoyin 祝肖因 »Zhou Zuoren zaoqi riji yu Lu Xun yanjiu« 周作人早期日記與魯迅研究 [Die frühen Tagebücher von Zhou Zuoren und die Lu-Xun-Forschung], in: *Shaoxing Lu Xun*

Nanjing

yanjiu zhuankan 紹興魯迅研究專刊 Nr. 8 (12.1988), S. 108–17 ¶ Qian Liqun 錢立群 *Zhou Zuoren zhuan* 周作人傳 [Eine Biographie von Zhou Zuoren], Beijing: Shiyue wenyi chubanshe 9.1990 ¶ *Zhou Zuoren riji (yingyin ben)* 周作人日記（影印本）[Die Tagebücher von Zhou Zuoren (Ausgabe in Faksimile)], 3 Bde., Zhengzhou: He'nan jiaoyu chubanshe 6.1997

1898 · 5	Guangxu 24 · Schaltmt. 3	Legt die Aufnahmeprüfung zur Schiffsbau-Akademie der Südlichen Yangzi-Region *(Jiangnan shuishi xuetang)* in Nanjing ab und wird in die Klasse für Leitungs- und Radbau eingeteilt.
1898 · 10	Guangxu 24 · 9	Tritt »wegen Unzufriedenheit mit Konservativismus« in die Akademie für Berg- und Bahnbau *(Kuangwu tielu xuetang,* kurz *Kuanglu xuetang)* ein, die der Erdbau-akademie für die Südliche Yangzi-Region *(Jiangnan lushi xuetang)* angeschlossen ist.
1898 · 12 · 20	Guangxu 24 · 11 · 8	Bruder Zhou Chunshou stirbt im Alter von 5 Jahren.
1898		Aufsätze »Jia Jiansheng zaji« (4 Teile), »Shihua zazhi« (2 Teile).
1899	Guangxu 25	Studium in *Kuanglu xuetang.*
1900 · 3	Guangxu 26 · 2	Schreibt nach Winterurlaub in Shaoxing 3 Gedichte im klassischen Stil »Bie zhu di san shou« [Abschied von den Brüdern. Drei Gedichte; dt. in: *LXW* Bd. 6, S. 10].
1900	Guangxu 26	Gedicht »Lianpeng ren« [Auf die Samenkapsel des Lotos; dt. in: *LXW* Bd. 6, S. 11].
1901 · 2 · 11	Guangxu 26 · 12 · 23	Gedicht »Gengzi song zao ji shi« [Abschied vom Jahr Gengzi; als »Dem Herdgott zum Geleit«, in: *LXW* Bd.6, S. 12].
1901 · 2 · 18	Guangxu 26 · 12 · 30	Text »Ji shu shen wen« [Zum Opfer an den Büchergott; dt. in: *LXW* Bd. 5, S. 13–14].
1901 · 4	Guangxu 27 · 2	Gedichte »Bie zhu di san shou« [Drei Gedichte zum Abschied von den Brüdern; dt. in: *LXW* Bd. 6, S. 17–8] und »Xi hua silü« [Unwiederbringlich. Vier Achtzeiler; dt. in: *LXW* Bd. 6, S. 15–6].
1901 · 4 · 9	Guangxu 27 · 2 · 21	Großvater Zhou Fuqing kommt aus Haft frei.
1901 · 11 · 7	Guangxu 27 · 9 · 27	Absolviert mit Kommilitonen ein Praktikum im Kohlenrevier Qinglongshan (heute Xiangshan, Guantang, Nanjing/Jiangsu). Liest *Tianyan lun* in Übers. von Yan Fu, d.i. *Evolution and Ethics* von Huxley.

He Lin: Die Übersetzungen von Yan Fu

Zu den ersten systematischen Untersuchungen der Übertragungen grundlegender Werke des westlichen Liberalismus und politischen Denkens durch den chinesischen Beamten und Politiker Yan Fu gehört die folgende Abhandlung vom jungen He Lin (1901–92), zusammen mit Feng Youlan (1895–1990) dem Nestor westlich orientierten systematischen Philosophierens in China. Bei seinem Aufsatz handelt es sich um eine wohlbegründete Apologie der immensen Vermittlungsarbeit durch Yan Fu, die sich gleichsam auf völlig jungfräulichem Boden abspielte, denn über Grundideen westlichen Denkens war vor der Jahrhundertwende in China so gut wie nichts bekannt; vielmehr erschien der Westen lediglich in Form überlegener Kanonenboote und einer effizienten Kriegsmaschinerie, die das Land schon mehrmals überrollt hatte, zuerst im Opiumkrieg von 1840.

Yan Fu, mit »zi« Jidao, auch Youling, wurde im Jahre *Xianfeng* 3 (1853) geboren und starb im Jahre 10 der Republik (1921). Damit ist er ein Jahr jünger als *Lin Shu* und starb drei Jahre vor ihm. Yan Fu ist 69 »sui« alt geworden. Schon als Kind besaß er eine rasche Auffassungsgabe, schrieb vielschichtige Gedichte [...].

Im Alter von 13 Jahren (1866) legte er die Aufnahmeprüfung zur Schiffsbauschule [in Fuzhou/Fujian] ab, die von *Shen Baozhen* (Beiname Wensu) gegründet worden war. Im Jahre *Guangxu* 2 (1876) wurde er nach England auf eine Marineschule geschickt, um dort Militärtaktik, Festungsbau und andere Disziplinen zu lernen. Bei den Prüfungen schnitt er wiederholt als Bester ab. Besonders hervorragend verstand er sich auf die Mathematik und studierte außerdem Ethik und die Evolutionslehre und vertiefte sich in Soziologie, Recht, Ökonomie und andere Wissensgebiete. Das ist der Ausgangspunkt für seine Verdienste für China in den Bereichen der Wissenschaft und der Übersetzung. Nach seiner Rückkehr nach China wurde er Professor an der *Marineakademie des Nordens* [in Peking]. Nach dem *Boxeraufstand* verlegte er seinen Wohnsitz für sieben Jahre nach Shanghai. In diesen Jahren sind seine Übersetzungen größtenteils entstanden. Zu Beginn der Republikzeit [1912] war er Rektor der Hauptstädtischen Pädagogischen Akademie, der heutigen Universität Peking. In seinen späteren Jahren war er aufgrund der Belastungen durch Alter und Krankheit nicht mehr zu großen Leistungen in der Lage.

Ebenfalls nach seiner Rückkehr nach China lernte er beim großen Meister

Wu Rulun aus Tongcheng Paläographie und erlangte auch darin sehr gründliche Kenntnisse. In seiner »Grabinschrift für Herrn Yan [Fu]« schreibt *Chen Baochen*: »Der Herr war mit der Literatur aller Zeiten innig vertraut. Obwohl er nur wenige Gedichte und nur kurze [eigene] Aufzeichnungen hinterlassen hat, stellen sie doch für die Nachwelt einen unschätzbaren Wert dar. Hinzu kommen seine Fertigkeiten in militärischer Strategie, Festungsarchitektur und anderen Wissenschaften, die ihrerseits wiederum seine Literatur überdecken.« (in »*Xueheng*« Nr. 20 [Aug. 1923]). Die Werke, die er übersetzt hat, sind also den »Übersetzungen der Jin-, Sui-, Tang- und Ming-Dynastie durchaus ebenbürtig« *(Liu Yizheng)*. Darin liegt der Grund, warum er »in den intellektuellen Kreisen dieses Landes einflußreich ist« *(Liang Qichao)*.

Es gibt neun wichtige Werke, die Yan übersetzt hat und die im folgenden aufgeführt seien:

Unter den neuen Übersetzungen von Yan befinden sich nur vier, die aus dem Original vollständig übersetzt sind, nämlich »Inquiry into the Nature and Cause of the Wealth of Nations« [von Adam Smith, 1776], »L'esprit des lois« [von Montesquieu, 1743], »Study of Sociology« [von Herbert Spencer, 1873] und »History of Politics« [von E. Jenks, 1900]. Bei »On Liberty« [von J. S. Mill, 1859] und »On Education in China« [von A. Westharp] handelt es sich jeweils um etwas längere Abhandlungen, die nicht als getreue Wiedergabe der westlichen Vorlage gelten können. Bei »*Tianyanlun*« wiederum handelt es sich um die Einleitung und zwei Abschnitte aus dem »Evolution and Ethics« betitelten 9. Band der insgesamt 12 Bände umfassenden »Sämtlichen Werke« von Huxley. »System of Logic« [von J. S. Mill, 1843] schließlich enthält nicht einmal die Hälfte des Originals. Daher kommt es sehr selten vor, daß jemand Schlechtes über die Qualität der Übersetzungen von Yan sagt, während deren Umfang zu selten in Verdacht gerät.

Warum hat Yan bloß acht oder neun ziemlich schmale Werke übersetzt, und damit Lin Shu keineswegs ebenbürtig, und schon gar nicht den Meistern der Sui- und Tang-Dynastie? Erstens hat er mit äußerster Sorgfalt übersetzt und »wochen- und monatelang gezögert, bevor er ein Wort an seine Stelle setzt«; nicht so wie Lin Shu, »dessen Hand sich rührte, sobald das Ohr gehört hatte, und dessen Pinsel ruhte, sobald der Klang ausblieb«, und der in seinem skizzenartigen Stil die Geschwindigkeit eines Simultandolmetschers erreichte. Zweitens aus Gründen, die Liu Yizheng in seiner Abhandlung deutlich formuliert hat: »Während der Sui- und Tang-Dynastie wurden religiöse kanonische Werke übersetzt, und dies in großem Maßstab, so daß sich dem verantwortlichen Übersetzer eine Vielzahl von Helfern zugesellten.

Yan jedoch mußte sich ausschließlich auf seine eigenen Kräfte verlassen. [...].« (s. Liu Yizheng: »Zhongguo wenhua shi« [Geschichte der chinesischen Kultur], Bd. 5, S. 137, Dongda-Ausgabe). Yan hat dennoch acht oder neun berühmte Werke übersetzt. Den heutigen Übersetzungen, bei denen das Übersetzungshonorar kaum für den Reis ausreicht, oder die in der Freizeit entstehen, wenn die Übersetzer keinen Unterricht erteilen müssen, sind die Werke von Yan in qualitativer und quantitativer Hinsicht weit überlegen.

Wer die Übersetzungen von Yan Fu behandelt, muß vor allen Dingen die Gründe berücksichtigen, warum er bestimmte Vorlagen ausgewählt hat. Bei diesen Gründen lassen sich vier Aspekte unterscheiden: 1. Die weisen Einsichten von Yan Fu bei der Auswahl der Originalwerke. Sein Standpunkt hat sich in einem Klima von »*chinesische Lehren als Substanz, westliche Lehren als Instrument*« herausgebildet. Den meisten Leuten war aus dem Westen nichts weiter bekannt als die Akustik, Beleuchtungstechnik und Elektrizität. Ebenso wußten sie, wie dauerhaft gebaut westliche Schiffe und wie wirksam westliche Geschütze sind. Obwohl er selber in Marineangelegenheiten Experte war, stellte er keine Einführung in die Technik des Schiffs- oder Geschützbaus vor, ebensowenig ein anderes technisches Standardwerk. Vielmehr gehörte zu seinen grundlegenden Überzeugungen, daß die Stärke der westlichen Länder auf deren wissenschaftlichem Denken beruhe, und war der festen Meinung, daß damals wissenschaftliches Denken ebenfalls zu den Bedürfnissen Chinas gehörte.

A — »*zi*« (»Großjährigkeitsname«) wird in der Regel im Alter von 20 Jahren angenommen ¶ *Xianfeng* »umfassender Überfluß«, Regierungsdevise 1851–62 ¶ *Lin Shu* (1852–1924, aus Fuzhou/Fujian) neben Yan Fu bedeutendster Übersetzer der frühen chinesischen Moderne, der sich jedoch auf Erzählliteratur spezialisiert hat und über 170 westliche Romane — oft kursorisch — in klassisches Chinesisch übersetzt hat ¶ »*sui*« eig. »Alterjahre«, doch ist in China jemand nach der Geburt ein »sui« alt, so daß für das Alter nach westlichem Begriff jeweils ein Jahr abgezogen werden muß; im folgenden stillschweigend ersetzt durch »n -1 Jahre« ¶ *Shen Baozhen* (1820–79, aus dem heutigen Fuzhou/Fujian) wurde von der kaiserlichen Administration mit der Organisation einer modernen Marine betraut ¶ *Guangxu* »ruhmreiches Werk«, Regierungsdevise 1875–1909 ¶ *Wu Rulun* (1840–1903, aus Tongcheng/Anhui), Schriftsteller und ein später Vertreter der nach seiner Heimatstadt benannten essayistischen Tongcheng-Schule, die während der ganzen Qing-Dynastie einflußreich war, sich an der Prosa des »Shiji« [Historische Aufzeichnungen; 1. Jh. v.u.Z.] und des »Zuozhuan« [Kommentar des Zuo; 4. Jh. v.u.Z.] orientierte und einen inhaltlich armen gefälligen und eleganten Stil pflegte ¶ »*Xueheng*« kulturkonservative Monatszeitschrift, die gegen die Bewegung des 4. Mai für eine Restauration eintrat, ab 1922 mit dem Untertitel »The Critical Review« in Nanjing erschienen ¶ *Liu Yizheng* (1880–1956) Literaturhistoriker aus

Nanjing

Zhenjiang/Jiangsu ¶ *Liang Qichao* (1873–1929, aus Xinhui/Guangdong), zusammen mit Kang Youwei wichtigster Anführer der 100-Tage-Reformbewegung von 1898, nach deren Scheitern er im japanischen Exil die »Xinmin congbao« [Neue Bürgerzeitung] herausgab; nach Rückkehr nach 1911 verschiedene hohe Regierungsämter; einflußreiche publizistische Tätigkeit, kompiliert in »Yinbingshi wenji« [Gesammelte Werke aus der Schreibstube des Eistrinkers] ¶ *»Tianyanlun«* (etwa »Abhandlung über den Lauf der Natur«) ist die einflußreichste unter den Übertragungen von Yan Fu und erschien erstmals 1898 in einer Holzblockdruck-Ausgabe, dann in zahlreichen Ausgaben ab 1905 in Shanghai; vgl. dazu die Schilderungen von Lu Xun in »Unmaßgebliche Erinnerungen«, in: »LXW« Bd. 3, S. 79–90 ¶ *chinesische Lehren als Substanz, westliche Lehren als Instrument* ursprünglich in Japan für die Übernahme westlicher Technik von Sakuma Zôsan (1811–64) geprägte Formel (»Tôyô no dôtoku, seiyô no geijutsu«), die später für China von Zhang Zhidong (1837–1909) propagiert wurde als »Zhongxue wei ti, xixue wei yong«

L — Schwartz, Benjamin I.: *In Search of Wealth and Power. Yen Fu* [Yan Fu] *and the West*, Cambridge/MA: Harvard University Press 1960 ¶ Motsch, Monika: »Lin Shu und Franz Kuhn — zwei frühe Übersetzer«, in: *Hefte für Ostasiatische Literatur* Nr. 5 (1986), S. 76–87 ¶ Jin Hongda 金宏達 »Lu Xun yu Yan Fu« 魯迅與嚴復 [Lu Xun und Yan Fu], in: *Lu Xun yanjiu* 魯迅研究 Bd. 10 (4.1987), S. 146–62 ¶ Gao Huiqun 高惠群 & Wu Chuan'gun 烏傳袞 *Fanyijia Yan Fu zhuanlun* 翻譯家嚴復傳論 [Eine Biographie des Übersetzer Yan Fu], Shanghai: Waiyu jiaoyu chubanshe 10.1992

1901 · 11 · 7   Dokument W006

Ng Mau-sang: Eine Lektüre des Tianyan lun *von Yan Fu*

Der Sinologe, Literaturwissenschaftler und Komparatist Ng Mau-sang (1947–1994), dem das vorliegende Buch gewidmet ist, wuchs in Hong Kong auf und hat sein Studium in Oxford abgeschlossen, war 1987–88 Stipendiat am Fairbank Center (Cambridge/MA, USA) und lehrte an der University of California in Davis und zuletzt in Oxford. Er ist mit einer Untersuchung über die sogenannten »russischen Helden« in der modernen chinesischen Literatur hervorgetreten, in der er vor allem in den Werken von Lu Xun, Yu Dafu, Mao Dun und Ba Jin den anarchistischen und melancholischen Figuren nachgeht, wie sie sich auch bei âechov, Turgenev und Andreev (vgl. Dok. T001) finden. Damit hat er sich mit dem Problem der drohenden Selbstzerstörung angesichts scheiternder Utopien auseinandergesetzt, die nicht nur Lu Xun nachhaltig beschäftigte (vgl. Dok. C005), sondern prägend für die gesamte Literatur zwischen 1919 und 1949 ist. Ng Mau-sang, der auch zahlreiche komparatistische Arbeiten in chinesischer Sprache publiziert hat, zeigt im folgenden Beitrag auf, daß die einflußreiche Adaption von Thomas Henry Huxley (1825–95) durch Yan Fu sich nicht an positivistischen Kriterien der Übersetzung messen läßt.

Der Text ist D. C. Lau [Liu Dianjue], *dem bedeutenden Übersetzer kanonischer Werke der traditionellen chinesischen Literatur gewidmet.*

Es ist kaum übertrieben zu behaupten, daß »Tianyanlun« (im folgenden TYL) von Yan Fu, angeblich eine Übersetzung der Romanes-Vorlesung »Evolution und Ethik«, die der britische Biologe und Naturwissenschafter am 18. Mai 1893 an der Universität Oxford gehalten hat, in den ersten Jahrzehnten dieses Jahrhunderts unter chinesischen Intellektuellen zu den einflußreichsten Texten gehörte. Die wirksamste Botschaft, die TYL Lesern jener Zeit nahebrachte [...], war das Konzept, das Yan Fu in einem Parallelausdruck zusammengefaßt hatte, den er »Evolution und Ethik« zuschrieb: »wu jing tian ze, shizhi shengcun«. — Eine wörtliche Übersetzung aus dem Chinesischen würde lauten: »Belebte Dinge befinden sich im Wettstreit, die Natur wählt aus und die Geeigneten überleben«. Wer wichtige Denker jener Zeit liest, wird häufig den Ausdrücken »wu jing« oder »tianyan« begegnen, die eine inhaltliche bedeutende Rolle spielen. Hu Shi zum Beispiel berichtet, daß viele sich dieser Ausdrücke als Personennamen bedienten, unter anderem auch seine Klassenkameraden. Sein eigener Name »Shi« (»geeignet«) ist ein Zeugnis dieser Mode. Sinngemäß schreibt auch Lu Xun, TYL habe ihn davon überzeugt, daß sich belebte Dinge im Wettstreit miteinander befinden und sich weiterentwickeln. Er wurde ein überzeugter Anhänger der Evolutionslehre, bis er sich in den späten 20er Jahren zu linken Ideen bekehrte. [...]

Der vorliegende Beitrag will untersuchen, wie Yan Fu die Überlegungen von Huxley ins Chinesische übertragen und wie er den Text von Huxley durch seine ausgeklügelten Interpolationen und Erläuterungen umgewandelt hat. Dies führt zur umfassenderen Frage, wie die chinesische Welt funktioniert, wenn sie eine andere Kultur interpretiert. Ich glaube, daß sich diese Frage am besten beantworten läßt, wenn beide Texte genau untersucht werden. Beim Vergleich zwischen dem Werk von Huxley und TYL fallen die gewaltigen Abweichungen auf. Dieser Unterschied beruht nicht allein auf den zugegebenermaßen wichtigen sprachlichen und kulturellen Schranken. Eher hängen sie damit zusammen, daß Yan Fu seine eigenen Anschauungen Huxley unterschieben wollte. Das Ergebnis davon ist ein Werk, das sich wesentlich von seiner Vorlage unterscheidet. Bei TYL kann sogar von einer Erwiderung von Yan Fu auf Huxley gesprochen werden; dabei schuf Yan Fu seinen eigenen Text. Diese Neuschöpfung vermittelt Einblicke in die Ideen von Yan Fu, in die Bedeutung, die der Text von Huxley für ihn hatte, sowie in die intendierte Bedeutung seines eigenen, neu geschaffenen Textes. Die Übertragung kann als Metatext zu einer Reihe verschiedener Texte aufgefaßt werden. [...]

Die Reaktion von Yan Fu auf Huxley

Im Vorwort zu seiner angeblichen Übersetzung schreibt Yan Fu, Huxley habe mit seiner Vorlesung beabsichtigt, »*die ungesunden* Folgerungen auszugleichen, die sich aus der Auffassung von Spencer ergeben, die menschliche Ordnung auf die Natur zu gründen.« (S. 2) Diese Äußerung bietet einen Aufhänger, um den Text von Yan Fu näher zu untersuchen. Daraus folgt logischerweise die Frage, ob darin die verzerrende Lektüre von Huxley durch Yan Fu enthalten sei, und falls ja, in welcher Weise sich in der Übersetzung von Yan Fu seine eigenen Überzeugungen bemerkbar machen.

Werfen wir zunächt einen kurzen Blick auf den Text von Huxley. [...] Huxely vertritt darin entschieden die Auffassung, daß im Universum zwei Prozesse zu unterscheiden sind, kosmische und ethische. Der erstere setzt alle fühlenden Wesen einem beständigen Wandel aus, dem Kampf ums Dasein, dem Leiden und dem Tod. Am Anfang seiner Vorlesung zeichnet er nach, wie die Menschheit aus einem ursprünglichen, naturhaften Zustand forschreitet zu einer relativen Harmonie zwischen den Menschen. Seine Absicht ist es aufzuzeigen, daß ein ethisch [handelnder] Mensch seine Handlungsfreiheit so beschränken muß, daß er die Freiheit der anderen nicht beeinträchtigt. Daher sollte sich der Mensch bemühen, aus seiner Stellung im Tierreich zu entwischen, da jener auf der freien Entfaltung einer nicht-moralischen Evolution beruhe. Für Huxley hat die Gesellschaft nicht nur moralische Ziele, sondern Leben selbst ist, wenn es vollkommen ist, praktische Moral. [...] Er gelangt zum Schluß, »daß der ethische Fortschritt einer Gesellschaft nicht darauf bauen, kosmische Prozesse nachzuahmen, noch viel weniger darauf, ihnen ausweichen zu wollen, sondern sie bekämpfen muß« (S. 82 [in: »Struggle for Existence in Human Society«, 1888]).

In TYL sind die Vorstellungen von Huxley über die »Ethik« der Evolution mit keinem Wort zum Ausdruck gebracht. Diese mangelnde Klarheit läßt sich nicht darauf zurückführen, daß Yan Fu Huxley mißverstanden hätte. Tatsache ist vielmehr, daß sich das klare Verständnis von Huxley durch Yan Fu immer dann zeigt, wenn er beliebt, den Text treffend zu übersetzen. Damit gibt Yan Fu ein Beispiel für das, was Friedrich Schleiermacher als die Qualitäten eines großen Übersetzers bezeichnet. Yan Fu bringt dann Huxley seinem Leser so nahe, daß er »*ihm den fremden* Verfasser in seine unmittelbare Gegenwart hinzauber[t]«. Hinzu kommt, daß Yan Fu genügend unter Beweis gestellt hat, wie sehr er sein Material im Griff hat, wenn er etwa den Text von Huxley bei Schlüsselstellen umwandelt, indem er seine eigenen Lesefrüchte einfließen läßt. Ebensowenig ist die fehlende Klarheit eine Folge daraus, daß Yan das klassische Hochchinesisch als Medium benutzt hat.Wenn man berücksichtigt, wie nachhaltig es Yan Fu gelingt, sowohl die Ideen von Huxley als auch seine eigenen zu vermitteln, und ebenso angesichts der Überzeugungskraft, mit der Yan Fu seine Argumente vertritt, so läßt sich das antike Chinesisch als durchaus wirksames Medium betrachten, auch wenn eingeräumt werden muß, daß es hohe Ansprüche an den Leser stellt, der mit den hochgradig formalisierten und ritualisierten sprachlichen Mitteln vertraut sein muß. Es läßt sich sogar füglich behaupten, daß der Text von Yan Fu lesbarer ist und überzeugender wirkt als manche sozialwissenschaftlichen Texte, die während jener Zeit ins Chinesische übersetzt wurden, sich jedoch der modernen Umgangssprache als Medium bedienten. Was den Text von Yan Fu so schwierig macht, ist die komplexe Lektüre des Originals. Yan Fu gibt ebenso sehr eine Antwort als er auch beschreibt und interpretiert. [...]

1. Ethik der Evolution und evolutionäre Ethik
[...] Wie wenn er Zweifel bei seiner Leserschaft zerstreuen wollte, versieht Yan Fu seinen Text mit einem ausführlichen Kommentar. Er erläutert darin, daß die Natur nur jene auswählt, die über die höchsten Fähigkeiten und die beste Verfassung verfügen; nur jene würden überleben und weiter gedeihen, die intellektuell, körperlich und moralisch überlegen sind. Durch den Akzent auf ethischen ebenso wie auf intellektuellen und körperlichen Aspekten, vertritt Yan Fu offenbar sein eigenes Programm. Dieses Programm zeigt sich am deutlichsten in seiner Vorstellung von »qundao« — dem Weg der Gesellschaft —, die er in seinem Text einbringt. [...]
Werfen wir einen Blick darauf, wie Yan Fu die Bedeutung des Textes von Huxley verschiebt, um ihn seinen eigenen Absichten nutzbar zu machen. Zunächst stimmt Yan Fu mit Huxley darin überein, daß der Mensch einen wesentlichen Beitrag zum Prozeß der Evolution leistet, doch hat Yan Fu eine andere Auffassung über das Verhältnis zwischen »Individuum« und »Gesellschaft«. Wenn wir vergleichen, was in Abschnitt 2 der Prolegomena von Huxley steht, und wie Yan Fu »übersetzt«, läßt sich das am deutlichsten vorführen:

Text von Huxley:
Es leuchtet ohne weiteres ein, daß ein Garten ebenso ein Kunstwerk ist,

ein künstliches Gebilde, wie irgend etwas anderes, was [als Kunstwerk] angeführt werden könnte. Die sich in bestimmten menschlichen Körpern befindet, angeleitet vom Intellekt, sich am selben Ort befindet, hat eine Ansammlung von anderen, ebenso materiellen Körpern hervorgebracht, die im Naturzustand nicht hätten entstehen können. Das gleiche gilt sinngemäß für alles, was vom Menschen hervorgebracht wird. [...] Wir können diese Gegenstände künstlich nennen, Kunstwerke oder künstliche Gebilde, um sie zu unterscheiden von den Erzeugnissen des kosmischen Prozesses, der außerhalb des Menschen wirksam ist, und den wir natürlich nennen [...] (S. 38–39)

Text von Yan Fu:

Um zu begreifen, was vom Menschen geschaffen (»renwei«) bedeutet, können wir den Gartenbau als Beispiel anführen. Wenn der Mensch von der Natur sein Leben erhält, wird sein Körper mit dem ausgestattet, was Kraft (»li«) genannt wird, mit Energie (»qi«). Die Natur versieht sein Herz mit Intelligenz (»zhi«) und mit Geist (»shen«). Wendet der Mensch seine Intelligenz in Verbindung mit seiner Kraft an, um etwas ins Werk zu setzen, bringt er etwas zustande, wozu die Natur nicht in der Lage ist. Dieses Wirken aus sich selbst wird Handeln (»ye«) genannt und erzielt Wirkung (»gong«), während der Vorgang selbst Menschenwerk (»renwei«) heißt. [...] Menschliches Handeln schließt also jene Lücke, welche die Natur freigelassen hat. (I, S. 7)

Es liegt auf der Hand, daß Yan Fu dem menschlichen Handeln einen weit höheren Stellenwert einräumt als Huxley, auch wenn er dessen allgemeine Analogie über das Verhältnis zwischen Natur und Kunst übernimmt. Huxley, der zeit seines Lebens die Evolution verfochten hat, wußte nur allzu gut, daß »von Menschen Geschaffenes« unveräußerlicher Bestandteil des kosmischen Prozesses ist.

A — »*die ungesunden* ...« Zitatnachweise beziehen sich auf die Bleisatzausgabe (Shanghai: Shangwu yinshuguan 1905 u.ö), deren Titelseite weiter unten reproduziert ist ¶ »*ihm den fremden* ...« zit. »*wie durch Zauberei* ...« zit. nach »Ueber die verschiedenen Methoden des Uebersezens« [1813], in: »Friedrich Schleiermachers sämmtliche Werke«, Abt. 3, Bd. 2 (Berlin: Reimer 1838), S. 231

Q — Ng Mau-sang: »Reading Yan Fu's "Tian Yan Lun"«, in: *Interpreting Culture through Translation. A Festschrift for D. C. Lau*, Hg. Roger T. Ames & Chan Sin-wai & Mau-sang Ng, Hong Kong: The Chinese University Press 1991, S. 167–84

L — Ng Mau-sang: *The Russian Hero in Modern Chinese Fiction*, Hong Kong: Chinese University Press / New York: State University of New York Press 1988 (= SUNY Series in Chinese Philosophy and Culture)

1901 · 11 · 7   Dokument C016

Liu Xianbiao: Eine Kritik an Yan Fu und der Verbreitung westlicher Wissenschaft (1991)

Der folgende kurze Beitrag — die Zusammenfassung eines am Kongreß der »International Comparative Literature Association« 1990 in Tôkyô gehaltenen Vortrags — über den Übersetzer Yan Fu zeigt, wie sich in der Volksrepublik ein Wandel in der Einschätzung der »konservativen Wende« bei Yan Fu abzuzeichnen beginnt. Yan Fu hat gegen sein Lebensende eine konfuzianisch geprägte kulturkonservative Position eingenommen, nachdem er um die Jahrhundertwende teilweise kritiklos das westliche Entwicklungsmodell und den westlichen Wissenschaftsbegriff als einzig möglichen Ausweg aus Chinas weltmachtpolitischer Bedrängnis angepriesen hatte. Der Verfasser Liu Xianbiao (1931–) ist Professor am Pädagogischen Institut in Changwei/Shandong und hat u.a. »Die Blüte der Komparatistik in China« (Bijiao wenxue ji qi zai Zhongguo de qingqu) und »Entwurf einer Geschichte der Übersetzungsliteratur in China« (Zhongguo fanyi wenxue shigao) veröffentlicht.

Sowohl bezüglich der modernen Ideen- und Kulturgeschichte als auch im Bereich der Übersetzung hat sich Yan Fu jeweils besondere Verdienste erworben. Besonders was Einführung und Verbreitung des wissenschaftlichen Denkens in der westlichen Kultur betrifft, gebührt ihm ein wichtiger historischer Rang, indem er dort besonders Hervorragendes geleistet hat.

Für das moderne China ist Yan Fu ein fortschrittlicher Vertreter und geachteter Begründer der Einführung und Verbreitung westlicher Wissenschaft, der Förderung chinesisch-westlichen Kulturvergleichs und der Suche nach Wahrheit in den westlichen Ländern. Was den Vergleich zwischen chinesischer und westlicher Kultur betrifft, so kann er als erster Gelehrter überhaupt gelten, der den kulturellen Prozeß in China und denjenigen im Westen systematisch miteinander verglichen hat.

Wenn Yan Fu westliche Wissenschaft verbreitete, so ging er von der Tatsache aus, daß das moderne China vor der Aussicht auf den Untergang gerettet werden mußte, sowie vom Wunsch, den Charakter des chinesischen Volkes zu reformieren. Um dieses Ziel zu erreichen, bediente er sich zahlreicher verschiedener Methoden: Erstens wählte er mit großer Sorgfalt fortschrittliche philosophische, politologische, wirtschaftswissenschaftliche und juristische Werke aus dem Westen aus und stellte sie systematisch in Übersetzungen vor, wobei er auf der Grundlage seiner Übersetzungen westliche Kultur und westliche Ideen verbreitete; zweitens hat er die Prozesse im »chinesischen Lernen« und im »westlichen Lernen« umfassend und wissenschaftlich miteinander kontrastiert und Verlauf und Verbreitung ihrer Unterschiede und Grundlagen miteinander verglichen. Damit hat er eine neue Epoche im Lernen vom Westen und im Kulturvergleich zwischen China und dem Westen eingeleitet.

Unter den wichtigsten Übersetzungen, die Yan Fu dazu gedient haben, westliche Wissenschaft zu verbreiten, befinden sich folgende Werke: »*Über die Veränderungen in der Natur*« von Huxley, »*Lehrgang der Massenkunde*« von Spencer, »*Ursprung des Wohlstands*« von Adam Smith, »*Bedeutung der Gesetze*« von Montesqieu, »*Allgemeine Deutung der Gesellschaft*« von Jenks, »*Kurze Erläuterung der Lehre von den Benennungen*« von Jevons und andere.

Als Grundlagen für das Studium des Verhältnisses zwischen chinesischer und westlicher Kultur hat Yan Fu die Abhandlungen »*Über den raschen Wandel in der Welt*«, »*Der Ursprung der Stärke*«, »*Eine Widerlegung von Han* [Feizi]«, »*Endgültige Abhandlung über die Rettung vor dem Untergang*« und weitere erscheinen lassen. Wenn er die chinesische und westliche Kultur miteinander verglich, betonte er als Unterschiede, daß die westliche Kultur vor allem praktisch, schöpferisch und auf Entwicklung bedacht sei, während die chinesische konservativ sei und dazu neige, an verbreiteten Behauptungen festzuhalten.

Was die Verbreitung westlicher Wissenschaft betrifft, so übten Übersetzungen und theoretische Abhandlungen von Yan Fu nach ihrer Veröffentlichung im *neuzeitlichen China* und auch später einen gewaltigen Einfluß aus, der sie zu einer wichtigen Grundlage für soziale und kulturelle Reformen machte. Kapitalistische Reformer wie *Liang Qichao* und Vorreiter der Neuen Kulturbewegung wie *Chen Duxiu, Hu Shi* und Lu Xun waren alle tief von ihm beeinflußt und empfingen aus seinen Übersetzungen Belehrung und geistige Impulse. Mit seiner Verbreitung westlicher Wissenschaft hat Yan Fu eine ganze Generation gebildet und angeregt.

In der Art, wie Yan Fu westliche Kultur und westliches Denken verbreitet hat, lassen sich deutlich zweierlei Besonderheiten ausmachen: Zum einen geht er von der sozialen Wirklichkeit Chinas aus und stützt sich auf die Praxis von Entwicklung und Wandel der chinesischen Gesellschaft und beachtet sehr genau deren Ergebnisse; zum anderen ist sein Vergleich zwischen dem kulturellen Prozeß in China und demjenigen im Westen sorgfältig und wissenschaftlich, und sucht nach den Unterschieden, indem er sie immer wieder überdenkt. Die wissenschaftlichen und denkerischen Aktivitäten im Leben von Yan Fu lassen sich in eine Früh- und eine Spätphase unterteilen, die sich voneinander unterscheiden. In der frühen Phase machte er es sich zur Pflicht zu verkünden, daß westliche Wissenschaft »die Weisheit des Volkes erschließt«, »die Kräfte des Volkes aufrüttelt« und »die Tugenden des Volkes erneuert«, und behauptete, »die heutige chinesische Regierung hat sich den Westen weder zum Vorbild noch zum Lehrer genommen«. In seiner späten Phase machte er jedoch gegenüber seiner Frühzeit eine Kehrtwendung und setzte sich dafür ein, *Konfuzius* zu verehren und die *Klassiker* zu lesen, und räumte der Moral von Konfuzius und *Menzius* einen so überragenden Platz ein, daß sie »im Wandel der Tage und Zeit die Leitlinie für ein ganzes Leben« bilden könnten und »es nichts gibt, was die Worte von Konfuzius und Menzius ungültig machen könnte«. Diese Kehrtwendung bei Yan Fu macht nicht nur nachdenklich, sondern enthält darüber hinaus auch eine historische Erfahrung und Lehre im Zusammenhang mit dem kulturellen Austausch.

A — »*Über*...« (»Tianyan lun«), gemeint ist die chinesische Assimilation von »Evolution and Ethics« von T. H. Huxley (1894); Titel jeweils aus dem Chinesischen rückübersetzt, um die Verfremdung aufgrund erst rudimentär vorhandener chinesischer Terminologie zu verdeutlichen ¶ »*Lehrgang*...« (»Qunxue yiyan«) »Study of Sociology« von H. Spencer (1873) ¶ »*Ursprung*...« (»Yuan fu«) »Inquiry into the Nature and Cause of the Wealth of Nations« (1776) ¶ »*Bedeutung*...« (»Fa yi«) »De l'esprit des lois« (1748) ¶ »*Allgemeine*...« (»Shehui tongquan«) »History of Politics« von E. Jenks (1900) ¶ »*Kurze*...« (»Mingxue qianshuo«) »Elementary Lessons in Logic« von W. S. Jevons (1870) ¶ »*Über den raschen*...« (»Lun shi bian zhi ji«), 1894 ¶ »*Der Ursprung der Stärke*« (»Yuan qiang«), 1895 ¶ »*Eine Widerlegung*...« (»Pi Han«), 1895 ¶ »*Endgültige*...« (»Jiuwang juelun«), 1895, alle zuerst erschienen in »Zhibao« [Zeitung für die Provinz Zhili] in Tianjin, kurz darauf in »Shiwubao« [Zeitung für laufende Ereignisse], einer in Shanghai veröffentlichten reformorientierten Zeitschrift ¶ *neuzeitliches China* wird als Epochenbezeichnung für die Zeit zwischen dem 1. Opiumkrieg (1839–40) und dem Sturz der letzten Dynastie (1911/12) bzw. der Bewegung des 4. Mai (1919) verwendet ¶ *Liang Qichao* (1873–1929, aus Xinhui/Guangdong), Reformer, Literat und Politiker, prominenter Vertreter der gescheiterten Hundert-Tage-Reform von 1898, der v.a. vom japanischen Exil aus systematisch westliche Ideen zugänglich machte und später als einflußreicher Publizist praktisch an allen kulturkonservativen Bewegungen nach der Bewegung des 4. Mai beteiligt war ¶ *Chen Duxiu* (1880–1942, aus Huaining/Anhui) Initiator der Bewegung des 4. Mai, Herausgeber der Zeitschrift »Xin qingnian« [Neue Jugend, ab 1915],

Nanjing

Mitbegründer der Kommunistischen Partei ¶ *Hu Shi* (1891–1962, aus Jixi/Anhui) Philologe und mit seiner Formulierung »babuzhuyi« [Prinzip der Acht Verbote, 1916/17] Begründer der Bewegung für die Umgangssprache in der Literatur, die in die Bewegung des 4. Mai mündete ¶ *Konfuzius*, latinisiert aus Kong Fuzi (551–479 v.u.Z., aus Qufu/Shandong), mit den von Schülern niedergeschriebenen »Lunyu« [Gespräche] Begründer einer später zur Staatsdoktrin gewordenen hierarchisch orientierten Sozialethik, die zur Zeit der Bewegung des 4. Mai heftig angegriffen wurde und bis heute die Gesellschaften zahlreicher ostasiatischer Länder prägt ¶ *Klassiker* meint die kanonischen Schriften des Konfuzianismus und des chinesischen Altertums, zuletzt zusammengefaßt als »Dreizehn Klassiker« ¶ *Menzius*, latinisiert aus Meng Zi, eig. Meng Ke (372–289 v.u.Z.), aus Zouxian/Shandong, als legitimer Nachfolger von Konfuzius betrachteter Philosoph, in dessen Werk »Meng Zi« sich die Auseinandersetzungen mit anderen Richtungen deutlich spiegeln

Q — Liu Xianbiao 劉獻彪 »Ping Yan Fu yu xixue de chuanbo« 評嚴復與西學的傳播 in: *Zhong-wai bijiao wenxue tongxun (Zhongwen ban)* 中外比較文學通訊（中文版） Nr. 3 (Shanghai: Shifan daxue Zhongwen xi 6.1991), S. 19–20

L — Pusey, James R.: *China and Charles Darwin*, Cambridge/MA: Harvard University Press 1983 ¶ ders.: *Lu Xun and Evolution*, Albany/NY: State University of New York Press 1998 (= SUNY Series in Philosophy and Biology)

1901 · 11 · 7   Dokument B069

Titelblatt der ersten Bleisatzausgabe von Yan Fu: »Über den Wandel in der Natur«
Abbildung S. 37

Das Werk Tianyan lun *(»Über den Wandel in der Natur«) nach Huxley gehört zu den Schlüsseltexten zur chinesischen Rezeption westlichen naturwissenschaftlichen Denkens und damit auch buchhändlerisch zu den großen Erfolgen. Eine erste Ausgabe, im Holzblockdruckverfahren hergestellt, erschien 1898 im Verlag Shenshijizhai (»vorsichtig erste Grundlagen aufbauen«) in Mianyang (heute Xiantao/Hubei) und 1905 erstmals im Bleisatz beim aufstrebenden Großverlag »Commercial Press« in Shanghai, wo es bis 1921 mindestens 21mal nachgedruckt wurde. Der Besitzvermerk »H. Y. Tong« auf dem Titel- und zugleich Deckblatt des hier reproduzierten Exemplars stammt von Tang Xue-yong (1900–, aus der Provinz Jiangxi), der 1921 bis 1930 in Lyon Musik studierte und danach Professor an der Zentralen Universität* (Zhongyang daxue) *in Nanjing wurde. Rechts unten ist sein Namenssiegel zu sehen.*

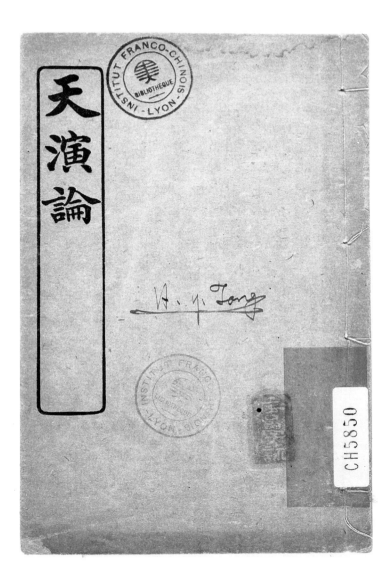

Titelblatt der ersten Bleisatzausgabe von Yan Fu:
»Über den Wandel in der Natur«

Text S. 36

Porträt von Lu Xun (Photographie, Tôkyô um 1902/03)
Text S. 41

Q — Yan Fu 嚴復 [Übers.]: *Tianyan lun* 天演論 Shanghai: Shangwu yinshuguan [18]1920

1902 · 1 · 27	Guangxu 27 · 12 · 18.	Schließt sein Studium an der *Kuanglu xuetang* ab und bewirbt sich um einen Studienaufenthalt in Japan.
1902 · 2 – 3	Guangxu 28 · 1 – 2	Besucht Verwandte in Zhejiang.
1902 · 3 · 24	Guangxu 28 · 2 · 15	Schifft sich in Nanjing ein und fährt über Dongdu (Shanghai) nach Japan.
1902 · 4 · 4	Guangxu 28 · 2 · 26	Kommt in Yokohama an und reist nach Tôkyô weiter.
1902 · 4 · 20	Guangxu 28 · 3 · 13	Tritt in Allgemeinen Abt. der Hirofumi-Akademie in Tôkyô ein, um sich auf ein Universitätsstudium vorzubereiten.
1902 · 11	Guangxu 28 · 10	Dokument B024

Porträt von Lu Xun (Photographie, Tôkyô um 1902/03)
Abbildung S. 39

Q — *Shanghai Lu Xun yanjiu* 上海魯迅研究 Bd. 2, Shanghai: Baijia chubanshe 2.1989, Bildteil

L — Yang Zhihua 楊志華 »Xin faxian de yi zhen Lu Xun zai Dongjing shi de zhaopian« 新發現的一幀魯迅在東京時的照片 [Eine neu entdeckte Photographie von Lu Xun aus seiner Zeit in Tôkyô], in: *Lu Xun yanjiu dongtai* 魯迅研究動態 Nr. 72 (4/1988), S. 10–12

1902 · 11	Guangxu 28 · 10	Gründet zusammen mit Xu Shoushang, Tao Chengzhang und über 100 Kommilitonen die »Landsmannschaftliche Vereinigung für die Provinz Zhejiang« *(Zhejiang tongxiang hui)*. Es wird beschlossen, gemeinsam die Monatsschrift *Zhejiang chao* [Flut von Zhejiang] herauszugeben, die von Februar 1903 bis anfangs 1904 unter der redaktionellen Verantwortung von Sun Yizhong erscheint, mit zwei Gedichten von LX in Nr.7.
1902	Guangxu 28 – 29	Verbringt seine Freizeit »in Gaststätten, Buchhandlungen, Vereinen und bei Vorträgen«; beteiligt sich an revolutionären Aktivitäten der Chinesen in Japan.
1903 · 3	Guangxu 29 · 3	Schneidet sich den Mandschu-Zopf ab und läßt »Photo mit kurzem Haar« *(Duanfa zhao)* machen.
1903 · 6	Guangxu 29 · 5	Artikel »Sibada zhi hun« [Der Geist von Sparta] und Übers. von Victor Hugo »L'origine de Fantine« *(Choses vues*, 1841), beide erscheinen in *Zhejiang chao* Nr. 5.

1903 · 8 – 9	Guangxu 29 · 6 – 7	Kehrt während Sommerferien nach China zurück, um seine Familie zu besuchen.
1903 · 10	Guangxu 29 · 8	Schreibt den Artikel »Zhongguo dizhi lüelun« [Kurze Abhandlung über die Geologie Chinas], in *Zhejiang chao* Nr. 8. Übersetzt von Jules Verne *De la terre à la lune*, erscheint u.d.T. *Yuejie lüxing* in Tôkyô beim Verlag Jinhua she.
1903 · 11	Guangxu 29 · 9 – 10	Beteiligt sich an den Aktivitäten der ursprünglich in Hangzhou gegründeten Studienvereinigung von Zhejiang, die Propaganda für eine Revolution macht.
1903 · 12	Guangxu 29 · 11	Übersetzt zwei Kapitel aus Jules Verne: *Voyage au centre de la terre*, Übers. erscheint in *Zhejiang chao* Nr. 10; ganzer Roman u.d.T. *Didi lüxing* im März 1906 in Nanjing beim Verlag Qixin shuju.
1904 · 4 · 30	Guangxu 30 · 3 · 15	Schließt seine Studien an der Hirofumi-Akademie ab.
1904 · 9 · 5	Guangxu 30 · 7 · 26	Dokument B021

Bahnhof von Sendai (Photographie, um 1905)
Abbildung S. 43

Als Lu Xun anfangs September 1904 nach Sendai fuhr, um sein Medizinstudium aufzunehmen, sah der Bahnhof dieser rund 500 km nördlich von Tôkyô entfernten Stadt nahe der Pazifikküste so aus wie auf der folgenden Abbildung. Die Bahnfahrt von Tôkyô nach Sendai dauerte 13 Stunden. Eine Fahrkarte in der 3. Klasse, die Lu Xun benutzte, kostete damals 2 Yen 15 (gegenüber 6 Yen 45 in der 1. Klasse) und entsprach ungefähr dem Betrag, den Lu Xun für eine Woche Unterkunft und Verpflegung aufzuwenden hatte. Das abgebildete Bahnhofsgebäude an der 1887 eröffneten Hauptlinie nach Norden wurde im Jahre 1894 errichtet.

Q — Kota Yoshikazu 古田良一 u.a. (Hg.): *Me de miru Sendai no rekishi* [Geschichte von Sendai in Bildern], Sendai: Hôbundô [1959], NA 1990, S. 123

L — Saga Junichi: *Memories of Silk and Straw. A Self-Portrait of Small-Town Japan*, Übers. Gary O. Evans, Tôkyô: Kondansha International 1987, 1990

| 1904 · 9 · 12 | Guangxu 30 · 8 · 3 | Nimmt an der Eröffnungsfeier zum neuen Studienjahr an der Medizinischen Fachschule in Sendai teil und beginnt sein Medizinstudium. |

Bahnhof von Sendai (Photographie, um 1905)
Text S. 42

Heinrich Sachs: Der Körper als Staat

Vom Mediziner und Psychiater Heinrich Sachs (1863–?) stammt die erstmals 1901 veröffentlichte populärwissenschaftliche Schrift, die bis 1929 insgesamt sechsmal aufgelegt wurde. Das Werk, das sich einer ausgeprägt technischen Metaphorik für die Körperfunktionen bedient, befindet sich auch in der Bibliothek von Lu Xun (vgl. Dok. A002). Auch die im wilhelminischen Deutschland zeittypische metaphorische Verwendung des Staates war dem konfuzianisch erzogenen Lu Xun sicher ohne weiteres nachvollziehbar. Der Verfasser dieser Schrift war Spezialist für Hirnphysiologie. Eine Laune des Zufalls will, daß er 1885 eine medizinische Dissertation über die amyotrophische Lateralsklerose verfaßte und damit eine der frühesten wissenschaftlichen Beschreibungen jener seltenen Krankheit lieferte, der ein knappes Jahrhundert später Mao Zedong (1893–1976) zum Opfer fallen sollte.

Werfen wir noch einmal einen Blick auf eine Dampfmaschine, die einen Fabrikbetrieb in Bewegung setzt. Sie wird von außen her ohne ihr Zutun gefüttert, d. h. mit Brennmaterial und Wasser versorgt. Ihre Leistung bezieht sich z. B. auf die Herstellung von Geweben mittels mechanischer Webstühle oder auf das Mahlen von Getreide. Die Leistung der Maschine und ihre Fütterung haben miteinander nichts zu tun.

Ganz anders beim Körper. Wir wollen von der ersten Kindheit und von einzelnen sonstigen Ausnahmen absehen. Wir wollen auch hier der höheren geistigen Interessen nicht gedenken und ferner unsere Blicke abwenden von jenen wichtigen Trieben, die sich auf die Erhaltung der Art, auf die Fortpflanzung beziehen. […]

In den Sinnesorganen erkennen wir Vorposten, die die außerhalb des Körpers befindlichen nützlichen und schädlichen Dinge erspähen. Über dem allen befindet sich im Zentralnervensystem ein Staatsrat, der von überall her durch besondere Boten seine Nachrichten erhält und mittels anderer Boten überall ordnend, aneifernd, hemmend in das Getriebe eingreift, und der in seiner Gliederung in Oberbehörden und Unterbehörden den vollkommensten Beamtenapparat darstellt. Da gibt es mutige Helden, die sich schädlichen Eindringlingen entgegenwerfen und, ihr eigenes Leben opfernd, die Gefahr vom Gesamtstaate abwenden; da werden für derartige fremde Eindringlinge Wälle und Gefängnisse gebaut, um sie unschädlich zu machen oder doch solange wie möglich von der Erstürmung lebenswichtiger Gegenden des Körper abzuhalten. Ja sogar überflüssige Staatsangehörige fehlen nicht, die nichts leisten, aber mit ernährt werden, weil sie einmal aus geschichtlichen Gründen da sind.

4. Die Bewohner des Körperstaates

Ein jeder Staat besteht aus Bevölkerungsklassen, Ständen, Berufen, oder wie man seine einzelnen verschieden beschäftigten Abteilungen nennen will. Jede Bevölkerungsklasse besteht aus einer mehr oder minder großen Anzahl von Einzelwesen, sogenannten Individuen. In dem Staate, den wir augenblicklich betrachten, ist es nicht anders. Auch er besteht aus Einzelwesen, die in ihrer beständigen Wiederholung den ganzen Körper zusammensetzen. Das sind die Zellen. Nicht nur der *menschliche* Körper besteht aus Zellen; alles, was überhaupt an Leben auf der Erde existiert, an pflanzlichem wie an tierischem Leben, ist entweder eine einzelne für sich lebende Zelle, oder ist ein aus einer größeren Anzahl solcher einzelnen Zellen zusammengesetztes Wesen. [...]

5. Die Erhaltung des Körpers

Wir wollen noch einmal einen kurzen Blick auf eine Lokomotive werfen. Solch eine Maschine fährt nicht bis in alle Ewigkeit, sondern hält nur eine gewisse Zeit aus und muß dann als unbrauchbar ausrangiert und zum alten Eisen geworfen werfen. Mit der Maschine des menschlichen Körpers geht es nicht anders. Auch für sie kommt früher oder später die Zeit, wo sie zum alten Eisen geworfen wird, wo der Mensch stirbt. Während ihrer Laufbahn bleibt die Lokomotive auch nicht immer unversehrt. Von Zeit zu Zeit muß sie einmal in die Reparaturwerkstätte; da müssen alle Teile nachgesehen, hier und da eine Schraube oder eine Heizröhre ergänzt, das Ganze geputzt und geschmiert werden, usw. Das geschieht ganz unabhängig von etwaigen gewaltsamen Eingriffen, etwa einem Zugzusammenstoß, der eine größere Reparatur nötig macht.

Q — Sachs, Heinrich: *Bau und Tätigkeit des menschlichen Körpers. Einführung in die Physiologie des Menschen,* Leipzig & Berlin: B. G. Teubner [4]1916 (= Aus Natur und Geisteswelt 32), S. 9–17

1904   Übersetzt »Shijie shi« [Weltgeschichte], »Beiji tanxian ji« [Aufzeichnungen von einer Nordpol-Expedition], »Wuli xinquan« [Neues Lehrbuch der Physik] (Autoren unbekannt, nicht publiziert, Manuskripte verloren).

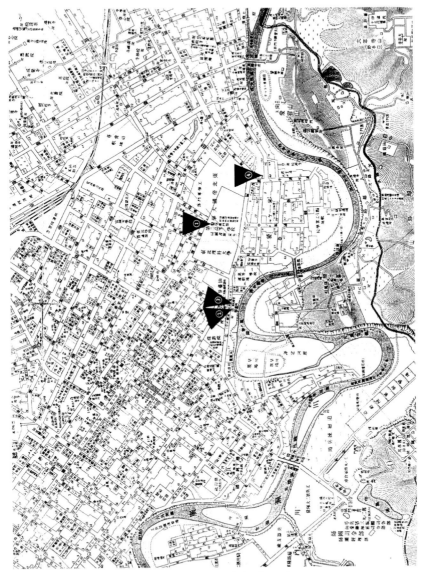

Stadtplan von Sendai aus dem Jahre Taishô 1 [1912]

Text S. 49

Stadtplan von Sendai aus dem Jahre Taishô 1 [1912]

Abbildung S. 47

In den 30er Jahren der Regierungära Meiji (»aufgeklärte Regierung«), die etwa dem ersten Jahrzehnt des 20. Jahrhunderts nach westlicher Zeitrechnung entsprechen, war Sendai eine aufstrebende Industriestadt und Lu Xun der erste Chinese überhaupt, der zum Universitätsstudium in die klimatisch unwirtliche nordjapanische Region kam. Diese Sensation war der lokalen Zeitung Tôhoku shimbun (»Nordwest-Nachrichten«) am 10. September 1904 sogar eine eigene Meldung wert, in der zur Hilfe bei der Wohnungssuche aufgefordert wurde für diesen »fröhlichen Menschen, der fließend Japanisch spricht«. Die Medizinische Fachschule, an der Lu Xun kurz nach seiner Ankunft das Studium aufnahm, war der 1894 gegründeten Höheren Schule Nr. 2 angeschlossen. Sie bildete den Kern der 1907 errichteten Kaiserlichen Nordost-Universität (»Tôhoku University«). Die Stadt Sendai wurde im 8. Jahrhundert als Flußsiedlung gegründet und verdankt ihren Namen »Terrasse der Genien« den teilweise steilen Uferböschungen. Deren strategisch günstige Topographie machte sich der mächtige Shôgun Date Masamune (1566–1636) zunutze, als er Sendai zum Regierungssitz wählte, mehrere Hügel der Umgebung befestigte und auf einem von ihnen einen weitläufigen Palast errichten ließ. Zu seinen Schützlingen gehörte auch der Jesuitenpater Luis Sotelo (1574–1624), der zusammen mit einem japanischen Konvertiten Spanien bereiste und von Papst Paul V. in Rom zu einer Audienz empfangen wurde. Die Universität befand sich auf einem größeren Gelände südwestlich des historischen Stadtkerns (auf dem Plan mit 1 bezeichnet). Nach seiner Ankunft wohnte Lu Xun zunächst im Gasthaus der Familie Tanaka (2), zog dann um in die Gemeinschaftwohnungen Sato-ya (3), gegenüber dem damaligen Präfekturgefängnis über dem westlich steil zum Fluß Hirosegawa abfallenden Ufer gelegen, und lebte schließlich vom Winter 1904/05 an bis zu seiner Abreise aus Sendai im März 1906 als Pensionär bei der Familie Miyagawa (4).

Q — Takakura Atsushi 高倉淳 u.a. (Hg.): Gazu · chizu ge miru Sendai [Sendai aus der Sicht von Bildern und Karten], Sendai: Imano insatsu kaisha 1.1994, Karte 9 [Taishô 1, d.i. 1912]

L — Kikuchi Katsumosuke 菊地勝之助 Sendai chimei kô 仙台地名考 [Eine Untersuchung zu den Flurnamen in Sendai], Sendai: Hôbundô 1.1971, ²10.1993

1904 · 10 · 4   Guangxu 30 · 8 · 25   Dokument B020

Lu Xun zum Krankenbesuch bei Jiang Yizhi (Photographie, Tôkyô 1909)
Abbildung S. 51

Seinen Landsmann Jiang Yizhi (1875–1940, aus Hangzhou) lernte Lu Xun 1902 in Tôkyô kennen, als dieser ebenfalls zum Studium nach Japan kam. Als Lu Xun zum Medizinstudium nach Sendai ging, verließ Jiang Yizhi das Land und gehörte in Hangzhou zu den Mitbegründern der Handelsbank von Zhejiang. Jiang Yizhi begab sich im Januar 1909 zur Behandlung eines Ohrenleidens erneut nach Japan. Dabei entstand die folgende Aufnahme, auf der Lu Xun ganz rechts, der gemeinsame Freund Xu Shoushang (1883–1948, aus Shaoxing) ganz links zu sehen ist. Nach seiner Entlassung aus dem Krankenhaus wohnte Jiang Yizhi zunächst bei Lu Xun. Er finanzierte den Druck der beiden Bände mit Übersetzungen von »Erzählungen von jenseits der Grenzen« (Yuwai xiaoshuo ji) und wickelte als Bankier auch über den Tod von Lu Xun hinaus dessen Finanzgeschäfte ab.

Q — *Lu Xun 1881–1936*, Beijing: Wenwu chubanshe o.J. [1976], Nr. 12

1904 · 10 · 4   Guangxu 30 · 8 · 25   Dokument A001

Lu Xun: Brief an Jiang Yizhi

Der hier in Auszügen übersetzte Brief an seinen Freund und Bankier Jiang Yizhi ist aus mehreren Gründen bemerkenswert. Zum einen handelt es sich um den ersten vollständig und im eigenhändigen Manuskript erhaltenen Brief von Lu Xun überhaupt. (Der früheste Brieftext ist ein in Abschrift erhaltenes Fragment an seinen Bruder Zhou Zuoren vom 6. April 1902.) Zum anderen handelt es sich um das früheste und einzige direkte Zeugnis über seinen quellenmäßig schwer zugänglichen und daher für Spekulationen und Mythisierungen besonders anfälligen Studienaufenthalt in Sendai. Auffallend ist die nüchterne Feststellung völlig fehlender Eignung zum Mediziner und der ausgeprägte dégoût am Lehrbetrieb nach wenigen Wochen Studium, ebenso das Bedürfnis nach Spielraum für übersetzerische und andere Aktivitäten, in dem der künftige »freie Schriftsteller« bereits angelegt ist. — Der Brief ist in senkrecht von rechts nach links laufenden Zeilen geschrieben.

Verehrter: Der aus *Edo* gesandte Brief ist eingetroffen und ich habe ihn sorgfältig durchgelesen. Bis Ihr [wie ich] einsam in Sendai Wohnsitz nehmen

Lu Xun zum Krankenbesuch bei Jiang Yizhi (Photographie, Tôkyô 1909)
Text S. 50

wollt, vergeht noch einmal ein voller Monat. Ihr werft keinen Schatten voraus und ich fühle mich der Langeweile überdrüssig. Gestern habe ich vom ehrenwerten *Ren Keren* das Buch »*Aufzeichnung von den schwarzen Sklaven, die zum Himmel flehen*« sowie eine handschriftliche Kopie der Abhandlung »*Erläuterung des "Menschen"*« zugeschickt bekommen, die höchst interessant ist und für die ich den ganzen Tag geopfert habe, um sie zuende zu lesen.

Es ist hier recht kalt, erst mittags wird es ein bißchen wärmer. Die Landschaft ist zwar schön, doch die Pension jämmerlich. Ich habe wieder nach einem Ort wie das *Tôôkan* gesucht, aber überhaupt nichts dergleichen bekommen. Die sogenannten *Ryokan* sind nicht gerade bequem. Wo ich jetzt wohne, kostet es bloß 8 Yen im Monat. Vorne lärmen die Leute und hinten strahlt die Sonne. Was ich Tag für Tag esse, ist eine Qual. Jetzt habe ich vor, ins Quartier Tsuchitoi-machi zu ziehen. Es ist zwar keine paradiesische Gegend, aber wenigstens ziemlich nahe bei der Schule, so daß ich nicht ständig unterwegs bin. [...] Nach wie vor erscheint mir das Tôôkan wie eine Utopie, und ich kann nicht umhin, die Pension in Ihrer werten Nähe als *Paradies* zu bezeichnen.

Mit dem Unterricht habe ich viel zu tun und komme den ganzen Tag nicht zur Ruhe. Um 7 Uhr beginnt der Unterricht und endet um 2 Uhr nachmittags. *Shuren* wird in den Fächern Physik, Chemie, Anatomie, Mikrobiologie und Deutsch unterrichtet, und das alles in höchstem Tempo, so daß keine Muße bleibt, um es wirklich aufzunehmen. In den beiden Fächern Mikrobiologie und Anatomie muß ich mir sämtliche Fachausdrücke gleichzeitig auf Lateinisch, Deutsch und Japanisch merken, so daß mein Hirn erschöpft und betäubt ist. Zum Glück kann ich den Dozenten sprachlich folgen. Ich frage mich, ob ich je mein Studium zu einem glücklichen Abschluß bringe, und ob ich dann nicht ein Arzt werde, der seine Patienten eher umbringt. In die Anatomie habe ich schon einen kurzen Blick geworfen. Zunächst war Shuren voller Selbstvertrauen, doch nach dem ersten Augenschein fühlte er sich ganz elend im Kopf und es brannte ihm die längste Zeit in den Augen, was er gesehen hatte. Danach kehrte er gleich in seine Wohnung zurück und übergab sich. Sein Wohlbefinden und sein Appetit sind immer noch danach, und es fehlt ihm einiges, um sich glücklich zu fühlen. Die Kommilitonen sind anständig zu mir und die Betreuung in der Schule ist weder besonders gut noch schlecht. Es ist bloß wegen des angenommenen *Stipendiums,* daß ich nicht einfach weggehen kann. [...]

In Sendai hat es lange geregnet, aber heute ist es wieder klar. Meine Gedanken schweifen in meine Heimat, und ich stelle mir vor, daß dort schon längst der Herbst eingekehrt ist. Der Schulunterricht verlangt nichts als Gedächtnisleistung, eigene Ideen sind nicht gefragt und nach kurzer Gewöhnung stumpft der Kopf ab. In vier Jahren werde ich wie ein Ölgötze aussehen. Die Ohren des __ älteren Bruders sind inzwischen hoffentlich völlig ausgeheilt. Darüber mache ich mir Sorgen. Beim windigen Herbstwetter bitte ich, sich besonders zu schützen. Falls [Zeit] für mich übrig und Ihr mir Eure Unterweisung gewährt, wäre ich überaus beglückt. [...] Alles weitere von Angesicht zu Angesicht. Hiermit preisen

das Vorankommen des verehrten älteren Bruders Yizhi

des jüngeren Bruders Shuren Worte
am 29. Tag des 8. Monats.

Noch einmal: Ankommende Briefe müssen als Adresse tragen »Präfektur Miyagi, Stadt Sendai, Quartier Tsuchitoi, Nr. 154, bei *Miyagawa*«.
Vor einiger Zeit habe ich aus dem »*Neuen Lehrgang der Physik*« übersetzt. Das Buch enthält insgesamt acht Kapitel, die theoretisch sind und Neues klug darstellen. Ich habe es nur bis zu den beiden Kapiteln »Theorie der Weltevolution« und »Periodensystem der Elemente« gebracht und dann aufgehört, weil ich einfach keine Zeit habe, mich weiter darum zu kümmern. Nach wie vor kann ich mich nur bis zum Umfallen dem Studium widmen und nichts darüber hinaus machen. Es ist scheußlich! ja scheußlich!

A — *Edo* ist die alte, bis 1867 geltende Bezeichnung für Tôkyô ¶ *Ren Keren* (?1876–1909, aus Hangzhou) studierte seit 1902 als Selbstzahler in Japan, nach einem krankheitsbedingten Heimaturlaub seit 1904 mit einem Regierungsstipendium, schloß 1908 sein Studium an der Höheren Technischen Schule ab ¶ »*Aufzeichnung von den schwarzen Sklaven, die zum Himmel flehen*« ist der chinesische Titel der Übersetzung von »Uncle Tom's Cabin« von Harriet Beecher Stowe (1811–96) durch Lin Shu 1901 ¶ »*Erläuterung des "Menschen"*« (»Shi ren«) ist eine paläographisch-etymologische Abhandlung von Sun Xingyan (1753–1818), die sämtliche Thesen über die Entstehung des Zeichens für »Mensch« (»ren«) kritisch diskutiert ¶ *Tôôkan* ist eine Pension in Tôkyô, wo Lu Xun vor seiner Ankunft in Sendai lebte ¶ *Ryokan* ist die Bezeichnung für traditionelle japanische Gasthäuser ¶ *Paradies* steht hier für den chinesischen Ausdruck »huayan(-jie)« für »Avatamsa«, dem Sanskrit-Begriff, mit dem die gleichnamige buddhistische Schule einen Ort der Vollendung bezeichnet ¶ *Shuren* ist der Rufname von Lu Xun, der hier als Selbstbezeichnung eine Konvention der Bescheidenheit darstellt; im folgenden bei impliziter Wiederholung stillschweigend durch »ich« ersetzt ¶ *Stipendium* meint den Beitrag, den Lu Xun von der kaiserlichen Qing-Administration erhielt, der ihm dank Befreiung von Studiengebühren in Sendai die Ausbildung ermöglichte ¶ __ *älterer Bruder* Leerraum vor einer Anrede ist eine graphische Konvention der

Ergebenheit, ebenso wie die Kleinschreibung der Selbstbezeichnung in *jüngerer Bruder* ¶ *Miyagawa Nobuya* war der damalige Logisgeber von Lu Xun (»4« auf dem Stadtplan) ¶ *»Neuer Lehrgang der Physik«* (chin. »Wuli xinquan«) ist ein nicht identifiziertes Werk, dessen Teilübersetzung verloren ist

Q — *LXQJ* Bd. 11, S. 321–22

1904   Dokument A002

Lu Xun: Zwei Bücherlisten. Deutsche Bücher

Vielfach übersehen beziehungsweise unterschätzt wird, welche Rolle die deutsche Sprache als Mittlerin für Lu Xun spielte, als er sich mit ausländischer Literatur zu beschäftigen und seinen eigenen Begriff von »Weltliteratur« zu bilden begann: Der junge Medizinstudent in Sendai benutzte in verschiedenen Fächern deutsche Lehrbücher und bezog seine Kenntnisse außerasiatischer Literaturen nicht bloß aus japanischen, sondern großenteils aus deutschen Quellen, seien es Übersetzungen oder literaturhistorische Einführungen. Einen prominenten Rang nimmt dabei die zwischen 1890 und 1910 erschienene Zeitschrift Aus fremden Zungen *ein, aus der die Vorlagen für viele seiner literarischen Übersetzungen stammen. Die folgende, von Lu Xun selbst 1904 zusammengestellte Liste bietet einen ersten, noch von den Naturwissenschaften geprägten Einblick, während im Inventar seines Nachlasses, wo die deutschsprachigen Titel ein Vielfaches ausmachen, die Werke zu Literatur und Kunst weit überwiegen. Charakteristisch für traditionelle chinesische Bibliothekskataloge ist die von Lu Xun vorgenommene Anordnung nach Verlagen und Reihen.*

H. Hillger Verlag, Berlin W. 9
    Volksbücher:
W. Migula: Allgemeine Pflanzenkunde
R. Gerling: Die Naturheilkunde
P. Siepert: Grundzüge der Geologie
W. Haacke: Die Menschenrassen
W. Haacke: Allgemeine Tierkunde
O. Steinel: Allgemeine Erdkunde
J. Marcuse: Kleine Gesundheitslehre
[G. Zehden:] Der Bau des menschlichen Körpers
W. Pabst: Mineralogie
A. Berg: Allgemeine Völkerkunde

Sendai

G. Kutna: Geschichte der Malerei
K. Teichert: Die Bacterien
E. König: Das Wesen des Lebens
C. Eckstein: Spezielle Tierkunde

G. J. Göschen'sche Verlagshandlung, Leipzig
    Sammlung Göschen:

M. Diez: Allgemeine Ästhetik	Nr. 300
W. Migula: Biologie der Pflanzen	Nr. 127
H. Simroth: Biologie der Tiere	Nr. 131–132
J. Meisenheimer: Entwicklungsgeschichte der Tiere	Nr. 378–379
E. Fraas: Geologie	Nr. 13
E. Rebmann: Der menschliche Körper	Nr. 18
M. Haberlandt: Die Literaturen des Orients	Nr. 162–163
M. Koch: Deutsche Literaturgeschichte	Nr. 31
K. Weiser: Englische Literaturgeschichte	Nr. 69
A. Gereke: Griechische Literaturgeschichte	Nr. 70
K. Vossler: Italienische Literaturgeschichte	Nr. 125
W. Golther: Nordische Literaturgeschichte	Nr. 254
K. v. Reinhardtsloettner: Portugiesische Literaturgeschichte	
H. Joachim: Römische Literaturgeschichte	Nr. 52 L 2/3
G. Polansky: Russische Literaturgeschichte	Nr. 166
J. Karásek: Slavische Literaturgeschichte	Nr. 277–278
R. Beer: Spanische Literaturgeschichte	Nr. 167–168
R. Muther: Geschichte der Malerei	Nr. 107–111
R. Brauns: Mineralogie	Nr. 29
R. Haernes: Paläontologie	Nr. 95
F. Reicke und W. Migula: Das Pflanzenreich	Nr. 122
M. Wentscher: Einführung in die Philosophie	Nr. 281
G. F. Lipps: Grundriß der Psychophysik	Nr. 96
H. Steuding: Griechische und römische Mythologie	Nr. 27
F. v. Wagner: Tierkunde	Nr. 60
K. Lampert u.a.: Das Tierreich	Nr. 282, …
M. Haernes: Urgeschichte der Menschheit	Nr. 42
K. Borinski: Deutsche Poetik	Nr. 40
M. Haberlandt: Völkerkunde	Nr. 73
W. Bruhns: Kristallographie	Nr. 210
A. Legahn: Physiologische Chemie	Nr. 240–241

B. G. Teubner, Leipzig, Poststraße 3
  Aus Natur- und Geisteswelt:
L. Burgerstein: Schulhygiene   Nr. 96
R. Richter: Einführung in die Philosophie
H. Richert: Einführung in die wissenschaftliche Philosophie
L. Busse: Die Weltanschauungen der großen Philosophen   Nr. 56
W. Löb: Grundlagen der Chemie
H. Miehe: Die Erscheinungen des Lebens
R. Hesse: Abstammungslehre und Darwinismus   Nr. 193
P. Giseveus: Werden und Vergehen der Pflanzen
E. Küster: Vermehrung und Sexualität bei den Pflanzen
E. Reukauft: Die Pflanzenwelt des Mikroskops
R. Goldschmidt: Die Tierwelt des Mikroskops
K. Kraeplin: Die Beziehungen der Tier zueinander und zur Pflanzenwelt
E. Henning: Tierkunde
R. Goldschmidt: Die Fortpflanzung der Tiere
E. Gutzeit: Die Bacterien
[K.] Lampert: Die Welt der Organismen
B. Weinstein: Die Entstehung der Welt und der Erde nach Sage und
  Wissenschaft
K. v. Badeleben: Die menschliche Anatomie
Dänhardt: Das Märchen
Dipp: Die Hygiene des täglichen Lebens
Haguenin: Hauptströmungen der französischen Literatur
R. M. Meyer: Neuzeitliche Meister der Weltliteratur
Zur Strassen: Seelenleben der Tiere
Lansberg: Biologie
Müller: Methoden der Physiologie
Solmsen: Die russische Literatur des 19. Jahrhunderts
B. Kahle: Ibsen, Björnson und ihre Zeitgenossen
M. Verworn: Mechanik des Geisteslebens
Birnacki: Die moderne Heilwissenschaft
H. Sachs: Bau und Tätigkeit des menschlichen Körpers
H. Buchner: Acht Vorträge aus der Gesundheitslehre
R. Zander: Die Leibesübungen

Otto Hendel, Halle a/S
  Bibliothek der Gesamt-Literatur des In- und Auslandes:
Aho: Junggesellenliebe und andere Novellen   Nr. 3

Sendai

Andrejew: Der Abgrund und andere Novellen	Nr. 3
Apulejus: Amor und Psyche	Nr. 1
Balz: Hellenische Erzählungen	Nr. 2
Barel: Weisheit und Schönheit aus China	Nr. 4
Darwin: Die Entstehung der Arten	Nr. 11
Darwin: Die Abstammung des Menschen	Nr. 15
Eeden: Der kleine Johannes	Nr. 2
Elster: Erzählungen	Nr. 2
Eötvös: Der Dorfnotar	Nr. 8
Etlar: Erzählungen aus fremden Landen	Nr. 4
Grigorowitsch: Drei Novellen	Nr. 1
Grimm: Kinder- und Hausmärchen (Vollständige Ausgabe)	Nr. 6
N. d. Leyen: Indische Märchen	Nr. 4
Maupassant: Novellen und Skizzen	Nr. 3
Multatuli: Max Havelaar	Nr. 4
Multatuli: Zeige mir den Platz	Nr. 3
Multatuli: Ideen und Skizzen	Nr. 3
Novalis: Heinrich von Ofterdingen	Nr. 2
von Haek: Ungarisches Novellenbuch	Nr. 3
A. Weiss: Polnisches Novellenbuch	Nr. 13
Rydberg: Der letzte Athener	Nr. 6
Haeck: Ungarische Lyrik	Nr. 3
Slowacki: Erzählende und lyrische Gedichte	Nr. 2
Slowacki: Lilia Weneda	Nr. 1
Thoresen: Norwegische Novellen	Nr. 3
Ujejski: Biblische Melodien	Nr. 1
Vörösmarty: Zalans Frucht	Nr. 1
Weiss: Polnische Dichtung	Nr. 2
Zeyer: Heimat	Nr. 1
Tschechow: Ein Zweikampf	Nr. 2
Tschechow: Die Hexe und andere Novellen	Nr. 4

Quelle und Meyer, Leipzig
    Wissenschaft und Bildung:
Von Luschan: Einführung in die Anthropologie
Fr. Drevermann: Die Entwicklung der Tierwelt im Laufe der Erdgeschichte
L. von Graff: Parasitismus im Tierreich
O. Taschenberg: Giftige Tiere
H. Miehe: Bacterien und ihre Bedeutung

H. Grück: Pflanzenkunde
K. Geisenhagen: Befruchtung und Vererbung im Pflanzenreich
Gilg: Pfanerogamenkunde
M. Moebius: Kryptogamenkunde
K. Keilhack: Erdgeschichte
H. Immendorf: Grundzüge der Chemie
[W.] Bermbach: Einführung in die Elektrochemie
F. B. Ahrens: Lebensfragen
P. Schuster: Das Nervensystem und die Schädlichkeiten des täglichen
    Lebens

A — *H. Richert* gemeint ist eigentlich Heinrich Rickert (1863–1936), der zusammen mit dem von Cai Yuanpei übersetzten Wilhelm Windelband (1848–1915) als Begründer der südwestdeutschen Schule des Neukantianismus gilt ¶ *H. Sachs* vgl. Dok. L006 ¶ *H. Miehe* vgl. Dok. L005

Q — Lu Xun:»Shumu liang jian« 書目兩件 in: *Lu Xun yanjiu ziliao* 魯迅研究資料 Bd. 4, Tianjin: Renmin chubanshe 1.1980, S. 99–111

L — *Lu Xun shouji he cangshu mulu* 魯迅手蹟和藏書目錄 [Verzeichnis der Manuskripte und Bücher von Lu Xun,»neibu ziliao«], 3 Bde., Beijing: Lu Xun bowuguan 7.1959 ¶ *Lu Xun cangshu yanjiu* 魯迅藏書研究 [Studien zur Bibliothek von Lu Xun], Hg. Beijing Lu Xun bowuguan Lu Xun yanjiushi, Beijing: Zhongguo wenlian chuban gongsi 12.1991 (= Lu Xun yanjiu ziliao zengkan) ¶ Gu Nong 顧農 »Lu Xun yu shumu« 魯迅與書目 [Lu Xun und die Bibliographie], in: *Tangdu xuekan* 唐都學刊 2/1992 (Xi'an), S. 80–85 ¶ R. D. F.:»Der Mann, das Weib, das Kind — Lu Xun's German Readings«, in: *Chinese-German Literary Interplay*, Hg. ders., Bern: Lang [erscheint 2001] ¶ Yao Xipei 姚錫佩 »Xiandai xifang zhexue zai Lu Xun cangshu he chuangzuo zhong de fanying« 現代西方哲學在魯迅藏書和創作中的反映 [Die Spiegelung der modernen westlichen Philosophie in Bibliothek und Schaffen von Lu Xun], in: *Lu Xun yanjiu yuekan* 魯迅研究月刊 Nr. 150 (10/1994), S. 4–15

1905 · Frühling Guangxu 31 · 1 – 2		Übersetzt während seiner Ferien vom amerikanischen Schriftsteller»Luyisi Tuolun« [nicht identifiziert]:»Zaoren shu« [Die Kunst der Erschaffung von Menschen], in: *Nüzi shijie* Nr. 4/5 (Shanghai).
1905 · 9 · 11	Guangxu 31 · 8 · 13	Setzt sein Studium in Sendai fort.

Hugo Miehe: Die Bakterien und ihre Bedeutung im praktischen Leben

Aus der populärwissenschaftlichen Schrift des Botaniker Hugo Miehe (1875–1932), der an der Landwirtschaftlichen Hochschule zu Berlin lehrte, bezog der Medizin- student Lu Xun Elemente seiner bakteriologischen Kenntnisse. Sie findet sich mit vielen anderen deutschsprachigen Werken naturwissenschaftlichen Inhalts in der von ihm zusammengestellten Liste seiner kleinen Bibliothek, allerdings in ihrer ersten Auflage von 1902. Die Auszüge aus den Kapiteln 4 und 9, die hier folgen, stammen jedoch aus einer späteren und überarbeiteten Auflage des offenbar erfolgreichen Werkes. — Vom Verfasser stammende Hervorhebungen, die in der Vorlage gesperrt erscheinen, sind hier durch Großschreibung wiedergegeben.

Viertes Kapitel: Die bakteriologischen Methoden

Die Entwicklung der Bakteriologie ist eng verknüpft mit der Ausbildung der Methodik. Wenn sie eine verwickelte und eigentümliche Ausgestaltung erfahren hat, so darf man doch nicht vergessen, daß sie durchaus den Methoden physiologischer Forschung überhaupt beruht und durch vielfältige Bemühungen namentlich botanischer Forscher auf dem Gebiete der Kleinlebewelt überhaupt vorbereitet wurde. Vor allem sind hier die Botaniker Nägeli, Cohn, de Bary, Brefeld zu nenenen, deren eindringende Untersu- chungen über niedere Algen, Pilze, Bakterien die Grundlage geschaffen haben. Die wichtigste Aufgabe, die die bakteriologische Methodik zu erfüllen hatte, ist die sichere Gewinnung von sogenannten REINKULTUREN. Fast immer kommen die Mikroorganismen in buntem Gemisch an den natürlichen Standorten, im Boden, Wasser, faulenden Substanzen usw. vor. Will man nun die einzelnen Formen genau kennzeichnen und auf ihre physiologischen Eigenschaften hin studieren, so muß man sie »fangen«. Das ist auf verschie- denen Wegen möglich. […]

Neuntes Kapitel: Die Bakterien als Feinde, besonders als Krankheitserreger

Den nützlichen Bakterienwirkungen stehen schädliche gegenüber. Bakterien verderben Nahrungsmittel, stören technische Betriebe, greifen das Vieh oder den Menschen selbst an. Er muß sie bekämpfen, und das Ausmaß, das dieser Kampf angenommen hat, zeigt deutlich, wie tiefgehend der Einfluß der verborgenen kleinen Welt auf unser Kulturleben ist.

Aus unseren Erörterungen über die Nahrungsansprüche, die Fäulnis und Gärung sowie über die Allgegenwart der Bakterien folgt ohne weiteres, daß die NAHRUNGSMITTEL von ihnen gern besiedelt und damit verdorben werden. Das Fleisch verfault, die Milch gerinnt oder wird gar bunt oder bitter, Kartoffeln werden schleimig und das Brot fadenziehend (beides durch BAC. MESENTERICUS), gekochte Gemüse werden sauer, die Butter ranzig. Besonders die mit Hilfe von Mikroorganismen hergestellten Getränke sind durch Bakterien gefährdet. Schon Pasteur hat den »Krankheiten« des Bieres und des Weins seine Aufmerksamkeit zugewandt. Das Bier schlägt um, schmeckt widerlich, und der Wein wird zickend, wenn Milchsäurebakterien hineinkommen« oder diese Getränke bekommen einen Stich, wenn sich Essigsäurebakterien entwickeln. Wein, Bier, Milch, Zuckerlösungen werden »lang«, wenn sich Bakterien (seltener Hefen) in ihnen vermehren, die aus den Kohlehydraten Schleim (Dextran) bilden können. Besonders gewaltig ist die Wirkung des schon früher erwähnten Froschlaichbazillus (STREPTO-COCCUS MENTEROIDES), der in einem Falle einen Bottich mit 49 Hektoliter Melasse von 10% Zuckergehalt binnen 24 Stunden in eine gallertige Masse verwandelte.

Wenn auch bei solchen »Krankheiten« oft sehr große Summen auf dem Spiel stehen, so verschwindet doch ihre Bedeutung gegenüber den furchtbaren Wirkungen, welche die »PATHOGENEN Bakterien« ausüben. Mit ihnen wollen wir uns jetzt ausführlicher befassen.

Wie wir in der historischen Einleitung schon erwähnt haben, ist die Idee, daß Krankheiten durch kleine Schmarotzer hervorgerufen werden, recht alt. Aber zum ersten Male gelang es *Robert Koch* (1876) beim Milzbrand, mit Sicherheit festzustellen, daß die im Blute auftretenden und schon von Forschern vor ihm beobachteten Stäbchenbakterien tatsächlich die Ursache der Krankheit sind. [...] Es folgte dann unter dem lebhaftesten Anteil der gesamten gebildeten Welt das Zeitalter der großen bakteriologischen Entdeckungen: 1878 Rauschbrand (Bollinger und Feser); 1879 Gonorrhöe (Neisser); [...]; 1887 Wundstarrkrampf (Kitasato); [...]; 1894 Pest (Kitasato und Yersin); 1898 bazilläre Ruhr (Shiga und Kruse) usw. Die Entdeckungen sind von der Menschheit gefeiert, und die Menschheit hat gewiß das Recht, das zu feiern, was ihr Wohlergehen so nahe angeht. Wir wollen aber nicht vergessen, daß es die Forschungsobjekte waren, die diesen Entdeckungen so besonderen Glanz verliehen, wenngleich zugestanden werden soll, daß oft ungewöhnliche Schwierigkeiten den Scharfsinn und die Ausdauer der Forscher herausforderten. Wir wollen außerdem bei allem folgenden im Auge behalten, daß die Erscheinungen des bakteriellen Parasitismus sich ohne grundsätzliche Besonderheiten einfügen in das große Bild des Parasitismus überhaupt, der in der ganzen organischen Natur verbreitet ist. [...]

Lebhafte Vermehrung von Baktrien und infolgedessen große Keimzahl tritt jedoch erst in den inneren Höhlungen des Körpers auf, wo sich Feuchtigkeit, Wärme, organische Nahrung als begünstigende Faktoren vereinigen. Die Atemwege, der Verdaungstraktus, die äußeren Partien der Harnwege beherbergen stets Bakterien, die verschiedenen Arten angehören. So enthält besonders der Mund stets eine reiche Bakterienvegetation, wie *Antonius van Leeuwenhoek* bereits feststellte. Es sind Formen, die von den Resten der Nahrung leben, Gärungs- und Fäulniserreger. Selbst die größte Reinlichkeit kann sie nicht ganz (höchstens etwa zur Hälfte) entfernen. Meist harmlose Formen, können sie doch dadurch, daß sie die Zähne angreifen, schädlich werden.

Q — Miehe, Hugo: *Die Bakterien und ihre Bedeutung im praktischen Leben,* Leipzig: Quelle & Meyer ³1931, S. 52–53 und 92–93

A — *Wie wir* in Vorlage »wir wie« ¶ *Robert Koch* (1843–1910) Begründer der experimentellen Bakteriologie ¶ *Antonius van Leeuwenhoek* (1632–1723) Entdecker der Blutkörper

1906 · 1 · 8	Guangxu 31 · 12 · 14	Beginnt Kurse in Mikrobiologie zu belegen. Während der Unterrichtszeit wird ein Dia von der Hinrichtung eines Chinesen durch japanische Soldaten gezeigt. Beschließt sein Medizinstudium aufzugeben und zur Literatur zu wechseln.
1906 · 3		Dokument B044

Stadtplan von Tôkyô, Bezirk Kanda, aus dem Jahre Meiji 16 [1883]
Abbildung S. 65

Q —Masai Yasuo 正井泰夫 (Hg.): *Edo Tôkyô dai chizu* 江戶東京大地圖 [Großer Atlas von Edo und Tôkyô], Tôkyô: Heibonsha 8.1993, S. 58

1906 · 3	Guangxu 32 · 2	Bricht sein Studium in Sendai ab und zieht nach Tôkyô. Gründet zusammen mit Xu Shoushang u.a. eine literarische Vereinigung. Besucht später die Sprachschule der »Vereinigung für die deutsche Sprache in Tôkyô« *(Tôkyô Doitsugo kai)* und liest viel ausländische Literatur, besonders von »unterdrückten Völkern« *(bei yazhui minzu wenxue)* und aus Rußland.

Dokument C048

Zhou Zuoren: Die alte Heimat von Lu Xun

Die folgenden Texte gehören zu den zahlreichen biographischen und autobiogra-
phischen Aufzeichnungen von Zhou Zuoren (1885–1967), einem der Brüder von
Lu Xun und bedeutenden Essayisten, Übersetzer und Literaturkritiker. Sie sind
ursprünglich als Einzelartikel mit der essayistischen Gattungsbezeichnung zawen
(»Vermischte Texte«, Miszellen) anfangs der 50er Jahre in Shanghai in Tages-
zeitungen erschienen und 1952 erstmals zu einem Sammelband vereinigt worden.
Zhou Zuoren trat 1901 in die gleiche »Wasserbau-Akademie der Südlichen Yangzi-
Region« ein wie sein älterer Bruder Lu Xun und ging 1906, vier Jahre später als
Lu Xun, zum Studium nach Japan. Dort lebten die beiden Brüder in Tôkyô zusammen
und schmiedeten gemeinsame literarische Pläne, deren Ergebnis der Band mit Über-
setzungen ausländischer Literatur Yuwai xiaoshuo ji (Gesammelte Erzählungen
von jenseits der Grenzen, 1909) ist. Nach Studien an der Hochschule für Politik
und Recht und an der »Rikkyô«-Universität kehrte er im Sommer 1911 nach China
zurück, wo er zunächst Schulaufseher für die Provinz Zhejiang, dann Vorsitzender
der Gesellschaft für Erziehung von Shaoxing und Englischlehrer an der Mittelschule
Nr. 5 der Provinz Zhejiang wurde. 1917 berief ihn die Literaturfakultät der
Universität Peking zum Professor, wo er einer der Hauptexponenten der Bewegung
des 4. Mai wurde. Seither arbeiteten Lu Xun und Zhou Zuoren in zahlreichen
literarischen Unternehmungen noch enger als bisher zusammen, bis Lu Xun 1923
nach einem Streit mit seiner japanischen Schwägerin (seit August 1909 mit Zhou
Zuoren verheiratet) den gemeinsamen Haushalt verließ. Während der japanischen
Besetzung von Peking nahm Zhou Zuoren verschiedene hohe Ämter an und wurde
dafür zum Tode verurteilt, dann begnadigt, schließlich von den nach Taiwan
fliehenden Guomindang-Truppen vorzeitig entlassen. Er kehrte nach Peking zurück,
wo er — politisch mehrfach kompromittiert — eine isolierte Gelehrtenexistenz führte,
die publizistisch zum größten Teil der an sich unbedenklichen Erinnerung an Lu
Xun sowie Übersetzungen gewidmet war. Von Mao Zedong als literarischer Gegentyp
zu Lu Xun aufgebaut, genoß er zwar eine Art positiver Sippenhaftung. Sein
umfangreiches essayistisches Werk aus eigenem Recht konnte jedoch in der
Volksrepublik China erst wieder Mitte der 80er Jahre erscheinen. Vorangegangen
war eine erneute Entdeckung seines Werks besonders in Hong Kong, dann die
Lösung des Tabus, mit dem sein Name belegt gewesen war und das dazu geführt
hatte, daß alle seine Reminiszenzen unter verschiedenen Pseudonymen erschienen.
Bei den persönlichen war es vor allem »Zhitang« (»Halle der Erkenntnis«), bei
jenen über Lu Xun »Xiashou« (etwa »fernes Leben«, so auch beim folgenden Text).

Tôkyô

Alltagsleben

Von Lu Xuns Alltagsleben in Tôkyô läßt sich sagen, daß es einige Besonderheiten aufwies, denn obwohl er Auslandsstudent war und sich an der Deutschen Sprachschule der Gesellschaft für Deutsche Sprache eingeschrieben hatte, war er in Wirklichkeit nicht als Student dort, sondern bereitete sich auf seine lebenslange literarische Arbeit vor. Das gilt sowohl von seiner frühen Zeit als auch von den fünf oder sechs Jahren im Erziehungsministerium in Peking zu Beginn der Republikzeit. Er stand sehr spät auf, besonders während seiner Zeit im »Nakagoshi-kan«, und führte ein sehr freies Leben ohne Einschränkungen. Im allgemeinen setzte er sich, wenn er nach zehn Uhr aufgewacht war, im Bett auf und rauchte zuerst eine oder zwei Zigaretten. Es waren Zigaretten der Marke »Shikishima«, die nur die halbe Länge hatten, so daß zwei davon nur etwa einer gewöhnlichen entsprachen. Nachdem er sich das Gesicht gewaschen hatte, nahm er kein Frühstück, sondern setzte sich gleich hin, um ein bißchen Zeitung zu lesen. Als Mittagessen nahm er eine Kleinigkeit zu sich, gleichgültig wie schlecht sie war. Die Freunde kannten seine Lebensgewohnheiten und kamen deshalb in der Regel nachmittags zu Besuch. Wenn niemand kam, ging er kurze Zeit später hinaus, um nach alten Büchern Ausschau zu halten. Immerhin waren *alte deutsche Zeitschriften* nicht so teuer, so daß er sich immer eines oder zwei Hefte leisten konnte, auch wenn er kaum Geld hatte.

Als er Russisch lernte, ging er nach dem Abendessen gerne aus und hinunter nach *Surugadai* in *Kanda*. Ich weiß nicht, wie viele Monate er damals schon lernte. Das Russisch-Lehrbuch hatte er noch nicht durchgearbeitet, so daß es nicht sehr lang gewesen sein kann. Wenn er nach Hause gekommen war, las er im Licht einer Petroleum-Lampe. Um welche Zeit er schlafen ging, erfuhr kaum jemand, denn die meisten schliefen dann schon. Am nächsten Morgen kam der Hauswirt, um die Petroleum-Lampe zu holen. Wenn er den Aschenbecher leerte, sah er die Schale von Stummeln überquellen, so daß sie wie eine Bienenwabe aussah, und konnte sich daher ungefähr ausdenken, wie spät in der Nacht es geworden war.

Antiquariate

Lu Xun ging häufig in Antiquariate. Wenn er ein bißchen Geld hatte, las er auch neue Bücher. Bücher in westlichen Sprachen gab es bei »Maruzen« in *Nihonbashi* und der »Nakanishiya« in Kanda, deutsche Bücher in der »Nan'odô«, ebenfalls in Kanda, aber weil die »Nakanishi-ya« sich unterhalb von Surugadai befand, ging er fast jedesmal hinein, wenn er dort vorbeikam, und dann zur »Tôkyôdô«, um sich neu erschienene japanische Bücher und

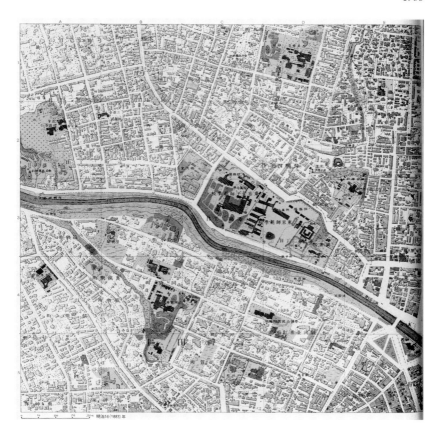

Stadtplan von Tôkyô, Bezirk Kanda, im Jahre Meiji 16 [1883]
Text S. 62

Zeitschriften anzusehen. Die alten chinesischen Bücher in der »*Bunkyûdô*« waren kaum zu bezahlen. Damals war für sechs Yen eine 24bändige Ausgabe der »*Alten Balladen und Sprichwörter*« erhältlich. Das ist zwar nicht teuer, doch damals brauchten wir so etwas nicht. In den Antiquariaten gab es in der Regel auch einige Bücher in westlichen Sprachen, am meisten in der »*Ikubundô*« und im Hauptgeschäft der »Nanyôdô«, die sich alle im selben Bezirk befanden, das Hauptgeschäft der »Nanyôdô« nördlich der Mizudo-Brücke und damit verkehrsmäßig bequem zu erreichen. Lu Xun ging oft mit *Xu Shoushang* zusammen hin, um zu stöbern. Wenn sie zur Wohnung zurückkehrten, sagten sie gerne, sie wüßten nicht, welcher kleine Schriftsteller jetzt wieder gestorben sei, weil sie in den Regalen einige neue literarische Werke entdeckt hatten. Die Redewendung war zwar jeweils scherzhaft gemeint, doch hat sie auch einen tragischen Beigeschmack, denn aus ihr läßt sich ersehen, wie bitter damals das Los eines Literaten war. In Kanda gab es wohl am meisten Antiquariate, und außerdem lag es im gleichen Bezirk [wie die Wohnung]. Vermutlich weil es auch unter den Studenten in Kanda gute und schlechte Menschen gab, waren die Buchhändler und ihre Gehilfen in diesen Läden weit aufmerksamer, saßen dicht hinter ihren Ladentischen, ließen den Blick hin und her schweifen und behielten die Lesenden ganz genau im Auge. Lu Xun meinte, sie sähen einer Spinne sehr ähnlich, die in ihrem Netz lauert, und seien ein furchterregender Anblick — ein Vergleich, der noch treffender war als jener vom »alten Tiger, der in den Bergen lauert«. Es wurden ein paar Mal Geschäfte gemacht. Wer sich ein bißchen auskannte, der hatte es natürlich viel besser, besonders bei Ozawa, dem Besitzer der »*Sagamiya*« im Quartier *Masago-chô*, der sich sogar bereit erklärte, Bücher aus der »Maruzen« zu besorgen, selbst wenn es wenige waren (denn er war früher dort Lehrling gewesen). Er mochte Lu Xun sehr und hat für ihn viele westliche Bücher über die »Maruzen« aus Europa besorgt.

Alkohol

Lu Xun trank nicht viel, aber er nahm gerne ein paar Becher, besonders wenn er mit Freunden plauderte. So trank er zum Beispiel gern mit *Fan Ainong* zusammen, als er auf dem Land an der Lehrerbildungsanstalt war. Später, im Shaoxing-Gästehaus in Peking, ließ er sich manchmal aus dem berühmten »Guangheju«-Restaurant zweierlei Wildgemüse und gebackene Klöße mit Essig-Paprika-Suppe bringen und öffnete dazu eine große Flasche »*Wuxing*«-Bier. Warum er jedoch in Tôkyô überhaupt nicht trank, weiß ich nicht, waren doch Wein und Bier sehr billig. Schnäpse waren nicht besonders gut, deshalb kümmerte er sich nicht darum. Nur einmal, kurz nachdem er nach *Nishikata-machi* gezogen war, bei frühherbstlichem Wetter, hatten plötzlich alle Lust, sich aus einem nahen Westlerladen einige Gerichte zu bestellen, und Lu Xun trank ziemlich viel Bier. Später veranstaltete Xu Shoushang einmal ein Abschiedsessen für *Jin Jiuru*, seinen Freund aus Hangzhou, und wir kamen ein weiteres Mal zusammen. Wir aßen chinesisch und der Gast meinte höflich, sein Gaumen sei ihm nun nach China vorausgegangen. *Shao Mingzhi*, der ebenfalls eingeladen war, machte eine gelehrte Anspielung und sagte, das sei nun das Abendmahl, worüber der Gastgeber überhaupt nicht lachen konnte. Ich weiß nicht weshalb, aber damals gab es keinen Alkohol. Lu Xun aß selten auswärts. Nur einmal nahm er Xu Shoushang und ein paar andere mit, um in *Kagurazaka* zu essen. Das Restaurant war von Japanern eröffnet worden, ich erinnere mich nicht mehr, wie es hieß. Das Essen war gar nicht gut, bei weitem nicht so gut wie *»Ishin-gô«;* nur die Gesellschaftsräume waren gut, außerdem hing dort kein »Fuji-san«, so daß es ein angenehmer Ort war. Meiner Ansicht nach war das »Ishin-gô« sogar sehr viel besser, auch herrschte dort immer ein Lärm wie im *»Wufangzhai«* am *Markt von Dong'an*. Das Essen war aber nahrhaft und preiswert; nach dem Essen wischte man sich den Mund und ging hinaus, damit hatte es sich. Daß Lu Xun in Peking auch zum »Qingyunge« ging, um Tee zu trinken und Kleinigkeiten zu essen, zeigt, wie sich sein Verhalten mit der Zeit geändert hat.

»Xinsheng«

Lu Xuns Zeitschrift »Xinsheng« ist nie zustande gekommen, doch bestand der Plan dazu schon lange, zum Teil war auch schon festgelegt, wie im einzelnen zu verfahren sei. Eine ganze Reihe von Manuskripten war schon zum Druck bestimmt worden, einige davon sind bis heute erhalten geblieben. Sogar das Titelbild für die erste Nummer war schon entworfen. Es beruhte auf einem Ölbild des englischen Malers *Watts*, mit dem Titel »Hoffnung«. Darauf war ein Dichter mit verbundenen Augen zu sehen, der eine Lyra trug und auf einer Erdkugel kniete. Wir hatten ein in England erschienenes Heft »Gesammelte Bilder von Watts« gekauft, in dem das Bild abgedruckt war. Lu Xun mochte auch den Karikaturisten und Kriegsgegner *»Weileshunqueyi«* sehr, besonders das Bild einer Pyramide aus Totenschädeln, die englische Truppen aus indischen Revolutionären vor einer Geschützmündung aufgebaut hatten. Diese Bilder sollten in den folgenden Nummern erscheinen. Daß die Zeitschrift scheiterte, hat hauptsächlich finanzielle Gründe. Gegen dieses Hindernis war gar nichts auszurichen, doch auch das nächste Hindernis, nämlich die Arbeitskraft, war in der Tat ebenfalls ein sehr großes Problem. Zu dieser Zeit besuchte Lu Xun immer wieder *Yuan Wensou* und sie führten in Tôkyô gute Gespräche zusammen. Yuan ging dann nach England und versprach, ein Manuskript zu schicken, aber sobald er weg war, ließ er nichts mehr von sich hören, als ob an einem Drachen die Schnur zerschnitten worden wäre. Außer ihm selber machten noch drei Leute mit, für die es schwierig war, ein ganzes Heft zusammenzubringen, obwohl sie sich alle mit ganzer Kraft einsetzten. Damals bekam ich einmal *zwei oder drei Bände* mit Werken von *Andrew Lang* und hatte vor, für einen Beitrag daraus Auszüge zu übersetzen. Ich hatte schon einen Abschnitt mit dem Titel »Mythos der drei Sterne« übersetzt. Lu Xun hatte das Manuskript als ausgezeichnet gelobt, und wir erwarteten die Ankunft von Xu Shoushang, damit auch er einen Blick darauf werfen konnte, und alle machten sich mit lautstarken Ermutigungen an die Arbeit, doch es kam trotzdem kein Nachwort zustande. Zum Glück kam die Zeitung nicht zustande, und zum Glück ist der Beitrag nicht fertiggeschrieben worden und erschienen. Anderenfalls wäre etwas Lächerliches herausgekommen. Wenn ich jetzt wieder diese Bücher heraushole und anschaue, habe ich den Eindruck, daß im Grunde genommen »Mythos der drei Sterne« ungenügend war.

A — *Nakagoshi-kan* »Pension [der Familie] Nakagoshi« im Quartier Tôtaka, Bezirk Hongô von Tôkyô ¶ *Shikishima* benannt nach einer Präfektur im Kreis Yamanashi ¶ *alte deutsche Zeitschriften* darunter auch »Aus fremden Zungen. Halbmonatsschrift für die moderne Roman- und Novellen-Litteratur des Auslands«, erschienen 1890 bis 1910, der Lu Xun mit höchster Wahrscheinlichkeit viele seiner Kenntnisse außerchinesischer Literatur verdankte und die ihm häufig als Vorlage für seine Übersetzungen ins Chinesische diente ¶ *Surugadai* Quartier im heutigen Bezirk Chiyoda im Westteil von Tôkyô, benannt nach der Präfektur Suruga in Mitteljapan, dem Herkunftsort eines Shôgun, der die Samurai aus seiner Heimat in dieser Gegend ansiedelte, damals Bezirk *Kanda,* in dem sich zahlreiche Literaten und andere Künstler niedergelassen hatten und wo später Bildungsinstitutionen gegründet wurden ¶ *Nihonbashi* Quartier in Tôkyô, wörtlich »Japan-Brücke« ¶ *Nakanishiya* Buchhandlung »Chinesisch-westliches Haus« ¶ *Nan'odô* Buchhandlung »Südfluß-Halle« ¶ *Tôkyôdô* Buchhandlung »Halle der östlichen Hauptstadt« ¶ *Bunkyûdô* Buchhandlung »Halle des literarischen Strebens« ¶ »*Alte Balladen und Sprichwörter*« »Gu yaoyan«, Sammlung von volkstümlichen Überlieferungen, hauptsächlich aus der Song- bis zur Ming-Dynastie, 100 Bände (juan), davon 85 Haupttext, 14 Anhang, 1 Erläuterungen, zusammengestellt von Du Wenlan, Vorwort 1861 von Liu Yusong, wichtige Quelle für die historische Ethnographie; Neuausgabe durch Zhou Shaoliang, Peking: Zhonghua shuju 1958 ¶ *Ikubundô* (»Halle der gedeihenden Literatur«) noch heute bestehende große Verlagsbuchhandlung, die u.a. ein umfassendes japanisch-deutsches Wörterbuch herausgibt ¶ Buchhandlung »Halle der südlichen Sonne« ¶ *Xu Shoushang*

Tôkyô

(1883–1948), Pädagoge und Schriftsteller, Landsmann aus Shaoxing und Kommilitone in Sendai, Kollege in Hangzhou, erwirkte als Beamter bei Cai Yuanpei Berufung von Lu Xun an Erziehungsministerium, 1922–24 Rektor der Höheren Lehrerinnenbildungsanstalt in Peking, 1925 aus Solidarität mit unrechtmäßiger Kündigung von Lu Xun als Beamter zurückgetreten, danach Verwaltungs- und Lehrämter in verschiedenen Universitäten, 1946 Direktor des Übersetzungsamtes der Provinz Taiwan, durch Sonderkommando der GMD ermordet, Herausgeber der Tagebücher von Lu Xun ¶ *Sagamiya* Buchhandlung »Haus der geeigneten Vorbilder« ¶ *Masago-chô* Quartier im Bezirk Bunkyô von Tôkyô ¶ *Maruzen* ebenfalls noch bestehende große Verlagsbuchhandlung ¶ *Fan Ainong* (1883–1912, aus Shaoxing/Zhejiang), Freund und Studienkollege von Lu Xun, bei einer Bootsfahrt mit Freunden ertrunken; vgl. die »Drei Gedichte aus Trauer um Fan Ainong«, in: »LXW«, Bd. 6, S. 21–2 ¶ *Jin Jiuru* (?-?, aus Hangzhou/Zhejiang) ¶ *Wuxing-Bier* wörtlich »Fünf Sterne«, Brauerei 1909 mit deutscher Beteiligung in Peking gegründet und bis heute in Betrieb ¶ *Nishikata-machi* Stadtbezirk von Tôkyô ¶ *Shao Mingzhi* (1877–1942, aus Shaxing/Zhejiang) Kommilitone in Japan, der in Hangzhou als Bauunternehmer tätig war, bevor er in Rugao/Jiangsu die »Huafeng«-Saline gründete ¶ *Kagurazaka* Quartier im Bezirk Shinjuku von Tôkyô ¶ *Ishin-gô* nach der Meiji-Reform (»Meiji ishin«) benanntes, offenbar auf Modernität getrimmtes Speiselokal ¶ »*Wufangzhai*« (»Studio der fünf Düfte«) berühmtes Restaurant in Peking ¶ *Dong'an* Einkaufsstraße mit Markt und Restaurants im jetzigen Oststadt-Bezirk von Peking ¶ »*Xinsheng*« »Neues Leben«, Projekt einer literarischen Zeitschrift von Lu Xun und seinem Bruder, das nie zustande kam, vgl. dazu die »Vorrede« zur Sammlung »Nahan« (Schlachtruf), dt. in: »LXW«, Bd. 1, S. 7–15 ¶ *George Frederick Watts* (1817–1904), engl. Maler und Bildhauer ¶ *Yuan Wensou* (1874–?), Kommilitone aus Hangzhou/Zhejiang ¶ »*Weileshunqueyi*« nicht identifiziert ¶ *zwei oder drei Bände* sind »Custom and Myth« (1884) und »Myth, Ritual and Religion« (1887) von *Andrew Lang* (1844–1912) schottischer Schriftsteller und Volkskundler, der sich besonders mit der Funktion der Mythen beschäftigte seine Erkenntnisse zu literarischen Werken verarbeitete, u.a. zusammen mit Henry Rider Haggard zum Roman »The World's Desire« (1890), den Zhou Zuoren arbeitsteilig mit Lu Xun übersetzte

Q — [Zhou Zuoren 周作人] Zhou Xiashou 周遐壽 Abschnitte 15, 16, 19 & 23, in: *Lu Xun de gujia* 鲁迅的故家 [Die alte Heimat von Lu Xun], Shanghai: Wenyi chubanshe 1953; Beijing: Renmin wenxue chubanshe 8.1957; 8.1981, S. 175–7, 179–80, 183

L — Xu Shoushang 許壽裳 *Wang you yinxiang ji* 亡友印象記 [Impressionen von einem dahingeschiedenen Freund; über Lu Xun], Shanghai: Emei chubanshe 1947 ¶ ders.: *Lu Xun de sixiang yu shenghuo* 鲁迅的思想與生活 [Leben und Denken von Lu Xun], Taibei: Taiwan wenhua xiejinhui 1947 ¶ ders.: *Wo suo renshi de Lu Xun* 我所認識的鲁迅 [Lu Xun, wie ich ihn kannte], Beijing: Renmin wenxue chubanshe 1952 ¶ Wolff, Ernst: Kap. 5, Abschn. VIII & IX (»Anti-Confucianism« & »Attitudes Towards Buddhism and Taoism«), in: *Chou Tso-jen* [Zhou Zuoren], Boston/MA: Twayne 1971 (= Twayne World Authors Series 184); dt. als »Zhou Zuoren und die chinesische Tradition«, Übers. Renate Schmidt, in: *minima sinica* 1/1990, S. 41–60 ¶ Pollard, David

E.: *A Chinese Look at Literature. The Literary Values of Chou Tso-jen in Relation to the Tradition*, London: Hurst 1973 ¶ Cheng Ma 程麻 *Lu Xun liuxue Riben shi* 魯迅留學日本史 [Geschichte des Studienaufenthaltes von Lu Xun in Japan], Xi'an: Shaanxi renmin chubanshe 7.1985 (= Lu Xun yanjiu congshu) ¶ Ni Moyan 倪墨炎 *Zhongguo de pantu yu yinshi: Zhou Zuoren* 中國的叛徒與隱士： 周作人 [Zhou Zuoren, Einsiedler und Verräter Chinas], Shanghai: Wenyi chubanshe 7.1990 ¶ Zhang Tierong 張鐵榮 »Zhou Zuoren yanjiu de dongxiang he fazhan« 周作人研究的動向和發展 [Tendenzen und Entwicklungen der Zhou-Zuoren-Forschung], in: *Lu Xun yanjiu yuekan* 魯迅研究 月刊 Nr. 128 (12/1992), S. 54–9 ¶ Itô Tokuya 伊藤德也 »Zhou Zuoren yanjiu zai Riben« 周作人研 究在日本 [Die Zhou-Zuoren-Forschung in Japan, 1992], Übers. Wen Ping 文萍 in: *Lu Xun yanjiu yuekan* Nr. 136 (8/1993), S. 57–62 ¶ Ma Tiji 馬蹄疾 *Lu Xun shenghuo zhong de nüxing* 魯迅生活裡的 女性 [Die Frauen im Leben von Lu Xun], Beijing: Zhishi chubanshe 1.1996 ¶ Chen Shuyu 陳漱渝 *Xiandai xianru — Lu Xun de zhiyou Xu Shouchang* 現代賢儒——魯迅的摯友許壽裳 [Tugendhafte Gelehrte in der Moderne — Xu Shoushang, der enge Freund von Lu Xun], Taihai chubanshe 4.1998

1906 · 5 · 4	Guangxu 32 · 4 · 11	Gibt zusammen mit seinem Kommilitonen aus Nanjing und Tôkyô, Gu Lang (aus Nanjing) den Band *Zhongguo kuangchan zhi* [Überblick über die Bodenschätze in China] heraus (erscheint in Shanghai beim Verlag Puji shuju), der so erfolgreich ist, daß im gleichen Jahr eine erweiterte und verbesserte Neuauflage erscheint, die vom kaiserlichen Ministerium für Landwirtschaft und Arbeit ausgezeichnet wird.
1906 · 7	Guangxu 32 · 5	Kehrt nach Shaoxing zurück, um auf Vermittlung seiner Mutter Zhu An (aus Präfektur Shaoxing, Kreis Shanyin) zu heiraten. Reist nach nur vier Tagen Aufenthalt wieder nach Japan zurück, zusammen mit seinem Bruder Zhou Zuoren.
1906 · 7 · 26	Guangxu 32 · 6 · 6	Schließt die Ehe mit Zhu An.

Yu Fang: Ein Opfer für die feudale Ehe — Herr Lu Xun und seine Ehefrau Zhu

Yu Fang (w, 1911–, aus Shaoxing/Zhejiang) war, neben Yu Fen (1899–1960) und Yu Zao (1913–), eine der Töchter des Magistrats Yu Yingya (1876–1955), den Lu Xun kurz nach seiner Ankunft in Peking kennengelernt hatte. In den Jahren 1923/24 lebte sie als Nachbarskind während zehn Monaten in der gleichen Straße, in der Lu Xun sich mit seinem Haushalt niedergelassen hatte. Als sie 1924 die Bacon-Grundschule besuchte, kümmerte sich Lu Xun oft um sie. Sie und ihre Familie pflegten auch später, als Lu Xun ab 1926 im Süden lebte, vor allem mit Zhu An regelmäßigen Kontakt. Im Jahre 1935 schloß Yu Fang ihr Mathematikstudium an der Pädagogischen Hochschule für Frauen ab. Da über das Alltagsleben von Lu Xun in dieser Zeit und insbesondere über seine Ehe mit Zhu An recht wenig bekannt ist, handelt es sich bei ihren »auf Drängen vieler Genossen« 1976 begonnenen Aufzeichnungen um ein wichtiges Zeugnis.

Seit Frau Zhu, die von 1879 bis 1947 lebte, zusammen mit Lu Xun in den *Zhuanta hutong* [in Peking] gezogen ist, haben ich und meine dritte jüngere Schwester zusammen mit den älteren Schwestern sie »Große Meisterin« genannt. Große Meisterin war nicht hoch gewachsen und vom Körperbau her hager und klein, hatte ein langes schmales Gesicht und blaßgelbe Gesichtshaut. Stirn und Backenknochen ragten hervor. Wenn man sie gehen sah, schien sie ein wenig kränklich. Die Augen waren ebenmäßig, doch nicht besonders ausdrucksstark, sondern eher ein bißchen tiefliegend. Ihre Füße waren gebunden und deshalb sehr klein, so daß sie nur langsame Schritte machen konnte. Obwohl sie damals erst etwas über 40 Jahre zählte (sie war zwei Jahre älter als der große Herr), kleidete sie sich ziemlich altmodisch. Außer im Sommer, wenn sie ein kurzes rechts geknöpftes Oberteil aus weißem Sommerstoff und unten einen schwarzen Rock trug, waren ihre Kleider in den übrigen Jahreszeiten alle ziemlich dunkel und immer schlicht und ordentlich. Äußerlich gesehen bot sie das Erscheinungsbild einer traditionellen Frau. Im allgemeinen sagte sie wenig, war schweigsam und lächelte selten. Obwohl sie sich keineswegs wichtig machte, wagten wir am Anfang nicht, näher mit ihr in Kontakt zu treten. Große Meisterin erfüllte ihre Aufgabe als Vorsteherin des Haushalts mit Würde. Sie war sparsam im Haushalten und machte kleinere Näharbeiten, so oft sie freie Zeit dafür fand. Sie verstand es sogar, die originalen Gerichte aus ihrer Heimat zuzube-

Porträt von Zhu An (Photographie, um 1910)
Text S. 77

reiten. So oft der große Herr Gäste hatte, kümmerte sie sich zuvorkommend um sie, goß Tee auf, buk Süßigkeiten und war in allem eifrig bemüht. Doch manchmal kam es auch vor, daß sie nicht einmal Zeit zum Ausruhen fand, weil sie nicht daran gedacht hatte, und sie für ihre harte Arbeit nicht einmal den verdienten Dank erhielt. Ein Beispiel: Ganz am Anfang nach dem Umzug an den Zhuanta hutong erhielt der große Herr eines Tages Besuch von seinem Studenten *Chang Weijun*. Das Wetter war sehr heiß und der Schweiß floß, selbst wenn man den Fächer schwenkte. Dennoch kochte sie nicht nur zwei Tassen Tee, sondern ging auch noch zwei Schalen mit dampfendem Gebäck aus Lotoswurzelmehl holen. Als der Gast die Kleinigkeit entgegennahm, wurde er sehr verlegen und meinte: Wie soll ich das essen und der Hitze noch etwas Heißes hinzufügen? Der große Herr nickte und meinte mit einem bitteren Lächeln: Es wurde eben geholt, also essen Sie auch, denn es wird nichts anderes geschehen, als daß Sie noch mehr am ganzen Körper schwitzen. Diese Episode hat bei Chang Weijun einen sehr tiefen Eindruck hinterlassen. Noch im Frühjahr 1978, als ich in Peking den alten Herrn Chang besuchte, sprach er davon. Ereignisse dieser Art gibt es noch viele, doch werde ich sie hier nicht einzeln und im Detail schildern. [...]

Ich erinnere mich, daß der große Herr manchmal Süßigkeiten mit nachhause brachte, wenn er ausgegangen war. Er ließ zuerst seine Schwiegermutter einige Stückchen aussuchen, dann die Große Meisterin. Die Große Meisterin war sehr uneigennützig und wählte immer zwei drei ganz kleine und beschädigte Stückchen aus [...]. Erst danach nahm der große Herr einige Stückchen. In seinen Tagebüchern und Briefen bezeichnete er sie als »Frau«, »diejenige aus den inneren Gemächern«, »große Dame« oder »Dame«. Abgesehen davon, daß er ihr den gesamten Lebensunterhalt bestritt, ließ der große Herr der großen Meisterin monatlich zehn Yuan zur freien Verfügung zukommen. Seit dem November 1932 kamen noch Lebensmittel hinzu, weil sie sich körperlich oft unwohl fühlte, und er erhöhte den Beitrag zur freien Verfügung bis auf 15 Yuan monatlich. (Seine Schwiegermutter erhielt jeden Monat 20 Yuan zur freien Verfügung, die nicht aufgestockt wurden.) Darüber hinaus verbrauchte der Haushalt in der Hauptstadt monatlich 100 Yuan, was alles von der großen Meisterin ausgegeben wurde. Von 1930 bis zum Juni 1935 habe ich das Haushaltbuch geführt. Einmal wöchentlich führte ich es für sie nach. Der große Herr hat sich gegenüber den Eltern der großen Meisterin, der Familie Zhu, immer korrekt und höflich verhalten: Er war dem Sohn von *Zhu Keming*, dem jüngeren Bruder der großen Meisterin, bei der Suche nach einer Arbeitsstelle behilflich und unterstützte die Familie Zhu gelegentlich finanziell, indem er Geld schickte, während die Familie ihm oft lokale Erzeugnisse schickte. Daraus läßt sich ersehen, daß der große Herr den Rang achtete, den die große Meisterin ihrer Familie zukommen ließ. In wirtschaftlicher Hinsicht nahm er seine Verantwortung wahr, ermöglichte ihr ein gesichertes Leben und erfüllte die Verpflichtungen, wie er es mußte. Doch es waren keine Gefühle dabei. Nach allem, was ich am Zhuanta hutong und am *Xisantiao* mitbekommen habe, haben der große Herr und die große Meisterin sehr wenige Worte miteinander gewechselt, die über das hinausgingen, was besprochen werden mußte. Einmal trug sich folgendes zu: Wie ich mich erinnere, war es die Idee des großen Herrn, von einem geflochtenen Weidenkorb Unterteil und Deckel an zwei verschiedenen Orten aufzubewahren. Der Korb wurde unter dem Bett des großen Herrn verstaut, damit er darin Hosen ablegen konnte, die gewaschen werden mußten. Der Deckel lag rechts neben der Zimmertür der großen Meisterin, dicht an der linken Seite einer Kommode. Der Deckel war umgedreht, so daß die Vertiefung nach oben schaute. Darin lagen saubere Hosen des großen Herrn zum Wechseln. Deckel und Korb waren mit weissem Stoff überzogen, so daß Fremde nicht sehen konnten, was darin verborgen war. So stellten sie auch weniger Fragen. Im Laufe von mehr als neun Monaten am Zhuanta hutong wußte sogar ich immer noch nicht, wie sich der große Herr und die große Meisterin untereinander anreden, und erfuhr es auch später nicht. Vermutlich hatten sie füreinander gar keine Anrede. Wenn wir dabei waren, benutzten sie genau die gleiche Anrede wie wir. Wenn die große Meisterin den großen Herrn mit »großer Herr« anredete, redete er die große Meisterin mit »große Meisterin« oder »große Dame« an, manchmal auch mit »Dame«. Wenn der große Herr tagsüber bei der Arbeit war oder zuhause für sich arbeitete, stand die große Meisterin meist in der Küche und bereitete ein Gericht vor. Manchmal war sie in ihrem eigenen Zimmer und nähte oder ruhte sich aus, oder sie rauchte eine Wasserpfeife. Nachts schliefen sie getrennt in ihren jeweils eigenen Zimmern. Nach allem, was ich von ihrer Beziehung zueinander gesehen habe, verhielt es sich so und nicht anders. Unter diesen Umständen war es völlig angemessen, wenn der große Herr etwa sagte: »*Das ist ein Geschenk* von Mutter; ich muß bloß möglichst gut für sie sorgen. Liebe kenne ich nicht.« [...]

Die große Meisterin war voller Verehrung für den großen Herrn. Sie bewunderte seine Fähigkeiten und brachte mit »so schändlich wie ich ist niemand sonst« deutlich ihr schweres Minderwertigkeitsgefühl zum Ausdruck. Die beiden unterschieden sich einfach zu sehr voneinander, und es sah auch nicht so aus, als hätte sie die Absicht gehabt, diesen Abstand zu verringern, vielmehr sann sie nur darauf, sich mit aller Kraft um das Wohlergehen des großen Herrn und seiner Mutter zu bemühen. Aber sie hatte offensichtlich dem großen Herrn gegenüber Gefühle.

A — *Zhuanta hutong* (»Backsteinpagoden-Gasse«) westlich des Xi'an-Tores innerhalb der Stadtmauern, wo Lu Xun nach dem Konflikt mit seinem Bruder Zhou Zuoren das Haus Nr. 61 mietete und am 2.8.1923 mit Ehefrau und Mutter einzog ¶ *Chang Weijun* eig. Chang Hui (1894–1985, aus Peking) studierte französische Sprache und Literatur an der Universität Peking und war Hörer von Lu Xuns Vorlesung zur Geschichte der Erzählliteratur, Mitherausgeber der Wochenschrift »Geyao« [Volkslied] und Übersetzer von »Detstvo« [Kindheit] von Lev Tolstoj ¶ *Zhu Keming* (?-1931) war in Wirklichkeit ein älterer Bruder von Zhu An und hatte die beiden Söhne Zhu Jigong und Zhu Jicheng ¶ *Xisantiao* (»dritte westliche Seitenstraße«) innerhalb der Mauern beim westlichen Stadttor »Fuchengmen«, wo Lu Xun das Haus Nr. 21 kaufte und am 25.5.1924 mit seinem Haushalt einzog; bis zu deren Tod 1941 bzw. 1947 Wohnsitz von Mutter Lu Rui und Ehefrau Zhu An; seit 1950 als Geschenk der Lebensgefährtin Xu Guangping im Besitz der Volksrepublik China, heute Sitz des »Lu-Xun-Museums Peking« und seit dem 20. Todestag von Lu Xun 1956 teilweise öffentlich zugänglich ¶ *»Das ist ein Geschenk …«* bezieht sich auf die Formulierung, die Lu Xun in Bezug auf Zhu An seinem engen Freund Xu Shoushang gegenüber wiederholt benutzt hat — so dessen Bericht in »Wang you Lu Xun yinxiang ji« [Impressionen vom dahingeschiedenen Freund Lu Xun, 1947]

Q — Yu Fang 俞芳 »Fengjian hunyin de xishengzhe — Lu Xun xiansheng he Zhu furen« 封建婚姻的犧牲者—魯迅先生和朱夫人 [20.10.1980], in: *Wo jiyi zhong de Lu Xun xiansheng* 我記憶中的魯迅先生 Hangzhou: Zhejiang renmin chubanshe 10.1981, S. 135–48

L — Li Yunjing 李允經 *Lu Xun de hunyin yu jiating* 魯迅的婚姻與家庭 [Ehe und Haushalt von Lu Xun], Beijing: Shiyue wenyi chubanshe 2.1990 ¶ Kawakami Kyûju: »Lu Xun yu Zhu An« 魯迅與朱安 Übers. Ma Dongzhen in: *Ningxia jiaoyu xueyuan Yinchuan shizhuan xuebao* 寧夏教育學院銀川師專學報 Bd. 3, Nr. 4 (Yinchuan/Ningxia, 1991), S. 102–9 ¶ Xue Rong 薛融 »Yu Fang fangwen ji« 俞芳訪問記 [Ein Interview mit Yu Fang], in: *Shanghai Lu Xun yanjiu* 上海魯迅研究 Bd. 5 (9.1991), S. 234–6 ¶ »Zhu An yu Lu Xun de yi ci chongtu« 朱安與魯迅的一次沖突 [Ein Krach zwischen Zhu An und Lu Xun], in: *Lu Xun yanjiu yuekan* 魯迅研究月刊 Nr. 151 (11/1994), S. 33

1906 · 7 · 26   Dokument B075

Porträt von Zhu An (Photographie, um 1910)
Abbildung S. 73

Q — Bildarchiv Beijing Lu Xun bowuguan 北京魯迅博物館

Cheng Ma: Eine Heirat im alten Stil

Mit Zhu An (1878–1947, aus Shanyin/Zhejiang) wurde Lu Xun 1906 auf Drängen seiner Mutter verheiratet. Viel mehr, als daß sie keine Schulbildung genossen hatte, ist über sie nicht bekannt. — Der Literaturwissenschaftler Cheng Ma (geboren um 1940), auch als Übersetzer japanischer gelehrter Werke über Lu Xun hervorgetreten, trägt im folgenden Text aus verschiedenen Quellen zusammen, was über den Hintergrund der Eheschließung von Lu Xun bekannt ist, bezeichnenderweise kaum von Lu Xuns eigener Hand.

Im Sommer 1906 erhielt Lu Xun von seiner Familie aus Shaoxing einen Brief, in dem er aufgefordert wurde zurückzukehren, um zu heiraten. Sie trieb ihn zudem zur Eile an, so daß er gelegentlich zweimal am Tag von ihr Post bekam. Als in späteren Jahren Lu Xun dem japanischen Schriftsteller *Kaji Wataru* darüber berichtete, sagte er, damals habe er »aus Wut und Ungeduld tatsächlich einen kleineren Nervenzusammenbruch erlitten.« Aus der Sicht von Lu Xun, der sich damals gerade mit ganzem Herzen und aller Kraft literarischen Unternehmungen widmete, muß eine solche feudale Heirat im alten Stil ohne Zweifel eine bittere Medizin bedeutet haben, die er kaum schlucken konnte. Doch nach einem schweren inneren Kampf, bei dem er über sämtliche Faktoren nachgedacht hatte, kam er zuletzt zum Schluß, daß ihm nichts anderes blieb, als ein gewisses Mädchen namens Zhu An zu heiraten.

Daß seine Familienangehörigen Lu Xun so heftig drängten, nach China zurückzukehren und zu heiraten, soll dem Vernehmen nach auf ein Gerücht zurückgegangen sein, das bereits bis in den Heimatort von Lu Xun gedrungen war und besagte, ein Landsmann habe mitbekommen, daß Lu Xun bereits eine Japanerin geheiratet habe und überdies seine Kinder in den Straßen von *Kanda* spazierenführe. Diese Nachricht löste eine Erschütterung im Heimatort von Lu Xun aus. Seine Mutter fand es unerträglich und beharrte nachdrücklich darauf, er solle zurückkehren und sich verheiraten. Daß ein solches Gerücht überhaupt entstanden war, ist sehr seltsam, denn es entbehrte selbstverständlich jeder Grundlage. Damals waren die meisten chinesischen Studenten in Japan von ihrer Familie her ziemlich wohlhabend. Im Vergleich zu den armen Studenten aus Tôkyô und Japan führten nicht wenige unter ihnen ganz offensichtlich ein Leben in Saus und Braus, zudem hielten sich *einige unter den chinesischen Studenten* japanische Hausangestellte. Es steht außer Frage, daß diese armen japanischen Studenten keine Möglichkeit sahen, mit den Chinesen gleichzuziehen, weshalb sich damals in Kanda schöne Japanerinnen auch mit wohlhabenden Studenten aus China verheirateten. Um 1907 erschienen in der in Tôkyô sehr verbreiteten Zeitung »Yorozu chôhô« viele Nachrichten dieser Art. Daß es unter diesen Umständen Leute gab, die aus zirkulierenden Informationen falsche Zusammenhänge herstellten und weitererzählten, Lu Xun habe sich mit einer Japanerin verheiratet, und das unwahre Gerede weiterverbreiteten, so daß schließlich das Gerücht bis zu seinem Heimatort Shaoxing drang, ist ohne weiteres begreiflich. [...]

Nach den Erinnerungen von Zhou Zuoren zu schließen, hatten die Familien Zhou und Zhu vermutlich vor dem 14. Mai 1899 über die Eheangelegenheit entschieden. Wie Zhou Zuoren in seinen Tagebüchern festhält, fuhren an diesem Tag sämtliche Haushaltsangehörigen der Familie Zhou auf zwei Schiffen nach Jiatang, um dort die Aufführung einer Lokaloper zu besuchen. Die Frauen fuhren auf einem Boot, auf dem sich außer der Mutter von Lu Xun, Frau Lan und Oma Qian Shao noch jemand befand, nämlich Zhu An. Diese Tatsache zeigt deutlich, daß Zhu An offenbar schon zu jener Zeit in besonderer Beziehung zur Familie Zhou stand. [...]

Unterziehen wir alle Gründe dafür, daß Lu Xun im alten Stil geheiratet hat, einer sorgfältigen Würdigung, wie es oben geschah, so läßt sich ersehen, daß beide, nicht nur Lu Xun, sondern auch Zhu An, Opfer waren von System und Ideologie des feudalen China, und sie beide völlig unschuldig gelitten haben. Gerade aus diesem Wissen heraus hat Lu Xun diesem bedauernswerten Mädchen aus einem Bauerndorf niemals Vorwürfe gemacht, obwohl er Zhu An gegenüber keine Zuneigung empfand. Sogar als er mit Xu Guangping zusammen ein Leben in wahrer Liebe führte, kam er ständig für den Lebensunterhalt von Zhu An auf. Lu Xun zufolge handelte es sich nicht etwa der ökonomischen Belastung wegen um eine tragische Angelegenheit, sondern weil es auf beiden Seiten, sowohl beim Mann als auch bei der Frau, unheilbare seelische Wunden hinterließ. Diese Heirat hat Lu Xun die Erfahrung vermittelt, wie grausam und heuchlerisch System und Ideologie des Feudalismus sind, und vertiefte sein Wissen und Verständnis über dessen reaktionäre Wurzeln. Später hat Lu Xun mehrmals diese Art der Ehevermittlung als Beispiel herangezogen, um die feudale Moral scharf anzugreifen.

A — Kaji Wataru (1903–82) floh 1935 vor der Verfolgung durch japanische Behörden nach Shanghai und übersetzte dort die »Ausgewählten Miszellen von Lu Xun« (»Lu Xun zagan xuanji«, Hg. Qu Qiubai, 1933) ins Japanische ¶ Kanda Quartier in Tôkyô, in dem viele Künstler und Studenten lebten ¶ *einige…* ist eine euphemistische Umschreibung für die weit verbreiteten »Ehen auf Zeit« zwischen chinesischen Studenten und Japanerinnen ¶ »*Yorozu chôhô*« (»Zeitung der zehntausend Tage«) von Kuroiwa Ruikô (1862–1920) in Tôkyô 1892 gegründete Tageszeitung, die 1940 in der Zeitung »Maiyû shimbun« aufging ¶ *Jiatang* Ort in der Nähe von Shaoxing, vgl. die Erzählung »Eine Oper auf dem Land«, in: »LXW« Bd. 1, S. 201–18 ¶ *mehrmals* bekannteste Beispiele sind »Meine Meinung über die Opfer der Keuschheit« und »Nora auf und davon«, in: »LXW« Bd. 5, S. 169–86 & 225–34

Q — Cheng Ma 程麻 »Jiu shi jiehun« 舊式結婚, in: *Lu Xun liuxue Riben shi* 魯迅留學日本史 Xi'an: Shaanxi renmin chubanshe 7.1987, S. 179–86

L — Cheng Guanglin 程廣林 »Ribenren guanyu Lu Xun jiu shi jiehun wenti de tantao« 日本人關於魯迅舊式結婚問題的探討 [Untersuchungen und Diskussionen von Japanern zum Problem der Heirat im alten Stil bei Lu Xun], in: *Zhongguo xiandai wenxue yanjiu congkan* 中國現代文學研究叢刊 Nr. 4 (3/1980), S. 332–6 ¶ Xi Shan 稽山 »Lu Xun he Zhu An nüshi yiji ta lia de hunyin wenti« 魯迅和朱安女士以及他倆的婚姻問題 [Lu Xun und Frau Zhu An. Das Problem ihrer gemeinsamen Ehe], in: *Shaoxing shizhuan xuebao* 紹興師專學報 2/1981 ¶ Zhou Jianren 周建人 *Lu Xun gujia de bailuo* 魯迅故家的敗落 Niederschrift Zhou Ye 周曄 Changsha: Hu'nan renmin chubanshe 1984; engl. *An Age Gone By. Lu Xun's Clan in Deline*, Übers. Zheng Ping 鄭平 & Huang Long 黃龍, Beijing: New World Press 1988 ¶ Yu Yizu 余一卒 »Zhu An nüshi« 朱安女士 [Frau Zhu An], in: *Lu Xun yanjiu ziliao* 魯迅研究資料 Bd. 13, Tianjin: Renmin chubanshe 1984, S. 347–67 ¶ »Xu Guangping wanglai shuxin xuan« 許廣平往來書信選 [Aus der Korrespondenz von Xu Guangping; Briefe von Zhu An an Xu Guangping und deren Sohn mit Lu Xun, Zhou Haiying, 1937–47], in: *Lu Xun yanjiu ziliao* Bd. 16, Tianjin: Renmin chubanshe 1.1987, S. 3–115

1907 · Sommer Guangxu 33 · 5 – 6		Gründet zusammen mit seinem Freund Xu Shoushang u.a. die Kunst- und Literaturzeitschrift *Xinsheng* [Neues Leben], die jedoch nie erscheint (vgl. »Vorrede« zur Sammlung »Schlachtruf«, dt. in: *LXW* Bd. 1, S. 10–11)
1907		Übersetzt 16 Gedichte aus *The World's Desire* von Henry Rider Haggard und Andrew Lang, die im Dezember im Übersetzungsband *Hongxing yishi* erscheinen, den sein Bruder Zhou Zuoren herausgibt.
1907	Guangxu 33	Schreibt die Abhandlungen »Renjian zhi lishi« [Die Geschichte des Menschen], »Moluo shili shuo« [Über die Macht der dämonischen Poesie], »Kexue shi jiaobian« [Die Lehren der Wissenschaftsgeschichte], »Wenhua pianzhi lun« [Über falsche Tendenzen in der Kultur], die teilweise in der auslandchinesischen

Studentenzeitschrift *He'nan* in Tôkyô erscheinen; dt.
alle in: *LXW* Bd. 5, S. 11–168.

1908 · 4 · 8   Dokument B061

»Fünferbleibe« in Tôkyô (Photographie)
Abbildung S. 85

Zusammen mit seinen alle aus der Provinz Zhejiang stammenden Freunden Xu
Shouchang, Qian Junfu (aus Hangxian), Zhu Mouxuan und seinem Bruder Zhou
Zuoren zog Lu Xun aus seiner Pension aus, weil Xu Shoushang ein geräumiges
Haus ausfindig gemacht hatte. Dort lebten und arbeiteten die fünf chinesischen
Studenten (daher der Name) zusammen mit dem genius loci *des japanischen*
Schriftsteller Natsume Sôseki (1867–1917), der bis um 1905 dort gewohnt hatte.

Q — »Wushe« 伍舍 in: *Lu Xun nianpu* 鲁迅年譜 Hg. Li Helin 李何林 u.a., Beijing: Renmin
wenxue chubanshe 1981–83, Bd. 1, S. 203

1908 · Sommer Guangxu 34 · 6 – 8   Bittet Zhang Taiyan (1869–1936, Literat und Politiker),
                                            zusammen mit Xu Shoushang, Qian Xuantong und
                                            Zhou Zuoren, im Verlag der Volkszeitung *(Minbao she)*
                                            wöchentliche Vorträge über Schrift und Sprache zu
                                            halten, nach einem halben Jahr eingestellt.

1908 · Sommer   Dokument C046

Inhaltsverzeichnis von Nummer 20 der »Volkszeitung«

Die Monatsschrift Minbao *(»Volkszeitung«) war Organ der gegen die Mandschu-*
Herrschaft in der Qing-Dynastie gerichteten »Tongmenghui« (Revolutionsbund),
einer von Sun Yixian (»Sun Yat-sen«) gegründeten parteiähnlichen Organisation,
deren Mitglieder oft anarchistische Ideale vertraten. Ab November 1905 erschienen
von ihr in Tôkyô 26 Nummern, davon die letzten zwei nach einem Verbot durch die
japanische Regierung geheim. Vom September 1906 an war Zhang Taiyan
(1869–1936) ihr Mitherausgeber. Im Sommer 1908 hörte Lu Xun seine Vorträge
zur Schriftzeichenkunde und erhielt von ihm wesentliche Anstöße zur Beschäftigung
mit westlicher Philosophie, ganz zu schweigen vom Einfluß des als raffiniert
bekannten klassischen Chinesischen von Zhang auf die frühen essayistischen Arbeiten
von Lu Xun.

Tôkyô

Si Gu: Die Mandschuren als Gegner Chinas zu Ende der Ming-Dynastie
Zeitgeschehen [...]
[Zhang] Taiyan: Ein Weg zur Unabhängigkeit für Indien
Gesammelte Übersetzungen
Jiaxuan: Gespräch über den Krieg zwischen Ming- und Qing-Dynastie
Erzählung
Duo Yiqi: Notizen vom Überleben im Rachen eines Tigers
Eingesandte Artikel [...]
Meng Yizhi, Duo Fenzi: Manifest zur gemeinsamen Rache an den
Mandschuren durch die Mongolen und das Volk der Han[-Chinesen]
Anhang
Hansi: Kleinigkeiten aus dem Meer der Maulbeerblüten
Abhandlungen
[Zhang] Taiyan:Vorrede zu »Anarchismus« [...]
[Huang] Yunpi: Porträt der Verehrung für *Liu Daoyi*
[Zhang] Taiyan: Gedicht »Drosseln und Elstern krähen alle« auf Liu Daoyi

Q — *Minbao* 民報 Nr. 20 (Tôkyô, 25.2.1908)

A — *Si Gu* (auch Si Guxuan) ist vermutlich der politische Aktivist Zhang Huiqi (?–1929) aus
Wujin/Jiangsu ¶ *Jiaxuan* d.i. der Schriftsteller und Politiker Liu Yazi (1887–1958, aus Wu-
jiang/Jiangsu) ¶ *Duo Yiqi* nicht identifiziert ¶ *Hansi* d.i. Tao Chengzhang (1878–1912, aus Shaoxing)
der hier über seine Geldsammlung in Südasien für revolutionäre Aktivitäten berichtet ¶ *Huang
Yunpi* d.i. der revolutionäre Aktivist und Linguist Huang Kan (1886–1935, aus Qichun/Hubei) ¶
Liu Daoyi (1884–1907, aus Hengshan/Hu'nan) wurde für seine Teilnahme an einem gescheiterten
Aufstandsversuch zusammen mit der Lyrikerin Qiu Jin (1879–1907, aus Shaoxing) hingerichtet

L — Lu Xun: »Guanyu [Zhang] Taiyan xiansheng er san shi« 關於〔章〕太炎先生二三事 [Einige
Begebenheiten aus dem Leben von Herrn Zhang Taiyan; 9.10.1936], in: *LXQJ* Bd. 6, S. 545–7 ¶
Peter Zarrow: *Anarchism and Chinese Political Culture*, New York: Columbia University Press 1990
¶ Li Xiaohang »Lu Xun yu Zhang Taiyan« 魯迅與章太炎 in: *Wenshi zazhi* 文史雜誌 4/1991, S.
33–4 ¶ Stöber, Eveline: »Von der Evolution zur Erlösung« Diss. Bonn 1990

1908 · Sommer   Dokument B074

Titelseite von Nummer 22 der »Volkszeitung«
Abbildung S. 83

Q — *Minbao* 民報 Nr. 20, Hg. Zhang Taiyan 章太炎 (Tôkyô, 25.4.1908)

[82]

THE MINPAO MAGAZINE

8 Nichome Shinogawamachi
Ushigomeku

TOKYO JAPAN

号 拾 貳 第

Telegraphic address:

MINPAO TOKYO

(3137)

日本明治世八年十一月廿五日第三種郵便物認可
日本明治四十一年四月廿五日發行

Titelseite von Nummer 20 der »Volkszeitung«
Text S. 82

[83]

»Fünferbleibe« in Tôkyô (Photographie)
Text S. 81

1908 (andere Quellen: 1904)	Wird Mitglied in der geheimen Anti-Qing-Organisation *Guangfu hui* (»Vereinigung zur Wiederherstellung des Ruhms«).
1908	Übersetzt von Emil Reich einen Text über Petőfi und schreibt die Abhandlung »Po e'sheng lun« [Wider die Stimmen des Bösen] (beide unvollendet).
1908	T009

Emil Reich: Petőfi, Verkörperung des poetischen Genius von Ungarn (1898)

Durch den folgenden Text ist Lu Xun vermutlich zum ersten Mal mit dem Lyriker und Freiheitskämpfer Sándor Petőfi (1823–49) vertraut gemacht worden. Immerhin hat er 1906 große Teile des Kapitels über Petőfi übersetzt, aus dem hier Auszüge gebracht werden. Die stark nationalistisch-neuromantisch geprägte Geschichte der ungarischen Literatur stammt vom nach Großbritannien emigrierten österreichischen Juristen und Historiker Emil Reich (1854–1910).

In unterschiedlichem Maße handelt es sich bei den Dichtern und Schriftstellern der Magyaren, die wir in den vorigen Kapiteln behandelt haben, um Autoren, deren Werke zum großen Teil durch ihre relativen oder nationalen, nicht durch ihre absoluten Merkmale hervorstechen.

Wir werden uns nun der Untersuchung von Alexander Petőfi zuwenden. Er war ein Genie, das unter den ungarischen Schriftstellern in vielleicht einzigartiger Weise die hervorragenden Aspekte der magyarischen Poesie mit den umfassenderen Themen der literarischen Größe Europas so vollkommen verschmolzen hat, daß ihm die Bewunderung aller sicher ist, die imstande sind, Schönheit der Poesie nachzuempfinden, ungeachtet ihrer Nationalität oder Sprache. Wahre Dichtung spricht Menschen aller Nationalitäten und aller Zeiten an, genauso wie wahre Musik. Bei Petőfi findet sich wahre Dichtung. Andere Lyriker sind geschickt im Ausdruck und werden aufgrund des musikalischen Klangs ihrer Sprache von ihren Landsleuten geliebt. Andere wiederum schaffen eine oder zwei poetische Gestalten, deren Reiz selbst unbedeutenden Versen Nachsicht und Zuwendung sichert. Viele andere Lyriker bringen religiöse, moralische oder patriotische Gefühle zum Ausdruck und sprechen so die Herzen und die Phantasie ihrer Leser an, die sich von solchen Gefühlen leicht überwältigen lassen. Er verfügt über eine reiche und schöne Sprache; dennoch sticht er nicht durch seine Sprache hervor. Niemals oder sehr selten bezieht er seine Wirkung daraus, daß er die Moral oder Religion anspricht. Er schafft poetische Erscheinungen — das ist alles. Wo vor ihm niemand poetische Erscheinungen auch nur vermutet hatte, beschwört er eine ganze Märchenwelt poetischer Entwürfe, Gestalten, Ereignisse oder Szenen herauf. Der wahre Dichter entdeckt Neuland, indem er es erschafft. In der Natur selbst findet sich nicht mehr Poesie als in einem Lebensmittelladen. Ebensowenig findet sich in der Natur die geringste Spur einer Idee, weder Philosophie noch Mathematik läßt sich in ihr finden. Nur der Himmel weiß, welchen Lauf die Natur nimmt. Sie ist der verschwenderischste Geschäftsmann und geht doch nie bankrott. Sie ist so kopflos wie die dümmsten Händler, und doch scheinen die tiefsten Gedanken in ihren Äußerungen sichtbar zu werden. So finden Mathematiker und Physiker zu klaren Formeln, die sogenannte Naturgesetze ausdrücken. Dennoch ist nichts sicherer, als daß die Natur sich nicht nach Gesetzmäßigkeiten richtet. Uns Menschenwesen scheint es angenehm und nützlich, einige Ereignisse in der unendlichen Natur durch logische Überlegungen zu fassen, um uns die Befriedigung zu verschaffen, wir hätten die Ereignisse »begriffen«. Die Natur verabscheut es, begriffen zu werden, doch getrieben vom unzähmbaren Bedürfnis des Menschen, wird es immer Denker geben, die versuchen, sie zu fassen, indem sie Naturerscheinungen in die Zwangsjacke der Formeln und das Korsett der Begriffe quetschen. [...]

Der Wind, der über die Ebenen Ungarns weht, ist in Wahrheit ungestalt; doch wenn er durch Körper und Seele des unvergleichlichen Dichters bläst, dann ist es, wie wenn er von den Händen Bachs durch Orgelpfeifen gelenkt und dort in melancholische Fugen und herrliche Oratorien verwandelt würde. Und so geschieht es mit allem. Petöfi besingt die Liebe in Hunderten von Gedichten, doch wurde er kaum je von einer Frau geliebt. So wie die Frauen der Natur näher stehen, so sind sie auch realistischer und weniger mit Dichtung belastet als die Männer. Was also hätten sie mit einem Mann anfangen sollen, der in seiner jugendlichen Seele alle Schätze der Dichtung ablud, aber keine von Gold? Weit davon entfernt jedoch, sich entmutigen oder anekeln zu lassen, hat sich Petöfi dadurch vielmehr angespornt gefühlt. Er hat viel geliebt, das heißt, er hat selten geliebt. Wie die Puszta, die Theiß und die Karpaten, war Liebe für ihn von gewaltiger Anregungskraft; ein Ozean, dessen Überquerung zur Entdeckung neuer Kontinente der Poesie führte. Fast alle hübschen oder interessanten Frau, die er traf, sei es eine anarchische Zigeunerin, eine Schauspielerin, eine spröde Bürgerstochter, eine Dame, eine Bäuerin oder ein Zimmermädchen — er hat sie alle geliebt oder geglaubt, er liebe sie. Das hing nicht nur mit seinem außergewöhnlich jugendlichen Alter zusammen — er war 26 Jahre alt, als er starb —, sondern auch mit seiner Leidenschaft für die lyrische Schöpfung. Alle eben erwähnten Frauentypen dienten ihm als Gelegenheit, Szenen so voller Leben zu schaffen, wie es Wälder oder Flüsse von der Natur sind. [...]

[...] Wie alle großen Dichter, ist Petöfi im tiefsten Grunde wahrhaftig. Bei ihm gibt es weder Heuchelei, noch Gefühlsduselei, noch irgendwelche falschen Töne. Seine Leidenschaft ist erschreckend wirklich, und seine Heiterkeit wahrhafte Freude. Nirgends läßt sich diese absolute Wahrhaftigkeit klarer sehen; nirgends strahlt sie überwältigender hervor als in einem der wildesten und offenbar übertriebensten Gedichte von Petöfi, dem »Wahnsinnigen« (»Äz örült«). Es handelt sich dabei um das Selbstgespräch eines wahnsinnig gewordenen Titanen, dessen differenzierter Geist durch undankbare Freunde, verräterische Frauen und unverdiente Niederlagen zerrüttet worden ist. Ohne Zögern können wir behaupten, daß sich in der gesamten europäischen Literatur kein anderes Gedicht findet, wo der dämonische Reiz eines starken und zugleich geschwächten Geistes mit solcher Kraft und Wahrhaftigkeit zum Ausdruck kommt. Obwohl er sich ständig am Rande der schrecklichsten Abgründe bewegt, die Geist und Seele des Menschen kennen, spricht der »Wahnsinnige« doch mit so überwältigender Macht und Klarheit, daß er seinen Zuhörern heilige Schauer religiöser Verehrung einflößt. Der Form nach verstümmelt, dem Gehalt nach von erschreckender Wahrheit — das sind die Merkmale dieses einzigartigen Gedichts, in dem sich sämtliche Schlangen von Leid und Qual unter den Blättern gefällig gestalteter Sprache zu ringeln scheinen. [...]

Der Leser erwartet jetzt vielleicht eine eifrige Schilderung der Mängel und Schwächen von Petöfi als Dichter. Über ihre berufliche Pflicht hinaus, sich an diesem oder jenem Merkmal im literarischen Erscheinungsbild eines Dichters zu stoßen, haben viele ungarischen Literaturkritiker bedauerliche Schattenseiten in den Werken von Petöfi hervorgehoben. So haben die meisten Kritiker zwar die glänzende lyrische Subjektivität von Petöfi gelobt, aber gleichzeitig auf seine angebliche Unfähigkeit hingewiesen, über etwas anderes als sich selbst zu schreiben. Sein wichtigster Nachteil sei, daß es ihm an objektiver Einbildungskraft fehle, in der Art, wie die großen europäischen Epiker und Dramatiker über sie verfügten. Darauf erscheint uns eine Erwiderung sehr einfach: Petöfi hat niemals ein Werk geschrieben, das in Anspruch genommen hätte, ein Epos zu sein, genauso wenig wie er wirklich ernsthaft versucht hätte, eine dramatische Komposition zu schaffen. Gerechterweise kann ihm nicht vorgeworfen werden, er sei dort gescheitert, wo er gar nicht erfolgreich sein wollte. [...] In dieser Hinsicht war die Literaturwissenschaft im Ausland Petöfi gegenüber vergleichsweise gerecht. In allen Ländern Europas und Amerikas hat sich der Name von Petöfi mehr und mehr ausgebreitet, und in beiden Hemisphären sind zahlreiche Versuche unternommen worden, seine Werke zu übersetzen. Wir glauben nicht, daß Petöfi unübersetzbar ist. Seine tiefe Objektivität macht ihn geeigneter für freie und dennoch getreue Übersetzungen [als andere], auch weil Petöfi weniger Wert auf Form und Versmaß legt als andere gleichrangige Dichter. Wer die Schönheit der lyrischen Motive in den Gedichten von Petöfi voll erfaßt hat, ist in der Lage, sie mehr oder weniger angemessen in jede beliebige Sprache zu übertragen. [...]

Q — Reich, Emil: *Hungarian Literature. An Historical & Critical Survey*, Kap. XXVII, London: Jarrold & Sons 1898, S. 169–93

L — »Peituanfei shilun« 裴家飛詩論 [Über die Gedichte von Petöfi], in: *Lu Xun yiwenji* 魯迅譯文集 Beijing: Renmin wenxue chubanshe 1958, Bd. 10, S. 3–8 ¶ Chen Fukang 陳福康 »"Peituanfei shilun" shi bu shi Lu Xun de yizhu« 《裴家飛詩論》是不是魯迅的譯著 [Handelt es sich bei »Über die Gedichte von Petöfi« um eine Übersetzung von Lu Xun?], in: *Waiguo wenxue yanjiu* 外國文學研究 2/1980 ¶ Xing Wansheng 興萬生 »Lu Xun yu Peiduofei« 魯迅與裴多非 [Lu Xun und Petöfi], in: *Lu Xun yanjiu jikan* 魯迅研究集刊 Bd. 1, Shanghai: Wenyi chubanshe 4.1979, S. 268–85 ¶ ders.: »Lu Xun zhuzuo yinyong Peiduofei shiwen xinkao« 魯迅著作引用裴多非詩文新考 [Neue Untersuchung zu den Zitaten aus Gedichten von Petöfi im Werk von Lu Xun], in: *Lu Xun yanjiu* 魯迅研究 Bd. 2, Beijing: Zhongguo shehuikexue chubanshe 2.1981, S. 299–324 ¶ ders.: »Guanyu "Lu Xun zhuzuo zhong yinyong Peiduofei shiwen xinkao"« yi wen de buchong«關於《魯迅著作引用裴多非詩文新考》一文的補充 [Nachträge zu »Neue Untersuchung...«; s.o.], in: *Lu Xun yanjiu* Bd. 4, 7.1981, S. 322–37

1909   T008

Sándor Petöfi: Gedichte

Zu den frühen ausländischen literarischen Helden von Lu Xun gehörte der ungarische Lyriker Sándor Petöfi (1823–49), da sich in ihm in idealer Weise der aktive Kampf für eine nationale Befreiung und romantische lyrische Produktion verbanden. Jedenfalls hat sich Lu Xun schon in Japan ausführlich mit Leben und Werk von Petöfi befaßt und sie in seiner Abhandlung »Über die Macht der dämonischen Poesie« (1908; in: LXW Bd. 5, S. 87–168) neben Byron und anderen Romantikern ausführlich diskutiert. 1925 hat Lu Xun seine eigene Übersetzung einiger Gedichte veröffentlicht, darunter von den hier folgenden.

Vaters Handwerk und meines

Du wolltest, lieber Vater, stets,
Daß ich dein Handwerk treibe,
Dein Sohn sollt' auch ein Metzger sein,
Ich aber, nun, ich »schreibe«!

Und dennoch, ob's auch anders scheint,
Begegnen wir uns wieder:
Du schlägst die Ochsen mit dem Beil,
Ich mit der Feder nieder.

Ich will ein Baum sein

Ich will ein Baum sein, bist nur du die Blüte,
Bist du der Tau, wollt' ich die Blüte sein,
Tau wollt' ich sein, wenn du der Strahl der Sonne,
Nur dass in Leid und Luft vereint wir sei'n!

Wärst du der Himmel, flög' ich auf der Stelle
Empor zu dir als ein getreuer Stern,
Und um dir nah zu sein, — wärst du die Hölle,
Trüg' ich auch ewige Verdammnis gern!

Unsere alte Erde ...

Unsre alte Erde voll Übermut
Spielt mit den jungen Sonnenstrahlen,
Und unter Tändeln und Schmeichelein
Küssen sie sich zu unzähligen Malen.

In Berg und Tal, im Garten und Haus,
Und auf den schimmernden Wellen der Flüsse,
Am Weg, am Steg, am Bach, am Turm
Flammen sie auf, ihre heißen Küsse ...

Mein Gott, die Sonne strahlt so hell,
So heiter im Auf- und Niedergehen,
Als hätte sie, armes, armes Kind,
Dein frühes Grab noch nicht gesehen!

Q — Petőfi, Sándor: *Alexander Petőfi's Poetische Werke*, Übers. Ignaz Schnitzer, Wien & Leipzig: Halm und Goldmann ²1919, Bd. 2

L — Changnian 長年 [Zhou Zuoren 周作人] »Peiduofei de xiaoshuo« 裴多菲的小説 [Die Erzählungen von Petőfi], in: *Wenhui bao* 文匯報 (Shanghai) 24.11.1956; in: *Zhitang jiwai wen — sijiu nian yihou* 知堂集外文 · 四九年以後 Hg. Chen Zishan 陳子善 Changsha: Yuelu shushe 8.1988, S. 130–2 ¶ *Peiduofei shuqing shi 60 shou* 裴多菲抒情詩 6 0 首 [60 Liebesgedichte von Petőfi], Übers. Xing Wansheng 興萬生 Ji'nan: Shandong wenyi chubanshe 3.1992

1909 · 3 · 2	Xuantong 1 · 2 · 11	Der erste Band der gemeinsam mit seinem Bruder Zhou Zuoren übersetzten erzählenden Texte westlicher Autoren erscheint als *Yuwai xiaoshuo ji* [Erzählungen von jenseits der Grenzen], der zweite folgt im Juli.
1909 · 4	Xuantong 1 · 2 – 3	Übersetzt die Erzählung »Krasnyj smech« [Rotes Lachen, 1905] von Leonid Andreev (1871–1919), Manuskript verloren.
1909 · 4		Dokument T001

Leonid Andreev: Das rote Lachen

Zu den frühesten ausländischen literarischen Entdeckungen in erzählender Prosa von Lu Xun gehört der russische Autor Leonid Andreev (1871–1919), dessen oft in Ich-Form geschriebene Texte mit ihrer ausgeprägt episodischen und symbolischen Technik zu den Quellen für seine späteren Prosagedichte »Wilde Gräser« (1927) zu zählen sind. Auch sind Elemente des Konzepts von Wahnsinn als gleichsam gesunde Reaktion auf kranke gesellschaftliche Zustände in das berühmte »Tagebuch eines Wahnsinnigen« (1918) eingeflossen, ebenso etwa die romantische Fiktion einer »aufgefundenen Handschrift« (so der Untertitel bei Andreev), die leitmotivischen Verfahren oder die vom Anarchismus geprägte Auseinandersetzung mit einem nihilistischen Zerstörungswahn. Eine chinesische Übersetzung von »Krasnyj smech« (1905) war zunächst für die mit dem Bruder Zhou Zuoren zusammen edierte Übersetzungs-Anthologie Yuwai xiaoshuo ji *(1909) angekündigt, erschien jedoch nicht, weil Lu Xun nach eigenem Zeugnis »nur einige Seiten« des Textes übersetzt hatte, die als verloren gelten müssen. Die Information verdanken wir einer kleinen Kontroverse um Urheberrechte an der 1929 entstandenen ersten publizierten chinesischen Übersetzung des Textes, in die Lu Xun als zweifach Beteiligter eingriff: Der junge Lyriker Cheng Kansheng (1908–, aus Anlu/Hubei) hatte zusammen mit einem Freund etwas über eine Woche der Sommerferien 1928 darauf verwendet, »Das rote Lachen« zu übersetzen und darauf die Übersetzung beim Verlag Beixin shuju zur Veröffentlichung eingereicht, wo er von Li Xiaofeng eine Absage erhielt, weil es sich »um ein Gemeinschaftswerk« handle. Kurz danach publizierte die im gleichen Verlag erscheinende Zeitschrift »Wortspinnerei« (Yusi) eine chinesische Übersetzung des gleichen Textes durch Wang Fangren (1904–?64, aus Zhenhai/Zhejiang). Darauf formulierte Cheng Kansheng in einem mehrteiligen Zeitungsartikel öffentlich einen Plagiatsverdacht gegenüber dem Verleger, dessen enge Bindungen mit Lu Xun allgemein bekannt waren. In seiner Erwiderung, die auch auf seine eigenen Übersetzungsversuch knapp zwei Jahrzehnte früher eingeht, schlägt sich Lu Xun auf die Seite von Wang Fangren, das heißt seines eigenen Verlegers, und gibt weiter das aufschlußreiche Detail preis, das Manuskript habe länger bei ihm unbearbeitet zur Begutachtung gelegen und er selbst habe schließlich den chinesischen Text anhand der japanischen Übersetzung durch den naturalistischen Romancier Futabatei Shimei (1864–1909) überprüft. Ob Lu Xun im April 1909 ebenfalls nach dieser Übersetzung gearbeitet hat oder als Vorlage eher eine der beiden deutschen Fassungen benutzte, die sich ebenfalls in seiner Bibliothek befinden, ist vorläufig ungeklärt.*

Erster Teil. Erstes Fragment.
…Wahnsinn und Schrecken!
Zum erstenmal ward ich mir dessen bewußt, als wir auf der nach N. führenden Straße dahinmarschierten — zehn Stunden lang ununterbrochen marschierten, ohne einen Augenblick haltzumachen, ohne das Marschtempo zu mäßigen, ohne die Fallenden mitzunehmen, die in der Gewalt des auf drei, vier Stunden Entfernung hinter uns herdrängenden, die Spuren unseres Rückzugs mit seinen Schritten verwischenden Feindes verblieben.

Es war unerträglich heiß. Ich weiß nicht, wieviel Grad, ob vierzig, fünfzig oder noch mehr — ich weiß nur, daß es eine ununterbrochene, gleichmäßige, intensive Hitze war, die uns zur Verzweiflung brachte. Die Sonne erschien so groß, so glühend heiß und furchtbar, als ob die Erde ihr immer näher rückte und über kurz oder lang von dieser erbarmungslosen Glut verzehrt werden sollte. Die Augen hatten das Sehen verlernt. Die Pupillen hatten sich zusammengezogen, sie waren so winzig klein geworden wie Mohnkörner und suchten gierig das Dunkel im Schatten der geschlossenen Lider. Doch die Sonne durchdrang die dünne Membrane, und ihr blutig-rotes Licht fand den Weg in das erschlaffte Gehirn. Aber es war doch immer erträglicher so, als wenn man die Augen offen hielt, und ich marschierte lange, vielleicht ein paar Stunden lang, so mit geschlossenen Augen einher und hörte nur, wie rings um mich sich die Massen vorwärts bewegten: ich hörte das dumpfe, unregelmäßige Stampfen von Menschen und Pferden, hörte das Knirschen der eisernen Geschützräder auf dem Steingeröll, das schwere, stoßweise Atmen der erschöpften Lungen und das trockne Schmatzen der verdorrten Lippen. Alles schwieg — es war, als ob eine Armee von Stummen daherzöge. Wenn jemand zusammenbrach, so tat er es schweigend, und die andern stolperten über seinen Körper, fielen hin, standen schweigend wieder auf und gingen, ohne zurückzuschauen, weiter, als wären sie nicht nur stumm, sondern auch taub und blind. Was ich sah, schien mir eine wilde Phantasie, ein wüstes Traumbild der tollgewordenen Erde. [...]

Und da — da erinnerte ich mich plötzlich meines trauten Heims: ich sehe einen Winkel des Zimmers, und ein Stück der blauen Tapete, und die unbenutzte, staubige Wasserkaraffe auf meinem kleinen Tische, von dessen drei Beinen das eine kürzer ist als die beiden andern und durch ein zusammengefaltetes Stück Papier gestützt wird. [...]

Ich weiß, daß ich stehenblieb und die Arme ausstreckte — aber da erhielt ich von hinten einen Stoß und lief rasch weiter, hastig durch die Menge drängend, als ob ich es sehr, sehr eilig hätte. [...]

Zweites Fragment.

[...] Seine Lippen zuckten, als ob sie sich mühten, ein Wort herauszubringen — und in diesem Augenblick geschah etwas Unbegreifliches, Entsetzliches, Ungeheuerliches. An meiner rechten Backe verspürte ich plötzlich einen warmen Hauch, ich begann heftig zu schwanken, und vor meinen Augen starrte anstatt des bleichen Gesichtes etwas Kurzes, Stumpfes, Rotes, aus dem sich in jähem Strahl das Blut ergoß, gleich dem blutigen Schaumwein, der auf schlechtgemalten Wirtshausschildern aus den Champagnerflaschen quillt. Und von diesem kurzen, roten, überquellenden Etwas ging immer noch ein Lächeln aus, ein zahnloses Lachen — das rote Lachen.

Ich habe es kennengelernt, dieses rote Lachen. Ich habe es gesucht und gefunden, dieses rote Lachen. Nun hatte ich begriffen, was von allen diesen verstümmelten, zerrissenen, seltsam entstellten Menschenleibern ausging. Es war das rote Lachen. Es grinst vom Himmel nieder, und von der Sonne, und es wird bald die ganze Erde überfluten, dieses rote Lachen! [...]

Drittes Fragment.

... Wahnsinn und Schrecken.

Es heißt, daß in unsrer Armee, wie auch in der feindlichen, zahlreiche Fälle von Geisteskrankheit vorkommen. Bei uns ist bereits eine psychiatrische Abteilung mit vier Zimmern eingerichtet. Als ich dieser Tage im Stabe war, besichtigte ich sie unter Führung des Adjutanten.

Sechstes Fragment.

[...] Wer hat's denn gesagt, daß man nicht morden, sengen und rauben darf? Wir werden morden, und auch rauben, und sengen. Eine fröhliche, sorglose Schar von tapferen Recken, werden wir alles in Grund und Boden vernichten: ihre Staatsgebäude, ihre Universitäten und Museen, und auf den Ruinen werden wir, tolle Kinder der Luft, voll freudigen Lachens einen Tanz aufführen. Das Tollhaus werde ich zu unserm Vaterland proklamieren, und wer noch nicht den Verstand verloren hat, den werde ich für einen Verrückten und Vaterlandsfeind erklären; und wenn ich endlich als der große, unüberwindliche Triumphator, als der einzige Herr und Gebieter den Weltenthron besteige — ha, welch ein unbändiges Lachen wird dann das All erschüttern!«

»Das rote Lachen!« schrie ich, ihn unterbrechend. »Rettet mich! Ich hör' es wieder — das rote Lachen!«

»Freunde!« fuhr der Doktor fort, indem er sich zu den stöhnenden, verstümmelten Schatten ringsum wandte — »Freunde! Wir werden einen roten Mond und eine rote Sonne haben, und die Tiere werden ein so spaßiges rotes Fell haben, und wer uns zu weiß, und nicht rot genug ist — dem werden wir einfach das Fell abziehen!... Habt ihr schon einmal Menschenblut getrunken? Es ist ein bißchen klebrig, und ein bißchen warm, aber es ist rot, und es hat ein so lustiges rotes Lachen!...«

Zweiter Teil. Zehntes Fragment.

... Der Tod hat ihn endlich erlöst — in der vergangenen Woche, am Freitag. Es war in der Tat eine Erlösung für meinen armen Bruder: dieser beinlose, am ganzen Leibe zitternde Krüppel mit der verwirrten Seele bot in seiner wahnsinnigen Schaffensekstase einen wahrhaft schaurigen, tief bejammernswerten Anblick. Seit jener Nacht, da ich ihn im Rollstuhl in sein Kabinett gebracht hatte, schrieb er zwei Monate lang, ohne seinen Sessel zu verlassen, verweigerte die Nahrungsaufnahme, weinte und schalt, wenn wir ihn auf kurze Zeit von seinem Arbeitstisch fortbrachten. Mit unheimlicher Schnelligkeit ließ er die Feder über das Papier hinfliegen, warf ein Blatt nach dem andern zur Seite und schrieb und schrieb nur immer. Er verlor den Schlaf, und nur zweimal gelang es uns, ihn, dank einer tüchtigen Dosis Morphium, für ein paar Stunden ins Bett zu bringen; später vermochten dann auch die narkotischen Mittel seinen wahnsinnigen Schaffensdrang nicht mehr zu hemmen Auf seinen Wunsch waren die Fenster den ganzen Tag verhängt, die Lampe brannte beständig und erzeugte in ihm die Illusion der Nacht; er rauchte eine Zigarette nach der andern und schrieb. Offenbar fühlte er sich glücklich, ich habe niemals bei gesunden Menschen einen so begeisterten Gesichtsausdruck gesehen: es war das Gesicht eines Propheten oder großen Dichters. Er war sehr mager geworden, ganz durchsichtig und wachsbleich, wie ein Leichnam oder Asket, und sein Haar war vollständig ergraut; als ein verhältnismäßig junger Mann hatte er sein Wahnsinnswerk begonnen, und als Greis beendete er es. Bisweilen steigerte sich sein Schaffenseifer zu einer wahren Wut, die Feder fuhr tief ins Papier hinein, aber er bemerkte das gar nicht; [...] bisweilen, doch nur selten, gönnte er sich eine kurze Ruhepause, lächelte glücklich und ließ sich herab, mit mir zu plaudern, wobei er jedesmal dieselben Fragen wiederholte: wer ich sei, wie ich heiße, und wie lange ich schon literarisch tätig sei.

Und dann erzählte er in zuvorkommender Weise, immer mit denselben Worten, welch komischer Schrecken ihn damals ergriff, als er merkte, daß er das Gedächtnis verloren habe und nicht arbeiten könne, und wie glänzend er diese törichte Befürchtung widerlegt habe, indem er sein großes, unsterbliches Werk, seine »Blumen und Lieder«, begonnen. [...]

Er starb in der Nacht, bei seiner Arbeit. Ich kannte meinen Bruder sehr gut, und die Art, wie sich seine Wahnidee äußerte, war für mich nicht überraschend: schon in den Briefen, die er uns vom Kriegsschauplatze geschrieben, war seine leidenschaftliche Sehnsucht nach der Arbeit zum Ausdruck gekommen [...]. Alles, was ich hier über den Krieg geschrieben, habe ich den Schilderungen und Erzählungen meines verstorbenen Bruders entnommen, die allerdings vielfach verworren und zusammenhanglos waren; nur gewisse einzelne Bilder und Erinnerungen hatten sich seinem Gehirn so unauslöschlich tief eingeprägt, daß ich sie fast wörtlich so, wie er sie erzählt hat, wiedergeben konnte. [...]

Ja, ich verliere wirklich den Verstand — wenn's nur recht schnell gehen wollte, nur recht schnell...

Elftes Fragment.

... Gefangene sind's — ein Haufen zitternder, eingeschüchterter Menschen. Als man sie aus dem Waggon aussteigen läßt, heulte die Menge auf wie ein

Heulte auf und schwieg dann schwer atmend, während sie in dichtgedrängten Haufen dahinschritten, die Hände in den Taschen, ein scheues Lächeln um die bleichen Lippen, in vorsichtig ängstlicher Gangart, als ob sie jeden Augenblick einen Stockhieb in die Kniekehlen zu bekommen fürchteten. Einer jedoch ging etwas abseits von den andern — er war ruhig und ernst und lächelte nicht, und als ich dem Blick seiner schwarzen Augen begegnete, las ich daran den nackten, unverhohlenen Haß. Ich sah klar und deutlich, daß er mich verachtet und mir alles Böse zutraut: wenn ich ihn, den Wehr- und Waffenlosen, auf der Stelle erschlagen würde, er würde nicht einen Schrei ausstoßen, würde sich nicht verteidigen, nicht zu rechtfertigen suchen: er traut mir eben, mit einem Wort, alles zu. [...]

Letztes Fragment.
»... Von euch erwarten wir eine geistige Wiedergeburt, ein neues Leben!« Der Redner schrie es laut in die Menge hinein [...].
Ein rätselhaftes Grollen ging durch die Menge, und die Stimme des Redners verlor sich auf ganze Minuten in diesem dumpfen, drohenden Lärm.
»... Mag ich immerhin verrückt sein: jedenfalls spreche ich die Wahrheit. Mein Vater und mein Bruder faulen dort, wie das Aas gefallener Tiere. Laßt Scheiterhaufen aufflammen, grabt tiefe Gruben und vernichtet, verscharrt alle Waffen! Zerstört die Kasernen, laßt die Menschen dieses prunkvolle Kleid des Wahnsinns ausziehen! ... Nicht länger ist es zu tragen...« [...]

A — *Doktor* in der Vorlage Druckfehler »Dotkor« ¶ *Asket* in der Vorlage etymologisierende Schreibung »Aszet«

Q — Andrejew, Leonid: *Das rote Lachen. Fragmente einer aufgefundenen Handschrift,* Übers. August Scholz, Vorwort Bertha von Suttner, Berlin: Ladyschnikow o.J. [um 1905]

L — Hexi 鶴西 [Cheng Kansheng 程侃聲]: »Guanyu hongxiao« 關於紅笑 [Zum roten Lachen], in: *Huabei ribao fukan* 華北日報副刊 (Beiping) 15./17./19.4.1929 ¶ Lu Xun: »Guanyu "Guanyu hongxiao"« 關於《關於紅笑》 [Über »Zum roten Lachen«, 20.4.–8.5.1929], in: *LXQJ* Bd. 7, S. 123–8 ¶ Andreev, Leonid: »Hong de xiao« 紅的笑 [Rotes Lachen], Übers. Meichuan 梅川 [Wang Fangren 王方仁], in: *Yusi* 語絲 Bd. 5, Nr. 8 (29.4.1929); in: *Hong de xiao,* Shanghai: Shangwu yinshuguan 7.1930 ¶ He Guangyu 何光渝 Lu Xun yu Antelaifu shi de yinleng 魯迅與安特萊夫式的陰冷 [Lu Xun und die Düsternis im Stil von Andreev], in: *Guizhou ribao* 貴州日報 27.9.1981 ¶ Gálik, Marián: »Lu Hsün's "Call to Arms": Creative Confrontation with Garshin, Andreev and Nietzsche«, in: *Milestones in Sino-Western Literary Confrontation,* Wiesbaden 1986, S. 19–41

1909 · 8	Xuantong 1 · 6 – 7	Beendet seinen Studienaufenthalt in Japan und kehrt endgültig nach China zurück. Wird Lehrer für Biologie und Chemie an der Zweistufigen Lehrerbildungsanstalt von Zhejiang (Zhejiang liangji shifan xuetang) in Hangzhou. Gibt *Rensheng xiang xiao* [Lehrgang der Anatomie des Menschen] und *Shengli shixian shu yaolüe* [Grundriß der Experimentaltechnik in der Biologie] heraus.
1910 · 7	Xuantong 2 · 5 – 6	Gibt seine Lehrtätigkeit auf, kehrt nach Shaoxing zurück.
1910 · 9	Xuantong 2 · 7 – 8	Unterrichtet Biologie und ist Tutor an der Mittelschule der Präfektur Shaoxing *(Shaoxing fu zhongxuetang)*, die später umbenannt wird in Mittelschule Nr. 5 der Provinz Zhejiang und heute noch als Mittelschule Nr. 1 von Shaoxing existiert.
1910	Xuantong 2	Beginnt Erzählliteratur aus der Zeit vor der Tang-Dynastie zu sammeln und aufzuzeichnen (später als *Gu xiaoshuo gouchen* erschienen), ebenso von Manuskripten zur Lokalgeschichte von Kuaiji, d.i. Shaoxing (später als *Kuaiji jun gushu zaji* erschienen).
1911 · 5	Xuantong 3 · 4	Reist nach Japan, um Zhou Zuoren mit dessen Ehefrau abzuholen und bleibt über zwei Wochen im Land.
1911 · 7	Xuantong 3 · 6	Gibt seine Lehrtätigkeit am *Shaoxing fu zhongxuetang* auf.
1911 · 10	Xuantong 3 · 8 – 9	»Xinhai-Revolution« und Sturz der letzten Dynastie. Nimmt kurzfristig Lehrtätigkeit wieder auf.
1911 · 10 – 11	Xuantong 3 · 9	Wird Mitglied im Präfekturausschuß Shaoxing der Militärverwaltung (Vorsitzender: Wang Jinfa) und Tutor an Lehrerbildungsanstalt der Unterstufe von Shanhui / Zhejiang *(Shanhui chuji shifan xuetang)*.
1911 · 12	Xuantong 3 · 10 – 11	Wird Ehrenchefredakteur der Tageszeitung *Yueduo ribao* [Glocke von Yue, d.h. der Gegend um Shaoxing].
1911	Xuantong 3	Erz. »Huaijiu« [Reminiszenzen; dt. in: *LXW* Bd. 6, S. 149–66] in klassischer Literatursprache. Bearbeitet textkritisch *Lingbiao luyi* [enzyklopädisches Werk] von Liu Xun (8. Jh.), schreibt Aufsatz »Jiaokan ji« [Textkritische Notiz] (nicht veröffentlicht).
1912 · 1 · 3	Zhonghua minguo 1 · 1 · 3	»"Yueduo" chushi ci« [Grußwort zum ersten Erscheinen der Tageszeitung »Glocke von Yue«].
1912 · 2		Ediert Bd. 1 der Reihe »Yueshe congkan«, darin seine

Texte »Xinhai youlu« [Reisenotizen im Jahre Xinhai,
d.h. 1911] mit Pseudonym Kuaiji Zhou Qiaofeng [Zhou
Qiaofeng aus Shaoxing] und »"Gu xiaoshuo gouchen"
xu« mit Pseudonym Zhou Zuoren.

1912 · 2 · 19 Verläßt Amt an der *Shanhui chuji shifan xuetang.*

1912 · 2 · 20 Wird auf Einladung des Erziehungsministers Cai
Yuanpei (1868–1940, Landsmann aus Shaoxing/Zhe-
jiang) Mitarbeiter im Erziehungsministerium in der
provisorischen Hauptstadt Nanjing.

1912 · 3 – 4 Kopiert in der Bibliothek für die südliche Yangzi-Region
(Jiangnan tushuguan) alte erzählende und lokalgeschicht-
liche Texte und versieht sie mit kritischen Kommentaren,
u.a. aus *Shen Xiaxian wenji* [Gesammelte Werke von
Shen Xiaxian], d.i. Shen Yazhi] von Shen Yazhi (um
781–832). Bearbeitet »Xiang zhong yuan ci«, »Yi meng
lu« und »Qin meng lu«, die später in *Tang Song chuanqi
ji* [Gesammelte Erzählliteratur aus den Dynastien Tang
und Song, 1927] erscheinen.

1912 · 4 · 20 Kehrt nach Shaoxing zurück, um Familienangelegenheiten zu regeln und sich vorzubereiten, um der
provisorischen Regierung nach Peking zu folgen.

1912 · 5 · 5 Kommt in Peking an und beginnt erneut, ein Tagebuch
zu führen. Wohnt ab 6. Mai im Juanhua guan im
Shaoxing xianguan (Nanbanjie hutong, Xuanwu
menwai) und nimmt am gleichen Tag seine Tätigkeit
im Erziehungsministerium auf.

1912 · 5 · 5 Dokument A003

Lu Xun: Tagebuch im Jahre »Renzi« [1912]

*Seit dem Tode seines Vaters am 12. Oktober 1896 hat Lu Xun regelmäßig ein
Tagebuch geführt. Diese vor 1912 geführten Tagebücher, die immerhin den Rest
seiner Schulzeit, sein naturwissenschaftliches Studium in Nanjing, seinen
siebenjährigen Japan-Aufenthalt und die Lehrtätigkeit in seiner Heimatprovinz
Zhejiang umfassen, müssen jedoch als verloren gelten. Es ist anzunehmen, daß es
sich bei ihnen sogar mehr noch als bei den erhaltenen um konventionelle rapports
de faits handelt, die der Buchführung über Ereignisse, Begegnungen, Buchanschaffungen und so weiter dienen. — Bei den folgenden Eintragungen handelt es*

sich um die frühesten, die erhalten sind. Lu Xun war eben in Peking angekommen, um seine Stelle im Erziehungsministerium der am 1. Januar des gleichen Jahres ausgerufenen und von Anfang an labilen Republik anzutreten. Erst am 12. Februar 1912 hatte der »letzte Kaiser« Aisin Giorro (chin. Puyi, 1906–67) abgedankt, während der Republikgründer Sun Yixian (»Sun Yat-sen«, 1866–1925) vom Militärmachthaber Yuan Shikai (1859–1916, aus Xiangcheng/He'nan) gezwungen wurde, zurückzutreten und die Hauptstadt von Nanjing nach Peking zurück zu verlegen. Nun schickte sich Lu Xun an, in eine Laufbahn einzutreten, die dennoch zunächst alle Attribute einer traditionellen Beamtenlaufbahn hatte. Er versah seine Tagebücher mit den Jahresbezeichnungen aus dem traditionellen 60er-Zyklus, datierte jedoch die Einträge nach dem gregorianischen Sonnenkalender, den die Republik als eine ihrer ersten Amtshandlungen am 2. Januar 1912 für verbindlich erklärt hatte. Der »5. Tag des 5. Monats« entspricht daher dem 5. Mai«.

5. Monat

5. Tag: Vormittags 11 Uhr mit dem Schiff Ankunft in Tianjin. Nachmittags 1/2 4 Abfahrt des Zuges, unterwegs Blick auf gelbe Erde, dazwischen Gras und Gehölz, keine Fernsicht. Etwa um 7 Ankunft in Peking, im »*Changfadian*« übernachtet. Abends im »*Shanhui yiguan*« Herrn *Xu Mingbo* besucht, von ihm das Werk »*Verzeichnis der Tempel für tugendhafte Ahnen im mittleren Teil von Yue*« in einem Band erhalten.

6. Tag: Vormittags ins »Shanhui yiguan« eingezogen. Mit der Rikscha ins Erziehungsministerium gefahren und darauf wieder zurück. Dem *zweiten jüngeren Bruder* einen Brief geschrieben. Nachts noch nicht einmal eine halbe Stunde geschlafen, als ich plötzlich 30 oder 40 Bettwanzen sah, die auf den Liegestuhl ausgewichen waren.

7. Tag: Abends im »*Guangheju*« getrunken. Den langen Dienst *in eine Bettstatt verwandelt* und eingeschlafen.

8. Tag: Dem zweiten jüngeren Bruder einen dreiseitigen Brief geschrieben, den ich aus Furcht, er könnte verloren gehen, mit Eilboten geschickt habe. Nachmittags Brief vom zweiten jüngeren Bruder erhalten, am 2. abgeschickt. Aber im »*Zhimeizhai*« getrunken, wobei *Guoqin* Gastgeber war.

9. Tag: Abends leichter Regen. Mich ein bißchen fiebrig gefühlt, wie bei einer grippeartigen Erkältung.

10. Tag: Morgens 9 bis nachmittags 1/2 5 im Erziehungsministerium und damit meinen Posten angetreten. […] Guoqin gegangen.

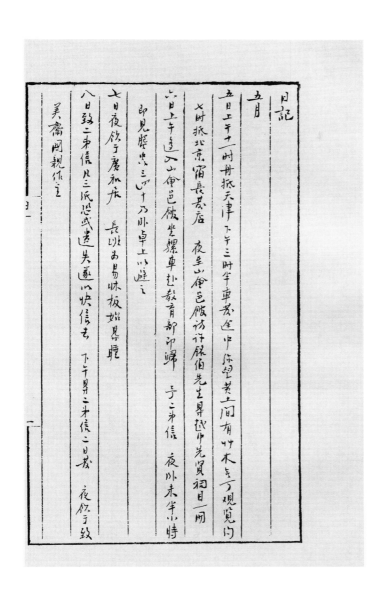

Lu Xun: Faksimile des Tagebuchs im Jahre »Renzi«
Text S. 109

11. Tag: Vormittags Briefe vom zweiten jüngeren Bruder, von *Nobuko* und vom *dritten jüngeren Bruder* erhalten, am 5. abgeschickt. Mittags Essen in der Wohnung von *Hu Zifang*. Am frühen Abend *Dong Xunshi* gekommen, *Zhang Xiehe* getroffen, im »Guangheju« gegessen. Herr Dong [bei mir] im Gästehaus auf dem Liegestuhl übernachtet.

12. Tag: Wöchentlicher Ruhetag. Morgens Xiehe gekommen. Vor Mittag *He Xiehou* gekommen, nach Mittag gegangen. Nachmittags mit *Jifu, Shiquan* und Xiehe in der *Liulichang* durch Buchantiquariate gestreift, für 5 Yuan 80 das »*Sammelwerk aus der Kate zur Freude an der Kompilation*« in 7 Bänden von Fu erworben.

13. Tag: Mittags in der Zeitung von den Meutereien unter den Soldaten in Shaoxing gelesen, die am 11. noch nicht befriedet worden waren. Nicht abschätzbar, wieviel daran wahr und wieviel widersinnig ist, deshalb ein Telegramm [nach Shaoxing] abgeschickt, um mich zu erkundigen, aber noch ohne Ergebnis. Am frühen Abend mit Jifu zusammen Xiehou im »*Haichang huiguan*« besucht.

14. Tag: Morgens Eilbrief an zweiten jüngeren Bruder abgeschickt, um mich nach dem Stand der Dinge zu erkundigen.

15. Tag: Vormittags Brief von *Fan Ainong* erhalten, am 9. in Hangzhou abgeschickt.

16. Tag: Nachmittags *Kuai Roumu* gekommen. Am frühen Abend Cai Guoqing gekommen, nach dem Essen gegangen.

17. Tag: Großer Regen. Links vom *Xuanwumen* knietiefes Wasser, sehr wenig Fußgänger. Zusammen mit *Jishi* in der gleichen Rikscha hin und wieder zurück gefahren.

18. Tag: Klar. Nachmittags *Wu Yizhai* gekommen. Dong Xunshi und Zhang Xiehe gekommen, zusammen mit Jishi im »Guangheju«, wo bereits Cai Guoqin war, gemeinsam gegessen. Nachts Xunshi bei Jishi übernachtet.

19. Tag: Mit [Dong] Xunshi und Jishi zusammen im *Wanshengyuan* spazieren gegangen. Danach mit Jishi im *Taoranting* einen Spaziergang gemacht, wo es unter anderem Skulpturen und in Stein gemeißelte Sanskrit-Inschriften gab, von denen ein Mönch behauptete, sie stammten aus der Liao-Dynastie [907–1125]. Ich weiß nicht, ob er recht hat. Enttäuscht, daß ich keinen Bericht vom zweiten jüngeren Bruder habe. Abends Brief von Fan Ainong, am 13. in Hangzhou abgeschickt.

20. Tag: Morgens Brief von *Song Zipei,* am 12. in *Yue* abgeschickt. Vormittags Brief von *Tong Pengchao,* am 13. in Yue abgeschickt, völlig absurd.

21. Tag: Vormitags *Gu Shiju* ins Ministerium zu Besuch gekommen, Besuch verdankt, aber nicht gesehen. Abends außerhalb des Xuanwumen spazieren

gegangen. Für 2 *Käsch* zwei Hefte mit Blumendarstellungen gekauft, eins mit Pfirsichen, eins mit Kanalschiffern, die Texte nennen als Malerin *Yun Bing*, allerdings Befürchtung, es handle sich um Fälschungen.

22. Tag: Abends Gu Shiju gekommen, mich in endloses Gespräch verwickelt, ziemlich lange gebraucht, bis er sich anschickte zu gehen.

23. Tag: Morgens Briefe an Fan Ainong und Song Zipei abgeschickt. Nachmittags Brief vom zweiten jüngeren Bruder, am 14. abgeschickt, in dem er erklärt, er werde am *nächsten Vollmond* nach Shanghai fahren, um die *Geschwister Habuto* abzuholen. Außerdem Brief vom dritten jüngeren Bruder, in dem er erwähnt, die Frau des zweiten jüngeren Bruders sei am 16. abends 7 Uhr 20 von einem Sohn entbunden worden, Mutter und Kind seien wohlauf, was erfreulich ist. Der genannte Brief am 17. abgeschickt. Abends Brief an zweiten jüngeren Bruder geschickt.

24. Tag: Von Herrn *Mei Guangxi* den Ersten und den Zweiten Bericht der Buddhistischen Vereinigung in je einem Band geschenkt bekommen.

25. Tag: Nachmittags in Liulichang für 2 Yuan die *»Gesammelten Werke von Li Taibai«* in vier Bänden gekauft; für 31,2 die *»Sutra zur Meditation über das unbegrenzte Leben«* in einem Band; für 1 Yuan 50 den 15. Band von *»Berühmte chinesische Malereien«*.

26. Tag: Wöchentlicher Ruhetag. Nachmittags zusammen mit Jishi und Shiquan im *»Qingyunge«* in der Straße zum Guanyin-Tempel Tee getrunken, danach durch die Buchläden der Liulichang und durch den *Quangongchang* am Fluß Xiheyan gestreift.

27. Tag: Brief vom zweiten jüngeren Bruder, am 21. abgeschickt.

28. Tag: Morgens Brief an zweiten jüngeren Bruder und seine Ehefrau abgeschickt. Abends Guqing gekommen.

29. Tag: Keine besonderen Vorkommnisse.

30. Tag: Eine *Gratifikation* von 60 Yuan erhalten. Abends in der Liulichang flaniert, für 8 *Jiao* das Werk *»Kurzgefaßte Geschichte«* in zwei Bänden erworben; für 6 Jiao 4 Fen den Bildband *»Schwarze Tuscheillustrationen von Li Longmian zu den Neun Gesängen«* mit zwölf Tafeln; und für 2 Yuan 56 das Werk *»Bilder von Luo Liangfeng über interessante Begebenheiten mit Geistern«* in zwei Bänden.

31. Tag: Nachmittags Brief an zweiten jüngeren Bruder abgeschickt. Abends Briefe vom zweiten und dritten jüngeren Bruder, am 26. abgeschickt. Am frühen Abend Guqing mit zum Trinken ins *»Guangheju«* eingeladen, wo bereits Jishi saß.

A — *Changfadian* »Hotel zum andauernden Gedeihen« ¶ *Shanhui yiguan* Gästehaus der Landsmannschaft des Kreises Shaoxing in Peking, in dem Lu Xun bis 21.11.1919 lebte ¶ *Xu Mingbo* aus Shaoxing/Zhejiang, Vater von Xu Shiquan (s.u.) ¶ »*Verzeichnis der Tempel für tugendhafte Ahnen im mittleren Teil von Yue*« (»Yue zhong xianxian cimu«), wobei »Yue« einen Staat bezeichnet, der 473 v.u.Z. vom Staat Wu erobert wurde, und bis heute als Alternativname für das Gebiet der früheren Präfektur Shaoxing verwendet wird, so auch hier weiter unten ¶ *zweiter jüngerer Bruder* gemeint ist Zhou Zuoren (1885–1967), einflußreicher Essayist, Literaturkritiker und Übersetzer, 1906–11 Studium in Japan, mit Habuto Nobuko (s.u.) verheiratet, seit 1917 in Peking als Professor an der Universität Peking und anderen Institutionen, prägte den Begriff einer humanistisch orientierten realistischen Literatur (»ren de wenxue«) und verwirklichte zusammen mit Lu Xun zahlreiche literarische Projekte ¶ »*Guangheju*« (»Sitz des erhabenen Friedens«) Lokal in der Nähe des Gästehauses ¶ *in eine Bettstatt verwandelt...* Wortspiel, das auf der lautlichen Verwandtschaft von »chang ban« (langer Dienst) und »chuang ban« (Bettstatt) beruht ¶ »*Zhimeizhai*« (»Stube, um sich dem Schönen zu widmen«) Name eines Lokals ¶ *Guoqin* (auch »Guoqing« und »Guqing« geschrieben) gemeint ist Cai Yuankang (1879–1921) Landsmann und Studienkollege in Japan, der im Mai 1912 zusammen mit Lu Xun und anderen nach Peking ging, 1913–16 Verwaltungsämter im Erziehungswesen der Provinzen Zhejiang und Jiangsu, seit 1918 Posten in den Banken »Zhejiang xingye yinhang« und »Zhongguo yinhang« ¶ *Nobuko* gemeint ist Habuto Nobuko (s.u.) ¶ *dritter jüngerer Bruder* gemeint ist Zhou Jianren (1888–1984), Biologe, früh als Lehrer in seiner Heimatprovinz tätig, seit 1914 mit Habuto Yoshiko (1897–1964) verheiratet, ab 1921 als Lektor im führenden Verlag »Shangwu yinshuguan« (»Commercial Press«) in Shanghai, dort als Redaktor mitverantwortlich für die Zeitschrift »Dongfang zazhi« (»Eastern Miscellany«), Unterstützung für KP, nach 1949 Vizeminister für Höhere Bildung und Provinzgouverneur von Zhejiang ¶ *Hu Zifang* (1877–?, aus Yanshan/Jiangxi), älterer Bruder von Hu Yunxian, einem Studienkollegen an der Wasserbau-Akademie in Nanjing, 1912–14 Beamter im Erziehungsministerium ¶ *Dong Xunshi* (1877–1916, aus Hangzhou/Zhejiang) seit 1902 in Japan und dort führendes Mitglied der antimonarchistischen »Guangfuhui«, ab 1912 im Erziehungsministerium, zeitweilig als geschäftsführender Minister ¶ *Zhang Xiehe* (1873–1957, aus Haining/Zhejiang), Kommilitone in Nanjing und Japan, seit 1912 im Erziehungsministerium, in regelmäßigem Kontakt mit Lu Xun bis zu dessen Tod ¶ *He Xiehou* (1878–?, aus Zhuji/Zhejiang) Bekannter aus gemeinsamer Studienzeit in Japan, 1912 Leiter des Amtes für Bodenschätze im Industrie- und Handelsministerium, Ende 1912 bis 1913 Rektor der Universität Peking ¶ *Jifu* gemeint ist Xu Shoushang (1883–1948, aus Shaoxing/Zhejiang), enger Freund von Lu Xun seit gemeinsamer Studienzeit in Japan, zugleich Kollege im Erziehungsministerium, später an mehreren Universitäten ¶ *Shiquan* gemeint ist Xu Shiquan (1895–?, aus Shaoxing/Zhejiang), studierte bis 1917 an der Universität Peking Naturwissenschaften und war Dozent an der Höheren Lehrerinnenbildungsanstalt, ab 1925 Sekretär der Provinzverwaltung in Lanzhou/Gansu ¶ *Liulichang* »Glasurwerkstatt«, Einkaufsstraße und Gebiet außerhalb des Hepingmen (Friedenstores) im Süden von Peking, wo sich seit der Periode Qianlong (1736–96) der Qing-Dynastie Antiquare und Kunsthändler niedergelassen haben ¶

Peking

»Sammelwerk aus der Kate zur Freude an der Kompilation« (»Zuanxilu congshu«) zusammengestellt von Fu Yunlong (18. Jh.), nach einer japanischen Ausgabe 1889 in Deqing/Zhejiang gedruckt ¶ *»Haichang huiguan«* Gästehaus der Landsmannschaft von Haichang, d.i. ein historischer Name für den Kreis Languan südlich von Haining in der Provinz Zhejiang ¶ *Fan Ainong* (1883–1912) Studienkollege und Landsmann von Lu Xun ¶ *Kuai Ruomu* (?–?), aus Hefei/Anhui, ehemaliger Kommilitone von Lu Xun in Japan, mit dem er sich gerne über den Buddhismus unterhielt, ab 1914 in der Provinz Gansu Vorsteher der Verwaltung für das staatliche Tabakmonopol ¶ *Xuanwumen* (»Tor des Waffenrufs«) Stadttor im Südwesten von Peking ¶ *Jishi* gemeint ist Xu Shoushang (s.o.) ¶ *Wu Yizhai* d.i. Wu Bingcheng (aus der Provinz He'nan), Absolvent der Wasserbau-Akademie in Nanjing, zusammen mit Lu Xuns Bruder Zhou Zuoren in Japan, ab 1912 als Militärjurist im Marineministerium ¶ *Wanshengyuan* (»Park der zehntausend Haustiere«) Gelände im Nordosten der Stadt Peking, auf dem sich jetzt der Zoo befindet und wo 1910 eine landwirtschaftliche Versuchsanstalt eingerichtet wurde ¶ *Taoranting* »Pavillon der Sorglosen Freude« ¶ *Song Zipei* (1887–1952, aus Shaoxing/Zhejiang), Student von Lu Xun in Hangzhou 1909, nach Tätigkeit als Zeitungsverleger seit 1913 in Peking, kümmerte sich seit 1930 um Pekinger Haushalt von Lu Xun ¶ *Tong Pengchao* Landsmann und schon als ehemaliger Schüler psychisch krank ¶ *Gu Shiju* d.i. Gu Lang (?–?, aus Nanjing/Jiangsu), Studienkollege von Lu Xun in Nanjing und Sendai (Japan), verfaßte gemeinsam mit ihm »Zhongguo kuangchan zhi« [Überblick über die Bodenschätze in China, 1906] ¶ *Käsch* aus engl. »cash«, bis zum Beginn der Republikzeit gebräuchliche gelochte Kupfermünzen, die an einer Schnur aufgereiht werden ¶ *Yun Bing* (18./19. Jh., aus Wujin/Jiangsu) Malerin und Urenkelin des Malers Yun Shouping (1633–90) ¶ *nächster Vollmond* jeweils der 15. eines Monats nach dem Mondkalender ¶ *Geschwister Habuto* gemeint sind Habuto Yoshiko (s.o.) und ihr Bruder Habuto Shigehisa (1893–?), die im Mai 1912 erstmals nach China kamen, um ihre mit Lu Xuns Bruder Zhou Zuoren verheiratete Schwester Nobuko zu besuchen ¶ *Mei Guangxi* (1877–?, aus Nanchang/Jiangxi) Mitglied der Buddhistischen Vereinigung und der Gesellschaft für Buddhismusstudien, Sekretär im Erziehungsministerium ¶ *»Gesammelte Werke von Li Taibai«* (»Li Taibai ji«) auch Li Bai, in anderer Umschrift Li Tai-pe, Li Tai-po (701–62, aus der Nähe von Qin'an/Gansu), des berühmtesten Lyrikers der Tang-Dynastie, die als höchste Blütezeit der klassischen chinesischen Dichtung gilt; Blockdruckausgabe aus Hubei: Chongwen shuju 1875 ¶ *Fen* Währungseinheit, 1/100 Yuan ¶ *»Sutra zur Meditation über das unbegrenzte Leben«* (»Guan wuliangshou fojing«) zwei Hefte, eines mit textkritischen Anmerkungen, zur Zeit der Song (420–79, Südliche Dynastien) von Liang Yeshe aus dem Sanskrit ins Chinesische übersetzt ¶ *»Berühmte chinesische Malereien«* (»Zhongguo minghua«) von der Studiengesellschaft für die Schönen Künste herausgegebener Bildband, Shanghai: Youzheng shuju ¶ *»Qingyunge«* (»Palast der grünen Wolke«) bekanntes Teehaus im Markt um den Guanyin-Tempel südlich des Vordertores (Qianmen) ¶ *»Quangongchang«* (»Platz der vollendeten Arbeit«) Laden mit traditionellen chinesischen Handwerkserzeugnissen, außerhalb des Vordertores am Fluß Xiheyan ¶ *Gratifikation* Mitarbeiter des Erziehungsministeriums erhielten regelmäßig monatlich 60 Yuan Zuschuß an ihren Lebensunterhalt ¶ *Jiao* Währungseinheit, 1/10 Yuan ¶ *»Kurzgefaßte Geschichte«* (»Shilüe«) Überblicks-

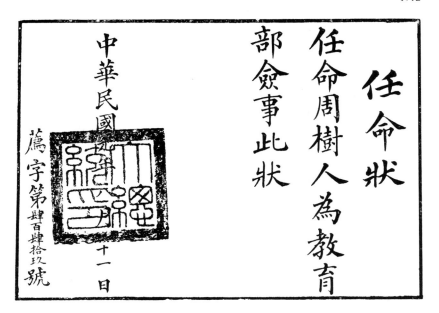

任命狀

任命周樹人為教育

部僉事此狀

中華民國　　　十一日

薦字第壹百肆拾玖號

Ernennungsurkunde
Text S. 109

darstellung von Gao Sisun (um 1200, aus Yuyao in der heutigen Provinz Zhejiang), Nachdruck einer Holzblock-Ausgabe der Song-Dynastie ¶ »*Schwarze Tuscheillustrationen von Li Longmian zu den Neun Gesängen*« (»[Song] Li Longmian baimao jiuge tu«) Bildband zu den »Neun Gesängen« des Qu Yuan (um 340–um 278 v.u.Z.), vom Maler, Kalligraphen, Sammler und Gelehrten Li Gonglin (d.i. Li Longmian, 1049–1106, aus Shucheng/Anhui) mit expressiven Landschaftsbildern aus seinem Altersruhesitz, dem Longmianshan (»Drachenschlafberg«, daher sein Ehrenname »Longmian«), in einem Nachdruck des Exemplars aus der Sammlung Pei in Huoqiu/Anhui ¶ »*Bilder von Luo Liangfeng über interessante Begebenheiten mit Geistern*« (»Luo Liangfeng guiqu tu«) Bildband des Malers Luo Pin (d.i. Luo Liangfeng, 1733–99, aus Ganquan, dem heutigen Jiangdu/Jiangsu) mit satirischen Darstellungen; Nachdruck im Verlag Wenming shuju in Shanghai

Q — »Renzi riji« 壬子日記 in: *LXQJ* Bd. 14, S. 1–4

L — Bao Ziyan 包子衍 »*Lu Xun riji*« zhaji 《魯迅日記》札記 [Notizen zu den »Tagebüchern von Lu Xun«], Changsha: Hu'nan renmin chubanshe 5.1980

Dokument B025

Lu Xun: Faksimile des Tagebuchs im Jahre »Renzi«
Abbildung S. 101

Q — *Lu Xun quanji shougao. Riji* 魯迅全集手稿：日記 [Sämtliche Werke von Lu Xun in Faksimile: Tagebücher], Beijing: Wenwu chubanshe 10.1979, Bd. 1, S. 5

1912 · 6 · 12	Vortrag »Meishu lüelun« [Über die schönen Künste] (Ms. verloren).
1912 · 7 · 22	Gedichte »Ai Fan jun san zhang« [Drei Gedichte aus Trauer um Fan Ainong (dt. in: *LXW* Bd. 6, S. 21–2)].
1912 · 8 · 21	Wird offiziell zum Referenten im Erziehungsministerium ernannt.
1912 · 8 · 21	Dokument B057

Ernennungsurkunde
Abbildung S. 107

Gezeigt wird hier die Bestallungsurkunde von Lu Xun, als er offiziell zum Referenten im Erziehungsministerium ernannt wurde. Unterzeichnet ist die Urkunde von

Minister Tang Hualong (1874–1918, aus Qishui/Hubei). Der Text lautet in Übersetzung: »Ernennungsurkunde / Es wird Zhou Shuren [Lu Xun] ernannt zum Referenten beim Erziehungsministerium / Dies wird hiermit bezeugt // am 21. Tage des 8. Monats im 1. Jahr der Republik / [Siegel] / Aktenzeichen Nr. 449«.

Q — *Lu Xun yanjiu ziliao* 魯迅研究資料 Bd. 22, Beijing: Zhongguo wenlian chuban gongsi 10.1989, Tafel 1

1912 · 8 · 26		Wird zum Leiter der 1. Sektion in der Abteilung für Sozialerziehung ernannt.
1912 · 8		Beginnt die textkritische Bearbeitung der beiden Werke gleichen Titels *Hou Han shu* [Geschichte der Östlichen Han-Dynastie; 25–220] von Xie Cheng (3. Jh.) und von Xie Shen (4. Jh.), schließt Arbeit etwa im März 1913 ab und schreibt Vorwort dazu.
1913 · 2	Zhonghua minguo 2	Wird im Auftrag des Erziehungsministeriums Mitglied in der Vereinigung für die Vereinheitlichung der Aussprache *(Duyin tongyi hui)*.
1913 · 5 – 11		Übersetzt vom japanischen Psychologen Ueno Yoichi (1883–1957) »Die Erziehung zum Kunstgenuß« und andere Texte, die in *Jiaoyubu bianzuanchu yuekan* [Monatszeitschrift des Amtes für Kompilation beim Erziehungsministerium] erscheinen.
1913 · 5		Dokument B046

Bücherstand eines Antiquars an der Straße Liulichang in Peking (Photographie, um 1910)

Abbildung S. 111

Zu den schöngeistigen Nebenschauplätzen traditoneller Gelehrsamkeit gehört es, seltene Bücher zu suchen, zu erwerben, zu sammeln und gegebenenfalls philologisch zu verwerten. Das geschah auf einem seit der Song-Dynastie blühenden Buchmarkt, für den während der Mandschu-Zeit eines der Zentren die Straße Liulichang in Peking war. Auch Lu Xun hat dieser bibliophilen Leidenschaft gefrönt, während seiner Ministerialzeit in eher traditionellen Bahnen, später ausgeweitet auf die Sammlung westlicher Literatur. Seine ebenfalls in konventioneller Art knapp gehaltenen Tagebücher (rapport de faits und nicht journal intime) verzeichnen regel-

Bücherstand eines Antiquars an der Straße Liulichang in Peking
(Photographie, um 1910)
Text S. 110

mäßig bibliophile Trouvaillen, die jeweils zum Jahresende buchhalterisch zu einer Schlußabrechnung kompiliert sind.

Q — »Liulichang shutan« 琉璃廠書攤 in: *Lao Beijing cheng yu lao Beijing ren* 老北京城與老北京人
Hg. Qi Fang 齊放 & Qi Jiran 祁汲然 Xianggang: Haifeng chubanshe 9.1993, S. 68

1913 · 6   Dokument L003

Karl Groos: Zum Problem der ästhetischen Erziehung

Der Philosoph und Psychologie Karl Groos (1861–1946) lehrte nach seinem Studium in Heidelberg zunächst in Gießen, dann in Basel und Tübingen. Er beschäftigte sich anfangs vor allem mit Fragen der psychologischen Ästhetik und der Entwicklungspsychologie, um die seine am weitesten verbreiteten Werke Die Spiele der Tiere *(1896; engl. 1898) und* Spiele der Menschen *(1899; engl. 1901) kreisen. Im Rahmen seiner Tätigkeit im Erziehungsministerium beschäftigte sich Lu Xun auch mit dessen Schriften, wohl als er ebenfalls kunstpädagogische Texte des japanischen Pädagogen und Psychologen Ueno Yoichi (1883–1957) übersetzte. Jedenfalls findet sich in der Bibliothek von Lu Xun ein Exemplar des Aufsatzes, aus dem hier Auszüge folgen.*

[...] Das Problem der ästhetischen Bildung kann nur dann mit Aussicht auf praktischen Erfolg in Angriff genommen werden, wenn man sich zuvor durch Untersuchung der TATSÄCHLICH BESTEHENDEN MANNIGFALTIGKEIT VON NATUR- UND KUNSTGENÜSSEN eine sichere psychologische Grundlage geschaffen hat. Es genügt nicht, ohne weiteres durch philosophische Deduktionen festzustellen, welches Verhalten als das »wahrhaft« ästhetische zu gelten habe und zu fordern sei. Selbst wenn wir den Fall setzen, daß auf solche Weise das höchste Ziel ästhetischer Bildung eindeutig bestimmt sei, wird der Erzieher doch so lange im Körperlosen schweben, als er nicht Klarheit darüber besitzt, wie die Menschen in Wirklichkeit genießend auf ästhetische Objekte reagieren; diese Wirklichkeit wird er vor allem einmal in ihrer ganzen Vielgestaltigkeit erfassen müssen, einerlei ob die Formen des Genießens, die er vorfindet, nach seiner Meinung als »eigentlich« ästhetische Freuden zu bezeichnen sind oder nicht. Nur so wird er die Beschaffenheit des seelischen Arbeitsfeldes genügend kennen lernen, das er der Kultur unterwerfen möchte.
    Die Mannigfaltigkeit der Formen, die der Natur- und Kunstgenuß anzunehmen vermag, ist nun sicher sehr beträchtlich, ja geradezu verwirrend. In solchen Fällen greift man, um die Verwandlung des Chaos in einen Kosmos

anzubahnen, gern zu einem Denkmittel, das für die ganze Geschichte der menschlichen Geistesentwickelung von einschneidendster Bedeutung ist, zu dem methodischen Mittel der ANTITHESE, durch deren Macht das Verschiedenartige in Gegensätze auseinandertritt und so seine erste Gliederung erhält. Mit der Sonderung von Licht und Finsternis setzt die Weltschöpfung ein, und bei dem Eintritt in die Ewigkeit scheidet das Jüngste Gericht die Auferstehenden in Gute und Böse. Das ordnende Denken arbeitet manichäisch. Nicht sein Abschluß, aber sein Ausgang und erster Griff ist die Entgegensetzung. [...] Es soll untersucht werden, wie sich der ÄSTHETISCH UNGEBILDETE und der ÄSTHETISCH HOCHGEBILDETE in ihrem Verhalten unterschieden. Um beides durch kürzere Ausdrücke zu bezeichnen, sage ich: der »NAIVE« und der »KENNER«. [...]

1. Es hängt mit den biologischen Zwecken des Sehens zusammen, daß wir bei der optischen Wahrnehmung ein ganz besonderes Gewicht auf die RÄUMLICHE GESTALT DER DINGE legen. Vor allem das für die Erhaltung unseres Daseins so unentbehrliche Wiedererkennen der Gegenstände scheinen seinen Stützpunkt mehr an der sichtbaren Form als an den Farben- und Helligkeitsunterschieden zu finden. Schon das kleine Kind bringt der »Gestalt« ein überraschendes Interesse entgegen; sonst wäre es nicht so frühzeitig im stande, die Bedeutung von einfachen Umrißzeichnungen ohne Mühe zu erraten. [...] — Dem entspricht es nun, daß auch das Geniessen des NAIVEN vorherrschend auf RAUMFORM der Dinge eingestellt ist. [...]

Wenn nun gewisse Maler [...] eine Umwertung der Werte vollziehen, indem sie im Kunstwerk die regierenden Körperformen vom Throne stürzen und in Diener verwandeln, um die Herrschaft auf die Farben- und Helligkeitsunterschiede zu übertragen, so muten sie damit dem Bewußtsein des Betrachters eine innere Revolution zu, auf die der ästhetisch Ungeschulte nicht vorbereitet ist. [...] Er erwartet in der Landschaft oder im Straßenbild eine bestimmte Wiedergabe der Dinge und kann nicht verstehen, warum auf vielen modernen Gemälden alle Form zu verschwimmen und alles Feste sich aufzulösen droht. Der Kenner dagegen hat es gelernt, sich solchen VERSCHIEBUNGEN DES BLICKPUNKTES anzupassen; ist dadurch eine neue Welt idealen Genießens erschlossen, in der die Formen nur das gefügige Instrument bilden, dem der Künstler ein wundervolles Spiel von Farben und Lichtern zu entlocken weiß.

Hieraus ergibt sich von unseren Postulaten her eine wichtige Folgerung für die ästhetische Erziehung der Erwachsenen und Kinder. Der Erzieher muß durch geeignete Belehrung allen empfänglichen Seelen die Fähigkeit der veränderten Einstellung verleihen. Dadurch wird der großen Mehrheit der Nation erst die Möglichkeit eröffnet, den Bestrebungen vieler bedeutender Künstler gerecht zu werden. [...]

2. [...] Einige Hauptfreuden des Naiven hängen mit dem WIEDERER-KENNEN DES ORIGINALS IN DER KOPIE zusammen. Ihnen entspricht ein Prinzip der künstlerischen Produktion, das als solches in seiner historischen Bedeutung anerkannt werden muß, wenn es auch sicher das äußerlichste unter den großen Motiven ist, welche die Kunst entstehen lassen: das PRINZIP DER NACHAHMUNG. [...]

Aus dem Hinweis auf das Prinzip der Nachahmung geht schon hervor, daß wir es sowohl bei der »Kopie-Original-Illusion« als auch bei der kritischen Vergleichung zwischen Abbild und Wirklichkeit mit einer Auffassungsweise zu tun haben, die in erster Linie, obschon nicht ausschließlich, einer naturalistischen Kunstrichtung entgegenkommt. Solange daher diese Auffassungsarten in einseitiger Weise vorherrschen, wird der Betrachter leicht geneigt sein, auffallendere Abweichungen von der Realität als etwas Zweckwidriges, ja Unsinniges mit Spott oder Entrüstung abzulehnen, und zwar besonders da, wo es sich um Neues, Ungewohntes handelt. — Dem ästhetisch Gebildeten ist es dagegen bekannt, daß alle wirklich genialen Meister das Naturvorbild in freier Weise benützen, um daraus eine andere Welt aufzubauen, die das Wirkliche nicht abspiegeln und vortäuschen soll, sondern ihre eigene Formen- und Farbensprache besitzt. [...] Es ist daher eine wichtige Aufgabe der ästhetischen Erziehung, die Erkenntnis zu verbreiten, daß man den meisten Kunstwerken unrecht tut und sich selbst um eine Fülle von Genüssen betrügt, solange man nicht gelernt hat, in dem, was der Meister bietet, eine neue und eigene Welt zu suchen.

3. Der Naive erfreut sich ebenso wie der Kenner an der FORMENSCHÖNHEIT des Dargestellten, aber er tut es auf andere Weise. Zwei Unterschiede möchte ich hier hervorheben. Der Naive hat erstens die Gewohnheit, in der bewegten Wirklichkeit die EINZELFORM aus ihrer oft zufälligen und wechselnden UMGEBUNG herauszuheben und rein für sich zu betrachten. Aber es kommt noch ein zweites hinzu. Von dem Naiven wird die besondere »ANSICHT«, die uns die Einzelgestalt von dieser oder jener Haltung und Bewegung bietet, in der Regel nicht als solche beachtet, weil sie eben gleichfalls wechselnd und zufällig ist. [...]

Zunächst muß der ästhetisch Ungeschulte darauf achten lernen, daß es im Kunstwerk nicht auf jene unanschauliche Schönheit ankommt, die im Sinne des naiven Realismus dem Körper »an sich« eigen ist. [...] Und so wenig die Betrachtung des ästhetisch Gebildeten das Objekt von der »Ansicht« ablöst, die es bietet, so wenig gleichgültig ist ihr die Umgebung des Gegenstandes. In dem Werke des Malers ist die Schönheit der einzelnen Figur fast niemals Selbstzweck, sondern es handelt sich in der Regel um ihr Verhältnis zu einem größeren Ganzen, in dem sie nur dienendes Glied ist und dessen Gesetzen sie sich unterwerfen muß. Der wirklich Naive hat keine Ahnung von den hundertfältigen Beziehungen, die auf dem Bilde zwischen Gegenständen hinüber- und herüberlaufen, welche in der Realität nicht das Geringste miteinander zu tun haben. [...] Auch der Naive wird, wenn er ästhetisch veranlagt ist, in seinem Genusse die Wirkung dieser schöpferischen Tätigkeit verspüren, ohne die Quellen zu kennen, denen sie entspringt. Aber der Genuß des Wissenden ist reicher und wird den Absichten des Künstlers leichter zu folgen vermögen.

4. Die letzte Antithese, die hier besprochen werden soll, ist wohl die wichtigste von allen. Sie kann mit altbekannten, aber wissenschaftlich nicht genügenden Ausdrücken so bezeichnet werden: der Naive genießt vorwiegend den INHALT des Dargestellten (»stoffliches« Interesse), der Kenner die FORM. Auch die erzieherische Forderung, die sich an diesen Gegensatz knüpft, könnten wir kurz dahin zusammenfassen, daß der Naive den Genuß der Form zu lernen habe, aber darüber den des Inhalts nicht verlieren dürfe. Die Bezeichnungen Inhalt und Form reichen jedoch für das, was ich erörtern möchte, nicht aus, weil sie zu vieldeutig sind, und weil es überdies weder einen Inhalt ohne Form noch eine Form ohne Inhalt gibt. Soll das Tatsächliche, was ich hier meine, auf möglichst einfache Weise angegeben werden, so wird man richtiger sagen, es handle sich darum, daß DASSELBE ÄUSSERE WAHRNEHMUNGSBILD VERSCHIEDENE GEISTIGE INHALTE BESIT-ZEN KÖNNE — »MEANING« nennt es *Münsterberg* in seinen »PRINCIPLES OF ART EDUCATION« (1905) — und daß von diesen Inhalten beim Naiven die eine, beim Kenner die andere Art vorherrsche. [...]
Die Kunst bildet ein Glied in dem gewaltigen Organismus, den wir das Bewußtsein der Kulturmenschheit nennen. Wenn die Kunst den lebendigen Zusammenhang mit den anderen Kulturrichtungen bewahren will, so muß sie sich irgendwie auf sie beziehen. Das kann sie, soviel ich sehe, nur dadurch, daß sie sich in ihrer Weise der großen »Stoffe« bemächtigt, mit denen es der um Erkenntnis, um sittliche, um religiöse Güter ringende Menschengeist zu

tun hat. Für den extrem und isoliert »artistischen« Standpunkt mag es gleichgültig sein, ob der Stoff des Malers ein Stilleben ist oder das höchte religiöse Ideal seiner Zeit in sich einschließt. Wer die Kunst als Kulturfaktor in das Gesamtleben des weiterstrebenden Menschentums einreiht, wird so nicht urteilen können. Und ein Künstler, der zugleich ein großer Mensch ist, wird es ebensowenig vermögen, sondern es wird ihn drängen, in SEINER Sprache von dem zu reden, was die Zeit in der Tiefe bewegt. Wenn dem so ist, dann wird es auch für den ästhetisch Genießenden gelten, daß ihm die Wirkung des Stofflichen über der Schätzung der Form nicht verloren gehen darf, denn nur so kann die Kunst ihre höchste Kulturmission an ihm erfüllen.

A— *Hugo Münsterberg* (1863–1916) Philosoph und Psychologe, nach Studien in Leipzig und Heidelberg seit 1892 in den USA, wo er an der Harvard University in Cambridge/MA lehrte und das psychologische Laboratorium leitete, gehörte zu den Lehrern u.a. der avantgardistischen Schriftstellerin Gertrude Stein (1874–1946), war philosophisch als Neukantianer der Auffassung, »geisteswissenschaftliche Forschung« sei jenseits von Zeit und Raum in einer »Sphäre der Werte« angesiedelt, während er psychologisch experimentelle und pragmatische Positionen vertrat

Q — Groos, Karl: »Zum Problem der ästhetischen Erziehung«, in: *Zeitschrift für Ästhetik und allgemeine Kunstwissenschaft*, Hg. Max Dessoir, Bd. 1 (Stuttgart: Ferdinand Enke 1906), S. 297–311

1913 · 6 · 1	Zhonghua minguo 2 · 6 · 1 Schließt die textkritische Edition von *Yungu zaji* [Vermischte Aufzeichnungen über Wolken und Schluchten, 1212] von Zhang Hao (Südliche Song-Dynastie) ab und schreibt dazu ein Nachwort. Das Vorwort stammt vom 1. März 1914.
1913 · 6 – 8	Besucht Verwandte in Shaoxing.
1913 · 10 · 15	Schließt die textkritische Edition *Xi Kang ji* [Gesammelte Werke von Xi Kang] nach der Ausgabe Wu Kuan congshutang aus der Ming-Dynastie ab.
1913 · 10 · 20	Schreibt dazu »"Xi Kang ji" ba« [Nachwort zu den »Gesammelten Werken von Xi Kang«].
1913 · 10 · 20	Dokument C034

Xi Kang: Mein geheimer Kummer

Zum langjährigen Gegenstand des philologischen Interesses von Lu Xun gehört Xi Kang (223–62, aus Zhixian in der heutigen Provinz Anhui), einer der Sieben Weisen

vom Bambushain aus der von Theorie und Praxis der Weltflucht gesättigten Wei-Jin-Zeit. Er war durch seinen Vater, einen Beamten, eng mit der herrschenden Familie Cao der Wei-Dynastie verbunden, hatte jedoch selber nie ein Amt. Von daoistischen Ideen geprägt beschäftigte er sich gegen die diesseitig orientierte konfuzianische Staats- und Sozialdoktrin mit metaphysischen Fragen und hinterließ ein umfangreiches lyrisches und philosophisches Werk. Berühmt geworden ist daraus sein »Absagebrief«, wo er darlegt, warum er für ein öffentliches Amt ungeeignet sei. Damit versucht Xi Kang wohl als erster in der chinesischen Geschichte die Rolle des Aussteigers und des Außenseiters individualistisch zu legitimieren, was ihn nach einem Machtwechsel schließlich das Leben kostete. Über rund zwei Jahrzehnte hinweg hat sich Lu Xun mit dem Werk von Xi Kang beschäftigt und es kritisch ediert und annotiert. Für Lu Xun, der während seiner Zeit als Ministerialbeamter unter Depressionen möglicherweise klinischer Dimension litt, bedeutete hier die Philologie in doppelter Weise eine Fluchtmöglichkeit: einmal durch die ureigenen Merkmale des Handwerks, das auf Rekonstruktion einer Vergangenheit angelegt ist; zum anderen machen inhaltliche Aspekte des Werks von Xi Kang diesen Autor zu einer idealen Projektionsfläche. — Die Umschrift der Namen ist dem System »Hanyu pinyin« angepaßt. Beibehalten sind Besonderheiten der Zeichensetzung und Orthographie (z.B. »ss« statt »ß«), ebenso die Ergänzungen in eckigen Klammern [...] und die erklärenden Übersetzungen in runden Klammern (...), die Verweise auf kanonische Texte jedoch aufgelöst.

Ach, ich habe nur wenig Glück; schon in meiner frühesten Jugend wurde ich vom Unglück verfolgt.

Als ich noch nichts begriff, [verlor ich den Vater und] wurde eine beklagenswerte Waise; damals lag ich noch in den Windeln.

Mutter und älterer Bruder erzogen mich, mit Barmherzigkeit und ohne Strenge.

Im Vertrauen auf diese Liebe wurde ich ein verwöhntes Kind; ich hörte nicht auf die Weisungen der Mutter und folgte nicht dem Unterricht meines Bruders.

Als ich zwanzig Jahre alt war, stützte ich mich auf ihre Gunst und liess mich gehen (tat was mir gefiel).

Ich bekam Interesse am Altertum (mehr als an der Jetztzeit) und widmete mich mit allem Eifer diesem Studium.

Meine Liebe gehörte der Philosophie des Lao [Zi] und Zhuang [Zi]; ich verachtete die Aussenwelt und trachtete gesund zu bleiben (gab mich keinen Vergnügungen hin).

Mein Ziel war, meine ursprüngliche Einfachheit zu erhalten, meine Unbefangenheit zu bewahren und mein wahres Wesen zu vervollkommnen.

Leider war ich unklug; ich suchte das Gute, war aber unglücklich in der Wahl der Menschen.

Nach dem Unglück, das Lü An getroffen hatte, wurde ich wiederholt (durch *Zhong Hui*) beim Kaiser verläumdet.

Der (frühere) Kaiser (der Wei-Dynastie, *Cao Mao*) hatte liberale Auffassungen, deckte die Fehler anderer und duldete die Schmach (der Bevormundung durch *Sima Zhao*).

Das Volk hatte viele Fehler, daher konnte der Kaiser (in seiner Güte) nicht selbst die Regierung führen (sondern überliess sie seinem Minister Sima Zhao).

In meiner *Engherzigkeit* war ich damit nicht einverstanden und äusserte, was ich gut oder schlecht fand.

Ich begreife nun, dass diese Kritik unangebracht war; wenn ich jetzt daran denke, schmerzt mich die Sache wie eine Wunde.

Ich war wohl willens mich zu bessern, aber schon erhoben sich Verläumdungen wie kochendes Wasser.

Mein Charakter will (durch Kritik) anderen sicher nicht schaden; leider habe ich dadurch immer nur Ärger und Hass geerntet.

Ich muss mich vor dem freundlichen *Liu[xia] Hui* früherer Zeiten und dem sanften *Sun Deng* der Gegenwart schämen (denn diese Beiden enthielten sich stets jeder Kritik).

(Durch diese unbedachte Kritik) bin ich im Innersten meines Herzens meiner ursprünglichen Absicht (mich von der Welt zurückzuziehen) untreu geworden; nach aussen schäme ich mich auch vor meinen guten Freunden (die immer mir den Rat gaben, nicht zu kritisieren).

Ich verehrte die Eremiten *Yan [Junping]* und *Zheng [Zizhen]*, weil sie sich in Musse dem Studium der Ethik widmeten.

Sie mischten sich nicht in die Angelegenheiten dieser Welt; ihr wunderbares Gemüt befand sich daher stets in harmonischer Ruhe.

Aus dem Chinesischen von Erwin von Zach

A — *Leider war ich unklug...* bezieht sich auf eine Stelle im »Lunyu« von Konfuzius, wo sein Lieblingsschüler Yan Hui nach empfangener Belehrung über »sittliches Verhalten« (»ren«) antwortet: »Obwohl ich etwas unbeholfen bin, werde ich mich bemühen, nach Euren Worten zu handeln.« (zit. nach »Gespräche«, Übers. Ralf Moritz, Leipzig: Reclam 1991, S. 94) ¶ *Nach dem Unglück...* bezieht sich darauf, daß der Philosoph Lü An, nachdem er von seinem engen Freund Xi

Peking

Kang den Rat bekommen hatte, nichts gegen den Verführer seiner Frau zu unternehmen, dieser darauf den Spieß umkehrte und Lü An pietätlosen Verhaltens gegen die eigene Mutter beschuldigte, Lü An zur Verbannung verurteilt wurde und ein abgefangener Brief an Xi Kang zur Festnahme des letzteren führte ¶ *Zhong Hui* war früher von Xi Kang beleidigt worden und unter der faktisch regierenden Familie Sima mit der Untersuchung gegen Xi Kang und Lü An betraut und sprach die Todesstrafe für beide aus ¶ *Cao Mao* (242–60), Enkel des Dynastiegründers Cao Pi (187–226), war der letzte Kaiser der Wei und wurde durch seinen Kanzler *Sima Zhao* (211–65) entmachtet, der damit zum Gründer der Östlichen Jin-Dynastie (317–420) wurde ¶ *Engherzigkeit...* spielt auf ein Gedicht im »Shijing« (9.3, »Lieder aus Wei«) an, wo es heißt »In meines Herzens Kümmerniß/Da hab' ich mich durch's Land bewegt;/Und wer mich nicht genauer kennt,/Der sagt, ich sei ein Herr, der ohne Zweck sich regt.—« (zit. nach »Schï-kïng«, Übers. Victor von Strauß, Heidelberg: Winter 1880, S. 189) ¶ *Liuxia Hui* war im 7. Jh. v.u.Z. Richter im Staate Lu und wurde dreimal aus seinem Amt entlassen, ohne ein Exil zu erwägen, denn »Wohin sollte ich gehen, ohne wiederum mehrmals entlassen zu werden, wenn ich stets korrekt auf dem geraden Weg bleibe?« (zit. nach »Gespräche«, S. 131) ¶ *Sun Deng* Einsiedler zur Zeit der Wei-Dynastie (220–265), über den das Buch *Wei shi chunqiu* berichtet ¶ *Yan Junping und Zheng Zizhen* berühmte Einsiedler der Han-Dynastie, die im 2. Jh. v.u.Z. in den Gebieten der heutigen Provinzen Shaanxi bzw. Sichuan lebten

Q— Xi Kang 嵇康 »Youfen shi« 幽憤詩 in: *Wenxuan* 文選 23, Hg. Xiao Tong 蕭統 Anm. Li Shan 李善 Shanghai: Guji chubanshe 8.1986, Bd. 3, S. 1081–86; dt. in: Zach, Erwin von: *Die chinesische Anthologie. Übersetzungen aus dem »Wen-hsüan [Wenxuan]«*, 2 Bde., Hg. Ilse Martin Fang, Einf. James Robert Hightower, Cambridge/MA: Harvard University Press 1958 (= Harvard-Yenching Institute Studies 18), Bd. 1, S. 362–3

L — Holzman, Donald: *La vie et la pensée de Hi K'ang* [Xi Kang], Leiden: Brill 1957 ¶ Henricks, Robert G.: »Hsi K'ang [Xi Kang] and Argumentation in the Wei«, in: *Journal of Chinese Philosophy* Bd. 8, Nr. 2 (Juni 1981), S. 169–221 ¶ ders.: *Philosophy and Argumentation in Third-Century China. The Essays of Hsi K'ang* [Xi Kang], Princeton/NJ: Princeton University Press 1983 (= Princeton Library of Asian Translations) ¶ *Wenxuan, or Selections of Refined Literature*, bisher 3 Bde., Übers. David R. Knechtges, Princeton/NJ: Princeton University Press 1982ff. (= Princeton Library of Asian Translations)

　　　　　　　Dokument W005

Luo Zongqiang: Mentalität und Lebenstragödie von Xi Kang (1991)

Der Verfasser der folgenden Abhandlung, Luo Zongqiang (1931–) ist Professor für chinesische Literatur an der Nankai-Universität in Tianjin.

Xi Kang (225–64) war ein typisches Produkt des zu seiner Zeit vorherrschenden Neo-Daoismus beziehungsweise der Metaphysik (»xuanxue«). Seine Überzeugungen nährten seine Begabung zum rationalen Argumentieren, seinen innersten Wunsch nach einer »Rückkehr zur Natur« und seine idealisierten Stimmungen. In seiner Tragödie wird andererseits deutlich, wie ungeeignet die Metaphysik für eine praktische Lebensphilosophie ist, und wie unvereinbar mit dem traditionellen chinesischen Politikbegriff und dessen Schicksal im Rahmen der chinesischen Kultur. Der vorliegende Aufsatz beschränkt sich jedoch darauf, die Mentalität von Xi Kang zu untersuchen und ist allgemein als Vorstudie zur Mentalität bei den Literaten der Wei- und Jin-Dynastien im 3. Jahrhundert zu betrachten.

Unter den *Sieben Weisen vom Bambushain* verbindet Xi Kang nichts mit Ruan Ji, dessen »Fluchtweg« an den Rand von Depression und Einsamkeit führte. Im Gegensatz zu Shan Tao und Wang Rong hat sich Xi Kang nicht aktiv am weltlichen Geschehen beteiligt. Dadurch entging ihm die persönliche Befriedigung, die mit politischem Erfolg einhergeht. Er unterscheidet sich auch von seinem engen Freund Xiang Xiu, der in der konfuzianischen Ethik und der Natur eine Einheit sah, sich jedoch kompromittierte, indem er einen Posten annahm und in Luoyang ein loyaler Beamter wurde. Ihm blieb auch nichts anderes als Verachtung übrig für die grausamen Verbrechen von Liu Ling und Ruan Xian. Xi Kang bildet unter den »Sieben«, ja unter der metaphysisch gesinnten Elite seiner Zeit, eine Ausnahme. Sein unermüdliches Streben nach einer idealen Lebensform war allgemein bekannt, und Xi Kang war zufrieden, unbesorgt, voller Leichtigkeit und gleichgültig gegenüber persönlichem Gewinn oder Anerkennung.

Xi Kang hatte eine ernsthafte Einstellung zum Leben und gründlich darüber nachgedacht, wie weit er sich am öffentlichen Leben beteiligen und wie er sich verhalten sollte. In seiner Abhandlung »Bu yi« unterscheidet er 28 verschiedene Lebensformen, die ihm zur Wahl stehen und sich in drei Hauptgruppen einteilen lassen. Bei der ersten Gruppe steht die Beteiligung, das Engagement im Mittelpunkt (»ru shi«), wörtlich der »Eintritt in die Welt«. »Beteiligung« kann sich dabei unterschiedlich äußern. Dazu kann gesellschaftlicher Erfolg gehören, so daß jemand »vorankommt wie *Yi Zhi* oder hilfreich ist wie *Shang Fu*«. Sie kann in Verweichlichung bestehen bei der gehetzten Jagd nach Vergnügen und Wohlstand, so daß jemand »wertvolle Güter aufhäuft, ein genußsüchtiges Leben mit Luxus und Zerstreuung führt, eingebettet in edle Düfte und geschlechtlichen Freuden hingegeben«. Eine andere mögliche »Beteiligung« kann darin bestehen, »sich durch Schmeichelei, Eigenlob und Liebedienerei unter den Schutz von Mächtigen zu begeben«, »nach Vorteilen zu jagen und Ausschau nach der großen Gelegenheit zu halten«, »sich an Intrigen zu beteiligen und die Tugend zu mißachten«, oder »freigebig zu sein und vielen Obdach zu gewähren, und dadurch moralische Anerkennung zu erhalten, sie aber nicht zu gewähren«. Möglich ist es auch, das Leben eines Soldaten zu führen, in der Art legendärer Helden wie *Mao Sui* und Lin Xiangru und damit eine »heroische« Haltung einzunehmen.

Bei einer anderen Klasse von Lebenseinstellung wird betont, das soziale Leben müsse als Spiel gehandhabt werden. Dazu gehört der verachtungsvolle Unglaube in menschliche Aufrichtigkeit, Zynismus, Satire, Tücke und eigene Fertigkeiten für Ränke einzusetzen. Zur dritten Gruppe von möglichen Lebensformen gehört der Rückzug oder das selbstgewählte Exil, »chu shi«, wörtlich der »Austritt aus der Gesellschaft«. Eine Form des Rückzugs kann darin bestehen, keine Verbindung mehr mit anderen zu haben und, wie es Xi Kang formuliert hat, »Mühsal erdulden und jede erdenkliche Mühe aufwenden, um die komplizierten Verwicklungen aufzulösen, in den Bergen leben, wo sich aus Bächen trinken und sich an Felsblöcken gelehnt rasten läßt«. Eine andere Möglichkeit wäre, zwar innerhalb der Gesellschaft zu leben, aber zurückgezogen, »eine äußerliche Haltung einzunehmen, aber die eigenen Gefühle nicht zu zeigen, wie in Unterordnung zu leben, aber in einer chaotischen Welt sich nicht bemerkbar zu machen. Das wäre ein Leben in der Welt, aber in ihr zurückgezogen«. Eine andere Form des Rückzugs wäre die selbstauferlegte politische Enthaltsamkeit, »wie *Xu You* in den Bergen Jishan oder *Chao Fu* von nördlich des Flusses Ying«, die den Thron verachteten, den ihnen Tang Yao und Yu Shun anboten, und Da Yu verspotteten. »Austritt« kann auch bedeuten, sich der Unsterblichkeit zu widmen und »Gefährte von Wang Ziqiao und des Einsiedlers von der Roten Kiefer zu werden«. Ein daoistischer »Austritt« bestand darin, gemäß den Lehren von *Lao Dan* »die Geheimnisse zu wahren und das Einssein zu erlangen«, während bei einem anderen nach *Zhuang Zi* »sämtliche Dinge als gleichwertig« betrachtet werden, sich die Geheimnisse der Welt verwandeln und zu ihrer Ordnung fügen und alles ungehindert seinen Lauf geht.

In diesen 28 Möglichkeiten hat Xi Kang alle möglichen Lebensformen für einen Literaten seiner Zeit erfaßt. Zum Schluß umreißt Xi Kang seine eigene Vorstellung, indem er sich der Worte des Grosshistorikers *Zhen Fu* bedient: »Innerlich ohne Beschämung und äußerlich ohne Auseinandersetzung mit den Gewöhnlichen; Austausch pflegen, ohne daraus persönlichen Gewinn zu ziehen, und als Beamter walten, ohne sich um Ränke oder Belohnungen zu kümmern; die Vergangenheit/Geschichte als Spiegel betrachten, um die Leidenschaften zu reinigen und die Begierden auszulöschen«. Die Wahl, die Xi Kang traf, brachte also gesellschaftliche Enthaltsamkeit, Selbstgenügsamkeit, Rückkehr zur Natur, um wieder eine ursprüngliche und unverdorbene Lebensweise zu gewinnen, der sinnlichen Trägheit etwas entgegenzusetzen. Dieses Lebensideal hatte seinen Ursprung in den Lehren von Zhuang Zi, doch bedeutete die Rückkehr zur Natur nicht wie bei jenem Einzug ins Nichts, sondern Rückkehr zur Wirklichkeit. In Xi Kangs Rückkehr zur Wirklichkeit war jedoch die Alltagswirklichkeit transzendiert. Er hatte beschlossen, sich einen unabhängigen Platz in einem reinen Bereich zu schaffen, inmitten einer gewöhnlichen Wirklichkeit.

Xi Kang war der erste, bei dem die Rückkehr zur Natur bei Zhuang Zi einen weltlichen Sinn erhält. In der Lehre von Zhuang Zi ist die Selbstauslöschung Teil der Rückkehr zur Natur. Materie und Selbst sind das selbe und bilden mit dem *Dao*, der höchsten Manifestation menschlichen Seins, eine Einheit. Zhuang Zi hielt daran fest, daß der höhere Mensch mit weltlichen Dingen nichts zu schaffen hat und deshalb eins ist mit dem Universum. Um diese Einheit zu erlangen, muß er seinen Körper erfahren und nicht über ihn hinausgehen. Dazu gehört, keinen Unterschied mehr zwischen Leben und Tod zu sehen, so daß sich die Grenze zwischen richtig und falsch, zwischen Existenz und Nicht-Existenz auflöst. Ebenso muß die Unterscheidung zwischen Objekten und dem Subjekt verschwinden, damit der Mensch wie »dürres Holz« wird und Geist und Herz zu »kalter Asche« werden, wenn sie den Zustand der »Selbstvergessenheit« erlangen. In diesem Zustand strömt der Mensch mit in den Verwandlungen des Universums. Ein solches Selbst braucht sich nicht um sich selbst zu kümmern, sondern kann sich der Natur hingeben und ihren Verwandlungen, so daß nichts in Geist und Herz eindringen wird. »Als die Frau von Zhuang Zi starb, sang er ein ausgelassenes Lied, zu dem er auf einer Schüssel den Takt schlug. Als er in einer schäbigen Stadt lebte, empfand er friedliches Glück, obwohl ihn die Armut zum Skelett hatte abmagern lassen.« Xi Kang hat sich völlig einer inneren Welt hingegeben, nachdem er sämtliche gesellschaftlichen Umgangsformen, Vorschriften, Leidenschaften und Erwartungen verworfen hatte. Er war der Meinung, der »starke Baum«, von dem Zhuang Zi spricht, stehe »in der Heimat des Nichts, einer weiten und grenzenlosen Wildnis«, und Zhuang Zi habe sich »müßig an seiner Seite niedergelassen oder schlief zwanglos unter ihm.« Geist und Dao seien eins; und Selbst und Natur seien eins. Darin bestehe das gesamte Streben von Zhuang Zi. [...]

Xi Kang strebte in seinem Leben danach, das Vergängliche hinter sich zu lassen, aber nicht so wie die Einsiedler, die sich in den Bergen zurückzuziehen suchen. Er blieb in seiner gesellschaftlichen Stellung, doch anders als die Gelehrten, die eine Beamtenlaufbahn anstrebten, versuchte Xi Kang völlige Unabhängigkeit und Freiheit zu erlangen von der unberechenbaren Umgebung politischer Kämpfe und Wechsel in seiner Zeit. Es liegt auf der Hand, daß sich in seinem Lebensideal Elemente des daoistischen Ideals finden, wo die Gesellschaft auf ein kleines Reich mit einer überschaubaren Bevölkerung gegründet ist. Im Gegensatz jedoch zum daoistischen Arkadien, das die Rückkehr in ein Goldenes Zeitalter einschließt, stellte sich Xi Kang eine ideale Gesellschaft vor, die bereichert ist durch ein anregendes kulturelles Klima und Kunstsinn. Daraus entsteht ein ästhetisches geistiges Umfeld:

»*Ich möchte* im Süden den langen Bergrücken ersteigen und im Norden über den durchsichtigen Fluß setzen.

Ich möchte die erschreckte Wildgans aus der Höhe mit einem Pfeil herunterschiessen; ich möchte unten im tiefen Weiher nach Fischen angeln.

Auf solche Weise stets mit Jagd und Fischfang beschäftigt zu sein, o wie gross wäre doch diese Freude.«

Gedicht 11 von »19 Gedichten für meinen älteren Bruder, den begabten Gongmu, aus Anlaß seines Eintritts in die Armee«

»*Nach einer* schnellen Fahrt in meinem leichten Wagen ruhe ich in jenem ausgedehnten Wald.

Die lenzlichen Bäume stehe gerade im Blütenschmuck; sie breiten ihr Dichtes Laub aus und geben Schatten.

Sanft bläst der Ostwind; er bringt die Saiten meiner einfachen Laute in Bewegung.

Es zwitschert die Oriole; sie sucht ihren Gefährten und ruft ihn durch ihren schönen Gesang herbei.

Ich bin gerührt durch diese Töne und meine Gefühle schwingen sich auf; meine Gedanken wenden sich Dir zu, nach dem ich mich sehne.«

Gedicht 13 von »19 Gedichten...«

[...] Einige dieser Szenen spielen auf einen Bereich an, den der Empfänger vermutlich erlebte, während andere die Welt beschreiben, die seine eigene war. Aber alle sind durchdrungen von einem Gefühl der liebevollen Zuwendung zur Natur, indem ihre Schönheit gewürdigt wird. Aus den Gedichten von Xi Kang läßt sich über die unverdorbene Reinheit hinaus oft eine kühle, distanzierende Haltung herausspüren — Ausdruck des ästhetischen Gestaltungswillens, den er sich in einem freien und zufriedenen Leben angeeignet hat. [...]

Weder in seinen Worten noch Taten findet sich vor seiner Hinrichtung 263 der geringste Hinweis, daß Xi Kang der Wei-Dynastie gegenüber loyal gewesen wäre. Überzeugendster Beweis dafür, daß er nicht in den Kampf gegen die herrschende Sima-Familie verwickelt war, ist jedoch seine grundsätzliche Haltung gegenüber politischem Ruhm und Nutzen. Daß Xi Kang nicht bereit war, in eine Beamtenlaufbahn einzusteigen, hing nicht mit seinem Widerstand gegen das Herrscherhaus der Sima zusammen, sondern mit seiner tiefempfundenen Abscheu gegen bürokratischen Alltag und bürokratische Ehren. Bei mehreren Gelegenheiten gibt es diesem Widerwillen Ausdruck: [...]

Darin liegt letztlich der Grund für die Tragödie von Xi Kang: Er strebte nach einem idyllischen Leben [...], doch als er das Ideal umzusetzen versuchte, löste er sich von der Alltagswelt. Ihm fehlte zwar die Macht, die Alltagswelt zu verändern, aber ebenso der Wille, sich aus ihr zurückzuziehen. Er spielte seine eigene selbstgerechte Reinheit gegen die Alltagswelt aus, um deren Heuchelei zu entlarven. Ebenso stellte er seine eigene Aufrichtigkeit dem fundamentalistischen Konfuzianismus entgegen, um aufzuzeigen, daß der Konfuzianismus unaufrichtig sei. Die politische Macht jedoch berief sich auf das ideologische Trugbild des Konfuzianismus, so daß er mit jener unvermeidlich in Konflikt geriet.

Spätere Gelehrte waren in dieser Hinsicht klüger als er. Die meisten unter ihnen zogen es vor, mit ihrer überlegenen Geisteshaltung zu prahlen, während sie es nie versäumten, weltlichen Angelegenheiten die erforderliche Gunst zu bezeugen. Aber sie trieben es nie zu weit und zogen es vor, der Alltagswelt gegenüber gleichgültig zu sein. Scharfsinnig bemerkt der berühmte Tang-Dichter Wang Wei [(701–61)] zu Xi Kang:

»Dann tauchte Xi Kang auf und sprach ebenfalls davon, "verzweifelt an den Zügeln zu zerren und sich in einem Staat umzuschauen, der aus den Fugen geraten ist", und "sich noch tiefer zu sehnen nach den tiefen Wäldern und üppigen Pflanzen". Aber besteht schlußendlich ein Unterschied zwischen dem Kampf gegen die Zügel und der Hinnahme von Geschirr und Sattel mit gesenktem Kopf, oder zwischen üppigen Wäldern und einer Beamtenresidenz mit ihren Türen und Toren? Wenn häretische Ideen aufkommen, befindet sich die Orthodoxie im Niedergang, und wenn Reize und Ereignisse zu Hindernissen werden, verschwindet die Klugheit. Widerspricht eine solche Haltung nicht dem Grundsatz, daß alles Nichts ist.

A — *Sieben Weise vom Bambushain* gemäß dem »Jin shu« [Geschichte der Jin-Dynastie] Bezeichnung für die Literaten Ruan Ji (210–263), Shan Tao (205–283), Liu Ling († nach 265), Xiang Xiu (227–272), Ruan Xian (234–305) und Wang Rong (234–305), die nach Weltflucht durch Wein, Drogen und »reine Dialektik« strebten und mit denen Xi Kang »in enger geistiger Gemeinschaft« stand ¶ *Yi Zhi* Kanzler zu Beginn der legendären Shang-Dynastie (17. Jh. v.u.Z.) ¶ *Shang Fu* gemeint ist Lü Wang (reg. 689–76 v.u.Z.), König Wen im Staat Chu während der Zhou-Dynastie (1066–221 v.u.Z.), beide legendäre Staatsmänner des Altertums, die für ihre politischen Erfolge berühmt waren ¶ *Mao Sui* (3. Jh. v.u.Z.) Berater am Hof des Fürsten Pingyuan im Staat Zhao, der 257 v.u.Z. Hilfe beim benachbarten Staat Chu suchte, als Handan (heute Provinz Hebei) vom Staat Qin umzingelt war ¶ *Chao Fu und Xu You* legendäre Einsiedler des chinesischen Altertums, wobei Chao ablehnte, als ihm der Kaiser den Adelsrang verleihen wollte; bekannt als »Chao-Xu« ¶ *»Ich möchte…«* »*Nach einer…«* zit. nach »Die chinesische Anthologie«, Übers. Erwin von Zach (Cambridge/MA: Harvard University Press 1958), Bd. 1, S. 388 ¶ *Lao Dan* d.i. der Philosoph Lao Zi (um 4. Jh. v.u.Z.) Begründer des philosophischen Daoismus, dem das Buch »Daodejing« zugeschrieben wird (dt. »Laotse. Tao Te King. Das Buch des Alten vom Sinn und Leben«, Übers. Richard Wilhelm, 1921 u.ö.; »Lao-tse. Tao-tê-King. Das Heilige Buch vom Weg und von der Tugend«, Übers. Günther Debon, 1961 u.ö.) ¶ *Zhuang Zi* (um 365–290 v.u.Z.), neben Lao Zi wichtigster Vertreter des philosophischen Daoismus, dem das Buch »Zhuang Zi« (auch »Nanhua zhenjing«) zugeschrieben wird (dt. »Dschuang Dsi. Das wahre Buch vom südlichen Blütenland«, Übers. Richard Wilhelm, 1912 u.ö.)

Q — Luo Zongqiang 羅宗強: »Xi Kang's Mentality and Life Tragedy«, in: *Social Sciences in China* Bd. 13, Nr. 4 (1992), S. 5–27; zuerst als »Xi Kang de xintai ji qi rensheng beiju« 嵇康的心態及其人生悲劇 in: *Zhongguo shehuikexue* 中國社會科學 2/1991, S. 147–59

L — Pan Deyan 潘德延 »Lu Xun jiaokan "Xi Kang ji" de jingguo ji qi yuanyin« 魯迅校勘《嵇康集》的經過及其原因 [Der Verlauf der kritischen Edition der »Werke von Xi Kang« durch Lu Xun und deren Ursachen], in: *Lu Xun yanjiu* 魯迅研究 Bd. 7 (1.1983), S. 373–88 ¶ Zhuang Wanshou 莊萬壽 *Xi Kang yanjiu ji nianpu* 嵇康研究及年譜 [Studie und Chronik zu Xi Kang], Taibei 1990

Heinrich Heine: Lyrisches Intermezzo (1823/27)

Die folgenden beiden Gedichte, die Lu Xun möglicherweise lange vor der Veröffent-
lichung noch während seines Japan-Aufenthaltes aus dem Deutschen übersetzt hat,
folgen in der Prosodie weitgehend dem kunstliedartigen Muster, wie er im knanoischen
»Buch der Lieder« (Shijing, entstanden um 10. bis 6. Jh. v.u.Z.) vorgegeben ist.
Beide werden »Übersetzungsversuche meines älteren Bruders« von Zhou Zuoren in
einem Artikel »Plaudereien über Kunst und Literatur« zitiert. Darin geht er von
Byron über Mickiewicz, Sappho, Petőfi und Theokrit den volkstümlichen Quellen
der Lyrik nach und hebt bei Heine den Gebrauch von Alltagssprache hervor. Die
Einbettung der Übersetzungen ist beredtes Zeugnis für die enge Zusammenarbeit
von Lu Xun mit seinem Bruder. Die Monatszeitschrift »Welt der chinesischen
Erzählliteratur«, die zwischen 1914 und 1916 im Verlag Zhonghua shuju in
Shanghai erschien und den Text publizierte, gehörte zu den Wegbereitern der Wert-
schätzung für die populären Traditionen, wie sie in der älteren erzählenden Literatur
überliefert ist. — Es folgen die Vorlage von Heine zusammen mit einer wörtlichen
Übersetzung der chinesischen Version von Lu Xun.

II.
Aus meinen Tränen sprießen
Viel blühende Blumen hervor,
Und meine Seufzer werden
Ein Nachtigallenchor.

Und wenn du mich lieb hast, Kindchen,
Schenk' ich dir die Blumen all,
Und vor deinem Fenster soll klingen
Das Lied der Nachtigall.

Meine Tränen strömen
— üppige Blüten,
Meine Schluchzer gepreßt
— Nachtigallensang.

Ach, du junges Mädchen,
Laß dein Herz mich lieben!

Peking

Dann überreich' ich dir einen Strauß üppiger Blüten.
Es strömt der Gesang der Nachtigall
Vorbei am *Vogelnetz*, während ich mich freue.

XXX

Die blauen Veilchen der Äugelein,
Die roten Rosen der Wängelein,
Die weißen Liljen der Händchen klein,
Die blühen und blühen noch immerfort,
Und nur das Herzchen ist verdorrt.

Die Pupillen blaue *Veilchen*,
Dazu die Wangen rote Rosen
Fahl schimmernde Lilien — deine zarten *Sprossen*.
Ach deren Wohlgeruch! — gestern so frisch wie ehedem,
Wie kommt es, daß dein Herz — schon verfallen ist?

A — Die für das kanonische »Shijing« (»Buch der Lieder«, entstanden etwa 10. bis 6. Jh. v.u.Z.)
charakteristische, exklamatorische und auch lautmalerische Satzabschlußsilbe bzw. Kopula »xi«
wird in den Rückübersetzungen durchgängig mit Gedankenstrch (—) wiedergegeben. Ein anderes
Beispiel für dessen eher emphatische Umsetzung ist »Zartbeschwingte Grillen, / Dicht Gedränge,
oh! / Euch gebühren Kinder, Enkel, Welche Menge, oh!« (»Shï-king«, Übers. Victor von Strauß,
Heidelberg: Winter 1880, S. 70) ¶ *Vogelnetz* (»fusi«) bezeichnet eine netzartige Vorrichtung, die an
der Dachrinne befestigt wird, um Spatzen abzuhalten ¶ *Veilchen* ist durch »diding« wiedergegeben,
Bezeichnung für das »chinesische Veilchen« (»viola yedoensis«) ¶ *Sprossen* eig. 'Grasschößlinge'
(»ti«) ist ein konventionalisierter Ausdruck für die Hände einer Frau, der vom Übersetzer Franz
Kuhn häufig mit »Jadesprossen« wiedergegeben wurde

Q — Heine, Heinrich: *Buch der Lieder*, Hg. Hartwig Jeß, Leipzig: Reclam o.J. [um 1905] (=
Reclams Universal-Bibliothek 2231/32); chin. »Hena (=Heine=) de shi« 赫納 （Heine) 的詩
[Gedichte von Heine], in: *Zhonghua xiaoshuo jie* 中華小説界 Nr. 2 (1.2.1914); in: *Lu Xun quanji
buyi sanbian* 魯迅全集補遺三編 Hg. Wen Xu 文敍 Xianggang: Tiandi tushu gongsi ^{2}1.1980, S.
38

L — *Zhou Zuoren jiwai wen* 周作人集外文 [Texte von Zhou Zuoren außerhalb seiner Sammlungen;
1904–1948], 2 Bde., Hg. Chen Zishan 陳子善 & Zhang Tierong 張鐵榮 Haikou: Hainan guoji
xinwen chuban zhongxin 1995

Photographie aller Mitarbeiter des Erziehungsministeriums
zur Erinnerung an den ersten Tag des vierten Jahres der Republik [1915]
Text S. 131

1914 · 4	und später Zhonghua minguo 3	Kauft zahlreiche Bücher über den Buddhismus und studiert während seiner Freizeit buddhistische Ideen.
1914 · 11 · 3		»"Kuaiji jun gushu zaji" xu« [Vorwort zu den »Notizen über alte Bücher aus der Präfektur Kuaiji«].
1914 · 11 · 27		Übersetzt von Takashima Heisaburô »Eine Untersuchung der Begriffswelt von Kindern«, erscheint im März 1915 in *Quanguo ertong yishu zhanlanhui jiyao* [Katalog der nationalen Ausstellung mit Kunst von Kindern].

1915 · 1 · 1   Zhonghua minguo 4 · 1 · 1   Dokument B026

Photographie aller Mitarbeiter des Erziehungsministeriums zur Erinnerung an den ersten Tag des vierten Jahres der Republik [1915]
Abbildung S. 129

Lu Xun steht in der hintersten Reihe als dritter von links, rechts neben einem Kollegen mit Kopfbedeckung. Sein Name erscheint in der Legende über der Aufnahme in der untersten Reihe senkrecht ebenfalls als dritter von links, wobei bemerkenswerterweise für das zweite Zeichen ren *(»Mensch«) seines Vornamens* »Shuren« *(etwa* »Baummensch«, *übertragen* »den Menschen anpflanzen, aufrichten«*) ein Homophon mit der Bedeutung* »Mitmenschlichkeit« *eingesetzt ist, das eine der vier konfuzianischen Kardinaltugenden bezeichnet.*

Q — »Zhonghua minguo si nian yuanri jiaoyubu quanti buyuan sheying jinian« 中華民國四年 元日教育部全體部員攝影紀念 *Lu Xun 1881–1936*, Beijing: Wenwu chubanshe o.J. [1976], Nr. 24

1915 · 6	Zhonghua minguo 4 · 6	Eine Ausgabe in Holzblockdruck der »Notizen aus alten Büchern über die Präfektur Kuaiji« *(Kuaiji jun gushu zaji)* erscheint in Shaoxing.
1915 · 7		Die textkritische Edition *Xi Kang ji* [Gesammelte Werke von Xi Kang] nach einer kostbaren Ausgabe aus der Ming-Dynastie erscheint.
1915 · 8 · 3		Arbeitet im Auftrag des Erziehungsministeriums in der Studiengesellschaft für die Erziehung in volkstümlichen Bräuchen *(Tongsu jiaoyu yanjiuhui)* mit.
1915 · 9 · 1		Wird zum Verantwortlichen für Erzählliteratur in der *Tongsu jiaoyu yanjiuhui* ernannt.
1915	Zhonghua minguo 4	Sammelt und untersucht Bronze- und Steinabreibungen sowie Porträts aus der Han-Dynastie (206 v.u.Z.–220

		u.Z.) und Skulpturen aus der Zeit der Sechs Dynastien (317–589).
1916 · 5 · 6	Zhonghua minguo 5 · 5 · 6	Zieht innerhalb des Gästehauses von Shaoxing vom »Hof der Rotang-Blüte« *(Tenghuaguan)* um in die »Bibliothek zum Baumpfropfen« *(Bushu shuwu)*.
1916 · 8		Kommentiert und korrigiert den »Grundriß der Pädagogik« (»Jiaoyu gangyao«), der während der Präsidentschaft von Yuan Shikai (1859–1916, aus Xiangcheng/He'nan) in Auftrag gegeben worden war und in *Jiaoyubu canshi shuotie* [Beratungshefte des Erziehungsministeriums] erscheint.
1916 · 12 – 1917 · 1		Besucht Verwandte in Shaoxing.
1917 · 6	Zhonghua minguo 6 · 6	Dokument A004

Lu Xun: Tagebuch im Jahre »Dingyi« [1917]

6. Monat

1. Tag: Klar. Vormittags Brief von *Yang Shenshi* erhalten, am 19. in Ji'nan abgeschickt. Mittags bewölkt.

2. Tag: Klar. Vormittags Karte von *Xie Xiyuan* erhalten, am 30. in Suzhou abgeschickt. Abends *Shang Qiheng* gekommen.

3. Tag: Klar. Wöchentlicher Ruhetag. Vormittags Brief vom *dritten jüngeren Bruder* und von der *Ehefrau des zweiten* jüngeren Bruders erhalten, am 30. *(18)* abgeschickt. Abends *Wei Fumian* gekommen.

4. Tag: Klar. Abends hat *Jishi* mich zu einem Topf mit Fleisch eingeladen.

5. Tag: Klar. Morgens einen Brief von zuhause erhalten, am 1. (19) abgeschickt. Nachmittags Brief von der Ehefrau des dritten jüngeren Bruders erhalten, am 30. Tag des 5. Monats abgeschickt.

6. Tag: Bewölkt, nach Mittag klar. Keine besonderen Vorkommnisse.

7. Tag: Klar, Wind. Vormittags Brief von Ehefrau des dritten jüngeren Bruders erhalten, am 1. abgeschickt.

8. Tag: Klar, Wind. Keine besonderen Vorkommnisse.

9. Tag: Klar. Vormittags Brief von *Tang Erhe* zusammen mit dem Band »Tagebuch einer Reise nach Osten«. Gehalt für den Monat Mai in Höhe von 300 Yuan empfangen.

10. Tag: Klar. Wöchentlicher Ruhetag. Vormittags Brief von zuhause erhalten, am 6. abgeschickt (20). Brief nachhause abgeschickt (21). *Xu Jishang* gekommen. Vor Mittag Wind und leichter Regen. *Hesun* gekommen, zum

Mittagessen geblieben. Nachmittags mit dem zweiten jüngeren Bruder zum *Bad beim Shengpingyuan*. Beim *Qingyunge* ein Paar Schuhe gekauft. Durch die *Liulichang* zurückgekehrt und unterwegs ein Heft der »*Xiaoshuo yuebao*« gekauft.

11. Tag: Klar. Keine besonderen Vorkommnisse.

12. Tag: Klar. Keine besonderen Vorkommnisse.

13. Tag: Bewölkt, heiß. Nach Mittag an die Japanische Handelsbank 4 Yuan überwiesen, an die *Tôkyôdô* 2 Yuan.

14. Tag: Klar. Morgens Brief von zuhause erhalten, am 10. abgeschickt (21). Vormittags zur Handelsbank von Zhejiang und nachhause 50 Yuan zum Lebensunterhalt überwiesen, außerdem an den zweiten jüngeren Bruder 20 Yuan für Bücher, zusammen mit einem Brief (22). Nach Mittag Fieber, das bis in die Nacht hinein nicht nachgelassen hat.

15. Tag: Klar. Krankenurlaub. Vormittags an *Dai Luling* und *Zhu Xiaoquan* geschrieben.

16. Tag: Klar. Vormittags zur Behandlung ins *Ikida-Krankenhaus*, wo ich erfuhr, es handle sich um »*Mittelhitze*«. Nachmittags Krankenurlaub.

17. Tag: Bewölkt. Wöchentlicher Ruhetag. Vormittags Ji Shi gekommen. Nach Mittag windig, klar. Zur Liulichang und dort für 2 Yuan Bildrollen mit den Grabinschriften von Frau Hou, von Wang Kekuan und Hui Zhi gekauft; 13 Bildrollen mit sieben verschiedenen Statuen aus der Zeit der Sechs Dynastien [222–589] für 4 Yuan 50. Außerdem die zweite Sammlung vom »*Geheimen Bücherschrank im Turm zum Duftkästchen*« in acht Bänden für 2 Yuan 50 gekauft.

18. Tag: Bewölkt, nach Mittag Regen. Keine besonderen Vorkommnisse.

19. Tag: Starker Regen. Vormittags Brief von zuhause erhalten, am 25. abgeschickt (22). Nach Mittag klar, abends Brief von Herrn *Cai* erhalten.

20. Tag: Nach Mittag Hesun gekommen. Abends Brief an ihn abgeschickt.

21. Tag: Klar. Nachmittags *Xu Yuan und Xu Zongwei* gekommen, 20 Yuan Urlaubsgeld.

22. Tag: Klar. Vormittags Wei Fumian gekommen. Nachmittags *Li Xiaqing* gekommen. Abends *Wang Jingqing* gekommen.

23. Tag: Regen. Nach dem Mondkalender Drachenbootfest, Feiertag. Mittags hat Jishi mir zwei Sorten gebratenes Fleisch gebracht. Weil ich Getreideschnaps getrunken hatte bis nachmittags geschlafen. Xu Jishang gekommen.

24. Tag: Bewölkt. Wöchentlicher Ruhetag. Nach Mittag klar. *Xu Shiquan* gekommen. *Ma Xiaoxian* gekommen. Abends Shang Qiheng gekommen.

25. Tag: Bewölkt. Vormittags Postkarte von *Yoshiko und Shigehisa* erhalten, am 21. in Shanghai abgeschickt. Brief von *Sakiko* erhalten, am 16. abgeschickt. Paket von *Ishikawa Bun'eidô* erhalten, beigelegte Bücherrechnung gleich bezahlt. Nach Mittag Herr *Nianqin* gekommen.

26. Tag: Klar. Keine besonderen Vorkommnisse.

27. Tag: Klar. Morgens Brief vom dritten jüngeren Bruder, am 23. abgeschickt. Vormittags Brief von Shigehisa, am selben Tag im Herzen von Yue abgeschickt. Nachmittag Karte von der Buchhandlung Tôkyôdô erhalten, am 20. abgeschickt. Abends windig.

28. Tag: Klar, windig. Abends Xu Yuan und Xu Zongwei gekommen, ihnen 90 Yuan für den Lebensunterhalt gegeben, zusammen mit dem Feriengeld vom letzten Mal für die Haushaltsführung in diesem Monat.

29. Tag: Klar. Vormittags Brief von zu Hause erhalten, am 25. abgeschickt (24). Abends *Qishen* gekommen.

30. Tag: Klar. Vormittags das Werk »Ideen und Literatur im modernen Rußland« von der Buchhandlung Tôkyôdô erhalten.

A — *Yang Shenshi* (1881–1973), aus Wuxing/Zhejiang, zusammen mit Lu Xun Lehrkraft an der Zweistufigen Lehrerbildungsanstalt der Provinz Zhejiang in Hangzhou, 1912 im Erziehungsministerium Referent für Volksschulbildung, ab 1917 Vorsteher des Erziehungsamtes für die Provinz Jilin ¶ *Xie Xiyuan* (?-?), aus Shaoxing/Zhejiang, Kommilitone von Lu Xun in Japan, ab 1912 Beamter im Heeresministerium ¶ *Shang Qiheng* (1890–?), aus Shengxian/Zhejiang, Schüler von Lu Xun aus Shaoxing, 1912–16 Ingenieurstudium an der Universität Peking, dann Angestellter der dortigen Bibliothek, während der Studienzeit Empfänger eines Darlehens von Lu Xun ¶ *dritter jüngerer Bruder* gemeint ist der Naturwissenschaftler Zhou Jianren (1888–1984), der damals an zwei Mädchenschulen in Shaoxing Biologie unterrichtete ¶ *Ehefrau des zweiten* gemeint ist Habuto Nobuko (1888–1962), verheiratet mit Zhou Zuoren (1885–1967) ¶ *(18)* ein- und ausgehende Familienbriefe hat Lu Xun jeweils gesondert numeriert, uneinheitlich in chinesischen und arabischen Zahlen ¶ *Wei Fumian* (?-?, aus Shangyu/Zhejiang) Absolvent der Mittelschule Nr. 5 von Zhejiang in Shaoxing, 1919 Studienabschluß in Bergbau an der Universität Peking, während Studium durch Lu Xun unterstützt, 1930 als Angestellter der landsmannschaftlichen Vereinigung für den Kreis Shangyu in Shanghai in Pressionen gegen Wang Ahua verwickelt, die aus ungewollter Ehe nach Shanghai geflohen war und von Lu Xun freigekauft wurde ¶ *Jishi* gemeint ist der enge Freund und Studien- und Arbeitskollege Xu Shoushang (1883–1948, aus Shaoxing/Zhejiang) ¶ *Tang Erhe* (1878–1940, aus Yuhang/Zhejiang) Kollege von Lu Xun in Japan und in Hangzhou, ab 1912 dann Direktor der Medizinischen Fachschule in Peking, dann ab 1922 Vize-, dann Minister für Erziehung ¶ »*Tagebuch einer Reise nach Osten*« (»Dongyou riji«) nicht identifiziert, möglicherweise ungedruckte oder privat gedruckte Aufzeichnungen von Tang Erhe über seinen Japan-Aufenthalt ¶ *Xu Jishang* (1892–ca. 1950, aus Hangzhou/Zhejiang) Buddhist und Sanskrit-Kenner, Beamter im Erziehungsministerium, 1917 Lehrbeauftragter für indische Philosophie an Universität Peking, dann als Arbeiter in den Kohlengruben von Kailuan/Jiangsu ¶ *Hesun* d.i. Ruan Hesun (1880–1959, aus Shaoxing/Zhejiang) ältester Sohn der Großtante mütterlicherseits, arbeitete damals als Sekretär in der Provinz Shanxi ¶ *Bad beim Shengpingyuan* (beim »Park des zunehmenden Friedens«) im damaligen Regierungsviertel östlich des Kaiserpalastes ¶ *Qingyunge* (»Palast zur grünen Wolke«) bekanntes Teehaus in Peking ¶ *Liulichang* Geschäftsstraße in südlicher Vorstadt von Peking, seit Ende der Ming-Dynastie Zentrum der Buchhändler und Antiquare ¶ *»Xiaoshuo yuebao«* »Monatszeitschrift für Erzählliteratur«) besonders seit Herausgeberschaft durch Mao Dun durch Veröffentlichung sozialkritischer Prosa und theoretischer Artikel neben den beiden führenden Organen der Bewegung des 4. Mai »Neue Flut« und »Neue Jugend« (s. C005) wesentlich beteiligt daran, das gesprochene Chinesisch als Literatursprache durchzusetzen ¶ *Tôkyôdô* Buchhandlung in Tôkyô, die Lu Xun während Studienzeit häufig aufsuchte ¶ *»Geheimer Bücherschrank im Turm zum Duftkästchen«* (»Hanfenlou miji«) Sammelwerk in zehn Abteilungen, 52 Gruppen und 80 Bänden, zusammengestellt und redigiert von Sun Yu, erschienen 1916 ¶ *Dai Luling* d.i. Dai Luoling (1874–?), aus Yuhang/Zhejiang, im Erziehungsministerium Leiter der Abteilung für Sozialerziehung ¶ *Zhu Xiaoquan* (?-1924), aus Hengyang/Hu'nan, Leiter der volkskundlichen Bibliothek in der Abteilung für Sozialerziehung im Erziehungsministerium ¶ *Ikida-Krankenhaus* von einem japanischen Arzt gleichen Namens an der Straße Shifuma dajie unmittelbar südlich des Erziehungsministeriums gegründet ¶ *»Mittelhitze«* (»zhongshu«, auch »shuwen«) ist ein Ausdruck aus der traditionellen Medizin, der Fieberzustände und fiebrige Erkrankungen bei hoher Außentemperatur bezeichnet ¶ *Cai* gemeint ist Cai Yuanpei (1868–1940, aus Shaoxing/Zhejiang), zuerst als Erziehungsminister Vorgesetzter von Lu Xun, seit Dezember 1916 Rektor der Universität Peking ¶ *Xu Yuan und Xu Zongwei* (geboren 1892 und 1895, aus Shangyu/Zhejiang) 1910 Schüler von Lu Xun an der Mittelschule der Präfektur Shaoxing, beide seit 1914 zum Studium der Elektrotechnik in Peking und dort von Lu Xun finanziell und moralisch unterstützt; vermutlich Brüder, verfügbare Angaben jedoch widersprüchlich ¶ *Li Xiaoqing* (1887–?, aus Shaoxing/Zhejiang) erst Schüler, dann Kollege von Lu Xun in Shaoxing, 1911 Gründer der revolutionären Tageszeitung »Yueduo ribao« [Glocke von Yue; d.h. des früheren lokalen Reiches im südlichen Yangzi-Becken, dessen Hauptstadt Shaoxing war], 1915–18 Studium der Altphilologie an der Universität Peking ¶ *Wang Jingqing* (1892–?, aus Shengxian/Zhejiang) Schüler von Lu Xun in Shaoxing, 1913 in Vorbereitungsschule der Universität Peking, 1917 Studium abgebrochen ¶ *Xu Shiquan* (1895–?, aus Shaoxing/Zhejiang) studierte bis 1917 an der Universität Peking Naturwissenschaften ¶ *Ma Xiaoxian* (aus Anhui, geboren um 1870) Absolvent der Heeresakademie des Nordens, seit 1917 Berater im Präsidialamt der Militärregierung, durch den Vater von Xu Shiquan (s.o.) mit Lu Xun bekannt gemacht ¶ *Yoshiko und Shigehisa* gemeint sind Habuto Yoshiko (1897–1964), erste Ehefrau des jüngsten Bruders Zhou Jianren, und deren Bruder (1893–?) ¶ *Sakiko* gemeint ist Habuto Sakiko (?-1914), mittlere der beiden mit den Brüdern verheirateten Schwestern Yoshiko und Nobuko (s.o.) ¶ *Ishikawa Bun'eidô* Buchhandlung Ishikawa »Halle des literarischen Ruhms« in Tôkyô ¶ *Nianqin* gemeint ist Tao Nianqing (aus Shaoxing/Zhejiang), damals Direktor einer außerhalb des

Peking

Stadttors Xuanwumen in der Nähe der Bücherstraße Liulichang errichteten Zweigstelle der Nationalbibliothek, zu deren Aufsichtskommission Lu Xun gehörte ¶ *Qishen* d.i. Pan Qishen (1892–1974, aus Shangyu/Zhejiang) 1914–16 Lehrerkollege des Bruders Zhou Zuoren in Shaoxing, seit 1916 Kollege von Lu Xun im Erziehungsministerium, später an der Höheren Lehrerinnenbildungsanstalt

Q — in: *LXQJ* Bd. 14, S. 276–8

L — Xi Jin 錫金 »Du "Lu Xun riji" shi xiaolu« 讀《魯迅日記》識小錄 [Wissenswertes zur Lektüre der »Tagebücher von Lu Xun«], in: *Lu Xun yanjiu wencong* 魯迅研究文叢 Bd. 1, Changsha: Hu'nan renmin chubanshe 3.1980, S. 77–94 ¶ Xie Yong 謝泳 »Liang zhong riji de bijiao yanjiu — Du Lu Xun Yu Dafu riji zhaji« 兩種日記的比較研究——讀魯迅郁達夫日記札記 [Vergleichende Untersuchung von zweierlei Tagebüchern — Notizen bei der Lektüre der Tagebücher von Lu Xun und Yu Dafu], in: *Lu Xun yanjiu yuekan* 魯迅研究月刊 Nr. 125 (9/1992), S. 19–22

1917 · 7 · 3	Zhonghua minguo 6 · 7 · 3	Legt wegen restaurativer Tendenzen unter General Zhang Xun (1854–1923, aus Juxin/Jiangsu) seine Arbeit im Erziehungsministerium nieder.
1917 · 7 · 16		Nimmt nach Beilegung der politischen Krise seine Arbeit wieder auf.

1917   Dokument B017

Stadtplan von Peking aus dem Jahre 6 der Republik [1917]
Abbildung S. 137

Zur Zeit, als Lu Xun seine Arbeit im Erziehungsministerium aufnahm, lebten in Peking rund 5 Millionen Menschen in etwas über 800'000 Haushalten. Sein Arbeitsweg führte ihn vom Gästehaus der Landsmannschaft von Shaoxing in der Gasse Nanbanjie hutong außerhalb des Stadttors Xuanwumen (auf dem Plan mit 1 bezeichnet) zu den Gebäuden des Ministeriums in der Strasse Chuantangmen (»Tor der Flußhalle«), in der Nähe des Stadttors Xuanwumen (2). Ein Erlebnis auf einer seiner täglichen Rikschafahrten hat Lu Xun zur selbst- und sozialkritischen Erzählung »Eine Bagatelle« verarbeitet.

Q — Hou Renzhi 侯仁之 u.a. (Hg.): *Beijing lishi ditu ji* 北京歷史地圖集 [Historischer Atlas von Peking], Beijing: Beijing chubanshe 12.1985, S. 59–60

L — Lu Xun: »Eine Bagatelle«, in: *LXW* Bd. 1, S. 65–8

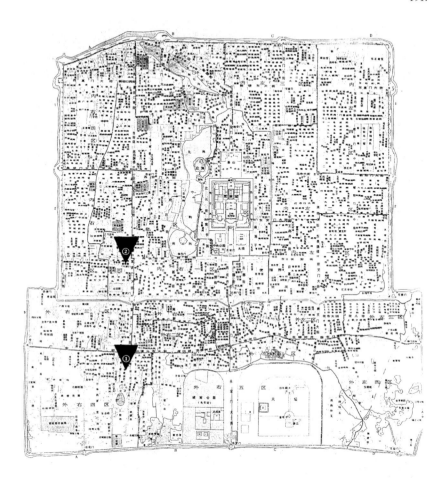

Stadtplan von Peking aus dem Jahre 6 der Republik [1917]
Text S. 136

1918 · 2	Zhonghua minguo 7 · 2	Schließt die Erz. »Kuangren riji« [Tagebuch eines Wahnsinnigen; dt. in: *LXW* Bd. 1, S. 16–32] ab, ersch. in *Xin qingnian* [Neue Jugend] Bd. 4, Nr. 5 (Mai). Dabei benutzt er erstmals den Schriftstellernamen »Lu Xun«, aus dem Familiennamen seiner Mutter Lu Rui und einem Vornamen mit der Bedeutung »hinauffliegen, sich erheben«. In der gleichen Zeitschrift veröffentlicht er auch die umgangssprachlichen Gedichte (*xinshi* [neue Lyrik]) »Meng« [Träume], »Ai zhi shen« [Amor], »Taohua« [Pfirsischblüten]; dt. in: *LXW* Bd. 6, S. 66–8. Bis August 1921 erscheinen von LX in *Xin qingnian* über 50 Erzählungen, Gedichte, Aufsätze, und Übersetzungen.
1918 · 5 · 15		Dokumente B004, B005 und C007

Inhaltsverzeichnis von Band 4, Nummer 5 der Zeitschrift »Neue Jugend«
Abbildung S. 143

Die auch im Westen bekannt gewordene »Bewegung des 4. Mai« (chinesisch kurz »5-4-Bewegung«, auch »literarische Revolution«, »Bewegung für Neue Kultur«, »Kulturrevolution« bzw. »kulturelle Revolution«), benannt nach den Pekinger Studentendemonstrationen gegen die Überlassung deutscher Pachtrechte in China an Japan bei der Versailler Friedenskonferenz am 4. Mai 1919, begann eigentlich schon früher mit der Forderung, das in zahlreichen Floskeln und auch gedanklich erstarrte wenyan, das »klassische Chinesisch«, als Schriftsprache durch Umgangschinesisch zu ersetzen. Dann aber weitete sich die Bewegung aus zum Protest gegen die restaurativen Tendenzen in der jungen chinesischen Republik. Der institutionelle Wandel nach dem Sturz der Qing-Dynastie 1911 müsse durch eine »kulturelle Revolution« ergänzt werden, da sonst China der Herausforderung durch den Westen nicht gewachsen sei. Als geeignetste Mittel für soziale Reformen propagierte die intellektuelle Elite des damaligen China »Demokratie« und »Wissenschaft«, damals auch als die allegorischen Herren De (aus »DEmocracy«) und Sai (aus »SCIence«) berühmt. Eine wichtige Rolle als Katalysatoren dieser Bewegung haben die beiden Zeitschriften Xin chao (»Neue Flut«, im Untertitel Renaissance, erschienen 1919 bis 1922) und Xin qingnian (Neue Jugend, im Untertitel La jeunesse, erschienen 1915 bis 1925) gespielt, deren gesammelte Jahrgänge Zeugnis der bis heute fruchtbarsten chinesischen Auseinandersetzung mit dem Westen ablegen. Lu Xun hat regelmäßig Beiträge für Xin qingnian verfaßt, wo auch seine Erzählung »Tage-

buch eines Wahnsinnigen« zuerst erschien, wobei er erstmals des Pseudonym »Lu Xun« (»Lu« aus dem Familiennamen seiner Mutter Lu Rui; »Xun« mit der Bedeutung »auffliegen« — um Vergangenheit, Gegenwart und Zukunft zu überschauen — oder »eilen« — um gesellschaftliche Veränderungen voranzutreiben) benutzt, unter dem er später bekannt geworden ist. Das »Tagebuch« gilt als erster künstlerisch überzeugender Versuch, die Umgangssprache als Medium der Literatur einzusetzen. Daher wird mit der Erzählung in der chinesischen Literaturgeschichtsschreibung der Beginn der modernen chinesischen Literatur angesetzt.

»Neue Jugend« Inhalt von Band 4, Nummer 5

Erscheinungsdatum 15.5.   1918   7. Jahr der Republik

Chen Daqi: Gegen den »Spiritualismus«
Yosano Akiko (Japan), Übers. *Zhou Zuoren:* Über die Keuschheit
Hu Shi: Über Kurzgeschichten
Chen Duxiu: Zweifel an der These einer Geisterexistenz

Gedichte
  Tang Si: Träume
  Tang Si: Amor
  Tang Si: Pfirsichblüten
  Liu Bannong: Der Orakelpriester, der Träume verkauft
  Hu Shi: »Sonnenaufgang über dem Hudson«
  Yu Pingbo: Frühlingsfluten
  Liu Bannong: In der Nacht des 24. März dem Regen lauschen

Lu Xun: Tagebuch eines Wahnsinnigen
Zhou Zuoren: Eine Lektüre von »Traum eines jungen Mannes« des Herrn
  Mushanokôji
Tao Lügong: Kurzporträt zweier großer Literaten aus Frankreich und Belgien
Paramahansa (Indien), Übers. Liu Bannong: Ich wandle im Schnee
Ling Shuang: Die Religion des deutschen Philosophen Nietzsche
Ye Yuan: Sozialforschung. Ein Besuch im Hinterland
Li Dazhao: Neu! Alt   .
Cai Yuanpei: Lektüre von »Diskussion über die Reform des Hochschulwesens«
  von Herrn *Zhou Chunyue*

Titelblatt von Band 4, Nummer 5 der Zeitschrift »Neue Jugend«
Text S. 139

新青年 第四卷第五號目次

（一九一八年五月十五日發行）

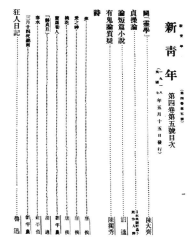

Inhaltsverzeichnis von Band 4, Nummer 5 der Zeitschrift »Neue Jugend«
Text S. 139

Glossen
Qian Xuantong: 8. Kritik an der Buchreihe zum Spiritualismus
Liu Bannong: 9. Kritik an der Buchreihe zum Spiritualismus

Wu Jingheng: Ein Brief an Herrn Qian Xuantong über die Lautumschrift

Leserbriefe
Tang Erhe: Die drei Körperhohlteile — der Unterleib
Sheng Zhaoxiong: Ein Programm, um die literarische Reform voranzu-
bringen

A — *Chen Daqi* (1886–1983, aus Haiyan/Zhejiang) Psychologe und Professor an der Universität Peking und an der Pädagogischen Hochschule. Der »Spiritualismus« war eine konservative psychologische Schule, die sich unter dem Gesichtspunkt individuellen Erlebens um eine Erneuerung traditioneller chinesischer Ideen bemühte. Als Pseudonym verwendete er in einem Artikel »Von Lenin$$$ ¶ *Yosano Akiko* (1878–1942), bedeutende jap. Schriftstellerin, deren Artikel sich gegen traditionelle Keuschheitsideale wandte und in der chinesischen Übersetzung am Beginn der Diskussionen der Bewegung des 4. Mai über die Rolle der Frau steht ¶ *Zhou Zuoren* (1885–1967), Bruder von Lu Xun, Essayist und Literaturwissenschaftler ¶ *Hu Shi* (1891–1962, aus Jixi/Anhui, geb. in Shanghai) Lyriker, Philosoph und Literaturwissenschaftler, mit seinem Artikel »Wenxue gailiang chuyi« [Meine bescheidenen Vorschläge zu einer Literaturreform], 1916 während seiner Studienzeit in den USA in Anlehnung an Ezra Pounds »A Few Don'ts« geschrieben, wichtiger Vorkämpfer der Bewegung des 4. Mai; Mitherausgeber von »Xin qingnian« ¶ *Chen Duxiu* (1880–1942), aus Huaining/Anhui, radikaler Vordenker der Bewegung des 4. Mai, Mitbegründer von »Xin qingnian« sowie der KP, später wegen Linksabweichung aus der Partei ausgeschlossen. ¶ *Tang Si* Pseudonym von Lu Xun, in dieser Zeit häufig benutzt, v.a. für umgangssprachliche Gedichte und Glossen; dt. Übers. der Gedichte in: »LXW« Bd. 6, S. 66–8 ¶ *Liu Bannong* (1891–1934, aus Jiangyang/Jiangsu) Lyriker, Sprachwissenschaftler, Übersetzer und Photograph, beteiligt an der Entwicklung eines Umschriftsystems für die chinesische Sprache, nach 1920 Studium in Frankreich, danach Prof. an der Universität Peking; Werk: »Sisheng shiyan lu« [Eine empirische Untersuchung zu den vier Tonhöhen {des Chinesischen}, 1924] ¶ *Mushanokôji Saneatsu* (1885–1976) jap. Schriftsteller, dessen hier vorgestelltes Theaterstück »Traum eines jungen Mannes« (1916) Lu Xun 1919 ins Chinesische übersetzte ¶ *Tao Lügong* eig. Tao Menghe (1887–1960, aus Tianjin) Übersetzer von Henrik Ibsens »Volksfeind« (in der folgenden Nummer von »Xin qingnian« erschienen), Professor für Soziologie an der Universität Peking, skizziert in seinem Beitrag das Werk des belgischen Nobelpreisträgers von 1911, Maurice Maeterlinck (1862–1949) und von Voltaire (1694–1778) ¶ *Paramahansa* sanskr., eig. »der höchste Gänserich«, Ehrentitel für einen Yogi; nach einer englischen Vorlage in der Zeitschrift »Vanity Fair« (New York, 1912) gefertigte Übersetzung eines Prosagedichts, das von der indischen Musikerin Ratan Devi auf einer erfolgreichen USA-Tournee vorgetragen

Peking

wurde ¶ *Ling Shuang* möglicherweise Xu Lingxiao (1889–1961, aus Yixing/Jiangsu). Bei dem Artikel handelt es sich um eine Paraphrase von »Nietzsche's Religion« (in: »The Outlook«, 23.1.1918), wo wiederum der Inhalt von »Nietzsche, the Thinker: A Study« (New York 1917) des amerikanischen Theologen William M. Salter referiert wird, der sich gegen die auch in China populäre Auffassung wendet, Nietzsche sei unmittelbar für den Weltkrieg verantwortlich. ¶ *Ye Yuan* (Lebensdaten unbekannt, aus Anxi/Fujian) Direktor der »Schule zur gesammelten Schönheit«, wohin LX 1926 zu Vorträgen eingeladen wurde. ¶ *Li Dazhao* (1889–1927, aus Leting/Hebei), erster chinesischer Marxist und Mitbegründer der KP, Mitherausgeber von »Xin qingnian« und als Bibliotheksdirektor an der Universität Peking 1918–19 Vorgesetzter von Mao Zedong, von der Militärregierung in Nordchina hingerichtet ¶ *Cai Yuanpei* (1868–1940, aus Shaoxing/Zhejiang) Pädagoge, Mitglied der Kaiserlichen Hanlin-Akademie, dann der antimonarchischen »Tongmenghui«, 1907–12 zum Studium in Deutschland, kurzzeitig Erziehungsminister und ab 1916 Rektor der Universität Peking, Protagonist und Förderer der Bewegung des 4. Mai ¶ *Zhou Chunyue* Pädagoge und Universitätspolitiker, der sich namentlich gegen die religiöse Restauration des Konfuzianismus wandte ¶ *Glossen* (»suiganlu«) war eine Rubrik ohne inhaltliche Vorgaben, deren Beiträge durchnumeriert wurden, zu der Lu Xun ab September ebenfalls beitrug und eine feuilletonistische Gattung begründete ¶ *Qian Xuantong* (1887–1939, aus Wuxing/Zhejiang) als Linguist Spezialist für Phonologie und Sprachreformer, Mitherausgeber von »Xin qingnian«, seit gemeinsamer Studienzeit in Japan eng mit Lu Xun befreundet, als »Xin Jinyi« Adressat der legendären Parabel von der »eisernen Kammer« (in: «LXW« Bd. 1, »Vorrede« S. 7–15) ¶ *Wu Jingheng* d.i. Wu Zhihui (1865–1953, aus Wujin/Jiangsu) Studium in Japan und Frankreich, Mitglied der antimonarchischen »Tongmenghui« und Mitbegründer der Guomindang, Anhänger anarchistischer Ideen, ab 1912 im Erziehungsministerium zuständig für Sprachreformen und damit für Begutachtung und Entwicklung von Transkriptionssystemen und Instrumenten für Verbreitung einer einheitlichen Hochsprache, hier Diskussion der 39 Zeichen des von Qian Xuantong vorgeschlagenen Systems »Zhuyin zimu«, das er verwirft, weil es nicht die lateinische Schrift verwendet; ab 1927 Anhänger des GMD-Flügels um Jiang Jieshi (»Chiang Kai-shek«), mit dem er 1949 nach Taiwan floh ¶ *Tang Erhe* (1878–1940, aus Yuhang/Zhejiang) Mediziner und Studienkollege von Lu Xun in Japan, ab 1912 Direktor der Medizinischen Fachschule in Peking, nach 1922 kurzfristig Erziehungsminister und damit Vorgesetzter von Lu Xun ¶ *Sheng Zhaoxiong* ist möglicherweise der Pädagoge Cheng Zhaocai (1874–1929, aus Luanxian/Hebei)

Q— *Xin qingnian* 新青年 [Neue Jugend], Bd. 4, Nr. 5 (Shanghai: Qunyi shushe, 15.5.1918)

L — Hu Shih [Hu Shi]: *The Chinese Renaissance*, Chicago/IL: University of Chicago Press 1933 ¶ Hua Gang 華崗 *Wusi yundong shi* 五四運動史 [Geschichte der Bewegung des 4. Mai], Shanghai: Wenyi chubanshe 1951 ¶*Wusi shiqi qikan jieshao* 五四時期期刊介紹 [Eine Einführung zu Zeitschriften der Bewegung des 4. Mai], 3 Bde., Beijing: Renmin chubanshe 1958–59; Nachdr. Tôkyô 1966–67; Neuausgabe Beijing: Sanlian shudian 1979 ¶ Liu Chun-jo [Liu Chunruo 劉春若]: *Controversies in*

Modern Chinese Intellectual History <Jindai lunzheng zhaji 近代論爭札記>, Cambridge/MA: Harvard University Press 1964, ²1973 ¶ Grieder, Jerome B.: *Hu Shih and the Chinese Renaissance*, Cambridge/MA: Harvard University Press 1970 ¶ Schwartz, Benjamin I. (Hg.): *Reflections on the May Fourth Movement*, Cambridge/MA: Harvard University Press 1972 ¶ Lee Feigon: *Chen Duxiu. Founder of the Chinese Communist Party*, Princeton/NJ: Princeton University Press 1983 ¶ Meisner, Maurice: *Li Ta-chao* [Li Dazhao] *and the Origins of Chinese Marxism*, Cambridge/MA: Harvard University Press 1967 ¶ Schwarcz, Vera: *The Chinese Enlightment. Intellectuals and the Legacy of the May Fourth Movement of 1919*, Berkeley: University of California Press 1986

1918 · 2   Dokument C043

Yue Daiyun: Die Lu-Xun-Forschung, ein Phänomen der Weltkultur

Yue Daiyun (1931–, aus Guiyang/Guizhou) gilt als bedeutendste Komparatistin in China. Sie ist auch im Westen bekannt geworden durch ihre von Carolyn Wakeman aufgezeichnete Lebensgeschichte To the Storm *(1985; dt. 1986), die als biographisches Paradigma für eine politisch auf der Seite der KP engagierte Intellektuelle ihrer Generation gelten kann. In den 50er Jahren im Rahmen der »Kampagne gegen rechts« von der akademischen Lehre und Forschung ausgeschlossen, wurde sie erst 1979 rehabilitiert und veröffentlichte in der Folge neben zahlreichen Aufsätzen zur chinesischen und westlichen Literatur unter anderem* Bijiao wenxue yu Zhongguo xiandai wenxue *(Komparatistik und moderne chinesische Literatur, 1987) und* Bijiao wenxue yuanli *(Grundlagen der Komparatistik, 1988). Sie ist Herausgeberin des »Chinesischen Jahrbuchs zur Komparatistik« (*Zhongguo bijiao wenxue nianjian*), Vorsteherin des Instituts für Komparatistik an der Universität Peking, und lehrte als Gastprofessorin an der University of California in Berkeley und an der Oregon State University. Ihr folgender Beitrag war ursprünglich als Einleitung zu einem Sammelband* Bashi niandai Yingyu shijie de Lu Xun yanjiu xin chaoliu *(Neue Tendenzen der Lu-Xun-Forschung in der englischsprachigen Welt in den 80er Jahren) konzipiert, der jedoch erst 1996 unter verändertem Titel und mit der Jahresangabe »1993« erschien.*

[...] In der westlichen entwickelten Welt (beziehungsweise der englischsprachigen Welt) gilt in der Forschung Lu Xun stellvertretend für die moderne chinesische Literatur als jener Autor, der das Selbstbewußtsein dieser Literatur erneuert hat. [...]

Jameson stellt die These auf, dass die Literatur aus der Dritten Welt »immer in der Form einer volkstümlichen Allegorie ein bestimmtes politisches Ziel verfolgt: Geschichten über individuelle Schicksale enthalten Allegorien aus der Massenkultur der Dritten Welt und den Angriffen, die von der Gesellschaft gegen sie geführt werden. Das hervorragendste Beispiel für eine solche Allegorisierung ist das "Tagebuch eines Wahnsinnigen", das erste Meisterwerk des grössten chinesischen Schriftstellers Lu Xun.« Der allegorische Geist ist von äusserster Kontinuität und reich an Verzweigungen und Differenzierungen. Eine Allegorie kann genauso wie ein Traum vielfach gedeutet werden und ist nicht eindeutiger Ausdruck wie ein Zeichen. In der Allegorie liegt dieses Analogieprinzip selber in der ewigen Wirkung und im unaufhörlichen Wandel des Textes und lässt die einfache Auffassung vom »Vorgang des Verweisens« wirr werden. So wird beispielsweise im »Tagebuch eines Wahnsinnigen« eine erschreckend düstere und alptraumhafte, aber objektiv reale Welt aufgebaut, die gleichsam unter der Welt liegt, wie sie uns erscheint. Der »Wahnsinnige« entdeckt im Verhalten und Handeln seiner Familienangehörigen und Nachbarn den Kannibalismus. Dieser Kannibalismus tritt in allen Schichten der Klassengesellschaft auf, und zwar von den untätigen Landstreichern und Bauern bis hin zur Schicht der höchsten Beamten und Adeligen. Diese »Menschenfresserei« steht unter Einfluß und Schutz der ältesten Formen und Regeln der chinesischen Kulturtradition. In der Verzweiflung können die Menschen nur weiterexistieren, wenn sie einander kaltherzig gegenseitig verschlingen. Aus diesem extremen Grauen, das sich eine Zeit lang deutlich zeigte und als Terror auch ausgeübt wurde, ergab sich eine weite politische Resonanz bei Lesern, die selber solche Erfahrungen durchgemacht hatten. Jameson ist der Meinung, die Erschütterung, die vom »tieferen Sinn« dieses Terrors ausging, habe die verhältnismäßig beschränkte Beschreibung von dekadenten und gefühllosen Kapitalisten und des Konkurrenzkampfes im westlichen Realismus oder Naturalismus bei weitem übertroffen. Indem Lu Xun die Parabel von der »Menschenfresserei« benutzt, läßt er auf dramatische Weise die Bedeutung eines sozialen Alptraums erscheinen, »während ein westlicher Schriftsteller bloß das Phänomen individuellen Eigensinns, individueller Verletzungen überhaupt beschreiben kann«. Jameson findet, eine solche Form der Parabel, die breite Resonanz findet und schwere Erschütterungen auslöst, überwinde »den Symbolismus der traditionellen Moderne, ja sogar den Realismus«. Bei der Parabel der »Menschenfresserei« verhalte es sich so, und bei der Parabel des »Vergessens«, die ein weiteres Ergebnis des »Wahnsinns« ist, verhalte es sich wiederum ebenso. Der »Wahnsinnige« ist zuletzt »seit langem wieder genesen und hat sich nach X zur Übernahme eines Amtes begeben«, indem er nämlich ständig von neuem in den Bereich seines Wahns und seines Vergessens zurückkehrt, um in einer Privilegiengesellschaft seinen eigenen Platz wieder herzustellen. Auch A Q kann sein jämmerliches Leben nur durch Vergessen erhalten. [...] Das Verhältnis zwischen Ich und Mitmensch, zwischen Individuum und Gesellschaft gehört ebenfalls zu den Fragen, über die alle Intellektuellen auf der Welt nachdenken. [...] Für Lu Xun ist die Scheidung [von Individuum und Gesellschaft] ebenfalls von existentieller Bedeutung. Doch anders als westliche Intellektuelle betrachtet er sie nicht als absoluten und umfassenden Widerspruch. In einem *Brief an Xu Guangping vom 30.5.1925* gesteht er offen ein, daß sich in seinem eigenen Denken »zahlreiche Widersprüche finden«, nämlich das »schwankende Verhältnis zwischen Humanismus und Individualismus«. Deshalb sei es so, daß er »die Menschen bald liebe, bald hasse; mal eigennützig handle, mal selbstlos«. Genau aufgrund dieses Widerspruchs entdecken wir bei der Lektüre der Werke von Lu Xun sehr häufig zwei unterschiedliche Blickwinkel, besonders in den »*Wilden Gräsern*«: einerseits der Blick von außen ins Innere des Dichters, wo wir in die Abgründe von Schmerz, Zweifel und Hoffnungslosigkeit sehen; andererseits vom Inneren des Dichters nach außen, wo wir die grenzenlose Empörung der Massen sehen, das Verantwortungsgefühl und das Mitleid. Genau dieser Eigenschaften bedient sich Lu Xun, um aus der ausweglosen inneren Lage herauszufinden. Doch ist dieses verzweifelte Individuum, das weit entfernt ist von den Massen, nichts anderes als der einsame Gott, der verlassen worden ist. In »Rache II« ruft der gekreuzigte Jesus aus, nachdem »*eine Finsternis* [ward] über das ganze Land«: »[″]Mein Gott, mein Gott, warum hast du mich verlassen? ″] Da Gott ihn verließ, war er schließlich ein ″Menschensohn″.« *Li Oufan* weist darauf hin, daß diese letzte Verzweiflung Gottes schon beim Existentialisten Kierkegaard die Angst und das Grauen ausgelöst hat, doch bei Lu Xun »führt sie zu einer Bejahung des eigenen individuellen Standortes, in einer Form, die sich gegen den Spott richtet. Der Gegensatz zwischen dem Einsamen und der Masse ist ein durchgängiges Muster im Werk von Lu Xun. Der Einsame ist dazu bestimmt, sein Leben der Masse zu widmen, und gleichzeitig ist er dazu verurteilt, mit der Masse einen unaufhörlichen Kampf um den Fortschritt zu führen, um schließlich in einer »Schlacht ohne Material« vollständig aufgerieben zu werden. Ob nun dieser Kampf je zur Ruhe kommt oder nicht, der Einsame eilt hinter der Masse her, die ihm schadet, und stirbt. Ein solches Verhältnis zwischen Individuum und Gesellschaft ist anders beschaffen als die absolute Kluft im Westen und entspricht ebensowenig der schlichten Einheit, die sich Jameson offenbar vorstellt. Was sich unter dem Pinsel von Lu Xun zwischen dem Einsamen und der Masse abspielt, ist überaus verworren und unübersichtlich, ein widerspruchsvolles Verhältnis. Er hat damit jedenfalls die

Peking

Überlegungen zur Frage nach dem Verhältnis zwischen Individuum und Gesellschaft, die sich die Intellektuellen in der ganzen Welt stellen, gewaltig bereichert.

A— *Jameson*, Fredric (1934–) William-A.-Lane-Jr.-Professor für Vergleichende Literaturwissenschaft an der Duke University, aus dessen Aufsatz in »Social Text« Nr. 15 (Herbst 1986) hier zitiert wird ¶ *»seit langem...«* zit. nach »LXW«, Bd. 1, S. 16 ¶ *Brief an Xu Guangping vom 30.5.1925* an seine Lebensgefährtin, Nr. 24 in »Liangdi shu« [Briefe aus zwei Welten, 1933], in: »LXQJ«, Bd. 11, S. 78–80 ¶ *»Wilde Gräser«* (»Yecao«, 1927) Sammlung von Prosagedichten ¶ *»eine Finsternis...«* zit. nach »LXW«, Bd. 6, S. 96 ¶ *Li Oufan* (1939–, aus Taikang/Hebei), in verwestlichter Umschrift »Leo Ou-fan Lee«, Literaturwissenschaftler, nach Studien in Taiwan seit 1961 in USA, jetzt Professor an der Harvard University in Cambridge/Mass., u.a. Verfasser von »Voices from the Iron House« über Lu Xun (1987; chin. »Tiewu zhong de nahan«, Übers. Yi Huimin, Xianggang: Sanlian shudian 3.1991), wo sich in Kap. 5 der erwähnte Hinweis findet

Q — Yue Daiyun 樂黛雲 »Lu Xun yanjiu. Yi zhong shijie wenhua xianxiang« 魯迅研究：一種世界文化現象 in: *Dushu* 讀書 Nr. 138 (9/1990), S. 40–4; in: *Dangdai Yingyu shijie Lu Xun yanjiu* 當代英語世界魯迅研究 [»Luxun Research of Contemporary English World«], Nanchang: Jiangxi renmin chubanshe 12.1993, S. 1–7

L — Yue Daiyun: *To the Storm*, Los Angeles: University of California Press 1985; dt. *Als hundert Blumen blühen sollten*, Übers. Helga Künzel, Bern: Scherz 1986 ¶ dies.: *Bijiao wenxue yuanli* 比較文學原理 [Grundsätze der Komparatistik], Changsha: Hu'nan wenyi chubanshe 1988 ¶ dies. (Hg.): *Zhong-xi bijiao wenxue jiaocheng* 中西比較文學教程 [Lehrgang der chinesisch-westlichen vergleichenden Literaturwissenschaft], Beijing: Gaodeng jiaoyu chubanshe 1988 ¶ Su Hui 蘇慧 »Chaoyuezhe de beiju: "Hamuleite" yu "Kuangren riji"« 超越者的悲劇：《哈姆雷特》與《狂人日記》 [Die Tragödie der Überwinder: »Hamlet« und das »Tagebuch eines Wahnsinnigen«], in: *Waiguo wenxue yanjiu* 外國文學研究 1/1992, S. 60–5 ¶ Jameson, Fredric: »Third-World Literature in the Era of Multinational Capitalism«, in: *Social Text* Nr. 15 (Herbst 1986); chin. Fuleidelike Zhanmusun 弗雷德里克·詹姆遜 [Fredric Jameson]: »Lu Xun: yi ge Zhongguo wenhua de minzu yuyan« 魯迅：一個中國文化的民族寓言 [Lu Xun: volkstümliche Allegorien der chinesischen Kultur], Übers. Sun Shengtao 孫盛濤 & Xu Liang 徐良 in: *Lu Xun yanjiu yuekan* 魯迅研究月刊 Nr. 132 (4/1993), S. 43–8 ¶ Gao Yuandong 高遠東 »Jingdian de yiyi — Lu Xun ji qi xiaoshuo jianji Fu Zhanmusun dui Lu Xun de lijie« 經典的意義——魯迅及其小說兼及弗·詹姆遜對魯迅的理解 [Die Bedeutung des Kanons — Lu Xun und seine Erzählungen. Zur Rezeption von Lu Xun durch Fredric Jameson] , in: *Lu Xun yanjiu yuekan* Nr. 144 (4/1994), S. 19–28

1918 · 6 · 11	Zhonghua minguo 7	Schreibt »"Lü Chao mu zhi ming" ba« [Nachbemerkung zur »Grabinschrift für Lü Chao« {Ende 5. Jh.}].
1918 · 7 · 20		Schreibt die Glosse »Wo zhi jielie guan« [Meine Meinung über Opfer der Keuschheit; dt. in: *LXW* Bd. 5, S. 169–86].
1918 · 7 · 29		Schreibt auf der Grundlage einer Steinabreibung, die ihm sein Bruder Zhou Zuoren aus Shaoxing zugeschickt hatte, »Lü Chao mu chutu Wu jun Zheng Man jing kao« [Textkritische Untersuchung zur Inschrift auf dem Bronzespiegel des Zheng Man aus der Präfektur Wu {in der Provinz Zhejiang} im Grab von Lü Chao].
1918 · September		Schreibt für die Rubrik »Suigan lu« [Impromptus] in *Xin qingnian*, beginnend mit »Impromptu Nr. 25«, das in Nr. 3 von Bd. 5 erscheint.
1918 · Winter		Schreibt die Erzählung »Kong Yiji« (dt. in: *LXW* Bd. 1, S. 33–41).
1919 · 4 · 25	Zhonghua minguo 8	Erz. »Yao« [Das Heilmittel; dt. in: *LXW* Bd. 1, S. 42–54].
1919 · 6 – 7		Erz. »Mingtian« [Der morgige Tag; dt. in: *LXW* Bd. 1, S. 55–64].
1919 · 8 · 12		Schreibt vier kurze kritische Stücke für die Rubrik »Cuntie« [Ein Zoll Eisen] der Pekinger Tageszeitung *Guomin gongbao*.
1919 · 8 · 19 – 9 · 9		Schreibt sieben Stücke lyrischer Prosa »Zi yan zi yu« [In eigener Sache gesprochen].
1919 · 10		Schreibt den Essay »Women xianzai zenyan zuo fuqin« [dt. als »Neue Väter braucht das Land«, in: *LXW* Bd. 5, S. 187–205].
1919 · 11 · 21		Zieht vom Gästehaus von Shaoxing um in die Straße Baodaowan Nr. 11, Gongyongku, Xizhimennei (»innerhalb des Westtores«).
1919 · 12 · 1		Erz. »Yi jian xiao shi« [Eine Bagatelle (dt. in: *LXW* Bd. 1, S. 65–68)] erschienen.
1919 · 12 · 1 – 29		Kehrt nach Shaoxing zurück, um den gesamten Haushalt nach Peking zu bringen, namentlich seine Ehefrau Zhu An und seine Mutter Lu Rui.

1919 · 12   Dokument B076

Verwandte von Zhu An, der Ehefrau von Lu Xun
(Photographie, Shaoxing um 1917)
Abbildung S. 153

*Die vermutlich um 1915, also noch vor dem Umzug des gesamten Haushalts von
Lu Xun nach Peking entstandene Aufnahme zeigt v.r.n.l. die Ehefrau von Lu Xun,
Zhu An, ihre Mutter namens Sun (um 1850–um 1925), ihren Neffen Zhu Jicheng
(um 1905–?) und dessen Eltern, Zhu Keming (?–1931), den älteren Bruder von
Zhu An und dessen aus der Provinz He'nan stammende Gattin (»die Frau aus
He'nan«, wie sie Lu Xun in seinen Tagebüchern nennt). Die Aufnahme entstand
im Innenhof des Hauses ihrer Mutter in Shaoxing, dem »Bambusgarten« an der
Straße Dingjialong (»Gasse der Familie Ding«) im Südwesten der Stadt, nahe der
»Brücke in Phönixgestalt«.*

Q — Bildarchiv Beijing Lu Xun bowuguan 北京魯迅博物館

L — Duan Guochao 段國超 »Zhu An lüeshuo« 朱安掠説 [Kurz über Zhu An erzählt], in: *Shaoxing
Lu Xun yanjiu zhuankan* 紹興魯迅研究專刊 Nr. 11 (12.1990), S. 54–62, & Nr. 12 (9.1991), S. 72–76 ¶
Lu Xun zai Shao zongji duoshi 魯迅在紹蹤拾 [Beiträge zu den Spuren von Lu Xun in Shaoxing], Hg.
Shaoxing Lu Xun jinianguan, Hangzhou: Hangzhou daxue chubanshe 3.1991

1920 · 8 · 5	Zhonghua minguo 9 · 8 · 5	Erz. »Fengbo« [Viel Lärm um nichts; dt. in: *LXW* Bd. 1, S. 76–88].
1920 · 8 · 10		Übersetzt von Nietzsche »Zarathustra's Vorrede«, erscheint im September in *Xin chao* Bd. 2, Nr. 5.
1920 · 8		Übernimmt Lehraufträge an der Universität Peking und Höheren Lehrerbildungsanstalt von Peking. Während Lehrtätigkeit an der Universität Peking ist er Mitglied im Ausschuß der Abteilung für Landeskunde am Forschungsinstitut.

Verwandte von Zhu An, der Ehefrau von Lu Xun
(Photographie, Shaoxing um 1917)
Text S. 152

[153]

Dokument C005

**Chang Hui: Erinnerungen an die Vorlesungen von Herrn Lu Xun an der
Universität Peking über die Geschichte der chinesischen Erzählliteratur**

*Als Student der französischen Sprache und Literatur gehörte Chang Hui (1894–1985,
aus Peking) zu den Hörern der Gastvorlesungen, die Lu Xun im August 1920 an
der Universität Peking über die erzählende Literatur* (xiaoshuo) *aufnahm. Seine
Erinnerungen hat er 60 Jahre später niedergeschrieben. Als Redakteur der Zeitschrift
»Volkslied«* (Geyao) *bat er Lu Xun 1923, die Titelseite zu gestalten, und übersetzte
um diese Zeit* Detstvo *(»Kindheit«) von Lev Tolstoj ins Chinesische.*

Lu Xun hatte schon sein »Tagebuch eines Wahnsinnigen« veröffentlicht, als
er an die Universität Peking kam, um Vorlesungen zu halten. Weil diese
Erzählung sehr großes Echo fand, gab es viele, die unbedingt wollten, daß
Lu Xun an unserer Universität lehrte. Es war im Jahr nach der »Bewegung
des 4. Mai«, daß Lu Xun an der Universität Peking Vorlesungen hielt — im
Jahre 1920. Damals verbreitete die Universität eine Ankündigung, in der
stand, Zhou Shuren käme, um über die »Geschichte der chinesischen
Erzählliteratur« zu lesen. Alle, die wußten, daß es sich bei »Zhou Shuren«
um Lu Xun handelt, freuten sich sehr, während die anderen, die nicht wußten,
daß »Zhou Shuren« Lu Xun ist, fragten: »Warum wurde nicht Lu Xun zu
Vorlesungen eingeladen?« Damals wußten nämlich nur wenige, daß sich
hinter »Zhou Shuren« Lu Xun verbirgt. Im Lehrplan der Universität Peking
gab es obligatorische und fakultative Lehrveranstaltungen. Die »Geschichte
der chinesischen Erzählliteratur« gehörte zu den Wahlkursen. Als die
Vorlesung begann, war noch nicht bekannt, daß sie von Lu Xun gehalten
würde. Deshalb gab es nur wenige Studenten, die sie besuchten.
  Als ich zum ersten Mal Lu Xun traf, war es *Liu Bannong*, der mich ihm
vorstellte. Nachdem ich das »Tagebuch eines Wahnsinnigen« gelesen hatte,
fragte ich Liu Bannong: »Wer ist dieser Autor Lu Xun?« Liu Bannong
erwiderte: »Einer der Brüder mit Familiennamen Zhou«, und fügte hinzu:
»Wenn du Zeit hast, können wir ihn zusammen besuchen.«
  Eines Abends beschloß ich zusammen mit Liu Bannong, Lu Xun im
»*Shaoxing huiguan*« aufzusuchen. An jenem Abend war es sehr dunkel und
die Straße beschwerlich. Ich weiß nicht wie, aber jedenfalls kamen wir
vorsichtig Schritt vor Schritt setzend zum »Shaoxing huiguan«. Kaum
eingetreten, stellte mich Liu Bannong Lu Xun mit folgenden Worten vor:
»Das ist Herr Chang von der Peking-Uni. Er ist gekommen, um den "Wahn-

sinnigen" zu besuchen.« Lu Xun antwortete: »Ach! *Der mit dem verlorenen Menschen.* Kommt er hier seinen Menschen suchen?« Liu Bannong schüttelte erschrocken den Kopf und errötete leicht, bis er begriff, daß Lu Xun von ihm sprach. Denn während seiner Zeit in Shanghai hatte er sich »Liu Ban*nong*« geschrieben, dann in Peking den Radikal für »Mensch« im Zeichen »nong« fallen lassen und das Zeichen in »nong« umgeändert. Wenn Lu Xun von »dem mit dem verlorenen Menschen« sprach, bezog es sich also darauf. Lu Xun hatte eine sehr witzige Art zu reden.

Lu Xun war zur Universität Peking gekommen, weil damals einige Mitglieder der Abteilung für chinesische Sprache und Literatur vorgeschlagen hatten, *Zhou Zuoren* über die »Geschichte der chinesischen Erzählliteratur« lesen zu lassen. Damit war *Qian Xuantong* nicht einverstanden und meinte: »Trotzdem finde ich, wir sollten Yucai zu Vorlesungen einladen [Yucai war der Geburtsname von Shuren], denn Zhou Yucai hat sehr viel Material.« Auch Zhou Zuoren meinte: »Ich finde auch, er sollte die Vorlesungen halten. Mit der chinesischen Erzählliteratur kenne ich mich nicht so gut aus.« Ganz am Anfang waren es nur etwa zehn Studenten, die den Kurs wählten. Weil ich wußte, daß es Lu Xun ist, der die Vorlesungen halten würde, schrieb ich mich sehr früh ein. Mit der Zeit erfuhren immer mehr, daß es Lu Xun war, der die Vorlesung hielt, so daß auch immer mehr Studenten den Kurs wählten, ja sogar Auswärtige als Hörer herbeikamen. Jedesmal, wenn Lu Xun seine Vorlesung hielt, herrschte im Hörsaal ein dichtes Gedränge.

An der Universität Peking fing das akademische Jahr im Herbst an. Lu Xun las wöchentlich zwei Stunden über die »Geschichte der chinesischen Erzählliteratur« als Jahreskurs. In der zweiten Jahreshälfte 1920 begann er mit dem ersten Semester und schloß den Kurs in der ersten Jahreshälte 1921 mit dem zweiten Semester ab. Er benutzte als Skripte hektographierte Blätter, die von der Professoren-Vereinigung der Abteilung für chinesische Sprache und Literatur gedruckt wurden und 17 Kapitel umfaßten.

Das Vorlesungsmanuskript war auf *Bambuspapier* mit Pinsel eng und in kleinen Zeichen geschrieben und wimmelte von Korrekturen und Ergänzungen. Der hektographierte Druck war nicht besonders deutlich, auch fanden sich darin Fehler, so daß die Studenten damit unzufrieden waren und den Vorschlag machten, es von der Druckerei in Blei setzen zu lassen. Schließlich war der Bleisatz auch nicht gut und Lu Xun war damit sehr unzufrieden. Er sagte: »Ich werde weiterhin die Hektographien benutzen!« Das geschah zu Anfang des zweiten Jahres.

Im darauf folgenden Jahr belegte ich wieder die Vorlesung von Lu Xun und half erneut bei redaktionellen Arbeiten mit. Ich erklärte: »Was die Sache mit den in Blei gesetzten Skripten angeht, so überlassen Sie es mir. Ich werde mit der Druckerei verhandeln.« Danach war ich mit dem Korrekturlesen der Skripte betraut. Bei der ursprünglichen Hektographie standen auf jeder Seite als Kopfzeile die drei Zeichen für »Zhou Shuren«, während im Bleisatz nirgends der Name des Verfassers gedruckt erschien, denn ich hatte mich noch nicht entschließen können, ob ich »Lu Xun« verwenden sollte oder eher »Zhou Shuren«.

Mit Korrekturlesen hatte ich noch keine Erfahrung. Als das Skript nach der Korrektur gedruckt wurde, waren allenthalben noch falsche Zeichen zu finden. Mir war es gar nicht recht und ich sprach mit Herrn Lu Xun darüber. Er meinte: »In anderen Skripten sind auch Fehler.« Dadurch merkte ich, daß er ein äußerst nachsichtiger Mensch war.

Bei seinen Vorlesungen las Herr Lu Xun jeweils zuerst laut aus dem Skript vor und erklärte den Studenten die Korrektur, wenn Zeichen falsch geschrieben waren. Als er auf den »Wiedehopf«, die Mutter des Westlichen Königs im *Buch der Berge und Meere*, zu sprechen kam, wußten meine Kommilitonen nicht, was ein »Wiedehopf« ist. Darauf zeichnete Lu Xun an der Wandtafel eine Frau, deren Haare auf beiden Seiten herabhängen, so daß die Studenten in lautes Gelächter ausbrachten. Weil die Frisur, die Herr Lu Xun gezeichnet hatte, sehr ähnlich aussah wie die Haare einer Kommilitonin, die danebensaß, meinten die Kommilitonen, er hätte sie gezeichnet. Als er die Zeichnung beendet hatte, stieg er vom Katheder herunter und mußte selber lächeln, als er einen Blick auf die Wandtafel warf. [...]

Herr Lu Xun war immer äußerst herzlich, wenn Studenten Fragen stellten, und antwortete sogleich sehr klar und genau. Einmal richtete ein Kommilitone namens *Wei Jingzhou* an ihn die Frage: »Was ist der Unterschied zwischen den *"xiaoshuo"* aus der Zeit der Sechs Dynastien und den *"chuanqi"* der Tang-Dynastie?« Er erklärte es ihm sofort und schrieb ihm hinterher noch einen *vierseitigen Brief*, um die Antwort weiter zu präzisieren, wobei er mich bat, den Brief Wei Jingzhou zu übergeben. Kommilitone Wei freute sich sehr und war tief gerührt.

Wenn Herr Lu Xun Vorlesung hatte, kam er schon sehr früh zur Universität. Wenn seine Vorlesungen nachmittags stattfanden, wartete er meistens schon von kurz nach 12 Uhr an im Dozentenzimmer. Ich pflegte ihm während dieser Zeit die frisch gedruckten Skripte und deren Vorlage zu übergeben, während er mir die neuen Manuskripte zum Druck gab. Die Vorlesungen von Herrn Lu Xun dauerten zwei Stunden, in denen er am Stück und ohne zwischendurch eine Pause zu machen redete. Zu den Vorlesungen trug er meistens einen traditionellen langen Überrock, der sehr schmal geschnitten war. Heutzutage wird Herr Lu Xun häufig gemalt, wobei er auf den Bildern mit dicken Ärmeln erscheint, was aber eher der Art entspricht, wie er sich während seiner Zeit in Shanghai kleidete. Während seiner Peking-Zeit waren die Ärmel von Lu Xun ziemlich dünn und auch der Überrock nicht besonders lang. In der Tasche trug er eine glitzernde alte Uhr, und wenn die Glocke zum Ende der Lektion klingelte, zog er immer die Uhr hervor, um nachzusehen, ob es auch stimmte.

Herr Lu Xun verhielt sich seinen Studenten gegenüber fast wie zu Freunden und war sehr liebenswürdig. Wenn er mit Studenten sprach, tat er es sehr gewissenhaft und ohne die geringste Überheblichkeit. Manchmal gingen wir ihn zuhause besuchen, und er brachte jedesmal Süßigkeiten oder kandierte Früchte für alle. Wenn in irgendeiner Angelegenheit jemand ihn um Hilfe bat, war er ebenfalls sehr herzlich. Einmal habe ich ihm einen Studenten vorgestellt, der als Gasthörer an die Universität Peking kommen wollte. Herr Lu Xun stellte keine weiteren Fragen, erkundigte sich bloß nach seinem Namen und schrieb ihm dann einen Empfehlungsbrief. Außerdem half Lu Xun Studenten, die in wirtschaftlicher Not steckten, durch finanzielle Beiträge an ihren Lebensunterhalt.

Oben habe ich einige Begebenheiten aus der Lehrtätigkeit von Herrn Lu Xun zur Geschichte der chinesischen Erzählliteratur geschildert. Seither sind über 50 Jahre vergangen. Wenn ich mir seine Stimme und sein Aussehen vergegenwärtige, wenn er seine Vorlesungen hielt, dann scheint mir, er stünde mir leibhaftig vor Augen. Die herzliche Freundschaft zwischen Lehrer und Schüler werde ich niemals vergessen.

A — *Liu Bannong* (1891-1934), aus Jiangyin/Jiangsu, Schriftsteller und Linguist, seit seiner Redakteurstätigkeit für »Xin qingnian« [Neue Jugend] mit Lu Xun bekannt, 1920–25 zum Studium in Frankreich, danach Professor an der Universität Peking und Direktor des Instituts für Geisteswissenschaften an der Frauenschule der Universität Peking ¶ *Shaoxing huiguan*« Gästehaus der landsmannschaftlichen Vereinigung von Shaoxing ¶ *nong* als zusammengesetztes Zeichen aus dem Sinnträger »Mensch« und dem Lautträger »Bauer, Landwirtschaft« (Aussprache »nóng«) Personalpronomen mit der umgangssprachlichen Bedeutung »du«, literatursprachlich »ich«; später ohne Sinnträger/Radikal »Mensch« nur noch Bedeutung »Bauer«, aber mit der gleichen Aussprache »nóng«, daher *der mit dem verlorenen Menschen* ¶ *Zhou Zuoren* (1885–1967) ist ein Bruder von Lu Xun und lehrte bereits seit 1917 an der Peking-Universität Literatur und Geschichte ¶ *Qian Xuantong* (1887–1939, aus Wuxing/Zhejiang) war in Japan Studienkollege von Lu Xun und lehrte als Literaturwissenschaftler und Linguist seit 1912 an der Peking-Universität ¶ *Bambuspapier* kostbare Papiersorte aus der Provinz Jiangsu ¶ »*Buch der Berge und Meere*« (»Shanhaijing«) anon. mythologisch-geographisch-landeskundliches Werk aus der Zeit der Streitenden Reiche (481–221 v.u.Z.) mit Ergänzungen aus den Qin- und Han-Dynastien (221 v.u.Z.–220 u.Z.), darin Aufzeichnungen über Volksbräuche, Legenden, Tier- und Pflanzenwelt und weltweit früheste Beschreibung von Bodenschätzen ¶ *Wei Jingzhou* keine weiteren Angaben verfügbar ¶ *xiaoshuo* (»kleines Gerede«) seit dem 1. Jh. Gattungsbezeichnung für meist umgangssprachliche erzählende Prosa, die Beamte professionellen Geschichtenerzählern folgend niederschrieben, heute allgemein für Erzählliteratur ¶ *chuanqi* (»überlieferte merkwürdige Begebenheiten«) für Tang- und Song-Zeit typische weiterentwickelte artifizielle »xiaoshuo«-Form in Schriftsprache, die meistens von übernatürlichen Ereignissen mit Gespenstern und Geistern berichtet ¶ *vierseitiger Brief* Zur gleichen Frage schrieb Lu Xun am 3.5.1935 für die Redaktion der Zeitschrift »Wenxue« [Literatur] einen Brief für den Band »Wenxue baiti« [Hundert Themen der Literatur], Hg. Fu Donghua & Zheng Zhenduo (Shanghai: Shenghuo shudian, 7.1935)

Q — Chang Hui 常惠 »Lu Xun xiansheng zai Beida jiangshou Zhongguo xiaoshuo shi de huiyi« 魯迅先生在北大講授中國小說史的回憶 in: *Lu Xun yanjiu luncong* 魯迅研究論叢 Changchun: Jilin renmin chubanshe 5.1980 (= Shehuikexue zhanxian congshu), S. 89–91

L — Lu Xun: »Yi Liu Bannong jun« 憶劉半農君 [Erinnerungen an den ehrenwerten Liu Bannong], in: *LXQJ* Bd. 6, S. 71–5 ¶ ders.: *Zhongguo xiaoshuo shilüe* 中國小說史略 [1923/24, 1930]; dt. *Kurze Geschichte der chinesischen Romandichtung*, Beijing: Verlag für fremdsprachige Literatur 1981; frz. *Brève histoire du roman chinois*, Übers. Charles Bisotto, Paris: Gallimard 1993 (= Connaissance de l'Orient) ¶ Tolstoj, Lev N.: *Detstvo* [1913]; dt. *Meine Kindheit*, Übers. A. Scholz, Berlin 1917; chin. *Ertong de zhihui* 兒童的智慧 [Weisheit eines Kindes], Übers. Chang Hui, Shanghai: Beixin shuju 1926

1920 · 10 · 10		Erz. »Toufa de gushi« [Geschichten vom Haar; dt. in: *LXW* Bd. 1, S. 69–75] erschienen.
1921 · 1	Zhonghua minguo 10 · 1	Widersetzt sich der brieflichen Aufforderung von Hu Shi an Chen Duxiu, Li Dazhao u.a., die Zeitschrift *Xin chao* solle nicht über Politik schreiben.
1921 · 1		Erz. »Guxiang« [Heimat; dt. in: *LXW* Bd. 1, S. 89–103].
1921 · 2 – 3		Schreibt »Emendationen zu *Xi Kang ji*« [Werke von Xi Kang].
1921 · 12 · 4 – 1922 · 2 · 12		Erz. »A Q zhengzhuan« [Die wahre Geschichte von A Q; dt. als »Die wahre Geschichte des Herrn Jedermann«, in: *LXW* Bd. 1, S. 104–64] erscheint in Folgen in der Beilage zur Pekinger Morgenzeitung *Chenbao*.

Peking

Feng Zikai: Illustration zur »Wahren Geschichte des A Q«
Abbildung S. 175

Im Bild erscheint rechts oben das Original des Satzes »und gab sich zwei schallende Ohrfeigen«, mit dem der Protagonist bekräftigt, daß er zum »ersten Mal vom Schmerz der Niederlage kostete«, die er »in einen Sieg umzuwandeln wußte.« Weiter steht: »Er beruhigte sich. Ihm schien, er sei der Schlagende, der Geschlagene aber sei ein anderes Selbst. Bald schien ihm, er habe einen anderen geschlagen.« (LXW Bd. 1, S. 115). — Die Numerierung der Abschnitte entspricht nicht der Vorlage (wo die Stelle in Abschnitt 2 »Von überlegenen Siegen« steht), sondern den Illustrationen mit den zugehörigen längeren Textstellen.

Q— Feng Zikai: *Feng Zikai huabi xia de Lu Xun xiaoshu xuan* 豐子凱此筆下的魯迅小說選 <Cartoons of Lu Hsun's Selected Stories by Feng Tzû k'ai> [*Manhua A Q zhengzhuan* 漫畫阿Q正傳 1939], Xianggang: Zhongliu chubanshe 9.1976, S. 182–3

Geremie Barmé:
Ein Künstler und sein Markenzeichen. Bemerkungen zu Feng Zikai

[…] Aus »manga« wird »manhua«

Im Herbst 1927, also etwas mehr als zwei Jahre, nachdem der Band »*Cartoons von [Feng] Zikai*« erschienen war, schloß sich eine Gruppe von elf Künstlern in Shanghai zur »Vereinigung für den Cartoon« (Manhuahui) zusammen. Sie sprachen sich dagegen aus, eine der zahlreichen verbreiteten westlichen Bezeichnungen zu verwenden, die damals zur Verfügung standen, wie etwa »cartoon« (katong), »satirische Zeichnung« (fengcihua), »Karikatur« (chouxiang), »Humor« (youmo), ebenso wie gegen den älteren chinesischen Ausdruck für »Slapstick« (huajihua), sondern beschlossen stattdessen, die häufig gebrauchte japanische Bezeichnung »manga« zu verwenden. Huang Dongqing, eines der Gründungsmitglieder der Vereinigung, nahm die Rolle von *Zheng Zhenduo* und Feng Zikai beim »Import« […] des Begriffs »manhua« gar nicht zur Kenntnis und erklärte, durch die Gründung der Vereinigung hätten sie »offiziell das Wort "manhua" nach China eingeführt und damit möglich gemacht, sowohl die Theorie als auch die Technik dieser Kunstform zu studieren.« (»Zhongguo manhua shi« [Geschichte des Cartoons in China],

S. 83) Da nur wenige unter den Künstlern in der Vereinigung eine Kunstakademie absolviert hatten, ist *Bi Keguan* der Meinung, ihre Arbeit habe
wenig Anerkennung gefunden in der etablierten Kunstszene, zu der auch
Institutionen im westlichen Stil gehörten. Aus diesem Grunde, so seine
Argumentation, wählten sie den Ausdruck »manhua« als Reaktion darauf,
wie sie behandelt wurden, und als gezielten Angriff auf die »orthodoxe«
traditionelle Malerei (guohua). Sollte dies tatsächlich ihre Absicht gewesen
sein, so ist aufschlußreich zu sehen, daß sie die unorthodoxe Arbeit von
Feng Zikai nicht zur Kenntnis nahmen.

Im gleichen Jahr gab die »Vereinigung für den Cartoon« den ersten Band
einer eigenen Buchreihe heraus, eine Sammlung eindeutig politischer
Zeichnungen, die vom Künstler *Huang Wennong* stammten (ebda., S. 84). Im
April 1928 wurde die wöchentlich erscheinende Kunstzeitschrift »Shanghai
manhua« gegründet (ebda., S. 86), die Material brachte, das offenkundig
von Cartoons und politischen Karikaturen aus dem Westen beeinflußt war,
genauso wie bei der kurzlebigen Monatszeitschrift für Cartoons »*Shanghai
poke*« (»Shanghai Puck«) von *Shen Bochen*, die dazu eine Art Vorläufer darstellte
(ebda., S. 51–6). *Ye Qianyu* zufolge, der einmal Redakteur von »Shanghai
manhua« gewesen war, läßt sich im Hinblick auf die Geschichte der politischen
Zeichnung im China der 20er Jahre sagen, daß »Aufstieg und Niedergang
dieser Zeitschrift mit der ersten Blütezeit der "manhua" zusammenfallen.
Als sie [im Juni 1930] ihr Erscheinen einstellen mußte, war die erste
"manhua"-Phase in China vorbei.« (ebda., S. 90)

Um die Mitte der 30er Jahre erschienen in Shanghai zahlreiche
»manhua«-Zeitschriften, so daß in der raffinierten und weltoffenen Atmosphäre dieser Stadt der Ausdruck »manhua« praktisch sämtliche lyrischen
und nicht-satirischen Konnotationen verloren hatte. Deshalb schrieb Lu Xun
in seinem Beitrag für ein Buch über die Glosse und die »manhua«, das *Chen
Wangdao* 1935 für die Zeitschrift »*Taibai*« herausgab: »"Manhua" ist die
Übersetzung des Wortes "Karikatur", wobei das "man" in "manhua" rein
gar nichts zu schaffen hat mit dem, was in früheren Zeiten die Literaten
meinten, wenn sie von "man ti" ("eine Gelegenheitsinschrift auf einem Bild
anbringen") sprachen oder von "man shu" ("etwas mit leichtem Pinsel
hinschreiben").« (in: »Mantan "manhua"« [Eine Plauderei über die »manhua«,
1935]) Die neue Kunstform beschrieb er als »der Skizze, der Satire oder
sogar der Verunglimpfung gewidmet«. Sinngemäß schreibt der Cartoonist
und Kalligraph *Huang Miaozi* in seiner Abhandlung »Meine Theorie zur
"manhua"« ("Wo de manhua lilun"), daß »"manhua" gezeichnet werden,
um die Leute zu reizen, um sie anzuregen« (»Xiaopinwen…«, S. 61). Dennoch

räumt er später ein, daß »manhua« als Kunstform, die auf Verall-
gemeinerungen und Übertreibungen beruht, auch weniger kämpferisch sein
kann. Ein anderer Künstler, *Zhang E*, erklärt: »Cartoonisten sollten heute
jede Füllfeder, jeden Pinsel und jede Radiernadel in ein Kampfinstrument
verwandeln, um die Verantwortung all jener wahrzunehmen, die malen
oder zeichnen.« Der Romancier *Ye Zi* dagegen meint, die Rhetorik von Lu
Xun nachahmend, daß die »manhua« als »Dolch und Speer« verwendet
werden sollten, denn Bilder seien »die einzigen Waffen, mit denen sich ein
Künstler am Kampf beteiligen kann«. [...]

Daß Feng Zikai als bis dahin einziger »manhua«-Künstler gegen Ende der
20er Jahre rasch verdrängt wurde, hindert ihn nicht daran, sich des Ausdrucks
für seine eigenen Werke zu bedienen, obwohl er sich gewiß der Verwirrung
bewußt war, die das mit sich brachte. Er schreibt darüber:

Ich glaube, daß die Frage, ob es sich bei meinen Bildern um »manhua«
handelt, immer noch offen ist, und zwar deshalb, weil der Ausdruck in
China vorher nie verwendet worden ist. Erst die Japaner haben als erste
die beiden chinesischen Zeichen zusammengebracht, obwohl es auch auf
Japanisch keine verbindliche Definition für den Ausdruck »manga« gibt.
Meiner Meinung nach kann dazu alles gehören, von der Skizze im
chinesischen Stil (»jijiuhua« oder »jixinghua«) bis zum westlichen Cartoon,
obwohl sich die beiden Formen ihrem Charakter nach wesentlich
unterscheiden [...].

Feng Zikai war während der »Essayismuswelle« der 30er Jahre einer der
Meister der Glosse und bewahrte während seiner gesamten Schaffenszeit
die Überzeugung, daß Glosse und »manhua« engstens miteinander verbunden
sind. Während des Krieges gegen Japan hatte er darüber mit einigen seiner
Studenten heftige Auseinandersetzungen, von denen er in seinem »Tagebuch
eines Lehrers« (»Jiaoshi riji«) berichtet — selber ein fesselnder essayistischer
Bericht über sein Leben in Guangxi ud Guizhou Ende der 30er Jahre. Nachdem
er zusammen mit seiner Familie 1937 vor der japanischen Invasion
landeinwärts geflohen war, sah er sich gezwungen, nach fast zehn Jahren
eines weitgehend zurückgezogenen Lebens wieder zu unterrichten. Er fand
seine Schüler in Guangxi humorlos und stur. Nach einer Diskussion, welche
Texte und Bilder für eine schulinterne antijapanische Propaganda-
Anschlagtafel verwendet werden sollten, war er besonders frustriert. Die
Studenten forderten, Texte und Bilder sollten getrennt aufgehängt werden.
Feng schreibt:

Ich habe mich dagegen ausgesprochen, da aus meiner Sicht »manhua«
und Prosatexte das selbe sind, mit dem einzigen Unterschied, daß sie sich

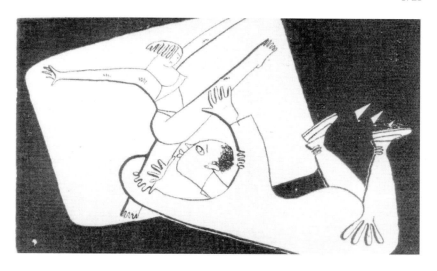

Zhang E: Eis, mit den Augen verschlungen (1934)
Text S. 167

verschiedener Ausdrucksmittel bedienen. [...] So oder so würde eine klare Trennung zwischen beiden unsere Propagandawand sehr langweilig machen. Trotz all meiner Argumente beharrten einige Studenten auf ihrer Meinung. Daß sie kein überzeugendes Beispiel für ihre Meinung anführen konnten, beweist meines Erachtens, daß ihnen jede Einsicht abgeht und sie absichtlich so verstockt sind. Nichtsdestoweniger hielt ich es für besser nachzugeben. Beim nächsten Mal, wenn sie mich bitten, für sie etwas zu schreiben, werde ich mich schadlos halten: Ich werde ablehnen mit der Begründung, daß meine Artikel immer illustriert sind und deshalb ihren Anforderungen nicht genügen. Durch diese spielerische Schelte kann ich ihnen vielleicht zeigen, wie simpel ihre Ansichten sind.

Durch den Krieg gelangte Feng Zikai jedoch zu einer toleranteren Auffassung über den unterschiedlichen Gebrauch des Ausdrucks »manhua« und liefert in seiner 1943 erschienenen Studie »Das Zeichnen von "manhua"« (»Manhua de miaofa«) eine »manhua«-Definition, die sowohl seine eigenen lyrischen Improvisationen als auch die eher politischen oder humoristischen Cartoons abdeckt, wie sie damals in der Presse erschienen. Er bezeichnete sie alle als »Skizzen, die den Inhalt betonen — das sind "manhua"«. Weiter unterscheidet er drei Kategorien von »manhua«: reflektierende oder impressionistische »manhua«, von Bi Keguan und Christoph Harbsmeier »lyrische "manhua"« genannt; »satirische "manhua"« (fengci manhua) und schließlich die Propaganda-»manhua« (xuanchuan manhua). [...]

A — Cartoons von [Feng] Zikai »Zikai manhua«, 1925 ¶ Zheng Zhenduo (1898–1958) aus Changle/Fujian, Literat und Kritiker, Mitbegründer der »Literarischen Studiengesellschaft« [Wenxue yanjiu hui], 1921 Redakteur der literarischen Beilage »Xuedeng« [Studienlampe] zur Zeitung »Shishi xinbao« in Shanghai, bat LX mehrmals um Beiträge für von ihm seit 1923 als Chefredakteur geführte »Xiaoshuo yuebao« [Monatszeitschrift für Erzählliteratur], 1927–29 in Europa, 1931 Dozent an der Yanjing-Universität in Peking, seit 1933 regelmäßige Zusammenarbeit mit LX bei Editionen und Übersetzungen, 1935 Direktor des Literaturinstituts an der Ji'nan-Universität in Shanghai, zugleich im Großverlag »Commercial Press« (»Shangwu yinshuguan«) Herausgeber der bis heute einflußreichen Reihe »Shijie wenku« [Weltliteratur] ¶ Bi Keguan (1931–, aus Weihai/Shandong) Zeichner und Kunstkritiker, 1956 Absolvent der Zentralen Kunstakademie und seither in der Redaktion der Zeitschriften »Manhua« [Cartoon] und »Meishu« [Kunst], außer zahlreichen Publikationen zum Cartoon und seiner Geschichte Abhandlung »Beim Lernen von [traditionellen] Neujahrsbildern muß das Neuartige des Sozialismus zum Vorschein kommen« (1959) ¶ Huang Wennong (?–1934, aus Songjiang/Shanghai) veröffentlichte seine ersten Cartoons in der weitverbreiteten Zeitschrift »Dongfang zazhi«, zählte im Jahrzehnt vor seinem frühen Tode zu den profiliertesten satirischen Zeichnern, arbeitete auch für die Propagandaabteilungen der

Peking

Polizei und der Marine, veröffentlichte seine Cartoons in Buchform als »Wennong fengci huaji« [Gesammelte satirische Zeichnungen von [Huang] Wennong] und gehörte zu den Gründern der Zeitschriften »Shanghai manhua« und »Shidai huabao« [Illustrierte »Die Zeit«], zusammen mit *Ye Qianyu* (1907-, aus Tonglu/Zhejiang), der zuerst als Werbemaler und Bühnenbildner arbeitete, schuf zwei bekannte Figuren, den kleinbürgerlichen »Herrn Wang« und den »jungen Chen«, einen subalternen Beamten, deren Abenteuer gesammelt erschienen als »Wang xiansheng« (4 Bde.) und »Xiao Chen liu jing waishi« [Inoffizielle Geschichte des Aufenthalts des jungen Chen in der Hauptstadt; 2 Bde.], zeichnete mit »Shimin A Q« [A Q in der Stadt] eine urbanisierte Fortsetzung zur »Wahren Geschichte des A Q« von Lu Xun, schuf Illustrationen zum Roman »Shanghai im Zwielicht« Mao Dun und zum Theaterstück »Das Teehaus« von Lao She, bereiste 1946 die USA, stellte in New York aus und wurde 1949 Leiter der Abteilung für traditionelle Malerei an der Zentralen Kunstakademie in Peking ¶ »*Shanghai poke*« (»Shanghai Puck«) zwischen September und Dezember 1918 erscheinende satirische Illustrierte, die sich zunächst gegen die Bewegung für Umgangssprache und neue Literatur exponierte, ab 1919 fortgeführt als »Poke« und wöchentliche Beilage zur Tageszeitung »Shishi xinbao« [Neue Aktuelle Zeitung] und herausgegeben vom Zeichner *Shen Bochen* (aus Jiashan/Zhejiang) ¶ *Chen Wangdao* (1890-1977, aus Yiwu/Zhejiang) Pädagoge und Linguist, erster chinesischer Übersetzer des »Kommunistischen Manifests« (1920), Redakteur der 4.-Mai-Zeitschrift »Xin qingnian« und anderer Zeitschriften und Gründer der Halbmonatszeitschrift »*Taibai*«, die vom September 1934 bis September 1935 erschien und essayistische Arbeiten veröffentlichte, auch von Lu Xun; Verfasser von Dok. C007 ¶ *Huang Miaozi* (1913-), aus Zhongshan/Guangdong, Zeichner und Karikaturist, der seit 1931 bis heute veröffentlicht, gelegentlich unter dem Pseudonym Lei Fu ¶ *Zhang E* (1910-), aus Wujiang/Jiangsu, Karikaturist, Kunstredakteur der Zeitung »Zhonghua ribao«, zusammen mit Cai Ruohong und Huang Shiying Hg. des Sammelbandes »Manhua yu shenghuo« [Karikatur und Leben], zu dem er Lu Xun um ein Geleitwort bat ¶ *Ye Zi* eig. Yu Shaoming (1910-39, aus Yiyang/Hu'nan), Mitglied der Liga Linker Schriftsteller, Verfasser der Sammlung »Fengshou« [Ernte, 1935] mit Kurzgeschichten, zu welcher Lu Xun ein Vorwort schrieb

Q — Barmé, Geremie: »An Artist and His Epithet. Notes on Feng Zikai and the "manhua"«, in: *Papers on Far Eastern History* Nr. 39 (Canberra, März 1989), S. 17–43

L — Kadoma Naoe 門馬直衛 *Yinyue de tingfa* 音樂的聽法 [Musikhörmethoden; 15 Vorlesungen], Übers. Feng Zikai 豐子愷 Shanghai: Dajiang shupu 1930 ¶ Chen Wangdao 陳望道 (Hg.): *Xiaopinwen he manhua* 小品文和漫畫 [Glosse und »manhua«], Shanghai: Shenghuo shudian 3.1935; darin Lu Xun: »Man tan "manhua"« 漫談 "漫畫" [Plauderei über »manhua«], auch in: *Qiejieting zawen er ji* 且介亭雜文二集 Shanghai: Sanxian shuwu 7.1937; in: *LXQJ* Bd. 6, S. 233–5 ¶ Feng Zikai: *Manhua de miaofa* 漫畫的描法 [Das Zeichnen von »manhua«], Shanghai: Kaiming shudian 1943, ³1947 ¶ ders. (Hg.): *Yinyue chubu* 音樂初步 [Einführung in die Musik], Shanghai: Beixin shuju 1930, ²1931 ¶ ders.: *Zikai manhua quanji* 子愷漫畫全集 [Sämtliche »manhua« von [Feng] Zikai], Xianggang:

Lingnan chubanshe 11.1962 ¶ ders.: »Wo de manhua« 我的漫畫 [Meine »manhua«], in:
Yuanyuantang suibi ji 緣緣堂隨筆集 Hangzhou: Zhejiang wenyi chubanshe 1983 ¶ Harbsmeier,
Christoph: *The Cartoonist Feng Zikai. Social Realism with a Buddhist Face*, Oslo: Universitetsforlaget
1984 ¶ Bi Keguan 畢克官 & Huang Yuanlin 黃元麟 *Zhongguo manhua shi* 中國漫畫史 [Geschichte
der »manhua« in China], Shanghai: Wenhua yishu chubanshe 1986

1921 · 12 Dokument B073

Zhang E: Eis, mit den Augen verschlungen (1934)
Abbildung S. 163

*Im Gegensatz zu Feng Zikai gehört der Zeichner und Karikaturist Zhang E
(1910–, aus Wujiang/Jiangsu; vgl. Dok.W001) zu den Vertretern eines eher
urban geprägten Stils, wie er in einer Zeit ideologischer Konfrontationen mit
dezidiert apolitischem Akzent vor allem in den 30er Jahren in Shanghai gepflegt
wurde. Seine frivole Tuschezeichnung wurde in der »Illustrierten Zeitung für
Literatur und Kunst« veröffentlicht, von der in den Jahren 1934 und 1935 nur
vier Ausgaben erschienen. Die Herausgeber dieser Illustrierten waren die beiden
Schriftsteller Ye Lingfeng (1905–75, aus Nanjing) und Mu Shiying (1912–40,
aus Cixi/Zhejiang). Das Multitalent Ye Lingfeng malte auch und war für seine
sarkastischen und mit vulgärem Sprachgebrauch spielenden Feuilletons bekannt.
In seinem Roman »Autobiographie eines armen Schluckers« (1931) läßt er seinen
Protagonisten »sich den Hintern abwischen mit drei Seiten aus* Nahan«*, der
Sammlung »Schlachtruf« von Lu Xun.*

Q — Zhang E 張諤 »Yanjing chi de bingqilin« 眼睛吃的冰淇淋 in: *Wenyi huabao* 文藝畫報 Nr.
1 (Shanghai, 10.1934)

L — Ye Lingfeng 葉靈鳳 *Qiongchou de zizhuan* 窮愁的自傳 [Autobiographie eines elenden armen
Schluckers], Shanghai: Guanghua shuju 1931

A Ying: Das Zeitalter von A Q ist vorbei (1928)

*Der polemische Artikel des Schriftstellers und Bühnenautors A Ying (Pseudonym
für Qian Xingcun, 1900–77, aus Wuhu/Anhui) wirft ein Schlaglicht auf den
erbitterten und dogmatischen Ton, in welchem Auseinandersetzungen in der
literarischen Szene vor allem seit 1927 oft geführt wurden. Seit 1926 Mitglied der
Kommunistischen Partei, war A Ying Gründungsmitglied der radikal-marxistischen
literarischen Vereinigung »Die Sonne« (Taiyangshe) und gehörte auch in der
ersten Stunde zu den Mitgliedern der von Lu Xun angeführten »Liga Linker
Schriftsteller«. In persönlichem Kontakt mit Lu Xun stand er hauptsächlich im
Zusammenhang mit der Edition der mehrbändigen Zhongguo xin wenxue daxi
(Große Anthologie zur neuen chinesischen Literatur, 1935). Zu seinen Werken
gehört u.a. Xiandai wenyi yanjiu (Studien zur modernen Literatur und Kunst,
1930) und eine Reihe von Materialsammlungen und literaturhistorischen
Untersuchungen. Er war führend an der kritischen und später orthodoxen
Aufbereitung der Literatur des 4. Mai beteiligt. — Die Gestalt des A Q (auch
»Jedermann«), der seine Niederlagen moralisch in Siege ummünzt, gilt als treffendste
Verkörperung traditioneller chinesischer Einstellungen und war von Lu Xun auch
geradezu als Inkarnation der »Essenz Chinas« (guocui) konzipiert. Daß die
Rezeptionsgeschichte des Lu-Xun-Stoffes die These von A Ying widerlegt hat, zeigen
nicht nur ein rundes Dutzend chinesischer Bühnen- und Filmbearbeitungen seit
1931, ja sogar die Schaffung einer weiblichen Figur gleichen Namens (1949), sondern
auch jüngere westliche Bearbeitungen durch Ariane Mnouchkine (1975) und
Christoph Hein (1983).*

Wie sehr auch immer der Einfluß der Werke von Lu Xun sich ausweiten
mag; wie tief auch ein Teil der Leserschaft Lu Xun verehren mag; und wie
geistreich und sarkastisch auch die Sätze in der »Wahren Geschichte des A
Q« gebaut sein mögen — in Tat und Wahrheit ist Lu Xun nicht in der Lage,
unserer Zeit Ausdruck zu verleihen, und die in seinen Werken enthaltenen
Ideen können nicht als stellvertretend für die Vorstellungen über Literatur
und Kunst im China der vergangenen zehn Jahre gelten!

Wer den Wandel in den chinesischen Vorstellungen über Literatur und
Kunst während der letzten zehn Jahre einer sorgfältigen Analyse unterzieht,
wird feststellen, daß sie sich ebenso rasch verändert haben wie der politische
Wandel vor sich ging. Fassen wir die politischen Ideen ins Auge, so ist bei
den allerneuesten festzustellen, daß sie Schritt für Schritt wieder veralteten

Vorstellungen weichen, und wir stellen fest, daß die Politiker die Zeichen der Zeit nicht begriffen haben und sich jeder einzelne von Haß und Wut gegen seine Zeit einwickeln läßt. Die vielfache politische Zersplitterung im Laufe der vergangenen beiden Jahre und der Verrat der nicht-revolutionären Klasse an der Revolution lassen überall dieses Merkmal erkennen. In der literarischen Szene ist das gleiche Phänomen zu beobachten. Nach Ansicht einiger älterer Schriftsteller hängt die chinesische Literaturszene gleichsam von den Anstrengungen ihres »Humors«, ihrer »Vorlieben«, ihrer »individualistischen Ideen« ab. In Wirklichkeit haben jedoch die Kernkräfte ihre Richtung längst schon unbemerkt geändert und gehen jetzt den Weg der revolutionären Literatur.

Am besten ist es, wir beginnen nun, von der Bewegung des 4. Mai zu sprechen. Ihrer Form nach entstand sie aufgrund eines äußeren Anstoßes, in Wahrheit handelte es sich jedoch um einen geistigen Aufbruch, der auf eine anfangs kulturelle Bewegung zurückging, die sich in den Herzen der Studenten verborgen gehalten hatte. Das ist eine Tatsache, die niemand ernstlich wird in Abrede stellen wollen. Die zunächst kulturelle Bewegung ermöglichte den ruhmreichen 4. Mai [1919]. Die Anregungen der Bewegung des 4. Mai wiederum zogen eine kraftvolle Entwicklung nach sich. Daß so die Grundlagen für die neuen Ideen der Neuen Kulturbewegung entstanden, läßt sich durchaus behaupten. In dieser Phase hatten die neuen Ideen den Individualismus bereits zu einer Zauberformel gemacht. Bei der Jugend galten soziale Verpflichtungen in jeder Hinsicht als ein Joch, das Zweifel an allem weckte, Zweifel an der Gesellschaft, an der Familie, an sämtlichen alten Kräften in der Gesellschaft, am alten System, so daß alle aufstanden und sich der Gesellschaft zuwandten, um das große Werk einer sozialen Reform in Angriff zu nehmen. Deshalb steht ein Schriftsteller wahrhaftig stellvertretend für diese Zeit, wenn sein Schaffen vom Zweifel durchdrungen ist. Wenn die Gesellschaft in keiner Hinsicht vertrauenswürdig ist, dann ist auch der Geist des Individualismus gestorben. [...]

Soeben wurde ein Aspekt des Wandels der Ideen zu Literatur und Kunst in China im Laufe der letzten zehn Jahre kurz geschildert. Nun können wir unseren Blick dem Schaffen von Lu Xun zuwenden. Kann er wirklich als stellvertretend gelten für die Ideen aus jener Zeit der Neuen Kulturbewegung? Einmal abgesehen davon, daß er im »Tagebuch eines Wahnsinnigen« die konfuzianische Ethik ein bißchen in Frage gestellt hat, einmal abgesehen davon, daß er in »Eine glückliche Familie« ein bißchen dargestellt hat, was die Jugend bewirken kann, und einmal abgesehen davon, daß in »Der Einsame« und »Viel Lärm um nichts« die Einsamkeit vor einem zeitgeschichtlichen Hintergrund zum Ausdruck kommt, haben seine Werke zum größten Teil nicht die geringste Bedeutung für die Gegenwart. Er hat nicht bloß keine Erzählungen aus modernen Vorstellungen heraus geschaffen, sondern darüber hinaus auch keinerlei Gestalten, die stellvertretend für ihre Zeit stehen würden! Für welche Zeit also stehen die Figuren von A Q, *Chen Shicheng*, *Siming*, *Gao Erchu*? Wer die Sammlungen »Schlachtruf« und »Zwischenzeiten Zwischenwelten« gelesen hat, kann die Frage vermutlich sofort beantworten. Lü Weifu sagt in einem Abschnitt der Erzählung »In einer Weinschenke«: »*Alte Menschen* haben nun mal ein gutes Gedächtnis.« Wir finden, dieser Satz sei wirklich passend, um auf Lu Xun angewendet zu werden. In der Tat haben alte Menschen ein gutes Gedächtnis, und sie werden nicht müde, sich Ereignisse aus der Zeit der *kaiserlichen Examina* oder aus der *Xinhai-Revolution* in Erinnerung zu rufen. Und gleichgültig, ob es sich um eine Schilderung aus der Han-Dynastie [206 v.u.Z.–220] oder aus der Wei-Jin-Zeit [220–439] handele, sie bringen es immer fertig, darin einen Aspekt der »modernen« Literatur zu erblicken. Es ist wirklich kaum zu fassen! Aber nicht nur das, der Satz [aus »Wilde Gräser«] »*Wer mit dem* Sonnenuntergang kommt, wird dir nichts Gutes bringen.« wird so zur passendsten Kritik an Lu Xun selber. Sein Schaffen hat im Hinblick auf dessen Bedeutung für die Gegenwart nicht die geringsten Vorzüge aufzuweisen. Nicht genug damit, daß er sich wie eine ehemalige kaiserliche Konkubine bemüht, nichts als die Errungenschaften der damaligen Dynastie zu beschreiben. Aus gegenwärtiger Sicht brauchen wir solche Sachen bestimmt nicht. [...]

In den beiden Sammelbänden mit fiktionalen Werken — in »Schlachtruf« und »Zwischenzeiten Zwischenwelten« spricht Lu Xun in Wahrheit nur von sich selber. Wenn wir diese beiden Sammlungen zusammen mit »Wilde Gräser« betrachten, kommen wir zum Schluß, daß er daraus keinen Ausweg gefunden hat, weder in »Schlachtruf«, noch in »Zwischenzeiten Zwischenwelten«, und das dichte Gestrüpp der »Wilden Gräser« wird sich niemals in Getreideähren verwandeln! Was wir in den fiktionalen Werken von Lu Xun jedoch zur Genüge finden, ist nichts als Verehrung für die Vergangenheit und nochmals Verehrung für die Vergangenheit, die ein solches Ausmaß erreicht, daß er nicht allein aufhört, von der Gegenwart zu sprechen, sondern gar keine Zukunft hat. Was also sieht er überhaupt? In den »Wilden Gräsern« hat er ganz deutlich ausgesprochen, *die sogenannte Zukunft* sei das Grab! Und weil er das Gefühl hat, auf dem Weg vor ihm liege nur das Grab, findet er: »*Frühlinge* jeglicher Art eilen an meinem Auge vorüber, aber umgeben bin ich von Dämmerung.« (»Wilde Gräser«). Daher ist auch die Hoffnung ins Grab gegangen, und nichts davon ist übriggeblieben. Er will damit ausdrücken, daß Hoffnung genau so leer und eitel ist, ja sogar, daß es nichts besseres gebe, als keine Hoffnung zu haben. [...]

Doch Lu Xun hat schlußendlich seine eigenen Vorzüge und seine eigene Stellung. Obwohl es sich bei der »Wahren Geschichte des A Q« um ein großartiges Werk handelt, steht es dennoch in Wahrheit ganz offensichtlich für Lu Xun selbst. Über die Vorzüge und Mängel der [erzählerischen] Technik in der »Wahren Geschichte des A Q« wollen wir hier nicht sprechen, doch laßt uns der Tatsache Beachtung schenken, daß die »Wahre Geschichte des A Q« etwas vom krankhaften Volkscharakter des vergangenen China enthält. Daß schöpferische Werke notwendigerweise den Volkscharakter zum Ausdruck bringen, läßt sich, früher aufgestellten Theorien zufolge, bei den Ideen aus der Zeit der »Wahren Geschichte des A Q« objektiv keinesfalls leugnen. Lu Xun hat sich als fähig erwiesen, einen Teil der schlimmsten Übel zu erfassen und sie als solche darzustellen. Das ist eine Fähigkeit, die sehr schwer zu erlangen ist, doch läßt sie sich in anderen Werken kaum finden. Nach der Lektüre der »Wahren Geschichte des A Q« bleiben zumindest zwei tiefe Eindrücke zurück, aus denen sich zugleich erschließen läßt, wie die Chinesen früher eigentlich waren. Was die beiden Eindrücke betrifft, so erfahren wir zum ersten, daß die Chinesen in früheren Zeiten bemitleidens- und hassenswerte Menschen waren, die in ihren Vorstellungen dem Schicksal gegenüber, das der Himmel schickt, so ergeben waren, daß sie nicht den geringsten Gedanken auf das Leben verwandten und ihnen sowohl Leben als auch Tod völlig rätselhaft und unbegreiflich schienen. Zum zweiten erfahren wir über den Charakter der Chinesen, daß er seine tückische und nachhaltige Giftwirkung entfaltet, indem die Chinesen andere Menschen quälen, sobald sie in einer mächtigeren Stellung sind, und sich auf alle mögliche andere Arten tückisch und herzlos erweisen. Diese beiden einander völlig entgegengesetzten Merkmale sind offensichtlich die wichtigsten Züge im krankhaften Charakter der Chinesen, wie es Lu Xun in einer einzigen Erzählung in entlarvender Weise zum Ausdruck bringt. Deshalb können wir objektiv sagen, dieses Werk stehe für den vergangenen krankhaften Volkscharakter der Chinesen und es handle sich um die bemerkenswerteste Erzählung von Lu Xun.

Die Vorzüge der Erzählung liegen nicht nur darin, daß sie den krankhaften Volkscharakter zum Ausdruck bringt, sondern gleichzeitig auch die Ideen eines Teils der ländlichen Bevölkerung zu Beginn der Xinhai-Revolution analysiert. Wir haben ausführlich darauf hingewiesen, daß die Ideen von A Q ebenfalls stellvertretend für das damalige Denken in einem Teil der Massen in den Städten steht. Wenn wir die Vorstellungen der Bauern auf dem Land während jener Zeit analysieren, dann ist es am leichtesten, das Leben von A Q zu begreifen. Damals, das steht fest, waren die Bauern soeben aus ihrem Traum vom Kaiser und seinem Untertanenvolk erwacht. Unter der kaiserlichen Regierung, die Gehorsam erlaubte, aber nicht Wissen, gab es darüber hinaus auf dem Land nur sehr wenige, die Bildung genossen hatten. Und sogar wer gebildet war, hatte eine solche Zucht genossen, daß er wußte, wohin er gehörte, und sich fügte. Deshalb gab es gewiß viele und noch mehr so wirrköpfige Gestalten wie A Q. Die »Wahre Geschichte des A Q« ist also genau im richtigen Augenblick und aus guten Gründen entstanden!... Auf dem Land rasten damals die despotischen Grundherren blindwütig, vergriffen sich nach Belieben an öffentlichem Eigentum und erniedrigten und beleidigten die Schwachen, während die Bauern sich darüber nicht bewußt waren und es nicht wagten, sich der Gewalt zu widersetzen. Sie beteten sie an, erduldeten sie still und hielten sie sogar für naturgegeben. Eines Tages tauchte plötzlich die Revolutionsarmee auf und stürzte die gesamte politische Klasse; und ich weiß nicht, wie jemand einem Bauern beibringen will, er solle gegenüber den despotischen Grundherren, die ihn beleidigt und erniedrigt haben, keine haßerfüllten Rachegedanken hegen. [...]

Obwohl die »Wahre Geschichte des A Q« viele Vorzüge hat und sowohl in formaler als auch in inhaltlicher Hinsicht unser Lob verdient, so läßt sich schlußendlich dennoch nicht behaupten, sie bringe die Kraft des Zeitgeistes in der modernen chinesischen Literatur der vergangenen zehn Jahre zum Ausdruck. Inzwischen sind die chinesischen Bauern längst nicht mehr so naiv, wie es damals die Volksmassen auf dem Lande waren. Angesichts der veränderten Formen beim Ausdruck von literarischen und künstlerischen Ideen läßt sich also A Q nicht in der Zeit der Bewegung des 4. Mai situieren, ebensowenig in der Zeit der *30.-Mai-Bewegung*, und noch viel weniger in der jetzigen grossen revolutionären Zeit. Die chinesischen Bauern der Gegenwart sind erstens nicht so naiv wie A Q, sondern haben sich zum größten Teil perfekt organisiert und sich darüber hinaus angemessene Kenntnisse der Politik angeeignet. Zweitens hat sich der revolutionäre Geist der chinesischen Bauern bereits umfassend gezeigt, indem sie den Grundherren Widerstand leisten, sich an der Revolution beteiligen, ja in jüngster Zeit sogar den Charakter eines =*Baudon*= gezeigt haben, und selber Umsturz des Alten und Aufbau des Neuen in die Hand nehmen. Sie haben gegenüber den despotischen Grundherren bestimmt nicht den unterwürfigen Geist eines A Q. Drittens ist das Wissen der chinesischen Bauern schon nicht mehr so schlicht und schwach wie zur Zeit von A Q. Sie sind auch nicht mehr so begriffsstutzig, daß sie wie A Q gar nicht verstehen, worum es eigentlich geht, sondern haben Bewußtsein, haben ein Ziel. Sie hassen nicht blind, sondern führen inzwischen einen politischen Kampf… Schon daraus können wir klar ersehen, daß die heutigen Bauern nicht identisch sind mit den Bauern der Xinhai-Revolution. Ihre Interessen haben das Individuelle bereits überwunden und gehen einen revolutionären Weg!

Machen nicht alleine schon diese Tatsachen deutlich, daß sich nicht behaupten läßt, das Zeitalter von A Q dauere für alle Zeiten fort? Wir müssen sehr entschieden betonen, daß die »Wahre Geschichte des A Q« durchaus ihre Vorzüge hat und ihren eigenen Rang, doch ist sie nicht in der Lage, die Gegenwart zum Ausdruck zu bringen, denn das Zeitalter von A Q ist vorbei! Schon seit sehr langem ist das Zeitalter von A Q vorbei! Wenn wir die Zeit nicht vernachlässigen, dann müssen wir A Q rasch begraben! Die tapferen Bauern haben außerdem für uns schon so viel kostbares, gesundes, ruhmvolles, schöpferisches Material geschaffen, daß wir nie mehr ein Zeitalter von A Q brauchen!…

Nicht nur das Zeitalter von A Q ist vorbei, auch die Erzähltechnik der »Wahren Geschichte des A Q« ist vorbei! Was die Erzähltechnik der »Wahren Geschichte« betrifft, so hat sie durchaus einige Vorzüge und einige Stellen, die unser Lob verdienen, sofern wir sie anhand der literarischen und künstlerischen Regeln des Kleinbürgertums betrachten, doch auch die Erzähltechnik ist überholt, ja sie ist passé! Hinterhältige und sarkastische Künstler können die Gegenwart nicht erfassen. Der Pinsel zartfühlender und geistreicher Schriftsteller kann die Gegenwart nicht zum Ausdruck bringen, und die Gegenwart läßt sich auch nicht von Schriftstellern darstellen, die keine politischen Vorstellungen haben. Neuer Wein läßt sich nicht in alte Schläuche füllen, eine gealterte Frau wird nie die Schönheit ihrer Jugend zurückgewinnen, und entsprechend ist die Erzähltechnik der »Wahren Geschichte des A Q« genauso wie A Q überholt. Diese sturmbewegte Zeit findet ihren angemessenen Ausdruck nur bei Schriftstellern, die vom gleichen sturmbewegten revolutionären Geist beseelt sind, bei Schriftstellern, die loyal und aufrichtig gestimmt und mit ganzer Inbrunst entflammt sind, über ein umfassendes politisches Bewußtsein verfügen und selber an vorderster Front der Revolution stehen! Die Erzähltechnik der »Wahren Geschichte des A Q« ist unnütz geworden! Das Zeitalter von A Q ist vorbei! Für ein Skelett müssen wir bestimmt keine Leidenschaft aufbringen und sollten die Leiche von A Q zusammen mit seinem Geist begraben! Ja: die Leiche von A Q zusammen mit seinem Geist begraben!…

Gehen wir ein Stück weiter. Das Zeitalter von A Q ist allerdings vorbei. Das bedeutet in Wahrheit, daß auch Lu Xun selber am Ende ist und selbst mit seinem hellen Verstand keine Existenzgrundlage mehr finden wird und auch kaum auf Unterstützung rechnen darf. Dies versteht sich von selbst, denn eben weil er die Zeit nicht zum Ausdruck bringen kann, weil er grundsätzlich kein Bewußtsein seiner Zeit hat, überhaupt kein Verständnis hat für die politischen Ideen in der Welt, deshalb hat er auch keinen Stoff, um das Zeitalter zum Ausdruck zu bringen, und kann sich bloß auf sich selbst beziehen und sich vergangene Ereignisse ins Gedächtnis zurückrufen.

Wir hätten wirklich nicht gedacht, daß die politischen Ideen eines Lu Xun, den die Leser als großen Schriftsteller bezeichnen, so erschreckend wären! Er hat sich völlig in einen Hinterwäldler verwandelt, der weder Klassenbewußtsein hat noch eine revolutionäre Einstellung. Seine Haltung gegenüber der Revolution und gegenüber der revolutionären Literatur und Kunst ist außerordentlich würdelos, was sehr klar beweist, daß er für sie nicht das geringste Verständnis hat. Ich erinnere mich, daß sich im Aufsatz »Im Glockenturm« die folgende Bemerkung zur Revolution findet:

> »Revolution, Konterrevolution, keine Revolution.
> Revolutionäre werden durch Konterrevolutionäre ermordet. Konterrevolutionäre werden durch Revolutionäre ermordet. Unrevolutionäre werden als Revolutionäre durch Konterrevolutionäre ermordet, oder als Konterrevolutionäre, die Morde durch Revolutionäre gesehen haben, oder durch Revolutionäre oder Konterrevolutionäre als solche, die gewiß nichts von alledem waren.
> Revolution, Revorevolution, Revorevorevolution, *Revorevo*...«

(»Yusi« Bd. 4, Nr. 1)

Wir können daraus in der Tat keine politischen Vorstellungen von Lu Xun ableiten, sondern der Abschnitt enthält mehr oder weniger bloß seine Revolutionstheorie. Früher haben literarische Formen scheinbar keine Bezüge zur Politik hergestellt. Deshalb kapselten sich Literaten und Schriftsteller meistens von politischen Ideen ab. Das war voll und ganz das Ergebnis einer Literatur, die ihre Epoche vernachlässigte. Die Strömungen in Literatur und Kunst verändern sich zusammen mit Politik und Wirtschaft und darüber hinaus zusammen mit sämtlichen gesellschaftlichen Beziehungen. Wie soll ein Schriftsteller, der vor Gesellschaft, Wirtschaft und politischer Lage die Augen verschließt, sich vernünftig ausdrücken können? Nur so läßt sich erklären, warum Lu Xun eine so primitive Vorstellung von Politik formulierte. [...]

Feng Zikai: Illustration zur »Wahren Geschichte des A Q«
Text S. 160

Wir sind nicht mehr in einer Zeit für solche [einsamen individualistischen] Kämpfer. Wenn er sich dessen tatsächlich nicht bewußt wird, dann ist Lu Xun nur zutiefst »dekadent«. Deshalb verdient er Kritik und muß rasch seinen Fehler einsehen, denn wir glauben immer noch, daß es dafür nicht zu spät ist. Irrtümer zu korrigieren ist keine Schande, und wir sind ganz und gar nicht der Meinung, jemand sollte in seinem Eigensinn dem Untergang überlassen werden. Wir fordern dazu auf, nochmals Lu Xun zu lesen und hoffen schlußendlich aufrichtig, daß er A Q und sein vergangenes Zeitalter im Stich läßt und sich der Revolution an der literarisch-künstlerischen Front anschließt. Nach wie vor werden wir ihn herzlich willkommen heißen.

A — »*Eine glückliche Familie*« und »*Der Einsame*« finden sich in der Sammlung »Zwischenzeiten Zwischenwelten« (»Panghuang«, 1926; dt. in: »LXW«, Bd. 2, S. 51–61 & 115–45), »*Viel Lärm um nichts*« in »Schlachtruf« (»Nahan«, 1922; dt. in: »LXW«, Bd. 1, S. 76–88) ¶ *Chen Shicheng* Protagonist der Erzählung »Baiguang« [Ein heller Glanz]; dt. in: »LXW«, Bd. 1, S. 179–87 ¶ *Siming* Protagonistin der Erzählung »Feizao« [Die Sache mit der Seife]; dt. in: »LXW«, Bd. 2, S. 62–77 ¶ *Gao Erchu* Titelfigur der Erzählung »Gao lao fuzi« [Ein Gelehrter namens Gao], dt. in: »LXW«, Bd. 2, S. 100–14 ¶ »*Alte Menschen…*« zit. nach »LXW«, Bd. 2, S. 44 ¶ *kaiserliche Examina* waren bis zu ihrer Abschaffung 1905 während knapp zweier Jahrtausende der Königsweg zu sozialem Aufstieg und eröffneten den Zugang zu einer Beamtenlaufbahn hauptsächlich durch Nachweis literarischer Kenntnisse und Fertigkeiten ¶ *Xinhai-Revolution* ist nach den beiden Zeichen »xinhai« für 1911/12 im 60-Jahreszyklus des traditionellen Kalenders Bezeichnung für den Militärputsch in Wuchang am 10.10.1911, der zur Ausrufung der Republik und zum Sturz der mandschurischen Qing-Dynastie führte ¶ »*Wer mit dem…*« aus »Ein Vorübergehender«, zit. nach »LXW«, Bd. 6, S. 110 ¶ *die sogenannte Zukunft…* bezieht sich auf die Stelle aus »Ein Vorübergehender«, wo die Titelfigur zum »Alten« sagt: »"Alter, Sie wohnen wohl schon lange hier. Sie wissen sicherlich, was für ein Ort vor mir liegt, nicht wahr?" / — "Vor Ihnen? Vor Ihnen liegt ein Grabmal." / — (erstaunt) "Ein Grabmal?" / Das Mädchen: "Nein, nein, nicht doch. Dort gibt es viele wilden Lilien und Rosen, ich gehe oft dorthin, es ist sehr schön da."« (mit Modifikationen zit. nach »LXW«, Bd. 6, S. 111) ¶ »*Frühlinge…*« aus »Erleuchtung«, zit. nach »LXW«, Bd. 6, S. 147 ¶ *30.-Mai-Bewegung* Streiks, Unruhen und Boykott ausländischer Erzeugnisse nach Demonstrationen gegen die ausländischen Mächte am 30.5.1925 in Shanghai, die von der Polizei der ausländischen Konzession blutig niedergeschlagen wurden ¶ *Baudon* war ab 1927 unter radikalen KP-Anhängern verbreiteter Code für »baodong« ('Aufstand', 'Aufruhr'), also Signal für einen gewaltsamen Umsturz ¶ Mit *Gehen wir…* beginnt der Text aus »Mit Lu Xun ist es vorbei« (entstanden im Apr. 1928), den der Herausgeber Li Helin (1904–88, aus Huoqiu/Anhui) nahtlos unter dem hier benutzten Titel angefügt hat ¶ »*Im Glockenturm*« Untertitel »Nächtliche Aufzeichnungen. Teil 2« (»Zai zhonglou shang — yeji zhi er«), in: »Sanxian ji«; zuerst erschienen in der Zeitschrift »Yusi«, Bd. 4, Nr. 1 (Shanghai, 17.12.1927); dt. »Im Turm«, in: *Einsturz*, S. 92–8 ¶ *Revorevo…* Wortspiel aus den beiden Silben »ge« ('verändern', 'umstülpen') und »ming« ('Leben', 'Schicksal', 'Befehl') von »geming« ('Revolution'), zuletzt also »gege«; die Stelle bezieht sich wohl auf die ironische Formulierung, lange Briefe zu schreiben sei konterrevolutionär (dt. Übers., S. 93); das Wortspiel geht auf den Satz »Es wird nicht eine Revolution, sondern eine Revorevolution geben.« von Guo Moruo zurück (vgl. Dok. A009)

Q — Qian Xingcun 錢杏村 [A Ying 阿英]: »Siqu le de A Q shidai« 死去了阿Q時代 in: *Taiyang yuekan* 太陽月刊 Nr. 3 (Shanghai, 1.3.1928); ders.: »Siqu le de Lu Xun« 死去了魯迅 [Mit Lu Xun ist es vorbei], in: *Xiandai Zhongguo wenxue zuojia* 現代中國文學作家 Bd. 1, Shanghai: Taidong tushuju 7.1928; zusammengezogen in: *Lu Xun lun* 魯迅論 Hg. Li Helin 李何林 Shanghai: Beixin shuju 4.1930, S. 71–116; engl. »The Bygone Age of Ah Q«, Übers. Paul Foster & Sherry Mou, in: *Modern Chinese Literary Thought. Writings on Literature 1893–1945*, Hg. Kirk A. Denton, Stanford/CA: Stanford University Press 1996, S. 276–88

L — [Chang] Yansheng 常燕生 »Yueguo le A Q de shidai yihou« 越過了阿Q的時代以後 [Nach der Überwindung des Zeitalters von A Q], in: *Changye* 長夜 Nr. 3 (Shanghai, 1.5.1928) ¶ ¶ Lan Xin 蘭心 *A Q xiaojie zhuan* 阿Q小姐傳 [Die Geschichte von Fräulein A Q], Shanghai: Tiangan chubanshe 1949 ¶ Wu Yi 無宜 »Fandui A Q dianxing yanjiu zhong de xiuzhengzhuyi« 反對阿Q典型研究中的修正主義 [Wider den Revisionismus in der Forschung zum Typus von A Q], in: *Xueshu yuekan* 學術月刊 10/1958 ¶ Chartreux, Bernard & Jourdheuil, Jean: *A Q*, Paris 1975 ¶ [Hu] Jinxu 胡今虛 »A Q mingzi de laili« [Über die Herkunft des Namens A Q], in: *Wenxuebao* 文學報 4.6.1981 ¶ Hein, Christoph: »Die wahre Geschichte des Ah Q«, in: *Theater der Zeit* 10/1983; in: *Die wahre Geschichte des Ah Q. Stücke und Essays*, Darmstadt & Neuwied: Luchterhand 1984, S. 81–135 ¶ Chen Yuansheng 陳元勝 »"A Q juben" er san shi« 《阿Q劇本》二三事 [Einige Begebenheiten im Zusammenhang mit der »Bühnenfassung von A Q« {aus dem Jahre 1928}], in: *Lu Xun yanjiu (shuangyuekan)* 魯迅研究（雙月刊）Nr. 11 (Beijing, 5/1984), S. 135–37 ¶ Ge Zhongyi 葛中義 »A Q zhengzhuan« yanjiu shigao 《阿Q正傳》研究史稿 [Entwurf einer Geschichte der Forschung zur »Wahren Geschichte des A Q«], Xining: Qinghai renmin chubanshe 1986 ¶ He Siyu 何思玉 »A Q zhuyi de lishi zhuizong« 阿Q主義的歷史追蹤 [Historische Nachfolger des A-Q-ismus], in: *Xuchang shizhuan xuebao* 許昌師專學報 4/1990 (Xuchang/He'nan), S. 38–41 ¶ Zhao Xijun 趙錫鈞 »Wusi shiqi Lu Xun suzao de A Q yu xin shiqi zhongduo zuojia bixia de A Q xiang bijiao fenxi« 五四時期魯迅塑造的阿Q與新時期眾多作家筆下的阿Q像比較分析 [Eine vergleichende Analyse der von Lu Xun zur Zeit der Bewegung des 4. Mai geschaffenen Figur des A Q und ähnlicher Figuren bei einer Reihe von Schriftstellern in neuerer Zeit], in: *Yangshan xuekan* 3/1990, S. 49–53 ¶ Peng Xiaolin 彭小苓 & Han Aili 韓藹麗 (Hg.): *A Q — 70 xian* 阿Q——70年 [70 Jahre A Q], Beijing: Shiyue wenyi chubanshe 12.1993 ¶ Xu Xiaohe 徐曉鶴 »Jiaru A Q hai huozhe« 假如阿Q還活著 [Wenn A Q noch lebte], in: *Minzhu Zhongguo* 民主中國 Nr. 19 (Paris, 1/1994), S. 93–5 ¶ Zhang Mengyang 張夢陽 *A Q xinlun — A Q yu shijie wenxue zhong de jingshen dianxing wenti* 阿Q新論 [A Q, neu abgehandelt], Xi'an: Shaanxi renmin jiaoyu chubanshe 9.1996 (= Lu Xun yanjiu shuxi)

Dokument C026

Qingjian: Das Zeitalter von A Q ist nicht vorbei (1928)

Folgende kurze Replik auf die demagogische Demontage von A Q hat unter dem Pseudonym Qingjian (wörtlich etwa »frischer, jugendlicher Blick«) vermutlich die Schriftstellerin Liu Jing verfaßt. Über sie ist nichts weiter bekannt, als daß sie — dem Text nach zu schließen — wahrscheinlich aus der Mandschurei stammt. Dieses Gebiet der nordöstlichen Provinzen Heilongjiang, Liaoning und Jilin war ab 1931 von Japan besetzt, das dort seinen Vasallenstaat »Mandschukuo« (Manzhouguo) errichtete, an dessen Spitze der durch die Bertolucci-Verfilmung seiner Memoiren weitherum bekannte »letzte Kaiser« Puyi (1906–67) stand.

Ich will nicht zu viele Worte machen, sondern nur einige wenige Sätze niederschreiben.

Ich habe »Das Zeitalter von A Q ist vorbei« sorgfältig durchgelesen, einen »Aufsatz, in dem Lu Xun gewogen und zu leicht befunden wird«. Wie auch immer die Abhandlung insgesamt eingeschätzt werden mag, ich wage sie nicht zu kritisieren. Ich will jetzt nur einen Abschnitt daraus wählen, um darüber etwas zu sagen.

Herr Qian hat eingeräumt, A Q stehe stellvertretend für die Einstellung der Bauern jener Zeit — ja er dehnte diese Stellvertreter-Funktion sogar auf einen Teil der Bevölkerung in den Städten aus. Aber danach analysiert er die heutigen Bauern und sagt: »Die chinesischen Bauern der Gegenwart sind erstens nicht so naiv wie A Q, sondern haben sich zum größten Teil perfekt organisiert und haben sich darüber hinaus angemessene Kenntnisse der Politik angeeignet. Zweitens hat sich der revolutionäre Geist der chinesischen Bauern bereits umfassend gezeigt... Drittens ist das Wissen der chinesischen Bauern schon nicht mehr so schlicht und schwach wie zur Zeit von A Q...« Schließlich gelangt er zur Folgerung: »Das Zeitalter von A Q ist vorbei!...« (»Taiyang yuekan« Nr. 3, S. 20–21).

Wir geben zu, daß die Methode von Herr Qian — die kritische Methode — korrekt angewandt ist: Das Zeitalter gibt es nicht mehr, also hat selbstverständlich auch A Q seine repräsentative Funktion verloren. Aber ist das Zeitalter wirklich vorbei? Ist es vollständig abgeschlossen? Die Bauern, die Herr Qian gesehen hat, sind nur die Bauern in seiner Umgebung (?), also die Bauern der Provinzen Hubei und Hu'nan, im weiteren Sinne nur die Bauern, die entlang dem Changjiang [Yangzijiang] leben! Wenn Herr Qian nur einmal in den Norden käme, um Augenschein zu nehmen, so wüßte er mehr.

Peking

Die Bauern im Norden, das heißt in den drei östlichen Provinzen [Heilongjiang, Liaoning und Jilin], *Zhili*, Shandong und Hebei sind nicht nur naiv, sondern es läßt sich auch sagen, daß sie überhaupt nicht perfekt organisiert sind und immer noch darauf warten, etwas von Politik zu erfahren. Sie begreifen nichts von »Revolution« und haben noch viel weniger »revolutionären Geist«. Was das Wissen betrifft, so haben sie ein bißchen von ihren Ahnen überliefert bekommen. Um ein Beispiel zu nennen: In der Gegend zwischen Peking und Tianjin erschien im Sommer letzten Jahres (?) nachmittags zwischen vier und fünf Uhr ein großer weißer Stern. Auf dem Dorf wurde dann berichtet, »der Himmelssohn des wahren Drachens ist zur Welt gekommen«. Außerdem kann nicht einmal jemand eine gewöhnliche Uhr lesen!...

Herr Qian sagt, die chinesischen Bauern seien so und so. Falls er die Bauern von ganz China meint, wage ich zu behaupten: »Falsch! falsch! dreimal falsch!« Der Entwicklungsstand der Bauern im Süden ist höher als im Norden. Ich habe es nicht selber gesehen, also gebe ich es einfach zu. Aber das ist doch nur ein Drittel (?)! Was läßt sich sonst noch sagen? Es ist noch genau so wie im ersten Jahr der Republik [1912].

Aus diesen Gründen ist das Zeitalter von A Q noch nicht vorbei und A Q hat immer noch eine repräsentative Funktion — A Q steht stellvertretend für eine große Mehrheit der Bauern! Herr Qian war mit seinen Worten zu voreilig, er hätte noch fünf Jahre (?) warten sollen, jetzt ist es zu früh.

Der Satz muß nochmals wiederholt werden: Das Zeitalter von A Q ist nicht vorbei, frühestens vielleicht in fünf Jahren!

Zuletzt hoffe ich, daß diese Seiten sicher ankommen und sie außerdem in »Yusi« ein Plätzchen finden.

Schlußendlich habe ich doch noch viele Worte gemacht.

A — *Zhili* Provinz um Peking, die große Teile der heutigen Provinzen Hebei und He'nan sowie die Stadtgebiete von Peking und Tianjin umfaßt, jedoch als administrative Einheit 1928 aufgelöst wurde

Q — Qingjian 青見 »A Q shidai mei you si« 阿Q時代沒有死 in: *Yusi* 語絲 Bd. 4, Nr. 24 (11.6.1928); in: *Lu Xun lun* 魯迅論 Hg. Li Helin 李何林 Shanghai: Beixin shuju 4.1930, S. 117–9

L — Zhiling 質靈 [Liu Panxi 劉泮溪]: »A Q de shengsi wenti« 阿Q的生死問題 [Das Problem, ob A Q lebt oder tot ist], in: *Yunnan wanbao* 雲南晚報 (Kunming) 18.10.1944 ¶ Lin Mohan 林默涵 »Weisi de A Q« 未死的阿Q [Der unsterbliche A Q], in: *Langhua* 浪花 Beijing: Zuojia chubanshe

3.1957 ¶ Zhang Bingyu 張炳隅 »A Q si zai na yi nian?« 阿Q死在哪一年 [In welchem Jahr starb A Q?], in: *Yuewen jiaoxue zhi you* 越文教學之友 5/1981

1921 · 12   Dokument C010

Ge Baoquan: Hat es zu Lebzeiten von Lu Xun
eine deutsche Übersetzung der »Wahren Geschichte des A Q« gegeben?

Der Übersetzer und Literaturwissenschaftler Ge Baoquan (1913–2000, aus Dongtai/Jiangsu), hat als Moskau-Korrespondent der Tageszeitung Dagongbao *(Tianjin) für Lu Xun mehrmals Kurierdienste geleistet und Kontakte geknüpft. Nach 1949 war er an der chinesischen Botschaft in Moskau tätig, dann ab 1957 an der Akademie der Sozialwissenschaften im Institut für ausländische Literaturen. Nach seiner Pensionierung lebte er zunächst abwechselnd in Nanjing und in den USA, seit einiger Zeit wieder in Peking. Zu seinen Werken gehören zahlreiche Monographien und Übersetzungen zur russischen Literatur, unter anderem eine Gor'kij-Biographie und »Ausgewählte Werke von Majakovskij«. Zu seinen Interessengebieten gehört die Rezeption chinesischer Literatur im Ausland. Sein Beitrag ist hier einerseits aufgenommen, weil er mit Ratschlägen an der letzten Übersetzungsarbeit von Lu Xun, den* Toten Seelen *von Nikolaj Gogol', beteiligt war. Andererseits soll er verdeutlichen, wie detailliert sich chinesische Experten mit dem ausländischen Echo auf Werke aus ihrem Land beschäftigen. Bis in die Gegenwart charakteristisch für den chinesischen literaturwissenschaftlichen Diskurs ist die hier deutliche mehr erzählende als technische Verarbeitung herangezogener Quellen. — Aus der Vorlage stammende Anmerkungen und Quellenangaben sind nicht eigens gekennzeichnet und gegebenenfalls stillschweigend ergänzt.*

Während der vergangenen Jahre habe ich bei der Erforschung aller möglichen Übersetzungen der »Wahren Geschichte des A Q« in andere Sprachen häufig daran gedacht, die Frage zu klären: »Ist zu Lebzeiten von Lu Xun die "Wahre Geschichte des A Q" ins Deutsche übersetzt worden?«

Eine ganze Anzahl von Autoren erwähnen, daß es eine solche gegeben habe. So hat der amerikanische Professor =R. M. Bartlett=, der einmal an der Universität Peking lehrte, *folgendes geschrieben*: »Es war im Sommer 1926, bevor Lu Xun Peking verließ und nach Xiamen ging, daß ich ihn einmal besuchte. [...] Seine bekannteste Erzählung, die "Wahre Geschichte des A Q", war bereits ins Französische, Russische, Deutsche, Englische und in andere Sprachen übersetzt. Nach der Lektüre dieser Erzählung schrieb Romain Rolland:

"*Diese Erzählung* ist ein von bitterer Satire erfülltes Meisterwerk des künstlerischen Realismus. Das leidende Antlitz von A Q wird mir noch lange in Erinnerung bleiben." Es ist das einzige Werk von Lu Xun, das schon ins Englische übersetzt worden ist.« Im Jahre 1931 waren dann in Japan bereits die Übersetzungen der »Wahren Geschichte des A Q« von *Matsuura Keizô* und von *Lin Shouren* erschienen. So sagt Matsuura Keizô [in seinem Vorwort]: »Was Übersetzungen der "Wahren Geschichte des A Q" betrifft, so gibt es bereits englische, deutsche, französische, russische und Esperanto-Fassungen.« Und Lin Shouren: »Die "Wahre Geschichte des A Q" ist schon ins Englische, Deutsche, Französische und in die Sprachen anderer Länder übertragen worden; und soll dem Vernehmen nach außerdem noch auf Esperanto übersetzt werden.« Der fortschrittliche englische Schriftsteller und Journalist *Edgar Snow* schreibt in seinem 1935 verfaßten Artikel »Lu Xun — der große Meister der Literatur in Umgangssprache« ebenfalls: »Er [Lu Xun] hat im Jahre 1921 die satirische Erzählung "Die wahre Geschichte des A Q" veröffentlicht, die ihn im ganzen Land berühmt machte. […] Unter den wenigen von chinesischen Zeitgenossen geschriebenen literarischen Werken, die durch Übersetzungen im Ausland verbreitet sind, ist es das wichtigste. Übersetzungen davon sind in französischer, deutscher, russischer, japanischer und in anderen Sprachen erschienen.« (in: »Asia«, Jan. 1935) *Xidi* jedoch schreibt in einem 1926 geschriebenen *Aufsatz über die Sammlung* »Schlachtruf«: »"Die wahre Geschichte des A Q" ist bereits in drei Sprachen übersetzt, ins Französische, Russische und Englische." Das schreibt Lu Xun in seinem Artikel "*Wie 'Die wahre Geschichte des A Q' entstand*", der im Dezember 1926 entstanden ist.« In einem Antwortbrief an *Yao Ke* vom 5. Januar 1933, außerdem in einem Brief an Jaroslav Průšek vom 28. September 1936, spricht Lu Xun lediglich von französischen, englischen, russischen und japanischen Übersetzungen seines Werks, ohne aber eine deutsche Fassung der »Wahren Geschichte des A Q« zu erwähnen. Aus diesen Gründen hielt ich die Frage, ob es zu Lebzeiten von Lu Xun eine deutsche Übersetzung der »Wahren Geschichte des A Q« gegeben habe, seit langem für ungeklärt und einer Untersuchung würdig.

Um die Frage zu klären, habe ich die Peking-Bibliothek gebeten, sich in Deutschland danach zu erkundigen. Gemäß Auskunft der Deutschen Bibliothek in Frankfurt [am Main] in der Bundesrepublik Deutschland, ist die früheste deutsche Übersetzung der »Wahren Geschichte des A Q« der von =Herta Nan= und =*Richard Jung*= gemeinsam übersetzte Band =»Die wahre Geschichte von Ah Queh«=, der im Jahre 1954 beim =Paul List Verlag= in Leipzig in der Deutschen Demokratischen Republik erschienen ist, daß also zu Lebzeiten von Lu Xun keine deutsche Übersetzung erschienen ist.

Vor ein zwei Jahren haben mir die beiden Genossen *Bao Ziyan* und Wang Xirong, die am Kommentar zu den Tagebuchbänden der »Sämtlichen Werke von Lu Xun« mitarbeiten, sowie Yu Jihua und andere Genossen von der Lu-Xun-Gedenkstätte in Shanghai von einer neuen Entwicklung berichtet. Sie haben nämlich in den Tagebüchern von Lu Xun aus dem Oktober 1928 einen gewissen Liao Fujun (1895–1971) entdeckt, erstmals unter dem 7. Oktober mit der Eintragung »Brief von Liao Fujun erhalten«, am 8. mit »vormittags den Brief von Liao Fujun beantwortet«, am 9. »nachmittags Liao Fujun gekommen«; dann am 15. »Brief von Liao Fujun erhalten«, am 17. erneut »Liao Fujun und Lu Kesi gekommen, ihnen *"Blumen der Frühe am Abend gelesen"* und *"Benliu"* geschenkt"*. Ich wäre nicht auf die Idee gekommen, daß diese fünf kurzen Eintragungen mit der deutschen Übersetzung der »Wahren Geschichte des A Q« in Zusammenhang stehen könnte. Die Untersuchung hat ergeben, daß Liao Fujun zu diesem Zeitpunkt die »Wahre Geschichte des A Q« bereits ins Deutsche übersetzt hatte, die Übersetzung jedoch noch nicht erschienen war. Aus der Erinnerung berichtet Genosse Liao Zhongxu, ein Sohn von Liao Fujun, der am Deutschen Seminar des Instituts für Außenhandel in Peking arbeitet:

Mein Vater Liao Fujun wurde am 23. August 1895 in Zizhong in der Provinz Sichuan geboren und studierte zur Zeit des Ersten Weltkrieges in Deutschland. Nach seiner Rückkehr nach China im Jahre 1922 begann er sich in Shanghai im Selbststudium mit der chinesischen Literatur zu beschäftigen und sich für die Werke von Lu Xun zu interessieren. Nachdem er an der Tongji-Universität in Shanghai Deutsch unterrichtet hatte, begann er deshalb 1927, »Die wahre Geschichte des A Q« zu übersetzen und bat den Deutschen Lu Kesi, der damals Dozent an der Tongji-Universität war, die Übersetzung zu lektorieren. Weil er sie herausbringen wollte, schrieb er am 7. Oktober 1928 an Lu Xun, um einen Termin auszumachen, bei dem sie zusammen die Übersetzung der »Wahren Geschichte des A Q« besprechen könnten. Am 8. setzte Lu Xun in seinem Antwortbrief einen Gesprächstermin fest. Lu Xun willigte damals freudig ein, daß das Buch übersetzt werde. Der Inhalt des Briefes [meines Vaters] vom 15. ist mir nicht bekannt. Am 17. machte mein Vater zusammen mit Lu Kesi zum ersten Mal einen Besuch bei Lu Xun, der ihnen einige Bücher schenkte. Am Abend des selben Tages schrieb Lu Xun im Zusammenhang mit der Übersetzung seines eigenen Namens an meinen Vater, er selber benutzte die Umschrift =Lusin=. Später nahm Lu Kesi das Manuskript der Übersetzung nach Deutschland mit, um sie dort zu veröffentlichen, doch weder das Manuskript noch Lu Kesi selbst tauchten je wieder auf. So weit meine Erinnerung in dieser Sache.

Eine Krankheit nahm am 11. April 1971 meinen Vater hinweg. Die Asche seiner sterblichen Überreste ruht im Friedhof der Revolutionäre der Stadt Peking in Babaoshan.

Daraus läßt sich ersehen, daß in Tat und Wahrheit zu Lebzeiten von Lu Xun bereits eine deutsche Übersetzung der »Wahren Geschichte des A Q« existierte, daß sie außerdem aus der Hand des Chinesen Liao Fujun stammte, jedoch leider nicht erscheinen konnte. Was Lu Kesi betrifft, so ist lediglich bekannt, daß er damals an der Tongji-Universität in Shanghai unterrichtete. Sein deutscher Name könnte =Lukas= oder =Lukes= lauten.

In seinem Artikel »Die Errungenschaften der "Wahren Geschichte des A Q" vom Dezember 1926 erwähnt Lu Xun keine deutsche Übersetzung, denn zu diesem Zeitpunkt hatte Liao Fujun das Buch noch nicht übersetzt. Wenn er auch in seinen Antwortbriefen an Yao Ke und Prûšek keine Übersetzung erwähnt, so vermutlich deshalb, weil sie gar nie erschienen war. Deshalb muß die Übersetzung von Herta Nan und Richard Jung aus dem Jahre 1954 als früheste deutsche Fassung der »Wahren Geschichte des A Q« gelten. In unserem Land erschien 1974 im Verlag für fremdsprachige Literatur ein deutschsprachiger Band »Einige Erzählungen«, in dem auch »Die wahre Geschichte des A Q« übersetzt ist. Als dann 1979 die =Leibniz-Gesellschaft für kulturellen Austausch= in Berlin den Band =»Lu Xun: Zeitgenosse«= herausbrachte und darin, von Oskar von Törne übersetzt, =»Die wahre Geschichte des A Q«=, handelte es sich um eine erneute Übersetzung. [...]

A—*folgendes geschrieben* in: »Current History« Nr. 10, chin. Übers. durch Shi Fu, in: »Dangdai« [Gegenwart] Bd. 1, Nr. 1 (10.1927), später aufgenommen in »Intellectual Leaders of the Chinese Revolution«; Bartlett war am 11.6.1926 auf Vermittlung von Wei Congwu bei Lu Xun zu Besuch und lehrte im selben Jahr an der aus Reparationsgeldern von Missionaren errichteten »Yanjing daxue« (»Yenching University«) ¶ »Diese Erzählung...« ist vermutlich ein frei erfundener und aus Publizitätsgründen dem in China prominenten Romain Rolland zugeschriebener Kommentar von Jing Yinyu (1901–30); vgl. Dok. C015 und W004 ¶ *Matsuura Keizô* veröffentlichte 1931 eine Übersetzung in Buchform, ebenso *Lin Shouren* (der chinesische Name des japanischen Sinologen Yamagami Masayoshi), während früher schon mindestens zwei weitere japanische Übersetzungen in Zeitschriften erschienen waren ¶ *Edgar Snow* amerikanischer Journalist (1906–70), dessen Artikel »Lu Shun, Master of Pai-hua« als Einführung zu seiner Anthologie »Living China« (1937) nachgedruckt wurde ¶ *Xidi* Pseudonym von Zheng Zhenduo (1898–1958, aus Changle/Fujian), bedeutendster Literaturwissenschaftler im modernen China; seit 1921 mit Lu Xun in Kontakt, lange Zeit Mitherausgeber der wichtigen Literaturzeitschrift »Xiaoshuo yuebao« (»Short Story Magazine«), betreute in Shanghai die Buchreihe »Shijie wenku« (Weltliteratur) ¶ *Aufsatz über...* ist »"Nahan"« [Die Sammlung »Schlachtruf«], zuerst erschienen in »Wenxue zhoubao« Nr. 251

(21.11.1926) ¶ »*Wie "Die wahre Geschichte..."*« (»"A Q zhengzhuan" de chengyin«), dt. in: »Einsturz«, S. 59–64 ¶ *Yao Ke* (1905–91), aus Shexian/Anhui [andere: Yuhang/Zhejiang]), Übersetzer von »The Devil's Disciple« von G. B. Shaw und anderen Werken, Bühnenautor, mit Edgar Snow am Plan einer englischen Lu-Xun-Ausgabe beteiligt ¶ Jaroslav Průšek tschech. Sinologe; vgl. Dok. A026 und W007 ¶ *Richard Jung* ist ein Pseudonym des deutschen Sinologen Ulrich Unger (1930–), der bis 1995 in Münster Professor war und durch eine »Einführung in das Klassische Chinesisch« (2 Bde., Wiesbaden: Harrassowitz 1985) bekannt geworden ist ¶ *Bao Ziyan* ist Verfasser der »Notizen zu den "Tagebüchern von Lu Xun"« (»"Lu Xun riji" zhaji«, Changsha: Hu'nan renmin chubanshe 1980) ¶ *Lu Kesi* ist der chinesische Name eines bisher nicht identifizierten Deutschen, der gemäß damals verbreiteten Transkriptionsformen entgegen der weiter unten im Text geäußerten Vermutung »Lukas« genauso gut »Lux« oder »Karl Siegfried Ludwig« heißen könnte ¶ »*Blumen der Frühe am Abend gelesen*« (»Zhao hua xi shi«) ist ein 1928 erschienener Sammelband mit Reminiszenzen von Lu Xun und »*Benliu*« eine von ihm zusammen mit Yu Dafu (1895–1945) ab Juni 1928 bis im folgenden Jahr herausgegebene literarische Monatszeitschrift ¶ »*Einige Erzählungen*« lehnt sich an die englische Version in »Selected Works« (4 Bde., Peking: Foreign Languages Press 1956–61, NA 1980) von Dai Naidie (d.i. Gladys Yang) und Yang Xianyi (1915–, aus Sixian/Anhui) sowie an die hier nicht erwähnte Übersetzung von Joseph Kalmer (1898–1959) in »Die Reise ist lang. Gesammelte Erzählungen« (Düsseldorf: Progress 1955) an, die von Oskar von Törne für den im Text weiter unten angeführten Band »Lu Xun: Zeitgenosse« überarbeitet wurde

Q — Ge Baoquan 戈寶權 »Tan Lu Xun shengqian "A Q zhengzhuan" you wu Dewen yiben« 談魯迅生前《阿Q正傳》有無德文譯本 in: »*A Q zhengzhuan*« zai guowai 《阿Q正傳》在國外 Beijing: Renmin wenxue chubanshe 9.1981, S. 83–6

L — Ge Baoquan 戈寶權 *Lu Xun zai shijie wenxue shang de diwei* 魯迅在世界文學上的地位 [Der Platz von Lu Xun in der Weltliteratur], Xi'an: Shaanxi renmin chubanshe 7.1981 ¶ Maruyama Noboru 丸山昇 »Lu Xun in Japan«, in: *Lu Xun and His Legacy*, Hg. Leo Lee Ou-fan [Li Oufan 李歐梵], Berkeley/CA: University of California Press 1985, S. 216–41 ¶ Kreissler, Françoise: *L'action culturelle allemande en Chine*, Paris: Éditions de la Maison des sciences de l'homme 1989 ¶ Bieg, Lutz: »Lu Xun im deutschen Sprachraum« & »Verzeichnis der Primär- und Sekundärliteratur [...]«, in: *Aus dem Garten der Wildnis. Studien zu Lu Xun*, Hg. Wolfgang Kubin, Bonn: Bouvier 1989 (= Studium Generale 11), S. 177–215 ¶ Ge Baoquan: *Zhong-wai wenxue yinyuan. Ge Baoquan bijiao wenxue lunwenji* 中外文學因緣——戈寶權比較文學論文集 [Haupt- und Nebenursachen chinesisch-westlicher Literaturbeziehungen. Gesammelte komparatistische Aufsätze], Beijing: Beijing chubanshe 7.1992 ¶ Cao Weidong 曹衛東 »Deyu shijie de Lu Xun yanjiu« 德語世界的魯迅研究 [Die Lu-Xun-Forschung im deutschsprachigen Raum], in: *Lu Xun yanjiu yuekan* 魯迅研究月刊 Nr. 122 (6/1992), S. 33–7

Peking

1921 · 12   Dokument B007

Cheng Shifa: Illustration zur »Wahren Geschichte des A Q«
Abbildung S. 187

*Keiner der Texte von Lu Xun hat so zur bildnerischen Darstellung angeregt wie die
»Wahre Geschichte des A Q«. Sie wurde nicht nur verfilmt, sondern auch besonders
häufig mittels traditioneller darstellerischer Techniken illustriert — und dies, obwohl
ihr Protagonist deutlich als Phänotyp chinesischen Sozialverhaltens erkennbar ist,
das Lu Xun in seinem Text radikal angreift. Ein Beispiel dafür sind die 1963 von
der Kunstakademie in Shanghai herausgegebenen Tuschemalereien von Cheng Shifa
(1921–, aus Songjiang/Shanghai), aus denen hier die Illustration zur gleichen Szene
wie im vorigen Bild erscheint, wo A Q sich selbst ohrfeigt: »Ihm schien, er sei der
Schlagende, der Geschlagene aber sei ein anderes Selbst.« (LXW Bd. 1, S. 115).*

Q — Cheng Shifa 程十髮 *A Q zhengzhuan yilingba tu* 阿Q正傳一零八圖 [108 Illustrationen zur
»Wahren Geschichte des A Q«; 1963], Xianggang: Nantong tushu gongsi 8.1973, Nr. 22

L — Huang Mengtian 黃蒙田 *Lu Xun yu meishu* 魯迅與美術 [Lu Xun und die Bildende Kunst],
Xianggang: Daguang chubanshe 12.1977 ¶ Cheng Shifa und Cheng Duoduo 程多多 *Shangshi (Lu
Xun xiaoshuo lianhuanhua)* 傷逝（魯迅小說連環畫） [Unwiederbringlich. Die Erzählung von Lu
Xun als Bildergeschichte; 34 Comics, dt. Text in: LXW Bd. 2, S. 146–75], Shanghai: Renmin meishu
chubanshe 2.1982

1922 · 1 · 28	Zhonghua minguo 11	Bringt die Redaktionsarbeiten an den »Gesammelte Kindergeschichten von Eroŝenko« mit in Esperanto verfassten Stücken des mit ihm befreundeten russichen Schriftstellers und Lyrikers Vasilij Eroŝenko (1889 bis 1952) zum Abschluß und schreibt ein Vorwort dazu. Unter den Übers. durch Hu Yuzhi, Wang Fuquan u.a. stammen neun von Lu Xun. Der Band erscheint im Juli beim Verlag Shangwu yinshuguan (»Commercial Press«) in der Reihe »Wenxue yanjiuhui congshu« [Reihe der Literarischen Studienvereinigung].
1922 · 2 · 9		Schreibt die Abhandlung »Gu "Xueheng"« [Kritische Würdigung von »Xueheng«], eine von Wu Mi (1894–1978, aus Jingyang/Shaanxi) 1921–33 herausgegebene kulturkonservative Zeitschrift.
1922 · 2		Macht erneute Korrekturen an *Xi Kang ji.*

Cheng Shifa: Illustration zur »Wahren Geschichte des A Q«
Text S. 186

1922 · 5		Übersetzt den Roman »Der Arbeiter Ševyrëv« von Michail P. Arcybašev (1878–1927), der in der Reihe »Wenxue yanjiuhui congshu« erscheint und im Juni 1926 beim Verlag Beixin shuju in Reihe »Weiming congshu« [Namenlose Reihe] neu aufgelegt wird.
1922 · 5	Zhonghua minguo 11 · 5	Übersetzt zusammen mit seinen Brüdern Zhou Zuoren und Jianren die Texte zu den »Gesammelten Übersetzungen moderner Erzählliteratur« in der Reihe »Shijie congshu« [Sammlung der Welt]. Neun Erz. von Arcybašev, Čirikov u.a. sind von LX übersetzt.
1922 · 6		Erz. »Duanwu jie« [Das Drachenbootfest] (dt. in: *LXW* Bd. 1, S. 165–78), »Baiguang« [Ein heller Glanz; dt. in: *LXW* Bd. 1, S. 179–87].
1922 · 7		Übersetzt »Traum eines jungen Mannes« (1919) des Japaners Mushanokôji Saneatsu, erscheint in der Reihe »Wenxue yanjiuhui congshu«. Im Juli 1927 wird der Band beim Verlag Beixin shuju in Shanghai in der Reihe »Weiming congshu« neu aufgelegt.
1922 · 10		Erz. »Tu he mao« [Die Geschichte von den Kaninchen und der Katze; dt. in: *LXW* Bd. 1, S. 188–95], »Ya de xiju« [Eine Entenkomödie; dt. in: *LXW* Bd. 1, S. 196–200], »Shexi« [Eine Oper auf dem Land; dt. in: *LXW* Bd. 1, S. 201–18].
1922 · 10		Dokument B012

Feng Zikai: Illustration zu »Eine Oper auf dem Land« (1937)
Abbildung S. 191

Der Schriftsteller, Essayist, Maler und Zeichner Feng Zikai (1898–1975, aus Tong-
xiang/Zhejiang) kann als eines der vielseitigsten Talente in der modernen literarischen
Szene Chinas gelten, vor allem deshalb, weil er sich erfolgreich um eine Synthese
traditioneller und westlicher bildnerischer Ausdrucksmittel bemüht hat. — Die
Illustrationen zur »Wahren Geschichte des A Q« sind 1937 in Hangzhou entstanden,
diejenigen zu weiteren bekannten Erzählungen von Lu Xun um 1949. Zwei davon
sind hier zusammen mit dem Text einer chinesisch-englischen zweisprachigen
Ausgabe wiedergegeben. In deutscher Übersetzung lautet die betreffende Textstelle
auszugsweise wie folgt: »"Unmittelbar vor der Bühne ist kein Platz mehr frei. Wir
müssen von weitem zuschauen", meinte Afa. / Das Boot fuhr nun noch langsamer,

und gleich darauf waren wir angekommen. [...] Uns blieb nichts anderes übrig, als wie alle anderen die Riemen ruhen zu lassen und noch weiter weg vom Schrein des Erdgottes festzumachen, der sich direkt gegenüber der Bühne befand. [...] / Während wir in aller Eile das Boot vertäuten, sahen wir auf der Bühne einen Mann mit langem schwarzem Bart und einem Speer in der Hand. Auf seinem Rücken waren vier Fähnchen aufgesteckt, er war in einen Kampf mit mehreren Leuten mit entblößtem Oberkörper verwickelt.« (LXW Bd. 1, S. 211) *Der erwähnte Schrein des Erdgottes befindet sich in der Bildmitte. Die Bootsform mit verschiebbaren geflochtenen Dachelementen, die häufig als Regenschutz dienen, ist für die Gegend des unteren Yangzi-Beckens charakteristisch und auf dem dichten Kanalnetz der Region heute noch in Gebrauch. Die Numerierung der Abschnitte stammt von Feng Zikai.*

Q — Feng Zikai: *Feng Zikai huabi xia de Lu Xun xiaoshuo xuan* 豐子愷畫筆下的魯迅小説選 <Cartoons of Lu Hsun's Selected Stories by Feng Tzû-k'ai> [Huihua Lu Xun xiaoshuo 繪畫魯迅小説 1949], Xianggang: Zhongliu chubanshe 9.1976, S. 296–7

L — Dokument W001

1922 · 10   Dokument B013

Boote in Shaoxing (Photographie, 1993)
Abbildung S. 193

»Luzhen« (»Marktflecken von Lu«), die Aufschrift auf den hier gezeigten Booten, ist der Name eines fiktiven Ortes, den Lu Xun in mehreren Texten für Shaoxing eingesetzt hat. »Lu« ist nicht nur Heimatstaat des Konfuzius (in der heutigen Provinz Shandong), sondern auch die erste Silbe des Schriftstellernamens von Lu Xun, bezogen aus dem Familiennamen seiner Mutter Lu Rui. — Die Aufnahme entstand 1993 in Shaoxing, nahe des zu Ehren von Lu Xun in »Luzhen« umbenannten Lokals, Vorbild im Text »In einer Weinschenke« (LXW Bd. 2, S. 35–50).

Q — R.D.F.: Archiv Nr. 3481/24, 27.12.1993

1922 · 11 · 17	Zhonghua minguo 11	Essay »Fandui "hanlei" de pipingjia« [Gegen die Kritiker »mit Tränen in den Augen«] als Apologie für den Liebeslyriker Wang Jingzhi (1902–96, aus Jixi/Anhui).
1922 · 11		Schreibt aus historischem Stoff Erz. »Bu Zhoushan«, später umbenannt in »Bu tian« [dt. als »Die Nachfahren der Göttin«, in: *LXW*, Bd. 4, S. 11–25]

Feng Zikai: Illustration zu »Eine Oper auf dem Land« (1937)
Text S. 189

Boote in Shaoxing (Photographie, 1993)
Text S. 190

1922 · 12 · 3	Zhonghua minguo 11	Stellt den Sammelband *Nahan* [Schlachtruf] zusammen, der im August 1923 in der Reihe »Wenyi congshu« [Kunst und Literatur] beim Verlag Xinchao she in Peking erscheint.
1923 · 6	Zhonghua minguo 12 · 6	Übersetzt zusammen mit Zhou Zuoren u.a. elf Erzählungen von Mori Ôgai (1862–1922) u.a., die im Sammelband *Xiandai Riben xiaoshuo ji* [Moderne japanische Erzählungen] beim Verlag Shangwu yinshuguan in der Reihe »Shijie congshu« veröffentlicht werden.
1923 · 7		Übersetzt aus dem Esperanto von Vasilij Erošenko »Pfirsichfarbene Wolke«, ersch. als *Taose de yun* bei Xinchao she in Peking in der Reihe »Wenyi congshu«.
1923 · 7		Bricht sämtliche Beziehungen zu seinem Bruder Zhou Zuoren und dessen Familie ab.
1923 · 8 · 2		Zieht zusammen mit Ehefrau und Mutter aus dem gemeinsamen Haushalt mit Zhou Zuoren in der Straße Badaowan Nr. 11 um in ein Mietshaus an der Gasse Zhuanta hutong Nr. 61
1923 · 8 · 2		Dokument B027

Grundriß des Hauses Zhuanta hutong Nr. 61 in Peking
Abbildung S. 197

Erläuterungen zum Grundriß des Hauses

1. Das Innere des Hofes und die Zimmereinteilung

A   Eingangstor
B   Schlafzimmer der Schwiegermutter von Lu Xun
C   Empfangs-, Schlaf- und nächtliches Arbeitszimmer von Lu Xun, sowie Esszimmer für die ganze Familie
D   Schlafzimmer von Zhu An, Ehefrau von Lu Xun
E, F   Wohnzimmer unserer drei Schwestern

G   Schlafzimmer der Kinderfrau von Lu Xuns Familie, Mama Wang, und unserer Kinderfrau, Mama Qi
H   Küche, von beiden Familien gemeinsam benutzt
I   Hühnerstall
J   Toilette

Peking

K   Mauer
L   kleiner Erdhügel
M   Innenhof (wörtlich »Himmelsbrunnen«)

2. Die Einrichtung in den Zimmern der Familie von Lu Xun
1   Bett der Schwiegermutter
2   kleiner Schrank
3   Schreibtisch mit drei Schubladen, tagsüber Arbeitstisch von Lu Xun
4   Korbstuhl
5   Tisch mit zwei Schubladen
6   Kommode
7   Kasten
8   Nachttopf
9   Holzbecken zum Händewaschen
10   Holzbett von Lu Xun
11   Bücherkasten
12   Kleiderregal (über 5 Zoll hoch)
13   Tisch mit zwei Schubladen oder Bücherregal (nicht mehr genau in Erinnerung)
14   Riegel und Kleiderständer hinter der Tür
15   kleiner Wassertopf
16   Waschtisch
17   niedriger Tisch [wörtlich »Acht-Genien-Tisch«]
18   Nachttopf, mit Fäkalienbehälter außerhalb
19   Holzbecken
20   Stoffvorhang
21   Bett der Ehefrau von Lu Xun
22   Fußbrett
23   Teebord am Kopfende des Bettes
24   Korbstuhl
25   Kommode
26   Chaiselongue aus Korbgeflecht oder Holz (nicht genau erinnerlich)
27   großer *Kang* (von *Mama Wang* und Mama Qi gemeinsam benutzt)
28   großer Holzschrank (von Mama Wang und Mama Qi gemeinsam für Kleider benutzt)
29   Eßtisch der Familie von Lu Xun
30   Wasserkessel der Familie von Lu Xun
31   Kochherd der Familie von Lu Xun

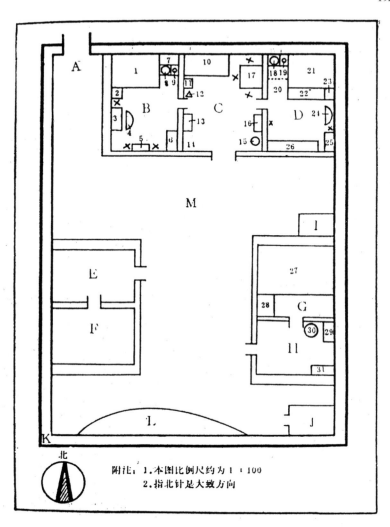

Grundriß des Hauses Zhuanta hutong Nr. 61 in Peking
Text S. 195

Anmerkung: Die Familie von Lu Xun bewohnte die drei nördlichen Zimmer, in denen sich insgesamt acht Stühle befanden. Die am meisten benutzten sind mit einem »X« gekennzeichnet, doch mußten sie manchmal verschoben werden.

A — *Kang* aus Ziegeln gemauerte heizbare Schlafbank ¶ *Mama Wang* ist Wang Ahua aus Shaoxing

Q — Yu Fang 俞芳 *Wo jiyi zhong de Lu Xun xiansheng* 我記憶中的鲁迅先生 Hangzhou: Zhejiang renmin chubanshe 10.1981, S. 45–7

1923 · 7 Zhonghua minguo 12 · 7 Nimmt einen Lehrauftrag an der Höheren Lehrerinnenbildungsanstalt von Peking *(Beijing nüzi gaodeng shifan xuexiao)* an.

1923 · 9 · 20 Dokument C003

Anon.: Die Gründung der Esperanto-Fachschule in Peking

Im Rahmen seines Konzepts von »Weltliteratur« unterstützte Lu Xun auch die Verbreitung des Esperanto in China als effizientes Mittel gegen die Unkenntnis der Schrift und vorläufige Alternative zu sprachreformerischen Schritten, und damit als aufklärerisches Vehikel. Schließlich sollten Esperanto-Kenntnisse auch den Zugang zu anderen Literaturen erleichtern. Die Esperanto-Bewegung, zunächst eine an der Universität Peking im Oktober 1919 gegründete Vereinigung namens Esperanto Instituto, war im kulturellen Bereich sehr aktiv und lud zahlreiche ausländische Schriftsteller zu Lesungen ein, unter ihnen auch George Bernard Shaw. Ausdruck von Lu Xuns Engagement ist seine zweieinhalbjährige Lehrtätigkeit an der Esperanto-Fachschule in Peking 1923–25. Ein weiterer persönlicher Bezugspunkt ist die Freundschaft mit dem ukrainischen Lyriker Erošenko, der mehrmals längere Zeit in Peking weilte und von dessen in Japanisch und Esperanto niedergeschriebenen Werken Lu Xun mehrere übersetzte.

Die Esperanto-Schule in Peking ist die erste ihrer Art in China und findet daher in allen Kreisen ausnahmslos besondere Aufmerksamkeit. Weil die Unterrichtsräume am *Zhongguanfang* zu klein wurden, ist die Schule inzwischen an ihre neue Adresse *Jinshifangjie Mengduan hutong* Nr. 39 im Bezirk Weststadt gezogen. Alles ist renoviert und zur vollsten Zufriedenheit ausgefallen, und die Weltvereinigung für Esperanto in Genf in der Schweiz wurde telegraphisch über den neuesten Stand unterrichtet, wobei gleichzeitig

Peking

Erošenko gebeten wurde, auf schnellstem Wege zurückzukehren, um zu unterrichten. Das Amt des Schuldirektors wird, weil *Cai Jiemin* im Ausland weilt, vorübergehend von Professor *Tan Zhongkui* wahrgenommen. Nach dem ersten Aufruf, sich anzumelden, rissen sich die Studenten geradezu darum, die Zulassungsprüfung abzulegen, und es schrieben sich 86 Männer und 7 Frauen als Studenten ein. Wie weiter verlautet, dauert die zweite Einschreibfrist vom 8. bis 25. August. Anmeldungen sind zu richten an die Adresse der Schule im Bezirk Weststadt.

A — *Zhongguanfang* Straße nordöstlich des Beihai-Parks ¶ *Jinshifangjie Mengduan hutong* Gasse südlich des Stadttors Fuchengmen innerhalb der Mauern ¶ *Erošenko*, Vasilij Jakovlevič (1889–1952), blinder Lyriker und Kinderbuchautor aus der Ukraine, der 1921 nach China kam und im Jahre 1922 bei Lu Xun in Peking wohnte, als er in der Esperanto-Klasse der Universität Peking unterrichtete, Teilnehmer am 14. Internationalen Esperanto-Kongress in Finnland 1923, dann Rückkehr in die Sowjetunion über Peking; einige seiner Werke von Lu Xun ins Chinesische übersetzt ¶ *Cai Jiemin* d.i. Cai Yuanpei (1868–1940), Landsmann von Lu Xun aus Shaoxing/Zhejiang, Erzieher und prominenter Unterstützer der »neuen Kultur« und damit auch der Esperanto-Bewegung, als Erziehungsminister, später als Rektor der Universität Peking oberster Vorgesetzter von Lu Xun; reiste nach Rücktritt vom Rektorat 1923–26 durch Europa und hielt sich u.a. längere Zeit am »Institut Franco-chinois« in Lyon auf ¶ *Tan Zhongkui* eig. Tan Xihong (1892–?, aus dem heutigen Suzhou/Jiangsu) in der provisorischen Regierung von Nanjing ab 1912 Sekretär für Fragen der Elektrizität, nach Studium in den USA Direktor der Biologie-Abteilung an der Universität Peking

Q — »Beijing chuangban zhi Shijieyu zhuanmen xuexiao« 北京創辦之世界語專門學校 in: *Jiaoyu zazhi* 教育雜誌 Bd. 15, Nr. 9 (Shanghai, 20.9.1923); in: *Lu Xun yanjiu ziliao* 魯迅研究資料 Bd. 14, Tianjin: Renmin wenxue chubanshe 11.1984, S. 474–5

L — [Erošenko, Vasilij J.:] *Ailuoxianke tonghua ji* 愛羅先軻童話集 [Gesammelte Kindergeschichten von Erošenko], Übers. Lu Xun, Shanghai: Shangwu yinshuguan 7.1922 (= Wenxue yanjiu hui congshu) ¶ ders.: *Taose de yun* 桃色的雲 [Pfirsichfarbene Wolke], Übers. Lu Xun, Beijing: Xinchao she 7.1923 ¶ Fu Zhenlun 傅振倫 *Fundamenta Vortaro Esperanta trilingva. Ying-Han shuangjie jiben shijieyu zidian* 英漢雙解基本世界語字典 [Grundwortschatz Esperanto. Dreisprachig mit Erklärungen in englischer und chinesischer Sprache], Shanghai: Minzhi shuju <La Inteligenteco Prosejo> 5.1927 ¶ Lu Sin [Lu Xun]: *Elektitaj noveloj, tiu ĝi libro estas la unua volumo de la ĝina antologio* [Ausgewählte Erzählungen. Dieses Buch ist der erste Band der Anthologie zu China], Hongkong: Orienta kuriero kaj vocôj el Oriento 1939 ¶ Vancztin [?]: »Lu Xun zai shijieyu zhong — yi ge hao xiaoxi« 魯迅在世界語中———個好消息 [Eine gute Nachricht: Lu Xun auf Esperanto], in: *Lu Xun feng* 魯迅風 Nr. 12 (Shanghai, 5.4.1939), S. 134 ¶ Shao Bin 邵斌 »Shijieyu zai Zhongguo« 世界語在中國 [Esperanto in China], in: *Xinhua yuebao* 新華月報 Nr. 502 (8/1986), S. 151–2

1923 · 10 · 13	Zhonghua minguo 12	Beginnt seine Lehrtätigkeit mit Vorlesungen über die Geschichte der chinesischen Erzählliteratur und über Kunsttheorie.
1923 · 9 · 17 – 1925 · 3		Lehrt an der Fachschule für Esperanto in Peking (Shijieyu zhuanmen xuexiao) und hält dort ebenfalls Vorlesungen über die Geschichte der chinesischen Erzählliteratur.
1923 · 12 · 11		Gibt den ersten Teil (Kap. 1–15) von *Zhongguo xiaoshuo shilüe* [Kurze Geschichte der chinesischen Erzählliteratur] heraus, der in Peking beim Verlag Xinchao she erscheint.
1923 · 12 · 26		Hält den Vortrag »Nala zouhou zenyang« [Nora auf und davon] an der Höheren Lehrerinnenbildungsanstalt in Peking (dt. in: *LXW* Bd. 5, S. 225–34).
1924 · 1 · 17	Zhonghua minguo 13	Hält den Vortrag »Wei you tiancai zhi qian« [In Erwartung des Genies] vor dem Freundeskreis der Mittelschule an der Höheren Lehrerbildungsanstalt von Peking *(Shifan daxue fushu zhongxuexiao youhui).*
1924 · 1 · 17		Dokument A005

Lu Xun: Ein Witz über einen »Witz«

In der folgenden Zeitungsglosse polemisiert Lu Xun gegen restaurative Tendenzen der Geschichtsschreibung. Solche richteten sich gegen die aufsehenerregende Spekulation von Historikern wie Qian Xuantong (1887–1939, aus Wuxing/Zhejiang, mit dem Beinamen »Zweifler am Altertum«), der damals mit Lu Xun eng befreundet war, und Gu Jiegang (1893–1980, aus Wuxian/Jiangsu), die überlieferte Datierung der traditionellen Geschichtsschreibung sei empirisch unhaltbar. Zwei Vaterfiguren der chinesischen Überlieferung stehen im Text im Vordergrund, aus dem Lu Xun eine Parabel über das Verhältnis zu einer auf falschen Annahmen begründeten Tradition macht. Er verdeutlicht überdies, wie in Diskussionen der Gegner häufig weniger mit »Witzen« angegriffen als lächerlich gemacht wurde.

Die »*Systematisierung* des nationalen Erbes« ist ein Vortrag, den Herr *Fan Zhongyun* an der Nankai-Universität [in Tianjin] gehalten hat, aber ich habe nur Auszüge daraus in der Zeitung gelesen. Im dritten Abschnitt steht:

»Kürzlich hat ein unverbesserlicher Skeptiker behauptet, *Yu* sei kein Personenname, sondern der Name eines Insekts. Ich weiß nicht, welchen tatsächlichen Beweis er dafür hat. Um es als Scherz zu formulieren: Wer kann behaupten, mit eigenen Augen deutlich gesehen zu haben, wie er aus dem Mutterleib gekommen ist? Wie sollte er dann nicht daran zweifeln, wer seine Eltern sind?«

Im vierten Abschnitt stehen folgende Sätze:

»Bei den Alten gab es zwei Arten, Bücher herauszubringen: 1. unter dem Namen eines Heiligen aus dem Altertum; 2. etwas wurde erst nach dem Tode des Betreffenden in Druck gegeben. Die erste Sorte ähnelt *Lü Buwei*, der eine Schwangere ausschickte, tatsächlich jedoch den Königsthron raubte…«

Ich werde nun ebenfalls einen Witz erzählen: Das Verhalten von Lü Buwei ist der Beweis dafür, warum jemand »sogar daran zweifeln kann, wer seine Eltern sind«.

A — »*Systematisierung*…« »Zhengli guogu« ¶ *Fan Zhongyun* (1893–1969) Historiker aus Shaoxing/Zhejiang, vor 1917 Mitpensionär von Lu Xun im »Shaoxing xiangguan«, dann Professor an der Nankai-Universität, Autor von »Zhongguo tongshi jianbian« [Kurzgefaßte allgemeine Geschichte Chinas] ¶ *Yu* legendärer Gründer der Xia-Dynastie (21.–16. Jh. v.u.Z.), dem die Organisation der Bewässerung zugeschrieben wird und dem eine Grabanlage in der Umgebung von Shaoxing gewidmet ist (vgl. »Die Bezwingung der Wasser«, in: »LXW« Bd. 4, S. 44–69) ¶ *Lü Buwei* (?–235 v.u.Z.) war ein reicher Händler zur Zeit der Streitenden Reiche, der auf der Durchreise im Staat Zhao einem dort als Geisel gefangen gehaltenen illegitimen Nachkommen des aufstrebenden Qin-Herrschers eine seiner Konkubinen verkaufte, die bald darauf den späteren politischen Einiger Chinas Qin Shihuang gebar, dessen »Stiefvater« und mutmaßlich leiblicher Vater Lü Buwei nach dem Tode des Prinzen als Kanzler eine gemäßigte Prosperitätspolitik betrieb, bis ihn Qin Shihuang umbringen ließ

Q — Fengsheng 風聲 [Pseudon.]: »Duiyu "xiaohua" de xiaohua« 對於 "笑話" 的笑話 in: *Chenbao fukan* 晨報副刊 Beijing 17.1.1924; in: *LXQJ* Bd. 8, S. 127

1924 · 1 · 23   Dokument A006

Lu Xun: Ein seltsamer Kalender

Dafür, wie sich das Verhältnis zur Tradition im Alltag niederschlägt, ist der Kalender ein symbolisch stark aufgeladenes Beispiel. So wie im Kaiserreich die Legitimation staatlicher Autorität unmittelbar besiegelt wurde durch einen zutreffenden Kalender und sich deshalb die Kaiser der Mithilfe von Jesuiten versicherten, um noch genauere astronomische Berechnungen herzustellen, beanspruchte die provisorische Regierung in Nanjing, die Stellung des chinesischen Menschen in der Zeit zu regeln, als sie am 2. Januar 1912 (also einen Tag nach Ausrufung der Republik) alle Provinz-verwaltungen telegraphisch anwies, künftig nur noch den gregorianischen Sonnen-kalender zu verwenden. In diesem Sinne hat Lu Xun in vielen seiner Vor- und Nachreden (vgl. auch den Beginn von »Geschichten vom Haar«, in: LXW Bd. 1, S. 69) das Verhältnis zum Datum und insbesondere zum traditionellen Mondkalender als Barometer für den Zeitgeist und den Grad seiner Emanzipation zur Rede gebracht, so auch in der folgenden Zeitungsglosse.

Letztes Jahr habe ich für 2 *Jiao* 5 *Fen* in Silberwährung einen Kalender gekauft. Er ist bei einem Verlag »Kuihua shuju« in Shanghai gedruckt worden. Der Druck war schlecht leserlich, weil dünnes Papier verwendet worden war. Ich hängte ihn einfach an meinen Schrank.

Seit dem 1. Januar dieses Jahres reiße ich Tag für Tag ein Blatt ab, bis heute, wo ich plötzlich etwas Seltsames entdeckte. Ich werde jetzt unten [die Eintragungen zu] sieben Tagen daraus abschreiben:

23. Januar	*Yaori* Erde	Mittwoch	geeignet für Opfergaben, Treffen mit Verwandten und Freunden sowie für Eheschließungen
24. "	Yaori Metall	Donnerstag	geeignet für Bad und Hausputz
25. "	Yaori Metall	Freitag	geeignet für Opfergaben
26. "	Yaori Feuer	Samstag	
27. "	Yaori Feuer	Sonntag	geeignet für Opfergaben
28. "	Yaori Wasser	Montag	geeignet für Bad und Haarschnitt
29. "	Yaori Wasser	Dienstag	

Darauf blätterte ich den ganzen Kalender bis zum 31. Dezember durch und fand nirgends einen Yaori Sonne oder Mond.

Obwohl er bestimmt noch nicht überall wirklich verbreitet ist, so sind es doch inzwischen ganze 13 Jahre her, seit die Republik China den Sonnen-kalender verwendet. Ein so merkwürdiger Kalender, scheint mir, ist allerdings sogar früher nicht herausgekommen. Nicht nur Ausdrücke wie »geeignet für einen Haarschnitt« zeigen eigentlich nur, daß Jahr über Jahr wirre und widersinnige Vorstellungen weiterbestehen.

A — 2 *Jiao* 5 *Fen* entspricht 2/10 und 5/100 Silberdollar ¶ *Yaori* eigentlich »Himmelskörpertag«, auf das alte Babylon zurückgehende und im Japanischen (mit »yôbi«) bis heute gebräuchliche Methode zur Bezeichnung der Wochentage im traditionellen Mondkalender, wo die Tage nach

Peking

der Sonne (Sonntag), dem Mond (Montag) und den fünf Elementen (oder Wandlungsphasen) Feuer (Dienstag), Wasser, Holz, Metall und Erde (Samstag) benannt sind; im seit 1912 offiziellen Sonnenkalender sind die Wochentage mit Ausnahme des Sonntags durchnumeriert, also »Wochentag 1« (Montag) bis »Wochentag 6« (Samstag)

Q — »Qiguai de rili« 奇怪的日歷 in: *Chenbao fukan* 晨報副刊 27.1.1924; in: *LXQJ* Bd. 8, S. 128–9

1924 · 2 · 7	Zhonghua minguo 13	Erz. »Zhu fu« [Das Neujahrsopfer; dt. in: *LXW* Bd. 2, S. 9–34].
1924 · 2 · 16		Erz. »Zai jiulou shang« [In einer Weinschenke; dt. in: *LXW* Bd. 2, S. 35–50].
1924 · 2 · 18		Erz. »Xingfu de jiating« [Eine glückliche Familie; dt. in: *LXW* Bd. 2, S. 51–61].
1924 · 3 · 22		Erz. »Feizao« [Die Sache mit der Seife; dt. in: *LXW* Bd. 2, S. 62–77].
1924 · 5 · 25		Zieht von der Gasse Zhuanta hutong Nr. 61 um nach Xisantiao Nr. 21, Fucheng mennei.
1924 · 5 – 6		Unterrichtet an der Internationalen Sprachschule *(Guoji yuyan xuexiao)*.
1924 · 6 · 1 – 8		Macht erneut Korrekturen zu *Xi Kang ji*.
1924 · 6 · 10		Schreibt eine Vorrede zu *Xi Kang ji* und verfaßt um die gleiche Zeit »"Xi Kang ji" yiwen kao« [Historisch-kritischer Kommentar zu den Textquellen für die »Gesammelten Werke von Xi Kang«] und »"Xi Kang ji" zhulu kao« [Historisch-kritischer Kommentar zu den Aufzeichnungen über den Verfasser,der »Gesammelten Werke von Xi Kang«].
1924 · 6 · 20		Teil 2 (Kap. 16–28) von *Zhongguo xiaoshuo shilüe* [Kurze Geschichte der chinesischen Erzählliteratur] erscheint in Peking beim Verlag Xinchao she. Der Verlag Beixin shuju bringt im September 1925 beide Teile in einem Band heraus.
1924 · 7 · 7 – 8 · 4		Hält auf Einladung der Nordwest-Universität *(Xibei daxue)* und des Erziehungsamtes der Provinz Shaanxi *(Shaanxi sheng jiaoyuting)* in Xi'an im Rahmen einer Sommer-Vortragsreihe elf Vorlesungen mit dem Thema »Wendepunkte in der Geschichte der chinesischen Erzählliteratur«.

1924 · 8 · 12	Zhonghua minguo 13	Beginnt die Niederschrift der lyrischen Prosastücke »Qiuye« [Herbstnacht] u.a., die später in die Sammlung *Yecao* [Wilde Gräser] eingehen (dt. in: LXW Bd. 5, S. 82–175).
1924 · 9 · 22 – 10 · 10		Übersetzt das kunsttheoretische Werk *Kumo no shochô* [Symbole der Trauer] von Kuriyagawa Hakuson (1880 bis 1923), das im Dezember in Peking beim Verlag Xinchao she in der Reihe »Weiming congkan« erscheint.
1924 · 10 · 28		Essay »Lun Leifengta de daodiao« [Gedanken zum Einsturz der Leifeng-Pagode; dt. in: *LXW* Bd. 5, S. 265–72].
1924 · 11 · 11		Dokument L004

Theodor Lipps: Die sittlichen Grundmotive und das Böse (1899)

Zu den deutschen Autoren, mit denen Lu Xun sich beschäftigt hat, gehört auch der Philosoph und Psychologe Theodor Lipps (1851–1914). In dessen Sammlung von Volkshochschulvorträgen Die ethischen Grundfragen *konnte Lu Xun eine Passage finden, wo im Anschluß an sozialdarwinistische Überlegungen das Phänomen der Macht psychologisch und schließlich moralisch gefaßt wird. Dabei kommen eine Reihe der Schlüsselbegriffe vor, mit denen Lu Xun sein ethisch legitimiertes hierarchisches Sozialmodell versehen hat. In einem Feuilleton aus dem Jahre 1924 referiert Lu Xun daraus Stellen, die sich der auch ihm vertrauten Terminologie »Herren- und Sklavenmoral« von Nietzsche bedienen. Ebenso war Lu Xun aus der konfuzianischen Sozialethik der »Edle« (junzi) natürlich vertraut. Den »wahren Menschen« (der dem von Lipps hier skizzierten Begriff sehr nahe kommt) hat Lu Xun von seinen frühesten Veröffentlichungen an als Inkarnation seines künstlerischen und sozialethischen Ideals an postuliert und ihm über die Jahrzehnte hinweg unterschiedliche sprachliche Formen gegeben vom* zhenren *über den* zhen de ren *bis hin zum »vollständigen Menschen« (wanquan de ren). — Obwohl sich der Band nicht mehr in der Bibliothek von Lu Xun befindet, muß ihm die Originalausgabe zugänglich gewesen sein, denn er bedauert am Rande, daß die 1920 erschienene chinesische Übersetzung unvollständig sei. Im übrigen waren Lu Xun mit Sicherheit kunstpädagogische Schriften von Lipps bekannt, so* Psychologie des Schönen und der Kunst *(1903) und seine* Ästhetik *(2 Bde., 1903/06).*

Der Edle, so dürfen wir sagen, der Große, der Freie, die stolze Natur, will, daß andere edel, groß, frei seien, und so sich fühlen können. Er achtet jede

Tüchtigkeit, jede Ehrlichkeit, jedes menschlich berechtigte und gute Wollen. Er zertritt nicht, sondern richtet auf. Der wahre Mensch will Menschen. Der König im Reiche des Sittlichen, der wahre »König von Gottes Gnaden« — das ist eben der wahre MENSCH — will, daß andere Könige seien. Die echte »Herrennatur« haßt die Sklaverei in jeder Form, will also auch nicht, daß andere ihr gegenüber Sklaven seien und als solche sich gebärden. Der selbst Wahrhaftige und vom Werte der Wahrhaftigkeit Durchdrungene verabscheut die Schmeichelei, das Sichverleugnen, das Kriechen und Sichbiegen. Umgekehrt, wer will, daß andere Sklaven seien, gegen ihn oder andere, daß sie sich erniedrigen, schmeicheln, sich selbst und ihre Überzeugungen verleugnen, blind gehorchen, der ist selbst eine Sklavennatur. Der herrisch Anmaßliche, hochmütig Tyrannische ist ohne sittlichen Stolz. Daher wir es denn auch überall erleben, daß der Hochmütige in den Unterwürfigen sich verwandelt, wo ein Stärkerer über ihn kommt; so wie umgekehrt der Sklave, der Lakai, der »Bediente« herrisch wird, wo er es sich erlauben darf, den Herren zu spielen. — Man erinnert sich des ehemals erwähnten Satzes, der Materialismus und das Strebertum kennzeichnen unsere Zeit. Herrische Anmaßung solcher, denen das Schicksal oder Schwäche anderer solche Anmaßung gestattet, ist der dritte im Bunde. Sie stammt mit dem Strebertum aus der gleichen Wurzel.

Q — Lipps, Theodor: »Zweiter Vortrag: Die sittlichen Grundmotive und das Böse«, in: Die ethischen Grundfragen, Hamburg & Leipzig: Voß 1899, ²1905, S. 57

L — Zhao Yingruo 趙英若 »Meixue lunduan (ju Deren =Lipps= zhi shuo)« 美學論斷（據德人 Lipps之說 [Prinzipien der Ästhetik (gemäß der Lehre des Deutschen Lipps)], in: Xin Zhongguo 新中國 Bd. 1, Nr. 8 (15.12.1919) ¶ Lipusi ßı¥∂¥µ [Theodor Lipps]: Lunlixue di genben wenti 倫理學底根本問題 Übers. Yang Changxi 楊昌溪 Beijing: Beijing daxue chubanbu 1920 ¶ Lu Xun: »Über Photographien und anderes« [11.11.1924], in: LXW Bd. 5, S. 253–64

1924 · 11 · 17   Die erste Ausgabe der Wochenschrift Yusi [Wortspinnerei] erscheint, Lu Xun wird ihr wichtigster Autor.

　　　　　Dokument C031

Sun Yurong: Über die Herkunft des Zeitschriftennamens »Wortspinnerei«

Das unten beschriebene Verfahren der Namensfindung (ming ming) scheint verbreitet gewesen zu sein und war auch bei der Wahl von Pseudonymen beliebt. So wird etwa über die Schriftstellerin Jiang Bingzhi (1904–86) berichtet, den Namen Ding Ling (unter dem sie bekannt geworden ist) habe sie in einem Mischverfahren ermittelt: In einem Überschwang, der sich gegen den im Familiennamen enthaltenen Anspruch der Tradition richtete, versahen sie und ihre Mitschülerinnen einander mit lateinischen Buchstaben von »A« an, wobei auf sie der Buchstabe »T« fiel (der in seiner Gestalt dem Zeichen für »Ding« ähnelt), während sie den Vornamen »Ling« durch blindes Aufschlagen eines Wörterbuchs fand. — Mit Asterisk (*) gekennzeichnete Anmerkungen stammen von Sun Yurong.

In seinem Aufsatz »Anfang und Ende meiner Beziehung zur [Zeitschrift] "Wortspinnerei"« weist Lu Xun auf den Ursprung des Namens für die Zeitschrift hin: »*Wie ich hörte,* waren einige Leute da; sie nahmen ein beliebiges Buch hervor und jemand schlug es auf einer beliebigen Seite auf. Das Zeichen, auf das er mit dem Finger zufällig tippte, war dann der Name. Ich war damals nicht dabei und weiß deshalb nicht, welches Buch verwendet und ob mehrmals auf ein Zeichen getippt wurde, doch scheint der Name nicht mehr fallengelassen worden zu sein.« In dieser Quelle, beginnend mit »wie ich hörte«, gibt es einige Unklarheiten: Wie viele Leute haben an der Diskussion über den Namen »Wortspinnerei« teilgenommen? Wer waren sie? wann und wo fand das Treffen statt? Um welches »beliebige Buch« handelte es sich? Wer hat es »auf einer beliebigen Seite [aufgeschlagen]«? Wurde »mehrmals auf ein Zeichen getippt« und »scheint der Name nicht mehr fallengelassen worden zu sein«? Über mehrere Jahrzehnte hinweg konnten diese Fragen nicht restlos geklärt werden.

Im Jahre 1987 ist in der zweiten Nummer der Zeitschrift »*Chuban shi liao*« in Shanghai ein Aufsatz »Gründung der literarischen Vereinigung "Wortspinnerei" und die Herkunft ihres Namens« von Wang Xuhua erschienen, in dem steht: »Als ich den Nachlaß meines Lehrers *Gu Jiegang* ordnete, fand ich in seinem Tagebuch, daß er am 2. November 1924 an der Gründungsversammlung der literarischen Vereinigung "Wortspinnerei" teilgenommen hat. Er beschreibt die Versammlung wie folgt:
Wegen der Wochenschrift von Fuyuan zum Restaurant »Kaicheng shitang« am [Dong'an-] Markt, zu Abend gegessen und nachhause. *Fuyuan* hat

gekündigt, weil sich der Verlag der »*Chenbao*« vorbehält, Einfluß auf den Inhalt der Beilage zu nehmen. Um eine Wochenschrift zu machen, hat er heute ein Treffen einberufen. Anwesend waren *Herr* Qiming, Herr Xuantong, Shaoyuan, Xiaofeng, Tingqian, Fuyuan und meine Wenigkeit. Es wurde lange kein Name gefunden, bis ich in einem Gedicht von Pingbo die beiden Zeichen für »yusi« fand. [...]

Aus dieser Passage im Tagebuch von Gu Jiegang können wir deutlich ersehen: »Die Gründungsversammlung der literarischen Vereinigung "Wortspinnerei" fand am 2. November 1924 statt, und zwar im Restaurant "Kaicheng shitang" am Dong'an-Markt«. Teilgenommen haben »*Zhou Zuoren, Qian Xuantong, Jiang Shaoyuan, Zhang Tingqian, Sun Fuyuan* und Gu Jiegang, also bloß sieben Leute.« »Der Name "Yusi" wurde von Gu Jiegang vorgeschlagen, indem er die beiden Zeichen für "Yusi" aus einem Gedicht von *Yu Pingbo* heranzog.« Gu Jiegang hat nicht nur selbst an der Versammlung teilgenommen, sondern es noch am gleichen Abend in seinem Tagebuch notiert; seine Aufzeichnungen sind also glaubwürdig. Im Aufsatz von Wang Xuhua sind außerdem die Tagebuchaufzeichnungen von Gu Jiegang über dessen Teilnahme an der Gründungsversammlung der literarischen Vereinigung »Wortspinnerei« als Faksimile reproduziert. An ihrer Echtheit kann kein Zweifel bestehen.

Den Namen »Yusi« hat also Gu Jiegang vorgeschlagen, und er hat sich dafür der beiden Zeichen für »yu« und »si« aus einem Gedicht von Yu Pingbo bedient. Welches Gedicht von Yu Pingbo hat er nun genau verwendet? Aus welchem Buch stammt es? Darüber gibt das Tagebuch von Gu Jiegang keine Auskunft. Doch im Artikel »*Sprechen über "Yusi"*« von Chuan Dao (Zhang Tingqian) gibt es darüber ziemlich klare Angaben. Er schreibt:

Nachdem Sun Fuyuan seine Stelle als Herausgeber der »Chenbao fukan« gekündigt hatte, waren einige unter jenen, die regelmäßig Beiträge geliefert hatten, der Meinung, kein Mittel sei geeigneter als eine eigene Zeitschrift zu machen, um ohne Kontrolle die eigene Meinung zu veröffentlichen — wer A sagt, muß auch B sagen. Schließlich wurden von Sun Fuyuan einige Freunde zusammengeführt. Es war am 2. November jenes Jahres, an einem Sonntag, als sich Qian Xuantong, Jiang Shaoyuan, Gu Jiegang, Zhou Zuoren, Li Xiaofeng, Sun Fuyuan und ich selbst im Restaurant »Kaicheng doushidian« am Dong'an-Markt trafen und beschlossen, eine Wochenzeitschrift herauszubringen. Alle sollten dafür Beiträge schreiben und die Druckkosten sollten zu gleichen Teilen von Lu Xun und den sieben Teilnehmern getragen werden, so daß monatlich auf jeden 8 Yuan entfielen. Alle dachten über einen Namen für die Zeitschrift nach, aber die ganze Zeit über fiel niemandem etwas ein. Dann fand Gu Jiegang in einem Buch »*Unser Juli*« die beiden Zeichen für »yusi«, die verständlich schienen, zugleich aber völlig unverständlich, jedenfalls wie ein Name aussahen, so daß alle ohne weiteres einverstanden waren.

In diesem Abschnitt von Chuan Dao stimmen Zeit, Ort und Teilnehmer des Treffens im großen und ganzen mit den Angaben im Tagebuch von Gu Jiegang überein. Wertvoll ist darüber hinaus, daß er klar darauf hinweist, daß die beiden Zeichen für »yusi« aus einem Band »Unser Juli« stammen, den Gu Jiegang mitgebracht hatte. Um welches Werk es sich handelte und wer der Verfasser war, muß noch diskutiert werden.

»Unser Juli« ist eine von *Yu Pingbo*, Zhu Ziqing, Ye Shengtao und anderen gemeinsam gemachte Publikation allgemeinen literarischen Inhalts und erschien im Juli 1924 beim Verlag »*Yadong tushuguan*« in Shanghai. Daß Gu Jiegang am 2.11.1924 »Unser Juli« bei sich trug, ist also äußerst wahrscheinlich. Hinzu kommt, daß Gu Jiegang an der Universität Peking ein Kommilitone von Yu Pingbo gewesen und außerdem mit ihm befreundet war. Schon 1921 hatten sie miteinander Briefe getauscht, um über den »Traum der Roten Kammer« zu diskutieren. Auch Ye Shengtao stammt aus der gleichen Gegend wie Gu Jiegang und war ebenfalls eng mit ihm befreundet. Bei solchen Beziehungen ist kaum denkbar, daß sie das Werk nicht gleich bei Erscheinen Gu Jiegang geschenkt hätten. [...]

Eine Prüfung durch den Verfasser ergab, daß sich in »Unser Juli« insgesamt 18 Gedichte von Yu Pingbo finden. [...] Unter diesen befindet sich keines, das die beiden Zeichen für »yusi« enthält. Es gibt bloß Gedichte, die entweder »yu« oder »si« enthalten. [...] Ich versuchte, mir vorzustellen, wie Gu Jiegang »Unser Juli« durchgeblättert haben mochte. *»Erst tippte* er mit dem Finger auf das Zeichen für "si", dann blätterte er ein paar dutzend Seiten weiter und tippte auf das Zeichen für "yu" [...].« In seinem Tagebuch hat Gu Jiegang jedoch klar und deutlich festgehalten, daß er »in einem Gedicht von [Yu] Pingbo die beiden Zeichen für "yusi" fand«. [...]

Der Verfasser hat sorgfältig den ganzen Band »Unser Juli« durchgesehen. Auf Seite 150 finden sich zwei »Kleine Gedichte« von *Zhang Weiqi*, dessen erstes wie folgt lautet:

Ihr direkter Blick,
Ihr trauriges Wimmern,
Ihr fröhliches Lachen,
Ihre ellenlangen Wortspinnereien,
Alles, alles an ihr:
Ich werde es leichthin vergessen und gleichgültig vorbeiziehen lassen.

Peking

Hier finden wir tatsächlich im vierten Vers die beiden Zeichen für »Wort-spinnerei«, was mit dem übereinstimmt, was Chuan Dao sagt. [...]
　　Daraus ergibt sich, daß Gu Jiegang die »Kleinen Gedichte« von Zhang Weiqi gelesen hat, und nicht ein Gedicht von Yu Pingbo. [...]

A — »Wie ich hörte...« in: »LXQJ«, Bd. 4, S. 166 ¶ nicht dabei sondern zuhause, wo Lu Xun vormittags den Besuch des Schriftstellers Yu Dafu (1896–1945) empfing, nachmittags denjenigen seiner Studenten Xu Qinwen (1897–1984, aus Shaoxing/Zhejiang) und Li Bingzhong (?–1940, aus Pengshan/Sichuan) ¶ »Chuban shi liao« [Materialien zur Geschichte des Verlagswesens] ¶ Gu Jiegang (1893–1980, aus Wuxian/Jiangsu) Historiker und Altphilologe, Professor in Peking, Xiamen und Guangzhou; dessen politische Einstellung nach dem Putsch von 1927 war für Lu Xun Auslöser, um Guangzhou zu verlassen ¶ Fuyuan (d.i. Sun Fuyuan, s.u.) Vor-, Alternativ- und Schriftstellernamen von Personen im Tagebuchtext erscheinen weiter unten aufgeschlüsselt und werden dort erklärt ¶ »Chenbao« [Morgenzeitung] ursprünglich »Chenzhongbao« [Morgenglocke], seit 1918 in Peking erscheinende Tageszeitung für ein intellektuelles Publikum, deren literarische Beilage mit Gedichten und erzählerischen Texten 1921–24 von Sun Fuyuan (s.u.) ediert wurde ¶ Herr Hier verwendet Gu Jiegang die Anrede »xiansheng« (»Herr«, eigentlich »früher geboren«) strikte im Wortsinn, d.h. sie entfällt bei jenen, die jünger sind als er ¶ Zhou Zuoren Bruder von Lu Xun ¶ Qian Xuantong (1887–1939, aus Wuxing/Zhejiang) Linguist und Spezialist für historische Phonologie, als solcher unter dem Beinamen »Yigu« [Zweifler am Altertum], in Peking mit Lu Xun befreundet ¶ Jiang Shaoyuan (1898–1983, aus Jingde/Anhui) Volkskundler und Anglist, in Guangzhou Kollege von Lu Xun ¶ Zhang Tingqian d.i. Chuan Dao (1901–81, aus Shangyu/Zhejiang, in der Gegend von Shaoxing) Schriftsteller und 1924 Absolvent eines Philosophiestudiums an der Universität Peking, zusammen mit Lu Xun 1926 in Xiamen, 1928 Gastgeber von Xu Guangping und Lu Xun in Hangzhou ¶ Sun Fuyuan (1894–1966, aus Shaoxing) Schriftsteller und Publizist, ehemaliger Schüler von Lu Xun, der ihm erst nach Peking, dann nach Xiamen folgte ¶ Yu Pingbo (1900–90, aus Deqing/Zhejiang) Aktivist der Bewegung des 4. Mai und Lyriker, ab 1922 Mit-herausgeber der einflußreichen Zeitschrift »Shi« [Lyrik] ¶ *»Sprechen über "Yusi"« (»Shuoshuo "Yusi"«, in: »Wenxue pinglun« Nr. 4, 14.8.1962) ¶ »Unser Juli« (»Women de qi yue«) zeitschriftenartige Publikation, der 1925 ein ebenfalls von Yu Pingbo edierter Band »Women de liu yue« [Unser Juni] mit ausschließlich anonymen Beiträgen folgte ¶ »Yadong tushuguan« eigentlich »Yadong shuju« [Ostasien-Buchhandlung], anfangs der 20er Jahre Verlegerin von Chen Duxiu, Hu Shi und anderen 4.-Mai-Intellektuellen ¶ *»Erst tippte...« s. Gong Mingde: »"Yusi" laiyuan shishuo« [Versuch über den Ursprung von »Yusi«], in: »Wenyibao« 9.6.1990 ¶ Über Zhang Weiqi ist nichts weiter bekannt, als daß er 1925 im erwähnten Verlag »Yadong shuju« 1925 eine Erzählung »Gaikongzhe« [Der Konfuzius-Reformer] herausgebracht hat, weshalb Sun Yurong den Namen in Anführungsstriche setzt.

Q — Sun Yurong 孫玉蓉 »Tan "Yusi" kanming de youlai« 談《語絲》刊名的由來 [Über die Herkunft des Zeitschriftennamens »Wortspinnerei«], in: *Xin wenxue shi liao* 新文學史料 1/1992, S. 171-3

L — Zhou Zuoren 周作人 »"Yusi" de chengli« 《語絲》的成立 [Die Gründung der Zeitschrift »Wortspinnerei«], in: *Zhitang huixiang lu* 知堂回想錄 Xianggang: Sanyu tushu wenju gongsi 4.1974 ¶ Zhang Liang 張良 »"Yusi" zashi« 《語絲》雜識 [Wissenswertes zur Zeitschrift »Wortspinnerei«], in: *Po yu li* 破與立 6/1977 ¶ Changnian 長年 [Zhou Zuoren]: »"Yusi" de huiyi« 《語絲》的回憶 [Erinnerungen an die Zeitschrift »Wortspinnerei«], in: *Lu Xun yanjiu ziliao* 魯迅研究資料 Bd. 3, Tianjin: Renmin chubanshe 2.1979 ¶ Ding Guocheng 丁國成 & Yu Congyang 于叢楊 & Yu Sheng 于勝 *Zhongguo zuojia biming tanyuan* 中惱作家筆名探源 [Untersuchungen zu den Quellen der Pseudonyme chinesischer Autoren], Changchun: Shidai wenyi chubanshe 10.1986 ¶ Richter, Ursula: *Zweifel am Altertum. Gu Jiegang und die Diskussion über Chinas alte Geschichte als Konsequenz der »Neuen Kulturbewegung«*, Stuttgart: Franz Steiner 1992 (= Münchener Ostasiatische Studien 60)

1924 · 12 · 7   Dokument T006

Multatuli: Sittenlos und unsittlich

Das folgende Prosastück des holländischen Schriftstellers Multatuli (d.i. Eduard Douwes Dekker, 1820–77) stammt aus der umfangreichen Sammlung oft polemischer und aphoristischer Skizzen Idëen *(1862–77). Daß Lu Xun unter mehreren hundert Stücken ausgerechnet dieses eine sowie zwei weitere zur Übersetzung gewählt hat, ist eines der beweiskräftigsten Indizien dafür, daß er seine Kenntnisse außerasiatischer Literaturen zu einem nicht geringen Maße aus deutschsprachigen Quellen bezogen hat, in diesem Falle aus der Zeitschrift* Aus fremden Zungen *(1890–1910): Es handelt sich nämlich genau um jene Texte, die dort 1901 in deutscher Übersetzung erschienen waren. Daß Lu Xun im Jahre 1924 eine chinesische Fassung davon veröffentlichte, zeigt überdies, daß er entweder immer wieder aus den wohl aus Japan mitgebrachten Heften schöpfte, oder daß er — trotz gelegentlich anderslautender eigener Notiz — eine Reihe von fertigen Übersetzungen aus seiner Tôkyô-Zeit aufbewahrte und bloß auf eine günstige Gelegenheit wartete, um sie zu veröffentlichen. (Mindestens ein derartiger Fall ist durch seinen Bruder Zhou Zuoren bezeugt.) Auffallend ist im folgenden Text der Schlüsselbegriff der »Sitte«, der Lu Xun in der Formulierung lijiao (»Sittenlehre«), einem Ausdruck für die Gesamtheit traditioneller und insbesondere konfuzianischer Wertvorstellungen, immer wieder beschäftigt hat. Der Einzelne, der in einem als Fiktion markierten Umfeld in Konflikt mit unsinnigen Normen gerät, die fabelhaft überhöht erscheinen, gehört ebenfalls zu den Techniken, die Lu Xun in allen Gattungen häufig verwendet hat. Ohne Zweifel hat er für*

Peking

»Samojedien« beifällig »China« eingesetzt, als er zum ersten Mal den Text las, der hier textgetreu in der deutschen Übersetzung erscheint, die ihm vorlag.

In Samojedien — ich weiß nicht, ob das Land so heißt, aber das ist eine Lücke in unsrer Sprache, die wir ausfüllen müssen — in Samojedien besteht die Sitte, sich vom Kopf bis zu den Füßen mit ranzigem Teer zu beschmieren. Ein junger Samojede that dies nicht. Er beschmierte sich durchaus nicht, weder mit Teer noch mit sonst etwas.

»Er folgt unsern Sitten nicht,« sagte ein samojedischer Weiser, »er hat keine Sitten ... er ist sittenLOS.«

Das war sehr richtig bemerkt. Selbstverständlich wurde der junge Samojede mißhandelt. Er fing zwar mehr Robben als irgend ein andrer, aber das machte nichts. Man nahm ihm seine Robben, gab sie Samojeden, die sich gehörig mit Teer beschmierten, und ließ ihn hungern.

Aber es kam noch ärger. Der junge Samojede, nachdem er eine Zeitlang in diesem unbeschmierten Zustand fortgelebt hatte, fing endlich an sich mit Eau de Cologne zu waschen ...

»Er handelt GEGEN die Sitten,« sprach nun der Weise, »er ist UNSITTLICH! Wohlan, wir wollen ihm auch weiter die Robben wegnehmen und ihn überdies schlagen ...«

Dies geschah. Aber weil man in Samojedien weder Schmähreden kannte, noch ein Druckrecht, noch Verdächtigung, noch eine dumme Orthodoxie oder einen falschen Liberalismus, weder korrupte Politik noch korrumpierende Minister, noch eine verrottete zweite Kammer — so schlug man den Patienten mit den übriggebliebenen Knochen der Robben, die er selber gefangen hatte.

Q — =Multatuli=: »Gaoshang shenghuo« 高尚生活 [Erhabenes Leben], in: *Jingbao fukan* 京報副刊 Peking, 7.12.1924; Nr. 447, in: *Volledige Werken*, Amsterdam: G. A. Van Oorschot 1951, Bd. 2, S. 658; nach: »Sittenlos und unsittlich«, Übers. Paul Raché, in: *Aus fremden Zungen* Bd. 11, Nr. 2 (1901), S. 619–20

1925 · 1 – 6 · 18 Zhonghua minguo 14   Arbeitet wiederholt an den feuilletonistischen Aufzeichnungen »Huran xiangdao« [Plötzliche Einfälle], die schließlich zusammen elf Teile haben werden.

Zhang Dinghuang: Herr Lu Xun

Verfasser des Aufsatzes, aus dem hier Auszüge gebracht werden, ist Zhang Dinghuang, eig. Zhang Fengju (1895–?, aus Nanchang/Jiangxi). 1921 schloß er sein Literaturstudium an der Kaiserlichen Universität in Tôkyô ab und war danach zugleich Professor an der Universität Peking und der Université Franco-Chinoise (Zhong-Fa daxue) sowie Lehrbeauftragter an der Pekinger Lehrerinnenbildungsanstalt. Er schrieb unter anderem für die Zeitschriften Yusi (»Wortspinnerei«) *und* Mengjin (»Stürmisch voran«) *und redigierte 1925/26 zusammen mit Lu Xun die literarische Zeitungsbeilage* Guomin xinbao fukan. *1930 ging er nach Frankreich, wo sich seine Spur verliert.*

Freunde sprechen mir häufig von Einsamkeit, und in diesen Winternächten gehöre auch ich zu denen, die sich tief einsam fühlen. Oft haben wir ein Gefühl, als fehle uns irgend etwas, und empfinden dabei eine unbefriedigte Leere. Vielleicht sind wir in unserem Inneren damit beschäftigt, eine prächtige Tanzvorführung zu schildern, eine wundervolle Musik zu komponieren oder ein völlig neuartiges Theaterstück zu schreiben. Gleichzeitig sehen wir nichts als eine vereiste Straße vor uns liegen. Womöglich stehen am Straßenrand einige kahle Bäume, einige Bettler, ein paar Abfallhaufen oder verstreute Hügel mit verschmutztem Schnee, und dennoch ertragen wir es unter höchster Anspannung, leer und verlassen zu sein. Zum Glück sind wir von Geburt aus bestimmt nicht ausgesprochen schlau und bestimmt auch nicht ausgesprochen dumm. Wir verfügen über kostbare Alltagserfahrung, wir kennen den Ablauf von Tag und Nacht und die Wachablösung zur vierten Stunde. Wir glauben daran, daß die Nacht vorübergeht, daß schließlich doch der Frühling kommt, wir glauben sogar daran, daß nicht alles schlecht ist, sondern verlassen uns auf unsere Alltagserfahrung. Allerdings kann die Alltagserfahrung auch ärgerlich sein: So lehrt die Alltagserfahrung beispielsweise, daß diese Nacht begrenzt ist, daß dieser Winter nicht ewig währt. Das macht uns natürlich optimistisch. Doch die Alltagserfahrung lehrt uns ebenfalls, daß die Nacht nicht so angenehm warm ist wie der Tag, daß der Winter nicht so hell ist wie der Frühling. Während wir gelangweilt in der Winternacht dasitzen, hegen wir doch dem Künftigen gegenüber einen frommen Glauben, der uns in der Gegenwart nicht völlig verzweifeln läßt. Schließlich trösten wir uns bloß damit, das alles sei ein Traum. Wir träumen von den Gärten von morgen, wir träumen von einem idealen Land der

Unsterblichkeit, träumen von vielen Dingen, die gut aussehen, gut klingen, gut schmecken und schön zu tragen sind. Junge träumen davon, nie alt zu werden; schöne Frauen träumen von ewiger Jugend. Manche träumen von wahrer und reiner Freundschaft; andere träumen von Liebe, die keine Eifersucht kennt; wieder andere träumen von einem künstlerisch völlig neuartigen Palast. Zu träumen gehört zu den Glücksgefühlen der unvermeidlich begrenzten Existenz auf dieser Erde. Es gibt sogar ziemlich viele Menschen, die nicht träumen können. Bedauernswerte Kreaturen! Nicht nur sollst du träumen können, manchmal können Träume auch aufwecken. Dann reibst du dir verwundert die Augen und schaust um dich herum. Doch dann kriecht die Einsamkeit erneut in dein Herz hinein. […]

Lu Xun berichtet: »*Auch* ich hatte in meiner Jugend viele Träume, aber später habe ich die meisten davon wieder vergessen, was ich jedoch nicht einmal bedaure. […]« Doch nicht völlig vergessen zu können, hat ihm wiederholt Leid bereitet. Aus den Träumen, die er nicht ganz vergessen konnte, ist schliesslich die Sammlung »Schlachtruf« entstanden. Herr Lu Xun weiß, wie liebenswert Träume sind, und er hat selber zahlreiche liebenswerte Träume geträumt, so daß er sich keinesfalls bescheiden geben muß, wenn er von Träumen spricht. […] Lu Xun hat nicht nur in seiner Jugend geträumt, er kann auch jetzt noch träumen, und wir hoffen außerdem, daß er auch in Zukunft noch viele Träume träumen wird. Er ist einer der seltenen Träumer unter uns, der in leeren Bildern und mit geöffneten Augen träumt. Manchmal ist er Gefährte unserer Einsamkeit; nein, er ist großer Ernährer unserer Einsamkeit. Wir müssen ihm nicht unbedingt auf den Fuß folgen und »*in der Pfandleihanstalt* und der Apotheke ein und aus gehen«, das Marinewesen erlernen, nach Japan gehen und Medizin studieren. Wir brauchen bloß einmal in seiner deutlich autobiographischen »Vorrede« nachzulesen, um uns vorstellen zu können, unter welchen Umständen er seine Jugend verbracht hat. Kurzum, Herr Lu Xun hat die Einsamkeit geschmeckt, ist aber dennoch bestimmt nicht jemand, der die Einsamkeit bereitwillig auf sich nimmt. […] Doch er flieht die Einsamkeit nicht, sondern hat ständig viele Träume geträumt, Träume mit leeren Bildern, Träume mit offenen Augen. Mit diesen Träumen hat er nicht die Zeit totgeschlagen, sondern aus ihnen sind nach »*Das Tagebuch eines Wahnsinnigen*« die insgesamt 15 Erzählungen der Sammlung »Schlachtruf« entstanden.

A — »*Auch…*« Anfangssatz der »Vorrede« zur Anthologie »Nahan« (»Schlachtruf«, dt. als »Applaus«), die den Ruhm von Lu Xun als Erzähler begründet hat und deren Vorrede u.a. durch ihre Metapher von der »eisernen Kammer« berühmt geworden ist; dt. in: »LXW«, Bd. 1, S. 9–15 ¶

»in der Pfandleihanstalt...« Zitat aus der erwähnten »Vorrede«; dt. in: »LXW«, Bd. 1, S. 9 ¶ *»Das Tagebuch eines Wahnsinnigen«* (»Kuangren riji«) 1918 entstandene erste Erzählung in Umgangssprache von Lu Xun, die seinen Ruf als »Vater der modernen chinesischen Literatur« begründet hat, in die Sammlung »Nahan« aufgenommen; dt. in: »LXW« Bd. 1, S. 16–32

Q — [Zhang Fengju 張鳳舉] Zhang Dinghuang 張定璜 »Lu Xun xiansheng« 魯迅先生 in: Xiandai pinglun 現代評論 Bd. 1, Nr. 7 (Beijing, 24.1.1925) & Nr. 8 (31.1.1925); in: *Wentan yinxiang ji* 文壇印象記 Hg. Huang Renying 黃人影 [A Ying 阿英], Shanghai: Lehua tushu gongsi 1932, S. 1–18

1925 · 1 · 24 / 31   Dokument C033

Wu Shutian: Besuch bei Herrn Lu Xun — Fragment einer Erinnerung

Wu Shutian (w, 1903–42, aus Yicheng/Shanxi) hat verschiedentlich in von Lu Xun mitbetreuten Zeitschriften publiziert und ihn vor allem zwischen 1924 und 1927 häufig getroffen. Zu ihren Veröffentlichungen gehören neben »Drei Tagebüchern einer Liebe« (Lian'ai riji san zhong, 1927) auch die Edition einer Aufsatzsammlung »Von der Übersetzung« (Fanyi lun, 1933). Sie war mit dem Schriftsteller Zhang Yiping (1902–46) verheiratet, der vor allem durch sein »Erstes Bündel Liebesbriefe« (Qingshu yishu, 1926) bis in die 30er Jahre überaus erfolgreich war. Der im folgenden Text skizzierte Besuch fand am 28. September 1924 statt.

Der *alte Herr Sun* ist ein interessanter Mensch. Mit dem *älteren Bruder S* zusammen unternehme ich gerne etwas mit ihm.

Alle sagen, der alte Herr Sun sei ein Japaner, weil er untersetzt ist und sich außerdem einen Schnurrbart im Ostmeer-Stil hat wachsen lassen. Wenn wir uns im Theater eine Oper anschauen, schwatzen die Angestellten des Teehauses immer wortreich auf ihn ein, während er die Miene höchstens zu einem Lächeln verzieht, bis die Angestellten ausrufen: »Ach ja, den Japanern fällt ja das Reden so schwer!«

Wahrhaftig, der alte Herr Sun sieht äußerlich aus wie ein Japaner!

Der ältere Bruder S ißt sehr gerne. Deshalb habe ich ihm den Spitznamen »Gourmet« gegeben. Am liebsten geht er in Restaurants.

Was die Vorliebe fürs Essen beim alten Herrn Sun betrifft, so steht er dem älteren Bruder S in nichts nach, denn jedesmal, wenn der ältere Bruder S vorschlägt, in ein Restaurant zu gehen, stimmt der alte Herr Sun freudig zu.

Es war genau mittags an einem Tag mitten im Herbst. Sie wollten beide in ein Restaurant, und mir war es auch ganz recht mitzugehen.

Peking

Als wir alle sattgegessen waren, wollten wir wie üblich etwas zusammen unternehmen.

»Wohin gehen wir?« fragte der ältere Bruder S.

»Machen wir einen Besuch bei Herrn Lu Xun!« meinte der alte Herr Sun.

»Gut!« stimmte ich zu.

In meinem Kopf begann ich mir ein Bild von Lu Xun nach meinen Vorstellungen zu machen. Ich hatte seine Sammlung »*Schlachtruf*« gelesen, und zwar nicht nur einmal. Wenn ich mir Herrn Lu Xun ungefähr vorstellte, mußte er schwermütig, aber kämpferisch und entschlossen sein. Ich empfand den Stil von »Schlachtruf« als scharf und bitter, aber dennoch wußte ich nicht, warum ich das Werk mochte.

In einem sehr ruhigen *hutong* kamen wir zur Wohnung von Herrn Lu Xun. Wir klopften an, und gleich öffnete uns jemand. Der alte Herr Sun trat ein, um uns anzumelden, während ich mit dem älteren Bruder S im *Innenhof* stand. Im Hof stand eine *wilde Jujube,* die ihre Blätter schon verloren hatte.

Dann öffnete sich die Tür und ein alter Mann trat heraus, der noch älter war als der alte Herr Sun. Obwohl er schätzungsweise um die 50 Jahre alt war, wirkte sein Gesicht hager und fahl, und er trug einen kurzen Schnurrbart. Im Verhalten war er jedoch sehr lebhaft, deshalb wußte ich, daß es Herr Lu Xun war.

Wir betraten zusammen das Schlafzimmer von Herrn Lu Xun.

Es war keineswegs ein großes Schlafzimmer. Links von der Tür stand ein Bücherregal, wenn darin auch nicht so viele Bücher standen. Daran schloß sich ein Tisch an. Das also war der Schreibtisch des Verfassers von »Schlachtruf«! Neben dem Tisch stand ein Schrank. Darauf lagen ebenfalls durcheinander aufgeschichtet einige Bücher. Das Bett stand an der rückwärtigen Wand des Zimmers. Es war ein sehr einfaches Bett, aus zwei Holzbrettern und Latten zusammengezimmert.

Ich setzte mich mit dem älteren Bruder zusammen auf die Stühle in der linken Zimmerhälfte, und der alte Herr S setzte sich aufs Bett.

So erfuhr ich bald, daß Lu Xun gerne Scherze macht und Witze erzählt. Ich hatte schon *Qiming* besucht, den werten jüngeren Bruder von Herrn Lu Xun, und auch Qiming machte gerne Scherze und erzählte gerne Witze. Herr Lu Xun lachte jedoch selber überhaupt nicht, wenn er Witze erzählte, während Qiming beim Witzeerzählen selber lachte. Das war ein Unterschied zwischen den beiden Brüdern.

Herr Lu Xun kam mit einer Schachtel Gebäck.

»Wir haben soeben eine Mahlzeit hinter uns«, sagte ich.

»Kann nicht noch Gebäck essen, wer schon eine Mahlzeit hatte?« meinte Herr Lu Xun. Der alte Herr und der ältere Bruder S waren aber schon mit vollen Mündern am Kauen.

Weil er wußte, daß ich gerne male, holte Herr Lu Xun ein paar Bände mit berühmten Bildern aus Deutschland hervor.

Ich verstehe kein Deutsch, deshalb schaute ich mir nur die Bilder an. Auf einem Bild waren Schlangen. Ich fürchte mich vor Schlangen und fürchte mich sogar, sie anzusehen, wenn sie sich auf Bildern befinden.

»Wer malt, hat keine Angst vor Schlangen!« sagte Herr Lu Xun.

Ich schämte mich und lächelte.

Herr Lu Xun kennt vermutlich sehr viele Werke der europäischen Malerei. Er meinte, in der Malerei sei das *Design* sehr wichtig. Leider schenkten jedoch die meisten chinesischen Maler dem Design keine Beachtung!

Alle plauderten den halben Tag lang wild durcheinander. Ich erinnere mich ganz deutlich, daß Herr Lu Xun sehr oft die anderen zum Lachen brachte mit dem, was er sagte. Aber Herr Lu Xun selber lachte gar nicht. Leider bin ich nicht in der Lage, die Witze niederzuschreiben, die Herr Lu Xun machte. Wer gerne Witze hört, der sollte sich dafür am besten zu Herrn Lu Xun begeben.

A — *alter Herr Sun* gemeint ist Sun Fuyuan (1894–1966, aus Shaoxing/Zhejiang) Schüler von Lu Xun, als er 1911 in Shanhui/Zhejiang Tutor an der Lehrerbildungsanstalt der Unterstufe war, 1918–21 Studium an der Universität Peking, Mitglied der »Xinchaoshe« [Gesellschaft Neue Flut], Redaktor verschiedener Zeitungsbeilagen in Peking, Shanghai, Kanton und Wuhan und Mitbegründer und Herausgeber der Literaturzeitschrift »Yusi« [Wortspinnerei], 1927 mit Lu Xun in Xiamen/Fujian, 1928–29 Studium in Frankreich, seither in Dingxian/Hebei und Kontakt zu Lu Xun abgebrochen ¶ *älterer Bruder S* gemeint ist Zhang Yiping, der ursprünglich Hongxi hieß, in anderer Umschrift »Hung-Si«, aus der das »S« entnommen ist ¶ *Schlachtruf* (»Nahan«); dt. als »Applaus«, »LXW«, Bd. 1 ¶ *hutong* Bezeichnung für die schmalen Gäßchen zwischen den Hofhäusern in der traditionellen Pekinger Bauweise, aus mongol. »gudum« ¶ *Innenhof* vgl. Dok. B027 ¶ *wilde Jujube* Zizyphus jujuba, var. spinosa ¶ *Qiming* von Zhou Zuoren (1885–1967), einem Bruder von Lu Xun, verwendetes Pseudonym, vgl. Dok. C049 und C050 ¶ *Design* im Original in lateinischen Buchstaben, wobei hier die graphische Gestaltung gemeint ist, mit der sich Lu Xun im Zusammenhang mit dem modernen sozialkritischen Holzschnitt und auch bei der Gestaltung der Umschläge zu eigenen Büchern beschäftigte

Q — [Wu] Shutian 吳曙天 »Fang Lu Xun xiansheng« 訪魯迅先生 in: Jingbao fukan 京報副刊 Beijing, 1.1925; in: *Wentan yinxiang ji* 文壇印象記 Hg. Huang Renying 黃人英 [A Ying 阿英], Shanghai: Lehua tushu gongsi 1932, S. 19–22

L — Lu Xun: »Riji shisan« 日記十三 [Tagebücher Bd. 13], 28.9.1924, in: LXQJ Bd. 14, S. 514 ¶
Zhang Ruogu 張若谷 »Zhongguo xiandai de nüzuojia« 中國現代的女作家 [Moderne chinesische
Schriftstellerinnen], in: Zhen mei shan zazhi yi zhou nian jinian haowai. Nüzuojia hao 真美善雜誌一
週年紀念號外——女作家號 Shanghai: Zhen mei shan shudian 1928, S. 1–49 ¶ [Zhang] Yiping
章衣萍 Zhen shang suibi 枕上隨筆 [Kopfkissennotizen], [Shanghai:] Beixin shuju 1929, ³8.1930 ¶
ders.: Youqing 友情 [Freundschaft und Liebe; Aphorismen], Shanghai: Beixin shuju 1930 ¶ Wu
Shutian: »The Mad Father«, Übers. Jennifer Anderson & Theresa Munford, in: Chinese Women
Writers. A Collection of Short Stories by Chinese Women Writers of the 1920s and 30s, Hongkong:
Joint Publishing 1985, S. 75–83 ¶ R.D.F.: »Un couple de "littérateurs": Wu Shutian et Zhang
Yiping«, in: Ouvrages en langue chinoise de l'Institut franco-chinois de Lyon 1921–1946, Hg.
Jean-Louis Boully, Lyon: Bibliothèque municipale 1995 (= collection Bibliographica 2), S. XLIII–LX

1925 · 2 · 6	Aufs. »Zai lun Leifengta de daodiao« [Weitere Gedanken zum Einsturz der Leifeng-Pagode; dt. in: LXW Bd. 5, S. 265–72].
1925 · 2 · 9	Aufs. »Kan jing you gan« [Spiegel — eine Betrachtung; dt. in: LXW Bd. 5, S. 273].
1925 · 2 · 10	Nach Aufforderung durch die Redaktion der »Beilage zur Zeitung für die Hauptstadt« (Jingbao fukan) schreibt er »Qingnian bi du shu« [Welche Bücher die Jugend lesen sollte].
1925 · 2 · 28	Erz. »Changmingdeng« [Die Ewige Lampe; dt. in: LXW Bd. 2, S. 78–91].
1925 · 3 · 8	Dokument C015

Liang Shengwei: Ein Witz von Lu Xun

*Hintergrund der folgenden beiden Texte ist ein Artikel, den Liang Shengwei
(1904–, aus Hangtang/Hebei), ein Student der Höheren Lehrerbildungsanstalt
in Peking, unter einem Pseudonym der Jingbao fukan (»Beilage zur Zeitung
für die Hauptstadt«) zugeschickt hatte. Darin gibt er Äußerungen von Lu Xun
wieder, deren Authentizität der Herausgeber Sun Fuyuan (1894–1966, aus Shao-
xing/Zhejiang), ein guter Freund von Lu Xun, bezweifelt. Sie beziehen sich auf
eine von Lu Xun aufgestellte Minimalleseliste vom 10.2.1925 — eine im China
jener Zeit erneut verbreitete Mode, die weit in die Tradition des Kompilierens,
Exzerpierens und Kanonisierens im kaiserlichen China zurückreicht, nun jedoch
auch westliches Werke einbezog, im Falle von Lu Xun sogar ausdrücklich vor
der schädlichen Wirkung traditioneller chinesischer Literatur warnte. — Liang*

Shengwei setzte seine Ausbildung in Japan fort und schloß 1936 an der Kaiserlichen Universität in Tôkyô sein Studium ab. Nach 1949 lehrte er auf Taiwan an verschiedenen Universitäten und war Herausgeber der Zeitschrift Shu yu ren (»Bücher und Menschen«). Seit seiner Emeritierung als Professor der Taiwan-Universität in Taibei 1974 lebte er in den USA und ließ sich 1981 in der Volksrepublik nieder.

Ich habe schon viele von berühmten Gelehrten zusammengestellte Listen von Büchern gelesen, die wir unbedingt lesen sollten, und sie haben bei mir schon einiges an Überlegungen ausgelöst. Am meisten erschüttert haben mich jedoch zwei Randbemerkungen von Lu Xun. Er sagt:

»*Lest wenig* chinesische Bücher, denn das Ergebnis davon ist bloß, daß ihr nicht mehr schreiben könnt. Was die Jugend heute jedoch am dringendsten braucht, sind "Taten" und nicht "Worte". Sie haben nichts nötiger, als lebendige Menschen zu sein; nicht schreiben zu können fällt daneben kaum ins Gewicht.«

Dieser Sätze wegen ist mir ein Witz wieder eingefallen, den Herr Lu Xun einmal erzählt hat. Er sagte ihn ungefähr so:

»Zu sprechen und zu schreiben scheinen die Symbole von Besiegten zu sein. Wer sich gerade im erbitterten Krieg mit seinem Schicksal befindet, schenkt solchen Dingen keine Beachtung, und ein wirklich starker Sieger verliert darüber keine großen Worte. Wenn zum Beispiel ein Adler einen Hasen reißt, ist es der Hase, der aufschreit, nicht der Adler; wenn eine Katze eine Maus fängt, ist es die Maus, die winselt, nicht die Katze; wenn ein Sperber einen Spatz greift, ist es der Spatz, der piepst, nicht der Sperber. Und offensichtlich hat der *Tyrann von Chu*, als er, um Zhao zu retten, Han vernichtete und nach Norden eilte, rein gar nichts gesagt. Vielmehr wartete er ab, bis das Antlitz eines Dichters auftauchte. Zu trinken und singen heißt, daß die Soldaten bereits besiegt und ihre Kräfte unterlegen sind, der Tag des Todes bricht schon an. In jüngster Zeit sind der Privatgelehrte *Wu Peifu* mit seinem "einmal die Westberge besteigen, ein andermal ein Gedicht schreiben" und Herr *Qi Xieyuan* mit seinem "das Gewehr ablegen und den Pinsel aufnehmen" weitere deutliche Beispiele.«

Diese Worte haben damals viele unter uns zum Lachen gereizt, und ich schreibe sie deshalb hier nieder. Weil der Sprecher nicht um Redaktion gebeten wurde, übernimmt der Schreibende die Verantwortung für allfällige Fehler.

A — »*Lest wenig…*« Zitat aus »Welche Bücher die Jugend lesen sollte« (in: »LXQJ« Bd. 3, S. 12) ¶ *Tyrann von Chu* eig. Chu Zhuangwang (reg. 613–591 v.u.Z.), Herrscher eines bis 223 v.u.Z. bei der politischen Einigung Chinas durch Qin Shihuang mächtigen Territorialstaats um Mittel- und

Peking

Unterlauf des Yangzi, der sich dank ausgeklügelter Bündnispolitik zahlreiche kleinere Staaten unterwarf ¶ *Wu Peifu* (1872–1939, aus Penglai/Shandong) Militärmachthaber, auf dem anfangs 20er Jahre die Hoffnung ruhte, er werde das in regionale Kämpfe verwickelte China einigen, auch als Dichter im traditionellen Stil hervorgetreten, 1925 Rückzug in ein buddhistisches Kloster auf den »Westbergen« nahe Wuchang/Hubei ¶ *Qi Xieyuan* (aus Ninghe/Hebei, 1879–1946) Militärmachthaber in Nordchina, während japanischer Besetzung Chinas Kollaborateur, zog sich im Januar 1925 nach der Niederlage gegen Lu Yongxiang (1867–1933) nach Japan zurück

Q — Z. M. [Liang Shengwei 梁生為]: »Lu Xun xiansheng de xiaohua« 魯迅先生的笑話 & »Tongxun (fu Sun Funyuan)« 通訊（復孫伏園） in: *Jingbao fukan* 京報副刊 8.3.1925; in: *LXQJ* Bd. 8, S. 133–4

L — Lu Xun: »Qingnian bi du shu« 青年必讀書 [Welche Bücher die Jugend lesen sollte], in: *Jingbao fukan* 21.2.1925; in: *LXQJ* Bd. 3, S. 12–3; dt. als »Bücher, die junge Leute unbedingt lesen sollten«, in: *Lu Xun Zeitgenosse*, Hg. Egbert Baqué & Heinz Spreitz, Berlin: Leibniz-Gesellschaft 1979, S. 156 ¶ ders.: »Houji« 後記 [Nachwort, 15.2.1926], in: *Huagai ji* 華蓋集 Beijing: Beixin shuju 6.1926; in: *LXQJ* Bd. 3, 177–80 ¶ Liang Shenghui [Liang Shengwei] 梁繩褘 »Wenxue pipingjia Liu Yanhe pingzhuan« 文學批評家劉彥和評傳 [Kritische Biographie des Literaturkritikers Liu Yanhe [d.i. Liu Xie 劉勰 um 465–522]], in: *Xiaoshuo yuebao* 小說月報 Bd. 17, Sondernummer »Studien zur chinesischen Literatur«, 6.1927; Nachdr. als *Liu Yanhe (Xie) pingzhuan* 劉彥和（勰）評傳 Xianggang: Longmen shudian 3.1970 ¶ Liang Shengwei: *Zhong-Ri wenhua jiaoliu shilun* 中日文化交流史論 [Über die Geschichte des kulturellen Austauschs zwischen China und Japan], o.O.o.J.

1925 · 3 · 11	Zhonghua minguo 14	Die Studentin Xu Guangping (1898–1968), seit knapp zwei Jahren Hörerin seiner wöchentlichen Vorlesungen und später seine Lebensgefährtin, schreibt ihm den ersten der Briefe, die später in *Liangdishu* [Briefe aus zwei Welten; 1933] eingehen.
1925 · 3 · 11		Dokument B066

Porträt von Xu Guangping (Photographie, um 1924)
Abbildung S. 221

Q — A *Pictorial Biography of Lu Xun*, [Peking:] People's Fine Art Publishing House o.J. [1981], S. 61

Porträt von Xu Guangping (Photographie, um 1924)
Text S. 220

Porträt von Su Xuelin (Photographie, Paßbild um 1921)
Text S. 225

1925 · 3 · 18	Zhonghua minguo 14	Erz. »Shizhong« [Am Pranger; dt. in: *LXW* Bd. 2, S. 92–99].
1925 · 3 · 21		Schreibt anläßlich des Todes von Sun Yixian (Sun Yatsen) »Zhanshi he cangying« [Kämpfer und Fliegen].
1925 · 4 · 12		Vorbemerkung zu *Su'e de wenyi lunzhan* [Kunstdebatten in Sowjetrußland], herausgegeben von Ren Guozhen (1898–1931, aus Dandong/Liaoning).
1925 · 4		Gründet zusammen mit jungen Literaten die Wochenschrift *Mangyuan* [Wildwuchs].
1925 · 4 · 22		Aufs. »Chunmo xiantan« [Müßige Gedanken zum Frühlingsende; dt. in: *LXW* Bd. 5, S. 281–8].
1925 · 4 · 29		Aufs. »Deng xia manbi« [Beiläufiges im Lampenschein; dt. in: *LXW* Bd. 5, S. 289–300].
1925 · 5 · 1		Erz. »Gaolao fuzi« [Ein Gelehrter namens Gao; dt. in: *LXW* Bd. 2, S. 100–14].
1925 · 5 · 12		Nimmt an einer an vom Autonomen Studentenverband der Höheren Lehrerinnenbildungsanstalt einberufenen Sitzung des Lehrer- und Studentenparlaments zur Unterstützung des Kampfes gegen die autoritäre Rektorin Yang Yinyu teil.
1925 · 5 · 27		»Duiyu Beijing nüzi shifan daxue fengchao xuanyan« [Erklärung zu den Unruhen an der Lehrerinnenbildungsanstalt von Peking] zusammen mit Ma Yuzao (d.i. Ma Youyu, 1878–1945, aus Yinxian/Zhejiang), Shen Yinmo (1883–1971, aus Wuxing/Zhejiang) u.a. unterzeichnet, erscheint in der Tageszeitung *Jingbao* [Zeitung für die Hauptstadt].
1925 · 5 · 27		Dokument B055

Porträt von Su Xuelin (Photographie, Paßbild um 1921)
Abbildung S. 223

Q — Privatbesitz, Lyon

L — Dokumente C030, C031, W011

Su Xuelin: Warum ich Lu Xun erst bewunderte, dann ablehnte —
Zum Gedächtnis des 30. Todestages von Lu Xun

Die Schriftstellerin Su Xuelin (1900–), ursprünglich Su Mei, aus Taiping/Anhui
(geboren in Rui'an/Zhejiang), schrieb seit 1920 für verschiedene literarische Zeit-
schriften, u.a. für die von Lu Xun mit edierte »Wortspinnerei« (Yusi). Sie studierte
1921–25 in Lyon Kunstgeschichte, lehrte 1928–30 an verschiedenen chinesischen
Universitäten, zuletzt in Wuhan/Hubei, und publizierte daneben autobiographisch
geprägte Erzählungen und erregte durch eine gegen Lu Xun gerichtete Polemik
Aufsehen. 1950–52 hielt sie sich zu Studien in vergleichender Mythologie in Paris
auf. Bei ihrer Rückkehr nach Taiwan wirbelten ihre Angriffe gegen die entstehende
»neue Lyrik« von Yu Guangzhong (1928–) u.a. Staub auf. Seit 1955 war sie
Professorin für chinesische Literatur an der Chenggong-Universität in Tai-
nan/Taiwan, lehrte ab 1964 an der Nanyang-Universität in Singapore und lebt
wieder in Tainan, wo sie sich mit klassischer Literatur beschäftigt und jüngst
hochgeehrt ihren 100. Geburtstag [sic] feierte. Ihr quietistisch gefärbter Widerwille
gegen studentische Politik an ihrer früheren alma mater scheint von den auch in
Lyon heftigen politischen Konfrontationen zwischen den verschiedenen Parteien
und Fraktionen der chinesischen Auslandstudenten geprägt zu sein.

Kurz nach Entstehung der Bewegung des 4. Mai ging ich zum Studium nach
Peking — der Stadt, die in Beiping umbenannt wurde, nachdem der
Regierungssitz nach Nanjing verlegt worden war — an die Pädagogische
Hochschule für Frauen. Damals waren neue Ideen im Umlauf, und in den
neuen Literatur- und Kunstzeitschriften erschienen einige Erzählungen von
Lu Xun, wie etwa »*Tagebuch eines Wahnsinnigen*«, »*Das Heilmittel*« und andere.
Alleine schon aufgrund dieser literarischen Stücke fand ich, deren Stil sei so
kurz und prägnant und deren Gedanken so tief, daß sie unmöglich von der
Hand eines jungen Menschen ohne Lebenserfahrung stammen konnten. Doch
damals hatte ich eine besondere Vorliebe für Essays und Kurzgedichte im
Stil von Bing Xin. Wenn Lu Xun keinen so tiefen Eindruck bei mir hinterlassen
hat, so hing das vermutlich mit meinem Alter zusammen. […]
    Vorhin habe ich geschildert, wie ich Lu Xun ursprünglich verehrte. Wann
nun änderte sich mein Eindruck von ihm? Es war nach der *Studentenbewegung*
an der Höheren Lehrerinnenbildungsanstalt. Im Jahre 14 der Republik [1925]
kehrte ich im Frühling aus Frankreich nach China zurück. Meine alma mater,
die Höhere Lehrinnenbildungsanstalt, war in der Zwischenzeit zur Päda-

gogischen Hochschule für Frauen geworden. Rektorin war gerade die bekannte Pädagogin *Yang Yinyu*. Wie war jene Studentenbewegung entstanden? und wann war sie entstanden? Ich kann mich heute nicht mehr entsinnen und weiß nur noch, daß sie dadurch ausgelöst worden ist, daß die Rektorin merkte, wie die Schulordnung immer weniger eingehalten wurde, die Studentinnen nicht mehr gewillt waren, Anweisungen zu befolgen, die sie erließ, ja sich sogar zusammenschlossen, um sich gegen sie zu stellen. Schließlich kam es so weit, daß auf einmal einige Studentinnen von der Schule ausgeschlossen und von der Alten Mutter [Yang Yinyu] herbeigerufene Truppen in Bewegung gesetzt wurden, um die Studentinnen vom Gelände zu vertreiben. Schließlich wurden die Studentinnen noch undisziplinierter und die Spannung nahm weiter zu. [...]

Damals ernannte Erziehungsminister *Zhang Shizhao* Frau Yang Yinyu zur Rektorin, während Lu Xun Tag für Tag in den Zeitungsbeilagen Minister Zhang aufs unflätigste beschimpfte. Darüber wurde Minister Zhang wütend und entließ Lu Xun von seinem Posten als Referent, den er mehr als zehn Jahre lang innegehabt hatte. [...]

Die Zeitschrift »*Xiandai pinglun*« war ursprünglich von einer Reihe Professoren der Universität Peking gegründet worden, die *in England* studiert hatten. Jeder dieser Professoren hatte seine besonderen wissenschaftlichen Fachkenntnisse und gründliche Studien zu politischen, sozialen, ökonomischen und pädagogischen Fragen betrieben. Wenn sie sich über etwas äußerten, hatten ihre Worte naturgemäß Substanz, und sie brachten Material in die Debatte, das sämtliche Aspekte berücksichtigte. Deshalb galt die Zeitschrift als »wichtiges Blatt«, obwohl sie nur eine unter vielen Wochenschriften war. Die Rubrik »Müßige Worte von *Xiying*« von Professor *Chen Yuan*, die wöchentlich in »Xiandai pinglun« erschien, fand ich in besonderem Maße überragend und unvergleichlich. Sobald die »Xiandai pinglun« erschienen war, warf jeder als erstes einen schnellen Blick auf das große Werk von Professor Chen. Lu Xun war von Natur aus äußerst mißgünstig, und darüber hinaus war er von glühendem Ehrgeiz besessen. Als »Xiandai pinglun« noch nicht das Licht der Welt erblickt hatte, spielte Lu Xun eine führende Rolle in der literarischen Szene von Peking. Nun sah er, wie »Xiandai pinglun« von Tag zu Tag größeren Anklang bei den Lesern fand und der Einfluß von »*Yusi*« schwand, die auf den Schreibtischen seiner Gefährten entstand. Es war gerade zur Zeit der großen Aufregungen und Unruhen, nachdem an der Pädagogischen Hochschule für Frauen eine Studentenbewegung aufgekommen war und »Xiandai pinglun« sogleich für die Rektorin Yang Yinyu Partei ergriffen hatte, wobei Professor Chen mit

Sicherheit ebenfalls einige Sätze dazu geschrieben hat. Lu Xun nahm dies zum Vorwand, um Professor Chen ohne Unterlaß anzugreifen. Daß einige Zeitungen auf einmal begannen, die Autoren von »Xiandai pinglun« als »die edlen Aufrechten aus dem *Ost-xxx-hutong* zu titulieren, ließ Lu Xun seine Zähne noch mehr zu höhnischem Gelächter entblößen. Seither ist »edle Aufrechte«, sei es in der vollständigen oder in der verkürzten Form, zu einer hämischen Beschimpfung geworden. Ich war soeben aus Frankreich in mein Land zurückgekehrt, noch gar nicht bis nach Peking gekommen und begriff daher die Feindschaft zwischen Lu Xun und »Xiandai pinglun« nicht ganz. Doch was Yang Yinyu als Menschen betrifft, so wußte ich, daß sie eine leidenschaftliche und ernsthafte Pädagogin von außerordentlichem Pflichtbewußtsein war. Sie hatte zunächst in Japan studiert und war dann an meiner früheren Schule, der Höheren Lehrerinnenbildungsanstalt, der Vorläuferinstitution der Pädagogischen Hochschule für Frauen, für den Unterricht verantwortlich gewesen. Danach ging sie für pädagogische Studien nach Amerika und wurde nach ihrer Rückkehr Rektorin der Pädagogischen Hochschule für Frauen. Daß eine so heftige Studentenbewegung entstehen und die Disziplin an der Hochschule erschüttern könnte, hätte sie sich niemals vorzustellen gewagt. Obwohl ich mich weit weg in Shanghai befand, wußte ich doch genau, daß die Studentenbewegung in Peking von Übel war, besonders was die freizügigen Beziehungen zwischen Mann und Frau betrifft. Daß Rektorin Yang mit aller Kraft Ordnung zu schaffen suchte — an sich eine unerhörte Nachricht —, war im Grunde genommen vernünftig. *Zhang Shizhao* ist jetzt zwar auf der Seite der *Banditen und Lügner* und hochbetagt, doch war er damals immerhin Erziehungsminister und hat alles getan, um Rektorin Yang zu unterstützen und die Studentenbewegung unter Kontrolle zu bringen. Damals las ich gerne die »Xiandai pinglun« und fand ihren kritischen Standpunkt gegenüber der Studentenbewegung nur allzu berechtigt, während ich den Aufruhr, den Lu Xun und seine Parteigänger veranstalteten, für völlig unvernünftig hielt. Daß meine höflichen Vorschläge an Lu Xun später verschollen gingen, ist allerdings bedauerlich.

Nachdem Lu Xun Peking verlassen hatte, ging er zunächst an die Universität Xiamen in der Provinz Fujian, dann weiter an die Sun-Yat-sen-Universität in Kanton. Im Jahre 15 der Republik *[1926] ließ er sich* schließlich in Shanghai nieder und war damals *noch nicht in die Liga Linker Schriftsteller eingetreten.* Im Herbst oder Winter des darauf folgenden Jahres gab *Li Xiaofeng*, der Chef des Verlages »Beixin shuju«, einmal in einem Mittelklasserestaurant an der Simalu *eine Einladung* für alle Autoren, die bei ihm etwas veröffentlicht hatten. Weil von mir bei »Beixin shuju« die beiden Bücher *»Grüner Himmel«* und

»*Untersuchungen über die amourösen Heldentaten von Li Yishan*« erschienen waren, wurde ich ebenfalls eingeladen. Ich erinnere mich, daß an jenem Tag auch Lu Xun und *Xu Guangping*, mit welcher er in wilder Ehe zusammenlebte, zu den Gästen gehörten, ebenso *Lin Yutang* und seine Frau, dann *Zhang Yiping*, der Liebesgeschichten schrieb, mit seiner frisch angetrauten *Frau Sowieso*, und *Yu Dafu*. Wer sonst noch da war, ist mir entschwunden, denn das Ereignis liegt viele Jahre zurück. Xiaofeng hatte nur einen Tisch bestellt, und zusammen mit dem Gastgeber und seiner Gattin waren wir insgesamt zehn Leute, oder sogar bloß die eben erwähnten.

Es war an jenem Tag das erste Mal, daß ich unserem großen Meister der Literatur persönlich begegnete, weshalb mir der Eindruck bis auf den heutigen Tag klar und deutlich im Gedächtnis haftengeblieben ist. Ich entsinne mich, daß er einen traditionellen langen Rock aus Stoff trug und sein Gesicht blaß und ausgemergelt aussah, während seine Haut gleichzeitig wie von Ruß geschwärzt wirkte. Er hatte sich einen kleinen Schnurrbart stehen lassen, trug die Haare recht lang und hatte offenbar länger keinen Barbier mehr aufgesucht. Seine Hand war keinen Augenblick ohne Zigarette und seine sämtlichen Zähne waren gelblich. Wer behauptet, Lu Xun rauche anscheinend Opium, hat wohl nicht unrecht. Aber wenn ich mich jetzt zurückerinnere, wie im Gesicht von Lu Xun die Ecken und Kanten hervortraten, so ging von ihm eine wilde und gewalttätige Stimmung aus. Hinzu kamen die beiden Haarbüschel seines Schnurrbartes, die ihm eine gewisse Ähnlichkeit mit Stalin verliehen. In ihm steckten zwei Menschen, einer war Despot in der Politik, der andere Unhold in der literarischen Szene. War womöglich alles notwendigerweise aus einem »widrigen Schicksal« heraus entstanden?

Lu Xun war vom Charakter her überheblich. Als wir ihn begrüßten, tat er so, als ob er es nicht zur Kenntnis nähme. Sobald er sprach, beschimpfte er ständig andere. Ich erinnere mich, daß er an jenem Tag mit Lin Yutang über die Kunstfachschule von Hangzhou diskutierte. Damals war *Lin Fengmian*, auf Empfehlung von *Cai Jiemin*, Rektor der erwähnten Schule. Früher hatte *Sun Fuxi* ebenfalls dort unterrichtet, seine Artikel wurden gut aufgenommen und aus den Schilderungen war zu schließen, daß er Lin außerordentlich hoch schätzte. Schließlich ging das Wort um »Laßt uns Herrn Lin mit beiden Händen höflich den Westsee überreichen!« Lu Xun beschimpfte nun Sun Fuxi als gemein und niederträchtig, besonders wegen seiner Möglichkeiten, Geld zu verdienen, und scheute sich nicht, durchblicken zu lassen, [Sun] Fuxi habe sich bei Lin Fengmian eingeschmeichelt, was nichts anderes als charakterlos sei. Ich saß daneben und erstarrte völlig, als ich diese Worte hörte. Fuxi hatte die Universität Peking absolviert und war dann nach

Frankreich gegangen, um Kunst zu studieren. In Lyon war er mehrere Jahre lang mein Kommilitone gewesen und als Mensch aufrecht, offen, schlicht und ehrlich. Weil er ein Landsmann von Lu Xun war und auch aus Shaoxing stammte, hatte er zusammen mit seinem älteren Bruder *Sun Fuyuan* seit jeher Lu Xun unterstützt und Artikel geschrieben, in denen er Lu Xun überschwenglich lobte, so daß er als einer der getreuesten Waffenbrüder von Lu Xun galt. Es wurde behauptet, er mache in seinen Artikeln Lin Fengmian Komplimente, um Resonanz in der Kunstszene zu finden, und seine Artikel seien gleichzeitig nichts als unschuldige Scherze eines jungen Menschen [...]. Wenn Lu Xun so weit ging, den Ausdruck »gemein und niederträchtig« zu benutzen, erniedrigte er damit Fuxi, wo er ihm doch zu Dank verpflichtet gewesen wäre!

Später erfuhr ich von *Shi Min*, der Assistent an der Fremdsprachenfakultät der Universität Wuhan war, daß Lu Xun sein Leben lang von andern verlangte, ihn zu loben und zu unterstützen, je abscheulicher die Lobhudelei, desto leichter ging sie ihm ins Ohr, und je unterwürfiger jemand vor ihm auf dem Bauch kroch, desto leichter ging es ihm ins Auge. Zwar führte er ständig den »rebellischen Geist« der Jugend im Munde, doch wollte er in Wahrheit, daß ihm die Jugend in hündischem Gehorsam ergeben war. Gleichzeitig wünschte er, daß sie ihn blindlings nachahmte. Je mehr Hunde es gab, desto besser. Er wollte vor allem, daß die Menge möglichst zahlreich anwuchs, die seiner Aufwiegelei folgte. Heute bellte er diesen an, morgen biß er jenen. Wenn er sah, daß ein junger Mensch unter seinen Fittichen andere lobte, fühlte er sich äußerst unwohl. [...]

Im Jahre 19 der Republik [1930] wurde in Shanghai die Liga Linker Schriftsteller gegründet. Wie viele andere Schriftsteller trat Lu Xun ein und verfügte damit sogleich über eine »goldene Brücke«, über die er zur einzigen führenden Figur in der Literaturszene werden konnte. Davor hatten schon einige linke Schriftsteller Lu Xun umlagert, darunter Jiang Guangyi (der später seinen Vornamen in *Guangci* umänderte) oder *Qian Xingcun*, oder andere, die zur Linken neigten, um sich dem Zeitgeist anzupassen, wie etwa Li Chuli, Cheng Fangwu, Guo Moruo und andere. »Das Zeitalter von A Q ist vorbei« von Qian Xingcun ist allerdings immer noch ein Aufsatz, der energisch zur Kapitulation auffordert.

A — »*Tagebuch eines Wahnsinnigen*«, »*Das Heilmittel*« in der Sammlung »Nahan« (1922; dt. in: »LXW«, Bd. 1) ¶ *Yang Yinyu* (1884–1938), aus Wuxi/Jiangsu, im Mai 1925 durch die Studentenbewegung von ihrem Amt als Rektorin der Pädagogischen Hochschule für Frauen in Peking vertrieben ¶ »*Xiandai pinglun*« (im Untertitel »The Modern Critic« und »Modern Critic Weekly«)

in Peking vom Philosophen und Reformer Hu Shi (1891–1962), Chen Yuan, Wang Shijie und dem Lyriker Xu Zhimo (1897–1931) im Dezember 1924 gegründete Wochenzeitschrift, ab 1927 in Shanghai, wo sie bis Dezember 1928 erschien ¶ *in England* eig. in englischsprachigen Ländern ¶ *Xiying* (übersetzt »westlicher Kristall«) ist der ursprüngliche Name von *Chen Yuan* (1896–1970, aus Wuxi/Jiangsu) Professor für Anglistik an der Universität Peking, Gründungsmitglied der literarischen »Neumondgesellschaft« (Xinyueshe) ¶ *»Yusi«* [Wortspinnerei] von Lu Xun zusammen mit Sun Fuyuan (1894–1966), seinem Bruder Zhou Zuoren und anderen im November 1924 in Peking gegründete literarische Wochenschrift, nach Verbot durch Militärregierung im Oktober 1927 nach Shanghai transferiert, wo sie ab 1929 unter redaktioneller Verantwortung von Rou Shi und später von Li Xiaofeng bis März 1930 erschien ¶ *Ost-xxx-hutong* Straßenname, fiktiver gemeinsamer Wohnsitz von zahlreichen Intellektuellen, die Beiträge für »Xiandai pinglun« verfaßten; mit »hutong« (aus dem mongolischen »gudum«) werden die für Peking charakteristischen engen Gassen bezeichnet ¶ *Zhang Shizhao* (1881–1973, aus Changsha/Hu'nan) zunächst Antimonarchist, nach Bewegung des 4. Mai unterstützte er Restaurationsbestrebungen, unter Duan Qirui 1926 Erziehungsminister, in diesem Amt verantwortlich für die erfolgreich angefochtene Entlassung von Lu Xun aus seinem Ministerialamt, nach 1945 Rechtsanwalt in Shanghai, in der Volksrepublik hohe politische Ämter, zuletzt Direktor des Archivs für Literatur und Geschichte ¶ *Banditen und Lügner* stereotype Bezeichnung für Kommunisten, vgl. Dok. C029 ¶ *1926 ließ er sich...* in Wahrheit erst im Oktober 1927 ¶ *noch nicht in die Liga Linker Schriftsteller eingetreten,* die erst 1930 entstand und zu deren Gründungsmitgliedern Lu Xun gehörte ¶ *Li Xiaofeng* (1897–1971, aus Jiangyin/Jiangsu) Verleger und enger Vertrauter von Lu Xun ¶ *eine Einladung* mit den erwähnten Gästen fand am 31.12.1927 statt, doch erwähnt Lu Xun in seinen Tagebüchern Su Xuelin nur ein einziges Mal am 7.7.1928, allerdings mit einer anderen Gruppe von Li Xiaofeng geladener Gäste ¶ *»Grüner Himmel«* (»Lütian«, 1927) Essays ¶ *»Untersuchungen über die amourösen Heldentaten von Li Yishan«* (»Li Yishan lian'ai shiji kao«, 1927) Quellenstudie zur Biographie des Tang-Dichters Li Shangyin (um 813–858), später u.d.T. »Yuxi shimi« [Geheimnisse der Gedichte vom Jadebächlein, nach dem Ehrennamen »am Jadebächlein geboren« des Dichters] ¶ *Xu Guangping* (1898–1968, aus Panyu/Guangdong) seit 1926 Lebensgefährtin von Lu Xun ¶ *Lin Yutang* (1895–1976, aus Zhangzhou/Fujian) Schriftsteller, Sohn eines presbyterianischen Geistlichen, dann Abwendung vom Christentum, 1916 Professor für Englisch an der Qinghua-Universität in Peking, 1919–23 Studium in Harvard, Frankreich und Jena, seit 1930 schriftstellerisch tätig, seit »My Country and My People« (Original engl., 1935, dt. 1946) weltweit bekannt, ab 1936 in New York und ab 1944 nur noch sporadisch in Taiwan und Hong Kong, 1964 in Singapore, bevor er sich anfangs der 70er Jahre in Taibei/Taiwan niederließ ¶ *Zhang Yiping* (1902–47, aus Jixi/Anhui) Mitarbeiter der »Wortspinnerei«, seit 1927 in Shanghai am Literaturinstitut der Ji'nan-Universität ¶ *Frau Soundso* d.i. die Schriftstellerin Wu Shutian (1903–42, aus Yicheng/Shandong), Verfasserin von Dok. C032 ¶ *Yu Dafu* (1896–1945, aus Fuyang/Zhejiang) Schriftsteller, Studium in Japan, mit Guo Moruo zusammen Gründungsmitglied der zunächst neuromantisch orientierten »Schöpfungsgesellschaft« (Chuangzaoshe), für deren zahlreiche Publikationen er zeitweilig verantwortlich zeichnete, als literarisch frühreif schon 1913 hervorgetreten und 1921 durch seine Erzählung »Versinken« (»Chenlun«) berühmt geworden ¶ *Lin Fengmian* (1900–91, aus Meixian/Guangdong) Maler, studierte 1918–25 in Frankreich, 1926 Direktor der Pekinger Kunstschule, dann in Hangzhou, lebt seit 1977 in Hong Kong ¶ *Cai Jiemin* d.i. Cai Yuanpei (1869–1940), einflußreicher Förderer der Bewegung des 4. Mai, Erziehungsminister, dann Rektor der Universität Peking ¶ *Sun Fuxi* (1898–1962), Maler und Schriftsteller, studierte 1921–24 in Frankreich, 1926–27 Lektor im Verlag »Beixin shuju«, entwarf den Umschlag zu »Wilde Gräser« (Yecao) von Lu Xun ¶ *Sun Fuyuan* (1894–1966), Bruder von Sun Fuxi, Schüler am Lehrerseminar von Shanhui, als Lu Xun dort Schulaufseher war, 1918–21 Studium der chinesischen Literatur in Peking, Mitglied der wichtigen Vereinigung »Neue Flut« (Xinchaoshe), Redakteur der Zeitungsbeilagen zur »Guomin gongbao« und »Chenbao«, 1923 an der Mittelschule Nr. 5 von Zhejiang, 1928–29 Studium in Frankreich, danach in Dingxian/Hebei ¶ *Shi Min* (?–1939, aus Shaoyang/Hu'nan) studierte bis 1928 Anglistik an der Universität Peking, danach Lektor im Verlag »Beixin shuju« und ab 1930 Mitarbeiter von Lu Xun ¶ *Jiang Guangci* (1901–31), aus Liu'an/Anhui, Gründungsmitglied der literarischen Vereinigung »Sonne« (Taiyangshe) und der Liga Linker Schriftsteller, ebenso wie *Qian Xingcun* d.i. A Ying (1900–77, aus Wuhu/Anhui) Verfasser von Dok. C001

Q — Su Xuelin 蘇雪林 »Wo dui Lu Xun you yinjing dao fandui de yuanyin — Lu Xun shishi sa zhou nian jinian« 我對魯迅由欽敬到反對的原因——魯迅逝世卅週年紀念 in: *Ziyou qingnian* 自由青年 Bd. 37, Nr. 1 (Taibei, 1.1966); in: *Wentan huajiu* 文壇懷舊 Taibei: Wenxing shudian 25.3.1967, S. 20–9

L — Lu Xun: »Nü xiaozhang de nannü de meng« 女校長的男女的夢 [Träume einer Rektorin über das Verhältnis zwischen Männern und Frauen; 6.8.1925], in: *Jingbao fukan* 京報副刊 10.8.1925; in: *LXQJ* Bd. 7, S. 290–2 ¶ Su Xuelin: *Xianhua zhanzheng* 閒話戰爭 [Der Krieg der müßigen Worte; Essays über die Kontroverse zwischen Lu Xun und Chen Xiying], Taibei: Zhuanji wenxue chubanshe 1967 ¶ Sakuraba Yumiko 櫻庭弓子 »Nü xiaozhang zhi meng. Beijing nüzi shifan daxue xiaozhang Yang Yinyu 女校長之夢——北京女子師範大學校長楊隱榆 [Träume einer Rektorin. Yang Yinyu, Rektorin der Pädagogischen Hochschule für Frauen in Peking], Übers. Wang Huimin 王惠敏 in: *Lu Xun yanjiu yuekan* 魯迅研究月刊 Nr. 142 (2/1994), S. 69–73 ¶ Levine, Marilyn A.: »Chinese Politics in France during the 1920s«, in: *Ouvrages en langue chinoise de l'Institut franco-chinois de Lyon 1921–1946*, Hg. Jean-Louis Boully, Lyon: Bibliothèque municipale 1995 (= Collection Bibliographica 2), S. XXIX–XXXVI ¶ Su Xuelin: *Shijing zazu* 詩經雜俎 [Vermischte Würdigungen des »Buches der Lieder«], Taibei: Taiwan shangwu yinshuguan 1995

1925 · 5 · 27   Dokument B070

Gruppenbild mit Yang Yinyu (Photographie, 1918)
Abbildung S. 233

Gruppenbild mit Yang Yinyu (Photographie, 1918)
Text S. 232

*Die Pädagogin Yang Yinyu (1884–1938, aus Wuxi/Jiangsu) gehörte zunächst zu
den Pionierinnen der Frauenbildung und Koedukation und studierte von 1899 bis
1902 und von 1907 bis 1913 an der Pädagogischen Hochschule für Frauen in
Tôkyô. Sie reiste 1918 zu einem Studienaufenthalt in die USA und wurde bei ihrer
Rückkehr im Februar 1924 Rektorin der Pädagogischen Hochschule für Frauen.
Proteste gegen ihr autoritäres Regime, die weiter oben dokumentiert sind, trieben
sie im Mai 1925 aus dem Amt. Sie gehörte seit ihrer Studienzeit der »World's
Chinese Students' Federation« an. Die Aufnahme entstand anläßlich der Abreise
einer vom Erziehungsministerium ausgewählten Gruppe von Studenten in die
USA am 11. August 1918. Yang Yinyu sitzt als zweite von links, zudem v.l.n.r.
vorne: Shen Baode, Yang Yinyu, die Ehefrau von Zhu Jiahua, Zhu Shaoping, Deng
Cuiying, Zhu Jiahua (1893–1963, aus Wuxing/Zhejiang, zeitweilig Erziehungsminister), hinten: Ding Jingbao, Ren Dianyuan, Zhang Qinglian und Pei Yixiang.*

Q — in: *Huanqiu tekan* 環球特刊 Shanghai, Okt. 1919

1925 · 5 · 30	Zhonghua minguo 14	Weist mit »Bingfei xianhua« [Alles andere als müßige Gespräche] die Angriffe von Chen Xiying in der Wochenschrift *Xiandai pinglun* zurück.
1925 · 7 · 22		Aufs.»Lun zheng le yan kan« [Die Augen offenhalten; dt. in: *LXW* Bd. 5, S. 318–25].
1925 · 8 · 7		Nimmt an einer Versammlung der Dozenten- und Studentenorganisationen teil, die sich bemüht, trotz der Protestbewegung den Lehrbetrieb an der Lehrerinnen-bildungsanstalt aufrechtzuerhalten bzw. wieder aufzunehmen.
1925 · 8 · 13		Wird in den Ausschuß der entsprechenden Dozenten- und Studentenorganisation gewählt.
1925 · 8 · 14		Wird durch Erziehungsminister Zhang Shizhao wider-rechtlich seines Amtes als Bevollmächtigter im Erzie-hungsministerium enthoben.
1925 · 8		Dokument C029

Su Xuelin: Wie sich die kommunistischen Banditen und Lu Xun gegenseitig ausnützen (1956)

Am diesjährigen 19. Oktober [1956] war der 20. Todestag von Lu Xun, dem
großen Lehrer der Linken — ein Ereignis, das in den *Banditengebieten* mit

übermäßigem Aufwand und im großen Maßstab begangen wurde. Warum an das Ereignis erinnert wurde, bedarf keiner weiteren Erläuterung. Gleichzeitig haben auch die freien Wissenschaftler aus Taiwan und Hongkong eine Reihe von Artikeln über Lu Xun geschrieben. Einige unter ihnen schildern Erlebnisse an der Seite von Lu Xun, um zu demonstrieren, daß sie in engem persönlichem Austausch mit dem Meister standen. Andere haben sich schon ausführlich dazu geäußert, warum das Lob von Lu Xun auf einer Mißachtung seiner Theorien beruht, während *einige Herren in Übersee* sagen, Lu Xun sei charakterlich so aufrichtig und redlich gewesen, daß es ihm mit Sicherheit so wie *Hu Feng* ergangen und er Opfer einer Berichtigungsmaßnahme durch die kommunistischen Banditen geworden wäre, wenn er weitergelebt hätte. Ob solche Aussagen sinnvoll sind oder nicht, ist eine andere Frage.

Schon vor über 20 Jahren hat die Verfasserin vorausgesehen, daß Lu Xun zu einem Götzen der kommunistischen Banditen gemacht würde. [...]

Wenn ein Mensch als großer Meister bezeichnet wird, dann gewiß deshalb, weil er sich sowohl durch seinen literarischen Stil, als auch durch seine Gelehrsamkeit und seine moralische Integrität außerordentliche Verdienste erworben hat, die eine solche Kennzeichnung rechtfertigen. Laßt uns nun zuerst einen Blick auf den literarischen Stil von Lu Xun werfen. Obwohl die Werke, die Lu Xun im Laufe seines Leben verfaßt hat, *20 dicke Wälzer* ausmachen, handelt es sich dabei zum größten Teil um satirische und kämpferische Essays, die darauf abzielen, beim Leser Empörung zu wecken. Seine Erzählungen galten allgemein als gelungen, doch gibt es davon nur die beiden Sammlungen »*Schlachtruf*« und »*Zwischenzeiten Zwischenwelten*«. Was die »*Wahre Geschichte des A Q*« betrifft, mit der seine hervorragende Stellung in der Literaturszene begründet wird, so habe ich gehört, sie sei nach dem Vorbild der Erzählung eines gewissen japanischen Autors gestaltet (Davon habe ich auch erst später erfahren, und ich weiß nicht, ob es wirklich stimmt, sondern verlasse mich nur darauf, was ich gehört habe.). Seine »*Alten Geschichten, neu erzählt*« können lediglich als clowneske Plaudereien gelten und sind nicht vom geringsten literarischen Wert. Er mag zwar Gedichte im klassischen Stil geschrieben haben, doch habe ich in einer Zeitschrift nie ein *siebensilbiges Regelgedicht* von ihm gelesen. [...] Das ist es auch schon, was Lu Xun literarisch geleistet hat.

An wissenschaftlichen Werken gibt es von Lu Xun nur die »*Kurze Geschichte der chinesischen Erzählliteratur*«. Die Darstellung in diesem Werk gilt als ziemlich systematisch und ordentlich, aber viele sagen, bei Teilen des Buches sei das Material einfach von Japanern übernommen. Besonders bei der Beschreibung der Personen aus dem »*Traum der Roten Kammer*« sei das am deutlichsten zu merken. Darüber hinaus hat er einige sowjetrussische Werke zur kommunistischen Kunsttheorie übersetzt. Seine Übersetzungen sind in einem eleganten Stil geschrieben [...]. Dennoch bezeichnet er sie beschönigend als »direkt übersetzt« und lobt seine eigenen Übersetzungen als getreu und zuverlässig. Das ist es auch schon, was Lu Xun wissenschaftlich geleistet hat.

Kommen wir schließlich zu den Charaktereigenschaften von Lu Xun: Er ist parteiisch, herzlos, voller Mißtrauen. [...]

Lu Xun ist als Literat, Wissenschaftler und Mensch so, wie ich ihn geschildert habe. Wie also ist es möglich, daß er zu einem großen Meister wurde, sich zu Lebzeiten einen guten Namen machte und nach seinem Tode gelobt wurde als je länger desto einflußreicherer großer Geist, so daß er in politischen Kreisen gelegentlich als Persönlichkeit gilt, wie sie außerhalb der Kunstszene ohne Beispiel dastünde? Es ist einfach nicht wahr, sondern ist einzig und allein der Kunstpolitik der kommunistischen Banditen zuzuschreiben, die ihn zu einem solchen Götzenbild erhoben haben. Aus eigener Kraft hätte er es niemals geschafft, gleichgültig mit welchen Anstrengungen. Warum aber haben die kommunistischen Banditen aus Lu Xun einen solchen Götzen gemacht? Ich habe schon früher wiederholt gesagt, daß die kommunistischen Banditen gewohnheitsmäßig nach dem Grundsatz der Gewalt handeln. Sie haben die politische Macht durch Gewalt an sich gerissen und sich auch bei der ideologischen Unterdrückung terroristischer Methoden bedient. Ein Mensch wie Lu Xun war genau das, was die kommunistischen Banditen brauchten. [...]

Im Jahre 19 der Republik [1930] wurde in Shanghai die »Liga linker Schriftsteller« gegründet und Lu Xun gleich zu ihrem Vorsitzenden gewählt. Mit der Liga linker Schriftsteller als politischem Hintergrund hat dieser mit allen Wassern gewaschene Mann seine eigene heimliche Absicht verfolgt, die Literaturszene zu monopolisieren, während die Linke sich ihrerseits der kriminellen Beihilfe von Lu Xun bedient hat, um selber groß herauszukommen. Er diente ihnen als alter Drachenkopf, der für sie handelte, sobald sie sich rührten, bis sie alle Schiffsstege an sich gerissen und alle Ebenen besetzt hatten. Alle fürchteten die Boshaftigkeit von Lu Xun und seinen Gefährten und Nachfolgern. [...]

Nach seinem Tode wiederum haben sie alle möglichen feierlichen Gedenkveranstaltungen für ihn abgehalten, mit der Absicht, daß der Weihrauchduft für alle Zeit und Ewigkeit nachwirke. Die kommunistischen Banditen lobten seine Verdienste und berichteten von seinen Tugenden. Aber obwohl sich die Chinesen darauf so weit einließen, hatten sie doch ein solches

Gespür für die langjährige Propaganda der kommunistischen Banditen, daß sie zusammen mit *Hu Shizhi* überzeugt waren, selbst wenn Lu Xun einige interessante Züge aufweise, wäre er genauso wie Hu Feng Antikommunist, wenn er noch lebte. Damit haben sie erneut das wahre Gesicht dieses »durchtriebenen alten Herrn« nicht klar erkannt, sondern sind unwissentlich dem Betrug durch »den edlen Aufrechten« aufgesessen. Man muß wissen, daß die damalige Unterstützung von Lu Xun für die Kommunisten ganz bestimmt nicht auf seiner Liebe zum Kommunismus beruhte, denn er war von Grund auf Nihilist und hatte mit dem Kommunismus in Wahrheit so wenig gemein wie ein Pferd mit einem Rind. Wenn er bereitwillig die Kommunisten unterstützte, dann geschah es tatsächlich aus den Gründen, die ich oben geschildert habe. Er wollte nichts weiter, als sich den politischen Einfluß der Linken zunutze machen, weil er damit leichter auf den »goldenen Thron« eines »Herrschers der literarischen Vereinigungen« aufsteigen konnte. Zu den kommunistischen Banditen hatte er ein Verhältnis »gegenseitigen Nutzens« und nicht etwa »gemeinsamer Gesinnung«. Somit genügte es, daß die kommunistischen Banditen ihn in jeder Hinsicht zu einem Götzen aufbauten, damit er selber nicht zur Gegenseite überliefe. Hu Feng gilt immer noch als jemand, der ein bißchen »aufrechte Gesinnung« zeigte, weshalb er bald den Weg der Rebellion ging, sobald er aus der Nähe gesehen hatte, wie sich die kommunistischen Banditen verhielten. Lu Xun war von anderer »Durchtriebenheit«: Wäre er bereit gewesen, Gefahr für sein Leben auf sich zu nehmen und sich gegen die Kommunisten zu wenden?

Ist ein Götzenbild erst errichtet, wird es kaum zerstört. Im Laufe der Geschichte hat es schon unzählige Götzen gegeben, und der Weihrauchduft um sie reißt seit mehreren tausend Jahren nicht ab. Sie zu zerstören, lohnt nicht einmal den Aufwand eines halben Aufsatzes. Vielleicht bringen ihnen die Menschen aus alter Gewohnheit ihre Opfergaben dar, als ob sie erst dadurch ihren Seelenfrieden finden könnten. So dumm, aber auch so träge ist die Menschheit.

A — *Banditengebiete* gemeint ist die Volksrepublik im Gegensatz zur Republik China auf Taiwan, die aus ihrem Alleinvertretungsanspruch für ganz China heraus bis in die jüngste Zeit das Festland als »von Banditen besetzt« betrachtet hat, daher der synonyme Gebrauch von »Bandit« und »Kommunist« ¶ *einige Herren in Übersee* bezieht sich auf Hu Shi, der damls noch in den USA lebte und erst 1958 nach Taiwan kam und über den Fall einen Brief schrieb (in: »Ziyou Zhongguo« <Free China>, Bd. 15, Nr. 8, Taibei, 16.4.1956), den Hsia Tsi-an [Xia Ji'an] beifällig zitiert (»Lu Hsün and the Dissolution of the League of Leftist Writers«, in: »The Gate of Darkness«, Seattle/WA: Washington University Press 1968, S. 107–8) ¶ *Hu Feng* (1903–85) Lyriker und Literaturkritiker aus

Yidu/Hubei ¶ *20 dicke Wälzer* bezieht sich auf die 20bändige Werkausgabe mit eigenen Werken, Übersetzungen und textkritischen Editionen, auf Initiative von KP-nahen Literaten und Politikern von einem »Lu-Xun-Gedenkausschuß« herausgegeben (»Lu Xun quanji«, Shanghai: Fushe 1938) ¶ »*Schlachtruf*« *und* »*Zwischenzeiten Zwischenwelten*« sind die 1923 und 1926 erschienenen Sammlungen, die den Ruf von Lu Xun als Erzähler begründeten (»LXW«, Bde. 1 & 2) ¶ »*Alte Geschichten, neu erzählt*« (»Gushi xinbian«, 1936) dt. als »Altes, frisch verpackt« (»LXW«, Bd. 4) ¶ *siebensilbiges Regelgedicht* ist eine an der Wende vom 7. zum 8. Jh. entwickelte und bis in die Gegenwart gepflegte Gedichtform aus acht Versen zu jeweils sieben Zeichen, wobei 1. die jeweils geraden Verse aufeinander reimen müssen und 2. die Abfolge der Tonhöhen (nach den beiden Gruppen »eben« und »schief«) durch das erste Verspaar silbenweise für den Rest des Gedichts vorgegeben ist ¶ »*Kurze Geschichte der chinesischen Erzählliteratur*« (»Zhongguo xiaoshuo shilüe«, 1923/24) aus Vorlesungen hervorgegangene und zuerst in Form von Skripten zirkulierende Überblicks-darstellung, in die zahlreiche frühere Quellenstudien eingeflossen sind und die jahrzehntelang als Standardwerk galt; dt. als »Kurze Geschichte der chinesischen Romandichtung«, Peking: Verlag für fremdsprachige Literatur 1981 ¶ »*Traum der Roten Kammer*« (»Hongloumeng«, um 1760), bedeutendster Roman der klassischen chinesischen Literatur, von Cao Xueqin (1715–63, Mandschure), zu dem zahlreiche Fortsetzungen geschrieben wurden und der einen ganzen Zweig der Literaturwissenschaft begründet hat, die »Rot-Lehre« (»Hongxue«) ¶ *Hu Shizhi* gemeint ist Hu Shi (1891–1962, aus Jixi/Anhui) Philologe und Literaturwissenschaftler, als wichtiger Initiator der Bewegung für Literatur in Umgangssprache, einer der Vorläufer der Bewegung des 4. Mai

Q — Su Xuelin 蘇雪林 »Yu gongfei huxiang liyong de Lu Xun« 與共匪互相利用的魯迅 in: *Wo lun Lu Xun* 我論魯迅 [Ich äußere mich zu Lu Xun], Taibei: Aimei wenyi chubanshe o.J. [1966], S. 144–8; Taibei: Zhuanji wenxue chubanshe 1979 (= Zhuanji wenxue congshu 94)

L — Su Xuelin: *Jixin* 棘心 [Widerborstiges Herz; autobiogr. Roman], Shanghai: Beixin shuju 1928 ¶ Li Helin 李何林 »Tantan Su Xuelin nüshi lun Lu Xun: "Lu Xun da luo shui gou wo que yao da sigou"« 談談蘇雪林女士論魯迅：《魯迅打落水狗我卻要打死狗》 [Einige Worte zum Artikel von Frau Su Xuelin über Lu Xun: »Lu Xun prügelt ins Wasser gefallene Hunde, während ich nur tote Hunde prügeln werde«], in: *Beiping xinbao* 北平新報 9.4.1937 ¶ Hong Xing 洪星 »Su Xuelin de Lu Xun lun« 蘇雪林的魯迅論 [Der Artikel von Su Xuelin über Lu Xun], in: *Beiping xinbao* 11.4.1937 ¶ Xu Yuling »Lüetan Su Xuelin de zaoqi chuangzuo« 略談蘇雪林的早期創作 [Kurze Erörterung zum frühen Schaffen von Su Xuelin], in: *Anhui jiaoyu xueyuan xuebao* 安徽教育學院學報 Bd. 9, Nr. 1 (Hefei/Anhui, 1992), S. 45–9 ¶ Su Xuelin: *Su Xuelin wenji* 蘇雪林 [Werke von Su Xuelin], 4 Bde., Hg. Shen Hui 沈暉 u.a., Hefei: Anhui wenyi chubanshe 4.1996 ¶ Tang Zhixuan 湯芝萱 »Xiwang niannian dou lai wei ta zhushou. Cexie Su Xuelin xiansheng bailing jin yi huadan zhushou huodong« 希望年年都來為她祝壽——側寫蘇雪林先生百凌晉一華誕祝壽活動 [In der Hoffnung, ihr noch Jahr für Jahr gratulieren zu können. Geschrieben im Anschluß an Glückwunschfeier zum 100. Geburtstag der ehrwürdigen Su Xuelin], in: *Wenxun zazhi* 文訊雜誌 4/1997 (Taibei), S. 80–81

Peking

1925 · 8 · 20	Zhonghua minguo 14	Schreibt Essay »Da =K S= jun« [Antwort auf Herrn K. S.; d.i. Zhang Kebiao (1900–?, aus Haining/Zhejiang)] über seine Amtsentlassung, die von Zhang Kebiao in einem Artikel kritisch kommentiert worden war.
1925 · 8 · 22		Klagt beim Verwaltungsgericht *(Pingzhengyuan)* gegen den Entscheid von Zhang Shizhao.
1925 · Sommer		Gründet zusammen mit Wei Suyuan, Cao Jinghua, Li Jiye, Tai Jingnong, Wei Congwu u.a die literarische Vereinigung »Namenlose Gesellschaft« *(Weimingshe)*, mit dem Ziel ausländische literarische Werke zu übersetzen und herauszubringen.
1925 · 9 · 10 – 1925 · 12		Unterrichtet an der Liming-Mittelschule [Mittelschule »Morgengrauen«].
1925 · 9 · 18 – 1925 · 11		Unterrichtet an der »Werkschule Großes China« *(Dazhong gongxue)*.
1925 · 9 · 21		Nimmt an Eröffnungsfeier teil zum autonom durch einige Studentinnen an der Gasse Zongmao hutong weitergeführten Lehrbetrieb, nachdem die Lehrerinnen-bildungsanstalt durch das Erziehungsministerium zwangsweise aufgelöst worden war.
1925 · 9 · 23 – 1926 · 5		Unterrichtet an der Chinesischen Universität *(Zhongguo daxue)*.
1925 · 10 · 17		Schließt Erz. »Guduzhe« [Der Einsame; dt. in: *LXW* Bd. 2, S. 115–45] ab.
1925 · 10 · 23		Dokument C027

Shang Yue: Herr Lu Xun

Der Historiker Shang Yue (1902–82, aus Luoshan/He'nan) gehörte schon als Schüler der Vorbereitungsklasse an der Universität Peking zu den Hörern von Lu Xun und studierte an der Englisch-Abteilung, als er mit ihm in regelmäßigem Kontakt stand. Shang war Mitglied der neuromantischen literarischen Vereinigung »Sturm-und-Drang-Gesellschaft« (Kuangbiaoshe) und schrieb unter anderem einen Sammelband »Krankheit« (Bing, 1926) und die in Fortsetzungen in »Eastern Miscellany« (Dongfang zazhi) 1930 erschienene Erzählung »Siegestrophäe« (Shenglipin). Er wurde 1927 Mitglied der KP und betreute 1955 als verantwortlicher Herausgeber einen offiziösen »Grundriß der Geschichte Chinas« (Zhongguo lishi gangyao). Seine geschraubte Eloge auf den von ihm bewunderten Autor ist typisch für den ho-

hen, dabei jedoch pessimistisch kokettierenden Ton unter den Neuromantikern seiner Generation.

Wenn jemand von einer Langeweile in die andere fällt und völlig jedes Interesse verloren hat, läßt sich ohne weiteres vorstellen, daß er dann auch den Orientierungssinn verliert, der ihn antrieb. Ein solcher Mensch befindet sich dann, außer wenn er auf der Straße geht, eigentlich nur in einem traumlosen Schlaf, und in seinem Schlaf, der keine Träume findet, sucht ihn die Vergangenheit alptraumartig heim. In dieser Vergangenheit ist es nicht nur Vergangenes, sondern vielleicht auch noch Gegenwärtiges, was seine Alpträume noch schlimmer macht. Dann, wenn er Vergangenes herbeiholt, sprechen Ereignisse von morgen und heute und sagen die Zukunft voraus. Sofern dieser Mensch eine Seele hat, wird sie ihn in noch heftigere Alpträume von der Vergangenheit stoßen, und weil die Seele ihre Zeit in sich birgt, wird daraus ein Traum von der Gegenwart. Doch dieser Traum spielt sich wiederum nur in einem Augenblick ab und taucht nur einen Augenblick an der Oberfläche auf, um sogleich wieder zu verschwinden. Wenn er dann über keine Fähigkeiten verfügt oder wirklich in Schlaf verfällt oder auf der Straße unterwegs ist, braucht er nichts zu sagen. Falls es seine Umgebung und seine Fähigkeit ihm erlauben, mitten in der leidvollen Geschäftigkeit zur Ruhe zu kommen, sich an einem freien Ort niederzusetzen, dann wird es zu einem Traum, zu einem beseelten Traum. In ihm ist dann die Seele des Schriftstellers und Klarheit und Voraussicht des Zeitgeistes enthalten.

In einem solchen Traum, der die Seele des Schriftstellers sowie Klarheit und Voraussicht des Zeitgeistes mit einschließt, kann sich gewissen Menschen, den Menschen mit Seele, sein Mitleid — das Mitleid des Schriftstellers — bekunden. Im Mitleid, das sie — die Menschen mit Seele — bekunden, äußert sich Trost. Doch zugleich empfindet er — der Schriftsteller — Mitleid gegenüber den gewöhnlichen Menschen oder Kritikern, die keine Seele haben, die verblendet von eitlem Ruhm und überheblich sind, sich eifrig bemühen, mit betrügerischen Mitteln zu töten: Denn in der Klarheit und Voraussicht seines Traums ist etwas enthalten, was ihre Seele, die sie unbedingt in blindem Schlaf halten wollen, aufrütteln und nicht mehr zur Ruhe kommen lassen könnte. Mit anderen Worten: Es könnte jene erbärmlichen Grundlagen hervorzerren und entblößen, die sie um jeden Preis verborgen halten wollen. Das ist der Grund, warum Byron und Swift in ihren eigenen Ländern keine Anerkennung fanden, und warum die gewöhnlichen Lyriker und Künstler, die nur das Schöne schildern, überall so willkommen sind. Es ist auch der Grund, warum in unserem Land Herr Lu Xun »gegen Wände anrennt«.

»Wer von klein auf Wohlstand genossen hat, dann aber in Not gerät, der wird, so glaube ich, im Verlaufe dieser Erfahrung in die Lage versetzt, das wahre Antlitz des Menschen zu erkennen ...« *(Vorrede zu »Schlachtruf«).*

Findet sich im obigen Absatz nicht genau die Grundlage für die Träume von Herrn Lu Xun, von denen er sagt: »Auch ich hatte in meiner Jugend viele Träume«? Es sind, glaube ich, auch die Träume von Vergangenem, die ihm bis heute noch Leid bereiten. Und ist es nicht auch Grundlage seiner jetzigen »Einsamkeit«, die ihn »nie gekannte innere Leere empfinden« ließ?

Herr Lu Xun war mitten in solchem Leid, solcher Verzweiflung und solcher Einsamkeit dazu fähig, sich niederzusetzen, sich mitten in der Wildnis niederzusetzen, und seine Seele, die von der Giftschlange der Einsamkeit umwunden war, kam aus einem Traum heraus, der den Geist der Zeiten enthält.

Sein alter Freund *Jin Xinyi* war gekommen. Seine Hoffnung, die »in der Zukunft liegt«, brachte ihn dazu, Geschichten zu schreiben und unermüdlich dazu aufzurufen, jene »eiserne Kammer, ganz ohne Öffnungen und praktisch unzerstörbar«, zu zerschmettern. Eine *neue Jugend* (nicht die heutige neue Jugend) erblickte das Licht der Welt, und der Schlachtruf wurde gehört. Doch in »*Das Heilmittel*« liegt ein Ring von Blumen um das Grab von Yu'er, und in »*Der morgige Tag*« träumt Vierte Schwägerin Shan, sie hätte ihr Kind im Traum gesehen. Damals war die Jugend von seiner Einsamkeit nicht besonders betroffen, sondern inzwischen im Gegenteil sogar selber alt geworden. Die Einsamkeit von Herrn Lu Xun besteht jedoch weiterhin und ist nicht geringer als in der Wüste. Ich fürchte sogar, daß der Traum von Herr Lu Xun, der »in der Zukunft liegt«, immer noch »in der Zukunft liegt«! Denn jetzt habe ich das Gefühl, in dieser Wildnis werde auch die »Einsamkeit« bald aufgerieben und verschwinden. Doch zugleich werden auf Kosten der Einsamkeit in umgekehrt proportionalem Verhältnis die seelenlosen Dinge entstehen, die bloß von eitlem Ruhm verblendet und überheblich sind, und sich eifrig bemühen, mit betrügerischen Mitteln zu töten.

Die Menschen, die in der eisernen Kammer, »ganz ohne Öffnungen und praktisch unzerstörbar«, in friedlichem Schlaf liegen, sind alle schon »vom Tiefschlaf in den Tod übergegangen«, so daß die Übriggebliebenen nur totes Fleisch sind, das noch nicht verrottet ist. Herr Lu Xun wird, wie ich fürchte, weiterhin gegen Wände anrennen. Denn gegen Wände anrennen ist genau das Werk, das heute jenen Menschen bleibt, die eine Seele haben.

A — *Vorrede zu »Schlachtruf«* dt. als »Applaus«, in »LXW«, Bd. 1, S. 7–15, Zitat S. 8 ¶ *Jin Xinyi* d.i. Qian Xuantong (1887–1939, aus Wuxing/Zhejiang) mit dem Lu Xun 1908 in Tôkyô gemeinsam bei

dem chinesischen Philologen und Reformer Zhang Taiyan (1869–1936) literarisch-politische
Vorträge gehört hatte, einer der wichtigsten Vertreter der Bewegung des 4. Mai und Mitherausgeber
der Zeitschrift »Xin qingnian« [Neue Jugend] ¶ *neue Jugend* »neu« und »jung« waren Schlüsselbegriffe
der Bewegung des 4. Mai, die sich gegen eine »alte und vergreiste« konfuzianische Sozialordnung
auflehnte, daher auch der Name der erwähnten Zeitschrift ¶ *»Das Heilmittel«*, *»Der morgige Tag«*
(»Yao«, »Mingtian«) Erzählungen aus dem Sammelband »Schlachtruf«; dt. in: »LXW«, Bd. 1, S.
42–64

Q — Shang Yue 尚鉞 »Lu Xun xiansheng« 魯迅先生 in: *Jingbao fukan* 京報副刊 Nr. 306 (Beijing,
23.10.1925); in: *Wentan yinxiang ji* 文壇印象記 Hg. Huang Renying 黃人影 [A Ying 阿英],
Shanghai: Lehua tushu gongsi 1932, S. 23–6

1925 · 11 · 3	Zhonghua minguo 14	Erz. »Dixiong« [Brüder; dt. in: *LXW* Bd. 2, S. 176–91].
1925 · 11 · 3		»"Refeng" tiji« [Geleitwort zur Sammlung mit Miszellen »Heißer Wind«], im gleichen Monat in Peking beim Verlag Beixin shuju erschienen.
1925 · 11 · 6		Erz. »Lihun« [Die Ehescheidung; dt. in: *LXW* Bd. 2, S. 192–205].
1925 · 11 · 18		Essay »Shisi nian de "dujing"« [Leseerfahrungen aus 14 Jahren].
1925 · 12 · 2 – 1926 · 4		Wirkt als Chefredakteur der Beilage 1 »Wenxue yishu ban« [Literatur und Kunst] zur Pekinger Tageszeitung *Guomin xinbao* [Neue Bürgerzeitung].
1925 · 12 · 3		Schreibt »"Chu le xiangya zhi ta" houji« [Nachwort zu »Aus dem Elfenbeinturm«], einer Essaysammlung des Japaners Kuriyagawa Hakuson, an deren Übersetzung LX seit Ende 1924 gearbeitet hatte. Erscheint im Dezember in Peking beim Verlag Weimingshe in der Reihe »Weiming congkan«.
1925 · 12 · 18		Miszelle »"Gongli" de baxi« [Die Verrenkungen bei den »allgemein anerkannten Grundsätzen«].
1925 · 12 · 29		Aufs. »Lun "Fei'e polai" yinggai huanxing« [Kein überstürztes "Fair play" — Ein Disput; dt. in: *LXW* Bd. 5, S. 357–69].
1925 · 12 · 31		Stellt den Band mit Miszellen *Huagai ji* [Unglücksstern] zusammen und schreibt dazu »Tiji« [Geleitwort], erscheint im Juni 1926 in Peking beim Verlag Bexin shuju (frz. als *Sous le dais fleuri*, Übers. François Jullien, Lausanne: Eibel 1978).

Peking

1926 · 1 · 17	Zhonghua minguo 15	Klage gegen Zhang Shizhao erfolgreich, so daß das Erziehungsministerium ihn wieder zum Bevollmächtigten ernennt: »Amtsenthebung war nicht rechtens und ist als nichtig zu betrachten.«
1926 · 1 · 25		Miszelle »Yi dian biyu« [Ein Gleichnis].
1926 · 2 · 21		Beginnt den memoirenartigen Text »Gou, mao, shu«, der später in Zhaohua xishi [Blumen der Frühe, am Abend gelesen] aufgenommen wird (dt. »Von Hunden, Katzen und Mäusen«, in: LXW Bd. 3, S. 10–22).
1926 · 3 · 18		Bei einer Demonstration werden zwei Studentinnen der Lehrerinnenbildungsanstalt erschossen (»Massaker des 18. März«). LX schreibt darauf die Miszelle »Wu hua de qiangwei zhi er« [Blütenlose Rose, Teil 2].
1926 · 3 · 25		Nimmt an einer Gedenkveranstaltung in der Lehrerinnenbildungsanstalt für die Opfer Liu Hezhen und Yang Dequn teil.
1926 · 3 · 26		Verläßt aufgrund einer von den Militärmachthabern in Nordchina verbreiteten Fahndungsliste seine Wohnung und kommt zunächst im Verlag der Mangyuanshe unter, dann nacheinander Yamamoto-Krankenhaus, im Deutschen Krankenhaus und Französischen Krankenhaus.

| 1926 · 3 | | Dokument C021 |

Ma Jue: Als ich Herrn Lu Xun das erste Mal sah

Autorin des folgenden Erinnerungsstücks ist Ma Jue (1910–), aus Yinxian/Zhejiang und Tochter von Ma Youyu (1878–1945), der an der Waseda-Universität in Tôkyô studierte und zusammen mit Lu Xun im Jahre 1908 Vorträge von Zhang Taiyan hörte. Ma Jue war seit 1926 Schülerin an der nach dem französischen Positivisten Auguste Comte (1798–1857) benannten, reformorientierten privaten Comte-Schule (Kongde xuexiao) in Peking, besuchte von 1927 bis 1929 die der Université Franco-Chinoise (Zhong-Fa daxue) angeschlossene Mittelschule und wechselte dann an die Mittelschule der Universität Peking, wo sie von 1931 bis 1934 Politologie studierte. Als Ma Jue ihren Text über Lu Xun schrieb, war sie etwa 15 Jahre alt.

Früher hatte ich kein Interesse an Erzählliteratur. Es kam vor, daß ich mit meinen Mitschülern zusammen war und sie alle ständig lasen, während ich steif herumsaß. Das war aber auch langweilig, so daß ich doch ein Buch nahm und darin herumschmökerte. Ich machte weiter, bis ich mir das Lesen angewöhnte und schließlich selber häufig las.

Unter den Erzählungen, die ich las, waren mir die von Lu Xun geschriebenen am liebsten. In seinen Werken gibt es viele Stellen, die wie die Worte von kleinen Kindern klingen, sehr offen und frei und ohne die geringste falsche Höflichkeit. Er ist nicht wie andere, die erst einen halben Tag überlegen müssen, bevor sie einen Satz sagen, und darauf achten, ob es auch angemessen formuliert sei oder womöglich jemanden beleidigen könnte. Lu Xun ist anders. Wenn du ein schlechter Mensch bist, dann nimmt er Pinsel und Tusche und beschimpft dich. Deshalb ist er angenehm zu lesen, obwohl in seinen Werken viele Bedeutungen stecken, die ich nicht verstehe, doch auch schon oberflächlich gelesen, ist er sehr bereichernd.

Aber Lu Xun persönlich hatte ich damals noch nicht gesehen, und wußte auch nicht, was er für ein Mensch ist. Ich stellte mir vor, er müsse ungefähr wie ein Kind aussehen und sei bestimmt sehr gerne mit kleinen Kindern zusammen. Allerdings erfuhr ich, daß er schon ein gewisses Alter hat und auch wie ein alter Mann aussieht. Ob er wohl Sinn für Schönes hatte? Er mußte wohl schöne Dinge mögen und westliche Kleider tragen. Sicher lief er mit einem *Spazierstock* umher, mit einer scharfen Spitze. Ob er einen Scheitel trug? Nicht unbedingt; aber weil er westliche Anzüge trug, mußte er seine Haare wohl scheiteln. Ich dachte, daß er ganz genau so sein müsse und ich mich nicht irrte. Obwohl er schon einige Male bei uns zuhause gewesen war, hatte ich ihn noch nie gesehen.

Als ich eines Tages von der Schule zurückkam, hörte ich aus der Studierstube meines Vaters Stimmen. Ich fragte Zhao Zeng: »Was für Gäste sind in der Studierstube?« — »*Herr Zhou* ist wieder einmal gekommen.« Voller Zweifel fragte ich: »Herr Zhou. Jener bewußte Herr Zhou?« — »Habe ich es nicht deutlich gesagt!« Von draußen schaute ich zum Fenster hinein und sah nur einen hageren, etwas abgezehrten Menschen, der keineswegs ein schönes Gesicht hatte, keinen Scheitel trug, aber auch keinen Bürstenschnitt hatte. Ich kümmerte mich nicht weiter darum, was für ein Gast es war, ihn mir anzusehen konnte ja nichts schaden, und ich ging schließlich wieder hinein.

Da sah ich plötzlich, wie sich eine Gestalt bewegte, an deren Seite mein Vater sagte: »Das ist nun Herr Lu Xun, von dem du so oft sprichst.« In diesem Augenblick nickte Herr Lu Xun leicht und ich sah, daß er einen hellgrauen traditionellen Gelehrtenrock und zerschlissene Lederschuhe trug. Er wirkte alt und steif und gewiß nicht wie ein Kind, was mich sehr befremdete. Niemals hätte ich gedacht, daß Herr Lu Xun so ungepflegt wäre! Er hielt ständig eine Zigarette in der Hand und sah so aus, als würde sein Hirn die ganze Zeit gründlich über irgendetwas nachdenken.

Ich erstarrte für einen Augenblick und ging dann hinaus. Vater hatte mir aufgetragen, etwas Gebäck zu holen. Ich brachte einen Teller und trug ihn auf beiden Händen vor mir her. Dann stand ich wieder wie erstarrt. Ich überlegte ständig und konnte mir einfach nicht vorstellen, daß es Lu Xun war, weil der Lu Xun, der bereits in meinem Kopf existierte, ein alter Mann war, der wie ein Kind ist. Der Lu Xun, den ich jetzt sah, war jedoch ein alter Mann, der sich auch wie ein alter Mann verhielt, so daß ich es nicht recht glauben konnte. Ich weiß auch nicht, ob damals irgendetwas geschah, sondern schaute ihm nur beim Essen zu und sah, daß sogar seine Zähne nicht aufregend waren und ihm das Kauen Mühe machte.

Dann langweilte es mich zuzuschauen und ich wollte hinaus, denn so wie der Mann aussah, hatte er für mich überhaupt keinen Reiz. Doch als ich mich eben zum Gehen anschickte, richtete Herr Lu Xun an mich die Frage: »Was liest du so für Bücher? Hast du die »*Pfirsichfarbene Wolke*« schon gelesen? Das Buch ist wirklich nicht übel!« Ich schüttelte mehrmals den Kopf und sagte ganz verschüchtert »nein«. Er sagte: »Das Buch gibt es kaum mehr, ich fürchte, daß es vergriffen ist. Ich habe bei mir zuhause noch einen Band. Wenn du willst, kannst du ihn haben.« Ich reagierte nicht einmal. Dabei blieb es auch, und ich war zudem dazu verdammt, die ganze Zeit über stehen zu bleiben, denn ich konnte schlecht einfach weggehen. Ich blieb wie versteinert und sagte kein Wort. Es hatte einfach keinen Zweck, und ich stahl mich still und heimlich fort. Am Kleiderständer sah ich einen Filzhut hängen, einen grauen, dessen Band etwas ausgefranst war. Weil der Hut recht hoch hing, konnte ich nicht sehen, warum. Ich stellte mich auf die Zehenspitzen, um einen Blick darauf zu werfen, und sah schließlich, daß es zerrissen war und deshalb so ausgefranst.

Von der Uhr schlug es schon fünf Uhr, und es sah immer noch nicht so aus, als ob Herr Lu Xun gehen würde. Ich wartete bloß darauf, ihn zu begleiten, denn mein Vater hatte mir einmal gesagt, wenn ich Gäste getroffen habe, müsse ich sie beim Abschied immer hinausbegleiten und hinter ihnen hergehen. Deshalb wartete ich weiter und wagte nicht wegzugehen.

Dong! dong!... Es schlug sechs Uhr und er ging immer noch nicht. Es war mir ja gleichgültig, wenn er nicht ging, mir war eben einfach aufgetragen, so zu warten, aber es war wirklich ein wenig ärgerlich. Geh spielen, und wenn es nach ihm ginge, brauchtest du nicht so streng zu sein und dich auch nicht verabschieden! Nein, es geht nicht. Warte, bis der Gast geht. Außerdem wurde es mir so aufgetragen, also warten! »Herr, der Wagen ist bereit«, sagte Zhao Zeng beim Eintreten. Mein Vater antwortete kurz. Als ich nun das Geräusch eines Stuhles und von Schuhen hörte, wußte ich, daß er nun gehen würde, und ging deshalb in den Innenhof, um mich dort zu verabschieden. Im nächsten Augenblick kam er tatsächlich heraus und mein Vater sagte zu mir: »Begleite doch Herrn Lu Xun ein Stückchen hinaus!« Bei meinem Vater erkundigte sich dann Lu Xun: »In welche Klasse der Comte-Schule geht sie denn?« Nachdem mein Vater ihm geantwortet hatte, steckte er sich eine Zigarette an. Ich folgte ihm beim Hinausgehen und hielt meinen Blick unverwandt auf seine Schuhe gerichtet. Plötzlich wandte er sich um und sagte: »Wenn du Zeit hast, dann schick doch jemanden vorbei, um das Buch abzuholen.« Ich antwortete etwas, was wohl bedeuten sollte, er sei wirklich zu freundlich. Als wir ihn zum großen Eingangstor gebracht hatten, brannte schon die zweite Zigarette, und er ging weg. Ich ging wieder zurück und dachte still für mich: »Ein solcher Mensch ist also Herr Lu Xun!«

A — *Spazierstock* Die Autorin benutzt den englischen Ausdruck »stick« ¶ *Herr Zhou* Der ursprüngliche Name von Lu Xun lautet Zhou Shuren ¶ *»Pfirsichfarbene Wolke«* in Esperanto geschriebenes Kindertheaterstück des mit Lu Xun befreundeten russischen Schriftstellers Vasilij Erošenko (1889–1952), von Lu Xun 1922 übersetzt und im Juli 1923 u.d.T. »Taose de yun« erschienen

Q — Ma Jue 馬珏 »Chuzi jian Lu Xun xiansheng« 初次見魯迅先生 in: *Kongde xuexiao xunkan* 孔德學校旬刊 [Zehntages-Zeitschrift der Comte-Schule], März 1926; in: *Wentan yinxiang ji* 文壇印象記 [Eindrücke aus der Literaturszene], Hg. Huang Renying 黃人影 [A Ying 阿英], Shanghai: Lehua tushu gongsi 1932, S. 27–31

L — Lu Xun: Brief an Xu Guangping, 17.5.1929, mit Bericht über Krankenhausaufenthalt von Ma Jue, Nr. 117 in *Liangdi shu* 兩地書 [Briefe aus zwei Welten], in: *LXQJ* Bd. 11, S. 286–7 ¶ Lu Xun: Brief an seinen Verleger Wei Suyuan, 10.1.1927 [Bitte, Ma Jue ein Exemplar von »Fen« (dt. als »Das Totenmal«, in: »LXW«, Bd. 5) zu schicken], in: *LXQJ* Bd. 11, S. 524–5 ¶ »Beiping tongxun« 北平通訊 [Mitteilung aus Beiping], in: *Lunyu* 論語 Nr. 16 (Shanghai, 1933); u.d.T. »Lu Xun yu Ma Jue« [Lu Xun und Ma Jue], in: *Lu Xun yanjiu yuekan* 魯迅研究月刊 Nr. 126 (Beijing, 10/1992), S. 25

1926 · 4 · 1   Zhonghua minguo 15   Essay »Jinian Liu Hezhen jun« [Zur Erinnerung an die ehrenwerte Liu Hezhen].

1926 · 5   Kehrt in seine Privatwohnung zurück.

Peking

1926 · 5 · 15   Dokument B048

Titelseite der Zeitschrift **Europe** Nr. 41 (15. Mai 1926)
Abbildung S. 249

Die von Romain Rolland begründete literarisch-politische Zeitschrift Europe
*veröffentlichte auf Empfehlung ihres geistigen Urhebers in zwei Folgen die
von Jing Yinyu stammende französische Version der »Wahren Geschichte von
A Q« . Unter dem Titel »La vie de Ah-Qui« erschien sie in der ersten Folge
aufgrund eines Druckfehlers auf der Titelseite mit dem danach in »Lou-Sun«
beziehungsweise »Lou Siun« korrigierten Autorennamen »Lou-Tun«.*

Q — »La vie de Ah-Qui«, Übers. J. B. Kyn Yn Yu, in: *Europe* Nr. 41 (15.5.1926), S. 56–74; Nr.
42 (15.6.1926), S. 175–192

1926 · 5 · 16   Dokument C013

Jing Yinyu: Nach der Lektüre von
»Eine Würdigung von Lu Xun durch Romain Rolland«

*Jing Yinyu (1901–30, aus Suining/Sichuan) ging nach Abschluß seines Studiums
an der Universität Peking 1926 nach Frankreich, wo er 1928–30 als Stipendiat
des »Institut Franco-Chinois« in Lyon studierte. Er war erster Übersetzer von
Lu Xun ins Französische und veröffentlichte 1926 in zwei Folgen in* Europe
»Die wahre Geschichte von A Q« und 1929 einen Band Anthologie des conteurs
chinois modernes, *in dem zwei weitere Erzählungen von Lu Xun aufgenommen
sind. Romain Rolland wurde durch ihn in China bekannt gemacht. Zusammen
mit Guo Moruo, Yu Dafu und anderen Autoren gehörte er zu den Mitgliedern
der literarischen »Schöpfungsgesellschaft« (Chuangzaoshe). Wegen einer
Syphilis-Infektion, die er sich wohl in Frankreich zugezogen hatte, beging er
kurz nach seiner Rückkehr nach China Selbstmord, indem er sich in Shanghai in
den Huangpujiang stürzte.*

In der Zeitungsbeilage »Jingbao fukan« erschien eine Meldung mit dem Titel
»Eine Würdigung von Lu Xun durch Romain Rolland«, die *Baisheng* unter
dem Pseudonym *Quanfei* erhalten hatte. Darin steht unter anderem, die Übersetzung des *Herrn Jing* »enthält, wie ich fürchte, zahlreiche Stellen, die nicht
mit dem Original übereinstimmen«; ebenso »Gleichzeitig hat Herr Jing eine
Sache von *Guo Moruo* übersetzt; aber Romain Rolland meint höflicherweise,

Numéro 41   **15 Mai 1926**

EUROPE

Revue mensuelle

F. RIEDER ET Cie, ÉDITEURS - PARIS

7, PLACE SAINT - SULPICE, 7

4.50

Titelseite der Zeitschrift Europe *Nr. 41 (15. Mai 1926)*

Text S. 248

er kenne deren Vorzüge nicht, ...« und weitere Meldungen dieser Art, die sie »sehr mögen«. Falls diese Meldungen nicht alle völlig frei erfunden sind, bin ich gerne bereit, mich mit euch allen und für euch alle zu freuen, doch habe ich keine Ahnung, woher diese Meldungen stammen.

Herr Quanfei bezeichnet sich selber als einen Kommilitonen von mir. Allerdings habe ich, solange ich lebe, nicht die Ehre gehabt, einen solchen Kommilitonen kennenzulernen. Unter den vier oder fünf Kommilitonen, die ich in Frankreich habe, befindet sich keiner, der Quanfei heißt!

Oder stammt die Meldung etwa aus meinem Freundeskreis? Aber ich habe bei meinen Bekannten einzeln nachgefragt, und keiner kannte jemanden namens Quanfei! Du bist also weder Mensch noch Gespenst; du bist ein Nichts, du existierst *überhaupt gar nicht!*

Im Grunde genommen habe ich nicht die geringste Lust, meine kostbare, dem Lernen gewidmete Zeit zu opfern, um euch Gelangweilten zu antworten; ebensowenig möchte ich den Namen von Romain Rolland in euren menschenverachtenden und eigennützigen Parteihändeln beschmutzen lassen. Aber ich habe euch gegenüber eine dringliche Pflicht und komme nicht umhin, euch einige wohlgemeinte Sätze zu sagen. Gesetzt den Fall, ich wäre seit jeher ein Hitzkopf gewesen oder verhielte mich womöglich so, wie es die Literaten »eines bestimmten Landes« gewöhnlich tun, dann würde ich hemmungslos drauf los schimpfen und mich über sämtliche Leser lustig machen. Aber mir ist dieser Ehrgeiz abhanden gekommen, ich empfinde nur die große Tragödie der Menschheit, empfinde nur, wie bedauernswert du und ich und wir alle sind. So bleibt mir nichts anderes übrig, als euch in drei wichtigen Dingen eine aufrichtige Ermahnung zu geben. In welchen drei Dingen?

Erstens: Mensch sein bedeutet Verantwortung übernehmen. Wer einen Artikel schreibt, der durch Gerede andere gegeneinander aufbringt, sollte die Last auf sich nehmen, mit dem richtigen Vor- und Familiennamen zu zeichnen. Die heißblütige Jugend des neuen China (und ich nehme an, daß ihr zur heißblütigen Jugend des neuen China gehört) muß viel, viel und noch viel mehr Verantwortung tragen. Furchtsam den Kopf und den Schwanz einziehen, wie jemand, der irgendetwas daherredet?

Zweitens: Die Übersetzungen oder die »Sachen« kritisieren, die ein anderer gemacht hat, ist eine durch und durch zivilisierte Angelegenheit. Aber man muß sich erst die Übersetzung anschauen, die »Sachen« anschauen, und danach seine Kritik vorbringen, seine Ablehnung äußern, das wäre korrekt. Die Übersetzung und die »Sachen« nicht gelesen haben, aber gleich dem Wind einfach nach Schatten haschen und seine jugendliche Genialität herzeigen ... »enthält, wie ich fürchte, zahlreiche Stellen, die nicht mit dem Original übereinstimmen« … Obwohl »wie ich fürchte« ein sehr geschickter Ausdruck ist, sollte er nicht in einer Zeitung erscheinen, erst recht nicht in der »Jingbao«. Mag es sich mit der »Jingbao« verhalten, wie es will; jedenfalls hätte ich mir niemals vorstellen können, daß die »Jingbao fukan« ebenfalls eine Spalte für possenhafte Mitteilungen einrichten würde. »Wie er sagt…« Wann soll ich etwas zu dir gesagt haben? Du bist nun mal nicht mein Kommilitone und auch nicht mein Freund, doch die Kleinen wagen die unsinnigsten Behauptungen, nur um ihre Karriere nicht zu gefährden. Oder wenn ihr mich vielleicht bedauert, weil ich einem unsteten Leben in der Fremde ausgeliefert bin, so wäre es selbst dann sinnlos, wenn ihr meine Kommilitonen oder Freunde wärt. Quanfei, du hast dich viel zu sehr ereifert! Bis heute ist nämlich die Übersetzung noch nirgends erschienen. Wie also hast du sie lesen und zitieren können? Wenn am Himmel noch kein Rabe fliegt, wer soll dann wissen, ob es ein Männchen oder Weibchen ist?

Drittens: Es ist unzulässig, absurde Gerüchte in die Welt zu setzen. Es ist unzulässig, einem buddhistischen Mönch die Mütze vom Kopf zu reißen.

Es ist richtig, daß ich die »Wahre Geschichte von A Q« übersetzt habe; und es ist richtig, daß Romain Rolland die Übersetzung gelobt hat. Es ist richtig, daß ich von Guo Moruo eine »Sache« übersetzt habe; und es ist richtig, daß Romain Rolland sie ebenfalls nicht ungünstig beurteilt hat. Aber wer hat dir erzählt: »Romain Rolland hat höflicherweise erklärt, er kenne deren Vorzüge nicht«? Und wer hat dir erzählt: »Romain Rolland begreift nicht, warum die Figur A Q heißt«? Wer hat dir erzählt: »Auch Herr Jing weiß es nicht«? Und wer hat dir erzählt: »Herr Jing bezeichnet Lu Xun wie in der *"Geschichte einer glücklichen Gattenwahl"* als seinen großen Meister«? Bring Beweise! Bist du Gespenstern begegnet? Verleumdest du mich erbittert darüber, daß ich angeblich so sei? Ich weiß wirklich nicht, was du damit willst!

Ah! Ich habe es erraten!

[…]

Ich will nicht so weitersprechen wie vorher. Falls ich etwas in Brand gesetzt habe, so bitte ich euch um Entschuldigung. Am liebsten möchte ich abwarten, bis sich mein Kopf etwas abgekühlt hat, und dann weiterschreiben, doch dafür habe ich keine Zeit. Ich hoffe, ihr werdet mich nicht noch einmal ohne Grund belästigen; ich habe nicht die Energie, euch nochmals zu erwidern. Wenn alle lachen, ist alles gut! Aber jetzt muß ich zu meinem Bericht zurückkehren. Da ihr den Namen von Romain Rolland kennt, müßtet ihr wissen, was er für ein Mensch ist. Ihr müßtet wissen, warum er eine *Beethoven-Biographie* und eine *Gandhi-Biographie* geschrieben hat. Danach sagten manche einfach, Romain Rolland bewundere die Größe der uralten indischen Kultur

[...] Romain Rolland empfindet für China ebensolche Bewunderung, ebensolche Zuneigung, und ist ebenso empört über das Unrecht, das China widerfährt. Doch er ist mit den Chinesen bisher nicht in Kontakt getreten. Deshalb freute er sich sehr, mich kennenzulernen. Er brannte darauf, etwas über die Ideen im modernen China zu erfahren: Wie ihr wißt, bestehen in Europa dafür praktisch keine Voraussetzungen. Wenn die großen Leute in ihrer Mußezeit Gäste empfangen, wenden auch die Kinder alle Mühe auf, um einen Trinkspruch zu erwidern. Genauso hat Romain Rolland mit hellwachen Augen meine brieflichen Notizen gelesen, mein Verhalten beobachtet und zugehört, was ich berichte. Dabei hat er bestimmt deutlich gemerkt, daß ich keine so bedeutende Persönlichkeit bin. Doch wie dem auch sei, es ist der Fürsorge meines armseligen Pinsels zu verdanken, daß er eine Ahnung vom Frühling im modernen China erhascht hat. Wenn er mit mir sprach, redete er mir immer wieder ins Gewissen, und wenn er mir schrieb, ermahnte er mich immer wieder. Ständig hatte ich den Verdacht, mein Wissen sei ungenügend, mein Geist unbeweglich. Darüber hinaus erschienen mir mein Stolz und meine Überheblichkeit als armselig und kleinlich, mit den großen Chinesen innerhalb und außerhalb Chinas nicht bekannt zu sein und mich ihrer Belehrung nicht unterzogen zu haben. Als letztes Mittel benutzte ich in den großen Ferien mein schwerfälliges Hirn und setzte meinen ausgemergelten Kopf in Bewegung, um ganz langsam und Zeichen für Zeichen und unter unbeschreiblichen und zahlreichen Schwierigkeiten die »Wahre Geschichte des A Q« und einige andere Erzählungen zu übersetzen, die ich Romain Rolland schickte. Der Himmel ist hoch und die Erde weit, und ich war bestimmt nicht von irgendwelchem krankhaften Ehrgeiz besessen, sondern bloß ein kleiner Schüler, der sein Heft dem Lehrer überreicht und ihn um Korrekturen bittet, und sonst nichts. Doch Romain Rolland und der Herausgeber einer Pariser Zeitschrift zollten mir großes Lob, und dies, obwohl es geborgter Ruhm von Lu Xun und anderen Herren war, die Europäer aber dennoch aus meiner Übersetzung wenigstens eine bruchstückhafte Ahnung von der Schönheit des Originals erhielten, was aber nicht bedeutet, daß ich mich nicht angestrengt hätte. Ich will hier kein Eigenlob singen, doch um die erhobenen Verleumdungen zu unterbinden, bringe ich hier Auszüge europäischer Kritiken an meiner Übersetzung. Romain Rolland schreibt: »*Votre* traduction est correcte, aisée, naturelle.« Der Herausgeber einer Pariser Zeitschrift schreibt: »*Votre* traduction est extrêmement fine et riche en nuance.« Sollte das Chinesisch fehlerhaft sein, dann bezeichne es genau und zögere nicht, mich des Verbrechens zu überführen. Falls dafür kein Grund besteht, warum bewegst du dann den Unterkiefer und redest wirr daher? Was die Frage betrifft, ob etwas gestrichen werden soll oder nicht, so ist dafür alleine

Peking

der Autor verantwortlich, ohne Rücksicht auf alle anderen Menschen im Himmel und auf Erden.

A — »*Jingbao fukan*« 1924–26 literarische Beilage zur in Peking erscheinenden Tageszeitung »Jingbao« [Zeitung für die Hauptstadt], 1918 von Shao Piaoping (1884–1926, aus Jinhua/Zhejiang) gegründet, der zahlreiche in der »neuen Kultur« engagierte Zeitschriften herausgab ¶ *Baisheng* d.i. Sun Fuyuan (1894–1966, aus Shaoxing) ehemaliger Schüler von Lu Xun und Herausgeber zahlreicher Zeitungsbeilagen, von Dezember 1924 bis April 1926 u.a. der »Jingbao fukan«, wo er häufig unter dem Vornamen-Pseudonym »Baisheng« schrieb ¶ *Quanfei* d.i. der Maler und Schriftsteller Sun Fuxi (1898–1962), Bruder von Sun Fuyuan, der 1921–24 in Lyon studierte ¶ *Herr Jing* gemeint ist Jing Yinyu, Verfasser des Dokuments ¶ *Guo Moruo* (1892–1978, aus Leshan/Sichuan) bedeutender Lyriker, Schriftsteller und Archäologe, Mitbegründer der erst neuromantischen, dann radikal-marxistischen literarischen Vereinigung »Chuangzaoshe« [Schöpfungsgesellschaft] ¶ *überhaupt gar nicht* Wortspiel mit der Silbe »fei« für »fliegen« im Pseudonym, die in anderer Schreibung auch »nicht vorhanden sein« bedeuten kann, so daß zusammen mit »quan« (»vollständig«) gelesen werden kann »überhaupt gar nicht vorhanden« ¶ »*Geschichte einer glücklichen Gattenwahl*« (»Haoqiu zhuan«), chin. Roman aus der zweiten Hälfte des 17. Jh., der die fast übermenschliche Tugendhaftigkeit des Protagonistenpaares im Sinne der konfuzianischen Ethik preist; dt. Übers. Franz Kuhn u.d.T. »Eisherz und Edeljaspis« 1927; Neuaufl. Frankfurt a.M.: Insel 1984 ¶ *Beethoven-, Gandhi-Biographie* gemeint sind »Vie de Beethoven« (1903, dt. 1918) und »Mahatma Gandhi« (1923, dt. 1924) ¶ »*Votre...*« beide Zitate im Original französisch und in chinesischer Übersetzung

Q — Jing Yinyu 敬隱漁 »Du le "Luoman Luolan ping Lu Xun"« 讀了《羅曼羅蘭評魯迅》, in: *Hongshui* 洪水 Bd. 2, Nr. 17 (16.5.1926)

L — Dok. W003 ¶ [Rolland, Romain:] »Jindai da wenxuejia Luoman Luolan ji gei Jing Yinyu de yi feng xin« 近代大文學家羅曼羅蘭寄給敬隱漁的一封信 [Ein Brief des großen zeitgenössischen Schriftstellers Romain Rolland an Jing Yinyu; Villeneuve/VD (Schweiz), 17.7.1924, Faksimile und chin. Übers.], in: *Xiaoshuo yuebao* 小説月報 Bd. 16, Nr. 1 (Shanghai, 1.1925), 2 S. (1–2) ¶ Jing Yinyu: Brief an Lu Xun, Lyon, 24.1.1926, in: *Lu Xun, Xu Guangping suo cang shuxin xuan* 魯迅、許廣平所藏書信選 Hg. Zhou Haiying 周海嬰 Changsha: Hu'nan wenyi chubanshe 1.1987, S. 80–1 ¶ ders.: *Mali* 馬麗 [Mary; Erzählungen], Shanghai: Shangwu yinshuguan 1926 (= Wenxue yanjiu hui congshu) ¶ Baisheng 柏生 [Sun Fuyuan 孫伏園]: »Luoman Luolan ping Lu Xun« 羅曼羅蘭評魯迅 [Eine Würdigung von Lu Xun durch Romain Rolland], in: *Jingbao fukan* 京報副刊 Nr. 426 (Beijing, 2.3.1926) ¶ Zhao Cong 趙聰 »Faguo ye you A Q« 法國也有阿Q [Auch in Frankreich gibt es einen A Q], Kap. in: *Wusi wentan diandi* 五四文壇點滴 Xianggang: Youlian chubanshe 6.1964, S. 104–107 ¶ Xu Zhongnian 徐仲年 »Ji Jing Yinyu ji qita« 記敬隱漁及其它 [21.5.1981, Notizen über Jing Yinyu und anderes], in: *Xin wenxue shiliao* 新文學史料 Nr. 16

(3/1982), S. 145–7 ¶ Ji Youzhi 紀有志 »Luoman Luolan ping "A Q zhengzhuan"« 羅曼羅蘭評
《阿Q正傳》 [Eine Würdigung der »Wahren Geschichte von A Q« durch Romain Rolland], in:
Wenxue bao 文學報 Nr. 28 (1981) ¶ Luo Dagang 羅大岡 »Luoman Luolan ping "A Q zhengzhuan"«,
in: *Renmin ribao* 人民日報 24.2.1981 ¶ Loi, Michelle: »Traducteurs, metteurs en scène, illustrateurs«,
Kap. 6 in: *Luxun. Histoire d' A Q: véridique biographie*, Paris: Presses Universitaires de France
1990 (= Etudes littéraires), S. 118–24 ¶ Liu Chuanhui 劉傳輝 »"A Q zhengzhuan" de Fawen
yizhe Jing Yinyu« 《阿Q正傳》的法文譯者敬隱漁 [Jing Yinyu, der Übersetzer der »Wahren
Geschichte von A Q« ins Französische], in: *Lu Xun yanjiu yuekan* Nr. 125 (9/1992), S. 36–40 ¶ Li
Fumian: »Luoman Luolan de "Fu Jing Yinyu"« 羅曼羅蘭的《復敬隱漁》 [Die »Antwort an Jing
Yinyu« von Romain Rolland], in: *Shu yu ren* 書與人 5/1994, S. 59–60 ¶ Ma Weimin 馬為民
»Luoman Luolan yu "A Q zhengzhuan" ji qita« 羅曼羅蘭與《阿Q正傳》 [Romain Rolland und
die »Wahre Geschichte von A Q« und anderes], in: *Lu Xun yanjiu yuekan* Nr. 158 (6/1995), S.
39–40 ¶ [Loi, Michelle] Mixie'er Lu'a 米歇爾露阿 »Guanyu Jing Yinyu mingzi de laiyuan« 關於
敬隱漁名字的來源 [Zur Herkunft des Namens von Jing Yinyu], Übers. Yuan Shuren 袁樹仁 in:
ebda., S. 43

1926 · 5 · 16   Dokument W004

Michelle Loi: Romain Rolland und die Chinesen —
Romain Rolland und Luxun (1982)

Den frühesten dokumentarischen Zeugnissen für die Rezeption des französischen
Romanciers und engagierten Pazifisten und Internationalisten Romain Rolland
(1866–1944) ist die französische Sinologin Michelle Loi (1926–) im folgenden
Beitrag nachgegangen. Sie ist die bei weitem produktivste Lu-Xun-Übersetzerin
und hat sich um die Verbreitung seines Werks besonders in Frankreich verdient
gemacht. Sie ist emeritierte Professorin für moderne chinesische Literatur an
der Universität Paris VII (Vincennes). — Im Text wird die gemäß
Transkriptionsregeln zwar korrekte, jedoch unübliche Schreibweise »Luxun«
in einem Wort aus dem Original beibehalten.

Wer heute das »*Cihai*« aufschlägt (wörtlich »Wörtermeer«), ein enzyklo-
pädisches Wörterbuch, das unserem »Larousse« entspricht, wird unter den
vier Schriftzeichen LUO MAN LUO LAN (Romain Rolland) eine halbe Spalte
finden, die diesem »Franzosen« gewidmet ist, der »Schriftsteller, Musik-
wissenschaftler, Förderer sozialer Bewegungen und Professor der Musik-
und Kunstgeschichte« war. Es folgen die Titel seiner Werke, eine kurze
Analyse seiner wichtigsten Bücher und seiner wesentlichen Aktivitäten, als
deren wichtigste verzeichnet wird, er sei »glühender Kämpfer gegen den

Imperialismus« gewesen. Aber nicht erst seit heute ist Romain Rolland in China wohlbekannt. Vielmehr war einer der ersten Chinesen, der seinen Landsleuten Rolland als großen Internationalisten vorstellte, Luxun, der selber einer unter ihnen war. Die Namen dieser beiden Berühmtheiten verbinden sich in der Geschichte mit einem anderen »Großen«, nämlich mit *Gor'kij*, den sie beide mochten und zu dessen Bekanntheit sie beide beitrugen. Luxun starb (obwohl 15 Jahre jünger als Romain Rolland) im gleichen Jahr wie Gor'kij und ein Jahr, nachdem jener Romain Rolland empfangen und Luxun zu sich eingeladen hatte, in der Hoffnung, die Ärzte seines Landes seien eher in der Lage, die Krankheit (Tuberkulose) zu behandeln, der Luxun bald darauf erlag.

Dieses Jahr wäre Luxun, den die chinesischen und sowjetischen Kritiker den »chinesischen Gor'kij« genannt haben, hundert Jahre alt geworden. Um die Feierlichkeiten zu seinem 100. Geburtstag vorzubereiten, habe ich mich vor zwei Jahren zum ersten Mal zu *Frau Rolland* begeben, in der Hoffnung, Verbindungen zwischen Romain Rolland und Luxun zu entdecken. Im Laufe des Jahres 1979 hatte die Delegation chinesischer Schriftsteller, die aus Anlaß der Veröffentlichung der französischen Übersetzung des Romans »*Die Familie*« *von Ba Jin* nach Paris gekommen war, Frau Rolland die jüngsten Beiträge chinesischer Übersetzer und Literaturwissenschaftler zum Werk von Romain Rolland mitgebracht: eine Übersetzung von »*Colas Breugnon*« (Peking 1978), die Abhandlung »*Über Romain Rolland*« von *Luo Dagang* (Peking 1978) und Auszüge aus dem Briefwechsel zwischen Romain Rolland und Gor'kij in »*Gesammelte Abhandlungen zur Literatur*« Band 5 (Shanghai 1978). Im Januar 1979 traf ich Luo Dagang in Peking. Er arbeitete damals an einer Übersetzung von »*L'Ame enchantée*«. Nun erfahre ich, daß er in Kürze eine Bibliographie zu Romain Rolland [in China] abschließen wird. […]

In der Korrespondenz aus der Zeit zwischen 1925 und 1927, die wir haben auffinden können, erweist sich Romain Rolland gegenüber den Chinesen, die ihn dringend um etwas bitten, als wohlwollend und großzügig. Man muß wissen, daß Romain Rolland damals schon in China sehr bekannt war. Kaum waren sie in Frankreich (meistens in Lyon) oder in der Schweiz angekommen, kündigten diese jungen Leute umgehend ihren Besuch an. Zeugnis davon ist der Brief eines gewissen »*Yian Tsouan Liu*« (?), der am 25. April 1925 aus dem Foyer Saint-Justin in Fribourg schrieb: »Ich freue mich, Ihnen in Villeneuve einen Besuch abstatten zu können, genauso wie der junge *Tokutomi Kenjirô* Tolstoi besuchte. Ich bin überzeugt, daß Sie mir väterliche Zuneigung gewähren werden. Unterweisen Sie mich. Lehren Sie mich leben. Behandeln Sie mich wie Ihren eigenen Sohn. Ich habe den Willen, weiß aber nicht, wie ich mich seiner bedienen soll…« Wie ersichtlich, betrachten sie Rolland als ihren Vater, und zögern kaum, ihn im Namen der »großen internationalen Familie« auch um materielle Unterstützung anzugehen. Romain Rolland läßt sich gerne darauf ein, beweist jedoch auch väterliche Strenge. So weigert er sich beispielsweise, für einen Vortrag von *Sheng Cheng* die Einführung zu halten, und führt dafür seine Gründe an. Sheng Cheng empört sich am 10. Januar 1927 darüber folgendermaßen:»Sie machen mir bittere Vorwürfe dafür, daß ich ins blaue hinein kindische Überlegungen anstelle. Nein! So wird der Baum der Freiheit absterben. Alle unter uns pflegen ihn. Für Sie handelt es sich um einzelne Zweige, die gestutzt werden müssen, um den Baum zu retten. Und ich sehe die Fäulnis an den Wurzeln…« Danach wirft er Romain Rolland vor, die »wahren Asiaten nicht zu kennen«. In seiner Antwort vom 13. Januar 1927 äußert sich Romain Rolland darüber sehr deutlich. Ebenso wird ersichtlich, welche Lösung Sheng Cheng vorgeschlagen hatte, um die westliche »Fäulnis« zu ersetzen: »Ich habe es abgelehnt, für Ihre Schrift eine Einleitung zu schreiben, weil Sie darin gegenüber dem Christentum engstirniges Unverständnis äußern, das überdies nicht ohne Haß ist. Und weil meine Bemerkungen Sie nicht dazu gebracht haben, Ihre Vorstellungen zu ändern.

Ich bin frei von jedem religiösen oder weltlichen Glauben, doch erwarte ich Achtung vor den hohen geistigen Werten des Westens und des Ostens. Und ich weigere mich, eine Intoleranz oder ein Unverständnis von asiatischer Seite zu unterstützen, die ich für ebenso verwerflich hielte, wie wenn sie aus Europa kämen./Romain Rolland«

Es ist bemerkenswert, daß dieser etwas hitzige Austausch Sheng Cheng nicht daran hindert, am 3. Juli des selben Jahres um Unterstützung zu bitten, damit er am Kongreß der Internationalen Liga der Frau für Frieden und Freiheit teilnehmen könne, der in Genf stattfinden sollte, sowie am 9. September um Hilfe beim Kauf eines für seine naturwissenschaftlichen Studien erforderlichen Mikroskops.

Einer der wichtigsten Nutznießer der Großzügigkeit von Romain Rolland gegenüber den jungen Chinesen, die in Frankreich studierten, war jedoch ausgerechnet der erste Übersetzer eines Textes von Luxun ins Französische, nämlich *Jing Yinyu*, mit französischem Namen Jean-Baptiste Kin (oder Kyn) Yn-yu. Als ich mich 1978 bei Pierre Gamarra, dem Chefredakteur der immer noch bestehenden Zeitschrift »Europe«, erkundigte, ob etwas über jenen bekannt und was aus ihm geworden sei, erhielt ich eine negative Antwort. Die wesentlichen Angaben, die hier folgen, verdanke ich *Ge Baoquan*.

Jing Yinyu […] stammte aus Chengdu, Hauptstadt der Provinz Sichuan, und war ein Findelkind, das in einem von katholischen Missionaren geführten Waisenhaus aufwuchs — daher sein Name »*Jean-Baptiste*«, »Johannes, der

Getaufte«, wie der chinesische Literaturwissenschaftler anmerkt. Als Schüler dieser Missionare lernte er Französisch und Latein. Mit 20 Jahren setzte er sein Studium in Shanghai fort, wo er sich sogleich der 1921 von *Guo Moruo* gegründeten literarischen »*Schöpfungsgesellschaft*« anschloß, die den »Romantizismus« predigte. In den verschiedenen Zeitschriften der »Schöpfungsgesellschaft« erschienen erste Übersetzungen von Jing Yinyu aus dem Französischen. 1925 veröffentlichte er seinen ersten (und einzigen?) Roman: »Maria«, von dem wir weiter nichts wissen. Im Jahre 1924 begann er mit der Übersetzung von »*Jean-Christophe*« und teilte es möglicherweise Romain Rolland mit, denn dieser schrieb am 17. Juli 1924 eine Antwort, die in »*Xiaoshuo yuebao*« 1/1925 veröffentlicht wurde. In den folgenden Nummern der Zeitschrift erscheinen Auszüge aus »Jean-Christophe«. Jing Jinyu trifft 1925 in Frankreich ein, in Lyon, und eilt zu R.R. nach Villeneuve, von wo aus er Reisen nach Paris unternimmt. Er lebt, wie Ge Baoquan schreibt, von R.R. und von Beiträgen katholischer Seite, »doch schließlich empfing ihn Romain Rolland seiner Ausschweifungen wegen nicht mehr«. Chinesische Quellen berichten, er habe an »Erotomanie« gelitten, während Frau Rolland sich erinnert, R.R. habe bei ihm Syphilis behandeln lassen. Angesicht solcher Beziehungen mit R.R. schickt ihm Jing Yinyu eines Tages von Lyon aus das Manuskript seiner Übersetzung der »*Wahren Geschichte von A Q*« zu, der berühmtesten Erzählung von Luxun, die Jing »La vie de Ah Qui« nennt. Romain Rolland macht nach der Lektüre den Vorschlag, die Übersetzung in mehreren Folgen in der Zeitschrift »Europe« zu veröffentlichen, die damals von *Albert Crémieux* mit *René Arcos* als Chefredakteur herausgegeben wurde. Wie bekannt, war Romain Rolland einer der Gründer gewesen und blieb zeitlebens Förderer dieser humanistisch und fortschrittlich gesinnten Zeitschrift. Er selber war nicht Mitglied der Kommunistischen Partei, jedoch in gewisser Weise »Weggefährte«, genauso wie Luxun sein Verhältnis zur KPCh bezeichnete. Die chinesische Zeitschrift »*Luxun yanjiu*« zeigt in ihrer ersten Nummer die Titelseite der Ausgabe vom 15. Mai 1926 von »Europa« (mit der Signatur der »Bibliothèque nationale« am unteren Bildrand: 8 Z 22011). Die Erzählung von Luxun ist auf der Titelseite an fünfter Stelle angekündigt, wobei der Name des Autor aufgrund eines Druckfehlers zu »Lou-Tun« verunstaltet erscheint und in der folgenden Nummer in »Lou Siun« korrigiert wird. Jing Jinyu stellte Luxun als den ersten unter den berühmtesten chinesischen Schriftstellern vor, mit einem Lob — das sich übrigens nicht wohlverdienter denken läßt —, das aus Luxun einen der »Widerständler« macht, wie sie Romain Rolland oft idealisierend gezeichnet hat. Wenn Jing Jingyu im Brief, den er wohl seiner Sendung mit dem Manuskript der »Wahren Geschichte des A Q« beigefügt haben muß, Romain Rolland gegenüber Luxun in ähnlichem Sinne eingeführt hat, hat das Romain Rolland die Entscheidung gewiß erleichtert, die Übersetzung zu veröffentlichen: So war ihm Luxun zu ähnlich, als daß er sich nicht hätte verführen lassen, wobei außergewöhnlich daran ist, daß der junge Übersetzer nicht im geringsten übertrieben hatte; es war die Wahrheit. Es findet sich kaum ein Lob, dem wir nicht voll beipflichten könnten. Doch warum nur nimmt sich dieser Schlingel Jing Jinyu in seiner kurzen Einführung die Mühe zu betonen, es handle sich bei der »Vie de Ah Qui« »keineswegs um einen Liebesroman« und dieser entspreche daher »nicht dem Geschmack der Frauen«? Die Bemerkung entfaltet ihren vollen Doppelsinn erst, wenn man weiß, daß zwar »A Q« nicht dem Geschmack der Frauen entspricht, aber die Frauen ihrerseits den Geschmack von Jing Jinyu treffen. Es läßt sich ohne weiteres ausmalen, wie sich damals (er war soeben angekommen und seine Gesundheit womöglich noch nicht so ruiniert, wie sie es später wurde) unter seinen Freundinnen einige hübsche Lyoneserinnen fanden, denen er Exemplare seiner literarischen Erzeugnisse überreichte und die er mit solchen Formulierungen lieber vorwarnen wollte. Über die Qualität der Übersetzung, die Jing Yinyu zufolge Romain Rolland als »*correcte*, aisée, naturelle« bezeichnet haben soll, äußern sich Luxun und Ge Baoquan weit ungünstiger. Jing Yinyu hat das erste Kapitel schlichtweg unterschlagen — etwa weil es seiner Meinung nach der Intelligenz französischer Leser zu schlecht zugänglich war? Aus den neun Kapiteln der Erzählung werden daher acht, was Luxun keineswegs entgeht. Der Übersetzer versieht das letzte Kapitel (die Hinrichtung von A Q) mit dem Titel »*Abschied*«, während das Chinesische mit »Apotheose« übersetzt werden müßte, was offensichtlich nicht das selbe ist und die vom Autor beabsichtigte Färbung und Aussage beim Tod des Protagonisten völlig verändert. Jing Yinyu hat alle Stellen ausgelassen, die ihm nicht behagten. Am 24. März 1934 wird Luxun *in einem Brief* schreiben: »Angeblich schreibt Jing Yinyu ein gutes Französisch. Aber seine Übersetzung kann unmöglich einwandfrei sein, denn er hatte es auf nichts als Geld abgesehen.« Am befremdlichsten — und schlimmsten? — jedoch ist, daß der Übersetzer, der vor Stolz über seine Lateinkenntnisse fast platzte, in seinen Text lateinische Zitate eingefügt hat, die ihrerseits verfälscht waren und alleine von ihrer Bedeutung her schon keinen Sinn ergaben.

Am 24. Januar 1926 schrieb Jing Yinyu zum ersten Mal an Luxun (*zwei weitere* Briefe sind in den Tagebüchern von Luxun verzeichnet, aber verloren gegangen), um ihm mitzuteilen, daß er Romain Rolland eine Übersetzung der »Wahren Geschichte des A Q« geschickt hätte, die dieser hoch geschätzt habe mit den Worten, es handle sich um »ein bemerkenswertes Meisterwerk, das sich beim zweiten Lesen als noch besser erweist [...] Das mitleiderweckende

Bild dieses armen A Q geht einem nicht mehr aus dem Kopf.« Romain Rolland werde die Übersetzung in einer der nächsten Nummern seiner Zeitschrift »Europe« veröffentlichen, der »Zeitschrift seiner Freunde und Genossen«. Er fügte an: »Ich habe eingewilligt, verzeihen Sie mir…« Der Brief schloß mit einem Anliegen: Romain Rolland, »dieser Dichter [sic] von jenseits der Meere, ein Dichter mit einem unsterblichen Ton [wörtlich »der nicht rostet«, M.L.], wird dieses Jahr seinen 60. Geburtstag feiern, und seine Freunde aus aller Welt arbeiten an einer Festschrift.« Wenn Luxun die Freundlichkeit hätte, sich daran zu beteiligen und in seinen Tagebüchern, den von ihm betreuten Zeitschriften, seinen Holzschnitten usw. »alles zusammenzutragen, was Lob oder Würdigung von R.R. bedeutet« […]

Im Juli 1926 kommt Jing Yinyu nach Paris, Luxun verläßt Peking im September, und es vergehen mehrere Jahre, in denen es keinen Kontakt zwischen den beiden gegeben zu haben scheint (die Post funktioniert schlecht und es sind zweifellos Briefe von Jing Yinyu verloren gegangen). Am 2. Februar 1930 schreibt Luxun in sein Tagebuch: »Jing Yinyu ist vorbeigekommen, ich habe ihn nicht gesehen.« Über diesen Satz zerbrechen sich die chinesischen Literaturwissenschaftler den Kopf, denn er kann sowohl bedeuten »Ich habe gehört, daß Jing Yinyu wieder zurück ist, aber ich habe ihn (noch) nicht getroffen.«, als auch »Jing Yinyu hat mich aufgesucht, aber ich habe ihn nicht empfangen.« In der Zwischenzeit war Jing Yinyu Ende '29 tatsächlich nach China zurückgekehrt und hatte Gerede ausgelöst über seine Krankheit, deren Symptome schlimmer und schlimmer wurden. Er wurde immer »sonderbarer«, und schließlich, in einem Anfall von Wahnsinn, »stürzte er sich ins Meer«. So endete der unglückliche Junge, dem das merkwürdige Schicksal zukam, zeitweilig als Bindeglied zwischen Romain Rolland und Luxun zu dienen. Doch die »kleine« Geschichte ist hier noch nicht zu Ende.

Faszinierendste Anekdote innerhalb dieser Geschichte möglicher Beziehungen zwischen Romain Rolland und Luxun, und eigentlicher Grund, warum ich Frau Rolland aufgesucht habe, ist jedoch der angebliche »Brief von Romain Rolland an Luxun«. Schon vor längerer Zeit, als ich noch an der »École des langues orientales« studierte, habe ich zum ersten Mal davon gehört: Romain Rolland habe, so hieß es, an Luxun geschrieben, und zwar durch Vermittlung von Guo Moruo, der jedoch den Brief nie weitergeleitet habe. Das war ein Skandal, darüber waren sich alle einig. Als ich im Herbst 1971 Guo Moruo traf, erwog ich zeitweilig, diesen Brief zu erwähnen, ob er nun wirklich oder erfunden sei, ließ jedoch den Gedanken fallen: Alle Chinesen, denen gegenüber ich den Brief erwähnte, hatten davon noch nie ein Wort gehört. Und so ist, so weit sich das heute nachvollziehen läßt, das Gerücht aufgekommen:

Am 2. März 1926 veröffentlichte die »*Jingbao fukan*« unter dem Titel »Eine Würdigung von Luxun durch Romain Rolland« einen Artikel von *Baisheng*. »Ich habe«, schreibt darin Baisheng, »von *Quanfei* einen Brief erhalten, in dem sich im Zusammenhang mit der "Wahren Geschichte von A Q" eine Einschätzung von Romain Rolland über Luxun findet.« Es folgt ein Zitat dieser Einschätzung, deren französischer Wortlaut sich der Briefschreiber in Erinnerung zu rufen suchte, mit dem folgenden Ergebnis: »C'est un art réaliste avéré d'ironie [...] La figure misérable de Ah Q reste toujours dans le souvenir [...]« Es liegt auf der Hand, daß sich Romain Rolland unmöglich in diesem Stil geäußert haben kann, ja nicht einmal überhaupt ein Franzose, wer auch immer er sei. Es ist der junge Chinese, der schlechtes Französisch rekonstruiert, und zwar auf der Grundlage eines chinesischen Textes, bei dem es sich vermutlich um den weiter oben angeführten Text handelt, das heißt den an Luxun gerichteten Brief von Jing Yinyu, der dessen Grundton gewiß mehreren Freunden mitgeteilt hatte. (Bleibt anzumerken, daß sich einer unter ihnen nach dem Artikel von Baisheng beschwerte und betonte, er sei Empfänger dieses Briefes und in Wahrheit habe Jing Yinyu ihm geschrieben.) 1961 bestätigte ein Literaturwissenschaftler aus Hong Kong, Romain Rolland habe Jing Yinyu einen Brief an Luxun anvertraut, den dieser jedoch, da er krank war, nie hatte überbringen können. Damit ist der Versuch von Jing Yinyu, zwischen den beiden großen Schriftstellern »eine Brücke zu bauen«, gescheitert. Daher rührt auch das andere Gerücht oder vielmehr das Gegenstück: Eben weil Jing Yinyu aktives Mitglied der »Schöpfungsgesellschaft« war, der literarischen Vereinigung von Guo Moruo, gilt der erst gegen Jing Yinyu, dann gegen die »Schöpfungsgesellschaft« erhobene Vorwurf, nachlässig gewesen zu sein, schlußendlich der letzteren, umso mehr als damals die »Schöpfungsgesellschaft« sich in lebhaftem Widerspruch zur literarischen Vereinigung um Luxun befand. Nicht unbeachtet darf die Tatsache bleiben, daß *Xu Shouchang*, ein enger Freund von Luxun, in seinen Memoiren (»*Wang you yinxiang ji*«, S. 65) bestätigt, daß ihm Luxun selber eines Tages berichtet habe, die »Wahre Geschichte von A Q« sei soeben ins Französische übersetzt worden, sie solle in der Zeitschrift von Romain Rolland erscheinen, letzterer habe sich überaus lobend über die Erzählung geäußert (inhaltlich entspricht die Würdigung genau dem Brief von Jing Yinyu an Luxun, abgesehen von einem weiteren Satz: »Auch die französische Revolution hat Bauern wie A Q gekannt.«), und Romain Rolland habe Jing Yinyu einen Brief an Luxun anvertraut, der ihn über die »Schöpfungsgesellschaft« erreichen sollte, den er jedoch nie erhalten habe. Alle diese Faktoren lassen es als denkbar erscheinen, daß auch Xu Shouchang sich geirrt hat. Ich für mein Teil glaube ebenso wie Ge Baoquan, daß Romain Rolland den Brief nie geschrieben hat und keineswegs sicher ist, ob Luxun auf einen solchen gewartet hat. Allerdings hält die Korrespondenz von Romain Rolland, ebenso wie diejenige von Luxun, die beide noch nicht vollständig zusammengetragen und inventarisiert sind, womöglich noch Überraschungen für uns bereit. [...]

A — »*Cihai*« 1915 bis 1935 unter Leitung von Li Jinxi (1889–1978, aus Xiangtan/Hu'nan) kompiliertes und 1936 erstmals erschienenes weitverbreitetes Wörterbuch mit über 100'000 Eintragungen, die wesentlich zur Verbreitung moderner naturwissenschaftlicher Terminologie beitrugen, Neuausgaben 1979 und 1989 ¶ *Gor'kij*, Maksim, eig. Aleksej M. Peškov (1868–1936), russ. Schriftsteller ¶ *Frau Rolland* gemeint ist Marie R., geb. Romain ¶ »*Die Familie von Ba Jin* (1904–), »Jia« ist sein 1931 erschienenes Hauptwerk, das ihn kurzfristig zum Nobelpreis-Anwärter machte; Verfasser von Dok. C001 ¶ »*Colas Breugnon*« Erzählung (1913/14) in Episodentechnik mit einem autobiographisch konzipierten Burgunder Bauern zur Zeit von Louis XIII als Hauptfigur; dt. »Meister Breugnon. Ein fröhliches Buch«, 1920 ¶ »*Über Romain Rolland*« »Luoman Luolan lun« ¶ *Luo Dagang* (1909–), Landsmann von Lu Xun aus Shaoxing/Zhejiang, Schriftsteller und Übersetzer und als solcher bedeutender Vermittler französischer Literatur in China, 1933–47 Student am »Institut Franco-Chinois« in Lyon, jetzt an der Chinesischen Akademie der Sozialwissenschaften ¶ »*Gesammelte Abhandlungen zur Literatur*« (»Wenxue lunji«) seit 1979 von der Literaturabteilung der Volksuniversität von China in Peking herausgegebene Reihe von Sammelwerken mit Studien zur Literatur ¶ *Tokutomi Kenjirô* (1868–1927), christlich beeinflußter jap. Schriftsteller, der Tolstoi um die Jahrhundertwende einen Besuch machte ¶ *Sheng Cheng* andere Umschrift »Chen Tscheng«, Naturwissenschaftler aus Yizheng/Jiangsu (1899–), Verfasser des von Paul Valéry bevorworteten Bestsellers »Ma mère« (1928) ¶ »*Yian Tsouan Liu*« um wen es sich genau handelt, ließ sich nicht ermitteln; der Brief ist in etwas unbeholfenem Französisch gehalten, das in der Übersetzung stillschweigend geglättet wird ¶ *Jing Yinyu* (1901–30), Verfasser von Dok. C013 ¶ *Ge Baoquan* (1913–2000, aus Dongtai/Jiangsu), Übersetzer und Literaturwissenschaftler; Verfasser von Dok. C009 ¶ *Jean-Baptiste* wobei »yin« einerseits eine lautliche Anlehnung an »Jean« ist, andererseits »verborgen, latent« bedeutet, während »yu« »Fisch, Fischerei« heißt, so daß der Name in Anlehnung an das Evangelienwort (Matth. 4,19) gelesen werden kann als »latenter Menschenfischer« und somit trefflich die jesuitische Missionierungsstrategie zusammenfaßt, die im Gegensatz zur protestantischen auf Anpassung und »Agentenausbildung« beruhte ¶ *Guo Moruo* (1892–1978) Schriftsteller, Historiker und Archäologe ¶ »*Schöpfungsgesellschaft*« (»Chuangzaoshe«) literarische Vereinigung, die zunächst romantische, dann ab 1928 radikal-marxistische Ideen vertrat und 1930 bei deren Gründung in der »Liga Linker Schriftsteller« aufging ¶ »*Jean-Christophe*« Romanzyklus in zehn Büchern (1904–12), der anhand des Lebenslaufs der Titelfigur Suche nach moralischen Werten für die fin-de-siècle-Generation beschreibt, zu Brüderlichkeit aufruft und als Hauptwerk von R.R. gilt; dt. »Johann Christof«, 1914–17 ¶ »*Xiaoshuo yuebao*« mit dem Herausgeber Mao Dun (1896–1981) einflußreich gewordene Zeitschrift für erzählende Literatur; Brief in Faksimile mit Übersetzung u.d.T. »Jindai da wenxuejia Luoman Luolan gei Jing Yinyu de yi feng xin« [Ein Brief des großen zeitgenössischen Literaten R.R. an Jing Yinyu], in: Bd. 16, Nr. 1 ¶ »Die wahre Geschichte des A Q« (»A Q zhengzhuan«), dt. »Die wahre Geschichte des Herrn Jedermann«, in: »LXW«, Bd.1, S. 104–64 ¶ Albert Crémieux (1888–1944) franz. Literaturkritiker, Übersetzer von Pirandello ¶ René Arcos (1881–1959), franz. Lyriker und Romancier, 1922–40 Chefredakteur von »Europe« ¶ »correcte,…« vgl. Dok. C013 ¶ »Abschied« in der dt. Übers. »Das große Happy-End« ¶ in einem Brief an Yao Ke (1905–91), Übersetzer und Dramatiker aus Yuhang/Zhejiang (andere Quellen: aus Shexian/Anhui, geb. in Xiamen/Fujian), der 1932 mit Lu Xun Kontakt aufnahm, weil er zusammen mit Edgar Snow (1905–73, vgl. Dok. A014 & W010) eine englische Übersetzung plante; Brief in: »LXQJ« Bd. 12, S. 358–60 ¶ zwei weitere eigentlich sechs, notiert am 23.4., 1.7., 8.12.1926 (über Xu Xiansu, 1901–, Mathematikerin, die sich in Peking um Mutter und Wohnung von Lu Xun kümmert), 11.2., 22.3. (über Xu Xiansu) und 15.10.1927 ¶ »Jingbao fukan« [Beilage zur Zeitung für die Hauptstadt], vgl. Dok. C014 & C030 ¶ Baisheng d.i. Sun Fuyuan (1894–1966), vgl. Dok. C013 & C030 ¶ Quanfei d.i. Sun Fuxi (1898–1962), vgl. Dok. C013 ¶ Xu Shoushang (1882–1948) Kommilitone in Tôkyô und Landsmann aus Shaoxing/Zhejiang von Lu Xun, Pädagoge mit zahlreichen Ämtern in Erziehungsbehörden und höheren Ausbildungsstätten, bis zum Tode von Lu Xun in engem Kontakt mit ihm ¶ »Wang you yinxiang ji« [Impressionen von einem dahingeschiedenen Freund], Shanghai: Emei chubanshe 10.1947 u.ö.

Q — Loi, Michelle: »Romain Rolland et les Chinois. Romain Rolland et Luxun«, in: Europe Jg. 60, Nr. 633/634 (1./2.1982), S. 187–201

L — Loi, Michelle: Roseaux sur le mur. Les poètes occcidentalistes chinois (1919–1949), Paris: Gallimard 1971 (= Bibliothèque des idées) ¶ Luxun: Un combattant comme ça, Übers. Michelle Loi, Paris: Le centenaire 1971 ¶ ders.: Pamphlets et libelles, Übers. dies., Paris: Maspero 1977 ¶ Rémy, Pierre-Jean: »Rencontre avec Pa Kin [Ba Jin]. Un romancier chinois à Paris«, in: Le Monde 18.5.1979 ¶ Loi, Michelle: Poètes chinois d'écoles françaises, Paris: Librairie d'Amérique et d'Orient 1980 ¶ Lin Zhihao 林志浩 Lu Xun zhuan 鲁迅傳 Beijing: Beijing chubanshe 8.1981; frz. La vie de Lu Xun, 2 Bde., Hg. Michelle Loi, Beijing: Editions en langues étrangères 1990 ¶ Sheng Cheng 盛成 Jiu shi xin shu. Sheng Cheng huiyi lu 舊世新書——盛成回憶錄 [Ein neues Buch über alte Zeiten — Memoiren von Sheng Cheng], Beijing: Yuyan xueyuan chubanshe 12.1993 ¶ »"Zujin Lu Xun yanjiu, chuanbo Lu Xun daode de zhenli" — Mixie'er Lu'a furen tigong de yi zu xin shiliao« 足進魯迅研究，傳播魯迅的道德真理——米歇爾露阿夫人提供的一組新資料 [»Die Lu-Xun-Forschung voranbringen und die Wahrheit der Moral von Lu Xun verbreiten« — Neue historische Materialien von Frau Michelle Loi], in: Lu Xun yanjiu yuekan 鲁迅研究月刊 Nr. 145 (5/1994), S. 36–40

1926 · 6 · 2	Zhonghua minguo 15	Redigiert die Übers. von *Bednye ljudi* [Arme Leute, 1846] von Dostoevskij durch Wei Congwu (chin. u.d.T. *Qiongren*) und schreibt dazu eine Einführung.
1926 · 6 · 15 – 7 · 8		Schreibt »Mashang riji«, »Mashang zhi riji« [Spontanes Tagebuch], in zwölf Abschnitten.
1926 · 7 · 21		Verfaßt eine Nachbemerkung zur Übers. des Poems *Dvenadcat'* [Die Zwölf, 1918] von Aleksandr Blok durch Hu Xiao (aus Longyou/Zhejiang), und fügt die eigene Übers. eines Textes über Blok hinzu, die dem Band *Literatur und Revolution* von Trockij entnommen ist und der als *Shi'er ge* veröffentlichten Buchausgabe als Einleitung dient.
1926 · 7 · 28		Wird an die Universität Xiamen auf eine »Forschungsprofessur« am Institut für Philologie der Fakultät für Chinesische Sprache und Literatur berufen.
1926 · 8 · 1		Schließt die Redaktion der quellenkundlichen philologischen Kompilation *Xiaoshuo jiuwen chao*, [Exzerpte von Nachrichten aus der (traditionellen) Erzählliteratur] ab und schreibt dazu eine Vorrede. Das Werk erscheint im gleichen Monat in Peking beim Verlag Beixin shuju.
1926 · 8 · 22		Nimmt an der Gedenkveranstaltung zum 1. Jahrestag der Schließung der Lehrerinnenbildungsanstalt und hält eine Ansprache, die u.d.T. »Ji Lu Xun xiansheng de tanhua« veröffentlicht und als »Ji tanhua« in *Huagai ji xubian* aufgenommen wird.

1926 · 8 · 22		Dokument C005

Xiang Peiliang: Aufzeichnung einer Ansprache von Lu Xun

An einem Gedächtnisanlaß zum ersten Jahrestag der gewaltsam erzwungenen Schließung der Pädagogischen Hochschule für Frauen hielt Lu Xun eine Ansprache. Sie wurde von seinem Protégé, dem Schriftsteller und Mitbegründer der »Sturm-und-Drang-Gesellschaft« Xiang Peiliang (vgl. jedoch Dok. A010 und A018), aufgezeichnet und in der von Lu Xun mitbegründeten Zeitschrift Yusi (»Wortspinnerei«) veröffentlicht. Lu Xun nahm sie später in seine Sammlung Huagaiji xubian (»Fortsetzung zur Sammlung Unglücksstern«, 1927) mit essayistischen Arbeiten aus den Jahren 1926 und 1927 auf und versah sie

*mit einer hier weggelassenen sarkastischen Nachbemerkung, die sich auf die
adminstrativen Manöver bezieht, die den Umzug einer Abteilung des
Erziehungsministeriums in die Gebäude der ehemaligen Pädagogischen
Hochschule für Frauen begleiteten.*

Herr Lu Xun ging dann bald nach Xiamen, obwohl er selber erklärt hatte,
er könne dort des Klimas wegen nicht lange bleiben. Doch war er insgesamt
ein halbes oder ein ganzes Jahr nicht mehr in Peking. Wir finden, diese
Tatsache verdient durchaus unsere Aufmerksamkeit. Am 22. August 1926
hat die Studentinnenvereinigung der Pädagogischen Hochschule für Frauen
mit einer Gedenkveranstaltung an den ersten Jahrestag des Untergangs ihrer
Schule erinnert. Lu Xun nahm an dem Treffen teil und hielt eben eine
Ansprache. Ich befürchtete, es werde seine letzte öffentliche Rede in Peking
sein. Wenn ich sie deshalb aufgezeichnet habe, geschah auch, um einen
bescheidenen Beitrag zur Erinnerung [an ihn] zu leisten. Wann immer Lu
Xun erwähnt wird, haben die Leute unweigerlich den Eindruck, er hätte
eine etwas kühle, ja gleichgültige Art. Doch Tatsache ist, daß es keinen
Augenblick gab, wo er nicht von heißer Hoffnung erfüllt gewesen wäre
und nicht reiche Gefühle ausgeströmt hätte. Aus seinem Redebeitrag ist
zudem deutlich zu ersehen, welche Einstellungen er vertreten hat. Wenn
ich zur Erinnerung an seinen Wegzug aus der Hauptstadt seine Rede
niederschreibe, ist dies vielleicht nicht völlig ohne Belang. Was mich betrifft
— um zu vermeiden, daß sich die Leute wie üblich den Kopf darüber
zerbrechen —, sollte ich kurz betonen, daß ich an dem Anlaß nur in der
Eigenschaft eines ganz unbedeutenden Mitveranstalters teilgenommen habe.

Gestern abend habe ich an den Korrekturen zum »*Arbeiter* Ševyrëv« gearbeitet,
weil ich ihn nochmals zum Druck bringen möchte. Ich habe viel zu wenig
geschlafen und bin bis jetzt noch nicht richtig wach. Gerade als ich an den
Korrekturen war, sind mir auf einmal einige Begebenheiten eingefallen, die
mich ganz durcheinander gebracht haben, und ich bin bis jetzt noch
durcheinander und fürchte deshalb, daß ich heute gar nichts sagen kann.
Die Geschichte meiner Übersetzung des »Arbeiters Ševy rëv« ist jedoch nicht
uninteressant. Vor zwölf Jahren hat in Europa der große Weltkrieg begonnen.
Später haben wir Chinesen uns ebenfalls am Kriegsgeschäft beteiligt, indem
wir die sogenannte »*Kriegserklärung an Deutschland*« abgaben und als Hilfe
einige Arbeiter nach Europa schickten. Als später der Sieg errungen wurde,
handelte es sich um einen sogenannten »allgemein anerkannten Kriegssieg«.
China wollte selbstverständlich auch seinen Anteil an der Kriegsbeute —

dazu gehörten auch die deutschsprachigen Bücher im Club der deutschen Geschäftsleute in Shanghai. Es handelte sich um eine beträchtliche Anzahl von Bänden, darunter vor allem Literatur, die alle ins Gebäude des *Mittagstores* [in Peking] gebracht wurden. Das Erziehungsministerium erhielt die Bücher, die daraufhin ein wenig geordnet und klassifiziert werden mußten. — Eigentlich waren sie bereits ordentlich klassifiziert, doch einige fanden, die Klassifikation sei nicht befriedigend, und sie müßten deshalb von neuem sortiert werden. — Auch ich war einer unter den vielen, die *damals* für diese Aufgabe aufgeboten wurden. Danach wollte der *oberste Dienstherr* wissen, um was für Bücher es sich denn handle. Wie sollte er das anstellen? Er trug uns auf, die Buchtitel ins Chinesische zu übersetzen, wobei wir Wörter, die eine Bedeutung haben, dem Sinn nach übersetzen, und Wörter ohne Bedeutung lautlich übertragen sollten, also etwa *Gaisa, Kelai'apaitela, Damase* und so fort. Jeder erhielt im Monat zehn Yuan Fahrtkosten erstattet. Auch ich bekam an die 100 Yuan, denn zu jener Zeit gab es noch die sogenannte Gratifikation. So kamen wir über ein Jahr lang recht und schlecht voran und es wurden mehrere 1000 Yuan ausgegeben, bis mit Deutschland ein Vertrag geschlossen wurde. Dann kamen die Deutschen, um sich [die Bücher] zurückzuholen, und wir brachten sie alle an den Ort zurück, wo sie ursprünglich gewesen waren — wobei vielleicht einige Bände fehlten. Schließlich bemerkte der Minister, daß sich nichts unter der Rubrik »Kleopatra« befand, aber ich wußte darüber auch nicht mehr.

Soweit ich weiß, war das Ergebnis der »Kriegserklärung an Deutschland« für China, daß im *Zentralpark* eine Gedenkstele für den »allgemein anerkannten Sieg« steht, während es für mich bedeutete, daß ich eine Übersetzung von »Der Arbeiter Ševyrëv« besitze. Der Band stammt aus den deutschsprachigen Büchern, die wir damals sortierten.

In dem Haufen Bücher befand sich sehr viel [belletristische] Literatur. Warum habe ich *genau diesen Band* ausgesucht? Was genau der Grund war, daran kann ich jetzt nicht mehr erinnern. Vermutlich fand ich, auch bei uns hätte es um die Zeit der Republik-Gründung [1912] herum eine Reihe von Reformern gegeben, die viele Ähnlichkeiten mit Ševyrëv haben, und wollte deshalb an seinem Schicksal teilnehmen. Gestern abend jedoch wurde mir klar, daß es nicht nur damals so war, daß zum Beispiel Reformer verfolgt wurden und leiden mußten, sondern daß es heute noch genauso ist — daß es in Zukunft so sein wird, und daß es in zehn Jahren noch genauso sein wird, und daß es noch viele Reformer geben wird, die ähnliche Erfahrungen machen werden [wie Ševyrëv]. Deshalb habe ich vor, den Band noch einmal drucken zu lassen…

Arcybašev, der Verfasser des »Arbeiters Ševyrëv«, ist ein Russe. Wann immer heute jemand Rußland erwähnt, scheinen die Leute wie von panischer Angst ergriffen. Das ist aber gar nicht nötig, denn Arcybašev ist gar kein Kommunist und seine Werke sind in der Sowjetunion sogar höchst unwillkommen. Ich habe gehört, er sei erblindet und leide sehr und könne mir deshalb auch nicht einen einzigen Rubel schicken... Mit einem Wort: Mit der Sowjetunion hat er nicht das geringste zu tun. Dennoch ist erstaunlich, wie viele Ähnlichkeiten es mit Ereignissen in China gibt, und es ist ja schon zu einer Selbstverständlichkeit geworden, daß zum Beispiel Reformer und Abgeordnete in Schwierigkeiten geraten, ja sogar, daß den [Frauen] beigebracht wird, sie sollen sich auf ihre ehelichen Pflichten besinnen, genauso, wie es früher unsere alten Gelehrten getan haben. Eine Lehrkraft wurde aus dem Amt entlassen, weil sie sich nicht gefallen ließ, daß ihr Vorgesetzter sie beschimpfte. Hinter ihrem Rücken hat er ihr vorgeworfen, »Anmaßung« ziehe eben Übel auf sich.»Wissen Sie, früher hat mich mein Meister links und rechts geohrfeigt, und ich habe kein Wort gesagt, sondern es erduldet. Als er dann nachträglich erfuhr, daß er ein Unrecht getan hatte, steckte er mir heimlich 100 Rubel zu.« Natürlich wären unsere alten Gelehrten niemals so ungeschickt, sich dermaßen unpassend auszudrücken, sondern würden es in viel prächtigere Worte fassen.

Aber die Ideen von Ševyrëv sind gegen den Schluß erschreckend. Zuerst will er etwas für die Gesellschaft tun, aber die Gesellschaft verfolgt ihn und will ihn schließlich umbringen. Deshalb verändert er sich völlig und will an der Gesellschaft Rache nehmen, sich vollständig rächen und alles zerstören. In China gibt es noch keine solchen Menschen, die alles zerstören wollen, und es wird vermutlich auch keine solchen geben, wie ich jedenfalls hoffe.

Doch in China hat es seit jeher eine andere Art von Zerstörern gegeben. Wenn wir also nicht [selber] zerstörerisch sind, erdulden wir meistens Zerstörung. Wenn wir einerseits zerstört werden und andererseits damit beschäftigt sind, uns wieder aufzubauen, geht es mit Freud und Leid ständig so weiter. So kommt es, daß wir bald ein Leben führen, in welchem wir einerseits zerstören lassen und andererseits aufbauen, uns wiederum zerstören lassen und wieder aufbauen. Nachdem diese Hochschule von *Yang Yinyu* und *Zhang Shizhao* zerstört worden war, wurde sie ebenfalls sorgfältig wieder aufgebaut und in Ordnung gebracht, bis sie wieder verschwand.

Traditionelle Gelehrte werden vielleicht wie eine russische Babuschka sagen,»Anmaßung« ziehe eben Übel auf sich und es sei wohlverdiente Strafe. Solche Worte wirken zunächst gar nicht so falsch, entsprechen aber in keiner Weise den Tatsachen. Bei mir im Haushalt lebt noch eine Frau vom Land, weil sie durch die Kriegsereignisse ihre Familie verloren hat und ihr nichts anderes übrig blieb, als in die Stadt zu fliehen. Sie ist wahrlich alles andere als »anmaßend« und hat sich auch nicht gegen Yang Yinyu aufgelehnt, aber dennoch hat sie ihre Familie verloren und Zerstörung erfahren. Wenn der Krieg zuende ist, wird sie bestimmt zurückgehen, aber ihr Haus zerstört finden, ihre Gerätschaften verschleudert und ihr Land verwüstet. Trotzdem muß sie weiterleben. Ihr wird wohl nichts anderes bleiben, als die wenigen übriggebliebenen Sachen zusammenzusuchen und sie ein bißchen auszubessern und in Ordnung zu bringen, um weiterleben zu können.

In der chinesischen Zivilisation ist es so, daß zerstört wird, um dann wieder aufzubauen. Zerstören, um dann wieder aufzubauen, erschöpft die Kräfte, verletzt und macht traurig. Aber es gibt durchaus Leute, die sich damit brüsten, ja es gibt sogar Zerstörer, die sich [mit ihrem Zerstörungswerk] brüsten. So ist es bei jenen, die diese Hochschule zerstört haben. Angenommen, sie würden zum Beispiel zu irgendeiner Frauenkonferenz des Völkerbundes geschickt und dort gebeten, die Situation der Frauenbildung in China zu schildern, gäben sie bestimmt zur Auskunft, bei uns in China bestehe eine Nationale Pädagogische Hochschule für Frauen.

Es ist wirklich eine leidige Sache, daß wir Chinesen erst dann zufrieden sind, wenn wir Sachen, die nicht unsere eigenen sind beziehungsweise uns selber nicht gehören werden, völlig zerstört haben. Yang Yinyu weiß, daß sie nicht mehr Rektorin der Hochschule werden wird und setzt deshalb als traditionelle Beamtenliteratin »Gerüchte« ein und wendet als Kriegslist diejenige einer gütigen Mutter *von den Drei Gewässern* an, die niemals ihre Schar »Gören« mit Stumpf und Stiel ausrotten würde. Vor einiger Zeit habe ich einen Bericht über das Massaker an der Bevölkerung von Sichuan durch *Zhang Xianzhong* gelesen, aber seine Absichten überhaupt nicht begriffen. Als ich später ein Buch las, habe ich es verstanden: Ursprünglich hatte er Kaiser werden wollen, aber *Li Zicheng* kam vor ihm nach Peking und wurde dann Kaiser. Deshalb wollte er den Thron von Li Zicheng zerstören. Wie sollte er das anstellen? Um Kaiser zu werden, braucht es die Unterstützung der gewöhnlichen Leute. Als er die gewöhnlichen Leute grausam umgebracht hatte, konnte auch niemand mehr Kaiser werden. Ohne die breite Bevölkerung also auch kein Kaiser, bis zuletzt nur noch Li Zicheng als einziger übrigblieb, der sich auf der nackten Erde blamierte, genauso wie ein Rektor, nachdem seine Schule aufgelöst worden ist. Obwohl das ein extremes Beispiel an Lächerlichkeit ist, sind solche Vorstellungen keineswegs auf Leute wie Zhang Xianzhong beschränkt.

Wir sind Chinesen und werden immer mit chinesischen Ereignissen konfrontiert sein, aber wir sind keine Zerstörer von der chinesischen Art.

Deshalb gehen wir über ein Leben hinaus, in dem es immer wieder Zerstörung zu erdulden und wieder aufzubauen gilt. Wir haben schon so viele Leben umsonst hingegeben und können uns deshalb damit trösten, daß es immer noch die sogenannte Zukunftshoffnung gibt, wenn wir es genau bedenken. Hoffnung ist an das Leben geknüpft: Wenn es Leben gibt, dann auch Hoffnung; und wenn es Hoffnung gibt, dann auch Licht. Wenn wir den Worten der Historiker Glauben schenken können, hat es bei den Ereignissen in dieser Welt bisher keinen Fall gegeben, wo die Finsternis lange angehalten hätte. Finsternis kann nur mit Dingen verknüpft sein, die allmählich verschwinden; sobald diese verschwunden sind, verschwindet auch die Dunkelheit, und dauert nicht ewig. Zukunft wird es jedoch ewig geben, und damit wird auch das Licht aufscheinen. Erst wenn wir anstreben, was nicht verfinstert, sondern leuchtet und dann untergeht, ist gewiß, daß wir nicht nur eine dauerhafte, sondern auch eine strahlende Zukunft haben werden.

A — »Der Arbeiter Ševyrëv« (»Rabocij Ševyrëv«, um 1910) von Lu Xun 1920 übersetzte Novelle von Michail Arcybašev (1878–1927) ¶ »Kriegserklärung an Deutschland« erging von der innerlich geschwächten jungen Republik im Jahre 1917, erwies sich jedoch bei der Friedenskonferenz von Versailles nicht als Vorteil, da die Westmächte durch Geheimabsprachen mit Japan gebunden waren ¶ Mittagstor (»Wumen«) erstes Tor nach dem »Tian'anmen« [Tor des Himmlischen Frieden] beim Eintritt in den Kaiserpalast von Süden ¶ damals, d.h. im Jahre 1919, arbeitete Lu Xun noch im Erziehungsministerium ¶ oberster Dienstherr war Fu Zengxiang (1872–1949, aus Jiang'an/Sichuan), vom Dezember 1917 bis Mai 1919 als Nachfolger von Cai Yuanpei Erziehungsminister und als Bibliophile bekannt ¶ Gaisa, Kelai'apaitela, Damase gemeint sind »Julius Cäsar«, »Kleopatra« und »Damaskus« ¶ Zentralpark [heute nach dem ersten Präsidenten der Republik Sun Zhongshan [»Sun Yat-sen«] »Zhongshan-Park« benannt) ist ein als Ausflugsziel beliebter öffentlicher Park mitten in Peking an der Südwestecke des Kaiserpalasts ¶ genau diesen Band Aufgrund des Katalogs seiner Bibliothek kann als gesichert gelten, daß sich Lu Xun auch andere Bände aus dieser Sammlung gesichert hat.¶ Yang Yinyu (1884–1938, aus Wuxi/Jiangsu) vom Februar 1924 bis zu ihrer Vertreibung aus dem Amt im Mai 1925 Rektorin der Pädagogischen Hochschule für Frauen in Peking; vgl. Dok. C028 ¶ Zhang Shizhao (1881–1973, aus Changsha/Hu'nan) politischer Aktivist gegen die mandschurische Qing-Dynastie, dann Exponent einer konservativen Wende, als Erziehungsdirektor in der Regierung von Duan Qirui für die Entlassung von Lu Xun wegen dessen Unterstützung der Studentinnen zuständig ¶ von den drei Gewässern spielt auf die Herkunft von Yang Yinyu aus der Stadt Wuxi an, die zwischen dem See Taihu, dem Großen Kanal (»Kaiserkanal«) und dem Changjiang (»Yangzijiang«) liegt ¶ Als »Gören« (eig. »haarige Krähenköpfe«, wobei Krähen volkstümlich als unglückverheißend gelten) hatte Wu Zhihui (1865–1953, aus Wujin/Jiangsu) die aufmüpfigen Studentinnen verächtlich gemacht ¶ Zhang Xianzhong (1606–46, aus Liaoshujian, östlich des heutigen Dingbian/Shaanxi) Anführer eines

Bauernaufstandes gegen Ende der Ming-Dynastie, für seine Grausamkeit berüchtigt ¶ *Li Zicheng* (1606–45, aus Mizhi/Shaanxi) Anführer eines Bauernaufstandes gegen Ende der Ming-Dynastie

Q — [Xiang] Peiliang 向培良 »Ji Lu Xun xiansheng de tanhua« 記魯迅先生的談話 in: *Yusi* 語絲 Nr. 94 (1926), S. 216–9 (6–9); u.d.T. »Ji tanhua« 記談話 in: *LXQJ* Bd. 3, S. 355–60

L — Goldenring, Stefania: »Zeitinteressante Erscheinungen der russischen Revolutions-Literatur ("Sanin" von Arcybaschew und "Hunger" von Andrejew)«, in: *Aus fremden Zungen* Bd. 18, Nr. 2 (1908), S. 861–63 ¶ »Gongren Suihuilüefu« 工人綏惠略夫 [Der Arbeiter Ševyrëv; chin.], in: *LXQJ38*, Bd. 11, S. 587–748 ¶ Chen Shuyu 陳漱渝 *Lu Xun yu Nüshida xuesheng yundong* 魯迅 與女師大學生運動 [Lu Xun und die Studentinnenbewegung an der Pädagogischen Hochschule für Frauen], Beijing: Renmin chubanshe 1978 ¶ *Wenxue lunwen ji ji Lu Xun zhencang youguan Beishida shi liao* 文學論文及集魯迅珍藏有關北師大史料 [Gesammelte Texte zu Lu Xun samt historischen Materialien über die Pädagogische Hochschule in Peking aus seinem Archiv], Hg. Beijing shifan daxue Zhongwen xi, Beijing: Beijing shifan daxue chubanshe 1981 ¶ Chen Jianhua 陳建華 *20 shiji Zhong-E wenxue guanxi* 20世紀中俄文學關係 [Literarische Beziehungen zwischen China und Rußland im 20. Jahrhundert], Shanghai: Xuelin chubanshe 4.1998

1926 · 8 · 26	Zhonghua minguo 15	Reist nach Xiamen ab, im gleichen Zug wie Xu Guangping, die nach Kanton fährt.
1926 · 8		Sammelband mit Erz. *Panghuang* (dt. als *Zwischenzeiten Zwischenwelten*, in: *LXW* Bd. 2), erschienen in Peking beim Verlag Beixin shuju.
1926 · 9 · 4		Kommt in Xiamen an und nimmt im 3. Stock des Instituts für Biologie Wohnung.
1926 · 9 · 4 – 19		Dokument C009

Dai Xizhang: Alltagsleben

Der Verfasser der folgenden Reminiszenzen, Dai Xizhang, stammt aus Minhou/Fujian und hat 1924 an der Pädagogischen Hochschule in Peking sein Studium der chinesischen Sprache und Literatur abgeschlossen. Er kannte Lu Xun noch von Peking her und war mit einer Reihe weiterer ehemaliger Kommilitonen Lu Xun nach Xiamen (»Amoy«) gefolgt. Den Tagebüchern von Lu Xun zufolge waren bei dem Essen, zu dem Dai Xizhang die Einladung ausgesprochen hatte, außer den im Text Genannten auch noch Sun Fuyuan (1894–1966, aus Shaoxing/Zhejiang) dabei, ein ehemaliger Schüler von Lu Xun aus der Zeit in Shanghai im Oktober 1911, der als langjähriger Gefährte an

*zahlreichen literarischen Unternehmungen von Lu Xun mitbeteiligt war und
seinen früheren Lehrer nach Xiamen begleitete, um dort als verantwortlicher
Redaktor am Universitätsinstitut für Chinesisch zu wirken. Bemerkenswert am
milde idealisierenden Rückblick ist nicht so sehr die unterstellte konspirative
Atmosphäre als die Tatsache, daß (kultur-) politische Gegner entweder als
Klassenstereotype oder anonymisiert als »sie« (»die anderen«) erscheinen.*

So weit ich mich erinnere, ist Lehrer Lu Xun am 4. September 1926 in Xiamen
angekommen und war dann Professor an der Fakultät für Literatur der
Universität Xiamen. Außer dem Fachunterricht in chinesischer Literaturgeschichte hat er noch Forschung betrieben, Einführungen in die Katalogi-
sierung gegeben und weitere Dinge mehr. [...]

Am 19. September kam ich morgens mit *Song, Wu* und weiteren Genossen
von der *Jimei*[-Schule] nach Xiamen. Etwa um halb elf strömten wir von allen
Richtungen her zur Nan-Putuo-Mensa, etwa um elf kamen Lehrer Lu Xun,
Lehrer *Jianshi, Yutang* einer nach dem anderen herbei. Die Gerichte waren
vom Restaurant »Xiamen caiguan« zubereitet. Während dem Essen plauderten
wir zusammen über alles mögliche, aber wir Studenten waren ziemlich
zurückhaltend. Unsere Gespräche kreisten hauptsächlich um drei Themen: 1.
Die Aufgaben in der Kultur: Damals waren die Intellektuellen im Norden
rückständig, doch wir waren nicht im geringsten bereit zuzulassen, daß der
Geist der Bewegung des 4. Mai verfälscht würde. Zweck von Literatur und
Kunst müsse sein, die dunklen Kräfte zu entlarven, sowie reaktionäre und
rückständige Mächte und ihre Vertreter zu geißeln. Die Gesellschaft muß sich
unbedingt zur Demokratisierung hin entwickeln. Gegenüber diesen Aufgaben
müssen wir eine wissenschaftliche Haltung einnehmen, denn ohne Wissenschaft
und Demokratie erreichen wir gar nichts. Wenn es für unser künftiges Leben
keine Hoffnung gibt, dann gibt es für die Gesellschaft keine Aufklärung; das
müssen Intellektuelle beachten. 2. Literarische Zeitschriften: Revolutionäre
Literatur und Kunst und öffentliche Debatten müssen als Avantgarde dienen.
Je mehr revolutionäre Zeitschriften erscheinen können, desto besser ist es
selbstverständlich, aber zur Zeit ist die Situation nicht danach. Unter den
literarischen Zeitschriften, die in Xiamen erscheinen, sind viele unbefriedigend,
aber in unserer Truppe sind wir nicht genügend Leute. 3. Schließlich zur
Literatur in Umgangssprache: Wir müssen weiterhin die Literatur fördern,
die in Umgangssprache geschrieben ist, sie allgemein verbreiten und sie zugleich
volkstümlicher machen. Immer noch gibt es jetzt Leute, die das Studium der
Klassiker fördern und das klassische Chinesisch als Literatursprache
rehabilitieren wollen. Sämtliche Zitate, die mit »*der Meister sprach*« oder

»*im Gedicht heißt es*« beginnen, müssen wir restlos vergessen. Wir müssen ohne die geringste Nachsicht dagegen vorgehen.

Im November kamen wir noch einmal an einem Samstag zusammen. Wir sprachen darüber, wie wir uns in Jimei für gesprochenes Chinesisch als Literatursprache einsetzten und für seine Verbreitung sorgten. Weil die Schüler in Umgangssprache Geschriebenes ziemlich leicht verstanden und am eigenen Leib erfuhren, daß sie Artikel in Umgangschinesisch viel gründlicher erfassen und würdigen konnten, war ihnen solche Literatur hochwillkommen. Die Schüler fanden, im klassischen Chinesischen seien die Ausdrücke altertümlich und der Satzbau dunkel, der Sinn verschwommen und überhaupt sei alles schwer verständlich. Zwar wurden von der Schulleitung her die Schüler keineswegs angespornt, die Umgangssprache schreiben zu lernen, und es gab damals in Jimei an jeder Schule noch wöchentlich eine Lektion in »Klassikerlektüre«, doch wir verbreiteten im Unterricht weiterhin Umgangschinesisch als Schriftsprache. Lehrer Lu Xun meinte: »Die Verbreitung der Umgangssprache in der Literatur läßt sich nicht mehr aufhalten, und es ist unwahrscheinlich, daß die wenigen, die zum Alten zurück wollen, ihr Ziel erreichen werden.« Dann fragte er: »Gibt es niemanden, der euch zu hindern sucht und gegen euch vorgeht, wenn ihr so unterrichtet?« Ich erwiderte: »Bei unserem Unterricht greifen sie nicht unmittelbar ein. Außerdem wagen sie auch nicht, uns offen Widerstand entgegenzusetzen.«

A — *Song, Wu* gemeint sind Song Wenhan (aus der Provinz Zhejiang) und Wu Jing (keine weiteren Angaben), beide Absolventen der Pädagogischen Hochschule in Peking und ehemalige Studenten von Lu Xun, die ihm nach Xiamen gefolgt waren und zusammen mit weiteren Kommilitonen an der *Jimei*-Mittelschule (»gesammelte Schönheit«) außerhalb von Xiamen Sprachunterricht erteilten ¶ *Jianshi* gemeint ist Shen Jianshi (1887–1947, aus Wuxing/Zhejiang) Sprachwissenschaftler und als Direktor des Instituts für Landeskunde Kollege von Lu Xun an der Universität Xiamen; seit 1914 mit Lu Xun bekannt, später Professor für Chinesische Sprache und Literatur an der Universität Peking und Direktor des Instituts für Literatur an der Fudan-Universität in Shanghai ¶ *Yutang* gemeint ist der Schriftsteller Lin Yutang (1895–1976) ¶ »*der Meister sprach, im Gedicht heißt es*« stereotype Formel, mit der Zitate aus kanonischen Werken eingeleitet werden, die im Rahmen einer traditionellen Ausbildung auswendig gelernt werden mußten

Q — Dai Xizhang 戴錫樟 »Lu Xun shi zai Xiamen shiqi yu women de juhui« 魯迅師在廈門時期與我們的聚會 [Die Xiamen-Zeit von Lehrer Lu Xun und unsere Begegnungen], in: *Lu Xun yanjiu ziliao* 魯迅研究資料 [Materialien zur Lu-Xun-Forschung], Bd. 2, Tianjin: Renmin wenxue chubanshe 11.1977; in: *Huiyi Lu Xun ziliao jilu* 回憶魯迅資料集錄 [Gesammelte Erinnerungen an Lu Xun], Shanghai: Jiaoyu chubanshe 6.1980, [2]7.1981, S. 144–5

L — Chen Dunren 陳敦仁：»Lu Xun xiansheng zai Xiamen daxue« 魯迅先生在廈門大學 [Herr Lu Xun an der Universität Xiamen], in: *Xiamen daxue xuebao* 廈門大學學報 5/1956 (Okt.) ¶ Chen Mengshao 陳夢韶 *Lu Xun zai Xiamen* 魯迅在廈門 [Lu Xun in Xiamen], Beijing: Zuojia chubanshe 12.1953 ¶ ders.: »Huiyi Lu Xun xiansheng zai Xiamen« 回憶魯迅先生在廈門 [Erinnerungen an Herrn Lu Xun in Xiamen], in: *Changjiang* 長江 4/1981 (Nov.)

1926 · 9 · 4   Dokument C047

Zheng Ziyu: Lu Xun in Xiamen

Zheng Ziyu (1916–, aus Longxi/Fujian) hat die folgende Episode im Rahmen der Befragungen zu Gedächtnisartikeln für eine Sondernummer »Zhuo Lu Xun« [Trauer um Lu Xun] von Xibei feng banyuekan (Nr. 12, Hankou/Hubei 20.11.1936) aufgezeichnet, sie aber erst aus Anlass des 3. Todestages von Lu Xun veröffentlicht.

Als Lu Xun Professor an der Fakultät für Chinesisch der Universität Xiamen war, ging er häufig selber zur Druckerei, um die Fahnen seiner Vorträge zu korrigieren. Er war jeweils schlicht gekleidet und verhielt sich bescheiden und freundlich, so dass ihn die Setzer und Arbeiter in der Druckerei verehrten.

Eines Tages richtete ein Arbeiter an Lu Xun die Frage: »Wie wird das Zeichen für *"dann"* geschrieben?« Sofort holte Lu Xun ein Blatt Papier heraus, nahm den Pinsel hervor, und schrieb das Zeichen Strich für Strich nieder. Als Lu Xun ein paar Tage später erneut in die Druckerei kam, stellte der Arbeiter wieder eine Frage: »Wie wird das Zeichen für *"sein"* geschrieben?« Wieder nahm Lu Xun umgehend den Pinsel hervor und schrieb das Zeichen für ihn nieder. So kam es, dass jedesmal, wenn Lu Xun in die Druckerei kam, jener Druckereiarbeiter ihn bat, ihm etwas beizubringen. Beim letzten Mal ging der Druckereiarbeiter so weit, Lu Xun um seinen Namen zu bitten. Lu Xun begriff vollkommen, was er meinte, aber schrieb ihn wie zuvor nieder und versah das Ganze ausserdem mit seinem Namenssiegel. Danach stoppelte der Druckereiarbeiter die Zettel zusammen und zog sie auf vier Bildrollen auf, auf denen dann stand: »Handelt es sich doch hier um Spuren meines Leben. — Lu Xun« (Dieser Satz ist dem Geleitwort zur Sammlung »Grabmal« entnommen.).

A — »dann«, »sein« Die entsprechenden chinesischen Zeichen, »jiù« und »shì« ausgesprochen, werden sehr häufig gebraucht, gehören damit zum Basiswortschatz und sind mit elf bzw. acht Strichen vergleichsweise einfach zu schreiben. Zusammen gelesen ergeben sie die Bedeutung »So ist es.« und bilden den Anfang des Satzes von Lu Xun, zu dem sich der Druckereiarbeiter eine gesiegelte Kalligraphie des Autors durch List erwarb. ¶ »*Handelt*...« (eigentlich »Narben«) ist ein Zitat aus dem »Vorwort« zur Sammlung »Grabmal« (als »Totenmal«, in: »LXW«, Bd. 5, S. 9)

Q — Zheng Ziyu 鄭子瑜 »Lu Xun zai Xiamen« 魯迅在夏門 in: *Da feng* 大風 Nr. 51 (Hongkong, 15.10.1939); in: *Lu Xun zai Xiamen*, Hg. Xiamen daxue Zhongwen xi, Fuzhou: Fujian renmin chubanshe 10.1978; in: Fujian Xiamen fangzhichang gongren xuexi Lu Xun xiaozu 福建夏門紡 紙廠工人學習魯迅小組 & Xiamen daxue Zhongwen xi "Liangdishu" zhushi zu 夏門大學中文系 《兩地書》註釋組 [Lu-Xun-Studiengruppe der Arbeiter in der Textilfabrik von Fujian in Xiamen & Arbeitsgruppe zum Kommentar der »Briefe aus zwei Welten« an der Fakultät für Chinesisch der Universität Xiamen]: »Lu Xun zai Xiamen ziliao xuanbian« 魯迅在夏門資料選編 [Ausgewählte Materialien zum Xiamen-Aufenthalt von Lu Xun], in: *Lu Xu yanjiu ziliao* 魯迅研究資料 Bd. 2, Tianjin: Renmin chubanshe 11.1977; in: *Huiyi Lu Xun ziliao jilu* 回憶魯迅資料輯錄 [Gesammelte Erinnerungen an Lu Xun], Shanghai: Jiaoyu chubanshe 6.1980, [2]7.1981, S. 146

L — Chen Mengyun 陳夢韶 *Lu Xun zai Xiamen*, Beijing: Zuojia chubanshe 10.1954 ¶ *Lu Xun zai Xiamen ziliao huibian* 魯迅在夏門資料匯編 [Gesammelte Materialien zum Aufenthalt von Lu Xun in Xiamen], Hg. Xiamen daxue Zhongwen xi, Xiamen daxue [neibu] 9.1976 ¶ Zhang Quanzhi 張 全之 »Lu Xun zai Xiamen shiqi sixiang yu shenghuo taidu de bianqian« 魯迅在夏門時期思想與 生活態度的變遷 [Der Wandel in den Ideen und in der Lebenseinstellung bei Lu Xun während seiner Zeit in Xiamen], in: *Lu Xun yanjiu yuekan* 魯迅研究月刊 Nr. 152 (12/1994), S. 4–9

1926 · 9 · 25 Zhonghua minguo 15	Zieht um in Jimeilou [Haus der gesammelten Schönheit].
1926 · 10 · 14	Hält die Vorträge »Shao du Zhongguo shu« [Wenig gelesene chinesische Bücher] und »Haoshi zhi tu« [Der Fortgang der guten Sache].
1926 · 10 · 14	Schreibt zur Sammlung von Miszellen *Huagai ji xubian* [Unglücksstern, fortgesetzt] »Xiaoyin« [Kleine Einleitung] und »Jiaoqi ji« [Nach Abschluß der Korrekturen]. Erscheint im Mai 1927 in Peking beim Verlag Beixin shuju.
1926 · 10 · 30	Stellt die Sammlung von Ausätzen aus den Jahren 1907 bis 1926 *Fen* [Grabmal] zusammen und schreibt dazu ein Geleitwort. Erscheint im März 1927 in Peking beim Verlag Weiming.
1926 · 11 · 4	»"Xi Kang ji" kao« [Historisch-kritischer Bericht zu den »Gesammelten Werken von Xi Kang«].
1926 · 11 · 11	Berufung auf eine Professur an der Sun-Yat-sen-Universität in Kan on (*Guangzhou Zhongshan daxue*)

trifft ein. »Xie zai "Fen" houmian« [An den Schluß
von »Grabmal« geschrieben; dt. in: *LXW* Bd. 5,
S.70–78].

1926 · 11 · 13   Dokument A008

Lu Xun: Brief an Wei Suyuan

*Wei Suyuan, auch Shuyuan (1902–32, aus Huoqiu/Anhui) war
Gründungsmitglied der Weimingshe (Namenlosen Gesellschaft), Übersetzer und
Leiter des Verlages der »Namenlosen Gesellschaft«, in dem Lu Xun mehrere
seiner Werke veröffentlicht hat. Mit ihm hat Lu Xun über Jahre hinweg eng
zusammengearbeitet und ihn bei seiner letzten Reise von Shanghai aus in den
Norden im Westberge-Krankenhaus in Peking besucht, wo Wei Suyuan kurz
darauf an einer Lungentuberkulose starb. — Text zwischen Schrägstrichen /.../
ist nachträglich zwischen den Zeilen eingefügt.*

Älterer Bruder Shuyuan:
Vorgestern habe ich etwas geschrieben, das an den Schluß von »Grabmal«
gesetzt werden soll und ich zusätzlich zuerst in »Yusi« veröffentlichen möchte
(Ursprünglich wäre es auch für »Mangyuan« vorgesehen gewesen, aber ich
befürchte, daß die Zeit zu knapp ist und der Erscheinungstermin des Bandes
schon zu nahe liegt; außerdem wäre es schade um das Papier). Ich lege heute
den Entwurf für *Xiaofeng* bei und bitte, diesen zusammen mit dem Manuskript
weiterzuleiten, ihn nach dem Druck an mich zurückzugeben, damit ich ihn an
die Druckerei weiterreichen kann, die den Satz von »Grabmal« besorgt./Falls
der Erscheinungstermin von »Grabmal« bereits zu nahe liegt, ist es auch
möglich, es nicht in »Yusi« erscheinen zu lassen. Entscheiden Sie nach Ihrem
Gutdünken./
Wie es insgesamt aussehen soll, schreibe ich auf ein gesondertes Blatt, das
ich beilege.
Im Inhaltsverzeichnis muß der Titel auch erscheinen, aber er sollte gegenüber
den Titeln des eigentlichen Textes um eine Zeile abgesetzt sein.

Xun, 13.11. [1926]

Xiamen

[Beilage:]

1 Leerzeile

jeweils ein Halbgeviert Spatium *gegen oben*	*Xie zai fen hou mian*

4 Gevierte leer lassen
Schriftgrad 3

1 Leerzeile

Schriftgrad 5	*Als ich jüngst* erfuhr, daß meine Essays bereits zur Hälfte fertiggedruckt sind usw. bis zum Schluß

[Text]

1 Leerzeile

Ich weiß nicht, wieviele Zeichen je Zeile der Druck hat. Wenn es 30 sind, dann 6 Gevierte oberhalb dieser 4 Verse; wenn 36, dann 8.	*Er wollte nicht* wie im Altertum

1 Leerzeile

Schriftgrad 5	11.11.1926, nachts	gegen unten vier Gevierte [Abstand]
Schriftgrad 5	Lu Xun	
		gegen unten acht Gevierte [Abstand]

Porträt von Li Xiaofeng (Photographie, Peking um 1925)
Text S. 282

寫在「墳」後面　魯迅

在聽到我的雜文已經印成
「一年的消息」的時候，我曾
經寫了幾行題記，寄往北京去。
當時想到便寫，寫完便
寄，到現在遠不滿二十天，早已記
不清說了些甚麼了。

今夜周圍是這麼寂靜，屋後面的山脚下騰起野燒的微
光：南普陀寺遠在做盂蘭戲，時時傳來鑼鼓聲，每
一間隔中，就更加顯得寂靜。電燈自然是輝煌着，但不
知怎地忽有淡淡的哀愁來襲擊我的心，我似乎有些後悔
印行我的雜文了。我很奇怪我的後悔；這在我是不大遇
到的，到如今，我還沒有深知道所謂悔者究竟是怎麼一
回事。但這心情也隨即逝去，雜文當然仍在印行，只為
想驅逐自己目下的哀愁，我還要說幾句話。
記得先已說道：這不過是我的生活中的一點陳迹。

如果我的過往，也可以算作生活，那麼，也就可以說，
我也曾工作過了。但我並無噴泉一般的思想，偉大華美
的文章，也不想發起一種什麼運
動。不過我曾經覺得，失望無論大小，是一種苦味，所

以幾年以來，有人希望我勤勤筆的，只要意見不很相
反，我的力量能夠支撐，就總要勉力寫幾句東西，給來
者一些極微末的歡喜。人生多苦辛，而人們有時卻極容
易得到安慰，又何必惜一點筆墨，給多嘗些孤獨的悲哀
呢？于是除小說雜感之外，逐漸又有了長長短短的雜文
十多篇。其間自然也有為賣錢而作的，這回就都混在一
起。我的生命的一部分，就這樣地用去了，也就是做
了這樣的工作。然而我至今終于不明白我一向是在做什
麼。比方做土工的罷，做着做着，而不明白是在築臺呢
還是在掘坑。所知道的是即使是築臺，也無非要將自己從
那上面跌下來或者顯示老死，倘是掘坑，那就當然不過
是埋掉自己。總之，逝去，逝去，一切一切，和光陰一
同早逝去，在逝去，要逝去了。——不過如此，但也為
我所十分甘願的。

然而這大約也不過是一句話。當呼吸還在時，只要
是自己的，我有時卻也喜歡將陳迹收存起來，明知不值
一文，總不能絕無眷戀，集雜文而名之曰墳，究竟還是

語絲　第二百〇八期　一六一

—1—

Lu Xun: Erstdruck von »An den Schluß von "Grabmal" geschrieben«
Text S. 282

A — *Älterer Bruder* freundschaftliche Anrede ohne Rücksicht auf tatsächliche Altersunterschiede ¶ *»Grabmal«* Sammelband mit 23 zwischen 1907 und 1925 entstandenen Aufsätzen und Essays, erschienen im März 1927; dt. als »Das Totenmal« in: »LXW«, Bd. 5 ¶ *»Yusi«* [Wortspinnerei] Organ der von Lu Xun mitbegründeten literarischen Vereinigung gleichen Namens (vgl. Dok. C030) ¶ *»Mangyuan«* von Lu Xun Mitte April 1925 zusammen mit jungen Literaten gegründete Wochenzeitschrift ¶ *Xiaofeng* gemeint ist Li Xiaofeng (1897–1971, aus Jiangyin/Jiangsu) Mitglied der 4.-Mai-Vereinigung »Xinchao she« [Gesellschaft Neue Flut], Studium der Philosophie an der Universität Peking, Gründer und Leiter des Verlags »Beixin shuju«, der die beiden von Lu Xun edierten Zeitschriften »Mangyuan« [Wildwuchs] und »Yusi« [Wortspinnerei] verlegte sowie eine Reihe der Werke von Lu Xun ¶ *gegen oben* In der Originalausgabe erschien der Text in traditioneller Anordnung senkrecht von rechts oben nach links unten gesetzt. ¶ *Xie zai fen hou mian* [An den Schluß der Sammlung »Grabmal« geschrieben] Um die ursprüngliche Typographie deutlich zu machen, wird hier die Umschrift verwendet. Zeichen für Zeichen übersetzt bedeutet der Titel des Nachworts »schreiben«, »in etwas sein«, »Grabmal«, »hinten«, »Antlitz, Seite« ¶ *Schriftgrad 3* entspricht ungefähr 18 Punkt ¶ *Schriftgrad 5* entspricht ungefähr 10 Punkt ¶ *Als ich jüngst* zit. nach »LXW« Bd. 5, S. 370 ¶ *Er wollte nicht* zit. nach »LXW« Bd. 5, S. 378

Q — *LXQJ* Bd. 11, S. 499–500

L — Ma Tiji 馬蹄疾 *Du Lu Xun shuxin zhaji* 讀魯迅札記 [Notizen beim Lesen der Briefe von Lu Xun], Changsha: Hu'nan renmin chubanshe 6.1980 ¶ Wang Jingshan 王景山 *Lu Xun shuxin kaoshi* 魯迅書信考釋 [Philologisch-textkritische Erläuterungen zu den Briefen von Lu Xun], Beijing: Wenhua yishu chubanshe 4.1982

1926 · 11 · 13   Dokument A009

Lu Xun: Brief an Li Xiaofeng

Der Empfänger des folgenden Briefes, im vorangegangenen Dokument erwähnt, ist Li Xiaofeng (1897–1971, aus Jiangyin/Jiangsu). Er hat an der Universität Peking Philosophie studiert und war Mitbegründer der literarischen Vereinigungen »Neue Flut« und »Wortspinnerei« und zugleich Redakteur der jeweils gleichnamigen Zeitschriften Xin chao *und* Yusi. *Im Jahre 1925 gründete er den Verlag Beixin shuju (»Neue Buchhandlung im Norden«), in dem neben verschiedenen Zeitschriften, die Li Xiaofeng auch redaktionell betreute, zahlreiche Werke von Lu Xun erschienen. Er kann damit als Verleger von Lu Xun angesprochen werden. Daneben ist Li Xiaofeng auch als Förderer volkstümlicher chinesischer Literatur hervorgetreten sowie als Übersetzer, so unter anderem der* Psychology of Insanity *(1912) des Amerikaners Bernard Hart (1879–1964).*

Xiamen

Älterer Bruder Xiaofeng:
Es gibt ein Nachwort zu »Grabmal«. Ich weiss nicht, ob »*Yusi*« es drucken
will oder nicht. Falls ja, bitte ich, es gleich zu veröffentlichen. Bitte geben Sie
das Originalmanuskript nach dem Satz an Shuyuan zurück und ermahnen
Sie *Shoumin*, er soll es nicht verunreinigen.

Xun, 13.11.

A — »*Yusi*« (»Wortspinnerei«) von Lu Xun mitbegründete und -herausgegebene Zeitschrift und
Organ der literarischen Vereinigung gleichen Namens, erschienen zwischen November 1924 und
März 1930 im Verlag Beixin shuju, zunächst in Peking, dann nach Verbot durch Militäradministration
ab 1927 in Shanghai (vgl. Dok. C030) ¶ *Shoumin* Vorname eines Setzers

Q — *LXQJ* Bd. 11, S. 500

L — [Hart, Bernard] Hate 哈忒 *Fengkuang xinli* 瘋狂心理 [Psychologie des Wahnsinns], Übers. Li
Xiaofeng 李小峰 u.a., Beijing: Beijing daxue chubanbu 4.1923 ¶ Li Xiaofeng: »Lu Xun xiansheng
yu chubangong« 鲁迅先生與出版工 [Lu Xun und die Verlagsarbeit], in: *Xinwen yu chuban* 新聞與
出版 10/1956 ¶ ders.: »Lu Xun xiansheng yu "Yusi" de dansheng« 鲁迅先生與《語絲》的誕生
[Lu Xun und die Geburt der Zeitschrift »Yusi«], in: *Wenhui bao* 文匯報 Shanghai 11.10.1956

1926 · 11 · 11   Dokument B022

Porträt von Li Xiaofeng (Photographie, Peking um 1925)
Abbildung S. 277

*Die Aufnahme von Li Xiaofeng entstand vermutlich in den Büroräumen des von
ihm gegründeten Verlags Beixin shuju, die sich auf dem Gelände der Peking-
Universität nordöstlich der Verbotenen Stadt befanden. Im Jahre 1925 waren in
Peking schätzungsweise 8'000 bis 10'000 Telephonanschlüsse in Betrieb.*

Q — Bildarchiv Lu-Xun-Museum Peking

1926 · 11 · 11   Dokument B029

Lu Xun: Erstdruck von »An den Schluß von "Grabmal" geschrieben«
Abbildung S. 279

*Die satztechnischen und typographischen Anweisungen von Lu Xun aus dem Brief
an Wei Suyuan wurden erst in der Buchausgabe von Fen (März 1927) berücksichtigt.*

Q — Lu Xun: »Xie zai "Fen" houmian« 寫在《墳》後面 in: *Yusi* 語絲 Nr. 108, S. 161; dt. als »Nachwort zu "Das Totenmal"«, in: *LXW* Bd. 5, S. 370–8

1926 · 11 · 26	Schreibt Einführung zu »Wogen des Freiheitskampfes« mit Erzählungen von Maksim Gor'kij (1868 bis 1936), Übersetzt durch Dong Qiufang (1897–1977, aus Shaoxing/Zhejiang) als *Zheng ziyou de bolang*.
1926 · 11	Unterstützt die Monatsschrift *Boting* [Leichter] und die Wochenschrift *Gulang*, [Trommelwirbel], die von den Gesellschaften Yangyang she [Tief und weit] und Gulang she [Trommelwirbel] herausgegeben werden, zwei Vereinigungen junger Literaten.
1926 · 12 · 3	Aufs. »"A Q zhengzhuan" de chengyin« [Wie die »Wahre Geschichte des A Q« entstand; dt. in: *Einsturz*, S. 59–64].
1926 · 12 · 22	Dokument A010

Lu Xun: Die »Strategie« von »Aus der Verlagswelt«

Neben dem Fall von Su Xuelin (vgl. Dok. C028 u.a.) läßt sich vielleicht beim jungen Literaten Gao Changhong (1898–1947, aus Yuxian/Shanxi) am deutlichsten aufzeigen, wie ambivalent das Verhältnis von Lu Xun zu seinen literarischen Protégés war: War er von ihrer Begabung überzeugt, ließ er ihnen jede Unterstützung angedeihen, v.a. was die Vermittlung von Verlagen betraf, wo der ehemalige Beamte im Erziehungsministerium und anerkannte Gelehrte und Essayist Lu Xun über beträchtlichen Einfluß und ein ausgedehntes Beziehungsgeflecht verfügte. Versagten sie dem Meister irgendwann ihre Loyalität, gingen ins gegnerische literarische Lager über (was besonders in den späteren Lebensjahren auch weitreichende politische Implikationen hatte) oder wagten gar, in einer Art ödipalen Befreiungsaktes ihn frontal anzugreifen, goß er Hohn und Spott über sie, in einem Ausmaß, das oft in keinem Verhältnis zum Kaliber des Gegenstands stand, somit den Reaktionen eines enttäuschten Liebenden ähnelt, für die »Abtrünnigen« aber nichtsdestoweniger oft ruinöse Konsequenzen hatte. So hat das Verdikt aus dem Pinsel von Lu Xun zur Folge, daß bis heute Gao Changhong (1898–?1947, aus Yuxian/Shanxi) selbst als zweit- oder drittklassiger Schriftsteller praktisch indiskutabel geblieben ist (vgl. Dok. A018). Dennoch gab es eine bedeutende Reihe gemeinsamer Aktivitäten, so etwa die Gründung der Zeitschrift Mangyuan. Wichtig ist die Kontroverse auch deshalb, weil sie den Generationenwechsel von den noch zur Hälfte traditionell ausgebildeten Exponenten der Bewegung des 4. Mai zu den um die Jahrhundertwende Geborenen markiert, die nicht mehr im Hinblick auf eine konventionelle Beamtenlaufbahn erzogen wurden. — Der Titel von Lu Xuns Zitatencollage, die den Gesinnungswandel bei seinem ehemaligen »Schüler« illustrieren und damit dessen Glaubwürdigkeit untergraben soll, bezieht sich auf die regelmäßig in der Wochenzeitschrift Kuangbiao *(»Sturm und Drang«) erschienene Rubrik von Gao Changhong, dessen Beiträge später gesammelt beim Verlag Taidong Shuju in Shanghai erschienen.*

»*Seine* [Lu Xuns] Strategie ist die "versteckte Anspielung", meine Strategie ist das "Mitleid".«

[Gao] Changhong

Werbung für die *Sturm-und-Drang-Gesellschaft*

… gibt zusammen mit Lu Xun, dem Pionier in der intellektuellen Welt, und einigen wenigen unter den fortschrittlichsten jungen Leuten die Zeitschrift »*Mangyuan*« heraus …

»*Lu Xun* ist ein tiefer Denker, unter seinen Zeitgenossen gibt es niemanden, der ihn übertrifft.«

»…«

»*Ursprünglich* hatte unser Denken sehr vielfältige Mängel, doch hat es sich schließlich geklärt. "Mangyuan" ist Ausdruck eines solchen geordneten Geistes.«

»…«

»*Aber* wenn wir Ihre tatkräftige Hilfe erhielten, würden wir uns aufrichtig freuen.«

»…«

»*Doch* er meint, er könne keine Kritiken schreiben, weil er noch nie Kritiken geschrieben habe, und weil er findet, er wäre damit in eigener Sache parteiisch. Ich halte das für eine sehr gute Einstellung. Allerdings sollte auch von Freunden, die Kritiker sind, erwartet werden dürfen, daß sie Gleichgesinnte bevorzugen und Andersdenkende angreifen, denn es ist das mindeste, was sich für jemanden tun läßt, ohne deswegen sich verpflichtet zu fühlen.«

»…«

»*Was* jene betrifft, die sich schon einen Namen gemacht haben, so glaube ich, daß es eine gute Sache ist, ihren Beistand zu gewinnen. Als Lu Xun damals den Vorschlag machte, [die Zeitschrift] »Mangyuan« herauszugeben, war ich überzeugt, er sei ebenfalls dieser Meinung. Was danach tatsächlich geschah [...], zeigte jedoch bloß, daß er nichts anderes im Sinn hatte als den hohlen Titel einer "Autorität in der intellektuellen Welt"! Was ich gegen ihn vorzubringen habe, will ich gar nicht alles aussprechen [...]. Und hinzu kommt, daß er immer noch glaubt, er hätte sich nie von irgend jemandem helfen lassen, ja im Gegenteil, manchmal vermutet er sogar, andere würden ihn ausnützen.«

»...«

»Sogar in der Zeitung »Minbao« ist im großen Maßstab für die "Autorität in der intellektuellen Welt" geworben worden. Als ich es gelesen hatte, empfand ich mit dieser "epidemischen Abscheulichkeit" tiefstes Mitleid und mußte mich wahrhaftig übergeben.«

»...«

»Mittels der allgemein verkündeten Verehrung gemäß dem Alter halten die Väter und Großväter an überlieferten Ideen fest. In der neuen Zeit ist diese Vorstellung das größte Hindernis. Letztes Jahr wurde Lu Xun erst 45 Jahre. [...] Wenn er sich selber als alten Mann bezeichnet, ist das geistige Degeneration!«

»...«

»Als ein wirklicher Rebell, der immer verfolgt worden ist, vom ersten Säuglingsschrei bis über seinen Schulabschluß hinaus [...] hat Lu Xun ständig seine falsche Papierkrone einer "Autorität in der intellektuellen Welt" getragen und damit an Leib und Seele krankhaftes Verhalten gezeigt!«

»*Erklärung* von Lu Xun, des "Pioniers in der intellektuellen Welt"

[...] und daß die Sturm-und-Drang-Gesellschaft zur gleichen Zeit schon die dritte "falsche Papierkrone" schmiedet, zeigt, daß wirklich wenig Kopf da ist, aber viel Hut; es bedeutet, die anderen zu betrügen und sich selber schaden.«

»*Die schöpferische Kraft* der verschiedenen Herren von der *Namenlosen Gesellschaft* ist, wie wir wissen, zur Zeit nicht unbedingt sehr reich. Deshalb muß [die Zeitschrift] »Mangyuan« natürlicherweise ihr Schwergewicht mehr auf das Vorstellen literarischer Werke legen. [...] Aber das geschieht nun ebenso bei der "Weiming banyuekan". Falls sie weiterhin den Namen "Mangyuan" führt, macht sie sich der Irreführung verdächtig.«

»...«

»Mindestens bleibt zu hoffen, daß diese und andere [Zeitschriften] uns nicht mit ihrer historischen Anstrengung behelligen, sondern vielmehr unter die Füße der Jugend geraten, wenn sie ihre faulen Tricks vorführen, die nur Stolpersteine sind und den Wagen rückwärts fahren lassen; und sie nicht mehr ausländische Werke einführen und gleichzeitig im Krebsgang den Schwanz recken und den geringsten Erfolg junger Autoren verleumden.«

»...«

»Gerechtigkeit: Ich werde das *Tagebuch eines Erleuchteten* schreiben — rettet die Alten!

Gibt es keine alten Leute mehr, die Menschen fressen, oder etwa doch? Rettet die Alten!!!«

»...«

»Ich fordere alle auf, sich klar zu sein über ihre Beschränktheiten — Wenn einer "seine Absichten zwar kennt, ihren Sinn aber nicht zum Ausdruck zu bringen vermag", muß er seine neuen Ideen eben auf andere Weise verkünden. Was ich "einen Wagen rückwärts fahren" nenne, ist genau das, was beispielsweise *Lin Qinnan* und *Zhang Shizhao* betreiben. Wir hoffen, daß die Ideologen aus der Zeit von "*Xin qingnian*" nicht erneut bei ihnen in die Lehre gehen!«

»...«

»Gerechtigkeit: Ich sehne mich danach, solche Leute zur Einsicht zu bringen, doch fürchte ich, daß das alles andere als einfach sein wird!

Grundsatz: Ich halte mich an ihre Tugend und vergelte nicht Gleiches mit Gleichem.«

22.12.1926. Von Lu Xun exzerpiert.

A — »*Seine...*« Zitat aus dem Abschnitt »Shidai de mingyun« [Schicksal der Zeit] der Kolumne, in: »Kuangbiao« Nr. 10 (12.12.1926) ¶ *Sturm-und-Drang-Gesellschaft* (»Kuangbiaoshe«) literarische Vereinigung und Verlag; Werbung erschienen in »Xin nüxing« [Neue Weiblichkeit] Bd. 1, Nr. 8 (8.1926) ¶ »*Mangyuan*« [Wildwuchs] von Lu Xun mit Gao Changhong als Mitarbeiter herausgegebene literarische Wochenzeitschrift, die erst als Beilage zur »Jingbao« [Zeitung für die Hauptstadt] vom 24.4. bis 27.11.1925 in 32 Nummern erschien, dann halbmonatlich von Jan. 1926 bis Dez. 1927 selbständig und unter Leitung von Wei Suyuan ¶ »*Lu Xun...*« aus dem Abschnitt »Gegegeming ji qita« [Revorevorevolution und anderes], in: »Kuangbiao« Nr. 1 (10.10.1926), S. 24–5 ¶ »*Ursprünglich...*«, »*Aber...*« aus »Tongxun — gei Lu Xun xiansheng« [Mitteilungen — An Herrn Lu Xun], in: »Kuangbiao« Nr. 2 (17.10.1926), S. 59–60 ¶ »*Doch...*« aus Abschnitt »1925 Beijing chubanjie xingshi zhishang tu« [Führer durch die Pekinger Verlagswelt von 1925], in: »ebda.« ¶

»*Minbao*« [Volkszeitung] Tageszeitung in Peking, ab Juli 1925 während einer kurzfristigen strategischen Allianz gemeinsam herausgegeben vom sogenannten »christlichen General« Feng Yuxiang (1882–1948, aus Xingji/Hebei), einem Kriegsherrn, der weite Teile Norchinas kontrollierte, und der Guomindang; auf Vermittlung von Lu Xun mit einer von Wei Suyuan (1902–32) betreuten Literaturbeilage ¶ »*Erklärung...*« Zitat aus der Replik auf die Werbung der Sturm-und-Drang-Gesellschaft in »Xin nüxing« (s.o.) zuerst in: »Mangyuan« Nr. 23 (12.1926), dann in: »Yusi« [Wortspinnerei], »Beixin«, »Xin nüxing« und anderen Zeitschriften; in: »LXQJ« Bd. 3, S. 391–2 ¶ »*Die schöpferische Kraft...*« Zitat bis zum Schluß aus verschiedenen Abschnitten der Rubrik »Aus der Verlagswelt«, in: »Kuangbiao« Nr. 10 (12.12.1926) ¶ *Namenlose Gesellschaft* »Weimingshe«, literarische Vereinigung (vgl. Dok. A018) ¶ »*Weiming banyuekan*« [Namenlose Halbmonatsschrift] aus »Mangyuan« hervorgegangene Zeitschrift, die von Januar 1928 bis April 1930 erschien ¶ *Tagebuch eines Erleuchteten* (»Guangming riji«) bezieht sich ironisch auf das ähnlich ausgesprochene »Tagebuch eines Wahnsinnigen« (»Kuangren riji«) von Lu Xun und kehrt dessen berühmten Schlußsatz »Rettet die Kinder!« um ¶ *Lin Qinnan* gemeint ist der frühe Übersetzer westlicher Literatur Lin Shu (1852–1924, aus Minhou/Fujian), vgl. Dok. C010 ¶ *Zhang Shizhao* (1881–1973, aus Changsha/Hu'nan) konservativer Reformer, 1924–26 Erziehungsminister; zusammen mit Lin Shu als Repräsentant für Erneuerungsbewegungen vor der Bewegung des 4. Mai genannt ¶ »*Xin qingnian*« [Neue Jugend] einflußreichste Zeitschrift der Bewegung des 4. Mai (vgl. Dok. C006)

Q — »"Zou dao chubanjie" de "zhanlüe"« 《走到出版界》的 "戰略" [22.12.1926], in: *Yusi* 語絲 Bd. 1, Nr. 13 (Shanghai, 8.1.1927); in: *LXQJ* Bd. 8, S. 141–4

L — Gao Changhong 高長虹 *Xian'gei ziran de nü'er* 獻給自然的女兒 [Den Kindern der Natur übergeben, Prosa], Shanghai: Taidong chuban ju 1928, [3]1929 (= Kuangbiao congshu 3) ¶ Goldblatt, Howard: »Lu Xun and Patterns of Literary Sponsorship«, in: *Lu Xun and His Legacy*, Hg. Leo Ou-fan Lee [Li Oufan 李歐梵], Berkeley/CA & Los Angeles: University of California Press 1985, S. 199–215

1926 · 12 · 30	Schließt die historische Erz. »Benyue« [Die Flucht zum Mond; dt. in: *LXW* Bd. 4, S. 26–43] ab.
1926 · 12 · 31	Gibt die Lehrtätigkeit an der Universität Xiamen auf.
1926 · 9 – 12	Arbeitet am Lehrwerk *Zhongguo wenxue shiliie* [Kurze Geschichte der chinesischen Literatur], die später u.d.T. *Han wenxue shi gangyao* [Grundriß einer Literaturgeschichte bis zur Han-Dynastie] erscheint.

Mushanokôji Saneatsu: Das Leben eines Literaten

Zusammen mit Shiga Naoya (1883–1971) und Arishima Takeo (1878–1923) gehörte der Schriftsteller Mushanokôji Saneatsu (1885–1976) zu den Begründern der neuromantischen literarischen Vereinigung »Shirakaba-ha« (»Gesellschaft zur weißen Birke«), die ab 1910 eine gleichnamige Zeitschrift (Shirakaba) herausgab. Er hat ein umfangreiches feuilletonistisch-essayistisches Werk hinterlassen, das sich in vielerlei Hinsicht durch seine Verkürzungen und seine direkten Kommentare zu literarischen Tagesereignissen besonders mit den frühen Werken von Lu Xun vergleichen läßt. Zusammen mit anderen Texten von Mushanokôji Saneatsu, die ebenfalls über die Rolle des Künstlers in der Gesellschaft reflektieren und seine Außenseiterrolle unterstreichen. Schon 1919 hatte Lu Xun zusammen mit seinem Bruder Zhou Zuoren das Theaterstück »Traum eines jungen Mannes« dieses Autors übersetzt, mit dem sich Zhou Zuoren später anfreundete. Als Mushanokôji auf einer Europa- und Amerikareise in Shanghai einen Zwischenhalt einlegte, traf sich Lu Xun in der Buchhandlung seines Freundes Uchiyama Kanzô am 5. Mai 1936 mit dem japanischen Schriftsteller.

Warum brauchen wir Literatur? Für manche Leute ist sie völlig unnötig. Welche Art von Literatur es auch sei, von keiner läßt sich behaupten, man könne nicht leben, ohne sie gelesen zu haben; das versteht sich von selbst. Auch zur Unterhaltung oder zum Zeitvertreib braucht es keine Literatur. Demnach ist es das eine oder andere, das dem Leser oder Zuschauer eher schmeichelt, sozusagen jedermanns Interesse gewinnt und einen sich selbst vergessen läßt. Zur Befriedigung solcher Bedürfnisse steht einem jedenfalls so viel zu Gebote, wie einem gefällt. Das ist allerdings keine Literatur. Denn Literatur entsteht in Wahrheit nicht aufgrund von Leserbedürfnissen, sondern aus dem Bedürfnis des Autors heraus. Das ist der Punkt, in dem sie sich von Unterhaltung unterscheidet. Was dem Publikum schmeichelt, ist Unterhaltung. Bei Literatur — wie auch bei anderen Künsten — schöpft der Autor aufgrund seiner eigenen Bedürfnisse; und selbst wenn er das Publikum mit einbezieht, so geht es ihm nicht im geringsten darum, auf welche Weise er beim Publikum Gefallen finden könnte, sondern nur, wie er das eigene Wollen dem Publikum vermitteln kann.

Daher sind Literaten vielfach eigenwillig; und es ist ihnen ein Hauptanliegen, sich selbst darzustellen. Eine Leserschaft muß von selbst entstehen, beim Schreiben denkt der Autor im allgemeinen nicht an sie. Wenn ein aufmerksamer Leser ein Werk liest, das der Autor stets mit der Leserschaft im Hinterkopf geschrieben hat, wirkt es auf ihn unecht. Werke, die geschrieben sind, um gelesen zu werden, sind umso besser, je leichter der Autor diese Tatsache vergessen konnte. Wenn ein Pianist für sein Publikum spielt, muß er die Zuhörer völlig vergessen können, um sich beim Spielen mit Leib und Seele auf seine Fingerspitzen konzentrieren und damit sein Bestes hergeben zu können. Je größer seine Meisterschaft, desto mehr kann er, gleichsam aus sich selbst entrückt, mit voller Konzentration schaffen. Als ich das erste Konzert hörte, das *Paderewski* auf seiner Japan-Tournée gab, bewunderte ich sehr, mit welcher Selbstverständlichkeit dieser Pianist ganz frei und zwanglos spielte, unbekümmert wie fließendes Wasser, so als hätte er die Partitur und alles andere vergessen. Am Ende war ich mit allen Zuhörern zusammen begeistert.

Ebenso ist beim Schreiben schon auf einem Irrweg, wer schön schreiben möchte. Nur wenn ein Autor mit sich selbst im Einklang steht, alle seine Kräfte ausgibt und doch ganz gelassen bleibt, ist es ihm möglich, auf einem zuverlässigen Weg und notwendig voranzukommen. Entsprechend seinen geistigen Neigungen läßt er sich mit ganzem Herzen vom Bestreben einnehmen, noch tiefer und wahrhaftiger, mit voller Kraft, noch aufmerksamer und wahrhaftiger sich ans Schreiben zu machen; und dabei gelingt es ihm, alles andere zu vergessen.

Gerät nun in solcher Weise Geschriebenes über einen gewissen Grad hinaus, wird es Literatur. Bei Literatur ist nicht der Leser, sondern der Autor die Hauptperson. Deshalb weckt Literatur bei vielen Menschen zunächst Abneigung.

Literatur bedeutet ein Stück weit Eroberung. Dabei wird der Geist der anderen mittels des eigenen erregt, und wenn dadurch, daß sich der eigene Geist regt, er sich bei den anderen wie von selbst regt, kann der Autor so schreiben, daß er dem Geist als solchem Gestalt gibt. Wer nur über geringe geistige Kräfte verfügt, kann deshalb kein großer Autor werden.

Wenn ein Autor ein Werk mit Vergnügen schreibt, mag es der Leser ebenfalls mit Vergnügen lesen. Ist des Autors Vergnügen oberflächlicher Art, so wird das Werk auch nur einem oberflächlichen Publikum gefallen. Auch in einem solchen Falle arbeitet der Autor aus sich selber heraus, und der Leser ist sekundär. Zwar schreibt der Autor aus sich selbst heraus, wobei der Leser sekundär bleibt, doch kann er indessen keinen Leser erwarten, der nicht seiner Art entspricht. Es kommt durchaus vor, daß man etwas gerne liest, es aber doch nicht hochschätzen kann, oder daß man etwas hochschätzt, aber doch nicht gerne [zur Unterhaltung] liest. Es gibt sehr viele Bücher, die man nur in seinen Mußestunden liest und an denen man Vergnügen findet, die aber nicht den geringsten Eindruck hinterlassen. So populär auch solche Bücher sein mögen, so selbstverständlich ist ihr literarischer Wert gering. Wertvoll dagegen sind solche Werke, die einem durch Mark und Bein gehen, kaum hat man sie aufgeschlagen.

Gute Literatur entsteht niemals in einem Mußestündchen, denn sie ist ein vollständiges Komprimat aus dem Geist des Autor und offenbar eine Kristallisation seines ganzen Lebens. Daher bedeutet das Lesen guter Literatur durchaus nicht einfach Erheiterung, ja es kann sogar entsetzlich sein. Man kann nicht sagen, diese Literatur würde einfach gerne gelesen, aber man kommt nicht umhin, sie hochzuschätzen.

Literatur ist nicht im geringsten bloß dazu da, unser Leben angenehmer zu machen. Literatur ist keine Erholung und noch weniger nimmt sie Rücksicht auf ihre Leser. Gelegentlich macht sie das Leben des Lesers noch härter. Zumindest gibt es viele Werke, die dem Leser seine Ruhe und seinen Frieden rauben. Es gibt wohl auch Literatur, die den Leser erheitern soll, daneben auch solche, die dazu neigt, den Leser zu verderben. Ebenso gibt es Literatur, die den Leser nachdenklich oder ernst stimmt. Es gibt solche, die ermutigt, und die des Lebens überdrüssig macht. All dies geschieht dadurch, daß der Geist des Autors es so unterlegt hat. Für Politiker allerdings muß Literatur eine lästige Sache sein. Literatur wird gerade dadurch wertvoll, daß sie eigenwillig ist; und das ist der Punkt, durch den sie des Menschen Geist berühren kann.

In letzter Zeit wurden in Japan ziemlich viele Stücke von *Shaw* gespielt. Ich bekam es übersatt. Nun sind Shaws Stück bisweilen ganz gut. Wenn sie eingestreut zwischen vielen anderen Stücken gegeben werden, so sind sie in ihrer Weise durchaus interessant. Was die Stücke von *Maeterlinck* und *Strindberg* anbelangt, so sind die fast unerträglich. Beginnt man aber Maeterlincks Stücke zu mögen, so sind diejenigen, die seine Eigenheiten zeigen, durchaus interessant. Ebenso verhält es sich mit *Tolstoj* und Dostoevskij: Gäbe es in der Weltliteratur nur ihre Werke, wäre es nicht auszuhalten; wir würden zu Nullen werden. Erfreulich ist doch, daß verschiedenste Menschen einem die verschiedensten Welten eröffnen können.

Wer an einen Ort geht, den er mag, aber bei seiner Ankunft nicht weiß, wo sich der Gastgeber aufhält, fühlt sich unbehaglich. Eingestehen zu müssen, den Gastgeber nur flüchtig zu kennen, ist ebenfalls unangenehm. Unsere Gesellschaft ist eher eine Ansammlung von Menschen, die nicht auf die Stelle zeigen können, wo ihr Herz sitzt. Aber ein Literat muß ganz genau die Stelle zeigen können, wo sein Herz sitzt; das ist ihm auferlegt. Hätte die

Welt keine Literaten, so würde sie aus eben diesem Grunde veröden. Ein Leben durchzustehen, in dem Seelen nicht berührt werden können, ist unerträglich. Es gibt Genies, die ihre eigene Welt bis zum Äußersten entfalten und durch ihre Werke Liebe und Vertrauen der Menschen zurückgewinnen können.

Wenn es sich anders verhielte, wäre die Welt allzu öde. Wem es nicht gegeben ist, den Hunger des menschlichen Geistes zu spüren, dem gilt Literatur nichts.

Solche Leute sind schon zufrieden, wenn sie nur ihre Unterhaltung und ihre eigenen Koketterien haben. Wer aber nach menschlicher Aufrichtigkeit hungert, dem erscheint so etwas öde. In ihm keimt deshalb die Liebe zu Genies.

Wem diese Ödnis wirklich unbekannt ist, dem kann ich über Literatur nichts erzählen.

»Der Mensch ist oberflächlich, der Mensch ist unaufrichtig, der Mensch denkt nur an Sex, er ist egoistisch. Wohin man sich auch wendet, überall findet man nur Verlogenheit und nur langweilige Menschen.« Wer so denkt und die Ödnis nicht spürt, der kann Literatur wirklich nicht lieben. Sex und Egoismus sitzen zwar tief im Menschen, aber in seinem Innersten gibt es doch auch gute und ehrliche Seiten, die liebenswert sind. Wer das im Bewußtsein hat und sich darüber nicht freut, der hätte etwas nötig, was noch viel direkter als Literatur ist.

Auch für den Leser ist es besser, wenn der Schriftsteller durchaus seine Eigenwilligkeit darstellt. Andere Welten sind anderen Menschen anvertraut; deshalb ist es am besten, wenn jeder die eigene Welt bis zum Äußersten entfaltet.

Also gibt es für den Schriftsteller nur einen einzigen Weg: die eigene Welt voll zu entfalten. Wer keine Schicksalsbestimmung hat, hat eben keine; es gibt nur den einen Weg, sich ans Schreiben zu machen, damit auch möglichst Hochwertiges entsteht, nämlich aus dem eigenen inneren Bedürfnis heraus zu schreiben, so daß es den Schriftsteller selber befriedigt und echt und sicher wirkt. Immer mehr machen sich so ans Schreiben und empfinden dabei auch wirkliche Freude.

Wer von Natur aus literarisch wenig begabt ist, kann seine Eigenwilligkeit nicht durchsetzen.

Wer unempfindlich ist und sich selbst kaum beobachtet, gerät durch seine Eigenwilligkeit oft auf Abwege. Aber Großes entsteht nur aus dem Eigensten. Das bedeutet auch, sich nicht durch die Sprache von anderen verleiten zu lassen. Es gibt nur den Weg, aus sich selber heraus ganz sich selbst zu werden. Es geht darum, sich selbst umzuschmelzen, so wie der tüchtige Handwerker sein Eisen schmiedet. Durch die Feder entfaltet man sein Selbst immer reiner, schärfer und tiefgründiger. Wer sich so entfaltet, gewinnt immer bessere Fähigkeit. Wer dazu [d.i. zur Selbstentfaltung] fähig ist, ist ein Genie. Es handelt sich um eine künstlerische Fertigkeit, die nicht durch Talent erlangt werden kann.

Ein Genie ist in der Lage, die Vorzüge anderer Genies zu erfassen, entnimmt daraus die für die eigene Selbstentfaltung notwendige Nahrung. Wenn es diese Einwirkungen und Einflüsse vollständig verdaut hat, sind sie durch und durch angeeignet. Deshalb bleibt das Genie in seinen Bemühungen hartnäckig, so lange es sich selbst noch nicht entfaltet hat. Je stärker seine eigenen Kräfte dazu ausgebildet sind, desto wertvoller wird das Genie als Autor. Auch aus der Sicht des Autors haben seine Werke dann eine kraftvolle Wirkung. Hier ist wirklich das gesamte Leben des Autors destilliert.

Auch der Leser kann einem Werk nicht aus dem Innersten heraus seine Liebe darbringen, wenn es nicht durch und durch mit äußerster Kraftanstrengung geschaffen wurde. Unter den japanischen Werken finden sich nur wenige, von denen sich dies behaupten läßt. Es gibt kaum jemanden, der seine ganze Individualität entfaltet. Bei *Doppo*, *Sôseki* und *Futabatei* ist vielleicht eine Tendenz dazu zu sehen. Man kann auch sagen, daß sich bei ihnen das Individuelle ein bißchen zeigt, aber noch lange nicht so, daß es vollständig zum Ausdruck käme. Bei anderen aus der Gegenwart läßt sich davon schon gar nicht sprechen. Es mag einige [Autoren] mit einem eigenen Stil geben, aber es gibt unter unseren Senioren keinen einzigen, der seine Individualität zeigen würde. Es mag einige geben, die zum Protest auffordern, aber ihre Forderungen sind unstimmig. Vielversprechende Schaffende gibt es nicht. Sie zeigen zwar ihre eigene Welt auf, doch ist diese nur allzu erbärmlich und ihr guter Wille unzulänglich. Es mag Leute mit Grundsätzen geben, doch sie sind ihnen nicht in Fleisch und Blut übergegangen und werden zumindest aus ihren Werken nicht ersichtlich. Im Gegenteil, es zeigt sich überhaupt nichts Individuelles, sondern dieses wird vielmehr begraben, indem sie es mehr und mehr verunglimpfen. Sie wollen nämlich nicht einmal anerkennen, daß es ursprünglich Individuelles überhaupt gibt. Unter den jüngeren [Autoren] kenne ich allerdings einige, bei denen sich ein bißchen davon zeigt, aber wirklich nicht mehr als ein bißchen.

Wenn ein Schriftsteller seine Individualität vollständig darlegt, braucht er sich nicht vor der Zeit zu scheuen. Seine Werke werden fortbestehen und dabei immer ihr Königreich behalten, solange es Menschen gibt. Deshalb können sie auf jene warten, die sie suchen. Selbst wenn niemand sie sucht, so ist das nichts weiter als widernatürlich bei denen, die nicht suchen. Die Menschheit kann stolz sein, daß es solche Menschen überhaupt gibt.

Ein eigener Stil ist auch durch Künstlichkeit oder handwerkliches Geschick zu erlangen. Aber das Individuelle entsteht nur dadurch, daß man sich selbst vollständig entfaltet. Wer schon so weit gelangt ist, bei dem handelt es sich längst nicht mehr um etwas, das aufkeimt, und er kann im Hinblick auf Imitatoren unbesorgt sein, so kunstfertig sie auch immer sein mögen: Nur der eigentliche Schöpfer ragt hervor. Literatur eines solchen Schöpfers hat als echte Literatur Bestand. So sehr ihn auch Politiker fürchten mögen, es hilft ihnen nicht, denn er lebt in den Menschen; und sind sie einmal von ihm berührt worden, denken sie bei jeder Gelegenheit an ihn. Dabei entdecken sie in ihm einen Bekannten und verstehen ihn. Er übt dann schon Wirkung aus, wenn sie nur an ihn denken. Wenn sie an seinen Namen denken, fühlen sie jedesmal etwas, in ihnen entstehen von alleine Zuneigung und Achtung, und sie werden ermutigt und empfinden Freude. Ich kann Schaffende, die solche Gefühle vermitteln, wirklich nur achten. Wenn mir bei einem Namen nur Hohngelächter oder Langeweile hochkommt, kann ich keine Achtung empfinden. Wenn ein Name bei mir keinerlei Interesse weckt, kann ich ebenso gut nicht an ihn denken. Unter allen Schriftstellern, die ziemlich gut schreiben, gibt es viele, die bei mir keinerlei Gefühle wecken, wenn ich sie einzeln betrachte; solche Leute sind gleich wieder vergessen. Es ist recht und billig, sie zu vergessen. Es wäre zuviel, sie ständig in Erinnerung zu behalten.

Andere mögen anderer Meinung sein, ich mag Werke, die scharf und entschieden sind. Natürlich ist für die Wahrheit unbedingt ein wachsames Gewissen nötig. Indessen ziehe ich der sogenannten leichten Literatur Werke mit ausgeprägt eigenem Stil vor — je gehaltvoller und tiefgreifender, desto besser. Daß Bücher, die keine wahren Gefühle wecken, belanglos sind, ist eindeutig. Je höher der Wert dieser wahren Gefühle, desto besser. Viele schreiben in einer Art Einerlei-Stil, und es ist klar, daß man auch ihre Werke nicht mit Herz und Seele liest. Wer beim Schaffen nur der Schreibfertigkeit große Aufmerksamkeit widmet, aber den überaus wesentlichen Geist außeracht läßt, wird bei seinen Zeitgenossen keinen Widerhall finden, der aus dem Inneren kommt. Genauso ist es unsinnig, *beim Spannen eines Bogens* nur auf die Form zu achten. Um den Geist zu erwecken, ist die Form notwendig, doch dann muß man mit konzentriertem Geist von der Front her sicher auf die Zielscheibe schießen; das sollte jeder wissen. Wenn der Geist sich noch nicht so entfaltet hat, daß nur Wahrhaftiges konkret, objektiv oder *radikalsubjektiv* geschrieben wird, kommt auch echte Kunstfertigkeit nicht zum tragen. Kommt nun erstmals die einem selbst angemessene

Kunstfertigkeit notwendig zum Vorschein, wird als Ergebnis davon allmählich das Individuelle durchdringen. Wer unausgesetzt arbeitet und doch nichts Individuelles hervorbringt, zeigt damit, daß er mit unreinen Motiven gearbeitet hat.

In Japan haben nur wenige ein wirkliches Verständnis für Literatur. Selbst was unmittelbar begriffen werden sollte, wird nicht richtig erfaßt; da sind nur Dilettanten. Bis in zehn Jahren wird es dann wohl jeder begriffen haben. Unsere Zeitgenossen haben kein wirkliches Verständnis für Literatur, sondern meinen nur, es zu haben. Sie kennen den wirklichen Wert von Literatur nicht und würdigen sie nicht einmal ansatzweise. Darum schreiben so viele Autoren Bücher, die deshalb noch lange keine Literatur sind, und sind damit schon zufrieden (»viele«, um nicht zu sagen »alle«). Und so gibt es zur Zeit in Japan in der Literatur auch keine Autoritäten; und wenn überhaupt, dann nur dem Schein nach. Im Westen gibt es ebenfalls viel belanglose Literatur, aber immerhin gibt es einige richtige Literaten — vielleicht etwa zehn. Doch in Japan gibt es niemanden, der sich wirklich Literat nennen dürfte. Alles ist noch unfertig; und wenn nicht, sind es Arbeiten, die in Halbheiten steckengeblieben sind.

Daß viele in Verlegenheit geraten, wenn sie von Abendländern gefragt werden, ob es in Japan eine Literatur gebe, ist verständlich. Nach und nach muß die Literatur ganz unnachahmlich werden, indem sie prägnanter wird, das Individuelle klar zum Ausdruck bringt, sich der Geist in ihr verdichtet und sie einen tieferen Eindruck hinterläßt. Erst dann wird sie den Leser dorthin führen, wohin er selber nie gelangen kann. Wird ein Autor genannt, der diese Forderungen erfüllt, muß er einem ganz klar vor Augen treten, handelt es sich um einen so tiefen Gehalt, den sonst niemand in einem wachruft.

Ein Autor braucht nicht unbedingt nur aus seiner eigenen Erfahrung heraus zu schreiben. Er kann auch Kindergeschichten, kleine Skizzen oder etwas über andere Menschen schreiben. Nur muß sich darin die Wirklichkeit zeigen, die er als einziger mit dieser Tiefe offenbaren kann. Mittels aller seiner Werke erhält ein Autor plastische Gestalt, die eine besondere Schönheit erreichen kann, der kein anderer nachstrebt. Er muß eine Welt so ausgestalten, daß die Menschen mit Freude an sie als seine Welt denken.

Wenn ich das einfach so sage, mag es sich abstrakt anhören. Wer aber an den Gehalt denkt, der sich mit Namen wie Goethe, Hugo, Tolstoj, Dostoevskij, Ibsen oder Strindberg verbindet, so mögen vielleicht einige wenige verstehen, was ich sagen will.

Literatur ist eine Aktivität, die den eigenen Geistesverwandten dadurch entdeckt, daß sie zum Ausdruck bringt, was im eigenen Geiste liegt. Dabei ist der Autor Subjekt und der Leser zweitrangig. Der Schriftsteller sollte ganz sich selbst ausdrücken. Indem er sich vollständig entfaltet, eignet er sich ihm Nützliches an und verwirft Unnützes. Sobald er also allmählich sich selbst geworden ist, wird er sein Leben so gestalten, daß er dieses Selbst rückhaltlos in den verschiedensten Ausformungen zu Papier bringt. Darin besteht das Leben eines Literaten.

29.8.[19]17

Aus dem Japanischen von Georg Zimmermann

A — *Paderewski,* Ignacy Jan (1860–1941), polnischer Pianist, Komponist und Politiker, der auf einer seiner weltweiten Tourneen auch in Japan Konzerte gab ¶ *Shaw,* George Bernard (1856–1950), irischer Schriftsteller und Bühnenautor, dessen Stücke auch in China häufig gespielt wurden und den Mao Dun schon 1920 als sozialistischen Autor propagierte; vgl. Dok. C003 ¶ *Premislav* nicht ermittelt; vermutlich Vorname eines russischen Pianisten ¶ *Maeterlinck,* Maurice (1862–1949) belg. symbolistischer Schriftsteller, zusammen mit dem schwedischen Theaterautor August *Strindberg* (1849–1912) im China der 20er Jahre ebenfalls weit verbreitet ¶ *Tolstoj,* Lev (1828–1910) galt im China der frühen Republik als Inbegriff eines humanistisch gesinnten und zugunsten der Schwächeren engagierten Schriftstellers; sein Werk wurde ab 1914 durch Übersetzungen von Lin Shu und Chen Jialin in »Dongfang zazhi« (»Eastern Miscellany«) bekannt ¶ Kunikida *Doppo* (1871–1908) gilt zusammen mit dem folgenden, zunächst ebenfalls christlich geprägten Autoren als einer der Begründer des japanischen Naturalismus ¶ Natsume *Sôseki* (1867–1916) »Kokoro« (Übers. O. Benl, Zürich 1976) ¶ *Futabatei* Shimei (1864–1909) gilt mit seinem Roman »Ukiguomo« [Ziehende Wolken, 1887–89], in dem er erstmals an die gesprochene Sprache angelehntes Hochjapanisch schreibt, als Begründer des jap. Naturalismus ¶ *beim Spannen eines Bogens* bezieht sich auf das Zen-Bogenschießen, wo die geistige Haltung Quelle der Technik ist ¶ *radikalsubjektiv* gibt das japanische »daishogi« wieder

Q — Mushanokôji Saneatsu 武者小路實篤 »Bungaku hisa to jinsen« [29.8.1917], in: *Mushanokôji zenshu* 武者小路全集 Tôkyô: Shôgakukan 1988, Bd. 3, S. 283–7; chin. »Wenxuezhe de yisheng« 文學者的一生 Übers. Lu Xun, in: *Bi xia yicong* 壁下譯叢 Shanghai: Beixin shuju 4.1929; in: *LXQJ* 1973, Bd. 16, S. 168–78

L — Hijiya-Kirschnereit, Irmela: *Selbstentblößungsrituale. Zur Theorie und Geschichte der autobiographischen Gattung »Shishôsetsu« in der modernen japanischen Literatur,* Wiesbaden: Franz Steiner 1981

Guangzhou

1927 · 1 · 16	Zhonghua minguo 16	Reist mit dem Schiff von Xiamen ab.
1927 · 1 · 18		Kommt in Guangzhou (Kanton) an.
1927 · 1 · 19		Zieht im Dazhonglou [Haus zur Großen Glocke] in der Sun-Yat-sen-Universität (*Zhongshan daxue*) ein.
1927 · 1 · 27		Hält auf Einladung der Gesellschaft für Sozialforschung an der Sun-Yat-sen-Universität, einer KP-Organisation, einen Vortrag. Steht in regelmäßigem Kontakt mit KP-Mitgliedern und liest verschiedene von der KP herausgegebene Broschüren, so »Junge Pioniere« und »Was tun?« von Lenin.
1927 · 1 · 27		Dokument B028

Anon.: Lu Xun beim Vortrag an der Sun-Yat-sen-Universität in Guangzhou (Aquarell, um 1976)
Abbildung S. 297

In der parteiamtlichen Hagiographie nimmt der Aufenthalt von Lu Xun in Guangzhou (Kanton) einen wichtigen Platz ein. Obwohl er sich nur neun Monate lang dort aufhielt, fallen in diese Zeit seine engeren Kontakte mit Organen und Gruppen der KP, ebenso seine eingehende Beschäftigung, auch als Übersetzer, mit literaturtheoretischen Schriften aus der Sowjetunion. Das folgende Bild in traditioneller Aquarelltechnik zeigt Lu Xun kurz nach seiner Ankunft in Guangzhou bei einem Vortrag unbekannten Inhalts vor der Forschungsgesellschaft für Sozialwissenschaften an der Sun-Yatsen-Universität, die im Dezember des Vorjahrs von der universitären Parteizelle der KP gegründet worden war. Lu Xun soll deren Aktivitäten mehrmals finanziell unterstützt haben. Ikonographisch lehnt sich das Porträt an eine photographische Aufnahme von Lenin aus dem Jahre 1918 an. Es ist einem der zahlreichen Bände zum Leben von Lu Xun entnommen, in welchen zu jeder Illustration in wenigen Sätzen mit zahlreichen Dialogpassagen Episoden lehrhaft-propagandistisch aufbereitet und die in hohen Auflagen verbreitet wurden, in diesem Falle 120'000.

Q — *Lu Xun zai Guangzhou* 鲁迅在廣州 [Lu Xun in Guangzhou], [Beijing:] Renmin meishu chubanshe 9.1976, Nr. 46

L — Landsberger, Stefan: *Chinese Propaganda Posters*, Amsterdam: Pepin Press 1995; dt. *Chinesische Propaganda. Kunst und Kitsch zwischen Revolution und Alltag*, Übers. Elisabeth Müller, Köln: DuMont 1996

*Anon.: Lu Xun beim Vortrag an der Sun-Yat-sen-Universität in Guangzhou
(Aquarell, um 1976)*

Text S. 296

Piotr Adolfovič Ocup: Lenin (Photographie, 1918)
Text S. 301

Dokument B045

Piotr Adolfovič Ocup: Lenin (Photographie, 1918)
Abbildung S. 299

Die folgende Aufnahme von Lenin entstand am 7. November 1918, dem ersten Jahrestag der Oktoberrevolution, und stammt vom sowjetischen Photographen Piotr Adolfovič Ocup (1883–?). Sie wurde vielfach reproduziert, unter anderem von seinem Kollegen, dem Photographen Aleksandr Michailovič Rodčenko (1891–1956), als er aus Anlaß des Todes von Lenin den Umschlagtitel der Zeitschrift Technika i sisn *(»Technik und Leben«, Nr. 21, 1924) gestaltete. Die Aufnahme hat dem Maler Isaak Israilovič Brodskij (1884–1939) als Vorlage für ein monumentales Ölbild (um 1920) gedient, das dem anonymen chinesischen Künstler, der Lu Xun porträtiert hat, zweifellos bekannt war. Damit ist nicht nur die ikonographische Quelle für das Porträt von Lu Xun dingfest gemacht, sondern auch dessen Status im Rahmen der kulturrevolutionären Propaganda markiert. Aufschlußreich ist, daß die Malerei von Brodskij kritisiert wurde, weil sie nichts leiste, was die Photographie nicht auch leisten könne. Die Replik seitens der Künstlergruppe, der er angehörte, lautete: »Künstlerisch-dokumentarisch! Zwischen Bildender Kunst und Photographie besteht ein großer Unterschied!« — in diesem Falle sind es im Ausschnitt leider nicht sichtbare Teile eines repräsentativen Gebäudes und ein hinter der Rednertribüne stehender Fahnenmast, die im Ölbild »künstlerisch« entfallen.*

Q — Ocup, Piotr: »Lenin, [7.11.] 1918«, Photographie (Ausschnitt), in: Čudakov, Grigorij (Vorr.): *Pionniers de la photographie russe soviétique*, Paris: Philippe Sers 1983; dt. *Russische Photographie: 1917–1940*, Übers. Bettina Witsch-Aldor, München: Prestel 1983, Nr. 89, S. 103

L — Brodskij, Isaak A.: *Isaak Israilovič Brodskij*, Moskva 1973 ¶ Gassner, Hubertus & Gillen, Eckhart (Hg.): *Zwischen Revolutionskunst und Sozialistischem Realismus*, Köln: DuMont 1979

1927 · 2 · 10	Wird zum Dekan der Literaturfakultät ernannt.
1927 · 2 · 18	Reist nach Hongkong und hält dort den Vortrag »Wu sheng de Zhongguo« [Das stumme China; dt. in: *Einsturz*, S. 65–9].
1927 · 2 · 20	Kehrt nach Guangzhou zurück.
1927 · 2 · 29	Zieht vom Dazhonglou [Haus zur Großen Glocke] um an die Straße Baiyunlu in das Baiyunlou [Haus zur Weißen Wolke] Nr. 16, 2. Stock.

Guangzhou

Dokument A011

Lu Xun: Grußwort zur Aufnahme des Unterrichts
an der Sun-Yat-sen-Universität

Am 5.11.1926 wurde Lu Xun als Professor an die Sun-Yat-sen-Universität in
Guangzhou (Kanton) berufen und reiste im Januar 1927 von Xiamen ab. Kurz nach
dem »Zwischenfall vom 15. April« (1927), bei welchem der rechte Guomindang-Flügel
unter Jiang Jieshi (»Tschiang Kai-shek«, 1887–1975, aus Qikou/Zhejiang) in großer
Zahl Kommunisten hinmetzeln ließ — vom französischen Schriftsteller André Mal-
raux in seinem Roman La condition humaine *(1933) eindringlich beschrieben —*
und damit das seit dem Tode von Sun Yixian (»Sun Yat-sen«) brüchige strategische
Bündnis mit der KP gegen lokale Militärmachthaber aufkündigte, reichte er sein
Rücktrittsgesuch ein und verließ die Stadt Ende September. Die Zeit in Kanton ist
für Lu Xun politisch gekennzeichnet durch zunehmende intensive Kontakte mit
KP-Mitgliedern und eine Radikalisierung durch die traumatisierenden Erfahrungen
in seiner unmittelbaren Umgebung, während sie persönlich eine längere räumliche
Trennung von seiner späteren Lebensgefährtin Xu Guangping (1898–1968) brachte.
Zeugnis davon ist ein großer Teil ihrer Korrespondenz in »Briefe aus zwei Welten«
(Liangdishu, 1933). Erst der Entschluß, künftig in Shanghai zusammenzuleben,
beendete schließlich diese Zeit der Trennung. — Die Sun-Yat-sen-Universität
(Zhongshan daxue) hieß ursprünglich »Universität von Guangdong« und entstand
1924 aus mehreren nationalen und provinzeigenen höheren Lehranstalten. Kurz
nachdem sie 1926 zu Ehren von Sun Yixian umbenannt worden war, wurde das
Rektorat durch ein Komitee als oberstes Organ ersetzt.

Herr *Zhongshan* hat sich sein Leben lang mit ganzer Kraft für die bürgerliche
Revolution eingesetzt. Als Ergebnis davon ist uns ein großartiges Andenken
geblieben, nämlich die Republik China.

Aber *»die Revolution* hat nicht zum Erfolg geführt«.

Diese Stadt hier, Kanton, einst *Ausgangsort* revolutionärer Politik, befindet
sich heute jedoch im Hinterland der Revolution. Die Sun-Yat-sen-Universität,
die hier gegründet worden ist, »um den revolutionären Geist von Präsident
Sun in die Tat umzusetzen« — wie es das Schulprogramm ausdrückt —,
muß an dieser Stelle ihren ersten Schritt machen.

Ein solcher Auftrag wiegt sehr schwer, aber er liegt nicht im Hinterland.

Herr Zhongshan seinerseits befand sich jedoch oft an der vordersten Front
der Revolution.

Und Herr Zhongshan besaß auch *viele Bücher*. Meine Meinung ist: Die Beziehung zwischen der Sun-Yat-sen-Universität und der Revolution sollte zahlreiche Bücher nach sich ziehen. Es sollten aber keine toten Bücher sein, sondern solche, die sich tatkräftig für den revolutionären Geist einsetzen, die revolutionäre Begabung mehren, und eine solide Grundlage revolutionärer Entschlossenheit abgeben.

Heute gibt es in der Nähe nirgends Geschützfeuer; es gibt keine Peitschenhiebe, kein System der Unterdrückung, so daß auch kein Widerstand entsteht, keine Revolution. Was es gibt, sind die Revolutionen der Vergangenheit.

Doch die Jugend, die eine Revolution will oder sich nach einer Revolution sehnt, strebt nach einem Leben der Gelehrsamkeit in friedlicher Atmosphäre. Diese ruhige Atmosphäre muß jedoch überquellen von revolutionärem Geist. Dann erst wird dieser Geist hell wie der Tag leuchten und seinen Strahl weithin erglänzen lassen.

Wenn nicht, wird das Hinterland bald zu einem langweiligen Ort bequemen Glücks werden.

Dann hat auch die Sun-Yat-sen-Universität ihren Zweck verfehlt.

Sie würde dann bloß die hübschen Titel und Rangbezeichnungen im Land vermehren.

A — *Zhongshan* Ehrenname für Sun Yixian (in kantonesischer Umschrift »Sun Yat-sen«, 1866–1925, aus Xiangshan/Guangdong), seit 1894 gegen die Qing-Dynastie politisch aktiv, im Exil Begründer der antimonarchistischen Bewegungen »Guangfuhui« [Gesellschaft zur Wiederbelebung Chinas], dann »Tongmenghui« [Revolutionsbund], aus der die »Guomindang« [Nationale Volkspartei] hervorging; rief am 1.1.1912 nach seiner Rückkehr aus dem Exil die Republik China aus, deren Präsident er für einige Wochen war, bevor er zugunsten von Yuan Shikai (1859–1916) zurücktrat, um den Kaiser zur Abdankung zu bewegen; erneut zum Exil gezwungen, dann 1916–18, 1920–22 und 1923–25 an der Spitze von Gegenregierungen; leitete vor seinem Tod Annäherung an Sowjetunion und »1. Einheitsfront« zwischen Guomindang und KP ein, um den Nordfeldzug gegen die Militärmachthaber politisch abzusichern; sowohl auf Taiwan als »Vater des Landes« als auch in der Volksrepublik als »großer revolutionärer Vorläufer« hoch verehrt ¶ *»die Revolution...«* Zitat aus dem politischen Testament von Sun Yixian ¶ *Ausgangsort* von Kanton aus sollte ein von Sun Yixian geplanter, jedoch vorher verratener Aufstand die Qing-Dynastie stürzen; seit 1907 beteiligten sich Kampftruppen von Sun an lokalen Aufständen, und Kanton war seit 1916 Sitz verschiedener Gegenregierungen, wurde 1924 Sitz der Huangpu (»Whampoa«)-Militärakademie, die schließlich zum Erfolg des Nordfeldzugs 1926/27 beitrug ¶ *viele Bücher* bezieht sich auf die rege publizistische Tätigkeit von Sun v.a. während seiner Exilzeiten, aus der auch seine Vision Chinas hervorging mit der Lehre von den Drei Volksprinzipien (»Sanmin zhuyi«) und dem Staatsaufbau nach Fünf Gewalten, die heute noch auf Taiwan existieren

Guangzhou

Q — Zhou Shuren [Lu Xun]: »Zhongshan daxue kaixue zhi yu« 中山大學開學之語 in: *Guoli Zhongshan daxue kaixue jiniance* 國立中山大學開學紀念冊 Guangzhou 3.1927; in: *LXQJ* Bd. 8, S. 159–60

L — Sun Yatsen [Sun Yixian 孫逸仙]: *Reden und Schriften*, Übers. Brigitte Scheibner & Helga Scherner, Leipzig: Reclam 1974 (= Universal-Bibliothek 543) ¶ Sun Yixian: *Guofu quanji* 國父全集 [Sämtliche Werke des Landesvaters], 6 Bde., Taibei: Zhongguo guomindang 1961 ¶ Wilhelm, Richard: »Rede anläßlich der Beisetzungsfeier von Sun Yatsen«, in: *Sinica* Jg. 4 (1929), S. 97–101 ¶ Malraux, André: *La condition humaine*, Paris 1933; dt. *So lebt der Mensch*, Übers. C. Lind, Zürich 1934 ¶ Kindermann, Gottfried-Karl: *Konfuzianismus, Sunyatsenismus und chinesischer Kommunismus. Dokumente zur Begründung und Selbstdarstellung des chinesischen Nationalismus*, Freiburg i.B.: Rombach 1963 ¶ Wilbur, C. Martin: *Sun Yat-sen. Frustrated Patriot*, New York: Columbia University Press 1976 ¶ Li Jiang 李江 : »Lu Xun yu Zhongshan daxue« 魯迅與中山大學 [Lu Xun und die Sun-Yat-sen-Universität], in: *Chengzhi de jinian* 誠摯的紀念 [Herzliches Gedenken], [Guangzhou:] Guangdong Lu Xun yanjiu xiaozu 1.1982, S. 26–55

1927 · 4 · 1	Zhonghua minguo 16	Veröffentlicht in der Zweiwochenschrift *Hongshui*, Bd. 3, Nr. 30, mit Cheng Fangwu (1897–1984, aus Xinhua/Hu'nan) »Zhongguo wenxuejia duiyu Yingguo zhishi jieji ji yiban mingzhong xuanyan« [Erklärung der chinesischen Schriftsteller an die Intellektuellen und Volk Englands] zusammen mit Cheng Fangwu.
1927 · 4 · 3		Schreibt historische Erz. »Mei Jianchi«, auch »Taojian« [Der Sohn des Schwertschmieds; dt. in: *LXW* Bd. 4, S. 100–28]
1927 · 4 · 10		Essay »Qingzhu Hu Ning kefu de na yi bian« [Glückwunsch zur Rückeroberung der Region von Shanghai und Ningbo].
1927 · 4 · 15		Nach Putsch durch rechten GMD-Flügel, den Massenverhaftungen unter KP-Anhängern begleiten (»Zwischenfall vom 15. April«), nimmt er an einer außerordentlicher Sitzung des Universitätsparlaments teil, um Freilassung festgenommener Studenten zu erwirken, allerdings ohne Erfolg.
1927 · 4 · 21		Kündigt seine Stellung an Sun-Yat-sen-Universität.
1927 · 4 · 26		Stellt den Band *Yecao* [Wilde Gräser] mit lyrischer Prosa zusammen, erscheint im Juli in Peking beim Verlag Beixin shuju in der Reihe »Wuhe congshu« (dt. in: *LXW* Bd. 6, S. 82–147).

1927 · 5 · 1	Stellt den Band *Zhaohua xishi* mit erzählerischen Reminiszenzen zusammen und schreibt dazu eine Einleitung, erscheint im September 1928 in Peking beim Verlag Weimingshe in der Reihe »Weiming xinji« (dt. in: *LXW*, Bd. 3).
1927 · 5 · 26	Schließt im Juli 1926 begonnene Übers. des Kinderbuchs *De kleine Johannes* von Frederick van Eeden ab, die als *Xiao Yuehan* erscheint.
1927 · 5 · 30	Schreibt Vorrede zur Übers. von *De kleine Johannes*, der im Januar 1928 in Peking beim Verlag Weimingshe in der Reihe »Weiming congkan« erscheint.
1927 · 6 · 6	Erhält Brief von der Regenz der Sun-Yat-sen-Universität *(Zhongshan daxue weiyuanhui)*, in dem seine Kündigung angenommen wird.
1927 · 7 · 16	Hält an der Mittelschule »Anwendung des Wissens« *(Zhiyong zhongxue)* einen Vortrag mit dem Titel »Du shu za tan« [Eine Plauderei über Lektüre].
1927 · 7 · 23 / 26	Hält vor der Akademischen Sommervortragsgesellschaft *(Xiaqi xueshu jiangyan hui)*, einen zweiteiligen Vortrag mit dem Titel »Wei Jin fengdu ji wenzhang yu yao ji jiu zhi guanxi« [Über die Lebenshaltung und die Prosaliteratur der Wei- und Jin-Dynastien und deren Zusammenhang mit Drogen und Alkohol].
1927 · 8 · 22 – 24	Redigiert *Tang Song chuanqi ji* [Gesammelte Erzähltexte aus den Dynastien Tang und Song], die im Dezember 1927 und Februar 1928 in zwei Bänden in Shanghai beim Verlag Beixin shuju erscheinen.
1927 · 9 · 4	Schreibt »Da Youheng xiansheng« [Antwort an Herrn Youheng], d.i. Shi Youheng (1905–82, aus Tongshan/Jiangsu), der sich in einem Artikel spöttisch darüber geäußert hatte, daß LX keine erzählenden Texte mehr veröffentlicht.
1927 · 9 · 10	Schreibt Vorwort zu *Tang Song chuanqi ji*.
1927 · 9 · 14	Miszelle »Ke e'zui« [Mag als Verbrechen gelten].
1927 · 9 · 24	Schreibt »Xiao zagan« [Kleine Impressionen].
1927 · 9 · 27	Verläßt Guangzhou zusammen mit Xu Guangping auf dem Schiff »Shandong« in Richtung Shanghai.
1927 · 10 · 3	Kommt in Shanghai an.

Shanghai

1927 · 10 · 3   Dokument B050

Friedrich Schiff: Herbst (Kohlestiftzeichnung)
Abbildung S. 307

Der österreichische Maler und Zeichner Friedrich Schiff (1908–68), Sohn eines
k.u.k. Hofmalers, kam 1930 nach Shanghai. Seine an einer realistischen Darstellung
orientierten und gelegentlich karikierenden Skizzen (vgl. Dok. B049), die nicht bloß
den chinesischen Alltag schildern, sondern häufig auch die Beziehungen zwischen
Chinesen und Ausländern, waren als Illustrationen in Zeitungen und Zeitschriften
sehr beliebt. Mit ihnen bestritt er 1933 in Wien eine Ausstellung. Er veröffentlichte
in China zahlreiche Bildbände, darunter nach dem japanischen Überfall auf China
1937 A Shanghai Emergency Sketchbook und ging 1947 nach Buenos Aires,
bevor er 1954 nach Europa zurückkehrte. — Die folgende Zeichnung ist anfangs
der 30er Jahre kurz nach seiner Ankunft in Shanghai entstanden und gibt in noch
nicht voll ausgebildetem Stil eine erste Impression der urbanen Umgebung wieder.
Es kann kaum ein Zweifel bestehen, daß ikonographisches Vorbild für die Zeichnung
die um 1902 entstandene Aufnahme »Spring Showers, New York« [Metropolitan
Museum of Art, New York, 58.577.6] des amerikanischen Photographen Alfred
Stieglitz (1864–1946) ist, die im Vordergrund links einen Straßenfeger hinter einem
dürren, mit Schutzgitter versehenen Baum zeigt, im Hintergrund rechts diffus die
Silhouette eines Hochhauses, des wegen seiner an ein Bügeleisen erinnernden Form
so genannten Flatiron Building.

Q — Schiff, Friedrich: »Fall« [Herbst], in: Kaminski, Gerd: China gemalt. Chinesische Zeitgeschichte in
Bildern Friedrich Schiffs, Wien: Europa Verlag 1983 (= Nr. 18 der Berichte des Ludwig-Boltzmann-
Institutes für China- und Südostasienforschung), S. 72

L — Clifford, Nicholas R.: Spoilt Children of the Empire. Westerners in Shanghai and the Chinese
Revolution of the 1920s, Hanover/NH: Middlebury College Press 1991 ¶ Weber, Eva: Alfred Stieglitz,
New York & Avenel/NJ: Crescent Books 1994

1927 · 10 · 4   Dokumente B030 und B031

Gruppenbild nach Ankunft in Shanghai
Abbildung S. 309

Das nach einem gemeinsamen Mittagessen zur Erinnerung aufgenommene
Gruppenphoto gehört zu den Bildern mit Lu Xun, die in einer verfälschten Version

Friedrich Schiff: Herbst (Kohlestiftzeichnung)
Text S. 306

Gruppenbild nach Ankunft in Shanghai
Text S. 306

*zwischen den 50er und 70er Jahren massenhaft verbreitet wurden (vgl. Dok. B051
und B052).* Herausretuschiert *wurden politisch-ideologisch mißliebige Personen, in
diesem Falle der Maler und Zeichner Sun Fuxi (1898–1962, aus Shaoxing/Zhejiang),
der lange in Frankreich studiert hatte, und der Publizist und Linguist Lin Yutang
(1895–1976, aus Longxi/Fujian), der später mit seinen Plädoyers für eine politisch
abstinente Literatur zum Gegner von Lu Xun wurde. Bei der Retusche wurden
nicht nur die verbliebenen Gesichter modifiziert, sondern auch der Hintergrund mit
der angedeuteten Struktur eines schweren Vorhangs versehen. Die Aufnahme zeigt
v.r.n.l. vorne sitzend Lu Xun, Xu Guangping und Zhou Jianren (1888–1984), den
jüngsten »dritten« Bruder von Lu Xun, hinten stehend den Lu-Xun-Biographen,
seinen Vertrauten Sun Fuyuan (1894–1966, aus Shaoxing/Zhejiang), Lin Yutang
und Sun Fuxi, der zusammen mit seinem Bruder zu den maßgebenden Lektoren
beim Verlag* Beixin shuju *gehörte, dem Verlag von Lu Xun.*

Q — A *Pictorial Biography of Luxun,* Peking: People's Fine Art Publishing House [1981], S. 76
[unretuschiert] ¶ *Lu Xun 1881–1936,* Beijing: Wenwu chubanshe 1976, Nr. 55 [retuschiert]

L — Turner, Mia: »A Chinese Spin Doctor: For many years, Men Songzhen's job was to airbrush
problems out of official portraits«, in: *Time* 10.2.1997, S. 21

1927 · 10 · 8	Zhonghua minguo 16	Zieht vom Hotel Gonghe lüdian nach Dong heng binlu Jingyunli Nr. 23 und lebt von nun an mit Xu Guangping im Konkubinat.
1927 · 10 · 8		Dokument B002

F. Blatsky: Übersichtsplan von Shanghai (um 1932)
Abbildung S. 313

Die Übersichtskarte entstand anläßlich der College Cruise Around the World,
*an der von September 1926 bis Mai 1927 rund 500 Studierende amerikanischer
Universitäten teilnahmen, die auf ihrer Weltreise an Bord des Schiffes »Ryndam«
von etwa 30 Personen unterrichtet wurden, unter ihnen auch der österreichische
Geograph Eugen Oberhummer (1859–1944). Nach den von ihm im November 1926
erhobenen und aus verschiedenen älteren Karten zusammengetragenen Daten ist
der Plan gezeichnet. — Die Dongheng binlu (»Straße, quer und östlich zum
Flußufer«), an der Lu Xun bis zum 20.5.1930 im Geviert Jingyunli wohnte, befindet
sich im Planquadrat zwischen 121°28' und 121°29' östlicher Länge, und der Breite
31°15' und 31°16', im Dreieck zwischen Bahnlinie, Fluß Yujingpu und Straße.*

Q — Blatsky, F.: »Plan von Schanghai, Maßstab c. 1:70.000«, in: Oberhummer, Eugen: »Shanghai«, in: *Wiener geographische Studien* Heft 1 (Klosterneuburg 1933), Tafel III

1927 · 10 · 10	Veröffentlicht den kunsttheoretischen Aufsatz »Zenme xie (yeji zhi yi)« [Was schreiben? Erste nächtliche Aufzeichnung].
1927 · 10 · 27	Hält an der »Arbeits-Universität« *(Laodong daxue)* den Vortrag »Guanyu zhishi jieji« [Über die Intellektuellen].
1927 · 11 · 7 – 1927 · 12	Wird von der Arbeits-Universität zu Vorlesungen über Literatur eingeladen.
1927 · 11 · 10	Dokument C048

Zhou Junyuan: Literatur, Schreiben, Popularisierung von Kunst — Erinnerungen an einen Vortrag von Lu Xun vor 63 Jahren

Über den Verfasser der folgenden Reminiszenz ist nichts weiter bekannt, als was er selber berichtet, und daß er seine Aufzeichnungen am 15. Juni 1990 in Shanghai niedergeschrieben hat.

Im Jahre 1927 kam Lu Xun von Guangzhou (Kanton) nach Shanghai. Er widmete sich den Aktivitäten der revolutionären Kultur und hatte an allen Hochschulen von Shanghai schon viele Vorträge gehalten. Im November hielt er an der Daxia-Universität (einer Vorläuferin der Pädagogischen Hochschule für Ostchina) einen Vortrag, in dem er über Probleme der Literatur, des Schreibens und der Popularisierung von Kunst sprach.

Zuerst sagte er, die Literatur genieße in China keineswegs die Wertschätzung, die er selber sich für sie wünsche, sondern sei ein Instrument der regierenden Klasse. In der chinesischen Geschichte hätten Kaiser und Generale, begabte Gelehrte und junge Schönheiten Literatur geschrieben, eine wirkliche Volksliteratur habe es äußerst selten gegeben.

Anschließend sagte er, von den Literaten zu glauben, sie stünden höher als alle anderen Menschen, und ihre Arbeit deshalb für wichtiger als alle andere Arbeit zu halten, sei nicht angemessen. Er schimpfte heftig auf alle »Helfershelfer- und Zeitvertreibsliteraten« in der Geschichte, die alle um die Gunst der Mächtigen gebuhlt hätten. Er meinte, die »Helfershelferliteraten« seien hauptsächlich ein Hinweis darauf, daß es im Staat Probleme gebe, indem sie als »Palastliteraten« oder »Gefechtsstandliteraten« für Herrscher

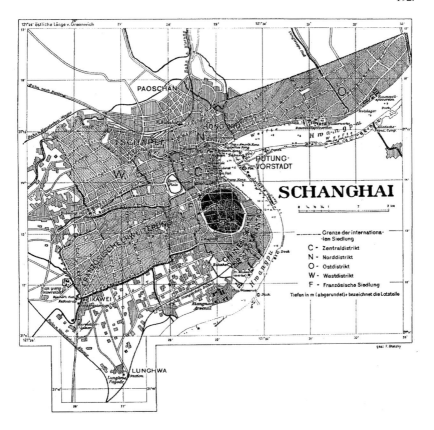

F. Blatsky: Übersichtsplan von Shanghai (um 1932)

Text S. 311

Edikte entwerfen und für Militärhaber Kampfaufrufe skizzieren, oder Erklärungen und offene Telegramme verfassen. Die »Zeitvertreibsliteraten« wiederum seien ein Hinweis darauf, daß sich der Staat in einer Friedenszeit befinde. Schließlich gebe es die »Tempelliteraten«, die um die Gunst der Herren buhlten, indem sie mit »Lobeshymnen« über die angebliche »Erleuchtung« des Herrschers oder Kanzlers das Volk betäubten, während ein anderer Teil als »Berg-und-Wald-Literaten« wie Einsiedler lebten und Landschaften und Gärten beschrieben. [...]

Besonders ging er außerdem auf die Literatur des »l'art pour l'art« ein und gab dazu gleich eine klare Einschätzung: Die Literatur dieser Schule war zur Zeit der Bewegung des 4. Mai eindeutig revolutionär, denn damals war es ein Angriff gegen die Auffassung von »alles ist Literatur«. Aber heute würden die Literaten dieser Richtung nicht bloß es nicht einmal wagen, alle möglichen gesellschaftlichen Mißstände zu kritisieren und gegen sie zu protestieren, sondern würden außerdem die neue Literatur unterdrücken. Somit seien sie ebenfalls zu Helfershelfern und Zeitvertreibern geworden.

Anschließend erklärte er, in der heutigen Kunst könnten drei Tendenzen unterschieden werden: Die erste kämpfe gegen die Wirklichkeit, es handle sich um die eben erwähnte Richtung des »l'art pour l'art«, bei der es sich, anders gesagt, um eine Tendenz handle, die sich »Elfenbeintürme« schaffe. Bei der zweiten handle es sich um die Kunst der Kollaborateure, die den Mordtaten der *Guomindang* auch noch Loblieder hinzufüge. Die dritte sei eine negative Literatur, die sich bloß damit aufhalte, zu jammern und zu klagen. Lu Xun gab der Hoffnung Ausdruck, es würden neue Menschen kommen, die eine neue Literatur schüfen, denn wenn es mit der Gesellschaft so weiterginge, seien Reformen unvermeidlich. Die Literatur sollte in enger Tuchfühlung mit dem Leben stehen und das Leben in jeder Hinsicht bereichern, die Erfahrungen aller Menschen beschreiben, zu den Gefühlen aller Menschen untereinander beitragen. Dann erst würde das Leben seinen höchsten Glanz und seine höchste Wahrhaftigkeit erreichen, und es entstünde eine neue Literatur.

Er sagte: Meiner Ansicht nach wird es kein neues Land geben und wird keine neue Literatur das Licht der Welt erblicken, wenn keine wirklichen Opfer gebracht werden und der Untergang nicht zum Ausdruck kommt. [...]

Unsere Literaten müssen nicht in den Geschichtsbüchern verzeichnet werden oder sich einen Namen schaffen, der zehntausend Jahre lang nachhallt, sondern darauf hinarbeiten, die verrottete Literatur umzugestalten, damit sie wertvoll wird. [...]

Schließlich sprach Lu Xun über das Problem der Popularisierung von Kunst.

Er sagte: Die Popularisierung der Kunst ist notwendig und gehört zu unseren völlig neuen Pflichten. Erst wenn die Kunst tatsächlich popularisiert ist, kann eine wirkliche Literatur des chinesischen Proletariats geschaffen werden. Der Schriftsteller muß sich mit den Massen der Arbeiter und Bauern zusammenschließen und die Kunst in ihren Dienst stellen.

Wie soll nun letztlich die Kunst den Massen der Arbeiter und Bauern dienen und wie soll sie ihnen Ausdruck verleihen? Lu Xun sagte: In unserer gegenwärtigen Gesellschaft mit ungleichen Bildungschancen gibt es alle möglichen verschiedenartigen Formen von Kunst, je nach dem Stand der Leserbedürfnisse. Es sollte viel mehr Schriftsteller geben, die sich nicht nur die Vorstellungen der Massen zueigen machen, sondern auch keine Mühe scheuen, klare und leicht begreifliche Werke zu schreiben, die von allen verstanden und gerne gelesen werden, um ihnen einige veraltete Vorstellungen auszutreiben. Der Schriftsteller muß mit den Ideen der Massen von Arbeiter und Bauern eins werden, und darüber hinaus deren Leben und Kampf getreulich zum Ausdruck bringen, damit er ihren Bedürfnissen entsprechen kann. Die Massen der Arbeiter und Bauern müssen zum Schreiben angeleitet werden und dürfen unter keinen Umständen eine Ausbildung in klassischer Literatur erhalten, und zwar muß darauf so viel Sorgfalt verwendet werden wie bei den [traditionellen] Literaten und Beamten, oder wie bei der alten Literatur, die als »niedrig« gilt, aber nicht von deren unheilbaren Mängeln verseucht ist, damit sie in der Lage sind, lebensvolle und wirklich neuartige literarische Werke zu schreiben. [...]

Wir hoffen, daß viele solcher vitalen und völlig neuen Schriftsteller heranwachsen! Doch China hat seit jeher unter den Beschränkungen durch seine schwierige Schrift und seine schwierige Sprache gelitten, die es von modernen Ideen isolierten. Wer will, daß die chinesische Kultur insgesamt vorankommt, der sollte eine Sprache und Schrift für die Massen fördern, damit Literatur und Kunst popularisiert werden können.

A — *Guomindang* (»Volkspartei«) war die aus dem antimonarchischen »Revolutionsbund« hervorgegangene Partei, die im März des Jahres 1927 in Südchina in einem Putsch die Macht an sich gerissen hatte und die Mitglieder der KP, ihres früheren Koalitionspartners, in einer als »weißer Terror« bekannt gewordenen systematischen Bewegung blutig verfolgte

Q — Zhou Junyuan 周俊元 »Wenxue, xiezuo, wenyi dazhonghua — ji liushisan nian qian Lu Xun de yi ci jiangyan« 文學・寫作・文藝大眾化—記六十三年前魯迅的一次講演 in: *Lu Xun yanjiu yuekan* 魯迅研究月刊 Nr. 100 (8/1990), S. 61-2

L — *Lu Xun zai Shanghai* 魯迅在上海 [Lu Xun in Shanghai], Bd. 1: Hg. Sun Shenzhi 孫慎之 Bd. 2: Hg. Gong Jimin 龔濟民 Bd. 3: Hg. Yu Changhai 禹長海 Liaocheng/Shandong: Shandong shifan xueyuan Liaocheng fenyuan 1980 ¶ *Lu Xun zai Shanghai — huodong jiuzhi tuji* 活動舊址圖集 [Lu Xun in Shanghai — Ein Bildband zu den Orten seiner Aktivitäten], Hg. Shanghai Lu Xun jinianguan, Shanghai: Jiaoyu chubanshe 8.1981

1927 · 12 · 3	Zhonghua minguo 16	Zusammen mit Mai Ke'ang [Guo Moruo] u.a. unterzeichnet er eine Ankündigung, daß die *Chuangzao zhoubao* [Wochenschrift »Schöpfung«] als Beilage zur Tageszeitung *Shishi xinbao* wieder erscheinen wird.
1927 · 12 · 17		In Peking werden Redaktion und Verlag der Wochenschrift *Yusi* durch die Militäradministration in Nordchina geschlossen. Verlag und Redaktion ziehen nach Shanghai um , LX ist bis November 1928 Chefredakteur.
1927 · 12 · 17		Essay »Zai Zhonglou shang (Yeji zhi er)« [Im Haus zur Glocke (Zweite nächtliche Aufzeichnung)] erschienen.
1927 · 12 · 18		Wird auf Einladung von Cai Yuanpei zum Korrespondierenden Mitglied der Akademie der Nationalregierung (*Guomin zhengfu daxueyuan teyue zhuanshuyuan*, später *Academia Sinica*) gewählt.
1927 · 12 · 21		Hält an Ji'nan-Universität den Vortrag »Wenyi yu zhengzhi de qitu« [Irrwege von Kunst und Politik].
1927 · 12 · 23		Miszelle »Wenxue he chuhan« [Literatur und Schweiß; dt. in: *Einsturz*, S. 90-1].
1928 · 2 · 11	Zhonghua minguo 17	Schließt Übersetzung von »Über die Strömungen der Gegenwartskunst« von Itagaki Takaho (1894–1966) ab, erscheint 1929 in Shanghai, Verlag Beixin shuju.
1928 · 2 · 23		Schreibt kunsttheoretischen Aufsatz »"Zuiyan zhong" de menglong« [Wahn in »glasigen Augen«].
1928 · 4 · 3		Schließt Übers. »Denken, Landschaft, Menschen« von Tsurumi Yuseke (20 Kap.) ab, begonnen im April 1925, erscheint im Mai 1928 in Shanghai, Beixin shuju.
1928 · 4 · 4		»Wenyi yu geming« [Literatur und Revolution; dt. in: *Einsturz*, S. 99–101].

Shanghai

1928 · 4 · 10		Essay »Changong daguan« [Die Ausrottung der Roten — ein großartiges Schauspiel; dt. in: *Einsturz*, S. 102–3].
1928 · 4 · 20		Essay »Wo de taidu qiliang he nianji« [Meine Nachsicht und ihr Zusammenhang mit meinem Alter].
1928 · 6 · 20		Gründet zusammen mit Yu Dafu die Monatszeitschrift *Benliu* [Reißende Flut].
1928 · 9 · 9		Zieht in Jingyunli von Nr. 23 zum Haus Nr. 18.
1928 · 10		Sammlung von Miszellen *Er yi ji* [Und sonst nichts] ersch. in Shanghai bei Beixin shuju.
1928 · 12 · 6		Gründet zusammen mit Rou Shi, Cui Zhenwu (1902–37, aus Qinxian/Zhejiang), Wang Fangren (1904–64, aus Zhenhai/Zhejiang), Xu Guangping u.a. die nach dem eigenen Reminiszenzen-Band benannte Wochenschrift *Zhaohua* [Morgenblüten], die von der gleichnamigen literarischen Vereinigung Zhaohuashe herausgegeben wird. Die literarische Vereinigung gibt eine Graphikreihe *Yiyuan Zhaohua* und die Reihe »Moderne Erzählungen aus aller Welt« (*Jindai shijie duanpian xiaoshuo ji*) heraus.
1929 · 1 · 20	Zhonghua minguo 18	Schreibt Einleitung zu *Jindai muke xuanji (1)* [Ausgewählte moderne Holzschnitte, 1], ersch. im gleichen Monat beim Verlag der Zhaohuashe.
1929 · 1 · 24	Zhonghua minguo 18	Schreibt Einleitung zu *Lugu Hong'er huaxuan* [Ausgewählte Zeichnungen von Fukiya Kôji (1898–1979)], einem japanischen Graphiker, im gleichen Monat in Shanghai beim Verlag Zhaohuashe erschienen.
1929 · 2 · 14		Schließt Übers. der »Probleme der neuen Gegenwartsliteratur« (1926) von Katagami Shin ab und schreibt Einleitung dazu. Erscheint im April in Shanghai beim Verlag Dajiang shupu in der Reihe »Wenyi lilun xiao congshu« [Kleine Reihe zur Kunst- und Literaturtheorie].
1929 · 2 · 21		Zieht von Jingyunli Nr. 18 um ins Haus Nr. 17.

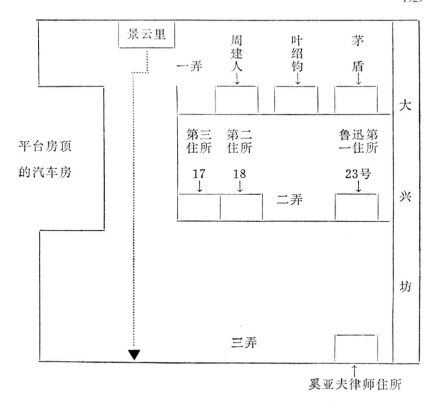

Lageplan von Jingyunli in Shanghai

Text S. 321

Dokument B032

Lageplan von Jingyunli in Shanghai
Abbildung S. 319

Als Lu Xun 1927 zusammen mit Xu Guangping von Guangzhou nach Shanghai zog, war er nicht nur literarisch längst kein Unbekannter mehr, sondern konnte sich auch auf ein stabiles soziales Umfeld stützen, das überdies ein vitales Interesse hatte, seine parteipolitisch noch nicht festgelegten Überzeugungen zu konsolidieren. Stellvertretend dafür mag die unmittelbare Nachbarschaft im Geviert von Jingyunli (»Quartier zum Anblick der Wolke«) stehen, in der sich erhebliches intellektuelles Kapital konzentrierte, der auch Schlüsselpositionen in der Publizistik entsprachen: Gegenüber der Nr. 23, wo Xu Guangping und Lu Xun bis zum 9.9.1928 wohnten, lebten jeweils mit ihren Familien der spätere Romancier und vor allem als Herausgeber von Xiaoshuo yuebao (»Short Story Monthly«) einflußreiche Kritiker Mao Dun (1896–1981), neben ihm der Schriftsteller Ye Shaojun (d.i. Ye Shengtao, 1894–1988, aus Suzhou/Jiangsu), der bis 1930 als Lektor für Literatur im Großverlag Shangwu yinshuguan (»Commercial Press«) arbeitete, und schließlich gegenüber der Nr. 18 Zhou Jianren, der jüngste Bruder von Lu Xun, als Lektor für Naturwissenschaften ebenfalls Angestellter von »Commercial Press«. Zudem zog im Februar 1929 der Literaturkritiker Feng Xuefeng (1903–76, aus Yiwu/Zhejiang) mit seiner Familie im Haushalt von Mao Dun ein. Damit wohnte jemand Lu Xun gegenüber, der ab 1930 als verantwortlicher KP-Politfunktionär in der Liga Linker Schriftsteller eine Schlüsselrolle als Vertrauter von Lu Xun spielen sollte. Im Plan links befand sich eine Garage mit Autowerkstatt, während rechts unten die Wohnung des Anwalts eingezeichnet ist, der für Lu Xun im gleichen Jahr 1929 beim Verlag Beixin shuju ausstehende Honorare und Tantiemen eintrieb. — Im Lageplan liegt Norden rechts.

Q — Li Helin 李何林 u.a. (Hg.): Lu Xun nianpu 鲁迅年谱 Beijing: Renmin wenxue chubanshe 1981–84, Bd. 3, S. 6

1929 · 3 · 10	Zhonghua minguo 18	Schreibt Einleitung zu Jindai muke xuanji (Teil 2), erscheint im April in Shanghai beim Verlag Zhaohuashe.
1929 · 4 · 20		Schreibt Einleitung zu Biyacilai huaxuan [Ausgewählte Bilder von Aubrey Beardsley (1872–98)], erscheint im April im gleichen Verlag.
1929 · 4 · 20		Schreibt Einleitung zu Bi xia yicong [Gesammelte Übersetzungen von unterhalb der Mauer], in der in den Jahren 1924 bis 1928 gefertigte Übers. von kunsttheo-

	retischen und -kritischen Texten von Kuriyagawa Hakuson u.a. enthalten sind, erscheint im April.
1929 · 4 · 22	Beendet Übers. »Über Kunst« von A. Lunačarskij (1875 bis 1933) und schreibt Einleitung dazu, erscheint als *Yishu lun* im Juni in Shanghai beim Verlag Dajiang shupu in der Reihe »Yishu lilun congshu«.
1929 · 4 · 26	Schreibt Einleitung zu *Jindai shijie duanpian xiaoshuo ji* [Moderne Erzählungen aus aller Welt] mit Übers. von LX, Rou Shi u.a., 2 Bde., die im April und September beim Verlag Zhaohua she erscheinen.
1929 · 5 · 13	Reist von Shanghai ab zu Besuchen in Nordchina.
1929 · 5 · 15	Kommt in Beiping (Name von Peking 1927–1949, »Nördlicher Friede« statt »Nördliche Hauptstadt«) an.
1929 · 5 · 20	Vortrag über »Überblick über neue Literatur der Moderne und der Gegenwart« (»Xian jin de xin wenxue de gaiguan«) an der Yanjing-Universität in Beiping.
1929 · 5 · 29 / 6 · 2	Hält Vorträge am Zweiten Institut der Universität Peking sowie an der Ersten und Zweiten Lehrerbildungsanstalt der Universität Beiping, Themen unbekannt.
1929 · 6 · 3	Reist wieder ab.
1929 · 6 · 5	Kommt in Shanghai an.
1929 · 6	Reihe »Kexue de yishulun congshu« [Wissenschaftliche Kunsttheorie] mit marxistischen Texten beginnt zu erscheinen, wobei LX Mitherausgeber ist.
1929 · 7 · 28 Zhonghua minguo 18	Einleitung zu *Xiaoxiao shi nian* [Zehn Jahre meiner frühen Kindheit], einem autobiographischen Roman von Ye Yongzhen (1908–76, aus Leqing/Zhejiang).
1929 · 8 · 16	Schließt Übers. »Kunst und Kritik« von Lunačarskij ab, schreibt dazu »Anmerkung des Übersetzers«, erscheint als *Wenyi yu piping* im Oktober 1929 in Shanghai beim Verlag Shuimo shudian in der Reihe »Kexue de yishulun congshu«.
1929 · 8 · 20	Schreibt Einleitung zu *Er yue* [Februar] von Rou Shi (1902–31, aus Ninghai/Zhejiang), dt. Übers. Ingrid Rudolph, Peking: Verlag für Fremdsprachige Literatur 1982.
1929 · 9 · 8	Schließt Redaktionsarbeiten an *Was Peterchens Freunde erzählen* von Hermynia Zur Mühlen ab, mit dem Pseudo-

ı

nym Xu Xia übers. von Xu Guangping und als *Xiao
Bide*, erscheint im November 1929 in Shanghai beim
Verlag Chunchao shuju.

1929 · 9 · 8 Dokument T010

Hermynia Zur Mühlen: Was Peterchens Freunde erzählen

*Die österreichische Schriftstellerin, Übersetzerin und Jugendbuchautorin Hermynia
Zur Mühlen (1883–1951) kann als Begründerin einer »proletarischen Kinder-
literatur« gelten. Nach einer Ausbildung zur Volksschullehrerin und der Ehe mit
einem baltischen Gutsbesitzer zog sie 1919 nach Deutschland, wo sie mit einem
ungarischen Übersetzer zusammen lebte. Zu ihrem umfangreichen Werk gehören
neben Beiträgen für die KPD-Zeitung* Rote Fahne *auch Übersetzungen von Leonid
Andreev (1871–1919) und nicht weniger als 21 der sozialkritischen Romane von
Upton Sinclair (1878–1968), die alle in enger Zusammenarbeit mit ihren Autoren
und zum Teil auf Grundlage der Manuskripte entstanden sind, sowie ein eigener
Roman* Nora *hat eine famose Idee (1933). Eine Reihe dieser Texte hat Lu Xun
nachweislich gekannt, doch ist er als Liebhaber der Graphik von George Grosz (vgl.
Dok. B015 und B016) möglicherweise auch aufgrund von dessen Illustrationen auf
das Kinderbuch aufmerksam geworden. Jedenfalls berichtet Lu Xun in seinem Vorwort
zur chinesischen Ausgabe, zu welcher er auch einen barock anmutenden Titel
gestaltete, er habe die japanische Übersetzung von* Was Peterchens Freunde
erzählen *aus dem Jahre 1927 durch Hayashi Fusao (1903–75) »der Übersetzerin
gegeben, damit sie Japanisch lerne« und »bei der Redaktion vieles neu übersetzt und
geändert, um den Text etwas flüssiger zu gestalten«. Die Übersetzerin war niemand
anderes als seine Lebensgefährtin Xu Guangping (1898–1968) und der lebens-
geschichtliche Zusammenhang offensichtlich der, daß sie mit dem gemeinsamen
Sohn Zhou Haiying hochschwanger war, der Ende des Monats September zur Welt
kam. Wie in ihren übrigen Kinderbüchern (wie etwa* Ali, der Teppichweber,
1923, oder Es war einmal … und es wird sein, *1930) bedient sich Hermynia Zur
Mühlen auch in* Was Peterchens Freunde erzählen *von 1921 der Form des
Kunstmärchens. In diesem Falle läßt sie verschiedene Gegenstände sprechen, die
den kranken Jungen »Peterchen« umgeben, die Kohle, die Streichholzschachtel, die
Flasche, die Bettdecke, der Eisentopf und das Schneeglöckchen. Es folgen Abschnitte
aus dem vierten Kapitel.*

Was die Bettdecke erzählt

Der Samstagabend hatte dem kleinen Peter eine große Freude gebracht.
Schon lange fror er furchtbar unter der fadenscheinigen Decke, die eigentlich

nur mehr aus gestopften Löchern bestand und durch deren dünne Haut die Kälte ihre spitzen Nadeln steckte und ihn ins Fleisch stach. Seit Monaten sprachen er und die Mutter von einer neuen Decke, und jede Woche wurde vom Lohn etwas in eine alte Pappschachtel gelegt. Wenn die Schachtel voll ist, wird der kleine Knabe eine neue Bettdecke bekommen.

Am Samstagmorgen, da Peter noch mit dem Schlaf kämpfte, sagte die Mutter mit geheimnisvollem Lächeln:»Heute abend gibt es eine Überraschung!« und ihr müdes Gesicht sah ganz froh und glücklich aus. [...]

Und als dann die Mutter das Paket öffnete und eine herrliche neue Decke auf das Bett legte, kannte seine Freude keine Grenzen. Die Decke war aber auch wunderschön! Auf einem grellgrünen Grund prangten hellrote Rosen und tiefblaue Vergißmeinnicht, es war, als blickte man im Sommer in einen großen Garten. Und wie fest und dicht war der Stoff! Nun mag die Kälte tun, was sie will, durch diese Decke dringen ihre Nadeln nicht. Der kleine Knabe streichelte liebkosend die herrliche Decke, und die Mutter war so glücklich über seine Freude, daß sie vollkommen ihre Müdigkeit vergaß. [...]

Der kleine Peter schaute sich in dem kahlen Zimmer um und erschrak ein wenig. Es gab gar wenig Dinge mehr, die noch etwas erzählen konnten. [...]

Der kleine Knabe lag mäuschenstill, hoffte noch immer, einer der Gegenstände werde dennoch zu reden anfangen.

Plötzlich kam es ihm vor, als seufze jemand in nächster Nähe. Er blickte auf das Bett und sah, daß die neue Decke sich hob und senkte, dabei seufzte sie so tief und kläglich, daß den kleinen Peter Mitleid ankam.

»Warum bist du so traurig?« fragte er und fuhr liebkosend mit der Hand über die betrübte Decke. »Du bist doch so schön, so herrliche Blumen blühen auf dir, du hast so bunte Farben, wie kann man da so traurig sein?«

Die Decke schüttelte sich, als ob sie von großem Ekel erfaßt würde; stöhnte: »Ach, ach, sprich nicht von meinen bunten Farben, die sind es ja gerade, die mich so traurig machen. Ich habe ein weiches Herz, kann nicht vergessen, an wie viel Leiden ich die Schuld trage. Ach, ach, ach!«

Der kleine Knabe wurde neugierig. Was konnte die Decke gesehen haben, das ihr so viel Kummer bereite? Er fragte sie danach.

»Ach, ach«, jammerte die Decke. »Ich bin ein schlechtes Geschöpf, habe Menschen Krankheit, ja vielleicht sogar den Tod gebracht. Und ich kann doch gar nichts dafür.«

Und wieder seufzte sie tief und kläglich.

Da mischte sich die dicke Flasche ins Gespräch.

»Jammre nicht so viel«, meinte sie gutmütig. »Erzähle uns lieber, was dich bedrückt, vielleicht wird dir dann leichter ums Herz werden. Du siehst so weich und freundlich aus, daß ich gar nicht glauben kann, Du habest Böses getan.«

Die Decke seufzte so tief, daß ein Windhauch durch die ganze Stube zog, und erwiderte:

»Diese blauen und roten Blumen, dieser grüne Grund sind Mörder, haben Menschengesundheit und Menschenleben auf dem Gewissen. In einem großen Raum arbeiten viele Männer und Frauen. Hier werden die Farben erzeugt, die mir meine Schönheit verleihen. Ich will dir den genauen Vorgang nicht erzählen, könnte es auch gar nicht; wer vermag genau seine Geburt zu schildern, da er noch halb betäubt zum erstenmal die Augen öffnet? Ich weiß bloß, daß von unserem Bett Dämpfe aufstiegen, starke, übelriechende, gasige Dämpfe.«

»Anilindämpfe«, murmelte eine der Kohlen, die seit vielen Tage völlig geschwiegen hatte.

Die Decke nickte, erfreut, jemanden zu finden, der etwas von ihr wußte.

»Ja, und die Farben werden Anilinfarben genannt«, erwiderte sie. »Also stellt euch vor, was wir bei unserem ersten Erwachen erblicken: blasse Menschengesichter, tränende, gerötete Augen, die schlecht zu sehen scheinen, Mädchen, die die Hand an den schmerzenden Kopf pressen. Bisweilen wird einer der arbeitenden Menschen kreideweiß, seine Lippen färben sich blau, er schwankt, stürzt zu Boden, als wäre er tot. O, wie bin ich erschrocken, als ich dies das erstemal sah! Ich erkundigte mich bei meinen Nachbarinnen, was dem armen Menschen fehle, und sie erzählten, der böse Dampf, der von den Farben ausströmt, vergiftet die Arbeiter, macht sie krank, und ...«

»Weshalb läßt man nicht frische Luft in den Raum?« unterbrach die Streichholzschachtel die Erzählung der Decke. »Die gute frische Luft ist die beste Freundin aller Geschöpfe, sie heilt Krankheiten und verhindert sie. Das wissen die Menschen doch auch, warum sorgen sie nicht dafür, daß frische Luft in den Raum dringt und die bösen Dämpfe tötet?«

»Das habe ich damals auch gefragt«, entgegnete die Decke, »und eine der Mauern des Raumes hat mir die Antwort gegeben. Sie sagte, wenn Fabriken und Werke gebaut werden, so denkt der Besitzer dieser Bauten nur an eines: alles soll so billig wie möglich sein. Nun ist es scheinbar billiger, wenn in einem Raum weniger Fenster und weniger Lüftvorrichtungen sind, und so werden diese eben nicht angebracht. Der Fabrikbesitzer steht ja nicht stundenlang in dem schwülen Raum und atmet die giftigen Dämpfe ein, und ob es den Arbeitern schadet oder nicht, ist ihm einerlei.«

»Wer baut die Fabriken?« fragte die Streichholzschachtel.

»Arbeiter«, antwortete die Decke. »Warum willst du das wissen?«

»Und diese Arbeiter wissen, daß ihre Arbeiterbrüder, wenn zu wenig Fenster und Lüftvorrichtungen angebracht werden, erkranken, vielleicht sogar sterben?«

»Wahrscheinlich wissen sie es.«

»Und sie weigern sich nicht, solche Räume zu bauen?« Wie dumm und seltsam sind doch die Menschen!« rief empört eine der Kohlen.

»Ich weiß nicht …«, stotterte die Decke, aber die dicke Flasche sprach feierlich: »An alldem ist das System schuld.«

»Ich verstehe dieses Wort nicht«, meinte die Decke, »bin nicht so gebildet wie du. Weiß nur, daß mir immerfort das Herz weh tut, wenn ich an die blassen Gesichter und kranken Augen denke, daß ich mir wie eine Verbrecherin vorkomme, weil ich an dem Leiden so vieler Menschen die Schuld trage.«

»Du kannst nichts dafür!« rief die Streichholzschachtel tröstend, und das Glas erhob zum erstenmal seine Stimme und kreischte: »Sonst wären wir ja alle Verbrecher, an allen Gegenständen, die der Mensch braucht, haftet Elend und Schmerz eines anderen Menschen.«

Nun sprachen sie bereits alle durcheinander. Am lautesten aber schrie die kleinste Kohle; mit ihrer piepsenden Stimme rief sie: »Ich weiß einen Ausweg! Ich weiß einen Ausweg! Man muß die Fabrikbesitzer zwingen, viele Monate lang in den Räumen zu arbeiten, in denen sie ihre Arbeiter einkerkern. Ihr werdet sehen, daß sie dann Fenster anbringen lassen werden.«

Alle lachten, bloß die Streichholzschachtel bemerkte ernst: »Auch das wird geschehen, sobald die Menschen zu Verstand gekommen sind.« […]

»Wann?« brummte eine der Kohlen düster. »Wer kann das wissen? Seit Hunderten von Jahren lassen sich die Menschen unterdrücken und knechten, wehren sich kaum. Und was können sie tun? Die Herren sind stark und mächtig.«

»Ich will euch eine Geschichte erzählen«, sagte die Streichholzschachtel. »Aus der könnten die Menschen manches lernen. Da ich noch ein großer Baum war, lebte auf einem meiner Äste ein Vogelpaar. Es waren liebe, brave Leute, fleißig und freundlich. Im Sommer legte die kleine Vogelfrau schöne bunte Eierchen, saß brütend auf ihnen und freute sich schon auf die Kleinen, die herauskriechen würden. Dann kamen die Vogelkinder, winzig und nackt, mit großen, immer hungrigen Schnäbeln. Vater und Mutter hatten den ganzen Tag zu tun, um die nötige Nahrung herbeizuschaffen.

Nun wohnte aber eine Strecke entfernt ein böser Raubvogel, der behauptete, er sei der König des Waldes und alle kleinen Vögel seien seine Knechte. Der kam eines Tages angeflogen und fand in dem Nest auf meinem Ast bloß die Kinder allein zuhause. Mit seinen häßlichen Krallen riß er eines der Kinder aus dem Nest und trug es fort. Großer Jammer herrschte im Vogelheim, die kleine Vogelfrau weinte und jammerte und wagte kaum mehr das Nest zu verlassen. Wie die Kohle, so sagte auch sie:»Was können wir tun? Der Raubvogel ist mächtig und stark, hat einen furchtbaren Schnabel und spitze Krallen, wir aber sind klein und hilflos.«

Das Vogelmännchen aber war ein kluger Kopf. Es flog von einem Nest zum andern, erzählte in allen Vogelheimen, was ihnen widerfahren war und daß, solange der Raubvogel herrsche, allen das gleiche geschehen könne. Von Nest zu Nest flog er im ganzen Wald, tagelang, bis er ein Heer gesammelt hatte. Und als der Raubvogel wieder zum Nest kam, stürzten unzählige kleine Vögel über ihn. Er versuchte sich zu wehren, aber immer mehr und mehr kleine Vögel kamen geflogen, hieben mit ihren spitzen Schnäbeln auf ihn ein, hackten nach seinen Augen. Schließlich fiel er tot zu Boden.

Von da an gab es in unserm Wald keinen König mehr, die andern Raubvögel, die die Geschichte erfuhren, hüteten sich, in die gefährliche Gegend zu kommen. Was ein kleiner Vogel nie vermocht hätte, hatten Hunderte von kleinen Vögeln, die zusammenhielten, vollbracht.«

»Das ist eine schöne Geschichte«, sagte die Flasche.»Schade, daß die erwachsenen Menschen deine Sprache nicht verstehen, sie könnten viel von dir lernen.«

Die Streichholzschachtel tat einen kleinen Sprung; das machte sie immer, wenn sie guter Laune war.

»Ich bin ein großer Baum gewesen, wer kann die Schachteln zählen, die aus mir verfertigt worden sind? Und alle Schachteln werden den Kindern, mit denen sie zusammen sind, diese Geschichte erzählen. In wenigen Jahren werden diese Kinder groß sein und sie werden klüger sein, als die Alten, werden wissen, wie man es anpackt, um sein Recht zu erlangen.«

Alle nickten froh, und sogar die traurige Decke hörte zu seufzen auf.

Q — Zur Mühlen, Hermynia: *Was Peterchens Freunde erzählen. Märchen,* Zeichnungen George Grosz, Berlin: Malik 1921, [2]1924, Nachdr. Leipzig: Edition Leipzig 1979; chin. *Xiao Bide* 小彼德 Übers. Xu Xia 許遐 [Xu Guangping 許廣平], Shanghai: Chunchao shuju 11.1929

L — Zur Mühlen, Hermynia: *Was Peterchens Freunde erzählen,* Ill. Heinrich Vogeler, Wien: Globus 1946 ¶ Altner, Manfred: *Hermynia Zur Mühlen. Eine Biographie,* Bern: Peter Lang 1997

Pío Baroja: Nacht der Ärzte

Die folgende kurze Erzählung aus der Sammlung »Baskische Idyllen« des baskischen Schriftstellers Pío Baroja y Nessi (1872–1956) wurde von Lu Xun 1929 nach der japanischen Version von Kasai Shizuo (1895–?) ins Chinesische übertragen und zusammen mit den Erzählungen aus Vidas sombrías zunächst einzeln in verschiedenen Zeitschriften veröffentlicht und dann zum Sammelband »Hirtengesänge eines Bergvolks« (Shanmin muchang, 1929) vereinigt. Mit dem anarchischen und rebellischen Baroja, verbinden Lu Xun verschiedene Züge: Häufig sind seine Texte in einem fast archaischen ländlichen Milieu angesiedelt. Deren Figuren treten nur vorübergehend aus ihrem einsamen Existenzkampf heraus mit anderen in Verbindung — Begegnungen, die nüchtern und in groben Strichen skizziert werden. Darüber hinaus erscheint in der hier übersetzten Erzählung der ärztliche Beruf als Vermittler schlechthin zwischen den existentiellen Polen von Geburt und Tod. Hinzu kommt, daß die Lebensgefährtin von Lu Xun, Xu Guangping, im neunten Monat schwanger war und Lu Xun Ende des gleichen Monats September, in dem er die Erzählung übersetzt hatte, Vater wurde. In der Biographie von Baroja, den er neben Vicente Blasco Ibáñez (1867–1928) als bedeutendsten zeitgenössischen spanischen Autor vorstellt, mag Lu Xun weitere Identifikationsmöglichkeiten gefunden haben: Er streicht die freiwillige Außenseiterrolle heraus, als Baroja seinen Arztberuf aufgab und in Madrid eine Bäckerei eröffnete, ebenso das enge Verhältnis zu seinem Bruder Ricardo Baroja (1871–1953), der auch als Maler bekannt geworden sei. Zweifellos hätte Lu Xun die verächtliche und zugleich treffende Charakterisierung von Baroja als »Homer des Pöbels« (Ortega y Gasset) auch auf sich angewandt wissen wollen.

Ich weiß nicht, warum sich mir die Erinnerung an jene Nacht so sehr eingeprägt hat. Der Arzt eines Nachbarortes ließ mich rufen, um ihm bei einer Operation zu helfen. Ich erhielt seine Nachricht am Abend, an einem traurigen und dunklen Herbstabend.

Die schweren Wolken lösten sich langsam in einen unaufhörlichen Regen auf, der Kristalltränen auf den entblätterten Ästen der Bäume hinterließ. Die Häuser des Dörfchens mit ihren schwarzgewordenen Mauern schienen im Nebel zu wachsen. Wenn die heftigen Windböen den Regen wegtrieben, sah man, als ob sich ein Vorhang öffnen würde, wie die Häuser des Dörfchens, die in kleinen Gruppen zusammenstanden und aus deren Schornsteinen der Rauch langsam aufstieg, sich in dem Grau verloren, das alles einhüllte.

Der Bauer, der gekommen war, um mich zu rufen, ging voran, und wir begannen unseren Weg durch die Berge. Ich ritt ein altes Pferd, das jeden Augenblick zu straucheln drohte. An einigen Stellen verengte sich der Weg zu einem abschüssigen Pfad, manchmal endete er auf Wiesen, die von blaßgelben Kräutern bedeckt waren und die nur die purpurschimmernden Glocken der Fingerhüte schmückten.

Unser Weg schlängelte sich auf und nieder beim Durchqueren einer Hügelkette, die wie gigantische Wellen am Ufer eines Berges aussah, Hügel, die vielleicht einst Wellen waren in einer Zeit, als die junge Erde noch eine flüssige Masse war, einem kosmischen Nebel entsprungen.

Es wurde Nacht und wir setzten unseren Weg fort. Mein Führer zündete eine Laterne an. Manchmal durchbrach ein Lied die Stille, gesungen von einem Bauern, der Futter für seine Kühe schnitt.

Wir kamen an den ersten Gehöften vorbei. Das Dorf war nah. Man sah es von weitem auf einer Anhöhe, und wie ein Lebenszeichen seiner Bewohner leuchteten zwei oder drei helle Punkte in der dunklen Häusermasse.

Wir erreichten das Dorf und durchquerten es, das Haus war weiter entfernt, in einer Biegung des Pfades. Es war unter alten Steineichen, unter beleibten Stieleichen und Buchen mit riesenhaften Armen und silbriger Rinde verborgen und schien sich den Blicken entziehen zu wollen, sich vom Weg wegzuneigen, um seine Armut zu verbergen.

Ich betrat die Küche des Bauernhauses, eine alte Frau schaukelte ein Kind in der Wiege. »Der andere Arzt ist oben«, sagte sie zu mir. Über eine Stiege gelangte ich ins andere Stockwerk. Aus einem Zimmer, dessen Tür zum Getreidespeicher führte, hörte man ein heiseres, verzweifeltes Wehklagen, die Worte »Ach, mein Kind!«, heftig ausgestoßen oder leise, seufzend, aber sie wiederholten sich immer wieder.

Ich klopfte und der andere Arzt, mein Kollege, öffnete mir die Tür. An der Decke des Zimmers hingen zu Strängen geflochtene Maiskolben und an den mit Kalk geweißten Wänden zwei Heiligenbilder, eines zeigte Christus, das andere die Jungfrau. Ein Mann, der auf einer Truhe saß, weinte leise vor sich hin; im Bett klammerte sich eine Frau mit todbleichem Gesicht, die nur noch stöhnen konnte, an ihre Mutter.

Durch die Fensterritzen drang der Wind ungehindert in das Zimmer ein, und in der Nachtstille hallte das kraftvolle Brüllen der Ochsen wider.

Mein Kollege erklärte mir den Fall, und in einem Winkel des Zimmers berieten wir uns ernst und aufrichtig, gaben unsere Unwissenheit zu und dachten nur daran, die Kranke zu retten.

Wir trafen unsere Vorbereitungen und richteten die Kranke für die Operation her. Die Mutter flüchtete angsterfüllt.

Ich wärmte die Geburtszange in heißem Wasser an und reichte sie meinem Kollegen, er konnte einen Arm des Instrumentes leicht einführen, danach auch den anderen, viel schwieriger, dann schloß er die Zange. Die Gebärende brüllte vor Schmerz und Wut, stöhnte, knirschte mit den Zähnen, mein Kollege machte eine zitternde, nervöse Anstrengung, seine Stirn war von Schweißperlen bedeckt, dann herrschte einen Augenblick völlige Stille, bis ein durchdringender Schrei die Stille brach.

Das Martyrium war zu Ende, die Frau war Mutter, und sie fragte mit trauriger Stimme, alle Schmerzen vergessend: »Ist es tot?«

»Nein, es lebt,« antwortete ich. Jenes blutverschmierte Bündel, das ich in meinen Händen hielt, lebte und atmete.

Ein wenig später stieß das Kind einen gellenden Schrei aus.

»Ach, mein Kind«, flüsterte die Mutter, und ihre Freude spiegelte sich in den gleichen Worten wieder, die vorher Ausdruck ihres Schmerzes waren.

Nachdem wir noch lange über die Kranke gewacht hatten, verließen wir Ärzte das Haus. Der Regen hatte aufgehört, die Nacht war feucht und mild, und zwischen schwarzen Wolkenfetzen zeigte sich der Mond, einen nahen Berg mit seinen blassen Strahlen in Dämmerlicht tauchend. Dunkle Gewitterwolken zogen über den Himmel, und der Wind, der durch die Bäume peitschte, rauschte wie das Meer, wenn man es von weitem hört.

Mein Gefährte und ich sprachen über das Leben im Dorf, über Madrid, das uns wie ein weitentfernter Lichtschimmer erschien, über unsere Freude und Traurigkeit. Als wir zur Weggabelung kamen, verabschiedeten wir uns.

»Leb wohl!«, sagte er. »Leb wohl!«, sagte ich, und wir reichten uns die Hand mit der Herzlichkeit zweier enger Freunde, und trennten uns.

Aus dem Spanischen von Susanne Engler

Q — Baroja y Nessi, Pío: »Noche de médico«, in: *Idilios vascos*, 1900; in: *Obras completas*, Madrid: Biblioteca Nueva 1948, Bd. 6, S. 1013–5

L — Li Zhou 黎舟 »Lu Xun yu Baluoha« 魯迅與巴羅哈 [Lu Xun und Baroja], in: *Fujian shida xuebao* 福建師大學報 3/1981 ¶ Yuan Diyong 袁荻涌 »Lu Xun wei shenme yao yijie Baluoha de zuopin?« 魯迅為甚麼要譯介巴羅哈的作品 [Warum wollte Lu Xun mit seiner Übersetzung Werke von Baroja vorstellen?], in: *Lu Xun yanjiu yuekan* 魯迅研究月刊 Nr. 141 (1/1994), S. 48–50

1929 · 9 · 15		Schreibt Vorwort zur chin. Übers. von *Was Peterchens Freunde erzählten*.
1929 · 9 · 27		Sohn Zhou Haiying von Xu Guangping wird geboren.
1929 · 12 · 4		Hält Vortrag über »Lisao yu fan Lisao« [Für und gegen die Begegnung mit dem Leid] an der Ji'nan-Universität, der sich einerseits auf den gleichnamigen Text *Lisao* des frühesten historisch faßbaren chinesischen Dichters Qu Yuan (4. Jh. v.u.Z.) bezieht, andererseits auf aktuelle Literaturdebatten, v.a. mit den Vertretern einer apolitischen Literatur der »Neumondgesellschaft« (*Xinyueshe*).
1929 · 12 · 22		Schreibt Essay »Wo he ″Yusi″ de shizhong« [Meine Zeit mit der »Wortspinnerei«].
1929 · 12		Schreibt Miszellen »Liumang de bianqian« [Die Ganoven am Wendepunkt] und »Xinyue she pipingjia de renwu« [Die Aufgaben der Kritiker von der Neumondgesellschaft].
1930 · 1 · 1	Zhonghua minguo 19	Die erste Nummer der Monatsschrift *Mengya yuekan* [Sprößling] erscheint, hg. zusammen mit Feng Xuefeng (1903–76, aus Yiwu/Zhejiang).

1930 · 1 · 1   Dokument B010

Familienbild mit zwei Paaren und ihren Kleinkindern (Photographie)
Abbildung S. 333

Nachdem Feng Xuefeng schon 1929 zum Nachbarn von Xu Guangping und Lu Xun geworden war, zog er zusammen mit seiner Familie im Mai 1930 ins Kellergeschoß des gleiches Hauses, in das Lu Xun im selben Monat gezogen war. Feng Xuefeng war seit 1926 mit Lu Xun persönlich bekannt und nach literarischen Anfängen als Lyriker publizistisch v.a. als marxistischer Theoretiker und Übersetzer einschlägiger literaturkritischer Werke tätig, neben denen sowjetischer Autoren auch einer als »Literaturkritik« (Wenxue pinglun, Übers. 1929) veröffentlichten Sammlung mit Aufsätzen von Franz Mehring (1846–1919). Von Feng Xuefeng stammen die »Erinnerungen an Lu Xun« (Huiyi Lu Xun, 1952) und eine »Abhandlung über die Sammlung ″Wilde Gräser″« (Lun »Yecao«, 1956), die als offiziös gelten konnten, bevor ihr Verfasser 1957 zum »Rechtsabweichler« abgestempelt und erst posthum rehabilitiert wurde. Die räumliche Nähe des verantwortlichen Sekretärs der KP-Organisation innerhalb der Liga Linker Schriftsteller zum prominenten Liga-Mitglied Lu Xun läßt sich als mehr denn »teilnehmende Beobachtung« werten. Jedenfalls verließ Feng Xuefeng 1933 Shanghai, um Vizedirektor der KP-Parteischule zu werden und später am Langen Marsch teilzunehmen, bevor er in die Stadt zurückkehrte und sich von Lu Xun kurz vor dessen Tod den umstrittenen »Brief an die Trotskisten« diktieren zu lassen. — Die Aufnahme entstand am 20. April 1931 im Photostudio »Heller Frühling« (Yangchunguan) und zeigt vorne links Feng Xuefeng, hinter ihm seine Ehefrau He Aiyu (1910–77, aus Jinhua/Zhejiang) mit der im Oktober 1930 geborenen Tochter Xueming auf dem Schoß, rechts hinten Xu Guangping und vorne Lu Xun mit dem gemeinsamen Sohn Zhou Haiying. Der handschriftliche Vermerk stammt von Lu Xun und bezeichnet Ort und Datum. Der Tagebucheintragung von Lu Xun unter dem betreffenden Datum nach zu schließen, die außer Feng Xuefeng keine Namen nennt, scheint die Photographie des Kernfamilien-Idylls eher auf Betreiben des daran auch politisch höchst interessierten Feng Xuefeng als umgekehrt entstanden zu sein. Unmittelbarer Anlaß war der Abschluß der gemeinsamen Redaktionsarbeiten für die erste Nummer der ebenfalls von der Liga Linker Schriftsteller herausgegebenen Zeitschrift Qianshao (»Vorposten«).

Q — Yangchunguan 陽春館 Photographie 20.4.1931, in: *Lu Xun 1881–1936* 鲁迅 Beijing: Wenwu chubanshe 1981, Nr. 71

L — Bao Ziyan 包子衍 *Xuefeng nianpu* 雪峰年譜 [Chronik des Lebens von [Feng] Xuefeng], Shanghai: Wenyi chubanshe 1985 (= Zhongguo xiandai wenxue shi ziliao congshu. Jia zhong)

1930 · 1 · 16	Zhonghua minguo 19	Schließt Übers. der Abhandlung »Film und Bourgeoisie« von Iwasaki Akira (1903–81) ab und fügt dazu eine »Anmerkung des Übersetzers« bei.
1930 · 1 · 24		Schreibt den theoretischen Aufsatz »"Ying yi" yu "wenxue de jiejixing"« [»Hart übersetzen« und der »Klassencharakter von Literatur«].
1930 · 2 · 8		Aufsatz »Wenyi de dazhonghua« [Die massenhafte Verbreitung von Literatur und Kunst] und »"Wenyi yanjiu" liyan« [Geleitwort zur Zeitschrift »Studien zu Literatur und Kunst«]. LX ist Chefredakteur von *Wenyi yanjiu*, einzige Nummer erscheint im Mai 1930 beim Verlag Dajiang shupu in Shanghai.
1930 · 2 · 13		Nimmt als einer der Initianten an der Gründungsversammlung zur Großen Liga für die Befreiung Chinas (*Zhongguo ziyou yundong datongmeng*) teil.

Familienbild mit zwei Paaren und ihren Kleinkindern (Photographie)
Text S. 331

1930 · 2 · 16	Zhonghua minguo 19	Entwickelt zusammen mit Xia Yan (1900–95, aus Hangxian/Zhejiang), Feng Naichao (1901–83, aus Nanhai/Guangdong), Feng Xuefeng u.a. den Plan zur Gründung der Liga Linker Schriftsteller *(Zhongguo zuoyi zuojia lianmeng)*.
1930 · 2 · 22		Essay »Zhang Ziping shi de "Xiaoshuo xue"« [Die »Theorie des Romans« von Zhang Ziping (1893–1953, aus Meixian/Guangdong)].
1930 · 2 · 25		Einleitung zu *Xin E huaxuan* [Ausgewählte Bilder aus dem neuen Rußland], hg. von LX, erschienen in Shanghai beim Verlag Guanghua shuju.
1930 · 2 / 3		Hält vier Vorträge an der Kunsthochschule von China *(Zhonghua yishu daxue)*, an der Daxia-Universität und am Chinesischen Zweiginstitut für Sozialkunde *(Zhongguo gongxue fenyuan)* über »Huihua manlun« [Eine Plauderei über das Malen], »Meishu shang de xianshizhuyi wenti« [Das Problem des Realismus in den bildenden Künsten], »Xiangyata yu woniulu« [Elfenbeinturm und Schneckenhaus] und »Mei de renshi« [Erkenntnis des Schönen], Vortragsmanuskripte verloren.
1930 · 3 · 1		Essay »Feigeming de jijin geming lunzhe« [Unrevolutionäres Eifern für die Revolution; dt. in: *Einsturz*, S. 113–5].
1930 · 3 · 2		Nimmt an der Gründungsversammlung der Liga Linker Schriftsteller teil und wird in den Vorstand gewählt. Hält dabei den Vortrag »Duiyu zuoyi zuojia lianmeng de yijian« [Gedanken über die Liga linker Schriftsteller].
1930 · 3 · 19		Erfährt von der gegen ihn von der GMD-Regierung ausgeschriebenen Fahndung und verläßt seine Wohnung, um sich zu verstecken. Kehrt am 19. April wieder zurück.
1930 · 4 · 11		Wird Herausgeber von *Ba'erdishan* [Partisan, 10täglich], eines Organs der Liga Linker Schriftsteller, ab Nr. 4 von Li Yimang (1903–90, aus Chengdu/Sichuan) herausgegeben.
1930 · 4 · 11		Trifft mit Verlag Shenzhou guoguang she in Shanghai Vereinbarung, wonach er verantwortlicher Herausgeber und Übersetzer für die Reihe »Xiandai wenyi cong-

shu« [Moderne Literatur und Kunst] wird, in der sowjetische Literatur vorgestellt werden soll. Wegen Konkurs des Verlags erscheinen von der Reihe nur vier Bände.

1930 · 4 · 12   Zhonghua minguo 19   Beendet Übers. von »Kunstpolitik«, eines Bandes mit Dokumenten zur sowjetischen Kulturpolitik, der u.d.T. *Wenyi zhengce* im Juni in Shanghai beim Verlag Shuimo shudian in der Reihe »Kexue de yishu lun congshu« [Wissenschaftliche Abhandlungen zur Kunst] erscheint.

1930 · 4 · 17   Miszelle »"Haozhengfuzhuyi"« [Vom Grundsatz der guten Regierung].

1930 · 4 · 19   Miszelle »"Sangjia de" "zibenjia de fazou gou"« [Die streunenden, aus einem Trauerhaus entlaufenen kapitalistischen Hunde].

1930 · 5 · 5   Einleitung zur Übers. *Jinhua he tuihua* [Fortschritt und Rückschritt] von Zhou Jianren (1888–1984, Bruder von LX).

1930 · 5 · 7   Trifft auf Vermittlung von Feng Xuefeng (1903–76) mit dem führenden KP-Mitglied Li Lisan (1899–1967, aus Liling/Hu'nan, Arbeiterführer, kurzzeitig Generalsekretär, 1930–46 als »Abweichler« im Moskauer Exil) im Juelu fandian zusammen, lehnt aber dessen Ansinnen ab, öffentlich Jiang Jieshi (»Tschiang Kai-shek«) anzugreifen.

1930 · 5 · 8   Vorrede zur Übers. von Georgij V. Plechanov (1856 bis 1918) »Über Kunst«, erscheint im Juli in Shanghai beim Verlag Guanghua shuju in der Reihe »Kexue de yishu lun congshu«

1930 · 5 · 20   Zieht um in die Sichuan beilu Nr. 194, Lamosi gongyu A, 3. Stock, Nr. 4 (heute Beichuan gongyu).

1930 · 6 · 7   Spende an Solidaritätsverein für die chinesische Revolution *(Zhongguo geming huji hui)*, seit 1927 kurz nach Ankunft in Shanghai Kontakte mit dem Verein.

1930 · 6 · 16   Redigiert Übers. des Bühnenstücks »Faust und die Stadt« von Lunačarskij durch Rou Shi und schreibt dazu ein Nachwort.

西舍室晚饭哥邀為峰蓬外蟀迎廣平父照婴 將陶璇卿图

奮搞一枚託□卿携至杭州交訖文陆訃 夜盗

二十日星期晨上午同廣平携□□往平丹博士寓訃 午後晴

二十一日晴大抵上午向山書店選来世界美術全集（十五）一本三元

三弟来 收詩筆兩本 *Coolhugget* 一刻 *Denis Saurat* □ 五枚廿七

十五馬克 晚筆向未火公司團絃 夜熟又肭睡

二十二日晴上午往仁済堂買药 買来五十傍半元 失及大雨一陣

下午得 *R. M. Rilke : Briefe an einen jungen Dichter* 一本半

腕雨筝 寄三弟癒士菜少一批 夜映霞及達夫来

二十三日晴火炬下午向山書店送来歐阳文藝思潮史一本四元罄

十二 公占斧

Lu Xun: Tagebucheintragungen vom 19. bis 23. Juli 1930 in Faksimile
Text S. 339

Dokument B033

Lu Xun: Tagebucheintragungen vom 19. bis 23. Juli 1930 in Faksimile
Abbildung S. 337

Die hier übersetzten Eintragungen setzen ein mit der vierten senkrechten Zeile von rechts und enden mit der vorletzten. Die Eintragungen vom 19. und 23.7.1930 laufen über die Seite hinaus. Am linken Rand ist unten die Hälfte des Namens der Druckerei Songguzhai *(etwa* »Studio des gelösten Umgangs mit dem Altertum«*) zu sehen, aus der das traditionell gebundene Notizbuch stammt. Es ist einseitig auf dünnem Papier doppelter Heftgröße gedruckt, das dann mit der leeren Seite nach innen gefaltet wird und gegenüber dem Falz mit dem Druckvermerk einen Fadenbund erhält. Es handelt sich um Band 19 der numerierten Tagebuchhefte von Lu Xun.*

Juli
21. Tag: Klar, große Hitze. Nachmittags aus der Buchhandlung Uchiyama den Band »Kunst aus der ganzen Welt (Folge 15)« für 3 Yuan mitgebracht. *Dritter jüngerer Bruder* gekommen. Durch *Shiquan* fünf Holzschnitte *»Deine Schwester« von Carl Meffert* zugeschickt bekommen, zusammen 75 Mark. Abends Brief ans Gaswerk geschickt. Abends wegen der Hitze nicht einschlafen können.

22. Tag: Klar. Vormittags in der Apotheke »Renjitang« Arzneimittel gekauft. 50 Pfund Reis gekauft, 6 Yuan. Nach Mittag schwerer Regenguß. Nachmittags »Briefe an einen jungen Dichter« von R. M. Rilke bekommen, durch *Xuezhao* zugeschickt. Dem dritten jüngeren Bruder ein Fläschchen Tinktur gegen Hitzepusteln geschenkt. Abends *Yingxia und Dafu* gekommen.

A — *Dritter jüngerer Bruder* gemeint ist Zhou Jianren (1888–1984), damals Lektor für Naturwissenschaften beim Verlag »Commercial Press« und Nachbar ¶ *Shiquan* eig. Xu Shiquan, d.i. Xu Fancheng (1909–2000, aus Changsha/Hu'nan) schrieb 1928 einen Vortrag von Lu Xun nieder, 1929–32 zum Studium in Deutschland, Übersetzer von Nietzsche, dessen chinesische Versionen von »Ecce homo« und »Also sprach Zarathustra« (beide 1935) von Lu Xun redigiert wurden, später bedeutender Sanskritist und Buddhismus-Forscher ¶ *»Deine Schwester« von Carl Meffert* (1903–?) ist eine Serie von Holzschnitten des Malers Meffert, der 1921–24 wegen revolutionärer Aktivitäten in Haft war, ab 1926 als Schüler von Käthe Kollwitz in Berlin studierte und sich später auf Karikaturen und propagandistische Zeichnungen spezialisierte ¶ *Xuezhao* d.i. die Schriftstellerin Chen Xuezhao (1906–92, aus Haining/Zhejiang) seit 1925 mit Lu Xun bekannt und seine Studentin, 1927–32 zum Studium in Clermont-Ferrand ¶ *Yingxia und Dafu* gemeint sind der Schriftsteller Yu Dafu (1896–1945) und seine damalige Ehefrau Wang Yingxia (1908–2000, aus Hangzhou/Zhejiang)

Shanghai

Q — *Lu Xun shougao quanji: riji* 魯迅手稿全集：日記 [Sämtliche Manuskripte von Lu Xun: Tagebücher], Beijing: Wenwu chubanshe 1980, Bd. 6, S. 259; Text in: *LXQJ* Bd. 14, S. 831–2

L — Lu Xun (Hg. & Vorr.): *Meifeierde muke Shimintu zhi tu* 梅斐爾德的木刻士敏士之圖 [Abbildung der Holzschnitte von {Carl} Meffert zu »Zement« von {Fëdor Vasil'eviã} Gladkov], 250 Tafeln, Vorwort 27.9.1930, Shanghai: Sanxian shuxu [d.i. Selbstverlag von Lu Xun] 2.1931 ¶ Jiang Deming 姜德明 »Lu Xun yu Meifeierde de "Ni de meimei" 魯迅與梅斐爾德的《你的妹妹》 [Lu Xun und »Deine Schwester« von Meffert], in: *Zhongguo xiandai wenyi ziliao congkan* 中國現代文藝資料叢刊 Bd. 4, Beijing: Shehuikexue chubanshe 10.1979

1930 · 8 · 6	Zhonghua minguo 19	Hält bei einem Sommerkurs der Vortrags- und Studiengesellschaft für Literatur und Kunst ein Referat über »Das Problem des Realismus in der bildenden Kunst«, Manuskript verloren.
1930 · 8 · 30		Schließt Übers. des Romans »Oktober« von Jakovlev ab und schreibt dazu Nachwort, ersch. im Feburar 1933 als *Shi yue* in Shanghai beim Verlag Shenzhou guoguang she in der Reihe »Xiandai wenyi congshu«.
1930 · 9 · 16		Schließt Redaktion des ersten Teils der Übers. von »Der stille Don« von M. Šolochov (1905–84) durch He Fei (d.i. Zhao Guangxiang, 1908–34, aus Heqing/Hebei) ab und schreibt dazu Nachwort. Erscheint im gleichen Jahr als *Jingjing de Dunhe* in Shanghai beim Verlag Shenzhou guoguang she.
1930 · 9 · 17		Nimmt an Feier zum eigenen 50. Geburtstag teil, die von der Liga Linker Schriftsteller organisiert ist.
1930 · 9 · 27		Schreibt Vorwort zu den »Illustrationen zu "Zement"« [Roman von Fëdor Gladkov (1883–1958)] des deutschen Malers Claus Meffert, erscheint im Februar 1931 mit der Verlagsbezeichnung »Sanxian shuwu«.
1930 · 10 · 18		Abschluß der Übers. »Heilkräuter« von Kariyone Tatsuo (1893–1977), zuerst als »Yaoyong zhiwu« erschienen in der Zeitschrift *Ziran jie* [Welt der Naturwissenschaft] Bd. 5, Nrn. 9 und 10 (Okt. und Nov. 1930), dann im Sammelband *Yaoyong zhiwu ji qita* [Heilkräuter und anderes] in der Reihe »Zhongxuesheng ziran yanjiu congshu« [Naturwissenschaftliche Studien für Mittelschüler] 1936 im Verlag Shangwu yinshuguan in Shanghai.

George Grosz: Illustration zu **Die Passagiere der leeren Plätze** *(1921)*
Text S. 343

Es handelt sich um die einzige Übersetzung eines naturwissenschaftlichen Textes durch LX.

1930 · 11 · 25 Zhonghua minguo 19   Überarbeitet *Zhongguo xiaoshuo shilüe* [Kurze Geschichte der chinesischen Erzählliteratur] und schreibt dazu ein Geleitwort. Ersch. im Juli 1931 in Shanghai beim Verlag Beixin shuju.

1930 · 12 · 26   Beendet Übersetzung von *Die Neunzehn* von Aleksandr Fadeev (1901–56), erscheint als *Huimie* im September 1931 in Shanghai beim Verlag Dajiang shupu, einen Monat später erneut als Nachdruck mit der Verlagsbezeichnung »Sanxian shuwu«, ergänzt um Vorrede und Nachwort.

1930 · 12 · 30   Redigiert Übers. des Romans *Panzerzug Nr. 14-69* von Vsevolod Ivanov (1895–1963) durch Han Shiheng (1908–87, aus Tianjin), schreibt dazu Nachwort, erscheint u.d.T. *Tiejia liche Nr. 14-69*.

1931 · 1 · 15 Zhonghua minguo 20   Dokumente B015, B016 und L001

George Grosz: Illustrationen zu Die Passagiere der leeren Plätze *(1921)*
Abbildungen S. 341 und 345

In seinem Tagebuch vermerkt Lu Xun unter dem Datum des 15. Januar 1931 vormittags einen Besuch in der Buchhandlung »Zeitgeist BookStore« (so die genaue Bezeichnung), die von der deutschen Emigrantin Ruth Hamburger, geb. Kuczynski geführt wurde, auf westliche Literatur spezialisiert war und sich in der wichtigsten Einkaufsstraße von Shanghai befand, der heutigen Nanjing lu. Von seinem Einkauf brachte Lu Xun »vier Werke in insgesamt sechs Bänden« zurück, die ihn »zusammen 37 Yuan 20« kosteten, darunter für 3 Yuan 60 und vermutlich antiquarisch die zehn Jahre zuvor im erschienenen Passagiere der leeren Plätze, eine von George Grosz (1893–1959) illustrierte Sammlung mit übersetzten Skizzen und Novellen des dänischen Schriftstellers Martin Andersen Nexø (1869–1954). Nexø, der sich als proletarischer Autor verstand und während dessen Exil in Dänemark zu Bertolt Brechts Freundeskreis gehörte, stellt in seinen Werken soziale Ungleichheit aus der Sicht der Ärmsten und Ausgebeuteten dar. Seit seinem ab Ende der 20er Jahre verstärkten Interesse für sozial engagierte Kunst galt die Aufmerksamkeit von Lu Xun neben Kollwitz auch dem Werk von Grosz, zumal ihn ab 1930 sein Schützling Xu Fancheng (1909–2000) direkt aus Berlin mit Material versorgen konnte. Im Besitz von Lu Xun befinden sich unter

anderem die Bildbände Zeichnungen *(1921) und* Das neue Gesicht der herrschen-
den Klasse *(1930) Es folgt die Passage aus dem Band* Passagiere der leeren
Plätze, *der sich eine der Zeichnungen von Grosz zuordnen läßt. Sie stammt aus
einer politisierten Version der Schöpfungsgeschichte, die das Thema der
verfehlten Schöpfung variiert. Darin erscheint der »Proletarier« als »wahrer
Mensch« (auch im Sinne des* zhen ren *beziehungsweise* zhen de ren *von Lu
Xun), der dem abgebildeten »Kapitalisten«, hier unter dem Beinamen »der große
Bauch«, manichäisch gegenübersteht. Jener ist dadurch entstanden, daß der Teufel
die Tiere zur Rebellion angestachelt und dem Wolf eine Seele eingehaucht hat.
Die vorangehende Zeichnung illustriert den Text »Pan a Ocho« über steigende
Brotpreise in Andalusien. — Der Band trägt die Widmung »Dem kämpfenden
russischen Volke« sowie den Vermerk »Autor und Illustrator haben ihre Honorare
der "Künstlerhilfe für die Hungernden in Rußland" zur Verfügung gestellt.«*

Gottes Sohn und des Teufels Lieblingskind

III.

Es vergingen tausend Jahre und noch tausend. Und eines Tages erwachte Gott
und hatte ausgeruht. »Ich will doch einmal gehen und nachsehen, wie der Mensch
meinen Auftrag durchführt,« dachte er, schob die dicken, wollenen Wolken
beiseite und stieg zur Erde nieder.

Erfreulich war ihr Anblick nicht. Unkraut und Untier gedieh überall. Die
silberklaren Flüsse des göttlichen Gartens strömten wie Kloaken durch die
graue, freudlose Landschaft und trugen ihr Spülwasser dem Meere zu. Räudige
Geschöpfe kamen und labten sich aus ihrem schmutzigen Inhalt. »Es sind Abfälle
DES GROSSEN BAUCHES,« sagten sie[,] während sie tranken. »Gott sei gelobt
für DEN GROSSEN BAUCH, der uns nicht verhungern läßt«

Auf den Äckern lagen Frauen und Kinder und krochen. Die waren welk und
müde und hoben niemals den Blick von der Erde. »Was macht ihr Armen?«
fragte der liebe Gott.

»Wir säen und ernten die Speise für DEN GROSSEN BAUCH,« antworteten
sie — »und wenn er gut bei Laune ist, erlaubt er uns zuzusehen, wie er frißt.
Störe uns nicht, damit er nicht böse wird!«

»Wer ist denn DER GROSSE BAUCH?« fragte der liebe Gott. Und er fürchtete
die Antwort.

»Kennst du ihn denn nicht? Er hat einen Schweinskopf und einen Wolfsmagen
— und trägt den Pelz nach außen! Von seiner Gnade leben und atmen wir alle.
— O, DER GROSSE BAUCH ist gut!«

Der liebe Gott wanderte weiter, in die Stadt hinein. Mitten auf dem Markt

George Grosz: Illustration zu **Die Passagiere der leeren Plätze** *(1921)*
Text S. 343

saß der Affe und kassierte Steuern ein mit allen vier Händen. »Für DEN GROSSEN BAUCH!« rief er, und jedes Geschöpf mußte sich rupfen lassen an dem, was es hatte: Strauß und Pfau ihre Federn, Blaufuchs und Biber ihren Pelz. Sie gingen geschunden und blutend davon, auf den Lippen Dankesworte für DEN GROSSEN BAUCH, der ihnen das Leben gelassen. Arme Frauen, die nichts anderes hatten, kamen und lieferten ihre Töchter ab. »FÜR DEN GROSSEN BAUCH, « sagten sie — »der uns alle leben läßt!«

Der liebe Gott schüttelte sein Haupt. Wenn das der Mann war, den er nach seinem Ebenbilde geschaffen, hatte er sich unheimlich verwandelt. [...]

Der liebe Gott rief ihn an mit seinem Lieblingsnamen; und als er das Wort Proletarier hörte, gerufen von Gottvaters Stimme, bäumte er sich mit jähem Ruck empor. Die Ketten fielen von ihm ab, der Philister stürzte zur Erde. »Hier bin ich, Vater!« antwortete er froh, und tastete sich vorwärts.

»Du bist ja blind, mein Sohn!« sagte der liebe Gott bewegt. »Jetzt verstehe ich, daß alles so schlecht steht. Wer hat dir das Licht deiner Augen geraubt und dich in Ketten gelegt?« [...]

»Kann man Raubtiere und Ungeziefer mit Seele bekämpfen? oder Herzlosigkeit mit Herz? Was vermag selbst Allgüte gegen den leeren Raum? Das Herz, das du mir gabst, o Herr, und die Güte haben mich zum Sklaven gemacht! Sieh, meine Hände sind grob und hart wie nie, und mein Herz blutet noch immer warm, trotz allem, was über mich erging. Aber dein Bild habe ich trotzdem nicht vermocht zu bewahren. Ich strebte, Diener allen zu sein und nichts für mich selbst zu verlangen — und siehe, ich bin Sklave der Welt geworden! So elend bin ich geworden, daß nicht einmal der häßliche Wurm mit mir tauschen will.«

»Aber warum hast du deine Ketten nicht gesprengt, zum Teufel!« rief der Herrgott und stampfte zornig den Boden.

»Vater, die Ketten zerbrechen hieße das Ganze vernichten — — konnte ich das? Die Welt, die du mir gabst, dir zu erhalten — konnte ich die zugrunde gehen lassen? Alles[,] was mein war, ist dahin gegangen, um deine Welt zu erhalten — und keine von deinen Gaben hat mir geholfen. Selbst der Sohn, den du mir schicktest, brachte mich nur noch tiefer ins Elend und in Sklaverei. Was willst du von mir? Das Joch scheuert mich blutig, dein Ungeziefer beißt mich; und alles[,] was ich hervorbringe, verschwindet in der großen Leere, die du selbst geschaffen. Geh' zum GROSSEN BAUCH, und verlang' deine Welt von ihm!«

»Ihn hat der Teufel erschaffen,« sagte der liebe Gott niedergeschlagen. — »Heißt er nicht Lieblingskind des Teufels? Aber jetzt bist du böse, mein Sohn, und es tut mir doppelt leid, daß du nicht vermochtest[,] das Erbe zu verwalten, das ich dir gab.«

»Und wie sollte ich das können, wenn der, der mich schuf, mich in der Schwäche seines Alters zeugte?« sagte der Mann trotzig. »Hast du nicht selbst Läuse in deinem Bart, Gottvater?«
Da lachte der liebe Gott. »Ich merke, daß du anfängst, dein Gesicht wieder zu erhalten,« sagte er. »Du hast recht; ich war damals müde und habe es versäumt, dir den heiligen Zorn des Blutes zu geben. Wahrlich, du bist als mein Ebenbild erschaffen, daß du mich so anreden darfst! Jetzt aber wollen wir wieder die Hölle der Erde in einen Gottesgarten wandeln. Miteinander wollen wir sowohl Himmel wie Erde von Ungeziefer reinigen. —
Von diesem Tage an soll Rot deine Farbe sein!«

Q — Andersen Nexö, Martin: *Die Passagiere der leeren Plätze*, Ill. George Grosz, Berlin: Malik-Verlag 1921, S. 75, Text S. 74–7

1931 · 1 · 20 Zhonghua minguo 20	Nachdem er die Nachricht erfahren hat, daß die Schriftsteller Rou Shi, Yin Fu (1910–31, aus Xiangshan/Zhejiang), Hu Yepin (1903–31, aus Fuzhou/Fujian), Feng Keng (w, 1907–31, aus Huzhou/Guangdong) und Li Weisen (1903–31, aus Wuchang/Hubei) am 17. Januar verhaftet worden sind, flieht er aus seiner Wohnung und nimmt im Hotel Huayuanzhuang lüguan an der Straße Huanglu lu Quartier.
1931 · 2 · 7	Die fünf Schriftsteller werden von einem Sonderkommando der GMD in der Haft erschossen.
1931 · 2 · 18	LX kehrt in seine Wohnung zurück.
1931 · 4 · 1	Schließt Redaktion an der Übers. von »Der Held Janos« von Petőfi durch Sun Yong (1902–83, aus Hangzhou/Zhejiang) ab. die als *Yonggan de Yuehan* mit einer »Nachbemerkung des Redaktors« von LX erscheint.
1931 · 4 · 17	Hält an der japanischen Schule »Akademie der einheitlichen ostasiatischen Zivilisation« *(Tongwen shuyuan)* in Shanghai einen Vortrag über »Liumang yu wenxue« [Die Ganoven und die Literatur], Vortragsmanuskript verloren.
1931 · 4 · 25	Schreibt »Zhongguo wuchanjieji geming wenxue he qianqu de xue« [Die chinesische revolutionäre proletarische Literatur und das Blut ihrer Avantgarde] für die erste Nummer von *Qianshao* [Vorposten], einer Untergrundzeitschrift der Liga Linker Schriftsteller, die

als »Sondernummer zum Gedächtnis an die im Kampf Gefallenen« den fünf am 7.2.1931 umgebrachten Schriftstellern gewidmet ist (dt. in: *Einsturz*, S. 116–7). Für die amerikanische Zeitschrift *New Masses* entsteht gleichzeitig »Die gegenwärtige Situation der Kunst im dunkelsten China« (»Hei'an Zhongguo de wenyijie de xiankuang«, dt. in: *Einsturz*, S. 118–21) nach einer entsprechenden Aufforderung durch die Journalistin Agnes Smedley (1892–1950).

1931 · 5 · 22 »Yi ba yi she xizuo zhanlanhui xiaoyan« [Geleitwort zur von der Kunstgesellschaft »8. Januar« veranstalteten Ausstellung].

1931 · 7 · 20 Zhonghua minguo 20 Hält vor der Sozialwissenschaftlichen Studiengesellschaft *(Shanghai shehuikexue yanjiuhui)* einen Vortrag mit dem Thema »Shanghai wenyi zhi yi pie« [Ein Blick auf Literatur und Kunst in Shanghai; dt. in: *Mauer*, S. 28–42].

1931 · 7 · 20 Beendet Redaktion der Übers. von *Eve's Diary* (1906) von Mark Twain (1835–1910) durch Li Lan (nicht ermittelt, möglicherweise ein Pseudonym des Journalisten Zhou Shoujuan, 1895–1968, aus Suzhou/Jiangsu). Erscheint als *Xiawa riji* im Oktober 1931 beim Verlag Hufeng shuju in Shanghai, zusammen mit über 50 Illustrationen des Malers Lester Ralph (1877–1927).

1931 · 8 · 17 – 22 Lädt den japanischen Künstler Uchiyama Kakitsu (1900–84) ein, vor jungen chinesischen Künstlern Kurse zur Holzschnittechnik abzuhalten, wobei LX als Dolmetscher wirkt.

1931 · 9 · 20 Dokument A012

Lu Xun: Erläuterung zum Holzschnitt »Opfer« von Käthe Kollwitz

Außer der mit traditionellen chinesischen Kunstformen verwandten Technik des Holzschnitts und dem sozialen Engagement der Kollwitz haben Lu Xun am Werk der deutschen Graphikerin auch die Auseinandersetzung mit einer von Leidenserfahrung geprägten pessimistischen Grundstimmung fasziniert, die schließlich in utopische Erwartung mündet. Der kurze Text von Lu Xun erschien in der Eröffnungsnummer von Beidou (»Sternbild des Großen Bären«), einer der Zeitschriften der Liga Linker Schriftsteller, und zwar zum Gedächtnis des Schrift-

stellers Rou Shi, der am 7. Februar 1931 von einem Sonderkommando der »Guomindang« umgebracht worden war und dessen Roman Februar (Er yue, *1929) Lu Xun nicht nur redigiert, sondern auch mit einem lobenden Vorwort versehen hatte. Ursprünglich wollte Lu Xun einen längeren Artikel schreiben, doch beschränkte er sich aus zeitlichen Gründen auf die erläuternde Reproduktion des Holzschnittes, zumal Rou Shi kurz vor seinem Tode sich längere Zeit bei seiner Mutter in Ninghai (Provinz Zhejiang) aufgehalten habe. Durch seinen Kommentar setzt Lu Xun den Tod von Rou Shi indirekt parallel zum Kriegstod von Peter Kollwitz. Im übrigen hatte Käthe Kollwitz es abgelehnt, zur Erinnerung an Rou Shi eine Zeichnung oder einen Holzschnitt herzustellen, weil sie mit Kultur und Alltagsleben Chinas nicht vertraut sei.*

Käthe Kollwitz wurde 1867 in Königsberg (Preußen) geboren, studierte in ihrer Heimat, in Berlin und in München Malerei, bevor sie den Arzt Kollwitz heiratete. Ihr Ehemann lebte in einer armen Gegend und behandelte oft die Armen. Daraus bezog Käthe Kollwitz die Stoffe für ihre Bilder, in denen häufig die Armen und Kranken und deren Elend gezeigt wird.

Am berühmtesten sind vier Serien von ihr. »Opfer« ist einer von sieben Holzschnitten aus der Serie »Krieg«, wo eine Mutter mit einer Gebärde, in der sich die Tragödie zeigt, ihr Kind hält, das zum sinnlosen Opfer werden wird. Das war gerade zur Zeit des großen europäischen [Ersten Welt-]Krieges, als ihre beiden Kinder an der Front starben.

Doch ihre Bilder sind nicht nur voller »Mitleid« und »Haß«, sondern haben in den letzten Jahren ihre tragische, heroische und düstere Form abgestreift.

Daher schreibt *Otto Nagel* in einer Kritik: Daß Käthe Kollwitz uns so berührt, hängt mit ihrer starken Kraft zusammen, die eine umfassende Mütterlichkeit einschließt. Daß es in ihrer Kunst eine solche Leichtigkeit gibt, ist wie ein gutes Vorzeichen. Es läßt uns hoffen, daß wir diese elende Welt verlassen können, ist aber auch Zuversicht und Glaube an eine neue bessere »Zukunft«.

A — *ihre beiden Kinder* Peter Kollwitz fiel am 23.10.1914, während es sich beim zweiten Sohn Hans (1892–1971) um eine falsche Information von Lu Xun handelt ¶ *Otto Nagel* (1894–1967), deutscher Maler und Kunstkritiker, später Präsident der DDR-Akademie der Künste

Q — »Kaisui Kelehuizhi muke "Xisheng" shuoming« 凱綏・珂勒惠支木刻《犧牲》説明 u.d.T. »Xisheng — Deguo Keleweizhi muke "Zhanzheng" zhong zhi yi«犧牲──德國珂勒維支木刻《戰爭》中之一 [Opfer — aus den Holzschnitten »Krieg« der Deutschen Kollwitz] in: *Beidou* 北斗 Nr. 1 (Shanghai, 20.9.1931); in: *LXQJ* Bd. 8, S. 312–3

L — Lu Xun: »Ich erinnere mich, um zu vergessen« (1933) und »Geschrieben in tiefer Nacht« (1936), in: *Einsturz*, S. 129–38 und 179–85 ¶ Uchiyama Kakichi 內山嘉吉 »Lu Xun und der Neue Holzschnitt«, in: *Lu Xun. Zeitgenosse*, Hg. Egbert Baqué & Heinz Spreitz, Berlin: Leibniz-Gesellschaft für kulturellen Austausch 1979, S. 194–203 ¶ Nagel, Otto: *Die weisse Taube oder Das nasse Dreieck. Roman mit Illustrationen des Verfassers*, Halle & Leipzig: Mitteldeutscher Verlag [4]1978 ¶ Loi, Michelle: »Luxun dans la Chine des années 30: la gravure sur bois, un champ de lutte parmi autres«, in: *Cinquante ans de gravures sur bois chinoises 1930–1980*, Ausstellungskatalog, Paris 1980 ¶ Yuan Lin 袁林 »Lu Xun, Rou Shi, Kelehuizhi« 魯迅・柔石・珂勒惠支 [Lu Xun, Rou Shi und Kollwitz], in: *Gongren ribao* 工人日報 Beijing, 26.9.1981, S. 4 ¶ Kollwitz, Käthe: *Briefe an den Sohn. 1904 bis 1945*, Hg. Jutta Bohne-Kollwitz, Berlin: Siedler 1992

1931 · 9 · 21	Zhonghua minguo 20	Schreibt nach dem »Zwischenfall des 18. September« (Besetzung von Shenyang durch japanische Bahnpolizei und Einfall von regulären japanischen Truppen in Nordostchina) den Artikel »Da Wenyi xinwen she wen« [Antwort auf die Fragen der Nachrichtenagentur für Literatur und Kunst].
1931 · 9 · 27		Einleitung zur Übers. von *Eve's Diary* von Mark Twain.
1931 · 10 · 10		Schreibt Nachwort zur Übers. von *Der eiserne Strom* von Aleksandr S. Serafimoviã (1863–1949) durch Cao Jinghua (1897–1987, aus Lushi/He'nan). Ersch. im Dezember nach Redaktion durch LX und auf seine Kosten unter Verlagsbezeichnung »Sanxian shuwu«.
1931 · 10 · 23		Aufs. »"Minzuzhuyi wenxue" de renwu he yunming« [Aufgaben und Schicksal einer »nationalen Literatur«].
1931 · 10 · 29		Miszelle »Chenzi de fanqi« [Aufsteigender Abschaum].
1931 · 10		Wird zum Ehrenmitgleid des japanischen »Bundes für proletarische Kultur« gewählt.
1931 · 11 · 13		Arbeitet erneut an der Redaktion des Bandes *Xi Kang ji* [Werke von Xi Kang].

Shanghai

Dokument A013

Ein Briefwechsel zwischen Lu Xun und Qu Qiubai,
das Übersetzen betreffend: Qu Qiubai an Lu Xun

Der marxistische Literaturtheoretiker und Übersetzer Qu Qiubai (1889–1935, aus
Changzhou/Jiangsu) hielt sich 1920–23 in der Sowjetunion auf und schilderte seine
Eindrücke in »Reisenotizen aus dem neuen Rußland« (Xin Eguo youji, 1922;
zuerst erschienen als Exiang jicheng, *d.i. »Chronik aus einem Land des Hungers«).*
Seit 1922 war er Mitglied der KP und gehörte ab 1923 dem Zentralkomitee an. Mit
Lu Xun stand er im Zusammenhang mit der »Liga Linker Schriftsteller« in Kontakt,
der sich nach dem öffentlichen Briefwechsel ausweitete, von dem hier Ausschnitte
aus dem Part von Qu Qiubai gebracht werden. 1932/33 war dieser mehrmals für
längere Zeit Gast von Lu Xun und kompilierte den Sammelband »Ausgewählte
Miszellen von Lu Xun« (Lu Xun zagan xuanji, 1933), in dessen Einleitung das
orthodoxe Bild von Lu Xun erstmals festgeschrieben wird, das ihn ab 1927 zum
kommunistischen Kämpfer macht. Qu Qiubai gehörte zu den vehementesten Befür-
wortern der mit Hilfe sowjetischer Linguisten entwickelten lateinischen Umschrift
Latinxua sin wenz *für die chinesischen Zeichen. Im Februar 1935 wurde Qu*
Qiubai im Westen der Provinz Fujian als Funktionär kommunistisch kontrollierter
Gebiete verhaftet und im Juni hingerichtet. Zu seinem Andenken hat Lu Xun
nachgelassene Übersetzungen redigiert und auf eigene Kosten unter dem konspira-
tiven Titel »Verschiedene Schilderungen von über dem Meer [Shanghai]« (Haishang
shulin, 2 Bde., 1935) drucken lassen. — Ironischerweise hatte Lu Xun seine Über-
setzung aufgrund einer deutschen Vorlage erarbeitet und zudem eine japanische
Übersetzung konsultiert. In seiner freundschaftlich gehaltenen Antwort an Qu Qiubai
vom 28.12.1931 relativiert Lu Xun die klassenkämpferischen Rundumschläge des
Heißsporns Qu Qiubai. Besonders verteidigt er die Übersetzungen von Yan Fu,
deren Neuausgabe Qu Qiubai kritisiert hatte, und weist auf deren historisch kaum
zu überschätzende Wirkung hin. Die Briefe erschienen in der Zeitschrift »Kreuzweg«
(Shizi jietou), *einem der Organe der Liga Linker Schriftsteller, zu dem Lu Xun den*
Titel kalligraphiert hatte.

Verehrter lieber Genosse!
    Daß Ihre Übersetzung von »*Die Neunzehn*« erschienen ist, stellt für das
literarische Leben in China ohne Zweifel ein überaus denkwürdiges Ereignis
dar. Sie haben ein bedeutendes Werk der revolutionären Literatur des
Weltproletariats übersetzt und es damit auch systematisch den chinesischen
Lesern vorgestellt. (Hinzu kommt, daß es sich um ein berühmtes sowjetisches

Werk handelt, das die Leser vertraut macht mit der Großen Oktoberrevolution, den Kämpfen im Innern der Sowjetunion, mit den »Helden« des Fünfjahresplans, mit den beteiligten Figuren und der künstlerischen Erleuchtung.) — Das ist eine der wichtigen Pflichten des proletarischen Literaten in China. Dennoch geschieht es praktisch ausschließlich aufgrund Ihrer eigenen Bemühungen und denjenigen des Genossen Z, wenn heutzutage so etwas gemacht wird. Doch wer kann behaupten, so etwas sei seine Privatsache?! Wer?! »Die Neunzehn«, »Der eiserne Strom« und andere Übersetzungen herauszubringen, sollte als gemeinsame Pflicht aller revolutionären Schriftsteller in China gelten. Jeder Kämpfer an der Front der revolutionären Literatur, jeder revolutionäre Leser sollte diesen Sieg begrüßen, obwohl es sich erst um einen kleinen Etappensieg handelt. [...]

Übersetzungen haben — außer daß sie den chinesischen Lesern den Inhalt des Originals nahebringen — einen weiteren wichtigen Nutzen: Sie helfen uns dabei, eine neue und moderne Sprache für China zu schaffen. Die chinesische Sprache (ihre Schriftzeichen) sind dermaßen armselig, daß es nicht einmal Bezeichnungen für alltägliche Gebrauchsgegenstände gibt. Die chinesische Sprache hat noch nicht einmal vollständig das Niveau der »Körpersprache« überwunden — das gewöhnliche Alltagsgespräch hat sogar nicht einmal die »Gestik« verlassen. Natürlich gibt es deshalb praktisch keine Adjektive, Verben und Präpositionen, die feinste Nuancen und komplexe Zusammenhänge vollständig ausdrücken könnten. Die überlebenden Anhänger eines patriarchal-feudalen Mittelalters halten immer noch die Umgangssprache der Chinesen straff gefesselt (und das nicht nur bei den Massen der Arbeiter und Bauern!), so daß es unter diesen Umständen eine außerordentlich wichtige Aufgabe ist, eine neue Sprache zu schaffen. Die fortschrittlichen Länder Europas habe diese Aufgabe schon vor über 200 und vor über 400 Jahren umfassend gelöst. Sogar das vergleichsweise rückständige Rußland hat vor etwas über 150 Jahren eine entsprechende »Akademie für Slawische Sprachen« gebildet. Das alles sind Dinge, die von der bürgerlichen Renaissance und der Aufklärung ausgingen. Als Beispiele seien für Rußland Lomonosov [...] und Puškin genannt. Das Bürgertum in China hat dazu niemals die Möglichkeit gehabt. [...]

Jetzt wird im Trend von Zhao Jingshen jedoch gefordert:

»Lieber fehlerhaft, dafür aber sachgetreu,
nicht zungenbrecherisch, aber zuverläßig.«

Was der gute Herr Zhao hier vertritt, sind in Wahrheit im Tempel des Stadtgottes erzählte Geschichten aus dem Westen, die einen wütend machen können. Es ist so, wie wenn jemand, der sich darauf verläßt, was er selber an

Fremdsprachen versteht, einige Bücher und Zeitungen gelesen hat, dann aber unbedarft den Pinsel nimmt und einige wirre Sätze in angeblich klar verständlichem Chinesisch niederschreibt. Es handelt sich ganz offensichtlich um eine Beleidigung der chinesischen Leser, so ins blaue hinein und durcheinander von den merkwürdigen Begebenheiten im Ausland zu erzählen. Erstens, weil es sich beim sogenannten »Fluß« in Wahrheit darum handelt, durchaus auch »Fehler« mit »einfließen« zu lassen, so daß [der Text] unweigerlich auf die niedrige Sprachstufe Chinas herabgezogen und die ursprünglich enthaltene Technik verwischt wird. So etwas bedeutet nicht, eine neue Sprache zu schaffen, sondern um jeden Preis das sprachliche Niveau der Barbaren Chinas zu bewahren und mit aller Kraft eine Entwicklung zu verhindern. Zweitens, wer einige »Fehler« durchaus zuläßt, der läßt die Leser im unklaren und verhindert, daß sie genügend über die ursprünglichen Absichten des Autors erfahren. Deshalb sage ich: Die Vorstellungen von Zhao Jingshen stellen eine Politik der Volksverdummung dar, eine akademische Tyrannei durch monopolisiertes Wissen — was nicht im geringsten eine Übertreibung ist. Und drittens gibt er einen deutlichen Wink, daß er gegen die proletarische Literatur eingestellt ist (wie ein bedauernswerter »besonderer Lakai«)! Er wendet sich auch dort gegen die proletarische Literatur, wo er auf die Übersetzungen einiger theoretischer und kreativer Werke verweist. Das sind Worte eines Gegners der proletarischen Literatur.

Doch unter den chinesischsprachigen Werken proletarischer Literatur finden sich tatsächlich zahlreiche Übersetzungen, die nicht »flüssig« zu lesen sind. Das beruht auf unseren eigenen Schwächen, und unsere Gegner berufen sich auf diese Schwächen, um uns anzugreifen. Auf unserem Weg zum Sieg müssen wir den gegnerischen Heeren nicht nur frontal eine gehörige Abfuhr erteilen, sondern auch unsere eigenen Truppen noch mehr in eine systematische Schlachtordnung bringen. Unser eigener Mut zur Selbstkritik kann sehr oft den Gegner entwaffnen. Als Ergebnis der sogenannten Übersetzungs-Debatte hat jedoch unser Genosse folgenden Schluß gezogen:

»Beim Übersetzen sind absolut keine Fehler erlaubt. Aber gelegentlich kann es zu Unstimmigkeiten kommen, was dann zulässig ist, wenn es gilt, den Geist des Originalwerks zu wahren, und dabei zugleich die inhaltlichen Aspekte der Übersetzung beachtet werden.«

Das ist bloß eine »Defensivtaktik«. Doch *Plechanov* sagt: Der Theoretiker des dialektischen Materialismus sollte in der Lage sein, »aus der Defensive anzugreifen«. Erstens müssen wir gewiß zunächst klar aussprechen: Wir sind mit der allgemein bekannten sogenannten »Flüssigkeit« und mit dem,

Yu Qihui: Lu Xun und Qu Qiubai (Holzschnitt, 1961)
Text S. 358

was Zhao Jingshen und andere sagen, nicht einverstanden. Zweitens fordern wir: völlige Richtigkeit und völlige Umgangssprachlichkeit. Unter Umgangssprache verstehen wird das, was verständlich bleibt, wenn es vorgelesen wird. Drittens sind wir der Meinung, daß wir bis jetzt bei der Übersetzung proletarischer Literatur diesen Stand noch nicht erreicht haben und unsere Bemühungen fortsetzen müssen. Viertens entlarven wir die Übersetzungen von Zhao Jingshen und anderen, indem wir hervorheben, daß in Wahrheit ein Bastard aus der Kopulation von *Liang Qichao* und *Hu Shi* ist, was sie für »lesbare« Übersetzungen halten — halb klassisch und doch nicht umgangssprachlich, halb tot und doch nicht lebendig, und für die Massen auf ewig alles andere als »lesbar«. [...]

Erlauben Sie, daß ich jetzt auf einige Probleme in der Übersetzung von »Die Neunzehn« hinweise. Ich habe sie noch nicht zuende gelesen, doch bleiben nur noch einige wenige Abschnitte, die ich mit dem Originaltext vergleichen muß. Hier werde ich lediglich einige Stellen aus der Einleitung von Friče mit dem Original gegenlesen. [...]

J. K. 5.12.1931

A — »*Die Neunzehn*« (»Razgrom«, 1925/26) Roman von A. Fadeev (1901–56), dt. 1928, in chin. Übers. als »Huimie« [Vernichtung] 1931 erschienen; vgl. Dok. T010 ¶ *Genosse Z* gemeint ist Cao Jinghua (vgl. 10.10.1931), in anderer Umschrift »Zao«, Übersetzer und Mitglied der literarischen Vereinigung »Weimingshe« [Namenlose Gesellschaft], bis 1922 und 1925–33 Studium in Moskau, Hörer von LX an Universität Peking, seit russischer Übersetzung Kontakt, dann regelmäßige Zusammenarbeit mit LX ¶ »*Der eiserne Strom*« (» Železnyj potok«, 1924) Roman von A. Serafmovič, dt. Übers. E. Schiemann 1925, den Cao Jinghua (s.o.) im Dez. 1931 als »Tieliu« veröffentlichte ¶ *Lomonosov*, Michail V. (1711–65), russ. Dichter und Universalgelehrter ¶ *Puškin*, Aleksandr S. (1799–1837) russ. Schriftsteller, dessen 100. Todestag zu einem Großanlaß stalinistischer Kulturpolitik wurde ¶ *Zhao Jingshen* (1902–85) Schriftsteller und Literaturwissenschaftler aus Yibin/Sichuan, seit 1927 Lektor beim Verlag Kaiming shudian in Shanghai, seit 1930 beim Verlag Beixin shuju und Herausgeber der Zeitschrift »Qingnian jie« [Junge Welt]; das programmatische Motto ist einem Artikel in »Dushu yuekan« [Monatsschrift »Lesen«], Bd. 1, Nr. 6 (3.1931) entnommen, wo Zhao, zwar in Anlehnung an Yan Fu (vgl. Dok. C001), aber mit umgekehrter Rangfolge von Übersetzungen in erster Linie Lesbarkeit und Rücksicht auf den Leser fordert ¶ *Plechanov*, Georgij V. (1856–1918) ist mit seinem Hauptwerk »Francuzskaja dramatičeskaja literatura i francuzskaja živopis' XVIII vekastočki zrenija sociologii« [Die französische dramatische Literatur und die französische Malerei des 18.Jh.s vom Standpunkt der Soziologie, 1905] neben Franz Mehring Begründer einer marxistischen Literaturtheorie und -ästhetik sowie zusammen mit A. Lunačarskij wichtigster Theoretiker der jungen Sowjetunion ¶ *Liang Qichao* (1873–1929) und *Hu Shi* (1891–1962) sind die beiden wichtigsten reformerisch und liberal gesinnten Praktiker und Theoretiker der Übersetzung ihrer jeweiligen Generation ¶ Friče, Vladimir M. (1870–1927) sowjetischer Literaturkritiker, der u.d.T. »Zum Geleit

Shanghai

— Geschichte von einem neuen Menschen« ein von Lu Xun ebenfalls übersetztes Vorwort zum Roman von Fadeev verfaßt hat ¶ *J. K.* ist eines der zahlreichen Pseudonyme von Qu Qiubai und wird hier erstmals benutzt

Q — »Lu Xun he Qu Qiubai guanyu fanyi de tongxin« 魯迅和瞿秋白關於翻譯的通信 u.d.T. »Lun fanyi« 論翻譯 [Vom Übersetzen], in: *Shizi jietou* 十字街頭 Nrn. 1 & 2 (Shanghai, 11. & 25.12.1931); in: *LXQJ*, Bd. 4, 370–9; in: Luo Xinzhang 羅新璋 (Hg.): *Fanyi lunji* 翻譯論集 Beijing: Shangwu yinshuguan 5.1984, S. 265–73

L — Gálik, Marián: »Studies in Modern Chinese Intellectual History II. Young Ch'ü Ch'iu'pai [Qu Qiubai] (1915–1922)«, in: *Asian and African Studies* 12 (Bratislava, 1976), S. 85–121 ¶ Pickowicz, Paul G.: *Marxist Literary Thought in China. The Influence of Ch'ü Ch'iu-pai* [Qu Qiubai], Berkeley/CA: University of California Press 1981 ¶ Ding Jingtang 丁景唐 »Lu Xun he Qu Qiubai de geming youyi« 魯迅和瞿秋白的革命友誼 [Die revolutionäre Freundschaft zwischen Lu Xun und Qu Qiubai], in: *Shehuikexue* 社會科學 3/1979 (Shanghai, 10.1979) ¶ Cao Jinghua 曹靖華 »Huiyi Lu Xun xiansheng diandi« 回憶魯迅先生點滴 [Tropfen der Erinnerung an Herrn Lu Xun], in: *Xingang* 新港 9/1980 ¶ Ding Jingtang u.a.: *Lu Xun he Qu Qiubai hezuo de zawen ji qita* 魯迅和瞿秋白合作的雜文及其它 [Über die von Lu Xun und Qu Qiubai gemeinsam verfaßten Miszellen und anderes], Xi'an: Shaanxi renmin chubanshe 1986 (= Lu Xun yanjiu congshu) ¶ *Cao Jinghua yizhu wenji* 曹靖華譯著文集 [Gesammelte Übersetzungen und Schriften von Cao Jinghua], 11 Bde., Beijing: Beijing daxue chubanshe & [Kaifeng:] He'nan jiaoyu chubanshe 5.1989ff. ¶ Ding Yanmo 丁言模 »Lu Xun yu Qu Qiubai zai fanyi yuyan fangmian de yijian fenqi« 魯迅與瞿秋白在翻譯語言方面的意見分歧 [Die unterschiedlichen Auffassungen von Lu Xun und Qu Qiubai über die Sprache in Übersetzungen], in: *Lu Xun yanjiu ziliao* 魯迅研究資料 Bd. 24, Beijing: Zhongguo wenlian chuban gongsi 12.1991, S. 249–57 ¶ Wagner, Rudolf G.: *Inside a Service Trade. Studies in Contemporary Chinese Prose*, Cambridge/MA: Harvard University Press 1992

1931 · 12 · 5   Dokument B072

Yu Qihui: Lu Xun und Qu Qiubai (Holzschnitt, 1961)
Abbildung S. 355

Offenbar begutachten die beiden Druckfahnen einer gemeinsamen Arbeit, die auf dem Bild nicht identifizierbar ist. Möglicherweise handelt es sich um eine Anspielung auf die von Qu Qiubai zusammengestellte Sammlung mit »Ausgewählten Miszellen von Lu Xun« (Lu Xun zagan xuanji, 1933), obwohl sich dort entgegen der Darstellung weder im Haupttitel noch in der Einleitung von Qu Qiubai Überschriften aus vier Schriftzeichen finden. Links liegt eine Ausgabe der Tageszeitung Shenbao, deren Rubrik »Freie Rede« Lu Xun zeitweilig redaktionell betreute, darüber eine Nummer einer Zeitschrift der Liga Linker Schriftsteller, von »Vorposten« (Qianshao), wobei nur das zweite Zeichen shao ('zwitschern', 'pfeifen') des Titels im Bild ist, das mittels seiner Bedeutung die bei Lu Xun häufige akustische Metaphorik aufnimmt. Beachtenswert am Holzschnitt ist weiter, daß die Rümpfe von Lu Xun und Qu Qiubai als kompakte Fläche dargestellt ist, aus der unterhalb des Halses die Hände von Lu Xun das einzige gliedernde Element sind, so daß die beiden als »ein Körper« erscheinen. Überdies lassen Photographien, auf denen Qu Qiubai einen deutlich größeren Schädel als Lu Xun hat, den Schluß zu, daß die Darstellung auch hierin nicht realistisch ist, sondern symbolisch. Der Holzschnitzer Yu Qihui (1934–, aus Zhenhai/Zhejiang) gehört noch zur Generation von Künstlern, die bei Schülern von Lu Xun ihre Ausbildung erhielten und Form und Gestaltung zwar zugunsten einer eindeutigen propagandistischen Botschaft einsetzen, sie aber nicht dem Pathos unterordnen. Von Yu Qihui stammen eine Reihe von weiteren Darstellungen von Lu Xun, die sich im Gegensatz zur kulturrevolutionären Hagiographie durch Klarheit und Zurückhaltung auszeichnen. Er lehrt in der Heimatprovinz von Lu Xun an der Kunstakademie von Zhejiang in Hangzhou, einer Institution, die aus der Nationalen Kunstakademie (Guoli yishuyuan) hervorgegangen ist, an deren Gründung 1928 Lu Xun regen Anteil genommen hatte.

Q — Yu Qihui 俞啟慧 »Lu Xun he Qu Qiubai« 魯迅和瞿秋白 Holzschnitt 367 x 367 mm, in: *Beijing Lu Xun bowuguan canghua xuan* 北京魯迅博物館藏畫選 Tianjin: Renmin chubanshe 8.1986, S. 83; unter Shao Hui 邵慧 in: *Lu Xun yanjiu dongtai* 魯迅研究動態 Nr. 79 (11/1988)

1931 · 12 · 11 Zhonghua minguo 20	Erste Ausgabe von *Shizi jietou* [Straßenkreuzung] erscheint, einer weiteren Zeitschrift der Liga Linker Schriftsteller, wobei LX dem Redaktionskomitee angehört. Veröffentlicht darin »Hao dongxi ge« [Lied von den guten Dingen; dt. als »Die Ballade von den tollen Hechten«, in: *LXW* Bd. 6, S. 74].
1931 · 12 · 20	Miszelle »"Youbang jingcha" lun« [Über die »Verwunderung in befreundeten Ländern«].
1931 · 12 · 25	Literaturwissenschaftlicher »Briefwechsel zu den Stoffen der Erzählliteratur« [»Guanyu xiaoshuo ticai de tongxin«].
1932 · 1 · 23 Zhonghua minguo 21	Klassisches Gedicht »Wuti« [Ohne Titel; dt. als »Manch einer«, in: *LXW* Bd. 6, S. 37].
1932 · 1 · 30	Findet nach Beschädigung der Wohnung beim »Zwischenfall vom 28. Januar« (Angriff von 100'000 Mann der jap. Marine auf Shanghai) im 3. Stock der japanischen

		Buchhandlung seines Freundes, der *Uchiyama-shoten*, Unterschlupf.
1932 · 2 · 3		Unterzeichnet zusammen mit Mao Dun, Yu Dafu (1896–1945, aus Fuyang/Zhejiang), Hu Yuzhi (1896 bis 1986, aus Shangyu/Zhejiang) u.a. den Protestbrief »Shanghai wenhua jie zao shijie shu« gegen den japanischen Imperialismus.
1932 · 2 · 6	Zhonghua minguo 21	Zieht um in Filiale der *Uchiyama-shoten* in der britischen Konzession.
1932 · 3 · 13		Zieht ins Hotel *Dajiangnan fandian*.
1932 · 3 · 19		Kehrt in seine Wohnung zurück.
1932 · 3		Dokument B006

Chen Yifei: Geheimes Lesezimmer (Ölbild, um 1973)
Abbildung S. 361

Im Jahre 1932 mietete Lu Xun an der Straße Liyanglu eine Wohnung, um dort eine Dépendance seiner privaten Bibliothek unterzubringen. Dabei bediente er sich zur Tarnung des Namens von Kamata Seiichi (1905–34), eines japanischen Angestellten in der Buchhandlung seines Freundes Uchiyama Kanzô (1885–1959). Das Ölbild ist aus einer der für die Kulturrevolution typischen Sammlungen mit didaktisch und fiktional aufbereiteten Szenen aus dem Leben von Lu Xun reproduziert. Daß Lu Xun eine Wohnung mietete, wird in der zugehörigen Szene als notwendige Vorsichtsmaßnahme gegen die Behörden dargestellt, um marxistische Werke aufzubewahren und in Ruhe lesen zu können. Die Broschüre enthält als Vorsatzblatt die obligate Lu-Xun-Eloge durch Mao Zedong (s. Dok. C025) und erschien in einer Startauflage von nicht weniger als 320'000 Exemplaren, während heutige Fachpublikationen zu Lu Xun (vgl. Dok. C042) nur noch Auflagen um 1'500 erreichen. Auf Bitte des älteren Bruders des Verstorbenen, der als Buchhalter in der gleichen Buchhandlung arbeitete, schrieb Lu Xun für Kamata Seiichi einen Grabspruch. — Der Verfassername Shi Yige (etwa »Immersang Stein«) ist ein Pseudonym für eine während der Kulturrevolution gebildete und publizistisch sehr aktive Lu-Xun-Studiengruppe in Shanghai, dem intellektuellen Zentrum der »Viererbande«.

Q — Chen Yifei 陳逸飛 »Mimi dushu shi« 秘密讀書室 [Geheimes Lesezimmer], in: Shi Yige 石一歌 *Lu Xun de gushi* 魯迅的故事 Shanghai: Renmin chubanshe 2.1973, nach S. 74

Chen Yifei: Geheimes Lesezimmer (Ölbild, um 1973)
Text S. 360

L — Lu Xun: »Kamata Seiichi muji« 鎌田誠一墓記 [Grabspruch für Kamata Seiichi, 22.4.1935], in: *LXQJ* Bd. 6, S. 307 ¶ Uchiyama Kanzô 内山完造 »Gemingjia Lu Xun de pengyou Kamata Hisashi, Kamata Aiko fufu« 革命家魯迅的朋友鎌田壽、鎌田愛子夫婦 [Das Ehepaar Kamata Hisashi und Aiko, Freunde des Revolutionärs Lu Xun], in: *Riben he Zhongguo* 日本和中國 Nr. 19 (8.1974) ¶ Xue Suizhi 薛綏之 »Lu Xun yu Neishan shudian de mantanhui« 魯迅與内山書店的漫談會 [Lu Xun und die Gesprächsrunden in der Buchhandlung Uchiyama shoten], in: *Lu Xun yanjiu* 魯迅研究 Bd. 1, Shanghai: Wenyi chubanshe 12.1980, S. 422–28

1932 · 4 · 20 Zhonghua minguo 21	Schreibt »Lin Keduo "Sulian wenjian lu" xu« [Vorwort zum »Erfahrungsbericht aus der Sowjetunion« von Lin Keduo (d.i. Li Ping, 1902–49, aus Huangyan/Zhejiang, Metallarbeiter, zuerst in Paris, 1929 wegen Wirtschaftskrise arbeitslos, 1930 in UdSSR)], erscheint im November in Shanghai beim Verlag Guanghua shuju.
1932 · 4 · 24	Stellt den Sammelband *Sanxian ji* [Dreifache Muße] mit Miszellen zusammen und schreibt Vorwort dazu, erscheint im Oktober in Shanghai beim Verlag Hezhong shudian.
1932 · 5 · 6	Miszelle »Women bu zai shoupian le« [Wir lassen uns nicht noch einmal hinters Licht führen].
1932 · 9 · 9	Schreibt Vorwort zum Sammelband *Shuqin* [Laute] mit sowjetischen Erz., Übers. zusammen mit Rou Shi und Cao Jinghua.
1932 · 9 · 10	Nachwort zu *Shuqin*, erscheint im Januar 1933 in Shanghai beim Verlag Liangyou tushu yinshua gongsi in der Reihe »Liangyou wenxue congshu«.
1932 · 9 · 18	Vorwort zum Sammelband *Yi tian de gongzuo* [Ein Tagewerk] mit sowjetischen Erz., Übers. zusammen mit Yang Zhihua (w, 1900–73, aus Xiaoshan/Zhejiang).
1932 · 9 · 19	Nachwort zu *Yi tian de gongzuo*, ersch. im März 1933 in Shanghai beim Verlag Liangyou tushu yinshua gongsi, im Juli 1936 zus. mit *Shuqin* u.d.T. *Sulian zuojia ershi ren ji* [Zwanzig sowjetische Schriftsteller] beim gleichen Verlag.
1932 · Sommer/Herbst	Trifft mit Chen Geng (1903–61, aus Xiangxiang/Hu'nan) zusammen, einem führenden Offizier der Roten Armee, der sich zu ärztlicher Behandlung in Shanghai aufhält.
1932 · 10 · 10	Kunstkritischer Aufsatz »Lun "Di san zhong ren"« [Über die »Menschen der dritten Art«], nämlich jene, die sich weigern, politisch Stellung zu beziehen.

1932 · 10 · 12	Gedicht im klassischen Stil »Zi zhao« [Ein Spottlied auf mich; dt. in: *LXW* Bd. 6, S. 41].
1932 · 10 · 25	Kunstkritischer Aufsatz »"Lianhuan tuhua" bianhu« [Eine Apologie illustrierter Geschichten], d.h. von Comics.
1932 · 10 · 26	Hält vor der Vereinigung für darstellende Kunst »Wilde Winde« *(Yefeng huahui)* einen Vortrag über »Die massenhafte Verbreitung der bildenden Kunst und die Frage der Verwendung alter Formen« [»Meishu de dazhonghua yu jiu xingshi liyong wenti«], Manuskript verloren.
1932 · 11 · 11	Reist nach Beiping.
1932 · 11 · 13	Kommt in Beiping an.
1932 · 11 · 22	Hält am Zweiten Institut der Universität Peking einen Vortrag über »Nützliche und unterhaltende Literatur« [»Bangmang wenxue yu bangxian wenxue«], an der katholischen Furen-Universität einen weiteren mit dem Titel »Zwei persönliche Gedanken in diesem Frühling« [»Jin chun de liang zhong ganxiang«].
1932 · 11 · 24	Hält an der Frauen-Oberschule *(Nüzi wenli xueyuan)* einen Vortrag über »Revolutionäre und servile Literatur« [»Geming wenxue yu zunming wenxue«], Manuskript verloren.
1932 · 11 · 27	Hält an der Pädagogischen Hochschule von Peking *(Beijing shifan daxue)* einen Vortrag mit dem Thema »Zai lun "di san zhong ren"« [Noch einmal über die »Menschen der dritten Art«], Manuskript verloren.
1932 · 11 · 27	Dokument B034

Rede im Freien an der Pädagogischen Hochschule Peking (Photographie)
Abbildung S. 365

Q — *Lu Xun 1881–1936* 鲁迅 Beijing: Wenwu chubanshe 1976, Nr. 74

Rede im Freien an der Pädagogischen Hochschule Peking (Photographie)
Text S. 364

1932 · 11 · 28   Hält an der Universität von China einen Vortrag mit
dem Thema »Wenxue yu wuli« [Literatur und
Waffengewalt], Manuskript verloren.

1932 · 11 · 29   Dokument C024

Pan Binggao: Ein Interview mit Herrn Lu Xun

In den 30er Jahren war Pan Binggao (1908–94), aus Anxin in der Provinz Hebei stammend, Herausgeber von Shaquan zhoukan *[Sandquelle], einer Beilage zur in Peking erscheinenden* Jingbao *(»Zeitung für die Hauptstadt«). Außer für die Zeitschrift* Beiguo yuekan, *in der die folgenden Aufzeichnungen über ein Gespräch mit Lu Xun erschienen sind, schrieb er auch regelmäßig für die Beilage* Chuangzuo yu pipan *(»Schöpfung und Kritik«) der Tageszeitung* Yongbao *in Tianjin. Seit 1929 studierte er Anglistik an der Pädagogischen Hochschule in Peking und ging 1948 in die USA, wo er 1953 an der Columbia-Universität in New York sein Studium abschloß. Danach lehrte er bis zu seiner Pensionierung Geschichte an der Pädagogischen Hochschule von Hebei in Shijiazhuang.*

Zufällig fand ich in der Tageszeitung »*Shijie ribao*« die Nachricht, Herr Lu Xun komme zu einem Vortrag an die Universität Peking. Ich wußte jedoch, daß Herr Lu Xun vorher schon nach *Beiping* gekommen war. Außerdem hatte ich am gleichen Abend, wie er seinen Vortrag halten sollte, mit einem Freund zusammen zwei Professoren besucht, die in der Literaturszene etwa den gleichen Rang [wie Lu Xun] einnahmen. Wie kam es, daß sie mir davon gar nichts gesagt hatten? Was aber seinen Vortrag betrifft, so nahmen wir an, er hätte ihn bereits gehalten. Seit wir einander im Jahre 17 [der Republik, d.h. 1928] getroffen hatten, glaubten wir, er würde länger im Shili yangchang in Shenjiang bleiben. Wer hätte gedacht, daß er das Risiko eingehen würde, in das vom *weißen Terror* geprägte Beiping zu kommen?

Aus der Sammlung »*Unglücksstern*« wußte ich, daß er in einem kleinen Winkel im Bezirk Weststadt wohnte, kannte aber seine genaue Adresse nicht. Dann konnte ich bei einem *Landsmann* erfahren, daß seine Adresse *Gongmenkou xisantiao* Nr. 14 lautete. Er meinte, wenn ich ihn besuchen wolle, sei es am günstigsten, den Dekan der Fakultät für Chinesische Sprache und Literatur, Herrn *QianXuantong*, um ein Empfehlungsschreiben zu bitten, weil sie immer noch miteinander auskämen und ich sonst befürchten müsse, Lu Xun gar nicht treffen zu können.

Deshalb rief ich am nächsten Tag in der Frühe bei Herrn Qian an, konnte ihn aber den ganzen Tag hindurch nicht erreichen. Ein anderer Kommilitone hatte Erfolg und sagte, Herr Qian würde den Dienst nicht erweisen und habe erklärt:»Ich bin mit ihm (Lu Xun) nicht mehr befreundet, er beschimpft andere Leute nur. Ihr müßt euch deshalb selber einladen und ich werde euch daran nicht hindern.« Ich hätte nicht gedacht, daß die Beziehungen von Lu Xun zu den Leuten aus dem Erziehungswesen in Beiping so schlecht waren — ein Ergebnis der *zagan* [Vermischten Notizen] von Lu Xun.

Am Nachmittag des übernächsten Tages beschloss ich, *Zhizhi* und *Yongnian*, auf Vermittlung der Forschungsgesellschaft für Literatur und Kunst von der Pädagogischen Hochschule Lu Xun doch besuchen zu gehen. [...]

Wir fragten:»Herr *Zhou*, warum sind Sie nach Beiping gekommen?«

Er antwortete:»Weil meine Mutter erkrankt ist, wurde ich telegraphisch hierher gerufen.«

»Wann kehren Sie zurück?«

»In zwei drei Tagen.«

»Und was werden Sie dann tun?«

»Wenn ich zurückkehre, werde ich versuchen, Geld aufzutreiben, um etwas essen zu können!«

»Hier haben viele Studenten die Hoffnung, daß Sie in Beiping bleiben und unterrichten.«

»Die hiesigen Politiker sind mir unsympathisch. Sie behaupten wiederholt, ich würde ihnen das Brot wegnehmen.«

»Das behaupten die Jungen! Haben Sie nicht ein herzliches Verhältnis zu Qian Xuantong?«

»Von ihm habe ich schon lange nichts mehr gehört. Wenn ich in Beiping bin, wohne ich jeweils bei *Ma Youyu*.«

»Wie hoch ist Ihr jährliches Einkommen in Shanghai?«

»Die Autorenhonorare für Nachdrucke und Artikel machen so etwa 3000 Yuan aus.«

»Sind die Autorenhonorare, die der Verlag Beixin shuju noch schuldete, inzwischen bezahlt?«

»Nein. Die Verlagsdirektoren in Shanghai sind gewitzte Kerle. Sie benutzen einen, um für sich Werbung zu machen, ohne daß sie dafür bezahlen. Es kann durchaus vorkommen, daß sie eine Monatsschrift herausbringen. Sobald aber die erste Nummer herausgekommen ist, bringen sie keine weiteren Nummern mehr. Wenn man sie drängt und auf den Tisch schlägt, bringen sie womöglich noch eine zweite Nummer heraus und nennen es dann eine Monatszeitschrift, von der dann aber in einem ganzen Jahr nicht mehr als zwei oder drei Nummern erscheinen.«

»Hat die Zeitschrift *Beidou* ihr Erscheinen eingestellt?«

»Das war Ergebnis der Verlagsschließung.«

»Ist *Ding Ling* verhaftet worden?«

»Nein.«

»Wie finden Sie ihre Werke?«

»In letzter Zeit hat sie Fortschritte gemacht.«

»Herr Zhou, warum schreiben Sie keine erzählerischen Werke mehr?«

»Mein Leben besteht darin, den ganzen Tag über im Zimmer zu sitzen. Ich gehe nicht hinaus, finde kein neues Material und kann deshalb nicht schreiben.«

»Was haben Sie in der letzten Zeit gemacht?«

»Ich habe ein paar Sachen übersetzt und einen Band "Zwei Herzen" herausgebracht.«

»Warum ist die literarische Szene in China in letzter Zeit so öde?«

»Weil die Theorie die Menschen in Beschlag genommen hat, darum! Früher gab es keine Theorie und alle konnten noch so vor sich hinschreiben, wie es ihnen gerade einfiel, aber seit es Theorien gibt, können sie gar nicht mehr schreiben. So sieht es der gesunde Menschenverstand. Daß die Theorien jedoch unterdrückt werden, ist ebenfalls ein Grund, allerdings ein Grund, der bei weitem überwiegt.«

»Haben Sie die Literaturgeschichte von *Zheng Zhenduo* gelesen?« richtete er an uns die Frage.

»Ja. Können Sie dazu einige kritische Bemerkungen machen?« fragte ich ihn.

»Sie ist sehr reich an Material, bloß nimmt sie keinen Standpunkt ein.«

»Ich habe gehört, Herr *Zhou Zuoren* wolle eine von einem Japaner geschriebene Geschichte der chinesischen Literatur übersetzen«, sagte ich.

»Auch unter den Literaturgeschichten von Japanern gibt es keine guten! Ich habe vor, *selber eine zu schreiben.*«

»Herr Zhou, haben Sie Zeit, an unserer Universität einen Vortrag zu halten?«

»Ich wüßte nichts, worüber ich reden könnte. Was ich zu sagen habe, steht alles in meinen Artikeln.«

»Aber tragen Sie trotzdem etwas vor.«

»Wäre Ihnen der Sonntag recht?«

»Sie haben es also selbst bestimmt. Wir kommen Sie am Sonntag nachmittag um ein Uhr abholen.«

Er lehnte erst höflich ab, dann verabschiedeten wir uns. Es war Freitag gegen Abend.

Peking

Am Sonntagnachmittag war der Fengyu-Sportplatz in der Pädagogischen Hochschule bereits voller Menschen. Um zwei Uhr waren sogar außerhalb des Eingangs Menschen. Nachdem Lu Xun das Hochschulgelände betreten hatte, war er schon auf halbem Wege von Menschen umringt, und sie umdrängten die Rednertribüne. Sein Thema war »Noch einmal über die "Menschen dritter Ordnung"«. Er hatte kaum drei Minuten zu sprechen begonnen, als einige Leute vorschlugen, den Vortrag im Freien abzuhalten, so daß schließlich alle hinausgingen.

Mitten im heftigen Wind sprach Lu Xun eine Stunde lang. Die Menschen, die ihn von allen Seiten umringten, konnten ihn nicht alle deutlich verstehen, aber nahmen mit Respekt die Stimmung wahr.

Als er sich in den Aufenthaltsraum begab, wurde er sogleich von Menschen umringt. Herr Lu Xun stieg auf den Tisch und sagte zu den Leuten: »Was ich gesagt habe, wird alles in der Zeitung stehen. Ihr werdet es lesen können. Ich fürchte sehr, eine solche Gelegenheit kehrt nicht wieder!« Doch die Leute zerstreuten sich immer noch nicht, manche baten ihn inständig, er möge in Beiping lehren. Er erwiderte: »Ich stehe auf schlechtem Fuß mit den Kulturpolitikern von Beiping. Sobald ich einmal komme, steht in den Zeitungen, Lu Xun wolle seinen Wiederaufstieg feiern, so daß mir nichts anderes übrig bleibt, als so rasch als möglich abzusteigen.« Die Leute fragten außerdem, ob es gefährlich sei, in den *ausländischen Konzessionen* in Shanghai zu wohnen. Er antwortete: »Inzwischen gibt es zwischen den Konzessionen und dem Binnenland praktisch keinen Unterschied. Die Imperialisten und die regierende Klasse stecken jetzt im Prinzip unter einer Decke. Die regierende Klasse ist jetzt ebenfalls sehr empfindlich, bloß wird man selber auf die regierende Klasse ebenfalls sehr empfindlich. Deshalb ist es ungefährlich.« Die Leute fragten auch: »In welcher Weise übt die regierende Klasse Druck auf das Verlagswesen aus?« Er erwiderte: »Inzwischen nehmen sie nicht nur Verlagsleiter fest und wollen ein bißchen Geld, damit die Sache geregelt ist.« Weiter fragten die Leute: »Wer gehört in Shanghai zur politischen Klasse?« Er antwortete: »Die *frische rote Bande*.« »Sind sie nicht Proletarier?« riefen die Leute erschreckt aus. »Aber dennoch sind es wirkliche Politiker«, sagte er darauf.

Ich weiß nicht, wann der Tag kommt, wo sie uns aus der Klemme helfen werden.

29.11.1932 abends im *Baimiao*

A — *Shijie ribao* [Tageszeitung »Die Welt«], im Februar 1925 von Cheng Shewo (1898–1991, aus Xiangxiang/Hu'nan) in Peking begründet, durch Verhaftung der Redaktion im August 1926 politisch bedrängt, seit Juli 1926 bis anfangs 1927 mit einer vom Linguisten und Sprachreformer Liu Bannong (1891–1934) edierten Beilage ¶ *Beiping* »nördlicher Friede«, Name der chinesischen Hauptstadt Peking von 1927 bis 1949, d.h. von der Eroberung durch die republikanische Armee bis zur Gründung der Volksrepublik ¶ *weißer Terror* Bezeichnung für die blutige Verfolgung Andersdenkender, besonders von Kommunisten, durch die Guomindang ¶ *»Unglücksstern«* (»Huagai ji«, 1926) Sammlung mit im Jahre 1925 entstandenen Miszellen ¶ *Landsmann* ist jemand, der aus der selben Provinz oder dem selben Kreis stammt ¶ *Gongmenkou xisantiao* übersetzt »Straßenmündung am Palasttor, dritte Seitenstraße westlich«, in der Nähe des Stadttores Fuchengmen ¶ *Qian Xuantong* (1887–1939) auf Phonologie spezialisierter Linguist, seit gemeinsamen Studien beim Antimonarchisten und Sprachgelehrten Zhang Binglin (auch: Zhang Taiyan, 1869–1936) in Japan mit Lu Xun befreundet, Professor an verschiedenen Pekinger Universitäten, als Sprachreformer aktiv ¶ *Zhizhi* d.i. Wang Zhizhi (1905–, aus Meishan/Sichuan), Verfasser von »Lu Xun yinxiang ji« [Impressionen von Lu Xun, 1936] ¶ *Yongnian* gemeint ist Zhang Songru (1910–, aus Shulu/Hebei) seit 1928 Student an der Pädagogischen Hochschule in Peking, ab 1932 Mitherausgeber der Literaturzeitschrift »Wenxue zazhi«, Mitglied der Liga Linker Schriftsteller, Verfasser von »Zhongguo wenxue gailun« [Grundriß der chinesischen Literatur, 1935], seit 1938 im kommunistischen Partisanenstützpunkt Yan'an ¶ *Zhou* ist der ursprüngliche Familienname von Lu Xun ¶ *Ma Youyu* (1878–1945) Kommilitone und Landsmann von Lu Xun aus Yinxian/Zhejiang, mit ihm lebenslang befreundet, nach Studium in Japan seit 1912 Professor in Peking, Vater von Ma Jue (1910–) ¶ *»Beidou«* »Sternbild des Großen Bären«, eines der Organe der Liga Linker Schriftsteller, erschien von Sept. 1931 bis Juli 1932 unter der herausgeberischen Verantwortung von Ding Ling und mußte wegen Verbots durch die Regierung der Guomindang mit Bd. 2, Nr. 4 ihr Erscheinen einstellen; die erste Nummer reproduzierte auf dem Umschlag den Holzschnitt »Opfer« von Käthe Kollwitz ¶ *Ding Ling* eigentlich Jiang Bingzhi (1904–86, aus Linli/Hu'nan), bedeutendste Schriftstellerin des modernen China, berühmt geworden durch ihr »Shafei nüshi de riji« (1927, »Tagebuch der Sophia«, dt. Frankfurt a.M.: Suhrkamp 1980); nach Verbot von »Beidou« gefährdet und im Mai 1933 durch ein Sonderkommando der Guomindang verschleppt und bis 1936 unter Hausarrest (vgl. »Nachruf auf Ding Ling«, in: »LXW«, Bd. 6., S. 55) ¶ *»Zwei Herzen«* (»Erxin ji«, 1932) enthält Texte aus den Jahren 1930 und 1931, darunter Vorreden und Texte zur Übersetzungstheorie ¶ *Zheng Zhenduo* (1898–1958, aus Changle/Fujian) einflußreicher Literaturwissenschaftler und Übersetzer, Mitherausgeber von »Xiaoshuo yuebao« (»Short Story Monthly«); gemeint ist hier sein breit angelegtes Werk »Wenxue dagang« [Grundriß der Literatur, 4 Bde., 1927] ¶ *Zhou Zuoren* (1885–1967) ist einer der Brüder von Lu Xun, mit dem Lu Xun den Kontakt weitgehend abgebrochen hatte ¶ *selber eine zu schreiben...* bereits 1926 begonnen, jedoch nur bis zum Historiker Sima Qian (um 145–um 90 v.u.Z., Han-Dynastie) gediehen und deshalb als »Han wenxue shi gangyao« [Grundriß der Han-chinesischen Literaturgeschichte, 1938] postum erschienen ¶ *ausländische Konzession* von England, Frankreich, Deutschland, Japan durch ungleiche

Peking

Verträge von China erzwungene Pachtgebiete mit beschränkten chinesischen Hoheitsrechten, v.a.
in Hafenstädten wie Shanghai, Tianjin, Qingdao, Wuhan, die vor politischer Verfolgung durch
chinesische Organe einen gewissen Schutz boten ¶ *frische rote Bande* von der Guomindang
verwendeter Ausdruck für die Kommunisten ¶ *Baimiao* »Weißer Tempel«, Viertel im Stadtbezirk
Chaoyang, heute Baixinzhuang

Q — Pan Binggao 潘炳皋 »Lu Xun xiansheng fangwen ji« 魯迅先生訪問記 [Interview mit Lu
Xun], 29.11.1932, in: *Beiguo yuekan* 北國月刊 Nr. 4 (Beiping, 1932); in: *Lu Xun yanjiu yuekan* 魯迅
研究月刊 Nr. 101 (9/1990), S. 64–66

L — Zhao Mei 趙玫 »"Beiping wujiang" di wu jiang de dongyin yu jingguo« "北平五講" 第五講
的動因與經過 [Anlaß und Verlauf des fünften unter den »Fünf Vorträgen in Beiping«], in: *Lu Xun
yanjiu yuekan* Nr. 124 (8/1992), S. 59–60 ¶ »Caifang Lu Xun de Pan Binggao« 采訪魯迅的潘炳皋
[Pan Binggao als Besucher von Lu Xun], in: *Lu Xun yanjiu yuekan* Nr. 147 (7/1994), S. 15

1932 · 11	Trifft sich mit Gründungsmitgliedern der Liga Linker Schriftsteller, um sich über die Situation der linken Kulturbewegung in Nordchina zu informieren.
1932 · 11 · 30	Kehrt nach Shanghai zurück.
1932 · 12 · 10	»Ruma he konghe jue bu shi zhandou« [Beschimpfungen und Drohungen sind gewiß kein Kampf], Brief an die Redaktion von *Wenxue yuebao* [Monatszeitschrift für Literatur].
1932 · 12 · 14	»"Zixuan ji" zixu« [Vorrede zu den »Werken in eigener Auswahl«], *Lu Xun zixuan ji* erscheinen im März 1933 in Shanghai beim Verlag Tianma shudian.
1932 · 12 · 16	Stellt *Liangdi shu* [Briefe aus zwei Welten; Briefwechsel zwischen LX und Xu Guangping, ersch. dt. Zürich: Unionsverlag 1999] zusammen und schreibt Vorwort dazu, erscheint im April 1933 im Selbstverlag unter Verlagsbezeichnung »Qingguang shuju«, einen Monat später in Shanghai beim Verlag Beixin shuju.
1932 · 12 · 30	Miszelle »Zhu Zhong-E wenzi zhi jiao« [Glückwünsche zum literarischen Austausch zwischen China und Rußland].
1932 · 12	»Zhongguo zhu zuojia wei Zhong-Su fujiao zhi Sulian dian« [Telegramm der chinesischen Schriftsteller an die Sowjetunion zur Wiederaufnahme der chinesisch-sowjetischen diplomatischen Beziehungen], unter-

		zeichnet zusammen mit Liu Yazi (1887–1958, aus Wujiang/Jiangsu), Mao Dun, Zhou Qiying (d.i. Zhou Yang, 1908–89, aus Yiyang/Hu'nan), Shen Duanxian (d.i. Xia Yan (1900–95, aus Hangxian/Zhejiang), Hu Yuzhi u.a.
1933 · 1 · 6	Zhonghua minguo 22	Nimmt teil an der Versammlung des provisorischen Vorstandes der Chinesischen Liga zum Schutz der Bürgerrechte *(Zhongguo minquan baozhang tongmeng)*.
1933 · 1 · 17		Wird in den Vorstand der Sektion Shanghai der Liga zum Schutz der Bürgerrechte gewählt.
1933 · 1 · 28		»Lun "funan" he "taonan" (Ji "Taosheng" bianji de yi feng xin)« [Soll man »in die Schlacht ziehen« und »die Flucht ergreifen«? (Brief an die Redaktion von *Taosheng*); dt. in: *Einsturz*, S. 125–28].
1933 · 1 · 30		Schreibt erstmals Beitrag für die Rubrik »Ziyou tan« [Freie Rede] der Tageszeitung *Shenbao*. In der Folge entstehen dafür bis September 1934 über 130 Miszellen unter über 40 Pseudonymen.
1933 · 2 · 7 / 8		Essay »Weile wangque de jinian« [Ich erinnere mich, um zu vergessen; dt. in: *Einsturz*, S. 129–38].
1933 · 2 · 17		Nimmt im Hause von Song Qingling (w, 1893–1981, aus Wenchang/Guangdong, geb. in Shanghai), an einem Empfang zu Ehren von G. B. Shaw teil.
1933 · 2 · 17		Dokumente B052 und B053

Gruppenbild mit Lu Xun und George Bernard Shaw (Photographie, unretuschiert 1933, retuschiert um 1956)
Abbildungen S. 375

Auf dem Gruppenbild, das aus Anlaß des Empfangs für George Bernard Shaw (1856–1950) in Shanghai entstand, sind von links nach rechts zu sehen: die amerikanische Journalistin Agnes Smedley (1890–1950), der Gast, die Gastgeberin Song Qingling, Witwe von Sun Yixian (»Sun Yat-sen«), dem ersten Präsidenten der Republik, halb verdeckt der amerikanische Journalist Harold B. Isaacs (1910–), seit 1932 Redakteur der Wochenzeitung China Forum *sowie Herausgeber der Anthologie* Straw Sandals *mit modernen chinesischen Erzählungen, vor ihm der Reformer und Politiker Cai Yuanpei (1868–1940), der Schriftsteller Lin Yutang (1895–1976) und schließlich Lu Xun. Die Aufnahme wurde am weitesten in einer retuschierten*

Peking

Version verbreitet, auf der Harold B. Isaacs und Lin Yutang fehlen. Letzterem wurde vorgeworfen, er habe durch seine publizistische Tätigkeit eine quietistische und apolitische Literatur propagiert. — Ein Ausschnitt aus dem bei gleicher Gelegenheit entstandenen Porträt von Lu Xun mit George Bernard Shaw und Cai Yuanpei hat als Vorlage für eine 1955 entstandene Seidenstickerei gedient.

Q — *A Pictorial Biography of Lu Xun*, Peking: People's Fine Art Publishing House o.J. [1981], S. 95 [unretuschiert] ¶ *Lu Xun 1881–1936*, Beijing: Wenxue chubanshe 1976, Nr. 78 [retuschiert]

1933 · 2 · 17 Dokument B014

Gao Wanyu: Stickerei nach Gruppenbild mit Shaw und Cai Yuanpei (1955)
Abbildung S. 377

Q — Gao Wanyu 高婉玉 »Lu Xun yu Xiao Bona« 魯迅與蕭伯納 [Lu Xun und G. B. Shaw; Stickerei nach Photographie, 1955], in: *Beijing Lu Xun bowuguan canghua xuan* 北京魯迅博物館藏畫 選, Tianjin: Meishu chubanshe 8.1986, S. 91

1933 · 2 · 17 Dokument C004

Cai Yuanpei: Überlegungen zu den Vorteilen des erheblichen Alters von George Bernard Shaw

Cai Yuanpei (1868–1940) war eines der prominentesten Aushängeschilder im sorg-fältig geplanten und inszenierten Auftakt zur propagandistischen Assimilation von Lu Xun: Der über 60jährige ehemalige Hanlin-Akademiker und frühere Rektor der Universität Peking war in der Tat ein great old man *der Bewegung des 4. Mai und zusätzlich durch die gemeinsame Herkunft aus Shaoxing für diese Rolle geradezu prädestiniert. Es sind denn auch die bis ins hohe Alter vielfältigen sozialen, politischen und publizistischen Aktivitäten, für welche der in China seit den frühen 20er Jahren bekannte irische Dramatiker George Bernard Shaw (1856–1950) als Paradebeispiel gelten kann, die Cai Yuanpei in seinem Artikel aus Anlaß des China-Besuchs von Shaw und auch aus eigener Betroffenheit reflektiert. Das raffinierte Kompliment an den Gast, das sich auch genauer Kenntnis der vor allem in* Grundriß der Psychologie *(1896) entwickelten Ästhetik von Wilhelm Wundt (1832–1920) verdankt, erschien übrigens in der auch von Lu Xun oft als »apolitisch« diffamierten Zeitschrift* Lunyu *(»Gespräche«), die Lin Yutang (1895–1976) herausgab. Beachtenswert ist der Akzent auf den »Übergängen«, d.h. den »Wandlungsphasen« in der literarischen Rezeption, im Gegensatz zu den postulierten Typen der ästhetischen Wahrnehmung.*

[374]

Gruppenbild mit Lu Xun und George Bernard Shaw
(Photographie, unretuschiert 1933, retuschiert um 1956)
Text S. 373

Gao Wanyu: Stickerei nach Gruppenbild mit Shaw und Cai Yuanpei (1955)
Text S. 374

George Bernard Shaw ist bereits 77 Jahre alt, seine Haare schlohweiß, aber seine Rede ohne Stocken, seine Bewegungen behend, so daß er nicht im geringsten greisenhaft wirkt. [Doch] an einem der vergangenen Tage hat er im beiläufigen Gespräch selbst erklärt: »Als ich begann, in die Jahre zu kommen, dachten alle, Shaw ist alt geworden, wir brauchen seine Werke nicht mehr zu lesen. Und jetzt finden sie, es ist ein Vorteil, daß Shaw alt ist, und sie beginnen wieder, seine Werke zu lesen.«

Obwohl er nicht gerne große Worte macht, beruhen diese beiden Sätze offensichtlich auf einer wahren Überlegung.

Bei unseren Literaten gibt es kritische Wertungen wie »erschöpftes Talent« und »ein Veteran, der seine Kraft verloren hat«, [die darauf hinauslaufen,] daß Alterswerke entweder formal oder inhaltlich mangelhaft sind. Aber über die jüngsten Werke von George Bernard Shaw habe ich noch nie die Kritik gehört, sie könnten sich »mit früheren nicht messen«. Ich glaube, daß seine beiden Sätze eine psychologische Einstellung bei den Lesern [zutreffend] wiedergeben. In der experimentellen Ästhetik werden, wie ich weiß, seit neustem zwei Haltungen unterschieden: Was als neuartig und fremd erstaunt, wird als vollkommen schön aufgefaßt, während als häßlich abgelehnt wird, was den Verdacht weckt, in seiner Form nicht in vorhandene Muster zu passen. Doch bei dieser Einstellung, die das Häßliche ablehnt, tritt allmählich Gewöhnung ein, wenn sich die Wahrnehmung nur oft genug wiederholt, so daß dessen Schönheiten erkannt werden; das ist der erste Wendepunkt. Wenn die Gewöhnung lange genug anhält, wird Schönheit nicht [mehr als solche] empfunden, genau so, wie nach langem Aufenthalt in einem *Raum voller duftender Orchideen* der Duft nicht mehr wahrgenommen wird; das ist der zweite Wendepunkt. Wenn George Bernard Shaw davon spricht, »seine Werke brauchten nicht gelesen zu werden«, dann meint er die psychologische Haltung des Lesers, die der Phase des zweiten Wendepunkts entspricht. Wer ihn daraufhin liest, indem er hartnäckig am einstigen Eindruck festhält, wird nicht das Gefühl haben, [seine Werke] weckten Verwunderung. Nimmt man die *Reise von Shaw nach Rußland* hinzu, so wagt der Schreibende nicht, sich zu äußern, sondern äußert lediglich seine Sympathie. Aus [den genannten] Gründen seien seine Werke erneut willkommen.

A — *Raum voller…* als feststehende Redewendung metaphorisch für gesellschaftlichen »Umgang mit edlen Menschen« gebraucht ¶ *Reise … nach Rußland* fand 1931 statt, als Shaw eine Gruppe britischer Parlamentarier in die Sowjetunion begleitete

Peking

Q — Cai Yuanpei 蔡元培 »Xiao Bona po you lao dang yizhuang de ganxiang« 蕭伯納頗有老當益
壯的感想 in: *Lunyu* 論語 Nr. 12 (1.3.1933); in: *Cai Yuanpei quanji* 蔡元培全集 Hg. Sun Changwei
孫常煒 Taibei: Taiwan shangwu yinshuguan 3.1968, S. 637

L — Hsü, Stephan Chi-wei: »Die Pädagogik von Ts'ai Yüan-p'ei. Die Begegnung zwischen der
europäischen und chinesischen Kultur [...]«, Diss. Münster 1969 ¶ Zhang Songnan 張頌南 *Lu Xun
meixue sixiang qiantan* 魯迅美學思想淺探 [Eine vorläufige Untersuchung zu den ästhetischen
Ideen von Lu Xun; über Bezüge zu Cai Yuanpei], Hangzhou: Zhejiang renmin chubanshe 1982

1933 · 2 · 17   Dokument W009

George Bernard Shaw: Brief an Edward Elgar (30. Mai 1933)

*In den veröffentlichten Texten des irischen Dramatikers und individualistischen
Sozialisten George Bernard Shaw (1856–1950) finden sich auffallend wenige
Zeugnisse seines China-Aufenthaltes auf seiner Weltreise 1933. Das ist jedoch
deswegen nicht erstaunlich, weil er sich nur wenige Tage in China aufhielt und
überdies in den Jahren zuvor schon längere Reisen unternommen hatte, 1931 in die
Sowjetunion und 1932 nach Südafrika. Seine Reiseroute führte über Manila (7.2.)
über Hong Kong nach Shanghai, wo Shaw nach dem Empfang durch Song Qingling
sogleich nach Peking weiterreiste, bevor er am 4.4. von Tianjin aus im japanischen
Kobe eintraf. Im nach seiner Rückkehr nach London geschriebenen Brief an den
befreundeten Komponisten Edward Elgar (1857–1934), der sich soeben anschickte,
sein Violinkonzert mit dem als Wunderkind berühmten Yehudi Menuhin (1916–99)
als Solisten in Paris uraufzuführen, zeigt sich das seit* The Perfect Wagnerite
*(1898) bekannte Interesse des früheren Pianisten Shaw an musikalischen Formen.
Der Schriftsteller Lu Xun scheint ebenso wie Cai Yuanpei im täglichen Reigen von
Empfängen bei hohen politischen Würdenträgern untergegangen zu sein. Umgekehrt
war Shaw in China längst kein Unbekannter mehr. Seine Stücke* Widowers Houses
(1892), Mrs. Warren's Profession *und* Arms and the Man *(beide 1894) waren
bereits ins Chinesische übersetzt, weitere folgten.*

4 Whitehall Court SW 1

30. Mai 1933

Mein lieber Elgar

Warum Paris? Ich empfehle Beiping (ehemals Peking), wo Du zum Lama-
tempel mußt, da Du dort herausfinden kannst, wie die Chinesen Harmonien
erzeugen. Statt wie Du einen mühseligen Aufwand zu treiben, um viele
verschiedene Stimmen zu komponieren, die gleichzeitig gesungen werden

sollen, singen sie ständig unisono, meist ohne die Tonhöhe zu ändern. Denn sie gebrauchen ihre Stimme fast magisch, so daß sämtliche Harmonien mit außerordentlichem Reichtum zum tragen kommen, wie bei großen Glocken. Meine Ohren waren noch nie so vollauf gesättigt. Die Bässe sind verblüffend. Der Dirigent hält sie im Takt, indem er von Zeit zu Zeit ein kleines Glöckchen läutet. Sie sitzen im Kreis um einen 50 Fuß hohen Buddha, dessen wohltuende Erhabenheit und innige Anteilnahme kaum zu beschreiben ist. In der Kunst machen wir alles falsch, die Chinesen dagegen alles richtig. [...]

Q — Shaw, Bernard: *Collected Letters*, Hg. Dan H. Laurence, Bd. 4 (1926–1950), London: Max Reinhardt 1988, S. 340

L — Duanmu Hongliang 端木蕻良 »Xiao Bona zai Beiping« 蕭伯納在北平 [George Bernard Shaw in Beiping {Peking}], in: *Yongbao fukan* 庸報副刊 (Tianjin) 23.2.1933

1933 · 2 · 21	Trifft sich mit dem amerikanischen Journalisten Edgar Snow (1905–72).
1933 · Ende Februar	»Wen Xiaolin tongzhi zhi si« [Bei der Nachricht vom Tod des Genossen Kobayashi {Takiji, 1903–33}], des japanischen Schriftstellers, der als Generalsekretär der Liga proletarischer Schriftsteller am 20.2. in der Haft umkam.
1933 · 3 · 5	»Wo zenme zuoqi xiaoshuo lai« [Was mich trieb, Erzählungen zu schreiben; dt. in: *Einsturz*, S. 144–47].
1933 · 3 · 22	»Ying yi ben "Duanpian xiaoshuo xuanji" zixu« [Geleitwort zur englischen Übersetzung meiner »Ausgewählten Erzählungen«].
1933 · 3 · 22	Dokument A014

Lu Xun: Geleitwort zur englischen Übersetzung
meiner »Ausgewählten Erzählungen«

Berühmt geworden ist der amerikanische Journalist und Schriftsteller Edgar Snow (1905–73) durch sein Werk Red Star Over China *(1938, dt. 1970), wohl der erste Bericht über Mao Zedong, die Rote Armee nach dem Langen Marsch und das kommunistische Gebiet um Yan'an/Shaanxi. Er kam 1928 nach Shanghai, wo er als Redakteur für die* China Weekly Review *arbeitete und 1930 Lu Xun kennenlernte, den er um das Vorwort für eine Sammlung chinesischer Gegenwartsliteratur bat, die als* Living China *1938 erschien. Bevor Snow 1936 nach Yan'an aufbrach, besuchte er noch einmal Lu Xun. Seine ungebrochene Sympathie für die Volksrepublik sowie seine hochkarätigen Kontakte ließen ihn zum Vermittler für den Besuch des amerikanischen Präsidenten Richard Nixon 1972 bei Mao Zedong werden, bevor er in der Schweiz starb. Hier folgt eine Übersetzung des genannten Vorworts nach der chinesischen Vorlage.*

In chinesischen Gedichten ist manchmal die Rede vom Leid der unteren Gesellschaftsschichten. Doch in der Malerei und erzählenden Literatur ist das Gegenteil der Fall, zum größten Teil werden sie dort als vollkommen glücklich beschrieben. Von ihnen wird gesagt: »*Sie sind unwissend* und folgen den Vorschriften des Kaisers.« Auch seien sie sanft wie die Blumen und Vögel auf einem Gemälde. So ist es: Aus der Sicht der Intellektuellen sind die hart arbeitenden chinesischen Massen eine Art der Blumen- und Vogelmalerei.

Ich bin in einem großen Haushalt in der Stadt aufgewachsen und wurde von klein auf in der alten Literatur und den alten Meistern unterwiesen. Deshalb betrachtete ich die hart arbeitenden Massen ebenfalls wie Blumen- und Vogelmalerei. Manchmal, wenn ich die Verlogenheit und Dekadenz der sogenannten höheren Gesellschaft empfand, benied ich sie sogar um ihren Frieden und ihr Glück. Doch die Mutter meiner Mutter stammte aus einem Bauerndorf. Dadurch kam ich von Zeit zu Zeit mit ziemlich vielen Bauern in engeren Kontakt, und so erfuhr ich allmählich, daß sie zeitlebens unterdrückt wurden und viel Leid durchmachten, also mit Blumen- und Vogelmalerei gar nichts zu tun hatten. Bloß wußte ich damals noch nicht, wie ich das allen begreiflich machen sollte.

Später las ich einige ausländische Erzählungen. Besonders jene aus Rußland, Polen und den kleineren Balkanstaaten machten mir klar, daß es auf der Welt noch viele Menschen gibt, denen das selbe Schicksal widerfährt wie unseren hart arbeitenden Massen, es jedoch einige Schriftsteller gibt, die genau dies anprangern und dagegen kämpfen. Noch deutlicher steht mir vor Augen, wie sich die Lage in den Dörfern darbietet, die ich seither gesehen habe. Wider Erwarten bot sich mir die Gelegenheit, Artikel zu schreiben, und deshalb bediente ich mich der Form der Erzählung, um die Dekadenz der sogenannten oberen Schichten und das Unglück der unteren Schichten zum Ausdruck zu bringen. Ursprünglich wollte ich diese Sache eigentlich gar nicht irgendwelchen Lesern zeigen, sondern bloß einige Probleme ansprechen, [in einer Form,] die bei den damaligen Literaten bestimmt nicht als Kunst galt.

Doch die Sachen fanden die Aufmerksamkeit eines Teils der Leserschaft. Obwohl einige Kritiker sie ablehnen, sind sie doch bis auf den heutigen Tag nicht verschwunden, ja wurden sogar ins Englische übersetzt. Daß die Leser eines neuen Kontinents sie zu Gesicht bekämen, daran hätte ich früher nicht einmal im Traum gedacht.

Aber ich habe lange keine Erzählungen mehr geschrieben. Heute geht es dem Volk noch erbärmlicher, und meine Absichten sind auch nicht mehr die selben wie früher. Wenn ich mir die neuen Strömungen in der Literatur ansehe, so bin ich unter den erwähnten Umständen einerseits nicht fähig, neue [Erzählungen] zu schreiben, und andererseits nicht willens, solche im alten Stil zu schreiben. In einem alten chinesischen Buch findet sich eine Parabel, die besagt: *Die Gangart von Handan* ist weltbekannt. Jemand widmete sich dem Lernen und kam schließlich zu keinem Ende, aber er hatte auch seine ursprüngliche Gangart vergessen, so daß ihm nichts anderes blieb, als rückwärts zu kriechen.

Ich bewege mich im Kriechgang, doch habe ich vor weiterzulernen und aufzustehen.

Am 22. März 1933 von Lu Xun in Shanghai niedergeschrieben.

A — »*Sie sind unwissend…*« Zitat aus dem kanonischen »Shijing« [Buch der Lieder, 5. Jh. v.u.Z.] ¶ *Die Gangart von Handan…* bezieht sich auf eine Stelle aus dem Buch »Zhuang Zi« [Meister Zhuang, 3. Jh. v.u.Z.]: »Kennt Ihr nicht die Geschichte von jenen Schülern, die in die Hauptstadt [des Staates Zhao, nämlich Handan] zogen, um zu lernen, und ehe sie gelernt, was dort zu lernen war, ihre alten Kenntnisse verlernt hatten?« fragt dort, Prinz Mou aus Wei, Anhänger des Zhuang Zi, den Sophisten Gongsun Long (zit. nach »Dschuang Dsi«, Übers. Richard Wilhelm, Jena: Diederichs 1912, S. 133)

Q — Lu Xun: »Ying yi ben "Duanpian xiaoshuo xuanji" zixu« 英譯本《短篇小說選集》自序 [22.3.1933], in: *LXQJ* Bd. 7, S. 389–90

L — Snow, Edgar (Übers./Hg.): *Living China*, London: Harrap 1938

1933 · 3 · 22   Dokument W010

Edgar Snow: Chinas »Gor'kij«

Vermutlich war es der amerikanische Journalist Edgar Snow, der die Formel von Lu Xun als »Chinas Gor'kij« erstmals im Westen bekannt gemacht hat. Die auf seine

Peking

Initiative zustande gekommene Anthologie chinesischer Erzählungen, in die auch Werke von Lu Xun aufgenommen wurden, fand allerdings praktisch kein Echo.

Bedeutend ist Snow jedoch vor allem seines Werks Red Star over China *(1938) wegen, das die Anliegen der kommunistischen Guerilleros um Mao Zedong erstmals einem breiteren westlichen Publikum nahebrachte, ihm den bleibenden Dank der KPCh eintrug und ihn, als Insassen des kommunistischen Pantheons, zum vielfach gepriesenen und abgebildeten Opfer einer Hagiographie machte, wie sie auch Lu Xun in weit umfassenderen Dimensionen widerfuhr.*

Als ich Lu Xun 1930 zum ersten Mal [in Shanghai] traf, genoß er schon hohes Ansehen als Gelehrter, Lehrer und großer Schriftsteller. Er war ein untersetzter dunkelhäutiger Mann in seinen Fünfzigern und hatte einen warmen Blick unter buschigen Augsbrauen. Ihm blieb nicht mehr viel Zeit zu leben, denn er war unheilbar tuberkulosekrank. Überraschenderweise mußte er sich in der französischen Konzession versteckt halten, und die meisten seiner Bücher waren von der Guomindang verboten. Lu Xun war kein Kommunist; nur ultrakonservative Konfuzianerblicke konnten in seiner Satire und seinem Humor irgendetwas sehr Gefährliches entdecken.

Seine Botschaft an die chinesische Jugend enthält eine logische Aufforderung. »Denkt nach und studiert die wirtschaftlichen Probleme in der Gesellschaft«, empfiehlt er, »bereist die Hunderte von ausgestorbenen Dörfern, besucht die Generale und dann besucht deren Opfer. Seht euch die Wirklichkeit eurer Zeit mit offenen Augen und klarem Verstand an, und arbeitet für eine aufgeklärte Gesellschaft, aber denkt ständig nach und lernt.« Er ist davon überzeugt, daß nur eine wiedererweckte und gut ausgebildete Jugend in der Lage ist, die grundlegenden Übel Chinas zu diagnostizieren. »Da sie aus einer Klasse stammen, die sich in raschem Niedergang befindet, sind sie die einzigen, die sie begreifen können, sie zerstören können, um eine vernünftige Gesellschaftsordnung zu errichten.«

Als ich in Shanghai lebte, begann ich zusammen mit *Yao Xinnong* an einer Übersetzung der »Wahren Geschichte des A Q« von Lu Xun zu arbeiten — in der Republikzeit der einflußreichste Text erzählender Literatur, ebenso wie Lu Xun der wichtigste Schriftsteller.

»A Q« ist die Geschichte eines typischen schriftunkundigen *Kuli*, dessen Erlebnisse im Laufe der ersten Revolution [1911] zeigen, wie dieses Ereignis das Volk überhaupt nicht berührt hat. Er läßt sich ständig zum Narren halten und sieht alles durch einen Nebel von Unwissenheit und Aberglauben; kennt zwar die Wörter, aber nicht deren Bedeutung. A Q schreitet von einer Demütigung zur nächsten, deutet jedoch jedesmal seine Niederlagen philosophisch rationalisiert in Siege um, aus denen er als »Überlegener« hervorgeht (siehe Konfuzius, siehe Nietzsche, siehe Walter Mitty). Sogar als er für ein Verbrechen hingerichtet wird, das er nicht begangen hat, geht er seinem Tod entgegen, indem er guter Dinge aus einer Oper singt, die er nicht versteht: *»In 20 Jahren* werde ich als Held wiedergeboren werden.«

Kommunistische Intellektuelle haben in der Erzählung von Lu Xun sowohl eine Allegorie für die Erniedrigung Chinas in der Welt gesehen als auch die Aussage, bevor sie nicht selbst die Revolution zu den schriftunkundigen Bauern brächten, werde China niemals seine verlorene Größe wiederfinden.

»Bevor die Republik ausgerufen wurde, waren die Leute Sklaven«, wie es Lu Xun formuliert, »danach wurden wir die Sklaven von ehemaligen Sklaven.«

»Glauben Sie, daß es jetzt, nach der *zweiten nationalistischen Revolution*, immer noch so viele A Qs gibt wie früher?« fragte ich ihn.

Lu Xun lachte. »Schlimmer noch. Sie lenken jetzt den Staat.«

A — *Yao Xinnong* d.i. Yao Ke (1905–91, aus Shexian/Anhui) Übersetzer und Bühnenautor, regelmäßiger Mitarbeiter der in Shanghai erscheinenden englischsprachigen »T'ien Hsia Monthly« ¶ *Kuli* engl. »coolie«, aus ind. »kulî«, was möglicherweise der Name eines Stammes ist, dessen Mitglieder sich häufig als Tagelöhner verdingten ¶ *»In 20 Jahren ...«* ist die übertragene Bedeutung von »In zwanzig Herbsten wird der nächste kommen!« (nach »LXW«, Bd. 1., S. 163) ¶ *zweite nationalistische Revolution* gemeint ist der militärische Feldzug der Republik-Regierung 1927 gegen nordchinesische lokale Militärmachthaber

Q — Snow, Edgar: »China's "Gorki"«, in: *Journey to the Beginning*, New York: Random House 1972 (=Vintage Books), S. 131

L — Snow, Edgar: *Red Star over China*, New York: Random House 1938; dt. *Roter Stern über China. Mao Tse-tung und die chinesische Revolution*, Übers. Gerold Dommermuth & Heidi Reichling, Lektorat K. D. Wolff, Frankfurt a.M.: März 1970 ¶ Lu Xun: Briefe an Yao Ke, 21.10. & 5.11.1933, in: *LXQJ* Bd. 12, S. 243–4 & 254–60 ¶ Yao Hsin-nung [Yao Xinnong 姚莘農]: »When the Girls Come Back« [Theaterstück, »Chufa zhi qian« 出發之前], in: *T'ien Hsia Monthly* <Tianxia yuekan> 天下月刊 Bd. 7, Nr. 1 (Shanghai, 8.1938), S. 94–120 ¶ Snow, Lois Wheeler (Hg.): *Edgar Snow's China. A Personal Account of the Chinese Revolution*, New York: Random House 1981 ¶ Yao Xiang 姚湘 »Liang zhong wenhua, yi ge shijie — Aidejia Sinuo yu wo fuqin Yao Xinnong de youyi« 兩種 文化，一個世界──埃德加・斯諾與我父親姚莘農的友誼 [Zwei Kulturen, eine Welt — die Freundschaft zwischen Edgar Snow und meinem Vater Yao Xinnong], Übers. Wang Jianguo 王建國 in: *Lu Xun yanjiu yuekan* 魯迅研究月刊 Nr. 124 (8/1992), S. 28–30 ¶ Farnsworth, Robert M.: *From Vagabond to Journalist. Edgar Snow in Asia, 1928–1941*, New York: Columbia University Press 1996

1933 · 4 · 11	Zieht vom Wohnblock Lamosi zur Straße Shigaota lu (heute Shangyin lu) Nr. 9 in die Siedlung Dalu xincun.
1933 · 4 · 29	Miszelle »Wenzhang yu timu« [Über das Schreiben und die Wahl eines Themas; dt. in: *Einsturz*, S. 148–9].
1933 · 5 · 11	Redigiert die Übers. der Erzählung *Andron neputëvyj* von Aleksandr Neverov (1886–1923) als »Bu zou zhenglu de Andelun« [Andron, der falschen Weg ging] durch Cao Jinghua.
1933 · 5 · 13	Schreibt Einleitung zur Übers. von Neverov.
1933 · 5 · 13	Überbringt im deutschen Generalkonsulat von Shanghai einen gemeinsam mit Song Qingling, Yang Xingfo (d.i. Yang Quan, 1893–1933, aus Qingjiang/Jiangxi) u.a. unterzeichneten »Protestbrief gegen die Unterdrückung der Volksrechte und die Zerstörung der Kultur durch den deutschen Faschismus«.
1933 · 5 · 16	Miszelle »Tian shang di xia« [Im Himmel und auf Erden].
1933 · 5 · 26	Dokument B071

Lu Xun und Yao Ke (Photographie, 26. Mai 1933)
Abbildung S. 387

Der Theaterautor und Übersetzer Yao Ke (1905–91, aus Shexian/Anhui, nach anderen Quellen aus Yuhang/Zhejiang) war nach Anglistik-Studien an der Wudong-Universität in Suzhou journalistisch tätig und als Übersetzer entscheidend an der von Edgar Snow initiierten englischen Ausgabe mit Werken von Lu Xun beteiligt. Seither stand er mit ihm in regelmäßigem Kontakt und studierte später bis 1940 in Yale Theaterwissenschaften. Nach seiner Rückkehr nach Shanghai schrieb er den erfolgreichen Vierakter »Haß im Palast der Qing-Dynastie« (Qing gong yuan, 1944), der auch verfilmt wurde, sowie weitere historische Theaterstücke. Um 1948 ging er nach Hong Kong, wo er zuletzt Direktor der Abteilung für Geisteswissenschaften an der Chinesischen Universität war, bevor er 1968 in die USA emigrierte. Dort lehrte er an der University of Hawai'i und starb in San Francisco. Zu seinem Übersetzungswerk gehört auch die chinesische Fassung der Widowers' Houses *von George Bernard Shaw und eine englische Version des Stücks* Gewitter (Leiyu, 1936) *von Cao Yu (1910–95). — Die Aufnahme mit Lu Xun entstand bei der Serie von Porträts, die Lu Xun für den Sammelband* Living China (1938) *machen ließ.*

Lu Xun und Yao Ke (Photographie, 26. Mai 1933)
Text S. 386

Q — Aufnahme »Xuehuai zhaoxiangguan« 雪懷照相館 in: *Xin wenxue shi liao* 新文學史料 Nr. 60 (3/1993), 2. Umschlagseite

L — Yao Xipei 姚錫佩 »Manhua zhuming xijujia, fanyijia Yao Ke — jian shu Sinuo zhi Yao Ke funü shujian« 漫話著名戲劇家、翻譯家姚克——兼述斯諾致姚克父女書簡 [Plaudereien über den bekannten Bühnenautor und Übersetzer Yao Ke — mit Beschreibung eines Briefes von Edgar Snow an Yao Ke und seine Tochter], in: *Xin wenxue shi liao* 新文學史料 Nr. 60 (3/1993), S. 102–11

1933 · 5 · 29	»"Shouchang quanji" tiji« [Geleitwort zu den »Sämtlichen Werken von Shouchang«], d.i. eine Werkausgabe des ermordeten Mitbegründers der KP Chinas Li Dazhao (1889–1927, aus Leting/Hebei).
1933 · 6 · 4	Schreibt den kunstkritischen Aufsatz »You lun "Di san zhong ren"« [Erneut über die »Menschen der dritten Art«], dt. in: *Mauer*, S. 62–66.
1933 · 6 · 20	Nimmt in einer Aufbahrungshalle Abschied von Yang Xingfo, der von Todesschwadronen der Guomindang ermordet worden war. Schreibt am gleichen Abend im traditionellen Stil das Gedicht »Dao Yang Quan« [Klage um Yang Quan (Geburtsname von Yang Xingfo); dt. in: *LXW* Bd. 6, S. 52].

1933 · 6 · 20   Dokument B043

Mao Zedong: Klage um Yang Quan (Kalligraphie, 24. Juli 1975)
Abbildung S. 391

Zusammen mit einer Aufnahme aus dem Jahre 1961, wo Mao Zedong, der soeben einen Zenith seiner Macht überschritten hatte, in seinem Studierzimmer in einer Ausgabe der »Sämtlichen Werke von Lu Xun« blättert, stellt diese Kalligraphie des vormaligen »Großen Vorsitzenden« den einzigen Beitrag der vom Lu-Xun-Museum in Peking herausgegebenen, monatlich erscheinenden »Lu-Xun-Studien« zum landesweit mit einem enormen publizistischen Aufwand begangenen 100. Geburtstag (26. Dezember 1893) von Mao Zedong dar. Der Gegensatz könnte nicht schärfer sein zwischen den unsicheren Strichen des durch seine amyotrophische Lateralsklerose motorisch bereits schwer behinderten Mao, der schon im Januar 1975 nicht mehr an den Sitzungen des 4. Nationalen Volkskongresses teilnehmen konnte und nur noch gelegentlich ausländische Staatsbesucher empfing, darunter ebenfalls im Januar den deutschen Politiker Franz Josef Strauß (1915–88), und den von Mao kraftvoll und

Peking

machtbewußt kalligraphierten übrigen Texten von Lu Xun, darunter die massenhaft verbreiteten Anfangsverse des Gedichts »Spottlied auf mich« (LXW, Bd. 6, S. 41; vgl. Dok. B041 und B042). Daß dieses Dokument in einer Lu Xun gewidmeten Zeitschrift vermutlich erstmals veröffentlicht wurde, ist im hagiographischen Taumel der Zentenarfeiern ein geradezu subversiver Akt und verweist indirekt auf ein nach wie vor existierendes widerständiges Potential des Autors.

Q — *Lu Xun yanjiu yuekan* 魯迅研究月刊 Nr. 140 (12/1993), 3. Umschlagseite

L — *Mao Zedong shuxin shouji xuan* 毛澤東書信手蹟選 [Ausgewählte Briefe von Mao Zedong in Faksimile], Titelkalligraphie Deng Xiaoping 鄧小平 Beijing: Wenwu chubanshe 12.1983, [2]1.1984 ¶ Li Zhisui 李之綏 *The Private Life of Chairman Mao*, New York: Random House 1994; dt. *Ich war Maos Leibarzt*, Übers. Annette Burkhardt u.a., Bergisch Gladbach: Lübbe 1994

1933 · 6 · 26	Miszelle »Hua De baocui youlie lun« [Wie man die Reinheit der Nation in China und Deutschland bewahrt; dt. in: *Nacht*, S. 199–201].
1933 · 6 · 28	Miszelle »Hua De fenshu yitong lun« [Was die Bücherverbrennungen in China und in Deutschland miteinander verbindet und voneinander unterscheidet; dt. in: *Nacht*, S. 201–2].
1933 · 6 · 30	Essay »Wo de zhongdou« [Meine Schutzimpfung].
1933 · 7 · 19	Vorbemerkung zu *Wei ziyou shu* [Buch über die falsche Freiheit].
1933 · 7 · 30	Schließt Nachbemerkung zu *Wei ziyou shu* ab. Band erscheint im Oktober in Shanghai beim Verlag Beixin shuju unter der Verlagsbezeichnung Qingguang shuju.
1933 · 7	Qu Qiubai trifft Auswahl für *Lu Xun zagan xuanji* [Ausgewählte Miszellen von LX] und schreibt Vorwort dazu, erscheint in Shanghai beim Verlag Beixin shuju unter Verlagsbezeichnung Qingguang shuju.
1933 · 8 · 6	Schreibt Vorwort zu *Yi ge ren de shounan* [»Die Passion eines Menschen«] mit Illustrationen des belgischen Malers Frans Masereel (1889–1972, Illustrator von Texten von Walt Whitman, Romain Rolland, Henri Barbusse).

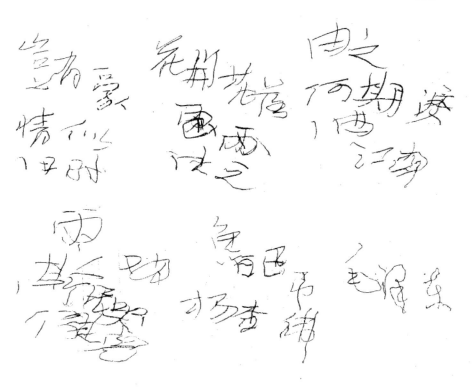

Mao Zedong: Klage um Yang Quan (Kalligraphie, 24. Juli 1975)
Text S. 389

1933 · 8 · 18		Unterzeichnet die »Willkommenserklärung für die Delegierten aller Länder an der Pazifismuskonferenz« [»Huanying fanzhan dahui guoji daibiao de xuanyan«], zusammen mit Mao Dun, Tian Han (1898–1968, aus Changsha/Hu'nan, Theaterautor; dt. in: *Moderne Stücke aus China*, Hg. B. Eberstein, Frankfurt a.M.: Suhrkamp 1980).
1933 · 8 · 23		Miszelle »"Lunyu yi nian"« [Ein Jahr (der Zeitschrift) »Lunyu«].
1933 · 8 · 27		Miszelle »Xiaopinwen de weiji« [Die Krise der kleinen literarischen Form].
1933 · 9 · 11		Schreibt »Guanyu fanyi« [Zum Übersetzen].
1933 · 9 · 30		Die Fernostkonferenz des Weltkomitees gegen Imperialismus und Krieg wird eröffnet. LX wird zum Ehrenvorsitzenden des Präsidiums gewählt, ist aber an der Teilnahme verhindert [!].
1933 · 10 · 28		Nachwort zur Übers. von »Osvobo dennyj Don Kichote« [Der befreite Don Quijote; Theaterstück] von Anatolij Lunačarskij durch Qu Qiubai, erschienen unter dessen Pseudonym Yijia.
1933 · 12 · 25		Schreibt Vorrede zu *Zong tuique* [Vollständiger Rückzug], gesammelten Erzählungen von Ge Qin (w, 1907–95, aus Yixing/Jiangsu).
1933 · 12 · 28		»Da Yang Cunren xiansheng gongkaixin de gongkaixin« [Offener Brief als Antwort auf den offenen Brief von Herrn Yang Cunren; (1901–55, aus Hu'an/Guangdong)].
1933 · 12 · 31		Stellt den Sammelband mit Miszellen *Nan qiang bei diao ji* [Mit südlichem Akzent und nördlicher Betonung] zusammen und schreibt dazu Geleitwort, erscheint im März 1934 in Shanghai beim Verlag Lianhua shuju unter der Verlagsbezeichnung »Tongwen shuju«.
1933 · 12		Gibt zusammen mit Zheng Zhenduo (der sein Pseudonym Xidi benutzt) *Beiping jianpu* [Kommentierte Chronik der Stadt Peking] heraus.
1934 · 1 · 20	Zhonghua minguo 23	Schreibt Nachwort zur Sammlung sowjetischer Holzschnitte *Yinyu ji* [Jade erhalten], die er im März im Selbstverlag herausbringt.
1934 · 1 · 31		Schickt das Manuskript »Zu einigen Begebenheiten in

	China« in japanischer Sprache an den Verlag der Zeitschrift *Kaizô* [Reform] ab.
1934 · 3 · 10	Vorwort zu *Zhun feng yue tan* [Über die Erlaubnis, den Wind und den Mond zu besingen], ersch. im Dezember in Shanghai im Verlag Lianhua shuju unter der Verlagsbezeichnung »Xingzhong shuju«.
1934 · 3 · 14	Vorrede zu *Wuming muke ji* [Gesammelte anonyme Holzschnitte], einer Sammlung mit Werken junger Holzschnitzer.
1934 · 3 · 23	»Da Guoji wenxue she wen« [Antwort auf die Fragen des Internationalen Literaturverlags]. Schreibt Einleitung zu *Straw Sandals*, einer Sammlung englischer Übersetzungen von zeitgenössischen chinesischen Erzählungen.
1934 · 5 · 2	Kunstkritischer Aufsatz »Lun "Jiu xingshi de caiyoung"« [Über die Übernahme alter Formen; dt. in: *Einsturz*, S. 155–7].
1934 · 5 · 30	Gedicht im traditionellen Stil »Wu ti« [Ohne Titel; dt. als »So viele enden«, in: *LXW* Bd. 6, S. 61].
1934 · 6 · 4	Miszelle »Nailai zhuyi« [Vom Grundsatz des Nehmens; dt. in: *Einsturz*, S. 158–9].
1934 · 7 · 16	Essay »Yi Wei Suyuan jun« [Erinnerungen an den ehrenwerten Wei Suyuan].
1934 · 7 · 16	Dokument A015

Lu Xun: Erinnerungen an den ehrenwerten Wei Suyuan

Aufschlußreich ist der folgende Artikel von Lu Xun nicht so sehr wegen der Reminiszenzen an seinen literarischen Gefährten Wei Suyuan (1902–32, aus Huoqiu/Anhui, vgl. Dok. A015), sondern wegen der typischen und seit seinen frühesten Veröffentlichungen ständig wieder erneuerten fast obsessiven Auseinandersetzung mit Arbeits- und Wirkungsweise der Erinnerung. Die Form des Nachrufs bot einen willkommenen Anlaß, auf diese Auseinandersetzung zurückzukommen. Die »Fischschuppen« sind hier eine der zahlreichen metaphorischen Annäherungen an das Phänomen durch Lu Xun. Die »Erinnerung« (und ihr Zusammenhang mit der Melancholie) ist nicht nur relevant im Hinblick auf die Tradition, die trotz aller emanzipatorischen Bestrebungen nachhaltig wirksam bleibt, sondern stellt überhaupt eine zentrale Kategorie im Werk von Lu Xun dar.

Auch ich erinnere mich an manches, aber es ist sehr tief abgesunken. Mir selber kommt meine Erinnerung vor, wie wenn ein Fisch abgeschuppt wird: Einige Schuppen bleiben am Körper, während andere ins Wasser fallen. Wenn das Wasser umgerührt wird, drehen sich einige Schuppen und werden hochgeschwemmt und schimmern, doch die Blutspuren trüben das Wasser ein, und auch ich fürchte, deshalb sei mein Blick für eine Würdigung getrübt.

Jetzt, wo einige Freunde sich an Wei Suyuan erinnern wollen, muß auch ich einige Sätze sagen. Ja, das ist meine Pflicht. Mir bleibt nichts übrig, als ein wenig im Wasser um mich her zu wühlen und zuzuschauen, was für Dinge heraufgeschwemmt werden.

Ich fürchte, es ist schon über zehn Jahre her, daß ich an der Universität Peking lehrte, als ich eines Tages im Dozentenzimmer auf einen Jungen traf, der so lange Haare und einen so langen Schnurrbart trug, daß es gar furchterregend aussah, nämlich auf *Li Jiye*. Daß ich Suyuan überhaupt kennengelernt habe, verdanke ich weitgehend Jiye, doch sind mir die damaligen näheren Umstände entfallen. Was mir im Gedächtnis blieb ist, daß er damals schon im kleinen Zimmer einer Pension saß und verlegerische Pläne entwarf.

Dieses kleine Zimmer war die *Namenlose Gesellschaft*.

Damals war ich gerade Herausgeber zweier kleiner Buchreihen, der »Wuhe congshu«, die auf kreative Werke spezialisiert war, und der »Weiming congkan«, die auf Übersetzungen spezialisiert war. Verleger und Leser mochten keine übersetzten Bücher, das war damals nicht viel anders als heute, und die Reihe »Weiming congkan« befand sich deshalb in einem besonders desolaten Zustand. Wie der Zufall so will, hatten Suyuan und seine Gefährten die Absicht, ausländische Literatur in China vorzustellen und schickten sich gerade an, mit *Li Xiaofeng* zu verhandeln, um die Reihe »Weiming congkan« aus seinem Verlag zu nehmen und sie mit einigen anderen zusammen selber zu verlegen. Xiaofeng willigte umgehend ein, so daß sich die Buchreihe vom Verlag Beixin shuju trennte. Die Manuskripte stammten von uns selbst, andere beschafften Geld für die Druckkosten, und wir konnten beginnen. Wegen der Bezeichnung für die Buchreihe nannten wir den Verlag einfach ebenso »*namenlos*« — was gewiß nicht bedeutete, daß er »keine Bezeichnung« hatte, sondern daß er »noch ohne Bezeichnung« war, genauso wie Kinder, die »noch nicht erwachsen« sind.

Die Mitglieder der »Namenlosen Gesellschaft« verfolgten eigentlich keine hehren Ziele und hochfliegenden Pläne, sondern hatten einfach den Willen, gewissenhaft und sorgfältig zu arbeiten und Schritt für Schritt voranzugehen, und stimmten darin alle miteinander überein. Doch der Stützpfeiler unter ihnen war Suyuan. [...]

Seit Suyuan seiner Krankheit erlegen ist, sind wie im Nu zwei Jahre verflogen. In der Zwischenzeit hat sich in der literarischen Welt kein einziger zu ihm geäußert. Das kann zwar nicht überraschen, denn er war bestimmt kein Genie, aber auch nicht unbegabt. Zu seinen Lebzeiten wirkte er im stillen. Jetzt, nachdem er gestorben ist, ist es bestimmt am besten, ihn ebenso im stillen in Vergessenheit geraten zu lassen. Aber für uns ist er ein denkwürdiger junger Mensch, weil er im stillen der Namenlosen Gesellschaft zur Seite gestanden hat.

Die Namenlose Gesellschaft ist jetzt praktisch untergegangen und hat auch nicht besonders lange bestanden. Doch seit Suyuan ihre Geschäfte führte, hat sie N. *Gogol'*, F. *Dostoevskij* und L. *Andreev* vorgestellt, ebenso F. *van Eeden*, die *»Tabakspfeife«* von I. *Ėrenburg* und *»Der Einundvierzigste«* von B. Lavrenëv. Außerdem hat sie die Reihe *»Weiming xinji«* gedruckt, in welcher *»Der Berg Junshan«* von Congwu sowie *»Kind der Erde«* und *»Der Pagodenbauer«* von Jingnong erschienen sind. Auch meine *»Blumen der Frühe am Abend gelesen«* galten damals noch als durchaus lesenswert. In der Tat wurden sie nicht etwa für liederlich oder hinterhältig gehalten, daß man sie wie kleine Kinder mit Nachsicht behandelt hätte. Es ist schon einige Jahre her, daß sie sich alle wie in Rauch aufgelöst haben, doch die Übersetzungen der Namenlosen Gesellschaft sind im Garten der Literatur bis auf den heutigen Tag nicht verwelkt.

So ist es, und Suyuan war alles andere als ein Genie, aber auch nicht unbegabt, und noch viel weniger ist er Giebel eines hohen Turms oder eine erlesene Blüte in einem Park, aber er war ein Grundstein im Fundament für das Gebäude und im Park ein Häufchen Dünger. China braucht vor allem viele Menschen wie ihn. Er ist niemals ins Blickfeld von Bewunderern geraten, nur von Baumeistern und Gärtnern, die ihn keineswegs unbeachtet lassen konnten.

Die Schicksalsschläge, die ein Literat erleidet, rühren nicht aus Angriffen oder Rückschlägen zu seinen Lebzeiten. Wenn er einmal seine Augen geschlossen hat und nicht mehr spricht noch handelt, werden schlußendlich seine müßigen Anhänger Absurditäten über ihn behaupten und sich etwa wie ein Bienenschwarm erheben, um selber aufzutrumpfen und Geld zu schachern, bis sogar seine Leiche zu einem Mittel wird, um an seinem Ruhm teil zu haben und aus ihm Nutzen zu ziehen. Das alles ist doch bedauerlich.

Jetzt möchte ich mich mit diesen paar tausend Schriftzeichen an den Suyuan erinnern, den ich gut gekannt habe, und den Ort nicht etwa nutzen, um eigenen Vorteilen nachzujagen. Darüber hinaus werde ich kein einziges Wort verlieren.

Ich weiß nicht, ob später noch Zeit für Erinnerung sein wird, ob sich noch Gelegenheit bietet, um sich zu erinnern. Sofern es bei diesem einen Male bleibt, dann, Suyuan, lebe jetzt wohl!

In der Nacht des 16. Juli 1934 von Lu Xun niedergeschrieben

A — *Li Jiye* (1904–97, aus Huoqiu/Anhui), Schriftsteller ¶ *Namenlose Gesellschaft* (Weimingshe) von Lu Xun mitbegründete literarische Vereinigung ¶ *Li Xiaofeng* (1897–1971), vgl. Dok. A009 ¶ »*namenlos*« »ming« in »Weimingshe« hat außer »Name« auch die Bedeutung »Ruhm, Ansehen, guter Ruf, Anerkennung« ¶ *Gogol'*, Nikolaj V. (1809–52), dessen »Zapiski sumasšedšego« (»Aufzeichnungen eines Wahnsinnigen«, 1835, dt. 1839) den Titel für die berühmte Erzählung »Kuangren riji« (»Tagebuch eines Verrückten«, dt. in: »LXW«, Bd. 1, S. 16–32) von Lu Xun lieferte, und dessen Novelle »Šinel'« (»Der Mantel«, 1842, dt. 1851) in der Übers. von Wei Suyuan als »Waitao« erschien ¶ *Dostoevskij*, Fëdor M. (1821–81), dessen Briefroman »Bednye ljudi« (»Arme Leute«, 1846, dt. 1887) in der Übers. von Wei Congwu (s.u.) als »Qiongren« erschien ¶ *Andreev*, Leonid N. (1871–1919), dessen Theaterstück »ˇaërnye maski« (»Die schwarzen Masken«, 1908) in der Übers. von Li Jiye (s.o.) als »Hei jiamian ren« erschien ¶ *van Eeden*, Frederik (1860–1932), niederl. symbolistischer Schriftsteller, von dessen Trilogie »De kleine Johannes« (1885) Lu Xun 1926 den ersten Teil übersetzte ¶ »*Tabakspfeife*« (»Yandai«) Sammelband mit russ. Erzählungen in der Übers. von Cao Jinghua (vgl. Dok. C026), u.a. von Il'ja G. Ėrenburg (1891–1967) ¶ »*Die Einundvierzigste*« (»Sorok pervyj«, 1924, dt. 1928), Erzählung des russ. Schriftstellers Boris A. Lavrenëv (1891–1959), erschienen als »Sishiyi« in der Übers. von Cao Jinghua (s.o.) ¶ »*Der Berg Junshan*« Gedichtband von Wei Congwu (1905–78, aus Huoqiu/Anhui) Bruder von Wei Suyuan ¶ »*Kind der Erde*« (»Di zhi zi«) und »*Der Pagodenbauer*« (»Jiantazhe«), Sammelbände mit Erzählungen von Tai Jingnong (1902–90), vgl. Dok. A017 ¶ »*Blumen der Frühe am Abend gelesen*« Sammelband mit 1926 entstandenen Reminiszenzen von Lu Xun, erschienen 1928 in der Reihe »Weiming xinji« (dt. als »LXW«, Bd. 4)

Q — »Yi Wei Suyuan jun« 憶韋素園君 in: *Wenxue* 文學 Bd. 3, Nr. 4 (Shanghai, 10.1934); in: *LXQJ* Bd. 6, S. 63–70

Shanghai

L — Tai Jingnong 臺靜農 (Hg.): *Guanyu Lu Xun ji qi zhuzuo* 關於魯迅及其著作 [Zu Lu Xun und seinen Werken], Bejing: Weimingshe 7.1926 ¶ Wei Shun 韋順: »Lu Xun peiyang de qingnian wenxue zhanshi — Wei Suyuan« 魯迅培養的青年文學戰士——韋素園 [Ein junger literarischer Kämpfer, den Lu Xun nährte: Wei Suyuan], in: *Zhongguo xiandai wenyi ziliao congkan* 中國現代文藝資料叢刊 Bd. 5 (4.1980) ¶ Wei Congwu 韋叢蕪: »Weimingshe shimo ji« 未名社始末記 [Aufzeichnungen über Anfang und Ende der Namenlosen Gesellschaft], in: *Lu Xun yanjiu ziliao* 魯迅研究資料 Bd. 19, Beijing: Zhongguo wenlian chuban gongsi 7.1988, S. 191–203

1934 · 7 · 18	Stellt den Band *Muke jicheng* [Holzschnitt — ein Überblick] mit chinesischen Holzschnitten zusammen, schreibt dazu Einleitung und veröffentlicht ihn im Selbstverlag unter der Verlagsbezeichnung »Tiemu yishu she« [Verlag für Kunst aus Eisen und Holz].
1934 · 8 · 1	Essay »Yi Liu Bannong jun« [Erinnerungen an Liu Bannong].
1934 · 8 · 2	Dokument A016

Lu Xun: Antwort auf einen Brief von Herrn Cao Juren

Im Mai 1934 erschien in Nanjing ein Artikel von Wang Maozu (1891–1949, aus Wuxian/Jiangsu), der sich bereits bei den Auseinandersetzungen an der Höheren Lehrerinnenbildungsanstalt in Peking kulturkonservativ exponiert hatte (vgl. Dok. C028) und nun gegen die Ideale der Bewegung des 4. Mai gerichtet die klassische Schriftsprache (wenyan) und die Lektüre der konfuzianischen Klassiker propagierte. Der Artikel löste eine in zahlreichen Zeitungen und Zeitschriften geführte Debatte aus, an der sich auch der Schriftsteller und spätere Lu-Xun-Biograph Cao Juren (1900–72, aus Pujiang/Jiangsu) mit einem offenen Brief in der von ihm edierten Monatszeitschrift »Gesellschaft« (Shehui yuebao) beteiligte. Zu seinen zahlreichen und vielgelesenen Werken gehören auch die sprachpolitischen »Gedanken über Schrift und Sprache« (Wen si, 1937). Als Journalist bereiste er seit den 50er Jahren mehrfach die Volksrepublik und prägte durch seine Berichte nachhaltig das Bild des jungen Staates in Hong Kong. Es folgt eine Antwort von Lu Xun auf den erwähnten Brief.

Herr Juren:

Was die Sprache der Massen angeht, so habe ich wahrlich schon vor langer Zeit betont, daß ich die Frage nicht untersucht habe. Deshalb habe ich in letzter Zeit den Mund nicht aufgemacht. Doch sind jetzt einige Artikel erschienen, von denen ich finde, daß sie zu viele »hochfliegende Theorien«

vertreten. Sie sind zwar gut [geschrieben], doch ihre Theorien lassen sich nur aussprechen, nicht umsetzen, und lösen sich nach einem Weilchen in Nichts auf, während die Frage nach wie vor bestehen bleibt.

Ich schreibe jetzt einige meiner laienhaften Vorstellungen hier nieder:

1. Die chinesischen Schriftzeichen und die Massen stehen in einem unversöhnlichen Gegensatz zueinander.

2. Wer Schrift und Sprache bei den Massen fördern will, muß deshalb eine *Umschrift mit römischen Zeichen* verwenden (das bedeutet eine Latinisierung, und ich begreife nicht, wie es möglich ist, daß es heutzutage Leute gibt, die beides voneinander unterscheiden). Darüber hinaus müssen so und so viele Bezirke in kleinere Bezirke unterteilt werde (so könnte etwa der Ort Shaoxing in vier kleinere Bezirke unterteilt werden), in denen alle ihren jeweiligen Dialekt benutzen würden, wenn sie zu schreiben beginnen. Aber weil die Menschen immer weitergehen wollen, würden ihnen ihre ursprünglichen Dialekte bald nicht mehr genügen, so daß ihnen nichts anderes übrig bliebe, als die *Gemeinsprache* zu benutzen, mit europäischer Schrift, und schließlich eine Grammatik. Doch mit der zunehmenden Erschließung durch den Verkehr entstehen Orte, wo sich die Sprachen vermischen. Daß sich dadurch eine weitere Sprache bildet, ist allgemein bekannt, ebenso, daß diese sich eines neuen Wortschatzes bedient. Ich glaube, daß dies die Vorstufe einer »Sprache der Massen« ist. Deren Wortschatz und Grammatik wird schon bald in die entlegensten Gegenden vordringen. Wie auch immer die Chinesen sein mögen, ihnen ist für die Zukunft das Schicksal in dem Punkt gewiß, daß sie unmöglich mit mehreren chinesischen Sprachen leben können, die untereinander nicht verständlich sind. Solche Bedingungen lassen sich durch Erziehung und Verkehr erreichen.

3. Eine allgemeine Latinisierung ist so lange nötig, bis die Massen ihre Erziehung selber an die Hand nehmen. Was wir jetzt erreichen können, ist folgendes: (a) Methoden der Latinisierung erforschen; (b) versuchsweise das Kantonesisch und andere Sprachen benutzen, die ziemlich viele Leser verstehen; und dazu Lesematerialien veröffentlichen; (c) alle Kräfte einsetzen, um die Gemeinsprache möglichst einfach zu machen, damit sie von noch mehr Menschen verstanden wird, aber dennoch sollte weiterhin an der sogenannten »Europäisierung« von Sprache und Schrift festgehalten werden, denn wenn genau und treffend gesprochen werden soll, reicht die ursprüngliche chinesische Grammatik nicht aus, und die Sprache der Massen in China kann nicht einfach ewig mit ihren Zweideutigkeiten fortfahren. Dazu gehört zum Beispiel, daß die Möglichkeit ausgeschlossen wird, sich gegen diejenigen Europäisierer zu wenden, die eine Europäisierung ohne

die urspünglichen Schriftzeichen vertreten, sondern sich für eine neue Schrift mit einer neuen Grammatik aussprechen.

4. In abgelegenen ländlichen Gegenden sollte eine aufgeklärte Massensprache selbstverständlich den reinen Dialekt benutzen, der jedoch in mancher Hinsicht auch verbesserungsbedürftig ist. So hat beispielsweise der Ausdruck »*ma de*« auf dem Land viele unterschiedliche Bedeutungen, einmal ist es ein kräftiges Schimpfwort, dann drückt es Hochachtung aus, und ein anderes Mal Bewunderung, weil sie jeweils ohne Unterscheidungen ausgesprochen werden. Pflicht der Wegbereiter ist es, hier verschiedene Aussprachen einzuführen, damit die gemeinte Bedeutung noch klarer ausgedrückt und zugleich verstanden werden kann. Welchen Nutzen sollen anderenfalls die Massen daraus ziehen können, wenn man nach diesem Muster schreibt: »Dieses verfluchte Wetter ist wirklich beschissen [...].«

5. Was die Gegenden betrifft, wo es bereits Vorstufen zu einer Massensprache gibt, so bin ich der Meinung, daß diese sich im allgemeinen als Grundlage verwenden lassen, die weiter verbessert werden kann, wobei die Mundart der abgelegensten Gegenden nicht unbedingt verwendet werden muß. In Shanghai sagt man beispielsweise »Leben essen« für »hauen, schlagen«, was Leute aus Shanghai in einer Konversation benutzen können, aber nicht unbedingt ein Schriftsteller in einer Beschreibung, denn »schlagen« zu sagen wird von Arbeitern ebenso gut verstanden. Manche sind der Auffassung, Ausdrücke wie »so wirklich wie ein Gespenst« seien zwar geläufig, aber dennoch nicht klar. Leute aus dem Norden verstehen einen solchen Ausdruck, aber anders als Leute aus der Provinz Jiangsu, die kaum darauf kommen, daß es genau dem Ausdruck »eine ausgemachte Tatsache« entspricht.

Geschriebene und gesprochene Sprache lassen sich nicht vollständig angleichen. Beim Sprechen können viele Ausdrücke wie »dieser, dieser hier« und »jener, jener dort« einfließen, die eigentlich gar keine Bedeutung haben. Beim Schreiben dagegen, um Zeit und Papier zu sparen und die Bedeutungen klar zu unterscheiden, muß herausgestrichen werden. Daher sollte Geschriebenes kürzer und klarer als Gesprochenes ausfallen. Wenn es dennoch unterschiedlich verstanden wird, so hängt das bestimmt nicht mit Mängeln der geschriebenen Sprache zusammen.

Deshalb glaube ich, daß jetzt durchaus folgendes umgesetzt werden könnte: 1) Festlegung einer lateinischen Umschrift (die von Zhao Yuanren ist zu kompliziert und unbrauchbar). 2) Schaffung einer noch einfacheren geschriebenen Gemeinsprache, die sich auch verbreiteter Dialekte bedient und vorläufig als Werk hin zu einer Massensprache gelten mag. Was deren

Ideologie betrifft, ist überflüssig zu erwähnen, daß sie »fortschrittlich« sein sollte. 3) Festhalten an einer europäisierten Grammatik, die als Reservoir zu betrachten ist.

Ein weiterer Aspekt ist, daß die Verteidiger der klassischen Schriftsprache inzwischen auch auf das Banner der Massensprache einschlagen, einerseits, indem sie hochfliegende Theorien aufstellen, die aus der Massensprache eine von der Wirklichkeit losgelöste Sache machen, die sich nicht umsetzen läßt, andererseits, indem sie mit Hilfe dieser Behauptung ihren unmittelbaren Gegner angreifen — die Gemeinsprache. Dieser Punkt bedarf ebenfalls noch weiterer Erläuterung. Wenn es nicht geschieht, geben wir unsere eigenen Waffen aus der Hand. — Dies übermittelt

mit den besten Wünschen
ergebenst Xun, 2. August

A — Umschrift... bezieht sich auf das von den Linguisten Liu Bannong (1891–1934, aus Jiangyin/Jiangsu) und Zhao Yuanren (1892–1981, aus Wujin/Jiangsu) entwickelte Transkriptionssystem »Luomazi pinyin«, das 1928 durch Erlaß des Erziehungsministeriums offiziell wurde, sich jedoch nicht durchsetzen konnte und ab 1933 durch eine von Wu Yuzhang (1878–1966, aus Rongxian/Sichuan) erarbeitete Version »Ladinghua xin wenzi« [»Latinxua Sin Wenz«, Neue latinisierte Zeichen] verdrängt wurde, die v.a. in den kommunistisch kontrollierten Gebieten bis anfangs der 40er Jahre im großen Maßstab für Lese- und Schreibkampagnen eingesetzt wurde, bis zur Einführung des auch hier verwendeten Umschriftssystems »Hanyu pinyin« 1958 ¶ Gemeinsprache (»baihua«) oft übersetzt als »Umgangssprache«, hier jedoch in gleicher Bedeutung wie der sonst mit »Gemeinsprache« wiedergegebene Ausdruck »putonghua«; vgl. Dok. C007 ¶ »ma de« wörtlich »Mutter« mit Attributpartikel, was als vulgärer Ausdruck so viel wie »motherfucker« bedeuten, aber auch respektvoll als »ehrenwerte Frau Mutter« gelesen werden kann (vgl. dazu »Apropos "...bei seiner Mutter!"«, in: »LXW« Bd. 5, S. 311-7)

Q — »Da Cao Juren xiansheng xin« 答曹聚仁先生信 [2.8.1934], in: Shehui yuebao 社會月報 Bd. 1, Nr. 3 (Shanghai, 8.1934); in: LXQJ Bd. 6, S. 76–9; frz. in: Luxun: Sur la langue et l'écriture chinoises, Übers. Michelle Loi, Paris: Aubier-Montaigne 1979, S. 21–7

L — Cao Juren 曹聚仁 (Hg.): Gushi taolun ji 古史討論記 [Erörterungen zur Alten Geschichte], Shanghai: Shidai shuju 1937 ¶ ders.: Lu Xun pingzhuan 魯迅評傳 [Eine kritische Biographie von Lu Xun], Xianggang: Shijie chubanshe 1955 u.ö. ¶ ders.: Lu Xun nianpu 魯迅年譜 [Lu-Xun-Chronik], Xianggang: Sanyu tushu wenju gongsi 1967 u.ö. ¶ Martin, Helmut: »Reaktivierung der Sprachpolitik in der Volksrepublik China«, in: Internationales Asienforum Bd. 6, Nr. 3 (1975), S. 323–45 ¶ Cao Juren: »Wo yu Lu Xun« 我與魯迅 [Ich und Lu Xun], in: Dianchi 滇池 (Kunming) 6/1981 ¶ Zhang Jinfang 張進方 »Lüeping Cao Juren zai Xianggang de wenhua huodong« 略評

Shanghai

聚仁在香港的文化活動 [Eine kritische Kurzdarstellung der kulturellen Aktivitäten von Cao Juren in Hong Kong], in: *Zhejiang shida xuebao* 浙江師大學報 2/1990 (Hangzhou), S. 34–7

1934 · 8 · 6	Miszelle »Kan shu shuo ji« [Kleine Lektürenotizen, 2 Teile].
1934 · 8 · 9	Redigiert die erste Ausgabe der Zs. *Yiwen* [Übersetzungen], deren Chefredakteur LX bis zur Nr. 3 bleibt. Schreibt zugleich »"Yiwen" chuangkan qianji« [Vorbemerkung zur ersten Nummer von »Übersetzungen«].
1934 · 8 · 9	Dokument C013

Huang Yuan: Herr Lu Xun und die Zeitschrift »Übersetzungen« (1936)

Mit dem Übersetzer und Essayisten Huang Yuan (1905–, aus Haining/Zhejiang) kam Lu Xun erstmals in Berührung, als jener 1927 seinen Vortrag »Über die Intellektuellen« niederschrieb und damit der Nachwelt überlieferte. Huang Yuan war ab 1931 Redakteur der Buchreihe »Übersetzungen neuer Literatur aus aller Welt«, trat 1933 in die Redaktion der Zeitschrift Wenxue *(»Literatur«). Ab 1934 arbeitete er wiederum eng mit Lu Xun zusammen, als er* Yiwen *(»Übersetzungen«) und die parallele Buchreihe betreute, wie er im folgenden Text schildert. 1941 wurde er im japanisch besetzten Gebiet didaktischer Leiter der Zentralchinesischen Zweigstelle der Lu-Xun-Kunstakademie in Yancheng/Jiangsu und bekleidete nach 1949 verschiedene hohe Ämter in seiner Heimatprovinz Zhejiang, unter anderem des Provinzvorsitzenden des Chinesischen Schriftstellerverbandes. Zu seinen Werken gehört die Übersetzung einer Monographie über Turgenev (1927) ebenso wie die Reportage »Ein Tag in der Neuen Vierten Armee« (Xin si jun yi ri, 1941) sowie ein Erinnerungsband an Lu Xun (Yinian Lu Xun xiansheng, 1981). — Von Huang Yuan stammt die Titelkalligraphie zum vorliegenden Buch.*

Im Jahre 1930 war die erste »Welle der Übersetzungen« schon seit geraumer Zeit verebbt, doch weil eine Reihe von Gelegenheitsübersetzern unklare, wirre, verständnislose und entstellende Texte geliefert hatten, die alles durcheinanderbrachten, waren die Leser ziemlich verwirrt. Und weil außerdem spöttisch über sie geredet wurde, wurden Übersetzungen auf einmal verachtet und gering geschätzt. Der »Marktwert« von Übersetzern sank beträchtlich, bis er schließlich um tausend Fuß abgesackt war, und es gab keine Macht mehr, die ihn hätte halten können. Sobald ein Verleger das Manuskript einer

Übersetzung zu Gesicht bekam, schüttelte er den Kopf und sagte seufzend: »Übersetzungen verkaufen sich schlecht, ich nehme das Manuskript nicht.« Auch die Zeitschriften setzten groß und deutlich in ihr Impressum »Übersetzungen werden nicht angenommen« und hielten sich damit Übersetzungs-Manuskripte tausend *Li* weit weg vom Leib. [...] Übersetzer wurden »mit einem mitleidigen Blick betrachtet«, ob sie nun gut oder schlecht übersetzten, kurz: sie galten als »minderbegabt«. [...]

Herr Lu Xun, dem sehr am Herzen lag, daß die chinesische Kultur vorankommt, und der mit seinem eigenen Blut und an seinem eigenen Busen tausende, ja hunderttausende kleiner Lu Xun nährte, litt sehr unter dieser Situation. Er war der Meinung, es sei mörderisch, zwischen guten und schlechten Übersetzungen keinen Unterschied zu machen. Wenn zusätzlich zu den Regelgedichten von Du Fu den Kulturschaffenden keine geistige Nahrung aus dem Ausland zugeführt werde, würden deren Kräfte teilweise zerstört. Zudem hatte er schon früh seine hohe Meinung vom Übersetzen zum Ausdruck gebracht: »*In China sind* viele gute Übersetzer nötig — wenn nicht, dann hilft es nur der "harten [philologisch-wörtlichen] Übersetzung". [...] Was mich selbst betrifft, so war ich seit jeher dankbar für Übersetzungen....« (»Zum Übersetzen« [1933], in: »Mit südlichem Akzent und nördlicher Betonung« [1934]).

Obwohl der Aufruf des Herrn [Lu Xun] damals ein gutes Echo fand, hatte er keine mittelbaren Auswirkungen und verhallte schließlich im leeren Raum. Herr [Lu Xun ...] beschloß, selber eine Zeitschrift zu gründen, die sich auf literarische Übersetzungen spezialisiert, und machte sich mit aller Energie ans schwierige Werk. Er gewann Herrn *Mao Dun* und einige andere als eifrige Mitarbeiter. Damals hatte ich als Verantwortlicher bei der *Wenxueshe* gelegentlich Kontakt mit Herrn Mao Dun und stand auch dem Verlag *Shenghuo shudian* ziemlich nahe. [...]

Auch ich gehörte zu denjenigen, die gelegentlich ein Buch übersetzten. Als ich vom Plan der Herren Lu Xun und Mao Dun erfuhr, gab ich natürlich bedingungslos meine begeisterte Zustimmung. Doch weil Herr Mao Dun wußte, daß ich damals auch beim [Verlag] Wenxueshe vielfältige und zahlreiche Verpflichtungen hatte, forderte er mich [...] auf, lediglich als Bindeglied zum Verlag und nur nominell als Redakteur zu wirken, so daß »*die Redaktionsarbeit*, die Lektüre eingegangener Manuskripte und dergleichen mehr alles von uns aus besorgt würde, denn der ältere Bruder hat so viel zu tun, daß er ohnehin nicht dazu käme. Wenn aber der ältere Bruder in seiner Freizeit doch ein paar Sachen übersetzen könnte, dann umso besser.« [...]

Bei den ersten drei Nummern galt versuchsweise, daß weder für Manuskripte noch für die Redaktion auch nur ein Heller bezahlt würde. Bloß wenn die Anzahl der Zeichen ein bestimmtes Vielfaches von tausend erreichen sollte (ich weiß nicht mehr genau, wieviel), müßte ein Honorar ausgehandelt werden. Der Betrag war jedoch so lächerlich gering, daß ich mich weigere, ihn zu nennen. [...]

Herr Lu Xun war sich bewußt, dass die Zeitschrift in Kommission bei einem Verlag gedruckt wurde und darüber nicht unglücklich. *Um Honorare* machte er sich überhaupt keine Gedanken. Es wurde hin und her diskutiert und schließlich mit dem Verlag vereinbart, daß die erste Nummer am 16. September erscheinen sollte. Umgehend machte sich Lu Xun an die Redaktionsarbeit. Er selbst übernahm es, *mehrere Texte* zu übersetzen, steuerte eine Reihe von Illustrationen bei, dazu noch einige kostbare Holzschnitte. Darüber hinaus brachte er auch noch Mao Dun dazu, *zwei Texte* zu übersetzen. Als er Texte und Illustrationen und so weiter für die erste Nummer fertig vorbereitet hatte, ließ er Mao Dun wissen, daß es noch eine Reihe von Dingen gebe, über die er gerne von Angesicht zu Angesicht sprechen würde.

Es muß um den 10. August 1934 herum gewesen sein, daß wir vereinbarten, ich solle zwischen ein und zwei Uhr nachmittags zu Mao Dun nachhause gehen. Herr Lu Xun war noch nicht dort, und ich setzte mich hin, um mit Mao Dun zu plaudern. [...] Wir erhoben uns, er nickte zum Gruß, und Herr Mao Dun stellte uns vor und meinte:

»Haben Sie einander schon einmal gesehen?«

»Ja, wir kennen uns schon [...]«, erwiderte Lu Xun sogleich.

Es war im Jahre 1927, als ich Herrn [Lu Xun] zum ersten Mal sah. Er kam gerade aus Guangzhou zurück und war daran, sich in Shanghai niederzulassen. Am 25. Oktober ging ich zu seinem Vortrag an der Arbeits-Universität. Ich hatte gerade an eben dieser Universität zu tun und wurde dazu bestimmt, den *Vortrag* von Herrn Lu Xun mitzuschreiben. [...] Als Herr Lu Xun seinen Vortrag hielt, war nicht eigens ein Thema angegeben worden. Deshalb versah ich meine Niederschrift mit dem Titel »Über die Intellektuellen«. Die Niederschrift wurde hinterher über die Universität Herrn Lu Xun zugeschickt. Nachdem er es begutachtet hatte, fügte er lediglich einen ganz kurzen Satz hinzu [...]. Kurz darauf lud die nahe gelegene *Lida-Schule* Herrn [Lu Xun] ebenfalls zu einer Ansprache ein, und ich wurde erneut aufgefordert, sie mitzuschreiben. [...] Als ich ein paar Jahre später *für einen Verlag* eine Reihe mit Übersetzungen neuer Literatur betreute, vermittelte er mir *ein Manuskript*. [...]. Dennoch hielt ich auf Distanz, denn damals hieß es, mit ihm sei schwierig auszukommen, am besten sei es, gar nicht erst mit ihm in nähere Beziehung zu treten. Später hatte ich jedoch Gelegenheit festzustellen, daß solche Reden schiere Gerüchte waren und vielmehr das Gegenteil stimmte, denn Herr [Lu Xun] war umgänglich und offen für andere. Daß meine Beziehung zu ihm aus einer Zusammenarbeit entstand, muß ich als Glücksfall betrachten. Wer ihn allerdings zum Gegner hatte, der hatte in der Tat nichts zu lachen. [...]

Als wir schließlich auf das Format der Zeitschrift zu sprechen kamen, meinte er:

»Heutzutage erscheinen alle Zeitschriften im Sedez-Format. Machen wir sie also im Dreiundzwanzigstel-Format.«

Mao [Dun] und ich waren vollkommen einverstanden.

»Wenn die Seite so gestaltet ist, welche Schrifttype wäre dann angemessen?« fragte ich weiter.

»Sie sollte ein bißchen größer sein, aber ich überlasse die Entscheidung Ihnen«, erwiderte Herr [Lu Xun], wobei er wie zu einem vertrauten Freund sprach, keineswegs wie zu einem Jüngeren, den er bloß ein paar Mal gesehen hatte. [...]

15. November 1936

A — *Li* entspricht etwa einem halben Kilometer ¶ »*In China sind...*«, in »LXQJ« Bd. 4, S. 544 ¶ *Mao Dun* (1898–1981, aus Tongxiang/Zhejiang) war damals ein einflußreicher Autor und Kritiker und prominentes Mitglied der Liga Linker Schriftsteller ¶ *Wenxueshe* gemeint ist die Redaktion der Monatszeitschrift »Wenxue«[Literatur], die vom Juli 1933 bis Nov. 1937 in Shanghai erschien ¶ *Shenghuo shudian* [Buchladen »Leben«] war der Verlag der Zeitschriften »Wenxue« und »Yiwen«, ebenso der Reihe mit Literaturübersetzungen, in der einige von Lu Xun gefertigte oder von ihm vermittelte beziehungsweise betreute und redigierte Übersetzungen erschienen ¶ »*die Redaktions- arbeit...*« ist vollständig abgedruckt in »Mao Dun quanji« [Sämtliche Werke], 40 Bde., Hg. Ye Ziming u.a., Beijing: Renmin wenxue chubanshe 1986 ff., Bd. 36, S. 111, allerdings nur in einer aus den vom Empfänger zitierten Fragmenten rekonstruierten Form ¶ *Um Honorare...* ist apologetisch zu verstehen, denn gerade Lu Xun hatte im Gegenteil den Ruf, in finanziellen Angelegenheiten eher kleinlich zu sein, besonders nachdem er gegen seinen Verleger Li Xiaofeng (Verlag Beixin shuju) wegen ausstehender Honorarzahlungen einen Prozeß angestrengt hatte ¶ *mehrere Texte...* sind u.a. »Golodnyj gorod« von M. Saltykov und »Portrait« von A. Gide (beide Bd. 1, Nr. 2), »El charcutero« von P. Baroja (Bd. 1, Nr. 3), »Simulajanty« von A. Čechov (Bd. 1, Nr. 4) ¶ *zwei Texte...* sind »Des Kaisers Kleider« von K. Mikszáth (1847–1910) in Bd. 1, Nr. 1, und »Zu G. B. Shaw« von A. Lunačarskij (Bd. 1, Nr. 2, unter Pseudon. »Fenjun«) ¶ *Vortrag* bezieht sich auf »Guanyu zhishi jieji« (dt. in »Der Einsturz der Lei-feng-Pagode«, S. 76–82) ¶ *Lida-Schule* ist eine im Feb. 1925 von Lehrkräften aus Shanyu (Shaoxing/Zhejiang) gegründete Mittelschule in Shanghai, an der Lu Xun am 28.10.1927 einen Vortrag über die »Steinwerdung [d.i. kultische Verehrung] großer Menschen« hielt, zu dem das Manuskript verloren ist ¶ *für einen Verlag...* bezieht sich auf den Verlag »Xin shengming shuju« [Neues Leben], für den Huang Yuan »Shijie xin wenyi mingzhu yicong« (andere

Shanghai

Quellen:»Shijie xin wenyi congshu«) betreute, von der zwischen Juli 1932 und Mai 1933 vier Bände erschienen ¶ *ein Manuskript* ist die Übersetzung »Ji'e ji qita. Xin E xiaoshuo xuanji« [Hunger und anderes. Ausgewählte Erzählungen aus dem neuen Rußland] von S. Semënov (1893–1943), Übers. Fu Donghua (erstmals 1929), ersch. als Bd. 3 im Dez. 1932; vgl. von Lu Xun »"Guanyu Suimengnuofu ji qi daibiaozuo 'Ji'e'" yizhe fuji« [Anmerkung des Übersetzers von »Zu Semenov und seinem repräsentativen Werk "Hunger"«; 2.10.1928], in: »LXQJ« Bd. 10, S. 425

Q — Huang Yuan 黃源 »Lu Xun xiansheng yu "Yiwen"« 魯迅先生與《譯文》, in: *Lu Xun huiyi lu (er ji)* 魯迅回憶錄（二集） Shanghai: Wenyi chubanshe 8.1979, S. 13–22

L — Huang Yuan: »Lu Xun xiansheng« [Herr Lu Xun], in: *Zuojia* 作家 Bd. 2, Nr. 1 (Shanghai, Okt. 1936) ¶ ders.: *Lu Xun shujian zhuiyi* 魯迅書簡追憶 [Erinnerungen an die Briefe von Lu Xun; hist.-krit. Anmerkungen zu 39 Briefen], Hangzhou: Zhejiang renmin chubanshe 1.1980 ¶ Li Pin 李頻 *Bianjijia Mao Dun pingzhuan* 編輯家茅盾評傳 [Eine kritische Biographie von Mao Dun als Redakteur], Kaifeng: He'nan daxue chubanshe 2.1995 (= Bianjixue congshu)

1934 · 8 · 13	Miszelle »Qushi he fugu« [Der schnelle Lauf der Zeiten und die Rückkehr zur Antike].
1934 · 8 · 17 – 20	Aufsatz »Men wai wen tan« [Plaudereien im Freien über Literatur und Schrift].
1934 · 8 · 22	Miszelle »Kan shu shuo ji (san)« [Kleine Lektürenotizen (Teil 3)].
1934 · 8 · 23	Die Angestellten der japanischen Buchhandlung Uchiyama shoten werden von der Guomindang und Behörden der ausländischen Konzessionen festgenommen. Deshalb verläßt LX seine Wohnung und versteckt sich in der Siedlung Qian'aili (»Tausendfache Liebe«, heute Straße Shanyang lu 2 long).
1934 · 8	Schreibt die historische Erzählung »Fei gong« [Wider den Angriffskrieg], nach einem Kapitel aus dem Buch *Mozi* mit Texten des Konfuzianers und Begründers der »Mohisten«, Mo Di, um 468–376 v.u.Z., und seiner Schüler; dt. in: *LXW* Bd. 4, S. 144–60.
1934 · 9 · 18	Kehrt in seine Wohnung zurück.
1934 · 9 · 24	Schreibt kritische Abhandlung »Zhongguo yuwen de xinsheng« [Das neue Leben der chinesischen Sprache].
1934 · 9 · 25	Miszelle »Zhongguoren shidiao zixinli le ma?« [Haben die Chinesen ihr Selbstvertrauen verloren?].

Lu Xun: Haben die Chinesen ihr Selbstvertrauen verloren?

Unter dem Pseudonym Gonghan (etwa »Schweiß für die Gemeinschaft«, in Wahrheit jedoch aus einer graphischen Dissektion der gegen ihn gerichteten Beschimpfung pa yun han jian »schön schwätzen und dabei sein Land verraten« abgeleitet, analog zum Titel Qiejieting, vgl. Dok. A022) veröffentlichte Lu Xun in der essayistischen Halbmonatsschrift »Taibai« eine seiner zahlreichen kulturpolitischen Glossen. Der Name der Zeitschrift, die vom September 1934 bis Mai 1935 im Verlag Shenghuo shudian in Shanghai erschien, weckt Assoziationen mit Li Taibai (701–62, aus Jiangyou/Sichuan, auch Li Bai, in anderer Umschrift »Li Tai-po«), dem bedeutendsten Dichter der Tang-Dynastie, die als Goldenes Zeitalter der chinesischen Lyrik gilt. Ihr Name kann aber auch gelesen werden als »ganz klar und direkt« sowie als programmatische Äußerung zugunsten der damals in die Defensive gedrängten Umgangssprache »baihua« (vgl. Dok. A022).

Aus der öffentlichen Diskussion läßt sich ersehen: Vor zwei Jahren prahlten wir damit, daß wir »ein riesiges Territorium mit reichen Ressourcen« haben, das ist eine Tatsache. Seit einiger Zeit loben wir uns nicht mehr selbst, sondern hoffen nur noch auf den *Völkerbund*, auch das ist eine Tatsache. Und jetzt ist es so, daß wir uns weder selbst loben, noch dem Völkerbund vertrauen, sondern INZWISCHEN SOGAR ZU GÖTTERN FLEHEN UND ZU BUDDHA BETEN, DIE VERGANGENHEIT IN FRAGE STELLEN UND ÜBER DIE GEGENWART TRAUERN — auch das ist wiederum eine Tatsache.

Es gibt gar Leute, die mit einem tiefen Seufzer sprechen: Die Chinesen haben ihr Selbstvertrauen verloren.

Wer nach diesen Phänomenen urteilt und sie als Beweismittel nimmt, kommt in der Tat zum Schluß, daß das Selbstvertrauen schon längst verloren ist. Zuerst war es Vertrauen auf das »Territorium«, auf die »Ressourcen«, dann auf den »Völkerbund«, und nirgends war Glaube an »sich selbst«. Falls dies überhaupt als »Vertrauen« gelten kann, läßt sich höchstens behaupten, die Chinesen hätten »Fremdvertrauen« gehabt, aber auch dieses Fremdvertrauen verloren, sobald sie die Hoffnung auf den Völkerbund hatten fahren lassen.

Das Vertrauen in andere verloren zu haben, kann in Frage gestellt werden, so daß vielleicht eine Wendung genügt, um wieder an sich selbst zu glauben und einen neuen Lebensweg zu finden, aber ein Unglück ist es, wenn daraus allmählich ein Aberglaube entsteht. An das »Territorium« und an die

Shanghai

»Ressourcen« zu glauben, ist immer noch real, während der Völkerbund eine diffuse und verschwommene Sache ist, doch werden sich die Leute über kurz oder lang bewußt werden, daß es zwecklos ist, sich auf ihn zu verlassen. ZU GÖTTERN FLEHEN UND ZU BUDDHA BETEN WIEDERUM KANN ZU EINEM ABERGLAUBEN WERDEN. OB ES IM ERGEBNIS NÜTZLICH ODER SCHÄDLICH IST, LÄSST SICH IM AUGENBLICK NICHT KLAR AUSMACHEN. JEDENFALLS ERLAUBT ES DEN LEUTEN, SICH NOCH LÄNGER SELBST ZU BETÄUBEN.

Die Chinesen sind jetzt dabei, die »Kraft zum Selbstbetrug« zu entwickeln.

Der »Selbstbetrug« ist ebenfalls alles andere als ein neues Phänomen. Bloß wird es jetzt von Tag zu Tag deutlicher und hat völlig aufgehört, sich zu verhüllen. Unter dieser Hülle jedoch befinden sich die Chinesen, die keineswegs ihr Selbstvertrauen verloren haben.

Seit altersher haben wir Leute, die sich tüchtig ins Zeug legen, die ohne Rücksicht auf Leben und Tod hart arbeiten, die zum Wohle des Volkes wirken, die ihr Leben für die Gerechtigkeit opfern — obwohl sie den sogenannten »offiziellen Geschichten« ebenbürtig sind, die eigentlich nichts als Stammbäume von Kaisern, Königen und Generälen enthalten, wird sich deren Ausstrahlung niemals verbergen lassen. Sie sind es, die das Rückgrat von China ausmachen.

Wie kommt es dann, daß es heutzutage so wenige derartige Menschen gibt? Sie haben eine feste Überzeugung und betrügen sich nicht selbst. Sie treten im Kampf mutig immer wieder an die Stelle der Gefallenen. Daß sie ständig vernichtet und dahingemetzelt werden, ist nicht einfach in der Finsternis untergegangen, sondern ließ sich vor der großen Menge nicht verbergen. Zu sagen, die Chinesen hätten ihr Selbstvertrauen verloren, trifft nur auf einen Bruchteil unter ihnen zu. Es auf alle auszudehnen, ist schiere Verunglimpfung.

Wer über die Chinesen sprechen will, darf sich nicht durch aufgetragene Schminke und Puder von Selbstbetrug und Fremdbetrug hinters Licht führen lassen, sondern muß sorgfältig Knochen und Muskeln und Rückgrat betrachten. Um herauszufinden, ob es Selbstvertrauen gibt oder nicht, ist sogar die Abhandlung eines Examensbesten oder Kanzlers kein ausreichender Beweis, sondern jeder muß selber auf den Boden schauen.

25. September

A — *Völkerbund* bezieht sich auf dessen parteiische Haltung, nachdem Japan 1931 Nordostchina (Mandschurei) besetzt hatte und eine von der GMD-Regierung geforderte Völkerbundskommission zum Schluß kam, die Besetzung sei »ordnungsgemäß und rechtens« erfolgt ¶ »*offizielle Geschichten*«

gemeint sind die »24 Dynastiegeschichten« (»Ershisi shi«), die von den »Aufzeichnungen der Historiker« (»Shiji«) von Sima Qian (145–87 v.u.Z.) bis zur »Geschichte der Ming-Dynastie« reichen, rund 2'500 Jahre umfassen und vom reformerischen Publizisten Liang Qichao (1873–1929, aus Xinhui/Guangdong) als »ahistorisch, nichts weiter als Stammbäume« bezeichnet wurden; ihnen gattungsmäßig traditionell gegenübergestellt ist die »wilde, inoffizielle« Geschichtsschreibung (»yeshi«, »waishi« usw.) sowie die gesamte erzählende Literatur

Q — Gonghan 公汗 [Pseudon.]: »Zhongguoren shidiao zixinli le ma« 中國人失掉白心力嗎 [25.9.1934], in: Taibai 太白 Bd. 1, Nr. 3 (20.10.1934); in: LXQJ Bd. 6, S. 117–9

L — Huang Haosen 黃浩森 »"Zhongguoren shidiao zixinli le ma?" luoji fenxi« 《中國人失掉白 心力了嗎？》邏輯分析 [Eine logische Analyse von »Haben die Chinesen ihr Selbstvertrauen verloren?«], in: Yuwen jiaoxue tongxun 語文教學通訊 2/1980, S. 5–9

1934 · 9 · 25   Dokument C007

Chen Wangdao: Fragmentarische Erinnerungen an Herrn Lu Xun

Der Pädagoge und Linguist Chen Wangdao (1890–1977, aus Yiwu/Zhejiang) nahm im Jahre 1920 als erster chinesischer Übersetzer des Kommunistischen Manifests mit Lu Xun Kontakt auf, indem er ihm den Text zuschickte. Chen Wangdao war Redakteur der 4.-Mai-Zeitschrift Xin qingnian und Gründer des Verlags »Dajiang shupu«, der u.a. die Übersetzung literaturtheoretischer Texte von Lunačarskij durch Lu Xun veröffentlichte. Am engsten war die Zusammenarbeit während der Erscheinungszeit der Zeitschrift Taibai, die Chen Wangdao im folgenden Text skizziert, der anläßlich eines Ende der 70er Jahre publizierten mehrbändigen Werks mit Reminiszenzen an Lu Xun entstand.

Die Zeitschrift »Taibai« ist mit unmittelbarer Anteilnahme und Unterstützung von Herrn Lu Xun entstanden. Als im Jahre 1934 die Zeitschrift zu erscheinen begann, war sie dafür gedacht, mit kleinen literarischen Arbeiten die damaligen finsteren Tatsachen zu entlarven, zu verspotten und zu kritisieren, und sich außerdem gegen den kulturellen »Ausrottungsfeldzug« zu wehren, in welchem *Lin Yutang* und seine Gefolgsleute gemeinsame Sache mit der reaktionären Fraktion der Guomindang machten, indem sie die Zeitschriften »Lunyu« und »Renjianshi« herausgaben und darin sogenannte »humoristische« literarische Arbeiten propagierten. Herr Lu Xun gehörte zur Redaktion der Zeitschrift »Taibai«. Angesichts der Bedingungen und Erfordernisse des damaligen Kampfes bestand Herr Lu Xun darauf, in der Liste der Redaktionsmitglieder nicht namentlich genannt zu erscheinen. [...] Es wurde beschlossen, daß alle wichtigen Angelegenheiten, die »Taibai« betreffen, mit ihm besprochen werden sollten. Ich erinnere mich, daß damals offenbar schon mehrere Namen für die Zeitschrift erwogen worden waren. Lu Xun meinte: »Ich bin für "Taibai".« Die Wahl des Titels »Taibai« hatte drei inhaltliche Gründe:

Erstens: Im Hinblick auf die Parole einer »Massensprache«, die wir damals vertraten, waren wir der Meinung, die »*Umgangssprache*« habe bereits die Tendenz einer Sprache der Massen aufgegeben, und es bedürfe eines weiteren Reformschrittes, um die Sprache der Literatur noch näher an die Volksmassen heranzuführen und sie noch geeigneter zu machen, den Inhalt revolutionärer Ideen zum Ausdruck zu bringen. »Taibai« bedeutet daher »klar und noch einmal klar«, »noch klarer als die "Klarsprache"«.

Zweitens ist das Schriftbild der beiden Zeichen »tai« und »bai« einfach und sofort verständlich; sie haben zusammen *nicht einmal zehn Striche*. Sie sind leicht zu lesen und leicht zu schreiben und erleichtern somit die Verbreitung der Zeitschrift.

Drittens ist es eine Tatsache, daß damals inhaltlich die Bedeutung »leuchtender Stern« wichtig war. In China bezeichnen wir traditionellerweise den Stern, der morgens am östlichen Firmament erscheint, als »leuchtend« oder auch als »ganz klar«. Damals befanden wir uns in der dichten Finsternis, die vom alten China ausging, aber es war eine Finsternis vor der Morgendämmerung. Wir kämpften in der Finsternis, bevor der Morgen dämmert, und wir befanden uns im Kampf, um die siegreiche Morgenröte willkommen zu heißen!

Herr Lu Xun sagte: »Ich bin für "Taibai" wegen seiner vielschichtigen Bedeutung, doch darf darüber nichts nach außen verlauten.« Deshalb gaben wir öffentlich auch nicht die geringste Erklärung [zum Titel] ab. Zugleich entschied ich zusammen mit Herrn Lu Xun, *daß wir niemanden bitten würden, die Zeichen für den Titel der Zeitschrift zu kalligraphieren*, sondern ich entnahm die beiden Zeichen für »tai« und »bai« einem Heft mit Kalligraphievorlagen.

Im Kampf leitete und unterstützte uns Herr Lu Xun ständig. Er hat für »Taibai« eine Menge Essays geschrieben, die reich an kritischer Energie und Kämpfergeist sind, und war damit einer der wichtigen Autoren der Zeitschrift »Taibai«. Von »Taibai« sind insgesamt 24 Nummern in zwei Bänden erschienen. Herr Lu Xun hat für »Taibai« 22 Artikel verfaßt, wobei er für die *Sondernummer über »Cartoons und kleine literarische Arbeiten«* zwei Sachen beigesteuert hat. [...] Als später die reaktionäre Fraktion der Guomindang ihre »Überwachung«, Kontrolle und Verfolgung fortschrittlicher Publikationen verschärfte, wurde es auch je länger desto schwieriger, die Halbmonatsschrift »Taibai« herauszubringen. Aber je schwieriger es wurde, desto entschiedener und energischer wiederum kümmerte sich Herr Lu Xun um uns und stand uns bei. Er schickte uns noch mehr Beiträge, ja manchmal sogar vier Artikel für eine einzige Nummer, so daß in der letzten Nummer von »Taibai« insgesamt vier Texte von ihm erschienen, darunter »*Über den Schreibpinsel und dergleichen mehr*« und »*Wehe dem guten Ruf*«.

A — *Lin Yutang* (1895–1976) Schriftsteller aus Longxi/Fujian, der in den 20er Jahren im Rahmen der Zeitschrift »Yusi« [Wortspinnerei] eng mit Lu Xun zusammenarbeitete und später für humoristische und apolitische Kurzprosa mit prägnanten und konzisen Elementen der klassischen Schriftsprache plädierte, v.a. in seinen Zeitschriften »*Lunyu*« [Gespräche; nach den »Gesprächen« des Konfuzius] 1932–37 und erneut 1946–49 halbmonatlich in Shanghai erschienen, und »*Renjianshi*« [Menschenwelt] 1934–35 ebenfalls halbmonatlich ¶ »*Umgangssprache*« (»baihua«) wörtlich »blanke, klare Rede«, d.h. ungekünstelte Rede; daher die Ableitungen weiter unten ¶ *nicht einmal zehn Striche* nämlich vier beim Zeichen für »tai« und fünf bei »bai«, wobei die komplexesten Zeichen über 50strichig sind ¶ *daß wir niemanden bitten...* bezieht sich auf die bis heute gepflegte Bildungskonvention, exponierte Schriftzüge durch Künstler, anerkannte Vertreter des Fachs oder mächtige Politiker kalligraphieren zu lassen und damit autoritativ aufzuwerten. So kalligraphierte Marschall Zhu De (1886–1976, aus Yilong/Sichuan), der in den 20er Jahren in Deutschland studiert hatte, den Titel zum ersten in der Volksrepublik edierten größeren chinesisch-deutschen Wörterbuch (1964), Mao Zedong (1893–1976) den Schriftzug »Beijing daxue« über dem Eingang der Universität Peking, und Deng Xiaoping (1905–97, aus Guang'an/Sichuan) die chinesische Firmenbezeichnung auf allen Flugzeugen der »China Airlines« ¶ »*Über den Schreibpinsel...*« (»Lun maobi zhi lei«), unter dem Pseudonym Huang Ji ¶ »*Wehe dem guten Ruf*« (»Tao ming«) unter dem Pseudonym Du Deji (etwa »Tugendbold namens Du«), beide in Bd. 2, Nr. 12 (5.9.1935) und in die postume Sammlung »Qiejieting zawen erji« (Juli 1937) aufgenommen

Q — Chen Wangdao 陳望道 »Guanyu Lu Xun xiansheng de pianduan huiyi« 關於魯迅先生的片斷回憶 in: Lu Xun huiyi lu 魯迅回憶錄 2 Bde., Shanghai: Wenyi chubanshe 1.1978/6.1979, Bd. 1; in: *Huiyi Lu Xun ziliao jilu* 回憶魯迅資料輯錄 Shanghai: Jiaoyu chubanshe 6.1980, S. 292–3

L — Chen Wangdao: »Jinian Lu Xun xiansheng« 紀念魯迅先生 [Zur Erinnerung an Herrn Lu Xun], in: *Wenyi yuebao* 文藝月報 Nr. 10/1956 ¶ Martin, Helmut (Hg.): *Drei Studien über Lin Yutang*, Bochum: Brockmeyer 1989 ¶ Ishikawa Teiharu 石川禎浩 »Guanyu Chen Wangdao yi "Gongchandang xuanyan"« 關於陳望道譯《共產黨宣言》 [Zur Übersetzung des »Kommunistischen Manifests« durch Chen Wangdao], Übers. Zhao Ying 趙英 in: *Lu Xun yanjiu yuekan* 魯迅研究月刊 Nr. 143 (3/1994), S. 14–17 ¶ [Wang] Guanquan 王觀泉 »Ye tan Chen yiben "Gongchandang xuanyan"« 也談陳譯本《共產黨宣言》 [Ebenfalls einige Worte zur Übersetzung des »Kommunistischen Manifests« durch Chen], in: *Lu Xun yanjiu yuekan* Nr. 149 (9/1994), S. 71–72

[411]

Shanghai

1934 · 10 · 27   Nachwort zu *Zhun feng yue tan* (vgl. 10.3.1934).

1934 · 10   Zensurbehörde der Guomindang streicht mehrere

Miszellen aus der Sammlung *Er xin ji* [Zwei Herzen],

u.d.T. *Shi ling ji* [Vermischtes] erscheint der Band im

Oktober ohne Streichungen beim Verlag Hezhong

shudian.

1934 · 10   Dokument T003

André Gide: Porträt (1901)

Die folgende Selbstbeschreibung hat André Gide (1869–1951) als Begleittext zu einem Porträt verfaßt, das der Schweizer Maler, Zeichner und Buchgestalter Félix Valloton (1865–1925) vom Schriftsteller angefertigt hatte. Als Vorlage für die Übersetzung diente Lu Xun die japanische Version vom Romanisten Ishikawa Yu (1906–76), der den Text zusammen mit einer kurzen essayistischen und von Lu Xun ebenfalls übersetzten Reflektion publiziert hatte. Das in apodiktischer Kürze niedergeschriebene »Porträt« von Gide, das in Wahrheit eine Selbstbeschreibung ist und in keiner Weise auf zeichnerische Aspekte des Valloton-Porträts eingeht, bot Lu Xun mehrfache Identifikationsmöglichkeiten: Seine eigenen zahlreichen Selbst-beschreibungen, meist ebenso aus äußerem Anlaß entstanden, zeichnen sich ebenfalls durch biographische Auslassung und Konzentration auf Einzelthemen aus, wobei der fremde Blick auf die eigene Person häufig Anknüpfungspunkt ist. Ebenso charakteristisch für diese Selbstbeschreibungen ist es, eigene Befindlichkeit in partes pro toto zu kleiden. Parallele Themen sind die hier offen angesprochene Strategie der Verschleierung, die sich vom anderen erhofft, nicht erkannt zu werden, aus der sich Überlegungen zur Rolle der Einsamkeit und zur sozialen Identität ableiten, die sich gegebenenfalls mit einem bestimmten Ort verknüpfen ließe — im Falle von Gide Paris, bei Lu Xun Shaoxing — sowie der Gegensatz von Stadt und Land. Lu Xun ist spätestens seit seinem Engagement für den Holzschnitt ab 1929/30 oft bildlich dargestellt worden, gelegentlich auch karikierend, und war somit konkret mit der »Erkennbarkeit« konfrontiert, sei es ohne oder dank der Verzerrung. Deshalb folgt dem Text eine von Huang Miaozi (1913–, aus Zhongshan/Shandong) im selben Jahr 1934 gezeichnete Karikatur von Lu Xun. Beachtlich ist der scharfe Gegensatz zwischen diesem Identifikationspotential und den gleichzeitig stattfindenden tages-, partei- und literaturpolitischen Auseinandersetzungen, in die Lu Xun tief verwickelt war und die Fluchtphantasien begünstigt haben mögen. Ob Lu Xun über den Buchgestalter Valloton auf Gide stieß oder umgekehrt, ist unklar. Wenn er jedoch in seiner Notiz feststellt, der Name von Gide sei »in China schon einigermaßen be-

Huang Miaozi: Lu Xun (Zeichnung, 1934)
Text S. 415

kannt«, kann sich das kaum auf seine Texte bezogen haben, denn als erstes Einzelwerk erschienen die Nourritures terrestres erst 1943 in Übersetzung.

Ich werde euch im Glauben lassen, das vorliegende Porträt (von Vallotton) sei mir ähnlich; das wird mir ersparen, auf der Straße von euch erkannt zu werden. Im übrigen bin ich nur selten in Paris. Ich halte mich lieber unter Palmen auf; glücklich bin ich auch noch unter einem Olivenbaum oder unter einem Johannisbrotbaum, weniger unter einer Eiche. Gar nicht mehr glücklich bin ich unter einer Tanne. Im allgemeinen mag ich, wenn es heiß ist.

Einmal halbjährlich lasse ich mir den Bart scheren und kehre für einen Monat zurück unter die Kastanien der breiten Straßen von Paris. In Paris würde es mir ganz gut gefallen, wenn nur nicht die anderen wären, doch außer in der Einsamkeit bin ich zu nichts nütze. Nichts erschöpft mich mehr als Konversation; womit ich am meisten geize, ist »meine Meinung«. In Diskussionen halte ich mich völlig zurück, bevor ich Recht habe. Mein Fehler ist, daß ich anderen zuhöre... Aber sobald ich alleine vor einem leeren Blatt Papier sitze, komme ich wieder in Stimmung. Genau deshalb ziehe ich das geschriebene dem gesprochenen Wort vor, das Buch der Zeitschrift oder Zeitung, das Kunstwerk der Nachrichtenmeldung. Wenn ich häufig nach Biskra oder nach Rom verschwinde, dann weniger um in Italien oder Afrika zu sein, als um nicht mehr in Paris zu sein. Im Grunde bin ich seßhaft und mag nichts lieber als Arbeit und nichts weniger als Ablenkungen.

Allerdings bin ich kein Menschenfeind und bin fähig, Freundschaft zu bezeugen... Aber das ist etwas anderes.

Q — Gide, André: »Portrait«, in: Cri de Paris, 1901; in: Œuvres complètes, Hg. L. Martin-Chauffier, Paris: Gallimard 1933, Bd. 3, S. 507–8

L — Lu Xun: »"Miaoxie ziji" he "Shuoshu ziji de Jide" yizhi fuji«《描寫自己》和《說述自己的 紀德》 [Nachbemerkung des Übersetzers von »Selbstporträt« und »Gide, wie er sich selbst beschreibt«], in: Yiwen 譯文 Bd. 1, Nr. 2 (Shanghai, 16.10.1934); in: LXQJ Bd. 10, S. 454–5 ¶ Bauer, Wolfgang: Das Antlitz Chinas. Die autobiographische Selbstdarstellung in der chinesischen Literatur von ihren Anfängen bis heute, München: Hanser 1990 ¶ Weber, Werner: Eden und Elend: Félix Valloton. Maler, Dichter, Kritiker, Zürich: Verlag NZZ 1998

1934 · 10   Dokument B018

Huang Miaozi: Lu Xun (Zeichnung, 1934)
Abbildung S. 413

Shanghai

Q — Huang Miaozi 黄苗子 in: *Xiaoshuo banyuekan* 小説半月刊 Nr. 3 (Shanghai, 7.1934)

1934 · 11 · 2   Miszelle »Suibian fanfan« [Opportunisten].

1934 · 11 · 14   »Da "Xi" zhoukan bianzhe xin« [Antwort auf einen Brief des Herausgebers der Wochenschrift »Theater«].

1934 · 11 · 18   »Ji "Xi" zhoukan bianzhe xin« [Ein Brief an den Herausgeber der Wochenschrift »Theater«].

1934 · 11 · 21   Miszelle »Zhongguo wentan shang de guimei« [Gespenster in der chinesischen Literaturszene], zuerst in englischer Übersetzung erschienen in der Zs. *International Literature* (Moskau); dt. als »Ungeheuerlichkeiten der chinesischen Literatur«, in: *Einsturz*, S. 165–70.

1934 · 12 · 11   Miszelle »Bing hou za tan« [Plaudereien nach der Genesung, 4 Abschnitte].

1934 · 12 · 17   Miszelle »Bing hou zatan zhi yu (Guanyu "Shu fenmeng")« [Weitere Plauderei nach der Genesung (Über das »Zeigen von Verbissenheit«)].

1934 · 12 · 20   »"Ji wai ji" xuyan« [Vorrede zu den »Gesammelten Werken außerhalb der Sammelwerke«].

1934 · 12 · 21   Essay »A Jin«.

1934 · 12   »Chongyin "Shizhuzhai jianpu" shuoming« [Erläuterung zum Nachdruck der »Kommentierten Chronik der Zehn-Bambus-Klause«], zum Nachdruck von *Shizhuzhai jianpu* des Malers und Holzschnitzers Hu Zhengyan (um 1584–1674), die von LX und Zheng Zhenduo (unter Pseudon. Xidi) herausgegeben und in Peking unter der Verlagsbezeichnung »Banhua congkan hui« gedruckt werden.

1935 · 1 · 1   Zhonghua minguo 24   Beginnt »Die Uhr« von Leonid Panteleev (1908–87) zu übersetzen, die als *Biao* erscheint.

1935 · 1 · 12   Schließt Übersetzung von Panteleev ab und schreibt dazu eine »Bemerkung des Übersetzers«. Band erscheint im Juli in Shanghai beim Verlag Shenghuo shudian in der Reihe »Yiwen congshu chahuaben« [Illustrierte Übersetzungen].

1935 · 1 · 16   »Ye Zi zuo "Fengshou" xu« [Vorwort zu »Ernte« von Ye Zi].

1935 · 1 · 23	Überarbeitet die Textsammlung *Xiaoshuo jiuwen chao* [Exzerpte von Nachrichten aus der (traditionellen) Erzählliteratur] redaktionell und schreibt Vorwort zur Neuauflage (EA 1926), die im Juli in Shanghai beim Verlag Lianhua shuju erscheint.
1935 · 2 · 15	Beginnt den ersten Teil von *Mërtvye duši (Tote Seelen)* von Nikolaj Gogol' zu übersetzen, erscheint als *Si linghun.*
1935 · 2 · 20	Trifft Auswahl für *Zhongguo xin wenxue daxi. Xiaoshuo er ji* [Große Anthologie der Neuen chinesischen Literatur. Erzählliteratur 2] und stellt Band zusammen.
1935 · 3 · 2	Schreibt Vorwort dazu, Band erscheint im Juli in Shanghai beim Verlag Liangyou tushu yinshua gongsi.

1935 · 3 · 2	Dokument A018

Lu Xun: Vorrede zur »Großen Anthologie der Neuen chinesischen Literatur. Erzählliteratur Band 2«

Im Jahre 1935, als sein Ruf als Entdecker und Förderer neuer literarischer Talente auf einem Höhepunkt stand, erhielt Lu Xun von Zhao Jiabi (1908–97, aus Song-jiang/Jiangsu, heute Shanghai) den Auftrag, in der von ihm edierten »Großen Anthologie der Neuen chinesischen Literatur« den zweiten Band zur Erzählliteratur zusammenzustellen. In diesen Band aufgenommen werden sollten Autoren, die keiner der beiden einflußreichsten literarischen Vereinigungen angehörten, d.h. weder der »Literarischen Studiengesellschaft« (Wenxue yanjiu hui) noch der »Schöpfungsgesellschaft« (Chuangzaoshe). Die gesamte Anthologie umfaßte zehn Bände, davon je einen mit Aufsätzen zur Literaturtheorie und zu literarischen Debatten, drei mit Erzählliteratur, zwei mit Essays, je einen mit Gedichten und Bühnenstücken sowie einen Materialien- und Registerband. Das Werk deckte den Zeitraum zwischen 1917 und 1926 ab und erschien in den Jahren 1935/36. Der folgende Text bringt Ausschnitte aus der Einleitung von Lu Xun. Sie ist nicht nur interessant, weil sie einen Überblick verschafft und literarische Präferenzen von Lu Xun verdeutlicht, sondern auch bedeutsam, weil in ihm verteilte schlechte Noten — die Lu Xun selbst gewiß zu revidieren bereit gewesen wäre — seit der entscheidenden Rede von Mao Zedong 1937 (vgl. Dok. C023) auf Jahrzehnte hinaus praktisch jede Rezeption der betroffenen Autoren blockierten, während umgekehrt die Gelobten im Windschatten Lu Xuns in den modernen Klassikerhimmel aufstiegen.

1.

Bei allen, die sich mit der modernen chinesischen Literatur beschäftigen, ist allgemein bekannt, daß [die Zeitschrift] »*Xin qingnian*« für die »Literaturreform« eingetreten ist und später noch weiter ging und einen Aufruhr entfesselte, indem sie eine »Literaturrevolution« propagierte. Doch als [die Zeitschrift] damals im September 1915 zu erscheinen begann, war sie vollständig in der *klassischen Literatursprache* geschrieben. *Su Manshu* in seinen Romanen sowie *Chen Xia* und *Liu Bannong* in ihren Übersetzungen erzählender Literatur benutzten alle die klassische Literatursprache. Im folgenden Jahr erschien »*Meine bescheidene Meinung zu einer Literaturreform*« von *Hu Shi*, und nur er benutzte in seinen lyrischen und erzählenden Texten die Umgangssprache. In der Folge kamen allmählich immer mehr Autoren zusammen, die in der Umgangssprache schrieben, doch weil »Xin qingnian« eigentlich eine theoretische Zeitschrift war, wurde kreativen Werken nicht so viel Aufmerksamkeit zuteil. Nur Gedichte in Umgangssprache waren vergleichsweise gewichtig vertreten. Was aber Theaterstücke und Erzählungen angeht, so erschienen hauptsächlich Übersetzungen.

Wer dort [d.h. in »Xin qingnian«] eigene Erzählungen veröffentlichte, war Lu Xun. Vom Mai 1918 an erschienen in Fortsetzungen »*Tagebuch* eines Wahnsinnigen«, »Kong Yiji«, »Heilmittel« und andere Texte. Sie galten als deutlicher Ausdruck des Programms der »Literaturrevolution« und rührten darüber hinaus ans Herz mancher ihrer jugendlichen Leser, weil sie damals für »tief im Ausdruck und außergewöhnlich in der Form« gehalten wurden. Diese Rührung war jedoch schlußendlich Ursache dafür, daß die Jugend später die kalte Schulter zeigte, wenn Literatur vom europäischen Kontinent vorgestellt wurde. Schon im Jahre 1834 hatte der Russe *Gogol'* ein »Tagebuch eines Wahnsinnigen« geschrieben, und Nietzsche hatte schon 1883 durch den Mund von Zarathustra gesagt: »*Ihr* habt den Weg vom Wurme zum Menschen gemacht, und Vieles ist in euch noch Wurm. Einst wart ihr Affen, und auch jetzt noch ist der Mensch mehr Affe, als irgend ein Affe.« Und was das Ende der Erzählung »Heilmittel« angeht, so läßt sich deutlich eine Düsternis in der Art von *Andreev* erkennen. Aber der eigentliche Sinn des zuerst erwähnten »Tagebuchs eines Wahnsinnigen« liegt darin, die schädlichen Auswirkungen des Familiensystems und der konfuzianischen Rituale bloßzustellen, wobei die Empörung viel tiefer geht als bei Gogol' und auch nicht so diffus ist wie beim Übermenschen von Nietzsche. Obwohl der Autor sich danach vom Einfluß ausländischer Schriftsteller löste, wurde doch seine Technik ausgereifter und seine Beschreibungen umfassender, wie etwa in »*Die Sache mit der Seife*«, »*Die Ehescheidung*« und anderen. Aber auf der anderen

Seite nahm auch seine Leidenschaft ab, ohne daß es seine Leser bemerkt hätten.

Darüber hinaus hat »Xin qingnian« keinen Autor erzählender Literatur hervorgebracht.

Ziemlich viele davon finden sich allerdings in »Xinchao«. Diese Zeitschrift erschien vom Januar 1919 an; im folgenden Jahr gingen ihre wichtigsten Redakteure zum Studium ins Ausland, so daß die Zeitschrift innert zweier Jahre einging. Unter den Autoren erzählender Literatur [die in »Xinchao« publizierten] sind zu nennen *Wang Jingxi, Luo Jialun, Yang Zhensheng, Yu Pingbo, Ouyang Yuqian, Ye Shaojun*. Es ist nur natürlich, daß ihre Technik unausgereift war und überall Beschreibungen und Sprachformen aus der traditionellen Erzählliteratur ihre Spuren hinterließen. Darüber hinaus waren ihre Schilderungen etwas blaß und farblos und plätscherten dahin, ohne daß davon etwas übrig bliebe; oder dann ließen sie wider alle Wahrscheinlichkeit in einem einzigen Augenblick und auf einem einzigen Menschen alles erdenkliche Unglück zusammenkommen. Doch sie strebten gemeinsam voran und waren Autoren ihrer Zeit. Kein einziger unter ihnen hielt die Erzählliteratur für eine minderwertige populäre Gattung. Einmal abgesehen davon, daß sie ihre Literatur als Kunst betrachteten, schrieben sie alle recht zwanglos. Wenn sie etwas schrieben, waren sie »betroffen« und veröffentlichten die Texte so, wie sie waren. Sie sahen darin ein Mittel, mit dem sie die Gesellschaft verändern wollten — obwohl auch sie dafür kein Fernziel festgelegt hatten.

In »Blumenbinder« ist Yu Pingbo der Meinung, die Menschen sollten sich nicht so gespreizt und gekünstelt ausdrücken, sondern so, wie es ihrer Natur entspricht. Luo Jialun wiederum erzählt vom Leiden der *ehelichen Unfreiheiten*. Obwohl er etwas angeekelt und oberflächlich erscheint, entsprach sein Urteil genau der damals unter der intellektuellen Jugend verbreiteten Meinung. Er bezog Anregungen aus »Ein Puppenheim [Nora]« und »Gespenster« von *Ibsen*, die zu jener Zeit ebenfalls gerade sehr im Schwange waren. Bloß hatte niemand an »Ein Volksfeind« und »Die Stützen der Gesellschaft« gedacht. Yang Zhensheng will um jeden Preis das *Elend im Volk* beschreiben, während Wang Jingxi die *Geheimnisse eines fleißigen Schülers* und die schweren Erfahrungen armer Leute aufdeckt, dabei aber gleichzeitig ein lächelndes Gesicht aufsetzt. Doch weil sie alle Intellektuelle aus oberen Schichten waren, konnten sie in ihren Beschreibungen die Kluft zwischen den Belanglosigkeiten, die sich in ihrer Umgebung abspielten, und dem Leben der kleinen Leute schlußendlich nicht überwinden. Später hat Ouyang Yuqian seine Kraft auf Bühnenstücke verwendet. Ye Shaojun hat jedoch die am weitesten reichende

Entwicklung durchgemacht. In »*Xiandai pinglun*« veröffentlichte Wang Jingxi weitere kreative Werke, aus denen er 1925 die Auswahl »*Schneenacht*« zusammenstellte. Aber offenbar verfügt er nicht über das geringste Selbstbewußtsein, oder er hat seine früheren Kämpfe vergessen, denn er meint von seinen eigenen Werken, sie entbehrten »jeglicher Kritik am Sinn des Lebens«. In seinem Vorwort schreibt er:

»Als ich diese Erzählungen schrieb, bemühte ich mich nach Kräften, aufrichtig einige Lebenserfahrungen zu beschreiben, die ich machte. Ich strebte in meinen Beschreibungen nur nach Aufrichtigkeit, nicht nach einer sorgfältig kritischen Haltung. Sogar wenn jemand ein tatsächliches Ereignis schildert, ist seine Schilderung unvermeidlich von seiner Lebensanschauung beeinflußt. Aber immer habe ich mich bemüht, soweit ich dazu fähig war, eine objektive Haltung zu wahren.« […]

2.

Seit dem Zwischenfall vom 4. Mai [1919] hat die wesentlich an dieser [Reform-]Bewegung beteiligte Universität Peking viel Ruhm geerntet, ist aber gleichzeitig auch auf Schwierigkeiten gestoßen. Schließlich blieb dem Kern der Redaktion von »Xin qingnian« nichts anderes übrig, als wieder nach Shanghai *zurück* zu kehren, während die Gründerväter von »Xin chao« zum größten Teil noch weiter weg zum Studium nach Europa und Amerika gingen. Obwohl lauthals angekündigt, hat die Zeitschrift »Xin chao« bis heute keine [Reihe] »Einführungen zu berühmten Werken« herausgebracht. Was sie ihren *Mitgliedern* in China zurückgelassen hat, sind 10'000 Exemplare der »*Gesammelten Ansprachen von Herrn Jiemin*« und 7'000 »*Tropfen*«.

Kreative Werke fehlen leider, und eine Literatur, die dem Leben dienen würde, fehlt natürlich auch.

Aber in Shanghai gab es eine Menge Literatur für das Leben, es ist dort nicht nur viel Literatur für die Literatur entstanden. An dieser Stelle muß die »*Gesellschaft der Muse*« erwähnt werden. In der Zeitschrift »Misa <Musai>« vom März 1923 berichtet uns der »Aufruf« von *Hu Shanyuan*:

Wir sind die Götter der Kunst und der Literatur.

Wir wissen nicht, woher wir stammen,

und wissen nicht, wozu wir leben. […]

Wir sind völlig überzeugt, daß wir zu nichts anderem in der Lage sind, als

unserer *Inspiration* zu folgen.

In der zweiten Nummer, die im April erschien, stand auf der ersten Seite deutlich, es handle sich um eine »Monatsschrift, die keine Ziele verfolgt und keine künstlerische Richtung vertritt, nicht diskutiert und nicht kritisiert, sondern nur Kunstwerke veröffentlicht, die aus der Eingebung heraus geschaffen sind«, das heißt, es handelte sich um das Organ einer künstlerischen Vereinigung, die sich von jeder Volksüberlieferung löste. Doch in Wahrheit ist diese Absichtslosigkeit ein imaginärer Feind. *Chen Dezheng* sagt in seiner »Plauderei des Redakteurs«: »Unter den literarischen Werken der letzten Zeit sind manche zu Handelswaren geworden. Die sogenannten Literatur-wissenschaftler und die sogenannten Literaten haben somit unweigerlich alle ein wenig den Charakter von Händlern! Das verabscheuen wir zutiefst und halten es darüber hinaus für eine an Herz und Kopf krankhafte Erscheinung [...].« Das ist nichts anderes als ein wutschnaubendes Manifest, das zum Angriff gegen die Heere von »*Monopolisten der Literaturszene*« bläst. Damals wollten alle ihre eigene Fahne aufpflanzen und eine neue Richtung begründen und schlugen ständig auf das verabscheute Etikett der »Vulgarität« ein. [...]

4.

Im Oktober 1925 tauchte in Peking unvermittelt die *Wildwuchs-Gesellschaft* auf. Es handelte sich eigentlich bloß um einige unzufriedene Redakteure der [Zeitungsbeilage] »*Jingbao fukan*«, die nebenher die Wochenzeitschrift »*Mangyuan*« gründeten, ein als Beilage der »Jingbao« vertriebenes Organ, also um nichts weiter als einen erfreulichen Zusammenschluß. Am wildesten und kraftvollsten schritt *Gao Changhong* aus, drei weitere wichtige Erzähler waren *Huang Pengji, Shang Yue* und *Xiang Peiliang*, während Lu Xun zum Herausgeber bestimmt wurde. Eine ganze Reihe von Autoren erklärten ihre Unterstützung, unter den Erzählern *[Feng] Wenbing, [Feng] Yuanjun, [Li] Jiye, [Tai] Jingnong, [Li] Xiaoming, Qingyu* und andere. Im November wollte die »Jingbao« diese Beilage einstellen, nachdem sie bereits das Format verkleinert hatte, so daß eine halbmonatlich erscheinende Zeitschrift daraus wurde, redigiert von der *Namenlosen Gesellschaft*. Unter den neuen Werken, die damals erschienen, befand sich eine Beschreibung der bedrückten Stimmung auf dem Land durch *Wei Jinzhi*: »*Dämmerung* sinkt auf das Städtchen«.

Innert kurzem jedoch brachen innerhalb der »Wildwuchs-Gesellschaft« Konflikte auf. [Gao] Changhong bildete eine Fraktion und gründete darauf in Shanghai die *Sturm-und-Drang-Gesellschaft*. Zu einer sogenannten »Sturm-und-Drang-Bewegung« bestand in Wirklichkeit schon früher ein Plan, den [Gao] Changhong in seiner Westentasche verwahrte. Er suchte oft nach Gelegenheiten, um ihn herauszuziehen, und ließ erst einmal einige Nummern einer Wochenzeitschrift drucken. Das folgende »Programm« hatte er schon im März 1925 in der »Jingbao fukan« veröffentlicht, doch bildete er sich damals noch nicht ein, er sei ein »Übermensch«, und hatte auch noch nicht einen so selbstgefälligen Ton:

In tiefschwarzer dunkler Nacht, wenn alle in schwerem Schlaf liegen, wie im Tod, kein Laut, nichts regt sich, o stille und einsame leere Nacht! So sind Hunderte und Aberhunderte von Jahren verflossen, und niemals dämmert der Morgen, schwarze Nacht hört niemals auf.

Wie im Tod, so liegen alle Menschen in einem tiefen schweren Schlaf.

Endlich erwachen einige Menschen aus der Finsternis und rufen einander gleich zu:

»Die Zeit ist gekommen, wir haben schon lange genug gewartet.«

»O ja, wir müssen uns jetzt erheben. Wir rufen, damit alle ruhelos Wartenden sich ebenfalls erheben.«

»Und auch wenn am Ende der Morgen nicht dämmert, werden wir uns dennoch erheben. Wir werden eine Lampe anzünden, um unsere dunkle Zukunft zu erleuchten.«

»Schwach sein gilt nicht, schläfrig hoffen gilt nicht. Wir müssen stark sein und Hindernisse beseitigen, sonst werden wir von ihnen überrollt. Wir fürchten uns überhaupt nicht und weichen nicht aus.«

So riefen sie, und obwohl es ganz dünn und schwach klang, es war doch zu hören, aus dem Osten, aus dem Westen, aus dem Süden, aus dem Norden, erst ganz undeutlich, verstärkte sich das Echo, bis es viel stärker ertönte als unser Ruf.

Der Tropfen einer Quelle kann zum ersten fließenden Wasser eines Stromes werden. Die Regung eines Blattes am Baum kann in der Zukunft einen Sturm entfachen. Geringste Ursachen können größte Wirkungen nach sich ziehen. Deshalb nennen wir unsere Wochenschrift einfach »*Kuangbiao*«.

Hinterher wurde jedoch nur von Tag zu Tag ersichtlicher, daß die beteiligten Autoren glaubten, diesen »hinüber« gegangen zu sein. Aber der nietzscheanische Ton sowie schwerverständliche aphoristische Abhandlungen führten schließlich dazu, daß die Wochenschrift kaum überleben konnte. Was festgehalten zu werden lohnt, sind weiterhin nur die erzählenden Texte von Huang Pengji und Shang Yue — in Wirklichkeit aber nur der eine Autor Xiang Peiliang und niemanden sonst.

Huang Pengji hat aus seinen Erzählungen ein Buch mit dem Titel »*Disteln und Dornen*« gemacht. Bei der zweiten Begegnung mit den Lesern hat er jedoch seinen Namen in *Pengqi* umgeändert. Als erster hat er begriffen, daß engagierte Literatur, die aufklärerisch wirken will, nicht wie Rahm sein darf, sondern wie ein Stachel wirken sollte. Ein Literat darf sich nicht demoralisieren

lassen, sondern sollte über eine robuste Natur verfügen. In »Stechliteratur«
(in: »Mangyuan« Nr. 28) erklärt Huang ausdrücklich: »Literatur ist alles
andere als eine Sache der Muße.« und »Der Literat ist keineswegs von der
Natur unbedingt besonders reich bedacht worden und würde deswegen
einer besonderen Klasse angehören«, »er ist auch kein Weichling, der den
ganzen Tag mit Schluchzen zubringt.« Er schreibt weiter:
Ich bin der Meinung, [literarische] Werke im modernen China sollten wie
ein Strauch Disteln sein. Denn in einer Wüste werden alle Blüten, die sich
sanft hin und her wiegen, langsam zugrunde gehen. Wenn eine Gesellschaft
jedoch Disteln hervorbringt, stechen ihre Blätter und ihre Stiele, ja sogar
ihre Wurzeln. — Ich bitte, mich nicht aufgrund der Gestalt dieser Pflanze
abzulehnen. — Die Ideen in einem Werk, die Struktur, der Satzbau und
der Wortgebrauch, das alles sollte mit voller Absicht die Irritationen zum
Ausdruck bringen, die wir oft empfinden. Der wahre Literat [...] sollte
sich zuerst erheben und uns so dahin bringen, daß auch wir nicht anders
können, als uns zu erheben. Er sollte erfüllt sein von seiner eigenen Stärke
und die anderen so sehr mit seiner eigenen Stärke erfüllen, daß sie ihre
eigene Stärke erkennen und zum Ausdruck bringen. Ein Werk muß
mindestens so weit Erfolg haben, daß der Leser ständig weiterliest und
gar nicht die Muße findet, sich zu überlegen, ob es sprachlich schön oder
häßlich ist — entsetzliche Empfindungen sind ohne Zweifel unschön,
aber auch wunderbare Empfindungen müssen als Niederlage gelten. —
Und wer im alten Gleis zu bleiben gedenkt, soll nicht einfach so weiter in
den Tag hineinleben können. Denn eine solche [Literatur] packt seine
Krankheit an der Wurzel und fordert ihn heftig heraus. Wenn ihn ein
ordentlicher Aufbau und eine gewöhnliche Sprache dazu bringen, daß er
wegrennt, dann müssen wir etwas dagegen unternehmen.
»Erst wenn in der Wüste überall Disteln und Dornen wachsen, werden
die Chinesen ihr Leben ertragen können.« Das ist es, was ich glaube.
Was [Huang] Pengqi schreibt, stimmt allerdings nicht so ganz mit dem überein,
was er vertritt. Er benutzt eine flotte und witzige Sprache und demaskiert,
beschreibt und verspottet alle möglichen Leute, besonders die Intellektuellen.
[...] Kurz darauf bringt er erneut eine »Ankündigung in eigener Sache« (am
Anfang des Bandes »Disteln und Dornen«) und schreibt: »Die vier Zeichen
für "Stechliteratur" zu schreiben, bedeutet nicht, Tag für Tag die Geißel der
Despoten einer Würdigung zu unterziehen und selber "auf keinen grünen
Zweig kommen", denn niemand nimmt sich solche Literatur je völlig zu
Herzen.« Das sieht nun sehr nach Zögern aus. Danach war denn auch nichts
mehr von seiner »Stechliteratur« zu lesen. [...]

[423]

Als Xiang Peiliang »Diffuser Traum« herausgab, seinen ersten Sammelband mit Erzählungen, schrieb er an den Anfang:
Während die Zeit verstreicht, hört mein Herz eine schwache Stimme und ich bringe sie ganz unbeholfen zu Papier. Das ist die Quelle dieses kleinen Büchleins von mir!
Im Grunde genommen ist es die Stimme der Zeit, die uns der Autor beschreibt. Einiges davon stammt aus unschuldiger Liebe und unschuldigem Haß in der Kindheit, anderes aus dem, was er während langer Einsamkeit in der Fremde gehört und gesehen hat. Allerdings ist er alles andere als »unbeholfen«, ebensowenig gespreizt oder künstlich, sondern bloß das Gegenteil dessen, was uns vertraut ist, so flüssig und gewandt wie er spricht. Er läßt uns gebannt und aufmerksam zuhören und vermittelt uns ein Gefühl für die bunte Vielfalt des Lebens. Doch das Herz des Autors ist leidenschaftlich beteiligt. Wenn dem nicht so wäre, könnte er auch nicht in einem so ruhigen und flüssigen Stil schreiben. Deshalb liebt er zuletzt doch den »Rebellen gegen das Nichts«, der in der Gegenwart »hinter der Gewalttätigkeit des Abscheus die noch tatkräftigere Liebe entdeckt«, obwohl er sich zwischendurch gelegentlich beim »verlorenen Kinderherz« aufhält. Einen solchen Rebellen stellt er uns mit kräftigen Worten in »*Ich habe* den Kreuzweg hinter mir gelassen« vor. [...]

5.
Zuletzt bleiben noch einige Worte zur Auswahl zu sagen:
1. Literarische Vereinigungen sind keine Bohnenschoten, das heißt, was sich in ihnen befindet, sind schlußendlich nicht alles Bohnen. Um die Zeit herum, als ich den Band zusammenstellte, gab es schon alle möglichen Unvereinbarkeiten, und danach hat es noch mehr Änderungen unterschiedlicher Art gegeben. Nach 1926 entstandene Werke werden hier nicht verzeichnet, ebensowenig Schreibstile und Ideen späterer Autoren behandelt.
2. Bei einigen Autoren, die selber einen Sammelband herausgegeben haben, deren Texte aber vorher schon in Zeitschriften erstmals erschienen sind, habe ich in manchen Fällen den Sammelband nicht konsultiert, auch wenn ich fürchte, sie wären unzufrieden und würden die Texte streichen. Gelegentlich habe ich die Texte dennoch hier aufgenommen, und zwar deshalb, weil ich sie für ausgezeichnete Erzeugnisse begabter Menschen halte nicht etwa, damit sie sich für ihre Jugendzeit schämten. Bei jemandem Scham auszulösen, ist allerdings schon ein Fehler.

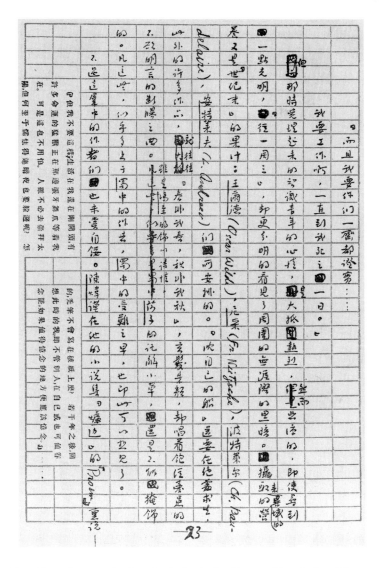

Lu Xun: Vorrede zur »Großen Anthologie der Neuen chinesischen Literatur«
(Faksimile einer Manuskriptseite)
Text S. 431

3. Wenn einige Texte, die in Sammelbände aufgenommen worden sind, sich sprachlich oft erheblich von den Fassungen unterscheiden, die vorher in Zeitschriften erschienen sind, so handelt es sich zweifellos um Ergänzungen und Streichungen, die von den Autoren selber stammen. Wenn ich hier dennoch gelegentlich die ursprüngliche Fassung gewählt habe, so weil ich fand, die nachgetragenen Verbesserungen seien der ursprünglichen Fassung nicht unbedingt überlegen.

Für die beiden obigen Punkte bitte ich den Leser um Entschuldigung.

4. Ich weiß wahrhaftig, wieviele Zeitschriften aller Art innerhalb der genannten zehn Jahre erschienen sind. Auch die Anthologien erzählender Literatur sind gewiß zahlreich, doch ist mein Blick begrenzt und mein Bedauern über entgangene Perlen unvermeidlich. Was die Bände betrifft, die ich sorgfältig gelesen, daraus jedoch manches verworfen, anderes ausgewählt habe, so geschah es bestimmt nicht aus Voreingenommenheit, sondern ebenso, weil ich nur beschränkt aufnahmefähig bin. Da will ich mich gar nicht um jeden Preis rechtfertigen.

Abgeschlossen am 2. März 1935

A — Die Auslassungen in den Zitaten von ihm behandelter Autoren stammen von Lu Xun. ¶ »*Xin qingnian*« [Neue Jugend] vgl. Dok. C006 ¶ *klassische Literatursprache* »wenyan« im Gegensatz zur Umgangssprache »baihua«, deren schriftlicher Gebrauch in allen Bereichen zu den zentralen Anliegen der »Literaturreformer und -revolutionäre« gehörte — eine Mitte der 20er Jahre im wesentlichen erfüllte Forderung ¶ *Su Manshu* (1884–1918, aus Xiangshan/Guangdong) erfolgreicher Autor sentimentaler Erzählungen in klassischer Schriftsprache und Übersetzer ¶ *Chen Xia* Übersetzer, dessen chinesische Fassungen der Erzählungen »Vešnie vody« [Frühlingswogen, 1872] und »Pervaja ljubov'« [Erste Liebe, 1860] von Ivan S. Turgenev (1818–83) in Fortsetzungen in »Xin qingnian« Bd. 1, Nr. 1 bis Bd. 2, Nr. 2 (10.1916) erschienen ¶ *Liu Bannong* (1891–1934) Linguist, Übersetzer und Literaturkritiker aus Jiangyin/Jiangsu ¶ *»Meine...«* (»Wenxue gailiang chuyi«), in: »Xin qingnian« Bd. 2, Nr. 5 (Jan. 1917); engl. in: Fairbank, John K. & Teng Ssu-yü [Deng Siyu] (Hg.): »China's Response to the West«, Cambridge/MA: Harvard University Press 1954 ¶ *»Tagebuch...«* später in den Sammelband »Nahan« [Schlachtruf, 1923] aufgenommen; dt. in: »LXW«, Bd. 1, S. 16–32 ¶ *Gogol'*, Nikolaj Vasilevič (1809–52), dessen »Zapiski samusšedšego« [eig. Aufzeichnungen eines Wahnsinnigen] in der dt. Übers. von Otto Buek als »Memoiren eines Wahnsinnigen« (in: »Sämtliche Werke«, Bd. 6, 1912) sich in der Bibliothek von Lu Xun befindet ¶ *»Ihr...«* zit. nach Nietzsche, Friedrich: »Also sprach Zarathustra« (»Zarathustra's Vorrede« 3), in: »Sämtliche Werke. Kritische Studienausgabe«, Hg. Colli & Montinari, Bd. 4, S. 14 — ein Satz, der im »Tagebuch eines Wahnsinnigen« wörtlich angeführt wird ¶ *Andreev*, Leonid N. (1871–1919), auf dessen Erzählung »Krasnyj smech« [Rotes Lachen] Lu Xun sich hier bezieht; vgl. Dok. T001 ¶

Shanghai

»*Die Sache mit der Seife*« (»Feizao«) ¶ »*Die Ehescheidung*« (»Lihun«) beide in die Sammlung »Panghuang« [Zwischenzeiten Zwischenwelten, 1926] aufgenommen; dt. in: »LXW«, Bd. 2, S. 62 bis 77 und 192–205 ¶ »*Xinchao*« [Neue Flut] neben »Xin qingnian« wichtigstes Organ der Bewegung des 4. Mai, Erscheinen mit Bd. 3, Nr. 2 im März 1922 eingestellt, Redakteure u.a. Fu Sinian (1896 bis 1950), Philosoph aus Liaocheng/Shandong, 1919–26 in England und Deutschland, dann Professor an der Sun-Yat-sen-Universität in Guangzhou (Kanton), und Luo Jialun (s.u.), 1920–26 zum Anglistikstudium in Europa und USA ¶ *Wang Jingxi* (1897–1968), aus Wuxian/Jiangsu, geb. in Hangxian/Zhejiang, Professor an Sun-Yatsen-Universität in Kanton, Sammelband mit 9 Erzählungen »Xueye« [Schneenacht] 1925, daraus Titelerzählung zuerst in: »Xin chao« Bd. 1., Nr. 1 (1.1.1919) ¶ *Luo Jialun* (1897–1969), wie Lu Xun aus Shaoxing/Zhejiang, nach Rückkehr von Auslandsstudium politisch in GMD engagiert und später Rektor der Qinghua-Universität in Peking ¶ *Yang Zhensheng* (1890–1956), aus Fenglai/Shandong, Professor an der Universität Peking und an Universität Wuchang (Provinz Hubei) ¶ *Yu Pingbo* (1900–90), aus Deqing/Zhejiang, Schriftsteller und Dozent an der Universität Peking ¶ *Ouyang Yuqian* (1889–1962), aus Liuyang/Hu'nan, Bühnenautor ¶ *Ye Shaojun* d.i. Ye Shengtao (1894–1988), aus Wuxian/Jiangsu, Schriftsteller und Gründungsmitglied der »Wenxue yanjiu hui« [Literarische Studiengesellschaft], 1923 Lektor im Verlag Shangwu yinshuguan, 1930 im Verlag Kaiming shudian, 1927 Wohnungsnachbar von Lu Xun in Yujing yunli (Shanghai); dt. »Die Vogelscheuche. Eine Sammlung von Kindergeschichten«, Peking: Verlag für fremdsprachige Literatur 1981 ¶ »*Blumenbinder*« (»Huajiang«), in: »Xin chao« Bd. 1, Nr. 4 (1.4.1919) ¶ *eheliche Unfreiheiten* gemeint ist die Erzählung »Shi aiqing haishi kutong?« [Ist es Liebe oder Leid?], in: »Xin chao« Bd. 1., Nr. 3 (1.3.1919) ¶ *Ibsen* dessen Stücke »Ein Puppenheim« (»Et dukkehjem«, 1879) und »Gespenster« (»Gengangere«, 1881) chin. als »Nuola«, Übers. Hu Shi & Luo Jialun, in: »Xin qingnian«, Bd. 4, Nr. 6 (6.1918) bzw. »Qungui«, Übers. Pan Jiaxun [& Hu Shi], in: »Xin chao«, Bd. 1, Nr. 5 (1.5.1919), S. 825–80, erschienen, während »Ein Volksfeind« (»En folkefiende«, 1882) als »Guomin zhi di«, Übers. Tao Lügong [Tao Menghe], in: »Xin qingnian« Bd. 4, Nr. 5 (5.1918), und »Die Stützen der Gesellschaft« (»Samfundets støtter«, 1877) als »Shehui zhushi«, Übers. Zhou Shoujuan, in: »Xiaoshuo yuebao« Bd. 11 (1920) veröffentlicht wurden ¶ *Elend im Volk* gemeint ist die Erzählung »Yu jia« [Familie Yu], in: »Xin chao« Bd. 1, Nr. 3 (1.3.1919) ¶ *Geheimnisse eines fleißigen Schülers* gemeint ist die Erzählung »Yi ge qinxue de xuesheng« [Ein eifriger Schüler], in: »Xin chao« Bd. 1, Nr. 2 (2.1919) ¶ »*Xiandai pinglun*« [Moderne Kritik] von Hu Shi (1891–1962, aus Jixi/Anhui), Chen Yuan (1896–1970, aus Wuxi/Jiangsu, Literaturkritiker) und Xu Zhimo (1897–1931, aus Haining/Zhejiang, Lyriker) redigierte Wochenzeitschrift allgemeinen Inhalts, die von Dez. 1924 bis Dez. 1928 erst in Peking, dann in Shanghai erschien ¶ »*Schneenacht*« (»Xueye«) Titelerzählung in: »Xin chao« Bd. 1, Nr. 1 (1.1919); Sammelband mit neun Erzählungen, Shanghai: Yadong tushuguan 10.1925 ¶ *zurück* da »Xin qingnian« anfangs in Shanghai gedruckt und vertrieben wurde ¶ *Mitglieder* der Vereinigung gleichen Namens, die deren Ziele unterstützen und in der Regel zu den ersten Empfängern der von ihr herausgegebenen Zeitschrift und von ihr betreuter Buchreihen gehörten ¶ »*Gesammelte Ansprachen von Herrn Jiemin*« »Jiemin xiansheng yanxing lu«, erschienen im Oktober 1920, das sind 84 Reden von Cai Yuanpei (1868–1940, aus

Shaoxing/Zhejiang), zeitweilig Rektor der Universität Peking und Förderer der Bewegung des 4. Mai ¶ »Tropfen« (»Diandi«) Anthologie mit Erzählungen von L. Tolstoj, A. Čechov, A. Kuprin, L. Andreev, H. Sienkiewicz, Adam Szymanski, Argyris Heftaliotis, O. Schreiner, Ema Osamu u.a., übersetzt von Zhou Zuoren, einem Bruder von Lu Xun, erschienen im August 1920 als Band 3 der Reihe »Xinchao congshu« (vgl. Dok. C047 und C048) ¶ »Gesellschaft der Muse« [Misa she] literarische Vereinigung, deren Name aus einer chinesischen Transkription für die griechische »Muse« gebildet ist und die eine Monatszeitschrift »Misa« mit dem lateinischen Untertitel »Musai« herausgab, von der ab März 1923 sechs Nummern erschienen ¶ Hu Shanyuan (1897–1988), aus Jiangyin/Jiangsu, Mitbegründer der »Misa she« und Lektor beim Verlag Shijie shuju, veröffentlichte mehrere Erzählungen in »Misa«, in den 30er Jahren zahlreiche Beiträge für die Halbmonatsschrift »Hongcha« [Schwarztee] und für »Ziyoutan« [Freie Rede], Beilage der Tageszeitung »Shenbao« in Shanghai ¶ Inspiration im Original in lateinischer Schrift ¶ Chen Dezheng (1893–?) aus Pujiang/Jiangsu, Reakteur von »Misa«, nach 1927 Vorsitzender des GMD-Parteikomitees der Stadt Shanghai und Vorsteher des Amtes für Erziehung ¶ »Monopolisten der Literaturszene« »Seit die Kulturbewegung [des 4. Mai] entstanden ist, monopolisieren ein oder zwei Götzen die Kunst unseres Landes.« stand am 29.9.1922 in der Vorankündigung zu einer eigenen Zeitschrift der »Chuangzaoshe« [Schöpfungsgesellschaft] ¶ Wildwuchs-Gesellschaft (»Mangyuanshe«) ¶ »Jingbao fukan« [Beilage zur Zeitung für die Hauptstadt] ¶ »Mangyuan« [Wildwuchs] erschien, nach 32 Nummern als wöchentliche Beilage zur »Jingbao« 1925, selbständig von Januar 1926 bis Dezember 1927 halbmonatlich im Verlag der Namenlosen Gesellschaft, erst mit Lu Xun, dann mit Wei Suyuan (1902–32) als Herausgeber ¶ Gao Changhong (1898–?1947, andere Quellen: um 1956) Schriftsteller aus Yuxian/Shanxi, dessen erste Sammlung von Essays und Gedichten »Xin de tanxian« [Herzenserforschung] von Lu Xun redigiert und in die Reihe »Wuhe congshu« aufgenommen wurde, regelmäßige Kontakte nach 1927 ¶ Huang Pengji (?–um 1951) Erzähler aus Renshou/Sichuan, Französisch-Studium an der Universität Peking, Mitglied der »Kuangbiaoshe« (s.u.) ¶ Shang Yue (1902–82) Historiker aus Luoshan/He'nan, Mitglied der »Kuangbiaoshe«, als Englisch-Student an der Universität Peking Hörer von Lu Xun (vgl. Dok. C027) ¶ Xiang Peiliang (1905–61) Schriftsteller aus Qianyang/Hu'nan, Mitbegründer der »Kuangbiaoshe«, 1924–27 in regelmäßigem Kontakt mit Lu Xun, der die Erzählsammlung »Biaomiao de meng« [Diffuser Traum] 1927 an den Verlag Beixin shuju empfahl, später GMD-Anhänger ¶ [Feng] Wenbing (1901–67, aus Huangmei/Hubei) Lyriker und Erzähler, 1925–29 Englisch-Student an der Universität Peking, veröffentlichte in der Zeitschrift »Yusi« [Wortspinnerei] und war eng befreundet mit Zhou Zuoren, dem Bruder von Lu Xun ¶ [Feng] Yuanjun (1900–74), Schriftstellerin und Essayistin, aus Tanghe/He'nan, aktiv in der Bewegung des 4. Mai, veröffentlichte in »Chuangzao« [Schaffen], »Yusi«, »Xinyue« [Neumond] und anderen wichtigen literarischen Zeitschriften ¶ [Li] Jiye (1904–97) Schriftsteller aus Huoqiu/Anhui, führte die Geschäfte der »Namenlosen Gesellschaft« (s.u.) und korrespondierte darüber häufig mit Lu Xun, v.a. nach dessen Wegzug aus Peking ¶ [Tai] Jingnong (1902–90) Schriftsteller aus Huoqiu/Anhui, politisch aktiv in Chongqing/Sichuan während des Widerstandskriegs gegen Japan ¶ [Li] Xiaoming (keine weiteren Angaben verfügbar) schrieb regelmäßig

Shanghai

Beiträge für die von Lu Xun mitbegründete Zeitschrift »Mangyuan« (s.o.) ¶ *Qingyu* möglicherweise ein weiteres Pseudonym von Tai Jingnong, der auch als »QING«, »QINGchen« und »QuYU« zeichnete ¶ *Namenlose Gesellschaft* oder Unbenannte Gesellschaft [Weimingshe] von Lu Xun initiierte und 1931 aufgelöste betont apolitische literarische Vereinigung, die außer der gleichnamigen Zeitschrift auch die beiden Buchreihen »Weiming congkan« [Sammlung] und »Weiming xinji« [Neue Sammlung] herausgab und die Verbreitung von Übersetzungen als eines ihrer wichtigen Ziele ansah ¶ *Wei Jinzhi* (1900–72), Schriftsteller aus Shengxian/Zhejiang ¶ »*Dämmerung…*« (»Liu xia zhen shang de huanghun«), Erz. von Wei Jinzhi, ersch. in: »Mangyuan« Nr. 12 (25.2.1926), später aufgenommen im Sammelband »Qi feng shuxin de zizhuan« [Autobiographie in sieben Briefen] ¶ *Sturm-und-Drang-Gesellschaft* [Kuangbiaoshe] literarische Vereinigung, gegründet von Gao Changhong (s.o.) und Xiang Peiliang (s.o.) im November 1924, Herausgeberin dreier gleichnamiger Zeitschriften (s.u.) und einer im Verlag Guanghua shuju in Shanghai erscheinenden Buchreihe »Kuangbiao congshu« ¶ »*In tiefschwarzer…*« Die folgende Passage schließt sich deutlich an die berühmte Metapher der »eisernen Kammer« von Lu Xun an (»Vorrede« zur Sammlung »Schlachtruf«; dt. in: »LXW«, Bd. 1, S. 7–15), mit dem deutlichen Unterschied, daß Gao Changhong Hoffnung formuliert, indem die Menschen bei ihm aufwachen, und dem auf die Dunkelheit verschobenen Akzent, die eher romantisch aufgeladen ist als ein Ergebnis fehlender Ausblicke in einem fensterlosen Raum ¶ *Der Tropfen* ebenfalls in Anlehnung an einen Ausdruck von Lu Xun gebildet, der die sprichwörtlich gewordene Formel geprägt hatte vom »Funken, der einen Steppenbrand entfachen kann« ¶ »*Kuangbiao*« [Sturm und Drang] von Literaten aus dem Umkreis der »Sturm-und-Drang-Gesellschaft« herausgegebene Zeitschriften: 1. Wochenzeitschrift, Hg. Gao Changhong, Beilage zur Tageszeitung »Guofeng ribao«, Peking (17 Nrn. ab 9.11.1924); 2. unregelmäßig, Hg. Gao Changhong (nur eine Ausgabe im Dezember 1925); 3. Shanghai Oktober 1926 ¶ »*Disteln und Dornen*« (»Jingji«) Sammelband mit elf Erzählungen, ersch im August 1926 bei Kaiming shudian in Shanghai, in der Reihe »Kuangbiao congshu« ¶ *Pengqi* lautlich angelehnt an seinen früheren Vornamen, jedoch mit anderen einfacheren Zeichen und daher anderer Bedeutung ¶ *Stechliteratur* (»ci de wenxue«) ¶ »*Ich habe…*« »Wo likai shizi jietou«, ersch. in der Reihe »Kuangbiao congshu«, Shanghai: Guanghua shuju 10.1926

Q — Lu Xun: »"Zhongguo xin wenxue daxi" xiaoshuo er ji xu« 《中國新文學大系》小説二集序 in: *Zhongguo xin wenxue daxi. Xiaoshuo* Bd. 2, Shanghai: Liangyou tushu yinshua gongsi 7.1935; *Qiejieting zawen erji* 且介亭雜文二集 Shanghai: Sanxian shuwu 7.1937; in: *LXQ* Bd. 6, S. 238–65

L — Zhao Jiabi 趙家壁 »Cong yi duan Lu Xun yiwen suo xiangdao de — huiyi Lu Xun bianxuan "Zhongguo xin wenue daxi: xiaoshuo er ji"« 從一段魯迅遺文所想到的——回憶魯迅編選《中國新文學大系：小説二集》 [Angesichts eines Nachlaßtextes von Lu Xun eingefallen — Erinnerungen an die Redaktion und Auswahl der »Großen Anthologie der Neuen chinesischen Literatur: Erzählliteratur Band 2« durch Lu Xun], in: *Shandong shiyuan xuebao* 山東師院學報 5/1977 (Ji'nan), S. 78–80 ¶ Schwarcz, Vera: *The Chinese Enlightenment. Intellectuals and the Legacy*

Movement of 1919, Berkeley/CA usw.: University of California Press 1986 [Schwergewicht auf »Xinchao she«] ¶ Eide, Elisabeth: *China's Ibsen.* From *Ibsen to Ibsenism,* London: Curzon Press 1987 (= Scandinavian Institute of Asian Studies Monograph Series 55) ¶ Chen Zishan 陳子善 (Hg.): *Huiyi Tai Jingnong* 回憶半靜農 [Erinnerungen an Tai Jingnong], Shanghai: Jiaoyu chubanshe 10.1994

1935 · 3 · 2   Dokument B035

Lu Xun: Vorrede zur »Großen Anthologie der Neuen chinesischen Literatur«
(Faksimile einer Manuskriptseite)
Abbildung S. 425

Bemerkenswert an der gezeigten Seite ist die materielle Collage-Technik, mit der Lu Xun seinen Text hergestellt hat, indem er längere Zitate fremder Texte (in anderen Fällen auch von eigenen) aus der gedruckten Vorlage herausschnitt und auf die Manuskriptseite klebte. Dies ist weniger auf schreibökonomische Überlegungen oder unliebsame Erfahrungen mit Setzern zurückzuführen, als auf ein geschärftes philologisches Bewußtsein, das — damals unüblich — auch zeitgenössische Texte mit einschloß. Daß Lu Xun die Namen ausländischer Autoren auch in lateinischer Schrift gibt, ist auf die gleiche Disposition zurückzuführen und hebt sich vom zeitüblichen Vorgehen ab, wo bei noch nicht durchgängig etablierten chinesischen Transkriptionen ausländischer Eigennamen häufig individuelle Umschriften verwendet wurden, die sich je nach den Kenntnissen der jeweiligen Sprache und ihrer Ausspracheregeln stark voneinander unterscheiden und die Identifikation des gemeinten Namens erheblich erschweren konnten. Ferner ist zu beachten, daß die Handschrift vertikal von rechts nach links verläuft, das aufgeklebte Zitat jedoch horizontal von links nach rechts gesetzt ist. Die Linien links der senkrecht verlaufenden handschriftlichen Zeichen sind eine damals geltende graphische Konvention zur Auszeichnung von Eigennamen, ebenso wie rechts oben und links unten im gedruckten Zitat sowie oben in der ersten und unten in der zweiten handschriftlichen Zeile die doppelten Winkel als Zeichen für Anführung. Die Korrekturen in der dritten Zeile oben und und im unteren Drittel sind stilistischer Art und stellen eine Permutation dar: Oben ist das eher schriftsprachliche raner (»jedoch«, »allerdings«) ersetzt durch das mehr umgangssprachliche dan (»aber«), während unten danshi durch raner ersetzt wird. Der Text stammt aus dem zweiten Abschnitt und ist oben nicht übersetzt. Lu Xun behandelt darin als Vertreter des l'art pour l'art die Autoren der nach dem gleichnamigen Theaterstück von Gerhart Hauptmann benannten literarischen Vereinigung »Versunkene Glocke« (Chenzhongshe) und bezeichnet den Lyriker Feng Zhi (1905–93) als ihren wichtigsten Autor. Die beiden am Seiten-anfang zitierten Gedichtzeilen stammen vom englischen Lyriker George Gissing

Shanghai

(1857–1903), das gedruckte Zitat aus der Vorrede (»Proem«) zum Sammelband mit Erzählungen »Neben dem Ofen« (Lubian, 1927) von Chen Weimo (1903–55, aus Luxian/Sichuan).

Q — *Lu Xun shougao si bian* 魯迅手稿四編 [Manuskripte von Lu Xun, Teil 4], Hg. Lu Xun bowuguan, Beijing: Wenwu chubanshe 8.1974

1935 · 3 · 2   Dokument B059

Tao Yuanqing: Umschlagtitel zu »Heimat« von Xu Qinwen (1926)
Abbildung S. 433

Zu den Autoren, die Lu Xun in den von ihm edierten Band der »Großen Anthologie« aufgenommen hat, gehört auch sein Landsmann Xu Qinwen (1897–1984). Seinen literarischen Ruf verdankt er in erster Linie der Sammlung Guxiang (»Heimat«, 1926), zu welchen der ebenfalls aus Shaoxing stammende Tao Yuanqing (1893–1929) den Umschlag gestaltete. Dieser gehörte zu den produktivsten und erfolgreichsten Graphikern seiner Zeit und hat zeitweise eng mit Lu Xun zusammengearbeitet. Zu den thematischen Besonderheiten seines Werks gehört, ähnlich wie bei den Skizzen und Zeichnungen von Lu Xun (vgl. »Nachwort« zu »Blumen der Frühe am Abend gelesen«, in: LXW Bd. 3, S. 114–36), die häufige Darstellung von Figuren aus der chinesischen mythologischen Überlieferung, mit dem Unterschied, daß sie mittels westlicher Techniken der Malerei gestaltet sind.

Q — *Lu Xun yu shuji zhuangzheng* 魯迅與書籍裝幀 Shanghai: Renmin meishu chubanshe 1981, Tafel 72

L — Lu Xun: »"Tao Yuanqing shi xiyang huihua zhanlanhui mulu" xu« 《陶元慶氏西洋繪畫展覽會目錄》序 [Vorwort zum »Katalog der Ausstellung mit Malerei im westlichen Stil von Tao Yuanqing«; 16.3.1925], in: *Jingbao fukan* 京報副刊 18.3.1925; in: LXQJ Bd. 7, S 262 ¶ Greselin, Federico: *Artisti e piccole cose. Lu Xun e la svolta realistica nell'arte figurativa cinese*, Venezia: Cafoscarina 1984 ¶ Minick, Scott & Jiao Ping: *Chinese Graphic Design in the Twentieth Century*, London: Thames & Hudson 1990

Tao Yuanqing: Umschlagtitel zu »Heimat« von Xu Qinwen (1926)
Text S. 432

Xiao Hong auf der Eingangstreppe zum Haus mit der Wohnung von Lu Xun in Shanghai, Dalu xincun Nr. 9 (Photographie, 5. März 1935)

Text S. 437

Dokument B062

Xiao Hong auf der Eingangstreppe zum Haus mit der Wohnung von Lu Xun in Shanghai, Dalu xincun Nr. 9 (Photographie, 5. März 1935)
Abbildung S. 435

Die Schriftstellerin Xiao Hong (1911–42, aus Hulan/Heilongjiang) floh zusammen mit ihrem Lebensgefährten Xiao Jun (1907–88, aus Yixian/Liaoning) vor der japanischen Besetzung Nordostchinas (»Mandschurei«) nach Qingdao (Provinz Shandong). In Qingdao entstand unter anderem der Roman »Der Ort des Lebens und des Sterbens« (Shengsi chang), *zu dem Lu Xun Ende 1935 eine Vorrede schreiben sollte. Von Qingdao aus nahmen die beiden mit Lu Xun Kontakt auf und kamen im Oktober 1934 nach Shanghai. Seither gehörte das Paar zu den engsten Schützlingen von Lu Xun, der nicht nur Manuskripte redigierte und zur Publikation vermittelte, sondern die beiden gelegentlich auch finanziell unterstützte. Die folgende Aufnahme zeigt Xiao Hong auf der Schwelle zur Wohnung Dalu xincun Nr. 9 (»Neue Siedlung "Kontinent"«), wo Lu Xun mit seiner Lebensgefährtin und dem gemeinsamen Sohn seit April 1933 lebte. Sie entstand vermutlich am 5. März 1935, also wenige Tage nachdem Lu Xun seine Vorrede zu einem der Bände der »Großen Anthologie der Neuen chinesischen Literatur« abgeschlossen hatte, und stammt möglicherweise von Xiao Jun, der mehrfach als leidenschaftlicher Hobbyphotograph erwiesen hat. — Einige Quellen datieren die Aufnahme, wohl irrtümlich, auf »Peking, 1931«.*

Q — *Xiao Hong* 蕭紅 Hg. Wang Shu 王述, Xianggang: Sanlian shudian 5.1982, [3]10.1987 (= Zhongguo xiandai zuojia xuanji), Bildteil

1935 · 3 · 16	Kunstkritischer Aufsatz »Lun fengci« [Über Satire].
1935 · 3 · 28	»Tian Jun zuo "Ba yue de xiangcun" xu« [Vorrede zu »Dorf im August« von Tian Jun (d.i. Xiao Jun, 1907–88, aus Yixian/Liaoning)].
1935 · 4 · 14	Beginnt an der Serie von Miszellen »Wenren xiang qing« [Die gegenseitige Verachtung unter Literaten] zu arbeiten.
1935 · 4 · 29	Schreibt auf japanisch für die Zeitschrift *Kaizô* »Zai xiandai Zhongguo de Kong Fuzi« [Konfuzius im modernen China; dt. in: *Einsturz*, S. 171–6].
1935 · 5 · 3	Kunstkritischer Aufsatz »Shenme shi "fengci"?« [Was ist Satire?].

Lu Xun: Was ist »Satire«? — *Antwort auf eine Anfrage der* Wenxueshe

Besonders seit er keine erzählenden Texte mehr schrieb, sah sich Lu Xun häufig dem Vorwurf ausgesetzt (etwa durch Su Xuelin, vgl. Dok. C028 und C029), er sei kalt, gefühllos, hart, verbittert und so weiter. Tatsächlich waren seine satirischen Glossen so gefürchtet, daß er mit seinem politischen Engagement gewisse Risiken auf sich nahm. Daß er letztlich als enttäuschter Moralist schrieb, darüber gibt er im folgenden Text deutlich Rechenschaft und kommt zu einem überraschend ähnlichen Ergebnis wie ein rundes Jahrzehnt vor ihm Kurt Tucholsky (1890–1935) in seinem Artikel »Was darf die Satire?« (1919). — Ursprünglich war die Abhandlung als Beitrag für den Sammelband Wenxue baiti (»Hundert Themen der Literatur«) geplant, wurde jedoch von den Zensurbehörden zusammen mit 25 weiteren Beiträgen aus dem Band gestrichen.

Meine Auffassung ist: Wenn ein Schriftsteller kurz und prägnant schreibt oder einfach in seinem Stil ein wenig übertreibt — aber selbstverständlich muß er auch künstlerisch sein — und er aufrichtig Menschen oder Dinge schildert, dann bezeichnen die geschilderten Menschen ein solches Werk als »Satire«.

»Satire« lebt von der Wahrhaftigkeit. Es muß sich nicht um Ereignisse handeln, die sich tatsächlich zugetragen haben, aber es müssen mögliche Situationen sein. Deshalb ist sie weder »frei erfunden« noch »diffamierend«; sie ist nicht dazu da, »dunkle Machenschaften zu entlarven«, ebenso wenig berichtet sie haarsträubende »merkwürdige Begebenheiten« oder »sonderbare Situationen«. Die Ereignisse, die sie beschreibt, liegen offen zutage, tragen sich häufig zu, und oft würde sie niemand für merkwürdig halten, sondern für natürlich und sie nicht einmal bemerken. Allerdings spielen sich die Ereignisse zu einer Zeit ab, wo sie bereits unangemessen, lächerlich, verachtenswert, ja sogar abscheulich wirken. Doch sobald es irgendwie weitergeht, findet niemand mehr etwas merkwürdig dabei, und alle haben sich daran gewöhnt, obwohl es sich vor aller Augen zugetragen hat. Es jetzt besonders hervorzuheben, regt die Leute auf. Als Beispiel: Daß westlich gekleidete junge Leute zu Buddha beten, ist heute weit verbreitet, neokonfuzianische Moralapostel, die sich darüber empören, sind noch weiter verbreitet. Innerhalb nur weniger Minuten sind die Spuren dieses Ereignisses vergangen, sie sind verschwunden. Aber die »Satire« nimmt genau in diesem Augenblick ein Bild auf, ein gerecktes Hinterteil, eine gerunzelte Stirn, und

findet dies für sich selbst und für andere nicht nur dann einen wenig erheben-
den Anblick, wenn sie es anschaut, sondern sogar, wenn sie es entdeckt.
Wenn das Bild dann öffentlich zirkuliert und danach großspurig wissenschaftlich dahergeredet und in hohem Ton über Charaktereigenschaften
geklatscht wird, ist das ebenfalls ein bißchen peinlich. Falls jemand behaupten
sollte, das aufgenommene Bild entspreche nicht der Wirklichkeit, ist das
unzulässig, denn in jenem Augenblick konnten sich davon alle mit eigenen
Augen überzeugen, und jeder konnte merken, daß sich das Ereignis tatsächlich
so zugetragen hat. Wer aber dann wiederum findet, es gehöre sich nicht
zuzugeben, daß das die Wahrheit ist, verliert jede Selbstachtung. Schließlich
zerbrechen sich die Leute den Kopf, um dem Bild einen Namen zu verpassen,
und nennen es »Satire«. Das bedeutet im Klartext: Die Leute wollen zwar
unbedingt bestimmte Ereignisse hervorheben, aber wenn sie sichtbar werden,
sprechen sie dennoch von einem schlechten Erzeugnis.

Es macht unbedingt Sinn, auf ein bestimmtes Ereignis den Finger zu legen,
doch es darüber hinaus mit den Mitteln der Übertreibung kurz und prägnant
zu machen, ist wirklich »satirische« Fertigkeit. Der selbe Vorfall wird, wenn
weitschweifig und unkünstlerisch geschildert, nicht zu einer Satire und
niemanden rühren. Tatsachenberichte in der Presse schildern einfach der
Reihe nach, was geschieht, so zum Beispiel, daß dieses Jahr zwei Dinge
vorgefallen sind: 1. *Ein junger Mensch* gibt sich als Offizier aus, lügt und
betrügt unter falschem Namen, deckt dann ein Verbrechen auf und schreibt
schließlich ein Bekenntnisbuch, in dem er sagt, er habe sich damit bloß
seinen Lebensunterhalt verdienen wollen und sicher nicht betrügerische
Absichten gehabt. 2. Ein Dieb lockt einen Schüler zu sich und bringt ihm das
Stehlen bei. Der Hausherr erfährt davon und verbietet seinem eigenen Kind
das Haus, doch es dringt gewaltsam in die Wohnung ein. Vergleichsweise
bemerkenswerte Vorfälle werden in einer Zeitung immer in besonders
kritischen Worten berichtet. Aber über diese beiden Ereignisse ist bis heute
kein einziges Wort gefallen, woraus ersichtlich ist, daß sie sich häufig
beobachten lassen und nicht wert sind, ernstgenommen zu werden. Doch
wenn solches Material beispielsweise in die Hand von J. *Swift* oder N. *Gogol'*
gelangt, kann ich mir vorstellen, daß aus ihm treffliche Satiren entstehen.
Wahrscheinlich reizen zu jeder Zeit und in jeder Gesellschaft Ereignisse
desto heftiger zu Satiren, je häufiger und je gewöhnlicher sie sind.

Obwohl jene, die Gegenstand einer Satire sind, im allgemeinen den Satiriker
hassen, so hat dieser doch eigentlich meistens gute Absichten. Seine Satire,
die in der Hoffnung entstanden ist, daß die Betroffenen sich zum Guten
ändern, will sie sicher nicht alle ins Wasser werfen. Doch sobald einer unter

ihnen den Satiriker entdeckt hat, läßt sich dieser eine nicht mehr bessern und es gibt keine Tusche, die ihn retten könnte. Dann ist eine solche Anstrengung völlig nutzlos und bewirkt vielmehr das Gegenteil. Tatsächlich ist es nicht bloß eine üble Tat, die Schwächen eines [Gegners] aufzuzeigen, sondern es kann im Gegenteil sogar zu einem Vorteil für andere umschlagen, die ebenfalls feindlich gesinnt sind. Ich glaube, daß diese anderen es aus ihrer Sicht nicht so empfinden wie jene, die zum Gegenstand der Satire werden. Umso mehr werden sie »Satire« als »Entlarvung« empfinden.

Wenn ein Werk sich äußerlich der Satire bedient, aber nicht im geringsten gute Absichten verfolgt oder Zuneigung ausdrückt, und den Leser nur noch alles als Ereignis wahrnehmen läßt, dann weckt es kein Interesse, bewegt auch nicht zum Handeln und ist dann bestimmt keine Satire, sondern nichts weiter als sogenannter »Sarkasmus«.

A — *Wenxueshe* gemeint ist eigentlich die Redaktion der Monatszeitschrift »Wenxue« [Literatur], herausgegeben von Fu Donghua, Zheng Zhenduo, Wang Tongzhao und Huang Yuan, erschienen Juli 1933 bis Jan. 1937 beim Verlag Shenghuo shudian in Shanghai ¶ *merkwürdige...* sind seit der Tang-Zeit (618–907) wichtiges Thema der traditionellen Erzählliteratur und hat einer ihrer Gattungen »chuanqi« (»Überlieferung von Merkwürdigkeiten«) sogar den Namen gegeben; bekanntestes späteres Beispiel ist die Sammlung »Jingu qiguan« [Sonderbare Begebenheiten aus neuer und alter Zeit, 1633–43]; dt. »Kin ku ki kwan« (1952) ¶ *Ein junger Mensch...* Die Zeitungsmeldung vom 17.10.1906, die Carl Zuckmayer als Anlaß zum Lu Xun möglicherweise bekannten »Hauptmann von Köpenick« (1931) diente, lautet: »Ein als Hauptmann verkleideter Mensch führte gestern eine von Tegel kommende Abteilung Soldaten nach dem Köpenicker Rathaus, ließ den Bürgermeister verhaften, beraubte die Gemeindekasse und fuhr in einer Droschke davon.« ¶ *Swift*, Jonathan (1667–1745), engl. Schriftsteller, Autor von »Gulliver's Travels« ¶ *Gogol'*, Nikolaj (1809–52), russ. Schriftsteller, dessen satirische Reise durch die Provinz in »Mёrtvye duši« [Tote Seelen, 1842] Lu Xun am 15. Februar des gleichen Jahres zu übersetzen begonnen hatte

Q — »Shenme shi "fengci" — da Wenxueshe wen« [3.5.1935] 甚麼是 "諷刺" ——答文學社問 in: *Zawen* 雜文 Nr. 3 (9.1935); in: *LXQJ* Bd. 6, S. 328–30

L — Tucholsky, Kurt: »Was darf die Satire?« [1919], in: *Gesammelte Werke*, Hg. Mary Gerold-Tucholsky & Fritz J. Raddatz, Reinbek: Rowohlt 1960, Bd. 2, S. 42–44 ¶ Lu Xun: »Lun fengci« 論諷刺 [Über Satire, 16.3.1935], in: *LXQJ* Bd. 6, S. 277–9; engl. »On Satire«, in: *SW* Bd. 4, S. 172–4 ¶ *Wenxue baiti* 文學百題 Shanghai: Shenghuo shudian 7.1935 ¶ Ding Ling 丁玲 »Fengci« 諷刺 [Satire; Sommer 1938], in: *Yi nian* 一年 Shanghai: Shenghuo shudian 3.1939 ¶ Tian Zhongji 田中濟 *Zawen de yishu yu xiuyang* 雜文的藝術與修養 [Kunst und Pflege der Miszelle; über Lu Xun, Tang Tao und Gorkij], Chongqing & Chengdu: Dongfang shushe 1943

1935 · 5	Der Band *Ji wai ji* [Gesammelte Werke außerhalb der Sammelwerke] mit bisher nicht in Buchform veröffentlichten Texten von LX wird von Yang Jiyun (1910–, aus Changzhou/Jiangsu) zusammengestellt und herausgegeben und von LX redigiert, erschienen in Shanghai beim Verlag Qunzhong tushu gongsi.
1935 · 6 · 6	Miszellen »Wentan sanhu« [Drei Schulen in der Literaturszene], »Cong bangmang dao chetan« [Von der Kollaboration zur Plauderei].
1935 · 6 · 10	Beginnt an der Reihe von Miszellen »Ti wei ding cao« [Notizen ohne bestimmtes Thema] zu arbeiten.
1935 · 8 · 8	»"Eluosi de tonghua" xiaoyan« [Einleitung zu »Russische Märchen«]. Die im September 1934 begonnene Übersetzung von *Russkie skazki* [Russische Märchen] von Gor'kij erscheint im September in Shanghai beim Verlag Wenhua shenghuo chubanshe in der Reihe »Wenhua shenghuo congkan« [Kulturleben].
1935 · 9 · 12	Schließt die Reihe von Miszellen »Wenren xian qjing« ab, zusammen sieben Teile (s. 14.4.1935).
1935 · 9 · 14 / 15	Beendet die Übersetzung der Grotesken von Čechov, die u.d.T. *Huai haizi he bie de qiwen* [Böse Kinder und andere erstaunliche Geschichten] beim Verlag Lianhua shuju in Shanghai erscheinen, und schreibt dazu Vor- und Nachwort.
1935 · 9	Die Sammlung von fünf sprachpolitischen Aufs. *Men wai wen tan* [Plaudereien im Freien über Schrift und Literatur] erscheinen in Shanghai beim Verlag Tianma shudian in der Reihe »Tianma congshu« [Himmelspferd].
1935 · 10 · 6	Schließt den ersten Teil der Übersetzung der *Toten Seelen* von Gogol' ab, der zuerst in Fortsetzungen in *Shijie wenku* [Anthologie der Weltliteratur] veröffentlicht wird und als Buch im November in Shanghai beim Verlag Wenhua shenghuo chubanshe in der Reihe der »Yiwen congshu« [Übersetzungen] erscheint (s. 15.2.1935).

Shanghai

1935 · 10 · 17   Dokument A020

Lu Xun: Brief an Harold B. Isaacs

Der an den Herausgeber von Straw Sandals *(1938) gerichtete Brief ist der einzige aus der Hand von Lu Xun in englischer Sprache. Er geht auf einen Entwurf seines Kollegen Mao Dun (1896–1981) zurück, der den Kontakt mit dem amerikanischen Journalisten Harold B. Isaacs (1910–), dem Herausgeber der in Shanghai erscheinenden Wochenschrift* China Forum *sicherstellte. Im Gegensatz zur in den »Sämtlichen Werken« von 1981 abgedruckten Fassung ist hier der Brief nach dem ebenfalls publizierten Faksimile transkribiert. — Schrägstriche / bezeichnen neue Zeilen im Manuskript.*

Shanghai, China
Oct. 17. 1935.

Dear Mr. Isaacs,

In reply to your letter / of Sept. 15, about the remunera- / tion for the translation of my / story »*Gust of Wind*«, I wish / to inform you that I have no / desire to take the money / you intend to send me, for / the work above mentioned / did take me no much time / at all. I hope the said sum / will be disposed at your will.

With thanks.

Truly yours,
Lusin

A — »*Gust of Wind*« ist der Titel der englischen Übersetzung der Erzählung »Fengbo« aus dem Okt. 1920 (dt. als »Viel Lärm um nichts«, in: »LXW« Bd. 1, S. 76–88), die in der Zeitschrift »China Forum« erschien

Q — *LXQJ* Bd. 13, S. 646 (engl. mit chin. Übers.); Faksimile in: *Lu Xun nianpu* Bd. 4, S. 267

L — Issacs, Harold R.: *The Tragedy of the Chinese Revolution*, Palo Alto/CA: Stanford University Press 1951 ¶ Kubin, Wolfgang: »Die Jungfrau und der Dämon. Bemerkungen zur Rolle der Ironie in "Sturm im Wasserglas" (Fengbo)«, in: *Aus dem Garten der Wildnis. Studien zu Lu Xun (1881–1936)*, Hg. ders., Bonn: Bouvier 1989 (= Studium Universale), S. 55–64

1935 · 10 · 22   Stellt zum Gedächtnis von Qu Qiubai dessen Übersetzungen zusammen als *Hai shang shu lin* [Verschiedene

Beschreibungen von über dem Meer] und läßt sie auf
eigene Kosten drucken.

1935 · 11 · 14 »Xiao Hong zuo "Sheng si chang" xu« [Vorwort zu
»Der Ort des Lebens und des Sterbens« von Xiao Hong
(w, 1911–42, aus Hulan/Heilongjiang)]; dt. Übers. des
Werks durch Karin Hasselblatt, Freiburg: Herder 1989.

1935 · 11 · 14 Dokument A021

Lu Xun: Vorwort zu »Der Ort des Lebens und des Sterbens« von Xiao Hong

Es war vor vier Jahren, wie ich mich erinnere, im Februar, als ich mich
zusammen mit *Frau und Säugling* im Bezirk Zhabei von Shanghai innerhalb
der Frontlinien eingekesselt fand und mit eigenen Augen sah, wie Chinesen
umgebracht wurden, als sie flohen. Später schafften wir es, mit Hilfe einiger
Freunde in die friedliche britische Konzession zu gelangen. Obwohl die
Straßen von Flüchtlingen wimmelten, waren die Einwohner sehr ruhig. Und
obwohl die Konzession kaum vier oder fünf Li [etwas über zwei Kilometer]
von Zhabei entfernt liegt, war es doch eine völlig andere Welt — was uns
wiederum an Harbin denken ließ.

Es war im Frühling dieses Jahres, als das Manuskript zum vorliegenden
Buch auf meinen Schreibtisch kam. Ich war schon längst wieder nach Zhabei
zurückgekehrt, wo um mich her wieder aufgeregtes Treiben herrschte. Und
ich las von einem Harbin, wie es vor fünf Jahren oder noch früher ausgesehen
hat. Es handelt sich hier natürlich um nichts weiter als kurze Schilderungen,
von Ereignissen und Umständen, die weit mehr Gewicht haben als die Zeichnung der Personen. Dennoch dringt einem durch das Papier der Buchseiten
mit Gewalt förmlich entgegen, wie heftig sich die Menschen in *Nordchina* am
Leben festklammern und wie verzweifelt sie mit dem Tod ringen. Die sorgfältigen Beobachtungen durch die Autorin und ihr ungewöhnlicher Stil tragen
zusätzlich zur Klarheit und Frische [ihres Werks] bei. Es ist geistig voller
Kraft, so daß sich bei der Lektüre sogar vom beschriebenen Unglück berührt
fühlt, wer sonst Literatur verachtet oder eher auf praktischen Nutzen achtet.

Wie ich höre, hatte der Verlag [der Zeitschrift] für Literatur die Absicht,
ihr Werk zu drucken, und das Manuskript bereits im Propagandaministerium
beim Prüfungsausschuß für Bücher und Zeitschriften eingereicht , mit dem
Ergebnis, daß nach Ablauf eines halben Jahres die [Druck-] Erlaubnis
verweigert wurde. Häufig wird man erst durch Schaden klug. Wenn ich
erneut darüber nachdenke, konnte es gar nicht anders herauskommen: Sich

am Leben festklammern und mit dem Tod ringen ist, wie ich fürchte, steht den Vorstellungen von »*Politik durch Disziplinierung*« genau entgegen. Im Mai dieses Jahres verschwand dann der hochwürdige Ausschuß plötzlich und vollständig, bloß wegen des Artikels »*Plaudereien* verschiedene über Kaiser« — eine Umsetzung der Lehre von »mit gutem Beispiel vorangehen«.

Der Verlag hat nun seine geringen und sauer verdienten Mittel eingesetzt, um dieses Buch zu veröffentlichen. Es ist ein halbes Jahr her, daß unsere Obrigkeit »mit gutem Beispiel vorangegangen« ist, und ich wurde gebeten, als Vorwort etwas zu schreiben. In den letzten Tagen sind erneut Gerüchte aufgekommen, und die geschäftigen Einwohner von Zhabei wieseln aufgeregt wie die Ratten umher, auf den Straßen reißt der Strom von Gepäckkarren und Menschen nicht ab, während asiatische und weiße Ausländer von den sicheren Bürgersteigen aus das Schauspiel in diesem hochzivilisierten Land würdigen. Von den Zeitungen aus den Verlagshäusern der sicheren Zonen werden diese Flüchtlinge als »Plebs« oder als »dummes Volk« bezeichnet. Ich meine jedoch, daß sie womöglich sehr klug sind, ja mehr noch, daß sie aus Erfahrung inzwischen wissen, wie unglaubwürdig die pathetischen offiziösen Verlautbarungen sind. Sie haben wenigstens ein gutes Gedächtnis.

Es ist jetzt der Abend des 14. November 1935 und ich habe unter dem Schein der Lampe noch einmal den »Ort des Lebens und des Sterbens« gelesen. Um mich her ist alles totenstill, die Gespräche der Nachbarn, die ich sonst höre, sind verstummt, und auch die Stimme des Händlers, der sonst seine Lebensmittel anpreist, ist nicht zu hören. Nur gelegentlich ist aus weiter Ferne Hundegebell zu vernehmen. Es erinnert mich daran, daß es zur Zeit solche Stimmungen in der englischen oder französischen Konzession nicht gibt, genauso wenig wohl in Harbin. Ich und die Leute von dort haben völlig verschiedene Gefühle und leben in völlig verschiedenen Welten. Doch ich fühle mich wie das Wasser in einem aufgelassenen Brunnen, das nicht die geringste Bewegung zeigt. Taub wie Holz habe ich die Zeichen vorhin niedergeschrieben. Das ist doch genau das Herz eines Sklaven! — Wenn aber die Herzen der Leser doch gerührt werden könnten? Dann wären wir noch keine Sklaven.

Bloß wäre es dann besser, nicht meiner Nörgelei zu lauschen, die ich behaglich im Sitzen äußere, sondern sich rasch dem »Ort des Lebens und des Sterbens« zuzuwenden, der nun folgt — ein Werk, das in der Lage ist, euch die Kraft und den Mut zu geben, um zu widerstehen und durchzuhalten.

Lu Xun

A — Frau und Säugling sind die Lebensgefährtin Xu Guangping und der beim japanischen Überfall auf Shanghai am 8.12.1932 noch nicht zweijährige Sohn Zhou Haiying ¶ Nordchina gemeint ist eigentlich Nordostchina beziehungsweise die Mandschurei, die seit 1931 von Japan besetzt war, das dort den Marionettenstaat Manzhouguo (»Manchoukuo«) errichtete ¶ »Politik durch Disziplinierung« ist die mittlere von drei durch Sun Yixian (»Sun Yat-sen«, 1866–1925) postulierten Phasen der staatlichen Konsolidierung, nach der »Politik durch Militärgewalt« und vor der »Politik durch die Verfassung«, und war 1931 von der Guomindang-Regierung durch Dekret zum nunmehr geltenden Grundsatz erklärt worden ¶ »Plaudereien ...« (»Lüetan huangdi«) von Yishui (eig. Ai Hansong, 1905–75, aus Gao'an/Jiangxi) sollte richtig »Müßige Gespräche über Kaiser« (»Xianhua huangdi«) heißen, erschien in der Zeitschrift »Xinsheng« (Bd. 2, Nr. 5, Shanghai, Mai 1935), verdammte jedes autokratische System einschließlich des japanischen Kaisertums. Der Verlag der Zeitschrift wurde auf Druck des Generalkonsuls von Japan durch die Guomingdang geschlossen und ihr Herausgeber zu einer längeren Haftstrafe verurteilt

Q — Xiao Hong 蕭紅 Sheng si chang 生死場 Shanghai: Rongguang shuju 12.1936 (= Nuli congshu 1), S. 1–3; in: LXQJ Bd. 6, S. 408–10

L — Tie Feng 鐵峰 »Xiao Hong yu "Sheng si chang" — jian tan Lu Xun dui Xiao Hong de youyi« 蕭紅與《生死場》——兼談魯迅對蕭紅的友誼 [Xiao Hong und »Der Ort des Lebens und des Sterbens«, samt einer Diskussion über die Freundschaft von Lu Xun zu Xiao Hong], in: Qiushi xuekan 求是學刊 1/1980

1935 · 11 · 14   Dokument B063

Xiao Hong: Umschlagtitel zu Sheng si chang
Abbildung S. 447

Seit ihrer Mittelschulzeit in Harbin (Provinz Heilongjiang) hat die Schriftstellerin Xiao Hong (1911–42, aus Hulan/Heilongjiang) gerne gezeichnet und sich gelegentlich auch in der Malerei versucht. Ebenso wie weitere Titel hat sie auch den Umschlag zu ihrer ersten selbständigen Buchveröffentlichung selbst gestaltet. Die Silhouette über der markanten Diagonale, mit invers eingeschriebenem Buchtitel und dem etwas kleineren Familiennamen Xiao der Autorin, auf einem je nach Auflage und Exemplar im Ton stark variierendem Ockergrund stellt eine Ziege (yang) dar, die im Roman leitmotivisch wiederkehrt und aufgrund der gleichen Lautung mit dem »hellen« Prinzip yang verknüpft ist. Damit werden yin und yang auf dem Umschlagtitel durch Umkehrung von »hell« und »dunkel« zusätzlich gedeutet. Von Xiao Hong sind eine Reihe von Skizzen und Zeichnungen erhalten, unter anderem Porträts ihres damaligen Lebensgefährten Xiao Jun (1907–88).

Shanghai

Q — Xiao Hong 蕭紅 *Sheng si chang* 生死場 Shanghai: Rongguang shuju 12.1936 (= Nuli congshu 1); Reproduktion auch in: *Lu Xun huiyi lu* 魯迅回憶錄 [Gesammelte Erinnerunger an Lu Xun], Shanghai: Wenyi chubanshe 1.1978, Vorsatzblatt

L — Xin Zhi 欣知 »Xiao Hong yu huihua« 蕭紅與繪畫 [Xiao Hong und die Malerei], in: *Xinmin wanbao* 新民晚報 Shanghai, 30.11.1982 ¶ Liu Fuchen 劉福臣 »Xiao Hong huihua duotan« 蕭紅繪 畫掇談 [Formlose Beiträge zur Malerei von Xiao Hong], in: *Xiao Hong yanjiu* 蕭紅研究 Harbin: Shifan daxue chubanshe 1983 (= Beifang luncong)

1935 · 11 · 14   Dokument B064

Umschlagtitel zur deutschen Übersetzung
Der Ort des Lebens und des Sterbens *von Xiao Hong (1989)*
Abbildung S. 449

Bezeichnend für die Welle der Rezeption chinesischer Literatur im deutschsprachigen Raum während der 80er Jahre ist das Umschlagbild der Übersetzung von Sheng si chang. *Das Signal, das von der Photographie ausgeht, verlegt China im allgemeinen und das literarische Werk im besonderen in eine diffuse exotische Gegend, die einige seit dem späten 19. Jahrhundert unveränderte stereotype Attribute aufweist. Obwohl der Roman unbestreitbar in einem ländlichen Milieu angesiedelt ist, haben die abgebildeten strohgedeckten Hütten inmitten subtropischer Vegetation weder mit der dörflichen Bauweise in Nordostchina noch mit dem dortigen kontinentalen Klima mit langen Wintern (die im Text allgegenwärtig sind) irgendeinen Zusammenhang. Die ohne Quellenangabe verwendete Aufnahme scheint vielmehr in einem afrikanischen Land aufgenommen zu sein und könnte allenfalls aus der südwestchinesischen Provinz Yunnan stammen. Die Übersetzung wurde vor dem April 1989 fertiggestellt (so die Datierung des Nachworts), erschien nach dem 4. Juni 1989, als nach der gewaltsamen Niederschlagung der chinesischen Studentenbewegung auf dem Platz des Himmlischen Friedens die genannte Rezeptionswelle einen vorläufigen Abschluß fand.*

Q — Xiao Hong: *Der Ort des Lebens und des Sterbens*, Übers. Karin Hasselblatt, Freiburg i. B.: Herder 1989

Xiao Hong: Umschlagtitel zu **Sheng si chang**

Text S. 445

Xiao Hong
Der Ort des Lebens und des Sterbens
Roman

Herder

Umschlagtitel zur deutschen Übersetzung
Der Ort des Lebens und des Sterbens *von Xiao Hong (1989)*
Text S. 446

[449]

1935 · 11 · 29	Vollendet die historische Erzählung »Li shui« [Die Bezwingung der Wasser; dt. in: *LXW* Bd. 4, S. 44–69].
1935 · 11	Erhält vom Lyriker von Xiao San (1896–1983, aus Xiangxiang/Hu'nan) aus Moskau einen Brief mit dem Vorschlag einiger Mitglieder der chinesischen Delegation bei der Internationale, die Liga Linker Schriftsteller (LLS) aufzulösen. Der Brief wird von LX den zuständigen KP-Mitgliedern innerhalb der LLS übermittelt.
1935 · 12 · 2	Kunstkritischer Aufsatz »Zatan xiaopinwen« [Plauderei über die kleinen literarischen Formen].
1935 · 12 · 9	Dokument A022

Lu Xun: Zu einer neuen Umschrift — Antwort auf eine Anfrage

Besonderheit des folgenden Artikels, der ebenfalls (vgl. Dok. A016) die praktische Unterstützung für sprach- und schriftreformerische Bemühungen durch Lu Xun bezeugt, ist die Tatsache, daß er um 1940/41 selber zusammen mit anderen Arbeiten zum gleichen Thema in die lateinische Umschrift Latinxua Sin Wenz *(Neue Lateinumschrift) »übersetzt« wurde. Lu Xun nahm ihn in seine am Jahresende 1935 zusammengestellte, aber erst 1937 posthum erschienene Essaysammlung* Qiejieting zawen *auf. Beim Titel dieser Sammlung handelt es sich (wie übrigens bei vielen Titeln und sonstigen Wendungen von Lu Xun) ironischerweise um ein graphisches Wortspiel, das unmöglich wäre, wenn das Chinesische in lateinischen Buchstaben geschrieben würde: Lu Xun wohnte damals nahe der von den westlichen Mächten Frankreich, Großbritannien und den USA seit 1843 kontrollierten ausländischen Konzession, in einer Gegend, die umgangssprachlich »halbe Konzession« hieß. Nun hat Lu Xun je die »Hälfte« der beiden Zeichen für »Konzession« (zujie) genommen, die rechte von* zu *(qie) und die untere von* jie *(ebenfalls* jie *ausgesprochen) und daraus seinen »Studionamen« mit einem »Pavillon« (ting) als Bezugswort gebildet, aus dem seine Essays (zawen) stammen. Über die Zeitung* Yonghu xin wenzi liuribao *(Sechstagezeitung zur Verteidigung der neuen Schrift, d.h. »sonntags nie«), in welcher der Artikel möglicherweise in einer lateinischen Umschrift erstmals erschien, ließen sich weder Erscheinungsort noch Herausgeberschaft noch andere Angaben ermitteln; sie erschien vermutlich in Shanghai.*

Shanghai

租界

zujie Konzession

且介

qiejie »Halbkonzession«

Am besten ist es, Vergleichsmöglichkeiten zu haben. Als ich noch kein Umschriftsystem kannte, konnte ich mir nicht vorstellen, wie schwierig eine *piktographische* Schrift ist. Als ich noch keine latinisierten Zeichen gesehen hatte, bereitete es mir die größten Schwierigkeiten zu begreifen, wie die Umschriftsysteme »*Zhuyin zimu*« und »*Luoma zi*« abgeleitet werden, die immer noch mühselig und unpraktisch und daher auch keine fortschrittlichen Umschriften sind.

Die chinesischen Schriftzeichen sind wirklich ein nützliches Instrument für eine Politik der Volksverdummung, denn nicht nur die hart arbeitenden Massen haben keine Möglichkeit, sie zu üben und zu erlernen, sogar die privilegierte Klasse, die Geld und Macht hat, verschwendet darauf zehn oder zwanzig Jahre, um schließlich immer noch sehr viele Zeichen nicht zu beherrschen. Jüngst hat selbst der *Professor*, der die Vorteile der klassischen Schriftsprache propagiert, in seinen klassischen Sätzen Fehler gemacht — das ist der Beweis: Er versteht sie selber nicht. Wenn diese Leute wenigstens ordentlich aufträten und sich verständlich ausdrücken könnten, aber sie reden wirr daher; es sind Betrüger, die mit unsachlichen Behauptungen die Welt hinters Licht führen.

Deshalb sind die chinesischen Zeichen ein zusätzliches Geschwür am Körper der hart arbeitenden Massen Chinas, wobei der Krankheitserreger sich vollständig im Innern verbirgt. Wird er nicht zuerst entfernt, bedeutet das nichts anderes als den Tod. Früher haben sich *einige Gelehrte* gedacht, wenn mit einer Umschrift alle leichter lernten, sei es auch leichter, sie zu erziehen. Damit würde schließlich auch das Leben [der Massen] in Fronarbeit verlängert. Aber diese Zeichen waren alle noch viel zu umständlich und überladen, denn die Gelehrten konnten bei alledem nie das *Mandarin* und die vier Töne vergessen. Darüber hinaus waren es von Gelehrten geschaffene Zeichen, für die es akademischen Atem brauchte.

Doch dieses Mal ist die Umschrift bei weitem einfacher, und außerdem beruht sie auf dem wirklichen Leben. Sie einfach zu lernen, ist nützlich und läßt sich einsetzen, um klar verstanden zu werden und zu verstehen. Die Technik, wie sie erlernt werden soll, wird Sache der hart arbeitenden Massen sein und zunächst der einzig gangbare Weg.

Daß die neue Umschrift, die in China jetzt eben erprobt wird, Südchinesen zur Aussprache vorgelegt wird, ist nicht ganz verständlich. Im Gebiet des heutigen China war es ursprünglich ausgeschlossen, eine einheitliche Sprache zu schaffen. Deshalb muß mit Rücksicht auf die verschiedenen lokalen Sprachen transkribiert und die Zukunft abgewartet werden, um einen gemeinsam gangbaren Weg zu planen. Die Gegner einer Latinisierung führen dies ständig als großen Nachteil an und vertreten dagegen die Meinung, in China ließe sich eine Umschrift nicht vereinheitlichen. Doch sie leugnen dadurch, daß letztlich die überwiegende Mehrheit der Chinesen gar keine Schriftzeichen beherrscht. Das ist eine Tatsache, die sogar Intellektuellen unbekannt ist.

Sie wissen jedoch sehr genau, daß die neue Umschrift für die schwer arbeitenden Massen Vorteile bringt. In den *vom weißen Terror* überzogenen Gebieten wird die neue Umschrift bestimmt zerstört werden. Jetzt wird nicht alleine eine neue Umschrift, sondern sogar eine »Massensprache«, die sich noch mehr der gesprochenen Umgangssprache annähert, unterdrückt und ruiniert. Obwohl die hart arbeitenden Massen keine Schriftzeichen beherrschen, hat die privilegierte Klasse doch den Argwohn, sie könnten zu klug werden. Zur Zeit versucht sie gerade mit aller Kraft, deren Ideen und Institutionen lahmzulegen, indem sie beispielsweise aus Flugzeugen Bomben abwirft, sie mit Maschinengewehren beschießt, oder ihnen mit dem Beil den Kopf abschlägt. Das alles geschieht.

9.12.

A — *piktographische Schrift* Im engeren Sinne ist dies nur eine von sechs möglichen Arten der Zeichenbildung im Chinesischen, hier aber allgemein für »Nicht-Buchstaben-Schrift« gebraucht. Daß die chinesische Schrift eine reine »Bilderschrift« sei, die keine lautlichen Elemente enthalte, ist ein nach wie vor weitverbreitetes Vorurteil, das Lu Xun selber in der Titelbildung für seine Essaysammlung (s.o.) praktisch widerlegt (»jie« im Titel ist Lautelement von »jie« in »zujie« für »Konzession«) ¶ »Zhuyin zimu«, »Luoma zi« vgl. Dok. A016 ¶ *Professor* bezieht sich auf Liu Dajie (1904–77), Literaturhistoriker aus Yueyang/Hu´nan, der in der Eröffnungsnummer der kulturkonservativen Zeitschrift »Renjianshi« (Shanghai, 5.4.1934) für die Wiedereinführung der klassischen Schriftsprache plädiert hatte ¶ *einige Gelehrte* meint Wang Xi (1859–1933, aus Ninghe/Hebei), einen Anhänger der 100-Tage-Reformbewegung von 1898, der 1900 eine »Tongemäße Umschrift des Mandarin« (»Guanhua hesheng zimu«) vorlegte, sowie Lao Naixuan (1843–1921, aus Tongxiang/Zhejiang), der auf der Grundlage von Wang Xi 1907 ein »Gesamtverzeichnis vereinfachter Zeichen« (»Jianzi quanpu«) aufstellte ¶ *Mandarin* aus port. »mandar« für »befehlen«, europäische Bezeichnung sowohl für die kaiserlichen Beamten als auch für deren Umgangssprache, einer in der Aussprache ans Nordchinesische angelehnten schriftsprachlich geprägten Variante, wörtlich »Beamtensprache«, bis heute in Ostasien als nicht

Shanghai

ganz zutreffende englische Bezeichnung für das moderne Hochchinesisch gebraucht ¶ *weißer Terror* bezeichnet v.a. die Verhaftungs- und Hinrichtungswellen, mit denen die »Guomindang« [Volkspartei] nach dem Putsch im Frühjahr 1927 gegen die Kommunistische Partei vorging, ihren ehemaligen Bündnispartner, aber auch gegen andere politische Gegner

Q — »Guanyu xin wenzi — dawen« 關於新文字——答問 (9.12.1935), in: *Yonghu xin wenzi liuribao* 擁護新文字六日報 1935; in: *LXQJ* Bd. 6, S. 160–2

L — Lu Xun: »Hanzi he Ladinghua« 漢字和拉丁化 [Chinesische Schriftzeichen und ihre Latinisierung, 23.8.1934], in: *LXQJ* Bd. 5, S. 555–8 ¶ Lu Xun: »Lun xin wenzi« 論新文字 [Über neue Umschriften, 23.12.1935], in: *LXQJ* Bd. 6, S. 442–4 ¶ Kaji Wataru 鹿地亘 »Lu Xun fargwen ji« 魯迅訪問記 [Ein Interview mit Lu Xun], in: *Shijie ribao* 世界日報 Beiping, 4.5.1936; Teile u.d.T. »Lu Xun lun wenzi gailiang« 魯迅論文字改良 [Lu Xun zu Schriftreformen], in: *Lu Xun yanjiu yuekan* 魯迅研究月刊 Nr. 123 (7/1992), S. 26 ¶ Fang Pingfu 方平甫 »Jiayong pinyin, zhide tichang — xuexi Lu Xun "Hanzi he Ladinghua" de tihui« 夾用拼音，值得提倡——學習魯迅《漢字和拉丁化》的體會 [Parallel {zu den Schriftzeichen} die »pinyin«-Umschrift verwenden erhöht ihren Wert — Von der Erfahrung von Lu Xun in »Chinesische Schriftzeichen und Latinisierung« lernen], in: *Guangming ribao* 光明日報 Beijing, 6.7.1977 ¶ Luxun: *Sur la langue et l'écriture chinoises*, Übers. Michelle Loi, Paris: Aubier-Montaigne 1979 ¶ Wu Zhongjie 吳中傑 »Lu Xun yu Zhongguo xiandai wenxue yuyan de gaige« 魯迅與中國現代文學語言的改革 [Lu Xun und die Reform der modernen chinesischen Literatursprache], in: *Lu Xun yanjiu* 魯迅研究 Bd. 2 (2.1981), S. 233–50 ¶ Zhang Jun 張軍 »Ladinghua xin wenzi yundong zhong de Lu Xun« 拉丁化新文字運動中的魯迅 [Lu Xun in der Bewegung für eine neue Latein-Umschrift], in: *Jinzhou shiyuan xuebao* 錦州師院學報 3/1981 (Jinzhou/Liaoning) ¶ Chai Shisen 柴世森 »Lu Xun de Hanzi gaige lilun« 魯迅的漢字改革理論 [Die Theorie von Lu Xun zur Reform der chinesischen Schriftzeichen], in: *Hebei xueyuan xuebao* 河北學院學報 2/1982 (Shijiazhuang), S. 14–20 ¶ Li Puying 李譜英 »Lu Xun — Hanzi gaige de xianqu« 魯迅——漢字改革的先驅 [Lu Xun, ein Pionier der Schriftzeichenreform], in: *Xueshu luntan* 學術論壇 6/1983 (Nanjing), S. 111–18 ¶ DeFrancis, John: *The Chinese Language. Fact and Fantasy*, Honolulu/HI: The University of Hawaii Press 1984

1935 · 12 · 19	Beendet die Reihe von Miszellen »Ti wei ding cao«, 8 Abschnitte (s. 10.6.1935).
1935 · 12 · 23	»Lun xin wenzi« [Über eine neue Schrift].
1935 · 12 · 24	Veröffentlicht auf eigene Kosten *Si aunling baitu* [100 Illustrationen zu »Tote Seelen« {von Gogol'}] durch den russischen Maler Agin (1817–75) und schreibt dazu Einleitung. Erscheint 1936 unter der Verlagsbezeichnung »Sanxian shuwu« [Buchladen der dreifachen Muße].

1935 · 12 · 29	Stellt den Band *Huabian wenxue* [Gestickte Literatur] mit Miszellen zusammen und schreibt dazu Vorwort, erscheint im Juni 1936 in Shanghai beim Verlag Lianhua shuju.
12.1935	Verarbeitet traditionelle Legendenstoffe in den historischen Erzählungen »Cai wei« [Wicken; dt. in: *LXW* Bd. 4, S. 70–99], »Chu guan« [Die Reise über den Paß; dt. *ebda.*, S. 129–43], »Qi si« [Auferstehung; dt. *ebda.*, S. 161–74]. Mit den früher entstandenen »Bu zhou shan (Bu tian)« [Die Nachfahren der Göttin], »Ben yue« [Die Flucht zum Mond], »Zhu jian« [Das Schwert], »Li shui« [Die Bezwingung der Wasser] und »Fei gong« [Wider den Angriffskrieg] zusammen vereinigt sie LX im Sammelband *Gushi xinbian* (dt. *LXW* Bd. 4), der im Januar 1936 in Shanghai beim Verlag Wenhua shenghuo chubanshe erscheint.
1935 · 12 · 30	Stellt den Sammelband *Qiejieting zawen* [Miszellen aus dem Pavillon zur halben Konzession] zusammen und verfaßt dazu Vor- und Nachwort.
1935 · 12 · 31	Stellt die Sammlung *Qiejieting zawen er ji* [Zweite Sammlung der Miszellen aus dem Pavillon zur halben Konzession] zusammen und schreibt ebenso Vor- und Nachwort dazu.
1935 · 12	Wird an der Nordwest-Delegiertenversammlung zum Widerstand gegen Japan und zur Rettung des Landes in Wayaobao/Shaanxi zusammen mit Song Qingling, Cai Tingkai (1892–1968, aus Luoding/Guangdong, lief als Militär von GMD zu KP über, gründete 1933 in Fuzhou Gegenregierung, stieg nach 1949 in hohe Ämter auf), Mao Zedong (1893–1976, aus Shaoshan/Hu'nan, Politiker, seit den 30er Jahren Führer der KP) und Zhu De (1885–1976, aus Yilong/Sichuan, 1916 General in Provinz Yunnan, 1922–26 in Deutschland und Moskau, seither KP-Mitglied, 1934 Politbüro, 1934–54 Oberkommandierender der Roten Armee, der späteren Volksbefreiungsarmee) zum Ehrenvorsitzenden gewählt.
1935 · 12	Stellt den Band *Ji wai ji shiyi* [Nachträge zum Sammelwerk außerhalb der gesammelten Werke]

zusammen und muß die Arbeit daran wegen seiner Krankheit unterbrechen.

1936   Dokument B008

Eintrag im Who's Who in China über Chou Shu-jen [Lu Xun]
Abbildung S. 457

Die Reihung von unvollständigen, ungenauen und falschen Informationen im verbreitetsten fremdsprachigen biographischen Nachschlagewerk, das in China zur Lebenszeit von Lu Xun erschien, macht deutlich, wie wenig bekannt der Autor trotz einiger Übersetzungen und trotz der im Vergleich zu anderen Gegenden bequemen Möglichkeiten zur Kommunikation innerhalb der Ausländerkolonie an seinem Wohnort Shanghai war. Daß das »Tagebuch eines Wahnsinnigen« eine Übersetzung aus dem Japanischen sei, gehörte zu den oft wiederholten Plagiats-Vorwürfen an Lu Xun. Weiter fällt auf, daß seine Rückkehr nach China ins Jahr 1917 verlegt (eigentlich 1909) und damit seine langjährige Tätigkeit als Ministerialbeamter unterschlagen wird. Mit »The Nei Han Short Stories« ist die Anthologie »Schlachtruf« (Nahan) gemeint, in welcher auch das »Tagebuch eines Wahnsinnigen« enthalten ist (LXW Bd. 1). Das im Todesjahr von Lu Xun in fünfter Ausgabe veröffentlichte Who's Who in China erschien erstmals im Jahre 1918. Ob Lu Xun auch in frühere Ausgaben aufgenommen wurde, ließ sich nicht ermitteln. Im Gegensatz dazu sind die damaligen literaturpolitischen Gegner von Lu Xun, Hu Shi und Lin Yutang, mit zwei beziehungsweise einer Spalte und jeweils mit Porträt vertreten, samt etwas über 1'500 chinesischen Persönlichkeiten des öffentlichen Lebens.

Q — *Who's Who in China*, Hg. The China Weekly Review, Fifth Edition, Shanghai: The China Weekly Review <Shanghai Mile shi Pinglun bao 上海密勒氏評論報> 1936, S. 59

1936 · 1 · 28	Zhonghua minguo 25	Schreibt Einleitung zur selbst veranstalteten Edition *Kaisui Kelehuizhi banhua xuanji* [Ausgewählte Holzschnitte von Käthe Kollwitz], die im Mai unter der Verlagsbezeichnung »Sanxian shuwu« erscheint.

Chou Shu-Jen

周 樹 人 別 署 魯 迅

CHOU SHOU-JEN (better known under his nom de plume, Lu Hsiun), fiction writer; born at Shaoshing, Chekiang, 1881; after having completed his Chinese education in China, he went to Japan to study medicine at the Sendai School of Medicine in Tokyo; returned to China in 1917 and became an instructor of chemistry and biology at a school in Hangchow and later principal of the Provincial Middle School at Shaohsing; taught Chinese at the Peking Government University and was head of the department of Chinese studies of the Amoy University, Fukien, 1926; a forerunner and advocate of the literary revolution and gained nation-wide reputation by his short story writing; author of the following articles and books; "History of Chinese Novels;" "A Madman's Diary (a translation from Japanese)"; "The Nei Han Short Stories"; "The Biography of Ah Q" (which is the best known of his short stories and has been translated into many foreign languages including the French, English, Russian and German); he is now engaged in authorship in Shanghai.

Eintrag im Who's Who in China *über Chou Shu-jen [Lu Xun]*
Text S. 456

Lu Xun: Vorwort und Katalog
zu den »Ausgewählten Holzschnitten von Käthe Kollwitz«

Seit den späten 20er Jahren hat sich Lu Xun wiederholt mit dem Werk von Käthe
Kollwitz (1867–1945) auseinandergesetzt und 1930 durch Vermittlung der amerika-
nischen Journalistin Agnes Smedley (1894–1950) Kontakt mit ihr aufgenommen
und auch einzelne ihrer Originalwerke käuflich erworben. Im September 1935 ließ
er zusammen mit Agnes Smedley auf eigene Kosten in Peking Bilder von Käthe
Kollwitz drucken, die im Mai 1936 aufgebunden wurden und im Selbstverlag in
103 Exemplaren erschienen, von denen 40 zu Geschenkexemplaren bestimmt wurden,
während 30 im Ausland und 33 in China vertrieben werden sollten. Der Band war
auch als Gabe zum 70. Geburtstag der Künstlerin (nach chinesischer Alterszählung
1936) gedacht. Lu Xun hat den Umschlag dafür selbst gestaltet und dafür eine
ausführliche Einleitung geschrieben, aus der hier Auszüge folgen. Ebenso wie bei
anderen seiner biographischen Skizzen zur Kollwitz fällt auf, daß Lu Xun betont,
wie ihr Großvater mütterlicherseits, Julius Rupp (1809–44), aufgrund mißliebiger
politischer Ansichten als Justizbeamter aus dem Dienst entlassen wurde, und wie
wichtig für ihr künstlerisches Schaffen war, daß sie mit einem Arzt verheiratet war,
der in einem Arbeiterviertel von Berlin praktizierte — beides Elemente, die für den
verhinderten Arzt Lu Xun, der als Kind seinen in Ungnade gefallenen Großvater
im Gefängnis besucht hatte, Identifikationsmöglichkeiten boten.

[...] Als der Große [Erste] Weltkrieg begann, schuf sie keine Werke mehr.
Ende Oktober 1914 fiel ihr noch junger ältester Sohn als Freiwilliger an der
Front in =Flandern=. Im November '18 wurde sie als erste Frau überhaupt
in die Preußische Akademie der Künste gewählt. Vom Jahre '19 an erwachte
sie wie aus einem langen Traum und begann, sich wieder vollständig ihrer
bildnerischen Arbeit zu widmen. Bekannt geworden sind der Holzschnitt
und die Lithographie zum ersten Todestag von [Karl] =Liebknecht=, der
Zyklus »Krieg« aus den Jahren '02 bis '03 [richtig: 1922 bis 1923] sowie die
drei Bilder »Proletarier«, bei denen es sich ebenfalls um einen Zyklus von
Holzschnitten handelt. Zu ihrem 60. Geburtstag 1927 schrieb *[Gerhart] Haupt-*
mann, der damals immer noch ein kämpferischer Schriftsteller war, in einem
Brief an sie: »*Ihre stumme* Radiernadel ergreift das Herz wie ein Schmerzensschrei: Seit der Zeit der Griechen und Römer hat es keine solche Stimme
mehr gegeben« Und =*Romain Rolland*= schrieb: »*Das Werk* von Käthe Kollwitz
ist das großartigste Gedicht im modernen Deutschland, denn es stellt das

Elend und das Leiden der Armen und der Masse des Volkes dar. Sie ist eine
Frau mit männlicher Energie. Sie empfndet tiefes Mitleid, das sie in ihren
Blick einfließen läßt. [...] Damit ist sie zur schweigenden Stimme des Volkes
geworden, das sich aufopfert.« Heute jedoch hat sie keine Möglichkeit mehr
zu unterrichten und kann keine Bilder mehr machen. Ihr bleibt nichts anderes
übrig, als in wahrlich tiefem Schweigen mit ihrem Sohn zusammen in Berlin
zu leben. Ihr Sohn ist ebenso wie sein Vater Arzt geworden.

Sie hat die Welt der Kunst erschüttert, und unter den künstlerisch tätigen
Frauen gibt es heute niemanden, der ihr das Wasser reichen könnte — sei es
wenn sie gelobt, oder sei es wenn sie angegriffen wird, oder sei es wenn sie
ihrerseits gegen Angriffe in Schutz genommen wird. Es ist so, wie =Ferdinand
Avenarius= schreibt: »Ein paar Jahre vor der Jahrhundertwende traten zum
ersten Male auf einer Ausstellung Blätter von ihr zwischen gleichgültigen
andern heraus. "Sie ist eine große Radiererin", sagen seitdem die einen; man
hat sich sogar zu dem billigen Paradoxon verstiegen: "Käthe Kollwitz ist
unter den neueren Radierern der einzige Mann." "Sie ist eine sozialdemo-
kratische Agitatorin", sagen andere. "Sie ist eine pessimistische Elends-
malerin", behaupten dritte. "Eine religiöse Malerin", vierte. Wohl: wie immer
man diese Kunst mit den eignen Empfindungen und Gedanken zusammen-
reimen und was man aus sich heraus in sie eindeuten möge — eines ist allen
gemeinsam: man vergißt sie nicht.« [...]

In China jedoch ist sie noch kaum bekannt. Ich erinnere mich bloß, daß in
den beiden Zeitschriften »Xiandai« und »Yiwen«, die beide schon eingegangen
sind, von ihren Holzschnitten etwas veröffentlicht worden ist. Originale sind
naturgemäß noch seltener zu sehen. Vor vier oder fünf Jahren wurden in
Shanghai einige ihrer Bilder ausgestellt, aber ich fürchte, daß sie von wenigen
gebührend beachtet wurden. Von den Werken, die in ihrem eigenen Land
gedruckt erschienen, ist meiner Ansicht nach die =Kaethe Kollwitz Mappe,
Herausgegeben Vom Kunstwart, Kunstwart-Verlag, Muenchen, 1927= am
wertvollsten. Allerdings gab es in der nächsten Auflage inhaltliche Änderungen, die leider alle mit dem Krieg zusammenhängen. [...]

Hinzu kommt, daß zu ihren Themen nur das Ringen mit dem Lebensleid
gehört; sie hat sich China gegenüber nicht so gleichgültig gezeigt wie China
ihr gegenüber: Nachdem im Januar 1931 sechs junge Schriftsteller den Tod
fanden und fortschrittliche Künstler in der ganzen Welt gemeinsam einen
Protestbrief aufsetzten, gehörte sie auch zu den Unterzeichnern. Nach
chinesischer Zählung wird sie jetzt 70 sui alt. Obwohl dieses Buch nur eine
beschränkte Zahl ihrer Bilder bringt, soll es dennoch als eine kleine Festgabe
zu ihrem Geburtstag erscheinen.

Für den Sammelband wurden zusammen 21 Bilder ausgewählt, wobei Originalabzüge und die Reproduktionen aus der »Mappe« als [Druck-]Vorlage dienten. Die folgenden Erläuterungen beruhen auf Avenarius und auf =Louise Diel= sowie auf eigenem Augenschein und sollen als Katalog dienen:

1. »Selbstbild«. Lithographie, keine Angaben zum Entstehungsjahr, aufgrund der Reihenfolge im »Werk« 1910 [richtig: 1920] vollendet; nach Originalabzug, Originalgröße 34 x 30 cm. Dieses Bild hat die Künstlerin aus einer Vielzahl von Porträts eigens für China ausgewählt. Es läßt ihre Leiden, ihren Haß und ihren Sanftmut erahnen.

2. »Not«. Lithographie, Originalgröße 15 x 15 cm, nach Originalabzug, erstes Bild aus einem Zyklus, der die folgenden fünf Bilder einschließt. Es handelt sich um das erste aus dem bekannten Zyklus =Ein Weberaufstand=, der 1898 entstand. Vier Jahre zuvor hatten auf Berliner Bühnen Aufführungen des Stücks »Die Weber« von Hauptmann begonnen, das auf einer Revolte der Leinenarbeiter in Schlesien im Jahre 1844 beruht. Möglicherweise wurde die Künstlerin von jenem Werk beeinflußt, doch muß das hier nicht näher erörtert werden, denn bei jenem handelt es sich um ein Theaterstück, bei diesen jedoch um Bilder. [...]

3. »Tod«. Lithographie, Originalgröße 22 x 18 cm, zweites Bild aus dem Zyklus. Es handelt sich erneut um ein eisig kaltes Zimmer, die Mutter ist vor Erschöpfung bereits eingeschlafen, aber der Vater weiß immer noch keinen Ausweg, sondern steht und ist tief in Gedanken über die Lage versunken. Die Kerze auf dem Tisch spendet noch ein wenig Licht, doch der »Tod« ist bereits eingetreten und streckt seine Knochenhand aus, um das schwache kleine Kind zu fassen. Die Augen des Kindes sind weit aufgerissen und starren uns an. Es will überleben, und es hat immer noch Hoffnung, ein Mensch könne die Kraft aufbringen, um sein Schicksal abzuwenden. [...]

5. »Weberzug«. Kupferstich, Originalgröße 22 x 29 cm, viertes Bild aus dem Zyklus. Der Zug kommt auf den verschlammten Sammelplatz. Sie tragen erbärmliche Waffen, ihre Hände sind mager und ihre Gesichter abgehärmt, weil sie ständig Hunger leiden. Im Zug befindet sich auch eine Frau, die so erschöpft ist, daß sie nicht mehr mitziehen kann. Bei den Volksmassen, wie sie die Künstlerin darstellt, sind meistens auch Frauen dabei. Diese hier trägt ein Kind auf dem Rücken, das den Kopf zur Seite hängen läßt [...].

8. »Gretchen«. Lithographie, entstanden 1899. Keine Angabe über Originalgröße in »Mappe«. Im »Faust« von Goethe verliebt sich Faust in Gretchen, sie gibt sich ihm hin und wird schwanger. Am Brunnen hört sie von einer Freundin, die Nachbarin sei von ihrem Liebhaber verlassen worden. Sie denkt über ihre eigene Situation nach und bringt sschließlich der Muttergottes

Blumen dar und beichtet. Das Bild zeigt eine bemitleidenswerte junge Frau, die über eine schwankende Brücke geht und im Wasser gespiegelt ihre eigene Zukunft sieht. Im Drama ertränkt sie das Kind, das sie mit Faust zusammen hat, und kommt dafür ins Gefängnis. Die Druckplatte ist zerstört. [...]

17. »Arbeitslosigkeit«. Kupferstich, entstanden 1909. Originalgröße gemäß »Mappe« 44 x 54 cm. Er ist jetzt ohne Beschäftigung, sitzt am Bettrand und grübelt nach — aber er weiß keinen Ausweg. Das Motiv der Mutter und des schlafenden Kindes ist hier so schön und bewundernswert ausgearbeitet, wie es im Werk der Künstlerin selten zu sehen ist.

18. »Frau Vom Tod Gepackt«, auch genannt »Tod Und Weib«. Kupferstich, entstanden 1910. Keine Angabe über Originalgröße in »Mappe«. Der »Tod« tritt aus ihrem eigenen Körperschatten heraus, greift sie von hinten her an, packt und überwältigt sie. Sie läßt ein kleines Kind zurück, das seine geliebte eigene Mutter nicht mehr zurückrufen kann. In einem einzigen Augenblick tun sich gegensätzliche Welten auf. Der »Tod« ist ein Meister, der die Masse am höchsten überragt, und Sterben die Tragödie, welche die Menschen am heftigsten bewegt. In diesem Bild jedoch ist die Frau am größten dargestellt.

19. »Mutter und Kind«. Kupferstich, keine Angabe über Entstehungsjahr [1910]. Originalgröße gemäß »Mappe« 19 x 13 cm. Unter den insgesamt 108 Bildern in »Das Käthe-Kollwitz-Werk« finden sich nur vier oder fünf, die Freude darstellen; dieses Bild gehört dazu. [...]

20. »Brot!« Lithographie, keine Angabe über Entstehungsjahr [1924], vermutlich nach dem Großen Krieg in Europa. Originalgröße gemäß Originalabzug 30 x 28 cm. Hungrige Kinder, die verzweifelt nach Nahrung verlangen, sind für eine Mutter das Herzzerreißendste, was es gibt. Hier bricht das Elend plötzlich über die Kinder herein und sie haben Augen voller verzweifelter Hoffnung. Der Mutter bleibt jedoch nichts anderes übrig, als machtlos ihre Arme um die Kinder zu schließen. [...]

21. »Deutschlands Kinder Hungern!« Lithographie, keine Angabe über Entstehungsjahr [1924], vermutlich nach dem Großen Krieg in Europa. Originalgröße gemäß Originalabzug 43 x 29 cm. Sie strecken dem Betrachter leere Schüsseln entgegen. Aus den runden Augen in ihren mageren Gesichtern glüht wie Feuer fiebrige Hoffnung. Wer wird seine Hand [für eine Gabe] ausstrecken? Hier weiß es niemand. Ursprünglich handelte es sich um ein Plakat, auf dem der Titelsatz stand, und das wahrscheinlich als Spendenaufruf diente. Als es später gedruckt wurde, blieb nur noch das Bild übrig. Es gibt eine andere, kurz zuvor entstandene Lithographie der Künstlerin mit dem Titel »Nie Wieder Krieg!«, die leider nicht beschafft werden konnte. Aber die damaligen Kinder sind immer noch hier und sind inzwischen zu jungen

Menschen über 20 Jahren herangewachsen, die in der Lage sind, sich mit
Waffengewalt ihre Nahrung zu beschaffen.

28. Januar 1936, Lu Xun

A — *Gerhart Hauptmann* und *Romain Rolland* gehörten in den 20er Jahren in China zu den
meistübersetzten europäischen Autoren, wobei Hauptmann vor allem für sein soziales und Rolland
für sein pazifistisches Engagement bekannt war ¶ *»Ihre stumme...«* hier rückübersetzt, lautet in der
Vorlage »Ihre schweigenden Linien dringen ins Mark wie ein Schmerzensschrei. / Ein solcher
Schrei ist zu Zeiten der Griechen und Römer nicht gehört worden.« (»Zum Geleit«, in: »Abschied
und Tod. Acht Zeichnungen von Käthe Kollwitz«, Berlin 1924) ¶ *»Das Werk...«* hier ebenfalls
rückübersetzt, lautet in der deutschen Übersetzung »Das Werk von Käthe Kollwitz ist die größte
Dichtung des heutigen Deutschlands; in ihm spiegeln sich die Prüfungen und das Leid des einfachen
Volkes. Diese Frau hat es in ihren Blicken und ihren mütterlichen Armen umfangen, mit zartem
ernstem Mitleiden. Sie verkörpert die schweigende Stimme des geopferten Volkes.« ¶ *Ferdinand
Avenarius* (1856–1923) einflußreicher Kunstkritiker der wilhelminischen Ära und Lyriker, Begründer
des »Kunstwart« und Hg. des verbreiteten »Hausbuchs deutscher Lyrik« mit Zeichnungen von
Fritz Philipp Schmidt (1903 u.ö.) ¶ *»Ein paar...«* zit. nach »Käthe Kollwitz Mappe. Herausgegeben
vom Kunstwart«, München: Kunstwart-Verlag Callwey [1913] 1927 ¶ *sechs junge Schriftsteller* sind
eigentlich die sog. »fünf Märtyrer« Li Weisen, Rou Shi, Hu Yepin, Feng Keng (w) und Yin Fu, alle
Mitglieder der Liga Linker Schriftsteller, die am 7.2.1931 nach ihrer Verhaftung durch die
Guomindang erschossen wurden ¶ 70 *sui* nach chinesischer Alterszählung entspricht einem Alter
von 69 Jahren ¶ *Louise Diel* (1893–?) Autorin der Monographie »Käthe Kollwitz: Ein Ruf ertönt.
Eine Einführung in das Lebenswerk der Künstlerin« (Berlin: Furche-Kunstverlag 1927, im Besitz
von Lu Xun) sowie von »Himmelbett Moskau. Frauenerlebnisse in Moskau« (1941) und anderen
Berichten über die Situation der Frauen in verschiedenen Ländern ¶ *»Selbstbild«* und alle folgenden
Werktitel, die Lu Xun jeweils auch in deutscher Sprache gibt, folgen seiner eigenen Schreibung,
die durch typographische Beschränkungen (Umlaut) und aus anderen Sprachen stammende
orthographische Konventionen (Groß- und Kleinschreibung) gelegentlich von den Originaltiteln
abweichen ¶ *»Werk«* meint »Das Käthe-Kollwitz-Werk« (Dresden: Carl Reisner 1930), das Lu Xun
weiter unten in einer hier nicht übersetzten Passage ebenfalls als Quelle anführt ¶ *»Die Weber«*
erschien erstmals im März 1924 in vollständiger chinesischer Übersetzung durch Chen Jiatao als
»Zhigong« (Shanghai: Shangwu yinshuguan) ¶

Q — »"Kaisui Kelehuizhi" banhua xuanji" xumu« 《凱綏・珂勒惠支版畫選集》序目 [Vorwort
und Katalog zu den »Ausgewählten Bildern von Käthe Kollwitz], in: *Kaisui Kelehuizhi banhua
xuanji*, Shanghai: Sanxian shuwu 5.1936; in:*LXQJ* Bd. 6, S. 469–80

L — Zhang Wang 張望 »Lu Xun lun Kaisui Kelehuizhi« 魯迅論凱綏・珂勒惠支 [Lu Xun in
seinen Äußerungen über Käthe Kollwitz], in: *Banhua* 版畫 Nr. 3 (2.1957)

Dokument W002

Käthe Kollwitz: Brief an den Sohn Hans Kollwitz (29. November 1914)

Die deutsche Graphikerin und Bildhauerin Käthe Kollwitz (1867–1945) gehört zu den prägenden bildnerischen Erfahrungen während der späten Lebensjahre von Lu Xun. Der folgende Brief an den Sohn Hans (1892–1971) steht am Beginn eines langwierigen Prozesses, in welchem die Kollwitz nach dem Tod ihres Sohnes Peter (1896–1914, gefallen in Dixmuiden/Flandern) von sozial engagierten zu pazifistischen Positionen gelangt und der künstlerisch in die Doppelskulptur trauernder Eltern (Mahnmal, 1932) für den belgischen Friedhof Roggevelde-Eessen mündet.

[Berlin,] 29. November 1914

Mein Junge — soeben war Keim hier. Er ist unmittelbar neben Peter gewesen. Er sagt sie hätten den gedeckten Graben gehabt, in dem wäre ein Teil gewesen, ein anderer Teil wäre in dem Chausseegraben auf der andern Seite der Chaussee gewesen. Er und neben ihm Peter. Es wäre arg geschossen worden, so daß Keim das Kommando gegeben hatte: alles wieder rüber in den Schützengraben. Dieses Kommando hätte Peter laut weitergegeben und sich aufgerichtet um über die Chaussee zu laufen, in dem Augenblick hätte ihn die Kugel getroffen. Keim und die andern haben ihn in den Schützengraben gezogen, weil sie glaubten er wäre nur verwundet er ist in dem Moment tot gewesen.

Er sprach noch über die jungen Mannschaften, er sagt sie hätten sich prachtvoll gehalten.

Mit Liebe und Anerkennung sprach er auch von Krems, der mit ihm zugleich verwundet wurde und forttransportiert wurde. Nach Dixmuiden meint er würden wir einstweilen nicht hinkönnen. Bis Weihnachten sind ja aber noch Wochen.

Lieber geliebter Junge! hier sind die Bilderchen, sie sind uns alle drei so lieb. Nun schreibe bald wie Du Krems gefunden hast und ob Du Annie hast sprechen können. Hier war Annie Karbe — wir haben soeben zwei Pakete für Peters Kompagnie fertig gemacht.

Lieber Junge, gib bald Nachricht. Sei geküßt von Deiner

Mutter

Q — Kollwitz, Käthe: *Briefe an den Sohn 1904 bis 1945*, Hg. Jutta Bohnke-Kollwitz, Berlin: Siedler 1992, S. 91

Lu Xun mit japanischen Freunden (Photographie, 11. Februar 1936)

Text S. 467

Dokument B060

Lu Xun mit japanischen Freunden (Photographie, 11. Februar 1936)
Abbildung S. 465

Am 11.2.1936 wurde Lu Xun von seinem japanischen Freund, dem Buchhändler Uchiyama Kanzô (1885–1959) in das japanische Restaurant »Neumond-Pavillon« zum Essen eingeladen. Uchiyama sitzt rechts, in der Mitte der Verleger und Gründer der Zeitschrift Kaizô *(»Reform«) Yamamoto Sanehiko (1885–1952). Unmittelbarer Anlaß war dessen Bitte an Lu Xun, einen Artikel zu schreiben.* »Ich will betrügen« *erschien im April zusammen mit der hier gezeigten Photographie und wurde von Lu Xu später selbst ins Chinesische übersetzt.*

Q — *Lu Xun 1881–1936* 魯迅 Beijing: Wenwu chubanshe 1976, Nr. 99

1936 · 2 · 17	Schreibt »Ji Sulian banhua zhanlanhui« [Aufgezeichnet für die Ausstellung sowjetischer Druckgraphik], s. 23.6.1936.
1936 · 2 · 23	»Wo yao pian ren« [Ich will betrügen] in jap. Sprache für die Zeitschrift *Kaizô*.
1936 · 2 · 25	Beginnt an der Übersetzung des zweiten Teiles *Toten Seelen* von Nikolaj Gogol'zu arbeiten, der unvollendet bleibt.
1936 · 2 (Schätzung)	Schreibt einen Brief an das ZK der KP, in dem er den Langen Marsch der Roten Armee als »ruhmreichstes Blatt in der Geschichte der Befreiung des chinesischen Volkes« lobt (gemäß der Untergrundzeitung *Hongse Zhonghua* [Rotes China] vom 28.10.1936).

1936 · 2   Dokument C039

Yang Shangkun: Aus einem Brief von Lu Xun an die Rote Armee

Der folgende Text ist eines der Zeugnisse für die während rund eines halben Jahrhunderts immer wieder erneuerten Versuche seitens der Kommunistischen Partei Chinas, unter teilweise gegensätzlichen politischen Vorzeichen Lu Xun propagandistisch nutzbar zu machen. Nach dem Pekinger Massaker vom Juni 1989 lebten solche Versuche wieder auf. Aufschlußreich ist, daß der damalige greise Staatspräsident Yang Shangkun (1907–98, aus Shuangjiang/Sichuan), der als einer der Verantwortlichen für das Massaker gilt,Verfasser des folgenden »wiederent-deckten« Artikels ist, in dem aus einem angeblichen Brief an die damalige Rote Armee zitiert wird. Damals war Yang Shangkun Politkommissar der 1. Frontarmee, die nach Ende des langen Marsches den Gelben Fluß überquert und in die Provinz Shanxi vorgedrungen, aber im Frühjahr 1936 wieder zurückgeworfen worden war. Kurz davor hatte er dem amerikanischen Journalisten Edgar Snow ein Interview gewährt, das in Red Star Over China *(1937) einging.*

Als die Rote Armee vor 56 Jahren den *Langen Marsch* siegreich beendete, indem sie den Norden der Provinz Shaanxi erreichte, gratulierte Lu Xun in einem vor Begeisterung überfließenden Brief. In ihm drückt er Vertrauen und Hoffnung gegenüber den chinesischen Kommunisten aus.»Euch ist die Zukunft Chinas und der Welt anvertraut«, heißt es dort, doch war das vollständige Original dieses Briefes lange Zeit unauffindbar, so daß der Brief für die Lu-Xun-Forschung ein ungelöstes Problem darstellte. Nun entdeckte man in einem wieder aufgefundenen, 1936 vom Genossen Yang Shangkun veröffentlichten Artikel zwei Absätze, in denen er aus Lu Xuns Glückwunsch-brief zitiert. Damit wird ein wichtiger neuer Anhaltspunkt für die Aufspürung des Gesamttextes dieses Briefes geliefert. Der wieder aufgefundene Aufsatz Yang Shangkuns ist »Vorwärts! Vorwärts auf dem Wege zum Sieg im Krieg gegen Japan. Zum Gedenken an den 1. August 1936« überschrieben und wurde am 15.9.1936 in Nr. 61 der Zeitschrift »Houxian« [Die Front] veröffentlicht. [...] Darin zitiert Genosse Yang Shangkun folgende beiden Absätze:

»Offiziere und Soldaten der heldenhaften Roten Armee! Euer heldenhafter Kampf, Euer großer Sieg ist eine der ruhmreichsten Seiten in der Geschichte der Befreiung des chinesischen Volkes! Das ganze chinesische Volk erwartet noch größere Siege von Euch! Das ganze chinesische Volk kämpft jetzt unter Einsatz all seiner Kräfte, es versichert Euch seiner Solidarität, seines Rückhalts. Jeder Schritt, den Ihr voran tut, wird begeistert unterstützt und begrüßt werden. [...] Wir hegen für Euch, die Ihr die Vorhut bildet in diesem so überaus heldenhaften, großartigen Volksbefreiungskampf, eine so hohe Achtung, eine so herzliche, liebevolle Gesinnung, setzen in Euch so aufrichtige Hoffnungen! Euch ist der Ruhm der Menschheit und deren glückliche Zukunft anvertraut. Man denke nur daran, wie Ihr unter den Angriffen des weißen Terrors, der in China nicht seinesgleichen hatte, diesen heldenhaften, hartnäckigen, trotz Blutbädern und leidvollem Kampf unbeugsamen Geist bewahrtet, dann werden noch die halb Gelähmten aufstehen und wieder lächeln können.«

Banknote auf Baumwolle, ausgegeben durch die Bank der
Arbeiter und Bauern im Sowjetgebiet der Provinzen Sichuan und Shaanxi
Text S. 471

Der Lu-Xun-Forscher Yan Yuxin, der diesen Artikel Yang Shangkuns entdeckte, hatte dem Verbleib von Lu Xuns Glückwunschschreiben jahrelang nachgespürt. Er ist der Ansicht, daß sich Yang Shangkun zur Autorschaft des Zitats nicht erklärte, weil Lu Xun seinerzeit im von der Guomindang beherrschten Shanghai gelebt habe.

A — *Langer Marsch* Ende 1934 durchbrach die Rote Armee mit rund 100'000 Truppenangehörigen den von der GMD-Armee unter Jiang Jieshi (»Tschiang Kai-shek«) um ein kommunistisch kontrolliertes Gebiet in der Provinz Jiangxi gelegten Ring, zog zunächst Richtung Westen nach Kunming/Yunnan, dann nach Norden westlich an Chengdu/Sichuan vorbei bis in die Gegend von Yan'an/Shaanxi, wo ein Jahr später nach rund 10'000 Kilometern Fußmarch durch unwegsamstes Gelände 4000 bis 7000 Rotarmisten ankamen. Auf dem Langen Marsch setzte sich Mao Zedong in der KPCh durch. Dieser wurde zu einem zentralen Mythos der späteren »Volksbefreiungsarmee«, und seine Veteranen bilden bis heute eine »Aristokratie der Volksrepublik« (J. K. Fairbank). Zu ihr gehörte auch Yang Shangkun.

Q — *Wenxue bao* 文學報 13.2.1992; dt. Übers. W[olf] B[aus], in: *Hefte für Ostasiatische Literatur* Nr. 13 (München, 11.1992), S. 133–4

1936 · 2   Dokument B001

Banknote auf Baumwolle, ausgegeben durch die Bank der Arbeiter und Bauern im Sowjetgebiet der Provinzen Sichuan und Shaanxi
Abbildung S. 469

Q — Anon.: Banknote 1 Guan, auf Jute gedruckt, ausgegeben von »Chuan-Shaan sheng Suwei'ai zhengfu, Gongnong yinhang« 川陝省蘇維埃政府，工農銀行 [Sowjetregierung der Provinzen Sichuan und Shaanxi, Bank der Arbeiter und Bauern], 1933, Bibliothèque Nationale Paris, Cabinet des Médailles: 1992–140

1936 · 3 · 2	Der Gesundheitszustand von LX verschlechtert sich zusehends und er magert auf 37 kg ab.
1936 · 3 · 10	Einleitung zu »*Cheng yu nian*« *chahua* [Illustrationen des sowjetischen Illustrators Nikolaj Alekseev (1894 bis 1934) zum Roman »Städte und Jahre« (*Goroda i gody*) von Konstantin Fedin (1892–1977)]. Der Band kann wegen der Krankheit von LX nicht in den Druck gehen.

1936 · 3 · 11	»Baimang zuo "Hairta" xu« [Vorwort zur »Kinder-pagode« von Baimang (d.i. Yin Fu, 1909–31, aus Xiangshan/Zhejiang)].
1936 · 3 · Ende	»"Hai shang shu lin" shang juan xuyan« [Vorwort zum ersten Band von »Verschiedenen Beschreibungen von über dem Meer«; Übersetzungen literarurtheoretischer Texte von Marx, Engels, Lenin, Plechanov und Luna-čarskij durch Qu Qiubai], erscheint im Mai u.d.T. *Bian lin* [Lichter Wald] unter der Verlagsbezeichnung »Zhu xia huai shuang she«.
1936 · 4 · 1	Essay »Wo de di yi ge shifu« [Mein erster Lehrer].
1936 · 4 · 7	Miszelle »Xie yu shenye li« [In tiefer Nacht geschrieben; dt. in: *Einsturz*, S. 179–85; in: *Nacht*, S. 205–17].
1936 · 4 · 16	Miszelle »San yue de zujie« [März in der ausländischen Konzession; dt. in: *Mauer*, S. 79–82].
1936 · Ende 4	»"Hai shang shu lin" xia juang xuyan« [Vorwort zum zweiten Band von »Verschiedene Beschreibungen von über dem Meer«], erscheint im Oktober u.d.T. *Zao lin* [Üppiger Wald].
1936 · 6 · 9	»Da Tuoluosiji pai de xin« [Erwiderung auf einen Brief der Trotskisten; dt. in: *Mauer*, S. 83–6].
1936 · 6 · 10	Kunstkritischer Aufsatz »Lun xianzai women de wenxue yundong« [Über den jetzigen Zustand unserer Literaturbewegung; dt. in: *Einsturz*, S. 189–90].

1936 · 6 · 5 – 30	Dokument L002

Maksim Gor'kij: Die Zerstörung der Persönlichkeit

Im Juni 1936 machte Lu Xun eine schwere gesundheitliche Krise mit hohem Fieber durch, die ihn für fast einen Monat ans Bett fesselte. In diese Periode fällt die Krise, die schließlich zur stillschweigenden Auflösung der »Liga Linker Schriftsteller« führte, ebenso der Tod des sowjetischen Schriftstellers Maksim Gor'kij am 18. Juni. Während dieser Zeit erhielt er vom Übersetzer Huang Yuan (1905–, aus Haiyan/Zhejiang), seit 1933 Mitherausgeber der Zeitschrift Yiwen (»Übersetzungen«), Werke in deutscher Übersetzung zum Geschenk, neben einer achtbändigen Ausgabe Das Gesamtwerk und dreibändigen Ausgewählten Werken den Band mit Aufsätzen, aus dem hier Auszüge folgen. Am 30. Juni schrieb Lu Xun in sein Tagebuch: »die ganze Zeit [seit 5.6.] nur schwer aufsitzen können, deshalb keine Notizen mehr gemacht [...] bis heute nur einige Dutzend Zeichen geschrieben. Am Nachmittag des 30. bei hohem Fieber aufgezeichnet.« — *Während dieser Zeit bekam Lu Xun den Beinamen eines »chinesischen Gor'kij«. Während seiner eigenen schweren Krankheit auf den Tod von Gor'kij angesprochen, soll er Xu Guangping gegenüber bemerkt haben: »In dieser Hinsicht bin ich Gor'kij überlegen.«*

In der Geschichte der Entwicklung der europäischen Literatur stellt unsere junge Literatur eine verwirrende Erscheinung vor. Ich werde nicht die Wahrheit vergewaltigen, wenn ich sage, daß keine andere Literatur des Abendlandes mit solcher Kraft und mit solcher Raschheit ins Leben trat, mit einem so mächtigen und blendenden Talentausbruch. Niemand in Europa hat so große, durch die ganze Welt anerkannte Bücher geschaffen, niemand hatte so verblüffende Schönheiten hervorgebracht unter so unbeschreiblich schwierigen Umständen. Das stellt sich auf unwiderlegliche Art durch den Vergleich der Geschichte der westlichen Literatur mit der unsrigen dar. Nirgends ist in einem Zeitraum von kaum hundert Jahren eine so glänzende Zusammenstellung großer Namen wie in Rußland erschienen, und nirgends gab es einen solchen Überfluß an Schriftsteller-Märtyrern wie bei uns. [...]

In Rußland war jeder Schriftsteller wahrhaftig und auf scharfe Art individuell, aber alle wurden durch das gleich hartnäckige Trachten vereinigt, zu verstehen, zu fühlen, zu raten, was die Zukunft des Landes sein würde, die Bestimmung seines Volkes, seine Rolle in der Welt.

Als Mensch und als Persönlichkeit war der russische Schriftsteller bis zur Gegenwart erhellt vom strahlenden Lichte unendlicher leidenschaftlicher Liebe zur großen Sache des Lebens, zur Literatur, zum von der Arbeit ermüdeten Volke, zu seiner traurigen Erde. Er war ein anständiger Kämpfer, ein großer Märtyrer für die Sache der Wahrheit, ein Riese in der Arbeit und ein Kind in seinen Beziehungen zu den Menschen, mit einer Seele, die durchscheinend wie eine Träne war und klar leuchtete wie ein Stern an den bleichen Himmeln Rußlands.

Q — Gorki, Maxim: *Die Zerstörung der Persönlichkeit. Aufsätze*, Übers. Joseph Chapiro & Rudolf Leonhard, Dresden: Kaemmerer 1922

L — *Tugeniefu shengping ji qi chuangzuo* 屠格涅夫生平及其創作 [Leben und Werk von Turgeneev], Übers. Huang Yuan 黃源 Shanghai: Huatong shuju 1929 ¶ Wang Ming 王明 u.a.: *Lu Xun xin lun* [Neue Abhandlungen über Lu Xun], o.O.: Xinwen chubanshe 1938 ¶ Huang Yuan: *Sui jun zaji* 隨軍雜記 [Notizen in der Nachfolge der Armee], Hankou: Hankou zazhi gongsi 1938 ¶ Xiao San 蕭

三 *Gao'erji de meixueguan* 高爾基的美學觀 [Die Ästhetik von Gor'kij; diskutiert aus der Sicht von Lu Xun], Shanghai: Qunzhong chubanshe 4.1950

| 1936 · 6 · Mitte | Unterzeichnet zusammen mit Ba Jin (1904–. aus Chengdu/Sichuan, Werk auf Dt. *Die Familie*, Berlin: Oberbaum 1980) u.a. die »Erklärung der Kunstschaffenden Chinas« |

| 1936 · 6 | Dokument C001 |

Ba Jin: Ein solcher Mensch war Herr Lu Xun (1956/77)

Ba Jin (1904–, ursprünglich aus Jiaxing/Zhejiang, geb. in Chengdu/Sichuan), eig. Li Feigan, hat seinen Schriftstellernamen aus der ersten Silbe der chinesischen Transkription für Bakunin (BAkuning) und der letzten für Kropotkin (KeluopaoteJIN) gebildet. Er ist der einzige noch lebende Autor aus der ersten Generation moderner chinesischer Schriftsteller und war schon mehrmals Anwärter auf den Literatur-Nobelpreis. 1926–28 studierte er in Frankreich und schrieb bis 1945 zwanzig Romane, von denen einige in deutscher Übersetzung vorliegen, als bekanntester Jia (»Die Familie«, 1931). 1953 wurde er Stellvertretender Vorsitzender des Chinesischen Schriftstellerverbandes. Während der Kulturrevolution wurden seine Werke als jene eines »Literaturdespoten« verbrannt, doch überstand er die Zeit trotz Selbstmordabsichten und wurde 1981 Vorsitzender des Schriftstellerverbandes. In der Folge erhielt er zahlreiche ausländische Ehrungen, unter anderem den Dante-Preis, und wurde Mitglied der französischen Ehrenlegion. Der folgende Text entstand aus Anlaß des 20. Todestages von Lu Xun, als Ba Jin Chefredakteur der maßgeblichen Literaturzeitschrift Renmin wenxue *(»Volksliteratur«) war. — Anmerkungen von Ba Jin bzw. seiner Herausgeber sind mit Asterisk (*) gekennzeichnet.*

An einem Herbstabend vor 20 Jahren stand ich in der Aufbahrungshalle des Internationalen Bestattungsinstituts in Shanghai vor der sterblichen Hülle von Lu Xun. Unter dem halb aus Glas bestehenden Sargdeckel erschien sein abgemagertes und gütiges Gesicht. Der kupferbeschlagene Sarg war von allen Seiten mit duftenden frischen Blumen umgeben, die die Nase erquickten, und er schien mitten im Blumenmeer in tiefem Schlaf zu liegen. Ich betrachtete seine fest verschlossenen Augen und seine fest zusammengepreßten Lippen. Und als ich an seine leidenschaftliche Liebe für die Jugend, seine Anteilnahme für das Volk, seine Hoffnung für das künftige China dachte, war ich außerordentlich bewegt. Niemals hätte ich gedacht, daß er sterben würde, ja ich zweifelte sogar, ob ich nicht träumte, und sagte zu mir selber: Er wird gleich zu sprechen beginnen.

Bis heute erinnere ich mich ganz deutlich an die Situation, und ich habe immer noch dieses Gefühl: Er wird nicht sterben, gleich wird er zu sprechen beginnen. Wahrlich, ist er also etwa gestorben? Jedes Mal, wenn ich in den 20 Jahren seither an ihn gedacht habe, spürte ich seine starke Liebe, sah ich sein freundliches Lachen. Er hat mir so viel Mut gegeben und so viel Wärme vermittelt! Der Anblick, wie er lächelnd redete und gleichzeitig rauchte, wird meinem Auge ewig unvergessen bleiben.

Ich war nicht ein Freund von Herrn Lu Xun, ich kann nur sagen, daß ich sein Leser und sein Schüler war. Schon sehr früh mochte ich seine Erzählungen und habe seine Werke an viele Orte mitgenommen. Aber in den letzten drei oder vier Jahren seines Lebens hatte ich Gelegenheit, ihn zu treffen, doch war ich erst am Tag seines Todes beim ihm zuhause. Es auszusprechen klingt merkwürdig: Wir haben uns in Shanghai meistens in Restaurants oder Hotels getroffen. Damals stellte das »Grand Hôtel« in der ausländischen Konzession für beschränkte Zeit Zimmer zur Verfügung, und man konnte sich aus dem Restaurant Getränke und Essen aufs Zimmer bringen lassen. Dort zu essen war ziemlich bequem und sicher. Wenn geschäftliche oder andere Dinge für den Zeitschriftenverlag zu besprechen waren, gingen wir auch gerne in ein Zimmer im »Nanjing fandian« [»Nanking Hotel«] oder »Xin Ya jiudian« [»New Asia«].

Das erste Mal sah ich Herrn Lu Xun bei einem Essen des *Literaturverlags*. An jenem Tag waren nicht viele Gäste anwesend, außer Herr Lu Xun noch Herr *Mao Dun*, Herr *Ye Shengtao* und einige andere. Herrn Mao Dun hatte ich vorher ebenfalls noch nie gesehen und war gerade mit ihm im Gespräch, als der weiße Türvorhang des Restaurants sich bewegte und Herr Lu Xun hereinkam: sein schmächtiger Körper, das dichte schwarze Haar von Schnurrbart und Augsbrauen... doch verglichen mit dem Gesicht, das ich bereits von Photographien her kannte, wirkte es noch liebenswürdiger, noch milder. An jenem Tag redete er sehr viel, dabei sehr warmherzig und sehr natürlich, und nicht im geringsten beliebig, doch seine Sätze waren kurz und voller Humor. Anhand des Inhalts der Zeitschrift »*Wenxue*« sprach er von der unwürdigen Einstellung der Unterhaltungsschriftsteller und von den dummen, aber üblen Propagandamethoden der »Guomindang« [Volkspartei]. Natürlich redete er nicht als einziger. Zu jedem Thema äußerten die anderen ebenso ihre Meinung, aber alle waren glücklich, seine Ansicht zu hören. Danach kam die Rede auf *Lin Yutang*. Er sagte, er hätte Lin Yutang geschrieben und ihm vorgeschlagen, einige klassische Werke der amerikanischen Literatur zu übersetzen, doch Lin sei keineswegs erfreut gewesen, sondern habe zurückgeschrieben, wenn er einmal alt sei, könne er sich mit solchen Dingen beschäftigen. Herr Lu Xun meinte, es sei wirklich schade, daß Lin Yutang Artikel im Stil von »*Lunyu*« schreibe. Er hoffe aufrichtig, Lin werde ein bißchen nützlichere Werke verfassen. Weiter meinte er, wenn Lin in seinem Brief geschrieben habe, wenn er alt wäre, könne er dann Übersetzungen machen, sei Spott gegen ihn gewesen.

Ich weiß nicht, wie oft ich an diesem Abend sein Lachen gesehen habe. Als ich ihn verließ, wurde mir jedenfalls bewußt, daß die Zeit viel zu rasch verflossen war. Der Eindruck, den er mir hinterlassen hat, ist bis auf den heutigen Tag geblieben: dieser große Schriftsteller mit einem »Pinsel wie ein Messer« ist ein gütiger und umgänglicher hagerer älterer Herr, so daß es leicht ist, mit ihm vertraut zu werden. [...]

Bevor ich 1934 nach Japan ging, gaben anfangs Oktober einige Freunde vom Literaturverlag für mich ein Abschiedsessen. Sie reservierten im 7. Stock des »Nanking Hotel« ein Zimmer und ließen das Essen aus dem Restaurant im Erdgeschoß heraufkommen. An diesem Tag kam auch Herr Lu Xun. Er schien sich sehr zu freuen. Er schilderte mir ein bißchen die Gebräuche und den Charakter der Leute in Japan und erzählte auch ein paar Witze über chinesische Studenten, die aufgrund sprachlicher Mißverständnisse in Schwierigkeiten geraten waren. Ich hatte gehört, er hätte vor, zur Erholung nach Japan zu gehen, und fragte ihn, warum er nicht fahre. Er lächelte und meinte: »Sprechen wir später einmal darüber!« Danach sagte er zu mir, wenn ich dort sei, könne ich bestimmt viel schreiben. Ich bedankte mich herzlich für die Ermunterung. Nach dem Essen saßen alle noch zum Plaudern im Zimmer. Er brachte die Rede auf einige Bekannte, die verhaftet worden waren, und mir scheint, er erwähnte auch Neuigkeiten von bestimmten Genossen in Nanjing und machte nun einen sehr besorgten Eindruck. Wenn das Gespräch auf die Sondermaßnahmen der Guomindang kam, blitzte in seinen Augenwinkeln der Haß.

Im Herbst des folgenden Jahres, als ich aus Japan zurückkam, gab Genosse *Huang Yuan* wegen einer Angelegenheit im Zusammenhang mit der Reihe »*Übersetzungen*« im »Nanking Hotel« eine Einladung, der auch Herr Lu Xun und seine Frau *Xu Jingsong* folgten. Er war ein bißchen abgemagert, aber sehr guter Laune. Weil »Übersetzungen« den ersten Teil seiner Übersetzung von »Tote Seelen« [von Gogol'] im Verlag »Wenhua shenghuo chubanshe« herausbringen wollte, freute er sich. Damals plante er gerade, die »Hundert Illustrationen zu "Tote Seelen"« von *A. Agin* neu zu drucken. Wir sprachen über den Roman von Gogol' und ich erzählte, gehört zu haben, daß er selber einen Roman über die Gesellschaft und die Intellektuellen des alten China schreiben wolle, und gab der Hoffnung Ausdruck, daß er bald den Pinsel dafür in die Hand nehme. Er schüttelte den Kopf, nahm einen Zug aus seiner Zigarette, dachte ein wenig nach, und sagte dann mit einem milden Lächeln:»Ich habe vieles vor, meistens bleibt es unvollendet.« Er hatte auch noch vor, eine Geschichte der chinesischen Literatur zu schreiben und die »Souvenirs entomologiques« von Fabre zu übersetzen. Damals war ich gerade dabei, die Redaktion des ersten Bandes der Reihe »Literaturübersetzungen« zu planen, und sagte ihm: »Herr Zhou, wenn Sie einen Band beisammen haben, dann geben Sie ihn mir.« Er überlegte kurz und nickte dann zustimmend. Zwei Tage später ließ er mir durch den Genossen Huang Yuan Titel und Inhalt mitteilen; für drei oder vier Geschichten hätte er noch nichts geschrieben, aber sobald er damit zuende sei, werde er sie mir schicken. Es wurde sein letzter Sammelband: die historischen Erzählungen »Alte Geschichten neu erzählt«. [...]

»Herr Lu Xun war wirklich ein großartiger Mensch«. Jedesmal, wenn ich ihn sah, konnte ich nicht umhin, in meinem Herzen diese Worte zu sprechen. Er war niemals jemandem gegenüber belehrend oder wollte mit ernster Miene erzieherisch wirken, er nahm nur Anteil und wollte nur mit aller Kraft helfen, damit die Menschen voranschreiten, hinaufgehen, sich zum Guten wandeln. [...] Ich finde, daß Lu Xun ein solcher Mensch war. Ich werde ihn niemals vergessen können. Sein Lachen wird mir immer Ansporn und Stachel bleiben.

13.7.1956, überarbeitet im Juni 1977

A — Literaturverlag [Wenxueshe] Bezeichnung für den Verlag der Zeitschrift »Wenxue« (s.u.) ¶ Mao Dun (1896–1981, aus Tongxiang/Zhejiang) Schriftsteller und einflußreicher Literaturkritiker, seit 1921 in regelmäßigem Kontakt mit Lu Xun, später Kulturminister, ebenso wie der Schriftsteller Ye Shengtao (1894–1988, aus Suzhou/Jiangsu) ab 1927 Nachbar von Xu Guangping und Lu Xun in Shanghai ¶ Lin Yutang (1895–1976, aus Longxi/Fujian) auch im Westen erfolgreicher Schriftsteller, der sowohl in chinesischer als auch in englischer Sprache schrieb, damals Herausgeber der Zeitschrift »Lunyu« (s.u.) ¶ »Wenxue [Literatur] Monatszeitschrift, erschienen vom Juli 1933 bis Januar 1937 im Verlag »Wenhua shenghuo chubanshe«, nacheinander herausgegeben von Fu Donghua (1893–1971, aus Jinhua/Zhejiang, Professor für chinesische Literatur an den Universitäten Fudan und Ji'nan in Shanghai), dem Literaturhistoriker Zheng Zhenduo (1898–1958, aus Changle/Fujian) und von Wang Tongzhao (1898–1957, aus Zhucheng/Shandong, wichtiger Förderer der »Literarischen Studienvereinigung« [Wenxue yanjiuhui]) ¶ *»Lunyu« war eine damals von Lin Yutang in Shanghai herausgegebene und redigierte Zeitschrift mit sogenannter humoristischer Literatur. Unnötig zu erwähnen, daß Lin Yutang niemals den wohlmeinenden Ratschlag von

Shanghai

Herrn Lu Xun befolgt hat. Später ließ er sich freiwillig so weit herab, daß er zum westlichen Bastard wurde, der die amerikanischen Kapitalisten umschmeichelte, um sein Werk »Mein Land und mein Volk« [»My Country and My People«, 1935; dt. 1936] (ein von Lin in Amerika herausgegebenes Werk, das er auf Englisch schrieb) zu verkaufen. ¶ *Huang Yuan* (1905–, aus Haiyan/Zhejiang) Übersetzer, zeichnete 1927 den Vortrag von Lu Xun an der »Arbeits-Universität« [Laodong daxue] auf, 1933 Redakteur der Zeitschrift »Wenxue« (s.o.), 1934 zusammen mit Lu Xun Arbeit an der Zeitschrift »Yiwen« [Übersetzungen], später Redakteur der Reihe »*Übersetzungen*« (»Yiwen congshu«) beim Verlag »Shenghuo shudian« [Leben], dann beim Verlag »Wenhua shenghuo chubanshe« [Kulturleben] veröffentlichte Reihe, in der auch die Übersetzung von »Tote Seelen« durch Lu Xun erschien ¶ *Xu Jingsong* d.i. Xu Guangping (1898–1968), seit 1926 Lebensgefährtin von Lu Xun (vgl. Dok. C035 bis C038) ¶ *A. Agin* (1817–75) russischer Maler, dessen Illustrationen zu »Tote Seelen« von Gogol' einem Zeitgenossen als Vorlage für Holzschnitte dienten, die Lu Xun u.d.T. »Si hunling yi bai tu« [Hundert Illustrationen zu den »Toten Seelen«] im Juli 1936 im Selbstverlag herausbrachte und mit einer Einleitung versah ¶ »*Souvenirs entomologiques*« mehrbändiges Werk des französischen Insektenforschers Jean Henri *Fabre* (1823–1915) mit dem Untertitel »Etude sur l'instinct et les mœurs des insectes«, von welchem sich in der Bibliothek von Lu Xun drei verschiedene jap. Übersetzungen befinden, darunter eine vollständige von Ôsugi Sakae (10 Bde., 1924–31) ¶ *Herr Zhou* Lu Xun hieß ursprünglich ZHOU Shuren ¶ »*Alte Geschichten neu erzählt*« (»Gushi xinbian«), erschienen im Januar 1936; dt. als »Altes frisch verpackt«, »LXW« Bd. 4

Q — Ba Jin 巴金 »Lu Xun xiansheng jiu shi zheyang yi ge ren« 魯迅先生就是這樣一個人 in: *Lu Xun huiyi lu* 魯迅回憶錄 Shanghai: Wenyi chubanshe 1978, Bd. 1, S. 74–9

1936 · 6 · 23	Diktiert seiner Lebensgefährtin Xu Guangping »"Sulian banhua ji" xu« [Vorwort zur »Gesammelten Druckgraphik aus der Sowjetunion«, erscheint im Juli zusammen mit »Ji Sulian banhua zhanlanhui« (s.17.2.1936) im Band *Sulian banhua ji* [Gesammelte Druckgraphik aus der Sowjetunion] in Shanghai beim Verlag Liangyou tushu yinshua gongsi .
1936 · 8 · 3 – 5	»Da Xu Maoyong bing guanyu kang Ri tongyi zhanxian wenti« [Antwort an Xu Maoyong (1910–77, aus Shanglu/Zhejiang, Literaturfunktionär, der Auflösung der LLS befürwortet) über die Frage der Einheitsfront im Widerstand gegen Japan].
1936 · 8 · 27	Setzt Arbeit an der Reihe von Miszellen »Li ci cun zhao« [Momentaufnahmen, zusammen 7 Teile; Abschn. 3 dt. als »Shanghai Express« in: *Zeitgenosse*, S. 208–10].

Dokument A024

Lu Xun: Brief an die Mutter Lu Rui

Seit Lu Xun ein Tagebuch führte, also seit er 1912 seine Stelle im Erziehungs-
ministerium in Peking antrat, hat er weit über 200 Briefe an seine Mutter geschrieben,
von denen jedoch nur 50 erhalten sind, zwei davon als Fragmente. Naturgemäß
behandeln sie häufig Familienangelegenheiten, doch gewähren sie trotz ihrer betont
konventionellen Form Einblicke in die Fragen, die Lu Xun persönlich und längerfristig
beschäftigt haben, besonders im Kontrast zu den gleichzeitigen politischen Polemiken.
Das Verhältnis zu seiner Mutter Lu Rui (1858–1943) war zwiespältig, denn einerseits
verdankte er ihr das »Geschenk« der ungeliebten Ehefrau Zhu An (1878–1947) und
als ältestem Sohn seit dem Tode seines Vaters 1896 die Rolle des nominellen
Familienoberhaupts, andererseits lebte er in einer illegitimen Beziehung, und das
traditionelle Familiensystem war von Anfang an eines seiner wichtigsten publi-
zistischen Angriffsziele gewesen. Wie er dennoch seine Sohnespietät praktizierte
und wie weit er damit in der Tradition verwurzelt war, auch hinsichtlich der emotio-
nalen Kontrolle, zeigt der folgende Brief, den Lu Xun etwas über einen Monat vor
seinem Tode schrieb. Er ist überdies ein Zeugnis der für medizinische Fragen
geschärften Selbstwahrnehmung von Lu Xun, der einmal hatte Arzt werden wollen
und die eigene Krankheit eindeutig als psychosomatische Reaktion diagnostiziert. —
Der Brief ist nach traditioneller Art in horizontal laufenden Zeilen geschrieben.
Zwischen den Zeilen eingefügter Text steht zwischen Schrägstrichen /.../.

Vor der Großen Mutter kniee ich nieder und berichte gehorsam: Den Brief
vom 30.8. habe ich erhalten. *Der Sohn* hat in der Tat einige dutzendmal Blut
gespuckt, doch handelt es sich bloß um Blut, das im Auswurf mitkommt.
Bevor der Tag vergeht, hat es der Arzt mit Medikamenten gestillt. In den
Zeitungen steht zwar, die Krankheit des Sohnes sei Geistesschwäche. Das ist
jedoch nicht der Fall, sondern es handelt sich um eine Lungenerkrankung.
Überdies brach sie schon vor 12 oder 13 Jahren [zum ersten Mal] aus, einmal
nach dem erzwungenen Auszug aus [dem Haus in] Badaowan [in Peking
1923], dann nach dem Ärger mit Zhang Shizhao [1925]. Als ich damals aufs
Lager geworfen wurde, war es diese Krankheit. Aber damals, in den besten
Jahren und bei guten Kräften, hat die Heilung nicht lange gedauert. Der
Sohn mag nicht so viel darüber sprechen und anderen Sorgen bereiten. Deshalb
wissen sehr wenige davon. Am Anfang, nach der Ankunft in Shanghai,
brach sie auch einmal aus, dieses Jahr geschieht es zum vierten Mal, wohl
wegen des fortgeschrittenen Alters. Drei Monate hat nun die Behandlung

ununterbrochen gedauert und die Medikamente können immer noch nicht abgesetzt werden. Daher kann ich den Arzt nicht verlassen und werde auch nicht an einen anderen Ort zur Kur gehen können.

Lungenerkrankungen heilen niemals vollständig aus, und eine völlige Wiederherstellung ist ausgeschlossen, doch bei über 40jährigen besteht keine Lebensgefahr. Unter diesen Umständen besteht kein Grund zur Sorge, wenn bei einem Ausbruch umgehend ärztlich behandelt wird. Seid bitte unbedingt beruhigt.

Mary hat die Aufnahmeprüfung [zur Universität] abgelegt, weiß aber noch nicht, ob sie angenommen wird. Sie ist noch wie ein Kind und in Shanghai kommt ihr alles ganz neuartig vor. Aber nach Ansicht des Sohnes sind ihr Gemahl */der in Beiping/* ausgebildet worden ist/ und ihre Freunde alle etwas unseriös. Es steht zu befürchten, daß sie ihr nicht unbedingt eine große Hilfe bieten können. Im entscheidenden Moment finden sie immer einen Vorwand, um sich aus dem Staub zu machen.

Die Magenverstimmung ist bereits behoben. *Haiying* geht es gut und er besucht weiterhin die *Dalu-Grundschule.*

Dies zur Antwort, mit höflichen Wünschen für Wohlergehen.

Sohn *Shu* grüßt ergeben,

zusammen mit Guangping und Haiying

3.9.[1936] nachts

A — *Der Sohn* ist eine graphische Briefkonvention der Bescheidenheit durch kleinere Schreibung, während Bezeichnungen für »ich« (die hier nur aus übersetzungstechnischen Gründen gebraucht werden) Tabuwörter sind ¶ *Mary* (»Mali«), gemeint ist Zhou Juzi (jap. Shû Mariko, 1917–76), Tochter aus erster Ehe des jüngsten Bruders Zhou Jianren (1888–1984) mit der Japanerin Hata Yoshiko (1897–1964); lebte mit Geschwistern, Halbgeschwistern und Stiefmutter Wang Yunru (1900–94, ∞1925) in der gleichen Siedlung in Shanghai (vgl. Dok. B032) ¶ */der in Beiping... ist* im Manuskript zwischen den Zeilen eingefügt, wobei Beiping (»Nördlicher Friede«) zwischen 1927 und 1949 Name von Peking (Beijing, »Nördliche Hauptstadt«) war ¶ *Haiying* ist der 1929 geborene Sohn von Xu Guangping und Lu Xun ¶ *Dalu-Grundschule* (Grundschule »Kontinent«) vermutlich der gleichnamigen, von einer Reform-Fraktion der Guomindang 1927 gegründeten Universität angeschlossene Privatschule; an der Universität hielt Lu Xun am 10.11.1928 einen Vortrag ¶ *Shu* ist die erste Silbe des Rufnamens »Shuren« von Lu Xun

Q — *LXQJ* Bd.13, S. 418–9

L — Lu Xun: Brief an Lu Rui [29.9.1933, Fragment], in: *LXQJ* Bd. 13, S. 677–8 ¶ Ma Tiji 馬蹄疾 »Lu Xun canjian jikao« 魯迅殘簡輯考 [Gesammelte textkritische Erörterungen zu Brieffragmenten von Lu Xun], in: *Liaoning daxue xuebao* 遼寧大學學報 2–3/1978 (Shenyang) ¶ Dan Yanyi 單演義 u.a.: »"Women jinri suo xuyao de shi shenme?" Ying shi Lu Xun yiwen kao« "我們今日所需要的是甚麼？" 應是魯迅遺文考 [»Was brauchen wir heute?« Textkritik am Nachlaß von Lu Xun], in: *Xibei daxue xuebao* 西北大學學報 Sondernummer 1 (Xi'an, 1979), S. 1–12 ¶ Wang Dehou 王得後 »[...] Wei Lu Xun yiwen zhiyi« 為魯迅遺文質疑 [{...} Den Nachlaß von Lu Xun hinterfragen], *ebda.*, S. 13–8 ¶ Xie Dexian 謝德銑 *Zhou Jianren pingzhuan* 周建人評傳 [Eine kritische Biographie von Zhou Jianren], Chongqing: Chongqing chubanshe 1.1991 ¶ Xie Yong 謝泳 »Lu Xun zhi muqin shu de wenhua yiyi« 魯迅致母親書的文化意義 [Die kulturelle Bedeutung der Briefe von Lu Xun an seine Mutter], in: *Lu Xun yanjiu yuekan* 魯迅研究月刊 Nr. 136 (8/1993), S. 16–7

1936 · 9 · 5   Essay »Si« [Tod; dt. in: *Einsturz*, S. 191–5)].

1936 · 9 · 7   Dokument A025

Lu Xun: Brief an Paul Ettinger

Mit dem deutschen Künstler Paul Ettinger, der seit anfangs der 30er Jahre in Moskau lebte, stand Lu Xun seit Oktober 1934 in Kontakt. Zwischen Moskau und Shanghai gingen vor allem Bildbände mit Holzschnitten und sonstigen Illustrationen hin und her. So verdankt Lu Xun seinem Briefpartner die Vorlagen zum Band »Jade erhalten« (Yinyu ji, 1934) mit Holzschnitten aus der Sowjetunion. Der folgende Brief ist der letzte erhaltene, den Lu Xun an Ettinger gerichtet hat. Die Antwort, die sich auf einen Brief »vom 15. September« bezieht, meint vermutlich den selben Brief und erreichte Lu Xun nicht mehr zu Lebzeiten. Trotz der ausgezeichneten deutschen Sprachkenntnisse wurden die Briefe in chinesischer Sprache ausgetauscht. In seinem letzten Brief fragt Ettinger, warum sich Lu Xun nicht der englischen Sprache bediene, wohl um auf den umständlichen Umweg über in Moskau niedergelassene chinesische Studenten verzichten zu können, die als Übersetzer vermittelten.

Shanghai

Herr *Paul Ettinger:*
Ihren Brief vom 13. *Aug*[ust] habe ich erhalten. Sie teilen mir mit, daß Sie den Brief mit dem Buch von *Sirén* ebenfalls schon bekommen haben. Aber ich bin seit Mai krank und hatte keine Energie, um Freunde aufzusuchen, damit sie mir einen Antwortbrief aufsetzen.

Nun habe ich auch noch einen Band »*Polnische Kunst*« erhalten, vielen Dank. Mir ist bloß nicht klar, warum unter den Bildern nicht der zugehörige Titel angegeben ist. Ich besitze einen Band zur »*Geschichte der polnischen Kunst*«, in welchem bei den Bildern ebenteils keine Titel genannt sind. Wenn ich die Bilder anschaue, ärgere ich mich jedes Mal. Ich fürchte, daß es Ihnen jeweils ebenfalls so erginge, wenn Sie chinesische Bilder ohne Erläuterungen sähen.

Ich hoffe sehr, daß Sie mir ein Exemplar schicken können, wenn Rezensionen der in China gedruckten »*Sovietic Graphics*« erscheinen, damit ich es jemanden übersetzen lassen und die chinesische Jugend es lesen kann. Das Material für diesen Band stammt ausnahmslos aus der Ausstellung sowjetischer Graphik, die dieses Jahr in Shanghai eröffnet wurde. In der Ausstellung habe ich ein Bild von *Deineka* gesucht, aber kein einziges gefunden. Ich würde sehr gerne einen Band mit den repräsentativen Werken sowjetischer Holzschnitzer von den Anfängen bis zur Gegenwart zusammenstellen, um sie in China einzuführen, aber mir fehlt dazu die Kraft.

Lusin.
[7.9.]

A — *Paul Ettinger* steht in lateinischer Schrift, *Aug* ebenso ¶ *Sirén* ebenso, bezieht sich auf »The Chinese on the Art of Painting« des schwedischen Kunstkritikers Oswald Siren, das 1936 in englischer Sprache in Peking erschienen war ¶ »*Polnische Kunst*« ist »Polish Art«, ein englisches Werk, das Lu Xun am 2.9. erhalten hatte ¶ »*Geschichte der polnischen Kunst*« ist »Die polnische Kunst von 1800 bis zur Gegenwart« von Alfred Kuhn (Berlin: Klingkhardt & Biermann 1930) ¶ »*Sovietic Graphics*« steht ebenfalls in lateinischer Schrift und meint den englischen Untertitel des von Lu Xun edierten und mit einem Vorwort versehenen Bandes »Sulian banhua ji« (1936) ¶ *Deineka* ist ein sowjetischer Künstler und Holzschnitzer ¶ *Lusin* steht in kyrillischer Schrift, die hier transliteriert ist

Q — *LXQJ* Bd. 13, S. 668

L — Ma Tiji 馬蹄疾 »Xiancun Lu Xun zhi Baoluo Aidingger san xin shijian de kaoding« 現存魯迅致保羅·艾丁格爾三信時間的考定 [Zur Datierung der drei erhaltenen Briefe von Lu Xun an Paul

[482]

Ettinger], in: *Shehuikexue zhanxian* 社會科學戰線 (Changchun) 2/1978 ¶ [Ettinger, Paul:] »Aidingger zhi Lu Xun« 艾丁格爾致魯迅 [Ettinger an Lu Xun; Brief aus Moskau, 6.10.1936], in: *Lu Xun, Xu Guangping suo cang shuxin xuan* 魯迅、許廣平所藏書信選 Hg. Zhou Haiying 周海嬰 Changsha: Hu'nan wenyi chubanshe 1.1987, S. 227–8

1936 · 9 · 28   Dokument A026

Lu Xun: Brief an Jaroslav Průšek

Empfänger des folgenden Briefes ist der tschechische Sinologe Jaroslav Průšek (1908–80), ursprünglich Historiker und Mediävist. Er gehört zu den ersten westlichen Autoren, die sich wissenschaftlich mit der modernen chinesischen Literatur auseinandergesetzt haben. Als Mitglied des zunächst privaten Orientalischen Instituts in Prag lebte er in den 30er Jahren längere Zeit in Asien, davon zwei Jahre in China. Dort lernte er neben vielen anderen, später berühmt gewordenen Schriftstellern auch Lu Xun kennen, zu dessen frühesten westlichen Übersetzern Průšek gehört. Durch seine Lehr- und Forschungstätigkeit nach dem Kriege kann er als Begründer einer »Prager Schule der Sinologie« gelten, die bis heute weltweit ausstrahlt, zumal viele seiner Schüler nach dem sowjetischen Einmarsch in der Tschechoslowakei ihr Land verlassen haben und von Toronto bis Sydney lehren. — In der Vorlage lateinisch geschriebener Text steht zwischen Gleichheitszeichen (=…=).

Sehr geehrter Herr =J. Průšek=!

Ihren Brief vom 27. August habe ich schon vor einiger Zeit erhalten. Ich danke für die Anteilnahme, die Sie meiner Gesundheit zukommen lassen.

Ich bin damit einverstanden, daß meine Werke ins *Tschechische übersetzt* werden. Es bedeutet für mich eine große Ehre, so daß ich dafür keine Entschädigung will. Obwohl das bei ausländischen Autoren üblich ist, möchte ich es nicht gleich wie sie halten. Bei den Werken von mir, die ins *Französische, Englische, Russische und Japanische* übersetzt worden sind, habe ich in keinem Falle Honorar erhalten, also sollte ich beim Tschechischen auch nichts erhalten. Wenn Sie mir in Zukunft Bücher oder Bilder schicken wollen — ich habe schon viel zu viele.

Ich bin äußerst neugierig auf *Ihr Werk über die traditionelle chinesische Erzählliteratur*, und hoffe, daß es bald vollendet ist und ich die Ehre haben werde, es zu lesen. Ich habe die chinesischen Literaturgeschichten von =Giles= und =Brucke= gelesen, aber diese behandeln die Erzählliteratur nur sehr allgemein. Ich bin der Meinung, daß Ihr Werk sehr nötig ist.

Mit Herrn *Zheng Zhenduo* pflege ich sehr vertrauten Umgang. Letztes Jahr haben wir einander häufig getroffen, dann ist er Vorsteher des Literaturinstituts der Ji'nan-Universität geworden und gewiß sehr beschäftigt. Seither ist es schwierig, ihn zu treffen, so daß ich keine Möglichkeit sehe, ihm Ihre Nachricht zu übermitteln.

Im letzten Brief habe ich geschrieben, daß ich mich allmählich erhole, doch ist danach der Arzt nicht mehr von meiner Seite gewichen, so daß ich auch Shanghai nicht mehr verlassen habe. So ist es bis heute geblieben. Inzwischen läßt die Sommerhitze bereits nach; es lohnt sich nicht mehr, die Erde umwenden zu wollen: Warten wir das nächste Jahr ab.

Dies als Antwort. Gleichzeitig wünsche ich

Einen friedlichen Herbst.

Hochachtungsvoll
Lu Xun

28. Tag des 9. Monats

A — *Tschechische Übersetzung* wurde zuerst »Vřava« [Schlachtruf], Übers. Jaroslav Průšek & Vlasta Novotná, Praha: Lidova Kultura 1937 ¶ *französische Übersetzung* war zuerst »La vie de Ah-Qui«, Übers. J. B. Kin Yn Yu [Jing Yinyu], in: *Europe* Nrn. 41 & 42 (15.5. & 5.6.1926); in Buchform enthalten in »Anthologie des conteurs chinois modernes«, Paris: Rieder 1929, S. 79–124 ¶ *englische Übersetzung* war in Buchform zuerst »The True Story of Ah Q«, Übers. George Kin Leung [Liang Sheqian], Shanghai: Commercial Press 1927, doch weiter verbreitet wurde »The Tragedy of Ah Qui and Other Modern Chinese Stories«, London: Routledge & Sons 1930 (nach der französischen Anthologie von Jing Yinyu) ¶ *russische Übersetzung* waren in Buchform zuerst zwei verschiedene Anthologien, zusammengestellt aus »Schlachtruf« und 1929 in Leningrad und Moskau erschienen ¶ *japanische Übersetzung* in Buchform war zuerst »Shina shôsetsu: Ah Q seiden«, Übers. Lin Shouren [Yamagami Masayoshi], Tôkyô: Shiroku Shôin 1931, gefolgt 1935 von »Rojin senshû« [Ausgewählte Werke von Lu Xun], Übers. Satô Haruo & Masuda Wataru, Tôkyô: Iwanami bunko ¶ *Ihr Werk über die traditionelle chinesische Erzählliteratur* Průšek, Jaroslav: »Die Literatur des befreiten China und ihre Volkstraditionen«, Prag: Artia 1955 ¶ *Giles und Brucke* gemeint sind die Werke von Herbert G. Giles: »History of Chinese Literature«, Shanghai 1901; und eigentlich Wilhelm Grube: »Geschichte der chinesischen Literatur«, Leipzig: C. F. Amelang 1902, [2]1909 (= Die Literaturen des Ostens in Einzeldarstellungen 8) ¶ *Zheng Zhenduo* (1898–1958), aus Yongjia/Zhejiang, bedeutender Literaturkritiker und -theoretiker, Mitbegründer der »Wenxue yanjiu she« [Literarische Studiengesellschaft] und Mitherausgeber ihres einflußreichen monatlich erscheinenden Organs »Xiaoshuo yuebao« [Erzählliteratur], Hauptwerke »Eguo wenxue shilüe« [Kurze Geschichte der russischen Literatur, 1924], »Taige'er zhuan« [Biographie von Tagore, 1925], »Wenxue dagang« [Einführung in die Literatur, 4 Bde., 1927], »Minsuxue gailun« [Grundriß der Ethnologie, 1930]

J. Průšek 先生：

八月二十七日的信，我早收到了，謝謝您對于我的健康的關心。

我同意于將我的作品譯成捷克文，這事情，已經是給我的很大的光榮，而以我之要報酬，雖然外國作家是收受的，但我並不願意同他們一樣。先前，我的作品曾經譯成法，英，俄，日本文，我都不收報酬，現在也不應該對于捷克特別收受。況且，將來要給我美術或圖畫，我的所得已經不少了。

我極希望您的關于中國舊小說的著作，早日完成，俾我能夠拜讀。我看見過 Giles 和 Bruckn 的「中國文學史」，但他們對于小說，都不十分詳細。我以為您的著作，實在是很必要的。

鄭振鐸先生是我的很熟識的人，去年時時見面，後來他做了暨南大學的文學院長，大約是很忙，我不常常看見了，但我當

Lu Xun: Brief an Jaroslav Průšek in Faksimile
Text S. 487

Q — *LXQJ* Bd.13, S. 671–2

L — Ge Baoquan 戈寶權 »Lu Xun yu Pushike« 魯迅與普實克 [Lu Xun und Průšek], in: Lu Xun *yanjiu ziliao* 魯迅研究資料 Bd. 3, Tianjin: Renmin chuanshe 1979 ¶ Liu Zengren 劉增人 »Guanyu Lu Xun zhi Pushike xin de yi dian ziliao« 關於魯迅致圃實客信的一點資料 [Einige Materialien zum Brief von Lu Xun an Průšek], in: *Lu Xun yanjiu ziliao* Bd. 7, Tianjin: Renmin chubanshe 12.1980 ¶ Průšek, Jaroslav: *The Lyrical and the Epic. Studies of Modern Chinese Literature*, Hg. Leo Ou-fan Lee [Li Oufan 李歐梵], Bloomington: Indiana University Press 1980 ¶ Ge Baoquan: »Huiyi Jieke de Lu Xun yizhe Pushike boshi« 回憶捷克的魯迅譯者普實克博士 [Erinnerungen an den tschechoslowakischen Lu-Xun-Übersetzer Dr. Průšek], in: *Lu Xun yanjiu yuekan* 魯迅研究月刊 3/1990, S. 64–6

1936 · 9 · 28 Dokument B036

Lu Xun: Brief an Jaroslav Průšek in Faksimile
Abbildung S. 485

Q — Průšek, Jaroslav: *Sestra moje Čína*, Praha: Družstevní 1940, S. 293

28.9.1936 Dokument W007

Jaroslav Průšek: Der Erzähler Lu Xun und die anderen

Jaroslav Průšek (1906–80) ist, abgesehen von einigen vergleichsweise isoliert in China wirkenden Patres, der erste westliche Sinologe, der sich systematisch mit der damals zeitgenössischen chinesischen Literatur beschäftigt hat. Er kann daher als Begründer einer eigentlichen »Prager Schule der Sinologie« gelten. Zu seinen zahlreichen persönlichen Kontakten in der literarischen Szene Chinas gehört auch derjenige zu Lu Xun. 1937 nach einem fünfjährigen Asienaufenthalt nach Prag zurückgekehrt, veröffentlichte er 1940 seinen essayistischen Bericht »China, meine Schwester«. Dieses Buch erschien in einer Zeit der Gefährdung, nachdem die deutschen Besatzer die Karls-Universität geschlossen hatten und Průšek chinesische Sprachkurse am privaten Orient-Institut erteilte. Dieses beherbergte später als Teil der Akademie der Wissenschaften die nach Lu Xun benannte chinesische Bibliothek, zu der Průšek durch seine erste China-Reise den Grundstock gelegt hatte. Charakteristisch für die Pionierrolle von Průšek ist, daß er in seiner Schilderung des Werdegangs von Lu Xun die zum Teil stark literarisierten und rhetorisch fiktionalisierten Selbstdarstellungen aus seinen literarischen Werken als Tatsachenbericht übernimmt.

[...]

Ich begann, *ebenfalls* mit dem größten lebenden Schriftsteller zu korrespondieren — mit Lu Xun. Da er damals inkognito in Shanghai lebte, konnte ich meine Briefe bloss an den *japanischen Verleger* seiner Bücher adressieren. Lu Xun war der Führer der Liga Linker Schriftsteller, und seine scharfen Angriffe auf die Fehler und Mängel der Regierung wurden für eine ganze Reihe von Leuten unbequem.

Zu den ersten Sachen, die ich aus der modernen [chinesischen] Literatur überhaupt gelesen habe, gehören Erzählungen aus seiner Sammlung »Schlachtruf«. Später habe ich das gesamte Werk mehrmals wiedergelesen, und übersetzte es *ins Tschechische*, nachdem ich wieder nachhause zurückgekehrt war — doch ach! die Übersetzung ist meilenweit entfernt von der Schönheit des Originals. Lu Xun hat es als erster geschafft, konzentrierte und kraftvolle moderne chinesische Erzählungen zu schreiben. Im Zusammenhang der gesamten chinesischen Literatur werden seine Werke neben den Gedichten von *Du Fu* Bestand haben, der es ebenfalls fertiggebracht hat, in wenigen Strichen erschütternde Bilder von Armut und Leid zu zeichnen, die von einem geheimnisvollen und schillernden Geist durchdrungen sind — so wie sie *Akutagawa Ryûnosuke* in Japan geschaffen hat. Aufgrund *meiner Artikel* über die klassische chinesische Erzählliteratur, kamen Lu Xun und ich einander rasch näher. Er ist Verfasser des *ersten Buchs* zur Geschichte der chinesischen Erzählliteratur und hat einige Abhandlungen zum Thema geschrieben. *In unseren Briefen* diskutierten wir oft über solche Fragen, und er gab mir eine Reihe von wertvollen Ratschlägen.

Was ich an Lu Xun hoch schätzte, war seine kompromisslose und starke Persönlichkeit. In seinen Werken greift er nicht verliebte oder andere jugendliche Emotionen auf, sondern sieht das Leben so, wie es ist, indem er sich bewußt war, dass nur durch Kampf eine bessere Zukunft zu erringen ist. Manchmal hat er einen sarkastischen und angriffigen Ton. Lu Xun verschonte niemanden — deshalb hatte er so viele Gegner. Er hatte ein hartes Leben gehabt und erinnert sich, wenn er sich seine Kindheit zurückruft, wie ihn seine ersten Schritte *in die Pfandleihanstalt und in die Apotheke* führten. Die Krankheit seines Vaters ruinierte die ganze Familie, so daß der kleine Junge von frühester Kindheit an für sich selber aufkommen mußte. Seine Mutter hatte ihn zu reichen Verwandten geschickt, aber der junge Lu Xun hielt es dort nicht lange aus. Ungefähr seit dieser Zeit läßt sich bei ihm eine tiefe Abneigung ausmachen gegen wohlhabende und gebildete alte Magister und Doktores (Titel, die sich bei den traditionellen Staatsprüfungen für Beamte erwerben ließen), die ihre Rede ständig mit berühmten Aussprüchen von

Konfuzius garnieren. Gegenüber den gewöhnlichen Leuten verhielten sie sich jedoch wie wilde Wölfe und blutgierige Vampire. Lu Xun brauchte lange, bis er seinen eigenen Lebensweg fand. Zuerst hatte er in Japan Medizin studiert, doch als er eines Tages Dias von der Hinrichtung eines chinesischen Spions sah, umringt von seinen trägen und dumpfen Landsleuten, zog Lu Xun den Schluß, daß China eher geistig als körperlich krankte. Das Volk mußte aus seiner Gleichgültigkeit und Lethargie aufgerüttelt werden. So begann er zu schreiben. Frühe Mißerfolge dämpften allerdings sehr rasch seine Begeisterung. Lu Xun war von der *ersten chinesischen Revolution* zutiefst enttäuscht, die ziemlich komisch endete und eigentlich gar nichts veränderte. Zudem war er erbittert über das Fiasko der *Übersetzungen aus europäischen Literaturen,* die er zusammen mit seinem Bruder Zhou Zuoren erarbeitet hatte. (Lu Xun hieß urspünglich Zhou Shuren.) In ihrer Arbeit hatten sie den Stil des berühmten Übersetzers *Lin Shu* nachgeahmt und in die klassische chinesische Schriftsprache übersetzt. Obwohl diese Sprache über konzentrierte und akzentuierte Ausdrucksmittel verfügt, war sie doch ungeeignet, um die komplexen Stimmungsbilder dieser neuartigen Literatur darzustellen. Zudem war es unmöglich, in der klassischen Schriftsprache direkte Rede wiederzugeben — das bedeutendste Merkmal moderner Literatur. Obwohl es sich bei den Übersetzungen vermutlich um die bestmögliche chinesische Fassung handelte, wurden nicht mehr als einige wenige Exemplare verkauft. Die klassische Schriftsprache war tot.

Danach verstummte Lu Xun. Er gab ein wenig Unterricht als Beamter des Erziehungsministeriums und betrieb zu seinem eigenen Vergnügen epigraphische Studien, indem er die wunderschönen Inschriften vergangener Zeiten entzifferte. Erst in den 20er Jahren wurde er vom Begeisterungssturm seiner Zeit mitgerissen. Einige Freunde baten ihn, für sie eine Erzählung zu schreiben. Daraus entstand das »*Tagebuch* eines Wahnsinnigen«, gefolgt von der »Wahren Geschichte des A Q«. Schon die erste Erzählung machte ihn zum größten chinesischen Schriftsteller. Als Lu Xun die literarische Bühne betrat, war er schon ein erfahrener und reifer Meister, und auf keine kreativen Experimente und auf keine Suche angewiesen. Seine »Wahre Geschichte des A Q« ist in *praktisch alle Weltsprachen* übersetzt.

Aus dem Tschechischen von Elena Hidvéghyová

A — *ebenfalls* bezieht sich auf die Kontakte zu Ding Ling und Shen Congwen, die Průšek im Kapitelanfang beschreibt ¶ *japanischer Verleger* gemeint ist der Buchhändler Uchiyama Kanzô (1885–1959), mit dem Lu Xun seit seiner Ankunft in Shanghai 1927 eng befreundet war und dessen Buchhandlung Lu Xun oft nicht nur als Korrespondenzadresse, sondern auch als Unterschlupf diente ¶ *ins Tschechische* übersetzt erschien der Band als »Vrava« (Prag 1937) ¶ *Du Fu* (712–70, aus Fanxian/He'nan) gilt neben Li Bai als bedeutendster Lyriker der Tang-Dynastie. Seine Dichtung ist von den bürgerkriegsähnlichen Wirren während des Aufstands von An Lushan (†757, aus Liaocheng/heute Liaoning) geprägt und beschreibt im Gegensatz zu den exaltierten und expressiven Stimmungen von Li Bai in strenger Form Trauer und Schwermut angesichts von Verlust und Zerstörung. ¶ *Akutagawa Ryûnosuke* (1892–1927), jap. Schriftsteller, der nach seinem Selbstmord ein umfangreiches demokratisch und sozial engagiertes Werk hinterließ, das sich u.a. an Turgenev und Tolstoj orientierte ¶ *meine Artikel* waren damals u.a. »Popular Novels in the Collection of Ch'ien Tseng« & »The Narrators of Buddhist Scriptures and Religious Tales in the Sung Period«, in: »Archív Orientální« Bd. 10 (Prag 1938), S. 291–94 & 375–89 sowie »Research into the Beginnings of the Chinese Popular Novel«, ebda. Bd. 11 (1939), S. 91–132 ¶ *erstes Buch* meint »Zhongguo xiaoshuo shilüe« (»Kurze Geschichte der chinesischen Erzählliteratur«, 1921, 1923/24), die den wissenschaftlichen Ruf von Lu Xun konsolidierte ¶ *In unseren Briefen* bezieht sich auf zwei erhaltene Briefe vom 23.7. und 28.9. (s. Dok. A026) an Průšek und die vermutlich nicht erhaltenen Gegenbriefe ¶ *in die Pfandleihanstalt...* paraphrasiert ebenso wie die folgenden Angaben, warum Lu Xun zu schreiben begann, dessen Schilderung in der »Vorrede« zu »Schlachtruf« (dt. in: »LXW«, Bd. 1, S. 7–15) ¶ *erste chinesische Revolution* bezeichnet den Sturz der letzten Dynastie durch einen Militärputsch und die Proklamation der Republik am 1.1.1912 ¶ *Übersetzungen...* bezieht sich auf die Sammlung »Yuwai xiaoshuo« [Erzählungen von jenseits der Grenzen, 2 Bde., 1909] mit Texten von Sienkiewicz, Čechov, Garšin, Andreev, Wilde, Poe, Maupassant u.a. ¶ *Lin Shu* (1852–1924, aus Minxian, heute Fuzhou/Fujian) produktivster und erfolgreichster Übersetzer des frühen 20. Jh. der von Dickens über Shakespeare und Cervantes bis Alexandre Dumas über 200 Werke nach mündlich vorgetragenen kursorischen Angaben in elegantes klassisches Hochchinesisch übersetzte, ohne eine Fremdsprache zu beherrschen ¶ *»Tagebuch...«* ebenso wie »Die wahre Geschichte des A Q« dt. als »Tagebuch eines Verrückten« bzw. »Die wahre Geschichte des Herrn Jedermann« (in: »LXW«, Bd. 1, S. 16–32 & 104–64 ¶ *praktisch alle Weltsprachen* stimmte 1940 nur beschränkt

Q — Průšek, Jaroslav: »Providkár Lu Hsün a jini«, Kap. 44 in: *Sestra moje Čína*, Praha: Družstevní 1940, S. 292–96

L — Průšek, Jaroslav: *O čínském písemnictví a vzdźlanosti* [Über chinesische Literatur und Kultur], Praha: Družstevní práce 1947

1936 · 10 · Anfang   Unterzeichnet zusammen mit Guo Moruo (1892–1978, aus Leshan/Sichuan, Schriftsteller und Altphilologe, Werk auf Dt. *Kindheit* und *Jugend*, Frankfurt a. M.: Insel 1981/85), Mao Dun (eig. Shen Yanbing, 1896–1981,

Sha Fei: Lu Xun im Gespräch mit Ruth Weiss
(Photographie, 8. Oktober 1936)
Text S. 493

aus Tongxiang/Zhejiang, Schriftsteller und Literaturkritiker, Werk auf Dt. *Shanghai im Zwielicht*, Berlin:
Oberbaum 1979) und vielen anderen Autoren die »Gemeinsame Erklärung der Kunstschaffenden zur Freiheit
des politischen Zusammenschlusses und der Rede«
[»Wenyijie tongren wei tuanjie yuwu yu yanlun ziyou
xuanyan«].

1936 · 10 · 8   Besucht trotz seiner Krankheit die 2. Nationale Holzschnittausstellung und führt Gespräche mit jungen
Holzschnitzern.

1936 · 10 · 8   B051

Sha Fei: Lu Xun im Gespräch mit Ruth Weiss (Photographie, 8. Oktober 1936)
Abbildung S. 491

Die österreichische Germanistin und Journalistin Ruth Weiss (1908–92) kam 1933 nach China und lernte Lu Xun in Shanghai kennen. Nach dem japanischen Überfall lebte sie im chinesischen »Hinterland« in Chongqing und Chengdu und ab 1946 mit ihrem chinesischen Ehemann in den USA, bevor sie 1952 in die junge Volksrepublik zurückkehrte, wo sie für verschiedene in China erscheinende fremdsprachige Publikationen arbeitete. Sie veröffentlichte 1985 ein schwärmerisches Buch über Lu Xun, das Ende der 70er Jahre zuerst in der Zeitschrift Eastern Horizon *in Hong Kong erschienen war. Die hier gezeigte Aufnahme ist Teil einer bei der »2. Nationalen Holzschnittausstellung« entstandenen Serie, den letzten Porträts zu Lebzeiten von Lu Xun. Sie stammt von Situ Chuan (1912–50, aus Kaiping/Guangdong), unter dem Pseudonym Sha Fei bekannt und prominentes Mitglied der linksorientierten Photoagentur »Schwarz-Weiß-Gesellschaft«. Er schloß sich 1937 der kommunistischen Achten Armee an und gründete 1942 die »Illustrierte für die Provinzen Shanxi, Chahar [heute West-Hebei] und Hebei« (Jin Cha Ji huabao). Biographische Quellen berichten ominös, er sei »an einer unheilbaren Geisteskrankheit gestorben«.*

Q — *Lu Xun 1881–1936*, Beijing: Wenwu chubanshe 1976, Nr. 111

L — Weiss, Ruth: *Lu Hsün. A Chinese Writer for All Times*, Beijing: New World Press 1985 ¶ Rong Zuli 容祖禮 »Yongheng de shunjian — Sha Fei paishe Lu Xun de zui hou liuying« 永恒的瞬间——沙飞拍摄鲁迅的最後留影 [Ein Augenblick, für die Ewigkeit festgehalten: Sha Fei, der Photograph der letzten Aufnahme von Lu Xun], in: *Renmin ribao* (Beijing) 22.10.1996, S. 7

1936

1936 · 10 · 9	Miszelle »Guanyu Taiyan xiansheng er san shi« [Einige Begebenheiten im Zusammenhang mit [Zhang] Taiyan].
1936 · 10 · 15	Miszelle »Ban xia xiaoji« [Reminiszenzen eines halben Sommers] erscheint.
1936 · 10 · 16	»Cao Jinghua yi "Sulian zuojia qi ren ji" xu« [Vorwort zu »Sieben sowjetischen Schriftstellern« in der Übersetzung von Cao Jinghua].
1936 · 10 · 17	Schreibt die Miszelle »Yin Taiyan xiansheng er xiangqi de er san shi« [Erinnerung an einige Begebenheiten, die mir bei [Zhang] Taiyan einfallen]. seinen letzten Text überhaupt.
1936 · 10 · 19	Stirbt in seiner Wohnung in der Siedlung Dalu xincun Nr. 9.
1936 · 10 · 19	Dokument B037

Traueradressen mit verschiedenen Lateinumschriften
Abbildung S. 495

Ein Teil der Traueradressen, die anläßlich des Todes von Lu Xun beim Komitee eingingen und deren Zahl mehrere hundert beträgt, bezeugt unmittelbar den Ruf von Lu Xun als Sprachreformer, der sich durch seine Sammlung Menwai wentan *(»Vor der Tür über Schrift plaudern«, September 1935) gefestigt hatte. Sie waren nämlich in verschiedenen Umschriften des Chinesischen verfaßt, die zum Teil auf der Grundlage von Regiolekten erarbeitet waren — wie es Lu Xun für eine Anfangsphase in der Latinisierung der chinesischen Schrift postuliert hatte. Die beiden ersten Traueradressen werden in die heute gebräuchliche* pinyin-Umschrift *transkribiert und anschließend übersetzt.*

Zhidao women di tongzhi Lu Xun xiansheng di si, women yao xu nian Xi La wenzi gaige fangmian bai women di xiqu di jiaoxun!

Zongli xin wenzi yanjiuhui

Nachdem wir nun vom Tode des Herrn Genossen Lu Xun erfahren haben, müssen wir die von ihm empfangene Unterweisung in Ehren halten, indem wir uns weiterhin einsetzen für eine Schriftreform mit westlicher Lateinumschrift.

Allgemeine Studiengesellschaft für eine neue Schrift

Cedao ngunik dungc lu sin siensang
k si, nguni jao hu nzen hi lag venz
kekeg Fongmien peg nguni-k jig-c' ig
kiaoxyn!

Zongle sin wenz nienkiuhue

革命火花不熄
鲁迅先生永生
Xiang Zhungguo Weidadigeming
Wenxyogia Lu Sin tungzh Zh rheliedi,
Zuixoudi gingli!

Zhungguo Sin Wenz laniuxui

Dedicated to mr lu Shen
The unbending sprit
The very model
for
All our Workers

By Shanghai Workers Mutual-ail Association

Traueradressen mit verschiedenen Lateinumschriften
Text S. 494

Die Flamme der Revolution erlischt nicht
Herr Lu Xun lebt ewig.

Xiang Zhongguo weida de geming wenxuejia Lu Xun tongzhi zhi relie de zuihou jingli!

Zhongguo xin wenzi yanjiuhui

Einen herzlichen letzten Gruß an den Genossen Lu Xun, den großen revolutionären Literaten!

Studiengesellschaft für eine neue chinesische Schrift

Q — *1913–1983 Lu Xun yanjiu xueshu lunzhu ziliao huibian* 魯迅研究學術論著資料匯編 [Eine Sammlung wissenschaftlicher Abhandlungen und Materialien zur Lu-Xun-Forschung], 5 Bde. & Indices, Hg. Zhongguo shehuikexueyuan wenxue yanjiusuo Lu Xun yanjiushi, Beijing: Zhongguo wenlian chubanshe 10.1985–7.1990, Bd. 2, S. 416

1936 · 10   Dokument B038

Zwei Doppelseiten in der »Zeitschrift für den Osten«
mit Tableaubildern aus Anlaß des Todes von Lu Xun
Abbildungen S. 499 und 501

Das sonst höchstens mit Karikaturen oder Zeichnungen sowie im Rotationsdruck reproduzierbaren graphischen Schmuckelementen, aber selten mit Photographien illustrierte Magazin Dongfang zazhi (»Eastern Miscellany«), das als Flaggschiff des Großverlags »Commercial Press« (Shangwu yinshuguan) in Shanghai seit 1909 eine reformerische Politik vertrat und das am weitesten verbreitete Periodikum in China war, brachte aus Anlaß des Todes von Lu Xun eine doppelseitige Bildbeilage. Deutlich wird damit nicht nur das hohe Ansehen, das Lu Xun genoß, sondern auch der Einfluß, den politische und literarische Gesinnungsfreunde der »Liga Linker Schriftsteller« in Schlüsselstellen der Verlagswelt hatten. Ohne diesen Einfluß wäre die sorgfältige propagandistische Vorbereitung der Trauerfeier durch Organisationen der kommunistischen Partei nicht möglich gewesen. Der in Bildern weit ausgeprägter als in Texten enthaltene kultische Aspekt war Bestandteil des Konzepts, ebenso das Bemühen, angesehene Persönlichkeiten (so etwa Song Qingling, die Witwe des ersten Präsidenten der Republik) ins Bild zu rücken.

Gezeigt werden unter dem Titel »Lu Xun gestorben — Der Leitstern der Literaturszene im Osten ist untergegangen« von rechts oben: Porträt vom 13.9.1933, darunter Lu Xun auf dem Totenbett, links daneben eine Ecke im Arbeitszimmer mit zwei

[497]

Ölbildern, das hochstehende davon »Bei der Lektüre von "Schlachtruf"« von Wang Hong (1904–, aus Fugou/He'nan, damals bekannt als Wang Junchu), ein Geschenk des Malers zum 55. Geburtstag von Lu Xun, links daneben Stapel mit »Material zu unvollendeten Werken«, daneben Xu Guangping mit Sohn Zhou Haiying, darüber eine der letzten Aufnahmen an der 2. Nationalen Holzschnittausstellung am 8.10.1936 (vgl. Dok. B057). Auf der nächsten Doppelseite erscheinen unter dem Titel »Trauerkundgebung der Volksmassen« Aufnahmen vom Umzug mit Transparenten »Lu Xun lebt ewig« und »Seele des Volkes«, darüber ganz rechts v.r.n.l. Gefährtin Xu Guangping, Sohn Zhou Haiying, Präsidentenwitwe Song Qingling, Freund und Buchhändler Uchiyama Kanzô, links daneben der Sarg mit 14 Trägern, unter ihnen die Funktionäre Hu Feng und Li Liewen (1904–72, Übersetzer), darunter Trauergäste frühmorgens. — Das Porträt von Lu Xun und die Aufnahme von der Ausstellungseröffnung stammen vom Photojournalisten Sha Fei (1912–50, aus Kaiping/Guangdong), dem Begründer der linksorientierten Agentur »Schwarz-Weiß-Gesellschaft«, der mit »Fei« firmiert. Die anderen Photos sind aufgenommen von Wu Baoji (»Ji«), Shen Zhenhuang (»Shen«) und einem nicht identifizierten Photographen, der als »Ming« zeichnet.

Q — »Lu Xun shishi — dongfang wentan juxing de yunluo« 鲁迅逝世──東方文壇巨星的殞落 & »Minzhong de zangyi — shuwan qingnian ku Lu Xun« 民眾的葬儀──數萬青年哭鲁迅 in: *Dongfang zazhi* 東方雜誌 Bd. 33, Nr. 21 (Shanghai, 1.11.1936)

L — *Lu Xun jinian ji* 鲁迅紀念集 [Gedenkband für Lu Xun], Hg. Lu Xun jinian hui, Shanghai: Beixin shuju 12.1936 ¶ *Xiansheng. Jinian ji (pinglun yu jizai)* 先生──紀念集（評論與記載） [Der Erstgeborene. Gedenkband (Kritische Abhandlungen und Notizen)], Hg. Lu Xun jinian weiyuanhui [Gedächtniskomitee für Lu Xun], Shanghai: Shenghuo chubanshe 11.1937 ¶ Dai Wenbao 戴文包 »Guanyu Song Qingling zai Lu Xun zangyi shang de yanshuo« 關於宋慶齡在鲁迅葬議上的演説 [Zur Ansprache von Song Qingling am Begräbnis von Lu Xun], in: *Lu Xun yanjiu yuekan* 鲁迅研究月刊 Nr. 129 (1/1993), S. 35–9

1936 · 10 · 21   Dokument B003

Cai Yuanpei hält an der Beerdigung von Lu Xun eine Ansprache (Photographie)
Abbildung S. 503

Q — *A Pictorial Biography of Lu Xun*, Peking: People's Fine Art Publishing House o.J. [1981], S.128; auch in: Tang Zhenchang 唐振常 *Cai Yuanpei zhuan* 蔡元培傳 [Biographie von Cai Yuanpei], Shanghai: Renmin chubanshe 8.1985, Bildteil

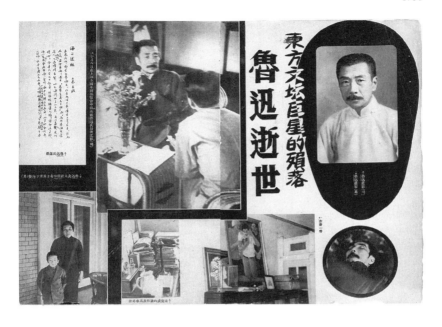

Doppelseite in der »Zeitschrift für den Osten«
mit Tableaubildern aus Anlaß des Todes von Lu Xun

Text S. 497

Doppelseite in der »Zeitschrift für den Osten«
mit Tableaubildern aus Anlaß des Todes von Lu Xun
Text S. 497

Cai Yuanpei hält an der Beerdigung von Lu Xun eine Ansprache (Photographie)
Text S. 498

Dokument C022

Mao Dun: Lu Xun erforschen und von ihm lernen

Der frühere Nachbar von Lu Xun, der aus der gleichen Provinz stammende Schriftsteller Mao Dun (1896–1981), war zu seiner Zeit einer der einflußreichsten und nach dem Tode von Lu Xun mächtigsten Literaturkritiker in Shanghai. Der Artikel erschien erstmals etwas mehr als einen Monat nach dem Tode seines Kollegen in Wenxue *(»Literatur«), einer der zahlreichen zu seinen Lebzeiten noch von Lu Xun redaktionell mitbetreuten Zeitschriften der Liga Linker Schriftsteller. Mao Dun kann als Erfinder der Formel gelten, die als Titel seines Artikels dient und direkt in die parteiamtliche und jahrzehntelang verbindliche Lu-Xun-Rezeption Eingang gefunden hat, von prominenten Politikern vielfach kalligraphiert und in zahlreichen Festtagsreden zitiert, so auch vom gegenwärtigen Parteichef Jiang Zemin (vgl. Dok. C012). Charakteristisch ist das unverhüllt formulierte politische Interesse am verstorbenen Autor, das sich zunächst dezidiert gegen jede Historisierung wendet und sich dann ausführlich einer unmittelbar dem Partisanenkrieg entlehnten militärischen Metaphorik bedient. Aufschlußreich ist, wie deutlich sich Mao Dun gegenüber den satirischen Techniken von Lu Xun zurückhält, mit dem Hinweis auf dessen unerreichbare Meisterschaft, während er zugleich meditative Versenkung in die Texte von Lu Xun empfiehlt. Das erinnert eher an hermeneutische Verfahren, wie sie der Ahnvater des Song-zeitlichen orthodoxen Neokonfuzianismus Zhu Xi (1130–1200) gegenüber kanonischen Texten forderte, als an die rationale Instrumentalisierung eines politisch engagierten Autors. Zu beachten ist ferner, daß die später für verbindlich erklärte und in einzelnen Auszügen vielfach weiter verarbeitete und variierte Lu-Xun-Interpretation von Mao Zedong, die erst ein Jahr später eine vorläufige Formulierung erfuhr (vgl. Dok. C023), viele ihrer Ideen von Mao Dun bezieht, ohne daß deren Urheber erwähnt würde.*

Als die Halbmonatsschrift »Xin renshi« eine Sondernummer »Lu-Xun-Forschung« plante (Wenn der vorliegende Text vor die Augen der Leser tritt, wird die Sondernummer bereits erschienen sein), gab sie dazu zwölf Themenbereiche vor: 1. System der ideologischen Entwicklung von Lu Xun, 2. Welt- und Lebensanschauung von Lu Xun, 3. Lu Xun und die chinesische Revolution, 4. Lu Xun und die Neue Literatur in China, 5. die kreative Methode von Lu Xun, 6. Untersuchungen zu den Miszellen von Lu Xun, 7. »Die wahre Geschichte von A Q« und Chinas Bauern, 8. Lu Xun und die Jugend, 9. Lu Xun und die Frauen, 10. Lu Xun und die Bewegung für ein neues Schriftsystem, 11. der Rang von Lu Xun in der Geschichte der chinesischen Literatur, 12. Lu Xun und die Übersetzung in China.

Die obigen zwölf Themen hat mir Herr *Zhengnong*, einer der Redaktoren von »Xin renshi«, brieflich mitgeteilt. Damals handelte es sich um einen »Vorschlag«. Daß er hinterher geändert würde, wußte ich noch nicht. Ich hatte gegenüber den zwölf Themen nicht die geringsten »Zweifel angemeldet«, obwohl ich davon überzeugt bin, daß es nicht nur zwölf mögliche Themenbereiche geben könne, um von einem solchen »Schema« ausgehend Lu Xun zu erforschen, sondern genauso gut deren 20. Doch das Problem liegt nicht in der Zahl der vorgegebenen Themen, sondern darin, unter welchem Gesichtspunkt wir schließlich unsere Forschung betreiben, damit wir Lu Xun hinreichend und umfassend erkennen, und ebenso, ob wir durch die gewonnene Erkenntnis hinlänglich in die Lage versetzt werden, unsere »geistige Nahrung« zu mehren und unsere Kampfeskraft zu stärken.

Die kulturellen Aktivitäten von Lu Xun hatten eine außerordentliche Spannweite. Sein Einfluß auf die intellektuellen Kreise Chinas ist überaus breit und tief. (Wer daher Forschungsthemen vorschlägt, kann ohne weiteres 20 davon aufzählen.) Und aus genau diesem Grunde ist »Lu Xun erforschen« gegenwärtig nicht nur eine dringliche, sondern auch eine schwierige Aufgabe. Sie erfordert langfristige Anstrengungen einer großen Zahl von Menschen mit umfassender Bildung. Herr Lu Xun hat sein Leben lang gekämpft. »Lu Xun erforschen« bedeutet also auch, von seiner Taktik zu lernen. Was Lu Xun betrifft, lassen sich Forschung und Lernen nicht voneinander trennen. Das ist der erste Punkt.

Wenn wir Lu Xun lediglich als einen »Großen« der nationalen Kulturgeschichte erforschten, würde er unter der Erde gewiß sagen, wir seien »zu oberflächlich«. Wir müssen deutlich erkennen, daß er ein »Symbol für den Befreiungskampf des Volkes« ist, ein »Beweis dafür, daß dem chinesischen Volk glänzende Zeiten bevorstehen«. Seine Arbeit ist eine unvergleichliche Waffe. Nun ist Lu Xun gestorben und hat uns diese Waffe (die nicht weggeschenkt werden darf, damit sie dann ins Museum wandert!) auf dem Schlachtfeld zurückgelassen. Wir müssen ihn zusammen mit unseren unzähligen Toten hochhalten und uns in unserer schwierigen Situation gemeinsam ihre Methoden aneignen und sie anwenden.

Jetzt, wo es um Überleben oder Untergang des Volkes geht und sich der Kampf verschärft, bedeutet »Lu-Xun-Forschung«, seine Arbeit fortzusetzen. Eine hochgelehrte Art der Forschung ist zur Zeit bestimmt nicht die vordringliche Aufgabe. Daher sage ich, daß wir entschieden beherzigen und jederzeit befolgen müssen, was ich vor mir sehe und hoch vor uns aufragt.

Erstens ist es sein kämpferischer Geist. Seit seinem Tod hat »seinen kämpferischen Geist übernehmen« als Aufruf bereits allgemeine Verbreitung gefunden. Doch eine leere Parole genügt nicht, sondern wir müssen über tatscähliche Kenntnisse verfügen, die sich auch anwednen lassen. Meiner Ansicht nach müssen wir das [wie eine Beute] »im Maul festhalten und nicht wieder loslassen«. Lu Xun war wie ein Adler, der hoch oben am Himmel kreist, und so hat er die Schwächen der alten Gesellschaft klar erkannt und sie mit kämpferischer Energie gepackt. Wenn er es beim zweiten, beim dritten Mal, ja bei zahlreichen weiteren Gelegenheiten nicht fertiggebracht hat, diese Schwächen vollständig bloßzustellen, hat er ohne zu ruhen ein zweites und drittes Mal und immer wieder die allgemeine Aufmerksamkeit darauf gelenkt. Wenn er den Feind gewahrte, schleuderte er ohne Unterlaß seine Speere gegen ihn. Wenn der Feind fiel, hat er sich unter allen Umständen vergewissert, ob er nicht noch lebt und sich nicht etwa bloß tot stellte, um ihm dann den endgültigen Todesstoß zu versetzen, falls er seinen Tod nur vortäuschte. Wenn der Feind die Flucht ergriff, heftete er sich an seine Fersen und ließ nicht ab, ehe er seiner habhaft werden konnte. Und wenn der Feind sich in einer Höhle verkroch, stöberte er ihn auf, um seine Waffen zu vernichten. Lu Xun war sich völlig im klaren darüber, wie gefährlich es ist, vom Feind abzulassen. Wenn die Kompromißler Mäßigung predigten und dafür eintraten, »die Verfolgung nicht auf die Spitze zu treiben«, erwiderte Lu Xun entschieden, »*einen Hund,* der ins Wasser gefallen ist, muß man schlagen«. Wenn die Heuchler und Neider meinten, er sei zu verletzend und haßerfüllt, erwiderte er: »In diesen Dingen fehlt es mir immer noch an Schärfe und Entschiedenheit.«

Von diesem Kampfgeist, wie Lu Xun »seine Beute gepackt und nicht wieder losgelassen« hat, müssen wir lernen. Dennoch dürfen wir nicht vergessen, daß Lu Xun sich stets für den sorgfältig geplanten Angriff und für den ausdauernden Krieg eingesetzt hat. Er hielt nichts von einer Kriegsführung, die sich auf blutrünstigen Wagemut stützt und »mit nacktem Oberkörper auf das Schlachtfeld tritt«, sondern sich dagegen ausgesprochen, leichtfertig in den Kampf zu ziehen. Vielmehr hat er dafür plädiert, das Gelände erst sorgfältig zu erkunden, einen Unterschlupf ausfindig zu machen, und sich erst dann voll ins Gefecht zu stürzen. Nur wer sich voll ins Gefecht stürzt und gleichzeitig »seine Beute packt und nicht wieder losläßt«, kann später im Falle eines Sieges die Kampfkraft des Gegners vollständig vernichten, beziehungsweise sein Territorium halten, falls er den Sieg nicht davonträgt. [...]

Allerdings bin ich nicht dafür, von seinem Spott und seinem Humor zu lernen. Niemand ist so genial wie Lu Xun, und niemand verfügt über eine so umfassende Bildung. Von seinem einzigartigen satirischen und humoristischen Stil lernen zu wollen, würde unweigerlich darauf hinauslaufen, »das Abbild für den Tiger selbst zu halten«. Wir können zwar davon lernen, aber was wir davon lernen sollten, ist wiederum ein weiterer Aspekt seiner Taktik. Nehmen wir als Beispiel seinen Artikel »Kein überstürztes "Fair play". Ein Disput«. Der Artikel, in dem Lu Xun von einem sehr wichtigen Problem revolutionärer Aktivitäten spricht, ist zwar ziemlich lang, doch im ganzen Text gibt es keinen einzigen Satz, der nicht eine nützliche Unterweisung enthielte: Der ganze Text ist so konkret, so zeitlos und zugleich so eindringlich, daß er allen unmittelbar einleuchtet (so sehr, daß er beim Lesen sogar die eigenen Überlegungen verschwinden läßt) und es unmöglich ist, nicht weiterzulesen, er sogar alle Leser nötigt, den Text ein zweites und ein drittes Mal zu lesen, bis schließlich Geist und Seele erweckt werden und klar und deutlich die Wahrheit des Satzes zu erkennen ist: »Wir sollten denen helfen, die uns nahestehen, und jene angreifen, die unsere Feinde sind, das ist alles!« [...]

Den wahren Kern einer bestimmten Frage oder ein bestimmtes »bösartiges Geschwür« der alten Gesellschaft deutlich zu machen ist jedoch bloß ein einziger Aspekt in den Miszellen von Lu Xun. Ein weiterer, noch wichtigerer Aspekt ist der, daß uns Lu Xun durch seine Miszellen die Tatsachen erkennen läßt und uns außerdem beibringt, wie wir die Tatsachen analysieren sollen. Seine Miszellen sind ein »Spiegel« und zugleich ein »Schlüssel«. Sie tragen dazu bei, daß wir unsere Fähigkeit ausbilden, selber das Tor zu den Tatsachen aufzustoßen. [...]

Als allerwichtigstes lehren die Miszellen, uns gegen den Formalismus zu wenden! Seine Miszellen sind die beste Medizin, um die Krankheit des Formalismus zu kurieren!

Und genau in dieser Hinsicht müssen wir eifrig lernen. Das Übel des Formalismus hat sich inzwischen überall ausgebreitet, unsere literarischen Werke infiziert und schlaff und kraftlos gemacht.

Weil die fortschrittliche Jugend »fortschrittlich« sein will, liest sie zwar aufmerksam, doch was sie aufnimmt, sind nur die Gemeinplätze, so daß sie schließlich nichts anderes mehr zu würdigen imstande sind. Dadurch verkümmert die Fähigkeit, selbständig zu überlegen und zu analysieren. Was die breite Masse der Leser betrifft, die nicht dem »Fortschritt« anhängen, gibt es unter ihnen ebenfalls aufmerksame Leser, doch der hartnäckige Formalismus wird nicht in der Lage sein, ihre dekadente und verdorbene

Ideologie zu heilen. Es steht also zu befürchten, daß der Formalismus verhindert, ihnen etwas beizubringen.

Unter dem Motto »Lu Xun erforschen und von ihm lernen« werden wir die Bewegung des Formalismus vollständig ausrotten!

21.11.

A — »*Xin renshi*« [Neue Erkenntnis] erschien von September 1936 bis Ende 1944 in Shanghai, ab März 1940 nur noch monatlich ¶ »*Die wahre Geschichte von A Q*« (1921), wohl die bekannteste literarische Figur von Lu Xun, dt. als »Die wahre Geschichte des Herrn Jedermann«, in: »LXW« Bd. 1, S. 105–64 ¶ *Zhengnong* d.i. Xia Zhengnong (1904–, aus Jianxin/Jiangsu) seit 1927 KP-Mitglied, wurde bekannt durch seine Erzählungen »Laoyu ji« [Aufzeichnungen in der Haft, 1930], gehörte zu den Gründungsmitgliedern der Liga Linker Schriftsteller und war Mitherausgeber der Zeitschriften »Taibai« [Klar und deutlich] und »Dushu shenghuo« [Leben des Lesens] und nach 1949 Propagandasekretär der Stadt Ji'nan (Provinz Shandong) und zuletzt Vorsitzender des Schriftstellerverbandes in Shanghai ¶ »*einen Hund...*« ist ein Zitat aus »Kein überstürztes "Fair play". Ein Disput«, in: »LXW« Bd. 5, S. 357–69 ¶ »*Wir sollten...*« zit. nach »LXW« Bd. 5, S. 365

Q — Mao Dun 茅盾 »Yanjiu he xuexi Lu Xun« 研究和學習魯迅 in: *Wenxue* 文學 Bd. 7, Nr. 6 (Shanghai, 1.12.1936); in: *1913–1983 Lu Xun yanjiu xueshu lunzhu ziliao huibian* 魯迅研究學術論著資料匯編 [Eine Sammlung wissenschaftlicher Abhandlungen und Materialien zur Lu-Xun-Forschung], 5 Bde. & Indices, Hg. Zhongguo shehuikexueyuan wenxue yanjiusuo Lu Xun yanjiushi, Beijing: Zhongguo wenlian chubanshe 10.1985–7.1990, Bd. 2, S. 334–36

1937 · 1   Dokument B065

Xu Guangping, Xiao Hong, Zhou Haiying und Xiao Jun am Grab von Lu Xun in Shanghai (Photographie)
Abbildung S. 511

Zum »Ort des Lebens und des Sterbens«, dem ersten längeren Erzählwerk der Schriftstellerin Xiao Hong (1911–42), schrieb Lu Xun im November 1935 ein Vorwort (vgl. Dok. A021) und sie auch sonst vielfältig unterstützt. Im Juli 1936, also im Sommer vor seinem Tode, verließ Xiao Hong Shanghai, weil sich ihr Lebensgefährte, der Schriftsteller Xiao Jun (1907–88), mit einer Frau auf eine Affäre eingelassen hatte, und fuhr nach Japan, wobei ihr Lu Xun die Reise teilweise finanzierte. Seit Januar 1936 hatte Xiao Hong tagsüber die meiste Zeit in der Wohnung von Xu Guangping und Lu Xun verbracht. Von seinem Tode im Oktober erfuhr sie in Tôkyô. Entgegen ihrer Neigung fuhr sie jedoch nicht nach Shanghai zurück, sondern blieb bis Januar 1937 in Tôkyô, weil sie sich vorgenommen hatte, mindestens ein halbes Jahr von Xiao Jun getrennt zu leben. Die Trennung hatte nicht viel geändert, so daß Xiao Hong bald darauf nach Peking fuhr, wo sie ihrerseits eine Affäre begann. Erst bei der gemeinsamen Arbeit ab Ende Mai 1937, um die Beiträge zu Lu Xun xiansheng jinian ji *(»Gedächtnisband für Herrn Lu Xun«, 1937) zusammenzustellen und zu redigieren, versöhnte sich das Paar wieder. — Die Aufnahme am Grab von Lu Xun entstand, den Kleidern nach zu schließen, vermutlich bei der Rückkehr von Xiao Hong aus Japan. Das Grab im Friedhof »Wanguo« (dem internationalen Friedhof der »zehntausend Nationen«) war zu diesem Zeitpunkt noch bescheiden, im Vergleich zur monumentalen Anlage mit der Skulptur eines sitzenden Lu Xun, die auf seinen 20. Todestag 1956 hin errichtet wurde und für die Mao Zedong eine eigenhändige Kalligraphie verfertigte (vgl. Dok. B042). Die Vorlage zur gleichlautenden Inschrift im Sockel des Grabsteins stammt vom damals siebenjährigen Sohn Zhou Haiying.*

Q — »Xiao Jun zai Shanghai Lu Xun xiansheng mudi« 蕭軍在上海魯迅先生墓地 in: Zhang Yumao 張毓茂: *Xiao Jun zhuan* 蕭軍傳 Chongqing: Chongqing chubanshe 7.1992, Bildteil

1937 · 7 · 2   Dokument C049

Zhu An: Brief an Xu Guangping

Nach dem Tode von Lu Xun bestand im Frauen-Dreieck aus Lu Xuns Mutter Lu Rui (1858–1943), seiner rechtmäßigen Ehefrau Zhu An (vgl. Dok. C008 und C041) und seiner Kindsmutter, Nachlaßverwalterin und Lebensgefährtin Xu Guangping (1898–1968, vgl. Dok. C035) eine durch traditionelle innerfamiliäre Konventionen sowie das gemeinsame Interesse am Gedeihen des Stammhalters Zhou Haiying abgefederte Beziehung labilen Gleichgewichts. Eine gewisse Rolle spielte auch die Tatsache, daß Tantiemen aus der schriftstellerischen Tätigkeit von Lu Xun so reichlich flossen, daß für alle ein bequemes Überleben gesichert war. Bemerkenswert daran ist vor allem seitens der immerhin sozialpolitisch stark engagierten Xu Guangping die geradezu devot zu nennende Übererfüllung konventioneller Erwartungen gegenüber ihrer Schwiegermutter. Insofern sind die Briefe Anschauungsmaterial für das vielbeschworene Dilemma chinesischer Intellektueller »zwischen Tradition und Moderne«, besonders auch, was die Stellung der Frauen anbelangt. — Was die von manchen Autoren aufgestellte Behauptung betrifft, Zhu An habe »keine Schriftzeichen gekannt«, so liefern auch ihre Briefe keine definitive Evidenz, differieren sie doch im Stil erheblich und können deshalb sehr wohl nach Diktat entstanden und den vom Schreiber bevorzugten oder beherrschten Briefformeln gemäß umgesetzt worden sein. Die meisten Briefe soll Song Zipei (1887–1952, aus Shaoxing), ein ehemaliger

*Xu Guangping, Xiao Hong, Zhou Haiying und Xiao Jun
am Grab von Lu Xun in Shanghai (Photographie)*
Text S. 509

Schüler von Lu Xun, der seit 1913 in Peking lebte, niedergeschrieben haben. In diesem Falle besteht jedoch kein Zweifel, erklärt er doch in einem Begleitschreiben selbst, den folgenden Brief sowie eine fast gleichlautende Vollmacht »im Auftrag und im Sinne von Zhu An« geschrieben zu haben. (Die Manuskripte konnten nicht konsultiert werden.)

Frau *Jingsong*:

Wie zu erfahren war, werden Nachlaß und Werke des verblichenen Gatten Lu Xun in ihrer Gesamtheit beim Verlag *Shangwu yinshuguan* erscheinen. Die *ältere Schwester* billigt das Vorhaben voll und ganz und bittet daher Frau __, in allen Angelegenheiten, die das Vorgehen oder Vereinbarungen betreffen, direkt mit dem Verlag in Verbindung zu treten und mit allen Vollmachten zu handeln. Sobald feststeht, wann Frau __ nach Beiping zurückkehrt, bittet __ ergeben, davon vorgängig Kenntnis zu erhalten, um *die alte Frau* der sehnsuchtsvollen Sorge zu entheben. Alles Übrige werden wir am günstigsten besprechen, wenn wir uns sehen. Mit den besten Wünschen, auch für die Gesundheit von *Ying'er*.

Ältere Schwester mit Familiennamen Zhu zeichnet ergebenst.

2. Juli [1937]

A — *Jingsong* ursprünglicher Vorname von Xu Guangping ¶ *Shangwu yinshuguan* »Commercial Press«, dem Namen nach bis heute in Peking bestehender Verlag, bald nach seiner Gründung 1897 bedeutendes chinesisches Verlagshaus, besonders unter Leitung des Autodidakten Wang Yunwu (1888–1979, aus Xiangshan/Guangdong) ¶ *ältere Schwester* graphische Briefkonvention der Ergebenheit durch Kleinschreibung ¶ _ _ ebenso durch Leerstelle ¶ *die alte Frau* gemeint ist Lu Rui, Mutter von Lu Xun ¶ *Ying'er* Kindername von Zhou Haiying (1929–), des Sohnes von Xu Guangping und Lu Xun [ZHOU Shuren]

Q — »Xu Guangping wanglai shuxin xuan« 許廣平往來書信選 [Ausgewählte Briefe von und an Xu Guangping], *Lu Xun yanjiu ziliao* 魯迅研究資料 Bd. 16, Tianjin: Renmin chubanshe 1.1987, S. 22

L — Drège, Jean-Pierre: *La Commercial Press de Shanghai 1897–1949*, Paris: Collège de France 1978 (= Mémoires de l'Institut des Hautes Etudes Chinoises 7) ¶ Ip Manying [Ye Song Manying 葉宋曼英]: *The Life and Times of Zhang Yuanji. From Qing Reformer to Twentieth-Century Publisher*, Beijing: The Commercial Press 4.1985 ¶ Bian Dongliu 卞東流 »Xu Guangping yu Zhu An« 許廣平與朱安 [Xu Guangping und Zhu An], in: *Wenyibao* 文藝報 Beijing, 6.3.1993, S. 8

1937

Dokument B049

Friedrich Schiff: Wahrsager und Briefschreiber (Tuschzeichnung, um 1935)
Abbildung S. 515

Vgl. Dok. B050 (3. Oktober 1927).

Q — Kaminski, Gerd: *China gemalt*, Wien: Europa Verlag 1983, S. 18

1937 · 10 · 19   Dokument C023

*Mao Zedong: Über Lu Xun — Worte bei der Gedenkveranstaltung
[zum ersten Todestag] in der Öffentlichen Schule von Nord-Shaanxi*

*Für die wechselvolle Geschichte der Rezeption (und insbesondere der Heroisierung
und Propagierung) von Lu Xun seit dessen Tod, und zwar bis in die jüngsten
Erzeugnisse der westlichen Sinologie, bietet der folgende Text den Schlüssel. Er
enthält Grußworte des »Großen Vorsitzenden« Mao Zedong (1893–1976), der soeben
seine innerparteiliche Position endgültig konsolidiert hatte und hier die zentralen
Kategorien seines Lu-Xun-Bildes entwickelt. Erst später sollten sie in »Über die
neue Demokratie« (Xin minzhu zhuyi, 1940) jene endgültige Formulierung erhalten,
die zur orthodoxen Einschätzung des Autors avancierte (vgl. Dok. C012), über die
Jahre der Kulturrevolution hinweg in Fettdruck auf den Vorsatzblättern jeder Lu-
Xun-Ausgabe stand und bis heute als formelhafter Stil in Teilen der Literatur zu Lu
Xun weitergeistert.*

Genossen:
    Heute haben wir eine wichtige Pflicht zu erfüllen, die eine Pflicht von
Pionieren ist. Jetzt, wo der Selbstverteidigungskrieg unseres großen Volkes
[gegen Japan] sich rasch weiterentwickelt, brauchen wir in großer Zahl
Aktivisten, die uns anführen, brauchen wir im großen Maßstab kurz und
prägnant [formulierende] Pioniere, die uns den Weg bereiten. Herz und
Sinn dieser Pioniere sind ehrlich, aufrichtig, tugendhaft. Sie sinnen nicht auf
ihren persönlichen Vorteil, sondern kümmern sich ausschließlich um die
Befreiung des Volks und der Gesellschaft. Sie fürchten keine Mühsal, und
auch angesichts von Mühsal bleiben sie standhaft und gehen mutig voran.
Sie sind nicht hochmütig und habe keine Geltungssucht. [...]

Friedrich Schiff: Wahrsager und Briefschreiber (Tuschzeichnung, um 1935)
Text S. 514

Das erste besondere Merkmal von Lu Xun ist sein politischer Weitblick. Er hat mit einem Vergrößerungs- und einem Fernglas die Gesellschaft ins Visier genommen und deshalb sowohl weit als auch richtig gesehen. Er hat im Jahre 1936 mutig die gefährliche Tendenz der trotskistischen Banditen angeprangert, was sich jetzt durch die Tatsachen völlig [als richtig] erwiesen hat. So sicher und so klar war sein Urteil. Daß die Trotskisten sich in eine landesverräterische Organisation verwandelt haben, die direkt Zuwendungen von japanischen Sonderorganen erhält, ist inzwischen eine erwiesene Tatsache.

Meiner Ansicht nach muß der Wert von Lu Xun für China als der eines Heiligen ersten Ranges veranschlagt werden. Konfuzius war ein Heiliger der feudalen Gesellschaft, Lu Xun ist ein Heiliger des neuen China. Zu seinem ewigen Gedächtnis haben wir in Yan'an eine »Lu-Xun-Bibliothek« gegründet und eine »Lu-Xun-Lehrerbildungsanstalt« errichtet, damit die Nachfolgenden einen Begriff von seiner Größe bekommen.

Das zweite besondere Merkmal von Lu Xun ist sein kämpferischer Geist. Ich habe soeben erwähnt, daß er mitten in heimlichen und gewalttätigen Überfällen alleine und fest wie ein großer *Baum* stand und sich nicht wie ein Gräslein mal dahin mal dorthin neigte. Sobald er die politische Richtung klar erkannt hatte, stürmte er mutig mit diesem einen Ziel vor Augen voran und gab nicht auf halber Strecke auf und ließ sich auf keinerlei Kompromisse ein. Es gibt Revolutionäre, die nicht bis zum Ende gehen; am Anfang sind sie kämpferisch, aber dann »desertieren« sie. […] Auch in China gibt es eine ganze Reihe solcher Leute. Es ist genau, wie Lu Xun sagt: Zuerst sind alle »links« und revolutionär, aber sobald es Unterdrückung gibt, werden einige abtrünnig und liefern sogar ihre Genossen aus, dem Feind zum Einstandsgeschenk (Ich erinnere mich, daß er sich sinngemäß ungefähr so geäußert hat). Lu Xun hat solche Leute verabscheut und sie bekämpft. Stets hat er die jungen Literaten, die unter seiner Führung standen, erzogen und angeleitet, damit sie entschlossen kämpfen und sich als Pioniere einen eigenen »Weg« bahnen.

Das dritte besondere Merkmal von Lu Xun ist sein Geist der Aufopferung. Er hat gegenüber den drohenden Versuchungen und Schädigungen durch den Feind nicht die geringste Furcht gezeigt, und den Feind nicht im geringsten mit der eigenen Waffe verschont, sondern seinen scharfen Pinsel wie einen stählernen Dolch gegen alles gerichtet, was er haßte, und hat mitten in den Blutspuren der Kämpfer ausharrend Widerstand geleistet. Lu Xun war ein absoluter Realist und hat auch nicht den kleinsten Kompromiß geschlossen, sondern war fest entschlossenen Sinnes. *In einem Artikel* vertritt er die Meinung, ein Hund, der ins Wasser gefallen ist, müsse geschlagen werden, denn sonst klettere er wieder heraus und beiße nicht nur, sondern spritze einen auch von Kopf bis Fuß voll. Deshalb hat Lu Xun dafür plädiert, ins Wasser gefallene Hunde zu schlagen. Er hat in seiner Haltung keine Spur des falschen Mitleids gezeigt, wie es die heuchlerischen ehrenwerten Herren zur Schau stellen. Wir müssen von dieser Einstellung von Lu Xun lernen und sie in ganz China verbreiten. [...]

A — *Baum* (»shu«) spielt auf den ursprünglichen Vornamen »Shuren« (etwa »ein Mensch, der fest wie ein Baum steht«) von Lu Xun an ¶ *In einem Artikel...* meint »Kein überstürztes "Fair play". Ein Disput« (in: »LXW« Bd. 5, S. 357–69) u.a.

Q — Mao Zedong 毛澤東 »Lu Xun lun — zai "Shaan gong" jinian dahui shang de yanci« 魯迅論——在 "陝公" 紀念大會上的言辭 in: *Kangzhan jianguo shiliao. Wenxian* 抗戰建國史料——文獻 Bd. 2, Shanghai: Fengyu shuwu 10.11.1938; u.d.T. »Zai Shaanbei gongxue Lu Xun shishi zhou nian jinian dahui shang de jianghua« 在陝北公學魯迅逝世週年紀念大會上的講話 [Rede bei der Gedenkverstaltung zum 1. Todestag von Lu Xun in der Öffentlichen Schule von Nord-Shaanxi], in: *Mao Zedong sixiang wansui* 毛澤東思想萬歲 o.O. 4.1967; in: *Mao Zedong ji* 毛澤東集 Hg. Takeuchi Minoru 竹內實 Tôkyô 1970–72, Bd. 5, S. 279–82

L— *Jinian Mao Zedong* 紀念毛澤東 [Zur Erinnerung an Mao Zedong; Bildband mit Photographien], Beijing: Wenwu chubanshe 12.1986, Nr. 231 ¶ Wang Peng 王鵬 »Yan'an jingshen yu Lu Xun jingshen« 延安精神與魯迅精神 [Der Geist von Yan'an und der Geist von Lu Xun], in: *Yan'an wenyi yanjiu* 延安文藝研究 3/1991, S. 86–90 ¶ Gong Mu 公木 »Lu Xun zong siling hui xia de liebing« 魯迅總司令麾下的列兵 [Als gewöhnlicher Soldat unter dem Banner des Oberkommandierenden Lu Xun], in: *Xin wenxue shiliao* 新文學史料 Nr. 54 (1/1992), S. 97–8 ¶ Tang Shengli 湯勝利 »Lu Xun he Mao Zedong de jiaowang he youyi« 魯迅和毛澤東的交往和友誼 [Austausch und Freundschaft zwischen Lu Xun und Mao Zedong«, in: *Mao Zedong sixiang yanjiu* 毛澤東思想研究 4/1991 ¶ Sun Qin'an 孫琴安 *Mao Zedong yu wenren* 毛澤東與文人 [Mao Zedong und sein Verhältnis zu den Literaten], Xianggang: Mingbao she 1992 (= Jiaodian congshu) ¶ Song Guilun 宋貴倫 »Lu Xun yanjiu zhong de yi duan lishi gong'an — qian ping "Lu Xun he Mao Zedong de jiaowang he youyi"« 魯迅研究中的一段歷史公案——淺評《魯迅和毛澤東的交往和友誼》 [Ein verwickelter historischer Fall in der Lu-Xun-Forschung — Kurze Kritik an »Austausch und Freundschaft...«], in: *Mao Zedong sixiang yanjiu* 2/1992, S. 105–8 ¶ Wu Zaiping 吳載平 *Juren de qinghuai — Mao Zedong yu Zhongguo zuojia* 巨人的情懷——毛澤東與中國作家 [Sympathien eines Großen — Mao Zedong und seine Beziehung zu chinesischen Autoren], Beijing: Zhongyang dangxiao chubanshe 1995

Mao Zedong kalligraphiert in Yan'an (Photographie, 1942)
Text S. 521

Dokument B041

Mao Zedong kalligraphiert in Yan'an (Photographie, 1942)
Abbildung S. 519

Zu den traditionellen Mitteln der Herrschaftslegitimation gehörte für Mao Zedong neben der ideologischen Profilierung mit den beiden im gleichen Jahr 1937 entstandenen philosophischen Traktakten »Über die Praxis« und »Über den Widerspruch« auch der Nachweis, in der Kulturtechnik der Kalligraphie bewandert zu sein. Nachdem er zwei Jahre zuvor seine innerparteiliche Position endgültig konsolidiert hatte, erschienen seine Schriften und Pamphlete daher vermehrt mit eigenhändig kalligraphierten Umschlagtiteln — ein für die Mangelwirtschaft im Partisanengebiet um Yan'an immerhin relativ aufwendiges Druckverfahren. Die Aufnahme entstand 1942, vermutlich kurz nach den »Aussprachen über Literatur und Kunst«, wo Mao für die Rückkehr zu traditionellen Formen und für politische und ideologische Instrumentalisierung plädiert und damit die Errungenschaften der chinesischen Moderne praktisch zur Disposition gestellt hatte — aus einer inzwischen so gefestigten Position, daß in der Literaturgeschichtsschreibung das Jahr häufig als erste große Wasserscheide nach der Veröffentlichung des »Tagebuchs eines Verrückten« behandelt wird. Wie sehr Lu Xun und sein Werk propagandistisch in diese konservative Wende verwickelt wurden, wird dadurch augenfällig, daß drei Bände der 1938 erschienenen Werkausgabe am linken Rand diskret ins Bild gerückt sind, in offensichtlich prominenter und permanenter Schreibtischposition. Der Band, aus dem Mao anscheinend kopiert, ist durch die umgeschlagenen Seiten ohne weiteres als Werk mit traditioneller Fadenheftung erkennbar. Unterstrichen wird die legitimatorische Inszenierung durch die aufgehängte China-Karte. In den verfügbaren Reproduktionen der Photographie ist leider das Datum auf dem Abreißkalender links neben der Wandkarte nicht zu erkennen, doch könnte es sich sehr wohl um den 19. Oktober handeln, den Todestag von Lu Xun. — Bemerkenswert ist, daß die Lu-Xun-Bände in einer jüngeren Reproduktion im Bildband Jinian Mao Zedong (»Zum Gedächtnis von Mao Zedong«) teils weggeschnitten sind und teils die verbliebene restliche Rückenprägung wegretuschiert ist, so daß die Bände nur noch als neutrale Bücher erkennbar sind.

1937

Q — Mao Zedong in Yan'an (Photographie, 1942), in: *A Pictorial Biography of Lu Xun*, Peking: People's Fine Art Publishing House o.J. [1981], S. 131

L — Mao Zedong 毛澤東 *Lun xin jieduan* 論新階段 [Über das neue Stadium [im Widerstandskrieg gegen Japan], 11.1938; Umschlag mit eigenhändiger Kalligraphie], o.O.: Yibao tushubu ²1.1939; Nachdr. Xianggang o. J. [um 1970]

1937 · 10 · 19   Dokument B042

Mao Zedong: Grab des Herrn Lu Xun (Kalligraphie, um 1955)
Abbildung S. 523

Die folgende Kalligraphie von Mao Zedong wurde bei der 1956 zum 20. Todestag von Lu Xun eröffneten monumentalen Grabanlage verwendet, die nördlich seines letzten Wohnsitzes in Shanghai im Hongkou-Park errichtet wurde, der jetzt Lu-Xun-Park heißt. Es ist auf Gevierte von knapp einem Meter Kantenlänge je Zeichen vergrößert in eine Ehrenmauer eingemeißelt, die den beherrschenden Hintergrund der Anlage bildet. Im rechten Winkel dazu verlaufen zwei überdachte Säulengänge. Im Vordergrund steht das Monument für Lu Xun, auf dessen Sockel seine Lebensdaten in arabischen Zahlen stehen. Die Haltung von Lu Xun in der Skulptur ist jener des amerikanischen Präsidenten Abraham Lincoln im »Lincoln Memorial« in Washington/D.C. nachempfunden und orientiert sich hinsichtlich der Porträtierung an photographischen Aufnahmen, die anläßlich des 50. Geburtstages von Lu Xun bei einer von der Liga Linker Schriftsteller ausgerichteten Feier entstanden sind.

Q — »Lu Xun xiansheng zhi mu« 魯迅先生之墓 Kalligraphie auf Briefpapier der Revolutionären Militärkommission der Zentralen Volksregierung, um 1955, Lu-Xun-Gedenkstätte Shaoxing; Aufnahme R.D.F., Archiv Nr. 3482/33, 28.12.1993

L — Yao Qingxiong 姚慶雄 »Lu Xun xiansheng zhi mu« 魯迅先生之墓 [Das Grab des Herrn Lu Xun], in: *Wenwu tiandi* 文物天地 4/1981 (Beijing, 31.7.1981) ¶ Ledderose, Lothar: »Die Botschaft aus dem Glassarg«, in: *Geo Special* Nr. 5/14.10.1987, S. 140–43

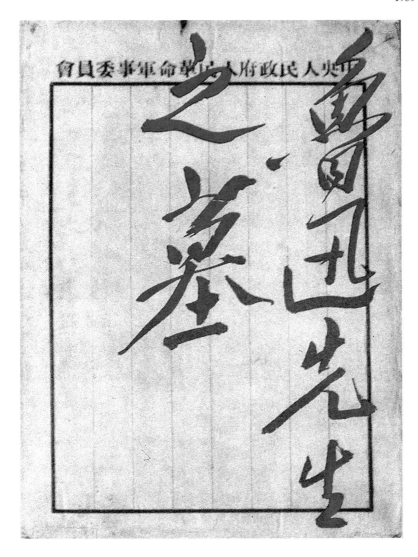

Mao Zedong: Grab des Herrn Lu Xun (Kalligraphie, um 1955)
Text S. 522

　　　　　Dokument C019

Lu Rui: Brief an [Zhou] Haiying

Vgl. Dok. C049 (2.7.1937).

Haiying:
　　Den Brief, den Du mir geschrieben hast, habe ich erhalten. Zu erfahren, daß Du dich gesundheitlich allmählich wieder kräftigst und erholst, hat mich sehr gefreut. Du brauchst Dir keine Sorgen zu machen, wenn Du [dadurch] ein wenig später zur Schule kommst. Mir hier geht es sehr gut, Du brauchst Dir keine Sorgen zu machen. Erlaube, daß ich später ausführlich erzähle.

Großmama
[Beiping,] 18. Januar [1939]

1939 · 2 · 2　　　　　　　　　　Dokument C020

Lu Rui: Brief an Xu Guangping

Jingsong:
　　Gestern habe ich einen Brief abgeschickt, der schon angekommen sein müßte. Die *große Frau* ist gestern zu *Herrn Li* gegangen, um sich fünfzig Silberdollar auszuleihen. Ich denke, er wird es auch selber brieflich mitteilen.
　　Im letzten Brief steht, *Herr Shao* leide an einer Magenerkrankung. Ist er inzwischen genesen? Ich denke ständig an Euch und erlaube mir, später weiter zu berichten.

Mutter
[Beiping,] 2. Februar [1939]

1939 · 2 · 10　　　　　　　　　Dokument C036

Xu Guangping: Brief an Lu Rui

Der ehrwürdigen Mutter erstatte ich nun auf Knieen höflich Bericht: Die am 18. Januar gewährte Instruktion wird hiermit ergebenst bestätigt.
　　Daß es der Ehrwürdigen körperlich wohl ergeht, erfüllt mich mit tiefer Freude. Allerdings bleibt das Wetter weiterhin kühl, und ich flehe höflich darum, sich gesundheitlich zu schonen. __ Ob dem *Zweiten Herrn* etwas

[525]

zugestoßen sei, ist im Süden unbekannt, sodaß ich mir schwere Sorgen mache. Zugleich hoffe ich, er könne in den Süden kommen, doch befürchte ich, es werde nicht einfach sein, ein Schlupfloch zu finden. Was das Haushaltsgeld für Beiping betrifft, so habe ich *Herrn Li* bereits beauftragt, sich ein Vorgehen auszudenken, und werde ihn auch künftig weiterhin um diesen Gefallen bitten. Er hatte ein enges freundschaftliches Verhältnis zum großen Herrn _, [...] daher besteht für die ehrwürdige _ kein Grund zu danken. Wenn ein Gast da ist, kommt er oft vorbei, um sie zu betreuen, was die Schwiegertochter ein bißchen beruhigt.

Hai'er geht seit dem 6. dieses Monats zur Schule und ist in die zweite Grundschulklasse eingetreten. Der Hals ist wieder frei und sein Husten hat sich weitgehend beruhigt, und er fühlt sich körperlich wieder ein bißchen besser. Dies hochachtungsvoll. Es wünscht ergebenst

Glück und Frieden

Schwiegertochter Guangping
[Shanghai,] 10. Februar [1939]

A — *große Frau* gemeint ist die Briefschreiberin, Lu Rui ¶ *Herr Li* gemeint ist Li Jiye (1904–97, aus Huoqiu/Anhui), 1924 zusammen mit Gründungsmitglied der »Weimingshe« [Namenlose Gesellschaft], der sich während der japanischen Besatzung um Angelegenheiten des Pekinger Haushalts kümmerte ¶ *Herr Shao* gemeint ist möglicherweise der frühere Studienkollege von Lu Xun in Japan, Shao Mingzhi (1877–1942, aus Shaoxing) ¶ *Zweiter Herr* gemeint ist Zhou Zuoren (1885–1967), der Bruder von Lu Xun ¶ *[...]* Auslassungen von den Herausgebern des Originals ¶ *Hai'er* gemeint ist Sohn Zhou Haiying (1929–)

Q — »Xu Guangping wanglai shuxin xuan« 許廣平往來書信選 [Ausgewählte Briefe von und an Xu Guangping], in: *Lu Xun yanjiu ziliao* 魯迅研究資料 Bd. 16, Tianjin: Renmin chubanshe 1.1987, S. 50–51

1939 · 5 · 4   Dokument C021

Lu Rui: Brief an Xu Guangping

Vgl. Dok. C049 (2. Juli 1937).

Jingsong: Ich will Dir gleich schreiben. Deinen Brief vom 24. letzten Monats habe ich erhalten, ebenso die Anweisung über 20 Yuan durch die *Handelsbank*. Daß Du mir etwas von Deinem Verdienst überläßt, freut mich sehr und ich danke Dir herzlich dafür. Wieder ist mir eingefallen, daß Du beim Ableben von *Yucai* Not und Entbehrung durchgemacht hast. Mich überfällt dann unweigerlich Mitleid mit Dir und ich fühle mich traurig. Ich gehe jetzt nicht mehr hinaus, so daß auch die Ausgaben ein wenig abnehmen, das heißt um die 100 [Yuan] liegen. Reis habe ich schon für 31 Yuan gekauft, so daß meine Ausgaben kaum mehr darüber hinaus steigen werden. Zur Zeit herrschen doch so schreckliche Not und Elend. Haiying braucht es unbedingt, daß Du gut auf seine Gesundheit achtest, und auch Du solltest gesundheitlich besser auf Dich achtgeben. Darin darfst Du auf keinen Fall nachlässig sein. Vor einigen Tagen ist die monatliche Geldsendung von *Li Jiye* gekommen, denn beim letzten Herbstregen ist die vordere Hofmauer [auf einer Länge von] drei *Zhang* durchfeuchtet worden. Jetzt erwarten wir den üblichen Sommerregen, die Dachscheitel aller Gebäude sollten vermörtelt werden und ich habe darüber schon mit Li Jiye verhandelt. Er war so liebenswürdig, dafür zusätzlich 20 Yuan zu übernehmen, so daß ich von ihm insgesamt 60 Yuan erhalten habe. Ich habe einen Kostenvoranschlag über 20 Yuan für Arbeit und Material bekommen, um die Mauer [neu] aufzubauen und die Dachscheitel zu verputzen, was immer noch ziemlich preiswert ist. Gesundheitlich geht es mir wie immer gut, Du brauchst Dir also keine Sorgen zu machen. Wenn nur Deine Mutter bald wieder gesund wird, so würde ich mich sehr freuen. Weiteres dann beim nächsten Mal.

Zeichen für Mutter
[Beiping,] 4. Mai [1939]

A — *Handelsbank* [von Zhejiang] »Zhejiang xingye yinhang«, von Jiang Yizhi (1875–1940, aus Hangzhou), einem Studienkollegen von Lu Xun in Japan, geleitete Bank, die bis über seinen Tod hinaus die Geldgeschäfte von Lu Xun führte und 1909 den Druck der Übersetzungen »Yuwai xiaoshuo ji« finanziert hatte ¶ *Yucai* Großjährigkeitsname von Lu Xun ¶ *Li Jiye* (1904–97, aus Huoqiu/Anhui) mit Lu Xun befreundeter Schriftsteller ¶ *Zhang* 1 Zhang entspricht 3 1/3 Metern

Q — »Xu Guangping wanglai shuxin xuan« 許廣平往來書信選 [Ausgewählte Briefe von und an Xu Guangping], *Lu Xun yanjiu ziliao* 魯迅研究資料 Bd. 16, Tianjin: Renmin chubanshe 1.1987, S. 54

L — Zeng Zhizhong 曾智中 *Sanrenhang. Lu Xun yu Xu Guangping, Zhu An* 三人行：魯迅與許廣平、朱安 [Unternehmen zu dritt: Lu Xun mit Xu Guangping und Zhu An; biographischer Roman], Beijing: Zhongguo qingnian chubanshe 9.1990, [2]12.1992 ¶ Takeuchi Yoshio 竹内良雄 »Lu Xun yu muqin« 魯迅與母親 [Lu Xun und seine Mutter], Übers. Wang Huimin 王惠敏 in: *Lu Xun yanjiu yuekan* 魯迅研究月刊 Nr. 143 (3/1994), S. 52–56

Edgar Snow: Lu-Xun-Kunstakademie in Yan'an (Photographie, April 1937)
Abbildung S. 529

Nach Abschluß des Langen Marsches der Roten Armee im Oktober 1936 wurde die Kleinstadt Yan'an im Norden der Provinz Shaanxi, die heute 110'000 Einwohner zählt, bis 1947 Sitz des Zentralkomitees der KP und Hauptstadt des als Operationsbasis dienenden Stützpunktgebietes »Grenzregion Shaanxi-Gansu-Ningxia«. Genauso wie der Lange Marsch selbst wurde der Ort Yan'an zur Chiffre für die Gründungsmythen der Volksrepublik China. Im Gebiet wurden von der KP erstmals sämtliche Institutionen eines Staates und einer leninistisch organisierten Partei längerfristig ortsgebunden aufgebaut. Zu diesen gehörte auch eine zentrale Kunstakademie, die sich in der im 19. Jahrhundert von katholischen Missionaren erbauten Kirche niederließ und den Namen von Lu Xun erhielt. Die Kirche diente auch als Versammlungsort für Großveranstaltungen, so zur Zeit der Aufnahme der 1. Delegiertenkonferenz des Jugendbundes zur Rettung Chinas, einer KP-Jugendorganisation. (Auf dem Bild ist als vierter von rechts Hu Yaobang (1915–89) zu sehen, damals Leiter der Organisationsabteilung der Kommunistischen Jugendliga und ab 1982 Generalsekretär der KP. Sein Tod im April 1989 wurde zur Initialzündung für die Studentenbewegung jenes Jahres.) Die Kirche als Sitz der Lu-Xun-Kunstakademie ist, samt prominenten Dozenten und ihren Themen, in zahllosen propagandistischen Holzschnitten und anderen bildlichen Darstellungen verewigt. Für zahlreiche idealistische Intellektuelle, die aus Shanghai und anderen städtischen Zentren ins ländliche Yan'an gepilgert waren, wurde die Lu-Xun-Akademie auch der erste Ort ideologischer Schulung durch die KP. Die Grundlinien späterer Konflikte wurden hier gezogen.

Q — Aufnahme Edgar Snow, in: Edgar Snow's China, Hg. Lois Wheeler Snow, New York: Vintage Books [1981] 1983, S. 185

Hu Zheng: Erinnerungen an das Leben in der »Lu-Xun-Kunstakademie« in Yan'an

Der Schriftsteller Hu Zheng (1917–, aus Dawu/Hubei) begann 1935 zu publizieren und war ab 1936 Herausgeber der Lyrikzeitschrift Chunchao (»Frühlingsflut«), bevor er 1938 ins damalige Hauptquartier der kommunistischen »Achte-Route-Armee« in Yan'an kam. Dort veröffentlichte er hauptsächlich Gedichte in den Zeit-

Edgar Snow: Lu-Xun-Kunstakademie in Yan'an (Photographie, April 1937)
Text S. 528

schriften Zhongguo qingnian (»*Chinesische Jugend*«) *und* Xin shige (»*Neues Gedicht*«). *Er studierte an der Kunstakademie, die nach Lu Xun benannt war, als ideologischer Transmissionsriemen unter Intellektuellen eine wichtige Rolle spielte und an der Mao seine bis heute verbindlichen kulturpolitischen Grundsätze erstmals formulierte (vor allem in den berühmten* »*Reden an der Aussprache über Literatur und Kunst*«, *1942). Erinnerungen an diese Zeit sind hier von Hu Zheng festgehalten.*

Das Meer ist groß — Notizen vom Unterricht
durch den Genossen *Mao Dun* an der »Lu-Xun-Kunstakademie« in Yan'an

Im Sommer 1940 kam Genosse Mao Dun aus dem »*großen Hinterland*« nach Yan'an und hielt an der Literaturabteilung der »Lu-Xun-Kunstakademie« Vorlesungen mit dem Thema »Grundriß der bürgerlichen Literatur in China«. Ich gehörte zu den aufmerksamen Studenten, die keine Lektion versäumten. Damals hatte ich einen Verwaltungsposten und konnte mich nicht wie meine Kommilitonen in der Abteilung mit ganzer Energie dem Lernen widmen. Keine Stunde zu verpassen war schwierig zu bewerkstelligen. Ich löste es so, daß ich früh aufstand und spät schlafen ging, und Überstunden machte, um meine Arbeitspflichten erfüllen zu können, und dann hinauszueilen, um rechtzeitig im Unterricht zu sein. Obwohl im Vergleich zu meinen Kommilitonen in der Abteilung meine Zeit äußerst dicht ausgefüllt war, hatte ich doch einige Male Gelegenheit, mit Genosse Mao Dun persönlichen Kontakt zu haben. Damals war ich Leiter der Verlagsabteilung im Büro für Unterrichtsangelegenheiten an der »Lu-Xun-Kunstakademie« und mußte jede Woche zur Wohnung von Genosse Mao Dun gehen, um die Manuskripte für das Lehrmaterial abzuholen und noch in der gleichen Nacht zu drucken und am nächsten Tag an die Studenten zu verteilen. Die Manuskripte waren mit Pinsel geschrieben. Während jener Jahre hatte uns die ultrakonservative Fraktion der Guomindang hermetisch abgeriegelt, und wir mußten uns bei Gütern des Alltagsgebrauchs auf unserer eigenen Hände Arbeit verlassen. Die Leute in Yan'an stellten selber Papier aus *Malan* her, das ziemlich grob und uneben war und die Besonderheit hatte, Tinte aufzusaugen. Genosse Mao Dun schrieb schön und elegant kursiv, etwa im Stil von *Zhao*, und wenn das Blatt gefüllt war, konnte es als kalligraphisches Kunstwerk gelten. Genosse *Zhu Tang*, der mit mir in der gleichen *Höhle* wohnte, konnte davon nicht lassen und stieg eines Tages tatsächlich den Berg hinauf, eigens um den Genossen Mao Dun zu bitten, für ihn eine Kalligraphie zu schreiben. Es waren Worte aus der »*Kleinen Anthologie im Hochsommer*« von Lu Xun. Er befestigte sie über seinem *Kang* und bewunderte sie Tag für Tag.

Genosse Mao Dun bewohnte zwei Höhlen am *Qiaoergou dongshan banpo* und hatte hinten und vorne Räume. Es handelte sich um eine neue Wohnstätte, die eigens für ihn mit großer Sorgfalt errichtet worden war. Die Höhlenwände waren schneeweiß ausgemalt und eine *Kang*-Matte diente als Teppich, so daß alles hell und sauber wirkte. Als ich zum ersten Mal zu dieser Höhle ging, geschah es in einer Stimmung höchster Hochachtung, wie wenn ich einem Vorfahren meine Aufwartung machen würde — handelte es sich doch um einen der größten Schriftsteller unseres Landes, so daß ich nervös und angespannt war. Doch sobald wir uns sahen, war es ganz wider Erwarten so vertraut, wie wenn sich alte Verwandte treffen, und er verhielt sich so freundlich und warmherzig, so bescheiden und herzlich wie ein alter Großvater zu seinen =grandchildren=. Und als ich ihn das erste Mal traf, hinterließ es bei mir auch den Wunsch, ihm mein Herz anzuvertrauen. Schließlich stellte ich ihm ganz ungezwungen einige naive und banale Fragen, doch er beantwortete sie der Reihe nach aufmerksam und verständnisvoll. Ich fragte ihn:»Wird die von Ihnen redigierte [Zeitschrift] *"Wenyi zhendi"* weiterhin erscheinen? Wer wird Sie an Ihrer Stelle betreuen?« Er antwortete: »Ich habe *Lou Shiyi* damit betraut.« Darauf erwiderte ich:»Wenn Sie die Zeitschrift mitgenommen hätten und hier in Yan'an herausgäben, wäre das viel besser!« Lächelnd meinte er:»Das war schlecht zu bewerkstelligen. Ich habe beim Zentralkomitee der Partei schon vorgebracht, daß es in Yan'an ebenfalls eine literarische Zeitschrift braucht.« Als wir auf Kleinigkeiten des Alltags zu sprechen kamen, fragte ich, indem ich mich völlig über die Meinung der Hauptfigur irrte:»Was Wohnung und Essen angeht, sind hier die Bedingungen sehr mangelhaft. Haben Sie sich daran gewöhnt?« Etwas ungehaltene Beiklang sagte er:»Ach wo! Ihr Genossen eßt Tag für Tag Hirse und habt ausgezeichnet für mich gesorgt. Daß Ihr mir zusätzlich Weizenmehl verschafft, macht mir eigentlich ein schlechtes Gewissen!« *Seine Frau*, die daneben stand, warf höflich und liebenswürdig ein:»Es ist wirklich ungerecht!«

Genosse Mao Dun sprach über die Epen von Homer. Er bewunderte die präzise und originale Darstellung der Charaktere in der »Ilias« und der »Odyssee« und fand, sie seien mitten aus dem Leben gegriffen. Wenn er von Čechov sprach, erläuterte er seine Vorliebe für dessen schlichten Stil und umfassenden Horizont. In zusehends umgangssprachlichen Wendungen deklamierte er mit leidenschaftlicher und lieblicher Stimme:»Oh, wie groß ist das Meer! — wie genau und zugleich weit und groß ist sein geistiger Horizont. Ja, groß — ist — das — Meer…« Ich sah, wie hinter seiner getönten Brille seine leicht entzündeten tiefen großen Augen voller Tränen standen und er durchs Fenster zum weiten blauen Himmel schaute. Er schien wie Čechov in Gedanken versunken und neue Ideen zur Kunst zu entwickeln. Um die wertvollen Überlegungen dieses Künstlers, der sich innerhalb und außerhalb Chinas einen Namen gemacht hatte, nicht zu stören, stand ich auf und verabschiedete mich. Der große Mann geleitete mich, den gerade etwas über 20jährigen Jungen, zur Tür der Höhle hinaus, und noch weniger hätte ich erwartet, daß seine Frau Seite an Seite mit ihm zum Eingang kommen und mir nachschauen würde, wie ich den gewundenen Lößpfad hinabgehe.

Als er eben einen ersten Teil seiner Vorlesung als »Grundriß der bürgerlichen Literatur in China« gehalten hatte, verließ jedoch Genosse Mao Dun die »Lu-Xun-Akademie« und machte sich eilends auf, um einen neuen Posten anzutreten. Dem Vernehmen nach befand sich der neue Posten im zehntausend *li* entfernten großen Hinterland.

Es war an einem Tag mit tief hängenden schweren Wolken mitten im Herbst, als sämtliche Studenten der »Lu-Xun-Akademie« dem Hügel an der *Qiaoergou xilu* folgend dem Nordufer des Flusses Yanhe entlang eine Reihe bildeten, um ihn zu verabschieden. Der große Mann reiste zusammen mit seiner Frau ab, während die Genossen *Zhou Yang* und *Song Kanfu* sie begleiteten. Ihnen folgte ein Esel, der das bescheidene Gepäck schleppte, eine Handvoll Bücher und ein Bündel Bettzeug. Eigentlich waren wir eine junge Künstlertruppe, die gerne sang und zu jeder Zeit an jedem Ort Lieder erklingen ließ, aber diesmal blieb es mäuschenstill. Als der große Mann in unsere Formation trat, riefen alle mehrere Male hintereinander die einfache und klare Losung: »Genosse Mao Dun, kommen Sie bald wieder! Genosse Mao Dun, kommen Sie bald wieder!« Dieser Satz enthielt in konzentrierter Form das Gefühl gegenseitiger Anziehung zwischen Lehrer und Schülern, und wenn wir ihn ausriefen, schwang darin unbekümmerte und leidenschaftliche Hoffnung mit. Von den beiden großen Leuten kam keine Rede, kamen keine Worte; sie winkten nur, während sie sich die Tränen abwischten und zum Abschied nickten. Durch den dichten Tränenschleier hindurch sah ich erneut, wie in der Art von Čechov hinter seiner Sonnenbrille perlende Tränen aus seinen großen Augen rannen, und wiederholte bei mir seine Unterweisung:»Oh, wie groß ist das Meer, wie groß ist das Meer…«

Ich gebe meinen Gefühlen lyrisch und mit Tränen Ausdruck und lasse sie ins große Meer fließen. Ist es das Meer von Čechov? oder ist es das Meer von Mao Dun?…

19. Tag des 5. Monats im Jahre Xinyu [1981]

1940

A — *Mao Dun* eig. Shen Yanbing (1896–1981, aus Tongxiang/Zhejiang) einer der bedeutendsten modernen Literaturkritiker und Schriftsteller, Herausgeber der Zeitschrift »Xiaoshuo yuebao« [Erzählliteratur] 1920–31, Mitbegründer der »Literarischen Studiengesellschaft« 1921 und kurz danach bis 1928 eines der frühesten Mitglieder der KPCh, lange Jahre Kulturminister und 1949–81 Vorsitzender des chinesischen Schriftstellerverbandes ¶ *»großes Hinterland«* gemeint sind die noch weiter westlich gelegenen, von Japan nicht besetzten Gebiete, in diesem Falle Ostturkestan (Xinjiang), wo Mao Dun 1939–41 in Ürümqi lehrte ¶ *Malan* schilfartige Pflanze, deren Fasern als Grundstoff zur Papierherstellung diente ¶ *Zhao Mengfu* (1254–1322, aus Wuxing/Zhejiang) Maler und Kalligraph, von dem viele Werke erhalten sind; kalligraphische Stile werden oft mit dem Familiennamen ihrer Urheber bezeichnet ¶ *Höhle* in der Gegend, wo Yan'an liegt, sind die traditionellen Behausungen oft ins Löß-Erdreich gegrabene Höhlen ¶ *Zhu Tang* nicht ermittelt ¶ *»Kleine Anthologie…«* »Banxia xiaoji«, 9 Aphorismen, erstmals erschienen in: »Zuojia« Bd. 2, Nr. 1 (10.1936) ¶ *Qiaoergou dongshan banpo* »Abhang am Berg östlich des zweiten Flüßchen nach der Brücke«, im Nordwesten der Stadt im Tal des Dengjiagou, der den Xichuangou speist, einen Zufluß des Yanhe, nach dem die Stadt benannt ist ¶ *Kang* gemauerte Schlafstelle, die durch Abwärme der Kochstelle beheizt wird ¶ *»Wenyi zhendi«* [Literatur- und Kunstfront] Zeitschrift, die 1938–40 mit Beteiligung von Mao Dun in Kanton erschien, dann erneut 1941–42 in Chongqing/Sichuan, und die Teile des Nachlasses von Lu Xun erstmals veröffentlichte ¶ *Lou Shiyi* (1905–) Schriftsteller und Übersetzer aus Yuyao/Zhejiang, Mitglied der Liga Linker Schriftsteller, organisierte mit dem Buchladen »Tianma shudian« in Shanghai als Tarnung Untergrundarbeit der KPCh, mit Lu Xun und Mao Dun an Zusammenstellung der Anthologie »Straw Sandals« (Hg. Harold R. Isaacs, 1974) beteiligt ¶ *Seine Frau* gemeint ist Kong Dezhi (1897–1970), mit der Mao Dun seit 1918 verheiratet war ¶ *li* Wegmaß, entspricht 500 Metern ¶ *Qiaoergou xilu* »Westlicher Abschnitt der Straße am zweiten Flüßchen nach der Brücke« Hauptstraße im Tal des heutigen Dengjiagou (s.o.), der direkt zur Hauptverbindung zwischen Yulin an der Großen Mauer im Norden und der Provinzhauptstadt Xi'an führt ¶ *Zhou Yang* (1907–89) einflußreicher KP-Kulturfunktionär und Literaturkritiker aus Yiyang/Hu'nan, seit 1937 in Yan'an, wo er ab 1940 Vizepräsident der »Lu-Xun-Kunstakademie« war ¶ *Song Kanfu* (1909–91, aus Pingxiang/Jiangxi) studierte in Hangzhou/Zhejiang Elektrotechnik und trat früh in die Kommunistische Jugendliga ein, bekleidete in Yan'an neben dem einflußreichen Amt des Parteisekretärs der Lu-Xun-Kunstakademie auch den Posten eines Generalsekretärs der dortigen Universität und wurde später u.a. Bürgermeister der Industriestadt Wuhan/Hubei

Q — Hu Zheng 胡征 »Yi Yan'an "Lu yi" shenghuo« 憶延安 "魯藝" 生活 in: *Xin wenxue shiliao* 新文學史料 Nr. 55 (2/1992), S. 128–30, 18

L — Liu Jianxun 劉建勛 *Yan'an wenyi shi lungao* 延安文藝史論稿 [Entwurf einer Geschichte von Literatur und Kunst in Yan'an], Xi'an: Shaanxi renmin chubanshe 3.1992 ¶ Zhang Keqin 張克勤 *Hu Zheng lun* 胡征論 [Eine Abhandlung über Hu Zheng], Xi'an: Xibei daxue chubanshe 4.1994

Xiao Hong und Duanmu Hongliang: Lu Xun, die Seele des Volkes

Die Schriftstellerin Xiao Hong (1911–42, aus Hulan/Heilongjiang), die sich schon früh zusammen mit Xiao Jun (1907–88, aus Yixian/Liaoning) unter den persönlichen und literarischen Schutz von Lu Xun begeben hatte und dank seiner Vermittlung 1935 ihren Roman Der Ort des Lebens und des Sterbens veröffentlichen konnte, verfaßte im Hinblick auf den 60. Geburtstag (nach chinesischer Zählung mit sui) zusammen mit dem Gefährten ihrer letzten Lebensjahre, dem Schriftsteller Duanmu Hongliang (1912–96, aus Changtu/Liaoning), ein Stück für Pantomime (yaju). Diese auch moju ('stummes Theater') genannte Form der Bühnendarstellung gelangte vermutlich aus Indien erstmals nach China, wurde aber erst mit der Entstehung des modernen Sprechtheaters und im Kontrast zu diesem zeitweilig populär. Im Stück, das einer biographischen Linie folgt und darin anschließt an die hochgradig stilisierte Selbstdarstellung von Lu Xun in der »Vorrede« zu Nahan (dt. in: LXW Bd. 1, S. 7–15), treten außer Lu Xun selbst auch verschiedene von ihm geschaffene fiktionale Personen auf sowie eine Reihe von Nebenfiguren, die in Anlehnung an traditionelle Opern-Formen und begünstigt durch die vorgegebene mimische und gestische Darstellung alle stark typisiert sind. Bemerkenswert ist, daß wiederum die leitmotivische Ziege aus ihrem Roman Der Ort des Lebens und des Sterbens (vgl. Dok. B063) eine Rolle spielt, aber auch die Tatsache, daß hier am Schluß mit genauen szenischen Anweisungen Elemente des kulturrevolutionären Agitprop-Theaters vorgeprägt sind. »Seele des Volkes« war einer der Beinamen von Lu Xun, die vor allem nach seinem Tode propagiert wurden und bereits bei seinem Begräbnis in einer großformatigen Kalligraphie mitgeführt wurde (vgl. Dok. B038), wie es hier am Ende des Stücks dargestellt wird. Als sie das Stück konzipierten, befanden sich Xiao Hong und Duanmu Hongliang im Exil in Hong Kong, bis 1941 das letzte nicht von Japan besetzte Gebiet im chinesischen Kernland. In diesem Falle für die Wahl der Gattung war wohl entscheidend, daß sich die Nordchinesen dem Kantonesisch sprechenden Publikum mündlich ohnehin nicht hätten verständlich machen können. »Lu Xun, die Seele des Volkes« wurde am 3. August 1940 in Hong Kong uraufgeführt, nachdem der Schriftsteller Feng Yidai (1913–, aus Hangzhou/Zhejiang), der seit 1938 bei der Zeitung Xingdao in Hong Kong arbeitete und die Zeitschrift »Film und Theater« (Dianying yu xiju) herausgab, die Vorlage überarbeitet hatte. — In der zur Zeit verbreiteten Gesamtausgabe der Werke von Xiao Hong ist das Stück nicht als Gemeinschaftswerk ausgewiesen. Jeder Akt enthält Angaben 1. zu den auftretenden Personen, 2. zur Situation, 3. zur Handlung.

1940

(Wenn an den Situationen etwas geändert wird, um die Aufführung zu erleichtern, ist dafür die Einwilligung der Autoren einzuholen.)

Erster Akt: Situation

Heute vor 60 Jahren wurde Herr Lu Xun in der Präfektur Shaoxing in der Provinz Zhejiang geboren.

Sein Vater hieß mit Familiennamen Zhou, seine Mutter Lu. Der eigentliche Name von Lu Xun lautet Zhou Shuren, Lu Xun ist sein Schriftstellername.

Er hatte von Geburt an ein ausgezeichnetes Gedächtnis und tiefe Gefühle und empfand leidenschaftliche Zuneigung für die Menschen. Er hat ein Leben lang sein Herzblut hingegeben, um an der Befreiung des Volkes zu arbeiten. Dabei bestand seine Arbeit darin, daß er darüber nachsann, wie unser Volk aus den tiefen Wassern und lodernden Flammen gerettet werden könnte. Doch persönlich hatte er ein schweres Schicksal und litt sein Leben lang unter Neid und Mißgunst.

Im ersten Akt dieses Stücks für Pantomime wird gezeigt, was ihm während seiner Kindheit begegnet ist, ebenso die unglücklichen Menschen, die er in seiner unmittelbaren Umgebung gesehen hat — wie sie lebten, wie sie nach Leben gierten und wie sie den Tod fanden: Zu ihnen gehört der Quacksalber Hu Banxian, Schwägerin Xiang Lin, die auf das Paradies hofft, Blauhaut A Wu, der gebratenen Reis ißt, und A Q, der geistige Siege erringt...

Als Lu Xun noch klein war, befand sich seine Familie schon auf dem absteigenden Ast. Der Vater war krank, und es blieb Lu Xun nichts anderes übrig, als regelmäßig in die Pfandleihanstalt zu gehen.

Da Lu Xun dessen heuchlerischen und unbeständigen Charakter erkannt hatte, wollte er schon von klein auf das Wesen unseres Volkes verbessern und unser uraltes Volk von der Schwäche zur Stärke führen. [...]

Erster Akt: Handlung

[...] Der kleine Lu Xun geht mit einigen Sachen, die von Wert sein könnten, zum Ladentisch und reicht sie hinauf.

Die beiden Angestellten schauen dem Bärtigen Wang und A Q zu, wie sie sich prügeln. Einerseits beobachten sie jede der Bewegungen mit Sperberaugen, andererseits geben sie ihnen Hinweise. Sobald sie Lu Xun sehen, fühlen sie sich abgelenkt und reagieren darauf äußerst ungehalten. Sie machen ihm Ärger und lachen ihn aus.

Der Angestellte A tut so: Haha, kommst du schon wieder. Der Angestellte B macht eine Bewegung des Zählens: Gestern bist du gekommen, heute kommst du wieder, und morgen wirst du wieder kommen.

Der Angestellte A meint, die Ware sei von schlechter Qualität und bringt deutlich zum Ausdruck, daß er sie nicht annehmen will. Der Angestellte B findet, die Ware sei schon alt und gebraucht; sie könne zwar angenommen werden, aber es gebe kaum Geld dafür. Der Angestellte A meint zum anderen, warum er Lu Xun ein Pfund gewähre, aber ein Unze verweigere, ob er wenig oder viel gebe, verpfändet werde sowieso, er solle einen Preis zahlen, eine Pokermiene aufsetzen, und damit sei die Sache erledigt.

Der Angestellte B meint, es handle sich nicht bloß um ein Geschäft, sich selbst verkaufen bedeute auch, den eigenen Willen verkaufen, deshalb sei es 50 *Diao* wert. Der Angestellte A findet, diesen Preis sei es nicht wert, er könne dafür nur 40 Diao geben. Er zeigt sich gegenüber dem Angestellten B sehr ungehalten. Dieser beharrt unbedingt auf 50 Diao, um seine Selbstachtung zu wahren. Die beiden beginnen zu streiten. Der Angestellte A gibt nicht nach, stößt den Angestellten B weg, streckt eine Hand aus und gibt zu verstehen, daß er nur 40 Diao zu geben bereit ist. [...]

Der kleine Lu Xun steht vor dem Ladentisch. Angesichts der ganzen Komödie sagt er kein Wort, rührt sich nicht und verzieht keine Miene ... bis sie damit zuende sind. Dann nimmt er das Geld und geht.

Weil der Junge bei ihrer Komödie nicht mitgemacht hat, sind die beiden Angestellten sehr unzufrieden, ja sie werden sogar wütend.

Jetzt sieht Schwägerin Xiang Lin, wie Lu Xun vorbeikommt, und forscht ihn gleich aus: Ob es Hölle und Himmel wirklich gebe?

Lu Xun denkt kurz nach, nickt und bejaht. Schwägerin Xiang Lin ist beruhigt und beginnt über das ganze Gesicht zu strahlen.

Als Lu Xun bei He Banxian vorbeigeht, ist Kong Yiji hinter ihm her und verlangt Geld. Lu Xun gibt es ihm und tritt ab.

Kong Yiji holt eine Schnapsflasche hervor, um zu trinken. A Q und He Banxian umdrängen ihn und sind begierig, das Geld in seiner Hand zu sehen. Auf der Bühne wird es allmählich dunkel.

Die Bühne versinkt in völliger Dunkelheit, nur noch die Fußspitzen sind beleuchtet. Ein Mann treibt eine Ziege auf die Bühne, als von allen Seiten die Augen von Millionen von Eulen aufflackern. Der Ziegentreiber erschrickt und nimmt reißaus. Das Ziegenkitz ist ganz verstört und weiß nicht, wohin es fliehen soll. Erneut senkt sich die Dunkelheit herab.

(Der Vorhang fällt langsam.) [...]

1940

Zweiter Akt: Handlung

Der junge Lu Xun ist gerade im Labor und macht Experimente. Seine Aufmerksamkeit ist auf die Abläufe im Reagenzglas gerichtet, es verändert sich etwas, eine Reaktion, dann ... er schreibt etwas nieder.

Ein japanischer Student, der unter dem Teppich versteckt war, schält sich hervor. Er ist betrunken und spielt auf einer Mundharmonika. Er hüpft umher und macht Lärm.

Als er Lu Xun arbeiten sieht, ist er sehr verblüfft. Er bewegt hier etwas und faßt dort etwas an. Lu Xun läßt sich überhaupt nicht stören und arbeitet ruhig weiter.

Der Student hat nichts besseres zu tun und richtet deshalb ein Durcheinander an, zerrt im Osten ein Buch heraus und dann im Westen und schlägt die Seiten wütend auf. Er wühlt eine ganze Weile umher, bis er schließlich entzückt einen Zigarettenstummel findet. Um zu rauchen, steckt er sich ein Zündholz an, indem er es über sein Gesäß streicht. Er zieht ein paarmal kräftig, ohne daß es brennt. Was er gefunden hatte, war keine Zigarette, sondern ein Bleistiftstummel. Er hört auf zu hüpfen und will ein paar Zeichen an die Wandtafel schreiben. Offensichtlich schreibt er auf, was Lu Xun denkt:

Mensch + Bestie = Westler

Mensch + Haustier = Chinese

Lu Xun wirft ihm einen gleichgültigen Blick zu, ohne ihn richtig anzuschauen, und arbeitet weiter.

Der betrunkene Gnom hüpft hinaus.

Ein anderer Japaner tritt auf. Er bringt einen Diaprojektor und stellt ihn auf dem Tisch ab. Er schaltet das Gerät ein und gibt Lu Xun mit einem Handzeichen zu verstehen, er solle sich die Dias anschauen.

Das Dia zeigt einen Chinesen, der wegen Spionage geköpft werden soll. A Q steht stumpf und ungerührt daneben und schaut zu. Dazu kichert er in sich hinein, indem er den Unterkiefer rollt.

Lu Xun empfindet schließlich furchtbares Leid. Er kommt zur Überzeugung, daß in China bei vielen Menschen auch die Medizin unnütz ist, es vielmehr eine ziemlich umfassende Bewegung braucht ... Er sitzt schweigend am Tisch und beginnt nachzudenken. Sein Blick folgt dem Japaner, der wie ein Gespenst weggeht.

Nun kommt ein Freund von Lu Xun. Er bringt einen Haufen Bücher mit Literatur. Auf einem der Bücher stehen die beiden Schriftzeichen für »Neuleben«. Er hat auch noch einen großen Stapel Manuskripte dabei.

Lu Xun ist überglücklich. Sogleich räumt er die chemischen Meßinstrumente auf einen anderen Tisch und legt alle Bücher auf dem Tisch aus, der vorher den Experimenten diente.

Der Freund geht ebenfalls zum Projektionsapparat und zeigt Porträtaufnahmen von *Tolstoj, Romain Rolland, Čechov* ... und vielen anderen.

Lu Xun beschließt, sich völlig der Literatur zu widmen.

Lu Xun beugt sich umgehend über den Tisch und schreibt einen Artikel.

Die Projektionslampe wird langsam schwächer, bis es auf der Bühne völlig finster ist.

Auf der Bühne wird es wieder allmählich heller.

Lu Xun wandert in einer öden Landschaft allein durch die Nacht.

Weit in der Ferne liegt ein Gräberfeld. Der Schatten eines Gespenstes ist bald hoch, bald tief, mal groß, mal klein...

Lu Xun hockt sich eine Weile nieder und fragt sich, ob es ein Mensch oder ein Gespenst sei. Es läßt sich nicht entscheiden, und so geht er weiter voran, wie wenn er nichts bemerkt hätte. Er tritt vor das Gespenst und versetzt ihm einen kräftigen Fußtritt. Der Mann, der dort gesessen hatte, war ein Totengräber. Der Fußtritt läßt ihn sogleich aufschnellen und es erweist sich, daß er das Aussehen eines Menschen hat. Er läßt seine eiserne Schaufel scheppernd zu Boden fahren und humpelt davon.

Lu Xun schaut ihm nach und tritt ab.

(Der Vorhang fällt rasch.) [...]

Vierter Akt: Handlung

[...] Ein Augenblick auf der Bühne. Acht junge Leute, teils gekleidet wie Studenten, teils wie Arbeiter, teils wie Bauern, teils wie Händler, ja sogar teils wie Soldaten, darunter auch Frauen. In der Linken halten sie Werke von Lu Xun, in der Rechten tragen sie Transparente, auf denen geschrieben steht: (1) »das ganze Land gegen Japan«, (2) »Blutschuld muß mit Blut getilgt werden« , (3) »Widerstand gegen Japan und gegen die Vaterlandsverräter«, (4) »Wege finden, um das Volk zu stärken, und damit ständig fortfahren«, (5) »den Furchtlosen eröffnet sich ein Weg«, (6) »einerseits alte Rechnungen begleichen, andererseits neue Wege erschließen«, (7) »30 Jahre Gemeinschaft im Widerstand, in der Reform und im Kampf sind nicht genug — noch eine, noch zwei Generationen...«, (8) »an diesem verfluchten Ort die Angriffe der verfluchten Zeitläufe zurückschlagen«. (Die Parolen sind alles Zitate aus den Werken von Lu Xun.) Die jungen Leute gehen vor dem Tor zum Park dreimal im Kreis herum.

Vier fünf weiße Tauben fliegen auf.

Blütenblätter schweben tanzend herab.

Lu Xun kommt zusammen mit einem Freund gemächlich aus dem Park heraus.

Ein riesiges Profil von Lu Xun wird auf die Bühne projiziert und bleibt längere Zeit stehen.

Die Projektionslampe wird allmählich schwächer. Auf der Bühne erscheint ein großes Transparent mit den drei Zeichen für »die Seele des Volkes« in schwarzer Schrift auf rotem Grund.

Das Transparent bleibt voll beleuchtet. (Der Vorhang fällt langsam.)

A — *Diao* Währungseinheit, entspricht einer Schnur, auf der 1'000 Kupfermünzen (»Käsch«, aus engl. »cash«) aufgereiht sind ¶ »*Neuleben*« (»Xinsheng«) war der Name der Zeitschrift, die Lu Xun in Japan mit chinesischen Freunden herauszugeben plante, die jedoch nie erschien, wie er ebenfalls in seiner »Vorrede« schildert ¶ *Tolstoj, Romain Rolland, Čechov* Die Aufzählung dieser westlichen literarischen Leitfiguren der 20er Jahre in China ist insofern ahistorisch, als daß Lu Xun bei Abbruch seines Medizinstudiums in Japan nur Tolstoj bekannt war

Q — Xiao Hong 蕭紅 & Duanmu Hongliang 端木蕻良 »Minzu hun Lu Xun« 民族魂魯迅 in: *Wenyi* 文藝 [*Dagong bao* fukan《大公報》副刊], Xianggang, 21.–24.10. 1940; …; in: *Xiao Hong quanji* 蕭紅全集 Harbin: Harbin chubanshe 5.1991, [2]7.1991, Bd. 2, S. 1197–1213

L — Zheng Zhenduo 鄭振鐸 »Lu Xun — "Minzu hun" 魯迅—— "民族魂" [Lu Xun — »Seele des Volkes«], in: *Renmin huabao* 人民畫報 10/1950; in: *Zheng Zhenduo wenji* 鄭振鐸文集 5 Bde., Beijing: Renmin wenxue chubanshe 1959–85, Bd. 3, S. 274–76 ¶ Li Jikai 李繼凱 *Minzu hun yu Zhongguoren* 民族魂與中國人 [Die Seele des Volkes und die Chinesen], Xi'an: Shaanxi renmin jiaoyu chubanshe 9.1996 (= Lu Xun yanjiu shuxi)

Porträt von Xu Guangping (Photographie, um 1945)
Text S. 546

Xu Guangping: Wenn Lu Xun noch lebte

Xu Guangping (1898–1968, aus Panyu/Guangdong), war zunächst Studentin und dann Lebensgefährtin von Lu Xun. Sie bestand 1922 die Aufnahmeprüfung an der Chinesisch-Abteilung der Höheren Lehrerinnenbildungsanstalt in Peking und trat 1925 als Mitglied des Studentinnenausschusses mit ihrem Lehrer in brieflichen Kontakt über Probleme der Protestbewegung an ihrer Schule und der Reformen im Erziehungswesen. Zusammen mit Lu Xun verließ sie 1926 Peking, wurde in Kanton Dozentin an der Pädagogischen Schule für Frauen der Provinz Guangdong, während Lu Xun an der Universität Xiamen lehrte. Als Lu Xun 1927 Dekan der Literaturfakultät an der Sun-Yat-sen-Universität von Kanton war, wurde sie seine persönliche Assistentin und folgte ihm schließlich nach Shanghai. Der Briefwechsel zwischen Lu Xun und Xu Guangping erschien noch zu beider Lebzeiten 1933 unter dem Titel Liangdi shu *(Briefe aus zwei Welten). Die meisten der über 100 Veröffentlichungen von Xu Guangping sind Erinnerungen an Lu Xun oder behandeln sein Werk. Sie erschienen mit erhöhter Frequenz zu seinen Geburts- und Todestagen und sind in zahlreichen Bänden zusammengefaßt. Xu Guangping spielte eine wichtige Rolle in der propagandistischen Überhöhung von Leben und Werk Lu Xuns. Es folgen zwei dieser Texte, entstanden zum fünften beziehungsweise neunten Jahrestag des Todes von Lu Xun.*

Fünf Jahre sind schon verflossen, seit Herr Lu Xun dahingeschieden ist. Die Zeit vergeht wirklich schnell, und das Wort von den »Verwandten, die Trauer hinterlassen«, ist wohl wahr. Sein Sohn Haiying hat eine Vorliebe dafür, sich mit Chemiebaukästen zu vergnügen und hat in letzter Zeit ziemlich viel gelernt. Häufig sagt er mit einem tiefen Seufzer: »Wieviel besser wäre es doch, wenn mein Papa noch lebte! Jedesmal, wenn ich etwas nicht begreife, könnte ich ihn fragen. Er hat doch Bergbau studiert und könnte mir Schicht für Schicht das Erdinnere erklären; außerdem hat er Marinewesen studiert, ich erinnere mich, daß er mir einmal erzählt hat, wie er *auf einen sehr hohen Mast hinaufgestiegen,* herabgesprungen und von einem dicken Netz aufgefangen wurde, es zwar ein bißchen weh tat, er aber nicht gestorben ist. Außerdem hat er Chemie unterrichtet, bestimmt könnte er mir bei meinen Experimenten helfen; dann hat er Medizin studiert und könnte mir beibringen, wie Arzneien zubereitet werden. ... Er könnte mir einfach so viele Dinge beibringen. Auch ausländische Bücher, die ich nicht verstehe, könnte er mir vorlesen. Wenn ich bestimmte Regeln nicht begreife, könnte ich ihn ebenfalls fragen. Es wäre in jeder Hinsicht so gut, wenn Papa bis jetzt gelebt hätte!« Jetzt zeigt schon ein unschuldiges Kind immer wieder sein Bedauern. Je besser er die Dinge versteht, desto häufiger fügt er die Worte hinzu: »Wie gut wäre es doch, wenn mein Papa noch lebte«, aber desto mehr läßt er mich in Panik geraten, weil ich nicht weiß, was ich darauf erwidern soll. Ich befürchte, sein schweres Los noch zu verschlimmern, erst recht in seinem Alter. Viel lieber würde ich ihn verwirrt und durcheinander sehen, so wie beim Begräbnis seines Vaters, als er steif und dumpf einfach Kuchen aß; aber ich ertrage es nicht, ihm zuzuhören, wenn er in allem, was er äußert, sei es Haß oder Sehnsucht, Weinen oder Reden, an seinen Vater erinnert. Wenn ich so mit eigenen Augen von Mal zu Mal wieder miterlebe, wie diese junge Seele sich mit den Höhen und Tiefen des Lebens belastet, sich mit den zärtlichen Gefühlen eines einzigen Sohnes nach jemandem verzehrt, der nicht mehr wiederkehren wird, dann empfinde ich einen so unerträglichen Schmerz, als ob von meinem eigenen Körper eine Schicht Haut abgerissen würde.

Aber nicht nur seine Waise, auch viele andere junge Leute, die ihre Eltern innig lieben, sagen oft diesen einen Satz: »Wie gut wäre es, wenn Herr Lu Xun noch lebte! Bestimmt würde er diese schlechten Gestalten unnachsichtig aus ihrer Sorglosigkeit herausholen. Weil er nicht mehr da ist, wagen es die bösen Geister, groß daherzuschwatzen.«

Dann gibt es andere, die sagen: »Wenn Lu Xun noch lebte, würde dann sein *zweiter Bruder* es wagen, sich so wie jetzt zu verhalten?«

Wenn Lu Xun noch lebte — es ist vielleicht nicht unwahrscheinlich. Dem europäischen Lungenspezialisten zufolge, der ihn behandelte, als er schwerkrank war, und der ihm empfohlen hatte, unverzüglich in die Berge zu gehen, um sich ein Jahr lang auszuruhen, hätte er so noch fünf oder sechs Jahre leben können. Er hat es nicht getan und den Winter nicht mehr überstanden! Als er sich danach gar keiner Kur mehr unterzog und tatsächlich im Spätherbst verschied, erfüllte sich vollends die Voraussage jenes amerikanischen Arztes *D.* Hätte er dessen Rat befolgt und wäre wirklich ein Jahr zur Erholung weggefahren, könnte er dann nicht vielleicht bis zum heutigen Tag am Leben sein?

Deshalb fällt mir das Wort ein: falls er noch lebte.

Wo ist er jetzt?

Im Jahr vor seinem Tode stand China der Vorabend des Sturms bereits unmittelbar bevor. Es war wirklich eine Zeit [der Zeitschrift] »Haiyan«. Daß die Zeitschrift »Haiyan« damals entstand, war eigentlich eine Vorahnung. In dem undurchdringlichen und beklemmenden Klima der Unterdrückung, in dem Menschen verschleppt wurden, wie wenn sie fließendes Wasser wären, hat sich die Vorahnung als so treffend erwiesen wie bei den Ameisen, die wissen, daß die reißenden Fluten über die Ufer treten werden. Doch was ihn selber betrifft, so konnte er nicht anders, als der Wirklichkeit ins Auge zu schauen, wie er sich in seinen Schriften ausgedrückt hat; wie ein Fisch, der Wasser trinkt, war er sich seiner selbst bewußt. Davor hatte er sich gegen die Finsternis im eigenen Land gewandt, aber nie unmittelbare Auseinandersetzungen mit anderen gesucht, vielleicht aus dem Bedürfnis nach Ruhe im Rahmen jener Situation. Aber im Falle eines Angriffes hätte er sich nie und nimmer dieser Macht gebeugt oder sich mit der Lage abgefunden. Deshalb hat er vor seinem Ableben geplant umzuziehen und erwogen, an einen erträglichen neuen Ort zu gehen. Wenn er also jetzt noch lebte, ist anzunehmen, daß er kaum mehr in Shanghai wäre.

Hätte er sich also, wie so viele Literaten, der Flucht ins Hinterland angeschlossen? Ich glaube, das wäre unwahrscheinlich gewesen. Er war ein Mensch, der die Ruhe liebte, und mochte nicht ständig dahin und dorthin ziehen. Das feine Gespür eines Literaten hatte er jedoch durchaus, und ich fürchte, daß er dank seiner prophetischen Gabe mit festem Blick alles zu durchdringen vermochte, denn schon früh hatte er in seiner Literatur die Gruppen entlarvt, die Konflikte schürten, sich unrechtmäßige Vorteile verschafften, die meuchlings und willkürlich Unschuldige niedermetzeln, usw. Zu einer Zeit, als es die Leute noch nicht ganz gemerkt hatten, hat er es bereits deutlich ausgesprochen. Deshalb war die Gelegenheit schon vorbei und ich fürchte, daß er sich nicht mehr hätte niederlassen können, wie ein Vogel, der spürt, daß er eigentlich sofort wegfliegen müßte.

A — *auf einen … Mast…* wird von Lu Xun beschrieben in »Unmaßgebliche Erinnerungen« (dt. in: »LXW« Bd. 3, S. 84), allerdings ohne daß er selber an der Kletterpartie beteiligt gewesen wäre ¶ *zweiter Bruder* ist Zhou Zuoren (1885–1967), der damals in Peking Erziehungsminister in einer von der japanischen Besatzungsmacht errichteten Marionettenregierung war ¶ *D.* ist der amerikanische Lungenspezialist Dr. Thomas Dunn, der auf Vermittlung der Journalistin Agnes Smedley (1890 bis 1950) Lu Xun behandelte ¶ »Haiyan« [Seeschwalbe] von Lu Xun zusammen mit Hu Feng (1902–86) und anderen Schriftstellern der Liga Linker Schriftsteller im Januar 1936 gegründete literarische Monatsschrift, von der jedoch nur zwei Nummern erschienen

Q — Xu Guangping 許廣平 »Ruguo Lu Xun hai zai« 如果魯迅還在 in: *Shanghai zhoubao* 上海週報 Bd. 4, Nr. 17 (Shanghai, 18.10.1941); in: dies.: *Xu Guangping yi Lu Xun* 許廣平憶魯迅 Guangzhou: Guangdong renmin chubanshe 4.1979, S. 22–5

L — Lu Xun & Xu Jingsong 許景宋 [Guangping 廣平]: *Liangdi shu* 兩地書 Shanghai: Beixin shuju 1933; mehrere Nachdrucke in Werkausgaben von Lu Xun; dt. *Briefe aus zwei Welten*, Hg. Wolfgang Kubin, Zürich: Unionsverlag [in Vorbereitung]; engl. *Letters Between Two Places*, Übers./Hg. Bonnie S. McDougall, Beijing: Foreign Languages Press [in Vorbereitung] ¶ »Yaoshi Lu Xun xiansheng hai huozhe« 要是魯迅先生還活著 [Wenn Herr Lu Xun noch am Leben wäre], Rubrik mit Beiträgen von Xiao Qian, Liu Xiwei, Zang Kejia, Luo Hong, Shi Zhecun, Mao Dun, Wang Xiyan, Shen Zifu, Lin Huanping, Tian Han, Xiong Foxi, An E, Wei Jinzhi, Zhou Erfu und Renjun, in: *Wenyi chunqiu* 文藝春秋 Bd. 3, Nr. 4 (Shanghai, 15.10.1946) ¶ Xu Guangping: *Lu Xun huiyi lu* 魯迅回憶錄 [Erinnerungen an Lu Xun], Beijing: Zuojia chubanshe 5.1961 ¶ Chen Shuyu 陳漱渝 »Lu Xun de furen he zhanyou — Xu Guangping« 魯迅的夫人和戰友 [Xu Guangping, die Ehefrau und Kampfgefährtin von Lu Xun], in: *Zhongguo funü* 中國婦女 9/1980 ¶ *Xu Guangping wenji* 許廣平文集 [Gesammelte Werke von Xu Guangping], 3 Bde., Nanjing: Jiangsu wenyi chubanshe 2.1998

1945 · 10 · 23   Dokument B067

Porträt von Xu Guangping (Photographie, um 1945)
Abbildung S. 541

Q — Bildarchiv Beijing Lu Xun bowuguan 北京魯迅博物館

1945 · 10 · 23   Dokument C038

Xu Guangping:
Die Zigaretten von Lu Xun — Zum Gedächtnis seines 9. Todestages

Bei vielen Menschen, die mit Lu Xun zusammengetroffen sind, blieb als erster Eindruck, daß er ständig eine Zigarette in der Hand hielt, und jedesmal, wenn er mit Gästen plauderte und lachte, war er dicht mit Rauch eingenebelt. Wer selber nicht rauchte, der hatte verrauchte Kleider, in denen noch der Zigarettenduft hing, wenn er Lu Xun schon längst verlassen hatte. Das war dann ein glaubwürdiger Beweis dafür, Lu Xun gesehen zu haben.

Mein erster Besuch in seiner Pekinger Wohnung hinterließ bei mir den tiefen Eindruck, daß er ständig und ununterbrochen rauchte, eine Zigarette nach der anderen. Er brauchte nicht viel Streichhölzer, denn wenn eine Zigarette auf etwas weniger als einen halben Zoll abgebrannt war, konnte er sich damit die nächste anstecken. In seiner damaligen Wohnung war der Boden aus Ziegeln, so daß Feuer nicht sehr zu befürchten war. Der Boden war deshalb übersät mit Zigarettenasche und Stummeln. Wer nach einem Tag aufmerksam schaute, wie viel Asche und wie viele Stummel am Boden lagen, konnte erraten, wieviel Zeit er am vergangenen Tag zuhause verbracht hatte und ob er ausgegangen war. Sobald er am nächsten Tag ausgegangen war, kam das Dienstmädchen, um sauber zu machen. Wenn sie nicht auf ihn wartete, verließ er glücklich sein winziges Zimmer oder begab sich in einen anderen Raum. Aschenbecher und Zigarettenspitzen begann er erst zu benutzen, nachdem er Peking verlassen hatte. In Guangzhou (Kanton), wo er in der Sun-Yat-sen-Universität im Haus zur Großen Glocke wohnte, war das ganze Gebäude aus Holz, so daß mit Feuer Vorsicht geboten war. In unserer Wohnung befand sich ein Spucknapf aus grobem Porzellan, doch Lu Xuns Gewohnheit war es, jeweils nicht großartig acht zu geben, wohin er spuckte, außer als er später schwer krank wurde und hustete. Somit läßt sich sagen, daß zwischen ihm und dem Spucknapf sich keine rechte Beziehung entwickelte und er deshalb mit der Asche so verfuhr, daß er sie außer in den Spucknapf überall dorthin fallen ließ, wo er sich gerade befand, und dadurch die Natur zum Aschenbecher wurde.

Manchmal war Lu Xun so sparsam, daß die Leute darüber vor Schreck beinahe erstarrten. Zum Beispiel rauchte er Zigaretten so weit auf, daß es ihm beinahe die Hand oder den Mund verbrannte und er sie wirklich nicht mehr zwischen den Fingern halten konnte, bis er sie wegwarf. In Guangzhou gab es überall Sachen aus Elfenbein. Eine ungefähr zwei Zoll lange Spitze, in die Zigaretten gesteckt werden konnten, wäre sehr praktisch gewesen. Ich kaufte ihm eine und schenkte sie ihm. Seither hat er beim Rauchen immer diese elfenbeinerne Zigarettenspitze benutzt. Als er in Shanghai war, hat er mehrmals in den großen Kaufhäusern welche dazugekauft. Daraus läßt sich ersehen, daß Lu Xun nicht stur und unverrückbar an Gewohnheiten festgehalten hat, sondern sie auch geändert hat, wenn sich dazu eine Gelegenheit bot.

Er rauchte zwar recht viel, doch was die Tabaksorte betrifft, schwankte er durchaus, und zwar je nach seiner wirtschaftlichen Situation. In Peking habe ich ihn häufig gesehen, wie er den Tabak mit hellroten Blättchen rollte, die, glaube ich, »Roter Zinn« hießen, aber an die Marke erinnere ich mich selber nicht genau. In Guangzhou kostete ein Päckchen mit zehn Zigaretten mindestens ein oder zwei *Mao*. Damals gab es im Leben noch viele interessante Dinge. In den Zigarettenpackungen gab es kleine Bildchen zum Sammeln, zu den »*Drei Reichen*«, zu der »*Geschichte vom Flußufer*«, zu den »*Vierundzwanzig Beispielen der Kindspietät*«, zu den »*Hundert Schönheiten*« und so weiter, alles Bilder, die man unbedingt haben mußte. Es kam vor, daß Lu Xun sie auch nicht wegwarf und sie sammelte, wenn eine neue Reihe erschienen war, doch bewahrte er sie nicht selber auf, sondern verschenkte sie gleich an junge Leute weiter, die die Bilder sammelten. In Shanghai gab es auf einmal sehr viele Tabaksorten. Zigaretten zu kaufen gehörte zu den Aufgaben, die ich erledigte, so daß ich oft Marken mitbrachte, die frisch herausgekommen waren. Im Laufe der Zeit sammelten sich in einer Ecke unserer Wohnung kleine flache Zigarettendosen aus Blech an, später kamen auch Konservendosen aus Bakelit hinzu, und schließlich noch andere Gegenstände aus Blech, außer den leeren Zigaretten- und Konservendosen. Mit dem Inhalt der kleinen flachen Zigarettendosen ziemlich zufrieden war er bei »The Flower of Macedonia« von »Standard Tobacco Co.«, wo auf blauem Grund ein weißer Aegypter mit dem Rumpf einer Kuh und demjenigen eines Löwen abgebildet war. Damals kostete eine Dose mit 50 Zigaretten nicht einmal fünf Mao, so daß ein Yuan ungefähr für 100 Zigaretten reichte, was immer noch nicht besonders teuer war.

Für ungefähr einen Yuan konnte man davon 100 Stück kaufen, was ich als tragbaren Preis empfand. Wenn neue Zigaretten auf den Markt kamen, gab es immer wieder einen Preiskampf mit Rabatten, aber Lu Xun hatte früher schon wiederholt gesagt: »Beim Rauchen ist es mir gleichgültig, ob ich guten oder schlechten Tabak habe. Mir ist alles recht, denn obwohl ich viel rauche, inhaliere ich den Rauch doch nicht.« Deshalb gab es für einen Yuan zwei flache rechteckige Blechdosen mit jeweils 100 Zigaretten, die dann auch länger ausreichten. Obwohl Lu Xun so redete, waren seine Lieblingszigaretten eindeutig jene in der runden roten Dose mit einer schwarzen Katze darauf. Weil sie ziemlich teuer waren und 50 Zigaretten etwas über einen Yuan kosteten, kaufte ich nur gelegentlich ein paar davon. Einmal schenkte ihm jemand zehn Dosen der Marke »Schwarze Katze«, die er unter diesen Umständen gerne behalten und selber geraucht hätte. Das tat er jedoch nicht, sondern verschenkte sie an Freunde und Bekannte weiter. Es ist nicht weiter erstaunlich, daß manche behaupteten, er rauche teuren Tabak, aber es handelte sich jeweils um Zigaretten, die Gäste mitgebracht hatten. In Wahrheit war es so, daß er, was immer er nahm oder gab, in gleichem Maße großzügig war, aber er konnte nicht gleichzeitig das eine tun und das andere nicht lassen. Daß ich unter den Zigaretten mit Papierpackung oft die Marke »*Pinhai*« kaufte, ist wahr, denn er mochte weder Zigarettenetuis noch sonstige Utensilien. Es war bequem, einfach zwei Packungen »Pinhai« einzustecken. Wenn Freunde betonen, daß er diese Marke geraucht hat, dann nicht bloß, weil er sie tatsächlich ständig rauchte, sondern auch, weil sie preiswert waren und deshalb viele sie rauchten.

Mir fällt ein, daß ich eigentlich naiv war, wenn ich seinem Wort glaubte, er inhaliere nicht. Denn daß ich bemüht war, ihn mit günstigen Zigaretten zu versorgen, hat womöglich im Laufe der Zeit zu seiner allmählichen körperlichen Zerrüttung beigetragen. Es gibt natürlich noch einige andere Dinge dieser Art, die ich bereue. Wenn ich deshalb sage, ich empfände Reue darüber, so hat er mir in Wahrheit schon vergeben. Tatsächlich habe ich ihm oft unsichtbaren Schaden zugefügt, das ist auch wieder wahr. Diese Erfahrung habe ich keineswegs völlig vergessen — Wie sollte ich je vergessen, was gewesen ist? —, und zwar deshalb, weil ich mich bereits während einiger Zeit mit ihm beschäftigt habe. Was ich an ihm tatsächlich nicht ertragen konnte, war die ständige Grübelei über seine finanzielle Situation, und daß ich es nicht fertigbrachte, ihn dafür mit aller Entschiedenheit zurechtzuweisen. [...] Der Arzt erklärte ihm eindringlich:»Wenn Sie rauchen, haben die Medikamente keine Wirkung.« Deshalb übernahm ich die undankbare Aufgabe, zu kontrollieren, zu überwachen und zu verbieten. Später sah es ganz so aus, als ob er sich von seiner Krankheit wieder erholt hätte, und ich selber ließ zu, daß er wieder minderwertigen Tabak rauchte, mit dem er sich vergiftete. Ich weiß, daß ich mir selber nie werde verzeihen können, dazu beigetragen zu haben.

A — *Mao* auch »Jiao«, Währungseinheit, 1/10 Yuan oder 10 Fen ¶ »*Die Drei Reiche*« (»Sanguo yanyi«) populärer Roman von Luo Guanzhong (14. Jh.), der den Kampf um die Vorherrschaft in China im 3. Jh. zum Gegenstand hat (dt. Übers. Franz Kuhn, 1940) ¶ »*Geschichte vom Flußufer*« (»Shuihu zhuan«) populärer Roman von Shi Nai'an (14. Jh.), auch unter dem Titel »Die Räuber vom Liangshan-Moor« bekannt (dt. Übers. Johanna Herzfeldt) ¶ »*Vierundzwanzig Beispiele der Kindspietät*« (»Ershisi xiao«), von Guo Jujing (13. Jh.) zusammengestellte Beispiele vorbildlichen Verhaltens bei historischen Persönlichkeiten vom mythischen Herrscher Shun bis zum Lyriker und Kalligraphen Huang Tingjian (1045–1105), über deren moralischen Rigorismus sich Lu Xun mehrfach empört geäussert hat (»Die "Illustrationen von vierundzwanzig Beispielen für Kindespflicht"« und »Nachwort«, in: »LXW« Bd. 3, S. 32–41 und 114–36 ¶ »*Hundert Schönheiten*« (»Baimei tu«) sind vermutlich die Illustrationen zum Werk »Baimei xinyong« [Neue Lobgesänge auf 100 Schönheiten] über bekannte Frauen aus dem chinesischen Altertum, mit Bildern von Yan Xiyuan u.a. (4 Bde., 1804) ¶ »*Pinhai*« wörtlich »Meer der Waren«, wobei »Meer« Überfluß anzeigt, wie im verbreitetsten enzyklopädischen Wörterbuch jener Zeit, dem »Meer der Wörter« (»Cihai«, 1936)

Q — Xu Guangping 許廣平 »Lu Xun xiansheng de xiangyan — jinian Lu Xun xiansheng shishi jiu zhou nian« 鲁迅先生的香烟——纪念鲁迅先生逝世九週年 in: *Wencui* 文萃 Shanghai 23.10.1945; in: *Xinwei de jinian* 辛味的紀念 Beijing: Renmin wenxue chubanshe 1951.7, [9]1981.5, S. 99–102

1945

L — Chen Shuyu 陳漱渝 *Xu Guangping de yisheng* 許廣平的一生 [Das Leben von Xu Guangping], Tianjin: Renmin chubanshe 5.1981 ¶ Ding Jingtang 丁景唐 »Jinian Xu Guangping tongzhi er san shi« 紀念許廣平同志二三事 [Erinnerung an ein paar Erlebnisse mit Genossin Xu Guangping], in: *Lu Xun yanjiu yuekan* 魯迅研究月刊 Nr. 158 (6/1995), S. 56–9 ¶ Feng Yiyou 馮懿有 (Hg.): *Lao xiangyan paizi* 老香煙牌子 [Alte Zigarettenbildchen], Shanghai: Huabao chubanshe 6.1998

1945 · 10 · 23   Dokument B040

Zigarettenwerbung »Two Baby« (1921)

Abbildung S. 551

Die folgende Zigarettenwerbung ist der besonders seit ihrer Leitung durch den Romancier und Literaturkritiker Mao Dun (1896–1981) einflußreichen Zeitschrift Xiaoshuo yuebao (»Short Story Magazine«) entnommen und soll das damalige Verhältnis zum Rauchen in China illustrieren. Es erscheint auch in zahlreichen Texten von Lu Xun, der sedativen Wirkung des Nikotins wegen im Gedicht »Gedanken an einem Herbstabend« (29.9.1934), wo der folgende Vers steht: »Aufgeschreckt durch einen Hahn um Mitternacht, zünde ich eine Zigarette an« (zit. nach LXW Bd. 6, S. 62), während im Schlußsatz des Erinnerungsstücks »Fujino Genkuro« das Rauchen für die Position des distanzierten Beobachters steht: »Ich zünde eine Zigarette an und fahre wieder fort, Beiträge zu verfassen, die von den "rechtschaffenen Herren" und ihresgleichen so sehr verabscheut werden.« (zit. nach LXW Bd. 3, S. 100). — Es folgt die Übersetzung des Werbetextes, wobei die eingekreisten Zeichen von rechts nach links waagrecht, die übrigen senkrecht gelesen werden.

Bitte rauchen Sie [Two Baby]   Chinesischer Tabak
                                       in China verarbeitet

                                       feinster Tabakschnitt
                                       reichstes Aroma
                                       günstigster Preis
                                       in aller Welt höchst willkommen
                                       — das sind die guten Zigaretten
                                       Marke »Doppelsäugling«

Tabakgesellschaft »Grosses Gedeihen«, Shanghai

Q — *Xiaoshuo yuebao* 小説月報 <Short Story Magazine>, Hg. Mao Dun 茅盾 Bd. 12, Nr. 10 (Shanghai, 10.10.1921)

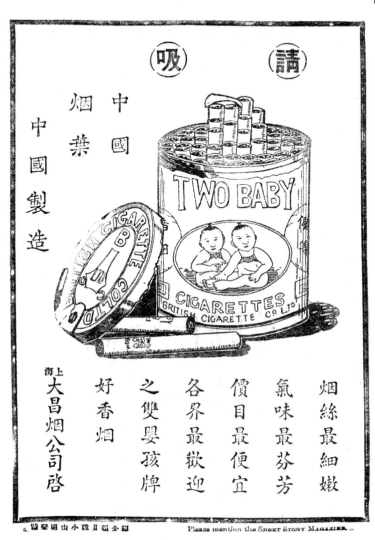

Zigarettenwerbung »Two Baby« (1921)
Text S. 550

L — *Ying Mei yan gongsi zai Hua qiye ziliao huibian* 英美煙公司在華企業資料匯編 [Gesammelte Materialien zu den Fabriken britischer und amerikanischer Tabakgesellschaften in China], 4 Bde., Hg. Shanghai shehuikexueyuan jingji yanjiusuo, Beijing: Zhonghua shuju 1983 (= Zhongguo jindai jingji shi ziliao congkan)

1948   Dokument W011

Su Xuelin: Zeitgenössische Erzählliteratur. Lu Xun

Innerhalb der chinesischen Literaturszene erbittertste und unermüdlichste Gegnerin von Lu Xun war die Schriftstellerin Su Xuelin (vgl. Dok. C028 und C029). Im literaturgeschichtlichen Abriß, aus dem hier Auszüge über Lu Xun folgen, erhielt sie unter den Fittichen der Mission Gelegenheit, ihre Position auch gegenüber einem westlichen Publikum darzulegen. In ihrer Gliederung nach Schulen kommt sie nicht umhin, ihrem Wunschgegner gleich drei Kapitel einzuräumen, zusätzlich zu jenem über ihn selbst noch eines über seine »Jünger« und eines über seine »späteren Jünger«. Manche Bemerkungen lassen erahnen, mit welchem Haß und welcher Verbitterung literarische Kontroversen damals geführt wurden, verstiegen sie sich doch bis zum Vergleich von Hitler und Lu Xun. — Das Kompendium war von der Anlage her als Nachschlagewerk für pädaogisch tätige Missionare konzipiert, um ihnen Kriterien für die Lektürekontrolle an die Hand zu geben: »Da wir in erster Linie den Wunsch haben, moralisch zu wirken, besprechen wir Bücher nicht wegen ihres literarischen Wertes, sondern weil sie gelesen werden« (S. II), schreibt der Herausgeber.

[...] Die Feder von Lu Xun ist mit dem Skalpell eines Chirurgen verglichen worden, doch während der Chirurg am menschlichen Körper operiert, ist der Gegenstand von Lu Xun die Seele. Ohne jede Nachsicht gegenüber menschlichen Gefühlen holt er aus unserem Innersten Geheimnisse und Schwächen ans Tageslicht, die wir bestmöglich zu verbergen gesucht hatten. Er hält die Menschheit insgesamt für böse, deren einzelne Mitglieder für eigennützig, und selbst wenn sich unter ihnen ein paar wenige finden, die relativ gut sind, sind sie nichts als heuchlerische Pharisäer. [...]

Wirkliche Großherzigkeit, Liebenswürdigkeit oder wirklichen Altruismus in seinen Erzählungen oder Artikeln zu finden, ist schwierig, doch ist bei ihm ohne weiteres kalte Wut zu entdecken, in der jedes Wort wie ein lästerlicher Fluch und jeder Satz wie ein teuflisches Grinsen voller Spott erscheint.

Es läßt sich sagen, daß die Mangelerscheinungen in der frühkindlichen Umgebung von Lu Xun eine Verbindung mit seiner besonderen Begabung eingegangen sind, so daß Lu Xun zu einem Sadisten wurde, denn sowohl in seinen Ideen als auch in seinen Gefühlen sind durchaus ungesunde Aspekte zu finden, die den beschädigten Geist des modernen China widerspiegeln.

Aus politischen Gründen haben ihn linke Elemente zu ihrem Götzen gemacht und ihn als führenden Denker und großen Meister der Gegenwartsliteratur auf ihren goldenen Thron gesetzt. Als er im Herbst des 25. Jahres der Republik (1936) starb, wurde landesweit in literarischen Kreisen für ihn lebhaft Werbung getrieben. Würden alle übertriebenen Loblieder auf ihn zusammengestellt, ergäben sich Millionen von Schriftzeichen. Die unwissende und hypnotisierte Jugend des Landes sah in diesem Neurotiker, der ein begabter Schriftsteller mit jedoch ungesunder Weltanschauung war, einen großen Weisen des Ostens. Er genoß nicht weniger Verehrung als die Literaten früherer Zeiten dem großen vollendeten Meister Konfuzius zollten.

Bei solchen, von denen er glaubte, sie würden sich seinen Auffassungen widersetzen, setzte er die Strategie der »Belagerung und Überwältigung« oder »*den Fuchs in den Bau* zurücktreiben« ein, wie er es nannte. Das hieß, daß er seine Freunde und Gefährten aufforderte, sich der Jagd anzuschließen, die erst dann zu Ende ging, wenn das Opfer völlig vernichtet war. Er verwendete auch andere Angriffsarten, wenn er sich etwa an seine Opfer krallte und sie nicht mehr aus den Klauen ließ — ein Vorgehen, das an Bulldoggen erinnert —, so daß Jahre darüber verstreichen konnten, ohne daß er selber sich dessen bewußt wurde. Bei einer anderen Art, gegen seine literarischen Gegner vorzugehen, setzte er Geschichten in Umlauf, verbreitete Gerüchte, schlug aus dem Hinterhalt zu, überraschte sie, wenn sie es nicht erwarteten, und trieb solche lästerlichen Methoden bis zum Exzeß. Deshalb ist nur natürlich, daß ihn literarische Gegner als »literarischen Banditen« bezeichneten.

Die chinesischen Kommunisten fanden heraus, daß für ihre politischen Zwecke die Mittel von Lu Xun sehr wirksam waren. Daher zeigten die gleichen Methoden unmittelbare Wirkung, als die Kommunisten sie für ihre Propaganda in literarischen Kreisen einsetzten, mit dem Ergebnis, daß praktisch alle jüngeren Schriftsteller entweder von ihnen eingeschüchtert oder in ihr Lager übergelaufen sind und sich ihren Reihen angeschlossen haben. Was die Schriftsteller betrifft, die bereits über längere Erfahrung verfügen und sich stärker hervorgetan haben, so wurden sie ebenfalls unter Druck gesetzt, damit sie sich die kommunistische Lehre zueigen machen, oder sie durften sich, sofern sie die Kommunisten wenigstens rechtfertigten, eine gefährdete Unabhängigkeit bewahren. Es ist kein einziger übriggeblieben, der es wagt, offen gegen sie Stellung zu beziehen. Damit ist der gesamte Literaturbetrieb in China zu einem Monopol der Kommunisten geworden. Daraus wird ersichtlich, warum die auf den folgenden Seiten erwähnten Autoren und Werke nichts als einen Überblick über die linke Literatur bieten.

Nach dem Chinesisch-Japanischen Krieg brachten es die Kommunisten fertig, ihre Kontrolle vom Bereich der Literatur auf die gesamte Kultur auszudehnen. Zusammen mit Lu Xun, den sie zu ihrem Sprachrohr erkoren haben, tragen sie die Verantwortung dafür, daß es jetzt so elend steht um die öffentliche Meinung, wo Spitzfindigkeiten eine alles beherrschende Rolle spielen, so daß Schwarz als Weiß bezeichnet werden kann und Weiß als Schwarz und sich alles in endlosen Diskussionen verliert.

Als Kultur bezeichnen wir den äußeren Ausdruck von Seele und Geist einer Nation, sofern sie richtig arbeiten. Ob sie das tun, hängt von einer gesunden Einheit ab. Es scheint jedoch, als ob China im Augenblick an einer gespaltenen Persönlichkeit litte — ein trauriger Zustand, der unweigerlich viel Elend mit sich bringt. Und wenn einer Nation ihre Gewißheiten entrissen worden sind, kann die Gefahr nicht überschätzt werden, die vom Einfluß eines geistesgestörten Führers ausgeht, wie etwa im Falle von Hitler, der durch seine Diktatur das deutsche Volk beinahe vernichtet hat. Schrecklich sich auszudenken, was im Falle von Lu Xun eintreten könnte, würden wir in die Fußstapfen dieses verstorbenen Schriftstellers treten, der unter einem schweren Verfolgungswahn litt.

A — »den Fuchs in den Bau...« bezieht sich auf den damaligen Erziehungsminister Zhang Shizhao (1881–1973), der Lu Xun im Zusammenhang mit dessen Engagement in der Studentinnen-Bewegung an der Höheren Lehrerinnenbildungsanstalt 1925 aus dem Amt entließ und das Pseudonym »Gutong« [verwaister Tungöl-Baum] verwendete, auf das sich Lu Xun in polemischen Angriffen mit dem graphischen Wortspiel »hudong« [Fuchsbau] bezog, dessen Zeichen sich nur in den wenigen Radikalstrichen vom Pseudonym unterscheiden; vgl. Dok. C028

Q — Su Hsüeh-lin [Su Xuelin 蘇雪林]: »Present Day Fiction and Drama in China«, in: Schyns, Joseph u.a.: *1500 Modern Chinese Novels & Plays*, Peiping: Scheut Editions 1948; Nachdr. Ridgewood/NJ: Gregg Press 1965, S. I-LVIII

L — Sou Hsue-ling [Su Xuelin]: »La place que doivent occuper la langue et la littérature chinoises dans nos écoles catholiques«, in: *Bulletin de l'Université l'Aurore* Reihe 3, Bd. 9, Nr. 33/34 (Shanghai, 1.-4.1948), S. 39–48 ¶ Li Oufan 李歐梵 [»Leo Lee Ou-fan«]: *Hulidong huayu* 狐狸洞話語 [Worte aus dem Fuchsbau], Xianggang: Niujin daxue chubanshe / Oxford University Press 1993

1954

Liang Shiqiu: Zu Lu Xun (vor 1954)

Liang Shiqiu (1903–87, aus Yuhang/Zhejiang), wurde als Sohn eines höheren Polizeibeamten in Peking geboren. Nach einer Grundausbildung an der Schule der Qinghua-Universität studierte er 1923 bis 1926 am Colorado College (Colorado Springs), dann an den Universitäten Harvard und Columbia englische Literatur und assimilierte die Anschauungen seines Lehrers, des konservativen Irving Babbitt (1865–1933). Nach seiner Rückkehr nach China lehrte er an verschiedenen Universitäten in Peking (1926–27), Shanghai (1927–30), Qingdao/Shandong (1930–34). Zusammen mit Hu Shi und Xu Zhimo gehört er zu den Begründern der neuromantisch orientierten literarischen »Neumond-Gesellschaft« (Xinyueshe) und wurde vor allem mit »Romantisches und Klassisches« (Langman de gudian de, 1928) und »Über Literatur- und Kunstkritik« (Wenyi piping lun, 1934) zu ihrem führenden Theoretiker, indem er sich gegen die von links propagierte Politisierung der Literatur wandte und für die Autonomie des Kunstwerks plädierte: Auffassungen, die er in berühmt gewordenen Kontroversen mit Lu Xun vehement verteidigt hat. Wie wenig zimperlich Liang Shiqiu argumentieren konnte, zeigt seine Sammlung von Glossen »Die Kunst der Beschimpfung« (Ma ren de yishu, 1931). Auch als Theoretiker und Praktiker der Übersetzung ist er hervorgetreten, letzteres durch die 1967 abgeschlossenen »Sämtlichen Werke von Shakespeare«. Die Zeit der japanischen Besetzung verbrachte er in der Nähe des Exils der republikanischen Regierung in Chongqing, wo er verschiedene Ämter bekleidete. Er ging 1949 nach Taiwan und lehrte dort an der Taiwan-Universität weiterhin englische Literatur, zuletzt als Dekan, und entfaltete bis zu seinem Tode eine reiche publizistische Tätigkeit. — Der folgende Artikel zieht auf dem Höhepunkt des kalten Krieges eine Bilanz seines Verhältnisses zu Lu Xun und ist, obwohl Liang Shiqiu in der Volksrepublik seit den späten '80er Jahren nicht mehr zu den verfemten Autoren gehört, dort aus begreiflichen Gründen nie nachgedruckt worden.

In letzter Zeit haben mich viele junge Freunde aufgefordert, einen Artikel über Lu Xun zu schreiben. Warum das? Ich kann mir vorstellen, daß die folgenden Punkte zu ihren Beweggründen zählen: 1. Heute gehören auf Taiwan die Werke von Lu Xun zu den verbotenen Büchern, so daß gewöhnliche Leute sie nicht zu Gesicht bekommen. Je weniger sie gelesen werden können, desto bemerkenswerter werden sie, so daß die Leute etwas über diesen Mann erfahren wollen. 2. Die meisten Jugendlichen haben, als sie [vor 1949] auf dem Festland lebten, ständig den Namen von Lu Xun gehört oder einige Werke von ihm gelesen, so daß sie unwillkürlich mehr oder weniger von der Propaganda aufgenommen haben, welche die Kommunistische Partei und ihre Gefolgsleute um Lu Xun treiben, und daher einige von ihnen irrige Vorstellungen über Lu Xun haben. 3. Ich habe früher zusammen mit Lu Xun einen »Pinselkrieg« ausgefochten, so daß einige meinten, ich sollte als Beteiligter nochmals einige Worte dazu sagen. Eigentlich bin ich nicht gewillt, mich über ihn zu äußern. Vor einigen Tagen ist Herr *Chen Xiying* aus dem Ausland zurückgekehrt. Einmal hat ihn jemand bei einem Bankett gefragt: »Was finden Sie zu Lu Xun?« Er lachte, gab aber keine Antwort. Von der Seite her warf ich ein: »Uns beiden sollten, was Lu Xun betrifft, am besten keine Fragen gestellt werden.« Herr Xiying war früher einmal mit Lu Xun aneinandergeraten (*nicht über* Literaturtheorie) und ich habe später mit ihm *Kontroversen* gehabt. Dabei haben wir beide einen Lu Xun jeweils entgegengesetzten Standpunkt vertreten, und die Worte, die wir damals benutzten, waren vielleicht nicht sehr zivilisiert. Um es aber noch einmal zu sagen: Lu Xun ist schon lange tot, und wenn ich ihn erneut kritisiere, kann er darauf nicht erwidern. Seine Werke sind hier zu verbotenen Büchern geworden. Warum soll ich also hier und jetzt noch einmal »*auf einen Hund einschlagen,* der ins Wasser gefallen ist«? Deshalb habe ich seit seinem Tode sehr selten die Rede auf ihn gebracht. Nur einmal habe ich die Regel verletzt, als ich während des Widerstandskrieges [gegen Japan] in der Zeitschrift »*Zhongyang zhoukan*« einen Artikel »Lu Xun und ich« veröffentlichte. Womöglich haben einige unter den heutigen Jugendlichen diesen Artikel noch nicht gelesen. Wenn ich heute dem Druck nachgebe und erneut die Regel verletze, werde ich wiederholen, was ich schon in jenem Text niedergeschrieben habe.

Ich habe von Anfang an deutlich gemacht, daß ich es persönlich keineswegs billige, wenn seine Werke unter die verbotenen Bücher eingereiht werden. Ich habe mein Leben lang die Devise von Voltaire befolgt: »Ich stimme zwar nicht mit Deiner Meinung überein, aber ich werde mein Leben dafür einsetzen, daß Du sie frei äußern kannst.« Ebenso stehe ich zu Lu Xun. Ich habe eine ganze Reihe von Artikeln verfaßt, in denen ich Lu Xun kritisiere, die erfreulicherweise mit den Äußerungen beider Seiten zu einem Sammelband vereinigt sind. Das halte ich für eine gute Methode, denn so können alle selber nachlesen, wessen Worte einleuchtend sind. Ich war *früher einmal während einiger Zeit* Direktor einer Universitätsbibliothek, wo in den Regalen einige minderwertige pornographische Bücher zurückgelassen worden waren. Ich fand, das beeinträchtige die Würde einer Universität und ließ die Bücher wegschließen. Es waren ungefähr zehn Bände, und Werke von Lu

Xun gehörten keinesfalls dazu. Aber sogleich wurde die Nachricht nach
Shanghai getragen, und als sie dort von Mund zu Mund verbreitet worden
war, hieß es völlig überspitzt, ich hätte angeordnet, die Werke von Lu Xun
und anderen linken Autoren zu verbrennen. *Lu Xun selbst* hat dieses falsche
Gerücht erfreut aufgegriffen und daraus ein Beispiel für meine schändliche
Einstellung gezimmert. Tatsache ist, daß es ein solches Ereignis nie gegeben
hat: Propaganda zur Propaganda, Tatsachen zu den Tatsachen.

Ursprünglich war Lu Xun kein Anhänger der Kommunistischen Partei,
nicht einmal ihr Weggefährte, sondern war ganz am Anfang sogar gegen die
linken Elemente und hat sich deshalb *mit einigen Mitgliedern der
Schöpfungsgesellschaft* überworfen. Zunächst war er ein klassischer Beamter
im alten Stil und bekleidete in der Regierung der nordchinesischen
Kriegsherren das Amt eines Bevollmächtigten. Von den zahlreichen personel-
len Umbesetzungen durch die Militärregierung war er nie betroffen, zum
einen, weil er eine niedrige Position hatte, zum anderen, weil er sich nie
besonders weit aus dem Fenster hängte; das äußerste waren einige *Aufsätze
mit Materialien zur Erzählliteratur* oder einige *aus dem Japanischen übersetzte
Werke* europäischer Literatur. Erst nachdem er ein paar Miszellen und
Erzählungen zur Zeitschrift »Xin qingnian« beigetragen hatte, wurde er
allmählich beachtet. Und als er sich schließlich in die *damalige akademische
Bewegung* an der Universität Peking einreihte, wurde er von der *Regierung
Zhang* aus seinem Amt im Erziehungsministerium entfernt. Seither hat er in
der Wissenschaft Fuß gefaßt und ist überall, in Peking, Xiamen und
Guangzhou, mit anderen aneinandergeraten, so daß er nirgends lange auf
seinem Posten bleiben konnte. Zuletzt hat er sich in Shanghai niedergelassen
und seinen Lebensunterhalt durch Schreiben bestritten, bis er starb.

Lu Xun hat ein Leben voller Enttäuschungen durchgemacht und ist überall
»gegen Wände gerannt«. Es ist deshalb nur zu verständlich, wenn er voller
Haß war, sich querköpfisch verhielt und Gefallen daran fand, alle zu be-
spucken. Was war Gegenstand seines Hasses? Die konfuzianische Sozialordnung, das System, die Tradition, die Regierung — alles wurde zum Objekt
seiner Haßtiraden. Er stammte aus Shaoxing und hatte vielleicht von Natur
die Anlage zu einem »Rabulisten«. Beim schriftlichen Ausdruck war er überaus
geschickt in spitzen und schneidenden Formulierungen, und seine Fertigkeiten in der chinesischen Sprache ragen zweifellos über die Autoren hinaus,
die damals in der Gemeinsprache schrieben, so daß seine Werke (besonders
seine sogenannten Miszellen) damals in der Tat besonderes Lob verdienten.
Sein Stil ist konzis und sarkastisch und wirkt beim Lesen wie spöttische
Salven, was durchaus seinen eigenen Wert hat. Seine wichtigsten Werke

sind daher die Band für Band gesammelt erschienenen Miszellen. Doch um Schriftsteller zu sein, genügt es nicht, den Bauch voller Groll und die Brust voller Haß zu haben, sondern es braucht darüber hinaus positive Ideen, eine positive Haltung zu Ereignissen und Menschen. Das bedeutet nicht notwendigerweise irgend ein durchgearbeitetes System, noch viel weniger braucht es dazu eine unmittelbare Stellungnahme. Diesem Anspruch hat Lu Xun nicht genügt. Was er hatte, waren bloß überaus wechselhafte Einstellungen, aus denen er mit aller Gewalt immer wieder seine Schlüsse gezogen hat, das heißt, er war einfach »unzufrieden mit der jetzigen Situation«. Diese Haltung war alles andere als falsch. Wer sollte nach einigen Jahren unter der Regierung der nordchinesischen Kriegsherren mit der »jetzigen Situation« nicht unzufrieden sein? Wenn es ehrenhaft ist, unzufrieden zu sein, wie soll man sich dann verhalten? Unser Land und unser Volk, unsere Politik und unsere Zivilisation sind wirklich von tausenderlei Heimsuchungen versehrt. Was also tun? Behutsam nach schrittweisen Verbesserungen streben, nicht aus dem Auge verlieren, daß es einen Weg gibt. Wenn Lu Xun ein solches Vorgehen nicht billigte, wohlan denn; wenn er ein solches Vorgehen für einen faulen Kompromiß ohne Aussicht auf Erfolg hielt, wohlan denn. Aber wenn es überhaupt ein Mittel gibt, kann es nicht einfach in unflätigen Beschimpfungen bestehen, über korrupte Erscheinungen zu schimpfen, über andere zu schimpfen, die für Verbesserungen eintreten, über alles zu schimpfen, bloß selber nicht direkt Stellung zu nehmen. Gerade darin liegt der schwerwiegendste Mangel von Lu Xun. Ich habe einmal einen Artikel geschrieben, wo ich ihn aufforderte, Flagge zu zeigen. Titel dieses Aufsatzes war »Unzufrieden mit der jetzigen Situation«. Ich entsinne mich, daß ich dort schrieb: »Sie beschimpfen alle Leute und wenden sich gegen sämtliche Überzeugungen. In Ihren Schriften lassen Sie an keinem Prinzip auch nur ein gutes Haar. Was haben Sie schlußendlich im Sinn? Bitte nehmen Sie doch einmal direkt Stellung.« Damit habe ich offensichtlich seinen wunden Punkt getroffen. Er hat darauf kaum etwas erwidert, sondern [mich] in erster Linie mit seiner gewohnten Kriegskunst überfallen und zunächst die Sache komplizierter gemacht, als sie ist, indem er mich nochmals verhöhnte und sagte, ich hätte mich sprachlich nicht korrekt ausgedrückt, »loben« sei »loben« und »tadeln« sei »tadeln«, beim Benutzen von »tadeln« [in der Bedeutung »tadeln«] könne nicht das Zeichen für »loben« hinzugefügt werden. (Lu Xun hatte offenbar den Gebrauch der beiden Zeichen für »*loben*« und »*tadeln*« im »*Traum der Roten Kammer*« vergessen, mit der Bedeutung »ständig herumnörgeln« oder »immer ein Haar in der Suppe finden«, wie sie heute noch im nordchinesischen Dialekt verbreitet ist.) Daraufhin verkündete er, es gebe ein Prinzip, das er noch nie geschmäht hätte. Ich fragte, was es denn für eines sei. Etwa der Kommunismus? Er hat darauf nicht geantwortet. [...]

Die Werke eines großen Schriftstellers müssen einen gewissen Ernst haben, sie müssen angemessen dosiert sein. So reicht ein Werk wie »*Die wahre Geschichte des A Q*« bei weitem nicht aus, um dessen Verfasser zu einem großen Schriftsteller zu machen. Einmal kam George Bernard Shaw nach Shanghai. Die sogenannten Schriftsteller von Shanghai forderten nun den Alten Herrn Lu Xun als unseren Großschriftsteller auf, er solle sich mit Shaw treffen. Außerdem wurde *ein Photo* aufgenommen, das sie dann in den Zeitschriften veröffentlichten. Auf der einen Seite steht der hochgewachsene Shaw mit seinem silbergrauen Haar, auf der anderen Seite der schmächtige Lu Xun mit zerzaustem Schopf. Stellt man die beiden auf der Aufnahme einander gegenüber, kann der eine dem anderen wahrhaftig nicht das Wasser reichen, weder im Hinblick auf den Körperwuchs, noch auf die *Quantität und Qualität ihrer Werke.* [...]

Seit der Bewegung des 4. Mai [1919] gibt es sehr viele Autoren Neuer Literatur [in Gemeinsprache], darunter eine ganze Reihe wirklich erfolgreicher, doch solche wie Lu Xun sind immer noch selten. Er hätte noch bemerkenswertere Verdienste vorzuweisen, doch leider ist er zum einen früh gestorben, zum anderen hat er sich keine umfassende ideelle Grundlage aufgebaut, so daß er sich von der kommunistischen Welle hat verschlingen lassen und seinen künstlerischen Standpunkt aufgegeben hat. Ein Schriftsteller braucht gewiß nicht den ganzen Tag lang »*den Wind preisen und den Mond besingen*«. Er soll selbstverständlich seine Umgebung mit wachen Augen beobachten und seiner Empörung und seinem Kummer Luft verschaffen können. Dennoch muß er dabei das »Leben sorgfältig betrachten, und das umfassend«. Der Satz stammt vom englischen Literaturwissenschaftler Matthew Arnold, der an Chaucer kritisiert, er erfülle diese Forderung nicht, sondern habe eine bruchstückhafte und oberflächliche Vorstellung vom Leben. Wenn ich Lu Xun kritisieren soll, möchte ich mich dafür dieses Satzes bedienen. Lu Xun war nicht gelassen genug und hat zu häufig rein gefühlsmäßig reagiert, deshalb war sein Schritt so unsicher. Sowohl Gegnerschaft als auch berechnendes Lob haben auf ihn eine Wirkung ausgeübt, die sie nicht hätten haben sollen. Er verfügte über die sprachliche Fertigkeit, die ein Schriftsteller haben sollte, jedoch nicht über die geistigen und seelischen Maßstäbe, über die ein Schriftsteller ebenfalls verfügen sollte. Bei manchem, was er geschrieben hat, kommt nichts als eine engstirnige und anmaßende Haltung zum Ausdruck.

Titelseite der Pekinger »Volkszeitung« (1. November 1966)
Text S. 567

Xu Guangping (Photographie, Peking um 1955)

Abbildung S. 561

Q — Photographie [um 1955], in: *Xu Guangping yi Lu Xun* 許廣平憶魯迅 [Xu Guangping erinnert sich an Lu Xun], Guangzhou: Guangdong renmin chubanshe 4.1979, Vorsatzblatt

1966 · 10 · 31 / 11 · 1   Dokument B047

Titelseite der Pekinger »Volkszeitung« (1. November 1966)

Abbildung S. 565

Im ersten Jahr der Kulturrevolution widmete die Renmin Ribao *(»Volkszeitung«), das Organ des Zentralkomitees der Kommunistischen Partei Chinas, an zwei aufeinanderfolgenden Tagen ihren Leitartikel Lu Xun. Am ersten handelte es sich um einen Abdruck des redaktionellen Hauptbeitrags in der parteieigenen Theoriezeitschrift* Hongqi *(»Rote Fahne«). Am nächsten Tag, als rund drei Viertel der Artikel sich ausschließlich mit Lu Xun beschäftigten, stehen die Redebeiträge von der Gedenkveranstaltung des Vortages im Vordergrund. Es folgen die Titel der Artikel auf der Frontseite in Übersetzung, um das Umfeld zu veranschaulichen.*

¶ *Nach oben* sei unversöhnlich im Angesicht der Herrn, / Nach unten dien gern den Kindern als Büffel ¶
IN DER HAUPTSTADT FEIERLICHES GEDENKEN AN LU XUN, DEN GROSSARTIGEN BANNERTRÄGER AN DER KULTURFRONT

———

Chen Boda: Eröffnungsworte an der großen Gedenkveranstaltung für Lu Xun

———

Tiefe Empörung über die Entführung einiger Delegationsmitglieder durch die amerikanische imperialistische Administration

———

Glückwunschtelegramm von Prinz Sihanouk an den Vorsitzenden Mao zur erfolgreich gestarteten Atomrakete: Kampuchea teilt vorbehalt die Freude Chinas / Der neue Erfolg Chinas nützt allen antiimperialistischen Ländern

———

Glückwunschtelegramm von Präsident *Toure* zu unserem Erfolg beim Atomraketenversuch: Der neue Erfolg Chinas ist eine erneute Garantie für den Weltfrieden

A — *Nach oben...* Zitat aus dem Gedicht »Spottlied auf mich« [12.10.1932], dt. in: »LXW« Bd. 6, S. 41; in der orthodoxen Interpretation wird der »Büffel« als Allegorie der Kommunistischen Partei gelesen, weshalb die beiden Verse (der am weitesten verbreitete Text von Lu Xun überhaupt) und das Gedicht sowohl in seiner eigenen als auch der Kalligraphie von Mao Zedong in hohen Auflagen zirkulierten (vgl. Anm. in: »LXW«, Bd. 6, S. 237–9 ¶ *Chen Boda* (1904–, aus Hui'an/Fujian) seit 1924 KP-Mitglied, war 1966 soeben ins Politbüro aufgestiegen und als Vorsitzender der Gruppe für die Kulturrevolution ideologisch verantwortlicher Organisator der Gedenkfeier, fiel 1970 in Ungnade und stand 1980 wegen »Unterstützung der Viererbande« unter Anklage; Ende der 30er Jahre Privatsekretär von Mao Zedong und als solcher an Konzeption des frühen Lu-Xun-Kults beteiligt, womöglich auch an der Rede von Mao Zedong zum 1. Todestag von Lu Xun (Dok. C023) ¶ *Sekou Toure*, Präsident der Republik Nigeria

Q — *Renmin ribao* 人民日報 Nr. 6689 (Beijing, 1.11.1966)

L — »Jinian women de wenhua geming xianqu Lu Xun« 紀念我們的文化革命先驅魯迅 [Zum Gedächtnis von Lu Xun, den Vorläufer unserer Kulturrevolution], in: *Hongqi* 紅旗 Nr. 14/1966, S. 1–4

1966 · 10 · 31   Dokument C038

Xu Guangping: Die Mao-Zedong-Ideen erleuchten Lu Xun

Auf dem Höhepunkt der Kulturrevolution wurde auch Lu Xun mit in den Propagandastrudel gerissen. Fast groteskestes Zeugnis davon ist die Rede, die Lu Xuns Lebensgefährtin Xu Guangping (1898–1968) bei einer monströsen Feier mit über 70'000 Teilnehmern am 31. Oktober 1966 zum 30. Todestag hielt — grotesk deshalb, weil hier eine gutwillige betagte Frau und deren revolutionäre Ideale schamlos von den powers that be *ausgebeutet worden sind. Die an ihre Adresse gerichteten sarkastischen Bemerkungen von Pierre Ryckmans (vgl. Dok. W008) mögen zwar sachlich größtenteils gerechtfertigt sein, entfalten aber doch letztlich einen Begriff der Zivilcourage, der an der chinesischen Realität vorbeischießt, zumal an jener der Jahre 1966–69. Typisch ist, wie sich hier die Heiligenverehrung für Lu Xun mit dem Mao-Kult verschränkt, indem Maos in verschiedensten Kontexten formelhaft nachgebetete Äußerungen zu Lu Xun unmittelbar für die Kulturrevolution instrumentalisiert werden. Ein Blick auf spätere chinesische Texte, auch propagandistischer Natur (z.B. Dok. C012), läßt jedoch diese Gedenkfeier als Höhepunkt des Lu-Xun-Kultes erscheinen, der voraussichtlich nicht mehr überboten werden wird.*

Genossen, Rotgardisten, Freunde!

Ich bin überaus und mehr als es Worte auszudrücken vermögen bewegt, daß mitten im Aufbruch der Großen Proletarischen Kulturrevolution, die unser überaus geachteter und geliebter Führer, der Vorsitzende Mao, persönlich eingeleitet hat und nun anführt, die Gruppe Kulturrevolution beim Zentralkomitee der Kommunistischen Partei Chinas dieses Treffen einberufen hat zum Gedächtnis an Lu Xun, den großen Bannerträger an der kulturrevolutionären Front. Die lodernden Flammen der Kulturrevolution, die unser großer Lehrer, unser großer Führer, unser großer Oberkommandierender und Steuermann Mao landauf landab in China entfacht hat, haben sich auf der ganzen Welt ausgebreitet. Wie sehr würde sich Lu Xun freuen, *wenn er noch lebte* und Zeuge all dieser Ereignisse sein könnte.

Ich bin zutiefst überzeugt, daß unser überaus geachteter und geliebter größter Führer, der Vorsitzende Mao, mehr an Lu Xun denkt und Lu Xun besser versteht als irgend jemand sonst. Er hat die angemessenste, umfassendste und durchdringendste Einschätzung von Lu Xun abgegeben.

DER VORSITZENDE MAO SAGT:

»*ER WAR* DER OBERKOMMANDIERENDE DER CHINESISCHEN KULTURREVOLUTION, WAR NICHT NUR EIN GROSSER SCHRIFT-STELLER, SONDERN AUCH EIN GROSSER DENKER UND EIN GROSSER REVOLUTIONÄR. LU XUN WAR EIN UNBEUGSAMER CHARAKTER, OHNE JEDE SPUR VON SERVILITÄT UND KRIE-CHERTUM, UND DAS IST BEI KOLONIALEN UND HALB-KOLONIALEN VÖLKERN DIE SCHÄTZENSWERTESTE EIGEN-SCHAFT. LU XUN WAR DER KORREKTESTE, TAPFERSTE, STAND-HAFTESTE, TREUESTE, FEURIGSTE, BIS DAHIN BEISPIELLOSE NATIONALHELD AN DER KULTURFRONT, DER ALS REPRÄSEN-TANT DER GROSSEN MEHRHEIT DER NATION DIE STELLUNGEN DES FEINDES ERSTÜRMTE. DIE RICHTUNG LU XUNS IST DIE RICHTUNG DER NEUEN KULTUR DER CHINESISCHEN NATION.«

Der Vorsitzende Mao pries Lu Xun als Oberkommandierenden der Kultur-revolution, doch Lu Xun betrachtete sich als einfachen Soldaten, der nichts als seine Pflicht für die Partei tat. In seinen revolutionären Aktivitäten sah er bloß den »*Befehl* des Generals« ausgeführt und bezeichnete seine revolu-tionären literarischen Werke als »Literatur nach dem Muster militärischer Befehle«. Zeit seines Lebens waren es die Befehle des revolutionären Volkes, die Befehle des Proletariats, die Befehle der Partei und des Vorsitzenden Mao, denen Lu Xun gehorchte und die er ausführte. Er mühte sich ab, um die Grundsätze und politischen Leitlinien der Partei zu studieren und zu begreifen, so wie sie der Genosse Mao Zedong niedergelegt hatte. Er arbeitete bis zur Erschöpfung für die proletarische Kultur. Wie ein Späher auf Patrouille behielt er die Entwicklungen an der kulturellen Front ständig scharf im Auge und stellte sich selbst in die Kampflinie. Unermüdlich und ohne Gefahren und Schwierigkeiten zu fürchten, erzog und förderte er neue Kulturkräfte für die Partei und verleugnete sich selbst, um Parteipublikationen mit Geldbeiträgen zu unterstützen. An all dies erinnere ich mich bis zum heutigen Tag, und ich werde es mein Leben lang nicht vergessen.

Die Bewunderung und Liebe von Lu Xun für unseren überaus geliebten Vorsitzenden Mao war grenzenlos. Als die Rote Armee unter Führung des Vorsitzenden Mao den Langen Marsch von 25'000 Li siegreich abschloß und im Norden der Provinz Shaanxi eintraf, schickte Lu Xun ein Telegramm mit Grüßen und Glückwünschen. Voller Begeisterung rief Lu Xun in seinem Telegramm aus: »Euch ist die Zukunft Chinas und der Welt anvertraut.« In den finstersten Jahren der reaktionären Guomindang-Herrschaft sah Lu Xun schon klar, daß der revolutionäre Volkskrieg unter der Führung des Genossen Mao Zedong nicht nur siegreich die arbeitenden Massen Chinas befreien würde, sondern im gleichen Zuge sich auch unbegrenzte Aussichten für die gesamte Menschheit eröffnen würden. Wir sahen schon, wie Lu Xun in der kurz vor seinem Tod geschriebenen »Antwort auf einen Brief der Trotzkisten« vor Liebe zum Vorsitzenden Mao strahlte. Unter dem Weißen Terror der Guomindang achtete er seine persönliche Sicherheit für nichtig und erklärte offen, daß er es als Ehre betrachte, zu den Genossen des Vorsitzenden Mao zu zählen. Damals waren Lu Xun und der Vorsitzende Mao zwar räumlich voneinander getrennt, doch das Herz von Lu Xun war dem Vorsitzenden Mao zugewandt und schlug mit dem Vorsitzenden Mao. Unser großer Führer, der Vorsitzende Mao, war die röteste Sonne im Herzen von Lu Xun. [...]

A — wenn er noch lebte... vgl. Dok C036 ¶ »Er war...« zit. nach: Mao Tse-tung [Mao Zedong]: »Ausgewählte Werke«, Peking: Verlag für fremdsprachige Literatur 1968–78, Bd. 2, S. 435; vgl. Dok. C023; Großschreibung markiert Fettdruck im Original: 1966–78 wurden sämtliche Zitate von Mao Zedong, die sowohl für journalistische als auch für wissenschaftliche Publikationen obligatorisch waren, fett gedruckt oder durch andere Type hervorgehoben ¶ »Befehl...« Zitate von Xu Guangping leicht abgewandelt aus der »Vorrede« zur Sammlung »Applaus«; dt. in: »LXW«, Bd. 1, S. 14 ¶ 25'000 Li entspricht 12'500 Kilometern, in Wahrheit rund 10'000 Kilometer ¶ »Euch...« vgl. die angeblich wieder aufgefundene Quelle in Dok. C039 ¶ »Antwort...« »Da Tuoluosiji pai de xin« [3./9.6.1936], zuerst in: »Wenxue congbao« Nr. 4 & »Xianshi wenxue« Nr. 1 (7.1936); in: »LXQJ«, Bd. 6, S. 586–9 (Brief eines anonymen »Chen XX«, Antwort nach Diktat des kranken Lu Xun von Feng Xuefeng unter dem Pseudonym »O. V.« niedergeschrieben)

Q — Xu Guangping 許廣平 »Mao Zedong sixiang de yangguang zhaoyao zhe Lu Xun« 毛澤東思
想的陽光照耀著 in: *Renmin ribao* 人民日報 Nr. 6689 (Beijing, 1.11.1966), S. 3; auch in: *Hongqi* 紅旗
Nr. 14/1966, S. 15–17; engl. »Mao Tse-tung's Thought Illuminates Lu Hsun«, in: *Peking Review* Nr.
45 (4.11.1966), S. 20–2

L — Xu Guangping 許廣平 »Zhaji« 札記 [Notizen, 8.-11.5.1936; über die Literaturszene und
Gespräche mit Lu Xun], Hg. Zhou Haiying 周海嬰 in: *Xin wenxue shiliao* 新文學史料 Nr. 58
(1/1993), S. 37–9 ¶ Wong Wang Chi [Wang Hongzhi 王宏志]: *Politics and Literature in Shanghai.
The Chinese League of Left Wing Writers, 1930–36,* Manchester & New York: Manchester University
Press 1991

1966 · 10 · 31   Dokument B019

*Huang Xinbo: Im Haß unter dem Schwert vereint birgt Poesie
(kolorierter Holzschnitt, 1974)*
Abbildung S. 573

*Huang Xinbo (1916–80, aus Taishan/Guangdong) gehört zur ersten Generation
von Holzschnittkünstlern, die sich unmittelbar von Lu Xun und seiner Propaganda
für den sozialrevolutionär engagierten Holzschnitt inspirieren ließen. In einem Haushalt von auslandchinesischen Arbeitern aufgewachsen, kam er 1933 nach Shanghai
und schloß sich bald darauf der Liga linker Künstler an, deren Schule er besuchte.
Seit 1938 Mitglied der KPCh, verbrachte er die Kriegszeit in Guilin und bekleidete
neben seiner Lehrtätigkeit an der Kunstakademie von Südchina* (Huanan wenyi
xueyuan) *in Guangzhou verschiedene hohe Funktionärsposten, während der Kulturrevolution den eines Stellvertretenden Vorsitzenden des Revolutionskomitees im
Volkskunsttheater der Provinz Guangdong. Lu Xun hat 1934 zur zusammen mit
Liu Xian (1915–, aus Lankao/He'nan) — einem der frühen Illustratoren der »Wahren
Geschichte des A Q« — herausgegebenen Sammlung »Namenlose Sammlung von
Holzschnitten«* (Wuming muke ji) *das Vorwort beigesteuert. Der zweifarbige
Holzschnitt, in dem Lu Xun als allegorische Figur erscheint, ist als typisches Beispiel
kulturrevolutionärer Ikonographie zu werten, aber auch als Ausdruck persönlicher
Verbundenheit mit dem Autor Lu Xun, den Huang Xinbo als junger Mann kennen-
gelernt hatte.*

Q — Huang Xinbo 黃新波 »Nu xiang daocong mi xiaoshi« 怒向刀叢覓小詩 [1974], in: *Beijing Lu
Xun bowuguan canghua xuan* 北京魯迅博物館藏畫選 Tianjin: Meishu chubanshe 8.1986, S. 85

Pierre Ryckmans: Das Unkraut von Lu Xun auf den amtlichen Spruchbändern

Von den beiden gewichtigen Kontroversen in der westlichen Nachkriegssinologie
hat sich eine an Lu Xun entzündet. Kontrahenten waren der belgische Diplomat
und Sinologe Pierre Ryckmans (1935–), der unter dem Pseudonym Simon Leys
(angelehnt an den für seinen Exotismus bekannten China-Roman René Leys des
französischen Marinearztes, Ethnologen und Sinophilen Victor Segalen, 1878–1919)
auch essayistisch-literarische Arbeiten publiziert auf der einen Seite, auf der anderen
die Lu-Xun-Expertin Michelle Loi (vgl. Dok. W002), die auf die dezidiert anti-
kulturrevolutionäre Einleitung zu Ryckmans' Übersetzung der »Wilden Gräser«
(Yecao) mit einem engagierten und virtuosen Pamphlet reagierte. Ebenso wie in
der ersten Debatte, die zwischen Xia Zhiqing (»C. T. Hsia«) und Jaroslav Průšek
(vgl. Dok. W007) ausgetragen wurde, befinden sich die Positionen in strikter Analogie
zu den Frontlinien des kalten Krieges: hier Sympathisanten der Volksrepublik, dort
der »Republik China« auf Taiwan, hier Maoisten, dort Liberale. — Die Eigenheit
der Vorlage, Exkurse sehr klein zu setzen, wobei jeweils zwei Zeilen den Kegelraum
einer Zeile des Haupttextes einnehmen, wird im folgenden durch gewöhnlichen
kleineren Satz angezeigt.

Die Kulturrevolution hat ein neues Kapitel in den Metamorphosen des Lu-
Xun-Kultes eröffnet. Sobald ein kommunistischer Funktionär in Ungnade
fällt, ist es üblicherweise so, daß seine gesamte Karriere unter die Lupe
genommen und so dargestellt wird, daß er von der Wiege an schon immer
ein konterrevolutionärer Verräter war [...] Seine Verbrechen werden einzeln
aufgelistet, wobei sich die Aufstellung schlicht und ergreifend auf
Äußerungen des Betroffenen stützt, der eifrig der Partei diente: Da die
Parteilinie immer im Zickzack verläuft, genügt es schon, dem Zick von heute
ein Zack von gestern gegenüberzustellen, um einen Sabotageakt aus dem zu
machen, was zuvor Akt des Gehorsams gewesen war. Auf diese Weise hat
der Fall Lu Xun nach 30 Jahren einen willkommenen Vorwand geliefert, um
die *Propagandaabteilung* zu säubern. Ihre Leitung bestand sachgemäß
größtenteils aus den gleichen Funktionären, die 1936 Lu Xun auf Anweisung
der Partei verfolgt hatten. Die Geschichte der Ereignisse von 36 in Shanghai,
die ein erstes Mal nach der *Befreiung* neugeschrieben wurde, um aufzuzeigen,
daß es zwischen Lu Xun und der Partei niemals einen Konflikt gegeben
habe, wurde ein weiteres Mal neugeschrieben, um die Episode als Beispiel
für den Konflikt zwischen der korrekten Linie von Mao Zedong — die Lu

Huang Xinbo: Im Haß unter dem Schwert vereint birgt Poesie (kolorierter Holzschnitt, 1974)

Text S. 571

Xun angeblich vertreten hat — und der konterrevolutionären Kapitulations-
politik von *Wang Ming* und *Liu Shaoqi*, die angeblich *Zhou Yang* und seine
Anhänger betrieben hatten. Überflüssig zu erwähnen, daß diese neue Version
der Ereignisse bei allen, die einigermaßen auf dem laufenden waren und
mit einem Gedächtnis begabt, eine gewisse Skepsis auslösen mußte: Warum
hatte es drei Jahrzehnte gebraucht, um festzustellen, daß Zhou Yang und
seine Mitstreiter von der maoistischen Linie abgewichen waren, als sie Lu
Xun verfolgten? Falls er wirklich die reine Lehre von Mao verraten hätte, als
er Lu Xun belästigte, wie wäre dann zu erklären, daß er, sobald er seinen
Auftrag in Shanghai erfüllt hatte, sogleich nach *Yan'an* zurückkehrte [...]
und ihm dort Mao umgehend die Leitung der Propaganda und der
Kulturpolitik anvertraute? Wie erklären, daß er stets verantwortlich war, die
Anwendung der maoistischen Linie im kulturellen Bereich zu überwachen
und voranzutreiben, von der Organisation der berühmten »*Reden bei der
Aussprache über Literatur und Kunst*« von 1942 bis hin zu den wiederholten
Säuberungen unter Intellektuellen und Schriftstellern? [...] In einem
totalitären Staat, wo das kollektive Gedächtnis nach dem Muster, das Orwell
in »*1984*« beschrieben hat, ständigen Veränderungen ausgesetzt ist und immer
nur die jüngste Version der Orthodoxie gelten läßt, ist die Manipulation
historischer Tatsachen nichts als ein einfaches technisches Problem: Bei jedem
Umsturz genügt es, alle Dokumente über die fragliche Angelegenheit aus
dem Verkehr zu ziehen und durch eine neue Dokumentation zu ersetzen,
die mit den jüngsten Verordnungen übereinstimmt. Auf jeden Fall kann ein
solches Unterfangen [...] in einem Falle wie Lu Xun, der Gegenstand einer
Flut von Sekundärlitertur ist und zu dessen ausschließlichem Gedächtnis
mehrere Museen eingerichtet worden sind, beträchtliche Ausmaße annehmen.
Es ist überdies eine Sisyphus-Arbeit; kaum scheint sie vollendet, muß sie
erneut in Angriff genommen werden. Ein Beispiel: Aus Anlaß des 30.
Todestages von Lu Xun wurde in Peking 1966 eine riesige Versammlung
einberufen, zu der sich in Anwesenheit von *Zhou Enlai* und der obersten
Partei- und Staatsspitze rund 70'000 Teilnehmer einfanden. Man könnte
glauben, ein solches Ereignis würde Höhepunkt des Lu Xun von der
maosistischen Macht dargebrachten Kultes bleiben. Aber nichts dergleichen!
Ein unglücklicher Zufall will, daß es ausgerechnet *Chen Boda* war, der diese
Feier VERANSTALTET HATTE UND DEN VORSITZ FÜHRTE, der gleiche,
von dem man inzwischen herausgefunden hat, daß er nichts war als ein
finsterer Schurke und Lakai von *Lin Biao* (der wiederum Lakai war von Liu
Shaoqi, der seinerseits Lakai war von *Jiang Jieshi*, der wiederum Lakai der
US-amerikanischen Imperialisten war, wenn nicht gar der sowjetischen

[*575*]

Sozialimperialisten!...). Doch zu den Gesetzmäßigkeiten solcher Regimes gehört, daß, sobald ein Funktionär in Ungnade fällt, sein gesamter Hofstaat und sein gesamtes Werk mit ihm in den Abgrund fahren, keine Episode aus seiner Laufbahn und keines seiner Worte darf mehr erwähnt werden und keine seiner Schriften ist mehr erhältlich. Selbst wenn er sein ganzes Leben nichts anderes wiederholt hätte als »Lang lebe der Vorsitzende Mao!«, fänden die Exegeten Mittel, um darin einen kriminellen Nebensinn aufzuspüren. Auf diese Weise ist die Rede von Chen Boda, die er bei dem berühmten Treffen im Jahre 1966 hielt, häretisch geworden und wird verdammt, obwohl sie sich in nichts von den Gemeinplätzen unterscheidet, die *Yao Wenyuan*, *Xu Guangping* und *Guo Moruo* beim gleichen Anlaß von sich gegeben haben [...]. Die Broschüren, die zur Erinnerung an diese Versammlung in acht verschiedenen Sprachen herauskamen, wurden eiligst aus den Buchhandlungen, Bibliotheken usw. entfernt. Es ist ohne weiteres nachvollziehbar, daß solche Wechselfälle die Spezialisten in Atem halten. [...] Sie genießen um ihrer undankbaren und gefährlichen Aufgabe willen meine vollste Sympathie: Bewundernswürdig ist der gewaltige Aufwand an Geschick und Erfindungsgabe, den sie haben treiben müssen, um möglichst unauffällig im Grund wohlbekannte Ereignisse aus dem Leben von Lu Xun zu beschönigen, zu verändern, zu fälschen, zu zensurieren, zu erfinden. Zwei wichtige Faktoren bestimmen ihre Arbeit: Einerseits müssen sie möglichst alle Spuren der engen Beziehungen tilgen, die Lu Xun mit *Qu Qiubai*, *Hu Feng*, *Feng Xuefeng* und anderen unterhielt, und gegebenfalls sogar mittels unvollständiger oder verfälschender Zitate nahelegen, Lu Xun habe deren Freundschaft geleugnet. Andererseits geht es darum, den Mythos von der »Sonne der Mao-Zedong-Ideen, die Lu Xun erleuchtet haben«, zu fabrizieren und zu illustrieren. Der Ausdruck in Gänsefüßchen stammt von Xu Guangping. Während der letzten Jahre ihres Lebens wurde die unglückliche Witwe von Lu Xun — Friede ihrer Asche! — durch die »Kulturrevolution« gezwungen, Reden zu halten und Artikel zu zeichnen, in denen in voller Mißachtung historischer Tatsachen behauptet wurde, Lu Xun habe »beharrlich die Mao-Zedong-Ideen studiert«: »[...] Lu Xun und der Vorsitzende Mao waren räumlich voneinander getrennt, doch das Herz von Lu Xun war dem Vorsitzenden Mao zugewandt und folgte ihm nach. [...] Unser großer Führer, der Vorsitzende Mao, war die röteste Sonne im Herzen von Lu Xun. [...] Die unbesiegbaren Mao-Zedong-Ideen waren der oberste Leitfaden von Lu Xun.« [usw.] [vgl. Dok. C012]. Jeder muß zugeben, daß, falls Lu Xun tatsächlich »beharrlich die Mao-Zedong-Ideen studiert hat«, es sich um ein erstaunlich wohlgehütetes Geheimnis handelte: Auf den *5000 Seiten* eines Werks, das aus sämtlichen Quellen der Philosophie, Literatur und Kunst schöpft, und quer durch alle Zeiten und Räume die verschiedensten Autoritäten der chinesischen, japanischen, russischen, indischen, europäischen und amerikanischen Kultur zitiert, von *Zhuang*

1975

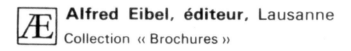
Alfred Eibel, éditeur, Lausanne
Collection « Brochures »

Michelle Loi

Pour
Luxun
(Lou Sin)

Réponse à
Pierre
Ryckmans
(Simon Leys)

Alfred Eibel: Verlagsprospekt zu **Pour Luxun (Lou Sin).**
Réponse à Pierre Ryckmans (Symon Leys) *von Michelle Loi*
Text S. 579

nicht kennen, müssen Sie sich besser sachkundig machen, und wenn Sie sie kennen, überzeugen Sie sich von deren praktischer Anwendung im Falle von Luxun, z.B. in »Hanyu keben«, Bd. 4, S. 136, Peking 1970, wo überall Buchstabe für Buchstabe »Luxun« IN EINEM EINZIGEN WORT steht. Um es deutlich zu sagen: Pierre Ryckmans macht sich ganz schön darüber lustig, daß ich »Luxun« schreibe statt »Lu Xun«, er macht sich ganz schön darüber lustig, daß ich meine oder er seine Leser zu Irrtümern verleite. Was jedoch zählt, ist, daß er mein Wissen einem Verdacht aussetzt, und dafür sind ihm alle Mittel recht, selbst die niedrigsten. Meinerseits zweifle ich keinen Augenblick daran, daß wenn ich ungeschickterweise »Lu Xun« geschrieben hätte, er mir in gleicher Weise, aber einfach umgekehrt, die Leviten gelesen hätte, mit dem einzigen Unterschied, daß er dann nicht unrecht gehabt hätte. Lassen wir das: Ich bin es gewohnt, von meinen werten Kollegen gehänselt zu werden, doch versteht es sich von selbst, daß ich weiterhin überall LUXUN schreiben werde, sogar wenn ich Ryckmans-Leys zitiere, damit der Fehler nicht weiter verbreitet werde!

Ohne Erbarmen mit seinen Lesern zu zeigen — aber ohne Zweifel hat *Christian Bourgois* gemerkt, wie lächerlich und anmaßend diese »Verschnittenen Werke« von Luxun/Leys sind und sie auf das geringstmögliche Maß zurechtzustutzen versucht —, flicht der große patentierte Sinologe in seine Überlegungen zu Luxun (auf die wir schon vorher ohne weiteres hätten verzichten können) Überlegungen zu seinen Überlegungen ein. (Wenn sich die erste Ausgabe von »La mauvaise herbe« gut verkauft, dürfen wir sicher Überlegungen zu den Überlegungen zu den Überlegungen zu Luxun erwarten.) Um das wirklich gebührend würdigen zu können, habe ich meine Lupe hervorgenommen, denn dort [im kleiner Gedruckten] verbergen sich bekanntlich die kostbarsten Perlen, doch wird ohne weiteres verständlich sein, daß ich hier nicht im einzelnen die Unterschiede zwischen Leys und Über-Leys heraussuche: woran mir liegt, ist einzig, Luxun aus diesem Sumpf zu ziehen.

Wir sind Pierre Leys dankbar, daß er unzweideutig den Luxun für uns definiert hat, den er liebt und den er sich erträumt: »ein von Widersprüchen zerrissenes Bewußtsein, von Zweifeln zernagt, angezogen von den Versuchungen des Nichts und dem Taumel der Verzweiflung, hoffnungslos individualistisch und unabhängig« (S. 8). Ihm läßt sich nicht einmal zum Vorwurf machen, er habe hier sein eigenes Bild übertragen, denn ein solches Bewußtsein hat bestimmt nichts zu schaffen mit der behaglichen Ruhe, in der sich Simon suhlt. Zumindest kennt sein Bewußtsein keine Widersprüche, was nicht verwundern kann, denn aus chinesischer Sicht sind Widersprüche

Ausdruck des Lebens. Da Leys den Begriff »Widerspruch« nicht im marxistischen Sinne versteht, und das aus bestimmten Gründen, bedeutet er für ihn, wie er weiter unten sagt, eine »pessimistische und depressive Krise«. Diese schlägt zum höchsten Wohle von Luxun aus, denn es handle sich künstlerisch »um die vielleicht reichste und intensivste schöpferische Phase in seiner ganzen Laufbahn« (S. 23). Was ihm widerfährt, geschieht Luxun übrigens ganz recht: er, der es fertiggebracht hatte, »seine Verzweiflung [Verzweiflung worüber, wenn nicht über die gescheiterte Revolution von 1911? Sagen Sie irgendetwas darüber?] zu ersticken, indem er sich in ausgedehnte klassische und buddhistische Lektüre versenkte...« Wird nicht gerade hier offensichtlich, daß er sich nicht in »literarische und politische Kämpfe verwickeln läßt« und sich der »erbärmlichen Betäubung durch das Nichts« nicht entreißt? Ich empfehle den Lesern des Vorworts von »La mauvaise herbe« dringend, die Seiten 24 und folgende nicht auszulassen, wo alle schönen großen Motive des bürgerlichen Individualismus wunderschön entfaltet sind: die Größe des Werks von Luxun besteht darin, daß sich in ihm »minimales politisches Engagement mit maximaler schöpferischer Freiheit verbindet«. Den späteren Luxun gibt es nicht: er ist nicht mehr in der Lage, »die düsteren Bezirke des Ich« zu erkunden; er hat unklugerweise »den fruchtbaren "Spleen" des Künstlers vertauscht mit dem politischen Engagement und den Liebedienereien des Polemikers« ... (Ich lasse aus, der Stil ist zu überladen); »er hat sich selbst zur Unfruchtbarkeit verdammt«, indem er sich »dem vollen Licht der Öffentlichkeit aussetzte«. Kurz und gut, diese Altersschwäche vollendet sich im Jahre 1932, als er »die literarische Kreativität aufgab, um sich ausschließlich dem polemischen Essay zu widmen«. SIC! Besser und mehr läßt sich von ihm nicht zeigen, mehr als ein Ohrläppchen, ein ganzes Ohr und das Herz und der Körper dazu von diesem bürgerlichen »Humanisten), der sich in den Kopf gesetzt hat (und daran interessiert ist), den Künstler dem Politiker gegenüberzustellen, das Ich den Massen, die »Freiheit« des »Künstler-Ich« der »Politik-Diktatur der Massen«, die diese Freiheit ständig bedroht. Denn es geht darum, so zu tun, als ob es keine »Politik-Diktatur der Bourgeoisie« gebe; je ergebener man ihr ist, desto weniger ist von ihr die Rede. [...]

Unser Simon, der völlig ohne Widersprüche lebt, wirft einerseits Mao und den Seinen vor, Luxun für die Bedürfnisse der Kulturrevolution entdeckt zu haben, andererseits aber, ihn seit seinem Tod »kanonisiert« zu haben. Er zieht das früheste Lob, das Mao in »*Über die neudemokratische Bewegung*« auf Luxun singt und das dermaßen »gespickt ist mit Superlativen«, gar nicht in Betracht. Mao ist unmäßig, das ist bekannt. Seine Freunde sind es auch.

Pierre Leys schenkt seine Sympathie und sein Vertrauen eher anderen Literaturwissenschaftlern, die politisch weniger gezeichnet sind und zur Zeit in *New York, Hong Kong oder Taibei* wohnhaft sind oder dort starben. Die sind wohl am besten in der Lage, den wahren Wert von Luxun einzuschätzen. An erster Stelle unter ihnen steht sein Bruder *Zhou Zuoren*, »Humanist« im Dienst der Bewegung des 4. Mai und bekannter Kollaborateur der Japaner während des Widerstandskrieges [1937–45]. Zhou Zuoren fand, nachdem er nach seinem Verrat nach Peking zurückgekehrt war (dank der Unterstützung durch *Zhou Yang* und andere »Schlaumeier«, die nichts anderes im Sinn hatten, als das Gedächtnis an Luxun zu besudeln), die zur Erinnerung an Lu Xun über seinem Grab in Shanghai errichtete Statue sei geschmacklos. Leys sagt nicht, ob er seinerseits empört gewesen sei (ich nicht!), aber er erwähnt ebensowenig, daß die Freunde von Luxun empört gewesen waren, wie klein das Grabmal war, das die damaligen Beamten (noch von der Guomingdang) für ihn hatten errichten lassen, und daß bei der Befreiung in der Tat nichts dringlicher schien, als ein anderes Denkmal zu bauen. Warum soll diese Statue mit einem sitzenden Menschen mitten in den Blumen eines Parks von »großartiger Lächerlichkeit« sein (vielleicht, weil den Sockel eine Kalligraphie von Mao schmückt, aber Leys sagt nicht, warum)? Viel besser jedoch ist bekannt, daß der »teure« Bruder Zhou Zuoren, den unser Kritiker als allernächsten Zeugen anruft, es aus guten Gründen nicht mochte, daß Luxun »vergöttert« wird. Eifersüchtig, beschränkt, eigennützig und kleinlich wie er war, hat er seinen älteren Bruder immer verachtet (auf dessen Geldbeutel er lange Zeit lag — was beweist, wie großzügig Luxun war, und nicht etwa, daß sein kleiner Bruder »die emotionale Ödnis ausgefüllt« hätte!), und zwar so sehr, daß die Frage berechtigt ist, ob nicht der Verrat für ihn ein Mittel war, um sich von seinem Bruder abzuheben, um sich an ihm über dessen Tod hinaus zu rächen. […]

Schon seit langem wissen wir — und die »*Ombres chinoises*« haben es bestätigt, falls das nötig gewesen wäre —, daß Simon Frauen nur erträgt, wenn sie lange Haare und kurze Gedanken haben. *Martine V-H* entkommt dem Massaker, und zwar wohlgemerkt, weil ihre Übersetzungen einwandfrei sind (was stimmt), aber vor allem, weil sie soeben etwas in der akademischen Schriftenreihe der Autoren von »*Revo cul…*« publiziert hat: was gewürdigt zu werden verdient. Was die andern betrifft: Pah! Ich spreche gar nicht von *Xu Guangping*, Ehefrau von Luxun und seine frühere Schülerin, Verfasserin der »*Erinnerungen an Luxun*«, die 1966 in den Augen der Sinologen der »freien« Welt ihre Ehre verlor, als sie sich freute, daß jene entlarvt wurden, die »Luxun zutode gebracht hatten« mit ihren Angriffen und Schlägen. *B.*

Krebsová findet er »zu rudimentär«, vermutlich, weil sie in der Tschechoslowakei zu einer Zeit publiziert hat, als es noch erlaubt war, Sympathie für
die Volksrepublik China zu zeigen. Was mich betrifft, M.L., so habe ich
zwar »aufrichtige Begeisterung«, bin aber — wie ich erwähnte, daß er erwähnte — nur »sehr ungefähr und phantasievoll« im Bilde, kurz und sehr
erstaunlicherweise: ich verfüge über die Tugenden und Laster einer intellektuellen FRAU. Eine Intellektuelle, die Intellektuelle (sofern sie männlichen
Geschlechts UND reaktionär sind) am liebsten wieder mit Dingen beschäftigt
sähen, die den kleinen Köpfen voller Verwirrung und ohne Einfälle ange-
messener wären — was den Frauen von Natur aus zusteht, wie es der zusätzliche Sarkasmus von »Dame« und »maoistisch« unterstreicht. Es sei mir
verziehen: Jetzt, wo sich mir einmal die Gelegenheit bietet, möchte ich jene,
die sich womöglich durch das Gewiehere eines unheilbar vertrotteltes Esels
aufscheuchen lassen (vertrottelt nicht durch seine sinologische Unkenntnis
— die er gar nicht haben kann —, sondern durch seine Unkenntnis von
allem, was nicht EINE BESTIMMTE SINOLOGIE darstellt), darauf hinweisen,
daß alles, was ich in meinen »zahlreichen Artikeln« vorgebracht habe, auf
Informationen beruht, die ebenso verläßlich sind wie jene von Herrn Pierre
Ryckmans, Professor der Sinologie, auch wenn ich mich SOGAR direkter
chinesischer Quellen bediene, welche dem Genannten, wie er beklagt, häufig
unzugänglich sind. Ich soll bei »Luxun« einen »Rechtschreibefehler« (SIC)
begehen? Aber wenigstens habe ich außer seinem Bruder sämtliche Freunde
und sämtliche Schüler von Luxun getroffen, soweit sie noch leben (z.B. *Li
Helin, Xu Qinwen*), um aus ihrem Munde alles zu erfahren, was ich erfahren
wollte, ebenso die wichtigsten Expertengruppen, die über sein Werk arbeiten.
[...]
    Das große Schlachtroß von Leys-Ryckmans, auf das er sich schon in
»Ombres chinoises« geschwungen hat, ist ein *Schaukelpferd*, das mit einem
Umweg über die Vereinigten Staaten [*ursprünglich] aus Formosa [*Taiwan]
kommt, und angefeuert ist vom seligen *C-T Hsia* (die »Experten« wissen,
von wem die Rede ist, und für die anderen ist ohne Belang, wenn ich mich
über seine Biographie auslasse). Was wird uns gesagt? (auf S. 10ff.): Luxun
sei »in einem Zustand der Auflehnung gestorben«. Das ist wahr, aber gegen
wen? Die »abschließende Episode von 1936 wurde sorgfältig aus dem
Gedächtnis getilgt«. Nicht aus dem »Gedächtnis«, aber aus den Literaturgeschichten und Museen, das ja. Durch wen? Daß ihn, »als er schwer krank
war, Wut und Trauer darüber, sich gegen die Verfolgung durch seine
"Genossen" wehren zu müssen, dahinrafften«. Das ist wahr, aber wer waren
diese »Genossen«? (Er selber sagt nicht »Genossen« — er war kein

Parteimitglied —, sondern »Weggefährten«.) Daß er »einsam und verzweifelt starb«, nein, denn er war umgeben von seinen Freunden und Schülern, die nach ihm den Kampf fortführten, aber zutiefst entrüstet, als er sie NAMENTLICH verunglimpfte, ja, das war er. Daß »Luxun auf Anweisung der Partei verfolgt wurde«, ist nochmals falsch. Was falsch ist in der Pseudo-Analyse von Ryckmans-Leys, ist einmal »Mao«, einmal »Die Partei« zu sagen, als ob es das selbe wäre. Ebenso falsch ist, von der »Parteilinie« zu sprechen, die eine »Aussöhnung mit der Guomingdang« befürwortete, eine Linie, die »ein Mann ablehnte, dessen unbestechliche Integrität sich nicht abfinden mochte mit den taktischen Erfordernissen und gewundenen Pfaden DER Politik (DIE Politik, Hervorhebung von mir, M.L.).« Wer sich ein bißchen mit der damaligen politischen Situation in China auskennt, weiß, daß »die« Partei durch zwei verschiedene Linien gespalten war, ja, daß sie sogar zwei Führungen hatte: Diejenige in Yan'an verfügte über die Armee und damit über die tatsächliche Macht. In Shanghai lag die Leitung der Untergrund-KPCh in den Händen von »Funktionären«, wie Leys sagt, die mehrheitlich »bolschewistisch« waren, das heißt sich bedingungslos dem Diktat von Moskau unterwarfen, der Linie von Wang Ming. Im kulturellen Bereich findet sich der selbe Kampf zweier Linien wieder. […]

A — »*Mein Herz* …« Vermutlich handelt es sich um die irrtümliche Datierung des 1973 intern verbreiteten Briefes vom 8. Juli 1966, wo die betreffende Passage sich auf das Recht bezieht, die eigene Meinung zu ändern und die Änderung in die Textgestalt einfließen zu lassen: »Lu Hsün hat seinerzeit seine eigenen Essays erneut korrigiert. Mein inneres Empfinden gleicht dem von Lu Hsün. […] Nachdem ich selbst mehrere Male gestolpert war, habe ich mich auch immer so verhalten.« (zit. nach »Mao intern. Unveröffentlichte Schriften, Reden und Gespräche Mao Tse-tungs 1946–1976«, Hg. Helmut Martin [1974], München: Deutscher Taschenbuch Verlag 1977, S. 206) ¶ *Jiang Qing* (1913–91, aus Zhucheng/Shandong) eig. Li Yunhe, dritte Ehefrau und Witwe von Mao Zedong, bevor sie sich der Roten Armee in Yan'an anschloß Filmschauspielerin, spielte in der Kulturrevolution eine führende politische Rolle und machte, gleichsam als Berufsgenossin, aus den »revolutionären Modellopern« ein kulturpolitisches Paradigma, als Mitglied der Viererbande 1981 zum Tode verurteilt, dann zu lebenslänglicher Haft begnadigt ¶ »*Pinyin*« vollst. »Hanyu pinyin«, offizielle Umschrift in der Volksrepublik seit 1958 ¶ »*Hanyu keben*« [Lehrbuch des gesprochenen Chinesisch] ¶ *Christian Bourgois* Herausgeber der Reihe »10/18«, in der »La mauvaise herbe« erschien, jetzt mit eigenem Verlag in Paris ¶ »*Über die neudemokratische Bewegung*« (»Xinminzhu zhuyi lun«, 1940), dt. in: »Ausgewählte Werke«; vgl. Dok. C023 ¶ *New York…* bezieht sich auf den an der Columbia University lehrenden Sinologen Xia Zhiqing (»C. T. Hsia«, 1921–, aus Suzhou/Fujian), Kontrahent von Průšek 1961/63 (vgl. Dok. W008), und sein Werk »A History of Modern Chinese Fiction« (1961, chin. 1979); *Hong Kong* bezieht sich auf Cao Juren und seine

Lu-Xun-Biographie (vgl. Dok. A016); *Taibei* bezieht sich auf Liang Shiqiu (vgl. Dok. C015) und die Tatsache, daß Werke von Lu Xun bis 1989 auf Taiwan nicht erscheinen konnten ¶ *Zhou Zuoren* (1885–1967), vgl. Dok. C047 und C048 ¶ *Zhou Yang* (1907–89) Literaturkritiker und Kulturfunktionär ¶ »*Ombres chinoises*« Bericht über einen China-Aufenthalt 1972/73 (1974), vgl. Dok. W008 ¶ *Martine V-H* gemeint ist M. Vallette-Hémery, die u.a. die kommentierte Übersetzung »La véridique histoire d'A-Q« (Paris: Centre de publication Asie Orientale Paris VII 1975) veröffentlicht hat; die Schreibung des Doppelfamiliennamens ohne Punkte spielt auf die für unrichtig gehaltene Transkription »A-Q« an sowie auf die Übersetzung mit »Véridique-Histoire«, während die Verfasserin später übersetzte »Histoire d'A Q: véridique biographie« (Paris: Presses Universitaires de France 1990) ¶ »*Revo cul...*« s.u., ironische Verballhornung des französischen Ausdrucks für »Kulturrevolution«, der sich etwa mit »Wendearsch« übersetzen ließe; Publikation aus dem Umkreis von Ryckmans ¶ *Xu Guangping* (1898–1968) vgl. Dok. C037 ¶ »*Erinnerungen an Luxun*« »Lu Xun huiyi lu«, Beijing: Zuojia chubanshe 5.1961 ¶ *B. Krebsová* tschechische Sinologin, Autorin von »Lu Sün: sa vie et son œuvre« (1953) ¶ *Li Helin* (1904–88) Lu-Xun-Forscher aus Huoqiu/Anhui, Dozent an »Zhong-Fa daxue« (»Université Franco-Chinoise«) in Peking und an der Nankai-Universität in Tianjin, Initiator einer Werkausgabe zum 30. Jahrestag der literarischen Aktivitäten von Lu Xun ¶ *Xu Qinwen* (1897–1984) Schriftsteller aus Shaoxing/Zhejiang, Hörer von Lu Xun an der Universität Peking, seit 1923 in regelmäßigem Kontakt, Autor von »Guxiang« [Heimat, Erzählungen, 1926] und »Xuexi Lu Xun xiansheng« [Von Lu Xun lernen, 1959] ¶ *Schaukelpferd* gemeint ist Li Oufan (»Leo Ou-fan Lee«) und sein Werk »The Romantic Generation of Modern Chinese Writers« (1973) ¶ *C-T Hsia* gemeint ist Xia Zhiqing, s.o.

Q — Loi, Michelle: *Pour Luxun (Lou Sin). Réponse à Pierre Ryckmans (Simon Leys)*, Lausanne: Alfred Eibel 1975 (= Brochures 3)

L — Loi, Michelle: »De la collusion idéologique des "sinophobes"«, in: *Tel Quel* Nr. 48/49 (Paris, Frühling 1972), S. 114–24 ¶ dies.: »Pour Yan'an«, in: *Tel Quel* Nr. 50 (Paris, Sommer 1972), S. 79–94 ¶ Luxun: *Un combattant comme ça*, Übers. Michelle Loi, Paris: Le Centenaire 1971 ¶ Luxun: *Pamphlets et libelles*, Übers. Michelle Loi, Paris: Maspero 1977 ¶ Mandarès, Hector u.a. (Hg.): *Revo. cul. dans la Chine pop. Anthologie de la presse des Gardes rouges*, Paris: Union générale d'éditions 1974 (=10/18. Bibliothèque asiatique) ¶ Shasha 莎莎 »Faguo de "Lu Xun zhuanjia"« 法國的 "魯迅專家" [Die »Lu-Xun-Expertin« in Frankreich; über Michelle Loi], in: *Longbao* 龍報 <Long Pao> Paris, 1.12.1986 ¶ Wong Wang Chi [Wang Hongzhi 王宏志]: *Politics and Literature in Shanghai. The Chinese League of Leftwing Writers, 1930–36*, Manchester & New York: Manchester University Press 1991

Liu Xiaofeng: Verzweiflung in der Hoffnung
und Hoffnung in der Verzweiflung — Der Fall von Lu Xun

Mit seiner großangelegten Untersuchung »Erlösung und Muße«, die den Untertitel
»Die ungleiche Weltanschauung chinesischer und westlicher Lyriker« trägt, versucht
der Philosoph und Theologe Liu Xiaofeng (1956–, aus Chongqing/Sichuan) eine
vergleichende »Phänomenologie der Werthaltungen« in den beiden Kulturtraditionen.
Seine Studie, die er selbst als »essayistisch« (suibi) bezeichnet, ist methodisch einer
existenzphilosophisch geprägten Theologie verpflichtet und führt von Li Zehou (1930–,
aus Changsha/Hu'nan) in »Geschichte des neuzeitlichen Denkens in China«
(Zhongguo jindai sixiang shi) 1979 aufgegriffene Ideen fort. Das Kapitel, aus
dem hier Teile übersetzt sind, beschäftigt sich im Anschluß an Lev I. Šestov (1866
bis 1938) kontrastiv mit der Gedankenwelt von Dostoevskij, Kafka, Camus und
eben auch Lu Xun. Liu Xiaofeng hat, nach einer generationentypisch durch die
Kulturrevolution sabotierten Schulbildung, bis 1982 am Fremdspracheninstitut der
Provinz Sichuan studiert, danach 1985 an der Universität Peking ein Philosophie-
Studium abgeschlossen, bis 1989 an der Universität Shenzhen/Guangdong gelehrt,
an der Universität Basel über Max Scheler promoviert und ist zur Zeit als Forscher
am Institut für Chinesische Kultur der Chinesischen Universität Hong Kong tätig.
Zu seinen zahlreichen Publikationen gehört neben »Lyrisierte Philosophie« (1988)
über die Ästhetik der deutschen Romantik auch »Unterwegs zur Wahrheit des
Kreuzes — Einführung in die Theologie des 20. Jahrhunderts« (1990). Er ist
Begründer und Herausgeber von Dao feng (»Logos and Pneuma. Chinese Journal
of Theology«, 1994 ff.). — Mit Asterisk (*) gekennzeichnete Anmerkungen stammen
von Liu Xiaofeng, nicht jedoch in eckigen Klammern ([...]) stehende Ergänzungen
zu denselben.

Wie niemand bestreiten kann, besteht die Größe von Lu Xun darin, daß er
die Herausforderung angenommen hat, sich für die Zukunft der Chinesen
intellektuell aufzuopfern. [...]
    Wie wir bereits erfahren haben, durchlaufen nach Auffassung von Lu
Xun alle höheren Tiere den Prozeß vom Kind über den Erwachsenen und
das Alter bis zum Tode, und genau aus diesem Grunde liege die Hoffnung
in der Zukunft. Genau aus diesem Grunde sollte alles, was alt ist, den
natürlichen Gesetzen folgen, und wir sollten ihm hocherfreut seinen Lauf
lassen und es sogar drängen, um das Kommende zu befördern. Es ist
offensichtlich, daß die metaphysischen Grundlagen einer solchen Hoffnung

nicht in einer Werthaltung begründet liegt, sondern in den natürlichen Lebensgesetzen, daß also die Regeln der Natur (eigentlich die Entwicklung des Lebens) notwendige Voraussetzung der Hoffnung sind. Somit tritt nicht nur ein Naturgesetz an die Stelle eines Wertmaßstabs und ersetzt ihn, sondern der Sinn der Hoffnung rührt nun aus einer geistigen Haltung, die sich in eine Lebenshaltung verwandelt hat. Darüber hinaus sind Glanz und Glück der Zukunft, wie sie [von Lu Xun] genannt werden, nicht absolut, sondern können zum Überkommenen und Alten führen, das den künftigen Menschen verhindert. Ist nicht deshalb die Geschichte in einen Teufelskreis geraten? Und sind die Dinge, die Lu Xun ohne Rücksicht auf Leben und Tod aufbauen wollte, nicht ebenfalls einem solchen Teufelskreis unterworfen? Wo liegt nun die praktische Bedeutung der Hoffnung? Lu Xun hat sich über andere lustig gemacht: »*Leistest du* etwa Widerstand, weil du womöglich auf eine glänzende Zukunft hoffst? [...] Doch mein Widerstand besteht darin, im dunkeln Unruhe zu stiften. [...] Darum liebe ich einmal die Menschen, ein andermal hasse ich sie; und wenn ich etwas unternehme, geschieht es bald durchaus zugunsten von anderen, bald durchaus zu meinem eigenen Vergnügen.« Vom Standpunkt der individuellen Lebensentwicklung aus — Geschichte ist unerbittlich und gefühllos — muß die Lebenshoffnung mit dem Widerstand in Zusammenhang stehen, doch wenn man sieht, wie der Widerstand den gesamten Menschen [Lu Xun] durchdringt, ist es ausgeschlossen anzunehmen, daß der Widerstand nicht eng mit dem »Vergnügen« zusammenhängt, und wenn Lu Xun hier von »Vergnügen« spricht, so fürchte ich, daß er nicht einfach bloß das Vergnügen meint. Lu Xun hat selber eingeräumt, daß er von *Zhuang Zhou* und *Han Fei* vergiftet sei, gelegentlich eher beiläufig und gelegentlich mit solcher Schärfe, daß er es nicht »als Scherz« sagt.

Wie dem auch sei, wir können nun kaum mehr behaupten, wenn Lu Xun einen Widerstand vertritt, der glänzende Hoffnung enthalte, geschehe es in Wahrheit nur »zum Vergnügen« und sei eine vergebliche Hoffnung. »Vergnügen« und dergleichen mehr ist womöglich nicht nur »Vergnügen« und dergleichen mehr. Wir haben deutlichen sehen können, daß Lu Xun wirklich sein eigenes Leben eingesetzt hat, um die Schleuse zur Finsternis auszuhalten, und er glaubte, der Mensch könne so zum Glanz gelangen; er hatte eine echte Hoffnung, für die nächste Generation »*ein neues Leben* [zu wünschen], das von uns noch niemals gelebt worden ist.« Nach Ansicht von Lu Xun sollte der Mensch nicht so pessimistisch sein. Selbst *zehn Jahre des Leids* und unschlüssigen Schweifens in der Finsternis haben es nicht fertig gebracht, den Glauben von Lu Xun an die Hoffnung zu vernichten. Wenn die Wertschätzung der individuellen Persönlichkeit in erster Linie auf ihrem unerschütterlichen Mut beruht, sowie auf einer Tapferkeit, die nicht davor zurückschreckt, das eigene Leben hinzugeben, und wenn Lu Xun einen Geist der Selbstaufopferung aufgerührt hat, dann leidet [diese Haltung] unter den grundlegenden Mängeln der Muße bei einem traditionellen Gelehrten. Deshalb »*kann ich* bei denen, die mitten im Elend ein kümmerliches Leben fristen, durch die verblassenden Blutspuren hindurch wenigstens vage eine winzige Hoffnung erblicken, denn die wirklichen Kämpfer werden sich umso heftiger schlagen, um voran zu kommen.« Lu Xun hat während seines ganzen Lebens immer den Grundsatz befolgt, wenn es keinen gangbaren Weg gebe, müsse er dennoch gehen. In diesem Punkt ähnelt er, oberflächlich betrachtet, erneut Kafka, doch ist seine Gangart völlig verschieden. Das Zeugnis von Lu Xun lautet: »*Wer den Lauf* des "Lebens" abschreitet, begegnet am ehesten zweierlei Schwierigkeiten. Die erste ist eine "Gabelung" [...] wo Herr *Mo Di* der Überlieferung nach in bittere Tränen ausbricht und zurückweicht. Aber ich weine nicht und weiche auch nicht zurück, sondern setze mich zunächst an der Weggabelung nieder und ruhe ein Weilchen aus oder schlafe ein bißchen, bis ich einen Weg wähle, der mir gangbar scheint, und dann auf ihm weitergehe. [...] Und die zweite ist, in eine "Sackgasse" zu geraten. Wie ich höre, ist Herr *Ruan Ji* hier ebenfalls in Tränen ausgebrochen und umgekehrt, während ich wiederum mich ebenso verhalte wie bei einer Gabelung und dennoch weiter voranschreite, indem ich wie gestochen Li um Li vorläufig weitergehe.«

A — *»*Leistest du...*« in: »Liangdi shu« (»Briefe aus zwei Welten«, 1933), [Brief Nr. 24 an Xu Guangping vom 30.5.1925, »LXQJ« Bd. 11, S. 79] ¶ *Zhuang Zhou* d.i. Zhuang Zi (um 365–290 v.u.Z.), neben Lao Zi wichtigster Vertreter des philosophischen Daoismus, dem das Buch »Zhuang Zi« (auch »Nanhua zhenjing«; dt. »Dschuang Dsi. Das wahre Buch vom südlichen Blütenland«, Übers. Richard Wilhelm, 1912 u.ö.) zugeschrieben wird, in dem das Ideal der Einklang des Menschen mit dem Lauf der Natur (»dao«) ist; die »Naturgesetze« haben hier den Rang des »dao« ¶ *Han Fei* († 233 v.u.Z.) Vertreter der philosophischen Gesetzes-Schule (auch »Legalisten«), der im Buch »Han Feizi« (»Meister Han Fei«; dt. »Die Schriften des Meisters Han Fei«, Übers. Wilmar Mögling, Leipzig: Kiepenheuer 1994) eine nur durch Gesetze regulierbare Baisse-Spekulation hinsichtlich der menschlichen Natur vertritt ¶ *»*ein neues Leben...*« »Guxiang« (in: »Nahan«, 1922), [zit. nach »Heimat«, in: »LXW«, Bd. 1, S. 103] ¶ *zehn Jahre des Leids* gemeint sind mit dem in der Form »zehn Jahre des Chaos« stereotypen Ausdruck die Jahre der Kulturrevolution 1966–1976, in welcher der naturgesetzliche Hoffnungsbegriff von Lu Xun eine wichtige propagandistische Rolle spielte, doch kann hier die Formulierung auch auf die letzten Lebensjahre von Lu Xun (1927–36) angewandt werden ¶ *»*kann ich...*« »Jinian Liu Hezhen jun« (in: »Huagai ji xubian«, 1927), [»Zum Gedächtnis der ehrenwerten Liu Hezhen« (1904–26, aus Nanchang/Jiangxi), eine Studentin in der Englisch-Abteilung der Pädagogischen Hochschule für Frauen, die als Vorsitzende des Autonomen Studentinnen-Ausschusses an einer Protestversammlung gegen japanische Bombardements des Hafens Daku teilnahm und dabei zusammen mit ihrer Kommilitonin Yang Dequn (1902–26, aus Xiangyin/Hu'nan) im »Blutbad vom 18. März« als »aufrührerisches Element« erschossen wurde; in: »LXQJ«, Bd. 3, S. 277; dt. in: Buch, S. 58; engl. in: »SW«, Bd. 2, S. 272 (vgl. »Angesichts verblassenden Blutes«, in: »LXW«, Bd. 6, S. 143–44, enstanden am 6.4.1926)] ¶ *»Wer den Lauf...« in: »Liangdi shu« [(»Briefe aus zwei Welten«, 1933), Brief Nr. 2 an Xu Guangping vom 11.3.1925, in: »LXQJ«, Bd. 11, S. 15] ¶ Mo Di (spätes 4. Jh. v.u.Z.), Begründer der philosophischen Schule des sog. »Mohismus«, die straff und militärisch organisiert war, egalitäre und spartanische Ideen vertrat, im 2. Jh. v.u.Z. ausstarb und deren Lehren im Buch »Mo Zi« niedergelegt sind; im »Lü shi chunqiu« (um 239 v.u.Z.) wird von ihm gesagt »So weinte Mo Dsï, als er einen Scheideweg sah.« (zit. nach »Frühling und Herbst des Lü Bu we«, Übers. Richard Wilhelm, Jena: Diederichs 1928, S. 393 ¶ Ruan Ji (210–63) Lyriker aus dem Staate Wei, neben dem von Lu Xun edierten Xi Kang (vgl. Dok. C033 & W005) einer der »Sieben Weisen vom Bambushain«, in dessen Biographie im »Jin shu« (»Geschichte der Jin-Dynastie«) steht, daß ihm »gelegentlich der Sinn nach einsamen Ausfahrten stand, und wenn plötzlich der Weg nicht weiterging und sein Wagen stecken blieb, weinte er bitterlich und fuhr in der Spur zurück«

Q — Liu Xiaofeng 劉小楓 Teile aus Abschn. 8 & 9 von »Xiwang zhong de juewang yu juewang zhong de xiwang« 希望中的絕望與絕望中的希望──中西方詩人對世界的不同態度 Kap. 4 in: Zhengjiu yu xiaoyao — Zhong-xi fang shiren dui shijie de bu tong taidu 拯救與逍遙 Shanghai: Renmin chubanshe 4.1988 (= Renwen yanjiu congshu)

L — Li Zehou 李澤厚 Mei de licheng 美的里程 Beijing: Zhongguo shehuikexueyuan chubanshe 1981; dt. Der Weg des Schönen. Wesen und Geschichte der chinesischen Kultur und Ästhetik, Hg. Karl-Heinz Pohl & Gudrun Wacker, Freiburg i.B.: Herder 1992 (= Spektrum 4114) ¶ Liu Xiaofeng 劉小楓 Zou xiang shiziji de zhenli — ershi shiji shenxue de yinlun 走向十字架的真理──二十世紀神學的引論 [Hin zur Wahrheit des Kreuzes — Einführung in die Theologie des 20. Jahrhunderts], Xianggang: Sanlian shudian 1990 ¶ »Freude in China, Sünde im Christentum. Ein Vergleich« [Kap. 2, Abschn. 2, in: Zhengjiu yu xiaoyao 拯救與逍遙], Übers. Michaela Goecke-Amelung & R.D.F., in: minima sinica 1/1991, S. 1–20 ¶ Zhang-Kubin, Suizi: »Die Hand Gottes. Ein Gespräch mit Liu Xiaofeng«, in: minima sinica 2/1993, S. 32–46 ¶ Liu Xiaofeng: Personwerdung: Eine theologische Untersuchung zu Max Schelers Phänomenologie der »Person-Gefühle« mit besonderer Berücksichtigung seiner Kritik an der Moderne [Diss. Basel 1993], Bern: Lang 1996 (= Basler und Berner Studien zur historischen und systematischen Theologie 64)

Dokument C012

Jiang Zemin: Einen weiteren Schritt vorangehen, von Lu Xun lernen
und seinen Geist zur Entfaltung bringen — Rede bei der
Gedenkveranstaltung zum 110. Geburtstag von Lu Xun

Jiang Zemin (1926–, aus Yangzhou/Jiangsu) ist seit 1989 als Kompromißkandidat
Generalsekretär des Zentralkomitees der Kommunistischen Partei Chinas und in
diesem Amt als »Parteichef« Nachfolger von Zhao Ziyang (1919–, aus Hua-
xian/He'nan), der im Gefolge der Demokratiebewegung gestürzt worden war. Er
gehört zur zweiten Generation von Funktionären, die den langen Marsch (1935–36)
nicht mitgemacht haben, aber von Anfang an in Parteiämtern den Aufbau der
Volksrepublik mitgestalteten und jetzt allmählich in Spitzenpositionen aufsteigen.
Als Handelsbeauftragter verdiente er sich 1950–55 an der chinesischen Botschaft in
Moskau seine Sporen ab und war 1985–89 Bürgermeister von Shanghai, nachdem
er seit 1983 das Ministerium für Elektronische Industrie geleitet hatte. Seine Rede
über Lu Xun ist als Ergebnis des »kleinsten gemeinsamen Nenners« zur ideologischen
Einschätzung von Lu Xun in der gegenwärtigen Parteiführung zu betrachten und
insofern auch als Vademecum gebräuchlicher Formeln in der chinesischen Lu-Xun-
Rezeption lesbar. Daß die Gedenkfeier der staatlichen Nachrichtenagentur eine
verhältnismäßig ausführliche Meldung wert ist, verdeutlicht neben der prominenten
Gästeliste den offiziellen Rang, den Lu Xun nach wie vor genießt.

Agenturmeldung
¶ Selbstachtung und Stolz des Volkes um eine weitere Stufe anheben ¶
Unverrückbar am Aufbau eines Sozialismus chinesischer Prägung festhalten
GEDENKVERANSTALTUNG ZUM 110. GEBURTSTAG VON LU XUN
Teilnahme von Jiang Zemin, *Li Peng*, *Li Ruihuan* und anderen — Wichtige
Ansprache von Jiang Zemin

Xinhuashe [Agentur Neues China] Peking, 24.9., Telex (Reporter Sun Benxiao)
— Der Generalsekretär des ZK der KPCh, Jiang Zemin, hat heute in einer
Rede bei einer Gedenkveranstaltung zum 110. Geburtstag von Lu Xun betont,
es sei erforderlich, einen weiteren Schritt beim Lernen von Lu Xun und bei
der Entfaltung seines Geistes voranzugehen, bei der großen Unternehmung,
einen Sozialismus chinesischer Prägung aufzubauen, auf dem Boden der
Tatsachen zu stehen, trotz aller Widrigkeiten sein Ziel zu erreichen, umsichtig
und gewissenhaft vorzugehen, sich im Kampf zusammenzuschließen, sowie

unermüdlich zu forschen und zu schaffen — das sei die beste Art, sich an Lu Xun zu erinnern.

Heute vormittag fand in der »Halle des wohlgehegten Mitgefühls« [Huairentang] in *Zhongnanhai* eine große Gedenkveranstaltung zum 110. Geburtstag von Lu Xun statt. Jiang Zemin, Li Peng, Li Ruihuan, *Li Tieying, Ding Guan'gen, Hu Qiaomu, Hu Sheng, Wang Renzhi, Zhu Muzhi, He Dongchang, He Jingzhi, Yu Yongbo, Lin Mohan* und andere führende Genossen nahmen an der Veranstaltung teil.

Jiang Zeming hielt eine Ansprache mit dem Thema »Einen weiteren Schritt vorangehen, von Lu Xun lernen und seinen Geist zur Entfaltung bringen«.

Die Gedenkveranstaltung stand unter dem Vorsitz von Lin Mohan. He Jingzhi sprach die Eröffnungsworte.

Über 1100 Personen, darunter Verantwortliche aus den Partei- und Regierungsorganen der Zentrale und der Stadt Peking, bekannte Persönlichkeiten aus Kunst und Wissenschaft in der Hauptstadt, aus allen Teilen des Landes angereiste Lu-Xun-Forscher, Vertreter der Volksbefreiungs-armee, aus Lehrkörper und Studentenschaft der großen Akademien und Hochschulen, sowie Vertreter der Gewerkschaften, des Jugend- und des Frauenverbandes, nahmen an der Gedenkveranstaltung teil.

Genossen und Freunde!

Vor 110 Jahren wurde Lu Xun in Shaoxing in der Provinz Zhejiang geboren. Während der etwas über 50 Lebensjahre von Lu Xun hat das chinesische Volk schwere Leiden durchgemacht, die Wechselfälle innerer Unruhen und äußerer Angriffe durchlitten, und unser Land hat eine schwere Bedrohung auf Leben und Tod überstanden. In den mehr als 50 Jahren seit dem Tode von Lu Xun hat die Kommunistische Partei Chinas die Völker aller ethnischen Gruppen in ihrem zähen Kampf weitergeführt und dabei den Sieg der *neudemokratischen Revolution* gegen Imperialismus und Feudalismus davongetragen, ebenso den Sieg der *sozialistischen Revolution* und des *sozialistischen Aufbaus,* sowie den Erfolg eines *ersten Schrittes im Aufbau einer sozialistischen Modernisierung* errungen, der die Aufmerksamkeit der gesamten Welt auf sich zieht. Diese 110 Jahre des Kampfes des Volkes und der Klassen sind bisher ohne Beispiel in der chinesischen Geschichte und haben grundlegende gesellschaftliche Umwälzungen nach sich gezogen, bei denen das Oberste zuunterst gekehrt wurde / Himmel und Erde auf den Kopf gestellt wurden. Unter den größten Vertretern dieses unnachgiebigen Kampfes um die nationale und soziale Befreiung des chinesischen Volkes steht Lu Xun an erster Stelle. Seine Werke und Ideen sind ein geistiges Erbe von ewiger Lebenskraft, von dem sich das Volk immer wieder von neuem zu seiner historischen schöpferischen Aufgabe ermutigen läßt. [...] Das ganze Leben von Lu Xun war ein unablässiges Streben nach Fortschritt, ein Streben nach Wahrheit. Lu Xun hat zunächst Bergbau, dann Medizin studiert und schließlich die Waffe von Literatur und Kunst zur Hand genommen. Seiner Ansicht nach war es die dringlichste Aufgabe, die keinen Aufschub duldete, den Geist der Volksmassen aufzurütteln und den geistigen Horizont der Menschen umzuwandeln und zu erweitern. Ebenso wie andere fortschrittliche Elemente jener Zeit wandte er seinen Blick zuerst nach Westen, nahm die aufklärerischen Ideen von Rousseau und Montesquieu auf, glaubte an die Evolutionslehre von Darwin und Huxley und stand sogar unter einem gewissen Einfluß von Schopenhauer und Nietzsche. Nachdem er nacheinander mehrere Rückschläge erlitten hatte, besonders nach der Lehre, die ihm die umfassend gescheiterte *Xinhai-Revolution* bot, gab Lu Xun schließlich seine zögernde und bekümmerte Haltung auf und sah allmählich ein, daß die kapitalistische Weltanschauung und ihre Gesellschafts- und Regierungsform nicht in der Lage sein würde, China zu retten. Im Sieg der russischen Oktoberrevolution und dem Aufstieg der revolutionären Bewegung im chinesischen Proletariat erblickte er eine Morgenröte der Hoffnung. Nach dem Scheitern des *ersten revolutionären Krieges im Lande*, als viele Kommunisten und Angehörige der revolutionären Volksmassen niedergemetzelt wurden und der weiße Terror das ganze Land überzog, reihte sich Lu Xun in einer Zeit, als die Revolution auf einem Tiefpunkt stand, kampfbereit in die revolutionären Truppen ein, hatte er immer wieder geprüft und verglichen und lange gelernt und nachgedacht, vom tiefen Glauben beseelt, »*nur dem aufstrebenden Proletariat* wird die Zukunft gehören« und die Kommunistische Partei Chinas mit dem Genossen Mao Zedong an ihrer Spitze sei es, »der China und die Menschheit ihre Hoffnungen anvertraut«. Zwischen marxistischer Weltanschauung und Methode, festem Standpunkt und revolutionärem Geist des Proletariats einerseits, und seinem gründlichen Wissen und seinen umfassenden Kenntnissen über die chinesische Gesellschaft und seiner reichen Kampferfahrung andererseits stellte er eine enge Verbindung her, um damit großartige Beiträge zur Kritik an der alten und zum Aufbau einer neuen Kultur zu leisten. Dadurch wurde er zum *Oberkommandierenden der chinesischen Kulturrevolution*. Im von der Kommunistischen Partei Chinas angeführten Zweifrontenkrieg gegen den reaktionären Militarismus und gegen die kulturelle »Umzingelungsstrategie« der GMD formierte er die linken Kulturtruppen und war ihr geistiger Führer. [...]

1991

Genossen und Freunde!
Vom Patrioten zum Kommunisten, das war der Weg von Lu Xun, und es war ebenso der Weg aller fortschrittlichen Elemente des modernen China. In Chinas Moderne sind die Kommunisten die gründlichsten Patrioten, weil die Parteimitglieder am gründlichsten und nachhaltigsten die Interessen der breiten Massen des chinesischen Volkes vertreten haben, und weil nur der Sozialismus China retten konnte. Zur Zeit der *demokratischen Revolution* war es nur die Kommunistische Partei, die das Volk im gründlichen Kampf gegen Imperialismus und Feudalismus weiter voranführen konnte. Zur Zeit der sozialistischen Revolution und des sozialistischen Aufbaus war es nur die Kommunistische Partei, die das Volk führen konnte, um nationale Unabhängigkeit und Würde entschieden zu schützen und damit Ruhm und Stärke des Landes zu verwirklichen. [...]
Genosse Mao Zedong verhält sich Lu Xun gegenüber nicht im entferntesten kriecherisch oder liebedienerisch, wenn er ihn als Heiligen eines kolonialen und halbkolonialen Volkes bezeichnet. [...]
Lu Xun schreibt: *Es verhält sich* wie mit den Wegen auf der Erde, urspünglich gab es keine, doch als immer mehr Menschen die Erde beschritten, entstanden auch Wege. Ein Weg muß dort gebahnt werden, wo vorher nur Dornen und Disteln standen. Wenn wir einen Sozialismus chinesischer Prägung aufbauen, so bedeutet das, einen neuen Weg zu bahnen, den vorher noch niemand gegangen ist. Nach einer Erfahrung von zehn Jahren sind die Kommunistische Partei Chinas und das chinesische Volk fest davon überzeugt, daß dieser Weg richtig ist. Gleichgültig, wie zahlreich die Schwierigkeiten und Hindernisse sind, wir müssen alle entschlossen und unverrückbar weitergehen. Bei der großen Unternehmung, einen Sozialismus chinesischer Prägung aufzubauen, auf dem Boden der Tatsachen stehen, trotz aller Widrigkeiten sein Ziel erreichen, umsichtig und gewissenhaft vorgehen, sich im Kampf zusammenschließen, sowie unermüdlich forschen und schaffen, ist deshalb die beste Art, sich an Lu Xun zu erinnern.

A — *Li Peng* (1928–), aus Chengdu/Sichuan, seit 1946 KP-Mitglied, 1948–54 Studium der Elektrizitätswirtschaft in Moskau, seit 1988 Ministerpräsident, in diesem Amt mit der undankbaren Aufgabe betraut, die diplomatischen Scherben nach dem Pekinger Massaker zu kitten und die harte Linie nach außen zu vertreten, Adoptivsohn des Amtsvorgängers Zhou Enlai (1898–1976) und seiner Frau Deng Yingchao (1904–1992) ¶ *Li Ruihuan* (1934–), aus Tianjin 1960 als »Modellarbeiter« beim Bau der »Großen Halle des Volkes« (Parlamentssitz) propagandistisch exponiert, Bauleiter beim Mao-Mausoleum, seit 1982 Bürgermeister von Tianjin und jüngstes ZK-Mitglied, 1987 ins Politbüro aufgestiegen ¶ *Zhongnanhai* (»Mittlerer und südlicher See«) unmittelbar westlich des Kaiserpalastes gelegene frühere kaiserliche Sommerresidenz mit künstlichen Seen, seit 1949 Sitz zentraler Regierungsorgane und Wohnsitz höchster KP-Funktionäre ¶ *Li Tieying* (1936–), aus Changsha/Hu'nan, 1957–61 Studium der Festkörperphysik an der Prager Karls-Universität, seit 1985 im ZK, 1987 im PB und seit 1988 Vorsitzender der Staatlichen Erziehungskommission, die starken Einfluß auf Politik gegenüber Auslandsstudien hat, d.h. gegenüber potentiellen Exilanten ¶ *Ding Guan'gen* (1929–), aus Wuxi/Jiangsu, seit 1985 Mitglied des Zentralkomitees und bis 1988 Minister für Eisenbahnwesen, nach dem Pekinger Massaker 1989 ins Politbüro gewählt ¶ *Hu Qiaomu* (1912–92), aus Yancheng/Jiangsu, 1930–32 Studium an der Pekinger Qinghua-Universität und seit 1935 KP-Mitglied, 1949 Direktor der »Renmin ribao« [Volkszeitung] und 1956–69 im ZK, 1978–82 Präsident der Akademie der Sozialwissenschaften, seither gleiches Amt ehrenhalber ¶ *Hu Sheng* (1918–), aus Suzhou/Jiangsu, Studium an der Universität Peking, Autor von »Lu Xun de daolu« [Der Weg von Lu Xun, 1948], 1961–66 Stellvertretender Chefredakteur des theoretischen Parteiorgans »Hongqi« [Rote Fahne], seit 1985 Präsident der Akademie der Sozialwissenschaften ¶ *Wang Renzhi* (1933–), aus Wuxi/Jiangsu, 1982–87 Stellv. Chefredakteur von »Hongqi« und danach Direktor der Propagandaabteilung beim ZK ¶ *Zhu Muzhi* (1916–), aus Jiangyin/Jiangsu, 1973–85 im ZK, 1972–77 Direktor der Nachrichtenagentur »Xinhuashe«, 1982–86 vor dem Schriftsteller Wang Meng Kulturminister ¶ *He Dongchang* (1923–), aus Zhuji/Zhejiang, seit 1982 im ZK und Erziehungsminister ¶ *He Jingzhi* (1924–), aus Zaozhuang/Shandong, Schriftsteller und Stalinpreisträger 1951, zusammen mit Ding Yi (1921–, aus Ji'nan/Shandong) Verfasser der politischen Oper »Baimao nü« [Das Weißhaarige Mädchen, 1945], die zur kulturrevolutionären Modelloper avancierte, sowie zahlreicher Oden auf Mao Zedong, seit Revirement 1989 als ideologischer Gegenspieler von Wang Meng dessen Nachfolger als Kulturminister, 1992 abgesetzt ¶ *Yu Yongbo* Angehöriger der Minorität der Mandschuren, seit 1987 im ZK ¶ *Lin Mohan* (1913–, aus Wuping/Fujian) stellvertretender Kulturminister, in den 30er Jahren Untergrundarbeit und später Redakteur der »Jiefang ribao« [Tageszeitung »Befreiung«], seit 1949 in der Staatlichen Erziehungskommission, 1953 Propagandaabteilung des ZK, ab 1976 verantwortlich für Edition und Annotation der Lu-Xun-Ausgabe von 1981 ¶ *neudemokratische Revolution* parteioffizielle Bezeichnung für die Epoche zwischen der Bewegung des 4. Mai 1919 bis zur Gründung der Volksrepublik 1949; in einer Abhandlung gleichen Titels von Mao Zedong 1940 definiert als »gegen den Imperialismus und das internationale Kapital gerichtete revolutionäre Bewegung« ¶ *sozialistische Revolution* ... für den militärischen Sieg über die GMD-Truppen, der 1949 den chinesischen Bürgerkrieg beendete und die Ausrufung der Volksrepublik ermöglichte ¶ *sozialistischer Aufbau* ... für die Phase 1949 bis 1966 ¶ *erster Schritt im Aufbau einer sozialistischen Modernisierung* ... für die Reformpolitik seit der Ausschaltung der letzten Anhänger der Viererbande 1978 ¶ *Xinhai-Revolution* Bezeichnung für den Militäraufstand von 1911, der den Sturz der letzten Dynastie (seit 1644) einleitete ¶ *erster revolutionärer Krieg* parteioffizielle Bezeichnung für das Bündnis zwischen KP und GMD 1924–27 gegen die Herrschaft lokaler Militärmachthaber, Höhepunkt ab 1926 mit Nordfeldzug, durch Putsch von Jiang Jieshi 1927 beendet ¶ *»nur dem aufstrebenden Proletariat...«* Zitat aus einem nur aus zweiter Hand überlieferten angeblichen Glückwunschtelegramm von Lu Xun und Mao Dun an das Zentralkomitee der KPCh vom Februar 1936 ¶ *Oberkommandierender der chinesischen Kulturrevolution* von Mao Zedong für Lu Xun geschaffenes Epitheton, das seither v.a. in propagandistischen Zusammenhängen häufig wiederkehrt (vgl. Dok. C012 und C023) ¶ *demokratische Revolution* kurz für »bürgerlich-demokratische Revolution«, parteioffizielle Bezeichnung für den Militärputsch vom 10.10.1911 in Wuhan, der zum Sturz der letzten Dynastie und schließlich am 1.1.1912 zur Ausrufung der Republik in der provisorischen Hauptstadt Nanjing führte ¶ *Es verhält sich ... auch Wege* zit. nach »Heimat« [1921], in: »LXW« Bd. 1, S. 103. In der gedruckten Fassung der Rede ist das Zitat nicht markiert und geht nahtlos in die variierende Paraphrase über. In »Heimat« geht der Passage der folgende Satz voraus: »Es läßt sich nicht mit Bestimmtheit sagen, dachte ich, ob es schon immer Hoffnung gegeben hat oder nicht.«

Q — Jiang Zemin 江澤民 »Jin yi bu xuexi he fayang Lu Xun jingshen — zai Lu Xun dansheng yi bai yishi zhou nian jinian dahui shang de jianghua« 進一步學習和發揚魯迅精神——在魯迅誕生一百一十週年紀念大會上的講話 in: *Renmin ribao* 人民日報 25.9.1991, S. 1; auch in: *Zhongguo wenhua bao* 中國文化報 29.9.1991, S. 1; *Wenxue bao* 文學報 3.10.1991, S. 1; *Lu Xun yanjiu yuekan* 魯迅研究月刊 Nr. 114 (10/1991), S. 4–7; *Zawen jie* 雜文界 6/1991, S. 3–6; *Wenyijie tongxun* 文藝界通訊 11/1991, S. 3–6; Buchausgabe Beijing: Renmin chubanshe 9.1991, 10 S.

L — Mao Zedong 毛澤東 »Über die neudemokratische Revolution« [1940], in: *Ausgewählte Werke*, Peking: Verlag für fremdsprachige Literatur 1968, Bd. 2, S. 395–449 ¶ »Gedenkfeier zum 110. Geburtstag von Lu Xun«, in: *Beijing Rundschau* Jg. 28, Nr. 40 (8.10.1991), S. 4–5 ¶ Xiao Yu 曉愉 »Jicheng, tansuo, chuangxin, fazhan: Xuexi Jiang Zemin tongzhi "qiyi" jianghua he zai Lu Xun dansheng yibaiyishi zhou nian jinian dahui shang de jianghua« 繼承・探索・創新・發展：學習江澤民同志「七一」講話和在魯迅誕生一百一十週年紀念大會上的講話 [Fortführen, untersuchen, neu schaffen, weiter entwickeln: Lernen von den Reden des Genossen Jiang Zemin bei der 1. Sitzung des 7. Volkskongresses sowie bei der Gedenkveranstaltung zum 110. Todestag von Lu Xun], in: *Jinri wentan* 今日文壇 4/1991 (Guiyang), S. 3–6 ¶ »Xuexi Lu Xun, xuanchuan Lu Xun: Xuexi Jiang Zemin tongzhi zai jinian Lu Xun danchen 110 zhou nian dahui shang de jianghua« 學習魯迅・宣傳魯迅：學習江澤民同志在紀念魯迅誕辰１１０週年大會上的講話 [Von Lu Xun lernen, Propaganda machen für Lu Xun: Lernen von der Ansprache des Genossen Jiang Zemin bei der Gedenkfeier zum 110. Geburtstag von Lu Xun], in: *Qiqihar shifan xueyuan xuebao* 齊齊哈爾師範學院學報 1/1992 (Qiqihar/Heilongjiang), S. 51–9 ¶ Zhang Lin: »Emulate writer Lu Xun, Party chief says«, in: *China Daily* Nr. 3168 (Peking, 25.9.1991), S. 1 ¶ Huang Xiaosheng [d.i. Huang Qiaosheng 黃喬生]: »Reading between Lu Xun's lines«, *ebda.*, S. 5 ¶ *Kong qian de minzu yingxiong — Jinian Lu Xun 110 zhou nian danchen xueshu taolunhui lunwenji* 空前的民族英雄——紀念魯迅１１０週年誕辰學術討論會論文集 [Ein beispielloser Held des Volkes — Gesammelte Beiträge des wissenschaftlichen Symposiums zum 110. Geburtstag von Lu Xun], Xi'an: Shaanxi renmin jiaoyu chubanshe 9.1996 (= Lu Xun yanjiu shuxi)

Tang Tao: Eine Biographie von Lu Xun (Manuskriptseite in Faksimile)
Abbildung S. 601

*Tang Tao (1913–92, aus Zhenhai/Zhejiang), ursprünglich Tang Duanyi, gehört zu
den bedeutendsten chinesischen Lu-Xun-Forschern. Er stammt aus einer Bauern-
familie und trat 1929 in Shanghai in den Postdienst ein. Wegen seiner seit 1933 in
der Beilage* Ziyoutan *(»Freie Rede«) der Tageszeitung* Shenbao *erscheinenden
Feuilletons, die sich sprachlich und argumentativ an Lu Xun anlehnten, galt er als
dessen »jüngerer Bruder und Nachfolger«. Der Name Tang Tao wurde gelegentlich
sogar für ein Pseudonym von Lu Xun gehalten. Von 1935 an beteiligte er sich an
Untergrundaktivitäten der KPCh und war Mitherausgeber der Lu-Xun-
Gesamtausgabe von 1938, der 1946 und 1952 von ihm erarbeitete Bände mit
Korrekturen und Nachträgen folgten. Seit 1959 arbeitete er an der Forschungsstelle
für moderne Literatur bei der Akademie der Wissenschaften, wo er 1978 Professor
wurde. Er hat mehrere Bücher über Lu Xun veröffentlicht, unter anderem 1964
»Die ästhetischen Ideen von Lu Xun« (Lu Xun de meixue sixiang), und hinterließ
eine unvollendete Biographie, aus der die folgende Mansukriptseite stammt. Es
folgen daraus zunächst Auszüge in Übersetzung. — Bemerkungen zum faksimilierten
Manuskript stehen im Text in spitzen Klammern <...> und sind, soweit sie
Textvarianten betreffen, aufgrund der Übersetzung naturgemäß nur als Annäherungen zu verstehen, während der Stellennachweis zum auf Asterisk* folgenden Zitat
im Hinblick auf eine deutsche Übersetzung aufgeschlüsselt wird.*

<Seitenanfang links oben> sondern ausgehend von den Tatsachen und von
der Forderung nach einer gesellschaftlichen Entwicklung nahm er [Lu Xun]
einen konfrontativen und reformerischen Standpunkt ein und propagierte
den »*Kämpfer in der geistigen Welt«, um das politische System des
Kapitalismus zu kritisieren. Lu Xun hat die Ideen von Nietzsche nach einem
bestimmten Muster rezipiert <etwa 8 Zeichen in Zeile 4 getilgt>, nämlich
vom Konkreten über das Abstrakte wieder zurück zum Konkreten. »Konkret«
war erstens der Gegenstand, den Nietzsche betrachtet und beschrieben hat
— die gesellschaftliche Wirklichkeit des ausgehenden 19. Jahrhunderts in
Deutschland und auch in Europa, wobei Lu Xun die Ideen von Nietzsche
<»die Ideen von Nietzsche« ersetzt »die Ideen«> auf das Niveau einer Theorie
angehoben hat, indem er deren <ersetzt »den«> konkreten Inhalt anwandte
und in eine machtvolle Sprache von allgemeiner Bedeutung verwandelte,
um damit ein zweites Konkretes zu umschreiben und zu beschreiben, nämlich

die Wirklichkeit, die Lu Xun selbst vor sich hatte — die chinesische Gesellschaft des frühen 20. Jahrhunderts, die sich gerade in einem schmerzlichen Ringen befand. <Ende 4. Zeile von unten>

A — *»Kämpfer...« vgl. »Über falsche Tendenzen in der Kultur« (dt. in: »LXW« Bd. 5, S. 55–86, bes. S. 76–9

Q — »Tang Tao zhu "Lu Xun zhuan" shougao« 唐弢著《鲁迅傳》手稿, in: *Lu Xun yanjiu yuekan* 鲁迅研究月刊 Nr. 121 (5/1992), S. 64; Text »Di shi zhang. Duoyuan yingxiang: jinhualun he Nicai sixiang« 第十章——多元影響：進化論和尼采思想 [Kap. 10. Vielfältige Einflüsse: Die Evolutionstheorie und die Ideen von Nietzsche], in: *ebda.* Nr. 125 (9/1992), S. 49–55

L — Tang Tao 唐弢 *Lu Xun quanji buyi* 鲁迅全集補遺 [Korrekturen und Ergänzungen zu »Sämtlichen Werken von Lu Xun« {von 1938}], Shanghai: Chuban gongsi 1946 ¶ ders.: *Lu Xun quanji buyi xubian* 續編 [Fortsetzung zu den Korrekturen und Ergänzungen {...}], Shanghai: Chuban gongsi 1952 ¶ ders. *Xiang Lu Xun xuexi* 向鲁迅學習 [Von Lu Xun lernen], Shanghai: Pingmin chubanshe 1954 ¶ ders.: *Lu Xun zai wenxue zhanxian shang* 鲁迅在文學戰線上 [Lu Xun an der literarischen Front], Beijing: Zhongguo qingnian chubanshe 1957 ¶ ders. *Lu Xun — wenhua xinjun de qishou* 鲁迅——文化新軍的旗手 [Lu Xun, Bannerträger der neuen Kulturarmee], Changsha: Hu'nan renmin chubanshe 1979 ¶ »Tang Tao tongzhi shengping« 唐弢同志生平 [Das Leben des Genossen Tang Tao], in: *Lu Xun yanjiu yuekan* 鲁迅研究月刊 Nr. 121 (5/1992), S. 4–6 ¶ »Tang Tao zhuzuo nianbiao« 唐弢著作年表 [Zeittafel Werk von Tang Tao], *ebda.*, S. 48–9

1994 · 11 · 1   Dokument C040

Yiming: Neueinschätzung von Lu Xun

Es ist unklar, wer sich hinter dem Pseudonym »Yiming« (etwa »wandelbarer Name«) verbirgt. Jedenfalls entwirft die Autorin oder der Autor ein äußerst schwarzmalerisches Bild über den gegenwärtigen Stand der Lu-Xun-Forschung in der Volksrepublik China, das in manchen Einzelheiten sogar objektiv unzutreffend ist, etwa im Hinblick auf die Zahl monographischer Veröffentlichungen oder das Spendenaufkommen für die neu gegründete Lu-Xun-Stiftung. Dennoch wirft die Schilderung ein Schlaglicht auf die Stimmung in einem Land, wo Lu Xun nicht nur jahrzehntelang Instrument ideologischer Ausrichtung war, sondern wo sich die ebenso lange staatlich alimentierte »unproduktive« literaturgeschichtliche Forschung plötzlich von einer marktwirtschaftlichen Welle überspült sieht. Der Fall von Lu Xun ist dafür nur ein krasses und darum besonders anschauliches Beispiel.

而他却以现实出发，从社会发展的要求出发，站在对抗和革新的立场上，呼唤"精神界之战士"，批判了资产阶级的俗偶。鲁迅接受尼采思想有一种模式：~~⋯⋯~~那就是：由具体到抽象然后再回到具体。第一个"具体"是尼采看到和论述的对象——十九世纪后期德国乃至欧洲的社会现实，鲁迅把（尼采思想）提到理论高度（这时），抽掉具体内容，成以含有普遍意义的概括性很强的语言，以此来比喻和论述第二个"具体"，也即鲁迅自己面临的现实——二十世纪初期乃在痛苦地挣扎的中国的社会。举例来说，尼采意在嘲讽专吋之吋均●贫富、●别的社会主义者而创造的"末人"——"没有牧人，一个羊群：个个要这样，个个是这样。

① 《文化偏至论》，《鲁迅全集》第一卷《坟》.

Tang Tao: Eine Biographie von Lu Xun (Manuskriptseite in Faksimile)
Text S. 599

Bekannte aus *Festlandchina* berichten, dort sei die Lu-Xun-Forschung praktisch zum Stillstand gekommen, einerseits aus Mangel an finanziellen Mitteln, andererseits weil sich kein Interesse mehr an der Forschung wecken läßt. Manche gehen sogar so weit, eine Umwertung von Lu Xun zu fordern. Diese Bekannten stöhnen: Im großen Trend zur Handelsware ist Lu Xun der »Inflation« zum Opfer gefallen!

Forschung praktisch zum Stillstand gekommen

Nach der Kulturrevolution sind auf dem Festland eine ganze Reihe von Studienvereinigungen gegründet worden, die jeweils zum Zweck hatten, einen bedeutenden neuzeitlichen oder modernen Literaten zu erforschen, etwa die *Cao Xueqin-*, die *Guo Moruo-*, die *Mao Dun-*, die *Cao Yu-*, die *Ba Jin-*, die *Zhao Shuli-*, die *Lao She-*, die Lu-Xun-Forschungsgesellschaft und viele andere. Unter all diesen ist die Lu-Xun-Forschungsgesellschaft zahlenmäßig und von ihrer finanziellen Ausstattung her am stärksten. Doch seit Beginn der *Reform- und Öffnungspolitik* haben alle diese Forschungsgesellschaften — mit Ausnahme der Ba-Jin-Forschungsgesellschaft, die von Unternehmen unterstützt wird, keinen Mangel leidet und weiterhin aktiv sein kann, weil Ba Jin noch lebt — ihre Aktivitäten mehr oder weniger eingestellt. Besonders bei der Lu-Xun-Forschungsgesellschaft ist »nichts mehr so, wie es früher war«. Dem Vernehmen nach hat sie beschlossen, ihre bisher zweimal jährlich einberufenen Lu-Xun-Symposien nur noch einmal im Jahr abzuhalten und zwei für den »*internen Vertrieb*« bestimmte Zeitschriften einzustellen. Entsprechend sollen landesweit Institutionen der Lu-Xun-Forschung reduziert oder aufgelöst werden. So ist etwa die Lu-Xun-Forschungsstelle bei der Akademie der Sozialwissenschaften in Peking bereits verschwunden. Unter den Periodika zur Lu-Xun-Forschung in anderen Provinzen und Städten, wie etwa die »*Gesammelten Texte zur Lu-Xun-Forschung*«, die »*Lu-Xun-Studien*«, die »*Lu-Xun-Studien aus Shanghai*«, haben etliche ihr Erscheinen bereits eingestellt, während andere »in den letzten Zügen liegen« und »auf ihr letztes Stündlein warten«. Früher gab es überall mannigfaltige Buchpublikationen zur Lu-Xun-Forschung, und es erscheinen Jahr für Jahr rund ein Dutzend Monographien, doch in den vergangenen zwei drei Jahren wurde in den großen Verlagszentren des Landes keine einzige Monographie zur Lu-Xun-Forschung gesichtet.

Die Lu-Xun-Forschungsgesellschaft hat vor kurzem von ihrer zuständigen Einheit, dem Ministerium für Zivilverwaltung, die förmliche Mitteilung erhalten, daß die jährlichen Beiträge von derzeit *7'000 Yuan* künftig weiter gekürzt werden müßten, bis die Forschungsgesellschaft für ihre Finanzierung selbst verantwortlich sei. Somit bleibt der Forschungsgesellschaft für die Zukunft nichts anderes übrig, als »Bankrott zu erklären«.

Gründe für die Vernachlässigung der Lu-Xun-Forschung
   Oberflächlich betrachtet sind es wirtschaftliche Probleme, die zur Vernachlässigung der Lu-Xun-Forschung geführt haben. Wenn die erforderlichen Mittel fehlen, kann natürlich auch keine Forschung betrieben werden. Um Geld zur Finanzierung ihrer Arbeit zu beschaffen, sucht die Lu-Xun-Forschungsgesellschaft tatsächlich mit allen Mitteln nach einer Lösung und scheut sich auch nicht, in den jüngsten Ausgaben der »*Monatsschrift zu Lu Xun*« einen Spendenaufruf zu veröffentlichen, in welchem sie alle gesellschaftlichen Kreise zu einer Gabe auffordert, allerdings mit geringem Echo. Bei dieser Forschungsgesellschaft, die immer noch über 3'000 ordentliche Mitglieder verfügt, sind bis jetzt knapp *1'000 Yuan* an Spenden eingegangen, das heißt, daß jedes Mitglied durchschnittlich nicht einmal einen Yuan gespendet hat. Aber um ihre jährlichen festen Kosten bestreiten zu können, braucht die Gesellschaft mindestesn 10'000 Yuan. Wenn sie keine [neuen] Finanzierungsquellen erschließen kann, ist die Forschungsgesellschaft gezwungen, ihre gesamten Aktivitäten einzustellen.
   Warum sind alle gesellschaftlichen Kreise in Festlandchina der Lu-Xun-Forschung gegenüber so gleichgültig? Daß sich die Wertvorstellungen geändert haben und Lu Xun anders eingeschätzt wird, ist ein wichtiger Faktor. Seit Beginn der Reformpolitik haben die chinesischen Kommunisten die ideologische Kontrolle gelockert, und die Leute beginnen, gewisse Persönlichkeiten und Ereignisse, die in der Vergangenheit von den Kommunisten offiziell hochgeachtet wurden, in Zweifel zu ziehen. Sie haben das Bedürfnis, aufgrund ihrer eigenen Wertvorstellungen zu einer erneuten Einschätzung zu gelangen. Bei der Bewertung der Person und der Ideen von Lu Xun verhält es sich genau so.

Forderung nach einer Umwertung von Lu Xun
   Die Bewertung von Lu Xun richtete sich bis zum Ende der Kulturrevolution grundsätzlich nach dem Maßstab von »Über die neue Demokratie«, die Mao Zedong während des Widerstandskrieges gegen Japan geschrieben hatte, und niemand wagte, einen anderen »Maßstab« heranzuziehen. Mao Zedong schreibt: »*Lu Xun war* der Oberkommandierende der chinesischen Kulturrevolution. [...] Die Richtung Lu Xuns ist die Richtung der neuen Kultur der chinesischen Nation.« Aber war Lu Xun wirklich so, wie ihn Mao Zedong eingeschätzt hat, nämlich der »korrekteste, tapferste, standhafteste, treueste,

feurigste, bis dahin beispiellose Nationalheld an der Kulturfront«? War die Einschätzung von Mao nicht nur einfach übertriebenes Lob? Tatsächlich hat Mao Zedong in seiner 1940 entstandenen Abhandlung »Über die neue Demokratie« Lu Xun in den Himmel gehoben, um aus ihm subjektiv ein nützliches Instrument zu machen, indem er zum Ausgangspunkt nahm, daß Lu Xun damals die chinesischen Kommunisten unterstützte, das Proletariat lobte und die Sowjetunion pries als das erste Land der Welt, in dem das Proletariat einen sozialistischen Staat errichtet hatte, während er gleichzeitig die *Guomindang* als Gegner kritisierte und entlarvte. Das alles paßte völlig zusammen mit den politischen Zielen der kommunistischen Partei sowie mit dem politischen Programm und den politischen Positionen von Mao Zedong. Wenn Mao Zedong Lu Xun so überaus hoch einschätzte, so war sein Ziel, in den kulturellen Kreisen eine Fahne aufzurichten, die als Paradeposten im damaligen ideologischen Durcheinander diente, und [Lu Xun] in den Dienst der kommunistischen Politik einzuspannen. Aber diese Einschätzung von Lu Xun durch Mao wurde während der Kulturrevolution von Leuten aller Schattierungen erneut benutzt, von den Kulturschaffenden aller Gruppierungen »verheiligt« und darüber hinaus als politische Waffe zur ideologischen Ausrichtung gebraucht. Wie viele Menschen sind unter dem Vorwand, sie seien »gegen Lu Xun«, willkürlich gemaßregelt worden, und wie viele Menschen haben während der Kulturrevolution im Namen von Stellen aus dem Werk von Lu Xun schweres Leid erduldet! Seit Beginn der Reform- und Öffnungspolitik wird jedoch der Wahrheitscharakter des Marxismus-Leninismus und der Ideen von Mao Zedong angezweifelt. Deshalb hatten Lu Xun und seine Ideen, die einst unter dem großen roten Schirm einer individuellen Verehrung durch Mao Zedong Schutz genossen, unerhörterweise als unwandelbar gegolten! Inzwischen wird öffentlich gefordert, Lu Xun umzuwerten. Andere werfen hypothetische Fragen auf: Ob Lu Xun, wenn er noch am Leben wäre, nicht als rechtes Element abgestempelt würde, und ob er die Kulturrevolution unterstützt hätte? und ob er sich während der Zeit der chinesisch-sowjetischen Konfrontation nicht auch gegen die Sowjetunion gestellt hätte? Und so weiter. Das zeigt tatsächlich, daß die Leute an den Ideen von Lu Xun Zweifel äußern und sie ihn nicht mehr einfach blind verehren. Die Leute fordern eine Umwertung der Person, des Charakters, der Werke und der Ideen von Lu Xun, welche die *Wahrheit in den Tatsachen* sucht. Daß unter diesen Umständen gegenüber den Forschungseinrichtungen, die einer solchen Pflicht keineswegs nachgekommen sind, Gleichgültigkeit herrscht, ist nur zu begreiflich und natürlich.

A — *Festlandchina* politischer Kampfausdruck aus der Zeit des kalten Krieges für die Volksrepublik China im Gegensatz zur »Republik China« auf der Insel Taiwan ¶ *Cao Xueqin* (um 1720–63, aus Nanjing), Verfasser des »Hongloumeng« (veröffentlich 1792), des wohl bekanntesten traditionellen chinesischen Romans; dt. als »Der Traum der Roten Kammer«, Übers. Franz Kuhn ¶ *Guo Moruo* (1892–1978, aus Leshan/Sichuan) bedeutender Lyriker, erster chinesischer »Werther«- und »Faust«-Übersetzer und Historiker, der erstmals im großen Maßstab die marxistische Sozialanalyse auf die chinesische Geschichte anwandte, seit 1949 Direktor der Akademie der Wissenschaften und mit seiner Kalligraphie u.a. an der Fassade der Lu-Xun-Gedenkhalle in Shaoxing gegenwärtig ¶ *Mao Dun* (1896–1981, aus Tongxiang/Zhejiang) einflußreicher Literaturkritiker und Verfasser des Romans »Ziye« (1933; dt. als »Shanghai im Zweilicht«, 1938/78), 1949 bis zur Kulturrevolution Kulturminsiter ¶ *Cao Yu* (1910–94, aus Qianjiang/Hubei) bedeutendster Theaterautor des modernen China, bekannt v.a. durch sein Stück »Leiyu« (1933; dt. »Gewitter«, Übers. Uwe Kräuter, 1978) ¶ *Ba Jin* (1904–, aus Chengdu/Sichuan) Verfasser des Romans »Jia« (dt. »Die Familie«, Übers. Florian Reissinger, 1977) und zahlreicher weiterer Erzähltexte, während der Kulturrevolution schweren Angriffen ausgesetzt ¶ *Zhao Shuli* (1906–70, aus Qinshu/Shanxi) Schriftsteller, dessen besonders zur Zeit des Widerstandskrieges gegen Japan (1937–45) erfolgreichen Romane und Theaterstücke v.a. das ländliche Leben schildern, seit 1927 Mitglied der KPCh ¶ *Lao She* (1899–66, aus Peking und mandschurischer Abstammung) Romancier und Theaterautor, dessen bekanntes Werk »Luotuo xiangzi« (1937; engl. »Rickshaw Boy«, 1940; dt. als »Rikscha-Kuli«, 1979), 1924–29 Chinesisch-Dozent in London, Selbstmord nach schwerer Mißhandlung durch Rote Garden ¶ *Reform- und Öffnungspolitik* formelhafte Wendung für die Ende 1978 von der KPCh eingeleitete vorsichtige wirtschaftliche Liberalisierungspolitik ¶ *»interner Vertrieb«* (»neibu«) besondere und bis anfangs der 90er Jahre weitverbreitete Publikationsform auch für wissenschaftliche Werke, deren Inhalt als ideologisch sensibel gilt und deswegen nur Experten zugänglich ist; bis Mitte der 80er Jahre v.a. bei Veröffentlichung von Materialien zu Lu Xun wirksam ¶ *»Gesammelten Texte zur Lu-Xun-Forschung«* »Lu Xun yanjiu wencong«, seit 1979 in unregelmäßiger Folge hg. vom Volksverlag der Provinz Hu'nan in Changsha ¶ *»Lu-Xun-Studien«* »Lu Xun yanjiu«, seit 1979 in unregelmäßiger Folge hg. von der Lu-Xun-Forschungsgesellschaft, v.a. Materialien, bisher 14 Bände ¶ *»Monatsschrift zu Lu Xun«* eig. »Monatsschrift zur Lu-Xun-Forschung« (»Lu Xun yanjiu yuekan«) seit 1979, zuerst u.d.T. »Lu Xun yanjiu dongtai« (»Tendenzen der Lu-Xun-Forschung«) hg. vom Lu-Xun-Museum in Peking ¶ *1'000 Yuan* entspricht nach dem Kurs von Ende 1994 knapp 200 DM, doch belief sich die Summe eingegangener Spenden bereits im September 1994 auf 11'250 Yuan ¶ *»Lu-Xun-Studien aus Shanghai«* »Shanghai Lu Xun yanjiu«, seit 1988 in unregelmäßiger Folge hg. von der Lu-Xun-Gedenkstätte in Shanghai, bisher 5 Bände ¶ *Lu Xun war […]* s. den vollständigen Wortlaut der Passage in Dok. C038 ¶ *Guomindang* »Volkspartei« ¶ *»Die Wahrheit in den Tatsachen suchen«* ist die von Deng Xiaoping (1904–97) in den 50er Jahren geprägte Formel für eine pragmatisch statt orthodox orientierte Wirtschaftspolitik.

Lu Xun (Büste in Stein, um 1985)
Text S. 609

Q — Yiming 易名 [Pseudon.]: »Lu Xun de zai pingjia« [Neueinschätzung von Lu Xun] 魯迅的再評價 in: *Zhengming* 爭鳴 Nr. 205 (Hongkong, 1.11.1994), S. 82–3

L — »Lu Xun xueshu jijinhui mujuan qishi« 魯迅學術基金會募捐啟示 [Spendenaufruf der wissenschaftlichen Lu-Xun-Stiftung], in: *Lu Xun yanjiu yuekan* 魯迅研究月刊 Nr. 145 (5/1994), S. 4–6 ¶ »Wanxie geren juanzi, huanying qiye zanzhu — Lu Xun xueshu jijinhui mujuan jinkuang« 萬謝個人捐資，歡迎企業贊助──魯迅學術基金會募捐今況 [Verbindlichen Dank für individuelle Geldspenden, Unterstützung für die Arbeit willkommen — Zur gegenwärtigen finanziellen Situation der wissenschaftlichen Lu-Xun-Stiftung], in: *ebda*. Nr. 149 (9/1994), S. 75

The End   Dokument B039

Lu Xun (Büste in Stein, um 1985)
Abbildung S. 607

Q — Beijing huayuan 北京畫院 [Pekinger Akademie für Malerei]; Aufnahme R.D.F. 3.1.1989, Archiv Nr. 3140/11

WELTLITERATUR IM ENTSTEHENSPROZESS

Als am 18. September 1939 die Pädagogin Wang Chengru (1909–), Tochter von Wang Hou'an, des Bürgermeisters von Guiyang, an der Rheinischen Friedrich-Wilhelms-Universität promoviert wurde, hatte sie der Fakultät eine Dissertation über den drei Jahre zuvor verstorbenen chinesischen Schriftsteller Lu Xun eingereicht.[1] Rund zwei Wochen früher hatte der deutsche Überfall auf Polen den Zweiten Weltkrieg nach Europa gebracht, während in Asien Japan bereits 1931 einen Marionettenstaat im chinesischen Nordosten errichtet und 1937 das chinesische Kernland in einem Blitzkrieg besetzt hatte. Mit ihrer Arbeit legte Wang Chengru im Westen die erste Untersuchung mit wissenschaftlichem Anspruch über den Autor vor,[2] der als einer der Begründer der modernen chinesischen Literatur in die Literaturgeschichte eingegangen ist. Namentlich im deutschsprachigen Raum war Lu Xun vorher nur durch Übersetzungen bekannt, die in schwer zugänglichen auslands-deutschen Zeitschriften veröffentlicht wurden.[3] Wie in der Einleitung bereits ausgeführt, genießt Lu Xun inzwischen seit kurzem das Privileg, in einer deutschsprachigen Auswahlausgabe so umfassend verfügbar zu sein,[4] wie es auch in Zukunft vermutlich für kaum einen anderen chinesischen Autor der Fall sein wird. Texte von Lu Xun in Übersetzung sind damit leicht zugänglich, aber dennoch ist sein Werk weit davon entfernt, in einer west-lichen literarischen Öffentlichkeit anders denn mit vorsichtiger Würdigung als Exotikum behandelt zu werden. Wer sich nicht mit dem pessimistischen Befund abfinden möchte, für sinnvolle Vermittlung im deutschen Sprachraum

---

1   »Lu Hsün, sein Leben und sein Werk. Ein Beitrag zur chinesischen Revolution«, Berlin: Reichsdruckerei 1940.

2   Vgl. dazu I. Eber: »The Reception of Lu Xun In Europe and America: The Politics of Popularization and Scholarship« in: *Lu Xun and His Legacy*, Hg. L. Lee Ou-fan, Berkeley & Los Angeles/CA: University of California Press 1985, bes. 249 & Anm. 22 & 23. — Die meisten Beiträge des Sammelbandes *Lu Xun and His Legacy* sind in chinesischer Übersetzung zugänglich gemacht worden in Yue Daiyun (Hg.): *Dangdai Yingyu shijie Lu Xun yanjiu* [»Luxun Research of Contemporary English World«], Nanchang: Jiangxi renmin chubanshe 1993 (vgl. Dok. C044).

3   »Kung I-gi« [Kong Yiji], Übers. A. Hoffmann, in: *Ostasiatische Rundschau* 16,12 (1935), 324–6. Vgl. dazu L. Bieg, der in »Lu Xun im deutschen Sprachraum«, in: *Aus dem Garten der Wildnis. Studien zu Lu Xun (1881–1936)*, Hg. W. Kubin, Bonn: Bouvier 1989 (= Studium Universale 11), 177–84, den möglichen Gründen für die Entwicklung nachgeht.

4   Lu Xun: *Werke*, 6 Bde., Hg. W. Kubin, Zürich: Unionsverlag 1994 (im folgenden *LXW*).

sei es »zu spät«,[5] muß auf Gegenmittel sinnen. Solche sind nicht unbedingt, jedenfalls nicht ausschließlich in einem voluminösen Anmerkungsapparat oder im ohnehin nicht herstellbaren Konsens über einen bestimmten weltliterarischen Kanon zu finden. Vielmehr bietet sich auch hier an, bei bereits bekannten Autoren anzuknüpfen. Dazu gehören jene, die Lu Xun übersetzt hat, wie zum Beispiel Jules Verne oder André Gide, Guillaume Apollinaire oder George Grosz. Dazu gehören auch bekannte Autoren, die zu den Leseerfahrungen von Lu Xun gehören, etwa Gor'kij und Tolstoi, Ibsen und Nietzsche. Im weiteren Sinne gehören dazu aber auch Formen der ideologischen und literaturkritischen Auseinandersetzung und Diskussion in einer urbanen literarischen Szene, die sich in Peking oder Shanghai in den 20er und 30er Jahren von einer damaligen europäischen Großstadt weniger unterschied, als es heute der Fall ist. Um zu verdeutlichen, daß Lu Xun durch ein intertextuelles Netz auch mit der westlichen literarischen Überlieferung engstens verknüpft ist, sind deshalb ebenfalls Texte in die vorliegende Untersuchung einbezogen, die Lu Xun übersetzt beziehungsweise gelesen hat.

In China selbst vereinigte Lu Xun bereits zu Lebzeiten alle Attribute eines »Großschriftstellers«[6]: Seine Rolle als Wegbereiter einer umgangssprachlichen Literatur war früh anerkannt, seine erzählerischen Werke rasch kanonisiert und vielfach in Anthologien nachgedruckt. Seinen Ruf nutzte er für ein nicht immer desinteressiertes ausgedehntes Geschäft literarischer Vermittlung, das eingebettet war in eine rasch expandierende Druck- und Verlagsindustrie. Er empfahl junge, noch unbekannte Autoren an Verlage, unterstützte sie finanziell und warf sein Gewicht als Kritiker und angesehener Feuilletonist in die Waagschale, sei es als Übersetzer oder als Literaturpolitiker.

Aufgrund der politischen Instrumentalisierung von Lu Xun zunächst durch einige Funktionäre der Kommunistischen Partei, dann vor allem durch Mao Zedong, ist der Autor zu einem der Säulenheiligen der Volksrepublik China

---

5   So L. Bieg, in: *Aus dem Garten der Wildnis*, 178, Anm. 3.

6   Der Ausdruck stammt von Robert Musil. Er kennzeichnet damit im *Mann ohne Eigenschaften* (1931/33) seine Figur des Politikers und Autors Arnheim — ein Porträt von Walter Rathenau. Seither wird der »Großschriftsteller«, wie bei seinem Urheber oft ironisch, für einen Autor gebraucht, der sich aufgrund breit anerkannter und quantitativ bedeutender literarischer Produktion Einfluß in verschiedenen Bereichen des literarischen Betriebs und u.U. auch außerhalb sichern kann, so etwa bei Robert Gernhardt in *Wege zum Ruhm. 13 Hilfestellungen für junge Künstler* (Zürich: Haffmanns 1995). — Das chinesische Pendant *weida zuojia* wird von Liang Shiqiu (vgl. Dok. C017) in ähnlich ironischem Sinne auch für Lu Xun verwendet.

geworden. Zu bestimmten Zeiten rangierte er im Personenkult dicht hinter dem Fünfgestirn aus Marx, Engels, Lenin, Stalin und Mao, hauptsächlich nach der Staatsgründung im Jahre 1949. In der Folge wurde ein immenser Forschungsapparat aufgebaut, der einerseits propagandistische Funktionen erfüllte, andererseits aber auch gewaltige philologische Kärrnerarbeit geleistet hat. Zu ihm gehören vier Gedenkstätten in Shaoxing, Peking, Shanghai und Guangzhou, dazu Forschungsstellen in der zentralen und in fast allen Akademien für Sozialwissenschaften auf Provinzebene, sei es in Form einer Institution mit entsprechend festgeschriebenem Forschungszweck oder im Rahmen einer Forschungsstelle zur modernen Literatur. In diesen Institutionen waren zeitweilig schätzungsweise gegen 1'000 qualifizierte Wissenschaftlerinnen und Wissenschaftler beschäftigt. Daß sich eine solche Infrastruktur in einer entsprechend regen Publikationstätigkeit niederschlägt, versteht sich von selbst. So verzeichnet eine Bibliographie für den Zeitraum von 1918 bis 1965 (also bis zur »Kulturrevolution« und vor der »Periode der Reform und Öffnung«, die einen weiteren Forschungsschub bewirkte, vor allem im Bereich ideologisch tabuisierter Aspekte im Werk von Lu Xun) rund 5'700 Titel. Seither sind weit über 10'000 hinzugekommen, wobei die Zeit der Kulturrevolution (1966–76) mit ihrem quantitativ ebenfalls bedeutenden Ausstoß nicht einberechnet ist.[7] Ohne Übertreibung läßt sich daher feststellen, daß keinem anderen Autor dieses Jahrhunderts derartige publizistische und propagandistische Aufmerksamkeit zuteil geworden ist, und weiter, daß weltweit kein Autor einen so umfangreichen staatlich alimentierten Apparat nach sich gezogen hat, auch Gor'kij in der Sowjetunion nicht. Mehr als 20 Periodika und unregelmäßig erscheinende Sammelwerke (*congkan*) widmen sich ausschließlich der Erforschung von Leben, Werk und Umfeld von Lu Xun. Von diesen erscheinen zur Zeit weiterhin ein gutes Dutzend.[8] Auch außerhalb dieser Spezialpublikationen ist der Ausstoß an Zeitschriftenartikeln mit wissenschaftlichem Anspruch beträchtlich.[9]

---

7   *Lu Xun yanjiu ziliao suoyin*, 2 Bde., Hg. Beijing tushuguan & Zhongguo shehuikexueyuan wenxue yanjiusuo, Beijing: Renmin wenxue chubanshe 1980/82. L. Lee beziffert die Sekundärtext-produktion pauschal auf »Tausende von wissenschaftlichen Monographien und Zehntausende von Artikeln« (*Lu Xun and His Legacy*, IX) — Zum Vergleich: Eine Personalbibliographie des ungefähr gleichaltrigen Thomas Mann (*Die Literatur über Thomas Mann: eine Bibliographie*, 2 Bde., Hg. H. Matter, Berlin/DDR: Aufbau 1972) verzeichnet 14'426 Einträge, allerdings ohne die analoge Einschränkung auf deutschsprachige Veröffentlichungen. Quantitativ weit in den Schatten gestellt wird dieser Befund nur noch durch die Publikationstätigkeit über Shakespeare: »Far more is written about S. than about any other literary figure«, nämlich je nach qualitativem Maßstab 1,5 bis 8,8 Titel pro Tag (L. S. Champion: *The Essential Shakespeare*, Boston: Hall 1986, XI).

Daraus hat sich ein Phänomen entwickelt, das ich als »bisphärische Rezeption«[10] bezeichnen möchte: Auf der einen Seite steht Lu Xun als Großschriftsteller, dessen Rolle mit »Vater der modernen chinesischen Literatur« und einer Reihe weiterer weitgehend unbestrittener Epitheta umschrieben wird. Auf der anderen Seite ist er ein Autor, dessen Werk mindestens einer Generation von chinesischen Mittelschülern eingebleut und damit verleidet worden ist. Einerseits ist seine Vita (zumindest seit seinem Auftritt auf der literarischen Bühne 1918) praktisch bis in jede Stunde ausgeleuchtet, die er nicht schlafenderweise verbracht hat, andererseits weist seine Biographie immer noch markante »Tabuzonen«[11] auf. Sein Werk ist zwar mit Millionenauflagen in oft tendenziöser Auswahl verbreitet und seine repräsentativsten Sammlungen sind in der kleinsten Provinzbuchhandlung preiswert erhältlich, während der Katalog seiner persönlichen Bibliothek zur Zeit der größten Hungersnöte nach dem »Großen Sprung nach vorn« 1959 als »internes Material« *(neibu)* an höchstens 1'500 handverlesene Empfänger verteilt wurde.

Außerhalb Chinas bietet sich ein ähnliches Bild, das in gewissem Maße für die chinesische Literatur überhaupt zutrifft: Hier der wohl wichtigste Repräsentant dieses Jahrhunderts in der weltweit umfangreichsten Literatur, dort ein nicht nur wohletablierter, sondern auch gefräßiger Kanon, *sit venia verbo,* der vergleichsweise mühelos etwa südamerikanische Literaturen integriert hat; hier ein durchaus aufgeschlossenes Lesepublikum, das womöglich aus der Zeit nach 1968 eine verblassende Erinnerung an einen chinesischen politischen Essayisten namens »Lu Hsün« hat,[12] dort ein aufgewühlter Buchmarkt, der zu jeder Saison eine Neuentdeckung braucht;

---

8   Die Aufstellungen in Wang Runhua: *Lu Xun xiaoshuo xinlun* [Die Erzählungen von Lu Xun, neu abgehandelt], Shanghai: Xuelin chubanshe 1993, 178–9, und in Ji Weizhou u.a. (Hg.): *Lu Xun yanjiu shulu* [Verzeichnis der Monographien zur Lu-Xun-Forschung], Beijing: Shumu wenxian chubanshe 1987, 568–718, sind beide unvollständig bzw. nicht auf dem neusten Stand.

9   Für einen einzigen Monat erfaßt die »Nationale Bibliographie der Artikel in Zeitungen und Zeitschriften« (*Quanguo baokan suoyin*, Hg. Shanghai tushuguan) 28 Titel über Lu Xun (8/1994, 228–9), wohlgemerkt in einer eigens für den Autor eingerichteten Rubrik. Eine Auswahl daraus wird seit 1978 jeweils in *Lu Xun yanjiu (fuyin baokan ziliao)*, Beijing: Zhongguo renmin daxue shubao ziliao zhongxin, nachgedruckt.

10   Die beiden Sphären sind nur zum Teil deckungsgleich mit den Bereichen, die I. Eber mit »Popularization and Scholarship« charakterisiert (in: *Lu Xun and His Legacy*, 242–73), sind auch räumlich und diachron zu verstehen.

11   Den Ausdruck verdanke ich Wang Runhua (*jinzhiqu*, siehe *Lu Xun xiaoshuo xinlun*, v.a. 3–17), dessen Werk entgegen dem Titel v.a. den Finger auf wunde Stellen in der Lu-Xun-Forschung legt, hinsichtlich des Erzählwerks aber bereits in anderer Form Veröffentlichtes zusammenfaßt.

hier eine sinologische Gemeinschaft im Elfenbeinturm, deren Angehörige ungeachtet ihrer Spezialisierung die Bedeutung von Lu Xun als gegeben hinnehmen, dort ein eifriges Feuilleton, das noch vor kurzem glaubte, an publizistisch exponierter Stelle die chinesische Literatur insgesamt aus einem Kanon von 100 Werken ausschließen zu können.[13]

Anliegen des vorliegenden Buches ist es, zur Vermittlung zwischen den beiden vielfach reproduzierten und akzentuierten Sphären beizutragen und dafür methodische Anknüpfungspunkte aufzuzeigen. Es versteht sich von selbst, daß es vermessen wäre, solche Dienste der chinesischen Sprach- und Literaturgemeinschaft aufdrängen zu wollen, doch haben sich im Zusammenhang mit der Bewertung von Lu Xun Ansätze und Anregungen, die von außerhalb kamen, schon mehrfach als fruchtbar erwiesen, nicht zuletzt aufgrund der politischen Verhältnisse. Wegen der turbulenten Rezeptionsgeschichte ist die »Vermittlung« von Lu Xun, das heißt die Verbreitung seines Werks in einem mehr und mehr marktwirtschaftlichen Regeln gehorchenden System der Buchproduktion, übrigens auch in China selbst, problematisch geworden.[14]

Prämisse dazu ist die Überzeugung, daß diese Leistung nur erbracht werden kann, wenn Lu Xun radikal de-exotisiert wird. Zu diesem Zwecke wurde hier zunächst das konventionelle Mittel der Chronologie gewählt. In diese sind nach chronologischen und sachlichen Gesichtspunkten Text- und Bilddokumente integriert, die von Lu Xun selbst, von seinen Zeitgenossen und aus der sinologischen Literaturwissenschaft stammen. In der Auswahl dieser Dokumente stehen schließlich jene Bereiche des »champ littéraire« (Pierre Bourdieu) im Vordergrund, die sich von der sozialen Einbettung des Literaturbetriebs in einem westlichen hochindustrialisierten Land nicht wesentlich unterscheiden.

---

12   Ich beziehe mich damit auf Beiträge von H. M. Enzensberger, J. Schickel u.a. im *Kursbuch* Bd. 15 (Nov. 1968) und v.a. auf den Band Lu Hsün: *Der Einsturz der Lei-feng-Pagode* (Hg./Übers. H. C. Buch & Wong May [Huang Mei], Reinbek: Rowohlt 1973) mit dem programmatischen Untertitel »Essays über Literatur und Revolution in China«.

13   So geschehen in der »*Zeit*-*Bibliothek der 100 Bücher*, Hg. F. Raddatz, Frankfurt a.M.: Suhrkamp 3. Aufl. 1981. Ein etwas ausgewogeneres Beispiel, das der Diskussion im Anschluß an Harold Bloom (*The Western Canon*, New York: Harcourt Brace 1994) viel verdankt, ist C. Linsmayer: »Bausteine eines Kanons der Weltliteratur« (in: *Der kleine Bund* Bern, 24.6.1995, 6–8).

14   Zeugnis davon gibt Li Wenru: »Fan wenhua shidai de Lu Xun puji wenti« [Das Problem der Popularisierung von Lu Xun in einer Zeit der Massenkultur], in: *LY* Nr. 142 (2/1994), 52–5, der jedoch insofern ahistorisch argumentiert, als er nicht bereit ist, die Rezeptionsgeschichte als mindestens teilweise »massenkulturelles« Phänomen zu reflektieren.

Die gestellte Aufgabe ist also zunächst eine solche der Literaturvermittlung, im engeren Sinne der Literaturdidaktik. Ebenfalls betroffen sind wesentlich die Bedingungen der Möglichkeit biographischer Darstellung. Den methodischen Überlegungen folgen hier biographische Skizzen zu Lu Xun in Form zweier Querschnitte, zuerst nach seinen Aufenthaltsorten, dann nach Bereichen seiner Aktivitäten.

Methodische Überlegungen

Lu Xun und die »Weltliteratur«
Bei der Literaturvermittlung, sei es in der Schule, in der Universität, auf dem Buchmarkt oder in der Publizistik, wird gerne mit dem Begriff der Weltliteratur operiert. Seit Goethe nach der Lektüre des chinesischen Romans *Haoqiu zhuan* (»Geschichte einer glücklichen Gattenwahl«, 17. Jahrhundert) im Gespräch mit Eckermann den Begriff der Weltliteratur prägte, wird der Terminus nicht nur häufig von sinologischer Seite gebraucht, um den Rang der chinesischen Literatur vor einem Rezeptionshorizont zu unterstreichen, der andere als ästhetische Maßstäbe widerspiegelt. Der Begriff ist darüber hinaus inzwischen auch zu einem buchhändlerischen Lockvogel degeneriert, so daß er für die Vermittlung von Lu Xun ungeeignet scheint, weder im deutschen Sprachraum noch außerhalb Chinas, weder durch Übersetzung noch durch andere Mittel. Um dennoch Lu Xun leichter situieren zu können, ohne deswegen einen bestehenden Kanon anzugreifen und einen neuen aufzustellen, möchte ich ein dreistufiges Modell der Weltliteratur postulieren, das sich unter folgenden Stichworten zusammenfassen ließe und sich vom ebenfalls dreistufigen Modell, das Goethe entwickelt,[15] wesentlich unterscheidet: 1. eurozentrisch bei Goethe (apodiktisch »sie sind ja wie wir!«), 2. internationalistisch bei Lu Xun, 3. apologetisch-kompensatorisch in der Gegenwart. Als bei Lu Xun wirksames Moment des »Internationalismus« ist festzuhalten, daß allgemein gesprochen sein Konzept der sozialen Verantwortung von Literatur (das selbstverständlich noch andere Quellen hat, namentlich in der chinesischen Tradition des Literaten-Beamten) von Anfang an in der unmittelbaren Auseinandersetzung mit nicht-chinesischen Autoren mit tatsächlich oder vermeintlich gleich gelagerten Zielen entwickelt

---

15 Vgl. »Übersetzung«, in: *Noten und Abhandlungen und zu besserem Verständniß des West-östlichen Divans.*

worden ist. Das Bewußtsein, dadurch in einen internationalen Kontext eingebettet zu sein, hat nicht nur die literarischen Aktivitäten und Techniken von Lu Xun geprägt, sondern mündete unmittelbar in (meist mittelbare) Kontakte mit anderen ausländischen Autoren, so zum Beispiel mit dem pazifistisch engagierten Romain Rolland (vgl. Dok. C015, W004). Damit war Lu Xun mit den Bestrebungen eines auch politisch verstandenen »Internationalismus« verbunden. Allerdings wurde »Weltliteratur« in den sozialistischen Ländern seit den 30er Jahren zum »internationalistischen« Kampfbegriff, der sich in zahlreichen Bezeichnungen für Institutionen und Zeitschriften niederschlug, die zum Teil bis heute noch bestehen. In diesem eingeschränkten Sinne hat ihn Xiao Jun (1907–88) als Kampfbegriff auf Lu Xun angewandt und damit einen kanonischen Anspruch unterstrichen: Cervantes habe der Welt die Gestalt des Don Quijote hinterlassen, Shakespeare den Hamlet und Lu Xun den A Q.[16]

Solche Aspekte, die auf Erweiterung und damit Stabilisierung eines bestehenden, in der Regel in der abendländischen Tradition verankerten Kanons zielen, stehen bei der vorliegenden Arbeit jedoch nicht im Vordergrund. Vielmehr soll die bedeutende intellektuelle Leistung von Lu Xun gewürdigt werden, eine Vielzahl von Literaturen außerhalb des Kontexts der eigenen Tradition samt ihren theoretischen Prämissen nicht nur durch Lektüre sich angeeignet und durch Übersetzung vermittelt zu haben, sondern auch den Kontakt und Austausch mit ihren Repräsentanten gesucht zu haben. Diese Assimilationsleistung übertrifft quantitativ und qualitativ bei weitem alle vergleichbaren westlichen Bemühungen, etwa von Leibniz oder von Goethe, und bedarf zu ihrer Würdigung als »Weltliteratur« keineswegs des Vergleichs mit den Urhebern von anderen berühmt gewordenen fiktionalen Figuren.

Biographie und Sozialgeschichte

Eine ihrer Struktur nach biographisch orientierte Untersuchung kann nicht davon absehen, daß die Biographik in einem sozialwissenschaftlich orientierten intellektuellen Umfeld in Verruf geraten und als »letzte Auffang-

---

16 Xiao Jun, »Liang ben shu di "Qianji"« [»Vorbemerkung« zu zwei Büchern], in: *Jiefang ribao* 13.10.1941; zit. nach:*1913–1983 Lu Xun yanjiu xueshu lunzhu ziliao huibian* [Eine Sammlung wissenschaftlicher Abhandlungen und Materialien zur Lu-Xun-Forschung], 5 Bde. & Indices, Hg. Zhongguo shehuikexueyuan wenxue yanjiusuo Lu Xun yanjiushi, Beijing: Zhongguo wenlian chubanshe 1985–90 (im folgenden *LYXL*), 3:670. Vgl. D. Holm: »Lu Xun in the Period 1936–1949. The Making of a Chinese Gorki«, in: *Lu Xun and His Legacy*, 171.

stelle für den Historismus«[17] bezeichnet worden ist. Entscheidend daran beteiligt, daß der traditionellen historischen Biographik die Vorstellung von einem autonom in der Geschichte agierenden Subjekt zugrunde liegt, ist eine auf den Idealismus zurückgehende Vorstellung, die zusammen mit ihren abgeleiteten Konzepten von Individuum, Identität, Person und so weiter zunächst radikal von Nietzsche, dann analytisch und behutsam in der »Lebensweltanalyse« von Husserl, schließlich systematisch in der Kommunikationstheorie von Habermas in Frage gestellt worden ist. In der Geschichtsschreibung hat dies zu einer Erschließung bisher nicht beachteter Quellensorten geführt, dies auch im Sinne einer »Geschichte von unten«. Parallel dazu wurden die Ergebnisse empirischer Sozialforschung zugunsten qualitativer Methoden relativiert. Nicht die fragwürdige Rolle der »großen Persönlichkeit« steht im Vordergrund, sondern die Frage nach dem Verhältnis zwischen Individuum und Gesellschaft — genau die Frage, die in China wohl radikaler und obsessiver als je zuvor formuliert worden ist, als Lu Xun 1918 die literarische Bühne betrat, und die er, noch von historistischen Prämissen geleitet, bereits in seinen frühen Aufsätzen zu beantworten gesucht hatte.[18] Wesentliche Annahme der Kommunikationstheorie ist, daß sich Bedeutung und damit die »soziale Identität« (Erving Goffman) dort konstituiert, wo kommuniziert wird. Medium dazu sind die öffentlich verfügbaren Sprachformen, die in der Diskussion um die Umgangssprache als Schriftmedium nicht zufällig wichtigstes Thema der Bewegung des 4. Mai 1919 waren und Lu Xun nachhaltig beschäftigt haben (vgl. Dok. A016). Daraus läßt sich das hohe Ideal biographischer Forschung als »Darstellung und Erklärung des äußeren Lebenslaufs und der Selbstinterpretation von Individuen oder Gruppen in ihrem wechselseitigen Zusammenhang und im Kontext der Motive und Wirkungen ihrer Handlungen«[19] formulieren.

Aus diesen Erwägungen heraus sind im vorliegenden Band textliche und andere Dokumente, die nicht von Lu Xun selbst stammen, relativ zahlreich vertreten. Sie sind als Zeugen eben dieses Kommunikationsprozesses zu werten, gleichermaßen von Lu Xun übersetzte Texte beziehungsweise Sekundärtexte über ihn in diachronischer Betrachtung. Den Aporien einer narrativen und chronologischen Biographie und ihrer nachträglichen Sinn-

---

17   J. Oelkers: »Biographik. Überlegungen zu einer unschuldigen Gattung«, in: *Neue Politische Literatur* 3 (1974), 299.

18   V.a. in: »Über die Macht der dämonischen Poesie« [1907], in: *LXW* 5:87–168.

19   A. Gestrich: »Sozialhistorische Biographieforschung«, in: *Biographie — sozialgeschichtlich*, Hg. ders. u.a., Göttingen: Vandenhoeck & Ruprecht 1988, 14.

konstitution tragen die einleitenden thematischen Abschnitte über die Aktivitäten von Lu Xun ebenso Rechnung wie das Konzept des Dokuments als kleinster Bedeutungseinheit, von der aus Kommunikationsgeflechte rekonstruiert werden können, an denen Lu Xun beteiligt war. Davon unmittelbar betroffen sind auch Phänomene, die zum Gegenstandsbereich der Literatursoziologie gehören, so etwa das Umfeld von Zeitschriften (C032) und nicht zuletzt Briefe als Paradigma schriftlicher Kommunikation (A008 u.a.). Es liegt auf der Hand, daß im Gegensatz zur eher historisch orientierten Biographik die Literaturgeschichte auf einen weit reicheren Fundus von textlichen Zeugen zurückgreifen kann, die aber in ihrer Würdigung umso kritischerer Reflektion bedürfen.

Lebenslaufforschung und »psycho history«
Durch die Vermittlung der Psychoanalyse hat in der biographischen Forschung eine Methode Eingang gefunden, die erneut an individualistische Konzepte des Historismus anzuknüpfen versucht.[20] Obwohl von einem naturwissenschaftlichen Paradigma belastet und sozialgeschichtlichen Methoden diametral entgegengesetzt, bietet eine psychoanalytisch orientierte Lebenslaufforschung Ansätze, die sich besonders im Hinblick auf die Vermittlung von Lu Xun verwerten lassen. Dies verdankt sie ihrer Prämisse anthropologischer Konstanten, mit denen sich ebenso wie mit Parallelen im literarischen Betrieb an Phänomene und Prozesse anknüpfen läßt, die auch außerhalb Chinas bekannt sind. In Anlehnung an den Psychoanalytiker Erik Erikson erstmals für die moderne chinesische Literatur und damit auch für Lu Xun fruchtbar gemacht hat dies Lee Ou-fan.[21] Bei Erikson ist die »Krise« eine zentrale Kategorie biographischer Analyse, und zwar in ihren verschiedenen Deutungsmöglichkeiten, sei es als (soziale) Interaktion im Sinne einer Lebenswende, sei es als Instrument zur Beschreibung innerer Befindlichkeit im Sinne der Individualpsychologie.[22] Jedenfalls ist damit der Bezugsrahmen der totalen sozioökonomischen Determinierung ebenso verlassen wie jener der immer noch historistisch konzipierten »großen

---

20   Einen umfassenden forschungsgeschichtlichen Überblick bietet T. Kornbichler: *Tiefenpsychologie und Biographik*, Frankfurt a.M.: Lang 1989 (= Psychopathologie und Humanwissenschaften 5).

21   L. Lee Ou-fan: *The Romantic Generation of Modern Chinese Writers*, Cambridge/MA: Harvard University Press 1973, 122–3; ders.: »Genesis of a Writer: Notes on Lu Xun's Educational Experience, 1881–1909«, in: *Modern Chinese Literature in the May Fourth Era*, Hg. M. Goldman, Cambridge/MA: Harvard University Press 1977, 161–88.

22   Einen rein existentialphänomenologischen Ansatz hatte M. Scaligero bereits in »Lu Hsün e la crisi del superuomo«, in: *Cina* 3 (1957), 18–26, verfolgt.

Persönlichkeit«, die im Sinne Lenins als Avantgarde gesellschaftlicher Entwicklungen agieren könnte. Dem zweiten Modell folgt namentlich die hagiographische Biographik zu Lu Xun.[23] Es ist nicht verwunderlich, daß deshalb genau jene Episoden und Perioden im Leben von Lu Xun zu den oben erwähnten »Tabuzonen« gehören, die sich am ehesten als krisenhafte Situationen fassen lassen, die eine Lebenswende einleiten beziehungsweise als Traumatisierung wirken oder gar nur als pathologisches Phänomen angemessen beschreibbar sind.

Derartige Schlüsselerlebnisse finden sich bei Lu Xun mehrfach. Zunächst ist der frühe Tod des Vaters von Lu Xun zu nennen, der sich nicht nur bei männlichen Autoren in diesem Jahrhundert in China so auffallend häuft, daß die moderne chinesische Literatur schon rundweg eine »vaterlose« beziehungsweise eine »Literatur der Halbwaisen« genannt worden ist.[24] Eine individualpsychologische Deutung dieses frühen Vaterverlustes legt Identifikationsbedürfnisse mit Lehrerpersönlichkeiten oder mit einer Ideologie als Kompensation für traumatische (Vater-)Verlusterfahrung nahe, ebenso wie die radikale Bereitschaft zur Selbstaufopferung.[25] Als einschneidende Erfahrungen lassen sich ebenso sein Scheitern bei den Beamtenprüfungen, seine traditionell vermittelte Ehe mit Zhu An und in engem Zusammenhang damit die sozial geächtete Liebesbeziehung zu seiner Studentin Xu Guangping deuten, ebenso die enge Beziehung zu seiner Mutter Lu Rui, deren Familienname Bestandteil des Pseudonyms ist, unter dem er bekannt wurde und das er erstmals bei Veröffentlichung seines erfolgreichen »Tagebuchs eines Wahnsinnigen« verwendet hat. Es ist nur folgerichtig, daß neuere Biographien zu Lu Xun in eben diesem Bereich ihre Schwerpunkte setzen, ohne daß deswegen überspitzt formuliert werden müßte, wie es eine

---

23 Vgl. dazu L. Kornbichler, 181–97, und die selbstkritischen Bemerkungen von Tang Tao. in seinem Vorwort zu Wang Hui: *Fankang juewang — Lu Xun de jingsheng jiegou yu »Nahan« »Panghuang« yanjiu* [Widerstand gegen die Verzweiflung — Eine Studie zur geistigen Struktur und seinen beiden Sammlungen »Schlachtruf« und »Zwischenzeiten Zwischenwelten«], Shanghai: Renmin chubanshe 1991, 1–12.

24 Xie Yong: »Guamu fugu xianxiang dui Zhongguo xiandai zuojia de yingxiang — dui Lu Xun, Hu Shi, Lao She, Yu Dafu zaonian jingli de lijie« [Der Einfluß allein erziehender Witwen auf moderne chinesische Autoren — Zum Verständnis der frühkindlichen Erfahrung von Lu Xun, Hu Shi, Lao Shi und Yu Dafu], in: *Zhongguo xiandai wenxue yanjiu congkan* 3/1992, in: *Ershiyi shiji* Nr. 24 (8/1994), 113–23; vgl. die dt. Zusammenfassung in: *minima sinica* 1/1995, 158–62.

25 Vgl. dazu Lee: »Genesis…«, 173. S. auch Überblicksdarstellung von Ma Tiji: »Lu Xun de hunlian shenghuo« [Das eheliche Liebesleben von Lu Xun], in: *Wenxue dashimen de hunlian*, Beijing: Zhongguo wenlian chubanshe 1996, 1–50, die auf minutiöser Quellenkenntnis zurückgeht.

»Individualpsychologische Studie« von 1992 tut: Für Lu Xun »fallen als weibliche Bezugspersonen Mutter, Ehefrau und Geliebte in eins.«[26]
Nicht so sehr um individualpsychologischen Deutungen den Vorzug vor anderen zu geben, sondern vielmehr um die Rolle dieser lange vernachlässigten Nahtstellen im Prozeß der Hagiographie zu beleuchten, sind gerade Zeugnisse aus diesen »Tabuzonen« (vgl. Dok. A024, B076, C051 u.a.) ein Schwerpunkt der Auswahl.

Traditionelle chinesische Biographik

Obwohl der Rückgriff in gewisser Weise methodisch zirkulär ist, seien im folgenden einige formale und inhaltliche Merkmale der traditionellen chinesischen biographischen Gattung *zhuan* skizziert. Im annalistischen Geschichtswerk *Zuo zhuan*, das mit zahlreichen Anekdoten zu historischen Figuren aufwartet, hatte *zhuan* noch einfach »Überlieferung« bedeutet. Erst mit dem *Shiji*, den »Historischen Aufzeichnungen« des Sima Qian (um 145–90 v.u.Z.), der die letzte und bei weitem umfangreichste Abteilung seines Monumentalwerks mit *liezhuan* (»geordnete Überlieferung«) überschrieb und sie für Lebensdarstellungen reservierte, etablierte sich die Bedeutung »Biographie« und mit ihr auch die Gattungsbezeichnung.[27] Merkmal der Gattung, die für alle folgenden offiziellen Dynastiegeschichten verbindlich wurde, sind die prinzipiell chronologische Anordnung ebenso wie die häufig anekdotisch zugespitzte Konzentration auf Schlüsselszenen im Lebenslauf und als typisch erachtete Situationen — oft solche, die auch im Sinne der Individualpsychologie als Wendepunkte gelten können. Mit dem Anekdotischen einher geht ein ausgeprägter didaktischer Impetus, der unmittelbar in die lehrhaft aufbereiteten Lebensgeschichten religiöser Lehrer des Buddhismus und Daoismus mündete. Weiteres Merkmal ist die Vielfalt verwendeter Quellen, die ursprünglich von der Verwaltungsakte bis zur mündlichen Überlieferung reicht und etwa die Möglichkeit fingierter direkter Rede einschließt. Der didaktische Impetus verbindet die Gattung etwa mit biographischen Werken des römischen Schriftstellers Cornelius Nepos (um 100–25 v.u.Z., *De viris illustribus*) oder des Griechen Plutarch (um 46–125,

---

26 An neueren Studien zu nennen sind vor allem Wu Jun: *Lu Xun gexing xinli yanjiu* [Eine individualpsychologische Studie zu Lu Xun], Shanghai: Huadong shifan daxue chubanshe 1992, und Wang Hui: *Fankang juewang — Lu Xun de jingsheng jiegou yu »Nahan« »Panghuang« yanjiu.* Zitat Wu Jun, *Lu Xun gexing xinli yanjiu*, 147.

27 Einen konzisen Überblick, der auch eine Reihe der erwähnten abgeleiteten Untergattungen einschließt, bietet P. Olbricht: »Die Biographie in China«, in: *saeculum* 8,2/3 (1957), 224–35.

Bioi parallêloi.[28] Wenn der Philologe und Reformer Hu Shi (1891–1962) also apodiktisch äußerte, »die Gattung der Biographie ist in China unterentwickelt«[29], so kann er sich allenfalls auf die wenig normierte Würdigung der Quellen bezogen haben, die näher bei der *biographie romancée* liegt als bei der quellenkritischen Biographik des Historismus. Sowohl die Gattung als auch der Begriff haben bis in die Gegenwart in zahlreichen binominalen Fügungen überlebt (so als *pingzhuan* »kritische Biographie«, *shuzhuan* »deskriptive Biographie« und andere mehr) und sind auch in der biographischen Literatur zu Lu Xun prägend gewesen. Erst in jüngerer Zeit lassen sich Ansätze feststellen, mittels des Begriffs *zhuanji wenxue* (»biographische Literatur«) Gattungen hinsichtlich ihrer Würdigung der Quellen einerseits und ihres fiktionalen Anteils andererseits voneinander abzugrenzen. Klar verbannt jedenfalls ist die Fiktion aus der ebenfalls auf das *Shiji* zurückgehenden biographischen Gattung *nianpu* (»biographische Chronik«).

Aufschlußreich ist die Beobachtung, daß sich literaturhistorisch und ideologisch heterodoxe Ansätze, bei Lu Xun in »Tabuzonen« vorzudringen, zuerst in der Gattung *zhuan* manifestiert haben, die der Fiktionalisierung relativ breiten Raum gewähren,[30] während umgekehrt in Publikationen zu Lu Xun in der Gattung *nianpu*, die vergleichsweise rigorosen quellenkritischen Maßstäben folgt, »Tabuzonen« respektiert, das heißt entsprechende Fakten einfach unterschlagen werden.[31] Es liegt auf der Hand, daß der gattungsspezifische Spielraum sowohl grob verfälschende Fiktionalisierung zuläßt, wie sie während der Kulturrevolution ausgiebig betrieben wurde (vgl. Dok. B028), als auch ideologisch subversive Ansätze begünstigt, die sich in historischer Sicht von der offiziellen Geschichtsschreibung abgegrenzt und eigene biographische Gattungsbezeichnungen hervorgebracht haben wie *wai-*

---

28 Zur Biographik in der westlichen Antike s. F. Leo: *Die griechisch-römische Biographie nach ihrer literarischen Form*, Leipzig: Teubner 1901.

29 Vorwort zu Zhang Xiaoruo: *Nantang Zhang Jizhi xiansheng quanji*, 1930; zit. nach R. Howard: »Modern Chinese Biographical Writing«, in: *Journal of Asian Studies* 21,4 (1962), 465. Vgl. dazu Mao Dun: »Zhuanji wenxue« [Biographische Literatur, 1933], in: *Mao Dun quanji*, Beijing: Renmin wenxue chubanshe 1981–, 19:538–9, der noch weiter geht und erklärt: »Die Chinesen sind ein Volk, das keine biographische Literatur hervorgebracht hat« (S. 538).

30 Beispiele dafür sind Li Yunjing: *Lu Xun de hunyin yu jiating* [Ehe und Haushalt von Lu Xun], Bejing: Shiyue wenyi chubanshe 1990, und Zeng Zhizhong: *San ren hang* [Geschäft zu dritt], Beijing: Zhongguo qingnian chubanshe 1990, 2. Aufl. 1992.

31 Sprechendes Beispiel sind die sehr summarischen Bemerkungen zur Eheschließung von Lu Xun mit Zhu An in *Lu Xun nianpu*, 4 Bde., Hg. Li Helin u.a., Beijing: Renmin wenxue chubanshe 1981–84 (im folgenden *LXNP*), 1:178–9; s. dazu den Bericht über Vergleiche mit anderen »Chroniken« bei Wang Runhua, 3–6.

zhuan, *biezhuan*, *yezhuan*, *mizhuan* (»inoffizielle, wilde, geheime Biographien«).[32]

Auffallend ist in diesem Zusammenhang, daß in mehreren seiner Erzählungen Lu Xun selber sich einer fiktiven biographischen Form bedient, am deutlichsten in der »Wahren Geschichte des A Q«, die charakteristischerweise unter der Gattungsbezeichnung *zhuan* erschien und im Prolog ausführlich die Gattung reflektiert.[33]

Wie jüngere Diskussionen zeigen, ist aber dennoch die Biographik nach wie vor prominentestes Einfallstor für neue Sichtweisen auf Lu Xun, nicht zuletzt deshalb, weil sie in der Regel eine größere Verbreitung erfährt und damit auf längere Sicht auch weiter reichende Folgen nach sich ziehen kann.[34]

32 Vgl. D. Nivison: »Traditional Chinese Biography«, in: *Journal of Asian Studies* 21,4 (1962), 460–1.

33 *LXW* 1:104–6. Vgl. dazu Niijima Atsuyoshi: »"A Q zhengzhuan" de zhuanji bifa« [Der biographische Schreibstil der »Wahren Geschichte des A Q«; 1979], Übers. Gao Peng & Chen Shengsheng, in: *A Q — 70 nian*, Hg. Peng Xiaolin & Han Lili, Beijing: Shique wenyi chubanshe 1993, 446–54. S. auch R. Trauzettel: »Zur ästhetischen Konstruktion der Helden in Lu Xuns Erzählungen«, in: *Aus dem Garten der Wildnis*, bes. 6–7.

34 Li Chenghua: »Lu Xun zhuanji yu Lu Xun jingshen — xin shiqi Lu Xun zhuanji zhuzuo shuping« [Biographie und Geist von Lu Xun — kritische Darstellung biographischer Werke über Lu Xun aus der neuen Epoche [seit 1979]], in: *LY* Nr. 117 (1/1992), 49–55.

1 Stationen eines Lebens

Die politische Einheit China war spätestens seit der Zeit der Streitenden Reiche (475–221 v.u.Z.) mehr Mythos und immer wieder beschworene Leitvorstellung als administrative Aktualität. So bezieht sich etwa das Epitheton »patriotisch« *(aiguo)*, mit dem in der Biographik seit der Neuzeit Persönlichkeiten vom Lyriker Lu You (1125–1210) bis hin eben zu Lu Xun bedacht worden sind, mehr auf deren Sehnsucht nach der Aktualisierung dieses Konstrukts als auf ein konkretes soziales und politisches Gebilde. Von »Patriotismus« im engeren Sinne, also einer sentimentalen Anhänglichkeit an einen bestimmten Ort, kann bei Lu Xun wie bei vielen seiner Zeitgenossen eher im Hinblick auf das Verhältnis zur eigenen Heimat die Rede sein, das heißt in der Regel den Landkreis *(xian)* oder gegebenenfalls die Präfektur *(fu)*.[35] Die soziale Identität, von der die Rede war und zu deren Rekonstruktion hier Elemente zusammengetragen werden sollen, wäre also wesentlich eine regionale Identität. Ebenso zu den im *Shiji* etablierten formalen Normen der Biographik gehörte daher, unmittelbar nach Alternativnamen den Herkunftsort zu nennen — eine Norm, die bis heute in der biographischen Lexikographik verbindlich geblieben ist und seit dem *Shiji* häufig genug die einzige überhaupt überlieferte biographische Angabe ist. Diese regionale Identität wird traditionell durch das Ahnenopfer erneuert, das am Herkunftsort, das heißt demjenigen der Vorfahren, dargebracht werden muß. — In der Gegenwart hat dies zu einem bedeutenden Verlust an Kulturland in küstennahen Provinzen mit traditionell hoher Auswanderungsrate geführt, weil wohlhabend gewordene Auslandchinesen aufwendige Grabstätten errichten.

Namentlich aus der Perspektive der modernen westeuropäischen Nationalstaaten, wo sich Rudimente eines *ius soli* allenfalls noch im deutschen oder schweizerischen Zivilrecht konserviert haben und sonst belanglos geworden sind, kann der Rang landsmannschaftlich definierter Herkunft nicht hoch genug veranschlagt werden. Hier ist sie Faktor literarischer Produktion und Rezeption, und im Falle von Lu Xun ist die Rolle der Herkunft aus Shaoxing so überragend, daß sich mindestens zwei westliche Studien aus eben dieser

---

35 Vgl. dazu J. K. Fairbank: *Geschichte des modernen China 1800–1985* [1986], Übers. W. Theimer, München: Deutscher Taschenbuch Verlag 1989, 168.

Tatsache inspirieren: Eine davon handelt von Lu Xun selbst, in der anderen ist seine Person Anknüpfungspunkt für eine sozialgeschichtliche Untersuchung über die Rolle einer Herkunft aus seinem Heimatort.[36] — Unnötig zu betonen, daß eine Flut chinesischer Sekundärliteratur sich ausschließlich der Frage widmet, welche sprachlichen, literarischen, sozialen und sonstigen Auswirkungen seine Herkunft aus Shaoxing für Lu Xun hatte.[37]

Wesentliches Element dieser regionalen Identität ist die gesprochene Sprache, deren Rang im Leben eines Schreibenden nicht eigens betont werden muß. Die Tatsache, daß es im chinesischen Kernland verschiedene Regionalsprachen oder eben »Regiolekte«[38] gibt, zwischen deren Sprechern mündliche Verständigung nicht möglich ist, hat bis in dieses Jahrhundert eine überragende Rolle gespielt und ist auch im Zeitalter landesweiter akustischer Massenmedien passiv noch wirksam. So berichtet ein Journalist, er habe sich 1945 bei einem Besuch bei Zhu An, der Ehefrau von Lu Xun, eines Dolmetschers bedienen müssen, der sowohl die Hochsprache als auch den Regiolekt verstand, um mit ihr kommunizieren zu können.[39] Folge davon ist, daß horizontale soziale Zusammenschlüsse aller Art häufig der gemeinsamen Herkunft folgen, mit anderen Worten zwischen Sprechern des gleichen Regiolekts stattfinden. Solche Strukturen sozialer Aktivität — legal und als legitim erachtet und daher unter Umständen geeignet als Tarnung für illegale Aktivitäten — haben im Leben von Lu Xun wiederholt eine prominente Rolle gespielt und sind etwa bei sozialen Unternehmungen in literarischen Vereinigungen oder bei Zeitschriftengründungen immer wieder wirksam. Dabei ist zu beachten, daß die Herkunft von Lu Xun nicht nur ein Faktor der Selbstwahrnehmung ist,[40] sondern beispielsweise in der Literaturgeschichtsschreibung Strömungen und Schulen häufig nach dem

36   W. A. Lyell, Jr.: *Lu Hsün's Vision of Reality*, Berkeley/CA: University of California Press 1976, und J. Cole: *Shaohsing. Competition and Cooperation in Nineteenth-Century China*, University of Arizona Press 1986 (= Monographs of the Association of Asian Studies 44).

37   Dazu s. *Lu Xun yanjiu ziliao suoyin*, 2:289–103; [...] *xubian*, 516–43 & 578–81; *Lu Xun yanjiu ziliao suoyin 1975–1983*, Hangzhou: Hangzhou daxue Zhongwenxi ziliaoshi 1984, 85–95; bekräftigt durch Zusammenstellungen wie »Aus dem gleichen Landkreis stammende Freunde erinnern sich an Lu Xun« (*Xiangyou yi Lu Xun*, Shaoxing: Lu Xun jinianguan 1986).

38   Zwar ist die deutsche Wiedergabe der »mutually unintelligible regionalects« unbefriedigend, doch trägt der Begriff dem Umstand Rechnung, daß es sinnvoller scheint, von den *difangyu* als »Regionalsprachen« zu sprechen. Der Ausdruck stammt von J. DeFrancis: *The Chinese Language. Fact and Fantasy*, Honolulu: Hawai'i University Press 1982, 53–68. — Seine Monographie widmet DeFrancis übrigens »to the neglected memory of Lu Xun as an ardent advocate of Chinese language reform«.

39   *Shijie ribao* Beiping, 31.12.1945; zit. bei Zeng Zhizhong: *San ren hang*, 409.

Herkunftsort ihrer Begründer oder wichtigsten Repräsentanten benannt sind und eher selten Bezug auf formale oder inhaltliche Merkmale literarischer Texte genommen wird.[41] Wenn im folgenden also das Leben von Lu Xun anhand von Orten aufgerollt wird, so handelt es sich nicht um bloße Aufenthaltsorte, die sich als Kriterium der zeitlichen Gliederung anbieten, sondern auch um Maßstäbe räumlicher und zuweilen mythischer Distanz zum eigenen Herkunftsort. Diese Entfernung ist bereits in seinem frühesten fiktionalen Text gegenwärtig, dessen Titel erklärend auch mit »Sehnsucht nach vergangenen Orten und Menschen« übersetzt werden könnte.[42]

Diesen Umständen trägt die Auswahl der Dokumente insofern Rechnung, als Texte zu den sprachreformerischen Bemühungen von Lu Xun aufgenommen sind. Motiv war für ihn nicht alleine, ein geeignetes Medium vertikaler Kommunikation in einer Gesellschaft mit einem hohen Anteil an lese- und schreibunkundiger Bevölkerung zu finden, sondern auch eines der horizontalen, also interregionalen Kommunikation. Weiter ist in den biographischen Angaben zu Personen der Herkunftsort aufgenommen, insbesondere bei Zeitgenossen von Lu Xun.

Shaoxing und Nanjing

Lu Xun wurde 1881 als ältester Sohn in die Grundbesitzerfamilie Zhou geboren, die seit dem frühen 16. Jahrhundert in Shaoxing ansässig war und entweder aus Daozhou/Provinz Hu'nan, aus Suzhou/Jiangsu oder aus dem nahen Zhuji in der gleichen Präfektur zugewandert war. Seine Mutter stammte aus dem Dorf Anqiaotou in der gleichen Präfektur. Im Haushalt lebten vier Generationen zusammen. 1885 wurde sein Bruder Zhou Zuoren geboren, 1887 sein jüngster Bruder Zhou Jianren. Vom gleichen Jahr an wurde Lu Xun zuhause unterrichtet und trat 1892 in eine Privatschule ein, um sich weiterhin durch Lektüre kanonischer Schriften auf die Beamtenprüfungen vorzubereiten. 1893 stirbt seine Urgroßmutter, 1896 sein Vater. 1898 geht er zum Studium des Bergbaus nach Nanjing und kehrt jeweils in den Neujahrs-

---

40 Vgl. dazu »Wo de "ji" he "xi"« [Mein »Herkunftsort« und mein »Beruf«; 2.6.1925], in: *Lu Xun quanji*, 16 Bde., Beijing: Renmin chubanshe 1981 (im folgenden *LXQJ*) 3:81–5.

41 Vgl. dazu die Enzyklopädie *Cihai. Wenxue fence*, Shanghai: Cishu chubanshe 1981, 256–66, wo rund ein Drittel der erfaßten Gruppierungen auf gemeinsamer Herkunft beruht.

42 »Reminiszenzen« [1911], in: *LXW* 6:149–66.

und Sommerferien nach Shaoxing zurück. Auch von Japan aus reist Lu Xun mehrmals nach Shaoxing; besonders kurz war der Aufenthalt dort bei seiner Eheschließung 1906. Die Jahre als Mittelschullehrer zwischen 1909 und 1912 verbringt Lu Xun teils in Shaoxing, teils in der Provinzhauptstadt Hangzhou. Er besucht seine Heimat zum letzten Mal im Dezember 1919, als er seine Mutter Lu Rui in den eigenen Haushalt nach Peking holt.[43]

Gu Yanwu (1613–82), frühester Exponent der Qing-zeitlichen Philologie und Zeuge der Zeit, in der Shaoxing 1646 während einiger Tage zur Hauptstadt der Ming-Loyalisten wurde,[44] zitiert in seinen »Aufzeichnungen über von Tag zu Tag erworbenes Wissen« *(Rizhi lu)* aus den kulturphilosophischen *Wuza zu* (»Hackblock für fünffaches Allerlei«) des Ex-Ministers Xie Zhaozhi (1567–1624): »Alle Sekretäre *(shiye)* in den 13 Sektionen des Finanzministeriums stammen aus den Provinzen Jiangsu und Zhejiang.« Dabei ändert er »Jiangsu und Zhejiang« (mit den Kürzeln *Wu* und *Yue* für die beiden Provinzen wiedergegeben) in »Shaoxing« — ob es willentlich geschah, sei dahingestellt. Jedenfalls wirft der Verschreiber beziehungsweise die Parodie ein grelles Licht auf die unübersehbare Präsenz von »(juristischen) Sekretären aus Shaoxing«, die den Ausdruck *Shaoxing shiye* seit der Ming-Dynastie zu einer stehenden Redewendung mit der Nebenbedeutung »Rechtsverdreher« oder »Federfuchser« gemacht hatten.[45]

Der Ort Shaoxing liegt in einem Gebiet, das Michelle Loi in Anlehnung an das Diktum von de Gaulle als »Chine profonde« bezeichnet.[46] Es ist mit anderen Worten konkret ein Ort, der sich räumlich weit entfernt von den Zentren politischer Macht befindet, und abstrakt ein Ort, wo sich hypothetische Merkmale Chinas und des chinesischen Geistes in idealtypischer Ausprägung finden. Ein britischer Diplomat hat nach einer Reise zur Zeit der Geburt von Lu Xun die Gegend von Shaoxing beschrieben als das »ohne jede Einschränkung fetteste Stück Land, das ich je in China oder anderswo gesehen habe«[47]. Grundlage dieses Reichtums waren und sind günstige klimatische Bedingungen für den Reisanbau, die jährlich mehrere Ernten

---

43   Vgl. Zhu Wen u.a.: *Lu Xun zai Shaoxing*, Hangzhou: Zhejiang wenyi chubanshe 1985, 204–10.

44   S. dazu L. Struve: *The Southern Ming. 1646–1662*, New Haven & London: Yale University Press 1984, 95–7. — Unter Shaoxing ist im folgenden die Präfektur mit den beiden Zentren Kuaiji und Shanyin und den weiteren Kreisen Xiaoshan, Zhuji, Yuyao, Shangyu, Chengxian und Xinchang zu verstehen.

45   Vgl. dazu Wang Zhenzhong: *Shaoxing shiye*, Fuzhou: Fujian renmin chubanshe 1994, bes. 5–49.

46   »Avant-propos«, in: Luxun: *Cris*, Übers. Michelle Loi u.a., Paris: Albin Michel 1995 (=Les Grandes Traductions), 11.

erlauben. In der Topographie schlägt sich dies in einem weit vor der Zeitenwende angelegten, ausgeklügelten Kanalsystem nieder, das sowohl der Bewässerung dient als auch ein engmaschiges Netz von Transportwegen bildet. Seit Ende der Ming-Dynastie ging damit eine demographische Entwicklung einher, die Shaoxing zur am dichtesten besiedelten Präfektur der Provinz machte. Wohlhabende Grundbesitzer und Händler mußten, wenn sie für sich und ihren Clan politischen Einfluß in der Hauptstadt sichern wollten, ihren Söhnen eine langwierige Ausbildung finanzieren, um ihnen die Teilnahme an den Beamtenprüfungen zu ermöglichen. Aufgrund des Bevölkerungsdrucks und der Teilnahmequote am Prüfungsverfahren, die beide überdurchschnittlich hoch waren, bot sich bei gescheiterten Prüfungen die alternative Möglichkeit an, in untergeordneten Positionen außerhalb der regulären Laufbahn Einfluß geltend zu machen. Das hatte zur Folge, daß in manchen Bereichen der zentralen und lokalen Administration aus Shaoxing stammende Experten in Rechts- und Steuersachen — eben die *shiye* oder auch *muyu*, erstere sprachlich meistens in Verbindung mit dem Ortsnamen — von den im ordentlichen Verfahren verbeamteten Generalisten bevorzugt wurden und bald dominierten. In Zahlen ausgedrückt stellten sie 1892 in lokalen Behörden in der Randprovinz Xinjiang einen Anteil von 3% und in der Hauptstadtprovinz Zhili 15% dieser Assistenten,[48] so daß die Redensart umging, »Wer nicht aus Shaoxing stammt, hat keine Aussicht, in einem Amtshaus unterzukommen«.[49] Die klar überproportionale Vertretung hatte gegen Ende des 16. Jahrhundert eingesetzt und diesen Subalternbeamten aus Shaoxing den Ruf eingebracht, spitzfindig, hinterhältig und korrupt zu sein, so daß bereits in der Erzählliteratur der Ming-Zeit entsprechende Figuren als aus Shaoxing stammend gekennzeichnet wurden und es Ende der Qing-Zeit in Peking als empfehlenswert galt, eine Herkunft aus Shaoxing zu verheimlichen, um auf dem Markt für rechtsberatende Dienstleistungen seine Chancen nicht zu gefährden. Deshalb verwundert es nicht, daß Lu Xun auf entsprechende Fragen jeweils ausweichend antwortete, er stamme aus Zhejiang.[50] Die Herkunft von Lu Xun wurde nicht nur allgemein wahrgenommen, sondern wurde, je polemischer die Auseinandersetzungen, desto

---

47 E. H. Parker: »A Journey in Chekiang«, in: *Journal of the China Branch of the Royal Asiatic Society* NS 19,1 (1884), 44; zit. nach Cole, 7.

48 *Da Qing jinshen quanshu*, »Guangxu 18«; nach Cole, 99.

49 *Wu Shao bu cheng ya.*

50 Zhou Zuoren: *Zhitang huixiang lu* [Erinnerungen von Zhitang {d.i. Zhou Zuoren}], Xianggang: Sanyu tushu wenju gongsi 1980, 304–5.

direkter mit dem Image von Shaoxing verbunden. So beginnt der biographische Abriß, den der Zeichner Huang Miaozi (1913–) einer Karikatur von Lu Xun beigibt, mit der Charakterisierung »ein Alter von über 50 Jahren, geboren in Shaoxing, das die *shiye* hervorgebracht hat.«[51] Daß eine an Shaoxing geknüpfte regionale und lokale Identität schon früh bestand, bezeugt das *Yuejue shu* (um 40 u.Z.), die früheste in China zusammengestellte Lokalgeschichte. Im Umfeld eines Bildungsideals, das in erster Linie um die literarische Überlieferung kreiste und zugleich einziger Weg zu sozialem Aufstieg war, hat die reiche intellektuelle Tradition der Präfektur, die mit dem materialistischen Philosophen Wang Chong (27–97) über den buddhistisch geprägten spekulativen Philosophen Wang Yangming (1472–1528) und den Kalligraphen Xu Wei (1521–93) weitergeht und mit der revolutionären Lyrikerin Qiu Jin (1875–1907) keineswegs endet, zweifellos zu einem ausgeprägten lokalen Selbstbewußtsein beigetragen. Dazu trugen auch die seit der Song-Dynastie von wohlhabenden lokalen Eliten finanzierten privaten Akademien *(shuyuan)* bei, die unmittelbar das hervorbrachten, was als Konzentration literarischer Begabung im südlichen Yangzi-Becken legendär wurde. Umgekehrt ist Lu Xun längst schon rückblickend in diese Tradition eingeordnet,[52] so daß der Verfasser einer Reihe biographischer Porträts, die das Verhältnis von Lu Xun zu diesem historischen Aspekt regionaler Identität zum Gegenstand haben, seine Untersuchung mit der mythisierenden Äußerung beginnen konnte: »Die Leute aus Shaoxing können zurecht stolz auf sich sein, denn Shaoxing ist die Heimat von Lu Xun.«[53]

Als Ausgangspunkt aller legendär und faktisch begründeten Konnotationen mit dem Ort Shaoxing kann der antike mythische Herrscher Yu gelten, dem die für China lebenswichtige und für die chinesische Identität konstitutive Gewässerregulierung zugeschrieben wird. Ihm hat Lu Xun äußerst unterschiedliche Arbeiten gewidmet: eine philologische Studie zu einer Inschrift bei seiner Grabstelle, die sich innerhalb eines Tempels in der

---

51   *Xiaoshuo banyuekan* Nr. 3 (7.1934).

52   Wie prägend die Perspektive nach wie vor ist zeigt etwa Quan Yu: »"Jiangnan rencai mingzhen — Taoyan" youguan Lu Xun tong shidai ren de xin ziliao pingshu« [Kritische Darstellung neuer Materialien zu Zeitgenossen von Lu Xun im Werk »Taoyan {in Shaoxing}, eine der für ihre Talente bekannten Kleinstädte südlich des Yangzijiang« {von Zhu Shunzuo und Zhang Nengdi}], in: *LY* Nr. 144 (4/1994), 45–8.

53   Song Zhijian: *Lu Xun yu Shaoxing lidai mingxian* [Das Verhältnis von Lu Xun zu bedeutenden Persönlichkeiten aus der Geschichte von Shaoxing], Xiamen: Xiamen daxue chubanshe 1991, 7.

Nähe von Shaoxing befindet,[54] sowie einen launigen erzählerischen Text mit zahlreichen parodistischen Elementen, in dem die Überlieferung zu Yu als Folie für eine Montage mit zahlreichen Gegenwartsbezügen dient.[55]

Es überrascht nicht, daß die Herkunft von Lu Xun sich nicht nur formal und argumentativ (s.u.), sondern auch sprachlich in seinem Werk niederschlägt. Eine quantitative Analyse ausgewählter erzählerischer und essayistischer Werke hat den relativ hohen Anteil von bis zu 5,2% aller Lexeme erbracht, die sich eindeutig dem Wu-Regiolekt zuordnen lassen.[56] Entsprechend höher ist der Anteil, wenn auch größere semantische und syntaktische Einheiten in die Untersuchung einbezogen werden, wobei der Dialekt von Shaoxing erwartungsgemäß bei weitem überwiegt.[57]

Eine weitere wichtige Auswirkung der Herkunft von Lu Xun aus Shaoxing ist die Tatsache, daß ein großer Teil seines erzählerischen Werks sich in einer Landschaft situieren läßt, die viele Merkmale von Shaoxing aufweist. So gilt für die 1918 bis 1922 entstandenen 14 Texte der bekanntesten Sammlung *Nahan*, daß zehn von ihnen eindeutig in einem entsprechenden ländlichen oder kleinstädtischen Milieu angesiedelt sind. Eine platte biographische Lesart einmal ausgeschlossen, wird Shaoxing damit in mehrfacher Weise zum mythischen Ort: Hier ereignet sich in einem Mikrokosmos, was das politische und soziale Ideal verhindert oder ermöglicht. Wie Lu Xun mehrfach bezeugt, sind seine Erzählungen auch Erinnerungsarbeit,[58] die sich durchaus individualpsychologisch fassen läßt. Bei Lu Xun sieht sich jedoch die Erinnerung um ihre Früchte betrogen. Sie erweist sich als Traum, als eine wahnhafte Vorstellung, die als Verlust aktuell wird. Auch für diesen Verlust ist Shaoxing mythischer Angelpunkt.[59] Die diffuse Lokalisierung in den Texten selbst

---

54 »Kuaiji Yumiao bianshi kao« [Historisch-kritischer Kommentar zum Grabstein des Yu-Tempels in Kuaiji {d.i. Shaoxing}; 1917], in: *LXQJ* 8:55–8.

55 »Die Bezwingung des Wassers«, in: *LXW* 4:44–69.

56 R. Hsü [Xu Shiwen]: *The Style of Lu Hsün. Vocabulary and Usage*, Hong Kong: University of Hong Kong, Centre of Asian Studies 1979, 361.

57 Lokal enger definiert, aber zugleich auf andere Regiolekte als Quellen ausgedehnt, ist die Zusammenstellung von Xie Dexian: *Lu Xun zuopin fangyan cidian* [Lexikon der Dialektausdrücke im Werk von Lu Xun], Chongqing chubanshe 1991, die jedoch keine quantitativen Analysen einschließt.

58 Am prononciertesten beschreibt Lu Xun diesen Prozeß in »Weile wangque de jinian« [Erinnern, um zu vergessen], in: *LXQJ* 4:479–90; dt. in: *Der Einsturz der Lei-feng-Pagode*, 129–38.

59 Vgl. dazu W. Kubin: »Lu Xun's Dreams on the Eve of the May Fourth and thereafter«, in: *Interliterary and Intraliterary Aspects of May Fourth Literature*, Hg. M. Gálik, Bratislava: VEDA 1990, 59–66.

unterstreicht das Verfahren zusätzlich und erweist sich als symbolistische Technik.

Daß dieser mythische Ort den Namen »Luzhen« erhält, der aus dem Familiennamen der Mutter von Lu Xun abgeleitet ist und Merkmale ihres Heimatortes Anguoqiao aufweist, macht Shaoxing vollends zur Folie einer umfassenden Parabel zunächst der chinesischen, dann auch der menschlichen Existenz. Auch wenn in allen Fällen Scheitern und oft Verlust durch Tod in den Texten Thema ist, kann von einer »symbolischen Ablehnung seiner alten Heimat«[60] nicht die Rede sein, denn obwohl ironisch und satirisch gebrochen, distanziert sich der Erzähler nicht von seinen Charakteren.[61]

Sehr viel konkretere Auswirkungen auf das Leben von Lu Xun hatten die gildenartigen Zusammenschlüsse von Leuten gemeinsamer Herkunft *(xianghui)*, die als landsmannschaftliche Interessenverbände betrachtet werden können, ja als Instrument regional bestimmter horizontaler Organisation überhaupt. Deren physische Manifestation als *huiguan* war nicht nur halböffentlicher Treffpunkt und Anlaufstelle, sondern wurde oft auch als Pensionsbetrieb geführt. Gegen Ende der Ming-Dynastie entstanden solche *huiguan* als »Gästehäuser« von Landsmannschaften aus der Präfektur Shaoxing zuerst in der Hauptstadt, später mit zunehmender Auswanderung aus Shaoxing in allen Teilen des Landes, vor allem nach der Flucht vieler Bewohner der Region nach 1851 vor den Taiping-Rebellen erst nach Hangzhou, dann nach Shanghai. Seit Ende der Qing-Dynastie schlossen sich auch in Japan die chinesischen Studenten in solchen Vereinigungen zusammen. Um 1905 studierten rund 8'600 Chinesinnen und Chinesen in Japan.[62] Als Lu Xun nach seinem Japan-Aufenthalt und einem mehrjährigen Intermezzo in seiner alten Heimat sich schließlich in Peking niederließ und zunächst im Gästehaus einer dieser Vereinigungen von Shaoxing Quartier nahm, existierten in Peking insgesamt 598 landsmannschaftliche Vereinigungen, 41 davon aus der Provinz Zhejiang, und von diesen wiederum sieben aus der Präfektur Shaoxing.[63] Diese Gästehäuser waren für Lu Xun Kristallisationspunkte sozialer Kontakte,

---

60   C. T. Hsia: *A History of Modern Chinese Fiction*, New Haven & London: Yale University Press 1961, 32.

61   Vgl. die Diskussion in M. Anderson: *The Limits of Realism. Chinese Fiction in the Revolutionary Period*, Berkeley & Los Angeles: University of California Press 1990, 76–92.

62   P. Harrell: *Sowing the Seeds of Change. Chinese Students and Japanese Teachers, 1895–1905*, Stanford/CA: Stanford University Press 1992, 227 Anm.1.

63   Cole, 77–9. Vgl. die umfassende Darstellung von He Chunhuan & Bai Hequn: *Beijing de huiguan* [Die landsmannschaftlichen Vereinigungen in Peking], Beijing: Zhongguo jingji chubanshe 1995.

die sich in der Regel als weitaus stabiler erwiesen als die in anderen Kontexten entstandenen Kontakte. Deutlich ablesbar ist das in den erhaltenen Tagebüchern von Lu Xun, wo er sowohl persönliche Begegnungen als auch ein- und ausgehende Briefe minutiös vermerkt: Von insgesamt 1487 Personen aus China, die er erwähnt und deren Herkunftsort bekannt ist, stammen 195 aus Shaoxing und weitere 281 aus der gleichen Provinz Zhejiang, so daß über 13% der Menschen, mit denen er persönliche Beziehungen pflegt, aus dem gleichen Ort stammen und weit über ein Drittel aus der gleichen Provinz[64] — ein Befund, der sich in einem merkwürdigen Kontrast zur kosmopolitischen Haltung befindet, wie sie sich etwa in seinen übersetzerischen Aktivitäten niederschlägt.

Tôkyô und Sendai

Als Lu Xun am 4. April 1902 zusammen mit einigen anderen Kommilitonen, die ebenfalls ein Stipendium des Gouverneurs der beiden Provinzen Jiangsu und Zhejiang erhalten hatten, in der Hafenstadt Yokohama japanischen Boden betrat, kam er in ein Land, das in den vergangenen drei Jahrzehnten eine stürmische Entwicklung durchgemacht hatte. Nachdem 1853 die Öffnung des Landes durch die USA und Rußland erzwungen, das lokalfeudale Shôgunat gestürzt und der Kaiser als zentrale Autorität wieder eingesetzt worden war, setzte eine forcierte Industrialisierung und Modernisierung in allen Bereichen der Administration ein. Deren Programm war in den »Fünf Artikeln« (1868) mit Stärkung des Landes, Festigung der kaiserlichen Herrschaft und Aneignung des Wissens aus der ganzen Welt umrissen. Japan war 1895 bei seinem Kriegssieg gegen das kaiserliche China und seine Kolonisierung der koreanischen Halbinsel zur ostasiatischen Großmacht geworden und hatte damit einen praktischen Beweis für die Überlegenheit seiner Modernisierungspolitik geliefert. Dadurch wurde Japan zunächst für die chinesischen Reformer, die unter der nach japanischem Vorbild formulierten Devise »Stärkung des Landes« *(guoqiang)* eine konstitutionelle Monarchie anstrebten, dann überhaupt für die chinesischen Intellektuellen zum gelobten Land der Modernisierung. Lu Xun gehörte ebenfalls zu ihnen. Während seiner Studienzeit in Nanjing war er mit den Übertragungen sozial-

---

64 Dies entspricht, gemessen an der tatsächlichen Bevölkerungszahl, einer um den Faktor 6,9 bis 12,8 überproportionalen Vertretung .

darwinistischer und empiristischer Schriften durch Yan Fu (vgl. Dok. B069, C011, W006) in Berührung gekommen, die für ihn als Leitlinien für eine Erneuerung Chinas von überragender Bedeutung wurden.

Nach dem Scheitern der »Hundert-Tage-Reform« in China flohen viele ihrer Exponenten nach Japan und entfalteten dort eine rege publizistische Tätigkeit, allen voran Liang Qichao (1873–1929), dessen Zeitschriften weltweit unter Chinesen vertrieben wurden und Auflagen bis 9'000 Exemplare erreichten. Somit war Japan für viele Chinesen zugleich auch Exil. Sie wurden von den japanischen Behörden gefördert, sofern es deren Großmachtinteressen nicht zuwiderlief. Japan wurde für viele chinesische Intellektuelle nicht nur zum Exil, sondern auch zu einer Art von Laboratorium, in dem neue, im Vergleich zu China frei verfügbare Ideen nicht nur zirkulierten, sondern auch erprobt wurden.

Experimentiert wurde auch mit Lebensformen. Als Untermieter oder Pensionär in städtischen Verhältnissen zu leben, war für fast alle Chinesen, die bisher in größeren Gruppen gelebt hatten, die entweder nach Blutsverwandtschaft oder nach Herkunft zusammengesetzt waren, eine völlig neuartige Erfahrung. Viele nutzten diese geringere soziale Kontrolle zu »Studentenehen auf Zeit«.[65] In beiden Bereichen hat Lu Xun eigenwillige Entscheidungen getroffen.[66]

Bei dieser Modernisierung durch »Aneignung von Wissen aus der ganzen Welt« sollten als Schrittmacher die Naturwissenschaften dienen, und zwar nicht zuletzt im Kontrast zu einem als »unwissenschaftlich« wahrgenommenen Konglomerat traditioneller Wertvorstellungen. Motto dafür war zunächst in Japan, dann auch in China: »Was aus dem Osten kommt, dient als Leitfaden; was aus dem Westen kommt der Praxis.« Dieser Formel lag die Vorstellung zugrunde, Wissenschaft und Technik seien zwar zu fördern, aber ohne dadurch traditionelle Ideen in Frage zu stellen.

Als 1870 die Meiji-Regierung zu ermitteln suchte, wohin Japaner am besten zu welchen Studien geschickt werden sollten, stand in allen wichtigen Bereichen der Naturwissenschaften Deutschland an oberster Stelle, namentlich in der Medizin, aber auch in der Physik und Chemie.[67] Scharnier für die Vermittlung dieses praktischen Wissens war das Bildungswesen,

---

65   P. Harrell: *Sowing the Seeds of Change*, 83–7.

66   Dazu Sun Yushi: »Liu Ri shiqi Lu Xun de wenhua xuanze yishi« [Das Bewußtsein über kulturelle Selektion bei Lu Xun während seiner Studienzeit in Japan], in: *LY* 3/1992, 4–8.

67   Nakayama Shigeru: *Academic and Scientific Traditions in China, Japan, and the West* [*Rekishi toshite no gakumon*, 1974], Übers. J. Dusenbury, University of Tokyo Press 1984, 218–20.

insbesondere ein effizient funktionierendes System höherer Bildung. Nach ersten positiven Erfahrungen wurde deshalb auch das deutsche Universitätssystem in vielen Bereichen für Japan adaptiert, besonders nach der konservativen Wende von 1881, als der Philosoph Katô Hiroyuki (1836–1916) zum Rektor der Kaiserlichen Universität in Tôkyô berufen wurde. Er setzte sich für das Erlernen der deutschen Sprache als Vehikel dieser Vermittlung ein, und in vielen naturwissenschaftlichen Fächern wurden deutschsprachige Lehrmittel verwendet. Deutsch war also, auch noch als Lu Xun nach Japan kam, wissenschaftliche Verkehrssprache, zu einem gewissen Grade auch in China. Entsprechend hatte Deutsch bereits zum Lehrplan der »Schule für Berg- und Bahnbau« gehört, die Lu Xun in Nanjing besuchte und wo er nach eigenem Zeugnis »nicht mehr "It is a cat", sondern "Der Mann, das Weib, das Kind"« lernte.[68] Unter den Lehrkräften befanden sich auch Muttersprachler, handelte es sich doch um eine deutsche Gründung, so daß Lu Xun über solide Deutschkenntnisse verfügt haben muß, als er nach Japan kam. Zeugnis der unübersehbaren Präsenz der deutschen Sprache im damaligen Japan sind die zahlreichen Bücher nicht nur populärwissenschaftlichen Inhalts, die sich in der privaten Bibliothek von Lu Xun finden (vgl. Dok. A002).[69]

Nachdem Lu Xun die Vorbereitungsschule in Tôkyô abgeschlossen hatte, wurde allgemein angenommen, er werde seine Bergbau-Studien an einer japanischen Universität fortsetzen. Er hatte sich jedoch für die Medizin entschieden. Warum wählte er eine kleine Fachhochschule in Sendai, einer Stadt etwas über 200 Kilometer nördlich von Tôkyô, und zog nicht eine der großen Institutionen in der Hauptstadt vor? Die bekannteste unter seinen eigenen Antworten, häufig genug wiederholt, lautete rückblickend, die Medizin sei ihm als die treibende Kraft in einem möglichen Modernisierungsprozeß erschienen.[70] Sie ist jedoch in ein durch Stereotype und Ironisierungen distanzierendes Selbstzeugnis eingebettet, daß sie nicht ohne weiteres zum Nennwert genommen werden kann.[71] Was die Wahl des Studienortes betrifft, haben ökonomische Erwägungen sicherlich mitgewirkt, doch läßt sich die Entscheidung auch als Flucht nach vorne deuten: Es war nicht so sehr Flucht vor den lärmenden und amüsiersüchtigen chinesischen

---

68 S. »Unmaßgebliche Erinnerungen«, in: *LXW* 3:86.

69 Vgl. W. Kubin: »"Die Verzweiflung trügt wie die Hoffnung". Nachwort zur Werkausgabe«, in: *LXW* 6:180–1. Vgl. auch *Lu Xun nianpu* 1:64–7.

70 »Vorrede«, in: *LXW* 1:7.

71 Vgl. W. Bauer: *Das Antlitz Chinas*, München: Hanser 1990; siehe auch weiter unten.

Kommilitonen, wie es ein biographisches Stereotyp will, das Lu Xun in die lange Reihe vorbildlicher künftiger Berühmtheiten einordnet, die sich getreu der konfuzianischen Doktrin ausschließlich dem Lernen widmen. Vielmehr war es Flucht in die soziale Einsamkeit einer Bildungsinstitution, wo er der einzige Chinese unter 311 Japanern war — eine Sensation, die den Lokalzeitungen mehrere Meldungen wert war[72] —, Flucht auch in einen sozial akzeptierten Ausbildungsgang, nachdem er bereits literarisch über das konventionelle Maß hinaus tätig geworden war: Charakteristisch ist hier seine Abhandlung über den »Geist von Sparta«,[73] in welcher er die militärische Disziplin und radikale Aufopferungsbereitschaft der Spartaner hervorhebt. Wie in einem gleichzeitig entstandenen Gedicht[74] skizziert er diese moralisch begriffenen Qualitäten als möglichen Ausweg aus der Krise Chinas, und zwar im Kontrast zur verbreiteten utilitaristischen Haltung gegenüber Technik und Naturwissenschaften. Mit anderen Worten: Lu Xun plädiert für eine Gesinnungsethik.

Es kann kein Zweifel bestehen, daß Lu Xun selbst sein Medizinstudium ebenso wie den Studienort als »Opfer« betrachtet hat. Vor diesem Hintergrund erscheint die berühmt gewordene Hinrichtungsszene auf dem Dia der japanischen Kriegspropaganda[75] mit modifizierten Akzenten: Die Empörung von Lu Xun betrifft weniger die Exekution des für den japanischen Kriegsgegner Rußland spionierenden Chinesen als die Gleichgültigkeit der Zuschauer. Wenn also Lu Xun als Motiv für seinen Studienabbruch anführt, die Medizin sei unnütz, wenn Köpfe abgehackt werden,[76] handelt es sich ebenfalls um eine ausgeprägte Selbststilisierung. Somit war Sendai für Lu Xun eine Art inneres Exil, das einerseits in Analogie zum gleichzeitigen politischen Exil vieler Chinesen zu sehen ist, andererseits als erster Schritt zu einer Selbstfindung, deren Koordinaten bereits vorgegeben und literarisch greifbar geworden waren. Jedenfalls ließ Lu Xun nach neun Monaten, am 6. März 1906, über die kaiserliche Botschaft um Entlassung aus der Medizinischen Fachschule ersuchen.[77]

---

72   *Lu Xun nianpu* 1:133.

73   »Sibada zhi hun«, in: *LXQJ* 7:9–19; erstmals veröffentlicht in: *Zhejiang chao* Nrn. 5 & 9 (15.6. & 8.11.1903) Vgl. dazu M. Gálik:»Studies in Modern Chinese Intellectual History: Young Lu Xun (1902–1909)«, in: *Asian and African Studies* Bd. 21 (1985), 37–63.

74   »Auf eine Photographie von mir«, in: *LXW* 6:19. Vgl. dazu L. Lee Ou-fan:»Genesis...«, in: *Modern Chinese Literature in the May Fourth Era*, Hg. M. Goldman.

75   Beispiele solcher Propagandabilder sind zusammengetragen in *LXNP* 1:168–70.

76   *LXW* 1:9–10.

Kennzeichnend für die tatsächliche Einsamkeit von Lu Xun in Sendai ist außerdem, daß diese Zeit bis auf amtlichen Schriftverkehr und Verwaltungsakten praktisch nicht dokumentiert ist. Versuche, diese Periode zu erhellen, beginnen ausnahmslos bei seinem Anatomielehrer Fujino Genkuro (1875 bis 1945), dem Lu Xun am 12. Oktober 1926 ein literarisches Denkmal gesetzt hat.[78] Auch Befragungen von ehemaligen Kommilitonen und Lehrern[79] tragen nicht dazu bei, diesen weißen Fleck zu tilgen, noch viel weniger zum Gedächtnis von Lu Xun in Sendai abgehaltene Symposien und enthüllte Statuen.

Zurück in Tôkyô folgen für Lu Xun entscheidende Jahre: Er lebt in enger Gemeinschaft mit Menschen, die ihm zum Teil bis an sein Lebensende persönlich nahe stehen werden. In diesem Umfeld geschieht zugleich, was als Bestimmung seiner literarischen Position gelten kann, die vorher nur in Umrissen erkenntlich gewesen war. Diesen Anfängen war eine Reise nach Shaoxing vorangegangen, wo er der sozialen Konvention ein Opfer bringt, das weitreichende Konsequenzen haben sollte: Er schließt, auf Vermittlung seiner Mutter, eine Ehe mit Zhu An. Deren Familie hatte der Mutter in der Zeit nach dem Tode ihres Gatten und ihres jüngsten Sohnes Beistand geleistet.[80] Lu Xun sollte Zhu An später bezeichnen als ein »Geschenk, das ich nicht ablehnen konnte«.[81] Wenige Tage nach der Heirat fuhr er wieder nach Japan zurück, nun zusammen mit seinem ältesten Bruder Zhou Zuoren, mit dem ihn bis zum Bruch im Jahre 1923 seit frühester Kindheit eine enge Beziehung verband. Zhou Zuoren schreibt über dieses »Geschenk«: »Mutter hat meinen älteren Bruder sehr geliebt und ihn auch verstanden. Warum also hat sie ihm keine geeignete Ehefrau verschafft? Warum hat sie ihn für ein ganzes Leben unglücklich gemacht? [...] Dafür gibt es nur eine Erklärung: Sie war davon überzeugt, daß Zhu An ihren Nichten mütterlicher- und väterlicherseits überlegen war.«[82] — was eine Vereinbarung zwischen Lu Rui und der Familie von Zhu An vermuten läßt.

77   Vgl. *LXNP* 1:172–9.

78   in: *LXW* 3:91–100.

79   Die betreffenden Kapitel von Yamada Norio: *Ro Jin den sono shisô to henreki* [Biographie von Lu Xun. Seine Ideen und seine Erfahrung], Tôkyô 1964, sind reich an derartigem Material.

80   *Lu Xun zai Shaoxing zongji sheshi* [Untersuchung von Spuren Lu Xuns in Shaoxing], Hg. Shaoxing Lu Xun jinianguan, Hangzhou: Daxue chubanshe 1991, 40–3.

81   Vgl. Li Yunjing: *Lu Xun de hunyin yu jiating* [Ehe und Haushalt von Lu Xun], Beijing: Shiyue chubanshe 1990, 34–8.

82   Zhou Jianren: *Lu Xun gujia de bailuo*, 241–3; zit. nach Wu, 146; engl. in: *An Age Gone By. Lu Xun's Clan in Decline*, Übers. Zheng Ping & Huang Long, Beijing: New World Press 1988, 218–20.

Die Brüder Zhou, das heißt Zhou Zuoren und Lu Xun, stürzten sich in gemeinsame literarische Projekte. Sie lasen und übersetzten extensiv ausländische Literatur, nicht nur auf Japanisch, sondern in einer Art Arbeitsteilung in englischer (Zhou Zuoren) und in deutscher (Lu Xun) Übersetzung. Schon im März 1906 schrieb sich Lu Xun an einer Sprachschule ein, um seine Deutschkenntnisse zu verbessern (vgl. Dok. C050). Die beiden Brüder bildeten den Kern jener Gruppe, die das gescheiterte Zeitschriftenprojekt *Neuleben* ausbrütete. Zu fünft wurde schließlich ein Haus gemietet, in dem früher der Schriftsteller Natsume Sôseki (1867–1916) gelebt hatte, der als wichtigster Vertreter eines japanischen Symbolismus gelten kann — zweifellos im Bewußtsein eines entsprechenden *genius loci*. Daraus entstand eine Art Wohngemeinschaft, die den Namen *wushe* (»Fünferbleibe«) erhielt. Während dieser Zeit entstanden die Abhandlungen, in denen Lu Xun ein kulturkritisches und individualistisches Konzept der Literatur entwirft.[83] Er wendet sich darin vom instrumentellen Ideal der Reformer ab, die mit Liang Qichao (1873–1929) die Erzählliteratur als Medium zur Popularisierung von positivem Wissen gesehen hatten. Daraus entsteht bei Lu Xun ein Amalgam aus traditionellen konfuzianischen und aus romantischen Vorstellungen, wenn er von der Literatur fordert, sie müsse sich moralisch gegen eine einseitig materiell orientierte Zivilisation wenden und dazu den Künstler als kämpferisches Individuum für qualifiziert hält. Als Modell dafür schwebt ihm die Literatur »unterdrückter Völker« vor.[84] Schwerpunkte liegen einerseits bei romantischen Autoren, die sich in einem nationalen Freiheitskampf engagierten (Petőfi, Byron), andererseits bei den slawischen Literaturen, bei Autoren, in deren Werken das materielle und seelische Leiden des Menschen und sein oft aussichtsloser Kampf dagegen im Vordergrund stehen (Andreev). Mit diesen Schwerpunkten sind einige Motive seiner späteren erzählenden Texte und wichtige Themen seiner essayistischen Literatur abgesteckt. Die Übersetzungen, die Lu Xun zusammen mit Zhou Zuoren fertigte und 1909 als *Yuwai xiaoshuo* (»Erzählungen von jenseits der Grenzen«) herausgab, waren legendär erfolglos: Vom ersten Band wurden nur 20, vom zweiten nur 21 Exemplare verkauft.[85]

---

83 Vgl. *LXW* 5:11–168.

84 Vgl. dazu I. Eber: *Voices from Afar: Modern Chinese Writers on Opressed Peoples and Their Literature*, Ann Arbor: Center for Chinese Studies. The University of Michigan 1980 (= Michigan Papers in Chinese Studies 38), bes. XV–XXIV & 1–20.

85 *LXNP* 1:214, Anm. 4/6.

Ungefähr Mitte 1902 schlossen sich die chinesischen Studenten aus den Provinzen, die die größten Kontingente stellten, nämlich Hubei, Jiangsu und Zhejiang, zu landsmannschaftlichen Vereinigungen zusammen, die ab 1903 ihre jeweils eigenen Zeitschriften herausgaben, straff organisiert waren, zum Vorbild für die späteren antimonarchischen Geheimorganisationen wurden und sich ab 1905 zunehmend politisierten und radikalisierten. Lu Xun gehört zu den Gründungsmitgliedern der Vereinigung für seine Heimatprovinz Zhejiang und publizierte in deren Organ *Zhejiang chao*, der »Flutwelle von Zhejiang«.[86]

Ohne weiteres ist ersichtlich, daß Lu Xun besonders in dieser Periode seines Lebens Erlebnisse hatte und für seine intellektuelle Entwicklung Anregungen empfing, die in scharfem Widerspruch stehen zum Bild eines Autors, dessen Werdegang eine orthodoxe Literaturkritik gerne als kohärenten Weg zu einem marxistischen Weltbild sehen möchte. Entsprechend ist diese als »Frühzeit« bezeichnete Periode grundsätzlich als Maßstab geeignet für die Qualität biographischer und sonstiger Lebensbilder. Diese kritische Norm wird in jüngster Zeit auch in China selbst angelegt.[87] Aus dieser Erwägung heraus liegt einer der Schwerpunkte bei der Auswahl von Dokumenten in dieser Periode, insbesondere bei den Lektüren und Übersetzungen von Lu Xun.

Peking und Xiamen

Obwohl Lu Xun nach seinem Japan-Aufenthalt gerne zum Studium nach Deutschland gegangen wäre,[88] gab er dem Drängen seiner Verwandtschaft nach und kehrte im August 1909 nach Zhejiang zurück, um für den Lebensunterhalt seiner Frau, seiner Mutter und seines jüngeren Bruders aufzukommen, ebenso für das Studium von Zhou Zuoren, der sich inzwischen mit der Japanerin Habuto Nobuko (1888–1962) verheiratet hatte. Er unterrichtete an verschiedenen Mittelschulen Biologie und Physik, zuerst in

---

86   S. P. Harrell: *Sowing the Seeds of Change*, 98–106.

87   Wei Shaoxi: »Zhenshixing: Zhuanji wenxue de shengming — ping bashi niandai guonei ji bu Lu Xun zhuan dui Lu Xun zaoqi shenghuo yu sixiang de miaoshu« [Wahrhaftigkeit: Das Leben der biographischen Literatur — zur Darstellung von Leben und Denken Lu Xuns in einigen chinesischen Biographien der 80er Jahre], in: *LY* Nr. 135 (7/1993), 50–9.

88   »Ewen yiben "A Q zhengzhuan" xu ji zhuzhe zishu zhuanlüe« [Vorrede zur russischen Übersetzung der »Wahren Geschichte des A Q« mit einer kurzen Autobiographie des Verfassers], in: *LXW* 7:83.

Hangzhou, dann in Shaoxing. Damit war eine gewisse Regression markiert, räumlich durch die Rückkehr in seine Heimat, um konventionelle Erwartungen zu erfüllen, die umso schwerer wogen, als er ältester Sohn und damit nominelles Familienoberhaupt war, intellektuell durch die Abwendung von eigenen literarischen Ambitionen, die auffallenderweise einherging mit naturwissenschaftlicher wie mit traditioneller philologischer Betätigung. Lu Xun gehörte nun zu den fortschrittlich gesinnten Lokalhonoratioren in einer Halbmillionenstadt und wurde 1911, nach dem Sturz der Dynastie, folgerichtig in den Ausschuß der provisorischen Militäradministration für die Präfektur berufen.

Diese Rückkehr in die Heimat legte zugleich das Fundament für seine spätere Laufbahn: Der Reformer Cai Yuanpei, der ebenfalls aus Shaoxing stammte und soeben Erziehungsminister in der anfangs 1912 neu gebildeten Regierung von Sun Yixian (»Sun Yat-sen«) geworden war, forderte Lu Xun auf, in sein Ministerium einzutreten. Es geschah auf Vermittlung von Xu Shoushang aus Shaoxing, des langjährigen Freundes von Lu Xun. Regierungssitz war kurzfristig Nanjing, dann Peking, so daß es den Anschein machte, als ob Lu Xun völlig unrevolutionär eine Beamtenlaufbahn in der Hauptstadt einschlagen würde, wie sie vor ihm Tausende von anderen begabten jungen Männern aus Shaoxing durchlaufen hatten. Dazu paßte, daß er in Peking zunächst ins Gästehaus der *xianghui* von Shaoxing einzog; dazu paßte auch, daß Cai Yuanpei sich hauptsächlich mit Mitarbeitern aus seiner Heimat umgab und Lu Xun damit gleichsam einer unter vielen *Shaoxing shiye* wurde.

Mehrere Faktoren gehörten zu dieser traditionellen Gelehrtenexistenz: Im Gegensatz zur Lehrtätigkeit in seiner Heimatprovinz, wo er zuletzt das Amt eines Schulaufsehers bekleidete, hatte Lu Xun nebst materieller Sicherheit auch viel Freizeit. Wenn im Rahmen der Aktivitäten des Erziehungsministeriums Arbeiten außerhalb der regulären Dienstpflichten anstanden, wurden sie zusätzlich vergütet (vgl. Dok. C035). Diese Zeit nutzte er auch für regelmäßige Treffen mit alten Freunden aus Shaoxing, von denen einige mit ihm in Japan gewesen waren, dann mit ihm in Zhejiang und Hangzhou zusammenarbeiteten und schließlich im Erziehungsministerium seine Kollegen wurden (vgl. Dok. A003, A004). Diese Begegnungen hat Lu Xun in seinem Tagebuch sorgfältig notiert.

Während dieser Zeit betrieb Lu Xun außerdem philologische Studien, begünstigt durch die Nähe der reichhaltigen Bibliotheken der Hauptstadt. Er wurde 1917 Mitglied der Aufsichtskommission für eine Vorläuferinstitution der heutigen chinesischen Nationalbibliothek. Auch seine früh schon entwickelte bibliophile Neigung konnte sich auf dem blühenden antiquarischen Buchmarkt in Peking entfalten (vgl. Dok. B046), wovon seine ebenfalls sorgfältig verbuchten Käufe Zeugnis ablegen. Auch frönte er seiner bildnerischen Begabung, die später im sozialpolitischen Holzschnitt ihr Betätigungsfeld finden sollte, und widmete sich epigraphischen und ikonographischen Studien. Davon zeugt eine bedeutende Sammlung von Steinabreibungen.[89] Ebenfalls im Bereich der bildenden Kunst beschäftigte er sich beruflich auf der Linie seines Mentors Cai Yuanpei mit westlicher und westlich inspirierter Kunstpädagogik (vgl. Dok. L003).[90] Alle diese Aktivitäten führten Lu Xun weit weg vom hohen Ideal, die Ideen der Menschen mithilfe der Literatur, namentlich der ausländischen, zu ändern. Persönlich und beruflich war er vielmehr tief verstrickt in eine traditionelle Lebensweise. Sie wurde dadurch unterstrichen, daß er nach seinem Auszug aus dem »Gästehaus der landsmannschaftlichen Vereinigung für Shaoxing« Ende 1919 ein Haus erwarb, das er zusammen mit seinen Brüdern und deren Familien bezog. Lu Xun löste den Haushalt in Shaoxing auf und holte seine Mutter nach Peking. Damit war wenigstens sozial sozusagen die verlorene Heimat wieder hergestellt.

Auch darin lassen sich Züge einer Regression erblicken. Diese entspricht in auffälliger Weise der politischen Entwicklung in China: Sun Yixian (»Sun Yat-sen«), 1912 Präsident der neuen Republik, wurde vom Militärmachthaber Yuan Shikai bald zur Abdankung gezwungen. Die neuen republikanischen Institutionen hatten keine substantiellen Veränderungen gebracht, sondern die Probleme Chinas eher verschärft. Gegen innen hatten sie mit zentrifugalen Tendenzen zu kämpfen und zeigten sich gegen außen den Drohungen Japans und der westlichen Großmächte nicht gewachsen.

Es gibt viele Hinweise darauf, daß Lu Xun während seiner Zeit als Beamter im Erziehungsministerium an Depressionen im klinischen Sinne gelitten hat.[91] Schon bei seiner Heirat hatte sich seine Mutter um ihn Sorgen gemacht, weil er »in so depressiver und melancholischer Stimmung«[92] war. Obwohl reich an verschiedensten halboffiziellen und privaten gelehrten Aktivitäten, liegt

---

89 S. Yuan Chunrong u.a. (Hg.): *Lu Xun cang Han huaxiang* [Die Steinabreibungen aus der Han-Dynastie im Besitz von Lu Xun], 2 Bde., Shanghai: Meishu chubanshe 1991.

90 Vgl. S. Hsü Chi-wei: »Die Pädagogik von Ts'ai Yüan-p'ei«, Diss. Münster 1969.

91 Vgl. L. Lee Ou-fan: *Voices from the Iron House,* Bloomington & Indianapolis/IN: Indiana University Press 1987, 25–6.

92 Zhou Zuoren: *An Age Gone By,* 220. — Leider steht mir die chinesische Ausgabe nicht zur Verfügung, um die verwendeten Ausdrücke zu ermitteln, die es erlauben könnten, diese »Stimmung« genauer zu fassen.

ein merkwürdiger Schleier vor allem über den Jahren 1912 bis 1918, das heißt über jener Zeit, bevor er an die inzwischen entstandene Öffentlichkeit der »neuen Kulturbewegung« trat. In biographischen Darstellungen wird denn diese Periode auch als »Moratorium« und dergleichen mehr bezeichnet. In Selbstzeugnissen spricht er häufig von *wuliao* (etwa »ennui«),[93] Einsamkeit, Langeweile, auffallend häufig im Zusammenhang mit bitteren Angriffen auf das traditionelle Familiensystem, insbesondere dessen vermittelte Ehen. »Bei dem, was ich schreibe und sage, werde ich spitz, aber meine es nicht so; auch bei dem, was ich sehe und höre, spüre ich nicht die geringste Empfindung.«[94] Trifft die Annahme zu, daß Lu Xun in seinen fiktionalen Texten mehr über sich selbst preisgibt als in anderen Texten,[95] dann ließe sich der »Wahnsinn« in seinem berühmten »Tagebuch eines Wahnsinnigen« nicht allein als Parabel über die traditionelle Sozialethik lesen, sondern auch als Selbstporträt. Dabei wäre Wahnsinn nicht mehr nur Ergebnis der Tradition, die Lu Xun darin mit den Techniken einer »klinischen Literatur«[96] als kannibalistisch kennzeichnet. Die Parabel wäre auch nicht indirektes Postulat neuer Normen, unter denen »Wahnsinnige« des Tagebuchs nicht mehr als wahnsinnig gälten,[97] sondern auch ein klinisches Selbstporträt. Ein solcher Befund, bei welchem die Ätiologie unmittelbar mit dem sozialen Druck in Zusammenhang gebracht wird, der von stark ausgeprägten Traditionen ausgeht, deckt sich im übrigen auch mit neueren empirisch gewonnenen Erkenntnissen der Psychiatrie.[98] Darüber hinaus ist schon vielfach auf den Zusammenhang zwischen depressiven Krankheitsbildern und künstlerischer Kreativität hingewiesen worden.[99]

Auch wenn seinen als autobiographisch gekennzeichneten Äußerungen

---

93   Zu diesem Begriff und seinen Konnotationen vgl. W. Kubin, in: *LXW* 6:196–7.

94   »Suiganlu sishi« [Impromptu Nr. 40; Jan. 1919], in: *LXQJ* 1:321.

95   W. Bauer postuliert in *Das Antlitz Chinas*, 19–20, geradezu eine dialektische Beziehung zwischen der Verhüllung in Selbstbeschreibungen und der Entblößung in der Fiktion.

96   Vgl. dazu M. Gálik: »Studies in Modern Chinese Intellectual History: Young Lu Xun (1902–1909)«, in: *Asian and African Studies* Bd. 21 (1985), 37–63.

97   Diesen Werterelativismus hatte Xi Kang, Gegenstand anhaltenden philologischen Interesses von Lu Xun, in seinem berühmt gewordenen Selbstporträt »Miaode xiansheng zhuan« demonstriert. S. W. Bauer, 163–4 und weiter unten.

98   Cheung, Fanny M.: »Facts and Myths about Somatization among the Chinese«, in: *Chinese Societies and Mental Health*, Hg. Lin Tsung-Yi u.a., Hong Kong: Oxford University Press 1995, 156–66.

99   S. dazu R. Olivier: »Über Depressivität«, in: *minima sinica* 1/1994, 70–97, wo als Beispiele u.a. Gottfried Benn, Klaus Mann und Thomas Bernhard genannt werden.

mit Zurückhaltung begegnet werden muß, spricht Lu Xun in Anspielungen von einer traumatischen Erfahrung, die im Gegensatz zum Tod seines Vaters mit einem Tabu belegt sein muß:»Mir fällt aber nichts schwerer, als von andern Leuten Opfer zu fordern (das ist in der Tat das Resultat von Zwängen [bei mir], die durch verschiedene Ereignisse noch in der vorrevolutionären Zeit [d.i. vor 1911] verursacht sind [...]. Das Ergebnis ist, daß ich letztlich nichts mehr tue, als meinen Depressionen in leeren Diskussionen Luft zu machen.«[100]

Notwendige Voraussetzung, um sich »in leeren Diskussionen Luft zu machen«, war eine Plattform. Seit Chen Duxiu die Zeitschrift *Xin qingnian* mit dem Untertitel »La jeunesse« herausgab und Hu Shi 1917 sein 1916 entworfenes literaturreformerisches Programm der »Acht Verbote« veröffentlicht hatte, war eine Bewegung im Gange, die sich zunächst ganz im Sinne der früheren Ideen von Lu Xun für grundlegende geistige Umwälzung plädierte und dafür bei der Schriftsprache als prominentes Medium sozialer Kommunikation ansetzte, indem sie forderte, die stereotyp und formelhaft gewordene klassische Schriftsprache durch eine alltagsnähere Form zu ersetzen. Die Bewegung gipfelte schließlich in den Demonstrationen vom 4. Mai 1919 (daher ihr Name) gegen den Versailler Friedensvertrag, der Japan ehemals deutsche Hoheitsrechte in China übertragen sollte. Sie führte dazu, daß innert eines Jahres die meisten Zeitungen und Zeitschriften in *baihua* geschrieben wurden und mündete in eine Boykottbewegung gegen japanische Produkte.

Treibende Kraft war wiederum Cai Yuanpei, der 1917 Rektor der Peking-Universität wurde und sie nach den reformerischen Idealen umzugestalten begann, die unter dem Zeichen von »Demokratie und Wissenschaft« standen. Lu Xun entwarf für ihn am 7. August des gleichen Jahres das heute noch gebräuchliche Universitätssiegel. Wenige Tage später besuchte ihn sein früherer Kommilitone Qian Xuantong, der Lu Xun nach seinen eigenen Worten dazu brachte, das »Tagebuch eines Verrückten« zu schreiben, das diesen im Mai 1918 bekannt machen sollte.[101] In rascher Folge entstanden Feuilletons, Gedichte in Umgangssprache und weitere Erzählungen. Im August 1920 hielt er an der Peking-Universität erstmals Vorlesungen zur traditionellen Erzählliteratur und dozierte bald darauf an zahlreichen Universitäten und anderen höheren Bildungseinrichtungen in Peking. Somit hat

---

100   Zit. nach Bauer: *Das Antlitz Chinas*, 601.
101   Vgl. *Lu Xun nianpu* 1:364–5.

die »Bewegung für eine neue Kultur« mit ihrem intellektuellen Mittelpunkt an der Peking-Universität, verkörpert in der Gestalt von Cai Yuanpei, nicht nur die Voraussetzungen dafür geschaffen, daß Lu Xun »gehört« wurde,[102] sondern er selbst schuf dieses Umfeld mit, nicht zuletzt durch Gründung von literarischen Vereinigungen und ihren Organen, zuerst 1924 der »Wortspinnerei« (*Yusi*, vgl. Dok. C032).

Einen Einschnitt, dessen Wirkung wohl traumatisierend war, markiert der Brief seines Bruders Zhou Zuoren, als »Abschiedsbrief« bekannt geworden: »Gestern habe ich es erfahren — aber ich will nicht Vergangenes wieder aufwärmen. Ich bin kein Anhänger des Christentums, doch zum Glück bin ich noch imstande, Verantwortung zu übernehmen, und habe auch nicht vor, dich zu tadeln — wir sind doch alle jämmerliche Kreaturen. Die schönen Träume, die ich früher hatte, waren alle Illusion. Was ich jetzt sehe, ist das wirkliche Leben. Ich möchte meine Ideen revidieren und erneut ein neues Leben beginnen (*chongxin ru xin de shenghuo*). Komm bitte nicht mehr in den hinteren Hof. Weiter habe ich nichts zu sagen. Sei beruhigt und deiner Würde bewußt.«[103] Seit seiner Kindheit hatte Lu Xun, mit wenigen Unterbrechungen, in nächster Nähe zu ihm gelebt und gearbeitet. Was als beider literarische Selbstfindung charakterisiert werden könnte, war eigentlich Ergebnis dieses intellektuellen Austauschs und der räumlichen Nähe. Als Lu Xun Ende 1919 in Peking ein Haus kaufte, zogen nicht nur seine Mutter und seine Ehefrau in den neuen Haushalt, sondern auch Hata Nobuko und Zhou Zuoren. Der Bruch ist besonders von Xu Guangping nachträglich als eine Vorwegnahme des militärischen Konflikts zwischen Japan und China erklärt worden[104] und hat in der biographischen Literatur eine simplizistische literaturtheoretische Deutung erfahren — Lu Xun als Klassenkämpfer und Zhou Zuoren, der eine »Literatur für Menschen« postuliert hatte, als von den ausländischen christlich-humanistischen Wertvorstellungen geleiteter späterer Vaterlandsverräter. Fest steht, daß es Ende Juli zu Auseinandersetzungen zwischen Hata Nobuko und Lu Xun kam,

---

102 Die im Bild der »eisernen Kammer« entscheidende Stimm-Metapher ist doppeldeutig: In seiner »Vorrede« sind diejenigen drinnen, die es aufzuwecken gilt, der oder die Rufer jedoch draußen (vgl. *LXW* 1:13).

103 18.7.1923, in: *Lu Xun, Xu Guangping suocang shuxin xuan* [Ausgewählte Briefe aus dem Besitz von Lu Xun und Xu Guangping], Hg. Zhou Haiying, Changsha: Hu'nan wenyi chubanshe 1987, 34; vgl. dazu Wu Jun, 256–61.

104 S. dazu E. Wolff: *Chou Tso-jen*, Boston: Twayne 1971, 4–5. Zum 31. Todestag von Lu Xun veröffentlichte Xu Guangping eine Attacke auf Zhou Zuoren, der auf der Frontseite des Zentralorgans der KP erschien (*Renmin ribao*, 19.10.1967), vgl. auch Dok. C040.

deren genaue Gründe nicht mehr zu ermitteln sind.[105] Folge davon war, daß Lu Xun, zusammen mit Zhu An und Lu Rui, aus dem gemeinsamen Haushalt auszog (vgl. Dok. C043).

Es ist auffallend, daß er wenige Wochen darauf hohes Fieber bekommt und seine Lungenkrankheit akut wird. Sie verschlimmert sich so, daß er sich im März 1924 mehrmals in ärztliche Behandlung begeben muß. Darin nicht eine somatische Reaktion zu sehen, fällt schwer (vgl. Dok. A024).[106] Kurz darauf entsteht das erste Prosagedicht aus der Reihe, die er später unter dem Titel »Unkraut« zusammenfassen sollte. Darin gibt Lu Xun den existentiellen Motiven von Einsamkeit, Verzweiflung, Tod, Kampf den gültigsten und zugleich vieldeutigsten künstlerischen Ausdruck. Sein Lesehorizont (Nietzsche, Baudelaire u.a.) wird nun zum Erfahrungshorizont. In der gleichen Zeit begann Lu Xun auch an der Pädagogischen Hochschule für Frauen zu unterrichten, wo seit 1922 Xu Guangping studierte. Sie war Mitglied des Autonomen Studentinnenausschusses, als es zu einer Konfrontation mit der Rektorin über die Legitimität politischen Engagements kam. Zusammen mit anderen Publizisten exponierte sich Lu Xun öffentlich zugunsten der Studentinnen, worauf er seine Anstellung im Ministerium verlor. Auf Initiative von Xu Guangping begann ein Briefwechsel, in dessen Verlauf Lu Xun einerseits die Beschreibungen seiner in »Unkraut« anklingenden depressiven Stimmungen beredt darlegte, insbesondere die Dichotomie von Widerstand und Verzweiflung.[107] Andererseits offenbarte

---

105 Ein Journalist hat die Vermutung geäußert, Habuto Nobuko habe in Japan mit Lu Xun zusammengelebt und sei seine »alte Liebe« gewesen (vgl. Wang Xiaoming: *Wufa zhimian de rensheng. Lu Xun zhuan* [Ein Leben, das sich nicht frontal betrachten läßt: Biographie von Lu Xun], Shanghai: Wenyi chubanshe 1993, 64–73). Daß kolportiert wurde, Lu Xun sei mit seiner Schwägerin nach Xiamen gereist, stützt diese Annahme (11.1.1927, *LXQJ* 11:275–6). Vgl. dazu Dok. C008, das ein anderes Gerücht wiedergibt, allerdings ohne Zusammenhang mit Zhou Zuoren. Andere nehmen an, zwischen Hata Nobuku und Zhu An habe eine enge Freundschaft bestanden und Auslöser seien finanzielle Angelegenheiten gewesen (vgl. Huang Jundong: *Xiandai Zhongguo zuojia jianying* [Profile moderner chinesischer Autoren; 1972], Xianggang: Youlian chubanshe 2. Aufl. 1973, 20–3).

106 Vgl. L. Lee Ou-fan: *Voices from the Iron House*, 89–91 & passim.

107 Vgl. die Überlegungen von L. Bieg: »"Unkraut" oder vom "verzweifelten Widerstandskampf" gegen das Nichts«, in: *Aus dem Garten der Wildnis*, bes. 154–58 & Anm. 29. Die Depressivität von Lu Xun im Anschluß an C. T. Hsia (1961) und L. Lee Ou-fan (1973) als »Leiden an China« scheint mir nur sehr mittelbar berechtigt und ihm individuelle und subjektive Erlebnis– und damit Leidensfähigkeit in einem hohen Grade abzusprechen, obwohl natürlich unbestritten ist, daß einzelne individuelle Erfahrungen von neuralgischen Fragen der chinesischen Tradition ausgehen. Zu beachten ist ferner, daß eine tendenziell kollektive Interpretation des Leidens strukturell verwandt ist mit dem bis vor kurzem prägenden offiziösen Lu-Xun-Bild in der Volksrepublik China, das wesentlich darauf aufbaut, den Autor zum Paradigma intellektueller Haltung im China der ersten Jahrhunderthälfte schlechthin zu machen. Dazu siehe weiter unten.

er eine tiefe Zerrissenheit und einen radikalen Zerstörungswillen, dessen Gefahren ihm bewußt waren:»Was ich sage, stimmt oft nicht mit dem überein, was ich denke [...] aber ich will mit diesen Gedanken niemanden anstecken.«[108] Die Briefe von Lu Xun kontrastieren nicht ohne Koketterie die Ideale der Jugend gegen seine eigene Verbitterung. Obwohl er vor Gericht erwirken konnte, daß er wieder in sein Amt eingesetzt wurde, sah er sich von nun an zunehmenden öffentlichen Angriffen ausgesetzt. Sie wurden verschärft durch Anspielungen auf seine sexuelle Beziehung zu Xu Guangping, die nicht hatte verborgen bleiben können. Wenn unter diesem Vorwand das politisch legitimierte Engagement von Lu Xun zugunsten der Studentinnen als private Angelegenheit desavouiert wurde, traf es dennoch die Motivationsstruktur seines öffentlichen Auftretens im Mark. Als er am 26.8.1926 Peking verließ, notierte er in seinem Tagebuch:»Guangping reist mit. In Tianjin Unterkunft im Hotel China.«[109] Damit war ein definitiver Bruch vollzogen, dem schon in den Jahren zuvor die Verletzung anderer sozialer Konventionen vorangegangen war.

Eine Krise wäre also in den Jahren zwischen 1923 und 1925 auszumachen, so daß eine Periodisierung eher hier einsetzen müßte als bei den Ortsveränderungen 1926/27. Diese führten ihn von Peking weg zunächst nach Xiamen (»Amoy«), dann nach Guangzhou, wo er sich mit marxistischer Literaturtheorie systematisch zu beschäftigen begann.[110] Trotz der langen Zeit von fast 15 Jahren, die Lu Xun in Peking gelebt hat und die überdies die Periode umfasst, in der seine fiktionalen Texte entstanden, sind wenige dieser Texte eindeutig in Peking angesiedelt. Markanteste Ausnahme sind die im Anschluß an ähnliche Texte des ukrainischen Esperanto-Lyrikers Erošenko entstandenen idyllischen Stücke, die ein eher ländliches Bild vom Großhaushalt zeichnen, zu dem inzwischen auch seine Brüder Zhou Zuoren und Zhou Jianren samt ihren Familien gehörten.[111]

---

108   30.5.1925, in: *LXQJ* 11:79.

109   *LXQJ* 14:613.

110   D. Pollard:»Lu Xun's "zawen", in: *Lu Xun and His Legacy*, 69 & 75 passim, macht den gleichen Vorschlag. Die konventionelle Periodisierung geht zurück auf Qu Qiubai in seiner Einleitung zu *Lu Xun zagan xuan* (1933). Vgl. dazu Peng Ding'an:»Lu Xun: chuangzuo xinli yu yishu shijie (shang)« [Zur Psychologie der Kreativität Lu Xun und seiner künstlerischen Welt bei Lu; Kap. aus Neuausgabe von *Lu Xun pingzhuan*], in: *LY* 1/1992, bes. 19–20.

111   Es sind dies»Eine Bagatelle«,»Die Geschichte von den Kaninchen und der Katze«,»Eine Entenkomödie«,»Geschichten vom Haar«.

Es waren keineswegs nur persönliche Gründe, die Lu Xun veranlaßten, zusammen mit Xu Guangping Peking zu verlassen. Zwischen März und Mai 1926 hatte er sich bereits an verschiedenen Orten versteckt, weil die Militärregierung ihn mit einem geheimen Haftbefehl suchte. Sie hatte am 18. März in die Menge der gegen die Schließung ihrer Universität protestierenden Studentinnen schießen lassen, wobei mehrere Demonstrantinnen starben. Deshalb nahm er die Einladung an die neu gegründete Universität Xiamen (»Amoy«) an, während Xu Guangping nach Guangzhou ging. Es wurde ein kurzes Intermezzo von einem Semester, weil er bald darauf die Gelegenheit wahrnahm, in Guangzhou zu unterrichten, nicht ohne vorher Gao Changhong polemisch angegriffen zu haben (Dok. A010). Dieser hatte ein Spottgedicht auf die Beziehung zu Xu Guangping geschrieben, so daß in Xiamen die Rede ging, es sei kein Wunder, daß die Nacht (auch eine Anspielung auf die Stimmung von Lu Xun) Xiamen verlasse, befinde sich doch der Mond in Guangzhou.[112] Charakteristisch war für die wenigen Monate, die Lu Xun in Xiamen verbrachte, daß er sich wiederum intensiv seinen altphilologischen Studien zuwandte, gleichzeitig seine Prosagedichte zum Band »Unkraut« zusammenstellte und die meisten der ebenfalls retrospektiven Reminiszenzen von »Blüten der Frühe am Abend gelesen« schrieb.

Guangzhou war aber seit 1924 auch Sitz einer von Sun Yixian (»Sun Yatsen«, †1925) errichteten Gegenregierung, die sich 1926 im sogenannten »Nordfeldzug« anschickte, das Land mit militärischen Mitteln zu einigen. Die Stadt war mit ihrer Regierung, die unter anderem auf einem Bündnis zwischen der republikanischen Volkspartei »Guomindang« und der Kommunistischen Partei sowie auf einer von Jiang Jieshi geführten Militärakademie beruhte, Symbol politischer Zukunftshoffnungen. Diese Aufbruchstimmung spiegelte sich auch in einer basisdemokratischen Organisation der Hochschule, an der Lu Xun unterrichtete (vgl. Dok. A011). Hier machte sich Lu Xun — auf Anregung der Mitglieder jener Studiengruppe, die ihm die Einladung nach Guangzhou verschafft hatte — erstmals systematisch mit marxistischen Ideen vertraut. Doch die sozialen Utopien wurden gewaltsam auf den Boden der Realität zurückgeholt, als im März 1927 Jiang Jieshi in einem Putsch die Macht an sich riß und in Shanghai

---

112   11.1.1927 an Xu Guangping, *LXQJ* 11:275. »Die Flucht zum Mond« (in: *LXW* 4:26–43) bezieht sich ebenfalls auf dieses Gedicht, das unter dem Titel »Gei —« [An —] in *Kuangbiao* Nr. 7 (21.11.1926), 200–1, mit einer Fortsetzung in Nr. 9 (5.12.1926), 261–5, erschien.

Tausende von Kommunisten ermorden ließ. Lu Xun protestierte gegen Repressalien, denen kommunistische Studenten ausgesetzt waren, ebenso gegen die Berufung des konservativen Philologen Gu Jiegang und nahm zusammen mit seinem alten Freund Xu Shoushang Wohnsitz außerhalb der Universität — zusammen mit Xu Guangping. Ihr gegenüber hatte er monatelang in Briefen sein Zögern, mit ihr zusammen zu leben, als Konflikt zwischen Eigennutz und Aufopferung geschildert. Erneut hatte er sich gegen die politische Macht engagiert, diesmal in einem politischen Kontext, der seinen späteren literarischen Weg in Shanghai bestimmen sollte.

Als Xu Guangping und Lu Xun in Shanghai Wohnsitz nahmen, war die Stadt seit Ende des vorigen Jahrhunderts das Zentrum des Verlagswesens. Auch *Xin qingnian* (im Untertitel *La jeunesse*), die führende Zeitschrift der Bewegung des 4. Mai, war in Shanghai gegründet worden und erschien nur vorübergehend in Peking. Als 1898 nach der gescheiterten 100-Tage-Reform klar geworden war, daß das Kaiserhaus keine institutionellen Veränderungen zulassen würde, konzentrierten sich die Bemühungen reformerisch gesinnter Kreise vor allem in den ausländischen Vertragshäfen. Hier, und vor allem in Shanghai, bauten sie ein chinesisch dominiertes Bildungswesen, das im Gegensatz zur traditionellen Gelehrtenausbildung eben so wie zu den Missionsschulen technisch und pragmatisch orientiert war und einen hohen Bedarf an geeigneten Textbüchern und Unterrichtsmaterialien entwickelte. Als wichtigstes Unternehmen in diesem Bereich etablierte sich die »Commercial Press« *(Shangwu yinshuguan)*, eine Gründung von ehemaligen Angestellten des damals größten Verlags in China, der »Presbyterian Mission Press«.[113] In diesem Verlag stand Cai Yuanpei ab 1903 einer Schlüsselstelle vor, dem Büro für Übersetzung und Redaktion *(bianyiju)*, die entscheidend zum ökonomischen Erfolg des Unternehmens beitrug. Die Zeitschrift »Short Story Magazine« *(Xiaoshuo yuebao)*, seit 192[1] literarisch einflußreichste Publikation der »neuen Kulturbewegung« und Sprungbrett für schriftstellerische Karrieren, erschien in diesem Verlag und veröffentlichte viele Texte von Lu Xun. Überhaupt haben Zeitschriften als Medium zur Verbreitung von Literatur eine wichtigere Rolle gespielt als Bücher, teils weil sie Träger der 4.-Mai-Bewegung gewesen waren, teils weil Erscheinungsrhythmus und Vertriebswege und materielles Erscheinungsbild sich deutlich von traditionellen Publikationsformen abgrenzten, und schließlich stellten sie

---

113 J.-P. Drège: *La Commercial Press de Shanghai 1897–1949*, Paris: Collège de France. Institut des Hautes Etudes Chinoises 1978, 8–9.

durch geeignete Rubriken Öffentlichkeit her. Alle diese Faktoren sind auch für die publizistische Tätigkeit von Lu Xun seit 1918 prägend gewesen, nicht zuletzt durch seine eigenen Zeitschriftengründungen.

1927 waren überdies mehr als drei Fünftel der chinesischen Buchproduktion in den Händen der drei größten Verlage in Shanghai vereinigt.[114] Zu den kleineren zählte *Beixin shuju* von Li Xiaofeng, der 1924 mit der moralischen und materiellen Unterstützung von Lu Xun in Peking gegründet und 1927 ebenfalls nach Shanghai transferiert wurde. Es war der Hausverlag von Lu Xun (vgl. Dok. A009, B029) und blieb es auch, nachdem er wegen unbezahlter Tantiemen gegen ihn prozessiert hatte und sich 1929/30 die bedeutende Summe von über 8'000 Yuan auszahlen ließ.[115] In diesem Verlag erschienen mehrere der Zeitschriften, die Lu Xun mit initiiert hatte, so etwa *Mangyuan*, *Weiming* und andere.

Ein österreichischer Geograph vermittelt einen lebhaften Eindruck vom Verlagszentrum:»In bezug auf *geistige* Kultur erfüllt Shanghai eine wichtige Aufgabe der Vermittlung zwischen dem Westen und dem alten chinesischen Kulturkreis. Als Beispiel möchte ich das leider bei den jüngsten Kämpfen [Okt. 1926] in Schutt gelegte Unternehmen der *Commercial Press* anführen. Ich fand dort bei unserem Besuch eine modern eingerichtete, großartige Druckerei mit Schriftgießerei, Rotationsmaschinen, Farbendruckpressen, Bibliothek, Verlagsanstalt, Ausstellungsraum und Verkaufsstelle.«[116]

Als die Guomindang-Regierung am 25.2.1934 ein Bücherverbot erließ, befanden sich unter den 149 Büchern, deren Herstellung, Vertrieb und Verkauf unter Strafandrohung gestellt wurde, nicht weniger als elf Werke von Lu Xun, davon sieben Übersetzungen.[117]

Daß Shanghai so viele Intellektuelle anzog, hing nicht nur mit dem Katalysatoreffekt der vielfältigen Presse und dem auch technisch hochentwickelten Verlagswesen zusammen. Eine wichtige Funktion hatten die seit 1862 bestehenden ausländischen Konzessionen, in denen der chinesische Staat — sei es das Kaiserreich oder danach die wechselnden lokalen tatsächlichen Inhaber der Staatsmacht — keine Souveränität ausübte. In diesem Schonraum, der sich zugleich mitten in China und außerhalb befand, entstand 1872 die Zeitung *Shenbao*, die bis zu ihrem Ende 1949 in China den

---

114 *La Commercial Press de Shanghai*, 100. Werden sämtliche Verlage in Shanghai in die Berechnung einbezogen, liegt der Anteil vermutlich bei weit über 80%.

115 Vgl. u.a. Tagebucheintrag 23.3.1930, in: *LXQJ* 14:815.

116 E. Oberhummer:»Shanghai«, in: *Wiener geographische Studien* 1 (1933), 22–3; vgl. Dok. B002.

117 *LXQJ* 6:452–58.

Maßstab für eine unabhängige Presse setzte.[118] Schon als 17jähriger war Lu Xun Kunde in der Niederlassung des Zeitungsverlags in Hangzhou gewesen, der auch Nachdrucke von kanonischen Werken in günstigen Ausgaben produzierte.[119] In der Kolumne »Freie Rede« der Zeitung *Shenbao* veröffentlichte auch Lu Xun regelmäßig Beiträge. In den ausländischen Konzessionen waren auch die Mehrzahl der Verlage in Shanghai angesiedelt, so daß Zensurmaßnahmen und Verbote wie die obigen nur sehr bedingt durchsetzbar waren. Den relativen Schutz, den die nahe Konzession bot, mußte die Familie von Lu Xun mehrmals in Anspruch nehmen. Wie der Titel »Miszellen aus dem Pavillon zur halben Konzession« (*Qiejieting zawen*, 1935; postum erschienen) zeigt, wußte Lu Xun diesen Vorteil zu schätzen und zugleich ironisch und sprachspielerisch umzusetzen (vgl. Dok. A022).

Kurz nach der Ankunft von Lu Xun in Shanghai, wurden erneut regionale Solidaritäten wirksam, als ihm Cai Yuanpei eine Stellung als Korrespondierendes Mitglied des Hochschulinstituts der Regierung in Nanjing verschaffte — wiederum eine sichere Existenzgrundlage praktisch ohne Verpflichtungen. Weit bedeutender aber ist, womit das Vakuum der »Leere« angefüllt wurde, von der Lu Xun seit 1925 immer wieder gesprochen hatte. Lu Xun engagierte sich zunehmend in Organisationen, die von der Kommunistischen Partei kontrolliert wurden und ließ sich schließlich zur Galionsfigur der anfangs 1930 gegründeten Liga Linker Schriftsteller machen. Er wurde zum verantwortlichen Herausgeber von mehreren ihrer Publikationen und ließ sich in einem Maße in parteiinterne Machtkämpfe verwickeln, die in der Tat zu einer »Verzettelung der Kräfte«[120] führten. Mehrere Erfahrungen mögen zu dieser Entwicklung geführt haben:

Erstens überzog die Guomindang-Regierung ihre früheren Bundesgenossen aus der Kommunistischen Partei durch Verhaftungen und Entführungen mit Wellen des »weißen Terrors«. Zweitens war die Tatsache, daß Lu Xun nun mit Xu Guangping zusammen lebte, äußeres Zeichen dafür, daß er Brücken zur Vergangenheit abgebrochen hatte — sie besaß die Hoffnung, die er so ausdrücklich an ihr schätzte. Als einige Autoren der Liga Linker

---

118 Zur Rolle der Konzessionen vgl. R. Wagner: »The Role of the Foreign Community in the Chinese Public Sphere«, in: *China Quarterly* Nr. 142 (1995), 423–43.

119 *LXNP* 1:49–50.

120 Hsia Tsi-an: »Lu Xun and the Dissolution of the League of Leftist Writers«, in: *The Gate of Darkness. Studies on the Leftist Literary Movement in China*, Seattle/WA & London: University of Washington Press 1968, 101–45; vgl. Wong Wang-chi: *Politics and Literature in Shanghai. The Chinese League of Left-Wing Writers, 1930–1936*, Manchester & New York: Manchester University Press 1991 (= Studies on East Asia).

Schriftsteller — sie gingen als die »fünf Märtyrer« in die Literaturgeschichte ein — 1931 verhaftet und kurz darauf erschossen wurden, hat sich dieser Radikalisierungsprozeß beschleunigt. Äußeres Zeichen für die enge Verbindung war der Empfang, den die Kommunistische Partei zum 50. Geburtstag von Lu Xun veranstaltete. Durch diese enge Bindung an Organisationen und einzelne Vertreter der Partei und zweifellos auch durch seinen Tod vor Gründung der Volksrepublik war der Grund gelegt für die beispiellose Heroisierung, die seine Person und sein Werk erfuhren und die den Blick auf beide nachhaltig verstellt haben.

Mit dem Umfeld in Shanghai hängt unmittelbar zusammen, daß Lu Xun dort passende Rollen fand, und zwar ausnahmslos sozial und nicht künstlerisch definierte, nicht zuletzt in mehrfacher Hinsicht diejenige eines Vaters: Als am 27. September 1929 Xu Guangping ihren Sohn Zhou Haiying gebar, wurde er auch biologisch Vater. Innerhalb der Liga Linker Schriftsteller hatte er auch intellektuell eine Vaterrolle, war er doch rund 20 Jahre älter als die leitenden Funktionäre, die alle der Generation von Xu Guangping angehörten. Die Hafenstadt Shanghai und insbesondere die ausländische Konzession war nicht nur Exil im eigenen Land für Chinesen, sondern zog auch zahlreiche Intellektuelle aus aller Welt an und wurde zudem ab 1933 Fluchtort von Verfolgten aus Nazi-Deutschland. Mit einigen dieser Ausländer stand Lu Xun in engem Kontakt: Zu nennen sind die amerikanischen Journalisten Agnes Smedley[121] und Harold Isaacs, der das Werk Lu Xun und der jungen chinesischen Literatur im englischsprachigen Raum bekannt machte, nicht zuletzt auch Edgar Snow (vgl. Dok. W010). Zu nennen sind persönliche Begegnungen mit dem irischen Dramatiker George Bernard Shaw (vgl. Dok. B052) und dem französischen Kommunisten Paul Vaillant-Couturier. Erwähnenswert ist aber auch die enge Freundschaft, die ihn mit seinem japanischen Buchhändler Uchiyama Kanzô verband. Nun war Lu Xun in ein Kommunikationsnetz eingebettet, das durch den kommunistischen Internationalismus geprägt und ihn zu einem Teilnehmer am weltliterarischen Prozeß machte.[122] Lu Xun nutzte diese Möglichkeiten extensiv und ließ sich aus Moskau (vgl. Dok. A025), Paris, Lyon, Berlin, Prag (vgl. Dok. A026) und anderen Orten Bücher schicken.

---

121 Vgl. Ge Baoquan: »Lu Xun he Shimotelai de geming youyi« [1976], in: *Zhongwai wenxue yinyuan*, Beijing: Beijing chubanshe 1992, 634–43 (vgl. auch Dok. C010), der zwar ausgiebig den hagiographischen Topos der »revolutionären Freundschaft« bemüht, aber dennoch eine umfassende Würdigung verfügbarer Quellen gibt.

122 Zum Begriff vgl. D. Ďurišin: *Theory of Interliterary Process*, Bratislava: VEDA 1989, bes. 139–61.

»Die Bedingungen hier finde ich um einiges interessanter als in Guangzhou, weil es hier recht viele Leute aus allen möglichen Bereichen gibt. Auch die Zeitschriften sind vielfältig, nicht so eintönig wie in Guangzhou«,[123] hatte Lu Xun kurz nach der Ankunft in Shanghai seine Eindrücke zusammengefaßt, und er ist in der Folge in zahlreichen kritischen Arbeiten auf die Besonderheiten der literarischen Szene in dieser Stadt eingegangen.

Als am 21. Oktober 1936 Lu Xun zu Grabe getragen wurde, konnte die Kommunistische Partei, die für die Trauerfeierlichkeiten verantwortlich zeichnete (vgl. Dok. B038),[124] Lu Xun als einen der Ihren betrachten, hatte er doch immer wieder von »Kampffreundschaft« *(zhanyou)* gesprochen, obwohl er nie Parteimitglied gewesen war.

»Und mit seinem Begleiter ging er dem frostigen Nachtwinde entgegen, den schweren Weg nach der großen, finstern Stadt, wo die Menschheit war und ihr Weh.«[125] könnte als Motto über dem Umzug von Lu Xun nach Shanghai stehen. Diesen letzten Satz aus der deutschen Übersetzung von *De kleine Johannes* des niederländischen Autors Frederik van Eeden (1860–1932) die Lu Xun als Vorlage für seine Übersetzung diente, hatte er selbst wenige Wochen vor seiner Übersiedlung zitiert.

123   Brief an Liao Li'e, 21.10.1927, in: *LXQJ* 11:587.
124   Dazu s. auch R.D.F., »Lu Xun: l'homme de lettres, son œuvre et l'édition de ses écrits«, in: *Asiatische Studien / Études Asiatiques* Bd. 51, Nr. 3 (1997), 693–718.
125   *LXQJ* 10:257.

Ein weiteres entscheidendes Kriterium bei der Auswahl der Dokumente war der Wunsch, die große Bandbreite der Tätigkeitsfelder von Lu Xun zu illustrieren. Dieser war keineswegs nur Verfasser von erzählerischer Prosa und polemischer Feuilletonist — um stellvertretend die beiden Bereiche zu nennen, die sowohl innerhalb als auch außerhalb Chinas konstitutiv geworden sind für die beiden Sphären der Rezeption und häufig gegeneinander ausgespielt werden. Das breite Spektrum der Aktivitäten spiegelt auf der einen Seite den Zusammenbruch traditioneller Lebensentwürfe, die sich auf den engen Rahmen einer Laufbahn als Beamten-Philologe zu beschränken hatten.[126] Auf der anderen Seite werden Strategien sichtbar, mit den politischen und sozialen Herausforderungen umzugehen, die sich — entwicklungspsychologisch gesprochen — zur Zeit der Individuation von Lu Xun in mehreren spektakulären militärischen Niederlagen Chinas manifestieren. Angesichts der Tatsache, daß beim Erscheinen des »Tagebuchs eines Wahnsinnigen«, das seinen Ruf begründete, Lu Xun bereits 37jährig war, ist er oft als Spätentwickler bezeichnet worden. Diese Sicht ist deswegen einseitig, weil sie seine vorangegangenen Aktivitäten ausblendet, mag aber dennoch eine Erklärung dafür liefern, daß die bereits angesprochene Dichotomie von Verzweiflung und Widerstand sich wesentlich auf ein mehr reaktives als aktives Verhältnis zur Welt zurückführen läßt.

Zu beachten ist ferner, daß Lu Xun sich in den verschiedenen Bereichen meist zeitlich parallel betätigt hat. Das ist sowohl Ausdruck von Vielseitigkeit als auch von einer Unentschlossenheit, die eher bereit war, sich auf Haltungen als auf Rollen festzulegen.[127] Das Segment sozialer Identität, in dem sich dieser Prozeß abspielt, ließe sich mit dem chinesischen Begriff *xi* (etwa »professional affiliation«) fassen, den Lu Xun selbst verwendet, um seine subjektiv fehlende berufliche Rolle zu umschreiben, im Gegensatz zu seiner lokalen oder regionalen Identität *ji* (»Herkunft«): »Tatsache ist, daß ich eine "Herkunft" habe, denn jeder hat jeweils eine Herkunft, was nicht weiter

---

126 S. Ho Ping-ti: *The Ladder of Success in Imperial China. Aspects of Social Mobility, 1368–1911*, New York & London: Columbia University Press 1962.

127 Deutliches Zeichen dafür ist der Schlüsselbegriff *panghuang* (»unschlüssig umherschweifen«), gleichsam ein skeptizistisches Motto, das Lu Xun während der Krisenzeit 1925–27 einer Sammlung als Titel gibt (dt. »Zwischenzeiten Zwischenwelten«, in: *LXW* Bd. 2).

erstaunlich ist. Aber welche *xi* habe ich denn? Ich überlege hin und her und komme zum Schluß, daß es weder die Forschungs-*xi* ist noch die Verkehrs-*xi* [...] "In den letzten Jahren war ich Dozent an den Chinesisch-*xi* der Universitäten [...]" Das also müßte meine *xi* sein! Ich kann mir wirklich nicht vorstellen, daß ich schlußendlich in einer solchen *xi* bleibe.«[128]

Ein breites Spektrum von Aktivitäten ist jedoch keineswegs nur für Lu Xun charakteristisch, sondern für die gesamte Generation, die prägende Erfahrungen durch die Umbruchszeit der Bewegung des 4. Mai empfangen hatte. Allerdings trennte ihn von dieser Generation ein Altersunterschied von gut einem Jahrzehnt,[129] so daß er noch stärker im traditionellen Ausbildungssystem verankert war. Zugleich wird Lu Xun dadurch, daß er seine *xi* nicht festlegen konnte oder wollte, zu einem Paradigma des intellektuellen Umbruchs im China dieses Jahrhunderts. Ebenfalls im Unterschied zu vielen Angehörigen der Generation des 4. Mai, die ähnlich vielseitig dilettierten, hat Lu Xun in vielen Bereichen seiner Tätigkeit Maßstäbe gesetzt. Deshalb seien im folgenden einige dieser Bereiche kurz vorgestellt.

Der Naturwissenschaftler

Eine Schlüsselrolle spielten bei den Modernisierungsbemühungen des ausgehenden Kaiserreiches die Naturwissenschaften, im engeren Sinne ihre praktischen Anwendungen in der Technik. Aufgrund der Herausforderungen, denen sich das Land seit den Opiumkriegen 1840 von außen ausgesetzt sah, richtete sich das Interesse zunächst auf die Wehrtechnik, insbesondere den Schiffsbau. Eine Schrittmacherfunktion war dabei dem 1853 bei Nanjing errichteten »Jiangnan-Arsenal« zugedacht. Hier kam Lu Xun als Student des Bergbaus erstmals mit den Schriften von Yan Fu in Berührung, der im Gegensatz zu früheren Reformern die Auffassung vertrat, für den Erfolg dieser Modernisierungsbemühungen sei es unabdingbar, die philosophischen und weltanschaulichen Grundlagen der westlichen materiellen Zivilisation zu erkunden und sich nicht nur auf deren technische Errungenschaften zu

---

128 *LXQJ* 3:82. »In den letzten Jahren [...]« ist ein Selbstzitat aus seinem für die russische Übersetzung der »Wahren Geschichte des A Q« bestimmten Lebenslauf (in: *LXQJ* 7:83). Das Wortspiel, das der Formulierung zusätzliche Würze verleiht, beruht darauf, daß für »professional affiliation« und »(Universitäts-) Fakultät« der gleiche Ausdruck *xi* verwendet wird.

129 Zu einer wissenssoziologischen Behandlung des Generationen-Begriffs in der modernen chinesischen Geschichte vgl. Liu Xiaofeng: »Die Generation vom "Vierten Mai" und vom "Fünften April". Überlegungen aus soziologischer Sicht«, Übers. I. Amelung, in: *minima sinica* 2/1990, 1–16.

beschränken.[130] In den assimilierenden Übertragungen von Yan Fu, die während der Studienzeit von Lu Xun in rascher Folge entstanden, lernte Lu Xun den naturwissenschaftlich begründeten Entwicklungsbegriff der Evolutionslehre kennen,[131] wie ihn der Sozialdarwinismus auf die Selektion unter nationalstaatlichen Gebilden angewandt und namentlich Spencer versucht hatte, sozialethisch fruchtbar zu machen. Damit waren wichtige Koordinaten im Denken von Lu Xun besetzt: einerseits, daß sich Entwicklung wissenschaftlich und empirisch begründen läßt, andererseits, daß diese Entwicklung nicht eine ausschließlich materielle sein kann. Damit hat er den archimedischen Punkt für sein Ideal des »wahren Menschen« *(liren, zhenren, zhen de ren, wanquan de ren* usw.) gefunden, der aufgrund erst seiner moralischen Qualifikation materielle Entwicklung ermöglicht. Welche Voraussetzungen für eine solche immer naturwissenschaftlich konzipierte Entwicklung in China bestehen, hatte Lu Xun in seinen frühen Aufsätzen anhand des Begriffs der »nationalen Essenz« *(guocui, guojing),* später des »Volkscharakters« *(guominxing)* diskutiert.

Gleichzeitig beschäftigte sich Lu Xun mit zwei praktischen Disziplinen, zunächst dem Bahn-, dann dem Bergbau. Beide berühren neuralgische Bereiche der konkreten Teilkolonisierung Chinas durch die ausländischen Großmächte: die Erkundung von Bodenschätzen und deren Ausbeute durch den Bau von Bahnen, die sie nur dann militärisch schützen können, wenn China auf einen Teil seiner Souveränitätsrechte verzichtet. Jedenfalls wies nichts auf eine literarische oder traditionelle Laufbahn hin, als Lu Xun kurz nach seinem Studienabschluß in Nanjing einen Artikel »Kurze Abhandlung über die Geologie Chinas« verfaßte, der 1903 in Tôkyô erschien. Nach einer zeittypisch patriotischen Einleitung, die durchaus konventionell aus dem kanonischen »Buch der Lieder« zitiert, stellt er zunächst die geologischen Forschungsergebnisse von Ausländern vor, namentlich von Ferdinand von Richthofen (1833–1905) und des Russen Vladimir A. Obručev (1863–1956) und spricht in charakteristischer Assimilation westlicher Mythologie von Chinas Erde als »Büchse der Pandora, in der die Hoffnung liegt«.[132] In der gleichen Disziplin anzusiedeln ist die gleichzeitig entstehende Übersetzung

---

130 Dazu B. Schwartz: *In Search of Wealth and Power. Yen Fu and the West,* Cambridge/MA: Harvard University Press 1964.

131 Vgl. dazu R.D.F.: »Evolution, Superman, Overman, "Chaoren"«, in: *Notions et perceptions du changement en Chine,* Hg. V. Alleton & A. Volkov, Paris: Collège de France. Institut des Hautes Etudes Chinoises 1994, 105–7.

132 *LXQJ* 8:8.

von *Voyage au centre de la terre* von Jules Verne, die keineswegs als ästhetisches Gebilde konzipiert war, sondern im Sinne von Liang Qichao als ein Mittel, wissenschaftliche Erkenntnisse populär aufzubereiten und zugänglich zu machen.[133] Für die Arbeitsweise von Lu Xun kennzeichnend ist, daß es sich bei dem ebenfalls geologischen, populären Werk »Überblick über die Bodenschätze Chinas« (1906) um eine Gemeinschaftsarbeit mit seinem Kommilitonen Gu Lang handelt. Auf dem Titel trägt sie das Motto »Pflichtlektüre der Bürger«.

Rückblickend hat Lu Xun bei verschiedenen Gelegenheiten seine Entscheidung für ein Medizinstudium mit dem Tod seines Vaters in Zusammenhang gebracht, der nur deswegen so früh gestorben sei, weil er mit den Mitteln der traditionellen chinesischen Medizin behandelt worden sei. Zweifellos handelt es sich hier jedoch um eine nachträgliche rhetorische und propagandistische Stilisierung, die wiederum »mehr verbirgt als offenbart«[134] und sich eher einordnet in den Kontext der Bewegung des 4. Mai, für die Chen Duxiu »Wissenschaft« (im Gegensatz zur »unwissenschaftlichen, abergläubischen« Tradition) zu einer der Leitvorstellungen gemacht hatte. Eher ist anzunehmen, daß Lu Xun in der Medizin eine Möglichkeit sah, das unbestrittene Postulat der Wissenschaftlichkeit zu verbinden mit seiner quer zum Zeitgeist stehenden Vorstellung einer moralischen Erneuerung. Hinzu kommt, daß die Medizin durch ihre Praxis- und Menschennähe — wie von den ärztlich tätigen Missionaren unter Beweis gestellt — sich an der Schnittstelle zwischen materieller und geistiger Zivilisation einordnen ließ. In den offiziellen Reformbemühungen Japans wurde ihr sinngemäß eine wichtige Funktion eingeräumt. In diesem Bereich kam denn auch der Rang des deutschen Universitäts- und Ausbildungssystems und damit auch der deutschen Sprache besonders deutlich zum tragen, wenn etwa an der später in der Kaiserlichen Universität aufgegangenen Medizinischen Akademie in Tôkyô im Jahre 1877 über 80% der 10'000 Bände der Fachbibliothek Bücher in deutscher Sprache waren.[135] Diese Dominanz war zwar zur Studienzeit von Lu Xun schon beträchtlich

---

133 Zu den Thesen von Liang Qichao vgl. H. Martin: »A Transitional Concept of Chinese Literature 1897–1917«, in: *Oriens Extremus* 20 (1973), 175–217. Eine philologische Untersuchung der Übersetzung bringt Bu Lide: »Lu Xun de liang pian zaoqi fanyi« [Zwei frühe Übersetzungen von Lu Xun], in: *LY* Nr. 129 (1/1993), 27–34.

134 W. Bauer: *Das Antlitz Chinas*, 19.

135 H. H. Vianden: *Die Einführung der deutschen Medizin im Japan der Meiji-Zeit*, Düsseldorf: Triltsch 1985 (= Düsseldorfer Arbeiten zur Geschichte der Medizin 59), 91.

zurückgegangen, aber immer noch vorhanden. Als sein Bruder Zhou Zuoren nach Peking kam und ärztlicher Behandlung bedurfte, wandte sich Lu Xun ans Deutsche Krankenhaus.[136] Es wird berichtet, daß dem Studenten Lu Xun das Sezieren besonders schwer fiel.[137] Auch er selbst hat sich in diesem Sinne deutlich geäußert (vgl. Dok. A001).

Trotz der ebenfalls rhetorischen Verkürzung, mit der Lu Xun den Abbruch seines Medizinstudiums begründete, kann ihm nicht entgangen sein, daß rund drei Viertel der Leichen, die zu Studienzwecken auf den Seziertisch kamen, nicht eines natürlichen Todes gestorben, sondern hingerichtet worden waren.[138] Aus dieser Erfahrung heraus hat er wiederholt drastische Bilder geformt. Ein Beispiel dafür sind anläßlich des Todes von Sun Yixian die »Fliegen, die sich in den Wunden des toten Kämpfers einnisten.«[139]

Auch später hat sich Lu Xun von den Naturwissenschaften keineswegs abgewandt. Seinen jüngsten Bruder Zhou Jianren, der soeben Grundschullehrer geworden war, hat er noch von Japan aus mehrmals eindringlich aufgefordert, sich systematisch in die Naturwissenschaften einzuarbeiten, am besten in die Botanik, weil dafür das Material leicht greifbar sei. Damit übernahm Lu Xun in doppelter Weise eine Vaterrolle, denn zu seinen Steckenpferden hatte es in seiner Kindheit gehört, die Beschreibungen im traditionellen botanischen Werk *Huajing* (»Spiegel der Blumen«, 1688) mit eigenen Beobachtungen zu vergleichen und gegebenenfalls zu korrigieren.[140] Zhou Jianren sollte Autor jener Übersetzung von Darwins *On the Origin of Species* werden, die heute noch als Standard gilt.[141]

---

136 *LXQJ* 14:274.

137 L. Lee Ou-fan: *Voices from the Iron House*, 16.

138 H. H. Vianden berichtet ebda., daß an der gleichen Institution in Tôkyô bis 1877 von 620 Leichen 456 aus Hinrichtungen stammten. Angesichts der innenpolitischen Situation in Japan kann sich das Verhältnis zur Zeit von Lu Xun in Sendai durchaus zuungunsten natürlicher Todesursachen verändert haben. — Das halbjährige Medizinstudium hat Lu Xun später großzügig aufgerundet zu »zwei Jahren Unterricht in Anatomie«, weshalb er »ziemlich viele Obduktionszeichnungen« angefertigt habe. (Brief an Wei Mengke, 9.4.1934, in: *LXQJ* 12:381).

139 »Zhanshi yu canying«, in: *LXQJ* 3:38–9. Das Bild läßt sich ebenso auf Nietzsches *Zarathustra* zurückverfolgen, den Lu Xun zur gleichen Zeit gelesen hat (vgl. R.D.F.: »Die Last der Kultur«, in: *minima sinica* 1/1990, 28–9).

140 *LXNP* 1:19–21; Zhou Jianren: *An Age Gone By*, 203–11.

141 Zhou Jianren: »Lu Xun yu zirankexue« [Lu Xun und die Naturwissenschaften; 1976], in: *Liushi nian lai Lu Xun yanjiu lunwen xuan (xia)*, Hg. Li Zongying & Zhang Mengyang, Beijing: Zhongguo shehuikexue chubanshe 1982, 414–24.

Deutliche Spuren der naturwissenschaftlichen Ausbildung von Lu Xun finden sich beispielsweise im Nachwort zu seiner Übersetzung von »Pfirsichfarbene Wolke« von Eroŝenko, wo Lu Xun die lateinischen Namen von Pflanzen liefert.[142] Zeit seines Lebens hat sich Lu Xun über naturwissenschaftliche Entwicklungen auf dem laufenden gehalten, und zwar oft mittels deutschsprachiger Veröffentlichungen. Auffallend ist hier das besondere Interesse für die Anatomie des menschlichen Körpers, die er bereits in anatomischen Zeichnungen während seiner Studienzeit als Vorwand künstlerischer Umgestaltung benutzt hatte[143] — genau jene parodistische Technik, die später ihren Niederschlag finden sollte in seinem Interesse an der politischen Karikatur.

Eng verwandt mit dem methodischen Paradigma der Naturwissenschaften ist der distanzierte und emotionslose Blick, der Lu Xun oft zum Vorwurf gemacht worden ist, nicht zuletzt unter Hinweis auf seine Herkunft aus Shaoxing. Davon ist die Selbstbeobachtung keineswegs ausgenommen, bei welcher Lu Xun ausdrücklich darunter leidet, »nicht empfinden zu können«. Nicht empfinden zu können (im übrigen eine der Erkenntnisvoraussetzungen in der buddhistischen Erlösungslehre, mit der sich Lu Xun vor allem während seiner Zeit in Peking intensiv beschäftigt hat) wird zu einer der Voraussetzungen für den analytischen Blick. Abgesehen von der Nähe zur erwähnten »klinischen Literatur« verbindet ihn dieses Verfahren mit einer Reihe von Medizinern, die zu Schriftstellern geworden sind, indem sie sich auf diagnostische Methoden beriefen[144] — sei es, daß sie solche auf eine ganze Gesellschaft übertrugen, sei es, daß sie den menschlichen Körper, vor allem den leidenden, als Allegorie einsetzten: Mori Ôgai, Anton Čechov, Pío Baroja, Arthur Schnitzler, Alfred Döblin, Gottfried Benn. Damit verknüpft ist in der westlichen Literatur seit dem Evangelisten Lukas die Vorstellung vom Schriftsteller als Therapeuten. In diesem Kontext sind die wechselnden Formen des Engagements von Lu Xun für das »kranke China« zu sehen.[145]

Die Unmöglichkeit zu empfinden, nichts anderes als eine grundlegende

---

142 »Ji ju zhong ren wu de yi ming« [Notiz zur Übersetzung der im Stück vorkommenden Personennamen und Sachbezeichnungen; 4.5./1.7.1922], in: *LXQJ* 1973, 12: 764–67.

143 Vgl. z. B. W. Hausenstein: *Der nackte Mensch in der Kunst aller Zeiten*, München: Piper 1913 — ein Werk, das Lu Xun am 16.4.1913 von seinem Bruder aus Japan zugeschickt erhielt und das er sich im Februar 1930 erneut von Xu Fancheng für »8 Mark« aus Berlin senden ließ. (*LXQJ* 14: 54 & 810).

144 Der Zusammenhang ist auch Zeitgenossen von Lu Xun aufgefallen, so Tao Jingsun:»Xue yi de ji ge wenren« [Einige Literaten, die Medizin studiert haben], in: *Tao Jingsun xuanji*, Hg. Ding Jingtang, Beijing: Renmin wenxue chubanshe 1995, 231–233.

Konstellation der Entfremdung, führt zur Suche nach authentischer Erfahrung. Lu Xun hat sie im ästhetischen und rhetorischen Verfahren der Steigerung gesucht, wie sie sich in seiner satirischen Technik niederschlägt. Zu ihnen gehört die Parodie, die auf eine vielfältige literarische Tradition als Folie geradezu angewiesen ist.[146] Eine solche besteht in China zweifellos, und sie war Lu Xun in hohem Maße verfügbar.

Der Altphilologe

Wie rund zwei Jahrtausende lang Generationen von Kindern, deren Eltern sich die lange Ausbildung leisten konnten, hat auch Lu Xun zunächst den traditionellen Bildungsweg beschritten, der auf die Beamtenprüfungen vorbereitete. Prüfungsinhalt war die Kenntnis der kanonischen Schriften, ihrer zahlreichen Kommentare und der literarischen Überlieferung sowie Fertigkeit im schriftlichen Ausdruck in Gedichten und Abhandlungen: Die Ausbildung war also wesentlich literarisch-philologischer Natur.[147] Daß Lu Xun am 18.12.1898 auf Kreisebene an dieser Prüfung teilnahm, gehört zu den häufig auch von ihm selbst unterschlagenen Details seiner Biographie. Da er in der Eingangsprüfung *(chukao)* an 137. Stelle stand, hätte er keine Aussicht gehabt, in den Beamtendienst aufgenommen zu werden, denn aus dem Kreis Kuaiji kamen nur 40 Kandidaten in die engere Auswahl.[148]

Dieses Detail ist deswegen bedeutend, weil es seine Entscheidung, in Nanjing eine Ingenieursausbildung aufzunehmen, nicht mehr ausschließlich als logische Konsequenz aus dem langfristig konzipierten Plan erscheinen

---

145 Spätestens seit Ende der 20er Jahre war, auch in Anlehnung an den »kranken Mann am Bosporus« für das untergehende Osmanische Reich, die Bezeichnung *dongfang bingfu* (»kranker Mann im Osten«) für China geläufig (vgl. *Lin Yutang wenxuan* [Ausgewählte Werke von Lin Yutang], 4 Bde., Hg. Zhang Minggao & Fan Qiao, Beijing: Zhongguo guangbo dianshi chubanshe 1990, 1:166–8). Allerdings hat schon Zeng Pu (1872–1935) als Pseudonym *Dong Ya bingfu* (»kranker Mann in Ostasien«) verwendet, als er seinen Roman *Niehai hua* (»Blumen im Meer der Sünden«, 1905/16) erstmals veröffentlichte, und sich damit ironisch auf seine eigene Opiumsucht bezog und zugleich auf die entscheidende Rolle des Opiums für die jüngere chinesische Geschichte — und kennzeichnet dadurch seine individuelle Erkrankung als kollektiv bedeutsam (vgl. dazu C. Yeh: »The Life-style of Four *Wenren* in Late Qing Shanghai«, in: *Harvard Journal of Asiatic Studies* 57,2 [1997], bes. 435–7 & 455).

146 Vgl. G. Highet: *Anatomy of Satire*, Princeton/NJ: Princeton University Press 1962, 109.

147 S. Miyazaki Ichisada: *China's Examination Hell. The Civil Service Examinations of Imperial China*, New York: Weatherhill 1976.

148 Vgl. *LXNP* 1:60–1 & Wang Runhua: *Lu Xun xiaoshuo xinlun*, 7–8.

läßt, einen Beitrag zur technischen Modernisierung des Landes zu leisten. Auch sein Weg bis 1918, auf dem philologische Arbeit den größten Teil seiner Zeit ausfüllte, ist dadurch nicht mehr bloß moralische und technische Vorbereitung auf seine spätere erzählerische Schriftstellerei, wie es die biographische und kritische Literatur oft gewollt hat. Die Erzählung »Ein heller Glanz«, deren Protagonist ein scheiternder Prüfungskandidat ist, der in den Selbstmord getrieben wird, könnte demnach nicht mehr ausschließlich als von seinem entfernten Cousin Ruan Jiusun (1886–1935) inspiriert betrachtet werden, wie es konventionell geschieht.[149]

Die philologischen Aktivitäten von Lu Xun lassen sich in zwei wesentliche Bereiche unterscheiden: Einerseits die Kompilation, Kollation, textkritische Annotation, Edition und Kommentierung von Texten, andererseits die literaturwissenschaftliche und historische Aufarbeitung von fremden Texten. Kopieren von Texten als Grundlage solcher Tätigkeit hatte nebst der Rezitation zu den elementaren didaktischen Techniken im Curriculum einer traditionellen Ausbildung gehört. Außerdem bestand zur Sicherung der Überlieferung von Texten, die aufgrund der Holzblockdrucktechnik oft nur in wenigen Exemplaren verfügbar waren, eine gewisse Notwendigkeit, diese vollständig und handschriftlich zu reproduzieren — nebst gestalterischen und inhaltlichen Interessen eine der Quellen für die durchaus standesübliche bibliophile Neigung von Lu Xun. Auch die Reformbewegung gegen Ende des 19. Jahrhunderts hatte sich philologischer Mittel bedient: Wie viele andere Beamten-Literaten vor ihm, hatte auch der Reformpolitiker Kang Youwei seine in *Datong shu* (»Buch von der großen Gemeinschaft«, 1884–1901) niedergelegten politischen und vor allem sozialutopischen Ideen in erster Linie durch textkritische Spekulation zur Überlieferung der konfuzianischen Doktrin zu legitimieren versucht.

Auffallend ist, daß sich Lu Xun in Krisenzeiten jeweils intensiver traditionellen Studien zuwendet, das heißt allen Aspekten der Textkritik. In diesem Falle wohl unverhüllt erklärt er, nachdem er seine Depressionen offenbart hat: »Ich setzte also allerlei Mittel ein, um meine Seele zu betäuben, indem ich in der Masse untertauchte und mich dem Altertum zuwandte.«[150]

---

149 *LXW* 1:179–87. Vgl. dazu S. Weigelin-Schwiedrzik: »Lu Xun und Lü Buwei. Versuch einer Interpretation der Kurzgeschichte "Ein weißer Schimmer"«, in: *Bochumer Jahrbuch zur Ostasienforschung* 11 (1988), 153–65 (chin. als »Lu Xun yu Lü Buwei: Duanpian xiaoshuo "Baiguang" shixi«, in: *LY* Nr. 135 [7/1993], 38–43), die jedoch autobiographische Bezüge nur hinsichtlich des politischen Umfelds in ihre Untersuchung einbezieht. S. auch *LXNP* 1:351–2 & W. Lyell: *Lu Hsün's Vision of Reality*, 128.

150 *LXW* 1:11.

Eine solche Tätigkeit war nicht nur sozial anerkannte Domäne der Beamten-Literaten, sondern sie hat Lu Xun seit seiner Berufung zu Vorlesungen an der Peking-Universität 1920 wiederholt eine soziale und zusätzliche materielle Subsistenzmöglichkeit geboten. Diese öffentlich exponierte Position schuf eine der wichtigen Voraussetzungen für die Verbreitung seines übrigen literarischen Werks.

Bald nach seiner Rückkehr aus Japan 1909 nahm Lu Xun die Arbeit an der Zusammenstellung von Texten zur Lokalgeschichte von Shaoxing auf, die als »Aus alten Büchern zusammengestellte Aufzeichnungen über die Präfektur Kuaiji« 1914 erschienen. Seine Quellen waren hauptsächlich enzyklopädische Texte bis Ende der Sui-Dynastie (618) und Dynastiegeschichten. Modell dafür war eine im frühen 19. Jahrhundert entstandene Kompilation, »die Zuoren als Kind gelesen hat«.[151] Die erneute Aneignung seiner regionalen Identität geschah also wesentlich mit philologischen Mitteln.

Wichtiger und wissenschaftlich bedeutsamer sind jedoch die während der gleichen Zeit erschienenen Arbeiten zur Erzählliteratur. Diese Beschäftigung gründete wohl in der überragenden Bedeutung als Medium moralisch aufklärerischer Erziehung, die Liang Qichao der Gattung zugedacht hatte, die bis dahin zwar ausgiebig gelesen und rezipiert worden, aber aus dem Bildungskanon ausgeschlossen war. Um 1912 hatte Lu Xun einen Band »Alte Erzählstoffe ans Tageslicht geholt« aus ebenfalls sehr heterogenen Quellen zusammengestellt.[152] Dieses erst 1938 postum veröffentlichte Material wurde, zusammen mit den 1927 erschienenen *Tang Song chuanqi xiaoshuo*, Grundlage für die aus Vorlesungen hervorgegangene »Kurze Geschichte der chinesischen Erzählliteratur«. Nach ersten Ansätzen kurz nach der Jahrhundertwende handelte es sich um ein Pionierwerk, nämlich eine erste historische Synthese dieser bis dahin auch philologisch vernachlässigten Gattung. Eines der besonderen Merkmale dieser »Kurzen Geschichte…« ist, daß sie zunächst in Skriptform ab 1921 unter Studierenden zirkulierte (vgl. Dok. C005) und Lu Xun sie auch nach der ersten Druckfassung 1923/24 mehrfach überarbeitet hat. Es folgte ein umfassend angelegter »Abriß einer Geschichte der chinesischen Literatur« (*Han wenxue shi gangyao*, 1926/27), der jedoch nur bis zum

---

151 *LXQJ* 10:32, vgl. dazu *LXNP* 1:320–2. Zu vermerken ist hier, daß der Band unter der Autorbezeichnung Zhou Zuoren, dem Namen seines Bruders, erschien.

152 Die Datierung »vermutlich 1912 begonnen« (J. Wang: »Lu Xun as a Scholar of Traditional Chinese Literature«, in: *Lu Xun and His Legacy*, 91) kann dahingehend präzisiert werden, daß Lu Xun das Vorwort zur fertigen Anthologie im gleichen Jahr in Shaoxing veröffentlichte. Vgl. *LXNP* 1:256–8, bes. Anm. 1 auf S. 258.

Kapitel über den Groß-Historiográphen Sima Qian gedieh, den Erfinder der biographischen Gattung *zhuan*.

Der andere Pol der philologischen Arbeit von Lu Xun ist das Werk des Philosophen und Lyrikers Xi Kang (223–62), bekanntester unter den so genannten »Sieben Weisen vom Bambushain« (vgl. Dok. C034, W005). Als ein Freund ihn für ein Amt am Hofe empfahl, schrieb ihm Xi Kang einen Absagebrief, der berühmt geworden ist, weil er während einer politisch turbulenten Zeit in konziser Form die daoistisch geprägte und selbstbewußte Verweigerung gegenüber sozialen Erwartungen formuliert. Er schreibt, daß ihn seine Skepsis und seine unverblümte Ausdrucksweise für ein hohes Amt untauglich machten: »Ich habe schon früh meinen Vater verloren und wurde deshalb von meiner Mutter und meinem älteren Bruder verhätschelt [...] Da ich lange Zeit tun konnte, was mir gefiel, wurde ich auch in meinen Neigungen hochfahrend und inkonziliant.«[153] Xi Kang muß für Lu Xun eine zentrale Identifikationsfigur gewesen sein. An der aus fünf Textzeugen kollationierten kritischen Ausgabe von dessen erhaltenen Werken hat Lu Xun zwischen 1912 und 1931 kontinuierlich gearbeitet, bevor sie 1941 ebenfalls postum erschien.[154]

In exemplarischer Weise tritt das Verhältnis von Lu Xun zur literarischen Tradition in der Lyrik »im alten Stil« zutage: Sie bewegt sich einerseits, als Gelegenheitslyrik im besten Sinne des Wortes, durchaus im konventionellen Rahmen der philologisch-literarischen Betätigung eines traditionellen Beamten. Auf der anderen Seite hat sich Lu Xun immer wieder in Situationen großer emotionaler Erschütterung dieses literarischen Mediums bedient, oft bei Todesfällen. Seine Gedichte, die wiederholt nicht nur Metaphern prägen, die er später in Prosatexten variiert, sondern sie vor allem in den Kontext der Tradition einbetten oder von ihm ableiten, gehören zu den vielschichtigsten, aber auch vieldeutigsten Texten und bilden mehr noch als die »Wilden Gräser« ein Substrat seiner literarischen Existenz. Zugleich sind sie sowohl einer Deutung mit philologischen Instrumenten als auch der eklektischen Interpretation leichter zugänglich.

---

153   Zit. nach W. Bauer: *Das Antlitz Chinas*, 151.

154   *Xi Kang ji* [Gesammelte Werke von Xi Kang], Shanghai: Lu Xun quanji chubanshe 1941; vgl. »"Xi Kang ji" kao« [Historisch-kritischer Bericht zu den »Gesammelten Werken von Xi Kang«; 14.11.1926], in: *LXQJ* 10:68–80.

Der Übersetzer

Übersetzte Texte, im engeren Sinne also zwischensprachliche Vermittlung, haben im schriftstellerischen Leben von Lu Xun einen überragenden Rang eingenommen: Wichtigstes Medium seines Kontakts mit außerchinesischen Ideen waren um die Jahrhundertwende zunächst die bereits erwähnten Übersetzungen von Yan Fu, dann auch die erste von chinesischen Studenten in Japan edierte Zeitschrift, »Gesammelte Übersetzungen« (*Yishu huibian*, ab 1900).[155] Rund zwei Drittel seiner zu Lebzeiten veröffentlichten Texte sind Übersetzungen. Keine seiner literarischen Aktivitäten hat er so regelmäßig und durchgehend betrieben wie das Übersetzen, begonnen mit »L'origine de Fantine« (1841) von Victor Hugo, die Lu Xun im Sommer 1903 nach einer eben erschienenen achtbändigen japanischen Hugo-Ausgabe gefertigt hatte.[156] Zusammen mit dem »Geist von Sparta« wurde diese Übersetzung die erste seiner Veröffentlichungen überhaupt, die über den Rahmen literarischer Aktivitäten hinausging, wie sie die Konventionen des gebildeten Beamten vorsahen. Seine Tätigkeit als Übersetzer endete mit dem 3. Kapitel des 2. Teils der *Toten Seelen* von Nikolaj Gogol', für die ihm die deutsche Übersetzung von Otto Buek (1914) als Vorlage diente.[157] Der erste Teil des übersetzten Romans, dem Gogol' später die Gattungsbezeichnung »Poem« gab und der als Groteske angelegt in satirischen Verzerrungen ein Panorama der russischen Provinz gibt, erschien drei Tage vor dem Tode von Lu Xun in der Zeitschrift *Yiwen* (»Übersetzungen«), wobei er »manchmal wegen des Reichtums und der Schönheit im Wortschatz seiner Vorlage keinen angemessenen Ausdruck im Chinesischen«[158] gefunden hatte, wie Xu Guangping berichtet.

Die häufig angeführte, im Vorwort zur Sammlung »Schlachtruf« (1922) nonchalant geäußerte Absicht von Lu Xun, die »Bewegung für Literatur und Kunst zu unterstützen«[159], bedeutete zuerst, Übersetzungen herzustellen. Das gilt keineswegs nur für Lu Xun, sondern für die gesamte Generation des 4. Mai. Was ihn von anderen Autoren unterscheidet, sind 1. die Quantität seiner Übersetzungen, 2. die Tatsache, daß seine frühen Übersetzungen noch

155 *LXNP* 1:78–9.

156 *LXNP* 1:108.

157 »Die Abenteuer Tschitschikows oder Die Toten Seelen«, in: *Sämtliche Werke*, Bde. 1 & 2, München & Leipzig: Kröner 1914.

158 *LXQJ* 1973, 20:605.

159 *LXW* 1:10.

in klassischer Schriftsprache geschrieben sind und sprachlich dem Publikums-geschmack einer städtischen Leserschaft entgegenkommen, wie ihn sein äußerst erfolgreicher Zeitgenosse Lin Shu bediente, während er selbst ab 1921 laut seines Konkurrenten in die »Sprache der Fuhrleute und Bohnen-mushändler«[160] übersetzt; 3. die Vielfalt der Texte, die Lu Xun in China sprachlich vermittelt hat und die vom Gedicht bis zur kunstpädagogischen Abhandlung reichen.

Die weit über 200 Übersetzungen von Lu Xun[161] lassen sich nach verschiedenen Kriterien gruppieren. Nach Gattungen überwiegen erzählende Texte bei weitem, wobei ein deutlicher Schwerpunkt bei Autoren mit symbolistischer Tendenz auszumachen ist, die schon in der zusammen mit Zhou Zuoren erarbeiteten Pioniersammlung deutlich überwogen hatten, namentlich Garšin und Andreev.[162] Kennzeichnend für deren Werke sind die Darstellung von kämpferischen Individuen, die aus Außenseiterposition verzweifelt gegen Konventionen anrennen und dabei, der Aussichtslosigkeit ihres Unterfangens bewußt, scheitern und in ihrem Untergang sich selbst und andere zerstören. Eine solche Figur ist etwa Ševyrev, Protagonist des gleichnamigen Werks von Arcybašev, auf den sich Lu Xun wiederholt bezogen hat (vgl. Dok. C035).[163]

Eines seiner frühen literarischen Idole war der ungarische Lyriker Sándor Petőfi, in dessen Biographie und Werk er Engagement in einem nationalen Freiheitskrieg ebenso wie existentielle Einsamkeit des romantisch konzipierten »geistigen Kämpfers« verkörpert sah, der mit seiner Literatur unmittelbar eingreift (vgl. Dok. T008). Generell fällt besonders nach 1920 auf, daß Lu Xun bei den erzählerischen Texten, die er übersetzt, eine Vorliebe für kurze, durch Ironie distanzierte Skizzen zeigt — nicht zuletzt diktiert durch die Publikationsmöglichkeiten, oft wöchentlich oder halbmonatlich erscheinende Zeitschriften.

Schwerpunkte außerhalb der Belletristik sind einige kunstpädagogische Texte, im Rahmen der Tätigkeit im Erziehungsministerium für offizielle

---

160 Es ist Lin Shu, der diesen Ausdruck für die von Lu Xun erfolgreich benutzte *baihua* prägte. Vgl. *LXW* 5:263.

161 Die Aufstellung in der systematischen Untersuchung zum Übersetzungswerk von Lu Xun bei L. Lundberg: *Lu Xun as a Translator*, Stockholm 1989 ist nicht vollständig und schließt insbesondere z.T. detaillierte Einführungen zu den Übersetzungen aus, die Lu Xun als Vorlage dienten.

162 Vgl. dazu M. Gálik: *Milestones of Sino-Western Literary Confrontation*, Wiesbaden: Harrassowitz & Bratislava: VEDA 1986, bes. 19–43.

163 Vgl. dazu Ng Mau-sang: *The Russian Hero in Modern Chinese Literature*, Hong Kong: Chinese University Press & New York: State University of New York Press 1988, bes. 219–62.

Zwecke übersetzt, dann als Gravitationszentrum 1924 die »Symbole der Trauer« (oder auch »… der Depression«) des japanischen Essayisten Kuriyagawa Hakuson. Darin formuliert Kuriyagawa als Synthese aus dem Es in der Freudschen Psychoanalyse und dem *élan vital* von Bergson eine Theorie der Kreativität.[164] Jede künstlerische Schöpfung sei ebenso wie der Traum als symbolischer Ausdruck für den Verlust authentischer Erfahrung zu betrachten. Der gleiche Rang komme dem tätigen Eingreifen in die Wirklichkeit zu, wie sie in einem Kunstwerk dargestellt werde.[165] Bei seinen Vorlesungen über die Geschichte der chinesischen Erzählliteratur hat Lu Xun dieses Werk als methodische Grundlage verwendet. Ab 1927 beginnt Lu Xun, marxistische Werke zur Literaturtheorie zu übersetzen, darunter Trotskij und Lunačarskij. Dann kommen Werke der jüngeren sowjetischen Literatur hinzu, die zum dortigen offiziösen Kanon gehörten und Lu Xun erneut als Vertreter einer »internationalistischen Weltliteratur« ausweisen. Zuletzt übersetzt er unter anderem zahlreiche kleinere Texte zum Holzschnitt, oft als Einleitungen zu von ihm edierten Bänden.

Nachträglich ist häufig versucht worden, die bei Lu Xun wirksamen Selektionskriterien bei der Übersetzung in ein System zu zwingen, das ihnen ideologische Kohärenz unterstellt.[166] In Wahrheit hing die Auswahl für Lu Xun in erster Linie von der physischen Verfügbarkeit von Quellen und ihrer sprachlichen Zugänglichkeit ab. Hier spielen die deutschen Sprachkenntnisse von Lu Xun, die er bekanntlich nach Abbruch seines Medizinstudiums gezielt vertieft hat, eine entscheidende Rolle. Zu erwähnen ist besonders die zwischen 1890 und 1910 erschienene Publikumszeitschrift *Aus fremden Zungen*, zeitweise mit dem Untertitel »Halbmonatsschrift für die moderne Roman- und Novellen-Litteratur des Auslands«.[167] Lu Xun muß eine weitgehend vollständige Sammlung dieser Zeitschrift aus Japan mitgenommen haben, denn zahlreiche seiner späteren Übersetzungen, besonders kürzerer Texte,

---

164 Das Werk ist mehrfach sowohl direkt als auch paraphrasierend ins Chinesische übersetzt worden. Vgl. M. Gálik: *The Genesis of Modern Chinese Literary Criticism*, London: Curzon & Bratislava: VEDA 1980, 78 & 198–200 sowie *Minguo shiqi zong shumu. Wenxue lilun [...]*, Beijing: Zhongguo wenxian chubanshe 1993, 1:19.

165 Vgl. dazu L. Lee Ou-fan: *Voices from the Iron House*, 33; W. Kubin: »"Die Verzweiflung trügt wie die Hoffnung". Nachwort zur Werkausgabe«, in: *LXW* 6:212–3.

166 Ein Beispiel dafür ist »Hu Feng tan Lu Xun de fanyi« [Hu Feng über die Übersetzungen von Lu Xun], in: *LY* Nr. 149 (9/1994), 11.

167 Aufgrund ihres populären Charakters ist die Zeitschrift auch im deutschen Sprachraum nirgends in einer vollständigen Sammlung erhalten, sondern verstreut auf drei deutsche, zwei schweizerische und die Bibliothek der Karls-Universität in Prag.

stammen offensichtlich direkt aus ihr (vgl. Dok. T006). Die Zeitschrift scheint sogar prägend gewesen zu sein für das Bild westlicher Literaturen bei Lu Xun, neben der *Allgemeinen Geschichte der Litteratur* (1901) von Gustav Karpeles und *Hauptströmungen der Litteratur des 19. Jahrhunderts* (1872–90, dt. Übers. 1872–78, 1900). Eine weitere wichtige Quelle sind für Lu Xun japanische Übersetzungen, so etwa, als er André Gide übersetzt. Diesen pragmatischen und durchaus unphilologischen Zugang zum Übersetzen, der zu zahlreichen Zweitübersetzungen *(zhuanyi)* führte, hat Lu Xun gegenüber puristischen Angriffen vehement verteidigt, wobei er die Quantität höher bewertete als die Qualität (vgl. Dok. A013).[168] Es handelte sich also um eine Strategie der Vermittlung, die indirekt auch Selektionskriterien einschließt, die zur Übersetzung in die Sprache der Vorlage geführt haben. Die mit Qu Qiubai öffentlich, jedoch freundschaftlich geführte Debatte zur chinesischen Übersetzung von *Die Neunzehn* des sowjetischen Schriftstellers Aleksandr Fadeev, wird zu einem gewissen Grade spiegelfechterisch: Lu Xun hatte nämlich aus einer deutschen Fassung übersetzt und auch eine japanische Fassung herangezogen, denn seine Russisch-Kenntnisse waren »unerheblich«.[169] Qu Qiubai argumentierte jedoch vom russischen Text her (vgl. Dok. C028).

In diesem Zusammenhang sei ein Sonderfall unter den Übersetzungen von Lu Xun erwähnt: Die ersten drei Teile der »Vorrede« aus *Also sprach Zarathustra* von Nietzsche hat Lu Xun offenbar für so wichtig erachtet, daß er sie gleich zweimal übersetzt hat, einmal — vermutlich in Sendai 1906[170] — in *wenyan* und einmal in *baihua* 1920. Damit gibt er selbst ein Beispiel für sein Engagement zugunsten der Umgangssprache als Schriftmedium, die als diachronische Übersetzung betrachtet werden kann. Diesem Vermittlungsweg gegenüber stehen die zahlreichen Plädoyers für Esperanto, deren direktestes Ergebnis die populären Übersetzungen (vgl. Dok. C015) seines

---

168 Vgl. die Apologie der Zweitübersetzung bei V. Nabokov: »The Servile Path«, in: *On Translation*, Hg. R. Brower, Cambridge/MA: Harvard University Press 195[97–110, die sich bezeichnenderweise v.a. auf die russische Erfahrung seit dem 18. Jh. bezieht, deren Früchte Lu Xun seinerseits aus dem Deutschen übersetzt hat.

169 R. Hsü: *The Style of Lu Hsün*, 126. Besonderes Gewicht erhält die Tatsache dadurch, daß die Debatte in übersetzungstheoretischen Textsammlungen als Meilenstein vielfach nachgedruckt wird (z.B. Luo Xinzhang [Hg.], *Fanyi lunji*, Beijing: Shangwu yinshuguan 1984, 265–79).

170 Die Datierung auf 1914 (*Lu Xun yiwen ji*, Beijing: Renmin wenxue chubanshe 1959, 10:778) bzw. 1918 (Lundberg: *Lu Xun as a Translator*, 238) ist weniger wahrscheinlich als die Angaben von Zhou Zuoren (*Lu Xun de gujia*, 207), der ausdrücklich graphologische Erwägungen miteinbezieht. Vgl. das Motto zu »Über die Macht der dämonischen Poesie« (in: *LXW* 5:87).

Freundes Erošenko sind. Die Vorlagen existierten nur in Manuskriptform. Nichts anderes als eine graphische Übersetzung ist die Latinisierung der chinesischen Schrift, für die sich Lu Xun ebenfalls einsetzte (vgl. Dok. A016).

Der Erzähler

Nicht nur aufgrund der engen intertextuellen Bezüge, die sich zwischen den erzählerischen Texten von Lu Xun einerseits und seinen Lektüren und Übersetzungen andererseits nachweisen lassen,[171] ist sein Erzählwerk eng mit seiner Tätigkeit als Übersetzer verbunden. Hinzu kommt, daß die Übersetzungen als Substitut für eigene erzählerische Werke gelten können beziehungsweise umgekehrt. Besonders deutlich wird dies bei den fabelartigen Tiergeschichten in der Sammlung »Schlachtruf«, bei denen sein Freund Erošenko die Motive und Themen vorgegeben zu haben scheint, die Lu Xun dann schöpferisch variiert.[172]

Fest steht auf jeden Fall, daß die Erzählungen den Ruf von Lu Xun begründet haben. Mit dem »Tagebuch eines Wahnsinnigen« und den parallel in rascher Folge geschriebenen feuilletonistischen *suiganlu* (»Impromptus«) begann nicht nur das, was er »seine Stimme erheben« genannt hat, sondern er fand dafür im Kontext der »neuen Kulturbewegung« auch den »Widerhall«,[173] den er vorher so sehr vermißt hatte. Deutlich bezeugt das eine frühe Reaktion auf seine Texte: »Um von den [in *Xin qingnian* bisher erschienenen] Texten zu sprechen, so ist das "Tagebuch eines Wahnsinnigen" des ehrenwerten Tang Si, das in realistischer Technik geschrieben ist und symbolistischen Prinzipien folgt, wirklich die beste Erzählung, die in letzter Zeit in China entstanden ist.«[174] — Abgesehen davon, daß damit ein Redakteur von *Xin chao* anerkennende Worte über die Zeitschrift der Konkurrenz aussprach, offenbart er auch, daß die Identität des Erzählers »Lu Xun« mit dem Feuilletonisten und späteren Übersetzer »Tang Si« bereits bekannt gewesen sein muß.

In einer frühen Bilanz über Literatur in *baihua*, die im Laufe des ersten Jahres nach der Veröffentlichung des »Tagel ichs eines Wahnsinnigen«

---

171 Siehe dazu v.a. M. Gálik: *Milestones in Sino-Western Literary Confrontation*, 19–41.

172 Vgl. »Die Geschichte von den Kaninchen und der Katze« und »Eine Entenkomödie«, in: *LXW* 1:188–200; die Übersetzungen in: *LXQJ* 1973, 12:289–505.

173 Vgl. »Vorrede«, in: *LXW* 1:11.

174 »"Xin qingnian" zazhi«, in: *Xin chao* 1,2 (1.2.1919).

erschienen ist, unterscheidet Fu Sinian zwischen »expressiven« *(waifa)* und »impressiven« *(neihan)* Texten: »Expressive Texte lesen sich leicht und werden ebenso leicht wieder vergessen, während impressive schwierig zu lesen und auch schwer zu vergessen sind. [...] In *Xin qingnian* gibt es einen Lu Xun und einen Tang Si [die beiden damals verwendeten Pseudonyme], die sich darauf verstehen, impressive Texte zu schreiben.«[175]

Wie schon erwähnt, hat Wolfgang Bauer nachgewiesen, daß sich nicht erst seit Lu Xun, sondern in der gesamten literarischen Tradition ein dialektisches Verhältnis zwischen Selbstzeugnissen und anderen literarischen Dokumenten feststellen läßt, so daß von »vertauschten Identitäten« gesprochen werden muß und der Anteil der Selbstdarstellung umso geringer ist, je näher sich ein Text gattungsmäßig bei der Autobiographie ansiedelt. Umgekehrt enthalten als fiktional deklarierte Texte mehr Elemente, die auf die Persönlichkeit der Autorin oder des Autors schließen lassen. Wird diese Hypothese mit dem der Medizin entlehnten Diagnose-Therapie-Modell verknüpft, auf das sich Lu Xun mehrfach bezieht, und nicht nur kollektiv im Sinne der »Obsession mit China« (C. T. Hsia) auf therapiebedürftige soziale Verhältnisse angewandt, ließe sich von den als »Erzählungen« *(xiaoshuo)* bezeichneten Texten von Lu Xun sagen, daß sie Zeugnis einer erfolgreichen Selbsttherapie darstellen. Für die Selbstdiagnose gibt Lu Xun in den Vorworten beziehungsweise Nachbemerkungen zu seinen als *xiaoshuo* definierten Sammlungen, ungeachtet ihres selbstdarstellerischen und darum verschleiernden Charakters, Hinweise und Stichworte: Einsamkeit, trügerische Erinnerung und Leiden an ihr, Verzweiflung, Langeweile, Traurigkeit, innere Leere. *Xiaoshuo* zu schreiben wird zum repräsentativen Akt der sozialen Kommunikation schlechthin. Die häufigen akustischen Metaphern sind einerseits mit einem als individuell charakterisierten Leiden verknüpft, andererseits mit dem heroischen Literaturbegriff, in dem der Autor Vorkämpfer einer durch Literatur initiierten moralischen Erneuerung ist, die materiellen und sozialen Veränderungen vorangeht und sich vornehmlich des Mediums der *xiaoshuo* bedient. Es kann kein Zweifel darüber bestehen, daß Lu Xun je dieses strategische Fernziel aus den Augen verloren hat.

Trotz des bereits mit Pu Songling (1640–1715) im 17. Jahrhundert einsetzen-

---

175 »Suigan lu (si)« [Impromptu Nr. 4], in: *Xin chao* 1,5 (1.5.1919), Nachdr. in: *1913–1983 Lu Xun yanjiu xueshu lunzhu ziliao huibian* [Eine Sammlung wissenschaftlicher Abhandlungen und Materialien zur Lu-Xun-Forschung], 5 Bde. & Indices, Hg. Zhongguo shehuikexueyuan wenxue yanjiusuo Lu Xun yanjiu shi, Beijing: Zhongguo wenlian chubanshe 1985–90 (im folgenden *LYXL*), 1:12.

den Paradigmenwechsels in der erzählenden Literatur, wo sich die Gattung *xiaoshuo* von historisch überlieferten Stoffen zu emanzipieren beginnt und die »Erfindung« innerhalb der Gattung ihren Platz zu behaupten beginnt,[176] sind Faktizität und Fiktionalität keine geeigneten Kategorien, um die Gattung *xiaoshuo*, wie sie Lu Xun in *baihua* geschrieben hat, zu fassen, nicht zuletzt wegen der »Identitätsvertauschung«. So werden, nicht nur im Falle von Lu Xun, erzählerische Werke als »autobiographisch« oder »halb faktisch halb fiktional« oder »halb-autobiographisch« bezeichnet.[177]

Hinzu kommt, daß die von Lu Xun gewählte Gattungsbezeichnung *xiaoshuo* für »Schlachtruf« (1923) und spätere Sammlungen als strategisch bezeichnet werden muß, und zwar hinsichtlich seines ursprünglichen Konzepts von Literatur. Als solche ist sie denn auch von zeitgenössischen Kritikern rezipiert worden: »In der Sammlung befinden sich einige Stücke, die nicht *xiaoshuo* genannt werden können. [...] Wir Chinesen haben eine verbreitete Krankheit, nämlich jeden Text "neues Gedicht" zu nennen, wenn gerade neue Gedichte im Schwange sind; und jeden Text *xiaoshuo* zu nennen, wenn gerade *xiaoshuo* im Schwange sind.«[178] Für ein strategisches Konzept spricht auch die im Titel und in der Vorrede von *Nahan* enthaltene militärische Metaphorik, die auf die soziale Dimension verweist. Werden andere Sammlungen herangezogen, fällt auf, daß zum Beispiel »Die Flucht zum Mond« ebenso direkte Reaktion auf das bereits erwähnte Spottgedicht über Xu Guangping und Lu Xun darstellt. Nachdem das Gedicht eine Fortsetzung bekommen hatte, schrieb Lu Xun eine Erwiderung unter dem Titel »Eine "Strategie", um "sich in der Verlagswelt einen Namen zu machen"« (vgl. Dok. A010). Das Bild des »fehlenden Echos« steht für die individuelle Dimension in diesem therapeutischen Modell.

Jedenfalls hat sich die Strategie von Lu Xun in beiden Bereichen als erfolgreich erwiesen, so daß er, als er im Sommer 1924 nach einer Vorlesungsreihe Xi'an verließ, als »der große Erzähler *[xiaoshuo dajia]* Zhou Shuren, dessen Alternativname Lu Xun lautet«,[179] verabschiedet wurde. Damit hatte er sich die Voraussetzungen geschaffen, um seine literarischen

---

176 Vgl. P. Hanan: *The Chinese Vernacular Story*, Cambridge/MA & London: Harvard University Press 1981.

177 M. Doleželová-Velingerová: »Understanding Chinese Fiction 1900–1949«, in: *A Selective Guide to Chinese Literature. 1900–1949*, Hg. N. Malmqvist, Leiden: Brill 1988, 1:20–1; L. Lee Ou-fan: »Genesis...«, in: *Modern Chinese Literature in the May Fourth Era*, Hg. M. Goldman.

178 Cheng Fangwu: »"Nahan" de pinglun«, in: *Chuangzao jikan* 2,2 (1924).

179 In: *Xin Qin ribao* 30.7.1924; zit. nach *LYXL*, 1:63.

Konzepte und Ideen unter anderen Gattungsbezeichnungen zu formulieren und dafür auch Gehör zu finden. Wenn also von »kreativer Sterilität«[180] die Rede ist, weil Lu Xun nach 1926 keine *xiaoshuo* mehr geschrieben habe, handelt es sich um ein Fehlurteil, das auf einer Reihe von Irrtümern beruht: 1. Die inhaltlichen und strukturellen Merkmale aller als *xiaoshuo* definierten Texte unterscheiden sich wesentlich von jenen Texten, die ohne diese Gattungsbezeichnung erschienen sind; 2. die Differenzierung ist nur dann sinnvoll, wenn sie zunächst in ihrem literarischen Umfeld gesehen wird — mit anderen Worten: als rezeptionsstrategischer Akt —; 3. fiktionale Prosa ist ästhetisch grundsätzlich höher zu bewerten als nicht-fiktionale, das prominenteste literaturhistorische Dogma der Bewegung des 4. Mai.

Folgerichtig finden sich auch in Prosatexten, die Lu Xun nicht als *xiaoshuo* deklariert, zahlreiche erzählerische Sequenzen, während sich umgekehrt in den *xiaoshuo*-Sammlungen Texte finden, die schon von der zeitgenössischen Kritik den essayistischen Prosagattungen *suibi* beziehungsweise *zagan* zugeordnet worden sind.

Der Essayist

Der Anteil essayistischer Texte an der eigenen Literatur, die Lu Xun zu Lebzeiten in Buchform ediert hat, übertrifft mengenmäßig alle anderen Textsorten. Nur fünf von 19 Sammlungen sind vom Autor anderen als essayistischen Gattungen zugeordnet, während alle anderen hier zunächst einmal pauschal als »Essays« bezeichnet seien, als Sammelbegriff für alle in nicht gebundener Sprache geschriebenen Texte, die keine ausschließlich erzählenden Texten vorbehaltene Gattungsbezeichnung führen. Bei Lu Xun sind auf diese Weise seit 1918 mehrere 100 Texte in *baihua* entstanden, von der Skizze über den offenen Brief bis hin zum von anderen niedergeschriebenen und nachträglich von Lu Xun redigierten freien Vortrag. Mehr noch als bei der Gattung *xiaoshuo*, die im Schonraum außerhalb des Kanons eine vergleichsweise kohärente Entwicklung durchgemacht hatte, bietet die essayistische Prosa mit einer Vielfalt von labilen und zum Teil von Lu Xun mitgeschaffenen Gattungsnormen und -bezeichnungen erhebliche Definitionsschwierigkeiten.[181] Dazu trägt nicht zuletzt die reiche Tradition in diesem

---

180 C. T. Hsia: *A History of Modern Chinese Fiction*, New Haven/CT: Yale University Press 1961, 45–52.

Genre bei, die für den Altphilologen Lu Xun eine der Folien für seine sprachlichen und stilistischen Innovationen bildete, ebenso wie eine in raschem Umbruch befindliche Presselandschaft.

Die in *Xin qingnian* eingerichtete Rubrik »Suiganlu«, die keine inhaltlichen oder thematischen Vorgaben vorsah, wohl aber umfangmäßige, ist dafür bei weitem nicht das einzige Beispiel. Sie hat eine gleichnamige feuilletonistische Gattung begründet, die als »Impromptu« übersetzt werden kann. Lu Xun hat parallel zu seinen frühesten *xiaoshuo* in Umgangssprache regelmäßig zu dieser Rubrik und wesentlich zu den entsprechenden Normen beigetragen. Seine »Impromptus« greifen in der Regel ein bestimmtes Thema auf, das auch im Rahmen der literarisch-kulturellen Erneuerungsbewegung diskutiert wurde, und kontrastiert überspitzt satirisch gezeichnete traditionelle Vorstellungen mit ebenfalls verkürzt dargestellten westlichen Ideen (vgl. Dok. A006).

In seinem ersten »Impromptu« zum Beispiel hat Lu Xun die traditionelle Geschlechterrolle der Frauen der misogynen Typologie von Otto Weininger gegenübergestellt. Beliebte rhetorische Mittel in den »Impromptus« sind die Iteration beziehungsweise die Anaphrase sowie — innerhalb einer lexikalischen und semantischen Struktur, die eindeutig der »Umgangssprache« *baihua* angehört — ironisierende Permutation von Redewendungen aus der klassischen Hochsprache. So wandelt Lu Xun zum Beispiel den Titel des literaturtheoretischen Klassikers *Wenxin diaolong* (»Der literarische Geist und das Drachenschnitzen«, 4./5. Jahrhundert) um in den »Kritischen Geist und das Drachenschnitzen« und läßt in dem szenisch organisierten Text die Figuren entweder in *baihua* oder in *wenyan* sprechen.[182] Anknüpfungspunkt für Digressionen sind häufig Leseerfahrungen, die oft in persönliche polemische Angriffe gegen konservative Bemühungen münden, konfuzianische Sozialnormen wiederzubeleben und die klassische Hochsprache als Schriftmedium zu verteidigen. Rhetorisch schlägt sich dies häufig darin nieder, daß am Anfang des Textes eine Alltagsbeobachtung steht — eine Technik, die Lu Xun zum Programm erhebt, wenn er einem Feuilleton den Titel »Im Kleinen das Große sehen«[183] gibt. Dieser folgt dann als Hypothese eine oft satirisch überhöhte Darstellung der Position seiner literatur- und

---

181 Vgl. dazu E. Gunn: *Rewriting Chinese*, Stanford/CA: Stanford University Press 1991, bes. 95–107, sowie Zhang Mengyang: *Lu Xun zawen yanjiu liushi nian* [60 Jahre Forschung zur essayistischen Prosa von Lu Xun], Hangzhou: Zhejiang wenyi chubanshe 1986.

182 »Pingxin diaolong« [18.11.1925], in: *LXQJ* 3:133–7.

183 »Ji xiao jian da« [18.11.1922], in: *LXQJ* 1:407–8.

kulturpolitischen Gegner, versetzt mit Elementen der klassischen Hochsprache, gelegentlich markant abgebrochen durch ordinäre umgangssprachliche Ausdrücke. In der Antithese sind Anaphrasen beliebtes rhetorisches Mittel, während die Synthese häufig aus einem einzigen Satz besteht, der zur Detailbeobachtung zurückführt. Weiteres Merkmal der entstehenden Gattung ist die Möglichkeit, dank des wesentlich erhöhten Publikationsrhythmus tagespolitisch aktuelle Themen aufzugreifen und im gleichen beschleunigten Rhythmus Debatten zu führen.

Sicheres Indiz für die erfolgreiche Synthese aus geschriebener Umgangssprache und rhetorisch eingesetzten Elementen der klassischen Schriftsprache schon in den frühesten *suiganlu* ist, daß der essayistisch-feuilletonistische Stil von Lu Xun bald Nachahmer fand. Sie bedienten sich dabei einiger stilistischer Mittel, die zum Grundbestand seines Idiolekts gehören, so etwa der Verbalisierung sonst nur als Nomina oder Adjektive verwendeter *baihua*-Lexeme beziehungsweise Transitivierung sonst intransitiver Verben.[184] Dem jungen Journalisten und Literaten, dem späteren Lu-Xun-Biographen Tang Tao (vgl. Dok. B058) mußte es deshalb in Shanghai in den 30er Jahren äußerst willkommen sein, daß sein Name für eines der zahlreichen Pseudonyme von Lu Xun gehalten wurde.[185]

Im Nachwort zu seiner Sammlung »Sozusagen romantische Plaudereien« *(Zhun fengyue tan)* zitiert Lu Xun einen unbekannten Journalisten. Dieser hatte unter dem Pseudonym »Kontinent« (Zhou) die seit der Sammlung »Unglücksstern« (1925) von Lu Xun selbst als *zagan* (»Miszellen«) bezeichnete feuilletonistische Prosa und ihren Protagonisten Lu Xun folgendermaßen charakterisiert:

In letzter Zeit haben viele Zeitschriften Kurzprosa gefördert. In »Shenbao yuekan« [»Shen-pao Monthly«], »Dongfang zazhi« [»Eastern Miscellany«], ja sogar in »Xiandai« [»Les contemporains«] gibt es eine Rubrik für Miszellen und Feuilletons *(zawen suibi)*. Es scheint so, als ob das Jahr 1933 zu einem Höhepunkt für die Kurzprosa würde. Daß es zur Zeit in China so viele Autoren von Miszellen gibt, ist wohl einzig und allein Lu Xun zuzuschreiben. Lu Xun muß als Ahnvater der Miszellenschreiber in China gelten. Sein geschliffener *([Shaoxing] shiye)* und kalt schneidender Stil ist in manchem unübertroffen. [...] Außer einige russische Pumpernickel-

---

184 Vgl. Lin Wanjing: *Lun Lu Xun xiuci: cong jiqiao dao guilü* <A Study of Lu Xun's Art of Rhetoric: From Devices to A Principle>, Singapore: Wanli shuju 1986, 139–44; s. auch R. Hsü: *The Style of Lu Hsün*, 33–4, mit einer segmentellen Beschreibung des Idiolekts, 120–220.

185 *LXQJ* 5:407.

Autoren zu übersetzen hat er vor allem Miszellen geschrieben. Die Miszelle als Prosastück ist sehr kurz, nämlich rund 1000 Wörter, und kann deshalb in einem Zug geschrieben werden. Während einer Zigarettenlänge das Hirn anstrengen bringt schon 10 Yuan für 1000 Zeichen. Um Miszellen zu schreiben, gibt es nur einen Weg: wenn nicht ätzenden Spott, dann kalten Hohn. Wenn auf den ätzenden Spott noch ein höhnischer Satz folgt oder der kalte Hohn zwei spöttische Sätze enthält, dann umso besser. [...] Bei uns im Dorf gibt es eine Frau, die ein bißchen verrückt und ziemlich komisch ist. Den ganzen Tag von früh bis spät macht sie nichts lieber, als über die Schwächen der anderen zu reden. Sobald sie im Ostdorf ist, schüttelt sie den Kopf, und sobald sie ins Westdorf eilt, stößt sie einen Seufzer aus. [...] Wenn du sie aber fragst, was sie eigentlich will, sagt sie nichts mehr. Ich finde, sie hat Ähnlichkeiten mit Lu Xun: Den ganzen Tag von früh bis spät nur Spott und Hohn und unverantwortliche Miszellen. Doch wenn du ihn fragst, was er schlußendlich vertritt, gibt er dir keine klare Antwort.[186]

Der Gattungsbestimmung pflichtet Lu Xun grundsätzlich bei, der Charakterisierung seiner eigenen Person und seines Argumentationsstils selbstverständlich nicht. — Aufschlußreich ist die Passage aber auch aus anderen Gründen: Seit sich Lu Xun im Konflikt an der Pädagogischen Hochschule für Frauen exponiert und sich auf eine langwierige Debatte mit Chen Xiying eingelassen hatte, den er einmal als »Ostkristall oder Westkristall [Xiying]«[187] verspottete und jenem, zumindest in der Volksrepublik China, vermutlich erst zum Nachruhm verhalf,[188] hat Lu Xun seine rhetorische Virtuosität zunehmend auf einzelne Personen gerichtet. Ausdruck davon ist, daß Lu Xun immer extensiver aus Polemiken gegen ihn zitiert, am ausführlichsten in Nach- und Vorworten zu seinen Sammlungen, um sie dann Punkt für Punkt in der Luft zu zerreißen, bis hin zu spöttischen Glossen über sprachliche Normabweichungen. Das Verfahren ist philologisch, während die eingesetzten rhetorischen Mittel häufig aus seiner klassischen Bildung stammten. So läßt sich beispielsweise für »Meine Meinung über die Opfer der Keuschheit«[189]

186 Zuerst in: *Zhongyang gongyuan* [*Zhongyang ribao* fukan] 31.10.1933; nach *LXQJ* 5:401; vgl. dazu D. Pollard: »Lu Xun's "zawen"«, in: *Lu Xun and His Legacy*, 54–89.
187 *LXQJ* 11:78.
188 Hsia Tsi-an.
189 dt. in: *LXW* 5:169–86.

eine argumentative Struktur nachweisen, die sich eng an den »achtfüßigen Aufsatz« *(baguwen)* der traditionellen Beamtenprüfungen anlehnt,[190] während sich der Text, der die Gattung durch seine Gliederung explizit parodiert, in seiner Argumentation völlig vom Muster loslöst.[191] Der nihilistische Zerstörungswille, vor dem Lu Xun politisch und moralisch warnte, entlud sich damit literarisch. In entsprechend martialischer Terminologie wurden die Debatten als »Krieg mit [Chen] Xiying« und »Krieg mit [Gao] Changhong« (vgl. Dok. A010) bekannt,[192] denen sich später der »Krieg mit der Schöpfungsgesellschaft« (vgl. Dok. C001) und viele weitere zugesellten. Ergebnis war in fast allen Fällen die öffentlich vollzogene Vernichtung des Gegners. In diese Vorstellungswelt rhetorischer und literarischer Strategien fügte sich die klassenkämpferische Terminologie ab 1929 fast nahtlos ein. Dabei ist zu beachten, daß für die oft von einem persönlichen Erlebnis ausgehenden *zagan* oder *zawen*[193] ebenso wie für die ausdrückliche Selbstdarstellung gilt, daß sie Persönliches eher verschleiern als entblößen und sich Lu Xun getreu diesem Gattungsmerkmal nicht auf eindeutige parteipolitische Festlegungen einließ — was ihm der genannte Kritiker zum Vorwurf machte.

Bei aller persönlichen Rachsucht, verletzten Eitelkeit, Rechthaberei, Verfolgungsangst und ähnlich unhehren Motiven, die viele der *zawen* von Lu Xun mitinspiriert haben mögen, bleibt dennoch die sprachliche Prägnanz, mit der Lu Xun gegen die Tradition polemisiert und sich — oft politisch naiv — in zahlreichen Domänen für Erneuerungsbestrebungen eingesetzt hat. Das hat ihm sogar die nachträgliche Anerkennung erklärter politischer Gegner eingetragen.[194] Entscheidende Voraussetzung für diesen Erfolg war zweifellos, daß ihm als einem Angehörigen einer Übergangsgeneration einerseits die rhetorischen und sprachlichen Mittel der literarischen Tradition zu Gebote standen und er andererseits einen innovativen Radikalismus vertrat, der seinen satirischen Zuspitzungen einen hohen didaktischen Wert verleiht, ohne daß sie sich einem ideologischen Korsett einpassen ließen.

Der virtuose parodistische Umgang mit der literarischen Tradition

---

190   S. D. Pollard: »Lu Xun's "zawen"«, in: *Lu Xun and His Legacy*, 74–5.

191   »Kein überstürztes "Fair play" — Ein Disput«, in: *LXW* 5:357–69.

192   *LXQJ* 4:109.

193   Lu Xun hat die »Miszellen«–Silbe *za* häufig auch in anderen binominalen Kombinationen verwendet und damit implizit als Gattungsbezeichnung: *zatan* (»Vermischte Plauderei«), *zayi* (»Vermischte Erinnerungen«) usw. Weitere Überlegungen zur Gattungsbestimmung finden sich bei I. Schäfer: »Das verlorene Paradies«, in: *Aus dem Garten der Wildnis*, 146 Anm. 27.

194   Liang Shiqiu, Hsia Tsi-an, C. T. Hsia.

verbindet ihn mit dem antiken griechischen Satiriker Lukian (um 120– 200),[195] der sich als ebenso besessen von der Geschichte und der Historiographie gezeigt hat und ebenfalls eine »Wahre Geschichte« (*Alêthê dihêgêmata*, das heißt chinesisch nichts anderes als [...] *zhengzhuan*) hinterlassen hat, in der auf die Wahrheit nur verwiesen werden kann.

Sowohl die sprachgeschichtlich bedeutenden als auch die rhetorischen und terminologischen Aspekte dieser Verweise haben dazu geführt, daß Lu Xun zu den Autoren gehört, deren Idiolekt als normbildend für die moderne chinesische Hochsprache deklariert worden ist.[196] Daß es in ideologisch opaker Art und Weise geschah, hat andererseits auch begünstigt, daß sein Werk als Steinbruch für unter Umständen gegenläufige Interessen verwendet werden konnte. Doch nicht nur dies verbindet ihn mit einer seiner frühen westlichen Leitfiguren, dem Theoretiker des Nihilismus Nietzsche.[197] Die Sinnkomplexion, von der die Intertextualitätstheorie als hypothetischem Merkmal der Moderne spricht, erscheint bei Lu Xun potenziert, mit allen ideologisch ambivalenten Konsequenzen in der Rezeption.

Der Literaturpapst

Lu Xun war keineswegs der uneigennützige Helfer junger literarischer Talente, als der er oft dargestellt worden ist,[198] sondern er hatte vielmehr ein geschärftes Bewußtsein über seine öffentliche Rolle. Diese Rolle war für ihn Inbegriff davon, »gehört« zu werden: Dem hatte er in der Stimm-Metapher in der »Vorrede« zu *Nahan* programmatischen Ausdruck verliehen, aber auch in einer Reihe seiner Pseudonyme, so »Stimme des Windes« (*Fengsheng*) und »blanke Zunge« (*Baishe*).[199]

---

195 Den Hinweis verdanke ich der sprachspielerischen Assoziation von Jon Kowallis, der die anglisierende Aussprache des Namens als [luːʃən] mit den ähnlich ausgesprochenen Namen von Lu Xun in Verbindung gebracht hat (J. E. von Kowallis, *The Lyrical Lu Xun. A Study of His Classical-Style Verse*, Honolulu/HI: University of Hawai'i Press 1996, 42 Anm. 1).

196 Vgl. J. DeFrancis: *The Chinese Language*, 260–1, und weiter unten.

197 Vgl. dazu Cheung Chiu-yee: »Lu Xun and Nietzsche«, Ph.D. thesis University of Sydney 1993.

198 Das früheste Beispiel für diese Untergattung der hagiographischen Literatur ist Xiao San: *Lu Xun yu Zhongguo qingnian* [Lu Xun und die chinesische Jugend], Shanghai: Chuangzao wencui she 1940.

199 Vgl. C. Brown: »The Paradigm of the Iron House. Shouting and Silence in Lu Xun's Short Stories«, in: *Chinese Literature. Essays, Articles, Reviews* 6 (1984), 101–19.

Zur Rolle eines Vaters und schließlich ihrer sowohl mächtigen als auch idealtypischen Verkörperung als »Papst« in der »neuen Literatur« der Bewegung des 4. Mai haben Lu Xun mehrere Faktoren prädisponiert: Er war rund zehn Jahre älter als die aktivsten Exponenten der Bewegung, mit der praktischen Konsequenz, daß er ihnen die konkrete Erfahrung der Sonnen- und Schattenseiten einer traditionellen Ausbildung voraus hatte. Lu Xun hatte zudem ein wiederum strategisches und gelegentlich instrumentelles Verhältnis zum eigenen »Namen« *(ming)*. Das schlägt sich auch in der überdurchschnittlichen Zahl von Pseudonymen nieder, die keineswegs bloß als Modelle ästhetischer Rollen, als unterschiedlich akzentuierte Selbstent- würfe oder als Dissuasionsmittel gegen politische Verfolgungen zu werten sind, sondern als experimentelle Erfolgskontrolle seiner literarischen Stra- tegien: War ein weiteres Pseudonym mit dem »ehemaligen Beamten Zhou Shuren« identifiziert, bestätigte sich, daß die in der »Macht der dämonischen Poesie« 1907 beschworene »Stimme des Dichters« individuell sein mußte.[200]

Zugleich hat Lu Xun wiederholt über die Funktionsweise literarischen Ruhms reflektiert, wenn auch oft ironisierend oder polemisch mit Bezug auf andere, die ihn vermeintlich nicht oder weniger als er hatten oder nicht verdienten. Am greifbarsten (und bezeichnenderweise in eine Philologen- Metapher gekleidet) erscheint dies in der Formulierung »in einem selber edierten Lexikon den eigenen großen Namen aufnehmen.«[201] Die rhetorische Konvention der Bescheidenheit, in der Lu Xun gelegentlich von seinen eigenen »Aufsätzchen« spricht,[202] erscheint in diesem Kontext als bloß strategisch. Für Lu Xun jedenfalls war dieser Prozeß anfangs der 30er Jahre schon so weit gediehen, daß eine chinesische Literaturgeschichte rundweg urteilt: »In der Welt der Erzählungen ist heute in China niemand größer als Lu Xun [...] Seine beiden Bände "Schlachtruf" und "Zwischenzeiten Zwischen- welten" lassen sich unter die großen Werke der Weltliteratur einreihen und brauchen sich dort nicht zu schämen.«[203]

Die »neue Literatur« konnte sich nur bedingt auf autochthone Vorbilder beziehen und kann darum auch im übertragenen Sinne als »vaterlos« gelten, nicht nur weil viele ihrer Vertreter Halbwaisen waren. Obwohl die Bewegung

---

200   Vgl. dazu die Glosse »Mingzi« [Namen; 1921], in: *LXQJ* 8:99–100.

201   In »Seinen Namen retten« (1935) trägt er dafür einige Beispiele zusammen (»Tao ming«, in: *LXQJ* 6:397).

202   So im »Vorwort« zu *Fen* (in: *LXW* 5:7).

203   Hu Yunyi: *Xinzhu Zhongguo wenxue shi* [Neue Geschichte der chinesischen Literatur, 1932], Shanghai: Beixin shuju 5. Aufl. 1935, 307.

ideologisch gegen ein patriarchalisches System angetreten war und die Befreiung des Individuums auf ihre Fahnen geschrieben hatte, hat sie das Paradox hervorgebracht, stark auf einzelne Personen als Leitfiguren fixiert gewesen zu sein. Für eine solche Rolle eignete sich Lu Xun aufgrund seines Alters. Weil er sich persönlich in einer Außenseiterposition befand und sich bald aus einer gleichsam »bürgerlichen« Laufbahn herausgefallen sah, bot er sich besonders für die zweite Generation als Identifikationsfigur an, das heißt für die um 1900 Geborenen. Psychologisch mag der frühe Tod des Vaters und die Erwartungen, die auf ihm als dem ältesten Sohn lasteten, den Prozeß einer sozialen Vaterschaft begünstigt haben. Kommt hinzu, daß Lu Xun aus Altersgründen für den allgegenwärtigen Jugendkult der 4.-Mai-Bewegung als Objekt ungeeignet war und darum ersatzweise die Vaterrolle nahelag. Sicheres lexikalisches Indiz aus der Sicht von Lu Xun ist dafür der Begriff des »jungen Schriftstellers« *(qingnian zuojia)*[204] — in einen schnell diversifizierenden Literatur- und Kulturbetrieb nichts anderes als eine praktische Übertragung der Hoffnung auf die Kinder, die er am Ende des »Tagebuchs eines Wahnsinnigen« formuliert hatte.[205]

Wichtigste soziale und institutionelle Zusammenhänge für Lu Xun, um in die Rolle als »Vater« hineinzuwachsen, waren zunächst seine schulische und später universitäre Lehrtätigkeit, dann die literarischen Vereinigungen und ihre Zeitschriften und sonstigen Publikationen, an denen Lu Xun beteiligt war, und schließlich die parteieigenen und parteinahen Organisationen mit ihren entsprechenden Organen — alle jeweils deutlich verstärkt, wenn gemeinsame Herkunft hinzukam. Unmittelbar in der literarischen Produktion manifestierte sich die Rolle von Lu Xun in Redaktions- und Korrekturarbeiten, sei es bei eigenen Texten seiner Schützlinge oder ihren Übersetzungen, sei es in persönlichen Empfehlungen, in finanziellen Zuwendungen und später prominent in Vorworten (vgl. Dok. A021).[206] Für diese patronalen Beziehungen lassen sich verschiedene »Generationen« unterscheiden, die in der Regel der gleichen Altersgruppe angehören und für die hier stellvertretend einige

---

204 Die Konnotation »["Xin] qingnian" zuojia«, d.h. »Schriftsteller der [Zeitschrift "Neue] Jugend"« war zweifellos gegenwärtig. Vgl. dazu Xu Guangping: »Lu Xun he qingnian« [Lu Xun und die Jugend], in: *Xinwei de jinian,* Beijing: Renmin wenxue chubanshe 1951. — Es liegt auf der Hand, daß sich biographische Beziehungen von Lu Xun zu jüngeren Autoren und anderen Zeitgenossen anbieten, um didaktisch aufbereitet zu werden. Entsprechend stark vertreten ist dieser Aspekt in der hagiographischen Literatur.

205 *LXW* 1:43.

206 Vgl. die eingehende Darstellung bei H. Goldblatt: »Lu Xun and Patterns of Literary Sponsorship«, in: *Lu Xun and His Legacy,* 199–215.

Namen aufgeführt seien. Es liegt auf der Hand, daß auch die spätere Lebensgefährtin Xu Guangping diesen Beziehungsnetzen zugerechnet werden muß.

Zur ersten Generation der Studenten von Lu Xun gehört zum Beispiel Sun Fuyuan (1894–1966), der sich schon in Shaoxing unter den Schülern von Lu Xun befand und später an der Peking-Universität studierte. Als er die »Beilage der Zeitung für die Hauptstadt« (Jingbao fukan) redigierte, aus der 1924 die Zeitschrift Yusi (»Wortspinnerei«) hervorging, gehörte Lu Xun zu den regelmäßigen Beiträgern. Lu Xun galt schon um 1925 als »führender Kopf der Wortspinnerei-Gruppe« und als »Anführer junger Gefolgsleute«.[207]

Bereits zur nächsten Generation gehört Xu Qinwen (1897–1984), der ebenfalls aus Shaoxing stammte, aber erst in Peking Student von Lu Xun wurde. Er kann als einer der ersten literarischen Jünger von Lu Xun bezeichnet werden und schrieb in direkter Anlehnung an »Heimat« seines Meisters eine gleichnamige Sammlung von Erzählungen, die von Lu Xun redigiert wurde. Zusammen mit Wei Suyuan (vgl. Dok. A008, A015), Cao Jinghua (1897–1987) und später Li Jiye (1904–97) bildete er den harten Kern der auch in ihrer Selbstbezeichnung betont apolitischen »Namenlosen Gesellschaft«, die nicht nur Zeitschriften herausgab, sondern auch mehrere Buchreihen. In einer dieser Reihen erschien 1926 die erste ausschließlich Lu Xun gewidmete Darstellung, »Zu Lu Xun und seinen Werken« von Tai Jingnong (1902–90).[208] Noch von Shanghai aus organisierte und koordinierte Lu Xun einen großen Teil der Aktivitäten der »Namenlosen Gesellschaft«, bevor sich einige Mitglieder nach der gewaltsamen Auflösung durch die Militäradministration neu formierten und Lu Xun sich genötigt sah, auch aufgrund finanzieller Meinungsverschiedenheiten jede Verbindung abzubrechen.[209] Die Loyalitätsbezeugungen aus dem engsten Gründerkreis der Vereinigung, deren Angehörige zum Teil ebenfalls nach Shanghai gezogen waren, wußte Lu Xun später eingehend zu danken (vgl. Dok. A018).

Nach dem politisch und persönlich motivierten Wegzug aus Guangzhou kam ein ehemaliger Student der Universität Xiamen nach Shanghai, der ihm bereits nach Guangzhou gefolgt war. Dieser Liao Li'e (?-1962) bezeichnete

207 Zit. nach »Ge "lingshou"« [»Führende Köpfe« stürzen], in: LXQJ 3:471–75.

208 Guanyu Lu Xun ji qi zhuzuo, Shanghai: Kaiming shudian. Vgl. auch Li Jiye: Lu Xun xiansheng yu Weimingshe [Herr Lu Xun und die Namenlose Gesellschaft], Changsha: Hu'nan renmin chubanshe 1980.

209 LXNP 3:265–6. Li Jiye gibt detaillierte Auskunft über Honorarüberweisungen zug. einzelner Mitglieder und Druckkostenbeiträge zug. einzelner Verlage usw., wobei Lu Xun jeweils umsatzmäßig klar in Führung liegt, z.T. um ein Vielfaches (Lu Xun xiansheng yu Weimingshe, 166–69).

sich selber als »aufrichtigen Jünger« und »Adoptivsohn« von Lu Xun und lebte mehrere Monate samt Ehefrau und Bruder mit dem Paar zusammen.[210] Nichts illustriert den Status von Lu Xun jedoch deutlicher als die Tatsache, daß er zusammen mit Xu Guangping nach kurzem Hotelaufenthalt in eine Wohnsiedlung zog, wo neben seinem jüngsten Bruder Zhou Jianren bereits der einflußreiche Kritiker und Herausgeber der *Xiaoshuo yuebao* (»Short Story Monthly«) Mao Dun und der Schriftsteller Ye Shengtao lebten, dem dank seiner frühen Erzählungen damals ein Lu Xun mindestens ebenbürtiger Rang für die »neue Literatur« zugesprochen wurde (vgl. Dok. B032). Alle drei waren beruflich eng mit dem Großverlag Commercial Press verbunden. Schon kurz nach seiner Ankunft in Shanghai wurde Lu Xun von zwei Aktivisten, dem Übersetzer Hu Yuzhi und dem Kritiker Feng Xuefeng, zum Treffen einer geheimen Organisation der Kommunistischen Partei eingeladen.

Die erste größere literarische Gemeinschaftsunternehmung in Shanghai war die Gründung der literarischen Vereinigung »Morgenblütengesellschaft« und der gleichnamigen Zeitschrift, die sich schon in ihrem Namen direkt auf Lu Xun bezog, einmal auf seine Reminiszenzen-Sammlung *Zhaohua xishi* (»Morgenblüten abends gepflückt«, 1928), zum anderen auf das »morgendliche« Alter der Beteiligten. Zu ihnen gehörte zum Beispiel Rou Shi (1902–31), zu dessen Roman »Februar« (*Er yue*, 1929) Lu Xun ein Vorwort schrieb. Eine besondere Stellung nimmt Rou Shi deshalb ein, weil er nicht nur in seinem Roman über die von Lu Xun wiederholt postulierte Selbstaufopferung reflektierte, sondern sich tatsächlich selbst aufopferte, als er zusammen mit anderen Autoren der Liga Linker Schriftsteller verhaftet und ermordet und damit zu einem der »Fünf Märtyrer« wurde. Sie, die alle der gleichen Generation angehörten, hat Lu Xun immer wieder als Vorbilder gepriesen.[211] Überhaupt wurde die Betreuung längerer Texte und Übersetzungen, von der Redaktion des Manuskripts über die Vermittlung an einen Verlag, die Beteiligung an den Druckkosten und die typographische Gestaltung bis eben zum Beitrag eines Vorworts zur wichtigsten Form individueller Förderung — im Unterschied zur eher pauschalen und kollektiven Förderung im Rahmen der redaktionellen Arbeit für eine Zeitschrift.

Zur letzten Generation von Autoren, die in den Genuß dieser Förderung kamen, gehört das Paar Xiao Hong mit *Shengsichang* (1935; vgl. Dok. A021,

---

210 *LXNP* 2:36. Vgl. den Brief von Lu Xun, in dem er empfiehlt, am besten selber viel zu lesen und sich nicht auf die Lehrkräfte [in Guangzhou] zu verlassen (21.10.1927, in: *LXQJ* 11:587–8).

211 Vgl. dazu Hsia Tsi-an: »The Enigma of the Five Martyrs«, in: *The Gate of Darkness*, 163–233.

B062, B063, B064, B065) und Xiao Jun mit *Bayue de xiangcun* (»Dorf im August«, 1935). Xiao Jun, der den Funktionären der Liga Linker Schriftsteller eher reserviert gegenüberstand, wurde für Lu Xun in seinem letzten Jahr wichtige Vertrauensperson, der er wiederholt sein Leid und auch seine hilflose Verbitterung angesichts der milden Pressionen gegen seine Person und Flügelkämpfen klagte. Bezeichnenderweise hatte einer der »Gegner in den eigenen Reihen« den Zorn von Lu Xun durch eine unautorisierte Bühnenfassung der »Wahren Geschichte des A Q« auf sich gezogen (Tian Han, 1935), damit die Autorität von Lu Xun praktisch umgangen.

Nicht zu unterschätzen ist die Signalwirkung, die von der persönlichen Kalligraphie ausging, die Lu Xun für die meisten der periodischen Publikationen der Liga Linker Schriftsteller lieferte, die er in vielen Fällen auch selber edierte, so für *Badishan* (»Partisan«), *Shizi jietou* (»Kreuzweg«), *Haiyan* (»Seeschwalbe«) und andere.

Umgekehrt hatten Autoren, die Lu Xun zunächst gefördert hatte, aber aus Loyalitätsverhältnissen auszubrechen versuchten, nicht nur mit seinem Florett zu rechnen, sondern mit einer »Klinge, die beim Einstechen blank und beim Herausziehen rot«[212] ist — eine weitere der Redewendungen, die mit dem Schreibstil der *Shaoxing shiye* assoziiert wird. Zu ihnen gehören Gao Changhong und Su Xuelin. Letztere hat sich Lu Xun gegenüber noch weit nachtragender als er selbst gegenüber seinen Gegnern erwiesen und noch vier Jahrzehnte später ihre Angriffe gesammelt veröffentlicht (vgl. Dok. C030, C031). Weniger ausgeprägt ist dies der Fall bei etwa Gleichaltrigen, so bei Lin Yutang, dem Herausgeber der dezidiert apolitischen Zeitschriften *Renjian shi* (»Menschenwelt«) und *Yuzhou feng* (»Cosmic Winds«), oder bei Hu Shi, dem Initiator der Bewegung für die *baihua* und Inhaber hoher Ämter in staatlichen Forschungsinstituten, der als Historiker der *xiaoshuo*-Literatur überdies Fachkollege von Lu Xun war.

---

212 Tang Tao: »Lu Xun de zawen«, in: *Lu Xun feng* Nr. 1 (1939); zit nach D. Pollard, in: *Lu Xun and His Legacy*, 71–2.

3 Zur Textüberlieferung, Textkritik und Editionsgeschichte

Im folgenden seien Aspekte der Überlieferung und ihrer philologischen und editorischen Aufarbeitung skizziert. Dabei soll zunächst nach autorisierten, das heißt zu Lebzeiten von Lu Xun selbst publizierten Texten oder nachträglich autorisierten Texten, vor allem eigene Prosatexte und Übersetzungen, und nach nicht autorisierten Texten, das heißt von Lu Xun nicht zur Veröffentlichung vorgesehenen Texten unterschieden werden, vor allem Briefe und Tagebücher.

Charakteristisch für die Publikationsformen der »neuen Kulturbewegung« und damit auch für Lu Xun ist ab 1918 die Erstveröffentlichung eigener Texte in Zeitschriften und Zeitungen, dann die eigene Kompilation in Sammlungen, oft mit einem geringen zeitlichen Abstand zu ihrer ersten Publikation. Übersetzungen hingegen werden häufiger in Anthologien oder in anderer Buchform erstmals publiziert. Auffallend ist bei Lu Xun, daß die Karenzfrist bei den beiden ersten Sammlungen (Impromptus, publiziert 1918–24, in *Refeng* 1925; Erzählungen, publiziert 1918–22, in *Nahan* 1923) relativ lang ist. Bei *Nahan* ist sogar zu vermuten, daß erst das breite Echo auf die »Wahre Geschichte des A Q« (erschienen 1921/22) den Ausschlag für die Kompilation gab. Erst mit den von Lu Xun selbst als »Kriegen« bezeichneten öffentlichen Kontroversen beschleunigt sich der Rhythmus. Die Publikation in Buchform wird selbstverständlich, so daß der Autor selber verwundert bemerkt: »Noch ist kein Jahr vollendet, und schon sind so viele "Miszellen" [*zagan*] zusammen gekommen wie im ganzen letzten Jahr.«[213]

Es versteht sich von selbst, daß diese Publikationsform dazu führt, daß mindestens zwei gedruckte Fassungen eines Textes existieren, die beide als autorisiert gelten können. Wenn Lu Xun Druckfahnen beim Neusatz von Nachauflagen korrigierte, sind es sogar mehr als zwei Druckfassungen.[214] Da allerdings die meisten Druckfahnen mit Autorkorrekturen nicht mehr erhalten sind, läßt sich der Autorisierungsgrad der verschiedenen Textstufen lediglich anhand erhaltener *Corrigenda*-Listen interpolieren.[215]

---

213 »Xiaoyin« [Vorbemerkung in der »Fortsetzung zur Sammlung Unglücksstern«, 14.10.1926], in: *LXQJ* 3:183.

214 Siehe dazu Ye Shuhui: »Lu Xun zhuzhong bianji chuban gongzuo er san shi« [Einige Bemerkungen zum Gewicht, das Lu Xun der Redaktions– und Publikationsarbeit beimaß], in: *Lu Xun zhuzuo banben congtan*, 197–204.

Die von Sun Yong (1902–83) formulierten Emendationen zur Gesamtausgabe von 1981 beziehen sich zum größten Teil auf die Erstdrucke und bringen in der Regel den Nachweis allenfalls abweichender Nachdrucke, so im Falle der Sammlung *Nahan*, deren 1930 neu gesetzte 13. Auflage gegenüber der ersten Auflage weit zahlreichere Abweichungen vom Erstdruck der einzelnen Stücke in Zeitschriften aufweisen. Dazu hat Lu Xun eine Liste von *Corrigenda* zusammengestellt, die jedoch im Sinne einer Autorkorrektur intendiert war und größtenteils von ihm als Druckfehler identifizierte Abweichungen von der Erstauflage enthielt.[216] Eine derart normative Interpolation ist jedoch aufgrund des um 1925 noch labilen Gefüges von *baihua*-Normen vor allem bei den früheren Texten von Lu Xun bedenklich. Daß Lu Xun selbst in vergleichbaren Fällen äußerst skrupulös vorging und sich erneut als Philologe erwies, zeigt eine in der von ihm redigierten Wochenschrift *Mangyuan* veröffentlichte Liste von *Corrigenda* mit der Entschuldigung für die »viel zu zahlreichen Druckfehler in Nr. 10«, wo er ausdrücklich betont, daß er »die Manuskripte nicht mehr in Händen [hat] und deshalb die Korrekturen unter Umständen nicht mit dem Manuskript übereinstimmen«.[217]

Nicht in Bezug auf die Autorisierung, wohl aber auf die Zusammenstellung, nehmen die »Sammlungen aus dem Pavillon der halben Konzession« (*Qiejieting zawen* [...]) eine Zwischenstellung ein: Die beiden ersten Sammlungen, am 30. und 31.12.1935 von Lu Xun zusammengestellt, enthalten schon publizierte Texte aus den Jahren 1934 beziehungsweise 1935, sind aber erst postum erschienen, während die dritte Sammlung (»Inedita«) wohl von Lu Xun geplant war, aber erst durch Xu Guangping ihre endgültige Gestalt erhielt.

Die »Sammlung außerhalb der Sammlungen« (Texte 1903–35, Vorwort 20.12.1935) ist ebenso wie »Grabmal« (Texte 1907–25) eine retrospektive Bilanz, die noch von Lu Xun veröffentlicht worden ist. Beider Merkmal ist, daß sie heterogene Textsorten enthalten, was sich in entsprechend unterschiedlichen Gattungsbezeichnungen niederschlägt, ebenso daß sie sowohl Texte in *wenyan* als auch in *baihua* umfassen. Die spätere Sammlung enthält Gedichte im traditionellen Stil, unautorisiert zu Lebzeiten durch Dritte

---

215 Vgl. den Bericht von Sun Yong in: »*Lu Xun quanji« jiaodu ji* [Emendationen zu »Sämtlichen Werken von Lu Xun« {1981}], Changsha: Hu'nan renmin chubanshe 6.1982, 1–4.

216 Sun Yong: »*Lu Xun quanji« jiaodu ji* [Emendationen zu den »Sämtlichen Werken von Lu Xun« {1981}], Changsha: Hu'nan reminchubanshe 1982, 65–8, der zudem für die 13. Auflage das aufschlußreiche Detail der »Druckexemplare 38'501 bis 43'500« angibt.

217 »Zheng wu« [Corrigenda, 3.7.1925], in: *LXQJ* 8:430–2.

veröffentlichte Briefe, aus früheren Sammlungen ausgeschlossene Polemiken mit den zugehörigen Texten anderer Autoren. Insofern hat diese Sammlung auch dokumentarischen Charakter. Noch heterogener sind die dazu von Xu Guangping für die Gesamtausgabe von 1938 zusammengestellten »Nachträge« und »Nachträge und Verbesserungen«, beide jeweils chronologisch angeordnet und mit Anhängen versehen. Darin aufgenommen sind zum Beispiel auch Notizzettel und nicht mit Namen gezeichnete redaktionelle Bemerkungen aus Zeitschriften, die Lu Xun redigierte. Bemerkenswerteste Texte sind im letztgenannten Titel die nur in einer Abschrift von Zhou Zuoren überlieferten Texte aus der Schulzeit von Lu Xun, als ältester darunter eine »Miszelle« *(zaji)* mit Reflektionen über die Etymologie des englischen »tea« aus dem Jahre 1898.[218] Titel ebenso wie Anordnung der beiden letzten Sammlungen lassen sich zwar als Extrapolation der publizierten beziehungsweise geplanten Sammlungen sowie durch briefliche Zeugnisse rechtfertigen,[219] unterstellen aber nichtsdestoweniger eine Autorintention, die in dieser Form niemals bestanden hat.[220]

Bei den weit über 100 Pseudonymen, die Lu Xun benutzt hat, ist es unausweichlich, daß bei manchen nicht von ihm selbst in Sammelbände aufgenommenen Texte die Zuschreibung erschwert ist, besonders dann, wenn keine Manuskripte erhalten sind. Bei »Ershi« (»Kindheit«) von Qu Qiubai aus dem Jahre 1933 hat dies dazu geführt, daß der Text bis gegen 1953 Lu Xun zugeschrieben wurde. Qu Qiubai war seit 1932 mit Lu Xun befreundet und galt als dessen »Nachfolger«, nicht zuletzt aufgrund sprachlicher Merkmale seiner Texte. Tatsächlich hat jedoch Lu Xun den genannten Text stilistisch überarbeitet. Die bereits 1947 ausgesprochene Vermutung eines Kritikers konnte jedoch erst in jüngerer Zeit durch quantitative Analysen erhärtet werden.[221]

---

218 *LXQJ* 8:467. Diese Texte sind von Zhou Zuoren u.d.T. »Guanyu Lu Xun« [Zu Lu Xun, 24.10.1936] veröffentlicht und kommentiert und im März 1937 in die Sammlung *Guadou ji* [Gurken und Bohnen] aufgenommen worden.

219 Als Beispiel sei die Nachbemerkung zum Brief an Yang Qiyun vom 10.2.1935 genannt, wo als geplanter Titel *Jiwai ji waiji* [etwa »Inoffizielle Sammlung außerhalb der Sammlungen«] aus logischen Gründen verworfen wird (*LXQJ* 13:56).

220 Diesem Umstand trägt die taiwanesische Ausgabe durch den neutraleren Titel *Zawen bubian* (= Lu Xun zuopin quanji, Bde. 22–24, Taibei: Fengyun shidai 1989–91) Rechnung.

221 R. Hsü: *The Style of Lu Hsün*, 227–40, der den Text beider Fassungen bringt. Die unsichere Zuschreibung hat zum editorischen Kompromiß geführt, daß der ursprüngliche Text in die Ausgabe *Qu Qiubai wenji* (8 Bde., 1953–54) Eingang fand, während die überarbeitete Version in *Lu Xun quanji* (10 Bde., 1956/58) aufgenommen wurde. Textkritische Kommentare unterblieben in beiden Fällen.

Die ausgedehnte und in der Regel eingehende redaktionelle Tätigkeit von Lu Xun hat eine bisher nicht systematisch aufgearbeitete Sorte von Texten produziert, an denen Lu Xun ebenfalls ein gewisser Grad an Autorschaft zukommt.[222] Besonders betroffen davon sind übersetzte Texte. Wie hoch der Anteil von Lu Xun an unter anderen Autornamen publizierten Texten und Übersetzungen jeweils tatsächlich ist, läßt sich nur dann ermitteln, wenn Manuskripte erhalten sind. Das ist nur ausnahmsweise der Fall.

Allein der Quantität wegen, und nicht nur weil sie Zeugnis sind der Vermittlungsarbeit durch Lu Xun auch über die Zeiten hinweg im eigenen kulturellen Kontext, kommt seinen philologischen Arbeiten und Übersetzungen große Bedeutung zu. Eine Sonderrolle nehmen hier jene Texte von Lu Xun ein, die nicht in chinesischer Sprache geschrieben sind, so etwa anläßlich des Shanghai-Besuchs von Shaw für japanische Zeitschriften geschriebene Artikel und auch einige auf Englisch geschriebene Briefe (vgl. Dok. A020).

Für den Brief als Gattung lassen sich einerseits ähnliche Feststellungen treffen wie für die von Lu Xun durch die jeweilige Gattungsbezeichnung als nicht erzählend eingestufte Prosa: Wie bei der Biographie handelte es sich ebenfalls seit Sima Qian um einen fest im Kanon etablierten Gattungsbegriff. Materiell hat auf der anderen Seite die seit Ende des 19. Jahrhunderts beschleunigte Ausbau des Postverkehrs sowie die auf schnelle Vertriebswege angewiesene Presse zu einer radikalen Umwälzung im Status des Briefes als schriftliche Kommunikationsform geführt. Ideell zu dieser Umwälzung beigetragen haben die Ansätze der 4.-Mai-Bewegung, das Individuum und die Rolle seiner Emotionen in der Gesellschaft neu zu definieren. Als für Lu Xun typisches Beispiel kann die als »Kein Brief« betitelte Polemik gegen den Lyriker Xu Zhimo gelten, der in die Debatte über die Pädagogische Hochschule für Frauen eingegriffen hatte — typisch deshalb, weil die durchaus private Betroffenheit von Lu Xun auf den Status der Gattung selbst reflektiert.[223] Charakteristisch für die Statusveränderung des Briefes ist auch, daß eine funktionale Diversifizierung eintritt, in der »offene Briefe« häufig benutztes Medium für Diskussionen sind (vgl. Dok. A007). Entsprechend hat Lu Xun in der Zeitschrift »Wortspinnerei« eine Rubrik

---

222 Die bei Liu Gang & Dan Guogan: *Lu Xun yuyan xiugai yishu* [Die Kunst der Redaktion bei Lu Xun], Beijing: Zhongyang minzu xueyuan chubanshe 1993, anhand der Faksimile-Ausgaben hauptsächlich nach lexikalischen Kriterien sortierten Belege schließen von Lu Xun redigierte Fremdtexte leider aus.

223 »Bu shi xin«, 1.2.1926, in: *LXQJ* 3:221–41.

»Korrespondenz« *(tongxin)* eingerichtet, die jeweils Rede und Gegenrede enthält und keineswegs bloß »Leserbriefe«. In weit geringerem Umfang gilt dies für das Tagebuch, das Lu Xun sprachlich konventionell und als buchhalterisches Verzeichnis von ein- und abgehenden Briefen, Besuchern und Büchern geführt hat, mit der konsequenten Fortsetzung einer monatlichen Buchhaltung im engeren Sinne über Bücherkäufe.

Über den Status nicht zur Veröffentlichung bestimmter Texte und das Verhältnis zwischen privater und öffentlicher Sphäre hat sich Lu Xun in einem Vorwort zu »Gesammelte Briefe moderner Schriftsteller« Gedanken gemacht:

Wer heute ein Tagebuch führt, muß täglich seine Aufzeichnungen gegen Verbreitung schützen, damit sie nicht veröffentlicht werden. Von der Selbstdarstellung von Wilde [in seinem Brief aus dem Gefängnis an Alfred Douglas] ist bis heute ein Teil nicht öffentlich zugänglich; Romain Rolland hat verfügt, daß seine Tagebücher erst zehn Jahre nach seinem Tode veröffentlicht werden dürfen. Ich fürchte, daß so etwas bei uns in China nicht durchführbar ist. / Wer jetzt allerdings nicht-literarische Werke eines Literaten liest, verfolgt ein Ziel, [...] das schon ziemlich europäisiert ist [...], nämlich das Leben des Autors zu erforschen. [...] In den Worten und Taten eines Menschen ist immer ein Anteil enthalten, von dem er will, daß ihn andere erfahren, oder bei dem er nicht verhindert, daß ihn andere erfahren, doch gibt es auch einen Anteil, wo das gar nicht der Fall ist.[224]

Die gewichtigsten Erweiterungen bis in die Gegenwart erfährt der Korpus aller von Lu Xun verfaßten Texte durch neu entdeckte Briefe. Deutlich abzulesen ist dies an der Zahl von jeweils in gedruckter Form veröffentlichten Briefen aus seiner Hand: Waren es in der Ausgabe *Lu Xun shujian* 1937 noch 69, erschienen in der Ausgabe gleichen Titels 1946 bereits über 800 Briefe, in der Gesamtausgabe *Lu Xun quanji* (1956) etwas mehr als 1100[225] und in der zweibändigen Briefausgabe *Lu Xun shuji* (1976) 1381. Schließlich wurden in der Gesamtausgabe von 1981 daraus insgesamt 1445 Briefe — die in *Liangdi shu* (1933) an Xu Guangping gerichteten und von Lu Xun zur Veröffentlichung edierten Briefe jeweils nicht mitgezählt. Hinzu kommen zwölf Brieffragmente,

---

224 »Kong Lingjing bian "Dangdai wenren chidu chao" xu« [25.11.1935], in: *LXQJ* 6:414. Die schließlich u.d.T. *Xiandai zuojia shujian xuan* im Mai 1936 veröffentlichte Anthologie enthält auch Briefe von Lu Xun, vermutlich aus der Sammlung *Liangdi shu* (1933), dem Briefwechsel mit Xu Guangping.

225 Dieser Korpus ist Grundlage der deskriptiven Bestandsaufnahme von S. Carletti: »L'epistolario di Lu Xun«, in: *Rivista degli Studi Orientali* 43 (1968), 73–117 & 257–310.

einige davon aufgrund von Abschriften und zugleich von bedeutender politischer Tragweite, daher oft aufgrund zweifelhafter Quellen veröffentlicht. Schon 1980 wurden weitere 32 Fragmente von Briefen ediert, zwei davon aus dem Jahre 1902 an seinen Bruder Zhou Zuoren, die meisten aus den letzten drei Jahren seines Lebens.[226] Seither neu entdeckte Briefe stammen meist aus Nachlässen von Personen, die entweder erst kürzlich verstorben sind oder aus politischen Gründen nicht erreichbar waren für die verschiedentlich ergangenen Aufrufe besonders seitens der Editoren erster Briefausgaben: So sind drei der insgesamt seit 1981 entdeckten Briefe an den Volkskundler Jiang Shaoyuan (1898–1983) gerichtet. In einem Brief von 1923 an den späteren literaturpolitischen Gegner Hu Shi, diskutiert Lu Xun Probleme bei der Erforschung der Geschichte der traditionellen Erzählliteratur.[227] Einzelne biographische Details zu Figuren aus dem Umfeld von Lu Xun lassen sich aufgrund dieses Materials erhellen, sachliche Anmerkungen zu anderen Texten von Lu Xun ergänzen und korrigieren. Vor allem aber lassen sich die von ihm selbst vorgegebenen »Leerstellen« füllen, denn Lu Xun hat in seinem Tagebuch praktisch alle ein- und ausgehenden Briefe vermerkt. Diesen Angaben zufolge hat Lu Xun seit 1912 rund 5'000 Briefe geschrieben, von denen somit nur ein gutes Viertel erhalten ist.[228]

Ziemlich sicher ist, daß Lu Xun seit 1896 und bis 1902 ein Tagebuch geführt hat, das jedoch verloren ist.[229] Gleiches kann für seine Zeit in Japan und danach in seiner Heimatprovinz Zhejiang angenommen werden. Die erhaltenen Tagebücher setzen erst am 5. Mai 1912 mit seiner Ankunft in Peking ein (vgl. Dok. A003). Seither sind sie annähernd lückenlos überliefert, mit einer letzten Eintragung am 18. Oktober 1936, am Tag vor seinem Tode, die außer dem Datum nichts weiter umfaßt als die beiden Zeichen *xingqi* für »Sonntag« oder »wöchentlicher Ruhetag« — annähernd deshalb, weil das

---

226 Ma Tiji: »Lu Xun canjian jikao« [Historisch-kritische Sichtung von Lu-Xun-Fragmenten], in: *Du Lu Xun shuxin zhaji*, Changsha: Hu'nan renmin chubanshe 1980.

227 Ma Tiji: »Shi nian lai xin faxian de Lu Xun shuxin gaishu« [Neu entdeckte Briefe von Lu Xun im Laufe der vergangenen zehn Jahre: ein Überblick], in: *Lu Xun yanjiu niankan. 1991–1992 nian hekan*, Hg. Yan Yuxin, Beijing: Zhongguo heping chubanshe 10.1992, 155–9. Da bereits beschrieben (vgl. Dok. C041), läßt Ma Tiji den angeblich an die Rote Armee adressierten Brief in seiner Zählung stillschweigend weg und bringt damit unmißverständlich Zweifel an seiner Echtheit zum Ausdruck.

228 Vgl. S. Carletti: »L'epistolario di Lu Xun«, 75. Durch Extrapolation in die Zeit, aus der von Lu Xun keine Tagebücher erhalten sind, läßt sich die Gesamtzahl auf gegen 7'000 erhöhen. Dabei ist zu berücksichtigen, daß Lu Xun in dieser Periode zeitlich weniger aufwendige Verpflichtungen hatte und zudem sozial isolierter lebte, somit mehr Motive zum Briefeschreiben hatte. Der Anteil erhaltener Briefe könnte also bedeutend tiefer liegen.

229 *LXNP* 1:44.

Manuskript der Tagebücher aus dem Jahre 1922 nach 1938 verloren gegangen ist. Erhalten ist nur die Abschrift von Auszügen, die Xu Shoushang machte, als er die Chronik zur Gesamtausgabe von 1938 zusammenstellte. Diese Fragmente betreffen vor allem Angaben zu laufenden Arbeiten, verzeichnen aber auch einige Buchanschaffungen und ein- und ausgehende Briefe, die ihrerseits erhalten sind.[230] Zwar wurde aus Anlaß der Faksimileausgabe kontrovers diskutiert, ob eine integrale Veröffentlichung aller erhaltenen Manuskripte vertretbar sei. Schließlich setzte sich aber die Linie durch, die sich gegen jegliche Zensur auch in politisch und anderweitig sensiblen Bereichen aussprach.[231] Deshalb ist bei diesen verlorenen Tagebüchern nicht unbedingt der Rückschluß geboten, deren Inhalt sei ideologisch besonders brisant. Allerdings könnten sie durchaus Hinweise zum »Bruch« von Lu Xun mit seinem Bruder Zhou Zuoren enthalten.

Zu beachten ist wiederum, daß Lu Xun das Tagebuch wiederholt als literarische Gattungsbezeichnung benutzt hat, begonnen mit dem »Tagebuch eines Wahnsinnigen«, und sich auch sonst gelegentlich der biographisierenden Form datierter Aufzeichnungen bedient hat.

Von Lu Xun existiert ein Editionsplan zu einer Ausgabe *Sanshi nian ji* (»Werke aus dreißig Jahren«), der im Februar 1936 entstanden sein muß. Den Titel begründet er in einem Brief an Cao Jinghua: »Soweit ich mich erinnere, stammt der erste Text aus "Grabmal" aus dem Jahre 1907, so daß bis jetzt gegen 30 Jahre verflossen sind. Abgesehen von den Übersetzungen, habe ich zusammen zwei Millionen Zeichen geschrieben.«[232] Aus diesem Plan entstand 1941 eine Ausgabe gleichen Titels mit 30 traditionell gebundenen Heften. Bemerkenswert an der von Lu Xun vorgenommenen Gruppierung ist, daß er die konventionell gezogenen Grenzen zwischen den Gattungen *xiaoshuo* und *zawen* erneut explizit verwischt: Die Sammlungen mit bis anfangs 1928 entstandenen Texten nennt er »Vermischte Worte über das Meer der Menschen«, die späteren »Gesammelte Notizen, um den Himmel aufzustacheln«, während nur bei seinen »Zufallsfunden aus dem Wald der

---

230 Eine Rekonstruktion dieser verlorenen Tagebücher aus anderen verfügbaren Quellen versucht Ma Tiji: »Yijiuerer nian Lu Xun riji shuzheng« [Textkritischer Kommentar zu den Tagebüchern von Lu Xun aus dem Jahre 1922], in: *Lu Xun yanjiu ziliao* Bd. 23, Beijing: Zhongguo wenlian chuban gongsi 1992, 305–37.

231 Vgl. dazu Chen Shuyu: »Huihuang de shuse — "Lu Xun shenghuo zhong de nüxing" xu« [Glänzende Morgenröte — Vorwort zu »Die Frauen im Leben von Lu Xun«], in: *LY* 7/1994, 66–7.

232 10.2.1936, in: *LXQJ* 13:305; der Editionsplan in: *LXQJ* 8:461–2.

Erzählungen« (*shuolin oude*) der Begriff *xiaoshuo* für die (traditionelle) Erzählliteratur überhaupt angedeutet wird.

Eine nicht immer nur rühmliche Rolle im Prozeß der Textüberlieferung und Edition hat Xu Guangping gespielt, die Lebensgefährtin von Lu Xun (vgl. Dok. C040). Ihr Verdienst ist es jedoch, nach seinem Tode innert kürzester Zeit eine Vielzahl von früheren Freunden und Bekannten von Lu Xun, die oft auch Kenner seines Werks waren, für die Arbeit an einer Gesamtausgabe gewonnen und die Koordination auch zwischen politisch verfeindeten Mitarbeitern gesichert zu haben.[233] Ihre Autorität als Partnerin (die spätestens ab 1941 als Ehegattin tituliert wurde) und als zunächst praktische, dann moralische Verwalterin seines Nachlasses, die zudem aus propagandistischen Gründen durch die Partei nicht nur abgesichert war, sondern auch auf einem wenn auch ungleichen, so doch wechselseitigen Loyalitätsverhältnis beruhte, hat sie gelegentlich extensiv und nicht immer zugunsten der Wahrheit genutzt.[234] Insbesondere hat sie nicht gezögert einzugreifen, wenn es um ihre gemessen an konventionellen Maßstäben illegitime Beziehung ging. So hat Xu Guangping durchgesetzt, daß in der ersten Chronik zum Leben von Lu Xun im Rahmen der Gesamtausgabe von 1938 Xu Shoushang die beiden Sätze »Juni 1906: Kehrt nachhause zurück und heiratet Frau Zhu An aus Shanyin« und »Januar 1919: Veröffentlicht unter dem Titel "Impromptu Nr. 40" seine Ansichten zur Liebe« getilgt wurden.[235] Der Tod von Xu Guangping im Jahre 1968 wurde nach der Kulturrevolution ebenfalls in den Strudel der Legendenbildung gerissen, als sie ihr Leben, »das der Partei und der Wahrung des Erbes von Lu Xun gedient hatte«,[236] gleichsam für ein 15seitiges Manuskript von Lu Xun hingab, wie es eine spätere Darstellung wollte: Jiang Qing, die Ehefrau von Mao Zedong, soll am 30. Juni 1966 das Lu-Xun-Museum aufgefordert haben, das Manuskript zur »Erwiderung an Xu Mao-

---

233 Siehe ihr Bericht »Lu Xun quanji bianjiao houji«, in: *LXQJ* 1973, 20:647–64.

234 Solche Nachlaßverwaltungsverhältnisse sind aus der Editorik hinlänglich bekannt. Es sei nur an Nietzsches Schwester erinnert (s. dazu M. Hoffmann: *Geschichte des Nietzsche-Archivs*, Berlin & New York: de Gruyter 1992) oder an die anhaltenden rechtlichen Auseinandersetzungen um den Brecht-Nachlaß mit den Erben von Helen Weigel (s. dazu J. Fuegi: *The Life and Lies of Bertolt Brecht* [1994], London: Harper Collins 1995, sowie die um sachliche Irrtümer und durch gerichtliche Intervention bereinigte deutsche Fassung *Brecht & Co.*, Übers. S. Wohlfeil, Hamburg: Europäische Verlagsanstalt 1997).

235 Zeng Zhizhong: *San ren hang*, 390–3.

236 So die Worte des gemeinsamen Sohnes Zhou Haiying: »Xie zai qianmian«, in: Chen Shuyu: *Xu Guangping de yisheng* [Das Leben von Xu Guangping], Tianjin: Renmin chubanshe 1981, 8.

yong...«[237] herauszurücken, um es im damals von der linken Fraktion kontrollierten Kulturministerium aufbewahren zu lassen. Besorgt über dessen Verbleib in den Wirren der Kulturrevolution entwarf Xu Guangping zwei Jahre später einen Brief an das Zentralkomitee der Kommunistischen Partei und erlitt darauf »vor Ärger« einen Herzinfarkt und starb.[238] Damit ist die moralische Nachlaßverwalterin von Lu Xun in die ehrwürdige philologische Tradition eingeordnet, die mit den legendären konfuzianischen Gelehrten begann, welche vom ersten Kaiser im 3. Jahrhundert v.u.Z. samt ihren Manuskripten lebendig begraben worden sein sollen.

Ergebnis der Bemühungen von Xu Guangping, die sich in ausgezeichneter Weise mit den propagandistischen Interessen der Kommunistischen Partei deckten, war die 20bändige Ausgabe *Lu Xun quanji* (1938). Da sie besonders nach dem japanischen Überfall auf das chinesische Kernland im Juli 1937 unter bedeutend erschwerten Bedingungen zustande gekommen war, hat Xu Guangping das Nachwort emphatisch auf den »1. Jahrestag des Zwischenfalls an der Marco-Polo-Brücke«, das heißt den 7. Juli 1938 datiert. In die Ausgabe aufgenommen wurden konsequenterweise auch sämtliche bis dahin in gedruckter Form veröffentlichten Übersetzungen und die philologischen Schriften einschließlich der kommentierten Editionen, nicht jedoch die separat edierten Tagebücher und Briefe. Da der Verlag Commercial Press nach der japanischen Besetzung seine Aktivitäten in Shanghai eingestellt hatte, gründete das »Lu-Xun-Gedächtniskomitee« die Vertriebsgesellschaft Fushe. Zu den editorischen Grundsätzen gehörte, nebst typographischer Vereinheitlichung in der Kennzeichnung von Eigennamen und Buchtiteln, auch die Eliminierung von Zeichenvarianten (Allographen), und zwar ausdrücklich gemäß persönlichen Vorlieben von Lu Xun, wobei jedoch vor 1918 erschienene und philologische Texte ausgenommen wurden.[239]

---

237 »Da Xu Maoyong bing guanyu kang Ri tongyi zhanxian wenti« [3.–6.8.1936], in: *LXQJ* 6:526–44.

238 Chen Shuyu: *Xu Guangping de yisheng*, 163; s. auch Zhou Haiying & Ma Xinyun: »Xie zai muqin wenji chuban zhi shi« [Geschrieben bei der Veröffentlichung von Mutters gesammelten Werken], in: *LY* 2/1998, 23. Vgl. dazu die Gerüchte beim Tod von Hu Yaobang (1915–89), die besagen, er habe ebenfalls aufgrund eines beleidigenden Angriffs auf seine Person einen Herzinfarkt erlitten (P. Schier u.a. [Hg.]: *Studentenprotest und Repression in China*, Hamburg: Institut für Asienkunde, 3. Aufl. 1993 [= Mitteilungen 223], 49). Es handelt sich hier offensichtlich um eine Variation zum Topos des edlen und gerechten Beamten, der über eine solche moralische Integrität verfügt, daß er angesichts einer ungerechtfertigten Anmaßung den Tod einem sinnlos gewordenen offenen Widerstand vorzieht.

239 *LXQJ* 1973, 20:659.

Die im kommunistischen Partisanen-Stützpunkt Yan'an konzipierte Editions-, Buchhandels- und Preispolitik war als regelrechter Produktionswettlauf aufgezogen, in der Quantität an erster Stelle zu stehen schien: Geplant waren 1941 als Nachdruck 2'500 Exemplare der 20bändigen Gesamtausgabe, »etwa 20 Yuan Buchhandelpreis für die gebundene Ausgabe, aber nur 8 Yuan für Freunde des Verlags«, Einzelbände zusammen 40'000 Exemplare, 2'000 Exemplare der 30bändigen Ausgabe, »macht zusammen 150'000 Bände [...] Daß von den nachgelassenen Werken eines einzigen Menschen innert vier Jahren so viele Bände verkauft werden, das ist in China bisher ohne Beispiel.«[240]

Nächster qualitativ wichtiger Schritt in der Edition von autorisierten Texten wurden die beiden jeweils zehnbändigen Ausgaben *Lu Xun quanji* (»Sämtliche Werke«, 1956) und *Lu Xun yiwen ji* (»Übersetzungen«, 1958). Die »Sämtlichen Werke«, pünktlich zum 20. Todestag von Lu Xun erschienen, sind in mehrfacher Hinsicht als normativer Akt zu werten: Zum einen ist in den ausführlichen Sachanmerkungen die parteioffizielle Lesart der Texte fixiert. Besonders bei zeitgenössischen Personen schlägt sich dies in stereotypen Freund-Feind-Beschreibungen nieder. Der Textkorpus der Ausgabe von 1938 ist nur unwesentlich erweitert. Zum anderen handelt es sich sprachpolitisch um die erste umfangreichere Edition, in der die durch Dekret 1955 abgeschafften Allographen und die 1956 vereinfachten Grapheme und Einzelzeichen im Druck erscheinen.[241] Die 1958 erschienenen »Übersetzungen« bringen zusätzlich zur Ausgabe von 1938 einige vor 1918 entstandene Texte. Die 20bändige Ausgabe von 1973 folgt dem unkommentierten Text der Ausgabe von 1938 und schließt auch das euphorisch-eulogische Vorwort von Cai Yuanpei ein. Der editorische Kommentar beschränkt sich in einer Vorbemerkung von dreieinhalb Zeilen Länge auf die »Korrektur von Druckfehlern«, ohne die Reduktion des Zeichenschatzes durch die Schriftreform von 1964 um schätzungsweise 15–18% auch nur zu erwähnen. Die Ausgabe markiert, kurz vor der »Kampagne zur Kritik an Lin Biao und Konfuzius« 1973–74, jedoch auch einen ideologischen Waffenstillstand in bezug auf die Lu-Xun-Editorik, obwohl ab 1972 zahlreiche Anthologien erschienen, die auch Lu Xun einzuspannen versuchten.

Diese Ausgabe beziehungsweise ihr Modell ist Grundlage für zwei von Tang Tao besorgte »Ergänzungen«, zu der 1978 eine dritte hinzukam. Darin

---

240 Yue Min [Shen Junye]: »Guanyu Lu Xun xiansheng yizhu de yinhang«, in: *Shanghai zhoubao* Bd. 4, Nr. 12 (18.10.1941); nach: *LYXL*, 3:678–9.

241 Vgl. J. DeFrancis: *The Chinese Language*, 260–1.

enthalten sind 1. Texte neu entdeckter Manuskripte, 2. eine Reihe nur in Abschriften existierender Texte und 3. durch Drittzeugnisse neu Lu Xun zuschreibbare, aber bereits gedruckte Texte, darunter auch Übersetzungen.[242] Bisheriger Höhepunkt der editorischen Bemühungen um Lu Xun ist die zu seinem 100. Geburtstag erschienene Ausgabe »Sämtlicher Werke« in 16 Bänden, die in den Editionsgrundsätzen an die Ausgabe von 1956 anschließt, jedoch zusätzlich die bis zu diesem Zeitpunkt bekannten Briefe und die bisher jeweils separat edierten Tagebücher vorlegt. Die gegenüber 1956 behutsam ideologisch entschlackten sachlichen Anmerkungen dieser Ausgabe sind durch ein umfassendes Register nach Personen, Buch- und Zeitschriftentiteln, Institutionen und Zitaten erschlossen, ebenso der Text der Tagebücher.

Bedauerlich ist, daß im Gegensatz zu früheren Ausgaben nicht mehr die Autorisierung Kriterium der Anordnung ist, liegt es doch auf der Hand, daß ein als Manuskript sowie in mehreren autorisierten Druckfassungen verfügbarer Text andere editorische Instrumente erfordert als ein solcher, der lediglich in einer einzigen Autorhandschrift beziehungsweise Abschrift vorliegt. Daß Übersetzungen ausgeschlossen sind, beeinträchtigt nicht nur deren Verfügbarkeit, sondern klammert die Ergebnisse eines wesentlichen Bereichs der literarischen Aktivitäten von Lu Xun aus und führt einen romantischen Originalitätsbegriff ein,[243] der die Perspektiven wesentlich verzerrt. Besonders augenscheinlich wird es dort, wo die Vor- und/oder Nachreden zu eigenen und fremden Übersetzungen gänzlich ihres Kontextes beraubt zusammengefaßt werden.[244] Die Dialogizität von Texten, die vom russischen Formalismus als eines der Merkmale der literarischen Moderne bestimmt worden ist, manifestiert sich bei Lu Xun in den Übersetzungen, zumal es sich in vielen Fällen um Zweitübersetzungen handelt, aber ebenso in der Fülle von impliziten und expliziten Verweisen auf die chinesische literarische Tradition. In diesem Bereich sind die Annotationen der Ausgabe von 1981 trotz ihrer Ausführlichkeit teils unvollständig, teils fehlerhaft. Eine Ausnahme bilden die Gedichte, insbesondere diejenigen »im alten Stil« *(jiuti)*, traditionell Kristallisationspunkt intertextueller Verfahren. Zu ihnen existieren ein rundes Dutzend kommentierter Ausgaben.[245] Hier ist zu vermerken,

242   Tang Tao (Hg.): *Lu Xun quanji buyi*, 1946; *Lu Xun quanji buyi xubian*, 1952; Wen Xu (Hg.): *Lu Xun quanji buyi sanbian*, Xianggang: Tiandi tushu gongsi 1978, 2. Aufl. 1980.
243   Vgl. dazu E. Eoyang: *The Transparent Eye*, Honolulu/HI: University of Hawai'i Press 1993, bes. 122–36.
244   »Yiwen xuba ji«, in: *LXQJ* 10:151–479.

daß zwei frühe Gedichte aus dem Jahre 1903 (beide nur in Abschriften überliefert und in satirischer Absicht entstanden), nämlich Fragmente eines Knittelverses *(dayoushi)* und ein »Pagodengedicht« *(baotashi)*, aus der Ausgabe ausgeschlossen wurden.[246] Die breiteste Grundlage für einen Nachweis intertextueller Bezüge zur chinesischen literarischen Tradition bieten die Ansätze mit rhetorischer beziehungsweise textgrammatischer Fragestellung *(stylistics* beziehungsweise *xiuci)*, die zu einer umfassenden quantitativen und qualitativen Würdigung mit Bedacht ausgewählter Segmente aus dem Textkorpus geführt haben[247] und durch ihre Bestandsaufnahme eine Vielzahl vorher nicht fixierter Referenzen aufzeigen.[248] Bisher bestehende Lexika zum Wortschatz von Lu Xun sind in erster Linie als Verständnishilfen konzipiert und decken daher hauptsächlich die einschlägigen Segmente ab, wie Regiolekte, Frühformen der *baihua* dieses Jahrhunderts mit kurzfristig gebräuchlichen Neologismen oder im Zuge der Standardisierung wieder verworfene Partikeln und sind eher realienkundlich orientiert.[249]

Was Verweise auf zeitgenössische chinesische Texte betrifft, in der Regel aus den als »Pinselkriegen« bekannt gewordenen Debatten, so sind die betreffenden Referenztexte in den Anmerkungen zur »Gesamtausgabe« äußerst selektiv zitiert, während in der postumen Kompilation *Jiwai ji shiyi bubian* die Referenztexte nur deshalb vollständig wiedergegeben sind, weil die Texte von Lu Xun als »Korrespondenz« *(tongxin)* erschienen waren.[250] Die Abgrenzung erscheint willkürlich, zumal es sich in den übrigen Fällen häufig um einen einzigen Referenztext handelt, der geeignet wäre, argumentative und rhetorische Muster literarischer Debatten weit transparenter zu machen. In den gegen Ende seines Lebens zunehmend extensiven Zitaten aus Texten seiner Gegner bedient sich Lu Xun selber eines solchen Verfahrens.

Dieser Mangel ist, wenigstens was den »Krieg mit Xiying« (1925) betrifft, in der taiwanesischen Ausgabe *Lu Xun zuopin quanji* (1989–91) durch einen

245 Vgl. dazu J. Kowallis: *The Lyrical Lu Xun. A Study of His Classical-Style Verse*, Honolulu/HI: University of Hawai'i Press 1995.

246 S. Wen Xu: *Lu Xun quanji sanbian*, 8–9. Das von Shen Diemin überlieferte »Pagodengedicht« (8 Verse, wobei der erste ein Zeichen hat, der letzte acht), das sich an kaisertreue konservative Kommilitonen richtet, ist jedoch abgedruckt in: *LXNP* 1:118/120.

247 R. Hsü: *The Style of Lu Hsün*.

248 Lin Wanjing: *Lun Lu Xun xiuci: cong jiqiao dao guilü*, bes. 55–123.

249 S. Zhi Kejian u.a. (Hg.): *Jianming Lu Xun cidian*, Lanzhou: Gansu jiaoyu chubanshe 1991.

250 S. *LXQJ* 8:203–68.

Materialienband teilweise ausgeglichen.[251] Ebenso grenzt diese Ausgabe durch Ausschluß der Briefe und Tagebücher sowie durch Titeländerungen bei den postumen Sammlungen autorisierte und nicht-autorisierte Texte beziehungsweise Textsammlungen klarer voneinander ab.

Im Bereich der Übersetzung, das heißt der zwischensprachlichen Kommunikation anzusiedeln ist die Tatsache, daß die Gesamtausgabe von 1981 nicht-chinesische Texte von Lu Xun uneinheitlich ediert: Bei japanisch geschriebenen Texten, die zur Veröffentlichung bestimmt waren, wird jeweils die chinesische Übersetzung aufgenommen, gleichgültig ob die Übersetzung von Lu Xun stammt, von ihm vor einer chinesischen Publikation bloß redigiert wurde oder eigens für die Ausgabe angefertigt wurde,[252] zu schweigen von mutmaßlich in einer Lateinumschrift erstmals publizierten Texten (vgl. Dok. A022).

Bei der Rekonstruktion des Dialogs in Briefen herrscht, im Gegensatz zu den »Korrespondenz«-Kolumnen, ein krasses Mißverhältnis zwischen den beteiligten Seiten, sind doch von mutmaßlich mehreren tausend erhaltenen Briefen an Lu Xun lediglich deren 300 veröffentlicht. In dieser Zahl eingeschlossen sind selbst nach dem Tode von Lu Xun an Xu Guangping gerichtete Briefe, so daß die Gruppierung einen auch philologisch zweifelhaften Clan-Begriff beinhaltet (vgl. Dok. C020–C022, C037), selbst wenn er editionsgeschichtlich interessante Einzelheiten zugänglich macht.

Im Bereich der Edition mit philologischem Anspruch sind also einige Probleme weit davon entfernt, befriedigend gelöst zu sein. Dies fällt umso schwerer ins Gewicht, als daß sie mit einer ungleichgewichtigen Erschließungstiefe der Texte einhergeht und sich auch hier eine »bisphärische« Tendenz feststellen läßt: einerseits hohe Dokumentierungsdichte für das personelle und literarische Umfeld von Lu Xun, andererseits editionstechnische Inkohärenz bei seinen Texten. Im übrigen hat sich diese Arbeit seit der Gesamtausgabe von 1938 zunehmend anonymisiert, so daß sich die editorische Verantwortung an den »Sämtlichen Werken« von 1981, in die sich zeitweilig schätzungsweise weit über 100 Personen teilten, günstigstenfalls aus begleitenden Publikation erschließen läßt.

---

251 *Lu Xun lunzhan wenxuan* [Ausgewählte Texte zu Debatten von Lu Xun], Taibei: Fengyun tushu gongsi 1991, Bd. 33. Vgl. dazu Lu Jiayou:»"Lu Xun quanji" de banben ji qita« [Über die Ausgabe der »Sämtlichen Werke von Lu Xun« und anderes], zuerst in: *Zhongguo luntan* Bd. 31, Nr. 8 (Taibei, 1991); in: *LY* Nr. 117 (1/1992), 60–1.

252 Vgl. dazu Tang Tao & Li Jinshou (Hg.): *Lu Xun Riwen zuopin ji*, Shanghai: Wenyi chubanshe 1981, 2. Aufl. 1993.

Eindrücklichstes Zeugnis dieser eher in die Breite denn in die Tiefe gehenden anonymen Arbeit ist außer einer Reihe von Bibliographien die weit über 10 Millionen Schriftzeichen umfassende Publikation von rund 80% aller vor 1949 zu Lu Xun veröffentlichten Artikel und Aufsätze.[253] (Bei den Monographien liegt der Anteil etwas tiefer.) Die Kürzungen, von denen hauptsächlich Monographien betroffen sind, lassen eine weitere ideologische Entspannung erkennen. Dieses Monumentalwerk läßt, zusammen mit der 1981 erschienenen vierbändigen Chronik zum Leben von Lu Xun, in bezug auf die dokumentarische Erschließung seines Werks kaum einen Wunsch offen.

Auf der anderen Seite ist für einen Teil der ursprünglich nicht zur Veröffentlichung bestimmten Texte von Lu Xun sogar das hohe editorische Ideal der Faksimilierung erfüllt.[254] Daß die Tagebücher sogar in einer Form publiziert sind, die den Schriftträger (in der Regel fadengebundene Hefte mit senkrechter Linierung und senkrecht umlaufender Angabe der Druckerei an der »Schnittseite«, die in traditioneller Bindung gefalzt ist) rekonstruiert, ist wohl der Preis für eine nicht immer über jeden Zweifel erhabene Reproduktionstechnik. Dennoch handelt es sich um einen editionsgeschichtlich wohl einmaligen Glücksfall. Obwohl also das Quellenmaterial verfügbar ist und dazu zum Teil auch textkritische Anmerkungen gemacht worden sind, fehlt bisher eine synoptische Darstellung, die den Namen einer historisch-kritischen Ausgabe verdiente.[255]

Weit aufschlußreicher als editionstechnische Detailüberlegungen sind aber für ein politisch differenziertes Bild von Lu Xun die in der Regel in höheren Auflagen verbreiteten Auswahlausgaben. Einige Beispiele seien hier vorgestellt. Bereits zu Lebzeiten von Lu Xun gab es verschiedene Auswahlausgaben, meist mit einigen um das »Tagebuch eines Wahnsinnigen« und die »Wahre Geschichte des A Q« gruppierten erzählerischen Texten, darunter auch »Werke in eigener Auswahl« (1933), die 22 Texte mit den Gattungsbezeichnungen *xiaoshuo* und *sanwenshi* (»Prosagedichte«) zusammenfassen.[256]

253 *LYXL.*

254 Vgl. R. Reuß: »~~Lesen, was gestrichen wurde~~«, in: F. Kafka: *Historisch-Kritische Ausgabe sämtlicher Handschriften, Drucke und Typoskripte: Einleitung*, Hg. R. Reuß & P. Staengle, Frankfurt a.M. & Basel: Stroemfeld 1995, 16–21.

255 Ein Modell könnte die Ausgabe der Werke von Mao Zedong durch Takeuchi Minoru bieten (*Mô Takutô shû*, 10 Bde., Tôkyô: Hokuma sha 1970–72).

256 Vgl. »"Zixuan ji" zixu« [Vorrede zu den »Werken in eigener Auswahl«], in: *LXQJ* 4:455–8. Besonderheit dieser Ausgabe ist die Aufnahme einiger erst später in *Gushi xinbian* (1936) in Buchform veröffentlichter Texte.

Wichtigste unter diesen Ausgaben sind jedoch die parallel und ergänzend kompilierten »Ausgewählten Miszellen« von 1933,[257] zum einen, weil sie ebenso als autorisiert gelten können, da sie von Qu Qiubai zusammengestellt wurden, der mit Lu Xun eng befreundet war und während der Kompilation mehrere Wochen im gleichen Haushalt lebte, zum anderen, weil in der Vorrede erstmals der Versuch unternommen wird, Lu Xun systematisch als Denker vorzustellen, dessen Weg konsequent zu einer marxistischen Weltanschauung geführt habe.

Eindeutig ohne Zustimmung von Lu Xun sind 1935 von Liang Yaonan zwei Ausgaben veranstaltet worden, eine mit Briefen und eine mit Prosatexten.[258]

Als Urmodell einer selektiven Kompilation, die von der Kulturpolitik der Kommunistischen Partei inspiriert beziehungsweise direkt organisiert wurde und propagandistischen Bedürfnissen gehorchte, können die 1940 erschienenen *Lu Xun yulu* gelten.[259] Einerseits läßt sich von dieser Sammlung eine direkte Linie in die Zukunft zum berühmten »Roten Büchlein«, den »Gesammelten Aussprüchen des Vorsitzenden Mao« (*Mao zhuxi yulu*, 1961/65) ziehen. Andererseits verweist der durchaus intendierte kanonische Rang nicht nur des Autors, sondern auch der Auswahl auf Zhu Xi (1130–1200) und die von dessen Schülern zusammengestellten *Zhu Xi yulu* zurück.[260]

---

257 *Lu Xun zagan xuanji,* Hg. He Ning [Pseudon. von Qu Qiubai], Shanghai: Beixin shuju 1933.

258 *Lu Xun shuxin xuanji* (mit dem Herausgeber-Pseudonym Wenlin) & *Lu Xun lunwen xuanji* (Pseudon. Aliang), beide Shanghai: Longhu shudian.

259 Hg. Song Yunbin, Shanghai: Lianyi shushe 1940. In Shanghai gab im Oktober 1937, wohl zum ersten Todestag von Lu Xun, Lei Baiwen im Selbstverlag einen Band *Lu Xun xiansheng yulu* heraus, der rasch ausverkauft war (Song Yunbin, 3). Die 1941 ebenfalls als *Lu Xun yulu* erschienene Sammlung (Hg. Shu Shixin, Shanghai: Jiliu shudian) wurde nach dem Krieg sogar ins Japanische übersetzt (Übers. Kôsaka Junichi, 1946). Eine gleichnamige Kompilation wurde auch in Yan'an publiziert, doch war ich nicht in der Lage zu ermitteln, ob sie auf der gleichen Auswahl beruht. Zeitpunkt, Umfeld, veränderte editorische Situation und inzwischen bezogene offizielle Positionen lassen denkbar erscheinen, daß sich die »Gesammelten Worte von Lu Xun« 1936 und 1941 voneinander unterscheiden. (Vgl. D. Holm: »Lu Xun in the Period 1936–1949. The Making of a Chinese Gorki«, in: *Lu Xun and His Legacy,* 170, Anm. 39). Eine Sammlung, deren Vorwort auf 1935 datiert ist, erschien im April 1949 in Shanghai als *Lu Xun yue* [Lu Xun sprach], Hg. You Qin, und enthielt 416 Zitate, gegliedert in 15 Gruppen. — Charakteristisch für das liturgische Prinzip der Textkompilation ist eine 1976/77 erschienene Zitatensammlung von Lu Xun, wo die Texte zwar nach dem gleichen Muster zusammengestellt sind (in 18 Gruppen, deren erste den Titel trägt »Über Klasse und Klassenkampf«), sich aber Titel, Gestaltung, Format und Aufmachung wesentlich von den früheren Sammlungen unterscheiden: Die sakrale Gattungsbezeichnung war nun den *Mao zhuxi yulu* vorbehalten und sogar für Lu Xun tabu, so daß die Zitate als *Lu Xun yanlun xuanji* [Ausgewählte Aussprüche und Thesen von Lu Xun] mit mehreren Monaten Abstand in vier Heften von 54 bis 72 Seiten Umfang mit Papierumschlag erschienen.

Auch die religiöse Konnotation ist präsent, denn seit dem 7. Jahrhundert wurden Aussprüche von zenbuddhistischen Meistern oft mit der Gattungsbezeichnung *yulu* der Nachwelt überliefert. Der Herausgeber, dessen Zusammenstellung in die beiden Hauptgruppen »Kunst« und »Gesellschaft« gegliedert ist, bezieht sich daher folgerichtig auf ähnliche Zitatensammlungen von Gor'kij in der Sowjetunion sowie auf die *yulu*-Tradition der Song-Zeit. Seine Prämisse ist, daß es »nichts gibt, worüber sich Lu Xun in seinen Texten nicht geäußert hätte«.[261] Allerdings war diese »sakrale« Gattungsbezeichnung schon unmittelbar nach dem Tode von Lu Xun extensiv verwendet worden: In einer seinem Gedächtnis gewidmeten Nummer der Zeitschrift *Zhongliu* tragen nicht weniger als drei Beiträge unter diesem Titel »Aussprüche des Herrn Lu Xun« zusammen, und zwar teils mündlich, teils schriftlich überlieferte.[262]

In einer 1971 »intern« verbreiteten Sammlung (die hier lediglich als Beispiel stehen soll) steht die »Antwort an die Trotskisten« vom Juni 1936 — der einzige Text von Lu Xun, in dem der Name von Mao Zedong überhaupt vorkommt — an erster Stelle. Allerdings fehlt das wichtige Detail der »Niederschrift nach Diktat durch Herrn [Lu Xun] von O. V.«, alias Feng Xuefeng. Stattdessen erklärt die erste Anmerkung, der inzwischen in Ungnade gefallene Zhou Yang habe die Veröffentlichung gewaltsam zu verhindern versucht. Die Instrumentalisierung von Lu Xun erscheint in einer editorischen Vorbemerkung zum Band unverhüllt: Der Kampf von Lu Xun gegen die »vier Missetäter Zhou Yang und Konsorten« soll dokumentiert werden.[263] Unter den insgesamt 41 Texten (davon 25 Briefe, einer davon an Xu Guangping 1925, alle anderen nach 1931) stammen nur acht aus der Zeit vor 1930. In den meisten Fällen nehmen die Anmerkungen mehr als doppelt so viel Raum ein wie die Texte selbst.

Schärfer könnte der Kontrast zwischen dieser noch von den vielzitierten Mao-Worten im zeittypisch obligaten Fettdruck eingeleiteten Ausgabe zu den »Besten Aussprüchen von Lu Xun« aus dem Jahre 1993 nicht sein. Die

---

260 Vgl. H. Martin: *Kult und Kanon*, Hamburg: Institut für Asienkunde 1978 (= Mitteilungen 99).

261 Song Yunbin (Hg.): *Lu Xun yulu*, 2.

262 Jin Yi: »Gei bu xiangshi de pengyoumen« [Den Freunden, die ihn nicht direkt gekannt haben], in: *Zhongliu* Bd. 1, Nr. 5 (5.11.1936), 277–83; Yao Ke: »Zui chu he zui hou de yimian« [Das erste und das letzte Treffen], *ebda.*, 300–14; Lu Yan: »Huo zai renlei de xin li« [Im Herzen der Menschheit lebendig], *ebda.*, 270–74.

263 *Lu Xun zawen shuxin xuan* [Ausgewählte Miszellen und Briefe von Lu Xun], o.O. September 1971 [*neibu faxing*].

Herausgeber, die der ersten Abteilung ihrer Auswahl das Motto »Immer ist da ein Mittelding«[264] geben, offenbaren ihre Skrupel bei der Selektion und vollziehen dabei einen wesentlichen Schritt zur Historisierung: »[Sie] enthält bloß, was Qian [Liqun] und Wang [Qiankun] von den Ideen von Lu Xun in den 90er Jahren des 20. Jahrhunderts verstanden und aufgenommen haben, nichts weiter; von einem "wahren Bild" von Lu Xun sind sie noch weit entfernt.« Zuletzt grenzen sie sich ausdrücklich von der kulturrevolutionären Lu-Xun-Praxis ab und bitten, »aus diesem Buch keinesfalls Zitat-Karteikarten [*yuluka*] zu machen, wie zu Zeiten der Kulturrevolution zehnmillionenfach und aberzehnmillionenfach geschehen!«[265]

Eine wichtige Quelle zum Leben von Lu Xun und zur Entstehungsgeschichte des Werks sind die Schriften seines Bruders Zhou Zuoren. Seine Tagebücher, die — im Gegensatz zu denjenigen von Lu Xun — ab 1898 erhalten sind, waren gewissermaßen sein Faustpfand, als er sich, unter dem Verdacht der Kollaboration mit der japanischen Besatzungsmacht zu einer längeren Haftstrafe verurteilt und vorzeitig entlassen, nach 1949 wieder in Peking niederließ. Sie wurden in den 50er Jahren vom frisch gegründeten Lu-Xun-Museum erworben und bis heute nur ausschnittweise in transkribierter Form publiziert, zum Teil noch von ihm selbst mit verbindenden Kommentaren versehen, meist in Passagen, die unmittelbar Lu Xun betreffen (vgl. Dok. C049).[266] Überhaupt hat Zhou Zuoren seit 1949 die Tatsache, »Bruder eines Bruders« zu sein, zum einzigen ideologisch zugelassenen Inhalt seiner publizistischen Tätigkeit gemacht. Diese geliehene literarische Existenz drückt sich im Pseudonym »Xiashou« (»weit entferntes Leben«, nämlich dasjenige, das er zusammen mit Lu Xun führte) aus, das er in fast allen Reminiszenzen über Lu Xun und deren gemeinsame Zeit verwendet — vermutlich die einzige Überlebensmöglichkeit, nachdem Mao Zedong 1942

---

264 Siehe *LXW* 5:376

265 Qian Liqun & Wang Qiankun (Hg.): *Lu Xun yucui*, Beijing: Huaxia chubanshe 1993 (= Zhongguo ershi shiji sixiang wenku. Xin lunyu), 14. — Kennzeichnend für den Historisierungsprozeß ist die damit einhergehende Kanonisierung, wie sie sich in der Reihenbezeichnung »neue Gespräche« implizit auf Konfuzius bezieht.

266 Noch vor einer vollständigen Leseausgabe ist eine Faksimile-Edition dieser Tagebücher erschienen, nämlich *Zhou Zuoren riji (yingyin ben)*, 3 Bde., Zhengzhou: He'nan jiaoyu chubanshe 1997. Kennzeichnend daran ist einerseits die hohe Wertschätzung des (hand-) geschriebenen Wortes, die den Text als ästhetisches Gebilde zeitlich früher als dessen Inhalt zugänglich macht, andererseits die weitere Akzentuierung der »bisphärischen Rezeption«, bei welcher der Inhalt eines gewichtigen Korpus nur noch dem Experten zugänglich ist, während das Etikett »Landesverräter« für Zhou Zuoren 30 Jahre zuvor massenhaft verbreitet wurde. — Die genannte Edition war mir vor Abschluß der Redaktion an diesem Abschnitt leider nicht zugänglich.

die beiden Brüder als Gegentypen aufgebaut und im gleichen Maße, wie er Lu Xun verherrlicht hatte, Zhou Zuoren als Repräsentant einer »Sklavenliteratur« geißelte.[267]

In der Auswahl der Dokumente gilt jenen Texten ein besonderes Augenmerk, die im relativ groben Raster der bisherigen Editorik im oben geschilderten Sinne Zwischenpositionen einnehmen, das heißt nicht in chinesischer Sprache geschriebene Text (Dok. A020), Manuskripte, deren integraler Bestandteil Ausschnitte aus bereits gedruckten Texten sind (Dok. B035) und andere mehr.

267 Mao Tse-tung: *Ausgewählte Werke*, Peking: Verlag für fremdsprachige Literatur 1968–78, 3:83–4.

4 Zur Rezeptionsgeschichte

Bemerkungen zur Rezeptionsgeschichte können nur skizzenhaft sein angesichts der Materialfülle, die — auf jeden Fall in China — in untereinander kaum kommunizierende Spezialisierungen aufgesplittert ist. Die aufgrund der zahlreichen kultischen Aspekte in der Rezeption von Lu Xun vorgeschlagene »theologische« Differenzierung dieses Rezeptionsprozesses nach Liturgie, Homiletik und Dogmatik[268] läßt sich auch über die »religiös« besonders ertragreiche Zeit zwischen dem Tod von Lu Xun und der Gründung der Volksrepublik ausdehnen, um zu einer präziseren Würdigung der Quellen zu gelangen. Das ist umso mehr von Bedeutung, als sich (was eigentlich eine banale Feststellung ist) weder innerhalb noch außerhalb Chinas die Rezeption aus diesem historischen Prozeß herausstehlen kann und erst als Funktion vorangegangener Exzesse oder auch nur Akzente begreifen läßt. Das gilt genauso für die hier vorgestellten Dokumente.

Anliegen bei der Auswahl der Dokumente war es, Zeugnisse aus allen drei Bereichen vorzulegen, wobei auf der Hand liegt, daß in der propagandistischen »Liturgie« nicht-textliche Medien eine wichtigere Rolle spielen als in der philologischen »Dogmatik«. Da jedoch in der Dogmatik die Grundlagen für Homiletik und Liturgie geschaffen werden, wird die folgende Darstellung den Schwerpunkt in der literaturkritischen, philologischen und literaturwissenschaftlichen Rezeption legen. Dabei darf nicht außer acht gelassen werden, daß sich manche Werke von Lu Xun auch in der außerliterarischen Rezeption als äußerst produktiv erwiesen haben. Hingewiesen sei nur auf die zahlreichen Illustrationen und Bearbeitungen zur »Wahren Geschichte des A Q« (vgl. Dok. B007, B011 u.a.), die selbstverständlich auch Elemente im Rezeptionsprozeß darstellen.

Die Überblicksdarstellungen zu diesem Prozeß sind noch nicht sehr zahlreich. In chinesischer Sprache setzt die oben angedeutete Historisierung von Lu Xun erst behutsam ein und ist noch stark mit der Dekonstruktion von Mythen beschäftigt. Die einzelnen Bände der erwähnten Dokumentensammlung bringen jeweils zu Anfang eine nach Jahren beziehungsweise

---

268 D. Holm: »Lu Xun in the Period 1936–1949. The Making of a Chinese Gorki«, in: *Lu Xun and His Legacy*, 160.

Perioden gegliederte kursorische Darstellung,[269] während sich zwei andere Studien auf die Gattung der Miszellen beziehungsweise auf die Zeit nach der Gründung der Volksrepublik konzentrieren.[270] Erst in jüngster Zeit wurde eine Phänomenologie der Rezeptionsgeschichte versucht, die sämtliche Sphären (die nichts anderes sind als die oben formulierten »theologischen« Disziplinen) einschließt und sich zugleich von den »dogmatischen« Mustern — auch als Negativfolie — zu emanzipieren beginnt.[271] Außerhalb Chinas hat sich das historische Interesse gegenüber der Rezeption bisher ebenfalls mit einem ikonoklastischen Impetus auf Perioden konzentriert, in denen sich die ideologische Vereinnahmung von Werk und Person von Lu Xun mit ihren sowohl dogmatischen als auch liturgischen Paradoxien besonders deutlich herausarbeiten läßt,[272] mit zwei Ausnahmen, die nicht unberechtigterweise zwei gesonderte Kulturräume »Japan« und »Europa und Amerika« postulieren.[273]

Die im folgenden vorgenommene Unterscheidung nach »China« und »außerhalb« ist jedoch insofern unangemessen, als die außerchinesische Rezeptionsgeschichte engstens mit der chinesischen verflochten ist und quellenmäßig von ihr abhängt. Besonders deutlich wird diese Verflechtung in den politisch außerhalb der Volksrepublik liegenden chinesischen Gebieten Hong Kong und Taiwan. Dennoch reflektieren Kontroversen außerhalb Chinas (vgl. Dok. W003, W008) nicht einfach chinesische Verhältnisse, sondern in ebensolchem Maße außerchinesische, die allerdings durch Kommunikation und Mobilität zunehmend konvergieren. Wenn hier eine Periodisierung gewählt wird, die beispielsweise das Todesjahr von Lu Xun nicht als Grenze

---

269 Zhang Mengyang: »Lu Xun yanjiu xueshu shi gaishu« [Kurzgefaßte Geschichte der wissenschaftlichen Lu-Xun-Forschung], in: *LYXL* Bde. 1–5.

270 Zhang Mengyang: *Lu Xun zawen yanjiu liushi nian* [60 Jahre Forschung zu den Miszellen von Lu Xun], Hangzhou: Zhejiang wenyi chubanshe 1986 & Yuan Liangjun: *Dangdai Lu Xun yanjiu shi* [Geschichte der zeitgenössischen Lu-Xun-Forschung], Xi'an: Shaanxi renmin chubanshe 1992.

271 Wang Furen: »Zhongguo Lu Xun yanjiu de lishi yu xiankuang« [Geschichte und Aktualität der Lu-Xun-Forschung in China], in: *LY* 1–6/1994 & 8–12/1994. Diese Studie ist in Buchform als *Zhongguo Lu Xun yanjiu lishi yu xiankuang* (Hangzhou: Zhejiang renmin chubanshe 1999) erschienen — wobei die Tatsache, daß das Vorwort von Wang Dehou auf den 19.7.1995 datiert ist, hinreichend illustriert, welchen Schwierigkeiten sich eine jahrzehntelang staatlich üppig alimentierte Forschung inzwischen auf einem weitgehend marktwirtschaftlich organisierten Buchmarkt gegenüber sieht (vgl. auch Dok. C042).

272 D. Pollard: »The Making…« & M. Goldman: »The Political Use of Lu Xun in the Cultural Revolution and After«, in: *Lu Xun and His Legacy*, 153–96.

273 I. Eber: »The Reception…« & Maruyama Noboru: »Lu Xun in Japan«, in: *Lu Xun and His Legacy*, 216–74.

setzt, so geschieht das zum einen, um die zeitliche Verzögerung zwischen der dogmatischen Reflektion und ihrer liturgischen Manifestation zu unterstreichen, zum anderen in bewußtem Gegensatz zu chinesischen Autoren, die sich bei dieser Gelegenheit direkt an der politischen Geschichte orientieren und damit die Rezeptionsgeschichte — selbst bei gegenteiliger erklärter Intention — wiederum mit jener kongruent machen.

In China

Merkmal einer ersten Periode der Rezeption ist, daß viele ihrer Exponenten mit Lu Xun auch persönlich bekannt waren. Diese Periode endet mit den langfristig geplanten und mit allen propagandistischen Mitteln vorbereiteten Feiern zum fünften Todestag von Lu Xun in der kommunistischen Partisanen-Hauptstadt und dem Beginn des Pazifikkrieges 1941. Ihre Träger bildeten eine intellektuelle Elite in den städtischen Zentren Peking und Shanghai und waren alle, trotz großer Altersunterschiede, biographisch mit der Bewegung des 4. Mai 1919 verflochten. Als Leser, Kritiker und Kontrahenten verhalfen sie Lu Xun zu seiner Stellung als Leitfigur der »neuen Literatur«, zunächst aufgrund seiner erzählerischen Texte (vgl. Dok. C029, C033 u.a.), dann aufgrund seines sprachlich innovativen radikalen Engagements. Aus der jüngsten Generation dieser Intellektuellen stammten jene, die als »Nachfolger« oder »Jünger« bezeichnet wurden und sich in den Propagandaapparat der Kommunistischen Partei begaben und in gutem Glauben die Eulogien lieferten, die schließlich kultischen Verwendungszweck fanden.

Sie alle verbindet jedoch, daß sie trotz vielfältiger Zensurmaßnahmen und des gegen die Kommunistische Partei gerichteten »weißen Terrors« der Guomindang und sonstiger Erschwernisse untereinander kommunizierten und damit Lu Xun zu einer öffentlichen Figur machten (vgl. Dok. B008). Verbindend war auch das Ziel, China und damit seine Literatur zu modernisieren. Nur über die Mittel herrschte keine Einigkeit. Dies führte zu einer Vielfalt, wie sie eindrücklich der Sammelband »Über Lu Xun« (1930) zeigt,[274] wo linksradikale Angriffe gegen Lu Xun (vgl. Dok. C001) neben der mehr liberal gesinnten Kritik an seiner Parteinahme sich noch in einem pluralistischen friedlichen Wettstreit befinden. Als typische Organisationsform können die als leninistische Massenorganisationen aufgezogenen

---

274 Li Helin (Hg.): *Lun Lu Xun*, Shanghai: Beixin shuju.

Gruppierungen gelten, zu denen neben der Liga zur Verteidigung der Bürgerrechte auch die Liga Linker Schriftsteller gehörte. Dieses breite Spektrum verschiedener politischer Meinungen war auch Bedingung dafür, daß die erste große Werkausgabe überhaupt zustande kam. Charakteristisch ist hier, daß häufig mehrere Zentren nebeneinander bestanden — augenfällig im Impressum der »Sämtlichen Werke« von 1938, das einmal Shanghai und einmal Yan'an als Verlagsort anführt.[275] Diese polyzentrische Struktur setzte sich selbst in Yan'an noch fort, wo zwei verschiedene parteieigene Institutionen, die Lu-Xun-Akademie für Literatur und Kunst (vgl. Dok. C012) und der Kulturbund mit der ersten Lu-Xun-Forschungsgesellschaft, konkurrierend damit betraut waren, die Feiern zum fünften Todestag zu veranstalten.[276]

Bereits wenige Wochen nach dem Tode von Lu Xun hat sein Bruder Zhou Zuoren sich vom entstehenden Kult distanziert und die Schlagworte genannt, unter denen seit den frühen 80er Jahren die behutsame Neubewertung von Lu Xun in der Volksrepublik einsetzte:»Die gewöhnlichen und unspektakulären Tatsachen über einen Menschen sind grundsätzlich das beste Material für biographische Aufzeichnungen, aber dafür muß als einzige Bedingung erfüllt sein, daß ihn alle als "Menschen" betrachten wollen, und nicht als "Gott". — Allerdings hat ein Götzenbild oder eine Marionette ebenfalls ihre Vorteile, denn wenn er zum "Gott" gemacht wird, offenbaren sich in den Mythen und ihrer Mythologie die [schlechten] Hinterabsichten derjenigen, die so etwas brauchen.«[277]

Als Cai Yuanpei am 5.3.1940 starb, war das auch ein Ereignis von hoher symbolischer Bedeutung. Bis dahin war er Integrationsfigur für die gegensätzlichsten politischen und ideologischen Strömungen, die sich auf das Erbe des 4. Mai bezogen, von den reformerisch gesinnten ehemaligen Spitzenbeamten der kaiserlichen Bürokratie bis zu den romantischen jungen Radikalen, die»proletarische Literatur jetzt« forderten.

Auf einem kalligraphierten Transparent beim Demonstrationszug zum Begräbnis von Lu Xun war er als »Seele Chinas« apostrophiert worden (vgl. Dok. B038), und die Schriftstellerin Xiao Hong, ebenfalls unter seinen

---

275 Vgl. Tang Tao u.a.: *Lu Xun zhuzuo banben congtan* [Gesammelte Plaudereien über die Ausgaben der Werke von Lu Xun], Beijing: Shumu wenxian chubanshe 1983, 232–43.

276 Vgl. D. Holm: »Lu Xun in the Period 1936–1949. The Making of a Chinese Gorki«, in: *Lu Xun and His Legacy*, 166–71.

277 »Guanyu Lu Xun zhi er« [Zu Lu Xun, Teil 2; 7.11.1936], in: *Guadou ji*, Shanghai: Yuzhou fengshe 1937, 230.

ehemaligen Schützlingen, hatte 1940 ein Pantomimenspiel mit dem gleichen Titel geschrieben, in dem der Autor zusammen mit seinen Figuren A Q und Kong Yiji auftritt (Dok. C036). Nun war schon im Jahre 1937 der Parteivorsitzende Mao Zedong daran gegangen, den »Geist von Lu Xun« zu definieren und hatte dazu folgende Punkte festgehalten: 1. daß er ein Heiliger des neuen China sei, 2. sein Kämpfertum und 3. seine Aufopferungsbereitschaft (vgl. Dok. C025). Doch erst mit den »Aussprachen in Yan'an über Literatur und Kunst« Mitte 1942 wurde schließlich innerhalb der Kulturpolitik der Kommunistischen Partei dieses Lu-Xun-Bild gegen ein mehr internationalistisches durchgesetzt. Es postulierte einerseits, die Zeit satirischer Texte im Stil von Lu Xun sei vorbei, weil in den kommunistisch kontrollierten Gebieten Freiheit herrsche,[278] und nahm andererseits Lu Xun als Erben einer guten Tradition in Anspruch. Paradigmatisch ist die ebenfalls von Mao Zedong gelieferte und Deutung des Verses »Nach unten dien' gern den Kindern als Büffel« aus dem Gedicht »Ein Spottlied auf mich«,[279] wo die »Kinder« seiner Auffassung nach für das Proletariat und die breiten Volksmassen stünden.[280] Schon 1940 hatte Mao Zedong die Formel von Lu Xun als dem »korrektesten, tapfersten, standhaftesten [...] Nationalhelden« geprägt, die erst nach 1942 massenhaft verbreitet wurde und damit zum bis nach der Kulturrevolution nicht hinterfragbaren *locus classicus* der Lu-Xun-Literatur wurde (vgl. Dok. C038).

Die Interpretation von Lu Xun gelangte nun vollständig in die Hände der Kulturfunktionäre. Dies zeigt sich deutlich in der Editionspolitik, wo Auswahlausgaben mit marxistisch formulierten Kommentaren entstanden. Eine davon umfaßte Texte aus den 30er Jahren und war 1941 von einer »Lu-Xun-Studiengruppe« kommentiert, eine andere erzählerische Texte mit den Anmerkungen von Xu Maoyong.[281]

Damit waren die Fronten klar definiert. Angehörige des ehemaligen Freundeskreises von Lu Xun begannen nun in der Zeit des Bürgerkriegs, sich in die Philologie seines Werks zurückzuziehen. Zu ihnen gehörte zeitweilig Tang Tao mit seinen minutiösen Emendationen und Supplementen zur Gesamt-

---

278 Vgl. *Ausgewählte Werke*, 3:102–3.

279 *LXW* 6:41.

280 Vgl. *Ausgewählte Werke*, 3:108 & *LXW* 6:237–9.

281 Vgl. Wang Xirong: »Jiefangqu chuban de ji zhong Lu Xun zhuzuo« [Einige in den befreiten Gebieten erschienene Werke von Lu Xun], in: *Lu Xun zhuzuo banben congtan*, 117–27, der neben Zitaten auch genaue Angaben über Papierqualität, Typographie, Auflage, ggf. vom Impressum abweichende tatsächliche Verlage und Verlagsorte usw. liefert.

ausgabe. Andere, die sich nicht in die kommunistisch kontrollierten Gebiete begeben hatten, pflegten weiterhin den satirischen Stil, so etwa Zheng Xuejia (1908–) mit seiner »Wahren Geschichte von Lu Xun« (1948), der nicht nur den Titel seiner Studie ausdrücklich Bezug nahm auf die Reflektionen von Lu Xun zur biographischen Gattung[282] und resigniert feststellte, daß der Autor bereits durch die sowjetische Literaturgeschichtsschreibung kolonisiert sei.[283]

Mit dem Sieg der Kommunistischen Partei im Bürgerkrieg und der Gründung der Volksrepublik waren kontroverse Diskussionen über Lu Xun nicht mehr möglich. Das als Kompromiß aus internationalistischen und agrarnationalistischen Elementen amalgamierte Bild von Lu Xun konnte sich bei seiner Verbreitung bald auf eine Reihe von Forschungs-Institutionen stützen. Am Beginn dieser Entwicklung steht die umfangreiche Biographie von Wang Shijing, die im Laufe der Jahre mehrmals umgeschrieben und sogar übersetzt wurde.

Einen Einschnitt bildeten die dicht aufeinander folgenden Kampagnen der Jahre 1955–57, der eine Reihe von Kulturfunktionären zum Opfer fielen, die bereits Lu Xun gegen Ende seines Lebens gedrängt hatten, sich für die parteioffizielle Parole einer »Literatur der nationalen Verteidigung« einzusetzen.[284] Zu ihnen gehörten zuerst Hu Feng, dann in der »Kampagne gegen rechts« Feng Xuefeng. Beide hatten, auch kraft ihrer zusätzlichen Autorität als Freunde von Lu Xun, als Interpreten und Memoirenschreiber offiziöse Lesarten seines Werks vermittelt.

Da sie nun politisch in Ungnade gefallen waren, mußte das Lu-Xun-Bild auf weite Strecken umgeschrieben werden, besonders was sein Verhältnis zur Partei und ihr nahestehenden Institutionen betrifft. Diese Arbeit hat Yao Wenyuan in seiner systematischen Abhandlung »Lu Xun — Titan der kulturellen Revolution in China« (1959) geleistet. Der damals 28jährige Autor, der später die radikale Vorhut der »Viererbande« bildete und dabei, ebenfalls als Literaturkritiker, das Startsignal zur Kulturrevolution gab, markiert nicht nur persönlich als Sohn des mit Lu Xun befreundeten Yao Pengzi (vgl. Dok.

282 Siehe *LXW* 1:104–6.

283 *Lu Xun zhengzhuan*, [Chongqing:] Shengli chubanshe 1941, 2. Aufl. Chongqing: Chongqing chubanshe 1942. Vgl. dazu Sun Yu (Hg.): *Bei xiedu de Lu Xun* [Der geschmähte Lu Xun], Beijing: Qunyan chubanshe 1994, 206–8. — Das Werk, teilweise als »chronique scandaleuse« konzipiert, wurde in den 50er Jahren auf Taiwan wiederum anderen Zensur-Forderungen gehorchend umgeschrieben und war dort neben Su Xuelin während langer Zeit wichtigste Informationsquelle zu Lu Xun (s.u.).

284 Vgl. Wong Wang Chi: *Politics and Literature in Shanghai*, Manchester & New York: Manchester University Press 1991, bes. 177–212.

C007)[285] einen Generationenwechsel in der Lu-Xun-Forschung. Seine Studie ist auch Laboratorium für das gesamte terminologische Instrumentarium der Kulturrevolution. Dabei diente Lu Xun als Demonstrationsobjekt. Welches Verhältnis zu dessen Texten dazu erforderlich war, gibt er wohl eher unfreiwillig preis: »Manchmal eröffnen schon ein paar Worte oder eine bloße Phrase [von Lu Xun] tiefgründige Gedanken«, oder »Auch Flüsse und Seen lassen sich nicht alle mit einem einzigen Becher leerschöpfen.«[286]

Die Gründungszeit der Volksrepublik mit ihrer erzwungenen relativen Stabilität schuf auf der anderen Seite das erforderliche Umfeld, um eine Reihe von Institutionen der Lu-Xun-Forschung zu schaffen: Im Juli 1950 beschenkte Xu Guangping den chinesischen Staat mit dem früheren Wohnhaus von Lu Xun in Peking.[287] Dort ging erst eine Arbeitsgruppe der Nationalbibliothek und später eine zunehmende Zahl von festen Mitarbeitern daran, den Nachlaß von Lu Xun zu sichten.[288] Ergebnis dieser Bemühungen war die »Gesamtausgabe« zum 20. Todestag, begleitet von einer Flut von Memoirenliteratur. Höhepunkt der Feierlichkeiten wurde dann die Eröffnung von Gedenkstätten in Shanghai, Guangzhou und Shaoxing,[289] ebenso der monumentale Ausbau der Grabstätte in Shanghai (vgl. Dok. B042). Nach den »Gesammelten Übersetzungen« (1958) markiert die öffentlich nicht zugängliche Publikation eines Katalogs der erhaltenen Manuskripte und der Bibliothek von Lu Xun[290] den Endpunkt einer Entwicklung, deren Instrumente immer noch im wesentlichen philologisch erarbeitet waren.

In der Literaturgeschichtsschreibung wurde nun Lu Xun im Zusammenhang mit der Bewegung des 4. Mai eine absolute Vorrangstellung einge-

---

285 Siehe das Gedicht »Für Yao Pengzi« [kalligraphiert 31.3.1932], in: LXW 6:39.

286 Yao Wenyuan: Lu Xun — Zhongguo wenhua geming de juren, Shanghai: Wenyi chubanshe 1959 (= Wenyi congshu), 156 & 6.

287 Chen Shuyu: Xu Guangping de yisheng, 153.

288 Vgl. den Brief an Xu Guangping vom 19.6.1955 mit politisch heiklen Fragen, in: Lu Xun, Xu Guangping suo cang shuxin xuan, 355–6.

289 In diesem ausgeprägt liturgischen Umfeld wurden die gröbsten Fälschungen vorgenommen (vgl. Dok. B030, B031, B051, B052). Ein Besuch in Shaoxing im Dezember 1993 ergab darüber hinaus mehrere auf Anhieb erkennbare Manipulationen: eine für Lu Xun ausgestellte Quittung über Mitgliedsbeiträge zur Kommunistischen Partei, eine Photographie mit wegretuschiertem Yao Ke (vgl. Dok. W010) usw. Vgl. auch S. Leys [P. Ryckmans], »Ombres chinoises« (1974), in seinen Essais sur la Chine, Paris: Laffont 1998 (= Bouquins), 268 Anm. 2.

290 Lu Xun shouji he cangshu mulu, 3 Bde., Beijing: Lu Xun bowuguan 1959.

räumt.[291] Diese wiederum erschien nur noch als Vorgeschichte der Gründung der Kommunistischen Partei 1921.

Zu Beginn der 60er Jahre gab es in den Feuilletons von Tageszeitungen Ansätze, sich außerhalb des wissenschaftlichen Diskurses in einem an Zhou Zuoren und seiner essayistischen Prosa orientierten Stil *ad hominem* Aspekten im Werk von Lu Xun zu nähern, die dezidiert apolitisch oder gar antipolitisch waren und von der orthodoxen Kritik ausgeklammert oder unterschlagen worden waren.[292] Der nachdenkliche Lu Xun wurde herausgehoben gegenüber dem polemischen Feuilletonisten, der Melancholiker gegenüber dem Kämpfer, der Einsame gegenüber dem Parteiischen, der Vieldeutige gegenüber dem Propagandisten. Zu den Autoren gehörte auch der Historiker Wu Han (1909–69), 1961 Verfasser des historischen Stücks *Hai Rui ba guan* (»Hai Rui verläßt sein Amt«), mit dessen Kritik Yao Wenyuan 1965 die Kulturrevolution einleitete.

Diese Ansätze, die einhergingen mit der Entdeckung einer Reihe von neuen Manuskripten, wichen jedoch bald einer umfassenden Politisierung von Lu Xun. Ihren Höhepunkt fand diese Entwicklung an den Feiern zum 30. Todestag von Lu Xun am 19. Oktober 1966 (vgl. Dok. C040, W008), als außer Chen Boda und Guo Moruo, der seit den späten 20er Jahren Lu Xun immer wieder massiv angegriffen hatte, sämtliche damals noch lebenden Funktionäre der 30er Jahre inzwischen politischen Säuberungen zum Opfer gefallen waren. Nun wurde die Weigerung von Lu Xun, sich einer Linie unterzuordnen, im Sinne der Kulturrevolution als Angriff auf die Parteibürokratie zugunsten einer nachträglich konstruierten Politik von Mao Zedong gegen die Komintern-Fraktion. Sowohl für Mao Zedong als auch für seine Frau Jiang Qing mußte Lu Xun als Instrument für teilweise gegenläufige parteiinterne Machtkämpfe herhalten. Weil sie angeblich ihre schauspielerische Karriere sabotiert hatten, brandmarkte Jiang Qing die gleichen Kulturfunktionäre der Kommunistischen Partei aus den 30er Jahren als »vier Übeltäter«, die schon Lu Xun bedrängt hatten.

Ohne bedeutende Eingriffe in die Textüberlieferung war eine solche Instrumentalisierung unmöglich. Deshalb versuchte die »Viererbande«, in den Besitz der »Erwiderung an Xu Maoyong…« zu gelangen, die eine Reliquie dieser Instrumentalisierung darstellte. Da der Text vom inzwischen ebenfalls verfemten Feng Xuefeng aufgesetzt und von Lu Xun nur ergänzt und stilistisch

---

291 Ein Beispiel dafür ist *Zhongguo xiandai wenxue shi cankao ziliao*, Hg. Beijing shifan daxue Zhongwenxi [usw.], 3 Bde., Beijing: Gaodeng jiaoyu chubanshe 1959.

292 Vgl. D. Pollard, in: *Lu Xun and His Legacy*, 88–9.

überarbeitet worden war, handelte es sich jedoch auch um das Zeugnis einer geleugneten Zusammenarbeit.[293]

In Auswahlausgaben dieser Zeit steht denn auch dieser Text an erster Stelle, gefolgt von Briefauszügen, in denen die bis 1966 in Ungnade gefallenen Funktionäre angegriffen werden. Gleichzeitig waren die erzählerischen Texte von Lu Xun, die bei der Würdigung seiner Rolle als Schriftsteller in den 50er Jahren im Mittelpunkt gestanden hatten, während der Kulturrevolution im Buchhandel gar nicht erhältlich.[294]

Parallel entstand eine vielfältige hagiographische Literatur mit didaktischer Ausrichtung, nach dem Muster von »Geschichten aus dem Leben von...«, die alle auf den parteiinternen Konflikt von 1936 hin teleologisch orientiert waren. Sie ist nicht nur wegen ihrer bemerkenswerten zielgruppengerichteten Spezialisierung nach Grund-, Mittel- und Hochschule aufschlußreich. Auch wie sie sich nicht-textlicher Mittel bedient, wie sie Lu Xun gefördert und propagiert hatte, wäre weiterer Untersuchungen wert (vgl. Dok. B019). Damit findet die bereits 1936 von Mao Dun geprägte Formel »Lu Xun erforschen und von ihm lernen« im großen Maßstab Anwendung und liefert den Titel für eine entsprechende Publikationsreihe.[295]

Wenn heute erklärt wird, die Lu-Xun-Forschung sei während der Kulturrevolution völlig zum Stillstand gekommen, ist das zunächst ein Reflex, der nicht weniger politisch ist als die radikale Politisierung von Lu Xun.[296] Selbst eine noch so selektive Edition seiner Texte und der Texte von politisch instrumentalisierbaren zeitgenössischen Autoren bedurfte einiger Quellenforschung. Deren Ergebnisse waren jedoch selbstverständlich weder einer wissenschaftlich interessierten Öffentlichkeit und noch weniger einem breiteren Lesepublikum zugänglich.[297]

---

293 Siehe *LXQJ* 6:539, Anm. 1.

294 M. Goldman, in: *Lu Xun and His Legacy*, 188.

295 Soweit ersichtlich, ist in der Reihe »Lu Xun yanjiu congkan« nur ein einziger Band erschienen, mit Xiao Jun als Herausgeber im Januar 1941 in Yan'an, mit einer ebenfalls nach Lu Xun gewählten Verlagsbezeichnung »Lu Xun wenhua chubanshe« [Lu-Xun-Kulturverlag] (vgl. den Teilnachdr. in *LYXL* 3:415–507). Darin wird u.a. über die Gründung einer ersten Lu-Xun-Forschungsgesellschaft am 15.1.1941 berichtet, die auf eine am 5.1.1940 auf der 1. Delegiertenversammlung des Kulturverbandes der Grenzregion Shaanxi-Gansu-Ningxia von Luo Fu formulierte Anregung zurückging, wobei im Nachdruck die Zahl der anwesenden Gründungsmitglieder durch Kreuze verschleiert wird (3:503). — Vgl. dazu auch die Aufsätze von Mao Dun: »Xuexi Lu Xun xiansheng« [Von Herrn Lu Xun lernen] (1936), »Yanjiu he xuexi Lu Xun« (1936, Dok. C024), »Yanjiu Lu Xun de biyao« [Die Notwendigkeit der Lu-Xun-Forschung] (1941), »Yanjiu, xuexi, bingqie fazhan ta« [Ihn {d.i. Lu Xun} erforschen, von ihm lernen, und ihn zugleich weiterentwickeln] (1941).

296 Vgl. Zhang Mengyang: *Lu Xun zawen yanjiu liushi nian*, 127–30.

Eine wenn auch hinter bombastischer Politterminologie verborgene Rückkehr zu einer ausgewogeneren Auswahl der Texte kündigte sich bereits in den »Vorlesungen zu ausgewählten Werken von Lu Xun« an der Peking-Universität an.[298] Erst die »neue Periode« ab Dezember 1978 machte jedoch den Weg frei für eine umfassende Neubewertung zunächst der vor 1918 entstandenen Werke. Deren dezidiert individualistische, elitäre und antidemokratische Tendenz war bisher unter den Schlagworten des Antifeudalismus und des Patriotismus nivelliert worden, was umso leichter fiel, als die betreffenden Texte auch in China selbst schwierig zu erschließen sind. Deshalb markierte die erste Übersetzung dieser frühen Texte in *baihua* für diesen Bereich eine Wende, die jedoch unverändert mit dem distanzierenden Etikett *qianqi* (eigentlich »Vorzeit«) beziehungsweise »Frühzeit« (*zaoqi*) versehen wurde.[299] Diese »Frühzeit« bildete denn auch einen der Schwerpunkte in der reichen Publikationstätigkeit, die im Jahre 1981 einen Gipfel erreichte, als im inzwischen seit Jahrzehnten institutionalisierten Rahmen der 100. Geburtstag von Lu Xun gefeiert wurde. Bemerkenswertestes Zeugnis war hier ein Band zu »100 Themen der Lu-Xun-Forschung«, nicht zuletzt deshalb, weil darin auch ausländische Studien zugänglich gemacht wurden, vor allem aus Japan.[300]

Schon in den Jahren davor waren zahlreiche Lu Xun gewidmete Periodika und Buchreihen entstanden, manche unter ihnen waren jedoch nur kurzlebig. Darunter fanden sich Arbeiten, die zum Teil 15 Jahre und länger auf ihre Publikation hatten warten müssen. Im gleichen Jubiläumsjahr erschienen auch die »Sämtlichen Werke«, deren Vorarbeiten naturgemäß weit in die Zeit vor 1976 zurückreichen und auch Texte umfaßten, die aus ideologischen, kulturpolitischen und teilweise auch persönlichen Gründen aus früheren Ausgaben ausgeschlossen worden waren.[301]

---

297 Vgl. etwa »Lu Xun nianbiao« [Zeittafel zu Lu Xun], Hg. Shanghai shida Zhongwenxi, & »Lu Xun zhuyi bianmu suoyin« [Index zu den Werken und Übersetzungen], Hg. Renmin ribao tushuguan, in: *Xuexi Lu Xun*, Qinhuangdao 1973 (= »Mao Zedong wenyi sixiang« xuexi cankao cailiao [Lernmaterialien zu den »Ideen über Literatur und Kunst von Mao Zedong«; sic] 2) [»internes Material«], 279–423. Diese Kompilationen sind Vorstufen zu den Indices in *Lu Xun quanji* 1981.

298 *Lu Xun zuopin xuan jiang*, Hg. Beijing daxue Zhongwenxi, 15 Bde., Beijing: Renmin chubanshe 1973–76.

299 Erste unter diesen Ausgaben ist Wang Shijing (Hg.): *Lu Xun zaoqi wu pian lunwen zhuyi* [Fünf frühe Abhandlungen von Lu Xun mit Anmerkungen und Übersetzung (in modernes Chinesisch)], Tianjin: Renmin chubanshe 1978, gefolgt von bisher mindestens fünf gleichartigen Ausgaben, die teils zunächst »intern« (*neibu*) verbreitet wurden.

300 Zhu Zheng (Hg.): *Lu Xun yanjiu bai ti*, Changsha: Hu'nan renmin chubanshe 1981.

Der politischen Losung einer »Öffnung nach außen« entspricht in der Lu-Xun-Rezeption eine erneute Hinwendung zu seinen zahlreichen außerchinesischen Inspirationsquellen, das heißt letztlich auch zu seiner Tätigkeit als Übersetzer, auch wenn der Prozeß erst zu einem sehr geringen Maße die Texte seiner Übersetzungen selbst erfaßt hat. Diese Öffnung drückt sich aber auch darin aus, daß die ausländische Lu-Xun-Forschung zunehmend zur Kenntis genommen wird und inzwischen etwa 20% der in den monatlichen »Lu-Xun-Studien« erscheinenden Hauptartikel Übersetzungen sind, für die eine eigene Rubrik eingerichtet ist.[302]

Auch jene Texte von Lu Xun, die sich der schematischen Zuordnung zum »kritischen Realismus« am heftigsten widersetzen, rücken nach den ersten Ansätzen der frühen 60er Jahre wieder vermehrt ins Blickfeld. Eine besondere Funktion kommt hier den als »nihilistisch und pessimistisch« kritisierten Prosagedichten der »Wilden Gräser« (1927) zu.

»Zuallererst zurück zu Lu Xun!« rief der Literaturwissenschaftler Wang Furen (1941–) 1986 aus[303] und machte damit deutlich, wie weit sich die Rezeption Lu Xuns von ihrem Gegenstand gelöst und sich von philologischen Methoden entfernt hatte.

Wegbereitend dafür war eine zuweilen klatschsüchtige Aufarbeitung der Biographie, wo sich Versäumnisse und Unterschlagungen am augenfälligsten und zugleich spektakulärsten festmachen lassen,[304] und mündete in breiter angelegte Untersuchungen, die deutlich psychologische Akzente setzen und sich grundlegend den Mechanismen bei Erneuerungsbestrebungen zuwenden.[305] Gleichzeitig eröffneten Autoren wie Liu Xiaobo (1955–) mit einer existentialistischen Sicht nicht nur auf die *condition humaine* von Lu Xun, sondern auch auf seine *condition chinoise* neue Wege zum Skeptiker und schließlich zum kulturkritischen Polemiker, der hinter dem literatur-

---

301 M. Goldman, in: *Lu Xun and His Legacy*, 183 & 191. Ich war leider nicht in der Lage zu ermitteln, welche von Lu Xun autorisierten Texte 1973 aus der Ausgabe von 1938 ausgeschlossen wurden. Bei den sensiblen Texten handelt es sich jedoch größtenteils um Briefe.

302 Ein sprechendes Beispiel ist hier die Übersetzung eines Kapitels von L. Lundberg: *Lu Xun as a Translator* (1989) als »Lu Xun yu Eguo wenxue« [Lu Xun und die russische Literatur], Übers. Wang Jiaping & Mu Xiaolin, in: *LY* 9/1993, 33–9.

303 Wang Furen: *Zhongguo fan fengjian sixiang geming de yi mian jingzi:* »Nahan« »Panghuang« *zonglun* [Ein Spiegel der antifeudalen ideologischen Revolution in China: Synopse von »Schlachtruf« und »Zwischenzeiten Zwischenwelten«], Beijing: Shifan daxue chubanshe 1986, 10.

304 Ein jüngeres Beispiel ist Wang Xiaoming: *Wufa zhimian de rensheng. Lu Xun zhuan*, 1993.

305 Wu Jun: *Lu Xun gexing xinli yanjiu* [Eine individualpsychologische Studie zu Lu Xun], Shanghai: Huadong shifan daxue chubanshe 1992.

politischen Aktivisten zeitweilig fast völlig verschwunden war. Am Beginn dieser Entwicklung standen die von Liu Zaifu (1931–) und Lin Fei (1931–) anhand einer Lu-Xun-Biographie erarbeiteten Ansätze,[306] die auch Li Zehou (1930–) in seine Geschichte der Ästhetik aufnahm. Die Rolle von Literatur sollte nicht so sehr aus empirisch fixierbaren objektiven sozialen Bedingungen heraus definiert, sondern im Sinne des dänischen Literaturhistorikers Georg Brandes und des von Lu Xun übersetzten japanischen Theoretikers Kuriyagawa Hakuson als Ausdruck subjektiver Befindlichkeit aufgefaßt werden. Diese gelte es, bei Lu Xun in eine ästhetische Würdigung einzubetten, namentlich im Verhältnis zwischen der Tradition und Ansätzen der Emanzipation von ihr.[307]

Allerdings ging diese Entwicklung auch einher mit einer besonders seit 1989 durch Zensurmaßnahmen gezielt geförderten Trennung zwischen reiner Forschung und didaktisch aufbereiteten Texten,[308] um politische Implikationen der ersteren dadurch zu entschärfen, daß sie zwar zugänglich ist, aber weit geringere Verbreitung genießt.[309]

Inzwischen ist in der Forschung zu Lu Xun erneut ein Generationenwechsel im Gange, dessen Folgen mindestens so weit reichen werden wie bei jenem Ende der 50er Jahre, der durch Yao Wenyuan markiert worden war. Verschärft werden die damit verbundenen Konflikte durch eine wirtschaftspolitische Entwicklung, die wenn nicht den Fortbestand zentraler Institutionen der Lu-Xun-Forschung gefährdet, so doch den bisherigen Umfang ihrer Arbeit (vgl. Dok. C042).

Auf der einen Seite stehen die in der Regel vor 1930 Geborenen, die wesentliche Grundlagen zum offiziösen Lu-Xun-Bild der 50er Jahre erarbeitet haben und in exponierten Positionen standen, als 1981 der 100. Geburtstag von Lu Xun gefeiert wurde; auf der anderen Seite stehen die Angehörigen der in eben diesen 50er Jahren geborenen Generation, die durch erleichterten Zugang zu den Quellen sowie die eigene biographische Erfahrung eines während der Kulturrevolution gelegentlich krass verzerrten Lu Xun geprägt

---

306 *Lu Xun zhuan*, Beijing: Shehuikexue chubanshe 1981.

307 Siehe dazu M. Lee: »Rethinking Literature in the Post-Mao Period: Liu Zaifu on the Subjectivity of Literature«, in: *Journal of the Oriental Society of Australia* 18/19 (1986/87), 101–25.

308 In Jin Bangjie & Wang Shijia (Hg.): *Lu Xun zuopin xiangjie* [Ausführliche Erläuterungen zu Werken von Lu Xun], 2 Bde., Beijing: Gongye daxue chubanshe 1994, sind — gegliedert nach Unter– und Oberstufe — ein gutes Dutzend Texte mit sachlichen und lexikalischen Erklärungen sowie Bemerkungen zur Erzähltechnik versehen.

309 Vgl. die Nachbemerkungen zur Untersuchung von Wu Jun (s. Motto), die sich unmißverständlich auf den 4.6.1989 beziehen.

sind. Erstere sehen nun den strahlenden »lebenslangen kommunistischen Kämpfer« Lu Xun von letzteren auf einen mit inneren Widersprüchen kämpfenden und gegen Depressionen angehenden Gegenstand psychologischer Untersuchung reduziert. Wenn sie nun versuchen, die kritische Reflexion zurückzubinden, verteidigen sie nicht nur ihre Position gegen einen widerborstigen, anarchistischen und ideologisch unkontrollierbaren Lu Xun, sondern kämpfen auch um knapper werdende Ressourcen der Forschung. Als Beispiel mag der sozusagen offizielle Lu-Xun-Biograph der »neuen Epoche« Lin Zhihao dienen, der ein entsprechendes *roll-back* zu initiieren versuchte.[310]

Nicht alle Beteiligten erweisen sich als so flexibel wie Wang Shijing, der seine 1948 erstmals erschienene Biographie von Lu Xun bis in die 80er Jahre hinein dutzende von Malen überarbeitete und zu zahlreichen unterschiedlichen Kurzfassungen umformte.[311] Dabei betrafen Ergänzungen naturgemäß seltener die Materialbasis als Modifikation in der ideologischen Einschätzung. Diese Biographie kann als Prototyp der Hagiographie gelten. Eine Jugendversion von 1951 endet gebetsartig:

Wie Lu Xun das eigene Vaterland lieben.

Wie Lu Xun das eigene Volk lieben.

Wie Lu Xun die eigene Geschichte und Kultur lieben.

Wie Lu Xun unverrückbar fest den Standpunkt des Volkes einnehmen.

[...]

Lu Xun ist unser großes Vorbild.[312]

Zur Zeit setzt eine behutsame Bewegung gegen die Psychologisierung von Lu Xun ein, die zu Recht unterstreicht, daß eine solche lediglich dialektisches Gegenstück zum Personenkult sei. Die Bilanz der »vor zehn Jahren noch frischen Wissenschaft« namens *Luxue* (»Lulogie«) fällt jedoch insgesamt

---

310 »Ping Lu Xun yanjiu zhong de ji ge wenti« [Kritische Würdigung einiger Probleme der Lu-Xun-Forschung], in: *LY* 2/1992, 47–55. Seine Biographie ist *Lu Xun zhuan*, Beijing: Beijing chubanshe 1981, Neuausg. 1984; frz. *La vie de Lu Xun*, 2 Bde., Übers. Groupe Lu Xun de l'Université de Paris VIII, Beijing: Editions en langues étrangères 1990.

311 *Lu Xun zhuan*, Shanghai: Xinzhi chubanshe 1948; *Lu Xun — ta de shengping he chuangzuo* [Lu Xun — sein Leben und sein Schaffen], Beijing: Zhongguo qingnian chubanshe 1958; als *Lu Xun zhuan*, ebda. 1959; engl. *Lu Xun. A Biography*, Übers. Zhang Peiqi, Beijing: Foreign Languages Press 1984.

312 *Lu Xun*, Beijing: Zhongguo qingnian chubanshe 1951, 4. Aufl. 1954, 59. Vgl. auch die Briefe von Xu Guangping und Zhou Jianren an Wang Shijing, die einen Einblick und seine Arbeitsweise vermitteln und veröffentlicht wurden im Rahmen von Du Yibai: »Lüetan Wang Shijing de Lu Xun yanjiu« [Bemerkungen zu den Lu-Xun-Studien von Wang Shijing], in: *LY* Nr. 199 (11/1998), 50–8 & 65.

positiv aus. Postulat ist eine radikale Historisierung, wie sie in der Rezeptionsgeschichte schrittweise eingelöst wird.[313]

Abschließend ist zu bemerken, daß im Bereich der Sinologie außerhalb
Chinas wirkende Chinesen von Anfang an wichtige Anstöße geliefert haben
und in der Vermittlung eine zunehmende Bedeutung haben. Was Lu Xun
betrifft, begann der Prozeß 1961 mit der Darstellung von C. T. Hsia [Xia
Zhiqing][314], setzte sich fort mit der postumen Kompilation *The Gate of Darkness*
(1968) seines Bruders Hsia Tsi-an [Xia Ji'an], ging weiter mit der bisher
umfassendsten Studie zu Lu Xun in einer westlichen Sprache, den *Voices
from the Iron House* (1985)[315] von Leo Lee Ou-fan [Li Oufan] und ist mit den
Untersuchungen Ng Mau-sang [Wu Maosheng] (vgl. Dok. W006) und Wong
Wang Chi [Wang Hongzhi][316] gewiß nicht abgeschlossen. Alle diese Studien
sind entweder kurz nach Erscheinen ins Chinesische übersetzt worden oder
aus bereits in chinesischer Sprache publizierten Arbeiten hervorgegangen.
Zusätzlich nimmt seit Ende der 80er Jahre auch die personelle Mobilität in
beiden Richtungen in einem Maße zu, daß deren Früchte noch gar nicht
abzuschätzen sind.

Mehr noch als Hong Kong als Umschlagplatz für Informationen und Ideen
aus den chinesischen Staaten hat hier das politische Klima auf Taiwan starke
Motive für die Auseinandersetzung mit Lu Xun hervorgebracht. Als sich
anfangs der 60er Jahre eine neue Generation anschickte, die westliche
literarische Moderne zu entdecken, mußte sie feststellen, daß sie in Lu Xun
einen wichtigen chinesischen Vorläufer hatte. Die Werke von Lu Xun, die
unter dem Etikett »großer Lehrer der [kommunistischen] Banditen« firmier-
ten, waren jedoch verboten. Dem Propagandarummel in der kulturrevolutionären Volksrepublik gleichsam spiegelbildlich entgegengesetzt war die
mindestens ebenso groteske Einschätzung der »Heldin im Kampf gegen

---

313 Zou Gong: »Lu Xun yanjiu xiang hechu qu« [Wohin treibt die Lu-Xun-Forschung], in: *LY* Nr.
142 (2/1994), 55–8.

314 *A History of Modern Chinese Fiction*, Neuausgabe 1972.

315 Diese Untersuchung wurde in chinesischer Sprache sowohl in Hong Kong und Taiwan
(*Tiewu zhong de nahan*, Übers. Yi Huimin, Xianggang: Sanlian shudian 1991) als auch in der
Volksrepublik (Kap. 8 »Marxist Aesthetics and Soviet Literature«, in: *LY* 3 & 4/1991, 34–9 &
45–51) zugänglich.

316 Wang Hongzhi: »Lu Xun yongyuan shi dui ma? — tan "shenhua" Lu Xun de wenti« [Hat Lu
Xun immer recht? — Über das Problem der »Mythisierung« von Lu Xun], in: *Wenxue yu biaoyan
yishu — Di san jie xian dang dai wenxue yantaohui* [Literatur und die darstellenden Künste —
Gesammelte Beiträge des 3. Symposiums zur Literatur von Modern und Gegenwart; Hong Kong,
9.-11.4.1992], Hg. Chen Bingliang, Xianggang: Lingnan xueyuan Zhongwen xi 1994, 204-35.

Lu« Su Xuelin (vgl. Dok. C030, C031, W011), die das Verbot rechtfertigte, weil sie den Werken von Lu Xun zutraute, sie würden innert eines halben Jahres die Kulturszene umkrempeln und innert zwei Jahren sämtliche taiwanesischen Intellektuellen zu Kommunisten machen.[317] Spätestens mit ihrem *Wo lun Lu Xun* (»Ich äußere mich zu Lu Xun«, 1966) mußte allen taiwanesischen Lesern die Bedeutung des Autors klargeworden sein, dem so übermenschliche Kräfte zugeschrieben wurden. Leo Lee Ou-fan gibt davon ein eindrückliches Zeugnis, das stellvertretend für eine ganze Generation stehen mag:»Die Idee [...] entstand schon Ende der 60er Jahre. Ich war damals noch Student und die ganze Welt schien in revolutionärem Aufruhr. In der Volksrepublik loderte gerade die Kulturrevolution und machte aus Lu Xun einen Heiligen. [...] Ich war völlig verstört, denn als ich anfangs 1962 nach Amerika kam, hatte ich sogleich die "Sämtlichen Werke von Lu Xun" zu lesen begonnen (sie waren auf Taiwan immer noch verboten) und fand, Lu Xun habe ein überaus reiches Innenleben, sei aber auch sehr düster. Er hatte nicht im entferntesten zu tun mit dem Phänomen, dem gewisse Wissenschaftler in der Volksrepublik ihre "Lobhudeleien" darbrachten.«[318] Dennoch dauerte es bis anfangs der 80er Jahre, bis öffentlich der freie Zugang zu den Werken von Lu Xun gefordert werden konnte — in einem Sammelband, der selber konfisziert wurde.[319] Vom 100. Geburtstag 1981 und einer öffentlich verhandelten Liebesgeschichte angeheizt, die den Lu-Xun-Enkel Zhou Lingfei auf Taiwan Wohnsitz nehmen ließ, folgte das »Lu-Xun-Nachdruck-Fieber« *(Luyinre).* Dann kam eine Welle von Raubdrucken mit Primär- und Sekundärquellen aus der Volksrepublik und aus Hong Kong mit teils fehlenden, teils veränderten Verfasserangaben, bevor ab 1989 die legale Werkausgabe *Lu Xun zuopin quanji* möglich wurde.

Als daraufhin wieder eine behutsame Annäherung an Lu Xun einsetzte, sahen sich Forscher aus der Volksrepublik gar zu einer vorsichtigen Apologie genötigt, die einige der an Lu Xun gerichteten Vorwürfe aufnimmt, vor allem jenen, seine Essays seien künstlerisch wertlos und er habe sich politisch mißbrauchen lassen. Diskussionsgrundlage wurde dabei der Satz:»Irgend eine historische Persönlichkeit zu vergöttlichen oder zu verheiligen, ist falsch.«[320]

---

317 Vgl. Chen Xinyuan:»Dixia de Lu Xun« [Lu Xun im Untergrund], in: LY 10/1991, 66–8.

318 »Zhong yiben zixu« [Vorwort zur chinesischen Ausgabe, 22.5.1990], in: *Tiewu zhong de nahan* [*Voices from the Iron House,* chin.], I.

319 Chaling [d.i. Zhou Yushan] (Hg.): *Lu Xun yu A Q zhengzhuan* [Lu Xun und die »Wahre Geschichte des A Q«], Taibei 1981.

Schon in den 20er Jahren jedoch wurde Lu Xun auf dem japanisch besetzten Taiwan rezipiert. Lu Xun hat wesentliche Anregungen zur »Heimatliteratur« geliefert, deren Anfänge vor 1949 zurückreichen und die sich nicht zuletzt gegen die urban geprägte literarisierte Nostalgie der mit Jiang Jieshi auf die Insel geflohenen Schicht richtete.[321]

Außerhalb Chinas

Ebenso wie innerhalb Chinas waren auch außerhalb des Landes besonders die Anfänge der Rezeption eng an persönliche Beziehungen mit dem Autor gekoppelt. Hinzu kommt die Schlüsselrolle der Übersetzung bei einer Vermittlung außerhalb des chinesischen Sprachraumes. Wenn von Lu Xun Texte übersetzt werden, ist dem häufig eine diskursive Auseinandersetzung mit dem Autor vorangegangen, sei sie nun mehr journalistisch-kritisch oder mehr wissenschaftlich-philologisch orientiert. Genauso wie in China einigermaßen geklärte ideologische Fronten der editorischen Arbeit haben vorangehen müssen, bilden somit Übersetzungen als intimste Beschäftigung mit dem Text eine wichtige Voraussetzung für die weitere Rezeption.

Das war bei der ersten Übersetzung von Lu Xun in eine außerasiatische Sprache überhaupt der Fall, beim russischen Dozenten und Militärberater B. A. Vasil'ev (chin. »Wang Xili«), der 1925 die »Wahre Geschichte des A Q« übersetzte.[322] Diese Arbeit stand am Beginn einer Entwicklung, wo eine ins 18. Jahrhundert zurückgehende reiche sinologische Tradition mit einem für China-Studien günstigen Umfeld zusammentraf und die bisher einzige Monographie über Lu Xun hervorbrachte, die von einer in eine andere nicht-chinesische Sprache übersetzt worden ist.[323]

---

320 Ein Beispiel dafür ist Chen Shuyu: »Guanyu pingjie Lu Xun de ruogan wenti — zai Taiwan Zhongyang yanjiuyuan wenzhesuo de jiangyan« [Einige Fragen zur kritischen Wertung von Lu Xun — ein Vortrag am Institut für Literatur und Philosophie der Academia Sinica auf Taiwan], in: *LY* 6/1994, 44–51.

321 Cheng Ze: »Lu Xun xiaoshuo yu Taiwan xiangtu wenxue« [Die Erzählungen von Lu Xun und die Heimatliteratur auf Taiwan], in: *LY* Nr. 118 (2/1992), 67. Vgl. dazu auch [Lin Shufen:] »Jieyan qianhou de Lu Xun (Taiwan "Guowen tiandi" zazhishe zuotan jilu)« [Lu Xun vor und nach der Entspannung (Aufzeichnungen von einem Symposium des Verlags der Zeitschrift »Guowen tiandi« auf Taiwan)], in: *Lu Xun yanjiu niankan*, 73–80.

322 Über das wechselhafte Schicksal dieser russischen Übersetzung vgl. Ge Baoquan: »*A Q zhengzhuan*« *zai guowai* [»Die wahre Geschichte des A Q« im Ausland], Beijing: Renmin wenxue chubanshe 9.1981. Vgl. dazu C. Alber: »Soviet Criticism of Lu Hsün (1881–1936)«, Ph.D. thesis Indiana University 1971.

Das kosmopolitische Zentrum Shanghai wirkte im Bereich solcher persönlichen Beziehungen zusätzlich als Katalysator. Hier machte Lu Xun die Bekanntschaft des Journalisten Harold B. Isaacs, der eine englische Ausgabe von zeitgenössischen chinesischen Erzählungen initiierte (vgl. Dok. A020), und hier traf er den tschechischen Sinologen Jaroslav Průšek, der zu den ersten gehörte, die überhaupt die neue Literatur Chinas einer bisher eher altphilologisch interessierten Wissenschaft nahebrachten, und diese Aufgabe mit einer Übersetzung von »Schlachtruf« in Angriff nahm (vgl. Dok. A026, W007).[324] Es waren, außer den chinesischen Studenten in Europa (vgl. Dok. C015), mit der internationalen kommunistischen Bewegung verbundene Journalisten, die den Namen von Lu Xun einem weiteren Publikum bekannt machten, darunter an erster Stelle die Amerikaner Edgar Snow und Agnes Smedley. Dagegen blieben im deutschsprachigen Raum die Übersetzungen von Alfred Hoffmann in der kulturellen Isolation während der Nazi-Zeit marginal.

Weit ausgeprägter treten diese Faktoren bei der japanischen Rezeption von Lu Xun in Erscheinung. Ihren ersten Anfang nahm sie, als ein japanischer Journalist 1909 berichtete, die »Gebrüder Zhou« (nämlich Lu Xun und Zhou Zuoren) arbeiteten an einer chinesischen Anthologie westlicher Literatur, nämlich den »Erzählungen von jenseits der Grenzen«, deren erster Band eben erschienen sei. Die engen biographischen und familiären Beziehungen von Lu Xun zu Japan haben dazu geführt, daß Lu Xun dort weit früher als Autor fiktionaler Prosa bekannt wurde als außerhalb Asiens. Beteiligt war daran eine Version der »Geschichte von den Kaninchen und der Katze«, die Lu Xun 1922 sogar selber ins Japanische übersetzt hatte und die in der in Peking erscheinenden Wochenschrift *Pekin shûhô* publiziert wurde.[325] Der wachsende Ruf von Lu Xun führte dazu, daß bis 1931 bereits vier verschiedene japanische Übersetzungen seiner »Wahren Geschichte von A Q« existierten und besonders in Shanghai immer wieder japanische Schriftsteller den Autor besuchten. Damit nahm die Lu-Xun-Rezeption in Japan von Anfang an eine pionierhafte Stellung ein, und zwar nicht zuletzt deshalb, weil an ihr sowohl Literaten als auch Sinologen beteiligt waren. Letztere nahmen ihn zunächst

323 V. Semanov: *Lu Xun and His Predecessors* [1961], Übers. C. Alber, White Plains/NY: Sharpe 1980.

324 *Vřava*, Übers. mit V. Novotná, Prag: Lidova Kultura 1937.

325 Ge Baoquan: »Tan Lu Xun "yi Riwen yi zizuo xiaoshuo" de faxian« [Über die Entdeckung der von Lu Xun »ins Japanische übersetzten selbst verfaßten Erzählung«], in: *Dushu* 7/1979. Die Übersetzung erschien in der Neujahrs-Sondernr. 47 am 1.1.1923.

als Historiker der *xiaoshuo*-Literatur wahr, so daß seine »Kurze Geschichte der chinesischen Erzählliteratur« schon 1935 auf Japanisch in Buchform erschien.[326] Auch waren sie viel eher in der Lage, die traditionelle Lyrik von Lu Xun zu würdigen, da in Japan die Gattung ebenfalls noch gepflegt wurde und wird.[327]

Eine wichtige Rolle im Kommunikationsprozeß spielte der enge Freund von Lu Xun in Shanghai, der Buchhändler und Essayist Uchiyama Kanzô. Durch ihn lernte Masuda Wataru Lu Xun kennen, der dessen Übersetzungen so eingehend kommentierte, daß deren Ergebnisse in der gedruckten Fassung als von Lu Xun in hohem Grade autorisiert gelten können. Die daraus entstandenen »Ausgewählten Werke« (*Rojin senshû*, 1935), die in einer Reclams Universalbibliothek nachgebildeten Reihe erschienen, machten Lu Xun in Japan einem größeren Publikum bekannt. Nach seinem Tode erschien eine siebenbändige Werkausgabe *Dai Rojin zenshû* (1937), wobei Feng Xuefeng die Auswahl der essayistischen Arbeiten vorgenommen und entsprechende Akzente gesetzt hatte. Doch unter der zunehmenden Militarisierung der japanischen Gesellschaft hatten Autoren, die nicht bloß als liberal galten, sondern den Ruf von Kommunisten hatten, einen immer schwereren Stand.

Eine erste Biographie erschien 1941, nach dem Krieg gefolgt von einer einflußreichen Studie von Takeuchi Yoshimi (»Lu Xun«, 1948). Takeuchi (1910–77) und Masuda (1903–77) wurden zum Protagonistenpaar der japanischen Lu-Xun-Rezeption und gaben, nach Abschluß eines Friedensvertrages und Aufhebung der amerikanischen Militärzensur, 1953 eine zweibändige Auswahl heraus, die Lu Xun in Japan populär machte. Dabei spielte er nach dem Krieg eine wichtige Rolle als positive literarische Identifikationsfigur aus einem Land, das anders auf die Herausforderungen des westlichen Imperialismus im 19. Jahrhundert reagiert hatte: »Gestern [das heißt vor 1945] schien seine Kritik aus dem Munde eines Fremden zu stammen, und heute ist es unsere eigene. Japan hat sich über das alte China gelegt, das Lu Xun schon vor langem beschrieben hat.«[328]

Deshalb setzte eine breitgefächerte Rezeption ein: Der junge Medizinstudent Lu Xun in Sendai wurde sogar zu einer Romanfigur und die Gestalt

---

326 Vgl. J. Wang: »Lu Xun as a Scholar of Traditional Chinese Literature«, in: *Lu Xun and His Legacy*, 95–6.

327 Eine ganze Reihe seiner traditionellen Gedichte hat Lu Xun japanischen Empfängern gewidmet. Vgl. Takata Atsushi: *Rojin shiwa* [Anmerkungen zu den Gedichten von Lu Xun], Tôkyô: Chûô kôron sha 1971.

328 Kainô Michitaka, in: *Mainichi shinbun* 17.6.1954 (Abendausgabe); zit. nach Maruyama, 234.

des A Q mehrfach in literarischen Werken assimiliert, so auch in *Ah Q gaiden* (»Inoffizielle Geschichte von A Q«, 1969), einem Theaterstück von Miyamoto Ken (1926–). Besonders Schriftsteller, die das Verhältnis von Literatur und Revolution zu ihrem Thema machten, sahen in Lu Xun ein Vorbild. 1952 wurde eine Lu-Xun-Studiengesellschaft gegründet, die 1953–66 die »Lu-Xun-Studien« *(Rojin kenkyu)* herausgab. Aus ihrem Umkreis stammen eine Reihe monographischer Studien, so etwa *Rojin shiso no keisei* (»Die ideologische Entwicklung von Lu Xun«, 1960). Welche zentrale Bedeutung dem Werk von Lu Xun beigemessen wird, zeigt sich etwa auch darin, daß eine auf moderne chinesische Literatur spezialisierte Fachzeitschrift ihren Titel *Yasô* seiner Sammlung »Wilde Gräser« verdankt.

Alles in allem war das Werk von Lu Xun in Japan seit 1953 so gut bekannt und in so zuverlässigen Ausgaben verbreitet, daß japanische Intellektuelle immun waren gegen das einseitig politisierende Bild des Autors, wie es besonders ab Mitte der 50er Jahre (genauer: seit dem 20. Todestag von Lu Xun 1956) von der Volksrepublik aus verbreitet wurde. Begünstigt wurde diese relativ unabhängige und vielfältige Entwicklung nicht nur durch gemeinsame kulturelle Wurzeln mit China, sondern auch durch privilegierten Zugang zu Quellen, nicht zuletzt den biographischen seiner Japan-Zeit. Ausdruck dieses auch quantitativ bedeutenden Interesses ist zum Beispiel, daß bereits 1984 eine japanische Übersetzung der »Sämtlichen Werke« von 1981 zu erscheinen begann.[329]

In der japanischen Kolonie Korea fand der Tod von Lu Xun in der Presse ebenfalls Beachtung, ohne daß dies weitere Spuren hinterlassen hätte. Seine Werke wurden in anderen asiatischen Regionen jedoch erst zugänglich, als nach Gründung der Volksrepublik in den frühen 50er Jahren zum Teil in China selbst Übersetzungen in verschiedene Sprachen entstanden, die zugleich Minoritätensprachen waren, so ins Koreanische, Mongolische, Kasachische, Kirgisische, Vietnamesische, während sie in den bedeutenden auslandchinesischen Gemeinschaften von Malaysia, Singapore und anderen Ländern ohnehin in chinesischer Sprache rezipiert werden konnten. Auch in afrikanische Sprachen wurde Lu Xun übersetzt, begünstigt durch die

---

329 S. dazu Zhang Jie: »Riben de Lu Xun yanjiu« [Die Lu-Xun-Forschung in Japan], in: *LY* 7–9/1991, 32–8 & 47–53 & 56–64; ebenso der Lu Xun gewährte breite Raum bei Wang Yoon Wah [Wang Runhua]: "The Study of Modern Chinese Literature in Japan Today", in: *Essays on Chinese Literature. A Comparative Approach,* Singapore: Singapore University Press 1988, 109–25. Vgl. auch Liu Guoping: »Bashi niandai yilai Riben zhongqingnian xuezhe Lu Xun yanjiu pingjie« [Eine kritische Darstellung der Lu-Xun-Forschung von japanischen Forschern der jungen und mittleren Generation seit den 80er Jahren], in: *LY* Nr. 143 (3/1994), 63–8.

chinesische Drittweltpolitik der 60er und 70er Jahre.[330] Erst seit Beginn der 80er Jahre entsteht im Anschluß an japanische Ansätze eine auf die erzählerischen Texte und die Tradition konzentrierte eigenständige Rezeption in Südkorea.[331]

Anders in Europa: Nach Ende des Krieges, als die wesentlichen Positionen einer parteipolitischen Interpretation seines Werks innerhalb Chinas schon abgesteckt waren, hatte Lu Xun kaum Aussichten, außerhalb der ideologischen Einflußsphäre der Sowjetunion anders denn als parteigebundener Autor wahrgenommen zu werden. Das schlug sich in zahlreichen Übersetzungen und sowohl populären als auch wissenschaftlichen Veröffentlichungen in den Staaten des Warschau-Pakts und damit auch der ehemaligen DDR nieder, später auch im politisch mit China liierten Albanien. Erst die *History of Modern Chinese Fiction* (1961) von C. T. Hsia [Xia Zhiqing] bot, namentlich was Lu Xun betrifft, einen differenzierten Überblick mit einer alternativen und anti-heroischen Lesart seines Werks, auch wenn sie nicht frei war von den antikommunistischen Reflexen des Kalten Kriegs. Daß hier ein sozial engagierter und klassenkämpferischer Pionier und eine literarisch virtuose, jedoch widersprüchliche Übergangsfigur aufeinanderprallten, mußte zu Konflikten führen, die auch öffentlich ausgetragen wurden.[332] Erneuert wurden diese antagonistischen Positionen zu Lu Xun im Umfeld der 68er-Bewegung, die bekanntlich von den Universitäten ausging und auch die Sinologie nicht verschonte. Hier resultierte die Faszination der radikalen gesellschaftspolitischen Ideologeme der Kulturrevolution in einer gelegentlich kritiklosen Rezeption des manichäischen kulturrevolutionären Lu-Xun-Bildes, die Mitte der 70er Jahre eine entsprechend heftige Polemik auslöste (vgl. Dok. W003, W008).

Die gegenüber jeglicher politischen Position subversive Potenz nahm einerseits mit einer außersinologischen Rezeption von Lu Xun ihren Anfang, verdankt sich andererseits aber einer Vertiefung entpolitisierender Lesarten, die vor allem im angelsächsischen Raum auf sozialpsychologischen und

---

330   Vgl. dazu Tang Tao u.a.: *Lu Xun zhuzuo banben congtan*, 265–81.

331   Yan Yingxu: »Hanguo diqu Lu Xun yanjiu xin dongxiang (1984–1993)« [Neue Tendenzen in der Lu-Xun-Forschung auf koreanischem Territorium], in: *LY* Nr. 141 (1/1994), 41–7.

332   Vgl. die bibliographischen Angaben zur Kontroverse zwischen C. T. Hsia und J. Průšek in Dok. W003.

literatursoziologischen Ansätzen beruhten.[333] Für den deutschen Sprachraum seien stellvertretend die vom Schriftsteller Hans-Christoph Buch (1944–) besorgte Anthologie *Der Einsturz der Lei-feng-Pagode* (1973) und die Bühnenadaption der Figur des A Q durch Christoph Hein (1944–) von 1977 genannt. Wie lange die Inkubationszeit der von Wolfgang Kubin besorgten bisher umfassendsten fremdsprachigen Ausgabe *Werke* (1994) von Lu Xun dauern wird, bleibt abzuwarten. Jedenfalls stehen diesem Unternehmen im französischen Sprachraum die jahrzehntelangen Bemühungen von Michelle Loi um das Werk von Lu Xun zur Seite, die seit 1972 bis in die Gegenwart zu einer Reihe von relativ weit verbreiteten Ausgaben mit einem repräsentativen Querschnitt aus dem Werk geführt haben.[334] Im angelsächsischen Raum dagegen, wo zahlreiche Übersetzungen in Einzelausgaben existieren, die auf bereits geleistete Vorarbeiten zurückgreifen können — nicht zuletzt auf die in Peking erstmals 1956 erschienene vierbändige Auswahl — ist Lu Xun inzwischen zum festen Bestandteil der Curricula zu den asiatischen Literaturen geworden.[335] Auch wenn dort ein entschärfter und weitgehend seines zeitgenössischen literarischen Kontexts beraubter Lu Xun präsentiert wird, ist es dennoch ein Anzeichen dafür, daß traditionelle Vorkriegs-Fachgrenzen endgültig durchlässiger geworden sind. Selbst wenn besonders in den USA häufig ein von nivellierender *political correctness* diktiertes schlechtes Gewissen eines der Motive für das Interesse an Lu Xun sein mag, stehen die Chancen angesichts der bevorstehenden ökonomischen Dominanz des »großchinesischen Wirtschaftsraums« nicht schlecht, daß auch Lu Xun einen wichtigen Platz einnehmen wird, wenn die intellektuelle *splendid isolation* Westeuropas zu kollabieren beginnt.

Die Schärfe, mit der Lu Xun auf die Herausforderungen einer unvermeidlichen materiellen Modernisierung reagiert hat, die Vehemenz, mit der er dazu Anregungen aus anderen Kulturräumen aufgegriffen und assimiliert hat, sein radikales soziales Engagement und sein Habitus als traditioneller chinesischer Intellektueller, der ihn zuletzt in einem Wust guten Willens und politischer Naivitäten aufgerieben hat, machen ihn zu einem Musterfall für die Widersprüche und Konflikte jener umfassenden Umbruchsbewegung,

---

333   L. Lee: *The Romantic Generation of Modern Chinese Writers*, Cambridge/MA: Harvard University Press 1973, v.a. 1–40 & 247–56.

334   Vgl. dazu R. Jaccard: »Luxun, le cri du fou«, in: *Le Monde* 11.8.1995.

335   Vgl. T. Huters: »The Stories of Lu Hsün«, in *Masterworks of Asian Literature in Comparative Perspective*, Hg. B. Miller, Armonk/NY & London: Sharpe 1994 (= Columbia Project on Asia in the Core Curriculum), 309–20.

die gemeinhin unter dem Begriff Moderne zusammengefaßt wird und von der heute sämtliche Kulturräume gleichermaßen betroffen sind. — Wenn die vorliegende dokumentarische Untersuchung dazu beiträgt, Lu Xun in diesem Sinne zu »de-exotisieren«, hat sie ihren Zweck erreicht.

Postscripta

Daß bei den Problemen, auf welche die Vermittlung von Lu Xun sogar in China trifft, auch zu ungewöhnlichen Mitteln gegriffen wird, macht eine jüngst erschienene Ankündigung deutlich, welche die sakrale Anthologie-Gattung *yulu* wiederbelebt: Eher eine Skurrilität aus einem außer Rand und Band geratenen Verlagswesen ist die Ausgabe *Lu Xun yulu*, die unter der Flagge »China hat das größte Buch der Welt herausgebracht« angekündigt wird und ein Schlaglicht auf die chinesische Befindlichkeit im Hinblick auf Lu Xun wirft: »77,5 cm lang, 54,5 cm breit, 2,5 cm dick [...] schon im Guinness-Buch der Rekorde eingetragen.«[337] Welche Texte für die immerhin 320 Seiten dieses Monumentalwerks ausgewählt wurden, wird nicht erwähnt. Nicht von der Hand zu weisen ist jedoch, daß die 1907 von Lu Xun beklagten »Einseitigkeiten« einer ausschließlich materiell ausgerichteten Kultur nichts von ihrer Aktualität eingebüßt haben und sich anschicken, auch sein Werk zu erfassen. — Womöglich wird nun das »Guinness-Buch der Rekorde« zumindest den Namen von Lu Xun weiter in der Welt verbreiten als irgendwelche anderen Bemühungen.

Kurz bevor dieses Buch in den Druck geht, macht die Ökonomisierung der Rezeption von Lu Xun einen neuen qualitativen Sprung. Wie eine Zeitung berichtet, »wurden sich die Familienangehörigen von Lu Xun bewußt, daß der Name Lu Xun über ein beträchtliches finanzielles Potential *[han jinliang]* verfügt«,[338] nachdem anfangs 2001 die Lu-Xun-Kunstakademie in Shenyang ihren Namen markenrechtlich hatte schützen lassen. Inzwischen hat Zhou Haiying einen Anwalt beauftragt, den Namen »Lu Xun« samt Porträt und Schriftzug als Handelsmarke eintragen lassen. Für die Kunstakademie in Shenyang, sechs Grund- und Mittelschulen in Shaoxing, je eine Mittelschule in Shanghai und Peking sowie die ebenfalls nach Lu Xun benannte [Zhou-]Shuren-Universität in Hangzhou kann das bedeuten, daß sie das Recht auf Führung ihres Schulnamens werden beantragen und bezahlen müssen. Langwierige juristische Auseinandersetzungen stehen bevor.

---

337 *Beijing tushu xinxi bao* Nr. 223 (13.7.1995), 1 #188. Die Ankündigung erwähnt ferner einen Bericht der Zeitung *Yangcheng wanbao* in Guangzhou, wonach sich der Schriftstellerverband der Provinz Guangdong bereit erklärt habe, »zum Schutz vor Fälschungen« die glücklichen Besitzer der 1000 numerierten Exemplare namentlich zu registrieren.

338 »Lu Xun jiaren shenqing zhuce "Lu Xun" shangbiao« [Familienangehörige von Lu Xun beantragen Registrierung der Namens »Lu Xun« als Handelsmarke], in: *Zhonghua shibao* Nr. 169 (Budapest, 5.–11.4.2001); vgl. *Zhejiang qingnian bao* (Hangzhou) 28.4.2001.

VERZEICHNIS DER DOKUMENTE

A	Texte von Lu Xun
B	Illustrationen
C	Chinesische Texte zu Lu Xun
L	Lektüre von Lu Xun
T	Von Lu Xun übersetzte Texte
W	Westliche Texte zu Lu Xun

A   Texte von Lu Xun

A001   Brief an Jiang Yizhi, 8.10.1904, in: *LXQJ* Bd. 11, S. 321–4   [50]

A002   Lu Xun: »Shumu liang jian: Dewen shu« [Zwei Bücherlisten: Deutsche Bücher; 1904], in: *Lu Xun yanjiu ziliao* [Materialien zur Lu-Xun-Forschung] Bd. 4, Tianjin: Renmin chubanshe 1.1980, S. 99–111   [55]

A003   Tagebuch im 5. Monat des Jahres Renzi [1912], in: *LXQJ* Bd. 14, S. 1–2   [99]

A004   Tagebuch im 6. Monat des Jahres Dingyi [1917], in: *LXQJ* Bd. 14, S. 276–78   [132]

A005   »Duiyu "xiaohua" de xiaohua« [Ein Witz über einen »Witz«], in: *Chenbao fukan*, Beijing, 17.1.1924 [Pseudon. Feng Sheng]; in: *LXQJ* Bd. 8, S. 127   [201]

A006   »Qiguai de rili« [Ein merkwürdiger Kalender, 23.1.1924], in: *Chenbao fukan*, Beijing, 27.1.1924; in: *LXQJ* Bd. 8, S. 128–9   [202]

A007   »Tongxun« [Mitteilung an Sun Fuyuan] & Z.M.: »Lu Xun xiansheng de xiaohua« [Ein Witz über Herrn Lu Xun], in: *Jingbao fukan*, Beijing, 8.3.1925; in: *LXQJ* Bd. 8, S. 133–4   [218]

A008   Brief an Wei Suyuan, 13.11.1926, in: *LXQJ* Bd. 11, S. 499–500   [275]

A009   Brief an Li Xiaofeng, 13.11.1926, in: *LXQJ* Bd. 11, S. 500   [281]

A010   »"Zou dao chubanjie" de "zhanlüe"« [Eine »Strategie«, um »sich in der Verlagswelt einen Namen zu machen«], in: *Yusi* Bd. 1, Nr. 13 (8.1.1927); in: *LXQJ* Bd. 8, S. 141–4   [283]

A011   »Zhongshan daxue kaixue zhi yu« [Grußwort zur Aufnahme des Unterrichts an der Sun-Yat-sen-Universität {in Kanton}; 10.4.1927], in: *Xin chulu* (Beilage zur Tageszeitung *Guomin xinwen*), Guangzhou 5.5.1927; in: *LXQJ* Bd. 8, S. 159–60   [283]

Illustrationen

Bauern], 1933 [Bibliothèque Nationale Paris, Cabinet des Médailles: 1992-140] *[469]*

1936 · 2 · 11

B002 Blatsky, F.: »Plan von Schanghai. Maßstab c. 1:70.000«, in: Oberhummer, Eugen: »Schanghai«, in: *Wiener geographische Studien* Heft 1 (Klosterneuburg, 1933), Tafel III *[313]* 1927 · 10 · 8

B003 [Cai Yuanpei] Ansprache an der Beerdigung von Lu Xun, 21.10.1936, in: Tang Zhenchang: *Cai Yuanpei zhuan*, Shanghai: Renmin chubanshe 8.1985, Bildteil *[503]*

1936 · 10 · 21

B004 Chen Duxiu (Hg.): Titelblatt der Zeitschrift *Xin qingnian* <La jeunesse> [Neue Jugend], Bd. 4, Nr. 5 (15.5.1918) *[141]* 1918 · 5 · 15

B005 Chen Duxiu (Hg.): Inhaltsverzeichnis der Zeitschrift *Xin qingnian* <La jeunesse> [Neue Jugend], Bd. 4, Nr. 5 (15.5.1918) *[143]* 1918 · 5 · 15

B006 Chen Yifei: »Mimi dushu shi« [Geheimes Lesezimmer, Ölbild], in: Shi Yige: *Lu Xun de gushi* [Geschichten über Lu Xun], Shanghai: Renmin chubanshe 7.1973, nach S. 74 *[361]* 1932 · 3

B007 Cheng Shifa: Illustration zur »Wahren Geschichte des A Q«, in: *A Q zhengzhuan yilingba tu* [108 Illustrationen zur »Wahren Geschichte des A Q«], Xianggang: Nantong tushu gongsi 8.1973, Nr. 22 *[187]* 1921 · 12

B008 The China Weekly Review (Hg.): »Chou Shu-jen«, in: *Who's Who in China*, Fifth Edition, Shanghai: The China Weekly Review 1936, S. 59 *[457]* 1936

B009 Eibel, Alfred: Verlagsprospekt zu »Michelle Loi: Pour Luxun (Lou Sin)« (zwei Scherenschnittfiguren im chinesischen Stil mit Degen) *[581]* 1975

B010 [Feng Xuefeng] Familienbild mit v.l.n.r. Feng Xuefeng, seine Ehefrau Paaren und Kleinkindern, Photographie 20.4.1931, in: *Lu Xun 1881–1936*, Nr. 71 *[333]*

1930 · 1 · 1

B011 Feng Zikai: Illustration zu »A Q zhengzhuan« [Die wahre Geschichte des A Q], in: *Feng Zikai huabi xia de Lu Xun xiaoshuo xuan* [Ausgewählte Erzählungen von Lu Xun, wie sie unter dem Pinsel von Feng Zikai aussehen], Xianggang: Zhongliu chubanshe 9.1976, S. 182–3 *[175]* 1921 · 12

B012 Feng Zikai: Illustration zu »Shexi« [Oper auf dem Lande], in: *Feng Zikai huabi xia de Lu Xun xiaoshuo xuan/Cartoons of Lu Hsun's Selected Stories* , Hongkong: Zhongliu chubanshe 9.1976, S. 296–7 *[191]* 1922 · 10

B013 Findeisen, Raoul David: Boote in Shaoxing mit Aufschrift »Luzhen«, Photographie 1993 *[193]* 1922 · 10

B014 Gao Wanyu: »Lu Xun yu Xiao Bona« [Lu Xun und G. B. Shaw, Stickerei nach Photographie, 1955], in: *Beijing Lu Xun bowuguan canghua xuan*, Tianjin: Meishu chubanshe 8.1986, S. 91 *[377]* 1933 · 2 · 17

B015 Grosz, George: Illustration zu Andersen-Nexø, Martin: *Die Passagiere der leeren Plätze* , Berlin: Malik-Verlag 11.1921, S. 75 *[341]* 1931 · 1 · 15

Illustrationen

B016   Grosz, George: do., in: *Die Passagiere der leeren Plätze*, S. 41 *[345]*

                        1931 · 1 · 15

B017   Hou Renzhi (Hg.):»Minguo Beijing cheng. Minguo liu nian« [Die Stadt Peking zur Zeit der Republik. Jahr 6 der Republik], Stadtplan von Peking 1917, 1:27'500, in: *Beijing lishi ditu ji*, Hg. Hou Renzhi u.a., Beijing: Beijing chubanshe 12.1985, S. 59–60 *[137]*   1917 · 7 · 16

B018   Huang Miaozi: Karikatur von Lu Xun, in: *Xiaoshuo banyuekan* Nr. 3 (Shanghai, 7.1934) *[413]*   1934 · 10

B019   Huang Xinbo:»Yuan xiang daocong mi xiaoshi« [Holzschnitt mit kolorierten roten Fahnen, 1974], in: *Beijing Lu Xun bowuguan canghua xuan*, Tianjin: Meishu chubanshe 8.1986, S. 85 *[573]*   1966 · 10 · 31

B020   [Jiang Yizhi] Lu Xun zum Krankenbesuch bei Jiang Yizhi, Photographie, Tôkyô um 1909, in: *Lu Xun 1881–1936*, Beijing: Wenwu chubanshe 1976, Nr. 12 *[51]*

                        1904 · 10 · 4

B021   Kota Yoshikazu (Hg.): Bahnhof von Sendai, Photographie, um 1905, in: *Me de miru Sendai no rekishi* [Geschichte von Sendai in Bildern], Sendai: Hôbundô [1959] NA 1990, S. 123 *[43]*   1904 · 9 · 5

B022   [Li Xiaofeng] Porträt im Büro des Verlag Beixin shuju (Peking, um 1925), Bildarchiv Lu-Xun-Museum Peking *[277]*   1926 · 11 · 11

B023   [Lu Rui] Photographie, um 1940, in: Li Yunjing: *Lu Xun de hunyin yu jiating*, Beijing: Shiyue wenyi chubanshe 2.1990, Bildteil *[17]*   1893

B024   [Lu Xun] neu entdecktes Porträt, Photographie, Tôkyô um 1902/03, in: *Shanghai Lu Xun yanjiu* Bd. 2, Hg. Shanghai Lu Xun jinianguan, Shanghai: Baijia chubanshe 2.1989, Bildteil *[39]*   1902 · 11

B025   Lu Xun: Tagebuch im 5. Monat des Jahres Renzi [1912], Faksimile, in: *Lu Xun shougao quanji* [Sämtliche Manuskripte von Lu Xun in Faksimile], Beijing: Wenwu chubanshe 10.1979, Tagebücher Bd. 1, S. 5 *[101]*   1912 · 5 · 5

B026   [Lu Xun] Photographie aller Mitarbeiter des Erziehungsministeriums, 1.1.1915, in: *Lu Xun 1881–1936*, Nr. 24 *[129]*   1915 · 1 · 1

B027   [Lu Xun] Grundriß des Hauses Zhuangta hutong Nr. 61 in Peking, in: Yu Fang: *Wo jiyi zhong de Lu Xun xiansheng*, Hangzhou: Zhejiang renmin chubanshe 10.1981, S. 45, Erläuterungen S. 46–7 *[197]*   1923 · 8 · 2

B028   [Lu Xun] Anon.: Lu Xun beim Vortrag an der Sun-Yet-sen-Universität, Aquarell, in: *Lu Xun zai Guangzhou* [Lu Xun in Kanton], [Beijing:] Renmin meishu chubanshe 9.1976, Nr. 46 *[297]*   1927 · 1 · 27

B029   Lu Xun: Erstdruck von »Xie zai fen hou mian«, in: *Yusi* Nr. 108; danach in: *Fen* [Grabmal], Beijing: Weimingshe 3.1927; Shanghai: Beixin shuju ⁴1930 *[279]*

                        1926 · 11 · 13

B030   [Lu Xun] Gruppenbild mit v.l.n.r. hinten Sun Fuyuan, Lin Yutang, Sun Fuxi, vorne

Zhou Jianren, Xu Guangping, Lu Xun, Photographie 4.10.1927, in: *A Pictorial Biography of Luxun*, S. 76   [*309*]   1927 · 10 · 4

B031   do., mit Sun Fuyuan und Lin Yutang wegretuschiert, in: *Lu Xun 1881–1936*, Nr. 55

[*309*]   1927 · 10 · 4

B032   [Lu Xun] Lageplan Jingyunli, Shanghai, in: *Lu Xun nianpu*, Hg. Li Helin u.a., Beijing: Renmin wenxue chubanshe 1981–84, Bd. 4, S. 6   [*319*]   1929 · 1 · 21

B033   Lu Xun: Tagebuch 19.–23.7.1930 mit »Carl Meffert: Deine Schwester« und »R.M.Rilke: Briefe an einen jungen Dichter« in Faksimile, in: *Lu Xun shougao quanji: riji* [Sämtliche Werke von Lu Xun in Faksimile: Tagebücher], 8 Bde., Beijing: Wenwu chubanshe 1980, Bd. 6, S. 259   [*337*]   1930 · 7 · 19 – 23

B034   [Lu Xun] Rede im Freien an der Pädagogischen Hochschule von Peking, Photographie 27.11.1932, in: *Lu Xun 1881–1936*, Nr. 75   [*365*]   1932 · 11 · 27

B035   Lu Xun: Manuskriptseite aus »"Zhongguo xin wenxue daxi" xiaoshuo er ji xu« [Vorrede zum 2. Band Erzählliteratur in der »Grossen Anthologie der neuen chinesischen Literatur«] in Faksimile, 2.3.1935, in: *Lu Xun shougao si bian* [Manuskripte von Lu Xun, Teil 4], Hg. Beijing Lu Xun bowuguan, Beijing: Wenwu chubanshe 8.1974

[*425*]   1935 · 3 · 2

B036   Lu Xun: Faksimile des Briefes an Jaroslav Průšek, 28.9.1935, in: Jaroslav Průšek: Sestra moje Čína, Praha: Drůštevní 1940, S. 293   [*485*]   1935 · 9 · 28

B037   [Lu Xun] Traueradressen zum Tode von Lu Xun mit verschiedenen Lateinumschriften des Chinesischen, 10.1936, in: *LYXL* Bd. 2, S. 415–6   [*495*]   1936 · 10 · 19

B038   [Lu Xun] 2 Doppelseiten mit Tableaubildern zum Tod und zur Beerdigung von Lu Xun, in: *Dongfang zazhi* Bd. 33, Nr. 21 (1.11.1936)   [*499*] [*501*]   1936 ·) · 19

B039   [Lu Xun] Büste in Stein im Innenhof der »Pekinger Akademie für Malerei« (*Beijing huayuan*), Photographie R.D.F., 1989   [*607*]   The End

B040   [Mao Dun (Hg.)] Zigarettenwerbung »Shuangwa / Two Baby«, in: *Xiaoshuo yuebao* Bd. 12, Nr. 10 (10.1921)   [*551*]   1945 · 10 · 23

B041   Mao Zedong kalligraphiert in Yan'an, neben sich drei Bände der Gesamtausgabe von 1938, Photographie 1942, in: *A Pictorial Biography of Lu Xun*, Peking: People's Fine Art Publishing House o.J. [1981], S. 131   [*519*]   1937 · 10 · 19

B042   Mao Zedong: »Lu Xun xiansheng zhi mu« [Grab des Herrn Lun Xun], Kalligraphie für Grabstelle in Shanghai, um 1955, Lu-Xun-Gedenkstätte Shaoxing, Photographie R.D F.   [*523*]   1937 · 10 · 19

B043   Mao Zedong: »Klage um Yang Quan«, Kalligraphie von Mao Zedong, 24.7.1975, in: *Lu Xun yanjiu yuekan* 12/1993, 3. Umschlagseite   [*391*]   1933 · 6 · 20

B044   Masai Yasuo (Hg.): Plan des Bezirks Kanda von Tôkyô, 1883, in: *Edo Tôkyô dai Tôkyô*: Heibonsha 8.1993, S. 58   [*65*]   1906 · 3

[*725*]

Illustrationen

B045 Ocup, Piotr Adolfovič: »Lenin, [7.11.] 1918«, Photographie (Ausschnitt), in: Čudakov, Grigorij (Vorr.): *Pionniers de la photographie russe soviétique*, Paris: Philippe Sers 1983; dt. *Russische Photographie: 1917–1940*, Übers. Bettina Witsch-Aldor, München: Prestel 1983, Nr. 89, S. 103   *[299]*   1927 · 1 · 27

B046 Qi Fang & Qi Jiran (Hg.): »Liulichang shutan« [Bücherstand an der Liulichang], Photographie um 1910, in: *Lao Beijing cheng yu lao Beijing ren*, Xianggang: Haifeng chubanshe 9.1993, S. 68   *[111]*   1913 · 5

B047 [*Renmin ribao*] Titelseite der Pekinger »Volkszeitung«, 1.11.1966   *[565]*
1966 · 11 · 1

B048 Rolland, Romain u.a. (Hg.): Titelblatt mit Inhaltsverzeichnis von *Europe* Nr. 41 (Paris, 15.5.1926) mit Hinweis auf erste französische Übersetzung von »A Q zhengzhuan«
[249]   1926 · 5 · 15

B049 Schiff, Friedrich: »Briefschreiber«, in: Kaminski, Gerd: *China gemalt*, Wien: Europa Verlag 1983, S. 18   *[515]*   1937 · 7 · 2

B050 Schiff, Friedrich: »Fall« [Herbst], in: *China gemalt*, S. 72   *[307]*   1927 · 0 · 3

B051 Sha Fei: Lu Xun im Gespräch mit Ruth Weiss, letzte Aufnahme zu Lebzeiten, 8.10.1936, in: *Lu Xun 1881–1936*, Nr. 111   *[491]*   1936 · 10 · 8

B052 [Shaw, George Bernard] Gruppenbild mit G. B. Shaw, 17.2.1933, unretuschiert, in: *A Pictorial Biography of Lu Xun*, S. 95   *[375]*   1933 · 2 · 17

B053 [Shaw, George Bernard], do., retuschiert, in: *Lu Xun 1881–1936*, Nr. 78
[375]   1933 · 2 · 17

B054 Snow, Edgar: Katholische Kirche in Yan'an, später »Lu-Xun-Kunstakademie«, Photographie, in: *Edgar Snow's China*, Hg. Lois Wheeler Snow, New York: Vintage Books [1981] 1983, S. 185   *[529]*   1940 · Sommer

B055 [Su Xuelin] Paßbild, Privatbesitz, Lyon   *[223]*   1925 · 5 · 27

B056 Takakura Atsushi u.a. (Hg.): *Gazu · chizu ge miru Sendai* [Sendai aus der Sicht von Bildern und Karten], Sendai: Imano insatsu kaisha 1.1994, Karte 9   *[47]*
1904 · 9 · 5

B057 Tang Hualong: Ernennungsurkunde von Lu Xun im Erziehungsministerium, 21.8.1912, in: *Lu Xun yanjiu ziliao* Bd. 22, Beijing: Zhongguo wenlian chuban gongsi 10.1989, Tafel   *[107]*   1912 · 8 · 21

B058 Tang Tao: »Tang Tao zhu »Lu Xun zhuan« shougao« [Manuskriptseite aus unvollendeter Lu-Xun-Biographie], in: *Lu Xun yanjiu yuekan* Nr. 121 (5/1992), S. 64   *[601]*
1992

B059 Tao Yuanqing: Umschlag zu [Xu] Qinwen: *Guxiang*, in: *Lu Xun yu shuji zhuangzheng* [Lu Xun und die Buchumschlaggestaltung], Hg. Shanghai Lu Xun jinianguan & Zhongguo meishu xiehui fenhui, Shanghai: Renmin meishu chubanshe 8.1981, S. 72   *[433]*
1935 · 3 · 2

B060 [Uchiyama Kanzô] Einladung bei Uchiyama Kanzô, Photographie 11.2.ı /36, in: *Lu Xun 1881–1936*, Nr. 99 *[465]* 1936 · 2 · 11

B061 »Wushe« [Fünferbleibe], Aufnahme des früheren Wohnhauses von Natsume Sôseki, in: *Lu Xun nianpu*, Hg. Li Helin u.a., Beijing: Renmin wenxue chubanshe 9.1981, Bd. 1, S. 203 *[85]* 1908 · 4 · 8

B062 [Xiao Hong] Xiao Hong auf der Eingangstreppe zum Haus mit der Wohnung von Lu Xun in Shanghai, Dalu xincun Nr. 9, 5.3.1935, in: *Xiao Hong*, Hg. Wang Shu, Xianggang: Sanlian shudian 5.1982, ^{3}10.1987 (= Zhongguo xiandai zuojia xuanji), Bildteil *[435]* 1935 · 3 · 5

B063 Xiao Hong: Umschlagtitel zu *Sheng si chang*, in: *Lu Xun huiyi lu* [Erinnerungen an Lu Xun], Shanghai: Wenyi chubanshe 1.1978, Vorsatzblatt *[447]* 1935 · 11 · 14

B064 [Xiao Hong] Xiao Hong: *Der Ort des Lebens und des Sterbens*, Übers. Karin Hasselblatt, Freiburg i.B.: Herder 1989, Umschlagtitel *[449]* 1935 · 11 · 14

B065 [Xiao Hong] »Xiao Jun zai Shanghai Lu Xun xiansheng mudi« [Xiao Jun am Grab von Lu Xun in Shanghai], v.l.n.r. Xu Guangping, Xiao Hong, Zhou Haiying, Xiao Jun, Photographie, 1937, in: Zhang Yumao: *Xiao Jun zhuan*, Chongqing: Chongqing chubanshe 7.1992, Bildteil *[511]* 1937 · 1

B066 [Xu Guangping] Photographie, um 1924, in: *A Pictorial Biography of Luxun*, S. 61 *[221]* 1925 · 3 · 11

B067 [Xu Guangping] Photographie, um 1945, Bildarchiv Beijing Lu Xun bowu; an *[541]* 1945 · 10 · 23

B068 [Xu Guangping] Photographie, um 1955, in: *Xu Guangping yi Lu Xun* [Xu Guangping erinnert sich an Lu Xun], Guangzhou: Guangdong renmin chubanshe 4.1979, Vorsatzblatt *[561]* 1954

B069 [Yan Fu] Titelseite der ersten Bleisatzausgabe von *Tianyan lun* [Über den Wandel in der Natur] *[37]* 1901 · 11 · 7

B070 [Yang Yinyu] Gruppenbild mit nach USA abreisenden Studenten, 11.8.1918, in: *Huanqiu tekan* Shanghai, Okt. 1919 *[233]* 1925 · 5 · 27

B071 [Yao Ke] Porträt mit Lu Xun, Photographie, Shanghai 1933, in: *Xin wenxue shi liao* Nr. 60 (3/1992), 2. Umschlagseite *[387]* 1933 · 5 · 26

B072 Yu Qihui: »Lu Xun yu Qu Qiubai« [Lu Xun und Qu Qiubai], Holzschnitt 367 x 367 mm, 1961, in: *Beijing Lu Xun bowuguan canghua xuan*, Tianjin: Renmin chubanshe 8.1986, S. 83 *[355]* 1931 · 12 · 18

B073 Zhang E: »Yanjing chi de bingqiling« [Eis, mit den Augen verschlungen], Cartoon, in: *Wenyi huabao* Nr. 1 (Shanghai, 10.1934) *[163]* 1921 · 12

B074 Zhang Taiyan (Hg.): Titelseite von *Minbao*, Nr. 20 (Tôkyô, 25.4.1908) *[83]* 1908 · Sommer

B075 [Zhu An] Porträt von Zhu An, Ehefrau von Lu Xun, Photographie, um 1910, Bildarchiv Lu-Xun-Museum Peking *[73]* 1906 · 7 · 26

Chinesische Texte zu Lu Xun

B076   [Zhu An] Familienbild im Innenhof, v.r.n.l. Zhu An, deren Mutter, Neffe, Bruder und
        Schwägerin, Photographie, Shaoxing um 1915, Bildarchiv Lu-Xun-Museum Peking
        [153]   1919 · 12

C   Chinesische Texte zu Lu Xun

LYXL   1913-1983 Lu Xun yanjiu xueshu lunzhu ziliao huibian [Eine Sammlung wissenschaftlicher
        Abhandlungen und Materialien zur Lu-Xun-Forschung], 5 Bde. & Indices, Hg. Zhongguo
        shehuikexueyuan wenxue yanjiusuo Lu Xun yanjiushi, Beijing: Zhongguo wenlian
        chubanshe 10.1985–7.1990

C001   [A Ying] Qian Xingcun: »Siqu le A Q shidai« [Das Zeitalter von A Q ist vorbei], in:
        Taiyang yuekan Nr. 3 (1.3.1928); in: Lu Xun lun, Hg. Li Helin, Shanghai: Beixin shuju
        4.1930, S. 71–116   [168]   1921 · 12

C002   Ba Jin: »Lu Xun xiansheng shi zheyang yi ge ren« [Ein solcher Mensch war Lu Xun,
        13.7.1956, überarbeitet Juni 1977], in: Lu Xun huiyi lu (yi ji), Shanghai: Wenyi
        chubanshe 1.1978, S. 74–9   [474]   1936 · 6

C003   »Beijing chuangban zhi shijieyu zhuanmen xuexiao« [Die Gründung der Esperanto-
        Fachschule in Peking], in: Jiaoyu zazhi Bd. 15, Nr. 9 (Shanghai, 20.9.1923); in: Lu Xun
        yanjiu ziliao Bd. 14, Tianjin: Renmin wenxue chubanshe 11.1984, S. 474–5   [199]
                                                                               1923 · 9 · 20

C004   Cai Yuanpei: »Xiao Bona po you lao dang yizhuang de ganxiang« [Überlegungen zu
        den Vorteilen des erheblichen Alters von George Bernard Shaw], in: Lunyu Nr. 12
        (1.3.1933); in: Cai Yuanpei quanji, Hg. Sun Chengwei, Taibei: Taiwan shangwu
        yinshuguan 3.1968, S. 637   [374]   1933 · 2 · 17

C005   Chang Hui: »Lu Xun xiansheng zai Beida jiangshou Zhongguo xiaoshuo shi de
        huiyi« [Erinnerungen an die Vorlesungen von Herrn Lu Xun an der Peking-Universität
        über die Geschichte der chinesischen Erzählliteratur], in: Lu Xun yan, : luncong,
        Changchun: Jilin renmin chubanshe 5.1980 (= Shehuikexue zhanxian congshu), S.
        89–91   [155]   1920 · 8

C006   Chen Duxiu (Hg.): Inhaltsverzeichnis der Zeitschrift Xin qingnian [Neue Jugend, <La
        jeunesse>] Bd. 4, Nr. 5 (15.5.1918)   [139]   1918 · 5 · 15

C007   Chen Wangdao: »Guanyu Lu Xun xiansheng de pianduan huiyi« [Fragmentarische
        Erinnerungen über Herrn Lu Xun], in: Huiyi Lu Xun ziliao jilu, Shanghai: Jiaoyu
        chubanshe 6.1980, S. 292–3   [409]   1934 · 9 · 25

C008   Cheng Ma: »Jiu shi jiehun« [Eine Hochzeit im alten Stil], in: ders.: Lu Xun liuxue Riben
        shi, Xi'an: Shaanxi renmin chubanshe 7.1987 (= Lu Xun yanjiu congshu), S. 179–86
        [78]   1906 · 7 · 26

C009   Dai Xizhang: »Richang shenghuo« [Alltagsleben], in: *Huiyi Lu Xun ziliao jilu*, Shanghai: 6.1980, [2]7.1981, S. 117–22   [*270*]   1926 · 9 · 4 – 19

C010   Ge Baoquan: »Tan Lu Xun shengqian "A Q zhengzhuan" you wu Dewen yiben« [Eine Plauderei darüber, ob es zu Lebzeiten von Lu Xun eine deutsche Übersetzung der »Wahren Geschichte des A Q« gegeben hat oder nicht], »*A Q zhengzhuan*« *zai guowai*, Beijing: Renmin wenxue chubanshe 9.1981, S. 83–6   [*181*]   1921 · 12

C011   He Lin: »Yan Fu de fanyi« [Die Übersetzungen von Yan Fu], in: *Dongfang zazhi* Bd. 22 Nr. 21 (Shanghai, 25.11.1925), S. 75–87; in: *Fanyi lun ji*, Hg. Luo Xinzhang, Beijing: Shangwu yinshuguan 5.1984, S. 146–60   [*25*]   1901 · 11 · 7

C012   Hu Zheng: »Yi Yan'an "Lu yi" shenghuo«, in: *Xin wenxue shiliao* Nr. 55 (2/1992), S. 128–32, 18   [*528*]   1940 · Sommer

C013   Huang Yuan: »Lu Xun xiansheng yu "Yiwen"« [Lu Xun und die Zeitschrift »Übersetzungen«], in: *Lu Xun huiyi lu (er ji)*, Shanghai: Wenyi chubanshe 8.1979, S. 13–22   [*402*]   1934 · 8 · 9

C014   Jiang Zemin: »Jin yi bu xuexi he fayang Lu Xun jingshen — zai Lu Xun dansheng yi bai yishi zhou nian jinian dahui shang de jianghua (1991 nian 9 yue 24 ri)« [Einen weiteren Schritt voran beim Lernen und Entfalten vom Geist Lu Xuns], in: *Lu Xun yanjiu yuekan* Nr. 114 (10/1991), S. 4–6   [*593*]   1991 · 9 · 24

C015   Jing Yinyu: »Du le "Luoman Luolan ping Lu Xun" yihou« [Nach der Lektüre von »Eine Würdigung von Lu Xun durch Romain Rolland«], in: *Hongshui* Bd. 2, Nr. 17 (16.5.1926), S. 233–9   [*248*]   1926 · 5 · 16

C016   Liang Shengwei: »Lu Xun xiansheng de xiaohua« [Ein Witz von Lu Xun], in: *Jingbao fukan* 8.3.1925; in: *LXQJ* Bd. 8, S. 133–4   [*218*]   1925 · 3 · 8

C017   Liang Shiqiu: »Guanyu Lu Xun« [Zu Lu Xun], in: *Guanyu Lu Xun*, Taibei: Zhuanji wenxue chubanshe [vor 1954], [2]30.1.1988 (= Zhuanji wenxue congshu 103), S. 1–9 [*556*]   1954

C018   Liu Xianbiao: »Ping Yan Fu yu xixue de zhuanbo« [Eine Kritik an Yan Fu und der Verbreitung westlicher Wissenschaft], in: *Zhong-wai bijiao wenxue tongxun* Nr. 1 (Shanghai: Shifan daxue Zhongwenxi 3.1990), S. 19–20   [*33*]   1901 · 11 · 7

C019   Liu Xiaofeng: »Xiwang zhong de juewang yu juewang zhong de xiwang« [Verzweiflung in der Hoffnung und Hoffnung in der Verzweiflung], aus Kap. 4, in: *Zhengjiu yu xiaoyao* [Erlösung und Muße], Shanghai: Renmin chubanshe 1988; Taibei: Fengyun shidai chuban gongsi 1990, 2 Bde. (= Fengyun sichao 27/28)   [*589*] 1992

C020   Lu Rui: Brief Zhou Haiying, 18.1.1939, in: *Lu Xun yanjiu ziliao* Bd. 16, S. 50   [*525*]   1939 · 1 · 18

C021   Lu Rui: Brief an Xu Guangping, 2.2.1939, in: *Lu Xun yanjiu ziliao* Bd. 16, S. 50   [*525*]   1939 · 2 · 2

C022   Lu Rui: Brief an Xu Guangping, 4.5.1939, *ebda.*, S. 54   *[526]*   1939 · 5 · 4

C023   Ma Jue: »Chuci jian Lu Xun xiansheng« [Als ich das erste Mal Herrn Lu Xun sah], in: *Kongde xuexiao xunkan* 3.1926; in: *Wentan yinxiang ji*, Hg. Huang Renying [A Ying], Shanghai: Lehua tushu gongsi 1922, S. 27–31   *[244]*   1926 · 3

C024   Mao Dun: »Yanjiu he xuexi Lu Xun« [Lu Xun erforschen und von ihm lernen, 21.11.1936], in: *Wenxue* Bd. 7, Nr. 6 (Shanghai, 1.12.1936); in: *LYXL* Bd. 2, S. 334–6

C025   Mao Zedong: »Lu Xun lun — zai "Shaangong" jinian dahui shang yanci« [Über Lu Xun — Worte bei der Gedenkveranstaltung im Sowjetgebiet Shaanxi], in: *Qiyue* Nr. 3 (Chongqing, 3.1938); in: *Wenxian* Nr. 2 (Shanghai, 10.11.1938); in: *LYXL* Bd. 2, S. 889–90; »Lu Xun shishi zhou nian jinian dahui shang de yanshuo« [Rede bei der Gedenkveranstaltung zum 1. Todestag von Lu Xun, 1937], in: *Mao Zedong ji*, 10 Bde., Hg. Takeuchi Minoru, Tôkyô: Hokobosha 1970–72, Bd. 5, S. 279–82   *[514]*

                                                             1937 · 10 · 19

C026   Pan Binggao: »Lu Xun xiansheng fangwen ji« [Interview mit Lu Xun; 29.11.1932], in: *Beiguo yuekan* Nr. 4 (1932); in: *Lu Xun yanjiu yuekan* Nr. 101 (9/1990), S. 64–6 *[367]*   1932 · 11 · 29

C027   Qingjian [?Liu Jing]: »Suiganlu 144: A Q shidai mei you si« [Impromptu Nr. 144: Das Zeitalter von A Q ist nicht vorbei], in: *Yusi* Bd. 4, Nr. 24 (11.6.1928); in: *Lu Xun lun*, Hg. Li Helin, Shanghai: Beixin shuju 1930, S. 117–9   *[179]*   1921 · 12

C028   [Qu Qiubai] »Lu Xun he Qu Qiubai guanyu fanyi de tongxin« [Ein Briefwechsel zwischen Lu Xun und Qu Qiubai, das Übersetzen betreffend; 5./18.12.1931], in: *Fanyi lunji*, Hg. Luo Xinzhang, Beijing: Shangwu yinshuguan 5.1984, S. 265–79   *[352]*

                                                             1931 · 12 · 5

C029   Shang Yue: »Lu Xun xiansheng« [Herr Lu Xun], *Wentan yinxiang ji*, Hg. Huang Renying [A Ying], S. 22–6   *[240]*   1925 · 10 · 23

C030   Su Xuelin: »Wo dui Lu Xun you yinjing dao fandui de yuanyin — Lu Xun shishi sa zhou nian jinian« [Warum ich Lu Xun erst bewunderte, dann ablehnte — Zum Gedächtnis des 30. Todestages von Lu Xun], in: *Ziyou qingnian* Bd. 37, Nr. 1 (Taibei 1966); in: *Wentan huajiu*, Taibei: Wenxing shudian 25.3.1967 (= Wenxing congkan 243), S. 21–9

[226]   1925 · 5 · 27

C031   Su Xuelin: »Yu gongfei huxiang liyong de Lu Xun« [Wie sich die kommunistischen Banditen und Lu Xun gegenseitig ausnützen], in: *Wo lun Lu Xun* [Ich äussere mich zu Lu Xun], Taibei: Aimei wenyi chubanshe o.J. [1966]; Nachdr. Taibei: Zhuanji wenxue chubanshe 1979 (= Zhuanzhi wenxue congshu 94), S. 144–8   *[235]*

                                                             1925 · 5 · 27

C032   Sun Yurong: »Tan "Yusi" kanming de youlai« [Über die Herkunft des Zeitschriftennamens »Wortspinnerei«], in: *Xin wenxue shi liao* 1/1992, S. 171–3   *[207]*

                                                             1924 · 11 · 2

C033 [Wu] Shutian: »Fang Lu Xun xiansheng« [Ein Besuch bei Herrn Lu Xun], in: *Wentan yinxiang ji*, Hg. Huang Renying [A Ying], S. 19–22 [*215*] 1925 · 1 · 24 / 31

C034 Xi Kang: »Youfen shi«, in: *Wenxuan* 23, Hg. Xiao Tong, Anm. Li Shan, Shanghai: Guji chubanshe 8.1986, Bd. 3, S. 1081–86; nach »Mein geheimer Kummer«, Übers. Erwin von Zach, in: *Die chinesische Anthologie. Übersetzungen aus dem Wen-hsüan*, Cambridge/MA: Harvard University Press 1958 (= Harvard-Yenching Institute Studies 18), Bd. 1, S. 362–3 [*117*] 1913 · 10 · 20

C035 [Xiang] Peiliang: »Ji Lu Xun xiansheng de tanhua« [Aufzeichnung einer Ansprache von Lu Xun], in: *Yusi* Nr. 94 (1926), S. 216–9 (6–9) [*264*] 1926 · 8 · 22

C036 Xiao Hong & Duanmu Hongliang: »Minzu hun Lu Xun« [Lu Xun, die Seele des Volkes, 1940], in: *Xiao Hong quanji*, Harbin: Harbin chubanshe 5.1991, ²7.1991, Bd. 2, S. 1197–1213 [*535*] 1940

C037 Xu Guangping: Brief an Lu Rui, 10.2.1939, in: *Lu Xun yanjiu ziliao* Bd. 16, S. 50–1 [*525*] 1939 · 2 · 10

C038 Xu Guangping: »Ruguo Lu Xun hai zai« [Wenn Lu Xun noch lebte], in: *Shanghai zhoubao* Bd. 4, Nr. 17 (Shanghai, 18.10.1941); in: dies.: *Xu Guangping yi Lu Xun*, Guangzhou: Guangdong renmin chubanshe 4.1979, S. 22–5 [*543*] 1941 · 10 · 18

C039 Xu Guangping: »Lu Xun xiansheng de xiangyan — jinian Lu Xun xiansheng shishi jiu zhou nian« [Die Zigaretten von Lu Xun — zum Gedächtnis des 9. Todestages von Lu Xun], in: *Wenzui*, Shanghai 23.10.1945; in: *Xinwei de jinian* [Glückliche Erinnerungen], Beijing: Renmin wenxue chubanshe 1951.7, ⁹1981.5, S. 99–102 [*546*] 1945 · 10 · 23

C040 Xu Guangping: »Mao Zedong sixiang de yangguang zhaoyao zhe Lu Xun« [Die Mao-Zedong-Ideen erleuchten Lu Xun], in: *Renmin ribao* Nr. 6689 (Beijing, 1.11.1966) [*568*] 1966 · 10 · 31

C041 [Yan Yuxin]: Aus einem Brief von Lu Xun an die Rote Armee; 2.1936], in: *Jenxue bao* 3.2.1992; dt. Übers. W[olf] B[aus], in: *Hefte für Ostasiatische Literatur* Nr. 13 (München, 11.1992), S. 133–4 [*467*] 1936 · 2

C042 Yiming [Pseudon.]: »Lu Xun de zai pingjia« [Neueinschätzung von Lu Xun], in: *Zhengming* Nr. 205 (Hongkong, 1.11.1994), S. 82–3 [*600*] 1994 · 11 · 1

C043 Yu Fang: »Fengjian hunyin de xishengzhe — Lu Xun xiansheng he Zhu furen« [Das Joch der feudalen Ehe — Herr Lu Xun und seine Frau Zhu, 20.10.1980], in: *Wo jiyi zhong de Lu Xun xiansheng*, Hangzhou: Zhejiang renmin chubanshe 10.1981, S. 135–48 [*72*] 1906 · 7 · 26

C044 Yue Daiyun: »Yi zhong shijie wenhua xianxiang« [Die Lu-Xun-Forschung: Ein Phänomen der Weltkultur], in: *Dushu* Nr. 138 (Beijing: Sanlian shudian 9/1990), S. 40–4; in: *Bashi niandai Yingyu shijie de Lu Xun yanjiu xin chaoliu*, Hangzhou: Zhejiang wenyi chubanshe 1996 (= Guowai Lu Xun yanjiu congshu) [*147*] 1918 · 5 · 15

C045   [Zhang Dinghuang] Zhang Fengju: »Lu Xun xiansheng« [Herr Lu Xun], in: *Xiandai pinglun* Bd. 1, Nr. 7 (Beijing, 24.1.1925) & Nr. 8 (31.1.1925); in: *Wentan yinxiang ji*, Hg. Huang Renying [A Ying], S. 1–18 *[213]*   1925 · 1 · 24 / 31

C046   Zhang Taiyan (Hg.): Inhaltsverzeichnis von *Minbao* Nr. 20 (Tôkyô, 25.2.1908) *[81]*
                                                      1908 · Sommer

C047   Zheng Ziyu: »Lu Xun zai Xiamen shiqi ziliao«, in: *Da feng* Nr. 51 (Hongkong, 15.10.1939); ...; in: *Huiyi Lu Xun ziliao jilu*, Shanghai: Jiaoyu chubanshe ... [2]7.1981, S. 146 *[273]*   1926 · 9 · 4

C048   Zhou Junyuan: »Wenxue, xiezuo, wenyi dazonghua — ji liushisan nian qian Lu Xun de yi ci jiangyan« [Literatur, Schreiben, Popularisierung von Kunst; 11.1927], in: *Lu Xun yanjiu yuekan* Nr. 100 (8/1990), S. 61–2 *[312]*   1927 · 11 · 10

C049   Zhou Zuoren: »Jiu riji li de Lu Xun« [Lu Xun in alten Tagebüchern, 1898], in: *Lu Xun xiaoshuo li de renwu*, Beijing: Renmin wenxue chubanshe 8.1957, [3]7.1981, S. 155–6 *[20]*   1898 · 3 · 15

C050   [Zhou Zuoren] Zhou Xiashou: *Lu Xun de gujia*, Beijing: Renmin chubanshe 8.1981, S. 175–80 (15: Alltag, 16: Antiquariate, 17: Kleidung, 18: Erdnüsse, 19: Alkohol) *[63]*
                                                      1906 · 3

C051   Zhu An: Brief an Xu Guangping, 2.7.1937, in: *Lu Xun yanjiu ziliao* Bd. 16, Tianjin: Renmin chubanshe 1.1987, S. 22 *[510]*   1937 · 7 · 2

L   Lektüre von Lu Xun

L001   Andersen-Nexö, Martin: *Die Passagiere der leeren Plätze*, Ill. George Grosz, Berlin: Malik-Verlag 1921 *[343]*   1931 · 1 · 15

L002   Gorki, Maxim: »Die Zerstörung der Persönlichkeit«, in: *Die Zerstörung der Persönlichkeit. Aufsätze*, Übers. Josef Chapiro & Rudolf Leonhard, Dresden: Kaemmerer 1922 *[472]*
                                               1936 · 6 · 5 – 30

L003   Groos, Karl: »Zum Problem der ästhetischen Erziehung«, in: *Zeitschrift für Ästhetik und allgemeine Kunstwissenschaft* Bd. 1 (Stuttgart: Ferdinand Enke, 1906), S. 297–311 *[113]*   1913 · 6

L004   Lipps, Theodor: »Zweiter Vortrag: Die sittlichen Grundmotive und das Böse«, in: *Die ethischen Grundfragen*, Hamburg & Leipzig: Voß 1899, [2]1905, S. 57 *[205]*
                                               1924 · 11 · 11

L005   Miehe, Hugo: *Die Bakterien und ihre Bedeutung im praktischen Leben*, Leipzig: Quelle & Meyer [3]1931 (= Wissenschaft und Bildung 12), S. 52–3 & 92–3 *[60]*
    1906 · 1 · 8

Verzeichnis der Dokumente

L006 Sachs, Heinrich: *Bau und Tätigkeit des menschlichen Körpers*, Leipzig & Berlin: B.G.Teubner
[4]1916 (= Aus Natur und Geisteswelt 92), S. 9–17 [45]   1904

T Von Lu Xun übersetzte Texte

T001 Andreev, Leonid Nikolaevič: *Das rote Lachen*, Übers. August Scholz, Berlin: Ladschnikow
1905 [92]   1909 · 4

T002 Baroja y Nessi, Pío: »Noche de médico«, in: *Idilios vascos*, 1900; in: *Obras completas*,
Madrid: Biblioteca Nueva 1948, Bd. 6, S. 1013–5 [328]   1929 · 9

T003 Gide, André: »Portrait«, in: *Cri de Paris* (= Peints par eux-mêmes), 1901; in: *Oeuvres
complètes*, Hg. L. Martin-Chauffier, Paris: [Gallimard] 1933, Bd. 3, S. 507–8 [412]
1934 · 10

T004 Heine, Heinrich: »Lyrisches Intermezzo«, in: *Buch der Lieder*, Hg. Hartwig Jeß, Leipzig:
Reclam o.J. [um 1905] (= Reclams Universal-Bibliothek 2231/32), S. 38 [127]
1914 · 2 · 1

T006 Multatuli [Dekker, Eduard Douwes]: Nr. 447, in: *Idëen*; in: *Volledige Werken*, Amsterdam:
G.A.Van Oorschot 1951, Bd. 2, S. 658; nach: »Sittenlos und unsittlich«, Übers. Paul
Raché, in: *Aus fremden Zungen. Halbmonatsschrift für die moderne Roman- und
Novellenlitteratur des Auslands*, Bd. 11, Nr. 2 (1901), S. 619–20 [211]
1924 · 12 · 7

T007 Mushanokôji Saneatsu: »Bungaku to jinsen« [29.8.1917, Abschn. 1–2], in: ⁴Mushanokôji
zenshu, Tôkyô 1988, Bd. 3, S. 283–7; u.d.T.»Wenxuezhe de yisheng«, in: *LXQJ* 1973,
Bd. 16, S. 168–78 [288]   1927

T008 Petőfi, Sándor: »Vaters Handwerk und meines«, »Ich will ein Baum sein«, »Unsere
alte Erde ...«, Gedichte nach *Alexander Petőfi's Poetische Werke*, Übers. Ignaz Schnitzer,
Wien & Leipzig: Halm und Goldmann [2]1919, Bd. 2 [90]   1909

T009 Reich, Emil: »Petöfi, the Incarnation of Hungary's Poetic Genius«, Kap. XXVII aus
Hungarian Literature. An Historical and Critical Survey, London: Jarrold & Sons 1898,
S. 169–93 [87]   1908

T010 Zur Mühlen, Hermynia von: *Was Peterchens Freunde erzählen. Märchen*. Zeichnungen
George Grosz, Berlin: Malik 1921 [323]   1929 · 9 · 8

Westliche Texte zu Lu Xun

W   Westliche Texte zu Lu Xun

W001   Barmé, Geremie: »An Artist and His Epithet. Notes on Feng Zikai and the Manhua«,
            in: *Papers on Far Eastern History* Nr. 39 (Canberra: The Australian National University,
            März 1989), S. 17–43   [*160*]   1921 · 12
W002   Kollwitz, Käthe: Brief an Hans Kollwitz, 29.11.1914, in: Briefe an den Sohn 1904 bis
            1945, Hg. Jutta Bohnke-Kollwitz, Berlin: Siedler 1992, S. 91   [*464*]
                                                                            1936 · 1 · 28
W003   Loi, Michelle: *Pour Luxun (Lou Sin)*. *Réponse à Pierre Ryckmans (Simon Leys)*, Lausanne:
            Alfred Eibel 1975 (= Brochures 3)   [*579*]   1975
W004   Loi, Michelle: »Romain Rolland et les Chinois. Romain Rolland et Luxun«, in: Europe
            Jg. 60, Nr. 633/634 (Paris, 1./2.1982), S. 187–201   [*255*]   1926 · 5 · 16
W005   Luo Zongqiang: »Ji Kang's Mentality and Life Tragedy« [zuerst in: *Zhongguo shehuikexue*
            2/1991], Übers. Bruce Doar, in: *Social Sciences in China* Bd. 13, Nr. 4 (4/1992),
            S. 5–27   [*121*]   1913 · 10 · 20
W006   Ng Mau-sang [Wu Maosheng]: »Reading Yan Fu's "Tian Yan Lun"«, in: *Interpreting
            Culture through Translation. A Festschrift for D. C. Lau*, Hg. Roger T. Ames &
            Chan Sin-wai & Ng Mau-sang, Hong Kong: The Chinese University of Hong Kong
            Press 1991, S. 167–84   [*28*]   1901 · 11 · 7
W007   Průšek, Jaroslav: »Providkár Lu Hsün a jini« [Der Erzähler Lu Xun und die anderen],
            Kap. 44 in: Sestra moje Čína [China, meine Schwester], Praha: Drůštevní práce 1940,
            ²1947, S. 292–296   [*487*]   1936 · 9 · 28
W008   Ryckmans, Pierre: »La mauvaise herbe de Lu Xun dans les plates-bandes officielles«,
            in: *La mauvaise herbe* [Yecao], Übers. Pierre Ryckmans, Paris: Union générale d'éditions
            1970 (= 10/18. Bibliothèque Asiatique 21), S. 7–51   [*572*]   1975
W009   Shaw, George Bernard: Brief an Edward Elgar, 30.5.1933, in: *Collected Letters*, Hg.
            Dan H. Laurence, Bd. 4 (1926–1950), London: Max Reinhardt 1988, S. 340   [*380*]
                                                                            1933 · 2 · 17
W010   Snow, Edgar: »China's "Gorki"«, in: *Journey to the Beginning*, New York: Random
            House 1972 (Vintage Books), S. 131; in: Snow, Lois Wheeler (Hg.): *Edgar Snow's
            China*, New York: Random House 1981; New York: Vintage Books 1983, S. 33
            [*383*]   1933 · 3 · 22
W011   Su Xuelin: »Present Day Fiction & Drama in China«, in: Joseph Schyns u.a.: *1500
            Modern Chinese Novels & Plays*, Peiping: Scheut Editions 1948, S. I–LVIII   [*553*]
                                                                            1948

VERZEICHNIS DER ÜBERSETZUNGEN VON LU XUN

In das vorliegende Verzeichnis sind, nach Autoren geordnet, sämtliche bekanntgewordenen Übersetzungen von Lu Xun aufgenommen. Bisher nicht identifizierte und anonyme Texte erscheinen am Schluß. Der Autorin beziehungsweise dem Autor und ihren oder seinen Lebensdaten folgt der übersetzte Text (T), dann die als Quelle (Q) verwendete Vorlage, der Titel der chinesischen Übersetzung (C) mit gegebenfalls vom übersetzten Text oder der Vorlage abweichender Bedeutung in eckigen Klammern […], das Datum der Entstehung beziehungsweise Erstveröffentlichung der Übersetzung (D) und die bibliographischen Angaben zur Erstveröffentlichung (E), ergänzt um Ausgaben in Buchform, sowie schließlich die Laufnummer (L) in der chronologischen Liste bei L. Lundberg (*Lu Xun as a Translator*, Stockholm: Orientaliska Studier 1989, Skrifter utgivna av Föreningen för Orientaliska Studier 23, S. 235-65). Werden die Angaben von Lundberg weiter differenziert, steht die betreffende Laufnummer in runden Klammern. Entfallen die Angaben zu Q, ist die Quelle identisch mit T. Erscheinen mehrere Titel unter Q, steht die Hauptquelle an erster Stelle, während alle übrigen Quellen bei der Übersetzung nachweislich konsultiert wurden. — In diesen Band auszugsweise übernommene Übersetzungen sind mit einem Asterisk * gekennzeichnet.

Es werden zusätzlich folgende Abkürzungen verwendet:

QJ   *Lu Xun quanji*, 20 Bde., Beijing: Renmin wenxue chubanshe 1973

YWJ   *Lu Xun yiwen ji*, 10 Bde., Beijing: Renmin wenxue chubanshe 1958

BY   *Lu Xun quanji buyi*, Hg. Tang Tao 唐弢 Shanghai: Shanghai chuban gongsi 1946

BX   *Lu Xun quanji buyi xubian*, Hg. Tang Tao, Shanghai: Shanghai chuban gongsi 1952

SB   *Lu Xun quanji buyi sanbian*, Hg. Wen Xu 文敘 Xianggang: Tiandi chubanshe 1978; erweiterte Neuauflage 1980

QJ8   *Lu Xun quanji*, 8 Bde., Hg. Wu Longhui 吳龍輝 u.a., Ürümqi: Xinjiang renmin chubanshe 1995; textidentisch mit der Ausgabe von 1938, Nachträge BY und BX eingeschlossen, nicht jedoch SB.

RWJ   *Lu Xun Riwen zuopin ji* 鲁迅日文作品集 [Werke von Lu Xun in japanischer Sprache], Hg. Tang Tao 唐弢 & Li Jinshou 李進守 Shanghai: Wenyi chubanshe 1981, ²1993

Übersetzungen von Lu Xun

Unter der Rubrik »Erstveröffentlichung« werden die folgenden Buchausgaben von zu Lebzeiten von Lu Xun erschienen Sammlungen mit Übersetzungen angeführt. Nachdrucke sind hier bis 1949 verzeichnet:

Yuwai xiaoshuo ji 域外小説集 [Erzählungen von jenseits der Grenzen], 2 Bde., Hg. Zhou Shuren 周樹人 [d.i. Lu Xun], Tôkyô: Shinten insatsujo 2.3.1909 (Bd. 1), 27.7.1909 (Bd. 2); Shanghai: Qunyi shushe 1921, [2]1924, [3]1929; Shanghai: Zhonghua shuju 12.1936

Xiandai xiaoshuo yicong 現代小説譯叢 [Gesammelte Übersetzungen moderner Erzählungen], Shanghai: Shangwu yinshuguan 5.1922, [2]7.1923, [4]9.1926, 9.1932

Erošenko, Vasilij: *Ailuoxianke tonghua ji* 愛羅先珂童話集 [Kindergeschichten von Erošenko], Shanghai: Shangwu yinshuguan 7.1922, [2]4.1923, [3]11.1923, [4]2.1924, [5]10.1925, [6]3.1927, [7]11.1929, 10.1933, 2.1935, 8.1938

Zhou Zuoren 周作人 (Hg.): *Xiandai Riben xiaoshuo ji* 現代日本小説集 [Moderne Erzählungen aus Japan], Shanghai: Shangwu yinshuguan 6.1923, [2]12.1923, [3]12.1925, [4]11.1928 (= Shijie congshu); 4.1930, 3.1933, 9.1934 (= Wanyou wenku, Reihe 1)

Erošenko: *Taose de yun* 桃色的雲 [Pfirsichfarbene Wolke], Beijing: Xinchao she 7.1923; Shanghai: Beixin shuju [2]1926, [3]1927 (= Wenyi congshu); Shanghai: Shenghuo shudian 10.1934, [2]4.1935

Kuriyagawa Hakuson: *Kumen de xiangzheng* 苦悶的象徵 Beijing: Xinchao she 12.1924 (= Weiming congshu 1); Shanghai: Beixin shuju [3]10.1926, [4]8.1927, [5]8.1928, [6]3.1929, [7]8.1929, [8]5.1930, [10–11][o.J.], [12]10.1935

ders.: *Chu le xiangya zhi ta* 出了象牙塔 [Hinaus aus dem Elfenbeinturm], Beijing: Xinchao she 12.1925, [2]9.1927, [3]10.1928, [4]4.1929, [5]1.1930 (= Weiming congkan); Beiping: Beixin shuju 8.1931, [2]8.1932, [3]3.1933, [4]9.1935, [5]5.1937

Tsurumi Yûsuke: *Sixiang, shanshui, renwu* 思想・山水・人物 [Ideen, Landschaften, Menschen], Shanghai: Beixin shuju 5.1928, [2]1929

Katagami Shin: *Xiandai xinxing wenxue de zhu wenti* 現代新興文學的諸問題 [Probleme der neueren Literatur], Shanghai: Dajiang shupu 4.1929, [2]2.1930, [3]10.1932

Jindai shijie duanpian xiaoshuo ji 近代世界短篇小説集 [Zeitgenössische Erzählungen aus aller Welt], Bd. 1 (»Qijian ji qita« 奇劍及其他); Bd. 2 (»Zai shaomo shang ji qita« 在沙漠上及其他), Shanghai: Zhaohua she 4.1929

Bi xia yicong 壁下譯叢 [Übersetzungen vom Fuß der Mauer], Shanghai: Beixin shuju 4.1929, [2]7.1929

Lunačarskij, Anatolij: *Yishu lun* 藝術論 [Über Kunst], Shanghai: Dajiang shupu 6.1929, [2]2.1930, [3]8.1930 (= Yishu lilun congshu 1)

ders.: *Wenyi yu piping* 文藝與批評 [Kunst und Kritik], Shanghai: Shuimo shudian 10.1929, [2]3.1930 (= Kexue de yishulun congshu 6)

Wenyi zhengce 文藝政策 [Literaturpolitik], Shanghai: Shuimo shudian 6.1930, [2]10.1930 (= Kexue de yishulun congshu 13)

Plechanov, Georgij: *Yishu lun* 藝術論 [Über Kunst], Shanghai: Guanghua shuju 7.1930 (= Kexue de yishulun congshu)

Erošenko, Vasilij: *Xingfu de chuan* 幸福的船 [Boot des Glücks], Übers. Xia Mianzun 夏丏尊 u.a., Shanghai: Kaiming shudian 3.1931, [2]3.1932, [3]2.1935 (= Shijie shaonian wenxue congkan. Tonghua 12)

Fadeev, Aleksandr: *Huimie* 毀滅 [Vernichtung], Shanghai: Dajiang shupu 9.1931, [2]8.1933; Shanghai: Sanxian shuwu [Selbstverlag] [2]10.1931; o.O. [Shanghai]: Lu Xun quanji chubanshe 5.1939, [2]10.1940, 6.1941, 6.1948; o.O.: Huabei shudian 1943; Hankou: Guangming shudian 9.1947

Lu Xun (Hg.): *Shuqin* 豎琴 [Die Harfe], Shanghai: Liangyou fuxing tushu yinshua gongsi 1.1933, [2]6.1933, [3]11.1933, [4]12.1935, 10.1939, 10.1941; zus. mit *Yi tian de gongzuo* als *Sulian zuojia ershi ren ji* 蘇聯作家二十人集 [20 Schriftsteller aus der Sowjetunion], 7.1936, [2]3.1937

Jakovlev, Aleksandr : *Shi yue* 十月 [Oktober], Shanghai: Shenzhou guoguang she 2.1933, [2]11.1933; o.O. [Shanghai]: Lu Xun quanji chubanshe 5.1939, [2]6.1940, 3.1947

Lu Xun (Hg.), *Yi tian de gongzuo* 一天的工作 [Ein Tagewerk], Shanghai: Liangyou tushu yinshua gongsi 3.1933, [2]6.1933, [3]12.1933, [4]3.1936, 7.1941, 6.1945 (= Liangyou wenxue congshu. Reihe 4); zus. mit *Shuqin* als *Sulian zuojia ershi ren ji*, 7.1936, [2]3.1937

Gor'kij, Maksim: *Emo* 惡魔 [Über den Teufel], Shanghai: Chunguang shudian 10.1934 (= Shijie wenxue mingzhu yicong)

Panteleev, Leonid: *Biao* 錶 [Die Uhr], Shanghai: Shenghuo shudian 7.1935, [2]10.1935, [3]3.1936, [4]7.1936, [5]2.1937, [6]10.1937; Shanghai: Yiwen she [7]1.1939 (= Yiwen congshu chahua ben); o.O.: Huabei xinhua shudian 12.1942, [2]2.1943; Guilin: Xin shaonian chubanshe 2.1943; o.O.: Shenghuo shudian 2.1943; o.O. [Shandong]: Jiaodong wenlian qinglian chubanshe 3.1944; o.O.: Jin-Cha-Ji xinhua shudian 1.1945; Zhangjiakou: Jin-Cha-Ji xinhua shudian 2.1946; Chongqing: Xueyi chubanshe 10.1945; Zhangjiakou: Xinhua shudian Jin-Cha-Yi fendian 2.1946; o.O.: Xin shaonian shuju 12.1945; Shanghai: Shenghuo shudian 5.1946, [2]2.1947, [3]4.1948; o.O. [Harbin]: Guanghua shudian 9.1948 (= Shaonian

wenku); o.O. [Huoxian/Shanxi]: Taiyue xinhua shudian 12.1948;
o.O. [Luoyang]: Zhongyuan xinhua shudian 6.1949; o.O. [Ji'nan]:
Shandong xinhua shudian 7.1949; o.O. [Hangzhou]: Zhejiang xinhua
shudian 9.1949

Gor'kij, Maksim: *Eluosi de tonghua* 俄羅斯的童話 [Russische Märchen],
Shanghai: Wenhua shenghuo chubanshe 8.1935, [4]9.1940; [5]8.1947,
[6]11.1949; Chongqing: Wenhua shenghuo chubanshe 9.1944

Gogol', Nikolaj: *Si linghun* 死靈魂 [Tote Seelen; Teil 1], Shanghai: Wenhua
shenghuo chubanshe 11.1935, [2]1.1936, [3]3.1936, [4]3.1936, [5]5.1936,
[6]11.1936, [7]5.1937, [10]11.1940, [12]9.1946, [13]6.1947, [14]3.1949; 2 Bde.,
Guilin: Shanghai wenhua shenghuo chubanshe 4./7.1942; Chongqing:
Shanghai wenhua shenghuo chubanshe 1.1943; o.O.: Dongbei Zhong-
Su youhao xiehui 1.1946

Čechov, Anton: *Huai haize he bie de qiwen* 坏孩子和别的奇闻 [Der böse Junge
und andere Grotesken], Shanghai: Lianhua shuju 1936; Chongqing:
Yadian shuwu 1943, [2]1945

Gogol', Nikolaj: *Si linghun (zengdingben)* 增訂本 [Tote Seelen (erweiterte
Ausgabe)], Shanghai: Wenhua shenghuo chubanshe 1938, [9]3.1940,
[12]9.1946, [13]6.1947, [14]3.1949 (= Yiwen congshu. Guogeli xuanji 5);
Guilin: Wenhua shenghuo chubanshe 7.1942; Chongqing: Wenhua
shenghuo chubanshe 1.1943; Changchun: Dongbei Zhong-Su youhao
xiehui 1.1946

Yicong bu 議叢補 [Ergänzungen zu den gesammelten Übersetzungen], Hg. Xu
Guangping 許廣平 , in: *Lu Xun quanji*, 20 Bde., Shanghai: Lu Xun
quanji chubanshe 6.1938, Shanghai: Fushe 8.1936, Bd. 16

Als weitere Quellen herangezogen wurden *Lu Xun zhuyi xinian mulu* 魯迅著
譯系年目錄 [Chronologisches Verzeichnis der Werke und Übersetzungen von
Lu Xun], Hg. Shanghai Lu Xun jinianguan, Shanghai: Wenyi chubanshe 8.1981
(= Zhongguo xiandai wenxue shi ziliao congshu: jia zhong); Zhou Guowei 周
國偉 *Lu Xun zhuyi banben yanjiu bianmu* 魯迅著譯版本研究編目 [Eine
systematische Untersuchung zu den Erstdrucken der Werke und Übersetzungen
von Lu Xun], Shanghai: Wenyi chubanshe 10.1996; Mark Gamsa: »Two Russian
Writers in China: The Work of Mikhail Artsybashev and Leonid Andreev in
Chinese Translation, from 1909 to 1948«, unveröff. M.A. thesis, The Hebrew
University of Jerusalem 1999.

Aus satztechnischen Gründen steht hier in japanischen Titeln, die sonst
ausschließlich aus *kanji* bestehen, das chinesische 的 für die japanische
Attributpartikel *no*.

Akita Ujaku 秋田雨雀 (1883–1962)

    T — [Nach der Lektüre von »Pfirsichfarbene Wolke«], Brief an Erošenko, 21.11.1921

    Q — ?

    C — »Du le tonghuaju "Taose de yun" 讀了童話劇《桃色的雲》

    D — 30.4.1922

    E — *Chenbao fukan* 晨報副刊 13.5.1922; *Taose de yun; YWJ* Bd. 2; *QJ* Bd. 12, S. 521–2

    L — ø

Akutagawa Ryûnosuke 芥川龍之介 (1892–1927)

    T — »Hana« [Die Nase], in: *Hana*, 1918

    C — »Bizi« 鼻子

    D — 3.5.1921

    E — *Chenbao* 晨報 11.–13.5.1921; *Xiandai Riben xiaoshuo ji; YWJ* Bd. 1; *QJ* Bd. 11, S. 552–62

    L — #27

T — »Rashômon« [Das Rasho-Tor], in: *Hana*, 1918

    C — »Luoshengmen« 羅生門

    D — 11.6.1921

    E — *Chenbao* 晨報 16.–17.6.1921; *Xiandai Riben xiaoshuo ji; YWJ* Bd. 1; *QJ* Bd. 11, S. 563–72

    L — #28

Andreev, Leonid (1871–1919)

    *T — »Krasnyj smech« [Rotes Lachen], 1905

    Q — *Das rote Lachen. Fragmente einer aufgefundenen Handschrift*, Übers. August Scholz, Berlin: Ladyschnikow o.J. [um 1905]

    C — »"Hongxiao"can'gao« 《紅笑》殘稿 [Ein Fragment von »Rotes Lachen«]

    D — Feb.–März 1909

    E — Ms. verloren.

    L — #10

T — »Lož« [Lüge], 1900

    Q — »Lüge«, in: *Novellen*, Übers. Alexis von Krusenstjerna, Leipzig: Reclam o.J. [um 1905] (= Universal-Bibliothek 4480), S. 74–86; *Die Lüge. Ausgewählte Erzählungen*, Übers. Nadja Hornstein, Dresden: Kämmerer 1902

    C — »Man« 謾

    D — 2.3.1909

A

E — *Yuwai xiaoshuo ji* Bd. 1; *QJ* Bd. 11, S. 191–201

L — #11

T — »Molčanie« [Das Schweigen], 1901

    Q— »Das Schweigen«, Übers. D. Treller, in: *Aus fremden Zungen* Jg. 16, Bd. 1 (1906), S. 131–5; »Schweigen«, in: *Novellen*, Übers. von Krusenstjerna, S. 3–19

    C — »Mo« 默

    D — 2.3.1909

    E — *Yuwai xiaoshuo ji* Bd. 1; *QJ* Bd. 11, S. 202–14

    L — #12

T — »V tëmnuju dal'« [In düsterer Ferne], 1901

    Q— »In düsterer Ferne«, Übers. Elissawetinskaja & Yorik Georg, in: *Aus fremden Zungen* Jg. 12, Bd. 2 (1902), S. 602–58; in: *Im Nebel und andere Novellen*, Stuttgart & Leipzig: Deutsche Verlags-Anstalt 1903

    C — »Andan de yan'ai li« 黯淡的煙靄裡

    D — 8.9.1921

    E — *Xiandai xiaoshuo yicong*; YWJ Bd. 1; *QJ* Bd. 11, S. 235–60

    L — #35

T — »Kniga« [Das Buch], 1901

    Q— *Im Nebel und andere Novellen*, 1903

    C — »Shuji« 書籍

    D — 11.9.1921

    E — *Xiandai xiaoshuo yicong*; YWJ Bd. 1; *QJ* Bd. 11, S. 261–9

    L — #38

Aono Suekichi 青野季吉 (1890–1961)

    T — [Über die Intellektuellen; März 1926], in: *Tenkanki no bungaku* 轉換期的文學 [Literatur in einer Umbruchszeit], 1926

    C — »Guanyu zhishi jieji« 關於知識階級

    D— Dez. 1927

    E — *Yusi* 語絲 Bd. 4, Nr. 4 (7.1.1928); *Bi xia yicong*; YWJ Bd. 5; *QJ* Bd. 16, S. 253–6

    L — #94

T — [Künstlerische Revolution und revolutionäre Kunst; März 1923], in: *Tenkanki no bungaku*, 1926

    C — »Yishu de geming yu geming de yishu« 藝術的革命與革命的藝術

    D— 20.4.1929

    E — *Bi xia yicong*; *QJ* Bd. 16, S. 241–52

    L — #127

T — [Zehn gewichtige Mängel in der modernen Literatur; Mai 1926], in:
Tenkanki no bungaku, 1926

C — »Xiandai wenxue de shi da queyu« 現代文學的十大缺

D — 20.4.1929

E — *Bi xia yicong; QJ* Bd. 16, S. 257–70

L — #128

Apollinaire, Guillaume (1880–1918)

T — »Le fléau« [Der Floh], in: *Le bestiaire ou Cortège d'Orphée*, 1911; Ill.
Raoul Dufy

Q — *Dobutsu shishû* 動物詩集 jap. Übers. Horiguchi Daigaku 堀口大學
(1892–1981)

C — »Tiaozao« 跳蚤

D — 30.11.1928

E — *Benliu* 奔流 Bd. 1, Nr. 6 (30.11.1928); *Yicong bu; YWJ* Bd. 10; *QJ* Bd.
16, S. 853–4

L — #114

Arcybašev, Michail P. (1878–1927)

T — Rabočij Ševyrëv [Der Arbeiter Ševyrëv], 1911

Q — Übers. S. Bugow & André Billard, in: *Revolutionsgeschichten,*
München & Leipzig: G. Müller 1909

C — »Gongren Suihuilüefu« 工人綏惠略夫

D — 22.10.1920

E — *Xiaoshuo yuebao* 小説月報 Bd. 12, Nr. 7–9 & 11–12 (Juli–Sept. &
Nov.–Dez. 1921); *Gongren Suihuilüe fu*, Shanghai: Shangwu yinshuguan 5.1922; *QJ* Bd. 11, S. 587–748

L — #23

T — »Sčast'e« [Glück], 1907; in: *Etjudy*, 1910

Q — »Glück«, Übers. André Villard & N. N. gel, in: *Aufruhr und andere
Novellen*, München & Leipzig: G. Müller 1910

C — »Xinfu« 幸福

D — 1920

E — *Xin qingnian* 新青年 Bd. 8, Nr. 4 (1.12.1920); in: *Xiandai xiaoshuo
yicong; YWJ* Bd. 1; *QJ* Bd. 11, S. 302–14

L — #32

T — »Doktor«, in: *Etjudy*, 1910

Q — »Der Arzt« Übers. S. Bugow & André Billard, in: *Revolutionsgeschichten*, München & Leipzig: G. Müller 1909

C — »Yisheng« 醫生

D — 28.4.1921

E — *Xiaoshuo yuebao* 小說月報 Sondernummer »Eguo wenxue yanjiu« 俄國文學研究 [Studien zur russischen Literatur] Bd. 12, Nr. 9 (Sept. 1921); *Xiandai xiaoshuo yicong*; YWJ Bd. 1; QJ Bd. 11, S. 315–46

L — #26

T — »Smert' Baškina« [Der Tod von Baškin], 1909

Q — jap. Übers. Baba Tetsuya 馬場哲哉 d.i. Sode Fumio 外村史郎 (1891–1951), in Arcybašev: Eien no gen'ei 永遠的幻影 [Ewige Illusion], 1925

C — »Bashigeng zhi si« 巴什庚之死

D — Aug. 1926

E — *Mangyuan* 莽原 Nr. 17 (10.9.1926); in: *Yicong bu*, QJ Bd. 16, S. 806–13

L — #87

Arishima Takeo 有島武郎 (1878–1923)

T — »Chiisakai mono e« [An die Kleinen; Essay in Briefform], in: *Shinchô* 新潮 (Tôkyô, Jan. 1918)

Q — *Chosaku shû* 著作集 Bd. 7

C — »Yu youxiaozhe« 與幼小者

D — Juni 1923

E — *Xiandai Riben xiaoshuo ji*; QJ Bd. 11, S. '45–62

L — #60

T — »Osue no shi« [Der Tod von Osue], in: *Shirakaba* 白樺 (Jan. 1921)

Q — *Chosaku shû*, Bd. 1

C — »Amo de si« 阿末的死

D — Juni 1923

E — *Xiandai Riben xiaoshuo ji*; QJ Bd. 11, S. 463–97

L — #61

T — [Der Schoß, aus dem die Kunst entsteht; 1917], in: *Ai ni shiite* [Liebe ist ein rücksichtsloser Dieb], 1923

C — »Sheng yishu de tai« 生藝術的胎

D — 10.5.1926

E — *Mangyuan* 莽原 Nr. 9 (10.5.1926); *Bi xia yicong*; YWJ Bd. 5; QJ Bd. 16, S. 110–20

L — #82

T — [Antlitz eines schlafenden Kindes; 1922], in: *Geijutsu to seikatsu* 藝術與生活 [Kunst und Leben], 1926

C — »Xiao er de shuixiang« 小兒的睡相

D — 25.6.1926

E — *Mangyuan* 莽原 Nr. 12 (25.6.1926); in: *Yicong bu; YWJ* Bd. 10; *QJ* Bd. 16, S. 804–5

L — #83

T — [Für das Leben geschriebene Texte; 1922], in: *Geijutsu to seikatsu*, 1926

   C — »Yi shengming xiecheng de wenzhang« 以生命寫成的文章

   D — Juni 1926

   E — *Mangyuan* 莽原 Nr. 18 (25.9.1926); *Bi xia yicong; YWJ* Bd. 5; *QJ* Bd. 16, S. 161

   L — #89

T — [Was mit Rubek und Irene danach geschah; über *Wenn wir Toten erwachen* (1899) von Ibsen], 1919, in: *Bunkshô sekai* 文章世界 Jan. 1920

   Q — *Chosaku shû*, Bd. 3

   C — »Luboke he Yilina de houlai« 盧勃克和壹里納的後來

   D — Ende 1927

   E — *Xiaoshuo yuebao* 小説月報 Bd. 19, Nr. 1 (10.1.1928); *Bi xia yicong; YWJ* Bd. 5; *QJ* Bd. 16, S. 121–8

   L — #95

T — [Die Arbeitseinstellung von Ibsen], 1920

   Q — *Chosaku shû*, Bd. 3

   C — »Yibosheng de gongzuo taidu« 伊孛生的工作態度

   D — 20.8.1928

   E — *Benliu* 奔流 Bd. 1, Nr. 3 (20.8.1928); *Bi xia yicong; QJ* Bd. 16, S. 129–42

   L — #102

T — [Überlegungen zur Kunst; 1921], in: *Geijutsu to seikatsu*, 1926

   C — »Guanyu yishu de ganxiang« 關於藝術的感想

   D — 20.4.1929

   E — *Bi xia yicong; QJ* Bd. 16, S. 143–52

   L — #123

T — »Sengen hitotsu« [Ein Manifest; 1921], in: *Geijutsu to seikatsu*, 1926

   C — »Xuanyan yi pian« 宣言一篇

   D — 20.4.1929

   E — *Bi xia yicong; QJ* Bd. 16, S. 153–60

   L — #124

Averbach, Leopol'd Leonidovič (1903–?39)

   T — Moskau, 9.5.1924

   Q — jap. Übers. Sode Fumio 外村史郎 (1891–1951), in: *Soren no bungei seisaku* 蘇聯的文藝政策 1927

   C — »Aweibahe (=L. Averbach=)« 阿衛巴赫

B

Q— jap. Übers. Hida Hirosada, in: *Kaigai bungaku shinsen*, Bd. 13

C —»Daogao« 祷告 [Gebet], in:»Bashike zu de renmen«

D— 20.6.1928

E — *Benliu* Bd. 1, Nr. 1 (20.6.1928); *Jindai shijie duanpian xiaoshuo ji* Bd. 2; *YWJ* Bd. 8; *QJ* Bd. 18, S. 742–4

L — (#99)

*T —»Noche de médico«,in: *Idilios vascos*, 1901; jetzt in: *Vidas sombrías*, 1900 (*Obras completas* Bd. 6, S. 1013–5)

Q— jap. Übers. Okada Chûichi 冈田忠一 in: *Ichi kakumeika no jinsei, shakai kan* 一革命家的人生、社會觀 [Anschauungen eines Revolutionärs über Leben und Gesellschaft], 1928

C —»Wang zhen zhi ye« 往診之夜 [Die Nacht des Krankenbesuchs], in: »Shanmin muchang«

D— 4.4.1929

E — *Zhaohua zhoukan* 朝花週刊 Nr. 14 (4.4.1929); *Jindai shijie duanpian xiaoshuo ji* Bd. 2; *YWJ* Bd. 8; *QJ* Bd. 18, S. 666–70

L — #133

T — Abschn. aus»De panedero«, Kap. 11 in: *Juventud, egolatría*, 1917

Q— jap. Übers. Okada Chûichi, in: *Ichi kakumeika no jinsei, shakai kan*

C —»Mianbaodian shidai« 麵包店時代

D— 25.4.1929

E — *Zhaohua zhoukan* Nr. 17 (25.4.1929); *YWJ* Bd. 10; *QJ* Bd. 18, S. 745–8

L — #137

T —»Elizabide el vagabundo«, in: *Idilios vascos*, 1901; jetzt in: *Cuentos*, o.J. (*Obras completas* Bd. 8, S. 623–8)

Q— jap. Übers. Kasai Shizuo 笠井鎮夫 in: *Kaigai bungaku shinsen*, Bd. 13

C —»Fanglangzhe Yilishabitai« 放浪者伊利沙辟台

D— Sept. 1929

E — *Jindai shijie duanpian xiaoshuo ji* Bd. 2; *YWJ* Bd. 8; *QJ* Bd. 18, S. 625–40

L — #146

T —»El carbonero«, in: *Idilios vascos*, 1901; jetzt in: *Vidas sombrías*, 1900 (*Obras completas* Bd. 6, S. 1005–6)

Q— jap. Übers. Okada Chûichi, in: *Ichi kakumeika no jinsei, shakai kan*

C —»Shaotanren« 燒炭人 in: »Shanmin diyun« 山民笛韻 [Flötenklänge eines Bergvolks], dann »Shanmin muchang« 牧唱 [Hirtenlieder eines Bergvolks]

D— 1.3.1934

B

E — *Wenxue* 文學 Bd. 2, Nr. 3 (1.3.1934); *Jindai shijie duanpian xiaoshuo ji* Bd. 2; *QJ* Bd. 18, S. 641–45

L — (#182)

T — »Playa de otoño«,in: *Idilios vascos*, 1901; jetzt in: *Vidas sombrías*, 1900 (*Obras completas* Bd. 6, S. 991–3)

Q — jap. Übers. Okada Chûichi, in: *Ichi kakumeika no jinsei, shakai kan*

C — »Qiu de haibian« 秋的海邊 in: »Shanmin muchang«

D — 1.3.1934

E — *Wenxue* Bd. 2, Nr. 3 (1.3.1934); *Jindai shijie duanpian xiaoshuo ji* Bd. 2; *QJ* Bd. 18, S. 645–52

L — (#182)

T — »Las coles de cementerio«,in: *Idilios vascos*, 1901; jetzt in: *Vidas sombrías*, 1900 (*Obras comp ·tas* Bd. 6, S. 1028–31)

Q — jap. Übers. Okada Chûichi, in: *Ichi kakumeika no jinsei, shakai kan*

C — »Yi ge guanfenren de gushi« 一個管墳人的故事 [Geschichte eines Friedhofswärters], in: »Shanmin muchang«

D — 1.3.1934

E — *Wenxue* Bd. 2, Nr. 3 (1.3.1934); *Jindai shijie duanpian xiaoshuo ji* Bd. 2; *QJ* Bd. 18, S. 652–61

L — (#182)

T — »Marichu«,in: *Idilios vascos*, 1901; jetzt in: *Vidas sombrías*, 1900 (*Obras completas* Bd. 6, S. 989–90)

Q — jap. Übers. Okada Chûichi, in: *Ichi kakumeika no jinsei, shakai kan*

C — »Maliqiao« 馬理喬 in: »Shanmin muchang«

D — 1.3.1934

E — *Wenxue* Bd. 2, Nr. 3 (1.3.1934); *Jindai shijie duanpian xiaoshuo ji* Bd. 2; *QJ* Bd. 18, S. 661–6

L — (#182)

T — »Bondad oculta«, in: *Idilios vascos*, 1901; jetzt in: *Vidas sombrías*, 1900 (*Obras completas* Bd. 6, S. 979–82)

Q — jap. Übers. Okada Chûichi, in: *Ichi kakumeika no jinsei, shakai kan*

C — »Shangen« 善根 [Ein guter Kern], in: »Shanmin muchang«

D — 1.3.1934

E — *Wenxue* Bd. 2, Nr. 3 (1.3.1934); *Jindai shijie duanpian xiaoshuo ji* Bd. 2; *QJ* Bd. 18, S. 670–7

L — (#182)

T — »La venta«, in: *Idilios vascos*, 1901; jetzt in: *Vidas sombrías*, 1900 (*Obras completas* Bd. 6, S. 1000–2); auch in: *El tablado de arlequín*, 1904 (Bd. 5, S. 59–61)

Q— jap. Übers. Okada Chûichi, in: *Ichi kakumeika no jinsei, shakai kan*

C — »Xiao kezhang« 小客棧 [Das kleine Abteil], in: »Shanmin muchang«

D— 1.3.1934

E — *Wenxue* Bd. 2, Nr. 3 (1.3.1934); *Jindai shijie duanpian xiaoshuo ji* Bd. 2; *QJ* Bd. 18, S. 677–83

L — (#182)

T —»Elogio sentimental del acordeón«, in: *Idilios vascos*, 1901; jetzt in: *Otros cuentos*, 1941 (*Obras completas* Bd. 6, S. '074–5)

Q— jap. Übers. Okada Chûichi, in: *Ichi kakumeika no jinsei, shakai kan*

C — »Shoufengqin song« 手風琴頌 in: »Shanmin muchang«

D— 1.3.1934

E — *Wenxue* Bd. 2, Nr. 3 (1.3.1934); *Jindai shijie duanpian xiaoshuo ji* Bd. 2; *QJ* Bd. 18, S. 683–5

L — (#182)

T — »Prólogo. Con aire de balada«, in: *Idilios vascos*, 1901; jetzt in: *Cuentos*, o.J. (*Obras completas*, Bd. 8, S. 599–601)

Q— jap. Übers. Kasai Shizuo, in: *Kaigai bungaku shinsen*, Bd. 13

C — »Xuwen—Si "jiang gushi" ti« 序文——以「講故事」體

D— 16.10.1934

E — *Yiwen* 譯文 Bd. 1, Nr. 2 (16.10.1934), *Jindai shijie duanpian xiaoshuo ji* Bd. 2; *YWJ* Bd. 8; *QJ* Bd. 18, S. 617–24

L — #190

T — »El charcutero. Un episodio de la historia de los chapelaundes del Bidasoa«, in: *Cuentos*, o.J. (*Obras completas*, Bd. 8, S. 628–33)

Q— jap. Übers. Kasai Shizuo, in: *Kaigai bungaku shinsen*, Bd. 13

C — »Hui you« 會友 [Treffen mit Freunden]

D— 16.11.1934

E — *Yiwen* Bd. 1, Nr. 3 (16.11.1934); *YWJ* Bd. 8; *QJ* Bd. 18, S. 696–709

L — #196

T — »Lecochandegui, el joviál«, in: *Nuevo tablado de arlequín*, 1917 (*Obras completas* Bd. 5, S. 124–7)

Q— jap. Übers. Kasai Shizuo, in: *Kaigai bungaku shinsen*, Bd. 13

C — »Cuxiagui Laigeqiangtaiqi« 促狹鬼萊哥羌台奇

D— 30.12.1934

E — *Xin xiaoshuo* 新小說 Bd. 1, Nr. 3 (15.4.1935); *YWJ* Bd. 8; *QJ* Bd. 18, S. 686–95

L — #197

T — »¡Adiós a la bohemia!« [Theaterstück], in: *Nuevo tablado de arlequín*, 1917 (*Obras completas* Bd. 5, S. 101–7)

Q — jap. Übers. Kasai Shizuo, in: *Kaigai bungaku shinsen,* Bd. 13
C — »Shaonian bie« 少年別 [Abschied von der Jugend]
D — 31.12.1934
E — *Yiwen* Bd. 1, Nr. 6 (16.2.1935); *YWJ* Bd. 8; *QJ* Bd. 18, S. 710–30
L — #198

Bednij, Dem'ian, d.i. Efim Alekseevič Pridvorov (1883–1945)
T — Moskau, 9.5.1924
Q — jap. Übers. Sode Fumio 外村史郎 (1891-1951), in: *Soren no bungei seisaku* 蘇聯的文藝政策 1927
C — »Taiming Peiteni (=Demian Bednii=)« 台明・培特尼
D — 1928
E — *Benliu* 奔流 Bd. 1, Nr. 4 (20.9.1928); *Wenyi zhengce; QJ* Bd. 17, S. 590–4
L — ø

Bezymenskij, Aleksandr Iljič (1898–1973)
T — Moskau, 9.5.1924
Q — jap. Übers. Sode Fumio, in: *Soren no bungei seisaku,* 1927
C — »Peisaimiansiji (=A. Bezamensky=)« 培賽勉斯基
D — 1928
E — *Benliu* Bd. 1, Nr. 4 (20.9.1928); *Wenyi zhengce; QJ* Bd. 17, S. 575–7
L — ø

Biha, O. [?]
T — [Heine und die Revolution; Artikel aus deutscher Tageszeitung, 21.2.1931]
Q — jap. Übers. Takaoki Yôzô 高沖陽造 in: *Heine kenkyû*
C — »Haina yu geming« 海納與革命
D — 10.9.1933
E — *Xiandai* 現代 Bd. 4, Nr. 1 (1.11.1933); *BY; YWJ* Bd. 10, S. 403–10; *QJ8* Bd. 8, S. 458–62
L — #181

Bucharin, Nikolaj I. (1888-1938)
T — [Was erwartet die Sowjetunion von Maksim Gor'kij?], 1927
Q — dt., in: *Bulletin der 3. Internationale,* 1927
C — »Suwei'ai lianbang cong =Maxim Gorky= qidaizhe shenme?« 蘇維埃聯邦從Maxim Gorky期待甚麼？
D — 2.6.1928
E — *Benliu* 奔流 Bd. 1, Nr. 2 (20.7.1928); *Yicong bu; YWJ* Bd. 10; *QJ* Bd. 16, S. 332–6
L — #98

T — Moskau, 9.5.1924

Q— jap. Übers. Kurahara Korehito 藏原惟人 (1902–91), in: *Soren no bungei seisaku* 蘇聯的文藝政策 1927

C — »Buhalin (=N. Bukharin=)« 布哈林

D— 1928

E — *Benliu* 奔流 Bd. 1, Nr. 2 (20.7.1928); *Wenyi zhengce; QJ* Bd. 17, S. 505–10

L — ø

Buek, Otto

T — Anhang zu »Die Λ Denteuer Tschitschikows oder Die Toten Seelen«, Übers. Otto Buek, in: *Sämtliche Werke*, München & Leipzig: Kröner 1914, Bd. 2

C — »Fulu« 附錄

D— 1935

E — *Shijie wenku* 世界文庫 Nr. 6 (20.10.193⁻); *Si linghun; YWJ* Bd. 9; *QJ* Bd. 20, S. 453–500

L — ø

Canth, Minna (1844–97)

T — »Vanha piika« [Die alte Jungfer], 1891

Q— Brausewetter, Ernst: *Finnland, im Bilde seiner Dichtung und seiner Dichter. Novellen, Gedichte, Schilderungen, Charakteristiken und 14 Porträts*, Berlin & Leipzig: Schuster & Loeffler 1899

C — »Feng guniang« 瘋姑娘 [Die verrückte Frau]

D— 18.8.1921

E — *Xiaoshuo yuebao* 小說月報 Bd. 12, Nr. 10 (»Bei juanhai minzu de wenxue hao« 被損害民族的文學號 [Nummer zur Literatur unterdrückter Völker], 10.10.1921); *Xiandai xiaoshuo yicong; YWJ* Bd. 1; *QJ* Bd. 11, S. 370–86

L — #32

Čechov, Anton (1860–1904)

T— »Simulajanty« [Die Simulanten; Groteske], 1885

Q— *Persische Orden und andere Grotesken*, Übers. Alexander Eliasberg, Berlin: Welt-Verlag 1922

C — »Jiabingren« 假病人

D— 12.11.1934

E — »Qiwen san ze« 奇聞三則 [Drei Grotesken], in: *Yiwen* 譯文 Bd. 1, Nr. 4 (16.12.1934); *Huai haize he bie de qiwen; YWJ* Bd. 4; *QJ* Bd. 18, S. 765–71

L — #193

C

T — »Iz dnevnika pomoščnika buchgaltera« [Aus dem Tageubuch des Buchhaltungsgehilfen; Groteske], 1883
   Q— *Persische Orden und andere Grotesken*
   C — »Pujike fushou riji chao« 簿記課副手日記抄
   D— 12.11.1934
   E — »Qiwen san ze«, in: *Yiwen* Bd. 1, Nr. 4 (16.12.1934); *Huai haizi he bie de qiwen; YWJ* Bd. 4; *QJ* Bd. 18, S. 772–6
   L — #194

T — »To byla ona!« [Das war sie!; Groteske], 1886
   Q— *Persische Orden und andere Grotesken, 1922*
   C — »Na shi ta« 那是她
   D— 12.11.1934
   E — »Qiwen san ze«, in: *Yiwen* Bd. 1, Nr. 4 (16.12.1934); *Huai haize he bie de qiwen; YWJ* Bd. 4; *QJ* Bd. 18, S. 777–84
   L — #195

T — »Zloj mal'čik« [Der böse Junge; Groteske], 1883
   Q— *Persische Orden und andere Grotesken, 1922*
   C — »Huai haizi« 坏孩子
   D— 15.1.1935
   E — »Qiwen er ze« [Zwei Grotesken], in: *Yiwen* Bd. 1, Nr. 6 (16.2.1935); *Huai haizi he bie de qiwen; YWJ* Bd. 4; *QJ* Bd. 18, S. 755–9
   L — #200

T — »Iz zapisok vspyl'čivogo čeloveka« [Aus den Aufzeichnungen eines reizbaren Mannes; Groteske], 1888
   Q— *Persische Orden und andere Grotesken, 1922*
   C — »Baozao ren« 暴躁人
   D— 15.1.1935
   E — »Qiwen er ze« [Zwei Grotesken], in: *Yiwen* Bd. 1, Nr. 6 (16.2.1935); *Huai haizi he bie de qiwen; YWJ* Bd. 4; *QJ* Bd. 18, S. 793–810
   L — #201

T — »Zagadočnaja natura« [Ein geheimnisvoller Charakter; Groteske], 1883
   Q— *Persische Orden und andere Grotesken, 1922*
   C — »Nanjie de xingge« 難解的性格
   D— 1935
   E — »Qiwen er ze« [Zwei Grotesken], in: *Yiwen* Bd. 2, Nr. 2 (16.4.1935); *Huai haizi he bie de qiwen; YWJ* Bd. 4; *QJ* Bd. 18, S. 760–4
   L — #203

T — »Lev i solnce« [Löwe und Sonne; Groteske], 1887
   Q— *Persische Orden und andere Grotesken, 1922*

C — »Bosi xunzhang« 波斯勛章 [Der persische Orden]

D — 24.3.1935

E — *Huai haizi he bie de qiwen; YWJ* Bd. 4; *QJ* 3d. 18, S. 785–92

L — #204

T — »Intrigy« [Intrigen; Groteske], 1887

Q — *Persische Orden und andere Grotesken,* 1922

C — »Yinmou« 隱謀

D — 24.3.1935

E — »Qiwen er ze« [Zwei Grotesken], in: *Yiwen* Bd. 2, Nr. 2 (16.4.1935); *Huai haizi he bie de qien; QJ* Bd. 18, S. 811–8

L — #205

Chiba Kameo 千葉龜雄 (1878–1935)

T — [Kunst und Literatur der Welt im Jahre 1928: ein Überblick], in: *Bunshô kurabu* 文章倶樂部 Bd. 13, Nr. 12 (Dez. 1928)

C — »Yijiuerba nian shijie wenyijie gaiguan« 一九二八年世界文藝界概觀

D — 1928–29

E — *Zhaohua zhoukan* 朝花週刊 Nrn. 2–8 (3.12.1928–24.1.1929); *YWJ* Bd. 10; *QJ* Bd. 16, S. 405–22

L — #115

Čirikov, Evgenii (1864–1932)

T — »Siren'«

Q — dt. Übers. Max Schick, in: *Erzählungen*, Berlin: Ladyschnikow 1906

C — »Lianqiao« 連翹 [Goldflieder]

D — 2.11.1921

E — *Xiandai xiaoshuo yicong; QJ* Bd. 11, S. 270–6

L — #41

T — »Gorodok« [Die kleine Stadt]

Q — dt. Übers. Max Schick, in: *Erzählungen*, 1906

C — »Shenghui« 省會 [Provinzhauptstadt]

D — 1921

E — *Xiandai xiaoshuo yicong; YWJ* Bd. 1; *QJ* Bd. 11, S. 277–301

L — #48

Cocteau, Jean (1889–1963)

T — Aphorismen aus *Le coq et l'arlequi*, 1926; in: *Le rappel à l'ordre*

Q — jap. Übers. Òtaguro Genyû 大田黑元雄 in: *Ondori to arurukazo* [Der Hahn und der Harlequin, 1928

C — »"Xiongji he zazhuan" chao« 《雄雞和雜饌》鈔

D — 1928–29

E — *Zhaohua zhoukan* Nr. 4 (27.12.1928) & Nr. 6 (10.1.1929); *Yicong bu;*
    QJ Bd. 16, 831–5
L — #116

Eeden, Frederik van (1860–1932)
    T — Teil 1 von *De kleine Johannes,* 1885
    Q — *Der kleine Johannes,* Übers. Anna Fles, Halle: Otto Hendel (= Bibliothek
        der Gesamt-Literatur des In- und Auslandes)
    C — *Xiao Yuehan* 小約翰, Beijing: Weimingshe 1.1928 (= Weiming congkan
        1)
    D — 6.7.–13.8.1926
    E — *YWJ* Bd. 4; *QJ* Bd. 14, S. 5–211
    L — #85

Eguchi Kan 江口渙 (1887–1975)
    T — [Erinnerungen an Herrn Vasilij Erošenko; über Japan-Aufenthalt
        1921], 15.6.1921
    Q — *Yomiuri shimbun* 讀賣新聞 Juni 1921
    C — »Yi Ailuoxianke Huaxili jun« 憶愛羅先珂・華希理君
    D — 1.5.1922
    E — *Chenbao fukan* 晨報副刊 14.5.1922; *Ailuoxianke tonghua ji; YWJ* Bd.
        10, S. 462–9; *QJ* Bd. 12, S. 506–15
    L — #52

T — »Kyôkoku no yoru« [Eine Nacht im Tal], in: *Akai no shihan* [Rotes Segel],
        1919
    C — »Xiagu de ye« 峽谷的夜
    D — Juni 1923
    E — *Xiandai Riben xiaoshuo ji; QJ* Bd. 11, S. 498–522
    L — #62

Erošenko, Vasilij (1889–1952)
    T — [Enger Käfig; Fabel]
    Q — jap. in: *Yoake mae no uta* [Lied vor der Morgendämmerung], 1920
    C — »Xia de long« 狹的籠
    D — 16.9.1921
    E — *Xin qingnian* 新青年 Bd. 9, Nr. 4 (1.8.1921); *Ailuoxianke tonghua ji;*
        YWJ Bd. 2; *QJ* Bd. 12, S. 291–316
    L — #31

T — [Am Teich]
    Q — jap. in: *Yoake mae no uta,* 1920
    C — »Chi bian« 池邊
    D — 10.9.1921

E — *Chenbao* 晨報 24.–26.9.1921; *Ailuo xianke tonghua ji*; *YWJ* Bd. 2; *QJ* Bd. 12, S. 330–7

L — #37

T — [Ein Frühlingsnachtstraum; Fabel]

Q — jap. in: *Yoake mae no uta*, 1920

C — »Chunye de meng« 春夜的夢

D — 14.10.1921

E — *Chenbao fujuan* 晨報副鐫 22.10.1921; *Ailuoxianke tonghua ji*; *QJ* Bd. 12, S. 352–5

L — #39

T — [Die Trauer des Fisches; Fabel]

Q — jap. in: *Yoake mae no uta*, 1920

C — »Yu de beiai« 魚的悲哀

D — 10.11.1921

E — *Funü zazhi* 婦女雜誌 Bd. 8, Nr. 1 (Jan. 1922); *Ailuoxianke tonghua ji*; *QJ* Bd. 12, S. 317–29

L — #42

T — [Geierherz; Fabel]

Q — jap. in: *Yoake mae no uta*, 1920

C — »Diao de xin« 雕的心

D — 25.11.1921

E — *Dongfang zazhi* 東方雜誌 Bd. 18, Nr. 22 (25.11.1921); *Ailuoxianke tonghua ji*; *QJ* Bd. 12, S. 338–51

L — #44

T — [Welt in Brand; Fabel]

Q — jap., Ms.

C — »Shijie de huozai« 世界的火災

D — 3.12.1921

E — *Xiaoshuo yuebao* 小說月報 Bd. 13, Nr. 1 (10.1.1922); *Ailuoxianke tonghua ji*; *YWJ* Bd. 2; *QJ* Bd. 12, S. 421–31

L — #45

T — [Die seltsame Katze; Fabel]

Q — jap. in: *Yoake mae no uta*, 1920

C — »Guguai de mao« 古怪的貓

D — Dez. 1921

E — *Ailuoxianke tonghua ji*; *YWJ* Bd. 2; *QJ* Bd. 12, S. 376–87

L — #46

T — [Zwei winzige Tode; Fabel]

Q — jap. in: *Saigo shi tameiki* [Letzter Seufzer], 1921

E

C — »Liang ge xiaoxiao de si« 兩個小小的死
D — 27.12.1921
E — *Dongfang zazhi* 東方雜誌 Bd. 19, Nr. 2 (25.1.1922); *Ailuoxianke tonghua ji; QJ* Bd. 12, S. 388–97
L — #47

T — [Für die Menschheit; Fabel]
Q — jap. Übers., in: *Gendai* (1921)
C — »Wei renlei« 為人類
D — vor 28.1.1922
E — *Dongfang zazhi* 東方雜誌 Bd. 19, Nr. 3 (10.2.1922); *Ailuoxianke tonghua ji; QJ* Bd. 12, S. 398–420
L — #49

T — [Der Held von Rußland; Geschichte von Sten'ka Razin (1630–71), Anführer eines Aufstands der Kosaken 1667–70, von Lu Xun vor Darbietung als Ballade aufgezeichnet]
Q — jap. Ms.
C — »Eguo de haojie« 俄國的豪杰
D — 2.4.1922
E — *Chenbao fujuan* 晨報副鎸 2.4.1922; *BY; YWJ* Bd. 10, S. 779–80; *QJ8* Bd. 8, S. 473
L — #50

T — [Pfirsichfarbene Wolke; Theaterstück für Kinder]
Q — jap. in: *Saigo shi tameiki*, 1921
C — »Taose de yun« 桃色的雲
D — 30.4.–25.5.1922
E — *Chenbao fujuan* 15.5.–25.6.1922; *Taose de yun*, 1923; *QJ* Bd. 12, S. 523–767
L — #51

T — [Kükentragödie; Fabel], Juni 1922
Q — Ms., jap.
C — »Xiaoji de beiju« 小雞的悲劇
D — 5.7.1922
E — *Funü zazhi* 婦女雜誌 Bd. 8, Nr. 9 (Sept. 1922); *Xingfu de chuan; YWJ* Bd. 2; *QJ* Bd. 12, S. 453–8
L — #53

T — [Zeit des Alten; Fabel]
Q — jap. in: *Yoake mae no uta*, 1920
C — »Shiguang laoren« 時光老人
D — 1.12.1922

E — *Chenbao si zhou nian jinian zengkan* 晨報四週年紀念增刊 [Sonderdruck zum 4. Geburtstag der Zeitung «Chenbao«], 1.12.1922; *Shijie de huozai* 世界的火災, Shanghai: Shangwu yinshuguan 12.1924 (= »Xiaoshuo yuebao« congkan di er zhong); *Xingfu de chuan; YWJ* Bd. 2; *QJ* Bd. 12, S. 495–505

L — #54

T — [Ansprache nach einer Theateraufführung von Studenten der Peking-Universität und von Studentinnen der Yanjing-Schule für Frauen]

Q— jap. Ms. 29.12.1922

C — »Guan Beijing daxue xuesheng yanju he Yanjing nüxiao xuesheng yanju de ji« 觀北京大學學生演劇和燕京女校學生演劇的記

D— 3.1.1923

E — *Chenbao fukan* 晨報副刊 6.1.1923; *BY; YWJ* Bd. 10, S. 470–5; *QJ8* Bd. 8, S. 345–8

L — #55

T — [Das Geschwür des Wortes »Liebe«; Fabel]

Q — jap. in: *Saigo shi tameiki*, [Letzter Seufzer], 1921

C — »"Ai" zi de cang« "愛" 字的瘡

D — 10.3.1923

E — *Xiaoshuo yuebao* 小説月報 Bd. 14, Nr. 3 (10.3.1923), *Shijie de huozai; Xingfu de chuan; YWJ* Bd. 2; *QJ* Bd. 12, S. 432–52

L — #56

T — [Die rote Blume; Fabel]

Q— jap. in: *Saigo shi tameiki*, 1921

C — »Hong de hua« 紅的花

D— 1923

E — *Xiaoshuo yuebao* Bd. 14, Nr. 7 (10.7.1923); *Shijie de huozai; Xingfu de chuan; YWJ* Bd. 2; *QJ* Bd. 12, S. 459–94

L — #64

Evreinov, Nikolaj (1879–1953)

T — »Teatralizacija žizni« [Theatralisierung des Lebens; 1910], in *Teatr kak takovoj*, 1912

Q— ?jap. Übers. Nobori Syomu 昇曙夢 in: *Roshiya gendai bungô kessaku shû* 露西亞現代文豪傑作集 [Meisterwerke der modernen russischen Literatur], 6 Bde., 1920–22

C — »Shenghuo de yanjuhua« 生活的演劇化

D— 1928

E — *Benliu* 奔流 Bd. 1, Nr. 2 (20.7.1928); *BX; YWJ* Bd. 10, S. 507–12; *QJ8* Bd. 8, S. 617–20

L — #101

T — »Prosichoždenije dramy« [Eine Studie zu Theaterstücken; 1921]

Q — ?jap. Übers. Nobori Syomu, in: *Roshiya gendai bungô kessaku shû,* 1920–22

C — »Guanyu juben de kaocha« 關於劇本的考察

D — 1928

E — *Benliu* 奔流 Bd. 1, Nr. 6 (30.11.1928); *BX; YWJ* Bd. 10, S. 513–6; *QJ8* Bd. 8, S. 627–8

L — #112

Fadeev, Aleksandr (1901–56)

T — *Razgrom,* 1927

Q — jap. Übers. Kurahara Korehito 藏原惟人 (1902–91); engl. Übers. R. D. Charques; dt. Übers. *Die Neunzehn,* Wien & Berlin: Verlag für Literatur und Politik 1928

C — erst »Huimie« 潰滅 , dann »Huimie« 毀滅 [Vernichtung]

D — 1929/30

E — *Mengya yuekan* 萌芽月刊 Bd. 1, Nrn. 1–5 (1.1.–1.5.1930) [Teil 1] & *Xindi yuekan* 新地月刊 1.6.1930 [Teil 2, Kap. 1–3]; *Huimie* [Teile 1–3]; *QJ* Bd. 18, S. 261–613

L — #163

Fedin, Konstantin (1892–1977)

T — *Sad* [Der Garten], Petrograd 1922

Q — jap. Übers. Yokosawa Yoshito 橫澤芳人 in: *Shinkô bungaku zenshu* 新興文學全集 Hg. Shimonaka Yasaburô 下中彌三郎 (1878–1961), Bd. 24, 1928

C — »Guoshuyuan« 果樹闌 [Der Obstgarten]

D — 1928

E — *Dazhong wenyi* 大眾文藝 Bd. 1, Nr. 6 (30.11.1928); *Shuqin; QJ* Bd. 19, S. 50–69

L — #111

Fukiya Koji 蕗谷虹兒 (1898–1979)

T — [Lied zum Tamburin; Gedicht mit eigener Illustration], 1924

Q — *Hinjô no bishô* 悲涼的微笑 [Trauriges Lächeln] (= Koji gafu 虹兒畫譜 Bd. 2)

C — »Tanbolin zhi ge« 坦波林之歌

D — 1928

E — *Benliu* 奔流 Bd. 1, Nr. 6 (30.11.1928); *YWJ* Bd. 10; *QJ* Bd. 16, S. 855–7

L — #113

T — [Elf Gedichte mit eigenen Illustrationen]

Q — aus *Hinjô no bishô, Watashi no gashû* [Mein Bilderbuch], *Suiren no yume* [Traum eines schlafenden Lotos]

C — »"Lugu Hong'er huaxuan" yi shi« 《蕗谷虹兒畫選》譯詩 [Gedichte in Übersetzung zu den »Ausgewählten Bildern von Fukiya Koji«]

D — 1929

E — *Lugu Hong'er huaxuan* 蕗谷虹兒畫選 [Ausgewählte Bilder von Fukiya Koji], Shanghai: Zhaohua she 26.1.1929 (= Yiyuan zhaohua 2); *YWJ* Bd. 10, S. 743–50

L — #131

Furmanov, Dimitrij (1891–1926)

T — *Krasnyj desant* [Das rote Detachement], 1921

Q — D. Fourmanow: *Die roten Helden,* Übers. A. Videns, Berlin: Verlag der Jugendinternationale 1928

C — »Geming de yingxiongmen« 革命的英雄們 [Helden der Revolution]

D — 1932

E — *Yi tian de gongzuo; YWJ* Bd. 8; *QJ* Bd. 19, S. 437–88

L — #173

Gábor, Andor (1884–1953)

T — »Über die proletarisch-revolutionäre Literatur«, in: *Die Links-Kurve* Nr. 3/1929

C — »Wuchanjieji geming wenxue lun« 無產階級革命文學論

D — 1930

E — *Shijie wenhua* 世界文化 10.9.1930; *YWJ* Bd. 10; *QJ* Bd. 16, S. 512–23

L — #161

Garšin, Vsevolod (1855–88)

T — »Četyre dnja« [Vier Tage], 1877; in: *Polnoje sobranie soãinenii,* Petersburg 1910

Q — dt. *Die rote Blume und andere Novellen,* Übers. B. W. Loewenberg, Leipzig: Reclam o.J. [um 1905] (= Universal-Bibliothek 4866)

C — »Si ri« 四日

D — 1909

E — *Yuwai xiaoshuo ji* Bd. 2; *YWJ* Bd. 1; *QJ* Bd. 11, 215–31

L — #14

T — »Očen' korotken'kij roman« [Eine Kürzestnovelle], 1878; in: Polnoje sobranie sočinenii, Petersburg 1910

Q— dt. *Die rote Blume und andere Novellen*

C — »Yi pian hen duan de chuanqi« 一篇很短的傳奇

D— 1921

E — *Funü zazhi* 婦女雜誌 Bd. 8; Nr. 2 (Feb. 1922); *Jindai shijie duanpian xiaoshuo ji* Bd. 1; *YWJ* Bd. 10; *QJ* Bd. 16, S. 592–602

L — #43

Gide, André (1869–1951)

*T — »Portrait«, in: *Cri de Paris*, 1901; (*Œuvres complètes*, 15 Bde., Paris: Gallimard 1932–39, Bd. 3, S. 507–8)

Q— jap. Übers. Ishikawa Yu 石川涌 in: *Bunka shûdan* 文化集團 Bd. 2, Nr. 8

C — »Miaoxie ziji« 描寫自己 [Selbstbeschreibung]

D— 1934

E — *Yiwen* 譯文 Bd. 1, Nr. 2 (16.10.1934); *YWJ* Bd. 10; *QJ* Bd. 16, S. 848–50

L — #191

Gogol', Nikolaj (1809–52)

T — »Nos«, 1836

Q— jap. Übers. Yusumi Toshio 八住利雄 (1903–91), in: *Zenshu* Bd. 4; dt. *Phantasien und Geschichten,* Übers. Wilhelm Lange & Philipp Löbenstein, Leipzig: Reclam o.J. (= Universal-Bibliothek 1716, 1744, 1767, 1836)

C — »Bizi« 鼻子

D— 1934

E — *Yiwen* 譯文 Bd. 1, Nr. 1 (Shanghai, 16.9.1934); *Yicong bu; QJ* Bd. 16, S. 656–96

L — #184

T — *Mërtvye* duži [Tote Seelen], Teil 1: 1842

Q— dt. Übers. Otto Buek, »Die Abenteuer Tschitschikows oder Die Toten Seelen«, in: *Sämtliche Werke*, München & Leipzig: Kröner 1914, Bd. 1; jap. Übers. Endô Toyoma 遠藤豐馬 *Shi seso tamashii,* 1934; jap. Übers. Udeda Susumu 上田進 (1907–47), 1935

C — »Si linghun« 死靈魂

D— 1935

E — *Shijie wenku* 世界文庫 Nr. 1 (20.5.1935) [Kap. 1 & 2]; Nr. 2 (20.6.1935) [Kap. 3 & 4]; Nr. 3 (20.7.1935) [Kap. 5 & 6]; Nr. 4 (20.8.1935) [Kap. 7 & 8]; Nr. 5 (20.9.1935) [Kap. 9 & 10]; Nr. 6 (20.10.1935) [Kap. 11]; *Si linghun; YWJ* Bd. 9; *QJ* Bd. 20, S. 41–499

L — #202

T — *Mërtvye* duži [Tote Seelen], Teil 2: posthum 1852

Q — dt. Übers. Otto Buek, »Die Abenteuer Tschitschikows oder Die Toten Seelen«, in: *Sämtliche Werke*, 1914, Bd. 2; jap. Übers. Endô Toyoma, *Shi seso tamashii*, 1934

C — »"Si linghun" di er bu can'gao san zhang« 《死靈魂》第二部殘稿三章 [Drei Kapitel aus dem Fragment des 2. Teiles von »Tote Seelen«]

D — 1936

E — *Yiwen* 譯文 NS Bd. 1, Nr. 1 (16.3.1936) & Nr. 2 (16.4.1936) [Kap. 1]; *Yiwen* NS Bd. 1, Nr. 3 (16.5.1936) [Kap. 2]; *Yiwen* NS Bd. 2, Nr. 2 (16.10.1936) [Kap. 3]; *Si linghun* (1938); *QJ* Bd. 20, S. 501–603

L — #208

Gor'kij, Maksim (1868–1936)

T — »O čortie« [Über den Teufel], 1899/1900

Q — jap. Übers. Kawamoto Masayoshi 川本正良, in: *Zenshu* Bd. 7; dt. *Die Zerstörung der Persönlichkeit. Aufsätze*, Übers. Josef Chapiro & Rudolf Leonhard, Dresden: Kaemmerer 1922

C — »Emo« 惡魔

D — 1929

E — *Beixin* 北新 Bd. 4, Nr. 1/2 (Jan. 1930); *Emo; Yicong bu; QJ* Bd. 16, S. 697–713

L — #151

T — »O tom kak ja učilsa pˈsat« [Wie ich zu schreiben lernte], 1913

Q — jap. Übers. Hiroo Takeshi 廣尾猛 , in: *Bungaku hyôron* 文學評論 Bd. 1, Nr. 5 (Tôkyô, Juli 1934)

C — »Wo de wenxue xiuyang« 我的文學修養 [Meine literarische Bildung]

D — 1934

E — *Wenxue* 文學 Bd. 3, Nr. 2 (1.8.1934); *BY; YWJ* Bd. 10, S. 411–21

L — #183

T — »Russkie skazki« [Russische Legenden], 1912–17

Q — jap. Übers. Takahashi Kagenari 高橋晚成 , in: *Zenshu* Bd. 14

C — »Eluosi de tonghua« 俄羅斯的童話 [Russische Märchen]

D — 1934

E — *Yiwen* 譯文 Bd. 1, Nr. 2 (16.10. 1934) [1 & 2]; Bd. 1, Nr. 3 (16.11.1934) [3]; Bd. 1, Nr. 4 (16.12.1934) [4–6]; Bd. 2, Nr. 2 (16.4.1935) [7–9]; *Eluosi de tonghua* [1–16]; *YWJ* Bd. 4; *QJ* Bd. 14, S. 425–563

L — #189

Grosz, George (1893–1959)

T — »Paris als Kunststadt«, Kap. in Grosz, George & Herzfelde, Wieland: *Die Kunst ist in Gefahr. Drei Aufsätze*, Berlin: Malik 1925

Q— *Die Kunst ist in Gefahr*; jap. Übers. von Asô Yoshi 麻生義
C — »Yishu duhui de Bali« 藝術都會的巴黎
D— 1934
E— *Yiwen* 譯文 Bd. 1, Nr. 1 (16.9.1934); *YWJ* Bd. 10; *QJ* Bd. 16, S. 559–65
L— #187

Haggard, Henry Rider (1856–1925) & Lang, Andrew (1844–1912)
T — 16 Gedichte, in: *The World's Desire*
Q— jap.
C — »"Hongxing yishi" yi ge shiliu pian« 《紅星佚史》譯歌十六篇 [16 Lieder, übersetzt aus der »Geschichte des Roten Planeten«]
D— 1905
E— *Hongxing yishi,* Shanghai: Shangwu yinshuguan, 1907; *BX*; *YWJ* Bd. 10, S. 782–92; *QJ8* Bd. 8, S. 512–9
L— #8 [möglicherweise nicht von Lu Xun übersetzt]

Hasegawa Nyozekan 長谷川如是閑 (1875–1969)
T — [Das heilige Wildschwein], in: *Shinjitsu hakaku youru* [Wie die Wirklichkeit enttäuscht], ⁵1924
C — »Sheng yezhu« 聖野豬
D— 1925
E— *Xuguang* 旭光 Nr. 4 (5.6.1925); *BX*; *YWJ* Bd. 10, S. 481–3
L— #73

T — [Neujahr; Essay], in: *Shinjitsu hakaku youru,* ⁵1924
C — »Suishou« 歲首
D— 1926
E— *Guomin xinbao fukan* 國民新報副刊 7.1.1926; *YWJ* Bd. 10, S. 484–6
L— #79

Heine, Heinrich (1797–1856)
*T — »Lyrisches Intermezzo«, Nrn. II und XXX, in: *Buch der Lieder,* 1823/27
Q— *Das Buch der Lieder,* Hg. Hartwig Jeß, Leipzig: Reclam o.J. [um 1905] (= Universal-Bibliothek 2231/32)
C — »Hena (Heine) de shi« 赫納的詩, Übers.
D— 1914
E— In: Zhou Zuoren 周作人 »Yiwen zahua« 藝文雜話 [Plaudereien über Kunst und Literatur], in: *Zhonghua xiaoshuo jie* 中華小說界 Nr. 2 (1.2.1914); *BY*; *YWJ* Bd. 10, S. 733; *SB*, S. 38
L— #18

Honjô Kasô 本莊可宗 (1891–1987)
T — [Kunst, Philosophie und Ethik]
Q— ?

C — »Yishu yu zhexue, lunli« 藝術與哲學・倫理
D — 3.2.1930
E — *Wenyi jiangzuo* 文藝講座 Bd. 1, Hg. Feng Naichao 馮乃超 Shanghai: Shenzhou guoguang she 4.1930; *YWJ* Bd. 10; *QJ* Bd. 16, S. 495–511
L — #155

Hugo, Victor (1802–85)
T — »L'origine de Fantine«, in: *Choses vues,* 1841
Q — jap. Übers.
C — »Aichen« 哀塵
D — 1903
E — *Zhejiang chao* 浙江潮 Nr. 5 (15.6.1903); *Wenxue pinglun* 文學評論 3/1963, S. 86
L — #1

Inber, Vera (1890–1972)
T — »Ljaliny interesy‹ Die Interessen von Ljalja], 1925
Q — Übers. Elena Frank, in: *Dreißig neue Erzähler des neuen Rußland. Junge russische Prosa,* Berlin: Malik ²1929
C — »Lala de liyi« 拉拉的利益
D — 1932
E — *Shuqin; QJ* Bd. 19, S. 219–28
L — #176

Ishikawa Yu 石川涌 (1906–76)
T — [Gide in einer Selbstbeschreibung]
Q — jap. in *Bunka shûdan* 文化集團 Bd. 2, Nr. 8
C — »Shuoshu ziji de Jide« 說述自己的紀德
D — 1934
E — *Yiwen* 譯文 Bd. 1, Nr. 2 (Shanghai, 16.10. 1934); *QJ* Bd. 16, S. 851–2
L — #192

Itagaki Takaho 板垣鷹穗 (1894–1966)
T — [Über die Strömungen der Gegenwartsk nst], 1927
Q — *Kindai bijutsu shi shôron,* 1927
C — *Jindai meishu shichao lun* 近代美術史潮論
D — 1927
E — *Beixin* 北新 Bd. 2, Nrn. 5– 22 (1.1.–1.10.1928); *Jindai meishu shichao lun,* Shanghai: Beixin shuju 1929; *YWJ* Bd. 5; *QJ* Bd. 15, S. 17–170
L — #96

Itô Tateo 伊東干夫
T — [Ich gehe allein; Gedicht]
Q — ?

I

C — »Wo duzi xingzou« 我獨自行走
D — 15.3.1925
E — *Kuangbiao* 狂飆 Nr. 16 (15.3.1925); *YWJ* Bd. 10, S. 737–8
L — #72

Iwasaki Akira 岩崎昶 (1903–81)
T — [Film als Mittel der Propaganda und Agitation], Kap. in: *Eiga to shi-honshugi* [Film und Kapitalismus]
Q — *Shinkô geijutsu* 新興藝術 Nrn. 1 & 2 (Jan. & Feb. 1930)
C — »Xiandai dianying yu youchan jieji« 現代電影與有產階級 [Modernes Kino und Bourgeoisie]
D — 1930
E — *Mengya yuekan* 萌芽月刊 Bd. 1, Nr. 3 (1.3.1930); *Erxin ji* 二心集, 1932; *QJ* Bd. 4, S. 383–417
L — #154

Jakovlev, Aleksandr (1886–1953)
T — »Mužik« [Der Bauer], 1926
Q — jap. Übers. Yonekawa Masao 米川正夫 (1891–1965), in: *Rônô Roshiya shôsetsu shu* 勞農露西亞小説集 [Gesammelte russische Erzählungen von Arbeitern und Bauern], 1925
C — »Nongfu« 農夫
D — 1927
E — *Dazhong wenyi* 大眾文藝 Bd. 1, Nr. 3 (20.11.1928); *Jindai shijie duanpian xiaoshuo ji* Bd. 2; *YWJ* Bd. 10; *QJ* Bd. 16, S. 634–55
L — #108

T — Moskau, 9.5.1924
Q — jap. Übers. Sode Fumio 外村史郎 in: *Soren no bungei seisaku* 蘇聯的文藝政策 1927
C — »Yagewulaifu (=I. Iakovlev=)« 雅各武萊夫
D — 1928
E — *Benliu* 奔流 Bd. 1, Nr. 3 (20.8.1928); *Wenyi zhengce*; *QJ* Bd. 17, S. 518–20
L — ø

T — Moskau, 9.5.1924
Q — jap. Übers. Sode Fumio, in: *Soren no bungei seisaku*, 1927
C — »Yagewulaifu de jieyu« 雅各武萊夫的結語
D — 1928
E — *Benliu* Bd. 1, Nr. 5 (30.10.1928); *Wenyi zhengce*; *QJ* Bd. 17, S. 611–3
L — ø

T — *Oktiabr'* [Oktober], 1923

Q— jap. Übers. Ida Kôhei 井田孝平 (1879–1936), Sekai shakaishugi bungaku sôsho 世界社會主義文學叢書 Bd. 4

C — »Shi yue« 十月

D— 1929–30

E — *Dazhong wenyi* 大眾文藝 Bd. 1, Nr. 5 (20.1.1929) [Abschn. 1 & 2]; Bd. 1, Nr. 6 (20.2.1929) [Abschn. 3]; *Shi yue* [Abschn. 1–28]; *YWJ* Bd. 7; *QJ* Bd. 18, S. 11–250

L — #160

T — »Ochez mal'jar«, in: *Literaturnaja Rossija* Bd. 1 (Apr. 1924)

Q— jap. Übers. jap. Übers. Ose Keishi 尾瀨敬止 in: *Bungei sensen* 文藝戰線

C — »Zuozhe zizhuan« 作者自傳 [Autobiographie des Autors]

D— 1930

E — *Shi yue; YWJ* Bd. 7; *QJ* Bd. 18, S. 11–5

L — ø

T — »Gol'perekatnaja« [Elende Armut]

Q— jap. Übers. Yusumi Toshio 八住利雄 (1903–91), in: *Kindai tampen shôsetsu shu*

C — »Qiongku de renmen« 窮苦的人們 [Arme und elende Menschen]

D— 1932

E — *Shuqin; YWJ* Bd. 10; *QJ* Bd. 19, S. 70–89

L — #175

Jakublovskij, Georgij Vasilevič (1891–1937)

T — Moskau, 9.5.1924

Q— jap. Übers. Sode Fumio 外村史郎 in: *Soren no bungei seisaku* 蘇聯的 文藝政策 1927

C — »Yakebofusiji (=G. Iakublovsky=)« 雅克波夫斯基

D— 1928

E — *Benliu* 奔流 Bd. 1, Nr. 3 (20.8.1928); *Wenyi zhengce; QJ* Bd. 17, S. 515–7

L — ø

Kaneko Chikusui 金子築水 (1860–1937)

T — [Das neue Zeitalter und die Literatur], in: *Bungei no jisshitsu* 文藝的 實質 [Das Wesen der Literatur], 1921

C — »Xin shidai yu wenyi« 新時代與文藝

D— 1925

E — *Mangyuan* 莽原 Nr. 14 (24.7.1925); *Bi xia yicong; QJ* Bd. 16, S. 183–93

L — #74

K

Karásek, Josef (1871–1951)

T — Kap. in: *Slawische Literaturgeschichte*, Leipzig: Göschen'sche Verlagshandlung 1906 (= Sammlung Göschen 277/278)

C — »Jindai Jieke wenxue gaiguan« 近代捷克文學概觀 [Ein Überblick zur zeitgenössischen tschechischen Literatur]

D — 1921

E — *Xiaoshuo yuebao* 小説月報 Bd. 12, Nr. 10 (»Bei juanhai minzu de wenxue hao« 被損害民族的文學號 [Sondernummer zur Literatur unterdrückter Völker], 10.10.1921); *BY; YWJ* Bd. 10, S. 68–88; *QJ8* Bd. 8, S. 328–40

L — #34

Karime Tatsuo 刈米達夫

T — [Heilpflanzen]

C — »Yaoyong zhiwu« 藥用植物

D — 1930

E — *Ziran jie* 自然界 Bd. 5, Nrn. 9 & 10 (Okt. & Nov. 1930); *Yaoyong zhiwu ji qita* 及其他 [Heilpflanzen und anderes], Shanghai: Shangwu yinshuguan 6.1936, ²8.1936, ³3.1937 (= Zhongxuesheng ziran kexue congshu); *QJ* Bd. 14, S. 565–668

L — #162

Karpeles, Gustav (1848–1909)

T — »Grundriss der ukrainischen Literatur«, Kap. in: *Allgemeine Geschichte der Litteratur*, Berlin: Grote 1891

C — »Xiao Eluosi wenxue lüeshuo« 小俄羅斯文學略説

D — 1921

E — *Xiaoshuo yuebao* 小説月報 Bd. 12, Nr. 10 (»Bei juanhai minzu de wenxue hao« 被損害民族的文學號 [Sondernummer zur Literatur unterdrückter Völker], 10.10.1921); *YWJ* Bd. 10, S. 89–94

L — #36

Katagami Shin 片上伸 (1884–1928)

Q — jap. in: *Roshiya ungaku kenkyû* 露西亞文學研究 [Studien zur russischen Literatur],

C — »Bei Ou wenxue de yuanli — yijiuerer nian jiu yue zai Beijing daxue yanjiang« 北歐文學的原理──一九二二年九月在北京大學演講 [Grundzüge der nordeuropäischen Literatur — Vortrag an der Peking-Universität], Sept. 1922

D — 9.10.1928

E — *Dajiang yuekan* 大江月刊 Nr. 2 (15.11.1928); *Bi xia yicong; YWJ* Bd. 5; *QJ* Bd. 16, S. 194–205

L — #106

T — [Das Problem von Kunst und Klasse], Feb. 1922

Q — in: *Bungaku hyôron* 文學評論 [Literaturkritik], 1926

C — »Jieji yishu de wenti« 階級藝術的問題

D — 1928

E — *Bi xia yicong; QJ* Bd. 16, S. 206–29

L — #125

T — [Literatur der »Negation«], Mai 1923

Q — in: *Bungaku hyôron*, 1926

C — »"Fouding" de wenxue« "否定" 的文學

D — 1928

E — *Bi xia yicong; QJ* Bd. 16, S. 230–40

L — #126

T — »Busan kaikyû bungaku no sho mondai« 無產階級文學的諸問題 [Probleme der proletarischen Literatur]

Q — in: *Bungaku hyôron*, 1926

C — »Xiandai xinxing wenxue de zhu wenti« 現代新興文學的諸問題 [Probleme der neueren Literatur]

D — 14.2.1929

E — *Xiandai xinxing wenxue de zhu wenti; YWJ* Bd. 5; *QJ* Bd. 17, S. 185–238

L — #125

T — [Vorahnungen eines neuen Zeitalters], Jan. 1924

Q — *Bungaku hyôron*

C — »Xin shidai de yugan« 新時代的豫感

D — 25.4.1929

E — *Chunchao* 春潮 Bd. 1, Nr. 6 (15.5.1929); *YWJ* Bd. 10; *QJ* Bd. 16, S. 423–37

L — #136

Katayama Koson 片山孤村 (1875–1933)

T — [»Denkträgheit«], 1905

Q — in: *Saishin Doitsu bungaku no kenkyû* 最近獨逸文學的研究

C — »Sisuo de duoxing« 思索的惰性

D — 1925

E — *Mangyuan* 莽原 Nr. 28 (30.10.1925); *Bi xia yicong; YWJ* Bd. 5; *QJ* Bd. 16, S. 13–21

L — #76

K

T — [Theorie und Technik des Naturalismus], 1905
Q— *Saishin Doitsu bungaku no kenkyû*
C— »Ziranzhuyi de lilun ji jiqiao« 自然主義的理論及技巧
D— 1925
E— *Bi xia yicong; YWJ* Bd. 5; *QJ* Bd. 16, S. 22–43
L— #77

T — [Expressionismus],
Q— *Gendai Doitsu bungaku oyobi bungei* 現代獨逸文化及文藝
C— »Biaoxianzhuyi« 表現主義
D— 1928
E— *Bi xia yicong; QJ* Bd. 16, S. 44–60
L— #122

Keržencev, Platon Michailovič, d.i. Platon Lebedev(1881–1940)
T— Moskau, 9.5.1924
Q— jap. Übers. Sode Fumio 外村史郎 in: *Soren no bungei seisaku* 蘇聯的文藝政策 1927
C— »Kai'erxiancuifu (=I. Kershentsev=)« 開爾顯崔夫
D— 1928
E— *Benliu* 奔流 Bd. 1, Nr. 4 (20.9.1928); *Wenyi zhengce; QJ* Bd. 17, S. 581–3
L— ø

Kikuchi Kan 菊池寛 (1888–1948)
T— »Miura Uemon no saigo« [Die letzten Tage von Miura Uemon], in: *Bumei sakka no nikki* 無名作家的日記 [Tagebuch eines unbekannten Schriftstellers], 1918
C— »Sanpuyou Weimen de zuihou« 三浦右衛門的最後
D— 30.6.1921
E— *Xin qingnian* 新青年 Bd. 9, Nr. 3 (Juli 1921); *Xiandai Riben xiaoshuo ji; QJ* Bd. 11, S. 523–35
L— #29

T— »Aru katakiuchi no hanashi« [Geschichte einer Rache], in: *On o hen su wa* [Erzählungen von erwiderter Güte], 918
C— »Fuchou de hua« 復仇的話
D— Juni 1923
E— *Xiandai Riben xiaoshuo ji; QJ* Bd. 11, S. 536–51
L— #63

Koeber, Raphael von (1848–1923)
T— »Fragen und Antworten«, in: *Kleine Schriften*
Q— jap. Übers. Fukuda Hisamitsu 深田久彌 & Hisayasu 久保

C — »Xiaoshuo de liulan he xuanze« 小說的瀏覽和選擇 [Kursorische Lektüre einiger ausgewählter Texte der Erzählliteratur]
D — 1925
E — *Yusi* 語絲 Nrn. 49 & 50 (19. & 26.10.1925); *Bi xia yicong; YWJ* Bd. 5; *QJ* Bd. 16, S. 61–71
L — ø

Körber, Lili (1897–?)
T — [Ein Gedicht für »Xin yulin« und ein Grußwort an die Leser von »Xin yulin«], 1934
Q — Ms.
C — »Zeng "Xin yulin" shi ji zhi "Xin yulin" duzhe ci« 贈《新語林》詩及致《新語林》讀者辭
D — 1934
E — *Xin yulin* Nr. 3 (5.8.1934); *BX; YWJ* Bd. 10, S. 752
L — #186

Kogan, Pëtr S. (1872–1932)
T — [Geleitwort zu »Zement«; von Gladkov, 1925], in: *Literature velikog desatiletja* [Literatur des großen Jahrzehnts], Teil 3, 1928
C — »"Shimintu" daixu« 《士敏土》代序
D — 21.10.1931
E — *YWJ* Bd. 10, S. 367–375; *QJ8* Bd. 8, S. 437–41
L — #169

Kotljarevskij, N. (1863–1925)
T — Vorwort zu »Die Abenteuer Tschitschikows oder Die Toten Seelen«, Übers. Otto Buek, in: *Sämtliche Werke*, München & Leipzig: Kröner 1914, Bd. 1
C — »Xuyan« 序言
D — 1935
E — *Si linghun; YWJ* Bd. 9; *QJ* Bd. 20, S. 5–39
L — ø

Kurahara Korehito 藏原惟人 (1902–91)
T — [Vorwort], Okt. 1927, in: *Soren no bungei seisaku* 蘇聯的文藝政策 [Die Literaturpolitik der Sowjetunion], 1927
C — »Xuyan« 序言
D — 1930
E — *Wenyi zhengce; QJ* Bd. 17, S. 451–453
L — #119

T — [Vorwort zu Fadeev, *Razgrom*], in Fadeev: *Kaimetsu* 壞滅 Übers. Kurahara
  Korehito, 1929

  C — »Fajieyefu de xiaoshuo "Huimie"« 法速耶夫的小説《毀滅》 [Der
    Roman »Vernichtung« von Fadeev], dann »Guanyu "Huimie"« 關於
    《毀滅》 [Über »Vernichtung«]

  D — 1930

  E — *Huimie; YWJ* Bd. 7; *QJ* Bd. 18, S. 265–74

  L — #164 [Übers. Luo Yang 洛揚 d.i. Feng Xuefeng 馮雪峰]

Kuriyagawa Hakuson 廚川白村 (1880–1923)

  T — *Kumon no shôchô* [Symbole der Trauer], 1924

  C — »Kumen de xiangzheng« 苦悶的象徵

  D — 1924

  E — *Chenbao fukan* 晨報副刊 1.–31.10.1924; *Kumen de xinagzheng; YWJ*
    Bd. 3; *QJ* Bd. 13, S. 17–127

  L — #65

T — [Führende Vertreter des spanichen Theaters; über Calderón, Echegaray,
  Benevente], in: *Jûjigai o yuku* [Zum Kreuzweg], 1924

  C — »Xibanya jutan de jiangxing« 西班牙劇壇的將星

  D — 1924

  E — *Xiaoshuo yuebao* 小説月報 Bd. 16, Nr. 1 (10.1.1925); *Bi xia yicong; QJ*
    Bd. 16, S. 82–93

  L — #67

T — [Sorge um ein dilettaʳisches Leben], in: *Zôge no tô o idete* [Hinaus aus
  dem Elfenbeinturm], 1920

  C — »Guanzhao hengle de shenghuo« 關照亨樂的生活

  D — 1925

  E — *Jingbao fukan* 京報副刊 13.12.1924; *Chu le xiangya zhi ta; QJ* Bd. 13,
    S. 223–48

  L — ø

T — [Vom Geist zum Fleisch und vom Fleisch zum Geist], in: *Zôge no tô o idete*
  1920

  C — »Cong ling xiang rou he cong rou xiang ling« 從靈向肉和從肉向靈

  D — 1925

  E — *Jingbao fukan* 京報副刊 9., 10., 12., 13., 1.1.1925; *Chu le xiangya zhi
    ta; QJ* Bd. 13, S. 249–69

  L — ø

T — [Literatur zur Beschreibung der Arbeiterfrage], in: *Zôge no tô o idete,*
  1920

  C — »Miaoxie laodong wenti de wenxue« 描寫勞動問題的文學

D— 1925

E — *Minzhong wenyi zhoukan* 民眾文藝周刊 Nr. 4 (6.1.1925) & Nr. 5 (13.1.1925); *Chu le xiangya zhi ta; QJ* Bd. 13, S. 292–305

L — ø

T — »Gendai bungaku no sushhô« [Hauptströmungen der Gegenwartsliteratur], in: *Zôge no tô o idete,* 1920

C — »Xiandai wenxue de zhuchao« 現代文學的主潮

D— 1925

E — *Minzhong wenyi zhoukan* 民眾文藝周刊 Nr. 6 (20.1.1925); *Chu le xiangya zhi ta; QJ* Bd. 13, S. 322–33

L — ø

T — *Zôge no tô o idete,* 1920

C — »Chu le xiangya zhi ta« 出了象牙之塔

D— 1925

E — *Jingbao fukan* 京報副刊 14.–18., 20., 21., 23., 25., 28.2.1925, 2.–5., 7.3.1925; *Chu le xiangya zhi ta; QJ* Bd. 13, S. 155–222

L — #71

T — [Östliche und westliche Anschauungen zum Naturgedicht], in: *Jûjigai o yuku* [Zum Kreuzweg], 1924

C — »Dong-xi zhi ziran shi guan« 東西之自然詩觀

D— 1926

E — *Bi xia yicong; QJ* Bd. 16, S. 72–81

L — #80

Kuroda Tatsuo 黑田辰男 (1902–92)

T — [Über Semënov und sein repräsentatives Werk »Hunger«]

Q — jap. in: *Shinkô bungaku* Nr. 5 (1928), Beilage zu *Shinkô bungaku zenshu* 新興文學全集 Hg. Shimonaka Yasaburô 下中彌三郎 (1878–1961), Bd. 23, 1928

C — »Guanyu Suimengnuofu ji qi daibiaozuo »Ji'e« 關於綏蒙諾夫及其代表作《饑餓》

D— 1928

E — *Beixin* 北新 Bd. 2, Nr. 23 (1.11.1928); *Yicong bu; QJ* Bd. 16, S. 337–44

L — #105

Lelevič, G., eig. Kalmanson Labori Gilevič (1901–45)

T — Moskau, 9.5.1924

Q — jap. Übers. Kurahara Korehito 藏原惟人 (1902–91), in: *Soren no bungei seisaku* 蘇聯的文藝政策 [Die Literaturpolitik der Sowjetunion], 1927

C — »Lielieweizhi (=G. Lelevitch=)« 烈烈威支

D— 1927

E — *Wenyi zhengce; QJ* Bd. 17, S. 501–4

L — ø

Liaško, Nikolaj, eig. Nikolaj Liašenko (1884–1953)

T — »Železnaja tišina« [Eiserne Stille], in: Rasskazy, Železnaja tišina, 1922

Q— jap. Übers. Sode Fumio 外村史郎 in: *Rônô Roshiya shôsetsu shu* 勞農露西亞小説集 [Gesammelte russische Erzählungen von Arbeitern und Bauern], Hg. Yonekawa Masao 米川正夫 (1891–1965), 1925

C — »Tie de jingji« 鐵的靜寂

D— 19.9.1932

E — *Yi tian de gongzuo; QJ* Bd. 19, S. 328–37

L — #179

Lidin, Vladmir , eig. Vladimir Gomberg(1894–1979)

T — »Arfa« [Die Harfe], 1923

Q— jap. Übers. in: *Shinkô bungaku zenshu* 新興文學全集 [Anthologie der neueren Literatur], Hg. Shimonaka Yasaburô 下中彌三郎 (1878 bis 1961), Bd. 24, 1928

C — »Shuqin« 豎琴

D— 15.11.1928

E — *Xiaoshuo yuebao* 小説月報 Bd. 20, Nr. 1 (10.1.1929); *Shuqin; YWJ* Bd. 8; *QJ* Bd. 19, S. 90–125

L — #110

T — »Autobiografia«, in: *Literaturnaja Rossija,* 1926; ergänzt um bibliographische Angaben aus *Pisateli* [Schriftsteller], 1928

Q— jap. Übers. Ose Keishi 尾瀬敬止 in: *Bungei sensen* 文藝戰線

C — »=Vl. G.= Liding zizhuan« 理定自傳 [Autobiographie von Lidin]

D— 1929

E — *Benliu* 奔流 Bd. 2, Nr. 5 (20.12.1929); *YWJ* Bd. 10; *QJ* Bd. 16, S. 844–7

L — #150

Lu Xun

T — »Tu he mao« 兔和貓 [Die Geschichte von den Kaninchen und der Katze], 1922, in: *LXQJ* Bd. 1, S. 549–54 (dt. in: *LXW* Bd. 1, S. 188–95)

D— 1922

E — *Pekin shûhô* 北京週報 Nr. 47 (1.1.1923);

L — ø

Lunačarskij, Anatolij (1875–1933)

    T — Moskau, 9.5.1924

    Q — jap. Übers. Kurahara Korehito 藏原惟人 (1902–91), in: *Soren no bungei seisaku* 蘇聯的文藝政策 [Die Literaturpolitik der Sowjetunion], 1927

    C — »Lunaka'ersiji (=A. Lunacharsky=)« 盧那卡爾斯基

    D — 1928

    E — *Benliu* 奔流 Bd. 1, Nr. 4 (20.9.1928); *Wenyi zhengce*; *QJ* Bd. 17, S. 566–74

    L — ø

T — *Tolstoj i Marks* [Tolstoj und Marx; Rede], 1924

    Q — jap. Übers. Kaneda Tsunesaburô 金田常三郎

    C — »Tuo'ersitai yu Makesi« 托爾斯泰與馬克思

    D — 1928

    E — *Benliu* 奔流 Bd. 1, Nr. 7 (30.12.1928) & Nr. 8 (30.1.1929); *Wenyi yu piping*; *YWJ* Bd. 6; *QJ* Bd. 17, S. 277–331

    L — #121

T — »Smert' Tolstogo i molodaja Evropa« [Der Tod von Tolstoj und das junge Europa], 1911; in: Novaja žizni Feb. 1911

    Q — jap. Übers. Sugimoto Ryôkichi 杉本良吉 in: *Marukusushugi no miru Torusutoi* [Tolstoj aus marxistischer Sicht], 1928

    C — »Tuo'ersitai zhi si yu shaonian Ouluoba« 託爾斯泰之死與少年歐羅巴

    D — 1929

    E — *Chunchao* 春潮 Bd. 1, Nr. 3 (15.2.1929); *Wenyi yu piping*; *YWJ* Bd. 6; *QJ* Bd. 17, S. 259–277

    L — #130

T — »Iskusstvo i klass« [Kunst und Klasse], Kap. in: *Naaaly pozitivnoj òstetiki* [Grundlagen einer positiven Ästhetik], 1903

    Q — jap. Übers. Nobori Shomu 昇曙夢 in: *Rogoku gendai no shishô kyû bungaku* 露國現代的思潮及文學 [Moderne Ideen und Literatur in Rußland], 1925

    C — »Yishu yu jieji« 藝術與階級

    D — 1929

    E — *Yusi* 語絲 Bd. 4, Nr. 40 (1.10.1928); *YWJ* Bd. 6; *QJ* Bd. 15, S. 173–348

    L — (#135)

T — »Iskusstvo i Marksizm« [Kunst und Marxismus], »Iskusstvo i pro myšlennost'« [Kunst und Industrie], alle in: Očerki *marksistskoj teorii iskusstv* [Skizzen ur marxistischen Kunsttheorie], 1926 (erweiterte

L

Neuausg. von Načaly pozitivnoj estetiki [Grundlagen einer positiven
Ästhetik], 1903)

Q— jap. Übers. Nobori Shomu, in: *Rogoku gendai no shishô kyû bungaku*,
1925

C — »Yishu yu shehuizhuyi« 藝術與社會主義 [Kunst und Sozialismus],
»Yishu yu chanye« 藝術與產業 [Kunst und Industrie], »Mei ji qi
zhonglei« ˝□峗鋬娸 [Das Schöne und seine Kategorien], »Yishu
yu shenghuo« 藝術與生活 [Kunst und Leben], »Meixue shi shenme?«
美學是甚麼? [Was ist Ästhetik?]

D— 1929

E — *Yishu lun; YWJ* Bd. 6; *QJ* Bd. 15, S. 173–348

L — #135

T — »Čto takoe èstetika« [Was ist Ästhetik?], Kap. in: Načaly pozitivnoj
èstetiki [Grundlagen einer positiven Ästhetik], 1903 [ausgeschlossen
aus Očerki marksistskoj teorii iskusstv, 1926]

Q— Übers. Nobori Shomu

C — »Meixue shi shenme?« 美學是甚麼?

D— 1929

E — *Yishu lun; YWJ* Bd. 6; *QJ* Bd. 15, S. 173–348

L — (#135)

T — »Sovetskoe gosudarstvo i iskusstvo« [Staat und Kunst in der Sowjetunion],
1919

Q— jap. Übers. Shigemori Tadashi 茂森唯士 (1895–1973), in: *Shin geijutsu
ron* 新藝術論 [Über neue Kunst]

C — erst »Wenyi zhengce — fulu (yi) Suwei'ai guojia yu yishu« 文藝政策
——附錄（一）蘇維埃國家與藝術, dann »Suwei'ai guojia yu yishu«

D— 1929

E — *Benliu* 奔流 Bd. 2, Nr. 1 (20.5.1929) & Nr. 5 (20.12.1929); *Wenyi yu
piping; YWJ* Bd. 6; *QJ* Bd. 17, S. 365–418

L — #139

T — [Wie die Kunst entstand; Rede], in: *Tolstoj i Marks*, 1924

Q— jap. Übers. Kaneda Tsunesaburô 金田常三郎 ; nach Übers. in
Esperanto

C — »Yishu shi zenyang de fasheng de« 藝術是怎樣地發生的

D— 1929

E — *Wenyi yu piping; YWJ* Bd. 6; *QJ* Bd. 17, S. 249–58

L — #143

T — [Kunst von heute und Kunst von morgen], in: *Iskusstvo i revoljucija* [Kunst
und Revolution], 1924

Q— jap. Übers. Shigemori Tadashi, in: *Shin geijutsu ron*

C — »Jinri de yishu yu mingri de yishu« 今日的藝術與明日的藝術

D— 1929

E — *Wenyi yu piping; YWJ* Bd. 6; *QJ* Bd. 17, S. 332–64

L — #143

T — »Tezisy o zadačach marksistskoj estetiki« [Thesen zu den Aufgaben einer maxistischen Ästhetik; Artikel], in: Novy mir Juli 1928

Q— jap. Übers. Kurahara Korehito 藏原惟人 (1902–91), in: *Senki* 戰旗

C — »Guanyu Makesizhuyi wenyi piping zhi renwu de tiyao« 關於馬克斯主義文藝批評之任務的提要

D— 1929

E — *Wenyi yu piping; YWJ* Bd. 6; *QJ* Bd. 17, S. 418–40

L — #143

T — »Osvobožennyj Don Kichote« [Der befreite Don Quijote; Kammerspiel, 1. Bild], 1922

Q— dt. Übers. I. Götz, *Der befreite Don Quichotte. Ein Schauspiel in 9 Bildern und einem Epilog,* Berlin: Volksbühne 1925

C — »Bei jiefang de Tang Jihede« 被解放的堂 · 吉訶德

D— 10.6.1930

E — *Beidou* 北斗 Bd. 1, Nr. 3 (20.11.1931); *BX; YWJ* Bd. 10, S. 355–62

L — #157

L'vov-Rogačevskij, Vasilij (1873–1930)

T — »Lev Tolstoj«, in: Novejčaja *russkaja literatura* [Neuere russische Literatur], 1927

Q— jap. Übers. Ida Kôhei 井田孝平 (1879–1936), in: *Saishin Roshiya bungaku kenkyû* 最新露西亞文學研究 nach: *Sketches for the History of Recent Russian Literature*

C — »=LEOV TOLSTOI= — "Zuijin Eguo wenxue shilüe" de yi zhang« 《最近俄國文學史略》的一章

D— 1928

E — *Benliu* 奔流 Bd. 1, Nr. 7 (30.12.1928); *YWJ* Bd. 10; *QJ* Bd. 16, S. 345–95

L — #118

T — »Garšin«, in: Novejčaja russkaja literatura [Neuere russische Literatur], 1927

Q— jap. Übers. Ida Kôhei, in: *Saishin Roshiya bungaku kenkyû*

C — »Renxing de tiancai — Jia'erxun. "Jindai Eguo wenxue shi genggai" zhi yi pian« 人性的天才———迦爾洵 《近代俄國文學史梗概》之一篇 [Ein Genie der Menschheit: Garšin]

D— 1929

E — *Chunchao* 春潮 Bd. 1, Nr. 9 (15.9.1929); *YWJ* Bd. 10; *QJ* Bd. 16, S. 464–76

L — #144

T —»A. P. Čechov i novye puti« [Anton Čechov und der neue Weg], in: *Novejãaja russkaja literatura* [Neuere russische Literatur], 1927

Q— jap. Übers. Ida Kôhei, in: *Saishin Roshiya bungaku kenkyû*

C — »Qikefu yu xin wenyi« 契呵夫與新文藝 [Čechov und die neue Kunst]

D— 1929

E — *Benliu* 奔流 Bd. 2, Nr. 5 (20.12.1929); *YWJ* Bd. 10; *QJ* Bd. 16, S. 477–94

L — #153

Lunc, Lev (1902–24)

T — »V pustyne« [In der Wüste], 1922

Q— jap. Übers. Yonekawa Masao 米川正夫 (1891–1965), in: *Rônô Roshiya shôsetsu shu* 勞農露西亞小説集 [Gesammelte russische Erzählungen von Arbeitern und Bauern], 1925

C — »Zai shamo shang« 在沙漠上

D— 1928

E — *Beixin* 北新 Bd. 3, Nr. 1 (1.1.1929); *Shuqin*; *QJ* Bd. 19, S. 39–49

L — #109

Majskij, Ivan (1884–?)

T — »Lev Tolstoj« [Rede an einer Gedenkfeier zum Geburtstag von Tolstoj in Tôkyô], 1928

Q— Übers. Andreev, in: *Ni-Ro geijutsu* 日露藝術 Bd. 22 (1928)

C — »=LEOV TOLSTOI= — yijiuerba nian jiu yue shiwu ri zhu Ri Sulian dashiguan canzan =Maiski=« 一九二八年九月十五日駐日蘇聯大使館參贊

D— 1928

E — *Benliu* 奔流 Bd. 1, Nr. 7 (30.12.1928); *YWJ* Bd. 10; *QJ* Bd. 16, S. 396–404

L — #109

Malaškin, Sergei (1888–1919)

T — [Arbeiter], 1922

Q— jap. Übers. Ôta Nobuo 太田信夫 , in: *Migigawa no tsuki* 右側的月 [Ein Monat an der rechten Seite], 1928

C — »Gongren« 工人

D— vor 19.9.1932

E — *Yitian de gongzuo; QJ* Bd. 19, S. 347–68

L — #180

Meščer'akov, Nikolai Leonovič (1865–1942)

    T — Moskau, 9.5.1924

    Q — jap. Übers. Sode Fumio 外村史郎 in: *Soren no bungei seisaku* 蘇聯的
        文藝政策 1927

    C — »Meixiqielüekefu (=N. Meshcheliakov=)« 梅希且略珂夫

    D — 1928

    E — *Benliu* 奔流 Bd. 1, Nr. 4 (20.9.1928); *Wenyi zhengce; QJ* Bd. 17, S.
        578–80

    L — ø

Meyer, Hanns

    T — »China brennt« [Gedicht]

    Q — ?

    C — »Zhongguo qi le huo« 中國起了火

    D — 1930

    E — *Wenxue daobao* 文學導報 Bd. 1, Nr. 2 (5.8.1931); *YWJ* Bd. 10; *QJ* Bd.
        16, S. 858–9

    L — #166

Mickiewicz, Adam (1798–1855)

    T — Einleitung zu *Pan Tadeusz czyli Ostatni zajazd na Litwie*, 1834; zit. in
        Sienkiewicz, Henryk (1846–1916): *Latarnik* [Der Leuchtturmwärter],
        1881

    Q — dt. Übers. Albert Weiss, in: *Balladen und Romanzen*, Leipzig: Reclam
        1874 (= Universal-Bibliothek)

    C — »"Dengtaishou" yishi« 《鐙臺守》譯詩 [Übersetzung eines Gedichts
        aus »Der Leuchtturmwärter«]

    D — 1909

    E — *Yuwai xiaoshuo ji* Bd. 2; *YWJ* Bd. 10, S. 793

    L — #13

Mori Ôgai 森鷗外 (1862–1922)

    T — »Chinmoku no tô« 沈默的塔 [Pagode der Stille], Einleitung zu
        Nietzsche; *Tsuaratousutora* [*Also sprach Zarathustra*, 1883–85], jap.
        Übers. Ikuta Chôkô 生田長江 (1882–1936), 1911

    C — »Chenmo zhi ta« 沉默之塔

    D — 11.4.1921

    E — *Chenbao* 晨報 21.–24.4.1921; *Xiandai Riben xiaoshuo ji; YWJ* Bd. 1;
        QJ Bd. 11, S. 431–44

    L — #25

T — »Asobi« [Muße], in: *Kenteki* 消滴 [Kleinigkeiten; Kurzprosa], 1910
   C — »Youxi« 游戲
   D — Juni 1923
   E — *Xiandai Riben xiaoshuo ji*; *QJ* Bd. 11, S. 410–30
   L — #59

Multatuli, d.i. Eduard Douwes Dekker (1820–87)
   T — Nrn. 261 & 262, in: *Ideen*, 1862–77; in: *Volledige Werker*, 1951, Bd. 2, S. 463–4
   Q — »Chresos«, »Der Impresario«, Übers. Paul Raché, in: *Aus fremden Zungen*, Bd. 11, Nr. 2 (1901), S. 618–19
   C — »Gaoshang shenghuo« 高尚生活 [Erhabenes Leben]
   D — 1924
   E — *Jingbao fukan* 京報副刊 7.12.1924; *Jiwai ji shiyi*; *YWJ* Bd. 10, S. 476–8; *QJ* Bd. 7, S. 611–14
   L — #68

*T — Nr. 447, in: *Ideen*, 186 –77; in: *Volledige Werker*, 1951, Bd. 2, S. 658
   Q — »Sittenlos und unsittlich«, Übers. Paul Raché, in: *Aus fremden Zungen*, Bd. 11, Nr. 2 (1901), S. 619–20
   C — »Wuli yu feili« 無禮與非禮
   D — 1924
   E — *Jingbao fukan* 16.12.1924; *Jiwai ji shiyi*; *YWJ* Bd. 10, S. 479–80; *QJ* Bd. 7, S. 615–16
   L — #69

Mushanokôji Saneatsu 武者小路實篤 (1885–1976)
   T — *Wakuru seinen no yume* [Traum eines jungen Mannes; Theaterstück], 1916
   C — »Yi ge qingnian de meng« 一個青年的夢
   D — 1919
   E — *Guomin gongbao* 國民公報 Beijing, 3.8.–25.10.1919, rev. *Xin qingnian* 新青年 Bd. 7, Nrn. 2–5 (Jan.–Apr. 1920); *Yi ge qingnian de meng*, Shanghai: Shangwu yinshuguan 9.1922; *QJ* Bd. 12, S. 7–286
   L — #21

T — [Über Lyrik], in: *Bungaku ni shisu jin ni* [Wem der Wille zur Literatur geht], 1920
   C — »Lun shi« 論詩
   D — 1926
   E — *Mangyuan* 莽原 Nr. 12 (25.6.1925); *Bi xia yicong*; *QJ* Bd. 16, S. 179–82
   L — #84

T — [In allem ist Kunst], in: *Bungaku ni shisu jin ni*, 1920

C — »Zai yiqie yishu« 在一切藝術
D — 1926
E — *Mangyuan* Nr. 16 (25.8.1926); *Bi xia yicong; YWJ* Bd. 5; *QJ* Bd. 16, S. 164–7
L — #86

T — [Überall sind Kunstwerke], 1915, in: *Bungaku ni shisu jin ni,* 1920
C — »Fan you yishupin« 凡有藝術品
D — 1926
E — *Mangyuan* Nr. 17 (10.9.1926); *Bi xia yicong; YWJ* Bd. 5; *QJ* Bd. 16, S. 162–3
L — #88

*T — [Leben eines Schriftstellers], 1917, in: *Bungaku ni shisu jin ni,* 1920
C — »Wenxuezhe de yisheng« 文學者的一生
D — 1927
E — *Mangyuan* Bd. 2, Nr. 3 (10.2.1927); *Bi xia yicong; YWJ* Bd. 5; *QJ* Bd. 16, S. 168–78
L — #91

Nakane Hiroshi 中根弘 (1893–1951)
T — [Die jüngsten Spuren des blinden Dichters; Bericht über einen Besuch von Erošenko in Harbin], in: *Yomiuri shimbun* 讀賣新聞 9.10.1921
C — »Mang shiren zuijin de zongji« 盲詩人最近的蹤蹟
D — 16.10.1921
E — *Chenbao fukan* 晨報副刊 (»Ailuoxianke hao« 愛羅先珂號 [Nummer zu Erošenko]) 22.10.1921; *BX; YWJ* Bd. 10, S. 459–61
L — #40

Nakazawa Rinsen 中澤臨川 (1878–1920) & Ikuta Chôkô 生田長江 (1882 bis 1936)
T — [Der Heroismus von Romain Rolland], Kap. 16 in: *Kindai shisô jûroku kô* 近代思想十六講 [16 Vorlesungen zu den modernen Ideen], 1915
C — »Luoman Luolan de zhenyongzhuyi« 羅曼羅蘭的真勇主義
D — 16.3.1926
E — *Mangyuan* Nr. 7/8 (25.4.1926); *Yicong bu; YWJ* Bd. 10; *QJ* Bd. 16, S. 293–323
L — #81

Natsume Sôseki 夏目漱石 (1867–1917)
T — »Kakemono« [Wandbild], in: *Sôseki kinsa yonpen* 漱石近作四篇 [Vier jüngere Werke von {Natsume} Soseki], 1910
C — »Guafu« 挂幅
D — Juni 1923

E — *Xiandai Riben xiaoshuo ji; QJ* Bd. 11, S. 397–9

L — #57

T — »Craig Sensei« [Herr Craig], in: *Sôseki kinsa yonpen,* 1910

C — »Kelaike xiansheng« 克萊喀先生

D — Juni 1923

E — *Xiandai Riben xiaoshuo ji; QJ* Bd. 11, S. 400–9

L — #58

Neverov, Aleksandr, eig. Aleksandr Skobielev (1886–1923)

T — »Ja choču žit'« [Ich will leben], 1922

Q — *Das Antlitz des Lebens. Erzählungen,* Übers. Maria Einstein, Wien: Verlag für Literatur und Politik 1925

C — »Wo yao huo« 我要活

D — 19.9.1932

E — *Wenxue yuebao* 文學月報 Bd. 1, Nr. 3 (15.10.1932); *Yi tian de gongzuo; QJ* Bd. 19, S. 338–46

L — #178

Nietzsche, Friedrich (1844–1900)

T — »Zarathustra's Vorrede« 1–3, in: *Also sprach Zarathustra,* 1883–85

Q — *Also sprach Zarathustra. Aus dem Nachlaß 1882–85,* Leipzig: Naumann 48.–57. Tausend 1906 (=Nietzsche's Werke Taschen-Ausgabe Bd. 7)

C — »Chaluodusideluo xuyan« 察羅堵斯德羅緒言 *[wenyan]*

D — 1906/18

E — *BX,* S. 185–92; *YWJ* Bd. 10, S. 773–8

L — #20

T — »Zarathustra's Vorrede«, in: *Also sprach Zarathustra,* 1883–85

Q — *Also sprach Zarathustra. Aus dem Nachlaß 1882–85,* 1906; jap. Übers. Ikuta Chôkô 生田長江 (1882–1936), *Tsuaratousutora,* 1911

C — »Chalatusitela de xuyan« 察拉圖斯忒拉的序言 *[baihua]*

D — 1919

E — *Xin chao* 新潮 Bd. 2, Nr. 5 (1.6.1920), S. 954–73; *QJ* Bd. 7, S. 578–605

L — #22

Nobori Shomu 昇曙夢 (1878–1958)

T — [Gor'kij heute], in· *Kaizô* 改造 Bd. 10, Nr. 6 (1928)

C — »Zuijin de Geliji« 最近的戈理基

D — 20.4.1929

E — *Bi xia yicong; QJ* Bd. 16, S. 271–90

L — #129

Noguchi Yonejirô 野口米次郎 (1875–1947)

T — [Ein Rückblick auf die irische Literatur], in: *Airan jôchô* 愛蘭情調 [Irische Stimmungen], 1926

C — »Ai'erlan wenxue zhi huigu« 愛爾蘭文學之回顧

D — 20.6.1929

E — *Benliu* 奔流 Bd. 2, Nr. 2 (20.6.1929); *YWJ* Bd. 10; *QJ* Bd. 16, S. 439–51

L — #141

Ose Keishi 尾瀬敬止 (1889–1952)

T — aus *Kakumei Roshiya no geijutsu* 革命露西亞的藝術 [Kunst im revolutionären Rußland], 1924

C — »Wei pingjia de Lunakarsiji« 為批評家的盧那卡爾斯基 [Lunačarskij als Kritiker]

D — 16.8.1929

E — *Wenyi yu piping*; *YWJ* Bd. 6; *QJ* Bd. 17, S. 241–8

L — #143

T — [Eine Kurzbiographie des Autors von »Faust und die Stadt«], in: *Geijutsu sensen* 藝術戰線 [Kunstfront], 1926

C — »"Fushi de yu cheng" zuozhe xiaozhuan« 《浮士德與城》作者小傳 dann »"Jiefang le de Dong Jikede" zuozhe xiaozhuan« 《解放了的董 · 吉訶德》作者小傳 [Eine Kurzbiographie des Autors von »Der befreite Don Quijote«]

D — 16.6.1930

E — Lunačarskij: *Fushide yu cheng* [Faust und die Stadt; Theaterstück, 1918], Übers. Rou Shi 柔石, Shanghai: Shenzhou guoguang she 1930; *YWJ* Bd. 10, S. 355–62; *QJ8* Bd. 8, S. 442–7

L — #158

Osinskij, S. (?–)

T — Moskau, 9.5.1924

Q — jap. Übers. Kurahara Korehito 藏原惟人 (1902–91), in: *Soren no bungei seisaku* 蘇聯的文藝政策 1927

C — »Woxinsiji (=S. Osinky=)« 渥辛斯基

D — 20.7.1928

E — *Benliu* Bd. 1, Nr. 2 (20.7.1928); *Wenyi zhengce*; *QJ* Bd. 17, S. 489–91

L — ø

Panfërov, Fëdor Ivanovič (1896–1960) & Il'enkov, Vasilij (1897–1967)

T — »Koks, ljudi, ogneuporny kirpiči« [Koks, Menschen und Brickets], auch »Šlak, ljudi i ogneupornij kirpič« [Schlacke, Menschen und Brickets], 1931

Q— *Kôgeki tai* 功擊隊, Hg. Soren jijô kenkyû-kai 蘇維埃事情研究會 (= Soren shakaishugi kensetsu sôsho 1), 1931

C — »Kumei, renmen he naihuozhuan« 枯煤、人們和耐火磚

D— 18.9.1932

E — *Yi tian de gongzuo; YWJ* Bd. 8; *QJ* Bd. 19, S. 503–19

L — #177

Panteleev, Leonid, d.i. Aleksej Ivanovič Eremeev (1908–87)

T — Časy [Die Uhr; Kinderbuch], 1928

Q— dt. Übers. Maria Einstein, in: *Die Uhr*, Ill. Bruno Fuk, Berlin: Verlag für Literatur und Politik 1930; jap. Übers. Makimoto Kusurô 槙本楠郎 (1898–1956), *Kin tokei* 金時計

C— »Biao« 錶

D— 1.–12.1.1935

E — *Yiwen* 譯文 Bd. 2, Nr. 1 (16.3.1935); *Biao; YWJ* Bd. 4; *QJ* Bd. 14, S. 301–421

L — #199

Petőfi, Sandór (1823–49)

*T — 5 Gedichte

Q— dt. Übers. Ignaz Schnitzer, »Mein Vater und meine Kunst«, »Ich wünsche, ich wäre ein Baum«, »Die Sonne wärmt die Erde«, »Im Grabe ruht…«, »Meine Liebe — ist nicht«, in: *Alexander Petöfi's Poetische Werke*, 2 Bde., Wien & Leipzig: Halm und Goldmann 1919, Bd. 2

C — »=A. Petöfi= de shi« A・Petofi 的詩 »Wo de fuqin de he wo de shouyi« 我的父親的和我的手藝 ; »Yuan wo shi shu, shang shi ni …« 願我是樹・倘是你……, »Taiyang gaore di zhaolin…« 太陽酷熱地照臨…… »Fenmu li xiuxizhe…« 墳墓裡休息著 , »Wo de ai — bing bu shi …« 我的愛──並不是

D— 4.1.1925

E — *Yusi* 語絲 Nr. 9 (12.1.1925) & Nr. 11 (26.1.1925); *YWJ* Bd. 10, S. 734–6

L — #70

Philippe, Charles-Louis (1874–1909)

T — »Histoire d'anthropophages«, in: *Contes du matin*, 1916 (*Œuvres complètes*, 5 Bde., Paris: Iponée 1986, Bd. 4, S. 48–52)

Q— jap. Übers. Horiguchi Daigaku 堀口大學 (1892–1981), in: *Fuiritsupu tampen shu* [Gesammelte Kurzgeschichten von Philippe], 1928; dt. Übers. Annette Kolb, »Kanibalengeschichten«, in: *Das Bein der Tiennette und andere Erzählungen*, Ill. Frans Masereel, München: Wolff 1923

C — »Shiren renzhong de hua« 食人人種的話　[Gespräch unter Kanni-
balen]

D — 20.9.1928

E — *Dazhong wenyi* 大眾文藝　Bd. 1, Nr. 2 (20.10.1928); *Jindai shijie
duanpian xiaoshuo ji* Bd. 1; *Yicong bu; YWJ* Bd. 10; *QJ* Bd. 16, S.
584–91

L — #104

T — »La chasse au lion«, in: *Contes du matin*, 1916 (*Œuvres complètes*, Bd. 4,
S. 53–7)

Q — jap. Übers. Horiguchi Daigaku, in: *Fuiritsupu tampen shu*, 1928; dt.
Übers. Annette Kolb, »Löwenjagd«, in: *Das Bein der Tiennette*, 1923

C — »Bu shi« 捕獅

D — 20.9.1928

E — *Dajiang yuekan* 大江月刊　Bd. 1, Nr. 1 (15.10.1928); *Jindai shijie
duanpian xiaoshuo ji* Bd. 1; *Yicong bu; YWJ* Bd. 10; *QJ* Bd. 16, S.
576–83

L — #107

Pil'njak, Boris Andreevič, d.i. Boris Andreevič Wogau (1894–1938)

T — [Aufzeichnungen aus Shinshu], Kap. aus *Korni japonskogo slnca*
[Wurzeln der japanischen Sonne], 1926

Q — jap. Übers. Ida Kôhei 井田孝平 & Kojima Shûichi 小島修一 in:
Nihon inshôki 日本印象記 [Eindrücke aus Japan], 1927

C — »Xinzhou zaji« 信州雜記

D — 26.11.1927

E — *Yusi* 語絲　Bd. 4, Nr. 2 (24.12.1927); *Yicong bu; YWJ* Bd. 10; *QJ* Bd.
16, S. 814–30

L — #93

T — »Polyn'« [Wurmstichiges Holz], 1919

Q — jap. Übers. Hiraoka Masahide 平岡雅英, in: *Kaigai bungaku shinsen*
海外文學新選 Bd. 36

C — »Ku peng« 苦蓬

D — 2.10.1929

E — *Dongfang zazhi* 東方雜誌 Bd. 27, Nr. 3 (10.2.1930); *Yi tian de gongzuo;
YWJ* Bd. 8; *QJ* Bd. 19, S. 263–81

L — #148

Plechanov, Georgij (1856–1918)

T — »Predislovie k tret'emu izdaniju sbornika "Za dvadcat' let"« [Vor-
wort zur dritten Ausgabe der Sammlung »Aus zwanzig Jahren«], in:
Za dvadcat' let,1908

Q— jap. Übers. Kurahara Korehito 藏原惟人 (1902–91), in: *Kaikyû shakai no geijutsu* 階級社會的藝術 [Kunst in der Klassengesellschaft], 1928 (= Marukusushugi geijutsu riron sôsho)

C— »Lunwen ji "Ershi nian jian" di san ban xu« 論文集《二十年間》第三版序

D— 19.6.1929

E— *Chunchao* 春潮 Bd. 1, Nr. 7 (15.7.1929); *Yishu lun; QJ* Bd. 17, S. 163–81

L— #140

T— Kap. 1–3 aus: *Pis'ma bez adresa* [Briefe ohne Empfänger], 1899–1900

Q— jap. Übers. Sode Fumio 外村史郎 in: *Marukusu geijutsu ron*, 1928; chin. Übers. Lin Bai 林柏

C— »Lun yishu« 論藝術 [Über Kunst]

D— 12.10.1929

E— *Yishu lun; QJ* Bd. 17, S. 23–90

L— #149

T— »Estetičeskaja teoria N. Černyševskogo« [Die ästhetische Theorie von Černyševskij], 1897; Kap. 1 und Teile von Kap. 2

Q— jap. Übers. Sode Fumio, *Marukusu geijutsu ron*, 1928

C— »Cheleneisuifusiji de wenxue guan« 車勒芮綏夫斯基的文學觀 [Die Ansichten von Černyševskij zur Literatur]

D— 15.2.1930

E— *Wenyi yanjiu* 文藝研究 Bd. 1, Nr. 1 (15.2.1930) [Kap. 1]; *BY; YWJ* Bd. 10, S. 255–306 [Kap. 1 und Teile von Kap. 2]; *QJ8* Bd. 8, S. 414–34

L— #156

Pletnev, Valerian Fëdorovič (1886–1942)

T— Moskau, 9.5.1924

Q— jap. Übers. Sode Fumio 外村史郎 in: *Soren no bungei seisaku* 蘇聯的文藝政策 1927

C— »Pulieteneifu (=W. Pletnev=)« 普列忒內夫

D— 1927

E— *Benliu* 奔流 Bd. 1, Nr. 3 (20.8.1928); *Wenyi zhengce; QJ* Bd. 17, S. 524–7

L— ø

Polonskij, Viačeslav Pavlovič (1886–1932)

T— Moskau, 9.5.1924

Q— jap. Übers. Kurahara Korehito 藏原惟人 (1902–91), in: *Soren no bungei seisaku* 蘇聯的文藝政策 1927

C— »Polongsiji (=V. Polonsky=)« 波隆斯基

D— 1928

E — *Benliu* Bd. 1, Nr. 2 (20.7.1928); *Wenyi zhengce*; QJ Bd. 17, S. 496–500

L — ø

Raché, Paul

T —»Vorwort«, in Frederik van Eeden: *Der kleine Johannes*, Übers. Anna Fles, Halle: Otto Hendel (= Bibliothek für die Gesamt-Literatur des In- und Auslandes)

C —»Yuanxu« 原序 [Ursprüngliches Vorwort]

D— 1927

E — *Xiao Yuehan;* QJ Bd. 14, S. 17–26

L — ø

Radek, Karl (1885–1939)

T — Moskau, 9.5.1924

Q— jap. Übers. Sode Fumio 外村史郎 in: *Soren no bungei seisaku* 蘇聯的文藝政策 1927

C — »Ladike (=K. Radek=)« 拉迪克

D— 1928

E — *Benliu* 奔流 Bd. 1 Nr. 3 (20.8.1928); *Wenyi zhengce*; QJ Bd. 17, S. 521–3

L — ø

Ranke, Leopold (1795–1886)

T — Teile aus: *Weltgeschichte*, Hg. Alfred Dove, 9 Teile, 16 Bde., 1881–88; 4 Bde., 1895

Q— jap. Übers.

C — »Shijie shi« 世界史

D— 1904

E — Ms. verloren

L — #5

Raskolnikov, Fëdor (1892–1939)

T — Moskau, 9.5.1924

Q— jap. Übers. Kurahara Korehito 藏原惟人 (1902–91), in: *Soren no bungei seisaku* 蘇聯的文藝政策 1927

C — »Lasike'erniekefu (=F. Raskolnikov=)« 拉思珂耳涅珂夫

D— 1928

E — *Benliu* Bd. 1, Nr. 2 (20.7.1928); *Wenyi zhengce*; QJ Bd. 17, S. 492–95

L — ø

Reich, Emil (1854–1910)

*T —»Petöfi's Poems«, Kap. 27 in: *Hungarian Literature*, London: Jarrold & Sons 1898

[*783*]

S

Q — jap.
C — »Peiduofei shi lun« 裴多菲詩論
D — 1906
E — *He'nan* 河南 Nr. 7 (Tôkyô, 5.8.1908); *BX; YWJ* Bd. 10, S. 3–8; *QJ8*
Bd. 8, S. 520–3
L — #9

Renn, Ludwig (1889–1979)
T — »Protest der proletarisch-revolutionären Schriftsteller gegen Weißen
Terror und imperialistische Einmischung in China«, Manifest bei der
2. Internationalen Konferenz revolutionärer Schriftsteller, Moskau
12.12.1930
C — »Shijie wuchanjieji geming zuojia dui Zhongguo baise kongbu ji
diguozhuyi ganshe de kangyi« 世界無產階級革命作家對中國白色恐
怖及帝國主義干涉的抗議
D — 5.8.1931
E — *Wenxue daobao* 文學導報 Bd. 1, Nr. 2 (5.8.1931); *BX; YWJ* Bd. 10, S.
548; *QJ8* Bd. 8, S. 655
L — #167

Riazanov, D.
T — Moskau, 9.5.1924
Q — jap. Übers. Sode Fumio 外村史郎 in: *Soren no bungei seisaku* 蘇聯的
文藝政策 1927
C — »Lüesanuofu (=D. Riasanov=)« 略薩諾夫
D — 1928
E — *Benliu* 奔流 Bd. 1, Nr. 4 (20.9.1928); *Wenyi zhengce; QJ* Bd. 17, S.
584–9
L — ø

Rodov, Semen Abramovič (1893–1968)
T — Moskau, 9.5.1924
Q — jap. Übers. Sode Fumio, in: *Soren no bungei seisaku,* 1927
C — »Luotuofu (=S. Rodov=)« 羅陀夫
D — 1928
E — *Benliu* Bd. 1, Nr. 3 (20.8.1928); *Wenyi zhengce; QJ* Bd. 17, S. 559–65
L — ø

Sadoveanu, Mihail (1880–1961)
T — »Cîntecul de dragoste« [Liebeslied], in: *Povestiri* [Erzählungen], 1904
Q — dt. Übers. Eleonora Borcia, in: *Das Liebeslied und andere Erzählungen,*
Leipzig: Reclam 1908 (= Universal-Bibliothek 5044)
C — »Lian'ge« 戀歌

D— 2.6.1935

E— *Yiwen* 譯文 Bd. 2, Nr. 6 (16.8.1935); *YWJ* Bd. 10; *QJ* Bd. 16, S. 741–73

L— #206

Saltykov-Ščedrin, Michail (1826–89)

T— »Golodnyj gorod« [Hungrige Stadt], Kap. 7 aus *Istorija odnogo goroda* [Geschichte einer Stadt], 1869–70

Q— jap. Übers. Yasugi Sadatoshi 八杉貞利 in: *Seigan jin* 請願人 [Bittsteller], 1924 (= Kaigai bungaku shinsen 海外文學新選 20)

C— »Jijin ("Mou shi de lishi zhi yi")« 饑饉 (《某市的歷史之一》) [Hungersnot (»Aus der Geschichte einer Stadt«)]

D— 9.9.1934

E— *Yiwen* Bd. 1, Nr. 2 (16.10.1934); *Jindai shijie duanpian xiaoshuo ji* Bd. 1; *Yicong bu*; *QJ* Bd. 16, S. 714–40

L— #188

Santeri, Alkio, d.i. Alexander Filander (1862–19ɔ0)

T— »Isä on Amerikassa« [Vater ist in Amerika] (um 1890)

Q— Brausewetter, Ernst: *Finnland, im Bilde seiner Dichtung und seiner Dichter. Novellen, Gedichte, Schilderungen, Charakteristiken und 14 Porträts*, Berlin & Leipzig: Schuster & Loeffler 1899.

C— »Fuqin zai Yameilijia« 父親在亞美利加

D— 11.7.1921

E— *Chenbao fukan* 晨報副刊 17./18.7.1921; *Xiandai xiaoshuo yicong*; *YWJ* Bd. 1; *QJ* Bd. 11, S. 387–94

L— #30

Schopenhauer, Arthur (1788–1860)

T— Aphorismus, in: *Parerga und Paralipomena*, 1851

Q— *Sämtliche Werke*, Bd. 6, 1916

D— 27.2.1926

E— in: »Wuhua de qiangwei« 無花的薔薇 [Blütenlose Rosen], in: *Yusi* Nr. 69 (8.3.1926); *QJ* Bd. 3, S. 238

L— ø

Sejfulina, Lidia (1889–1954)

T— »Peregnoj« [Dung], 1922

Q— jap. Übers. Fuji Tatsuma 富士辰馬 in: *Shinkô bungaku zenshu* 新興文學全集 Bd. 23, Hg. Shimonaka Yasaburô 下中彌三郎 (1878–1961), 1929

C— »Feiliao« 肥料

D— 9.8.1930

T

E — *Beidou* 北斗 Bd. 1, Nr. 1 (20.9.1931) & Nr. 2 (20.10.1931); *Yi tian de gongzuo; YWJ* Bd. 8; *QJ* Bd. 19, S. 282–327

L — #168

Shimazaki Tosôn 島崎藤村 (1872–1943)

T — Teile aus *Senkusa tayori* [Skizzierte Mitteilungen Essay und Aphorismen über die *Confessions* von Rousseau, Ibsen, Baudelaire, Renan], 1924

C — »Cong qiancao lai« 從淺草來 [Aus den Skizzen]

D — 5.12.1925

E — *Guomin xinbao fukan* 國民新報副刊 5.12.1925; *Bi xia yicong; YWJ* Bd. 5; *QJ* Bd. 16, S. 94–109

L — #78

Sinclair, Upton (1878–1968)

T — Auszüge aus *Mammonart*, 1925

Q — jap. Übers. Kimura Shôshi 木村生死 , *Haikin geijutsu*, 1927

C — »Bai jin yishu« 拜金藝術 [Die Kunst der Verehrung des Geldes]

D — 21.12.1927

E — »Lusai he weikou« 盧梭和胃口 [Rousseau und der Appetit], in: *Yusi* Bd. 4, Nr. 4 (7.1.1928); *QJ* Bd. 3, S. 535

L — ø

Šolochov, Michail (1905–84)

T — »Semejnyj elovek« [Ein Familienvater], in: *Donskie rasskazy* [Erzählungen vom Don], 1926

Q — dt. Übers. Nadja Strasser, in: *Dreißig neue Erzähler des neuen Rußland. Junge russische Prosa*, Berlin: Malik ²1929

C — »Fuqin« 父親 [Der Vater]

D — 15.11.1931

E — *Yi tian de gongzuo; QJ* Bd. 19, S. 489–503

L — #171

Suzuki Torao 鈴木虎雄 (1878–1963)

T — [Gedichte in Umgangssprache; Essay], in: *Shina bungaku kenkyû* 支那文學研究 [Studien zur chinesischen Literatur], 1925

C — »Yunyong kouyu de tianci« 運用口語的填詞

D — 6.1.1927

E — *Mangyuan* 莽原 Bd. 2, Nr. 4 (25.2.1927); *Yicong bu; YWJ* Bd. 5; *QJ* Bd. 16, S. 324–31

L — #92

Takashima Heisaburô 高島平三郎

T — [Studie über die Vorstellungswelt von Kindern]

C — »Ertong guannianjie zhi yanjiu« 兒童觀念界之研究

D — 27.11.1914

E — *Quanguo ertong yishu zhanlanhui jiyao* 全國兒童藝術展覽會輯要 [Katalog zur Nationalen Ausstellung mit Kunst von Kindern], 3.1915; *SB*

L — ø

Tateno Nobuyuki 立野信之 (1903–71)

T — [Eine private Ansicht zu Gogol'], in: *Bungaku hyôron* 文學評論 (Apr. 1934)

C — »Guogeli siguan« 果戈理私觀

D — 4.8.1934

E — *Yiwen* 譯文 Bd. 1., Nr. 1 (16.9.1934); *YWJ* Bd. 10; *QJ* Bd. 16, S. 566–75

L — #185

Temnyj, Nikolai, d.i. Nikolai A. Lazarev (1863–1910)

T — [Reisebericht vom grünen Meer]

Q — dt. Übers. Erwin Honig, in: *Dreißig neue Erzähler des neuen Rußland. Junge russische Prosa*, Berlin: Malik ²1929

C — »Qinghu jiyou« 青湖記游

D — 27.9.1929

E — *Benliu* 奔流 Bd. 2, Nr. 5 (20.12.1929); *Yicong bu*; *QJ* Bd. 16, S. 836–43

L — #152

Trockij, Lev Davidovič (1879–1940)

T — »Aleksandr Blok«, in: *Literatura i revoljucija* [Literatur und Revolution], 1924

Q — jap. Übers. Shigemori Tadashi 茂森唯士 (1895–1973), in: *Bungaku to kakumei* [Literatur und Revolution], 1925

C — »Yalishanda Boluoke« 亞歷山達・勃洛克

D — Aug. 1926

E — in Blok, Aleksandr: *Shi'er ge* 十二個 [Die Zwölf], Übers. Hu Xiao 胡斅 [*Dvenadcat'*, 1918], Beijing: Beixin shuju 8.1926 (= Weiming congkan); kein Nachdruck seit 1949

L — #90

T — Moskau, 9.5.1924

Q — jap. Übers. Sode Fumio 外村史郎 in: *Soren no bungei seisaku* 蘇聯的文藝政策 1927

C — »Tuoluociji (=L. Trotsky=)« 托羅玆基

D — 1928

E — *Benliu* Bd. 1, Nr. 3 (20.8.1928); *Wenyi zhengce; QJ* Bd. 17, S. 528–58

L — ø

Tsurumi Yûsuke 鶴見祐輔 (1885–1972)

T — Kap. aus *Shisô, sansui, jinbutsu* 思想・山水・人物 [Ideen, Landschaften, Menschen], 1924

C — »Zi yiwei shi« 自以為是 [Selbstgewißheit]

D — 14.4.1925

E — als »Zhanzhan zi xi« 沾沾自喜 [Selbstzufriedenheit], in: *Jingbao fukan*
京報副刊 14.4.1925; *Sixiang, shanshui, renwu; YWJ* Bd. 3; *QJ* Bd. 13,
S. 485–95

L — (#97)

T — Kap. aus *Shisô, sansui, jinbutsu,* 1924

C — »Turan de duxue« 徒然的篤學 [Vergeblicher Fleiß]

D — 25.4.1925

E — *Jingbao fukan* 25.4.1925; *Sixiang, shanshui, renwu; YWJ* Bd. 3; *QJ* Bd.
13, S. 474–8

L — (#97)

T — Kap. aus *Shisô, sansui, jinbutsu,* 1924

C — »Beijing de meili« 北京的魅力 [Die Magie von Peking]

D — 30.6.–21.7.1925

E — *Minzhong zhoukan* 民眾週刊 Nrn. 26–29 (30.6.–21.7.1925); *Sixiang,
shanshui, renwu; YWJ* Bd. 3; *QJ* Bd. 13, S. 619–42

L — (#97)

T — Kap. aus *Shisô, sansui, jinbutsu,* 1924

C — »Suowei huaiyizhuyizhe« 所謂懷疑主義者 [Die sogenannten Skepti-
ker]

D — 10.7.1926

E — *Mangyuan* 莽原 Nr. 14 (25.7.1926); *Sixiang, shanshui, renwu; YWJ*
Bd. 3; *QJ* Bd. 13, S. 564–9

L — (#97)

T — Kap. aus *Shisô, sansui, jinbutsu,* 1924 ·

C — »Shuo youmo« 說幽默 [Über Humor]

D — 7.12.1926

E — *Mangyuan* Bd. 2, Nr. 1 (10.1.1927); *Sixiang, shanshui, renwu; YWJ*
Bd. 3; *QJ* Bd. 13, S. 575–86

L — (#97)

T — Kap. aus *Shisô, sansui, jinbutsu*, 1924
  C — »Du de wenzhang he ting de wenzi« 讀的文章和聽的文字 [Gelesener
    Text und gehörte Sprache]
  D — 31.5.1927
  E — *Mangyuan* Bd. 2, Nr. 13 (10.7.1927); *Sixiang, shanshui, renwu; YWJ*
    Bd. 3; *QJ* Bd. 13, S. 560–3
  L — (#97)

T — Kap. aus *Shisô, sansui, jinbutsu*, 1924
  C — »Shuzhai shenghuo yu qi weixian« 書齋生活與其危險 [Das Leben
    in der Gelehrtenstube und seine Gefahren]
  D — 1.6.1927
  E — *Mangyuan* Bd. 2, Nr. 12 (25.6.1927); *Sixiang, shanshui, renwu; YWJ*
    Bd. 3; *QJ* Bd. 13, S. 496–503
  L — (#97)

T — Kap. aus *Shisô, sansui, jinbutsu*, 1924
  C — »Zhuangmen yi wai de gongzuo« 專門以外的工作 [Arbeit jenseits
    der Spezialisierung]
  D — 21.6.1927
  E — *Yusi* 語絲 Nr. 142 (31.7.1927) & Nr. 143 (6.8.1927); *Sixiang, shanshui,
    renwu; YWJ* Bd. 3; *QJ* Bd. 13, S. 461–73
  L — (#97)

T — Kap. aus *Shisô, sansui, jinbutsu*, 1924
  C — »Shanzheng he ezheng« 善政和惡政 [Gute Regierung und schlechte
    Regierung]
  D — 15.7.1927
  E — *Beixin* 北新 Nr. 39/40 (15.7.1927); *Si ang, shanshui, renwu; YWJ*
    Bd. 3; *QJ* Bd. 13, S. 573–4
  L — (#97)

T — Kap. aus *Shisô, sansui, jinbutsu*, 1924
  C — »Rensheng de zhuanxiang« 人生的轉向 [Die Windungen des Lebens]
  D — 5./12.8.1927
  E — *Beixin* Nr. 41/42 (5./12.8.1927); *Sixiang, shanshui, renwu; YWJ* Bd.
    3; *QJ* Bd. 13, S. 479–84
  L — (#97)

T — Kap. aus *Shisô, sansui, jinbutsu*, 1924
  C — »Xiantan« 閑談 [Müßige Plauderei]
  D — 17./25.8.1927

E — *Beixin* Nr. 43/44 (17./25.8.1927); *Sixiang, shanshui, renwu; YWJ* Bd. 3; *QJ* Bd. 13, S. 570–2

L — (#97)

T — Kap. aus *Shisô, sansui, jinbutsu,* 1924

C — »Duanxiang« 斷想 [Fragmente; 27 Teile]

D — 2.9.1927–1.1.1928

E — *Beixin* Nrn. 45–52 (2.9.–20.10.1927) [Abschn. 1–7]; *Beixin* Bd. 2, Nrn. 1–5 (1.11.1927–1.1.1928) [Abschn. 8–27]; *Sixiang, shanshui, renwu; YWJ* Bd. 3; *QJ* Bd. 13, 395–460

L — (#97)

T — Kap. aus *Shisô, sansui, jinbutsu,* 1924

C — erst »Guanyu sixiang, shanshui, renwu« 關於思想・山水・人物 [Zu »Ideen, Landschaften, Menschen«], dann »"Sixiang, shanshui, renwu" xuyan« 《思想・山水・人物》序言 [Vorwort zu »Ideen, Landschaften, Menschen«]

D — 31.3.1928

E — *Yusi* 語絲 Bd. 4, Nr. 22 (28.5.1928); *Sixiang, shanshui, renwu; YWJ* Bd. 3; *QJ* Bd. 13, S. 389–94

L — (#97)

T — Teile aus *Shisô, sansui, jinbutsu,* 1924

C — *Sixiang, shanshui, renwu*

D — 1926–28

E — *QJ* Bd. 13, S. 385–648

L — #97

Udeda Susumu 上田進 (1907–47)

T — [Die gegenwärtigige Situation in der sowjetischen Literaturtheorie und -kritik], 19.3.1932, in E. Auerbach: *Kensetsuki no Sou'eito bungaku* [Die sowjetische Literatur in der Aufbauzeit], Übers. Udeda Susumu, 1932

C — »Sulian wenxue lilun ji wenxue piping de xianzhuang« 蘇聯文學理論及文學批評的現狀

D — 27.8.1932

E — *Wenhua yuebao* 文化月報 Bd. 1, Nr. 1 (5.11.1932); *YWJ* Bd. 10; *QJ* Bd. 16, S. 524–58

L — #174

Ueno Yôichi 上野陽一 (1883–1957)

T — [Erziehung zum Kunstgenuß]

C — »Yishu wanshang de jiaoyu« 藝術玩賞的教育

D — 1913

E — *Jiaoyubu bianzuanchu yuekan* 教育部編纂處月刊 Bd. 1, Nrn. 4 & 7
(Mai & August 1913); *BX*; *YWJ* Bd. 10, S. 9–32; *QJ8* Bd. 8, S. 536–50

L — #15

T — [Sozialerziehung und Geschmack]

C — »Shehui jiaoyu yu quwei« 社會教育與趣卡

D — 1913

E — *Jiaoyubu bianzuanchu yuekan* Bd., Nrn. 9 & 10 (Okt. & Nov. 1913);
BX; *YWJ* Bd. 10, S. 33–51; *QJ8* Bd. 8, S. 551–62

L — #16

T — [Über die Neugier bei Kindern]

C — »Ertong de haoqixin« 兒童的好奇心

D — 1913

E — *Jiaoyubu bianzuanchu yuekan* Bd. 1, Nr. 10 (Nov. 1913); *BX*; *YWJ* Bd.
10, S. 52–67; *QJ8* ﹐d. 8, S. 562–71

L — #17

Vardin, Illarion Visariovič (1890–1941/?43)

T — [Bericht von I. Vardin], Moskau, 9.5.1924

Q — jap. Übers. Kurahara Korehito 藏原惟人 (1902–91), in: *Soren no bungei
seisaku* 蘇聯的文藝政策 1927

C — »Wajin (=Il. Vardin=) de baogao yanshuo« 瓦進的報告演説

D — 1928

E — *Benliu* 奔流 Bd. 1, Nr. 1 (20.6.1928); *Wenyi zhengce*; *QJ* Bd. 17, S.
472–88

L — ø

T — [Schlußwort von I. Vardin], Moskau, 9.5.1924

Q — jap. Übers. Sode Fumio 外村史郎 in: *Soren no bungei seisaku* 蘇聯的
文藝政策 1927

C — »Wajin de jieyu« 瓦進的結語

D — 1928

E — *Benliu* Bd. 1, Nr. 5 (30.10.1928); *Wenyi zhengce*; *QJ* Bd. 17, S. 595–604

L — ø

Vazov, Ivan (1850–1921)

T — »Valko na vojna« [Valko im Krieg], 1886

Q — dt. Übers. Marya Jonas von Szatańska, in: *Die Bulgarin und andere
Novellen*, Leipzig: Reclam 1909 (= Universal-Bibliothek 5059)

C — »Zhanzheng zhong de Weierke« 戰爭中的威爾珂

D — 22.8.1921

E — *Xiaoshuo yuebao* 小説月報 Bd. 12, Nr. 10 (»Bei juanhai minzu de
wenxue hao« 被損害民族的文學號 [Nummer zur Literatur unter-

drückter Völker], 10.10.1921); *Xiandai xiaoshuo yicong;* YWJ Bd. 1; QJ Bd. 11, S. 347–69

L — #92

T — »Edna Búlgarka« [Eine bulgarische Frau], 1899

Q — dt. Übers. Marya Jonas von Szatańska, in: *Die Bulgarin und andere Novellen,* 1909

C — »Cunfu« 村婦 [Eine Frau vom Lande]

D — 5.9.1935

E — *Yiwen* 譯文 Bd. 2, Nr. 6 (16.9.1935); *Yicong bu;* QJ Bd. 16, S. 774–803

L — #207

Verne, Jules (1828–1905)

T — *De la terra à la lune,* 1865

Q — jap. Übers. Inoue Tsutomu 井上勤

C — *Yuejie lüxing* 月界旅行 [nur 14 von 28 Kap.], Tôkyô: Jinhua she 10.1903

D — 1903

E — QJ Bd. 11, S. 9–119

L — #2

T — *Voyage au centre de la terre,* 1864

Q — jap. Übers.

C — »Didi lüxing« 地底旅行

D — 1903

E — *Zhejiang chao* 浙江潮 Nr. 10 (Dez. 1903) [nur Kap. 1 & 2]; *Didi lüxing,* Nanjing: Qixin shuju 3.1906 QJ Bd. 11, S. 123–81

L — #3

Voronskij, Aleksandr Konstantinovič (1884–1937)

T — [Bericht von A. Voronskij], Moskau, 9.5.1924

Q — jap. Übers. Kurahara Korehito 藏原惟人 (1902–91), in: *Soren no bungei seisaku* 蘇聯的文藝政策 1927

C — »Walangsiji (=A. Voronsky=) de baogao yanshuo« 瓦浪斯基的報告演說

D — 1928

E — *Benliu* 奔流 Bd. 1, Nr. 1 (20.6.1928); *Wenyi zhengce;* QJ Bd. 17, S. 457–71

L — ø

T — [Schlußwort von A. Voronskij], Moskau, 9.5.1924

Q — jap. Übers. Sode Fumio 外村史郎 in: *Soren no bungei seisaku,* 1927

C — »Walangsiji de jieyu« 瓦浪斯基的結語

D — 1927

E — *Benliu* Bd. 1, Nr. 5 (30.10.1928); *Wenyi zhengce; QJ* Bd. 17, S. 605–10

L — ø

Yamagishi Kôsen 山岸光宣 (1886–?)

T — [Aspekte des Expressionismus], in [Vom Eindruck zum Ausdruck]

C — »Biaoxianzhuyi de zhuxiang« 表現主義的諸相

D — 21.6.1929

E — *Zhaohua xunkan* 朝花旬刊 Bd. 1, Nr. 3 (21.6.1929); *Yicong bu; YWJ* Bd. 10; *QJ* Bd. 16, S. 452–63

L — #142

Yamamoto Shûji 山本修二 (1884–1976)

T — [Nachwort zu »Symbole der Trauer«], in: *Kumon no shôchô*, 1924

C — »Houji« 後記

D — 1924

E — *Kumen de xiangzheng; QJ* Bd. 13, S. 129–30

L — #66

Zamjatin, Evgenij (1884–1937)

T — »Peščera« [Die Höhle], 1920

Q — jap. Übers. Yonekawa Masao 米川正夫 (1891–1965), in: *Rônô Roshiya shôsetsu shu* 勞農露西亞小説集 [Gesammelte russische Erzählungen von Arbeitern und Bauern], 1925

C — »Tongku« 洞窟

D — 18.7.1930

E — *Dongfang zazhi* 東方雜誌 Bd. 28, Nr. 1 (10.1.1931); *Shuqin; QJ* Bd. 19, S. 13–32

L — #92

Zoščenko, Michail (1895–1958)

T — »Aristokratka« [Die Aristokratin], in: Rasskazy Nazara Iljiča, gospodina Sinebrjuchova, 1922

Q — jap. Übers. Ose Keishi 尾瀬敬止 in: *Geijutsu sensen* 藝術戰線 [Kunstfront], 1926

C — »Guijia funü« 貴家婦女

D — 1927

E — *Dazhong wenyi* 大眾文藝 Bd. 1, Nr. 1 (20.9.1927); *Yicong bu; YWJ* Bd. 10; *QJ* Bd. 16, S. 603–10

L — #103

T — »Viktorija Kazimirovna«, in: [Almanach der Serapions-Brüder], 1921

Q — jap. Übers. Yonekawa Masao, in: *Rônô Roshiya shôsetsu shu*, 1925

C — »Bolan guniang« 波蘭姑娘 [Das Mädchen aus Polen]

D — Apr. 1929

Z

E — *Jindai shijie duanpian xiaoshuo ji* Bd. 1; *Yicong bu; YWJ* Bd. 10; *QJ* Bd. 16, S. 611–33

L — #138

Zozulja, Efim (1891–1941)

T — »Rasskaz ob Akie i želovečestve« [Eine Geschichte über Ach und die menschliche Natur], 1919

Q — Übers. Erwin Honig, in: *Dreißig neue Erzähler des neuen Rußland. Junge russische Prosa,* Berlin: Malik [2]1929

C — »Yake yu renxing« 亞克與人性

D — 4.11.1931

E — *Shuqin; QJ* Bd. 19, S. 126–50

L — #170

Anon.

T — »Ideologičeskij front i literatura« [Die ideologische Front und die Literatur — Resolution des 1. Allunion -Kongresses proletarischer Autoren], Moskau, Jan. 1925

Q — jap. Übers. Kurahara Korehito 藏原惟人 (1902–91), in: *Soren no bungei seisaku* 蘇聯的文藝政策 1927

C — »Guannian xingtai zhanxian he wenxue — di yi wuchanjiejie zuojia quan lianbang dahui de jueyi« 觀念形態戰線和文學——第一無產階級作家全聯邦大會的決議

D — 30.12.1928

E — *Benliu* Bd. 1, Nr. 7 (30.12.1928); *Wenyi zhengce; QJ* Bd. 17, S. 614–26

L — #120

Anon.

T — »O politike partii v oblasti chudo čestvennoj literatury« [Über die Politik der Partei im Bereich der Literatur], Resolution des ZK der KPdSU, 18.6.1925, in: *Pravda* 1.7.1925

Q — jap. Übers. Kurahara Korehito, in: *Soren no bungei seisaku,* 1927

C — »Guanyu wenyi lingyu shang de dang de zhengce — Eluosi gongchandang zhongyang weiyuanhui de jueyi« 關於文藝領域上的黨的政策俄羅斯共產黨中央委員會的決議

D — 20.4.1929

E — *Benliu* Bd. 1, Nr. 10 (20.4.1929); *Wenyi zhengce; QJ* Bd. 17, S. 627–36

L — #134

nicht identifizierter amerikanischer Autor (»Luyisi Tuolun« 路易斯托倫)
T — ?
Q — jap.
C — »Zaoren shu« 造人術 [Die Kunst, Menschen zu erschaffen]
D — 1905
E — *Nüzi shijie* 女子世界 Nr. 4/5 (1905); *Wenxue pinglun* 文學評論 3/1963
L — ø

Lu Xun fälschlich zugeschriebene Übersetzungen

Friče, Vladimir (1890–1929)
T — [Zu Geschichten vom »neuen Menschen«], 1930
Q — *Roman-gazeta* Nov. 1930
C — »Daixu: Guanyu "xin ren" de gushi« 代序──關於 "新人" 的故事 [Als Geleitwort zu *Razgrom*, 1927]
D — 26.12.1930
E — *Huimie; QJ* Bd. 18, S. 275–85
L — #165 [jedoch »aus dem Original übersetzt von den beiden Herren Zhu und Du« (Nachwort, *QJ* Bd. 18, S. 613)]
Kurahara Korehito 藏原惟人 (1902–91)
T — [Ein Besuch nach der Revolution im früheren Wohnsitz von Tolstoj], 1926
Q — ?
C — »Fang geming hou de Tuoersitai guxiang ji« 訪革命後的托爾斯太故鄉記
D — 30.12.1928
E — *Benliu* 奔流 Bd. 1, Nr. 7 (30.12.1928); *YWJ* Bd. 10, S. 517–31, *QJ8* Bd. 8, S. 393–403
L — #119 [Übers. Xu Xia 許遐 d.i. Xu Guangping]
Zur Mühlen, Herminya (1883–1951)
*T — *Was Peterchens Freunde erzählten*, 1921
Q — jap. Übers. Hayashi Fusao 林房雄 (1903–75), 1927
C — *Xiao Bide* 小彼得 [Peterchen]
D — 8.9.1929
E — *Xiao Bide*, Übers. Xu Xia 許遐 [d.i. Xu Guangping], Shanghai: Chunchao shuju 11.1929; *YWJ* Bd. 4; *QJ* Bd. 14, S. 237–92
L — #145 [Übers. Xu Guangping]

INDEX DER PERSONENNAMEN MIT GLOSSAR

Aufgenommen sind von außerhalb der fortlaufenden Texte auch sämtliche Personen, die im Text der Chronik erwähnt werden, zu denen sich in den Anmerkungen zu den Dokumenten nähere Angaben finden sowie solche, die Urheberinnen oder Urheber eines Dokuments sind, bei chinesischen Personen jeweils samt erwähnten Pseudonymen und Alternativnamen beziehungsweise voneinander abweichenden Schreibungen. Nicht aufgenommen sind dagegen Autorinnen und Autoren der angegebenen Sekundärliteratur, ebensowenig Personennamen aus der Liste der Übersetzungen. Bei Familienangehörigen steht das Verwandtschaftsverhältnis zu Lu Xun *kursiv*.

Bei der Entscheidung, welcher als geläufiger und welcher als ursprünglicher Name oder als Pseudonym einer chinesischen Autorin oder eines chinesischen Autors zu betrachten sei, auch wenn — wie bei Lu Xun — der »geläufige« Name ein Pseudonym ist, wurde die Anordnung von Xu Naixiang 徐迺翔 und Qin Hong 欽鴻 (Hg.) in: *Zhongguo xiandai wenxue zuozhe biming lu* 中國現代文學作者筆名錄 [Verzeichnis der Pseudonyme von Autoren der modernen chinesischen Literatur], Changsha: Hu'nan wenyi chubanshe 1988, zugrundegelegt. Danach richtet sich auch die (eigentlich regelwidrige, wenn es sich um Pseudonyme handelt) Umschrift in zwei Wörtern: also »Lu Xun« statt »Luxun« und »Chuan Dao« statt »Chuandao«, jedoch »Yuting« und »Qiming«.

C

L

L

T

Z